Kalifornien

Dieses vorliegende Buch erscheint als BAND 53 einer Reihe unkonventioneller Reiseführer im VERLAG MARTIN VELBINGER:

SÜDOST - EUROPA

Bd. o4 Griechenland/Gesamt
Bd. 3o Griechenland/Kykladen
Bd. 32 Griechenland/Dodekanes
Bd. 31 Griechenland/Peloponnes
Bd. 21 Kreta
Bd. 35 Ungarn
Bd. 41 Österreich/Ost
Bd. 42 Österreich/West
Bd. 16 Jugoslawien/Gesamt
Bd. 34 Jugoslawien/Inseln-Küste

SÜD - EUROPA

Bd. 11 Toscana/Elba
Bd. 15 Golf von Neapel/Campanien
Bd. 12 Süditalien
Bd. 14 Sardinien
Bd. 23 Sizilien/Eol.Inseln
Bd. o6 Südfrankreich
Bd. 46 Côte d'Azur/Provence
Bd. 13 Korsika

SÜDWEST - EUROPA

Bd. o5 Portugal/Azoren/Madeira
Bd. 48 Andalusien

WEST - EUROPA

Bd. 25 Bretagne/Normandie/Kanalinseln
Bd. 26 Franz. Atlantikküste/Loire
Bd. 24 Irland
Bd. 17 Schottland
Bd. 27 Südengland
Bd. 57 Wales

NORD - EUROPA

Bd. 18 Schweden
Bd. 19 Norwegen/Süd-Mitte
Bd. 28 Norwegen/Nord
Bd. 29 Finnland
Bd. 5o Dänemark

STÄDTEFÜHRER

Bd. o7 Paris
Bd. 1o Wien

AMERIKA

Bd. 53 USA/Westküste Kalifornien
Bd. 54 USA/ Der Nordwesten Oregon, Washington
Bd. 58 USA/ Der Südwesten
Bd. o8 Bahamas/Florida
Bd. o2 Südliche Karibik
Bd. o3 Mexiko
Bd. 36 Chile/Antarktis
Bd. 37 Venezuela/Guyanas
Bd. 38 Kolumbien/Ecuador
Bd. 39 Brasilien
Bd. 56 Argentinien/Uruguay/Paraguay

NAHER OSTEN/AFRIKA

Bd. 44 Togo
Bd. 43 Kenia
Bd. 51 Marokko

Weitere Titel in Vorbereitung. Bitte Anfrage an den Verlag.

Karten: Pedro Zegarra V. (PZ), Martin Velbinger (MV)
Cover: Bettina von Hacke, Martin Velbinger

Vor Ort Recherchen: Volker Mehnert

Herzlichen Dank an

* **Anna Cramer-Mehnert** für wertvolle Ratschläge und engagierte Mithilfe.

* das **California Office of Tourism** in Sacramento sowie die **United States Travel and Tourism Administration** in Frankfurt/M., deren Mitarbeiter uns bestens unterstützen.

ISBN: 3-88316-059-8

ALLE ANGEGEBENEN PREISE sind Ca.-Preise, auch wenn sie nicht als solche bezeichnet sind. Für die Richtigkeit und Vollständigkeit aller Angaben, insbesondere der Abfahrtszeiten und Preise kann keine Gewähr übernommen werden.

DRUCK und BINDUNG: Ebner Ulm
SATZ: Verlag Martin Velbinger, Gräfelfing/München
PRINTED IN GERMANY

3. AUFLAGE 1997

Anreise

Transport in Kalifornien

Allgemeine Tips

Unterkunft

Essen und Trinken

Sport

GOLD COUNTRY

CENTRAL VALLEY

CENTRAL COAST

SAN FRANCISCO

BAY AREA

NORTH COAST

CASCADE MOUNTAINS

INDEX

Warum nicht mal was total Neues ausprobieren?

Chile Zunächst mal: "am Ende der Welt" (aus europäischer Weltkugel-Sicht). Der 4.ooo km lange Handtuch- Schlauch Chile (maxim. 25o km breit) zieht sich durch alle Klima- und Vegetationszonen:

* im Norden endlose Wüsten am Pazifik mit großartigen und einsamen Stränden, in der Wüste verlassene Wildwestsiedlungen der Salpeterzeit
* oft nur über 15o km landein über steile Andenpisten rauf in 4.ooo m zu Salzseen vor der grandiosen Kulisse der 6.ooo-er Vulkankette. Jede Menge an off-road Pisten und Freiraum an Abenteuer, wie es der Geländewagenfahrer in Europa nie findet!
* Santiago, die Hauptstadt, massiv smogbelastet. So doch gute Restaurants und Ausgangspunkt für die Erschließung des Landes, die ab Santiago sternförmig beginnen.
* Robinson Crusoe Insel: 7oo km der Pazifikküste vorgelagert. Der rund 1.ooo m hohe Inselgipfel ist dicht mit Urwäldern überwuchert. In früheren Jahrhunderten Pirateninsel, wo die Schiffe ausgebessert wurden. Hier lebte Alexander Selkirk, ein schottischer Seemann, der 17o4 hier ausgesetzt wurde und in totaler Einsamkeit 4 Jahre und 4 Monate wartete, bis das nächste vorbeikommende Schiff ihn wieder aufnahm.
  Selkirk diente später als Vorbild für die Romanfigur Robinson Crusoe (geschrieben von Daniel Defoe, wurde Weltbestseller). Auch heute noch ist der Besuch der Insel ein gewisses Abenteuer, da die Insel nur mit kleinen Propeller- Sportflugzeugen erreicht werden kann, und man bei schlechtem Wetter oft auf Tage festhängt. Excellent die fangfrischen Lobster, - ein touristisches Zielgebiet fernab des Gängigen.
* Osterinsel: per se hochkarätig bei Chile- Besuch. Knapp 4.ooo km westlich der Küste im Pazifik mit dem Mysterium der rund 3oo Steinfiguren.
* Chilenisches Seengebiet: zählt zum Schönsten, was Südamerika an Natur, Weitläufigkeit, Vulkanen und Natur zu bieten hat. Zieht sich zwischen Andenketten mit engen fjordähnlichen Seen (und Fährüberfahrten) rüber nach Argentinien. Vielzahl an Querverbindungen auch per Schiff.
* Insel Chiloe: wer auf Meeresfrüchte steht (Muscheln, Austern etc.) fangfrisch wie an kaum anderer Stelle der Welt. Chile versorgt insbesondere auch Europa mit seinen Produkten.
* Carretera Austral: führt definitiv in Pioniergebiete entlang eng eingeschnittener Fjorde, Vulkane und Gletschergebiete. Vielfach auch Naturschutzparks, großartige Natur in Weitläufigkeit und Einsamkeit fernab des o8/15- Tourismus.
* Absolutes Highlight ist die Fahrt von Pto. Montt per Schiff 3 Tage nach Pto. Natales durch die endlosen Fjorde der südchilenischen Pazifik-Küste. Im Gegensatz zu Norwegen so gut wie nicht bewohnt, - und ein Trip ans Ende der Welt.

Handwerkszeug

Tourist INFO Fremdenverkehrsamt der USA, Frankfurt/M. Bethmannstr. 56
Tel.: (o69) - 295.211. Fax: (o69) - 294.173

Versenden umfangreiches Prospektmaterial, aber auch Karten. Von daher nützlich, - unbedingt das Zielgebiet angeben. Wer jedoch Spezialfragen hat, wendet sich besser an das jeweilige Regionalbüro, Adressen siehe Hauptteil dieses Bandes. Weitere Details siehe auch Seite 47.

★**KARTEN**: Gesamt- USA (inkl. Canada und Mexiko) im "Rand McNally Road Atlas" bzw. im "Gousha Road Atlas". Je 14o - 16o Seiten dick, im Format von fast DIN A 3. Für großflächiges Reisen in den USA sind sie gute Wahl.

Wer dagegen sich ausschließlich auf Kalifornien konzentriert, ist gut mit Detailkarten von Rand McNally bedient, die es für Gesamt Kalifornien sowie auch Einzelregionen gibt. Erhältlich vor Ort in jeder Buchhandlung, - bzw. in Deutschland, Schweiz, Österreich in größeren Buchhandlungen.

Ansonsten sehr nützlich als Übersicht die Hallwag "Holiday Map Californien".

Vor Ort in Kalifornien gibts in den dortigen Touristbüros oft sehr gute Stadtpläne (z.B. zu San Francisco), wie auch Regionalkarten meist gratis. Weitere Details zu Karten siehe Hauptteil dieses Bandes unter entsprechendem Nationalpark bzw. Region.

★**ANREISE**: durch die Wahl des sowohl preisgünstigsten, wie auch bequemsten Fluges kann man sich viel Geld sparen. Details ab Seite 13.

Unter Umständen für Eisenbahn- Fans keine schlechte Idee, einen der Transkontinental- Züge ab z.B. Chicago zu wählen. Dauert ca. 2 Tage und bringt bei viel Komfort und Relaxing an Bord der Luxusliners entsprechende Einstimmung für Kalifornien. Details siehe ....Seite 16

★**ROUTENPLANUNG**: ab Seite 38 ein Grobüberblick. Je nach Transatlantikflug und Einstieg in Kalifornien (Los Angeles bzw. San Francisco) und zu Verfügung stehender Zeit ergeben sich unterschiedliche Möglichkeiten. Details für weitere Routenplanung:

ab Einstieg Los Angeles siehe Seite 38 und 335
San Francisco siehe Seite 39 und 692

★**TRANSPORTMITTEL**: Bus, Zug, Flug, Mietwagen. Beim harten Konkurrenzkampf zwischen den einzelnen Mietwagenanbietern ist dieses Transportmittel keine schlechte Wahl, wer knapp mit Urlaubszeit ist und unabhängig von Abfahrtszeiten möglichst flexibel reisen und viel sehen möchte. Dies bei günstigen Preisen. Alle Details ab Seite 4o.

ANREISE

Flug

★ *Retourflüge ab Europa nach **LOS ANGELES** oder **SAN FRANCISCO** sind derzeit je nach Saison ab ca. 1.ooo - 1.6oo DM möglich. Dies macht zusammen mit dem günstigen Dollar- Umrechnungskurs Kalifornienreisen doppelt interressant.*

Am besten die Tageszeitungen im Reiseteil nach Anbietern von günstigen Flügen studieren. Der Preiskampf auf den Flugrouten über den Atlantik ist knallhart, entsprechend unterbieten sich die Angebote.

AUSWAHLKRITERIEN

* **Nonstop Flug**: natürlich das Optimum an Komfort. Ab Frankfurt mit Lufthansa direkt nach L.A. und San Francisco, Flugzeit knapp 12 Std. Kostet allerdings seinen Preis, selbst wenn man über Reisebüros Spezialtickets erhält.

  Tip für Nonstop-Flug ist u.U. die Air New Zealand, die preisgünstig ab Frankfurt direkt nach Los Angeles fliegt. Für rund 5oo DM Aufpreis kann man noch Hawai retour einbauen.

* **Umsteigen in den USA**: US- Airlines wie "American" oder "Delta" fliegen ab Deutschland zunächst direkt zu ihrer Drehscheibe in den USA (z.B. die "American": Chicago, bzw. die "Delta": Atlanta) und haben dort Anschlußflug nach L.A. oder San Francisco. Wenn die Anschlüsse "sitzen": kein echtes Handycap bezüglich Wartezeit im Airport - bei zudem günstigen Preisen.

  Vorteil derartiger Connections: Wer mit US-Airlines von Europa nach USA fliegt, hat von deren zentralen Flughäfen auch Anschlüsse zu kleinere Airports der Westküste wie z.B. Las Vegas, San Diego, Fresno oder Sacramento.

  Zudem kann man bei z.B. "American" sogen. Gabelflüge buchen: z.B. hinwärts Ffm (bzw. München) -> Chicago und retour L.A. bzw. San Francisco -> Ffm/München. Ermöglicht z.B.: auf einer Strecke den Transkontinentalen Zug von Chicago nach San Francisco oder L.A. einzubauen (Details siehe Zug).

* **Anzahl der Zwischenstops**: Billigtickets anderer Airlines glänzen oft durch "günstigen" Preis, der Reisende wird aber manchmal über mehrere Umsteige-Airports geleitet, wo er bei schlechten Connections entsprechend rumwartet. Einige Billigflüge benötigen ab z.B. Frankfurt bis L.A. oder San Francisco bis zu 24 Std.

* **Ticketgültigkeit + Möglichkeit des Umbuchens** sind ebenfalls Auswahlkriterium. Manche Tickets gelten lediglich 45 Tage, andere dagegen länger.

  Wer flexibel reisen will, weil er noch nicht genau den Zeitpunkt seines Rückfluges kennt, - wird auf die Möglichkeit des nachträglichen Umbbuchens von Flugterminen achten. Dies ist bei manchen Airlines und Tarifkonstruktionen nicht möglich oder nur bei sattem Aufpreis...

* **Flugtermine**: starke Nachfrage für Flüge nach Kalifornien um Weihnachten, Ostern und während der Sommermonate. Zu dieser Zeit auch die höchsten Tarife, also frühzeitig buchen. Von Preis und Buchungslage günstige Monate: Mitte Okt. - Mitte Dez. sowie Febr. bis Mai (ausgen. Osterferien).

San Francisco oder Los Angeles? Preislich für Retourflugtickets ab Europa kaum Unterschied. Die Frage nach dem kalifornischen Zielflughafen ist daher vorwiegend abhängig von der individuellen Reiseplanung vor Ort:

* Wer vorwiegend SÜDKALIFORNIEN besuchen will und zudem über knappe Reisezeit verfügt, wählt Los Angeles.

* Wer ZENTRALKALIFORNIEN (Bay Area, Küste und Sierra Nevada) sowie Nordkalifornien besuchen will, wählt als Airport San Francisco. Alternativ (und von manchen Airlines angeflogen): Oakland auf der gegenüberliegenden Seite der Bay Area. Hat den Vorteil, daß der Airport kleiner ist (Details Seite 641) sowie die Verbindung mit öffentlichem Transport nach San Francisco schneller.

* Wer GESAMT-KALIFORNIEN bei genügend Urlaubszeit bereist, hat die Qual der Wahl. Beide Zielairports sind gleichwertig, - letztendlich eine Entscheidungsfrage, abhängig von Flugzeit, Möglichkeit des Umbuchens und im Flugtermin/-Preis günstigerem Ticket.

Unterm Strich ist ein Retourflugticket von Europa nach Kalifornien (L.A. oder San Francisco) die preisgünstigste Anreise. - Ausgenommen, man möchte bei genügend Urlaubszeit noch weitere Bereiche der USA einbauen.

★ Anreise via New York

Günstige Transatlatikflüge ab Europa nach NEW YORK gibt es derzeit je nach Saison ab 7oo- 1.ooo DM retour.

Der niedrigere Preis für den Flug nach New York gleicht sich in der Regel wieder aus durch die inneramerikanischen Transportkosten ab New York nach Kalifornien per Flug, Bus, Bahn oder Auto, - oder liegt vielfach höher.

FOLGENDE MÖGLICHKEITEN:

* Preisgünstiger Retourflug nach New York plus dort separat gekaufter Retourflug New York - Kalifornien.

> Das inneramerikanische Angebot ist fast unüberschaubar mit einer Fülle an vergünstigten Spezialangeboten, die Preise reichen von 3oo bis 1.3oo US und mehr. Wer in den USA an einen möglichst günstigen Tarif kommen will, braucht Zeit und sollte in New York am besten mehrere Reisebüros und Airlines kontaktieren. Diese Spezialpreise sind in Europa vielfach nicht bekannt.
>
> Tip: u.U. bequemer, in Europa einen Retourflug bis Kalifornien kaufen; bei manchen Reisebüros ist mit derartigem Flugticket ein Stopover mit Zwischenaufenthalt in z.B. New York oder anderen Städten der USA möglich. Keine schlechte Idee bei meist günstigen Preisen.

* Preisgünstiger Retourflug nach New York plus Flugcoupons für inneramerikanische Strecken.

Leider sind die Zeiten vorbei, wo man per günstigem Pauschalpreis auf inneramerikanischen Strecken beliebig fliegen durfte. Gibts derzeit nur noch bei der Delta Airline und dort auf "stand-by"- Basis: 3o Tage unbegrenztes Fliegen kosten ca. 8oo DM. Man muß jeweils zum Airport und kann nur dann mitfliegen, wenn noch Plätze in der Maschine frei sind.

Ansonsten die Airpaß- Lösung bei vielen US- Airlines: man kauft sich vorab in Europa für die Strecken der betreffenden Airline einzelne Flugcoupons, die abhängig von einer Vielzahl an Bedingungen sind, Details siehe Seite 35.

Da bereits 3 Coupons ca. 55o - 7oo DM kosten, lohnen sich die US- Airpässe in der Regel nicht für die "verbilligte Kalifornien-Anreise", jedoch u.U., wer auf der Anreise noch andere US- Städte einbauen will.

* Preisgünstiger Retourflug nach New York und **ÜBERLAND** nach Kalifornien:

(A) Per **BUS** (z.B. Greyhound) superstressig, da man Nonstop gut 3 Tage pro Richtung im Greyhoundsessel eingeklemmt ist.

Greyhound "Ameri-Pass": kostet ca. 25o DM bei einer Gültigkeit 7 Tage, bzw. 375 DM für 15 Tage und 5oo DM für 3o Tage.

Generalvertretung Deutschland: DER, Frankfurt/M., Emil von Behring Str. 6

Preislich bringt die Kombination "billiger Transatlantikflug bis New York retour" plus "Greyhound Nonstop quer durch den Kontinent" keinen Vorteil gegenüber einem günstigen Retourflug ab Europa nach Kalifornien. Dafür aber den Zeitverlust von gut 6 Tagen in An- und Rückreise per Bus.

Anders, wer ab New York bei genügend Urlaubszeit große Bereiche der USA per "Greyhound" erschließen will. Tip ist hier der große Ameri-Pass, der 3o Tage für das gesamte Streckennetz der Greyhounds gilt. Viel Zeit für Kalifornien dürfte einem dann aber nicht mehr bleiben. Weitere Details siehe auch Seite 32.

(B) Per **ZUG** (AMTRAK): prinzipiell ab New York via CHICAGO oder New Orleans nach Kalifornien möglich. Ob diese Variante jedoch die

optimalste ist, sei dahingestellt. Die Fahrt dehnt sich wegen Umsteigerei endlos in die Länge: ab New York bis Kalifornien ca. 4 Tage. Zunächst braucht man einen Zug von New York (täglich) bis Chicago, Fahrzeit ca. 1 Tag plus 1 Nacht. Bei fehlendem Anschluß ist dort Übernachtung nötig für den Anschluß nach Kalifornien.

Anreise via Chicago + Transkontinental-Zug nach Kalifornien

Die Durchquerung des Kontinents per Zug ab CHICAGO nach Kalifornien gilt als heißer Tip unter Eisenbahnfans. Fahrzeit 2 Tage. Zudem zählen die Amtrak Züge auf diesen Strecken zu den luxuriösesten der Welt.

AMTRAK- TRANSKONTINENTAL ZÜGE: Silbernblitzende zweistöckige Luxusliners, unten befinden sich die Service-Einrichtungen und Schlafwagenabteile, - oben die Abteile für tagsüber mit Panoramablick sowie der Restaurantbereich.

Den Kontinent per Zug zu durchqueren ist Fun: abschalten vom Berufs-Alltagsstreß und sich der positiven Langeweile hingeben, die herrlich entspannt, - während die Weite des Kontinents am Panoramafenster vorbeigleitet: endlose Prairie oder auf der Südroute Wüsten, - Siedlungen und dann wieder endlose Weite...

Echt langweilig dürfte es nie werden, da die Mitreisenden auf dem Langstreckentrip zwangsläufig zu Kontakten zusammenkommen, an der Bar, im Panoramawaggon oder wo sonst. Einer der weiteren Vorteile des Zugtrips durch den Kontinent. Viel "Nix-tun", relaxen, Buch ins Reisegepäck einpacken und die Sache genießen.

In jedem Fall Schlafwagen buchen, damit der Trip rundum zum Genuß wird. Unterm Strich kostet der Zugtrip quer über den Kontinent allerdings seinen Preis; Details und Realisierung siehe unten.

Transkontinental Strecken ab Chicago:

(1) CALIFORNIA ZEPHYR: Chicago -> Omaha -> Denver -> Salt Lake City -> Reno -> Sacramento -> Oakland/San Francisco. Abfahrt täglich, Fahrzeit 2 Tage.

Das Gleis folgt ab Chicago bis Denver der 1869 eröffneten ersten Transkontinentalverbindung (Details siehe Seite 132), überquert die Rocky Mountains im Anschluß aber auf der Südroute nach Salt Lake City, die später eröffnet wurde.

Die Strecke gilt als schönste der Transkontinental- Gleise, ist allerdings mit 52 Std. auch die längste. Sie ist zusammen mit dem "Southwest Chief" (3) die am meisten gebuchte.

Zunächst gehts ab Chicago durch die endlosen und flachen Agrarlandschaften des Midwest bis Denver, die einen Vorgeschmack auf die gewaltigen Distanzen geben. Nach Denver dann rein in die Rocky Mountains bei teils spektakulärer Strecke entlang Flüssen und durch die Berglandschaft. Später endlose Prairie, abschließender Höhepunkt ist die Überquerung der Sierra Nevada runter nach Sacramento in Kali

fornien. - Lohnende Zwischenstops Denver, Salt Lake City, Reno (u.a. für Abstecher Virginia City und Lake Tahoe), Details siehe Kapitel Sierra Nevada. Sowie Sacramento (Eisenbahnmuseum sowie Ausgangspunkt für das Gold Country, Details dort). Vor Ort Mietwagen nehmen oder auf Busse zurückgreifen.

(2) DESERT WIND: ab Chicago zunächst angehängt an den "California Zephyr" und in Salt Lake City abgekuppelt für die separate Strecke südwestlich nach Las Vegas

Transkontinentale Züge, sowie Züge an der West Coast

1 CALIFORNIA ZEPHYR (Chigago -> Reno -> Sacramento -> San Francisco)
2 DESERT WIND (Chicago -> Denver -> Las Vegas -> Los Angeles)
3 SOUTHWEST CHIEF (Chicago -> Kansas City -> Las Vegas -> Los Angeles)
4 SUNSET LIMITED (New York -> New Orelans -> Tucson -> Los Angeles)
5 SAN DIEGANS (San Diego -> Los Angeles -> Santa Barbara)
6 SAN JOAQUINS (Bakersfield-> Fresno-> San Francisco)
7 COAST STARLIGHT (Los Angeles-> Oakland-> Portland-> Seattle)
8 PIONEER (Chicago-> Omaha-> Denver-> Portland-> Seattle)
9 EMPIRE BUILDER (Chicago-> Seattle)
1o SILVER METEOR (New York-> Washington-> Jacksonville-> Miami)

und weiter nach Los Angeles. Zentrales Reiseerlebnis sind die endlosen Ebenen des Mid-West, die Überquerung der Rocky Mountains, sowie die Wüsten Nevadas und Kaliforniens.

③ SOUTHWEST CHIEF: Chicago -> Kansas City -> Dodge City -> Albuquerque -> Flagstaff -> Las Vegas -> Los Angeles. Abfahrt täglich, Fahrzeit 2 Tage.

Die Strecke gilt als zweitschönste Transkontinental-Durchquerung und das Waggonmaterial als bestes der Amtrak. Haupterlebnis sind die grandiosen Wüstenlandschaften von New Mexico, Arizona und Südkalifornien.

Eine Vielzahl an Zwischenstop- Möglichkeiten, u.a. auch einer der Gründe, warum er bei Transkontinent- Durchquerern beliebt ist. Auswahl: Dodge City (nach Kansas City): zu Zeiten des Wilden Westens die berüchtigtste Stadt mit Falschspielern, Saloons und "Helden" wie Wyatt Earp (diverse Museen), - Flagstaff: als Ausgangspunkt zum Grand Canyon Nationalpark, des tiefsten und größten Canyons in Nordamerika, sowie zum "Sunset Crater Nat. Monument" mit mehr als 4oo früher aktiven Vulkanen in der Umgebung.

Details zu den Bundesstaaten Colorado, New Mexico und Arizona im VELBINGER - Führer Bd. 58, USA/Südwesten.

④ SUNSET LIMITED: (Chicago) -> New Orleans -> Houston -> El Paso -> Tucson -> Los Angeles (ca. 3.25o km ab New Orleans).

Zu erreichen ist New Orleans (Startpunkt des "Sunset Limited") per Zug ab Chicago, besser aber (da häufiger) per Bus oder Flug. Die anschließende Südroute ist relativ schnell und benötigt ab New Orleans bis L.A. lediglich 1 1/2 Tage.

Vorwiegendes Landschaftserlebnis westlich von Houston: Wüste, Wüste, Wüste. Das Territorium um Tucson/Arizona kauften die USA 1854 von Mexico zum Bau der Eisenbahn für 1o Mill. US. Das Gleis war im vergangenen Jhd. wichtige Einwandererstrecke zur Besiedlung Kaliforniens/Raum L.A. Weitere Details im VELBINGER- Führer Bd. 58, USA/Südwesten.

⑧ PIONEER: Chicago -> Denver (hier vom "California Zephyr" abgekoppelt) und weiter auf der Nordweststrecke nach Portland im Bundesstaat Oregon.

Landschaftserlebnis: die Weite des Midwest. Ab Denver schöne Überquerung der Rocky Mountains auf der Nordroute, anschließend durch endlose Prairie. Nochmals schöner Abschnitt im letzten Teil der Strecke entlang des Columbia Rivers mit viel Grün und Seen.

⑨ EMPIRE BUILDER: Chicago -> Minneapolis -> Spokane -> Seattle. Die Route durch den äußersten Norden der USA rüber nach Seattle/Bundesstaat Washington. Details zu den Bundesstaaten Washington und Oregon im VELBINGER-Führer Band 54 "USA, der Nordwesten".

⑦ COAST STARLIGHT: tägl. von Seattle und Portland parallel zur Pazifikküste runter nach Oakland und Los Angeles. Eine bequeme Querverbindung für Leute, die etwas mehr Zug fahren und beide Regionen miteinander verbinden möchten. Eine Fahrt mit oft schöner Szenerie, z.B. Bereich Shasta Mountain (siehe Seite 797).

★ Preise und Buchung:

Wegen ihrer Beliebtheit sind die Transkontinentalstrecken (insbes. 1, 2, 3

und 4) oft langfristig ausgebucht, - gilt insbesondere für die Ferienmonate Juni bis August. Zu dieser Zeit sollte man möglichst frühzeitig buchen.

AMTRAK- Generalagenten:

DEUTSCHLAND

DER- Deutsches Reisebüro, Emil von Behring Straße 6, Frankfurt/M., Tel: (o69) - 9588-1758.

Jetair Deutschland, Liesegangstr. 18/I, Düsseldorf, Tel: (o211) - 361-3o51. Kaiserstr. 72/IV, Frankfurt/M., Tel.: (o69) - 252-o21. Karlsplatz 3/IV, München, Tel.: (o89) - 553-311. Persönlich haben wir dort gute Erfahrung bei Buchung gemacht!

ÖSTERREICH

Austria Reiseservice, Hessgasse 7, Wien, Tel.: (o222) - 31o-7441.

SCHWEIZ

Kuoni Travel Ltd., Neue Hard, Neugasse 231, Zürich, Tel.: (o1) - 277-4583

SSR Reisen, Bäckerstraße 52, Zürich, Tel.: (o1) - 297-1111

Travac, Seilergraben 61, Zürich, Tel.: (o1) - 252-2288

Bei den Generalagenten ist Buchung und Reservierung möglich, - aber auch bei jedem größeren Reisebüro, das Zugtickets verkauft. Da jedes Ticket in den USA angefragt werden muß, ist der schnellere und effizientere Weg die Buchung und Reservierung über den Generalagenten.

Weitere Abwicklung: nach Reservierung muß zunächst der Betrag in einem Reisebüro eingezahlt werden (stellt Quittung aus), worauf der Generalagent das Ticket zuschickt. Dies gilt auch für den Amtrak - Railpass siehe unten.

Ab dem Zeitpunkt, wo die Reservierung besteht, benötigt die weitere Abwicklung inkl. des Postversands der Tickets rund 1 Woche. Schneller gehts natürlich, wenn man die Tickets direkt beim Generalagenten bezahlt und abholt.

PREISE: bezüglich SITZPLATZ gibt es nur eine Klasse. Preisbeispiel ab Chicago nach San Francisco bzw. Los Angeles derzeit 211 US.

RAIL PASS: erhältlich für Nicht Amerikaner bei den o.g. Generalagenturen (siehe Kasten), bzw. bei allen großen Reisebüros außerhalb der USA. Es gibt verschiedene Rail Pässe, die auf Langstrecken u.U. viel Geld sparen können.

Speziell für die Transkontinental-Strecken ab Chicago sowie in Kalifornien, Oregon und Washington interessant der:

* WEST REGION RAIL PASS: bei einer Gültigkeit von 15 bzw. 3o Tage berechtigt er während dieser Zeit zu beliebigem Fahren mit allen Amtrak- Zügen auf den Strecken ab Chicago/New Orleans westlich.

15 Tage:	188 US (Off-Peak)	228 US (Peak)
3o Tage:	259 US (Off-Peak)	289 US (Peak)

* NATIONAL RAIL PASS: gilt für sämtliche Amtrak Strecken der USA

15 Tage:	2o8 US (Off-Peak)	3o8 US (Peak)
3o Tage:	3o9 US (Off Peak)	389 US (Peak)

Off-Peak ist die Zeit 3o.8 - 27.5., - Peak: 28.5. - 29.8.

Ob das normale Zugticket oder ein Rail Pass die preisgünstigere Wahl ist, - ist abhängig von der Reisezeit (Off-Peak bzw. Peak), - aber auch davon, was man in Kalifornien an Routen plant.

BEISPIEL: wer Off-Peak reist und lediglich mit dem Zug von Chicago nach San Francisco bzw. L.A. will, fährt mit dem *"West Region Rail Pass"/15 Tage* billiger. Zudem kann man den Rail Pass noch während der 15 Tage Gültigkeit innerhalb Kalifornien nutzen (z.B. auf der Strecke San Francisco -> L.A., dieses würde als Normalticket retour allein 15o US kosten). Persönlichen Fall durchrechnen.

CHICAGO ist als Einstieg für den Transkontinental- Zugtrip die beste Wahl: Zugfahrt bis Kalifornien 2 Tage, tägliche Abfahrten. Zudem wird Chicago mit der "American Airline" im Direktflug ab Deutschland erreicht. Bei dieser Airline kann man auch Gabelflüge preisgünstig buchen: z.B. Deutschland -> Chicago plus San Francisco/Los Angeles -> Deutscland, um nicht doppelt den Kontinent mit dem Zug zu durchqueren.

NEW YORK bzw. MIAMI: sind Einstiegsvarianten bei preisgünstigem Transatlantikflug. Sie benötigen für das Streckennetz der Amtrak ab New York oder Miami (1o) den "National Rail Pass", sowie ein mehr an Reisezeit. Persönlichen Fall durchrechnen.

SCHLAFWAGEN: sollte man unbedingt buchen, damit der Transkontinental- Trip zum Genuß wird. Nachts werden die Betten runtergeklappt, tagsüber Sitze, man hat das Abteil für sich.

Kostet ab Chicago für 2 Personen inkl. Essen zur Hochsaison auf der Strecke nach San Francisco (1) ca. 4oo US, auf der Strecke nach L.A. (3) ca. 3oo US. - Beide Strecken im 1. Klasse- Abteil: 79o bzw. 66o US; diese Abteile sind größer und haben integriertes WC- und Duschabteil.

Fahrtunterbrechungen: sind auch per Schlafwagenbuchung möglich, kommen dort allerdings durch die Berechnung der Einzelstrecken teurer.

EISENBAHNGESCHICHTE: Das erste 1869 eröffnete Transkontinental Gleis wird heute nicht mehr durchgehend befahren. Der "Empire Builder" fährt den Abschnitt Omaha -> Denver -> Ogden (nördlich von Salt Lake City). Der weitere Abschnitt Ogden -> zum Gleis nach Reno ist nicht mehr im Betrieb, da hier später eine Streckenverkürzung eingebaut wurde. An der Stelle, wo sich am 1o. Mai 1869 die beiden Gleisbautrupps trafen (Promontory Point), erinnert heute eine Gedenkstätte seitlich der Straße mit Replikas beider Damfloks.

Wohl aber ist die Originalstrecke Reno über die Sierra Nevada nach Sacramento -> Oakland heute noch befahren ("California Zephyr"). Dieser Abschnitt gehört zu einer der schönsten Zugfahrten im Westen der USA.

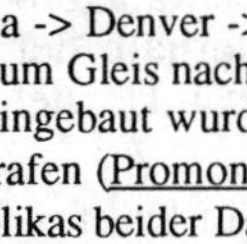

MIETWAGEN: ab Ostküste die variabelste Möglichkeit, nach Kalifornien zu kommen. Man kann dort stoppen, wo es Spaß macht und ist unabhängig vom Streckennetz und den Fahrplänen des Greyhound bzw. Amtrak.

Ohne Frage auch die teuerste Anreise nach Kalifornien. Bei den gewaltigen Entfernungen braucht man mindestens 1 Monat Urlaubszeit und hat nur wenig "Restzeit" für Kalifornien.

Insofern keine eigentliche "Anreisevariante", sondern eher lohnend als Teil eines längeren USA-Aufenthaltes mit Teilstrecken in Kalifornien.

- **Mietwagen**: es gibt spezielle Angebote auf unbegrenzter Kilometerbasis, die sich zudem auf Basis Anmiete 1 oder mehrerer Wochen ermäßigen. Für derartige Trips ist u.U. auch der Ausgangspunkt der Anmiete preislich interessant. Beispielsweise hat Miami/ Florida besonders günstige Preise und ist zudem günstig per Transatlantikflug erreichbar.

  Europäische Reiseveranstalter bieten günstige Kombis an: preiswerter Transatlantikflug plus Mietwagen vor Ort. Mietdauer genau planen, die Verlängerung vor Ort kann teuer werden! Weitere Details zu Mietwagen Seite 24.

- **Wohnmobil**: beliebte Variante für die Durchquerung der USA. Die Spritpreise halten sich in den USA noch in Grenzen, und das Wohnmobil spart teure Hotelübernachtung. Verschiedene europäische Veranstalter bieten günstigen Flug plus Wohnmobil an, Preisverleich lohnt. Teils große Unterschiede, was Preis aber auch Fahrzeug betrifft.

- "**Driveaway**": Überführung von Privatautos von z.B. der Ostküste zur Pazifikküste im Auftrag der Fahrzeugbesitzer. Die Fahrzeit wird hierbei individuell vereinbart, die Benzinkosten trägt der Fahrer. Auf den ersten Blick eine äußerst preisgünstige Möglichkeit, quer über den Kontinent nach Kalifornien zu kommen.

  Man sollte jedoch vorab sehr genau den Zustand des zu überführenden Fahrzeuges studieren, sowie die Vertragsbedingungen: hier wird man teils für eventuelle Reperaturen am Fahrzeug unterwegs haftbar gemacht.

  Selbst wenn derartige Bedingungen nicht im Vertrag stehen: Was passiert, wenn unterwegs kostspielige Pannen wie z.B. am Getriebe entstehen, die man zahlt, um weiterzukommen, - und am Zielort (aus welchen Gründen auch immer) der Fahrzeugbesitzer entweder nicht erreichbar ist und/oder nicht zahlen will...

  Hinzu kommen kann Ärger, daß z.B. Drogen im zu "überführenden" Fahrzeug eingebaut sind, oder aber es sich um ein gestohlenes Fahrzeug handelt...

  Kann sein, - muß aber nicht. Untern Strich eine Variante, die gegenüber z.B. Greyhound "3o Tage Ameripass" abzügl. Spritkosten ca. 25o DM spart, mehr Flexibilität aber auch Ärger bringen kann. Vermittler dieser Anreisevariante stehen in den gelben Seiten der Telefonbücher unter "Driveaway".

Wichtigste Straßen- Verbindungen

Ostküste -> Kalifornien (reine Fahrzeit ca. 5- 6 Tage)

* INTERSTATE 8o: von New York über Chicago, Omaha, Salt Lake City, Reno und Sacramento nach San Francisco. Die nördliche Route entlang der Großen Seen, durch den Mittleren Westen, die Rocky Mountains und die Wüste von Nevada.

* INTERSTATE 7o: von Baltimore/Washington D.C. über Indianapolis, St. Louis, Kansas City nach Denver und Utah. Dort weiter über Interstate 15 nach Las Vegas und Los Angeles. Schnellste Strecke vom Nordosten nach L.A. durch den Mittleren Westen, die Rocky Mountains sowie die Wüsten von Nevada und Südkalifornien.

* INTERSTATE 4o: von North Carolina über Nashville, Memphis,

Oklahoma City, Albuquerque und Flagstaff nach Los Angeles. Südstaaten-Atmosphäre in Tennessee, Wüstenlandschaften in New Mexico und Arizona.

* INTERSTATE 1o: von Florida über New Orleans, Houston, San Antonio, El Paso, Tucson und Phoenix nach Los Angeles. Durch die Südstaaten und die Wüsten von New Mexico und Arizona.

* HIGHWAY 66: die traditionelle Transkontinental-Straßenverbindung, in vielen Songs von Stones bis xy besungen und Traum vieler Transkontinent-Durchquerer.

Der Highway 66 führt von Chicago via St. Louis -> Oklahoma City -> Albuquerque -> Flagstaff nach Los Angeles. Eine Distanz, für die der Jet 4 Std. braucht und die erst "on the road" so richtig die Entfernungen spüren lässt. Bei tägl. 8 Std. und Tempo 1oo braucht man 5 Tage.

★ Autokauf

Zwar kommt man im "Land des Automobils" relativ preisgünstig an Neu- und Gebrauchtfahrzeuge. Lohnt sich wegen des damit verbundenen Zeitaufwandes jedoch nur bei mehrmonatigem USA- Aufenthalt.

Der Kauf selbst ist das geringste Problem: das Angebot in größeren Städten ist immens. Am besten kauft man in Städten der Ostküste (wegen billigerem Transatlantikflug). Der weitere Gang benötigt jedoch Zeit. Neben organisatorischen und behördlichen Problemen kommt hinzu, daß mögliche Reparaturkosten die Preiskalkulation schnell verderben können. Auch der Verkauf geht in der Regel nicht reibungslos über die Bühne, zumindest benötigt er weitere Zeit.

Vermittlung von PKW- Ankauf in den USA mit dortiger Rückkaufgarantie über die Firma Mutorius, Kirchgasse 22, CH 83o2 Kloten, Schweiz. Hier auch Informationen über Anmeldung, Versicherung etc.
Wer sich von seinem Ami-Schlitten nicht mehr trennen kann: Verschiffung ab Westküste nach Europa ca. 1. ooo DM. Allerdings kommen in Europa dann noch einige 1oo DM- Scheine hinzu: zunächst mal die Zollgebühren, weiterhin verlangt der deutsche TÜV eine ganze Reihe an kostspieligen Umbauten, bevor es die deutsche Zulassung gibt. Später geht's dann je nach Fahrzeugmodell u.U. weiter mit komplizierter und kostspieliger Ersatzteile-Beschaffung.

★ Trampen, Mitfahrerzentralen

Quer durch den Kontinent von der Ostküste nach Kalifornien zu trampen, benötigt Zeit und geht in der Regel nicht unter 1 Woche pro Richtung (außer man bekommt 1 oder 2 "direkt- lifts". Es bringt aber viel Einblick in Land und Leute. Details und Tips zum Auto/LKW-Trampen in den USA siehe Seite 38.

Transport in Kalifornien

VORAB: Dimensionen nicht unterschätzen! Kalifornien besitzt an Fläche die Größe in etwa der BRD, - ist allerdings langgestreckt, was die Fahrzeiten zusätzlich verlängert. 3 Wochen Urlaub sind relativ knapp für Kalifornien und benötigen Vorplanung in Bezug der angesteuerten Ziele.

* MIETWAGEN: Bequemstes Transportmittel, da man das Gepäck ohne Schlepperei bequem von Hotel zu Hotel (bzw. Camping) mittransportieren kann. Zudem sind manche Bereiche Kaliforniens mit öffentl. Verkehrsmitteln nur schwer (da selten) zu erreichen, manche wie der Sequoia National Park überhaupt nicht. Sie benötigen daher einen Mietwagen.

Der Mietwagen ist nicht nur die bequemste Variante, - bei knappem Urlaub spart er auch erheblich Zeit, da der Weg zum jeweiligen Busterminal (bzw. Bahnhof oder Airport) wegfällt sowie die dortige lästige Warterei auf Anschlüsse. Weiterer Vorteil: man kann überall anhalten, wo man will (z.B. für Fotos), sowie Nebenrouten fahren.

Per Mietwagen kann man sich zudem durch die Mitnahme von Lebensmitteln selbstverpflegen (Tips siehe Hauptteil dieses Bandes) und spart hier und da durch gemütliches Picknick das Geld für teure Restaurants. Der Mietwagen hilft zum leichteren Einstieg bei Kurzwanderungen.

Vom Preis ist der Mietwagen gar nicht mal so teuer, wenn man auf günstige Angebote zurückgreift. Tips und Details siehe Seite 24

* BUSSE: verbinden alle größeren und mittleren Städte häufig am Tag bei sehr dichtem Bus-Streckennetz. Kleinere Orte auf Nebenrouten werden in der Regel täglich (teils jedoch nur 1- 2 mal/Tag) erreicht. Um das Ziel zu erreichen, kommt man meist per Bus klar. Details Seite 3o

* ZUG: zwar die komfortablere Variante, Langstrecken innerhalb Kaliforniens zurückzulegen. Man kann (gegenüber Langstreckenbus) im Zug rumlaufen, den Restaurantwaggon besuchen, auf einigen Strecken der Amtrak in Kalifornien auch Schlafwagen. Es gibt allerdings nur wenige Gleise. Details Seite.. 32

* FLUG: lohnt innerhalb Kaliforniens nur in Ausnahmefällen, um grössere Distanzen zu "rangieren", - z.B. L.A.-> San Francisco oder L.A. -> Las Vegas, bzw. San Francisco -> Reno oder San Francisco -> Eureka.

Aber gerade auf diesen Strecken liegen unterwegs eine Fülle an interessanten Punkten, so daß es schade wäre, sie per Jet zu überfliegen. Wer aus Zeitknappheit trotzdem fliegen möchte: Details siehe Seite 35

Mietwagen

Das Anmieten eines PKW ist in den USA so alltäglich wie der Einkauf im Supermarkt: Jeder kalifornische Airport (bei Ankunft Transatlantikflug von Europa), - aber auch jede einigermaßen große Stadt hat eine Fülle an Mietwagen Anbietern.

PREISE in Kalifornien: für Kleinwagen ("sub-compact") ab 3oo- 35o DM/ Woche, Vollkasko inkl., - Mittelklasse ab ca. 45o- 5oo DM. Meilen-Berechnung geht extra. Für Langzeitanmietung hat in Kalifornien HERTZ einen günstigen Tarif ("affordable longstay") ca. 2o US/Tag.

Kalifornische Anbieter stehen oft unter massivem Konkurrenzdruck, so daß man bei vor Ort- Anmiete teils erhebliche Ermäßigungen erreicht. Bei der Vorreservierung ab Europa gelten dagegen die ausgedruckten Standardtarife, die jedoch u.U. günstiger als die kalifornischen sein können.

★**Vorbuchen ab Europa**: zum Teil auf Basis sogenan. "Holiday-USA"- Tarife, oder anderer Bezeichnungen der Autovermieter wie Avis und Hertz. Rumtelefonieren lohnt, z.B. vermittelt CA-Ferntouristik München preisgünstig amerikanische Mietwagen wie der Firmen "Alamo" und "Dollar". Anmiete pro Tag oder Woche auf der Basis unbegrenzter Kilometer. Wer Langstrecken plant, sollte unbedingt auf Basis "km- unlimited" (un-begrenzte Kilometer) buchen.

Fly & Drive: Angebote europäischer Reiseveranstalter für Flug nach Kalifornien plus Mietwagen vor Ort. Je nach Anbieter oft günstigste Wahl.

★**Mietwagen ab USA**: in den Ankunftsairports wie L.A. oder San Francisco gibt es eine Fülle an Autovermietern. Da die Büros im Airport nah zusammenliegen, kann man hier bequem Preise und Sondervergünstigungen vergleichen. Ansonsten: Stadtbüros, verzeichnet im Branchenverzeichnis des Tel.- Buches.

* Für SAN FRANCISCO ist ein Mietwagen nicht unbedingt nötig, eher hinderlich wegen guter Verkehrsverbindungen, wie auch knappem Parkraum. Am besten zunächst die Stadt und nähere Umgebung per öffentl. Verkehrsmitteln erschließen und danach für weitere "Erschließung Kaliforniens" der Mietwagen.
* Für LOS ANGELES ist im Prinzip der Mietwagen nicht nötig wegen gutem öffentlichen Transport. Wegen gewaltiger Dimensionen von L.A. kann der Mietwagen jedoch Zeit sparen, sofern man mit dem Netz der Highways in Orientierung klar kommt und nicht zu Zeiten der Rush Hours fährt.

★**Preisvergleich**: zu den preisgünstigen kalifornischen Vermietern gehören "Alamo" und "Dollar". Sie haben ein dichtes Netz an Verleihstationen in Kalifornien und Nevada (wichtig, wenn Defekte am Auto auftreten). Auch ist bei diesen Firmen "Einwegmiete" innerhalb Kaliforniens, teils auch Nevada ohne Aufpreis möglich (z.B. Anmieten in San Francisco und Rückgabe des Fahrzeuges in L.A. oder Reno).

Weiterhin gibts regionale Kleinvermieter, die teils billig anbieten, aber alte Autos und nur wenige Verleihstationen haben. - Achtung: oft nennen die Vermieter zunächst nur den Grundpreis. Hierauf addieren sich 5 - 1o % Steuer und die Versicherung, die den Endpreis auf fast das Doppelte anwachsen lassen.

★ **Service**: Bei Langstrecken-Touren ist man mit den Internat. Verleihern (wie Avis, Hertz) sowie Alamo und Dollar oft besser bedient, da sie über ein engmaschiges Netz an Verleih- und Servicestationen verfügen und bei Pannen einen eigenen Hilfsdienst haben.

Lokale Firmen sind bei vor Ort Buchung meist billiger, - die Fahrzeuge allerdings nicht immer in bestem und neuestem Zustand. Außerdem kein Service außerhalb des jeweiligen Ortes. Alternative daher für kurze Spritztouren in der Umgebung, günstige Tarife vor allem am Wochenende von Freitag nachmittag bis Montag früh.

★ **Versicherung**: Die Lock-Angebote der Leihfirmen enthalten meist nicht die Versicherung, die aber noch einmal kräftig zu Buche schlägt, ca. 15- 2o DM pro Tag. Diese Versicherung (LDW = "loss-damage-waiver") ist nicht obligatorisch, aber unbedingt ratsam, denn sie schließt jegliche Selbstbeteiligung bei Diebstahl oder Unfällen aus. Bei den oft abstrusen Schadensersatzforderungen im amerikanischen Rechtssystem kann selbst ein kleiner Unfall zu unkalkulierbaren Ansprüchen der Gegenpartei führen.

Beim Abschluß des Versicherungsvertrages auch aufs Kleingedruckte achten. Haftung ist in der Regel ausgeschlossen bei Alkohol- und Drogengenuß, beim Vergessen des Zündschlüssels im Wagen, bei vorsätzlichem Fehlverhalten im Straßenverkehr. Für Fahrten nach Mexiko oder Kanada ist eine Sondergenehmigung des Vermieters erforderlich, außerdem Zusatzversicherungen. Bei Verlust oder Beschädigung unbedingt Polizei und den Versicherer sofort benachrichtigen, sonst entfällt der Versicherungsschutz.

★ **Bezahlung**: nach Möglichkeit eine Kreditkarte benutzen. Ist in den USA absolut durchgesetzt und erspart lästige Rückfragen, die Hinterlegung von Garantiesummen und Ausweiskontrollen. Viele Firmen vermieten ausschließlich an Inhaber von Plastikkärtchen.

Beim Anmieten eines Wagens gilt ein **Mindestalter**, von Firma zu Firma unterschiedlich, in der Regel 21- 25 Jahre. Bei Vorausbuchung unbedingt erfragen, damit es bei der Übernahme keine Schwierigkeiten gibt.

★ **PKW- Übernahme**: Auto kontrollieren bezüglich Schäden an Lack und Karosserie, sowie Überprüfung des im Vertrag angegebenen Tankinhalts. Fast alle Wagen haben automatisches Getriebe. Wer sich damit nicht auskennt, sollte sich kurz einweisen lassen.

FAZIT: Nach Ankunft in L.A. oder San Francisco zunächst die jeweilige Stadt besichtigen, danach Wagen mieten für eine individuell geplante Rundtour.

Alternative: Per Bus, Bahn oder Flugzeug in die größeren Städte. Wenn's dort nicht weitergeht mit öffentlichen Verkehrsmitteln, Auto mieten für kurze Trips oder Tagesausflüge. Da das Automieten nicht übermäßig teuer ist, lohnt ab zwei oder mehr Personen die Kalkulation mit dem Leihwagen in jedem Fall.

★ Motorrad

Für Fans und Könner sicher eine reizvolle Sache, à la "Easyrider" über die Highways. Attraktiv auch die kurvenreichen Küstenstrecken sowie Gebirgstouren durch die Sierra Nevada. Der Highway 1 südlich von San Francisco ist fast schon Kult-Strecke für Motorrad-Freaks aus der Bay Area, die dort mit ihren schweren Harley-Davidson rumkurven.

Auch wenn Rasen verführerisch ist: Geschwindigkeitsbegrenzungen unbedingt einhalten. Die Polizei ist besonders gern mit Strafzetteln bei der Hand, auch auf vermehrte Ausweiskontrollen gefaßt sein. Motorradfahrer haben in den USA kein übermäßig gutes Image, resultiert noch aus Zeiten der "Hell's Angels", die damals auf Kaliforniens Straßen wenig gern gesehene Verkehrsteilnehmer waren (Seite 713).

Anmietung von Motorrädern am besten in Los Angeles oder San Francisco, Adressen in den jeweiligen Regional-Kapiteln. Ansonsten auch im Angebot von CA- Ferntouristik München sowie anderer USA-Veranstalter (ausführliche Liste im Heft "America" Nr. 2/93, Bonn, Borsingallee 6, Tel.: o228-252.o91. Die Zeitschrift ist Tip für Amerika Fans, Heft 2/93 enthält auch Infos für die Mitnahme des eigenen Motorrades nach USA).

✶ Wohnmobile

In den USA insbes. auch Kalifornien sehr beliebt und im Angebot vieler Veranstalter. Man kann anhalten, wo man will, führt Küche, Bett und Dusche/Toilette mit sich. Sehr beliebt auch bei Familien mit Kindern.

In den USA nennen sich Wohnmobile "Recreational Vehicles" (RV). Auch große Fahrzeuge dürfen mit dem PKW-Führerschein gefahren werden.

✶Es gibt folgende **TYPEN**:

VAN bzw. VW-CAMPER: voll eingerichtete VW-Busse oder ähliche Fahrzeuge amerik. Fabrikate (z.B. Ford). Vorteil: sie sind kompakt, auch beim Einrangieren in enge Parklücken weniger Probleme, sowie geringerer Spritverbrauch. Nachteil: im Fahrzeug selber gehts eng zu, daher für maximal 2 Personen sinnvoll.

MOTORHOME: die Luxusversion, die viel Freiheit im Inneren des Fahrzeuges bieten, allerdings auch 6 bis 1o m lang sind und sich für den Großstadtverkehr/Parken kaum noch eignen. Auf den Weiten der Highways, den Campingplätzen und Nationalparks sind sie dagegen das Non-Plus-Ultra an Komfort, - vorallem, wenn man zu mehreren reist.

PICK UP CAMPER: hier wurde auf einen soliden, größeren PKW eine Wohn/Schlaf-Kabine aufgesetzt. Vorteil sind die Handlichkeit im Fahren, dafür innen extrem eng.

✶**ANMIETUNG** entweder in einer der großen Städte Kaliforniens (Adressen siehe Regional-Kapitel) oder bereits vorab in Europa. Auch hier lohnt ein Vergleich der einzelnen Veranstalter. Größter Anbieter für Wohnmobile in den USA ist "Cruise America" (mehr als 3.5oo Fahrzeuge neuer Bauart, unbegrenzte Meilen). Vorbuchen über europäische Reiseveranstalter möglich, z.B. "Campertours Worldwide", Hermann-Bähr-Str.3, Moers, BRD, Tel.: (o2841) 164.64, "CA- Ferntouristik" München und anderer. Auch kann u.U. "Fly & Drive" preisgünstig sein.

VORBUCHEN AB EUROPA: dürfte für Wohnmobilen der sinnvollere Weg sein, da es bei weitem nicht so viele Wohnmobile wie Mietwagen der Verleiher gibt. Klartext: zur Hauptsaison/Sommer erhebliche Engpässe im Angebot. Zudem hat man bei geringer Urlaubszeit auch sicher vor Ort sein Fahrzeug reserviert. Andererseits lassen sich außerhalb der Saison bei einer Anmiete vor Ort u.U. Rabatte aushandeln wegen ungenügender Auslastung der Vermieter.

VERMEIDUNG VON PROBLEMEN: Nach Übernahme des Fahrzeugs erst mal ein oder zwei Tage in der Nähe der Vermietstation verbringen. Evtl. Mängel zeigen sich oft

recht bald, und man kann rechtzeitig reklamieren, statt sich während des gesamten Urlaubs damit herumzuschlagen.

PKW oder WOHNMOBIL? Die Unabhängigkeit des Wohnmobils auf Touren durch Wüste und Sierra ist natürlich unschlagbar. Die Campingplätze sind überall auf Wohnmobile eingestellt (Wasser, Stromanschluß).

Andererseits existieren selbst in abgelegenen Gebieten einfache Motels, so daß PKW-Fahrer in den seltensten Fällen Übernachtungsprobleme haben. Lediglich in den Nationalparks kann es zur Hauptsaison eng werden, dann müssen allerdings auch für Wohnmobile die Stellplätze vorher reserviert werden.

Bei den niedrigen Maximalgeschwindigkeiten auf US-Autobahnen und Highways spielt der Vorteil des PS- stärkeren Mietwagens gegenüber Wohnmobil kaum eine Rolle. Fast alle Ziele sind über gut ausgebaute Straßen zu erreichen, die auch für große Campmobile kein Problem darstellen. In großen Städten ist wegen der Parkprobleme ein Wohnmobil allerdings extrem unpraktisch.

FAZIT: Beide Möglichkeiten (PKW oder Wohnmobil) sind komfortabel und praktisch. Wegen Einsparung von Hotels und (teils) Restaurants sind beide Varianten preislich nur gering im Unterschied.

Die Entscheidung hängt also weniger von objektiven Kriterien, sondern hauptsächlich von individuellen Reisebedürfnissen ab.

Autofahren in Kalifornien

Insgesamt eine zuvorkommende und eher entspannte Atmosphäre auf den Straßen Kaliforniens. Kaum Raser, viel Rücksichtnahme beim Einfädeln und Spurenwechseln. Kein Drängeln oder Lichthupen auf der Überholspur. Dafür ist bei mehrspurigen Autobahnen rechts Überholen üblich, nicht nur im Stadtbereich.

In der Nähe von Los Angeles und San Francisco, sowie in deren Stadtbereich wird's voller und hektischer, vor allem zur Rush-Hour. Dann vergessen auch die Amerikaner schon mal ihre guten Manieren im Verkehr. Man sollte sich für diese Zone genügend Zeit nehmen und möglichst "relaxing"durch die Staus bewegen; Hektik bringt nur Streß.

FÜHRERSCHEIN: der Nationale Führerschein reicht aus. Der Internationale Führerschein wird bei Wagenanmiete nicht akzeptiert, er ist jedoch wegen seinem engl. Text u.U. hilfreich bei Polizeikontrollen.

Tanken: Die Benzinpreise sind erheblich niedriger als in Europa (umgerechnet auf Liter derzeit ca. 55 Pfennige), dies senkt die Reisekosten. Besonders niedrig sind die Preise in den Ballungsgebieten und im Central Valley. Dort lohnt das Volltanken kurz vor dem Aufstieg in die Berge und zu den Nationalparks, wo die höchsten Preise verlangt werden.

Fast alle Tankstellen haben Selbstbedienung, viele bieten die Alternative zwischen Bedienung und Selbsttanken (entsprechende Hinweisschilder an den jeweiligen Fahrspuren zu den Zapfsäulen: "full service" oder "self-service").

Mit der Technik der Zapfsäulen haben selbst Einheimische häufig ihre Schwierigkeiten: Bevor das Benzin läuft, muß immer ein zusätzlicher Hebel zur Seite oder nach oben gelegt werden. Bei vielen Tankstellen erst zahlen, dann zapfen: d.h. nicht zuviel veran-

schlagen, da es keine Rückzahlung gibt, wenn der Tank vorzeitig voll ist. Bei manchen Säulen darf man zwischendurch nicht mit dem Zapfen aufhören, sonst stoppt der Vorgang, und man muß erst bezahlen, bevor es weitergeht.

Informationen über den Gebrauch stehen auf jeder Zapfsäule. Die Amerikaner verstehen aber eine eventuelle Hilflosigkeit vor den Tücken der Technik und springen gern unterstützend ein.

Highways: Sind numeriert, und zwar mit geraden Zahlen, wenn sie in Ost-West-Richtung verlaufen, mit ungeraden Zahlen in Nord-Süd-Richtung.

Langstreckenautobahnen heißen "Interstate" und tragen ein "I" vor der Nummer. An großen Autobahnen selten Raststätten oder Parkplätze nach europäischem Muster. Man verläßt den Highway an einer der Ausfahrten zum Tanken, Pausieren und Verpflegen.

AUTOBAHNZUBRINGER: Auffahrten sind häufig nicht so großzügig angelegt wie in Europa, oft geht's links ab in die Auffahrt und dann in kurzer, enger Kurve direkt auf den Highway. Vorsicht auch bei ähnlich engen Abfahrten, Geschwindigkeit rechtzeitig drosseln. An belebten Zufahrten manchmal auch ein Ampelsystem: Pro Grünphase darf sich ein Auto auf den Highway einfädeln.

AUTOBAHNKREUZE: Vor Fahrtantritt vor allem im Raum Los Angeles und San Francisco anhand der Karte genau über die zu benutzenden Highways orientieren. Auf den Schildern an Autobahnkreuzen sind oft die Zielorte nicht angegeben, manchmal erscheint bloß der nächstgelegene winzige Ort, der einem nichts sagt. Abzweigungen gehen gelegentlich auch von der linken Fahrspur ab.

Am besten richtet man sich nach den Nummern der jeweiligen Highways, die immer angeschrieben sind. Auch auf die zusätzlichen Richtungsangaben "East/West" oder "North/South" achten, sind ebenfalls aussagekräftiger als manche nebensächliche Ortsangabe.

MAUT: Nur selten werden Straßengebühren erhoben. Wenn, dann geringe Beträge bei der Überquerung von Brücken wie z.B. der Golden Gate Bridge in San Francisco.

STRASSENZUSTAND: Bis auf seltene Ausnahmen in Nordkalifornien sind selbst Nebenstraßen hervorragend ausgebaut und gut erhalten. Befahrbar auch für sperrige Wohnmobile.

KLIMATISCHE SCHWIERIGKEITEN existieren vor allem in der Sierra Nevada und den Cascade Mountains, gelegentlich auch in den Bergen unmittelbar östlich von Los Angeles. Die meisten Pässe der Sierra und damit wichtige Ost-West-Überquerungen sind in der Regel zwischen Anfang November und Mitte Mai wegen Schnee generell gesperrt. Auch nach längeren Perioden ohne Niederschlag wird in dieser Jahreszeit nicht geräumt. Außerhalb dieser Zeit kann es ebenfalls zu vorübergehenden Schneefällen und Sperrungen kommen.

Einzige Ost-West-Verbindung über die Berge, die ganzjährig freigehalten wird, ist Interstate 80 zwischen Sacramento, Lake Tahoe und Reno. Ansonsten Richtung Osten nur durch die Wüsten in Südkalifornien. Im Winter bei Fahrten in die Sierra unbedingt Schneeketten mitführen.

Zufahrten von Westen zu den Nationalparks in der Sierra Nevada und den Cascade Mountains werden nach Möglichkeit geräumt, es kann aber zu Behinderungen kommen. Die touristisch interessante Strecke zwischen Mono Lake/Owens Valley und dem Yosemite National Park bleibt leider von November bis Mai gesperrt. Ebenso die Durchfahrt durch den Lassen National Park. Häufig gesperrt ist auch die Verbindungsstraße

zwischen den beiden Nationalparks Kings Canyon und Sequoia, so daß man einen Umweg durchs Central Valley in Kauf nehmen muß.

VERKEHRSFUNK: Nicht so ausgefeilt wie hierzulande, allerdings auch weniger notwendig. Im Raum Los Angeles und San Francisco bringen einige Sender Verkehrsdurchsagen (Details in den Regional-Kapiteln). In der Nähe von Nationalparks oder Paßüberquerungen weisen Schilder auf spezielle Frequenzen hin, über die Berichte zum Straßenzustand gesendet werden.

PANNEN/UNFÄLLE: In städtischen Bereichen kommt über Notruf 911 Hilfe; auf dem Land per "0" die Telefonvermittlung wählen, die den Notruf weiterleitet. Bei technischen Schwierigkeiten mit dem Mietwagen die nächste Firmenvertretung oder die Zentrale verständigen. Große Firmen haben einen eigenen Hilfsdienst.

AUTOMOBIL-CLUBS: Die "American Automobile Association" (AAA, gesprochen: triple A) hat in größeren Städten lokale Niederlassungen. Bietet für Mitglieder Karten- und Informationsmaterial sowie Pannenhilfsdienst und Preisnachlässe in angeschlossenen Hotels. Gleicher Service auch für Mitglieder assoziierter europäischer Automobil-Clubs. Weitere Info geben die jeweiligen Vereine in Deutschland, Österreich und der Schweiz.

Parken: In Kleinstädten und mittleren Großstädten selten Probleme, da es überall riesige Parkflächen vor Einkaufszentren und Veranstaltungsorten gibt.

Absolut schwierig dagegen die Situation in den Innenstädten von Los Angeles und San Francisco. Dort nach Möglichkeit gar nicht erst mit dem Auto aufkreuzen oder es gleich beim Vermieter abgeben. Parkraum ist extrem knapp und damit teuer; an Parkuhren sowie in privaten Parkhäusern sind die Gebühren saftig, in einigen Fällen bis zu 5 US pro Stunde.

An manchen Stellen ausgeschilderte Gratis-Kurzzeitparkzonen: Parkzeiten genau einhalten. Falschparken wird schnell und radikal geahndet, die Abschleppwagen stehen bereit. Kontrolle geht ohne die bei uns übliche Parkscheibe, die Kontrolleure ("parking reinforcement") haben ihr eigenes System mit Kreidestrichen am Reifen etc. Parken vor Hydranten ist ebenfalls streng verboten.

Vor allem in San Francisco, aber auch in anderen Städten ist das Parken reguliert durch die Farben der Bürgersteigränder:

rot ......absolutes Halteverbot
gelb ......Be- und Entladen nur für Fahrzeuge mit Sondererlaubnis
blau ......reserviert für Behinderte
grün......max. 1o Min. Parkzeit
weiß......max. 5 Min. Parkzeit

Motels bieten für ihre Gäste Gratis-Parkplätze, Hotels in San Francisco und Los Angeles kassieren fürs Parken oft noch ein stattliches Extrasümmchen. Bessere Hotels haben "valet parking", d.h. das Hotelpersonal kümmert sich um das Abstellen des Wagens, natürlich gegen Gebühr und Trinkgeld.

Nicht immer hat man in diesen Hotels die Wahl, den Wagen selbst zu parken oder "valet parking" in Anspruch zu nehmen, zumal wenn das nächstgelegene Parkhaus voll ist (Hotels haben ihre Stellplätze reserviert). Ähnliches gilt für gute Restaurants, wo der Kunde vorfährt, sich um Parkplatzsuche nicht zu kümmern braucht, sondern den Zünd-

schlüssel vertrauensvoll abgibt. Gewisse Vorsicht ist hierbei jedoch geboten!

Sonderregelungen:

Geschwindigkeitsbegrenzungen (in Meilen pro Stunde):

Interstate Highways	55- 65	Wohngegenden	25
sonstige Highways	55	Schulbereiche	15
Stadtstraßen	35- 45		

Mancherorts sehr strikte Kontrollen, bei Überschreitung saftige Strafen.

Anschnallpflicht: im gesamten Bundesstaat Kalifornien und in Nevada. Sie gilt auch für Kinder, die einen speziellen Sitz benötigen. Wer ein Auto anmietet, bekommt diesen Kindersitz vom Autovermieter gegen Aufpreis.

Alkohol: Promillegrenze bei o,8. Darüber empfindliche Strafen. Angebrochene Flaschen oder Dosen dürfen im Wagen nicht mitgeführt werden!

Rechts abbiegen an roter Ampel: Erlaubt nach kurzem Stop und Versicherung, daß die Verkehrslage es erlaubt.

"XING": Kein Zugeständnis an chinesische Einwanderer, sondern ein ernstzunehmendes Warnschild, das auf Fußgänger, Kinder oder Wild hinweist, die möglicherweise die Straße unverhofft überqueren. Kurzform von "exiting".

"4-way-stops": An Kreuzungen oft Stopschilder für alle vier Fahrtrichtungen. Wer zuerst kommt, darf zuerst fahren. Staut sich der Verkehr, fährt man abwechselnd reihum. Die Amerikaner sind sehr rücksichtsvoll, und die Einfädelung in die Kreuzungen funktioniert ohne Hupen oder Gedrängel.

Schulbusse: Kenntlich an der knallgelben Farbe. Auf keinen Fall überholen, wenn die roten Lampen blinken oder das seitliche Stop-Zeichen ausgeklappt ist. In diesem Fall auch nicht an entgegenkommenden Schulbussen vorbeifahren. Die Kinder steigen aus und überqueren die Straße im Vertrauen auf die korrekte Einhaltung dieser Regeln durch die Autofahrer.

Ausscheren auf kurvenreichen Strecken, wenn sich mehr als fünf Autos hinter einem stauen, ist eine rücksichtsvolle Selbstverständlichkeit in Kalifornien, manchmal auch auf Hinweisschildern vorgeschrieben.

"littering": Abfall aus dem Auto auf die Straße zu werfen ist streng verboten, auf Zuwiderhandlungen stehen hohe Geldstrafen.

Überlandbusse

In diesem Bereich hat die Firma GREYHOUND an der Westküste der USA das Monopol. Nur auf kürzeren lokalen Strecken gibt es noch einige unbedeutende andere Linien.

Busfahren gilt in den USA als Sache armer Leute, allenfalls noch akzeptabel für Studenten in den Sommerferien. Entsprechend sieht die Mehrzahl der Terminals von Greyhound aus: heruntergekommen und nicht gerade das feinste Publikum. Nur in seltenen Fällen ein gepflegtes, modernes Gebäude.

Die Schalterhallen sind oft öde und leer, nur kurz vor den Abfahrten hektische Betriebsamkeit. Toiletten immer vorhanden, manchmal auch ein Fast-Food Restaurant. Fast überall Schließfächer für Gepäck. Im Extremfall findet der Ticketverkauf in einer Tankstelle oder einem Gemischtwarenladen statt, vor dem der Bus auf der Straße hält. Die Busse selbst sind komfortabel mit Klimaanlagen und Toiletten; aber keinen Luxus erwarten.

Positive Aspekte: Die Terminals liegen meist relativ zentral mit guter Anbindung an die öffentlichen Verkehrsmittel der jeweiligen Stadt. Die Greyhound-Verbindungen zwischen den großen und mittleren Städten Kaliforniens sind gut und häufig: in der Regel mehrmals am Tag.

FAHRPLÄNE: Wechseln ständig, je nach Saison, Nachfrage und Verfügbarkeit von Bussen. Ein kurzer Telefonanruf beim örtlichen Greyhound-Büro erspart Wege und unnötige Wartezeiten. Vor Ort in den Terminals gibt es jeweils aktualisierte Broschüren mit den Fahrplänen der lokalen Routen.

FAHRPREISE: Es herrscht ein Tarif-Dschungel sondergleichen: Die im Text angegebenen Preise sind nur grobe Anhaltspunkte für "one way" Tickets. Zur groben Orientierung: Das Normalticket von San Francisco nach Los Angeles kostet ca. 4o US.

Ansonsten sollte man sich auf einen dynamischen Markt einstellen, ähnlich wie bei Flugreisen, wo unter bestimmten Sonderkonditionen oft enorme Preisnachlässe gewährt werden. Streckenlänge und Fahrpreis stehen oft nicht in direktem Zusammenhang, Rückfahrkarten sind manchmal billiger als "one way". Bei frühzeitigem Ticketkauf (etwa 3 Tage vor Abfahrt) oft kräftige Rabatte. Bei Langstrecken ermöglicht sehr frühe Buchung oft große Einsparungen.

FAHRZEITEN: Die Fahrtdauer zwischen zwei Städten kann sehr unterschiedlich ausfallen, je nach Anzahl der Stops und der gewählten Route. Zwischen großen Städten verkehren täglich mehrere Expressbusse, mit denen man unter Umständen einige Stunden spart. Vor der Buchung also nachfragen, denn auf den Schautafeln im Terminal sind meist nur die Abfahrtszeiten angegeben und Expressbusse nicht gesondert gekennzeichnet. - Platzreservierung vorab ist nicht möglich. In den Bussen herrscht Rauchverbot, an das man sich aber nicht immer hält.

TIP: Nicht gleich ein Ticket kaufen, sondern nachfragen und insistieren, ob es nicht unter bestimmten Umständen billiger geht. Die Angebote ändern sich beinahe täglich. Die Angestellten von Greyhound sind in vielen Fällen nicht besonders hilfreich und rücken manchmal erst auf nachdrückliches Beharren mit mehr Informationen raus.

Ein Preisvergleich mit Flug oder Mietwagen lohnt in jedem Fall: Auf manchen Strecken sind die Sonderangebote der Airlines kaum teurer als eine Busfahrt. Ab 2 Personen kann auch ein Mietwagen billiger kommen. Immer abhängig von den örtlichen und saisonalen Gegebenheiten sowie von der individuellen Routenplanung.

Auch wenn man den Urlaub nicht nur mit Dollar-Rechnerei verbringen will: Im Land des Big Business ist auch der kleine Mann genötigt, sich im Gewirr der Konkurrenz zu orientieren, wenn er Einsparungen machen will. Ein paar vorherige Anrufe können viele grüne Scheinchen einsparen.

Details zur Firmengeschichte Greyhound siehe Seite 44

Ameri-Pass: Wer viel mit Bussen in Kalifornien unterwegs ist, kann u.U. auf die Netzkarte von Greyhound zurückgreifen. Die billigste gilt 4 Tage und kostet 15o DM, weiterhin: 7 Tage/25o DM, - 15 Tage/375 DM, 3o Tage/5oo DM.

Sie gilt auf allen Strecken der USA für beliebig viele Fahrten innerhalb der Gültigkeit und muß vorab außerhalb der USA gekauft werden. In Deutschland über größere Reisebüros oder DER, Frankfurt/M., Emil von Behring Str. 6.

Genaue Terminfestlegung ist beim Kauf nicht nötig: Bei der ersten Fahrt wird der Pass abgestempelt, dann läuft die Frist.

Ob sich der Greyhound "Ameri-Pass" für Kalifornien preislich lohnt, ist persönliches Rechenexempel. In der Regel nur, wenn man sehr viel und vor allem Langstrecken fährt.

Stadtbusse: Amerikanische Städte haben zwar den Ruf, total auf den Autoverkehr eingestellt zu sein. Für Kalifornien ist dies jedoch nur bedingt richtig: Die meisten Städte verfügen über ein brauchbares Busnetz, das in Verbindung mit örtlichen U-Bahnen (San Francisco, L.A.) für den Touristen äußerst nützlich sein kann. Ein Mietwagen ist dort wegen fehlendem Parkraum meist eher hinderlich. Anders dagegen bei Fahrten in die Aussenbezirke oder in die Umgebung: ohne Auto nicht oder nur sehr schwer zu realisieren.

Allen voran steht SAN FRANCISCO, wo mit dem lokalen Bus- und Bahnsystem alle interessanten Stadtteile und Sehenswürdigkeiten bequem zu erreichen sind. LOS ANGELES besitzt entgegen allen Gerüchten ein dichtes Busnetz, über das die wichtigsten Stadtteile verbunden sind. Wegen der großen Entfernungen ist Busfahren dort jedoch zeitaufwendig.

Auch SAN DIEGO und seine Vororte lassen sich passabel mit öffentlichen Verkehrsmitteln erschließen. Mittlere Großstädte wie Sacramento, Fresno oder Las Vegas haben zumindest im Innenstadtbereich ein ausreichendes Busnetz.

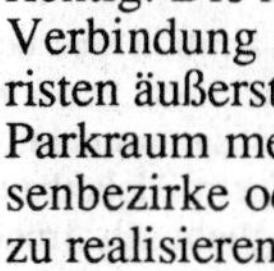

Zug

Das Gleisnetz innerhalb Kaliforniens verband früher alle wichtigen, größeren Städte. Da der Zug aber (wegen seiner geringen Möglichkeit, Steigungen zu überwinden) oft große Umwege fahren mußte, - wurden dann bis in die 6o-er Jahre unseres Jhds. viele Strecken stillgelegt und durch Bus-Direktverbindungen ersetzt.

Heute gibt es innerhalb Kaliforniens nur wenige, dort aber effiziente und komfortabele Zugverbindungen auf Langstrecken: Nr. siehe Karte S. 17

(5) SAN DIEGANS: San Diego -> Los Angeles -> Santa Barbara. Erschließt die Küstenstädte Südkaliforniens und fährt mehrmals täglich.

stenstädte Südkaliforniens und fährt mehrmals täglich.

⑦ COAST STARLIGHT: Los Angeles -> Santa Barbara -> Oakland (mit "Bart"-Anschluß nach San Francisco) -> Sacramento -> Redding. Der Zug fährt nur 1 mal tägl. Er führt im Südteil seiner Strecke (Bereich Küste Santa Barbara) sowie im Nordteil (z.B. Bereich Shasta Mountain) durch ausgesprochen schöne Landschaften. Ab Redding dann weiter nach Portland/Seattle.

⑥ SAN JOAQUINS: Bakersfield -> Fresno -> Stockton -> Oakland ("Bart"-Anschluß nach San Francisco). Der Zug fährt mehrmals täglich. Die Strecke durch's Central Valley ist landschaftlich eher eintönig. Entlang der Strecke direkte Busanschlüsse nach Los Angeles, zum Yosemite National Park, nach Sacramento und weiteren Punkten von touristischem Interesse.

④ CALIFORNIA ZEPHYR: Oakland -> Sacramento -> Truckee (und weiter auf der Transkontinentalen Strecke via Reno, Denver nach Chicago). Der Zug fährt 1 mal tägl. Landschaftlich ist die Strecke bis Truckee in Überquerung der Sierra Nevada grandios. Per Zug reist man erheblich bequemer als per Bus und hat im 1. Stock der Luxuswaggons Panorama- Abteile. Details zum Streckenbau ab Seite 132.

Ab Truckee bzw. Reno/Nevada Bus-Verbindungen zum Tahoe Lake, Owens Valley, bzw. Mietwagen nehmen.

③ SOUTHWEST CHIEF: Los Angeles -> Barstow (-> Las Vegas/Nevada): Abfahrt tägl., braucht rund 1 Std. länger als der Bus auf der Interstate 15, ist aber die bequemere Verbindung. Details siehe Kapitel "Las Vegas".

Gegenüber Bus ist der Zug auf Langstrecken die in jedem Fall bequemere Variante: man kann sich unterwegs die Beine vertreten, es gibt im 1. Stock der Luxusliners Restaurantwaggons, sowie Panorama- Abteile. Auf Langstrecken, die nachts befahren werden: Schlafwagen. Dies spart gegenüber Mietwagen Urlaubszeit, - und den Mietwagen kann man sich dann nach Erreichen des Zieles vor Ort besorgen, um die nähere und weitere Umgebung zu erkunden.

PREISE: per Zug und als Normalticket vor Ort gekauft meist teuer als Busse. Preisbeispiel Zug L.A. -> San Francisco einfach ca. 75 US.

Ähnlich wie bei den Bussen gibts auch bei der Eisenbahngesellschaft AMTRAK ständig irgendwelche Sonderangebote, die man vorab recherchieren sollte, und die zu erheblichen Preisnachlässen führen können.

RAIL-PÄSSE: wer ab Europa direkt nach Kalifornien fliegt (z.B. L.A. oder San Francisco), hat folgende Möglichkeit:

* COAST REGION RAIL PASS: der Pass gilt (abgesehen von der US-Ostküste) für die gesamte Westküste. Preis 3o Tage: 199 US/peak bzw. 179 US/off peak. (peak, off peak siehe Seite 19).

Anwendung: z.B. L.A. -> San Francisco retour gefahren (und um beide Städte miteinander zu verbinden) bringt er keinen Preisvorteil. Anders dagegen, wenn man zusätzlich zu Kalifornien noch die Bundesstaaten Oregon/Washington einbauen will. Und/oder: neben L.A. -> San Francisco noch weitere Strecken wie z.B. "San Diegans" (5) fährt.

Wer TRANSKONTINENTALSTRECKEN mit AMTRAK fährt (Details siehe Anreise), kann den dortigen "**West Region Rail Pass**" im Rahmen der Gültigkeit 15 bzw. 3o Tage noch für den Raum Kalifornien, Nevada, Oregon und Washington ausnutzen. Spart Geld gegenüber normal gekauften Einzelstrecken der AMTRAK.

Zusätzlich kann man sich von "Greyhound" einen "Ameri- Pass" kaufen (Details zu Preisen Seite 15). Persönliches Rechenexempel: Vorallem, wenn man zu mehreren reist, ist der Mietwagen die bequemere, flexibelere und oft billigere Variante vor Ort.

Eisenbahn-Nostalgie

Auch in Kalifornien gibt's Fahrten mit Lokomotiven und Waggons aus der Pionierzeit der Eisenbahn. Heißer Tip für Eisenbahnfans!

* NAPPA VALLEY WINE TRAIN: Luxuswaggons, an Bord Abendgardarobe Pflicht. Durchquert wird das Nappa Valley auf traditionellem Gleis, die Waggons allerdings von wenig romantischer Diesellok gezogen. Dafür Luxusmenü, die Fahrt ca. 45 - 7o US inkl. Dinner.
* KURZTOUREN des Eisenbahnmuseums von Sacramento: an sich ist das Museum schon ein "muß" für Eisenbahnfans. Eingesetzt für die Fahrten werden Dampfloks und Waggons aus der Gründerzeit Kalforniens. Details siehe auch Seite 556.
* SHUNK TRAIN: ab Fort Bragg/Nordküste Kalifornien. Je nach Saison 2 - 4 Abfahrten tägl. auf einer Strecke von der Küste ins Landesinnere durch Redwood-Wälder bis zum Ort Willits. Eingesetzt wird in der Regel ein gelber Triebwagen von 1925. Der Name "shunk" stammt von einer früher auf der Strecke betriebenen Gas- Lokomotive, die entsprechend stank. Heute weitgehend Diesel- und Dampfloks. Allein die Strecke lohnt von Landschaften und zählt zu einer der schönsten Eisenbahnfahrten Kaliforniens. Weitere Details siehe Seite 76o.
* ROARING CAMP & BIG TREES RAILROAD: Schmalspurgleis durch dichte Wälder nördl. von Santa Cruz an der Pazifikküste rund 7o km südlich von San Francisco. Die Fahrt geht mit Dampfloks von 1899 bzw. neueren Dieselloks durch dichte Redwood Wälder.
* VIRGINIA CITY (Seite 499/5o9) ab Frachtdepot der ehemaligen "Virginia & Truckee- Railroad" von 1869 Fahrten mit Oldtimerzügen zu einer ehemaligen Silbermine, die besichtigt werden kann.

Auch die BAHNHÖFE bieten oft noch originale Eisenbahn-Atmosphäre. Berühmt die Union Station in L.A., seinerzeit Ziel der Kalifornien- Einwanderer und später in vielen Hollywood-Filmen Kulisse.- Truckee in der Sierra Nevada ist Bahnhof der Transkontinental Strecke über die Sierra (Details siehe S. 512). Las Vegas besitzt einen Bahnhof, der weitgehend in ein Spielkasino umgewandelt wurde (S. 4o3).

HOBOS: das Mitfahren auf Güterzügen (das sogen. "freight-hopping") ist gratis, illegal und gefährlich. Da die Züge heute mit stärkeren Dieselloks schneller fahren, sind die großen Zeiten der "Hobos" heute passée. Details siehe Seite 42

FLUG

Lohnt sich innerhalb Kaliforniens nur bedingt: es gibt unterwegs bei Fahrten Überland mit Mietauto etc. so viel zu sehen, daß es schade wäre, hier im Jet drüberweg zu fliegen. - Andererseits kann Fliegen dann sinnvoll sein, wenn man bei knapper Urlaubszeit weit auseinander liegende Punkte besuchen will.

AIRPORTS: gibts in fast jeder größeren Stadt Kaliforniens. Die wichtigsten internationalen Airports sind: Los Angeles (LAX) und San Francisco (SFO), - sowie Oakland, Las Vegas und San Diego. Von dort häufige tägl. Direktverbindungen in andere Großstädte der USA, sowie ab LAX und SFO Direktflüge nach Europa.

Regionale Airports in Kalifornien: es gibt eine ungeheure Vielzahl, die wichtigsten sind Fresno, San Jose, Sacramento - sowie in Nevada: Reno und Las Vegas.

Tip: Regionale Flüge von San Francisco sind oft billiger ab Oakland oder San Jose, beide Flughäfen kaum schwieriger zu erreichen als SFO. So laufen Direktflüge der AA nach Seattle z.B. ab San Jose, um den SFO Airport zu entlasten. Ähnliches gilt für Los Angeles mit seinen Regionalflughäfen in Burbank und Orange County.

FLUGPREISE: beim Kauf eines Tickets vor Ort in den USA steht der Reisende oft vor einem Dschungel an Tarifen und Spezialangeboten, die nicht selten nur noch von Experten in Reisebüros zu durchschauen sind. Die Preisdifferenzen sind enorm: Los Angeles -> San Fracisco ca. 3oo US, in günstigen Fällen aber auch schon mal für 3o US. Grund sind der knallharte Konkurrenzkampf der Airlines untereinander, die bei ungenügender Auslastung ihrer Jets Spezialpreise anbieten. Vor dem Kauf eines Tickets lohnt sich daher, ein gut informiertes größeres Reisebüro zu kontaktieren und hartnäckig nach Spezialpreisen fragen.

AIRPASS: erhältlich für Ausländer, die keinen Wohnsitz in den USA haben. Der Air paß muß außerhalb der USA gekauft werden. Erhältlich bei fast allen US- Airlines und deren Strecken in Kontinental-USA (Hawaii, Mexiko, Karibik gegen Aufpreis).

Ob sich der Airpaß lohnt, ist Entscheidungsfrage, zumal sich die Bedingungen fast ständig ändern. Am besten stellt man sich vorab die persönlich gewünschte Strecke zusammen und kontaktiert ein gut informiertes Reisebüro in Europa, welches die Bedingungen und das Streckennetz der US- Airlines zur Hand hat.

Momentan gilt folgende Regelung: man kauft sich einzelne Flug- Coupons (möglich sind 3 - 7 oder mehr Coupons) zu entsprechendem Pauschalpreis. Die einzelnen Flugstrecken sind vorab festzulegen, nachträgliche Änderung der Flugstrecken kostet Aufpreis bzw. ist nicht möglich. Weiterhin gelten die Coupons nur für die Airline, für die sie gekauft sind. Teils ist auch Bedingung, daß man mit der betreffenden Airline von Europa nach USA fliegt: nur dann bekommt man deren inner-USA Flugcoupons.

Weiterhin gilt bei vielen Airpässen: pro Flugnummer 1 Coupon. Bedeutet im Klartext: wer von New York nach San Francisco fliegen will (und dies ohne persönlich gewünschte Flugunterbrechung), benötigt u.U. trotzdem 2 Coupons, da die Maschine (unterschiedliche Flugnummer) in Chicago, Detroit etc. gewechselt werden muß.

PREISE: z.B. 3 Coupons ca. 55o - 7oo DM je nach Saison. 6 Coupons ca. 9oo - 1.ooo DM. Dies kann schnell ins Geld gehen, da man in der Regel per Airpaß an die betreffende Airline gebunden ist - und deren Drehkreuze sowie Umsteigepunkte. Für Flüge also oft 2 Coupons benötigt.

TIPS: vor Kauf des Airpaß genau das Streckennetz der betreffenden Airline überprüfen. Manchmal kommt man von A nach B im Direktflug der Airline (=1 Coupon), - manchmal muß man umsteigen (2 Coupons) oder gar noch weite Umwege (mit Anschlußwarterei) fliegen, weil die Airline keinen Direktflug besitzt.
Selbes gilt für den Airpaß bei Nutzung innerhalb Kaliforniens. Ein recht gutes Streckennetz haben hier u.a. die American Airlines und die America West. Bei letzterer kommt man trotz dichtem Streckennetz z.B. nicht im Direktflug von San Francisco nach Reno, sondern muß via Las Vegas fliegen und dort umsteigen (= 2 Coupons).
Vertretungen der wichtigsten US- Airlines in Deutschland, Schweiz, Österreich:

ALASKA AIRLINES: Kleine Hochstr. 9, Frankfurt/M., Tel: (o69)- 289686.

AMERICA WEST: Kirchnerstr. 6-8, Frankfurt/M., Tel.: (o69)- 291o11.

AMERICAN AIRLINES: Wiesenhüttenplatz 26, Frankfurt/M., Tel.: (o13o) - 4114 (gebührenfrei).
Pelikanstr. 37, CH 8o39 Zürich, Tel.: (o1)- 221o67o.
Ballgasse 6, A -1o1o Wien, Tel.: (o222)- 5o51896.

CONTINENTAL: Schwindstr. 3, Frankfurt, Tel.: (o13o)-846464 (gebührenfrei).

DELTA: Lyoner Str. 36, Frankfurt/M., Tel.: (o69)- 6641234.

NORTHWEST: Lyoner Str. 26, Frankfurt/M., Tel.: (o69)- 6663884.
Seilergraben 49, CH 8oo1 Zürich, Tel.: (o1) 2512ooo.
Kärntner Str. 23, A 1o1o Wien, Tel.: (o222)- 51287o9.

TWA: Hamburger Allee 2-1o, Frankfurt/M., Tel.: (o69)- 795o4121.
Beckenhofstr. 6, CH 8o35 Zürich, Tel.: (o1)- 3614111.
Opernring 1/R/744, A 1o1o Wien, Tel.: (o222)- 5876868.

UNITED: Geleitsstr. 25, Frankfurt/M., Tel.: (o13o)- 6616 (gebührenfrei).
Rütistr. 2, 54oo Baden, Tel.: (o56)- 222259.

USAIR: Steinweg 3, Frankfurt/M., Tel.: (o13o)- 3375.

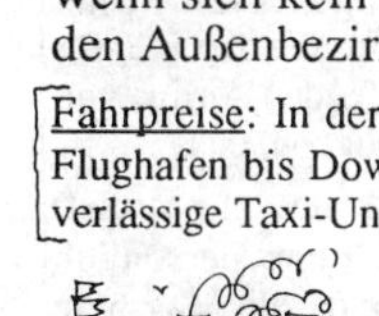

TAXI

In großen Städten gelegentlich eine notwendige und sichere Alternative zu den öffentlichen Verkehrsmitteln, z.B. bei Ankunft am Flughafen oder bei Rückkehr zum Hotel spät in der Nacht. Wer mit Bus, Bahn oder Flugzeug reist, muß immer dann auf Taxis zurückgreifen, wenn sich kein anderes lokales Verkehrsmittel anbietet, was vor allem in den Außenbezirken und der Umgebung der Städte nicht selten der Fall ist.

Fahrpreise: In der Regel ca. 2- 3 US für die erste Meile, 1,5o für jede weitere. Vom Flughafen bis Downtown in Los Angeles ca. 25 US, in San Francisco 2o- 25 US. Zuverlässige Taxi-Unternehmen: siehe einzelne Regionalkapitel.

FÄHREN

Bestehen im Bereich der San Francisco Bucht sowie zu den vorgelagerten Inseln von Los Angeles.

SAN FRANCISCO BAY: Über die Bucht regelmäßige Fährverbindungen zwischen der Stadt am Golden Gate

und Oakland. Außerdem Pendelverkehr zu mehreren Orten im Marin County. Vor Fertigstellung der beiden großen Brücken über die Bay in den 3o-er Jahren bestand hier der intensivste Fährverkehr der Welt. Heute eher untergeordnete Bedeutung für Pendler und Ausflügler. Touristisch interessant die Verbindungen ins Marin County.

CATALINA ISLAND: Insel und beliebtes Ausflugsziel vor der Küste von Los Angeles. Regelmäßiger Fährverkehr für Personen ab Long Beach und Newport Beach.

CHANNEL ISLANDS: Nationalpark auf einer Inselgruppe nördlich von Los Angeles. Tägliche Fährverbindung mit Ausflugsdampfern ab Ventura an der Central Coast.

FAHRRAD

Vom Klima in vielen Teilen Kaliforniens ideal und ganzjährig möglich. Ausnahmen: Die Wüstenstrecken im Süden, wo die Sonne vor allem in den Sommermonaten erbarmungslos brennt, sowie die kühlen und regnerischen Cascade Mountains, nur wenige Monate im Jahr schneefrei.

Bei näherem Hinsehen sind Überlandtouren per Fahrrad nur bedingt empfehlenswert. Besonders die landschaftlich überwältigenden Routen entlang der Küste (Hwy. 1) und zu den Nationalparks in der Sierra Nevada sind extrem stark befahren und dadurch gefährlich. Problem auf den meist engen und kurvenreichen Strecken sind vor allem die überdimensionalen Wohnmobile. Am Steuer oftmals Senioren, die das Gefährt nicht immer so beherrschen wie ein versierter Lastwagenfahrer.

Einsame und schöne Strecken vor allem in Nordkalifornien, dort ist aber das Wetterrisiko größer. Störend wirken auf vielen Strecken die Holztransporter, die mit schöner Regelmäßigkeit vorbeibrummen und einen fast vom Rad wehen. Sie fahren auf kurvenreichen Strecken zudem auch nicht besonders rücksichtsvoll.

Tip: Flach, landschaftlich schön und wenig befahren sind die Nebenstrecken im California Delta, dem Mündungsgebiet des Sacramento und San Joaquin River (westlich von Stockton im Central Valley). Die Straßen auf Deichen entlang der Flüsse und Kanäle, viele originelle Hub- und Zugbrücken. Zweirad-Feeling ähnlich wie in Holland. Leicht zu erreichen von San Francisco oder Sacramento aus.

Lohnend auch von San Francisco aus die Tour zur Point Reyes National Seashore. An Werktagen ist dort wenig Betrieb, Radfahren durch das leicht hügelige Gelände und oberhalb der Strände ein Genuß. Allerdings mit starkem Wind und Nebel rechnen.

Kürzere Touren sind vor allem interessant in der Umgebung der Metropolen San Francisco, Los Angeles und San Diego. Dort auch problemlose

Fahrradanmietung (rund 15 US pro Tag). In San Francisco Fahrradwege entlang der Küstenlinie der Halbinsel, in Los Angeles ebenfalls hervorragende und kilometerlange Radwege an den Uferpromenaden der westlichen Stadtbezirke. Fahrradtransport in städtischen Verkehrsmitteln in der Regel erlaubt.

FAZIT: Ausgewählte Streckenabschnitte und Touren können reizvoll sein. Kalifornien im größeren Stil per Fahrrad zu erstrampeln ist dagegen nur etwas für Leute, die kein Problem darin sehen, auf den Highways mit dichtem Autoverkehr zu konkurrieren. In jedem Fall ist ein Fahrradhelm zu empfehlen; überall erhältlich, da auch bei den einheimischen Radlern eine Selbstverständlichkeit.

TRAMPEN

Ist in Kalifornien in der Regel erlaubt. Ausnahme: in vielen Vororten der großen Städte. Beachten, daß man nicht auf der Straße selbst stehen darf und auch nicht im Bereich der sogenannten Freeways (vergleichbar unseren Autobahnen). Tramper sind ein beliebtes Objekt für intensive Polizeikontrollen, die kleinsten Vergehen gegen die Vorschriften werden rigoros geahndet.

Die Chancen für einen Lift sind von Ort zu Ort sehr unterschiedlich. In ländlichen Gebieten geht's schnell, auf den üblichen Touristenstrecken wenig Chancen. Im Großstadtbereich ebenfalls sehr schwierig, da die Autobahnen oft mitten in der Innenstadt beginnen, der Nahverkehr vom Fernverkehr nicht getrennt ist und kaum Haltemöglichkeiten bestehen.

Empfehlenswert in der Regel direktes Ansprechen von Fahrern an Tankstellen oder Fast-Food Stops. Dann kann man sich auch gleich ein Bild vom Fahrer machen, denn Trampen ist in Kalifornien nicht ungefährlich. Deshalb die international üblichen Tramper-Regeln strikt beachten und auf Belästigungen und mehr gefaßt sein. Für alleinreisende Frauen ist trampen nicht zu empfehlen.

Alternative sind die Mitfahrzentralen der Universitäten und Angebote auf den dortigen Schwarzen Brettern. Funktioniert in der Regel per Benzinkostenbeteiligung, bei den niedrigen Spritpreisen allerdings kein Problem.

ROUTENPLANUNG per Bus, Bahn, Flug

Auch mit öffentlichen Verkehrsmitteln lassen sich innerhalb Kaliforniens attraktive Reisen zusammenstellen. Man muß allerdings auf einige Highlights verzichten oder sich vorübergehend für bestimmte Ziele einen Wagen mieten. Im Mittelpunkt der Touren stehen die größeren Städte.

EINSTIEG LOS ANGELES

Drehscheibe für Reisen in Südkalifornien. Der Großraum L.A. ist für sich

interessant und vielseitig: Großstadtflair, hochkarätige Museen und Super-Strände.

Sternförmig mit öffentl. Transport leicht zu realisierende Abstecher: nach San Diego, Palm Springs, Las Vegas und Santa Barbara. Die schönsten Wüstengebiete benötigen jedoch Mietwagen. Bester Eindruck von der kalifornischen Wüste (per Bahn oder Bus) auf der Strecke von L.A. nach Las Vegas.

RICHTUNG NORDEN drei empfehlenswerte Strecken, die sich auch als Hin- und Rückweg kombinieren lassen:

* Owens Valley/Reno: Per Bus mit möglichen Zwischenstops in Lone Pine/Bishop (Wandermöglichkeiten und Bergsteigen), Skigebiet Mammoth Lakes und am Mono Lake. Von Reno aus Abstecher zum Lake Tahoe.

* Central Valley/Yosemite National Park: Per Bus oder Bahn über Bakersfield nach Fresno. Von dort zum Yosemite, einem der wenigen Nationalparks, die ohne Auto zu erreichen sind. Zurück ins Central Valley und über Merced nach Sacramento (dort könnte sich der Kreis schließen mit der Owens Valley/Reno Tour).

* Central Coast/San Francisco: Per Bus oder Bahn über Santa Barbara nach San Francisco. Leider nur im ersten Teilabschnitt in Küstennähe, danach führt die Bahnlinie durchs Inland, auch der Bus meidet den spektakulären und kurvenreichen Küsten-Highway. Ab San Francisco über Sacramento Anschluß an die beiden vorgenannten Strecken.

EINSTIEG SAN FRANCISCO

Die Stadt und Bay Area sind mit öffentlichen Verkehrsmitteln gut erschlossen und bieten viel Abwechslung. San Francisco lohnt für Minimum 4 Tage, besser aber 1 Woche. Mindestens eine weitere Woche lohnen Ausflüge in der Bay Area zur Universitätsstadt Berkeley, nach Oakland und Sacramento (Eisenbahnmuseum), ins Gold Country, - in die Weinbaugebiete Napa und Sonoma sowie landschaftliche Leckerbissen im Marin County mit Küstenszenerie.

Auch weiter entfernte Ziele sind per öffentlichem Transport gut zu erreichen, wie z.B. Central Valley/Yosemite Nationalpark, Central Coast/ Los Angeles und San Diego.

Attraktive Rundtouren in Nordkalifornien sind mit öffentlichen Verkehrsmitteln dagegen praktisch nicht zu organisieren. Auch die schöne Küstenstrecke zwischen San Francisco und der Grenze zu Oregon geht nur per Auto, der Greyhound-Bus nach Eureka nimmt die Inlandroute über Hwy 1o1.

Alle Details zu Verbindungen per öffentlichem Transport siehe jeweiliger Kasten im Hauptteil dieses Bandes.

ROUTENPLANUNG per Auto

Auch wenn das Highway-Netz hervorragend ausgebaut ist, sollte man die Entfernungen nicht unterschätzen. Bei gut 1.ooo km in der Nord/Süd-Erstreckung des Bundesstaates kommen per Mietwagen schnell 5.ooo oder mehr Km auf dem Tacho zusammen.

Die Entfernungen benötigen Zeit: Wegen der Geschwindigkeitsbegrenzungen (auch auf Autobahnen max. 65 Meilen pro Stunde = 1o4 km/h) kein schnelles Vorankommen, selbst bei wenig Verkehr. Auf Gebirgsstrecken und den kurvenreichen Küsten-Highways mit besonders niedrigen Durchschnittsgeschwindigkeiten rechnen. Auf diesen Abschnitten auch genügend Zeit für Stops, "Fototermine" und kleinere Wanderungen einplanen; es wäre schade, die Landschaft nur durch die Windschutzscheibe zu erleben.

Bei der Planung der Reise darauf achten, daß man sich an Wochenenden am besten in den Städten aufhält (=weniger Verkehr und preiswerte "week-end" Tarife der Hotels). An Werktagen ländliche Gebiete besuchen, die Küste oder Nationalparks (=weniger Besucher und oft auch günstigere Übernachtungspreise).

Sprit ist billig, und den Mietwagen sollte man (wie eingangs erwähnt) auf der Basis unbegrenzter km anmieten, ansonsten wirds teuer.

Rundtouren ab Los Angeles Siehe auch Seite 335

SAN DIEGO/WÜSTE: Von L.A. nach San Diego, weiter über Anza Borrego nach Palm Springs. Von dort zum Joshua Tree National Monument und über Barstow nach Las Vegas. Rückfahrt durchs Death Valley und wieder Barstow nach L.A.

SIERRA NEVADA: Ab L.A. durchs Owens Valley zum Mono Lake und weiter nach Reno. Von dort über Lake Tahoe zum Westrand der Sierra. Auf Hwy. 49 die Goldgräberstädte abklappern, dann Abstecher in die Nationalparks Yosemite, Kings Canyon und Sequoia. Über Bakersfield zurück nach L.A. Ist der Paß im Yosemite Park geöffnet (in der Regel von Mitte Mai bis Oktober) läßt sich die Tour verkürzen: vom Mono Lake direkt in den Yosemite National Park.

CENTRAL COAST/SAN FRANCISCO: Ab L.A. über Santa Barbara und Monterey auf dem spektakulären Küsten-Highway Nr. 1 nach San Francisco. Rückweg entweder direkt durchs Central Valley oder entlang des Westhangs der Sierra Nevada mit Abstechern zu den Goldgräberstädten und in die Nationalparks (siehe oben).

Alle 3 Touren lassen sich auch beliebig kombinieren, am schönsten natürlich zu einer großen Rundfahrt, die mit Ausnahme von Nordkalifornien die wesentlichen Landschaften des Bundesstaates berührt.

Rundtouren ab San Francisco

Siehe auch Seite 692

NORDKALIFORNIEN: Durch Marin County an die Küste und über den spektakulären Hwy 1 nach Eureka und zum Redwood National Park. Überquerung des Küstengebirges auf Hwy. 299 nach Redding. Von dort eine Schleife zum Mount Shasta und zum Lassen National Park. Rückweg entweder direkt durchs Central Valley oder die landschaftlich schönere Strecke durch die Cascade Mountains nach Reno und von dort über Sacramento nach San Francisco.

Von San Francisco ebenfalls Einstieg in die oben erwähnten Rundtouren SIERRA NEVADA und CENTRAL COAST. Je nach Zeit auch Anschluß an die Wüstenroute Südkaliforniens.

Schnellverbindungen

Brauchbar gegen Urlaubsende, um in kürzester Frist den Airport für den Heimflug zu erreichen, oder als Direktverbindungen in andere Staaten der USA. Sind nur in Ausnahmefällen landschaftlich reizvoll.

* INTERSTATE 5: Nord-Süd Autobahn quer durch Kalifornien von der Grenze zu Oregon bis Mexiko. Fast auf der gesamten Strecke (rund 1.2oo km) durch die Ebene des Central Valley. Geeignet für schnelle Fahrten aus Nordkalifornien nach Los Angeles sowie aus Südkalifornien nach San Francisco.

  Der Interstate 5 ist außerdem die schnellste Verbindung nach Portland und Seattle im Nordwesten der USA sowie nach Kanada. Im Süden (San Diego/Tijuana) Anschluß an die mexikanische Staatsstraße Nr. 1 ("MEX 1") zur Südspitze der Halbinsel Baja California.

* HIGHWAY 1o1: Nord-Süd Strecke zwischen Los Angeles und der Grenze zu Oregon. Auf kleineren Teilstrecken nicht autobahnmäßig ausgebaut. Insgesamt weniger direkt als Interstate 5, aber Alternative, wenn man sich in Küstennähe aufgehalten hat und schnell nach L.A. oder San Francisco zurück will. Außerdem der beste Weg von San Francisco an die faszinierende Küste des Staates Oregon.

* INTERSTATE 8o: Schnellste Verbindung zwischen San Francisco und der Sierra Nevada (bis Reno ca. 35o km). Von Nov. bis Mitte Mai der einzige Paß über die Sierra, der geräumt wird, damit die einzige Straßenverbindung aus Nordkalifornien in den Osten der USA. Auch landschaftlich zwischen Sacramento und Reno ein Leckerbissen.

* INTERSTATE 15: Die schnelle Ost-West Strecke in Südkalifornien (Los Angeles -> Las Vegas ca. 43o km). Landschaftlich einmalig wegen Durchquerung der Mojave Wüste.

* INTERSTATE 4o: Zweigt bei Barstow ab von Interstate 15. Empfehlenswert für einen Abstecher zum Grand Canyon in Arizona.

* INTERSTATE 1o: Ab Los Angeles bis zur Grenze nach Arizona (ca. 37o km) und weiter nach Phoenix. Schnellste Anbindung Kaliforniens an die Staaten des Südwestens.
* INTERSTATE 8: Parallel zu Interstate 1o, ab San Diego zur Grenze nach Arizona (ca. 27o km) und weiter nach Tucson.

✶ Extraspecial: Hobos

Die ersten transkontinentalen Zugverbindungen waren nicht nur Angriffsziel der Indianer, durch deren Gebiet die Gleise führten, - sondern auch der Vielzahl an Räubern, die die Züge per Pferd und Gewehr überfielen.

Ab Mitte des 19. Jhds. waren die Züge Ziel der HOBOS, die gratis in Güterzügen mitreisten. Eine der amerikanischen Legenden, die zu den USA gehören wie Coca Cola, Mr. Dagobert und die Karrieren der Aufsteiger a la Paul Getty.

ZUG-ÜBERFALL von Bar
des mitgeführten Post-W
19. Jhds. Gehört heute

Die Hobos waren der Kontrapunkt, - gewissermaßen die Aussteiger aus der Leistungsgesellschaft. Den Zug für ihren Gratistrip bestiegen sie entweder im Bahnhof oder bei Zugstops an Kohle- und Wassernachladestationen. Oder (zumindest bezüglich Kontrollen weniger gefährlich), wenn der Zug bereits angefahren war.

Wie es zum Namen "Hobo" kam, darüber streiten heute die Sprachforscher: "homo bonus" (guter Mensch) lautet eine Erklärung, oder aber "Hoe boy" (= Bezeichnung für herumziehende Landarbeiter).

Zu erstem großen Aufschwung der Hobo-Bewegung kam es während des amerikanischen Bürgerkriegs (1861-65): da es keine permanente Arbeit gab, reisten viele über weite Strecken, um sich per Gelegenheitsjobs bei der Ernte oder auf Farmen Geld zu verdienen. Das billigste Transportmittel war hier der Gratis- Trip auf Güterzügen. Entweder reiste man auf dem Dach, wo es den besten Rundblick gab, der Hobo allerdings auch gnadenlos dem Zugriff von Kontrolleuren ausgesetzt war. Oder versteckte sich in offenen Waggons, bzw. reiste "Unterdeck": im Bereich der 6o cm zwischen Schiene und Wagggon- Unterboden; das sichtgeschützte, aber auch gefährlichste "Abteil" im Zug.

Zur Jahrhundertwende gab es in den USA rund 5oo.ooo Hobos. Bei Farmern waren sie

beliebt als handfeste Arbeitskräfte, die nicht viel rummuckten, sondern anpackten. Weniger beliebt war der Hobo bei den Eisenbahngesellschaften, die bald Kontrolleure einsetzten. Diese machten mit Holzlatten brutale Jagd auf die Hobos und stießen sie auch von fahrenden Zügen runter. Wie die US- Gewerkschaft IWW berichtet, habe man z.B. 1911 entlang der US-Gleise die Leichen von rund 19.ooo toten Hobos aufgelesen, die teils üble Verstümmelungen hatten...

iten, die am Geld der Passagiere, aber auch
ons interessiert waren. Illustration Ende des
ergangenheit an.

Die Eisenbahngesellschaft "Southern Pacific" soll sogar ihren Kontrolleuren Kopfgeld pro (lebendem) Hobo gezahlt haben. Nicht nur für die Hobos war der Trip gefährlich, - auch für die Kontrolleure: manchmal waren sie es, die vom fahrenden Zug fielen.

Der erheblich größere Teil der Hobos aber überlebte, zumal sie sehr geschickt und mit allen Wassern gewaschen waren, sich vor der "Plage der Kontrolleure" zu schützen. Das Hoboleben der Freiheit, Weite und des Abenteuers wurde bald zur Lebensphilosophie. Vielfach hatten sie eine abgeschlossene Berufsausbildung als Handwerker, zogen aber das freie Leben des Herumziehens vor statt bügerlicher Seßhaftigkeit.

Die Hobos waren eine eingeschworene Gemeinschaft, die (allein wegen ihrer harten Lebensbedingungen) eng zusammenhielten. Vor Beginn des Train-Trips wählte sich der Hobo sehr genau den (oder die) Partner für die Reise aus. Schließlich galt es, unterwegs einige Gefahren mit den Kontrolleuren zu bestehen, und auf seinen Hobopartner mußte man sich hier unbedingt verlassen können.

Die Nahrung wurde brüderlich geteilt, ebenso der Alkohol. Manchmal war eine Gitarre im ansonsten kleinen Reisegepäck, der Kontakt mit Wasser zum Waschen dagegen auf die Gelegenheiten beschränkt, wo es der train-ride zuließ. Gesoffen wurde reichlich, und ein typischer Hobo- Spruch lautete: "Wo es Honig gibt, da gibt es die Bienen. Wo es Alkohol gibt, da sind die Hobos".

In den Wintermonaten sammelten sich die Hobos meist in Chicago, wo viele der US-Gleise zusammenliefen und die dortigen Obdachlosen- Asyle dann überfüllt waren. Wer hier kein warmes Quartier fand, fragte bei Kirchen bzw. schlief in Kohlekellern etc. In den Wintermonaten war Chicago das große Meeting, wo man Freunde und frühere Reisepartner wiedertraf, Erfahrungen und Erinnerungen austauschte.

Auch die verschiedenen Freudenmädchen hatten dann Hochbetrieb. Schließlich war das Hobo-Leben während des "Restes des Jahres" (bei allen Vorteilen der Freiheit) weitgehend geprägt von fehlendem sexuellen Kontakt. Eine Einsamkeit, die sich auch in vielen Liedern der Hobos widerspiegelt.

Bei der US- Gesellschaft des Bürgertums war der Hobo unterschiedlich beliebt. Die Farmer brauchten ihn, während anderen Gesellschaftszweigen das "Herumzigeunern" suspekt erschien, zumal der Hobo zwangsläufig nicht immer gut roch, keinen Schlips trug, dafür aber manchmal eine Fahne.

Für die Eisenbahngesellschaften waren die Hobos ein Ärgernis, da sie gratis auf Güterzügen reisten, statt sich eine Fahrkarte für Personenzüge zu kaufen: Bei der Masse von gut 1/2 Mill. Hobos zur Jhd.- Wende nicht unerhebliche Verdiensteinbußen.

Die US- Politiker würdigten die Hobos unterschiedlich, abhängig von der jeweiligen Wirtschafts- und Beschäftigungslage. Der US- Präsident Theodore Roosevelt bezeichnete sie beispielsweise als "Rückgrat der Nation", während US- Präsident W.G. Harding propagierte, sie seien "degenerierte Parasiten".

Zu den berühmtesten Hobos zählen der Schriftsteller Jack London, der 5 Jahre als Hobo und Gelegenheitsarbeiter durch die USA reiste, bevor er (nach anderen Stationen in seinem bewegten Leben) mit seinen Abenteuerromanen zu Reichtum kam, - aber auch der Schauspieler Clark Gable (6 Jahre Hobo), der sich später im Film "Vom Winde verweht" profilierte und nach Erfolg des Zelluloid- Bestsellers von seiner Hobo-Vergangenheit distanzierte, sowie der Country Sänger Woody Guthry (Vater von Arlo Guthry).

Das Ende der Hobos kam in den 3o-er Jahren, als viele US- Eisenbahngesellschaften von Dampfloks auf die schnelleren Dieselloks umstellten. Das Aufspringen auf fahrende Züge war nunmehr erheblich erschwert. Eine Reihe von Hobos verunglückte bei dem Vorhaben tödlich, und die meisten anderen Hobos stiegen auf den LKW um, der erheblich gefahrloser per Daumen gestoppt werden konnte.

★ Extraspecial: Greyhound-Busse

sind Rückgrat des öffentlichen Transportes der USA (neben den Airlines). Das Firmenlogo des Windhundes und die silbernen Busse sind heute das US-Symbol für Mobilität im Überlandverkehr, - insbesondere auch für

diejenigen, die kein Auto haben.

Greyhound ist heute die größte Busgesellschaft der Welt. Täglich fahren rund 5.ooo Busse 15.ooo Orte in den USA, Mexikos und Kanadas an. Sie legen dabei täglich eine Strecke von 18o.ooo km zurück, was einer 4 1/2 maligen Umrundung des Erdballes entspricht.

Begonnen hat alles 1913 und wieder mal a la "vom Tellerwäscher zum Millionär": Der schwedische Einwanderer Carl Erik Wickman war als Minenarbeiter in Hibbing/Minnesota tätig, wo er sich limitierte Ersparnisse auf der Bank zur Seite legen konnte.

Viel Geld war als Minenarbeiter jedoch nicht zu verdienen, so daß Wickman nach einer neuen Geschäftsidee suchte: er kaufte einen Bus und gründete eine Verbindung rüber ins wenige Meilen entfernte Städchen Alice. Hier gab es Freudenmädchen, und die Minenarbeiter von Hibbing durften für 25 Cent im Bus rüberfahren. Zwar keine umwerfende Geschäftsidee, aber der Dollar rollte.

Die Gewinne investierte Wickmann in weitere Busse. Um Streit mit den örtlichen Taxiunternehmern zu vermeiden, beteiligte er sie kurzerhand am Unternehmen und gründete die "Mesaba Transportation Company". Bereits 4 Jahre später hatte er 18 Busse, die den regionalen Verkehr bedienten und ihm ein Jahreseinkommen von 4o.ooo US brachten.

3 Faktoren halfen der weiteren Expansion der Firma: zum einen bedienten die Gleisstrecken der USA nur einen Teil des Landes. Zum anderen war das Automobil zunehmend technisch ausgereift. Weiterhin waren in den 2o-er Jahren eine Vielzahl an regionalen Buscompanies entstanden, die für ihre Region zwar die Exklusivrechte besaßen.

Wer aber Langstrecken reisen wollte, war hoffnungslos diesen Regionalcompanies ausgeliefert, die ihre Fahrpläne in Bezug Anschlüssen untereinander nicht abgestimmt hatten: sprich ewig lange Reisezeiten durch die Warterei auf Anschlüsse.

1927 hatte die Firma "Yellow Way" die erste Transkontinentale Busverbindung von New York nach San Francisco eröffnet (Fahrzeit 5 Tage + 14 Std.). Dies gab Wickman Anstoß zur Idee, den gesamten Bereich der USA mit einem flächendeckenden Busnetz zu bedienen.

Gedacht - getan. Eilig schloß Wickman eine Vielzahl an Kooperationsverträgen mit den früher regional operierten Bus- Kleincompanies: Ziel durchgängige Fahrpläne. Die Richtigkeit seines Konzeptes gab ihm recht, so daß er bald finanziell in der Lage war, auch regionale Buscompanies und deren Fuhrpark kurzerhand komplett aufzukaufen, um sie in sein US- flächendeckendes Netz zu integrieren.

Ende der 3o-er Jahre umfaßte seine Flotte bereits 1.8oo Busse, und die Firma wurde in "GREYHOUND" umgetauft. Der Name und das Firmenlogo des springenden Windhundes war werbeträchtig, - unterstützt durch eine Vielzahl an exzellenten Werbespots im Radio, die Fernweh mit der Zuverlässigkeit der Greyhounds verbanden.

Auch der Spielfilm feierte den "Greyhound": Im Streifen *"It happend one night"* kommt es zu einer Romanze zwischen Clark Gable und Claudette Colbert. Klar wo: im Greyhoundbus! Später vielfach wiederholt, z.B. im Streifen *"Busstop"* mit Marylin Monroe. Hier duelliert sich der Greyhound- Busfahrer draußen im Schnee mit einem renitenten Passagier, der zuvor die leichtbekleidete M. Monroe im Bus angemacht hatte. Eine bessere Werbung konnte sich Greyhound kaum vorstellen.

"Product Placement" der Greyhound für die Hollywood Bosse gegen Bezahlung? Oder naive Drehbuchautoren? Zumindest stieg der Ticketverkauf der Greyhound kräftig.

Zusätzlicher Profit bedeutete für die Greyhound Company die Menge an Bussen, die für das Streckennetz eingesetzt wurden. Nicht nur Busse, sondern auch Reifen, Ersatzteile und Sprit konnten erheblich billiger eingekauft werden.

Weitere Geschäftsidee war, auch das Umfeld des bald flächendeckenden Greyhound Netzes kommerziell auszuschlachten. So hatten in der Anfangszeit Greyhound- Busfahrer aus Gefälligkeit und gratis Päckchen mitgenommen. Gegründet wurde daher der Kurierdienst "Package Express", der viel Geld abwarf.

Klar, daß auf Langstrecken im Bus der Passagier Hunger bekommt: gegründet wurde entlang der Greyhoundstrecken die "Post-House"- Imbisskette. Just hier stoppten die Busse auf ihrem Trip.

Auch ins Geschäft der Kongresse und Veranstaltungen stieg Greyhound ein. Hier ließ sich im Zusammenhang der Menge an teilnehmenden Personen einiges verdienen, - sei es im Transport wie auch der Ausrichtung der Veranstaltung, der Übernachtung und des Essens.

Greyhound beteiligte sich in den 4o-er Jahren auch an Eisenbahngesellschaften und erreichte Gewinne im Warentransport. Gleichzeitig konnte Greyhound hierdurch die Eisenbahngesellschaften kontrollieren und auf sie Einfluß nehmen. Beispielsweise, ob Zugstrecken wegen "Unrentabilität" stillgelegt werden zugunsten von Busverbindungen...

Heute umfaßt das Greyhound- Firmenkonsortium mehr als 2oo Tochtergesellschaften, die in einer Vielzahl von Wirtschaftszweigen tätig sind. Die Palette reicht von Versicherungen, Duty Free Shops, Restaurantketten, Geflügelfarmen, hin zu Erdöl-Bohrtürmen, Seifenfabriken, Konservenherstellern, Leasing- Firmen, Show- Agenturen (u.a. die bedeutendste für Las Vegas) etc.

Ein modernes "Monopoli", - dies aber in der Realität und bei Milliarden- Umsätzen. Was an Geschäftszweigen unlukrativ ist, wird kurzerhand abgestoßen. Zumindest im Geschäftszweig Transportwesen unterscheidet sich die Fa. Greyhound vom beliebten Würfelspiel Monopoli: Die Greyhound-Busse sind das Aushängeschild der Firma, und diesen Geschäftszweig mochte man trotz gewisser Probleme im Geschäftsverlauf ungern abgeben.

Der knallharte Preiskampf der US- Airlines im nordamerikanischen Flugverkehr ab Beginn der 8o-er Jahre führte dort zu einem Preisverfall bei Langstreckentickets. Teils war ein Flugticket im Sonderangebot kaum teurer oder gar billiger als der "Greyhoundbus-Overland". Klar, daß viele auf den erheblich schnelleren Flug umstiegen.

In Folge kam es ab 8o-er Jahre zu erheblichem Passagierschwund auf Greyhound Langstrecken, und die Firma verzeichnete massiv rote Zahlen in diesem Geschäftsbereich. Zudem beschnitten neue Gesetze das Greyhound- Monopol, da sie anderen Busfirmen die Konkurrenz zu Greyhound ermöglichten.

Ein großangelegter Streik 1983 der US- Transportgewerkschaft führte zu gewaltigen Verlusten des Greyhound-Geschäftsbereiches "Bustransport". 1987 wurde dann verkauft an C.Currey zur Summe von 35o Mill. US inkl. des Namens und Firmenlogos "Greyhound".

Allgemeine Tips

EINREISE

Die Einreiseformalitäten in die USA beschränken sich inzwischen auf ein Minimum. Deutsche, Schweizer und Österreicher benötigen einen gültigen Reisepaß und ein Rückflugticket, brauchen aber kein Visum mehr. Dies gilt auch für die Einreise auf dem Landweg von Mexiko oder Kanada aus. Ausgefüllt werden muß eine Einreisekarte, worauf man eine Aufenthaltsgenehmigung für max. 3 Monate erhält. Sie ist nicht verlängerbar. Ein Teil der Karte wird bis zur Beendigung des Aufenthaltes in den Paß eingeheftet.

Wer zwischendurch nach Mexiko oder Kanada ausreist, besorgt sich an der Grenze ein besonderes Formular, mit dem er dann problemlos wieder einreisen kann. Man muß sich selbst drum kümmern, da oft bei der Ausreise keinerlei Kontrollen vorgenommen werden, man bei Wiedereinreise ohne das Papier aber Schwierigkeiten bekommt.

Wer länger bleiben will, sollte sich bei Botschaft oder Generalkonsulat im voraus ein Visum besorgen und bei der Einreise darauf achten, daß die Immigrationsbehörden die entsprechende Frist genehmigen. Auf dem Visum selbst erscheint nämlich nur das Datum, von dem an die Einreise möglich ist, den spätesten Ausreisetermin legt der Beamte der Einwanderungsbehörde bei der Einreise fest.

ZOLLBESTIMMUNGEN

Die Behörden verlangen bei der Einreise eine Zollerklärung: Beträge in bar oder Reisescheck über 10.000 Dollar müssen deklariert werden. Einfuhr von 200 Zigaretten, 1 Liter Alkoholika und Geschenke im Wert von bis zu 100 US sind erlaubt. Verboten: Einfuhr von Obst, Gemüse, Fleisch, offenen Lebensmitteln, Drogen, pornographischer Literatur. Weitere Einschränkungen gelten für Tiere sowie Produkte aus Ländern wie Kuba und Nordkorea.

Tourist INFO

Die Amerikaner haben ein umfassendes System für die Information von Besuchern aufgebaut. Einheimische Touristen nehmen es gerne und häufig wahr. Für eine erste Orientierung und die Beantwortung von speziellen Fragen in jedem Fall empfehlenswert.

In den Städten sind zuständig entweder das "Visitors & Convention Bureau" oder die örtliche Handelskammer "Chamber of Commerce". Manchmal unterhalten auch beide ein Informationsbüro. In der Regel viel Karten- und Infomaterial sowie Auskünfte über aktuelle Veranstaltungen. Adressen in den jeweiligen Regional-Kapiteln.

Jeder Nationalpark verfügt über mindestens ein "Visitor Center", zumeist verkehrsgünstig gelegen. Manchmal aufwendig ausgestattet mit Museum, Dia- oder Filmshows. Die dort tätigen Ranger sind hilfsbereit und beantworten Fragen hinsichtlich Wetterverhältnissen und Touren. Ihre Hinweise und Warnungen sollten vor allem Wanderer und Bergsteiger ernst nehmen.

Tip: Die Zufahrt zu den National Parks und National Monuments kostet derzeit 5 US pro PKW. Wer eine Reihe dieser Naturparks besucht, ist u.U. besser bedient mit dem Kauf des "Golden Eagle Pass": für 25 US freier Eintritt in alle Parks der USA während eines Jahres. Zusätzlicher Vorteil: erhebliche Preisnachlässe auf vielen Campingplätzen. Erhältlich in jedem Visitor Center.

Generelle Auskünfte zu allen Aspekten des Tourismus in Kalifornien erteilt das "California Office of Tourism", 8o1 K Street, Suite 16oo, Sacramento, CA 95814. Für Las Vegas und den Bundesstaat Nevada ist zuständig: Nevada Commission on Tourism, 5151 S. Carson St., Carson City, NV 8971o.

KARTEN

Stadtpläne: Brauchbare Karten der jeweiligen Orte verteilen die meisten Touristenbüros kostenlos. Darin sind Sehenswürdigkeiten und wichtige Anlaufpunkte verzeichnet. Für genauere Darstellung des gesamten Straßennetzes z.B. in Los Angeles oder San Francisco sind entsprechende Karten vor Ort im Buchhandel erhältlich, vergl. jeweilige Regionalkapitel.

Landkarten: Weit verbreitet und genau sind die Karten von "Rand McNally". Erhältlich für Kalifornien und einzelne Teilregionen. Vor Ort in jeder Buchhandlung erhältlich. Auch bei uns in größeren Buchläden vorrätig oder zu bestellen (ca. 5-1o DM).

Eine empfehlenswerte "Allround"-Karte, herausgegeben von Hallwag: "Holiday Map: California". Bringt neben der Übersicht Kalifornien auch gut gegliederte Regionalkarten von Los Angeles, Bay Area, San Diego, Sacramento, Gold Country, Yosemite National Park, Lassen National Park, Kings Canyon und Sequoia National Parks. Damit ist man eigentlich für fast alle Fälle gerüstet. Für Spezialinteressen vor Ort Detailkarten im Touristenbüro besorgen.

Wanderkarten: In der jeweiligen Gegend beim Touristenbüro oder den Visitors Centers in den Nationalparks. Meistens gratis und mit kurzer Beschreibung der schönsten Wanderwege. Für längere Touren gibt es dort auch für 1-2 US detaillierte Wanderkarten mit Höhenlinien etc.

POST

"Post office" nahezu in jedem Ort, meist zentral gelegen. Öffnungszeiten in der Regel Mo-Fr von 9-18 Uhr,

manchmal auch samstags vormittags. Der staatliche "United States Postal Service" ist zuverlässig, wenn auch nicht immer schnell. Briefe von Kalifornien nach Europa brauchen meist knapp 1 Woche. - Wer eilige Sendungen hat, nutzt besser private Firmen wie z.B. "UPS" (etwas teurer).

"Zip Code": Amerikanische Postleitzahl. Wegen der Größe des Landes noch wichtiger als bei uns, wenn die Sendung schnell und zuverlässig zugestellt werden soll. Große Städte haben mehrere Zustellbezirke mit unterschiedlichen Zip Codes. Die meist fünfstellige Zahl steht am Ende der Adresse, hinter Ort und Abkürzung für den Bundesstaat. Beispiel: Sacramento, CA 95814.

"General Delivery": Möglichkeit, sich Briefe von daheim an ein bestimmtes Postamt zuschicken zu lassen. Werden dort einen Monat aufbewahrt, Aushändigung gegen Vorlage des Ausweises. Zip Code des jeweiligen Postamts in diesem Fall ganz besonders wichtig. Beispiel: Mr. X, General Delivery, San Francisco, CA 941o1. Name des Adressaten deutlich schreiben. Wird der erwartete Brief nicht gleich gefunden, auch mal unter dem Anfangsbuchstaben des Vornamens nachsehen lassen.

TELEFON

Öffentliche Apparate (auch für Gespräche ins Ausland) gibts fast an jeder Straßenecke. Genaue Bedienungsanweisung stehen auf jedem Apparat. Funktioniert so: Hörer abnehmen, Freizeichen abwarten (ein sich alle 4 Sek. wiederholender sanfter Ton), Münzen einwerfen und die Nummer wählen. - Besetztzeichen: härterer, sich wiederholender Ton.

ORTSGESPRÄCHE: Nummer wählen. - FERNGESPRÄCHE (innerhalb USA): zunächst "1" wählen, dann den Area Code (siehe Kasten), dann die Teilnehmernummer.

Die Telefonapparate in den USA haben auf der Wählscheibe (Tastatur) neben den Nummern auch Buchstaben. Sinn und Zweck: manche Firmen geben ihre Telefonnummern zwecks besserer Einprägsamkeit in kurzem Wort an, Beispiel: "711-PARK". Dann die Tasten mit den entsprechenden Buchstaben drücken.

Areal Codes Kalifornien, Nevada

7o7 Nordküste, sowie Napa- und Sonoma- Valley.

415 San Francisco Großraum und Marin County.

51o Östliche Bay Area (Berkeley, Oakland).

916 Central Valley um Sacramento sowie der Osten Nordkaliforniens.

2o9 Central Valley um Merced, Fresno.

4o8 Silicon Valley und Central Coast zwischen San Francisco und Monterey.

8o5 Central Valley um Bakersfield und südliche Central Coast.

213 Los Angeles: Downtown, LAX-Airport, Hollywood, Beverly Hills, Long Beach, Santa Monica, South-Central.

818 Los Angeles: nördliche Stadtteile wie North Hollywood, Pasadena, Glendale und Pasadena Valley.

31o Los Angeles: Malibu, Santa Monica, Long Beach, Strände.

714 Los Angeles: Orange County, San Bernardino.

619 San Diego, Palm Springs, Wüste.

7o2 Nevada (Las Vegas, Reno).

INTERNATIONALE GESPRÄCHE: USA ->:	BRD, CH ->USA:
Deutschland: o1149 + Stadt (ohne Null) + Teilnehmer	oo1 + Area Code + Teilnehmer
Schweiz: o1141 + Stadt (ohne Null) + Teilnehmer	A ->USA:
Österreich: o1143 + Stadt (ohne Null) + Teilnehmer	9oo1 + Area Code + Teilnehmer

PREISE: Das Telefonnetz in den USA wird von privaten Gesellschaften betrieben, die untereinander in Konkurrenz stehen. Sie bedienen sowohl die nationalen Telefonverbindungen innerhalb der USA, wie auch die internationalen Verbindungen.

Für ein ORTSGESPRÄCH zahlt man o,25 cent (in Ausnahmefällen: o,2o cent). Bei FERNGESPRÄCHEN variieren die Kosten je nach Telefongesellschaft, Uhrzeit und gewünschtem Ortsnetz.

Die öffentlichen Apparate akzeptieren nur Münzen von 5 cent (Nickel), - 1o cent (Dime) und 25 cent (Quarter). Wer also ein längeres Ferngespräch per Münzbetrieb ab öffentlichem Telefon führen will, sollte sich gleich einen ganzen Sack an Münzen mitbringen!

✱ Bei Ferngesprächen gibts in der Regel eine freundliche Computerstimme, die darauf hinweist, wieviel Geld man für die ersten 3 Minuten einwerfen muß. Hat das Gespräch länger gedauert, verlangt die Stimme den Restbetrag.

Legt man gleich auf, so klingelt kurz darauf das Telefon, und die Stimme verkündet noch einmal die Restschuld. Zahlt man nicht, bekommt der Angerufene den Betrag aufgebrummt. Manchmal muß man schon während des Gesprächs Münzen nachwerfen, die Stimme fordert freundlich dazu auf. Zuviel gezahlte Beträge kommen nicht zurück.

✱ Alternative per Credit Card: manche öffentlichen Telefone lassen sich mit Credit Cards wie American Express, Visa etc. betreiben, bzw. mit Plastic Cards der US- Telefongesellschaften wie z.B. AT&T (letztere bekommt man bei entsprechendem Antrag auch bei deren Europa-Vertretungen).

✱ "Deutschland Direkt": spezieller Service, bei dem ab USA eine Vermittlung in Frankfurt gratis angerufen werden kann (Tel.: 1.8oo.292.oo49). Sie vermittelt dann das Gespräch innerhalb BRD weiter. Auch als R- Gespräch möglich (=Angerufene bezahlt das Telefonat). Allerdings für die ersten 3 Min. nicht billig: rund 25 DM, je weitere Minute preisgünstig für ca. 3 DM. - Selber Service für Österreicher: "Austria Direct": Tel. 1.8oo-624-oo43.

TELEFONIEREN AB HOTEL: besser vorab erkunden; Hotels verlangen für den Service teils satten Aufpreis. Wer Geld sparen will, ruft in der Heimat an und lässt sich im Hotel rückrufen.

TOLL FREE: Alle Nummern mit dem Präfix "8oo" sind für den Anrufer kostenlos. Damit läßt sich viel Geld sparen beim Automieten und Reservieren von Hotels, Flügen etc., da die meisten größeren Unternehmen neben ihrer normalen Nummer auch "toll free" erreichbar sind.

YELLOW PAGES: Das Branchen-Fernsprechbuch. Sehr ausführlich und hilfreich bei der Suche nach Adressen, Autovermietern etc.

OPERATOR: In Zweifelsfällen die "O" wählen, die Vermittlung hilft weiter. Der Anruf ist kostenlos.

COLLECT CALL: Nach Rückfrage durch den Operator kann der Angerufene die Kosten des Gesprächs übernehmen (R-Gespräch). Funktioniert auch ins Ausland.

NOTRUF: In den Städten 911, auf dem Lande die O. Der Operator leitet den Notruf weiter.

GELD

Der Wechselkurs der vergangenen Jahre von 1 US = ca. 1,5o bis 1,7o DM führte zu starkem Anstieg des USA- Tourismus ab Europa. Das Preisniveau in den USA ist derzeit in etwa vergleichbar mit dem in Deutschland.

ZAHLUNGSMITTEL: sollte man entsprechend stückeln. Wer auf Nr.-Sicher gehen will, nimmt sich mit:

* **Traveller- Schecks**: bei Diebstahl und/oder Verlust voller Ersatz. Sie sind in US-Dollar auszustellen. Fürs Einlösen gibts aber entsprechenden hohen Abzug je nach Bank. Andere Banken verlangen jedoch keine Kommission. Vorherige Nachfrage spart Geld; unterm Strich Lauferei aber Sicherheit. Auch Hotels akzeptieren normalerweise bei Bezahlung der Rechnung Traveller Schecks.

* **Credit Cards**: neben Bargeld die Nr. 1 im nordamerikan. Zahlungsverkehr. Akzeptiert in Hotels, den meisten Restaurants, Shops, bei Airlines, bei Autoanmiete und in Hotels.

  Vorteil: bei Bezahlung von z.B. Flugtickets ist eine Reiseversicherung inkl., bei Mietwagen entfällt die vorab zu hinterlegende Kaution etc. Vorallem ist man nicht gezwungen, mit größeren Bargeldsummen zu reisen, was zusätzlich die Sicherheit steigert. Vor allem gibts bei Bezahlung per Credit Card (im Gegensatz zu Traveller Schecks) keinen Abzug für die Verwendung dieses Zahlungsmittels.

  Die Credit Card bringt zudem den Vorteil, daß man in festgelegten Abständen auch Bargeld von Automaten der jeweil. Gesellschaft (z.B. in Airports) beziehen kann. Somit also nicht als "rollender Bargeld-Transporter" reisen muß.

  Am gängigsten und meist verbreitesten sind in dern USA *"Visa"* und *"Master Card"* (=Eurocard). Seltener akzeptiert werden *"Diners"* und *"American Express"* .

* **Bargeld**: Gehört zusätzlich ins Reisegepäck und sollte bereits ab Europa in US-Dollar mitgeführt werden. In den USA wechseln nur wenige Banken die DM (ÖS bzw. SF).

Risiko bei Bargeld: wer nicht gerade stattliche Beträge bei nächtlichen Wanderungen durch die Innenstädte mit sich trägt, läuft kein größeres Sicherheitsrisiko als in

in Mitteleuropa. Vorsichtiges Verhalten ist natürlich immer angeraten. Ebenso sollte man nicht Bargeld im Hotelzimmer rumliegen lassen...

STEUER: Auf alle Waren und Dienstleistungen wird in Kalifornien eine Verkaufssteuer ("tax") von ca. 7 % aufgeschlagen, variiert geringfügig bei bestimmten Produkten und manchmal auch von Ort zu Ort. Leider ist die Steuer fast nirgends ausgewiesen; angegebene Preise sind immer Nettopreise. An der Kasse staunt man dann, daß es mehr kostet. Die Preisangaben in diesem Buch (Hotels, Restaurants etc.) enthalten die Steuer bereits.

TRINKGELD: bei Restaurants ist in den ausgedruckten Preisen der Service der Bedienung nicht enthalten. Diese erwartet 15 %, da sie weitgehend von diesen Trinkgeldern leben. Wer weniger gibt, handelt daher unsozial. Wenn man mit dem Service besonders zufrieden war, sollte man mehr als 15 % geben. Einschließlich der Steuer erhöht sich damit jede Rechnung um rund 25 % im Vergleich zu den Preisen auf der Speisekarte. Beim Taxifahren: ebenfalls 15 % und den Preis aufrunden.

VERTRETUNGEN DER USA IN EUROPA

Deutschland:

Botschaft, Deichmanns Aue 29, Bonn, Tel. (o228)- 3391.

Generalkonsulat, Siesmayerstr. 21, Frankfurt/M., Tel. (o69)- 74oo71.

Generalkonsulat, Alsterufer 27-28, Hamburg, Tel.(o4o)- 441o61.

Generalkonsulat, Königinstr. 5, München, Tel. (o89)- 23o11.

Generalkonsulat, Urbanstr. 7, Stuttgart, Tel. (o711-)21o221.

Generalkonsulat, Clayallee 17o, Berlin, Tel. (o3o)- 8195523.

United States Travel & Tourism Administration, Bethmannstr. 56, Frankfurt/M., Tel. (o69)- 295213.

Schweiz:

Botschaft, Jubiläumsstr. 93, 3oo5 Bern, Tel. (o31) 437o11.

Generalkonsulat, Zollikerstr. 141, 8oo8 Zürich, Tel. (o1)552566.

Österreich:

Botschaft, Boltzmanngasse 16, 1o9o Wien, Tel. (o222)- 31511.

Generalkonsulat, Gisela Kai 51, 5o2o Salzburg, Tel. (o6222)- 86o1.

KONSULARISCHE VERTRETUNGEN

Deutschland

Los Angeles, 6222 Wilshire Blvd., Tel. 213-93o-2703.

San Diego, 6868 Nancy Ridge Dr. Tel. 455-1423.

San Francisco, 196o Jackson St., Tel. 775-1o61.

Schweiz

Los Angeles, 344o Wilshire Blvd., Tel. 213-388-4127.

San Francisco, 456 Montgomery St., 15. Stock, Tel. 788-2272.

KLIMA

Die Wetterverhältnisse sind einerseits bestimmt durch die jeweilige geographische Breite, andererseits durch die Höhenzüge von Küstengebirgen, der Sierra Nevada und Cascade Mountains.

SÜDKALIFORNIEN besitzt subtropisches Klima, ganzjährig viel Sonnenschein und nur zwischen Oktober und April gelegentlich Regenfälle. Nebelbänke an der Küste lösen sich in der Regel schnell auf. In den Wüstengebieten ganzjährig heiß (kühle Nächte im Winter), während der Sommermonate gnadenlose Hitze.

In NORDKALIFORNIEN gemäßigtes Klima, an der Küste häufig rauhe Winde und plötzlicher Nebel. Je weiter im Landesinneren, desto sonniger und wärmer.

CENTRAL VALLEY: Von Westen geschützt durch das Küstengebirge, im Osten durch Sierra Nevada und Cascade Mountains. Daher milde Winter, im Sommer glühend heiß.

GEBIRGE: In Höhenlagen auch im Sommer kühl, vor allem nachts. Niederschläge möglich das ganze Jahr über, als Schnee etwa zwischen Mitte Oktober und Mitte Mai. In der südlichen Sierra im Sommer relativ stabiles Wetter, in den Cascade Mountains dagegen ganzjährig feucht und kühl. Der letzte Schnee taut dort oft erst zum Sommeranfang.

KLEIDUNG

Hängt natürlich weitgehend von Reisezeit und Region ab. Zu allen Jahreszeiten sollte man aber vorbereitet sein auf extremere Klimawechsel als in Mitteleuropa, daher den Koffer variabel packen, wenn man nicht bloß in ein bestimmtes Gebiet fährt. Für eine größere Rundreise durch Kalifornien braucht man eigentlich ganzjährig die gesamte Palette von Sommer- bis Winterbekleidung.

Gewicht sparen läßt sich unbedingt an formalen Kleidungsstücken. An der Westküste geht es locker bis extrem lässig zu, Kalifornier beurteilen die Leute nicht nach ihrer Kleidung. Selbst in besseren Hotels von Los Angeles und San Francisco sind Shorts und T-Shirt nichts Ungewöhnliches.

Wenn in den Städten etwas längere Aufenthalte vorgesehen sind, kann man im Hotel oder dem nächstgelegenen Münzwasch-Center ("laundrymat") waschen oder waschen lassen.

Reisezeiten

Kalifornien ist ein ideales Reiseland fürs ganze Jahr. Je nach Saison sollte man jedoch bestimmte Schwerpunkte setzen:

FRÜHJAHR: Schönste Reisezeit in vielen Teilen des Landes. Tourismus hält sich in Grenzen, aber wettermäßig schon sehr stabil im Süden, an der Central Coast und im Central Valley. Überall blühen die Wildblumen. Zu empfehlen auch für Wüstentrips. Voll wird's in der Osterwoche in Las Vegas, Death Valley und Palm Springs sowie in den Küstenbadeorten. Für diese Tage am besten den Stadtaufenthalt in Los Angeles oder San Francisco einplanen.

Für die Sierra Nevada und die Nationalparks ebenfalls günstig, da noch relativ wenig Besucher. Verschneite Gipfel vor oft blauem Himmel. In Kauf nehmen muß man allerdings gesperrte Pässe und hier und dort schwierige Straßenverhältnisse. Ab Mitte Mai keine Probleme mehr. In den meisten Skigebieten bis Mai gute Bedingungen für Abfahrt und Langlauf.

Angenehmes Reisen auch im Central Valley und der Bay Area um San Francisco. Nordküste und Cascade Mountains erst gegen Ende des Frühjahrs zu empfehlen.

SOMMER: Hauptreisezeit auch in den USA und Kalifornien. Beginn ab Mitte Juni, Höhepunkt Juli/August. Die Saison endet erst mit dem "Labor Day" (Anfang Sept.). Küste und Nationalparks in dieser Zeit überfüllt, im Norden des Landes und in vielen Gebirgsgegenden findet sich aber immer ein einsames Plätzchen. Wer die gnadenlose Wüstenhitze nicht scheut, ist im Sommer dort allein, für Amerikaner absolute Nebensaison.
Fazit: Im Sommer steht ganz Kalifornien offen, man muß sich aber beliebte Orte mit vielen Leuten teilen.

HERBST: Ähnliche Verhältnisse wie im Frühjahr. Ab Mitte Oktober Schwierigkeiten durch Schneefall im Gebirge, Beginn der Skisaison. Cascade Mountains dann praktisch nicht mehr zu bereisen. Stürme an der Nordküste.

WINTER: Angenehm warm in Südkalifornien, ideale Zeit für Wüstentrips. Um Weihnachten/Neujahr allerdings mit einem Besucherstrom in die Wüste und an die Küste rechnen. Central Coast bis San Francisco und die Bay Area mild bis rauh, im Landesinnern angenehme Temperaturen.

Skisaison in der Sierra Nevada und den Cascade Mountains. Fast alle Pässe dauerhaft gesperrt, Straßen zu den Nationalparks und Skizentren oft nur mit Schneeketten passierbar.

Fazit: Gute Reisezeit für Wüste und Südkalifornien, das Gebirge mit winterlichem Reiz, Küste nördlich von San Francisco kühl und stürmisch.

Gesundheit

Krankenversicherung: Abchecken, ob die eigene Versicherung die Kosten im Ausland übernimmt. Vorsicht: Auch Kassen, die zahlen, übernehmen

nur die ortsüblichen heimischen Tarife. Da das Gesundheitssystem in den USA zu den teuersten der Welt gehört, können Arzt- und Krankenhaustarife dort erheblich höher liegen. Daher empfiehlt sich in der Regel eine zusätzliche Reise-Krankenversicherung, die das nicht abgedeckte Risiko übernimmt. Manche Kreditkarten übernehmen Unfallkosten, wenn das Verkehrsmittel mit der Karte bezahlt wurde.

Arztkosten: Müssen an Ort und Stelle bar oder per Kreditkarte bezahlt werden.

Impfungen: Derzeit sind für die Einreise nach Kalifornien keine Impfungen vorgeschrieben.

Sonne: Eine sehr angenehme Begleiterscheinung jeder Kalifornien-Reise. Aber auf jeden Fall in Maßen genießen, vor allem an den verlockenden Stränden des Südens, wo man sich stundenlang im Wasser (und damit aber auch in der Sonne) aalen könnte. Vorsicht ist auch in der Sierra Nevada geboten, da dort die Sonne noch intensiver sticht, man subjektiv aber nicht solche Hitzegefühle entwickelt.

Erkältungen: Gerade das warme Klima verleitet dazu, sich nicht auf Temperaturschwankungen einzustellen, so daß Erkältungen die unweigerliche Folge sind. Vorsicht vor allem vor kühlen Abenden in der Sierra Nevada und der Wüste. Außerdem bei Trips aus subtropischen Küstengebieten und dem Central Valley in höhere Regionen unbedingt warme Kleidung zur Hand haben. Gefährlich sind auch die weit verbreiteten Klimaanlagen in Hotels und Restaurants.

Höhenkrankheit: Äußert sich durch Kopfschmerzen und Übelkeit. Kann bei Bergbesteigungen in der Sierra Nevada und den Cascade Mountains auftreten. Leicht zu vermeiden durch langsame Höhenanpassung mit anfänglicher Zurückhaltung bei körperlicher Anstrengung. Alkoholgenuß meiden.

Apotheken: Die "Farmacies" sind weit verbreitet, viele Supermärkte haben eine entsprechende Spezial-Abteilung. Die Rezeptpflicht wird streng gehandhabt. Wer bestimmte Medikamente benötigt, bringt sie am besten mit, ersatzweise ein deutlich geschriebenes Rezept.

Letztlich ist eine persönliche Hausapotheke zu empfehlen, mit den wichtigsten Medikamenten für die gewöhnlichen Zwischenfälle wie Erkältungen, Durchfall, Kopfschmerzen, kleinere Wunden. Unerläßlich bei Wanderungen in einsamen Gegenden, da Hilfe oft weit und breit nicht zu erwarten ist.

Rauchen: Die Nichtraucher-Front ist in Kalifornien so stark wie kaum sonst irgendwo. Rauchen ist gesetzlich verboten in öffentlichen Verkehrsmitteln, Fahrstühlen und der Mehrzahl der staatlichen und kommunalen Gebäude. Manche Orte planen sogar strikte Rauchverbote in der Öffentlichkeit. In vielen Restaurants gibt es Nichtraucherzonen, beim Empfang gibt man den gewünschten Bereich an.

SICHERHEIT

Kalifornien ist im Prinzip ein sicheres Reiseland. Auf dem Land, in Kleinstädten und in den Nationalparks kein größeres Risiko als in Mitteleuropa.

In einigen Bezirken der Großstädte ist allerdings nach Einbruch der Dunkelheit Vorsicht geboten: Längere Gänge durch die Straßen meiden, es ist kaum jemand zu Fuß unterwegs, die meisten Amerikaner benutzen das Auto. Lieber mal 5 US für ein Taxi ausgeben als einen Überfall riskieren. Ist man trotzdem zu nachtschlafener Zeit unterwegs, möglichst kein Bargeld oder Wertsachen mitnehmen.

Auf den üblichen Touristenpfaden und mit der angebrachten, aber nicht übertriebenen Vorsicht dürfte selbst in Los Angeles nichts passieren, trotz des schlechten Rufes, den die Stadt besitzt. Der basiert vornehmlich auf dem Unwesen der "Gangs", die aber hauptsächlich in ihren angestammten Stadtteilen agieren, wo der Besucher nach Einbruch der Dunkelheit sowieso nichts mehr zu suchen hat. Außerdem haben sie es nicht auf Touristen, sondern auf Mitglieder konkurrierender Banden abgesehen.

Sollte es doch mal zu einer bedrohlichen Situation kommen, gibt man am besten sein Geld heraus. Im Zweifelsfall sind Drohungen lieber zu ernst als zu leicht zu nehmen.

Bei Verlust des Passes sofort das nächstgelegene Konsulat benachrichtigen, spätestens am Tag der Ausreise gibt es sonst Schwierigkeiten. Bei rechtzeitiger Benachrichtigung der Aussteller-Firmen (Telefonbuch "Yellow Pages") sind Verluste von Reiseschecks oder Kreditkarten nicht tragisch. Die Versicherung tritt in Kraft, Ersatz wird relativ schnell beschafft.

Frauen allein: Die Situation für alleinreisende Frauen ist in Kalifornien vergleichbar mit derjenigen in Mitteleuropa. Die erwähnten Sicherheitsvorkehrungen in den Großstädten sollten allerdings besonders ernstgenommen werden. In einigen Großstädten gibt es Unterkünfte, die nur für Frauen reserviert sind (z.B. "YWCA"). Kontaktadressen für Notfälle in Los Angeles und San Francisco siehe jeweiliges Regional-Kapitel.

Alkohol: In Kalifornien und Nevada werden alkoholische Getränke nur an Personen über 21 Jahre verkauft und ausgeschenkt. Wer jünger ist, sollte die Finger davon lassen; man verbringt schnell mal eine Nacht im Knast, wenn ein police officer gewillt ist durchzugreifen.

Drogen: Trotz offiziellen Verbots gibt es in Kalifornien einen ausgedehnten Markt für Rauschmittel aller Art. Hände weg: Mit dem Besitz oder Konsum von Drogen ist in den USA nicht mehr zu spaßen, auch Ausländern drohen schwere Strafen.

SPRACHE

Die wenigsten Amerikaner verstehen deutsch. Wer's in der Schule bruchstückhaft gelernt hatte, hat meistens alles wieder vergessen. Dafür sind sie dankbar, wenn sich der Besucher im Englischen versucht, auch wenn es

nicht perfekt klappt. In der Regel kommt man selbst mit wenigen Brocken problemlos zurecht. Kommt mit Zimmermädchen oder Dienstpersonal keine Kommunikation zustande, liegt das daran, daß sie aus Mexiko stammen und nur Spanisch sprechen.

MASSE UND GEWICHTE

Auch wenn mancherorts schon mal eine metrische Angabe auftaucht, benutzen die Amerikaner weiterhin die traditionellen angelsächsischen Maßeinheiten: Sie messen die Länge in *"inches"* und *"miles"*, trinken *"quarts"* von Milch und Whiskey, ihre Autos schlucken *"gallons"* an Benzin, Hamburger verzehren sie nach *"pounds"*, geschwitzt und gefroren wird in *"Fahrenheit"*. Für den Mitteleuropäer ist also Umrechnung an der Tagesordnung (gegebenenfalls bewährt sich hier ein Taschenrechner):

TEMPERATUR: die Umrechnungsformel von Fahrenheit in Celsius lautet: minus 32, geteilt durch 9, mal 5. Bequemer merkt man sich folgende vier Eckwerte; was dazwischen liegt, läßt sich dann leicht über den Daumen peilen:

32 Grad F = O Grad C	68 Grad F = 2o Grad C
5o Grad F = 1o Grad C	86 Grad F = 3o Grad C

LÄNGE: 1 inch = 2,54 cm (1 cm = o,39 inch), - 1 foot = 3o,48 cm (3,28 feet = 1 m), - 1 yard = o,91 m (1 m = 1,o9 yard).

ENTFERNUNGEN auf Straßenschildern in Meilen angegeben, in diesem Buch bereits umgerechnet auf Kilometer. 1 mile = 1,6o9 km. (1 km = o,62 miles). - HÖHENANGABEN: meist in feet (siehe oben).

FLÜSSIGKEITEN: 1 cup = o,24 l, - 1 pint = o,47 l, - 1 quart = o,95 l, - 1 gallon = 3,79 l (1 l = o,26 gallon).

BENZIN TANKEN: 1 gallon = 4,4o5 Liter.

GEWICHT: ounces mal 28 = Gram, - pounds mal o,45 = Kilogram. In Gegenrichtung: Gram mal o,o35 = ounces, - Kilogram mal 2,2 = Pounds.

ELEKTRIZITÄT

Stromspannung 11o Volt Wechselstrom. Elektrische Geräte also nur mitnehmen, wenn sie von 22o auf 11o Volt umschaltbar sind. Steckdosen passen lediglich für Flachstecker. Sie sind ansonsten nur mit Adapter für die bei uns üblichen Stecker zu benutzen.

ZEITZONEN

Die USA sind wegen gewaltiger Ost-West Ausdehnung in 6 Zeitzonen unterteilt: Eastern Time (Ostküste z.B. New York, Boston, Miami), - Central Time (z.B. Chicago, Dallas, St. Louis), - Mountain Time (z.B. Denver, Phoenix, Salt Lake City), - Pacific Time: gilt für Kalifornien, Ne-

vada sowie gesamte West- Coast. - Hinzu kommen die Alaska Time und die Hawai Time.

UMRECHNUNG: pro Zeitzone ist von New York Richtung Kalifornien die Uhr jeweils um 1 Std. zurückzustellen. Beispiel: New York/Eastern Time: 6 Uhr früh = 3 Uhr früh in L.A., San Francisco/Pacific Time.

Mitteleuropa (BRD, CH, A) gegenüber Kalifornien 9 Std. Beispiel: München: 12 Uhr = L.A., San Francisco/Pacific Time = 3 Uhr früh.

Wechsel zwischen Winter- und Sommerzeit in Kalifornien: am letzten Sonntag im April sowie am letzten Sonntag im Oktober.

UHRZEIT: in den USA eingeteilt in **AM** (Mitternacht bis 12 Uhr Mittags) und **PM** (ab 12 Uhr bis Mitternacht). Beispiel: wenn die Digital-Uhr "0001 AM" zeigt, entspricht dies unserer Zeitangabe: 1 Min. nach Mitternacht. Analog: "0310 PM" = 15 Uhr nachmittags plus 1o Min.

DATUM: Die Zahl des Monats steht vor dem Tag. Beispiel: 8.1.95 = 1. August 1995. Aufpassen bei Reservierungen und Flugdaten.

ÖFFNUNGSZEITEN

Kein einheitlicher Ladenschluß. Zwischen 9 und 18 Uhr (Mo-Fr) dürfte fast alles geöffnet sein (Banken bis 15 Uhr), Mittagspausen sind selten.

Geschäfte und Kaufhäuser haben oft bis in den Abend geöffnet, Supermärkte meist bis 22 Uhr, manchmal bis 24 Uhr (in Einzelfällen 24 Std. am Tag. Shopping Centers und manche Supermärkte sind auch Sa/So geöffnet, einige Banken am Samstagvormittag.

Die meisten Museen haben wie bei uns montags geschlossen, Ausnahmen sind im Text vermerkt. Die Öffnungszeiten variieren stark, man sollte sich aber darauf einstellen, daß in der Mehrzahl der Fälle gegen 16- 17 Uhr Schluß ist.

RESERVIERUNGEN

Für Hotels üblich und zur Hochsaison an vielen Orten unbedingt ratsam. Per Telefon, bei besseren Hotels über die Gratis-Nummer "8oo". Für Festivals, Theater, Konzert oder Sport eine zentrale Reservierungsstelle in jeder größeren Stadt (z.B. "Ticketron" oder "Mistix"), ebenfalls mit 8ooer Nummer. Jeder Hotelportier weiß Bescheid oder übernimmt die Sache. Nummer einer Kreditkarte wird als Sicherheit verlangt.

FEIERTAGE

Da fast alle Feiertage in den USA ein verlängertes Wochenende bewirken, zu dieser Zeit mit einem verstärkten Ansturm auf Urlaubsorte und Nationalparks rechnen. Hotels dort meist schon frühzeitig ausgebucht.

Entweder selbst ebenfalls langfristig reservieren, am besten aber solche Wochenenden für den Aufenthalt in Los Angeles oder San Francisco einplanen. Aufgepaßt auch beim Transport: Vor allem Flugtickets werden absolute Mangelware.

Neben Weihnachten, Neujahr und Ostern bleiben an folgenden Tagen Behörden, Banken und die meisten Geschäfte geschlossen:

15. Januar:	Geburtstag von Martin Luther King
dritter Montag im Februar:	President's Day
letzter Montag im Mai:	Memorial Day (Heldengedenktag)
4. Juli:	Independence Day
erster Montag im September:	Labor Day (Tag der Arbeit)
zweiter Montag im Oktober:	Columbus Day
zweiter Montag im November:	Veteran's Day
letzter Donnerstag im November:	Thanksgiving

FERIEN: Schul- und Universitätsferien von Mitte Juni bis einschließlich Labor Day/Anfang September. Außerdem über Weihnachten/Neujahr und während der Osterwoche.

Feste & Festivals

Der kalifornische Kalender ist voll mit nationalen, regionalen und örtlichen Festen und Festivals unterschiedlicher Bedeutung. Neben ernsthaften und hochklassigen Musik- oder Theaterfestivals auch viele naiv-kitschige Feierlichkeiten mit Show-Business und Disneyland-Effekten.

Irgendwo dazwischen liegen zumeist die ethnischen Feste der verschiedenen Einwanderergruppen: mehr traditionell und ursprünglich das chinesische Neujahr oder die mexikanischen Unabhängigkeitstage, kommerziell orientiert dagegen deutsche Oktoberfeste oder skandinavische Mittsommer-Feiern.

Der folgende Kalender bringt eine begrenzte Auswahl wichtiger Daten, die Liste ließe sich praktisch beliebig verlängern. Weitere Angaben in den jeweiligen Regional-Kapiteln dieses Buches. Wer darüber hinaus Interesse hat, fragt am besten beim jeweiligen örtlichen Touristenbüro nach, ob in den nächsten Tagen irgendein Fest ansteht.

TOURNAMENT OF ROSES PARADE: Am 1. Januar in Los Angeles/Pasadena. Umzug mit Musik, Festwagen und vielen Blumen. Ein sehr amerikanisches Spektakel.

OSHOGATSU: Japanisches Neujahrsfest am 5./6. Januar. Folklore und Kunst auf der Japanese Village Plaza, Downtown Los Angeles.

MARDI GRAS: Mexikanischer Karneval, Downtown Los Angeles.

GOLDEN DRAGON PARADE: Zum chinesischen Neujahrsfest im Februar. Farbenprächtiger Umzug durch Chinatown in San Francisco und Los Angeles sowie über mehrere Tage kulturelle und folkloristische Veranstaltungen.

ST. PATRICK'S DAY: Am 17. März. Feiertag der irischen Minderheit. Paraden in verschiedenen größeren Städten

CINCO DE MAYO: Paraden und Feierlichkeiten zum mexikanischen Nationalfeiertag am 5. Mai in allen Städten mit großem mexikanischen Bevölkerungsanteil.

INDEPENDENCE DAY: Erinnerung an die Unabhängigkeitserklärung der USA. Wichtigster Feiertag der Nation. Der 4. Juli wird in ganz Kalifornien mit Festen und Paraden begangen. Höhepunkt meistens ein Feuerwerk.

HALLOWEEN: Traditionelles Kinderfest am 31. Oktober, bei dem sich die Kinder kostümieren, von Haus zu Haus ziehen und um Süßigkeiten und Geschenke bitten. Wer sich nicht drauf einläßt, dem spielen sie einen Streich ("trick or treat"). Symbol dieses Tages sind die schauerlichen Gesichter ausgehöhlter Kürbisköpfe, die bei Dunkelheit gespenstisch leuchten.

Die Atmosphäre an diesem Tag übrigens hervorragend eingefangen in John Carpenters Gruselklassiker "Halloween", allerdings nur im ersten Film; die zahlreichen kommerzialisierten Fortsetzungen sind verkommen zu blutrünstigen Schockern.

THANKSGIVING: Erntedankfest am letzten Donnerstag im November. In fast allen Familien, die es sich leisten können, kommt der traditionelle Truthahn auf den Festtags-Tisch.

HOLLYWOOD CHRISTMAS PARADE: Am 25. Dezember auf dem Sunset Boulevard in Hollywood. Festwagen und viel Rummel um den Weihnachtsmann. Häufig nehmen bekannte Persönlichkeiten aus dem Show-Business teil.

KINDER

Kalifornien ist ein absolut kinderfreundliches Reiseland: Viele Attraktionen wie Disneyland in Los Angeles, Sea World in San Diego und zahlreiche Museen zum "Anfassen und Mitmachen". Auch die Sehenswürdigkeiten der Erwachsenen haben oft ihre Kinderabteilung oder sind für den Nachwuchs verständlich angelegt. Die Spielkasinos in Las Vegas oder Reno sind allerdings tabu.

Auch die Natur hat einiges zu bieten: Badestrände in Südkalifornien, Baumriesen in der Sierra Nevada, Seelöwen oder die Wal-Migration entlang der Küste dürften auch für Kinder unvergeßlich sein. In den Nationalparks bieten die Ranger besondere Aktivitäten und Programme für Kinder und Jugendliche an. Und wer sportlich ist, findet sowieso umgehend Anschluß an interessierte Gleichaltrige.

Die Interessen mitreisender Kinder werden in Kalifornien eher berücksichtigt als in vielen Ländern Europas: Erhebliche Preisnachlässe in vielen Hotels, keine "stille Benachteiligung" kinderreicher Familien.

Der Hochstuhl für die Kleinsten ist in praktisch jedem Restaurant ungefragt zur Hand, speziellen Kindergerichte sind ebenso selbstverständlich wie Kindersitze für Mietwagen und die kostenlose Benutzung von Kinderbuggies in allen Vergnügungsparks.

SENIOREN

Weitaus häufiger als bei uns sind amerikanische Senioren "auf der Walze", genießen ihren Lebensabend in der Sonne Kaliforniens, bei Rundreisen oder im Wohnmobil. Eine ganze Generation scheint permanent unterwegs zu sein, Rücksicht auf Ferientermine ist für sie nicht mehr nötig.

Das schlägt sich auch in der Tourismus-Industrie nieder: Senioren werden umworben wie nirgendwo sonst. Es gibt Sondertarife und Rabatte bei Airlines, Bahn und Bus. Viele Hotels locken mit erheblichen Preisnachlässen, Eintrittspreise zu Museen und Veranstaltungen sind reduziert. Der "Golden Age Passport", erhältlich in den Visitor Centers, verschafft freien Eintritt in alle National Parks und National Monuments.

Oft gilt die Seniorenregelung schon ab 55; es lohnt sich also, den Ausweis parat zu haben und nach Sondertarifen Ausschau zu halten.

BEHINDERTE

Manches ist noch zu verbessern, aber Kalifornien macht ernst mit dem Versuch, das Reisen auch für Behinderte so angenehm wie möglich zu gestalten. Viele Restaurants und Hotels sind auf Rollstuhlfahrer eingerichtet. Blaue Markierungen reservieren fast überall Parkplätze für Behinderte direkt an den Eingängen.

Besonders intensive Bemühungen in den Vergnügungsparks, wo es Erleichterungen und spezielle Angebote gibt. Auch die Nationalparks kümmern sich: fast immer ein kurzer, asphaltierter Rundweg, auf dem Rollstuhlfahrer einen Eindruck von den jeweiligen Naturschönheiten bekommen können. Freier Eintritt in alle National Parks und National Monuments mit dem *"Golden Access Passport"*, erhältlich in den Visitor Centers.

Weitere Auskünfte über behindertengerechte Einrichtungen bei den örtlichen Tourismusbehörden.

FOTOGRAFIEREN

Landschaften, Städte, Menschen: Kalifornien bietet Foto und Videomotive in Hülle und Fülle. Nachschub an Filmmaterial kein Problem; allerdings nicht alle Marken erhältlich, die man in Europa gewohnt ist. Wer auf einer bestimmten europäischen Marke steht, sollte sich genügend Filmmaterial mitnehmen.

Zur Inspiration für Foto-Amateure und Profis könnten die Bilder des amerikanischen Fotografen ANSEL ADAMS (19o2- 84) dienen, der Menschen und Landschaften Kaliforniens in einzigartiger Weise eingefangen hat. Einer der ganz Großen der Fotografie.

Berühmt sind vor allem Adams' Schwarz-Weiß Fotos vom Yosemite National Park und der Sierra Nevada. Landschaftsfotos verwandeln sich bei ihm in ästhetische Ansichten. Licht, Helligkeit und strukturelle Merkmale sind seine Hauptthemen, besonders attraktiv in diesem Zusammenhang die Fotos der verschneiten Sierra.

Mit seinen Impressionen aus Licht und Schatten hat Adams nicht nur ein Stück Foto-Geschichte geschrieben, sondern auch wesentlich zur Erhaltung der einzigartigen Landschaften in der Sierra Nevada beigetragen. Die überzeugende Darstellung ihrer Ursprünglichkeit hat der Naturschutz- und Nationalpark-Idee entscheidende Impulse gegeben.

Mehrere Museen in Kalifornien zeigen Fotos von Ansel Adams in kleineren Abteilungen, häufig finden Sonderausstellungen statt. In San Francisco ist dem Fotografen ein eigenes Zentrum mit Museum gewidmet. Bildbände von Ansel Adams siehe Seite 99.

SHOPPING und SOUVENIRS

Neben dem Fernsehen gilt Shopping als die wichtigste Freizeitbeschäftigung der Amerikaner. Keine Touristenattraktion, kein Museum, kein Nationalpark, der nicht über seinen *"gift shop"* verfügen würde: eine Verkaufsboutique mit jeder Menge Kitsch und Kram (manchmal auch Kunst) als Souvenir oder Geschenk für die Lieben daheim. Nicht selten scheint der "gift shop" wichtiger als die Sehenswürdigkeit selbst.

Attraktionen wie Disneyland in Los Angeles oder Fisherman's Wharf in San Francisco bestehen zum großen Teil aus Geschäften und Andenkenläden aller Art, das Erlebnis erschöpft sich zu einem nicht unbeträchtlichen Teil in Einkaufsbummel und Konsum.

"Malls" und *"Shopping Centers"* in und um die Städte verwandeln sich vor allem an Wochenenden in beliebte Ausflugsziele für die ganze Familie. Oft befinden sich Hunderte von Läden unter einem Dach, dazu Kaufhäuser, Restaurants, Spielplätze, Fitneß-Center und Kinderhorte.

Wer dort auf Sprüche stößt wie "Shop till you drop" oder "I am shopping, therefore I am", wird Schwierigkeiten haben, sie als Ironie abzutun. Vielmehr scheinen sie Ausdruck eines wirklichen Lebensgefühls zu sein.

Wie sich Shopping und Leben zu einer beinahe untrennbaren Einheit entwickeln können, führen Bette Middler und Woody Allen in dem brillianten Film "Scenes from a Mall" (Ein ganz normaler Hochzeitstag) vor: In einem der großen Malls von Los Angeles verschwimmen die Grenzen zwischen Shopping und menschlicher Existenz, das Einkaufszentrum wird zur Privatsphäre, und im Konsum lösen sich selbst die schwerwiegendsten Probleme wie von selbst auf.

Shopping-Erlebnisse dieser Art lassen sich vor allem nachvollziehen in den großen Einkaufszentren von Downtown Los Angeles, Hollywood, Beverly Hills und San Francisco. Teilweise sind die Malls Meisterwerke der Architektur und Innenausstattung und bereits eine Sehenswürdigkeit für sich. Adressen in den Regional-Kapiteln.

Etwas europäischer sind die glanzvollen EINKAUFSSTRASSEN in Los Angeles und San Francisco:

Melrose Avenue in Hollywood: Boutiquen, Kunst und Kuriositäten für ein vornehmes und ausgeflipptes Publikum, für das Sehen und Gesehenwerden untrennbar zum Einkauf gehören.

Rodeo Drive in Beverly Hills: Eine der nobelsten Einkaufs-Adressen der Welt. Exklusive Schmuck- und Modegeschäfte, Kunst und Accessoires. Für den Normalverbraucher zum Bummeln und Staunen.

Union Square in San Francisco: Rund um den zentralen Platz in Downtown eine lebenidge Ansammlung von Boutiquen und Kaufhäusern für alle Brieftaschen.

Union Street in San Francisco: Shopping-Meile mit feinen Geschäften und Nobel-Boutiquen.

SOUVENIRS

Wer sich für T-Shirts und Baseball-Mützen mit den unglaublichsten und ausgefallensten Aufschriften begeistern kann, befindet sich in Kalifornien im Paradies. Noch das letzte Wüstenkaff wirbt mit irgendeinem originellen Spruch auf Hemden und Hüten. In Touristenzentren größeren Kalibers weitet sich dies aus auf Feuerzeuge, Kugelschreiber, Aschenbecher, Schlüsselanhänger etc. Wer etwas typisch Amerikanisches sucht: genau das ist es!

Eher ernsthafte Mitbringsel fallen weniger ins Auge, sind aber doch zu finden.

Bücher: Interessant vor allem die erstklassigen Bildbände zu Kalifornien, San Francisco, Los Angeles und den Nationalparks. Die schönsten Titel siehe untenstehende Bücherliste und Buchtips in den Regionalkapiteln. Die Buchhandlungen in Hollywood verfügen über eine immense Auswahl von Titeln zum Thema Film, Stars und Show-Business.

Kleidung: Vor allem in den großen Städten Geschäfte mit Marken-Kleidung zu stark reduzierten Preisen, manchmal direkt aus der Fabrik. Motto: "Designer Labels for less".

Schallplatten: Phantastisch sortierte Läden in Los Angeles, Hollywood und San Francisco (Platten, Kassetten, CDs). Was dort nicht zu haben ist, dürfte nirgends mehr auf dem Markt sein. Für Sammler interessant einige alternative Plattenläden in San Francisco mit längst vergessenen Titeln der Rock-, Pop- und Jazzgeschichte.

Lebensmittel: Kalifornischer Wein ist immer noch ein Hit und dort wesentlich günstiger als in Europa. Orientalische Tees und Gewürze findet man vor allem in den kleinen Lädchen der Chinatowns von L.A. und San Francisco. Die Produkte der kalifornischen Landwirtschaft werden im Central Valley direkt an der Straße angeboten: zum Mitnehmen eignen sich besonders Honig, Marmelade, Mandeln und getrocknete Früchte.

Kunst und Kunsthandwerk: Unzählige Kunstgalerien in Los Angeles und San Francisco, aber auch in Mendocino an der Nordküste. Qualität sehr unterschiedlich, man sollte sich schon etwas auskennen. Kunsthandwerk der Indianer vorwiegend erhältlich in den "gift shops" von Museen, die

eine Abteilung zur indianischen Kultur besitzen: zu empfehlen sind Web- und Flechtarbeiten sowie ausgefallener Silberschmuck.

Kuriositäten: Wer im Reisegepäck noch Platz hat für eine Benzin-Zapfsäule aus den dreißiger Jahren, alte Reklameschilder von Coca Cola und Chevrolet sowie vergilbte Poster von James Dean, Marilyn Monroe oder dem ersten Konzert der "Doors", findet derlei Krimskrams vor allem in Hollywood und San Francisco.

RADIO

In den großen Städten Dutzende von Sendern, die sich meist auf eine besondere Musikrichtung spezialisiert haben: Klassik, Rock, Jazz, Oldies, Country&Western etc. Einige Stationen bringen nur Nachrichten oder Sport, evtl. Verkehrsdurchsagen. Alle Programme sind ständig unterbrochen durch Werbung.

Die besten Musiksender auf UKW (FM), Nachrichten in der Regel über Mittelwelle (AM); Frequenzen in den Regional-Kapiteln. Die Reichweite der FM-Stationen ist begrenzt, so daß man in der Umgebung der Großstädte eine Riesenauswahl hat, in abgelegenen ländlichen Gebieten unter Umständen aber nicht einen einzigen Sender empfängt. Autoradio mit Kassettenteil ist auf solchen Strecken ein guter Begleiter.

FERNSEHEN

Kaum ein Hotelzimmer ohne Fernsehapparat. 6 Programme sind das Minimum, manchmal auch über 3o. Der Empfang und die Bildqualität sind oft überraschend schlecht, und selbst in Mittelklassehotels gibts teils antiquierte Apparate.

Viele Hotels verfügen über ein spezielles Video-Angebot, wobei man pro Film (meist aktuelle Hollywood-Hits, die gerade in den Kinos spielen) ca. 7 US zahlt. Manche Hotels bieten dieses Kinoprogramm ("HBO" = Home Box Office) auch gratis an. Die kurze Anfrage an der Rezeption erspart Überraschungen bei der späteren Entgegennahme der Hotelrechnung.

Wer gezielt fernsehen will, sollte sich unbedingt ein Wochenprogramm besorgen (Sonntagsausgabe der großen Zeitungen). Es gibt keine präzisen Anfangszeiten oder Programmansagen, so daß eine Suche aufs Geratewohl chaotisch wird und man trotz der Fülle des Angebots selten etwas Vernünftiges findet. Diese Tendenz wird noch verstärkt durch die langen Werbeblöcke.

PROGRAMME: In der Regel seichte Unterhaltung, viele Spielfilme, oft aber von geringer Qualität. Sportfans kommen auf ihre Kosten, sofern sie eine der US-Profisportarten wie Baseball, Basketball, Football oder Eishockey mögen. CNN, der 24-Stunden-Nachrichtensender, ist spätestens seit dem Golfkrieg auch in Europa hinreichend bekannt.

Die TV-Mentalität der Nation zeigt sich besonders deutlich bei den billig produzierten Comedy-Shows: Witzemacher und Parodisten unterschiedlicher Qualität. - Sowie bei Fernsehserien mit Szenen aus dem Familien- und Arbeitsleben, voll "absurder" und "komischer" Situationen. Ein imaginäres Publikum im Hintergrund lacht an der jeweils "richtigen Stelle". Im Klartext: verschiedene Arten des Lachens sind im Computer eingespeichert und werden auf Knopfdruck dem Film beigefügt. Bei besonders schlechten TV- Serien wird spätestens nach jedem 3. Satz gelacht. Das Ganze nennt sich *"Seifenoper"* und gibts in allen Varianten, - auch solchen, wo nicht ständig gelacht wird. Weitere Details siehe auch Seite 212.

Charakteristisch für's amerikanische Fernsehen sind auch die *Verkaufsprogramme im TV*: Bieten rund um die Uhr Schmuck, patentierte Zwiebelschneider und andere angeblich "erlesene Sachen" zu sogenannten "Niedrigpreisen". Die Zuschauer rufen im Sender an und bestellen bei Nennung ihrer Kreditkartennummer.

Variante sind die sogen. *"Game-Shows"*: der Show-Master (oder die an der Show Teilnehmenden) drehen an einem "Glücksrad". Anschließend sind Quizfragen zu beantworten. Richtig beantwortet, kann man eine Fülle schöner Gegenstände gewinnen, die entsprechend werbeträchtig auf dem Bildschirm präsentiert werden. Unterm Strich satte Produktwerbung.

Was hier an seichter TV- "Unterhaltung" im Endeffekt möglich ist (verbunden mit ständig massiver Werbung), zeigt der "Genuß" der US-Privatsender. Sie sind oft Vorbild dessen, was sich momentan in Deutschland in Aufbau befindet.

Gravierend in Deutschland insbesondere, daß man sich derzeit vom - durch Werbung ungestörten Abspielen von Spielfilmen trennen möchte. Wer hier (gewissermaßen 5 Min. vor 12) aktiv werden will, sollte massiv zumindest bei ZDF und ARD per Einschreiben protestieren!

Auch mal reinschauen in eines der Programme des religiösen Show-Business: Evangelisten,die predigen, singen, Massen beschwören und angeblich auch Wunder vollbringen. Alles ist möglich in diesen Sendungen, in denen es vor allem um Spenden geht: für Afrika, aber auch für Paläste der Evangelisten oder deren Wohlergehen. (Fast) alles ist erlaubt, - Religion als Medienspektakel.

ZEITUNGEN

Europäische Zeitungen und Zeitschriften erhältlich an den internationalen Flughäfen sowie an großen Zeitungsständen und in bedeutenden Buchhandlungen von Los Angeles und San Francisco.

KALIFORNISCHE PROVINZBLÄTTER bieten kaum mehr als Lokalnachrichten, Sport und knappe Info zu Wirtschaft und Politik. Dafür jede Menge Werbung. Die besten lokalen Zeitungen erscheinen in Los Angeles

und San Francisco, auch in der näheren Umgebung der Metropolen erhältlich: "*Los Angeles Times*", "*San Francisco Chronicle*" und "*San Francisco Examiner*".

Hilfreich die überdimensionalen Wochendendausgaben, die zwar fast Paketformat besitzen und extrem viel Werbung, aber auch brauchbare Beilagen wie Fernsehprogramm und der wöchentliche Veranstaltungskalender mit Hinweisen zu Ausstellungen, Konzerten, Theater, Kino und Sportveranstaltungen.

ÜBERREGIONALE PRESSE: dominierend die beiden Wochenmagazine für Politik, Wirtschaft und Kultur "*Time*" und "*Newsweek*". Weiterhin überall erhältlich die Tageszeitung "*USA Today*" (Mo-Do und Wochenendausgabe): Knapper Abriß des Weltgeschehens. Die Zeitung greift auch kontroverse Themen auf und setzt sich kritisch mit Aspekten des öffentlichen Lebens in den USA auseinander. Übersichtlich durch Grafiken und Statistiken. Gut für Überblick und ersten Einstieg ins US-Geschehen.

KALIFORNIEN-HIGHLIGHTS

Was ist das Schönste an einer Kalifornien-Reise? - Je mehr Leute man fragt, desto unterschiedlichere Antworten bekommt man. Schließlich ist das Wesentliche am Reisen gerade das subjektive Erleben. Und trotzdem gibt es in jedem Bereich einige Höhepunkte, an denen keiner vorbeigehen sollte.

Die folgenden Highlights dienen dazu, sich in dem riesigen touristischen Angebot Kaliforniens ein wenig zu orientieren und die Reiseplanung nach markanten Punkten auszurichten. Empfehlenswerte Reiserouten im Kapitel "Transport".

1.) Landschaften

Yosemite National Park (Sierra Nevada): Überwältigendes Panorama aus Felsformationen, Wasserfällen und Sequoia-Wäldern.

Death Valley (Kalifornische Wüste): Vielseitigste Wüstenlandschaft Kaliforniens. Dünen, Felsen, erloschene Vulkane und sensationelle geologische Formationen.

2.) Highways

Highway 1: Küstenstraße zwischen Los Angeles und der Grenze zu Oregon. Fast überall landschaftliche Leckerbissen: abwechselnd Strände und Felsküste. Atemberaubende Streckenführung vor allem im Bereich der Central Coast zwischen San Luis Obispo und Monterey.

Highway 19o von Death Valley ins Owens Valley: Im Auf und Ab durch Täler und über Gebirgszüge auf wenigen Kilometern Tausende von Metern Höhenunterschied. Phantastische Ausblicke auf die gewaltigen Großlandschaften im Süden Kaliforniens.

3.) Aussichtspunkte

Key's View im Joshua Tree National Monument (Kalifornische Wüste): Von einer Anhöhe Blick über die Wüstenebene Südkaliforniens bis zu den Berggipfeln in Mexiko.

Dante's View (Death Valley, kalifornische Wüste): Unterhalb einer steil abfallenden Felswand das gesamte Tal des Todes zu Füßen des Betrachters. Den Hintergrund bilden die Gebirgsketten am gegenüberliegenden Talrand.

Marin Headlands (San Francisco Bay Area): Der schönste Blick am Golden Gate, hinter der Golden Gate Bridge das Panorama der Hügel und Skyline von San Francisco.

Mount Tamalpais (San Francisco Bay Area): Vom Gipfel des Berges ein Überblick über San Francisco und die gesamte Bucht.

4.) Seen

Mono Lake (Owens Valley, Sierra Nevada): Kuriose Tuffsteinformationen, gebildet durch kleine Quellen auf dem Grund des Sees, sichtbar geworden durch den ständig sinkenden Wasserspiegel.

Lake Tahoe (Sierra Nevada): Tiefblauer Gebirgssee, in dem sich die Gipfel der Sierra spiegeln. Ausnahmeerscheinung hinsichtlich Klarheit und Tiefe des Wassers.

5.) Parks und Gärten

The Huntington (Los Angeles): Weitläufige Parkanlage mit Pflanzen und Gartenbau-Architektur aus der ganzen Welt. Immense Vielfalt an Wüstenpflanzen im "Desert Garden".

Mendocino Coast Botanical Gardens (Fort Bragg, North Coast): Direkt am Pazifik eine gelungene Mischung aus gepflegtem Park und naturbelassenem Wald- und Wiesengelände mit den charakteristischen Pflanzen Nordkaliforniens.

6.) Museen

The Oakland Museum (Oakland, Bay Area): Mit Abstand bestes Museum zur kalifornischen Ökologie, Geschichte und Kunst. Vor allem die Geschichtsabteilung mit einer schier unglaublichen Vielzahl an Ausstellungsstücken.

California State Railroad Museum (Sacramento, Central Valley): Eisenbahnmuseum der Sonderklasse mit historischen Loks und Waggons sowie jeder Menge Spezialeffekten rund um die Technik und Geschichte der amerikanischen Eisenbahn.

National Automobile Museum (Reno, Nevada): Ein Querschnitt durch die Geschichte des Automobils mit Original-Oldtimern aus Amerika und Euro-

pa. Großzügig ausgestellt in einer Umgebung, die der jeweiligen Epoche nachempfunden wurde.

Auto Collection (Las Vegas, Nevada): Ähnlich wie in Reno eine chromblitzende Sammlung von Oldtimern. Neben Pkws auch eine breite Auswahl origineller Nutzfahrzeuge aus der Frühzeit des Automobils sowie die repräsentativen Karossen von Persönlichkeiten aus Politik und Show-Business.

7.) Städte

San Francisco: Kaum jemand bestreitet, daß dies die schönste Stadt der USA ist. Neben einmaliger Lage auch viel alternatives Flair in Straßen und Kneipen.

Mendocino (North Coast): Kleinstadt am Meer, in der die Zeit stehengeblieben scheint. Künstlerkolonie mit viktorianischen Häusern und verwilderten Vorgärten im rauhen Küstenklima des Nordens.

8.) Flair

Chinatown (San Francisco): Größte asiatische Siedlung außerhalb Asiens. In den Nebenstraßen des Stadtviertels orientalische Atmosphäre fast ohne westliche Einflüsse.

Las Vegas (Nevada): Der Inbegriff künstlicher amerikanischer Neon-Welt, gemischt mit Show-Business und dem Rattern der Einarmigen Banditen in den Spielsälen. Mitten in der Wüste ein futuristisches Szenario aus einer anderen Welt.

9.) Sport

Lake Tahoe (Sierra Nevada): Zahlreiche Skigebiete der Sonderklasse rund um den See, in dem sich die verschneiten Gipfel der nördlichen Sierra spiegeln.

John Muir Trail (Sierra Nevada): Langstrecken-Wanderweg durch die Wildnis der Sierra. Einsamkeit und naturbelassene Landschaften über Hunderte von Kilometern zwischen dem Yosemite National Park und Mount Whitney.

"Los Angeles Lakers": Ein Heimspiel des Profi-Teams bietet Weltklasse-Basketball, garniert mit einer gehörigen Portion Show-Business rund um den eigentlichen Sport. Die Lakers gehören seit Jahrzehnten zu den Spitzenmannschaften der US-Liga.

1o.) Strände

Venice Beach (Los Angeles): Der berühmte "Muscle Beach", wo die gebräunten Körper getrimmt und zur Schau gestellt werden. Eine Spielwiese des kalifornischen Schönheitskults.

Steamer Lane (Santa Cruz, Central Coast): Erstklassiger Surf-Strand unterhalb einer Steilküste. Attraktiv auch für Zuschauer, die die Wellen-Akrobaten hier besonders nah und von oben beobachten können.

Unterkunft

An Übernachtungsmöglichkeiten gibt es in Kalifornien keinen Mangel. Neben Hotels, vor allem die praktischen und meist preiswerten Motels. Für gehobene Ansprüche und persönliche Atmosphäre die Bed&Breakfast Häuser oder Country Inns. Die Übernachtungspreise sind bei einem Dollarkurs zwischen 1,5o und 1,7o DM insgesamt niedriger als in vielen europäischen Ländern.

Weit verbreitet und für einen naturverbundenen Urlaub durchaus empfehlenswert: Camping per Zelt oder Wohnmobil. Es existiert auch ein Netz von Jugendherbergen, das aber von Region zu Region unterschiedliche Dichte aufweist.

HOTELS hauptsächlich in den großen Städten im Stadt zentrum. Meist Mittelklasse oder gehobenere Kategorien, guter Service. Sind in der Regel auf Geschäftsreisende eingerichtet, wegen zentraler Lage aber auch für Touristen praktisch. SW-Pool und oft auch ein Whirl-Pool gehören ab Mittelklasse zur Standardausrüstung. Fernseher und Telefon auf den Zimmern sind eine Selbstverständlichkeit.

MOTELS dagegen häufig am Stadtrand, an Ausfallstraßen und in ländlichen Gebieten. Die Atmosphäre recht anonym, man fährt den Wagen direkt vor die Zimmertür. In der Regel Billig- bis Mittelklasse. Die typisch amerikanische Variante der Übernachtung: Nach dem Abendessen drei Schritte vom Auto ins Bett, am Morgen unter die Dusche und weiter geht's.

Generelle Ausstattung: Badezimmer mit Dusche; Fernseher, Telefon. Bessere Motels bieten zusätzliche Annehmlichkeiten für den eiligen Reisenden: Kühlschrank, Kaffeemaschine oder sogar Mikrowellenherd. Manchmal auch kostenlos der Morgenkaffee aus dem Plastikbecher an der Rezeption. Viele verfügen auch über SW-Pool, allerdings meist wenig einladend mitten auf dem Parkplatz.

Die Unterschiede zwischen den Motels selten gravierend: statt Dusche eine Badewanne, ein paar Handtücher mehr oder weniger, die Seife billig oder parfümiert, der Fernseher Antikmodell oder gerade ersetzt. In heißen Gegenden dürfte oft das Vorhandensein eines SW-Pools den Ausschlag geben.

BILLIG-HOTELS: In Großstädten existiert eine Sorte von extrem preis-

werten Absteigen, die man aber unbedingt meiden sollte: heruntergekommene Hotels in Uralt-Häusern, ein Großteil der Zimmer langfristig vermietet an manchmal zwielichtiges Publikum. Nicht nur schmutzig und ungepflegt, sondern oft auch gefährlich. Alternativen sind Jugendherbergen, YMCA/YWCA und Billig-Motels am Stadtrand.

BILLIG-MOTELS: Auf jeden Fall sicher und meist oberflächlich sauber. Aber der Muff von 2o Jahren sitzt in Möbeln, Teppichböden und Bettüberzügen. Sanitäre Anlagen in der Regel hygienisch, wenn auch antiquiert und abgenutzt.

NOBEL-HOTELS: Vor allem in San Francisco und Los Angeles kann das Übernachten zu einem Erlebnis werden: Stilvolle Hotels in wunderschönen Backsteingebäuden oder supermodernen Wolkenkratzern. Wer ein Faible für die Atmosphäre und den gediegenen Luxus eines klassischen Grand-Hotels hat: empfehlenswert in Los Angeles "Biltmore" und "Checkers", in San Francisco "Ritz-Carlton" und "The Huntington", in San Diego "Hotel Coronado".

Reservierung: Auch während der Hochsaison dürfte bei rechtzeitiger Ankunft in den meisten Orten immer noch eine Unterkunft verfügbar sein. Ausnahme: in Badeorten sowie in und um einige der beliebtesten Nationalparks.

Trotzdem ist eine Reservierung eigentlich in den meisten Fällen zu empfehlen: Amerikaner reisen ohnehin gern mit Vorreservierung, ein kurzer Anruf beim ausgewählten Hotel ist schnell getätigt und geht oft sogar auf Kosten des Unternehmens ("8oo"er Nummer). Man reist ruhiger, und das Einchecken geht schnell. Bei der Reservierung gleich angeben, wenn man später als 18 Uhr eintreffen wird, da sie sonst unter Umständen nicht aufrechterhalten wird.

Hotelsuche vor Ort: Gestaltet sich fast überall einfach. Vor allem Motels liegen meist konzentriert in einem Stadtteil oder entlang einer Hauptverkehrsstraße. Preise manchmal auf großen Tafeln weithin sichtbar angeschlagen. Man fährt die Reihe ab und sucht sich das Passende aus.

Preise: Kaum ein Hotel oder Motel besitzt einen Einheitspreis für die Zimmer. Schaut man genau hin, existiert oft ein regelrechter Wirrwarr von Tarifen, die abhängig sind von der Saison, vom Wochentag, von der Zimmergröße, der Ausstattung und manchmal auch vom Verhandlungsgeschick des Gastes.

Es lohnt also durchaus ein genauer Vergleich, da die Preise auf den ersten Blick nicht unbedingt aussagekräftig sind. Tip: Lieber ein billiges Zimmer in einem insgesamt etwas teuereren Hotel nehmen als das teuerste Zimmer in einem preiswerten Hotel. Im besseren Hotel hat man für den gleichen Preis dabei auch die sonstigen Annehmlichkeiten des Hauses zur Verfügung (z.B. SW-Pool).

Die Preisspanne reicht bei Motels von ca. 35 US bis ca. 8o US. In ganz ablegenen Gebieten zur Nebensaison geht's auch noch drunter. Billige Stadthotels beginnen ebenfalls um 35 US, nach oben hin sind keine Grenzen gesetzt: für eine Suite in Beverly Hills berappt man leicht 1ooo US. Pro Nacht, versteht sich.

Tip: Von Freitag abend bis Montag früh bieten viele Stadthotels günstige "week-end" Tarife, die oft weit unter den üblichen Preisen liegen. Es lohnt in jedem Fall die Nachfrage und die entsprechende Einrichtung der Reiseroute. In beliebten Urlaubsgebieten an der Küste oder im Gebirge dagegen erhöhen sich die Übernachtungskosten am Freitag und Samstag oft sprunghaft. Dort besser an den restlichen Wochentagen auftauchen.

Handeln: Kalifornien grenzt zwar an Mexiko, trotzdem überrascht es, daß sich viele Motelbesitzer auf das Herunterhandeln ihrer Preise einlassen. In der Nebensaison und an Werktagen machbar, vor allem wenn sich direkt nebenan die lange Reihe der Konkurrenz empfiehlt. Nicht zögern, auch nach Ermäßigung für längeren Aufenthalt zu fragen. Wird oft gewährt, aber nur für den, der danach fragt.

Gutscheine: Viele Hotels und Motels sind in Ketten zusammengeschlossen und bieten Gutscheinhefte an, die in jeder Filiale eingelöst werden können. Oft Ermäßigungen. Vorteil: Reservierungs-Service von Ort zu Ort. Nachteil: Man ist auf die eine Firma festgelegt, deren Häuser nicht immer günstig für den jeweiligen Urlaubszweck gelegen sind. Vorsicht: Beim Kauf dieser Gutscheine bei Anbietern in Europa: Preise können erheblich höher liegen als vor Ort.

Wer mit Gutscheinen gern auf Nummer Sicher geht, erhält vom jeweiligen Unternehmen ein Heft mit Adressen und Telefonnummern. Oft auch Lagepläne der jeweiligen Hotels oder Motels. Reservierung auch von Europa aus möglich, die meisten Ketten haben eine Vertretung. Empfehlenswert aufgrund der Qualitäts-Preis Relation sowie wegen weiter Verbreitung in Kalifornien:

BEST WESTERN INTERNATIONAL, Blvd. Lemmonier 14, B-1ooo Brüssel, Belgien, Tel. (o2)511737o. Normalerweise gute Hotels und Motels der Mittelklasse.

HOLIDAY INN, Adolfstr. 16, Wiesbaden, Tel. (o6121)16o5o. Hauptsächlich Hotels im bekannten Einheitstil (grauer Betonklotz) der Kette.

CHOICE, Am Hauptbahnhof 12, Frankfurt, Tel. (o69)231oo2. Zusammenschluß mehrerer Motel-Ketten, u.a. die beliebten Quality Inns. Billig- bis Mittelklasse.

DAYS INN, c/o Herzog HC, Savignystr. 28, Frankfurt. Mittelklasse, nur begrenzte Verbreitung in Kalifornien.

MOTEL 6, c/o Anglo-American Reisebüro, Bodelschwinghstr. 13, Westerkappeln, Tel. (o54o4)257o. Preiswerteste Kette, Motels gepflegt, sauber und zu empfehlen. In beinahe allen wichtigen Orten eine Filiale.

TRAVELODGE, Neue Mainzer Str. 22, Frankfurt, Tel. (o69)239196-9. In Kalifornien weit verbreitet, zuverlässiger Standard in der Billig- und Mittelklasse.

Auch wer nicht mit Gutscheinen reist, kann sich an diesen Hotelketten orientieren. Einmal über die Qualität informiert, findet man unter gleichem Namen immer einen ähnlichen Standard.

Einzelzimmer: Wie überall haben es Einzelreisende in Hotels schwer und müssen oft den Preis eines DZ bezahlen. Im besten Fall geringe Preisnachlässe. In großen Städten daher ggfs. auf Jugendherberge, Jugendhotel oder YMCA/YWCA zurückgreifen. Vor allem letztere bieten preisgünstige Einzelzimmer.

Betten: Oft erklärt sich der Preisunterschied bei Zimmern lediglich aus der Größe der Betten: "Queen Size" entspricht etwa dem französischen Doppelbett, "King Size" hat Überbreite bis hin zu 2m. In vielen Zimmern stehen auch zwei Betten der jeweiligen Kategorie. Für Familien natürlich billiger als das Anmieten von zwei Zimmern. Wer das preiswerteste Doppelzimmer anstrebt, fragt am besten nach "one bed, queen size".

Frühstück: In der Regel nicht im Zimmerpreis inbegriffen, Ausnahme natürlich die Bed&Breakfast Häuser und Country Inns. Hotels haben meist ein angegliedertes Restaurant, wo Frühstück gegen Aufpreis serviert wird. Wer in Motels übernachtet, frühstückt außerhalb in einem Café oder Fast-Food Laden.

Essen auf dem Zimmer: Wird in den USA selbstverständlich gehandhabt, keine schiefen Blicke des Personals oder gar Verbotsschilder. In Motels sowieso, aber selbst in Hotels der Teuerklasse sieht man die Gäste mit ihren braunen Einkaufstüten voll Brot und Bier durch die Lobby marschieren. Ein angenehmes Detail, das im Fall der Fälle Zeit und Kosten spart.

BED&BREAKFAST / COUNTRY INNS

Vorab: Nicht zu vergleichen mit den gleichnamigen Unterkünften in Großbritannien. In Kalifornien immer gehobene Kategorie, ca. 7o-15o US pro DZ, ein meist exzellentes und ausgiebiges Frühstück für zwei Personen inklusive. In manchen Häusern auch nachmittags Teestunde oder ein Cocktail, bei dem sich die Gäste für ein halbes Stündchen einfinden.

Beim Vergleich mit Hotel- und Motelpreisen also unbedingt diese Zusatzleistungen einkalkulieren. Das Frühstück ist eine volle Mahlzeit und kann oft das Mittagessen ersetzen.

Die INNS liegen vielerorts am Stadtrand in einem Wohnviertel oder gleich auf dem Land. Oft in renovierten Privat-Villen im viktorianischen Stil. Innenausstattung darauf abgestellt: Antiquitäten, Landhausmöbel, stilvolle Badezimmer. Manchmal allerdings auch zuviel des Guten mit einer Überdosis an viktorianischem Firlefanz.

Die Zimmer oft klein, in der Regel ohne Fernseher und Telefon, nicht immer mit Privatbad. Die Gemeinschaftsbäder auf den Fluren aber nur von wenigen Personen benutzt und absolut blitzblank und hygienisch.

Aufenthaltsräume: Fast in jedem Inn vorhanden, oft im Stil eines Wohnzimmers, wo die Gäste Kontakte knüpfen, lesen oder fernsehen können. Sind normalerweise für die Gäste reserviert, man wird also nicht automatisch mit Familienleben und -problemen der Besitzer konfrontiert. Die Inn-Keeper fühlen sich selbst als Gäste in diesen Räumlichkeiten.

Reservieren und Einchecken: Die Inn-Besitzer sehen es gern, wenn man sich vorher per Telefon ankündigt. Bei den wenigen zur Verfügung stehenden Zimmern auch ratsam, an Wochenenden sind viele Inns langfristig ausgebucht. Eincheck-Zeit in der Regel 15- 18 Uhr, bei telefonischer Voranmeldung kann man auch eine andere Zeit verabreden.

Angenehm sind die schnellen **Kontaktmöglichkeiten** zu anderen Gästen und zu den Eignern. Der totale Kontrast zur Anonymität der Motels. Man fühlt sich als privater Gast und wird auch so behandelt. Dies erklärt den sprunghaften Aufschwung, den die Inns in den letzten Jahren zu verzeichnen hatten. Viele Amerikaner haben es offenbar satt, sich im Urlaub von Motelzimmer zu Motelzimmer zu hangeln und legen inzwischen Wert auf die persönliche Atmosphäre nach dem Motto "home away from home".

Als Ausländer ist man ein besonders gern gesehener Gast in den Inns. Die Besitzer sehen darin eine persönliche Bereicherung ihres Lebens und kümmern sich rührend um den Fremdling. Insgesamt eine gute Gelegenheit, etwas näheren Kontakt zu Amerikanern zu bekommen. Wer signalisiert, daß er seine Ruhe haben möchte, wird allerdings ebenfalls respektiert.

Zusätzlicher Vorteil: Die Inn-Besitzer kennen sich gut aus in ihrer Gegend, geben gern den einen oder anderen Tip. Viele haben auch die Speisekarten örtlicher Restaurants, so daß man den Abend in dieser Hinsicht gut vorplanen kann.

Einschränkungen: In den meisten Inns sind Kinder im Prinzip nicht erwünscht, Ausnahmen lassen sich bei der Reservierung besprechen. Rauchen ist fast überall strikt verboten (mit Rücksicht auf die anderen Gäste und die Feuergefahr in den alten Holzhäusern).

Ein Verzeichnis vieler (wenn auch längst nicht aller) Bed&Breakfast Häuser versendet das kalifornische Touristenbüro in Sacramento (Adresse siehe Allgemeine Tips) unter dem Titel "The Californias: Bed&Breakfast Inns". Jährlich auf den neuesten Stand gebracht mit kurzer Beschreibung, Skizze und Preisliste.

JUGENDHERBERGEN

Die preiswerteste Art, ein festes Dach über dem Kopf zu bekommen. Die Organisation "American Youth Hostels" ist Mitglied im Internationalen Jugendherbergs-Verband. Die Unterkünfte stehen auch Nicht-Mitgliedern offen. Mitglieder werden jedoch bei starker Nachfrage bevorzugt, der Jugendherbergsausweis lohnt sich also. Ca. 1o- 12 US pro Nacht, Nicht-Mitglieder zahlen ca. 2- 5 US mehr. Keine Altersbeschränkung.

Leider gibt es in Kalifornien nur knapp 3o Herbergen, vor allem entlang der Küste mit besonderer Konzentration im Raum Los Angeles/San Diego und in der Nähe von San Francisco. Oft malerisch gelegen, manchmal in ausgedienten Leuchttürmen. Viele sind allerdings recht klein, so daß die Nachfrage fast immer und überall das Angebot übersteigt. Oft auch mit öffentlichen Verkehrsmitteln nicht oder nur schwer zu erreichen.

Ausweichmöglichkeit in den großen Städten sind YMCA/YWCA und private Jugenherbergen, die vor allem in San Francisco gut und preiswert sind. Adressen in den Regional-Kapiteln.

Reservierung in jedem Falle zu empfehlen, während der Sommermonate und an Feiertagen ein absolutes Muß. Wer hauptsächlich in Jugendherbergen übernachten will, sollte seine Reise gut vorplanen. Zur leichteren Orientierung daher untenstehend die komplette Liste der Herbergen mit Hinweis auf nahe gelegene Sehenswürdigkeiten und Ausflugsmöglichkeiten. Nähere Beschreibung der wichtigsten Häuser in den jeweiligen Regional-Kapiteln.

*LOS ANGELES

"Santa Monica": 1436 2nd Street, Santa Monica, CA 9o4o1, Tel. (31o) 393-9913. 2oo Betten. Beste Herberge zur Erkundung von L.A. Nähe Strand und Küstenvororten, gute Verbindungen nach Hollywood und Downtown.

"Los Angeles International": 36o1 S. Gaffey St. Bldg. 613, San Pedro, CA 9o731, Tel. (31o) 831-81o9. 7o Betten. Nähe Hafen Long Beach. Passable Verbindung nach Downtown, umständlich für Hollywood und andere Stadtteile.

"Fullerton Hacienda": 17oo N. Harbor Blvd., Fullerton, CA 92635, Tel. (714) 738-3721. 15 Betten. In Orange County, ca. 5 km von Disneyland. Gute Verbindungen nach Downtown und Hollywood, umständlich nach Santa Monica/Venice.

*SAN DIEGO

"Elliott International": 379o Udall St., San Diego, CA 721o7, Tel. (619) 223-4778. 6o Betten. Auf der Halbinsel Point Loma, gute Verbindungen nach Downtown und zu den wichtigsten Sehenswürdigkeiten der Stadt.

"Armed Services YMCA": 5oo W. Broadway, San Diego, CA 921o1, Tel. (619) 232-1133. 27 Betten. Dowtown San Diego. Gute Verkehrsverbindungen in alle Stadtteile.

"Imperial Beach": 17o Palm Ave., Imperial Beach, CA 92o32, Tel. (619) 423-8o39. 36 Betten. Südlich San Diego in Meeresnähe. Wenige Kilometer von der mexikanischen Grenze.

✶SIERRA NEVADA

"Long Valley": Rt. 1, Box 189 B, Mammoth Lakes, CA 93546, Tel. (619) 935-4377. 1o Betten. In einem der schönsten Skigebiete Kaliforniens, im Owens Valley. Im Sommer Wander-Paradies.

"Hilton Creek": Rt. 1, Box 1128, Crowley Lake, CA 93546, Tel. (619) 935-4989. 22 Betten. Nähe Skigebiet Mammoth Lakes, am Fuß der Sierra Nevada im Owens Valley. Hervorragende Wandermöglichkeiten.

"Tree House": P.O. Box 173, Midpines, CA 95345, Tel. (2o9) 742-6318. 6 Betten. Auf dem Weg zum Yosemite National Park, Hwy. 14o ab Merced.

"North Lake Tahoe": 1oo15 W. River St., Box 1227, Truckee, CA 95734, Tel. (916) 587-3oo7. 3o Betten. Einige Kilometer von Lake Tahoe und den zahlreichen Skigebieten.

✶CENTRAL VALLEY/CASCADE MOUNTAINS

"Gold Rush": 1421 Tiverton Ave., Sacramento, CA 95822, Tel. (916) 421-5954. 4 Betten. Gut für Sacramento und Ausflüge ins Gold Country.

"Alpenrose Cottage": 2o4 E. Hinckley St., Mount Shasta, CA 96o67, Tel. (916) 926-6724. 12 Betten. Zentral für Ausflüge und Wanderungen rund ums Mt. Shasta Massiv.

✶CENTRAL COAST

"Bill's": 1o4o Cielo Lane, Nipomo, CA 93444, Tel. (8o5) 929-3647. 5 Betten. Auf einer Farm, Nähe Hwy. 1o1 zwischen Santa Barbara und San Luis Obispo.

"Eric's": 425 Manzanita Drive, Los Osos, CA 934o2, Tel. (8o5) 528-1oo5. 2 Betten. Nähe Morro Bay am Pazifik, nördlich von San Luis Obispo.

"Monterey High School": P.O. Box 1o13, Monterey, CA 9394o, Tel. (4o8) 298-o67o. 5o Betten. Besuch von Monterey sowie Ausflüge in die Umgebung.

"Santa Cruz": P.O. Box 1241, Santa Cruz, CA 95o61, Tel. (4o8) 423-83o4. 16 Betten. Badeort und Surfzentrum.

"Sanborn Park": 158o8 Sanborn Rd., Saratoga, CA 95o7o, Tel. (4o8) 741-9555. 4o Betten. Zwischen Küste und Silicon Valley. Keine Attraktionen in der Nähe.

"Hidden Villa Ranch": 2687o Moody Rd., Los Altos Hills, CA 94o22, Tel. (415) 941-64o7. 29 Betten. Ähnlich wie Sanborn Park, zwischen Küste und Silicon Valley.

"Pigeon Point Lighthouse": Pigeon Point Rd./Hwy.1, Pescadero, CA 94o6o, Tel. (415) 879-o633. 5o Betten. Malerisch an der Küste in ehemaligem Leuchtturm. Zwischen Santa Cruz und San Francisco.

"Point Montara Lighthouse": 16th Street/Hwy.1, Box 737, Montara, CA 94o37, Tel. (415) 728-7177. 45 Betten. Ähnlich wie Pigeon Point, wenige Kilometer weiter nördlich.

✶SAN FRANCISCO / BAY AREA

"San Francisco International": Bldg. 24o, Fort Mason, San Francisco, CA 94123, Tel. (415) 771-7277. 16o Betten. Günstig gelegen Nähe Fisherman`s Wharf. Gute Verbindungen in alle Stadtteile.

"Golden Gate": Bldg. 941, Fort Barry, Sausalito, CA 94965, Tel. (415) 331-2777. 66 Betten. In den Marin Headlands gegenüber von San Francisco, Nähe Golden Gate Bridge.

"Point Reyes": P.O. Box 247, Point Reyes Station, CA 94956, Tel. (415) 663-8811. 44 Betten. Einzige Unterkunft im Naturpark Point Reyes National Seashore. Abgeschieden und nicht weit vom Meer in malerischer Umgebung.

NORTH COAST

"Eel River Redwoods": 7o4oo Hwy. 1o1, Leggett, CA 95455, Tel. (7o7) 925-6469. 4o Betten. Südlich Eureka, Nähe Humboldt Redwood State Park.

"Redwood": 1448o Hwy. 1o1, Klamath, CA 95548, Tel. (7o7) 482-8265. 3o Betten. Südlich Crescent City im Redwood National Park. Schön gelegen in Küstennähe.

YMCA/YWCA

Die Häuser der christlichen Vereine "Young Men's Christian Association" und "Young Women's Christian Association" stehen auch Nichtmitgliedern offen. Nützliche und preiswerte Alternative zu Jugendherbergen und Billighotels vor allem in den drei Großstädten Los Angeles, San Francisco und San Diego. Reservierung dringend empfohlen, da viele Zimmer langfristig bewohnt werden.

YMCA für Männer und Frauen, YWCA in der Regel nur für Frauen. Betten in Schlafsälen, aber auch Einzel- und Doppelzimmer. Preise je nach Ort und Zimmerqualität verschieden, DZ ca. 25- 45 US. Sauber und gepflegt, meist sehr lockere und offene Atmosphäre. Treffpunkt jugendlicher Reisender.

Gelegentlich angegliedert sind SW-Pool, oft auch Hallenbad, Sauna, Fitneß-Center; für Gäste gratis zu benutzen. Dort auch gute Kontaktmöglichkeiten zu Einheimischen, die zum Sporttreiben kommen.

Weitere Informationen und eine komplette Liste der "Ys" in den Vereinigten Staaten versendet CVJM-Reisen, Postfach 41o149, 35oo Kassel, Tel. (o561)3o87-o. Das Reisebüro bietet auch ein System von Übernachtungsschecks, die vor Ort eingelöst werden können und nimmt Reservierungen entgegen.

CAMPING

Kalifornien besitzt ein dichtes Netz schön gelegener Campingplätze, in der Regel zugänglich für Zelter und Wohnmobile. Lohnt vor allem in ländlichen Gebieten und Nationalparks, wo sonstige Unterkünfte knapp und teuer sind. In den großen Metropolen (L.A., San Francisco) dagegen keine brauchbaren Plätze, von denen aus sich die Städte angenehm erkunden ließen.

Tip für Campingfreunde: Zelt dabeihaben und je nach Bedarf und Lage der Dinge campen oder im Motel übernachten. Macht flexibler und ist beim Leihwagen kein Transportproblem.

Preise: Einfache Plätze sind gratis oder kosten ein paar Dollar. Für einen gut ausgestatteten Platz nach europäischem Muster sind 15- 25 US zu

berappen. Tip: Viele Plätze gewähren Ermäßigung für Besitzer des "Golden Eagle Pass" (25 US), der für ein Jahr freien Eintritt in alle Nationalparks gewährt. Details zum Erwerb siehe "Allgemeine Tips/Tourist-Info".

Allerdings: Viele Camper in den USA verzichten auf Komfort in der freien Natur, so daß eine große Anzahl der Plätze äußerst einfach ausgestattet ist. Oft sogar ohne Duschen. Dies gilt vor allem für landschaftlich schöne Gebiete und Nationalparks in der Sierra Nevada und den Cascade Mountains. In der Nähe großer Städte und entlang der wichtigsten Highways liegen die gut ausgestatteten Campgrounds, frequentiert von Wohnmobilen, aber meist auch für Zelter zugänglich.

"**wilderness camping**": Übernachtung im Freien außerhalb von Campingplätzen ist in fast allen National und State Parks sowie den National Forests für Wanderer erlaubt. Voraussetzung ist eine kostenlose schriftliche Erlaubnis ("wilderness permit"), erhältlich beim zuständigen Visitor Center oder der nächsten Ranger Station. Strikte Einhaltung der örtlichen Verhaltensregeln (z.B.bezüglich Feuerstellen) sowie Mitnahme von Müll sind dabei eine Selbstverständlichkeit.

Wild Zelten oder Übernachten im Wohnmobil außerhalb ausgewiesener Plätze ist ansonsten nicht erlaubt und wird in den Nationalparks streng kontrolliert (Hinweisschilder: "day use area only").

WOHNMOBILE

In Kalifornien so durchgesetzt wie die Übernachtung im Motel. Größere Plätze bieten den sogenannten "hook-up": Anschluß an Wasser, Elektrizität und Entsorgunsleitungen. Korrekte Entsorgung von Abwasser und Müll wird überall großgeschrieben. Wildes Ablassen der Tanks in der Landschaft ist "littering" und damit strafbar.

Reservierung: Viele Campgrounds haben eine Telefonnummer, Reservierung vor allem während der Sommermonate und an Feiertagen sinnvoll. Dies gilt besonders für beliebte Plätze innerhalb von Nationalparks oder entlang der Küste. Wo nötig, finden sich entsprechende Hinweise im Text. Beim Anruf die Kreditkartennummer parat haben.

"**self-registration**": Vielerorts die Art, den Stellplatz zu bezahlen. Meist am Eingang ein Kasten mit vorgefertigten Umschlägen und Anweisungen. Geldschein hinein, Namen oder Autonummer darauf notieren und den Umschlag in den bezeichneten Briefkasten werfen. Diese Aufgabe sofort nach der Entscheidung für einen bestimmten Stellplatz erledigen. Kommt der Ranger und man hat nicht gezahlt, hagelt es saftige Strafen.

ADRESSEN

Die in diesem Buch erwähnten Campingplätze liegen landschaftlich besonders schön oder sind günstiger Ausgangspunkt für Touren in Städte

und Nationalparks. Sie bilden ein Netz, das für eine Kalifornien- Rundreise völlig ausreichend sein dürfte. Wer darüber hinaus noch weitere Adressen braucht, besorgt sich am besten eine der zahlreichen Broschüren. Empfehlenswert:

Eine Liste der Campingplätze in kalifornischen State Parks inkl. Preisen und Telefonnummern versenden die Tourismus-Behörden. Diese Plätze (über hundert) sind in der Regel landschaftlich schön gelegen, in Ausstattung und Preis unterschiedlich. Zentral zu reservieren über die Gratis-Telefonnummer von "Mistix": 800-444-PARK.

Ausführlicher und mit Karten und Skizzen der Katalog "RV & Camping Guide" der "California Travel Parks Association". Darin enthalten eine Vielzahl privater Campgrounds, Ausstattung und Preise unterschiedlich. Auch einige Plätze in Oregon, Nevada und im mexikanischen Baja California. Erhältlich nach Einsendung von 2 US an: ESG Mail Service, P.O.Box 5578, Auburn, CA 95604.

Größte Kette ist "KOA" (Kampgrounds of America). Vertreten mit meist hervorragend ausgestatteten Plätzen entlang der wichtigen Highways und bei größeren Orten. Katalog mit ausführlichen Beschreibungen und Lageplänen gratis auf jedem der Plätze.

Essen und Trinken

Wer aus einem Kalifornien-Urlaub zurückkehrt und die alte Leier von der unkultivierten Küche der Amerikaner wiederholt, ist selber schuld: Er wird nur den offenbar nicht ausrottbaren Vorurteilen hinterhergelaufen sein und die Augen verschlossen haben vor dem vielfältigen Angebot und den Restaurant- und Essenstips in diesem Buch.

Essen und Trinken kann in Kalifornien zu einem wesentlichen und genußreichen Teil des Urlaubs werden. Restaurants gibt es in so vielen Varianten wie kaum sonst auf der Welt, und auch die Qualitäts-Preis Relation kann sich mit derjenigen in europäischen Ländern messen. Zwar ist San Francisco die Hochburg der kulinarischen Vielfalt, aber selbst in Kleinstädten ist das Angebot oft überraschend gut und breit gestreut.

EINWANDERER-KÜCHEN

Überwältigend ist vor allem die Vielzahl von Lokalen mit Kochkunst und Spezialitäten aus aller Welt, wo sogenanntes "ethnic food" auf der Speisekarte steht:

SPANISCHE und MEXIKANISCHE Küche sind in Kalifornien aufgrund der Geschichte sozusagen "einheimisch", immer auf den neuesten Stand gebracht von der großen Zahl an Einwanderern, die seit Jahrzehnten über die Grenze strömen.

Auch ORIENTALISCHE Küche hat eine lange Tradition; eingeführt vor allem durch die chinesischen und japanischen Einwanderer des vergangenen Jahrhunderts, später ergänzt durch thailändische, koreanische und indische Immigranten. Die Wirren des Vietnam-Krieges haben Flühtlinge aus Vietnam, Kambodscha und Laos an die Westküste der USA verschlagen, die ihrerseits die kulinarische Palette bereichert haben.

Viele Restaurants wandeln ihre Gerichte zwar mehr oder weniger nach amerikanischem Geschmack ab, aber Authentisches ist dabei längst nicht endgültig verloren gegangen. In den Chinatowns von L.A. oder San Francisco wird man sogar Lokale finden, in denen die Speisekarte kein Wort Englisch enthält und das Personal nur seine jeweilige Muttersprache versteht.

Am weitesten verbreitet sind chinesische Restaurants, meist auch sehr preiswert. Besonders gut und preisgünstig in der Regel die thailändischen Lokale. Japanische Küche gilt als edel (und ist es auch), die Preise

entsprechend gehoben. In Kauf nehmen muß man in den meisten orientalischen Restaurants ein spartanisches Ambiente mit kahlen Wänden und Plastikstühlen, oder auch die bei uns bekannten Dekorationen mit roten Lampions und goldenen Drachen.

Überall präsent auch die ITALIENISCHE Küche, vom einfachen Pizza-Laden bis zum Gourmet-Restaurant mit Spezialitäten aus einzelnen Regionen. Preise sehr unterschiedlich, der Qualität von Essen und Ambiente angepaßt.

FRANZÖSISCHE Küche umgibt die Aura des Exklusiven. Restaurants meist vornehm und teuer. Hauptsächlich zu finden in den Metropolen und einigen Nobel-Badeorten.

Eine lokale Abwandlung der französischen "nouvelle cuisine" ist die "California Cuisine": Schonende Verarbeitung von erstklassigen frischen Produkten aus der Region. Der fabelhafte Obst- und Gemüsegarten des Central Valley sowie die Meeresfrüchte des Pazifik liefern die Grundprodukte für die hervorragenden, meist aber sehr teuren Restaurants.

Vielerorts vertreten auch die DEUTSCHE Küche. Gehört leider zu den traurigsten Exemplaren der Einwandererküchen und kommt nur in Ausnahmefällen über Bratwurst, Kraut und Schnitzel hinaus.

Ähnlich unrühmlich auch die weit verbreitete ENGLISCHE Version: schönstes Gemüse und frischester Fisch mit Panade verklebt und in der Friteuse bis zur Unkenntlichkeit zerbrutzelt. In den Pub-ähnlichen Lokalen allerdings häufig eine gemütliche Atmosphäre.

Die Liste ließe sich beliebig verlängern um südamerikanische, karibische, skandinavische, osteuropäische, nordafrikanische und asiatische Varianten. Vor allem in San Francisco und Los Angeles dürfte kaum eine Geschmacksrichtung unberücksichtigt sein.

FAST FOOD

Gilt im allgemeinen als der Beitrag Amerikas zur internationalen Küchen-Szene. Daß es sich langsam auf der ganzen Welt durchsetzt, ist weniger ein Zeichen für seine Qualität als ein Hinweis auf bestimmte Entwicklungstendenzen innerhalb der "Weltgemeinschaft".

In Kalifornien natürlich ebenso verbreitet und beliebt wie anderswo in den USA. Die Ausfallstraßen der Städte sind gesäumt mit den würfelförmigen, sterilen "Hamburger-Stops". Ihre Individualität machen sie kenntlich durch die Neon-Reklame der jeweiligen Kette, der sie angehören: MacDonald's, Carls Jr., Burger King, Kentucky Fried Chicken, Jack in the Box ....

Schnelligkeit, Geschwindigkeit und Sauberkeit gelten als Grundregeln. Letzteres oft auch im moralischen Sinn, denn Alkoholausschank ist

teilweise tabu. Wer's eilig hat, wird schnell bedient; wer keinen großen Wert aufs Essen legt, kann sich der lästigen Notwendigkeit ohne viel Aufwand entledigen. Für besonders Eilige die Drive-ins, wo man das Essen direkt ans Auto serviert bekommt. Die Preise sind zivil.

Gibt es für den Feinschmecker mal keinen anderen Ausweg, so braucht auch er nicht zu verzweifeln: Die angebotenen Salate sind meist knackig frisch und originell zusammengestellt.

DIE MAHLZEITEN

FRÜHSTÜCK: Kalifornien ist kein Land für Frühstücksmuffel. Für ca. 3-6 US bekommt man ein komplettes "breakfast" mit Kaffee, Saft und Eiern in jeder Variation. Eine reichhaltige Mahlzeit, die eine Weile vorhält, nichts für Leute mit Cholesterin-Problemen.

Motels und einfache Hotels bieten kein Frühstück an, man geht in ein Café oder einen Fast-Food Imbiß, wo es etwa bis 11 Uhr Frühstück gibt. Bessere Hotels servieren Tellergerichte oder haben ein Buffet, beides im Übernachtungspreis nicht inbegriffen.

Ein Erlebnis wird das Frühstück in Country Inns und Bed&Breakfast Häusern. Oft zelebrieren der Inhaber oder die Hausfrau ein Feuerwerk aus mehreren Gängen, ein weiteres Element der engagierten Gastfreundschaft in diesen Häusern. Wer sich danach allerdings noch zu größeren Taten aufraffen kann und nicht nahtlos eine Siesta einlegt, muß schon hart gegen sich selbst vorgehen.

MITTAGESSEN:"Lunch" gibt's etwa zwischen 11:3o und 14 Uhr, manchmal auch bis 16 Uhr. Viele Amerikaner gehen über Mittag nicht nach Hause, sondern essen auswärts. Allerorten preiswerte Angebote, das Essen oft 5o% billiger als am Abend. Für 5-1o US bekommt man ein passables bis gutes Menü.

Tip: Da oft das gleiche Essen mittags viel preiswerter angeboten wird als abends, spart ein spätes Mittagessen gegenüber einem frühen Abendessen eine Handvoll Dollars. Wer's einrichten kann: Lieber kurz vor 16 Uhr essen als eine Stunde später und den Abendpreis bezahlen.

ABENDESSEN: Amerikaner essen in der Regel ziemlich früh zu Abend. Ab 17 Uhr servieren die Restaurants ihr "dinner". Oft kleine Menüs mit Suppe oder Salat als Vorspeise, danach Hauptgericht, Dessert und Kaffee. In einfachen Restaurants 5-1o US, für ca. 15 US bereits ausgezeichnete Qualität. Einzelne Tellergerichte meist vergleichsweise teuer.

In Großstädten sind Lokale auch später am Abend geöffnet, in der Provinz dagegen werden nach 21 Uhr vielerorts die Rolläden runtergelassen. Dann bleibt als Alternative nur noch Fast Food, wo man oft die ganze Nacht hindurch vorfahren kann.

SELBSTVERSORGER

Einkauf von Lebensmitteln in Geschäften und Supermärkten nicht nur wesentlich billiger als der tägliche Gang ins Restaurant, sondern in Kalifornien auch attraktiv durch ein dichtes Netz von Picknickplätzen mit Bänken und Tischen. Meist in landschaftlich schöner Umgebung, das sonnige Klima ermöglicht den Genuß im Freien fast das ganze Jahr über.

Einkaufen am besten in den großen und gut sortierten Supermärkten der Ketten "Ralph's", "Lucky", "Safeway" oder "Albertson's". Neben Getränken, Konserven und Milchprodukten meist eine große Auswahl an Obst und Gemüse. Dazu häufig auch Salatbars mit angemachten und frischen Salaten, gelegentlich fertige Suppen.

Die Supermärkte liegen meistens in Einkaufszentren abseits der üblichen touristischen Pfade, Adressen günstig gelegener Märkte in den jeweiligen Regional-Kapiteln. Dort auch Hinweise auf besondere Spezialitäten und ausgefallene Einkaufsmöglichkeiten für den Reiseproviant.

Trinken:

Der Markt ist ähnlich vielfältig wie in europäischen Ländern. Im Heimatland des Cola-Rausches natürlich zahllose Varianten desselben, dazu die allseits beliebten süßen Kohlensäuregetränke jeglicher Geschmacksrichtung. Wer's weniger künstlich mag: Aus Kaliforniens Obstanbaugebieten kommen die herrlichsten Fruchtsäfte, oft frisch ausgepreßt.

Alkoholische Getränke dürfen in Kalifornien und Nevada nur an Personen über 21 Jahre verkauft oder ausgeschenkt werden. Bei Kontrollen ist die Polizei unnachsichtig und mit Strafen auch für den Konsumenten schnell bei der Hand. Ausweis in Kneipen und Restaurants dabeihaben, auf sein "erwachsenes" Aussehen kann man sich im Zweifelsfall nicht berufen.

BIER: In allen Supermärkten sowie den meisten Kneipen und Restaurants das eher trostlose Gebräu der amerikanischen Getränkekonzerne. In den Regalen auch mexikanische Biere (bis auf wenige Ausnahmen auch nicht besser) und teure europäische Importe.

Beste Alternative sind die Biere der sogenannten "Micro-Breweries", lokalen Brauereien, die oft lediglich für den Bedarf ihrer eigenen Kneipe produzieren und nur ganz selten überregional bekannt sind. Ursprünglich vor allem in Nord-Kalifornien verbreitet, kommen aber seit Beginn der neunziger Jahre fast überall in Mode. Trotzdem sind die Brauerei-Kneipen noch selten (Adressen im jeweiligen Regionalteil), ihre Biere kaum im Angebot der Supermärkte.

Die Brauverfahren der "Micros" orientieren sich hauptsächlich an englischen Vorbildern. Porter, Ale und Stout sind leichter herzustellen als

Pils. Im Angebot meist drei oder vier Sorten, oft je nach Jahreszeit unterschiedlich. Viele Brauereien experimentieren noch mit Rohstoffen und Verfahren.

Die Atmosphäre in den "Brew-Pubs" meist gemütlich-rustikal, hier treffen sich Kenner und Bier-Liebhaber zum Plausch und zur Verkostung des neuesten Produkts, über das dann mit dem Besitzer und Braumeister ausgiebig diskutiert wird. Für Biertrinker eine liebens- und lobenswerte Entwicklung, die in den nächsten Jahren weitere Anhänger finden dürfte.

WEIN: Seit den aufsehenerregenden Erfolgen bei internationalen Wein-Verkostungen in den siebziger und achtziger Jahren hat der kalifornische Wein auch in Europa einen hervorragenden Ruf. Die besten Tropfen können mit den edlen Gewächsen aus Bordeaux oder Burgund konkurrieren, haben bei Degustationen sogar oft besser abgeschnitten als die berühmtesten Weine Frankreichs.

Die Kalifornier leisteten vor allem im technischen Bereich jahrelang Pionierarbeit und verschafften sich mit modernster Spitzentechnologie bei der Weinbereitung einen Vorsprung, den europäische Winzer nur langsam aufholen können. Enorme Investitionen in Edelstahltanks, Holzfässer und Maschinen zur Traubenverarbeitung haben dem eher traditionell orientierten Weinbau eine neue Perspektive gewiesen und ihn nach und nach in einen modernen Industriezweig verwandelt.

Der gute Ruf der Kalifornier beruht hauptsächlich auf den Produkten des Napa Valley nördlich von San Francisco. In einem Atemzug damit ist auch das benachbarte Sonoma Valley zu nennen, dessen Weingüter ebenfalls Spitzenqualitäten liefern.

Doch damit erschöpft sich die Wein-Produktion in Kalifornien noch längst nicht. Im Central Valley existiert schon seit Jahrzehnten eine Massenproduktion, die in riesigen Industrieanlagen passablen Durchschnittswein erzeugt. Eines der größten Weinbaugebiete dieser Art liegt in der Umgebung von Lodi und Stockton.

Auf der Erfolgswelle von Napa und Sonoma reiten in den letzten Jahren aber auch immer mehr Regionen, die mit Qualitätsweinen von sich reden machen. In Europa kaum erhältlich, bei Kalifornien-Reisen jedoch eine interessante Abwechslung und preiswerte Alternative zu den überteuerten Nobel-Marken aus Napa und Sonoma.

Die attraktivsten Weinbaugebiete:

Napa Valley: Aushängeschild des kalifornischen Weinbaus. Viele Winzer sind mittlerweile weltbekannt und vor allem hinsichtlich der technischen Ausstattung ihrer Produktionsanlagen international führend. Das Tal selbst inzwischen eine Touristenattraktion ersten Ranges. Die Weingüter bieten architektonische Besonderheiten, Parkanlagen und Weinproben.

Die Weine: Die Bandbreite der hervorragenden Weine ist groß. Bei den Rotweinen vor allem Cabernet Sauvignon und Merlot, bei den Weißen Chardonnay und Sauvignon Blanc. Aber auch Riesling, Zinfandel und Pinot Noir verdienen Beachtung.

Sonoma Valley: Der kleine Nachbar von Napa, die Weine nicht ganz so berühmt, aber in vergleichbarer Qualität. Für Besucher eine gastfreundliche Atmosphäre auf kleinen Gütern, die neben kostenlosen Weinproben auch ihre Parks und Gärten fürs Picknick zur Verfügung stellen.

Die Weine: Zu den Spitzengewächsen von Sonoma gehören vor allem die Weißweine: Chardonnay, Sauvignon Blanc, Riesling, Chenin Blanc und Gewürztraminer. Hervorragend auch der rote Cabernet Sauvignon.

Russian River Valley: Nur wenige Kilometer nördlich von Napa und Sonoma, aber kaum bekannt und besucht. Landschaftlich schön an den Hängen eines Flußtals. Die Weine: Rote und Weiße verschiedener Rebsorten, außerdem ein erstklassiger Schaumwein.

Santa Barbara County: An der Central Coast, nördlich des Badeortes Santa Barbara. Interessante Lage zwischen Pazifik und Küstengebirge, die den Weinen ihren besonderen Charakter verleiht: Hauptprodukt ist der Chardonnay, gut aber auch Riesling, Pinot Noir und Cabernet Sauvignon.

Shenandoah Valley: Im Vorgebirge der Sierra Nevada, südöstlich von Sacramento. Vorwiegend kleine Familienbetriebe, die erst seit Beginn der siebziger Jahre ins Geschäft eingestiegen sind. Wichtigste Rebsorten Zinfandel und Riesling.

Ausführliche Tips und Adressen zu den genannten Weinbaugebieten in den jeweiligen Regional-Kapiteln.

KLEINES KÜCHEN-ABC

Vor allem die Gerichte und Zubereitungsarten der Einwanderer-Küchen gehen in die Tausende, eine Auflistung würde ein gesondertes Buch erfordern. Im folgenden daher nur ein stichwortartiger Wegweiser zu einigen weit verbreiteten Spezialitäten; ergänzt durch Hinweise auf Besonderheiten der amerikanischen Restaurant- und Küchen-Szene, die dem Besucher fast überall begegnen.

"All you can eat": Manche Restaurants oder Fast-Food Lokale bieten kalte oder warme Buffets. Für einen Festpreis bedient man sich, sooft man will. Gelegentlich auch als Salat-Bar eine Ergänzung zum bestellten Essen. Besonders üppig und preiswert die Buffets der Spielkasinos in Las Vegas und Reno.

Bread: Brot ist ein echter Mangel im ansonsten vielseitigen Lebensmittel-Allerlei. Die Pappkameraden aus der Plastikfolie und rund um den Hamburger sind kaum zu genießen. Vernünftige Bäckereien existieren nur in Ausnahmefällen, die Suche danach für den Fremden aussichtslos.

Alternativen: In den Regalen der Supermärkte stößt man nach einigem Suchen auf heimisches und importiertes Knäckebrot (meist nicht zu finden in der Brot-, sondern in der Keksabteilung "cookies"). In und um San Francisco gibt es das sogenannte "sourdough bread", knuspriges Stangen-Weißbrot aus Sauerteig.

Burger: Inzwischen ja auch in Europa nicht mehr nur als Ham-Burger bekannt. Der Varianten sind viele; je dicker desto beliebter und technisch gesehen fast unmöglich zu verspeisen.

Coffee: Wird zum Frühstück oft ungefragt serviert und vielfach auch mit der Hauptmahlzeit getrunken. Wer eine Tasse bezahlt, bekommt so oft gratis nachgeschenkt, wie er möchte.

Deli: Das Angebot an Delikatessen in diesen Snack-Bars hält sich in engen Grenzen. Hauptsächlich Sandwiches und Getränke zum Mitnehmen oder direktem Verzehr.

Dim Sum: Gefüllte Teigtaschen, eine Spezialität der China-Restaurants.

Doggy Bag: Was in einem kalifornischen Restaurant auf dem Teller übrig bleibt, nimmt der Gast völlig selbstverständlich mit nach Hause - ob für den Hund oder die nächste Mahlzeit sei dahingestellt. Die Frage nach der "doggy bag" ist auch in guten Restaurants keinesfalls peinlich, sondern stößt bei der Bedienung auf vollstes Verständnis: Die Überbleibsel werden ordnungsgemäß verpackt.

Dressing: Salatsaucen, die man entweder am Buffet wählen kann oder von der Bedienung offeriert bekommt. Gängig sind "Thousand Island" (sahnig mit Paprika, Tomatenmark oder Ketchup), "Italian" (Essig, Öl, Kräuter), "French" (cremig mit Kräutern), "Blue Cheese" (sahnig mit Blauschimmelkäse).

Eggs: Entgegen jeglicher Cholesterin-Warnungen immer noch der große Frühstücks-Renner: zwei oder drei, als Omelett, mit Schinken oder Speck. "Scrambled" ist das Rührei, beim Spiegelei gibt's gleich drei Varianten: "sunny side up" (einseitig gebraten), "over easy" (kurz gewendet) und "over" (gewendet und durchgebraten). Wer sich in diesem Bezeichnungs-Dschungel nicht auskennt, stößt jeden Morgen auf das Unverständnis einer ansonsten freundlichen Bedienung.

Entree: Nicht, wie das Wort nahelegt, eine Vorspeise, sondern das Hauptgericht im Rahmen eines mehrgängigen Menüs.

Happy Hour: Erfindung zur Förderung des Umsatzes während schleppender Geschäftszeiten. In vielen Bars und Restaurants gibt's zwei Stunden lang (etwa 16-18 Uhr) zwei Drinks zum Preis von einem.

Ice-Cream: Leidenschaft aller Amerikaner und im sonnigen Kalifornien immer ein Genuß. Eisdielen haben oft Dutzende von Geschmacksrichtungen im Angebot. Neuerdings beliebt ist Joghurt-Eis: "frozen yoghurt".

Muffins: Süße Küchlein, beliebt zum Frühstück oder als Beigabe zum Kaffee.

Pizza: Fast so beliebt wie der gute alte Hamburger. Wird auch ähnlich vermarktet im Fast-Food Stil. Allerdings auch gepflegte Pizza-Kultur in italienischen Restaurants.

Seafood: Alles, was der Pazifische Ozean hergibt, und das ist nicht wenig: Fische, Muscheln, Schalentiere. Wer sich dafür begeistern kann, erhält eine Auswahl an frischen Meeresprodukten, die auf der Welt ihresgleichen sucht. Und zu Preisen, von denen man in Europa nur träumen kann. Besonders zu empfehlen: "oysters" (Austern), "scallops" (Jakobsmuscheln), "salmon" (Lachs) und "clam chowder" (Muschelcremesuppe).

Steak: Bei vielen weiterhin das Nonplusultra der Eßkultur. Nicht verwunderlich angesichts hervorragender Rindfleischqualitäten in den besseren Steak-Häusern.

Sushi: Japanische Spezialität. Um die Sushi-Bar dreht sich das Essen der guten Lokale: Kleine Häppchen mit verschiedenen Zubereitungen von rohem Fisch, Reis und Seetang.

Taco: Der exponierteste Vertreter der mexikanischen Küche in Kalifornien. Knusprig gebratener Maisfladen, gefüllt mit Huhn, Fleisch, Gemüse und Saucen nach Art des Hauses. Hat auch schon erfolgreich Einzug gehalten in die Speisekarten mancher Fast-Food Kette.

Tex-Mex: Amerikanisierte Fassung der mexikanischen Küche. Hauptmerkmal: Verzicht auf scharfe Gewürze, serviert meist in einer Fast-Food Umgebung.

Tip: (engl.für "Trinkgeld") Bedienungsgeld, von dem die Kellner und Serviererinnen teilweise oder ganz leben. Taucht nicht in der Rechnung auf, deshalb werden zusätzlich 15% erwartet und von Amerikanern selbstverständlich gegeben. Auch der Tourist sollte sich dran halten, wenn er nicht als unverschämt gelten und Vorurteile gegen Ausländer nähren will.

Toast: Der Brot-Ersatz. Wird zum Frühstück oft in mehreren Varianten angeboten. Was dann auf den Tisch kommt, unterscheidet sich aber vom Aussehen her kaum, vom Geschmack überhaupt nicht.

Turkey: Der Truthahn bleibt ungebrochen der Festtagsbraten der Amerikaner. Besonders beliebt der ganze Vogel gefüllt aus der Bratröhre zum Familientreffen an "Thanksgiving". Ansonsten in Scheiben auf diversen Sandwiches.

"Wait to be seated": In den meisten Restaurants wartet der Gast am Eingang, bis die Bedienung ihm einen Tisch zuweist. Meist kann man zwischen Raucher- und Nichtrauchersektion wählen. Auch wenn's für den mündigen Mitteleuropäer, der seinen Platz selbst finden kann, ungewohnt ist: Die Regelung dient nicht der Bevormundung, sondern gilt als

Aufmerksamkeit dem Gast gegenüber. Sie hat den Vorteil, daß man gleich die Speisekarte erhält und evtl. lästiges Warten darauf in einer versteckten Ecke des Lokals entfällt.

Whiskey: Wenn nicht anders bestellt, schenkt der Bar-Keeper den amerikanischen Bourbon ein, gebrannt aus Mais und mehrere Jahre in Holzfässern gelagert.

SPORT

Wegen des Klimas, der langen Küste und der faszinierenden Bergwelt ist Kalifornien ein ideales Land für sportliche Betätigung unter freiem Himmel. Bei den sportbegeisterten Amerikanern gilt es ohnehin als Paradies für Aktiv-Urlaub und als Zentrum eines beinahe schon übersteigerten Kultes um den eigenen Körper.

Wer seinen Urlaub nicht nur mit Besichtigungstouren und Faulenzen am Strand verbringen will, hat in Kalifornien fast überall ausgezeichnete Möglichkeiten für einen Sport-Urlaub. Reizvoll ist auch eine Kombination von Stadtbesichtigung, Rundfahrt und etwas längerem Aufenthalt an einem ausgewählten Ort, um dort seinem Lieblingssport nachzugehen.

Ausrüstung: In der Regel dürfte es zu beschwerlich und teuer sein, sich seine Sportausrüstung per Flugzeug mit über den Großen Teich zu nehmen, vor allem, wenn es sich um sperrigere Gegenstände als Badehose oder Tennisschläger handelt. Aber überall, wo in Kalifornien Sport getrieben wird, kann man auch das entsprechende Gerät ausleihen.

Preise für sportliche Aktivitäten, Unterricht und Gerät sind von Ort zu Ort verschieden, liegen aber etwa auf europäischem Niveau. Details zu Preisen und konkrete Hinweise zur Ausübung der jeweiligen Sportarten in den Regional-Kapiteln.

Schwimmen und Baden: Ideale Bedingungen vor allem in Südkalifornien: San Diego, Los Angeles und Central Coast. Im Sommer und an Wochenenden sind die Strände vor allem in der Nähe der beiden Metropolen gerammelt voll, der Beach-Rummel läuft auf Hochtouren.

Schon südlich von San Francisco wird das Küstenklima rauher, Baden nur im Hochsommer und für abgehärtete Wasserratten. An der Nordküste wenig besuchte Strände, landschaftlich faszinierend, das Wasser aber kalt. Auch die Wassertemperatur des Lake Tahoe steigt im Sommer nicht über 16 Grad an.

Vielerorts ist Vorsicht geboten: Der Pazifik hat einen gewaltigen Wellengang und gefährliche Strömungen. Warnungen und Hinweisschilder daher

absolut ernst nehmen.

Für eine kurze Abkühlung sorgen jederzeit die zahlreichen Swimming-Pools. Selbst viele einfache Motels verfügen über ein kleines Becken, bessere Hotels bieten manchmal ganze Freizeitlandschaften um Pool und Whirlpool herum.

WELLENREITEN

Wellenreiten ist in Kalifornien nicht bloß ein Sport, sondern eine Lebensart und Weltanschauung. Zwischen San Diego und San Francisco wimmelt die Küste von Surfern, die sich zu jeder Jahreszeit und bei jedem Wellengang in die Fluten stürzen.

Das Brett vor Ort kaufen oder leihen, die Kosten sind nicht übermäßig hoch. Wer das Wellenreiten lernen will: Die Technik ist nicht gerade leicht; wenn man sie aber einmal beherrscht, bringt es extrem viel Spaß. Eigentlich bietet die gesamte Südküste gute Surfbedingungen, Insider haben natürlich ihre Geheimtips und Lieblingsstrände.

Zu den besten gehören: Huntington Beach, im Orange County südlich von Los Angeles. Hier findet jährlich Ende Juli auch die "Super Bowl of Surfing" statt, ein Wettkampf der Profis, zu dem über 1oo.ooo Zuschauer pilgern. Hervorragende Wellen auch an den Stränden von Malibu, westlich von Los Angeles sowie in Santa Cruz an der Central Coast.

Seinen Ursprung nahm das Surfen auf den Südseeinseln zwischen Neuseeland und Tahiti, von wo aus die Polynesier es nach Hawaii brachten. Für sie hatte das Surfen rituell-religiöse Bedeutung, diente aber auch als Grundlage für die Wettleidenschaft der Insulaner. Als James Cook 1778 Hawaii entdeckte, äußerte er sich verwundert über die Einheimischen, die auf klobigen Brettern die höchsten Wellen hinunterglitten.

Völlig zum Erliegen kam das Wellenreiten auf Hawaii, als puritanische Einwanderer aus Neu-England gegen 182o dort das Regiment übernahmen. Sie störten sich an der Nacktheit der Surfer und an den Wetten. Erst 19o8 kam es zu einer Wiederbelebung: Sportbegeisterte Amerikaner stießen durch Erzählungen auf die Tradition der Polynesier und gründeten gleich einen Club.

Zunächst blieb das Surfen jedoch eine Sache von wenigen Insidern, da die rund 5o kg schweren Bretter aus Redwood-Holz unhandlich und schwer transportierbar waren. Mit dem Aufkommen leichter Boards aus Balsa-Holz und später aus Kunststoff schwappte dann aber eine Surf-Welle vom isolierten Hawaii ins bevölkerungsreiche Kalifornien herüber.

Seit Beginn der fünfziger Jahre gab es dann kein Halten mehr: Die Kids stürzten sich zu Tausenden in die Brandung, die Pop-Gruppe "The Beach Boys" kreierte den Surf-Sound und heizte dem Surf-Fieber gewaltig ein:

"Everybody's gone surfin', surfin' USA". Das Wellenreiten wurde weltweit zum Symbol von Lebensfreude im Stil des "Californian Dream".

Schon eine 3o cm hohe Welle kann einem Surfbrett den nötigen Impuls geben, ideal wird's bei Wellenhöhen von 4-6 m. Die Kunst besteht darin, die Welle im richtigen Moment zu erwischen: Kurz bevor sie den Surfer erreicht, muß er Geschwindigkeit aufnehmen und sein Brett auf die Innenseite der Welle manövrieren. Ist die Koordination gelungen, richtet der Surfer sich auf und steuert sein Brett dicht am "breaking point" der Welle, quer zum Ufer.

Durch geschickte Gewichtsverlagerung wird das Brett so dirigiert, daß sich die Welle nicht über dem Surfer bricht, was ihn entweder vom Brett werfen oder ans Ufer spülen würde. Wer die Welle bis zum letzten Moment ausgeritten ist, hat das Optimum erreicht, überquert mit einem kurzen Schwung den Rücken der Welle und paddelt wieder hinaus zum nächsten "Ritt".

WINDSURFEN

Gute Bedingungen fast überall an der Küste. Binnenreviere ähnlich wie beim Segeln. In Südkalifornien einen großen Teil des Jahres ohne Neoprenanzug möglich. Verleih von Brettern und Unterricht in größeren Badeorten und Touristenzentren.

Surfreviere direkt vor der Haustür der Städte existieren in der Bucht von San Diego, der Monterey-Bay sowie der San Francisco Bay. Für Könner ein Super-Erlebnis: Auf dem Brett unter der Golden Gate Bridge hindurchsausen, wo fast immer eine kräftige Brise weht.

SEGELN

Weit verbreitet an der gesamten Küste. Segelhauptstadt Kaliforniens ist San Diego, wo der örtliche Jacht-Club 1992 auch die spektakulären Wettfahrten des America's Cup ausgerichtet hat. In der geschützten Bucht von San Diego Segeln vor der Skyline der Großstadt. Für Fans ein besonderes Erlebnis natürlich eine Segeltour am Golden Gate in San Francisco. Bootsverleih (auch Charter von Hochseejachten) vor allem in San Diego und den Badeorten an der Central Coast.

Schönstes Binnenrevier ist Lake Tahoe in der Sierra Nevada. Viel lokaler Segeltourismus auch an den Stauseen in Nordkalifornien.

WASSERSKI

Beliebt in vielen Küstenbadeorten und vor allem auf den Binnenseen in Nordkalifornien. Weniger kompliziert zu erlernen als es aussieht, läßt es sich nach ein paar Versuchen schon einigermaßen beherrschen.

TAUCHEN

Die Unterwasserwelt ist nicht mehr überall an der kalifornischen Küste in bester Ordnung. Trotzdem einige interessante Tauchgründe: Rund um die Insel Catalina Island vor Los Angeles; Monterey Bay mit einer ungewöhnlichen Flora und Fauna, die von einem Tiefseegraben genährt wird, der dort in unmittelbarer Küstennähe beginnt; Salt Point State Park südlich von Mendocino an der Nordküste, wo sich verwunschene Unterwasserhöhlen befinden. Dort auch Verleih von Ausrüstung.

KANU

Auf einigen Flüssen der Sierra Nevada Wildwassertouren. Lassen sich allerdings schwer vorherplanen, da der Wasserstand je nach Regenfällen und Schneeschmelze jahreszeitlich extrem unterschiedlich ausfallen kann.

Ein Leckerbissen für Kanuten ist der Big River, der bei Mendocino an der Nordküste in den Pazifik mündet. Kanu- und Kajaktouren flußaufwärts werden unterstützt durch den Gezeitenstrom, der sich bis weit ins Landesinnere hinein bemerkbar macht. Der Fluß führt durch eine absolute Wildnis mit majestätischen Redwood-Bäumen und einer seltenen Vogel- und Tierwelt.

RAFTING

Ebenfalls auf einigen Flüssen der Sierra Nevada. Organisierte Touren, bei denen für Schlauchboote, Transport zum Startpunkt und Verpflegung gesorgt ist. Guter Ausgangspunkt einige Orte im Gold Country, z.B. Coloma.

ANGELN

Von zahlreichen Küstenorten aus organisierte Touren zum Hochseeangeln. Kutter oder Jachten sind bestens ausgerüstet, Angelgerät im Tour-Preis inklusive.

In den Flüssen der Sierra Nevada und Cascade Mountains Fliegenfischen auf Forellen. Besonders attraktiv das Lachsangeln in Nordkalifornien. Außergewöhnlich guten Lachs-Bestand weisen die Flüsse im Bereich des Redwood National Park auf, besonders empfehlenswert Klamath und Smith River.

TENNIS

Tennisplätze in ganz Kalifornien weit verbreitet. In Touristenzentren verfügen viele der besseren Hotels über einen eigenen Platz oder vermitteln den Zugang zu anderen Anlagen.

Wird in den USA immer mehr zu einer Art Volkssport, wobei Kalifornien wegen des Klimas eine Vorreiterrolle spielt: Anfang 1992 existierten rund 85o Golfplätze, weitere 15o waren im Bau und in der Planung, so daß das runde Tausend bald komplett sein dürfte.

In exklusive Privatclubs kommt man nur auf Empfehlung oder in Begleitung eines der Mitglieder. Es gibt aber genügend öffentliche Anlagen, die auch für Touristen zugänglich und durchaus nicht übermäßig teuer sind.

Hochburg des Golfspiels ist die kalifornische "Wüstenhauptstadt" Palm Springs, wo die Greens durch ein beispielloses Bewässerungsprojekt dem sandigen Boden abgerungen wurden. Während der Wintermonate Treffpunkt von Filmstars und Ex-Präsidenten, aber auch "playground" für den Durchschnittsgolfer. Im Sommer steigen die Temperaturen ins Extreme, die Prominenz schwingt den Schläger anderswo, und die Preise fallen auf ein besonders niedriges Niveau.

Phantastisch gelegen direkt am Meer die exklusiven Plätze auf der Monterey Peninsula zwischen Carmel und Monterey. Sie gehören zu den teuersten in den Vereinigten Staaten. Aber auch dort der eine oder andere öffentliche Platz mit Zugang für den Normalverbraucher.

Für Golfer natürlich ebenfalls verlockend eine Runde auf einem der Nobel-Plätze von Hollywood, Beverly Hills oder Malibu, wo man schon mal einem Filmstar über den Weg läuft - vorausgesetzt, es gelingt, sich den Zugang zum Club zu verschaffen.

Beliebt und attraktiv vor allem in den Bergen der Sierra Nevada. Vom Owens Valley aus organisierte Mehrtages-Touren (sogenannte "pack trips") mit Pferden und Mauleseln ins Gebirge: nach Western-Art mit Verpflegung und Gepäck auf dem Rücken der Mulis. Es geht durch Wildnis und abgeschiedene Berglandschaften. Reitkenntnisse hilfreich, aber nicht unbedingt erforderlich, die Tiere kennen ihren Weg und haben Geduld mit den Reitern.

Im Prinzip überall möglich, auf den schönsten Überlandstraßen jedoch wegen der vielen Holzlaster oder Wohnmobile unangenehm und nicht ungefährlich. Auf vierspurigen Highways ohnehin verboten.

Kilometerlange Radwege getrennt von der Fahrbahn vor allem in den Badeorten der Central Coast sowie entlang der Küste vor den Metropolen San Diego, Los Angeles und San Francisco. Besonders attraktiv die Strecke zwischen Santa Monica und Redondo Beach im Westen von L.A.: rund 4o km am Strand entlang. Schöne Touren auch auf der Halbinsel von

Point Reyes nördlich von San Francisco sowie am Lake Tahoe in der Sierra Nevada.

Fahrrad-Verleih in den einschlägigen Orten stunden- oder tageweise. Auch Mehrtages-Anmietung möglich. Adressen und Preise im Text der Regional-Kapitel.

Küste, Wüste, Nationalparks und Gebirge bieten ungeheuer abwechslungsreiche Wandermöglichkeiten. Fast überall gut organisiert und markiert, vom asphaltierten Rundweg, der auch für Behinderte zugänglich ist, bis zum Fernwanderweg quer durch die Sierra Nevada.

Hüttenübernachtungen wie in den Alpen sind in Kalifornien unbekannt. Entweder Tageswanderungen ab Hotel/Campingplatz oder mit dem Zelt unterwegs sein.

Übernachtung im Freien bei Mehrtages-Wanderungen ist erlaubt, in der Regel jedoch ein kostenloses "wilderness permit" der nächstgelegenen Ranger-Station erforderlich. Damit wird vor allem in der Hochsaison der Andrang auf den beliebtesten Langstrecken-Pfaden in die Wildnis begrenzt.

Unbedingt auf den markierten Wegen bleiben und sich an die sonstigen Regelungen der Ranger halten, damit auch in Zukunft noch was von der Natur übrig ist. Zusammen mit dem "wilderness permit" gibt's ein Merkblatt mit den örtlichen Verhaltensregeln.

Wandersaison: An der Küste ganzjährig, in der Wüste im Winter (für Hitzebeständige auch Frühjahr und Herbst), in der Sierra Nevada und den Cascade Mountains etwa zwischen Mitte Mai und Oktober. In der Sierra im Juli/August mit viel Betrieb und Einschränkungen rechnen.

Ausrüstung: Gibt's natürlich in den einschlägigen Geschäften der großen Städte. Ehe man sich vor Ort die Einzelteile zusammenkauft, besser die Ausrüstung von zu Hause mitbringen. Je nach Wandergebiet entsprechend eindecken, in der Wüste bestehen andere Notwendigkeiten als im Hochgebirge.

Wichtig sind in jedem Fall gute Wanderschuhe. Mit Turnschuhen gerät man schnell an die Grenzen des Erträglichen: in der Wüste häufig spitze Steine und Geröll, in den Bergen oft bis in den Frühsommer noch Schneematsch, an der Küste ganzjährig das Risiko von Regenfällen und aufgeweichten Böden.

Regenschutz und Windjacke ganzjährig notwendig im Gebirge und an der Küste. In den Höhenlagen der Sierra Nevada und der Cascade Mountains auch im Sommer mit plötzlichem Kälteeinbruch rechnen.

Guter Sonnenschutz (Brille, Hut) nicht nur in der Wüste unabdingbar, die Strahlung ist auch am Meer und im Gebirge enorm. Lediglich bei

Wanderungen durch die Redwood-Wälder des Nordens ist man über jeden Sonnenstrahl froh, der durch die Baumkronen dringt.

Wanderkarten und Beschreibungen für kürzere Strecken und Tageswanderungen meist gratis bei der nächsten Ranger-Station oder dem Visitor Center des Nationalparks. Dort auch für 2-3 US eine detaillierte Spezialkarte der jeweiligen Region mit Höhenlinien, Aussichtspunkten etc. Offizielle Angaben über Wanderzeiten auf den jeweiligen Wegen sind großzügig kalkuliert, der Durchschnittswanderer kommt in der Regel mit weniger aus.

Literatur existiert vor allem zu einzelnen Wandergebieten. Zahlreiche Titel in den Buch-Tips der jeweiligen Regional-Kapitel.

Wandergebiete (Einzel-Beschreibung zahlreicher Touren im Text):

Los Angeles: Kaum zu glauben, aber wahr. Selbst die Auto-Metropole bietet Wandermöglichkeiten en masse. Beispielsweise in den Santa Monica Mountains zwischen Hollywood und Malibu oder entlang der Küste. Spitzenreiter ist das steppenartige Hinterland von Catalina Island mit einer eigentümlichen Tier- und Pflanzenwelt. Im Stadtbereich kurze Rundwege und Tagestouren, auf der Insel Ein- und Mehrtageswanderungen.

Die kalifornischen Wüsten vor allem in den Wintermonaten ein phantastisches Wandergebiet mit Natureindrücken, wie man sie aus Europa kaum kennt. Dünen, Felsen, Spuren vulkanischer Tätigkeit und ausgefallene geologische Formationen in Hülle und Fülle. Besonderes und ernstzunehmendes Problem ist die ungewohnte Hitze. Unbedingt die allgemeinen Hinweise zum Verhalten und Überleben in der Wüste beachten, an die sich Wanderer ganz besonders halten sollten (siehe S. 372).

Empfehlenswerte Touren im Death Valley, im Joshua Tree National Monument sowie in der Anza Borrego Desert. Unerfahrene Wüstenwanderer sollten erstmal mit kurzen Wanderungen beginnen oder sich einer Gruppe anschließen. Die Ranger in den genannten Gebieten veranstalten geführte Wanderungen, zu denen sich nicht übermäßig viele Teilnehmer einfinden, so daß individuelle Bedürnisse eingebracht werden können.

Sierra Nevada: Wanderregion par excellence. In den Nationalparks am Westrand sowie rund um Lake Tahoe ein dichtes Gewirr von Wegen zu Wasserfällen, spektakulären Felsformationen und durch die grandiosen Wälder der riesigen Sequoia-Bäume. Im Sommer und an Wochenenden in der Nähe der einschlägigen Parkplätze ein Gewimmel wie auf dem Hollywood Boulevard. Nach einigen Kilometern verläuft sich die Masse allerdings einigermaßen.

Für Fans von Einsamkeit und Mehrtagestouren bietet sich der Osthang der Sierra an, zu erreichen ab Owens Valley. Das Gebirge ragt steil auf, es

existieren keine Zufahrtswege in die Berge, so daß man schnell auf sich allein gestellt ist. "Wilderness at it's best". Besonderer Leckerbissen die Besteigung des 4418 m hohen Mount Whitney.

Cascade Mountains: Wanderbedingungen vergleichbar mit der Sierra Nevada. Vulkanmassive und endlose Wälder. Höhere Lagen schneefrei allerdings erst ab Frühsommer bis Mitte Oktober. Wenig erschlossen, auch im Sommer unter Umständen regnerisch und kühl.

San Francisco Bay Area: Gegenüber der Großstadt am Golden Gate die Hügel- und Bergwelt von Marin County. Nur wenige Kilometer vom hektischen Treiben San Franciscos eine vielseitige Landschaft mit Wanderwegen durch Redwood-Wälder. Besonders attraktiv wegen der ständigen Ausblicke auf den Pazifik, die Bucht und die Skyline von San Francisco. Ideal für Tagestouren ab San Francisco.

North Coast: Mehrere State und National Parks entlang der Küste, durchzogen von Wegen für kurze Rundtouren und Tageswanderungen. Großer Anziehungspunkt der Redwood National Park, wo sich der Wanderer durch die Dämmerung nebelverhangener Wälder pirscht. Abseits der wenigen Touristenzentren eine geballte Ladung Natur und Einsamkeit.

KLETTERN UND BERGSTEIGEN

In der Sierra Nevada und den Cascade Mountains attraktive Gipfel und Felswände, die Bergsteiger aus aller Welt anziehen. Dabei ist neben der Höhe wesentlich entscheidend die landschaftliche Schönheit und das Gefühl, beispiels weise einen Vulkan zu besteigen, in dessen Innern die Erde noch nicht zur Ruhe gekommen ist.

Nur für geübte Bergsteiger mit entsprechender Ausrüstung sind zu empfehlen der ganzjährig verschneite Mount Shasta in den Cascade Mountains sowie die fast senkrecht aufragenden Felswände im Yosemite National Park.

Wesentlich leichter der Aufstieg zu zwei weiteren markanten und beliebten Gipfeln: Lassen Peak in den Cascade Mountains, ein schlummernder Vulkan, an dessen Hängen man durch die Lavaspuren des letzten Ausbruchs zum Kraterrand vordringt. Außerdem Mount Whitney in der südlichen Sierra Nevada, der höchste Berg der USA außerhalb Alaskas. Beide sind auch ohne große bergsteigerische Erfahrung von sportlich einigermaßen trainierten Leuten zu bezwingen. Voraussetzung evtl. ein Tag Höhenanpassung.

Lohnende Felswände für Free-Climbing finden sich im Yosemite National Park und im Joshua Tree National Monument (kalifornische Wüste). Da der Andrang dort relativ groß ist, auf die örtlichen Regelungen und

Einschränkungen achten, damit auch in Zukunft noch Felswände fürs Klettern zur Verfügung stehen.

DRACHENFLIEGEN

Super-Spektakel im Yosemite National Park, dem mit Abstand attraktivsten Revier in Kalifornien. Der Flug vom Glacier Point zwischen steilen Felswänden und Wasserfällen hinunter ins Yosemite Valley gehört zu den Höhepunkten einer Drachenflieger-Karriere. Die Nachfrage allerdings extrem groß bei eingeschränkten Flugdaten: Von April bis Oktober jeden Sonntag. Anmeldung mindestens ein Jahr im voraus, nur für Sportler mit Meisterlizenz. Also insgesamt eher ein Ereignis zum Anschauen als zum Mitmachen. Das allerdings lohnt sich vor dieser Kulisse zweifellos.

Einige der schönsten Skigebiete der USA liegen in Kalifornien. Besonders reizvoll, da nur wenige Autostunden entfernt von der Wüste oder den Metropolen L.A. und San Francisco. Fast überall Pisten aller Schwierigkeitsgrade. Saison von November bis April, mancherorts auch bis Anfang Juni. Skischulen und Verleih von Ausrüstung in jedem der Zentren. Skier am besten nicht direkt am Lift mieten, im nächstgelegenen Ort sind sie meist ein paar Dollar billiger. Preise für Liftkarten variieren extrem zwischen den einzelnen Skigebieten, Details im Text.

Skigebiete (Einzelbeschreibung im Text):

Beste Bedingungen in der Sierra Nevada. Rund zwei Dutzend Zentren rund um Lake Tahoe, u.a. Squaw Valley, Austragungsort der Winterolympiade 1960. Vielerorts Skilaufen mit Blick auf den tiefblauen See. Von San Francisco aus schnell zu erreichen. Kleine Zentren auch in den Nationalparks am Westhang der Sierra. Von L.A. aus am besten nach Mammoth Lakes, einem der modernsten und schneesichersten Skigebiete, erreichbar über Owens Valley am Ostrand der Sierra.

Weniger exklusiv das Skilaufen in den Cascade Mountains. Kleine Skigebiete am Mount Shasta und im Lassen National Park. Abgelegen im Nordostzipfel Kaliforniens.

Auch in Südkalifornien ein paar Skizentren in den San Gabriel und San Bernardino Mountains östlich von Los Angeles (Big Bear Lake und Mount Baldy). Allerdings wegen geringer Höhen und geographischer Lage nur kurze Saison und wenig schneesicher. Im Fall der Fälle Riesenandrang aus der nahegelegenen Millionenstadt.

SKI LANGLAUF

Auch in Kalifornien zunehmend in Mode. Langlaufzentren derzeit aber nur in der Sierra Nevada. Lohnende Variante ist "Cross Country" in den

Nationalparks: Auf ungespurten Wegen durch die verschneiten Berge. Erfordert Übung und ist anstrengend. Ein Erlebnis allerdings in den Sequoia-Wäldern, wo sich die roten Mammutbäume fotogen von der Schneelandschaft abheben.

Saison von November bis Mitte April. Verleih von Ausrüstung in den Skizentren oder Nationalparks. Geringe Gebühr für die Benutzung gespurter Loipen. Details im Text.

Langlaufzentren: Skigebiet Mammoth Lakes am Ostrand der Sierra, Yosemite National Park, Sequoia und Kings Canyon National Park. Auch einige Skigebiete rund um Lake Tahoe besitzen einen Langlaufbereich, u.a. Squaw Valley.

ZUSCHAUER-SPORT

1.) Basketball: Eine der fernsehgerechten Profi-Sportarten mit Millionenpublikum. Mannschaften aus Los Angeles und Oakland spielen in der Spitzenliga. Die "L.A. Lakers" gehören seit Jahren zu den Top-Teams und bieten Weltklasse-Basketball. Rund um die Auftritte der langen Helden ein perfektes Show-Business. Viel Begeisterung und guter Sport auch bei den Meisterschaften der Colleges. Saison: November-Mai.

2.) Football: Amerikas Rugby-Variante, inzwischen auch in einigen europäischen Großstädten zu Hause. Die Spiele sind Spektakel zwischen Sport und Show-Business. Wer mal zuschauen möchte, sollte sich vorher etwas über die Regeln informieren, sonst wird das Durcheinander der behelmten und gepolsterten Draufgänger schlicht unverständlich. Profi-Teams in Los Angeles und San Francisco, College-Mannschaften an jeder Hochschule. Saison: August-Dezember.

3.) Baseball: Jahrzehntelang die unbestrittene Nr. 1 im amerikanischen Sport, inzwischen im Zuschauerinteresse abgelöst von telegeneren Disziplinen. Trotzdem hat Baseball noch eine Sonderstellung, die Berichte darüber kommen immer an erster Stelle. Für europäische Augen mutet das Spiel oft langwierig bis langweilig an; wer aber die Feinheiten kapiert hat, kann die Begeisterung der Amerikaner besser verstehen. Profi-Mannschaften in San Diego, Los Angeles und San Francisco. College-Baseball im ganzen Land. Saison: April-September.

4.) Fußball/"Soccer": Trotz millionenschwerer Investitionen und Entwicklungshilfe durch Pelé und Beckenbauer ist der Funke immer noch nicht übergesprungen. Allerdings gewannen die US-Damen 1991 in China die erste Fußball-Weltmeisterschaft und sorgten damit für Publicity-Wirbel. Vielleicht ein Ansporn für die männlichen Kollegen, die bei der Weltmeisterschaft 1994 Heimrecht genießen. WM-Stadien in Pasadena (L.A.) und Pablo Alto (Bay Area).

5.) Eishockey: Durch den Import kanadischer Stars ist ausgerechnet Los Angeles zur Eishockey-Hochburg geworden. Das örtliche Team der

"L.A. Kings" gehört inzwischen zu den Spitzenmannschaften der amerikanisch-kanadischen Profi-Liga. Ein reichlich "unkalifornischer" Sport, der allerdings mehr Begeisterung weckt als Fußball. Saison: September-März.

6.) Pferderennen: Pferdesport und Wettleidenschaft sind auch in Kalifornien untrennbar miteinander verbunden. Gleich mehrere Rennbahnen mit allem Drum und Dran in Los Angeles und San Francisco, besonders schön allerdings die Bahn in San Diego: Meeresnähe und eine Vielzahl von Palmen ergeben ein unnachahmliches Flair. Saison von Ort zu Ort unterschiedlich, Details im Text.

7.) Rodeo: Zwar nicht so beliebt wie beispielsweise Football oder Baseball, trotzdem aber der eigentliche Nationalsport des amerikanischen Westens. Im Rodeo hat sich das Ideal vom einsamen Cowboy erhalten, der die Weiten der Prairie durchstreift und dessen Männlichkeit ungerührt allen Gefahren trotzt.

Ein Rodeo ist nicht nur eine Sportveranstaltung, sondern gleichzeitig Volksfest und inzwischen auch perfektioniertes Show-Business. Kein Wunder, daß sich neben den ländlichen Rodeos längst ein nationales Wettkampfsystem herausgebildet hat, das alljährlich im Dezember bei den "Rodeo National Finals" in Las Vegas seinen Höhepunkt findet. Ein Riesenspektakel zwischen Sport und Show.

Das Rodeo hat seinen Ursprung in der zweiten Hälfte des 19. Jahrhunderts, als die transkontinentale Eisenbahn den Westen erreichte. Auf wochenlangen Viehtrieben brachten die Cowboys ihre Herden zu den Verladebahnhöfen. Am Ende ihrer Strapazen sehnten sie sich natürlich nach Abwechslung und entwickelten verschiedene Wettkämpfe, in denen sich perfekte Reitkunst im Dienst der vielfältigen Aufgaben des Viehtreibens demonstrieren ließ.

Später hielt das Rodeo Einzug auf den riesigen Farmen des Westens, man organisierte Wettkämpfe von Ranch zu Ranch oder traf sich in den hölzernen Arenen der Städte. Schon in den zwanziger Jahren übernahm ein Verband die Reglementierung und Aufsicht, das Rodeo als Sport war geboren.

Ein Rodeo besteht aus mehreren Wettkampfarten. Die klassische Disziplin ist das "Bronc Saddle Riding": Der Cowboy hat ein wildes Pferd zu bändigen und versucht, solange im Sattel zu bleiben wie möglich. Damit's nicht so einfach ist, natürlich einhändig. Die Kampfrichter bewerten neben der Dauer des Ritts auch die Figur, die der Kerl macht, während ihn das Pferd mit aller Kraft abzuschütteln versucht.

"Bareback Riding" und "Bull Riding" funktionieren ähnlich, auf dem Rücken eines ungesattelten Pferdes bzw. auf einem Stier. Beim "Calf Roping" und "Team Roping" geht es ums geschickte Einfangen und

Fesseln von Kälbern; beim "Steer Wrestling" wirft sich ein Reiter auf einen Stier, packt ihn bei den Hörnern und ringt ihn nieder.

Es ist unschwer zu erkennen, daß die Wettkämpfe der täglichen Arbeit der Cowboys entstammen: dem Einreiten wilder Mustangs, dem Einfangen verirrter Kälber oder dem Festhalten der Stiere zwecks Verabreichung eines Brandzeichens. Trotz Jeep und Helikopter finden sich manche dieser ursprünglichen Tätigkeiten auch heute noch im Alltag der Cowboys und Rancher.

Literatur: zur Einstimmung oder als Mitbringsel

Gibt's zu Kalifornien in Hülle und Fülle. Die im folgenden ausgewählten Bücher geben einen guten ersten Einblick in das jeweilige Thema oder lohnen als Erinnerung an besondere Urlaubserlebnisse.

American Way of Life

"American Dreams": Maurice Kennal. Flotte Bild- und Textreportage zu typisch amerikanischen Phänomenen: Hollywood, Show-Business etc. Kritische und trotzdem verständnisvolle Ausführungen des Filmemachers Wim Wenders über seine Sicht des amerikanischen Traums.U.Bär Verlag.

"Durch Amerika": Frederik Hetmann. Alternativer Bericht von ungewöhnlichen Reisen durch das "andere" Amerika: Indianerreservate, Slums und Blicke hinter die glitzernden Kulissen. Gedanken über US-Folkmusik und die Träume von einem besseren Amerika. Erschienen als rororo-Jugendbuch.

"Hell's Angels": Hunter S. Thompson. Dokumentation über Zielvorstellungen und Handlungsmuster der kalifornischen Motorrad-"Outlaws". Interessant aufbereitet mit viel Insider-Wissen des Autors, der in den sechziger Jahren monatelang in engem Kontakt mit den Hell's Angels von Oakland und San Francisco gelebt hat.

"West of the West": Schriftsteller und berühmte Persönlichkeiten geben ihre Eindrücke von Kalifornien wieder. Eine interessante Zusammenstellung von Dokumentation und Fiktion. Erschienen im Verlag Harper Perennial.

"California Crazy": Jim Heimann. Zusammenstellung der verrücktesten Beispiele von "Roadside Architecture": vom sombrero-gestylten Imbißstand bis zum Restaurant in Schiffs-Form. Chronicle Books.

"The Art of Walt Disney": Christopher Finch. Entstehung und Geschichte der Disney-Figuren. Details zur Zeichen- und Produktionstechnik. Disney Publications.

"Raymond Loewy", herausgegeben von Angela Schönberger. Hervorragender Großband mit vielen Textbeiträgen und Fotos zum Leben und

Werk des berühmten Industrie-Designers, der Amerika wie kaum ein anderer prägte. Von ihm stammen u.a. Coca Cola- Zapfgeräte, das Design der Greyhoundbusse der 5o-er Jahre, schnittige Automobilkarosserien (z.B. der Studebaker), das Shell- Firmen Logo, das Design der legendären IBM Schreibmaschinen, Verkaufsverpackungen für Lebens- und Waschmittel. Erschienen im Prestel Verlag München.

Bildbände

"A Day in the Life of California": Collins Publishers. Hundert der besten Fotografen der Welt fotografierten an einem April-Tag 1988 verschiedene Aspekte im Leben des Bundesstaates Kalifornien. Einer der lebendigsten und aufregendsten Bildbände zu Kalifornien.

"Over California": Kevin Starr und Reg Morrison, Collins Publishers. Grandiose Luftaufnahmen kalifornischer Städte und Landschaften.

"Photography and the Old West": Karen Current, Abradale Press. Werke zahlreicher Fotografen des 19. und 2o Jahrhunderts. Schöne Fotos von Menschen, Landschaften, Minenstädten und Eisenbahnen aus der Zeit der Eroberung und Besiedlung Kaliforniens und des Westens.

"Classic Images": Ansel Adams, Little Brown & Co. Bildband des bekannten amerikanischen Fotografen. Schwarz-weiß Fotos aus Kalifornien und dem Südwesten der USA.

"An Autobiography": Ansel Adams, Little Brown & Co. Autobiografie des Fotografen mit vielen seiner typischen Fotos kalifornischer Menschen und Landschaften.

Geschichte und Politik

"Halleluja": Joachim Fernau. Ironisch-vergnügliche Schilderung amerikanischer Geschichte von der Entdeckung der Neuen Welt bis in die Nachkriegszeit. Geschrieben vom Standpunkt eines deutschen Konservativen, der in den USA vor allem die Kultur vermißt. Ein Gegengewicht zur "offiziellen" Geschichtsschreibung mit ungewöhnlichen Informationen über den unaufhaltsamen Aufstieg der USA zur Weltmacht. Erschienen im Goldmann Verlag.

"Ami go home": Rolf Winter. Düstere Kapitel aus der amerikanischen Geschichte und Gegenwart: Armut, Gewalttätigkeit, Rassismus, Indianerkriege, Korruption. Eine negative Bilanz alles Amerikanischen und eine Abrechnung mit dem American Dream. Erschienen im Rasch und Röhring Verlag.

"The California Connection": Terry Christensen/Larry Gerston, Little, Brown and Company. Kurzer Abriß kalifornischer Geschichte, danach eine genaue Analyse von Politik und Machtstrukturen im heutigen Bundesstaat.

"Die Vereinigten Staaten", erschienen in der Time Life- Reihe "Länder der Erde". Interessanter Querschnitt von Themen wie Überflußgesellschaft, American Way of Life, Regierungssystem, Kunst und Geschichte. 16o Seiten, viele Fotos.

"Ho for California": Sandra Myres, Huntington Library. Tagebücher von Frauen, die Leiden, Entbehrungen und Hoffnungen auf dem Treck nach Kalifornien beschreiben. Ein Dokument der Siedlungsgeschichte im 19. Jahrhundert.

"The Missions of California": Stanley Young, Chronicle Books. Fotos und einführende Texte zu Geschichte und Architektur der kalifornischen Missionen.

"Das Feuerroß erreicht das Große Wasser im Westen": Dee Brown. Die Geschichte der transkontinentalen Eisenbahn aus der Sicht der Indianer und anderer Betroffener. Lebendige Schilderung der Schwierigkeiten beim Bau sowie der Skandale bei der Finanzierung. Erschienen im Hoffmann und Campe Verlag.

"Die Züge und die Träume": Timothy Jacobson/Dudley Whitney. Geschichte der amerikanischen Eisenbahnen mit erstklassigen Fotos aus Vergangenheit und Gegenwart. Orell Füssli Verlag.

Tourismus

"Merian Kalifornien": Heft 12/34. Gute Fotos und Reportagen über einzelne Aspekte des Reisens in Kalifornien. Hintergrund-Berichte zur Ökologie, Kunst und Kultur.

"Merian San Francisco und Nordkalifornien": Heft 1/44. Gutes Bildmaterial und vielseitige Reportagen zu San Francisco, Marin County, Bay Area, Sierra Nevada und North Coast.

"Geo-Special San Francisco": Heft 3/1988. Gut recherchierte und dargebotene Information zu San Francisco und der Bay Area. Flott geschrieben und mit vielseitigem Bildmaterial garniert.

"California Camping": Tom Stienstra, Foghorn Press. Mehr als 15oo Campingplätze in Kalifornien. Detaillierte Beschreibungen, einige Karten.

"Museums of Southern California": Sara LeBien, Peregrine Smith Books. Kurze Beschreibung aller wichtigen Museen im Süden Kaliforniens. Zahlreiche schwarz-weiß Fotos.

"Desert Survival Handbook": Charles A. Lehmann, Primer Publishers. Handfeste Tips zum Wandern und Überleben in der Wüste.

Natur und Umwelt

"The Whale Watcher's Guide": Robert Gardner, Messner Guide. Hintergrundinfo über die Wale der Welt. Anleitung zur Walbeobachtung an Kaliforniens Küsten.

"Field Guide to the Gray Whales": Oceanic Society, Legacy Publishing Co. Beobachtungspunkt für Grauwale an der Westküste Amerikas. Mit Karten und kurzer Information über die Wanderung der Wale. Praktisches Kompendium fürs Wale-Beobachten.

"California Desert Wildflowers": Philip A. Muntz, University of California Press. Farbfotos und Zeichnungen der kalifornischen Wüstenpflanzen. Ausführliche Beschreibungen.

"The Native Cacti of California": Lyman Benson, Stanford University Press. Vollständige und detaillierte Infos über Kakteen in Kalifornien. Viele Farb- und Schwarz-weiß Fotos.

"Field Guide to North American Rocks and Minerals": The Audubon Society. Für geologisch Interessierte: Viel Information und schöne Farbfotos von Steinen und Kristallen.

Belletristik

Viele Romane der amerikanischen Literatur spielen in Kalifornien und behandeln spezielle Aspekte des Lebens an der Westküste. Lohnend als informative Vor- und Nachbereitung einer Reise oder als unterhaltsame Ferienlektüre vor Ort.

BELLETRISTIK: ausführliche Literatur- Infos ab Seite 178.

Buchtips zu LOKALEN BESONDERHEITEN siehe Hauptteil dieses Bandes im jeweiligen Regionalkapitel.

SCHNELLFINDER

GESCHICHTE

Die Verwandlung Kaliforniens von einem abgelegenen Stück Land am Ende der erforschten Welt zu einem der produktivsten Industriestaaten des 2o. Jahrhunderts ging so rasant vor sich wie kaum eine andere historische Entwicklung zuvor.

Obwohl die Spanier nach der Entdeckung Amerikas bereits 1519 eine Siedlung an der Pazifikküste errichteten, vergingen zunächst 25o Jahre, bis sie sich im heutigen Kalifornien niederließen.

Aber erst die beiden wichtigsten Ereignisse der Geschichte an der amerikanischen Westküste, Goldrausch und Bau der transkontinentalen Eisenbahn, verbanden Kalifornien mit der restlichen Welt und katapultierten es fast ohne Übergang ins moderne Industriezeitalter.

INDIANER

Die Ureinwohner Kaliforniens besaßen kulturell und wirtschaftlich nicht den gleichen Standard wie die Indianer im restlichen Nordamerika. Durch die geographische Isolation (Pazifik, Wüste, Sierra) ergaben sich kaum Einflüsse von außerhalb, und sie verblieben jahrtausendelang auf einem wenig veränderten Entwicklungsstand.

Auch innerhalb Kaliforniens gab es wenig Kontakt zwischen den rund 1oo Stämmen. Jeder von ihnen hatte einen eigenen Lebensraum und dort ein passables Auskommen als Jäger, Sammler oder Fischer. Da das Land für alle ein vielseitiges und relativ reichhaltiges Reservoir an Lebensmitteln bot, kam es selten zu Stammeskonflikten. Kontakte wurden zudem durch die Vielfalt von Sprachen erschwert, die sich zwar 5 allgemeinen Gruppen zuordnen lassen, aber aus zahlreichen Dialekten bestehen.

Wegen der prinzipiell ausreichenden Lebensmittel fehlte der Anreiz, sich durch Entwicklung von Werkzeugen neue Nahrungsquellen zu erschließen. Nur einige Stämme im Süden praktizierten eine primitive Form der Landwirtschaft, Metalle waren unbekannt, und lediglich auf dem Gebiet der Flechtarbeiten entwickelten die Indianer Kaliforniens ein hohes Maß an Kunstfertigkeit. Auch politisch schufen sie sich keine festen Organisationsformen, - das militante Stammesbewußtsein anderer Stämme in Nordamerika fehlte ihnen völlig.

Insgesamt lebten knapp 3oo.ooo Menschen in einem friedlichen Nebeneinander der Stämme und einem Gleichgewicht mit der Natur. Friedfertigkeit und Zersplitterung hatten allerdings zum Resultat, daß die kalifornischen Indianer den Spaniern und später den amerikanischen Goldsuchern und Siedlern kaum Widerstand entgegensetzen konnten, so daß ihre Ausrottung "reibungsloser" verlief als anderswo.

Der erste drastische Rückgang der Indianerbevölkerung ereignete sich

während der spanischen Kolonialzeit, als die Indianer zu Zehntausenden in den Missionsstationen der Franziskaner lebten und sich einem völlig ungewohnten Arbeitsrhythmus unterwerfen mußten. Gegen die von den Europäern eingeschleppten Krankheiten waren sie nicht immun, so daß sich diese wie Epidemien ausbreiteten und die Bevölkerung innerhalb von 7o Jahren auf rund 1oo.ooo reduzierten.

Auch nach Beginn der US-amerikanischen Epoche blieben Krankheiten eine Hauptursache für die rapide Abnahme der indianischen Bevölkerung. Hinzu kam die Vertreibung aus ihren angestammten Lebensräumen, so daß viele in öden Berg- und Wüstengebieten verhungerten. Der Rest wurde von Goldgräbern, Siedlern und staatlich finanzierten Trupps regelrecht gejagt und entweder ermordet oder als Hauspersonal und Farmarbeiter verkauft. Um 19oo waren von den ursprünglich knapp 3oo.ooo Indianern weniger als 16.ooo übrig.

Das System der Reservate spielte in Kalifornien keine bedeutende Rolle, obwohl man gelegentlich einzelne Stämme in bestimmte Gebiete übersiedelte, die den Weißen nicht interessant erschienen. Aus einem dieser Versuche entsprang im Nordosten Kaliforniens der einzig nennenswerte Widerstand, den kalifornische Indianer ihrer Vertreibung und Ausrottung entgegensetzten: Im Jahr 1873 wehrten sich 16o Modoc-Indianer mehrere Monate lang erfolgreich gegen eine Übermacht amerikanischer Soldaten, bevor sie besiegt und in ein Reservat in Oklahoma verschleppt wurden. Details zu diesem für Kalifornien ungewöhnlichen und lokal begrenzten Krieg, siehe Seite 799.

Im 2o. Jahrhundert haben amerikanische Gerichte zwar mehrfach offiziell anerkannt, daß den Indianern bei der Vertreibung von ihrem Land Unrecht geschehen sei, die zugebilligten Entschädigungssummen waren in der Regel jedoch lächerlich niedrig, so daß sich die verbliebenen Stämme auch heute noch am unteren Rand der sozialen Skala bewegen. Die Verbreitung eines in den USA aufkeimenden Bewußtseins von eigener Identität und Kultur wird in Kalifornien erschwert durch die Tatsache, daß die wenigsten Indianer gemeinsam in Reservaten leben, sondern sich vereinzelt und verarmt am Rande der Gesellschaft durchschlagen müssen.

ENTDECKUNG KALIFORNIENS:

1521 hatte der Spanier Hernán Cortés mit seinen Truppen nach langer Belagerung Mexico City erobert. In den folgenden Jahrzehnten wurden im Hochland, wo auch die reichen Silberminen lagen, Siedlungen gegründet.

Die Spanier konzentrierten sich anfangs auf die Erschließung der Minen und den Ausbau einer Infrastruktur zum Abtransport der Silberschätze via Karibikhafen Veracruz nach Spanien. Auch wenn laufend neue Spanier in Nueva Granada (wie die neue Kolonie hieß) eintrafen und damit zur weiteren Erschließung des Landes beitrugen, waren die Kosten doch gewaltig: Straßen mußten gebaut werden, Verwaltungsgebäude, Häfen etc.

Trotzdem führte bereits Hernán Cortés 2 Expeditionen entlang der Pazifikseite durch, um zu sehen, ob dort auch etwas zu holen sei. 1536 erreichte er Baja California, den langgestreckten Halbinselfinger, der parallel zur Pazifikküste südöstlich führt. Er aber aber so schockiert von der Unwirtlichkeit des Landes, daß er umkehrte und an Madrid melden ließ: hier sei nichts zu holen.

Eine Expedition unter Francisco de Ulloa (1537- 39) erreichte die Westküste bis Höhe Guerrero Negro (etwa Mitte Baja California). Dort wurde die Fahrt abgebrochen, da die Küsten zu unwirtlich und unattraktiv waren.

1542 segelte der Portugiese João Rodríguez Cabrillo im Auftrag der spanischen Krone entlang der Westküste bis zum heutigen Oregon. Eine Expedition, die keinerlei Hinweise auf Bodenschätze im Landesinneren brachte und zudem unter einem unglücklichen Stern stand, als die Schiffe ramponiert wurden und Cabrillo auf der Reise starb.

Immerhin: Cabrillo entdeckte während dieser Reise die Natur- Meeresbucht beim heutigen San Diego, die er als Hafen weiterempfahl.

SIR FRACIS DRAKE

1579 erreicht Francis Drake die Höhe des heutigen San Francisco. Karte Ende des 16. Jhs.

Für SPANIEN war damit das Interesse an der nördlichen Pazifikküste bis rauf heutiges Oregon zunächst gestorben. Sie konzentrierten sich auf den Ausbau ihrer Kolonie und überließen Regionen wie Baja California den Piraten, die vereinzelt in den Buchten ihre Schiffe ausbesserten.

Die ENGLÄNDER waren beunruhigt über die Macht, die Spanien zunehmend durch seine Silberschätze in Nueva Granada, aber auch den Minen in Südamerika bezog. Anfang waren es Piraten, die den spanischen Schatzschiffen auf ihrem Weg nach Europa in der Karibik auflauerten. Bald erhielten diese aber Freibeuterbriefe mit dem Vorteil, englische Häfen in der Karibik aufsuchen zu dürfen (Schiffsreparatur, Lebensmittelaufnahme), - aber auch der Auflage, einen bestimmten Anteil der Kaperbeute an die Krone abzuliefern.

Einer der erfolgreichsten Engländer war Francis Drake. Um die Macht der Spanier zu brechen (insbes. von den Spaniern noch nicht erschlossene Gebiete in Amerika zu erforschen), - erhielt er 1577 vom engl. König den Auftrag, eine Weltumrundung durchzuführen.

Drake startete am 13. Dez. 1577 in Plymouth an der Küste Südenglands (Details siehe Velbinger Band 27 "Südengland"), umsegelte die Südspitze Südamerikas und erreichte via Pazifikküste 1579 die Höhe des heutigen San Francisco.

Obwohl in den Flüssen der Sierra Nevada und nur wenige hundert Kilometer landein große Goldvorkommen lagerten (Auslöser des Goldrausches ab 1849), drang diese Kunde auch bei Drake nicht durch. Er drehte ab und erreichte nach weiterer Weltumrundung später wieder Plymouth.

Die Engländer, aber auch Spanier sahen sich ein weiteres Mal bestätigt, daß in diesen Regionen nichts an Bodenschätzen zu holen sei.

Wie es zum Namen **CALIFORNIA** kam, gibt es mehrere Theorien. Nach der einen habe Hernán Cortés auf seiner 1536- Expedition Baja California mit den lateinischen Worten *"callida fornax"* (heißer Ofen) bezeichnet wegen der Hitze auf der Halbinsel.

Nach anderer Theorie entstand der Name aus den katalanischen Namen *"cala"* (Bucht) und *"fornix"* (Bogen), bezogen auf die Bucht von Cabo Lucas im Süden Baja Californias.

Und der englische Weltumsegler Francis Drake nannte auf seiner Fahrt 1579 die Halbinsel *"Isla Carolina"*, - damals noch in der Annahme, es handele sich um eine Insel.

Immer wurde auf diesen ersten Expeditionen (siehe oben) entlang der Westküste zunächst das heutige Baja California erreicht.

Vermutlich entstand eine Agglomeration o.g. Namen, die zu dem Sammelnamen "CALIFORNIA" führte und letzlich auch auf die weiten, - unentdeckten Bereiche nördlich übertragen wurden. Später unterschied man in "Baja California" (heutiger Halbinselfinger/Mexiko) und "Alta California", der heutige US- Bundesstaat Kalifornien.

KALIFORNIEN ALS SPANISCHE KOLONIE

Für Spanien als Kolonialherr waren diese nördlichen Bereiche entlang der Pazifikküste rauf zum heutigen Oregon uninteressant. Expeditionen hatten "erwiesen", daß es hier keine Bodenschätze auszubeuten gab.

Die Region wurde zwar von Spanien beansprucht, jedoch im 16. und 17. Jhd. nicht in Besiedlungsprojekten erschlossen. Als sich dann auf dem Baja California- Halbinselfinger zunehmend Piraten festsetzten und von dort die span. Schatzschiffe angriffen, war dringende Lösung nötig.

Die Spanier entschieden sich für einen simplen wie auch cleveren Weg: den europäischen Missionshäusern (z.B. Franciskaner) lag die Missionierung der im Gebiet lebenden Indianer am Herzen. Warum also nicht diese Missionare vor Ort einsetzen, damit sie die Indianer zu christlichem Glauben überzeugen.

Eine Politik, die (abgesehen wiederholter Übergriffe von Indianerstämmen auf Baja California) auch weitgehend funktionierte. Es entstanden auf BAJA CALIFORNIA Missionen, deren Indianer das Land in den Tälern kultivierten und der spanischen Sprache insbes. aber auch pro spanischer Interessen erzogen wurden. Weitere Details siehe Bd. 3 Mexiko der Velbinger Reihe.

JUNIPERO SERRA

Für die Erschließung ALTA CALIFORNIAS wurde eine Gruppe von Franziskaner- Mönchen unter Führung Junipero Serra tätig und gründete 1769 die erste Mission beim heutigen San Diego.

Ein Trupp Soldaten begleitete sie und half gewaltsam nach, wenn sich die Indianer mit Geschenken allein nicht an die neue Institution binden ließen. In den folgenden 5o Jahren gründeten die Mönche insgesamt 21 Missionen, die sich im Abstand von je einem Tagesmarsch zwischen San Diego und der Bucht von San Francisco erstreckten.

Doch die Hoffnung auf eine Erschließung des Landes wurde enttäuscht. Die Indianer starben in der ungewohnten Umgebung zu Zehntausenden an Krankheiten, die die Europäer eingeschleppt hatten. Zudem blieb die personelle und finanzielle Unterstützung durch die spanische Kolonialverwaltung aus, die in Mexiko bereits mit einer erstarkten Unabhängigkeitsbewegung zu kämpfen hatte. Kalifornien blieb der unbedeutende Außenposten des spanischen Weltreiches, das sich um 18oo schon auf dem Rückzug befand. In Nueva Granada kriselte es zunehmend:

Miguel Hidalgo hatte am 16.9.181o zum Aufstand gegen die spanischen Kolonialherren aufgerufen und konnte zusammen mit dem Führer Ignacio Allende eine Bauernarmee von 8o.ooo Mann gegen die Spanier aufstellen, wurde aber von den Spaniern 1811 erschossen. Doch der einmal entzündete Funke konnte nicht mehr gelöscht werden, 1821 wurde Mexiko ein eigener Staat, dessen Territorium auch das heutige Kalifornien umfaßte.

Die Unabhängigkeitskämpfe gingen jedoch an der Provinz Kalifornien praktisch spurlos vorüber. Die Missionen waren zu unbedeutend und zu weit entfernt, als daß sich eine der Parteien dafür besonders interessiert hätte.

KALIFORNIEN ALS PROVINZ MEXIKOS

Mit Mexikos Selbständigkeit 1821 änderte sich zunächst kaum etwas im Leben der Missionen und der in ihrer Umgebung entstandenen Dörfer. Die ständig wechselnden mexikanischen Regierungen hatten andere Probleme, als sich um ihre entlegenste Provinz zu kümmern.

Die Zentralmacht in Mexico City entsandte Gouverneure. Diese sollten sich zwar um die Administration kümmern, wurden aber von den Einheimischen kaum beachtet. Stattdessen bauten einzelne Familien, die sich riesigen Grundbesitz angeeignet hatten, ihre privaten Imperien aus. Diese sogenannten Rancheros waren die eigentlichen Herren Kaliforniens während der mexikanischen Epoche. Ihre Macht über Land und Indianer weiteten sie noch aus, als Mexiko 1833 die Säkularisierung der Klöster beschloß und damit auch die Missionen in Kalifornien auflöste.

Zwar sollte laut Gesetz die Hälfte des klösterlichen Grundbesitzes an die Indianer gehen, doch in der Realität eigneten sich die Rancheros alle Besitztümer der Missionen an. Den Indianern blieb keine Wahl, als ihr tristes Missionsleben gegen ein sklavenähnliches Dasein auf den Farmen einzutauschen. Der Machtzuwachs der Rancheros schwächte außerdem weiter die Position des Gouverneurs, so daß die mexikanische Zentralgewalt bis 1846 keine wirksame Kontrolle ausübte.

Wie zur Zeit der spanischen Herrschaft blieb Kalifornien auch innerhalb des unabhängigen Mexiko eine wenig beachtete und kaum organisierte Randprovinz, besiedelt lediglich entlang eines schmalen Küstenstreifens zwischen San Diego und San Francisco.

DER MEXIKANISCH-AMERIKANISCHE KRIEG

Der Konflikt Mexikos mit den USA entstand aus den ständig aggressiver werdenden Expansionsbestrebungen der Vereinigten Staaten. In der ersten Hälfte des 19. Jahrhunderts tauchte an der Ostküste die Vorstellung von der "Manifest Destiny" auf, der nationalen Bestimmung, sich westwärts über den gesamten Kontinent auszudehnen. Im Zuge dieser Bestrebungen kauften die USA von Frankreich das Louisiana Territory und förderten die Besiedlung von Gebieten westlich des Mississippi.

Vereinzelt drangen Pelzjäger und Siedler auch nach Kalifornien vor, verursachten dort jedoch eher Verwunderung als feindliche Ablehnung. Als weitaus problematischer dagegen erwies sich die Lage in Texas. Mit Duldung der mexikanischen Regierung hatten sich dort jahrelang amerikanische Siedler niedergelassen, die sich ab 1836 weigerten, Steuern an den mexikanischen Staat zu entrichten. Nach kurzen militärischen Auseinandersetzungen erklärten sich die Mexikaner mit der Unabhängigkeit von Texas als eigenständigem Staat einverstanden.

1845 machten die USA Texas einseitig zum Bundesstaat und veränderten damit die Machtbalance in der Region. Im Grenzgebiet kam es zu mili-

GENERAL SANTA ANA
Präsident Mexikos, der gegen Polk antreten mußte

US-PRÄSIDENT POLK
während seiner Regierung starke Expansion der USA

tärischen Zwischenfällen, und Präsident Polk erkärte Mexiko 1846 den Krieg. Ein Jahr später eroberten US-Truppen Mexico City und besetzten fast ohne jede Gegenwehr die nördlichen Provinzen Mexikos einschließlich Kalifornien.

Damit hatten die kriegerischen Ereignisse einen Aufstand überrollt und obsolet gemacht, der als "Bear Flag Revolt" eine kurze Episode kalifornischer Geschichte schrieb: 1846 überrumpelten bewaffnete Siedler nördlich von San Francisco einen mexikanischen Militärposten und riefen eine Republik Kalifornien aus. Der Bär auf ihrer Flagge gab dem Aufstand den Namen und wurde später auch zum Symbol des Bundesstaates Kalifornien.

Die Siedler, die aus Angst vor einer bevorstehenden Ausweisung durch die mexikanischen Behörden gehandelt hatten, hielten ihre Stellung gut drei Wochen lang, bis die amerikanische Marine aufgrund des offiziellen Kriegsausbruchs die kalifornischen Küstenstädte besetzte. Daß eine Handvoll Amerikaner der mexikanischen Staatsgewalt Paroli bieten konnte, bestätigt noch einmal deren Schwäche und ungenügende Organisation.

Im Waffenstillstandsabkommen von Guadalupe Hidalgo mußte Mexiko sein gesamtes Territorium nördlich des Rio Grande abtreten, die USA realisierten ihre "Manifest Destiny" und weiteten ihren Herrschaftsbereich bis an die Pazifikküste aus. Am 2. Februar 1848 unterzeichneten die Vereinigten Staaten und Mexiko den Friedensvertrag. Beide Vertragsunterzeich-

ner ahnten zu diesem Zeitpunkt aber nicht, welche Folge dieses Abkommen haben sollte: Kurioserweise hatte nämlich gut eine Woche vorher, genau am 24. Januar, ein gewisser James Marshall beim Bau einer Sägemühle am American River* den ersten Goldnugget entdeckt; eine Tatsache, von der die Verhandlungsführer natürlich zu dieser Zeit nichts wußten.

*Siehe auch Karte nächste Seite!

DER GOLDRAUSCH

Der Goldfund James Marshalls vom 24.Jan. 1848 hatte zunächst keine größeren Folgen. Die Sägemühle wurde fertiggestellt, und der Besitzer des Terrains am American River, der Schweizer Emigrant Johann August Sutter versuchte zunächst, die Entdeckung herunterzuspielen und geheimzuhalten. Unter seinen Arbeitern verbreitete sich daher auch keine besondere Aufregung, obwohl einige begannen,

UNTEN: Goldwäscher mit Pfanne am Fluß. Bald wurden die Methoden der Goldgewinnung "perfektioniert", indem per Holzrinnen Wasser an die Fundstellen geleitet wurde (rechts).

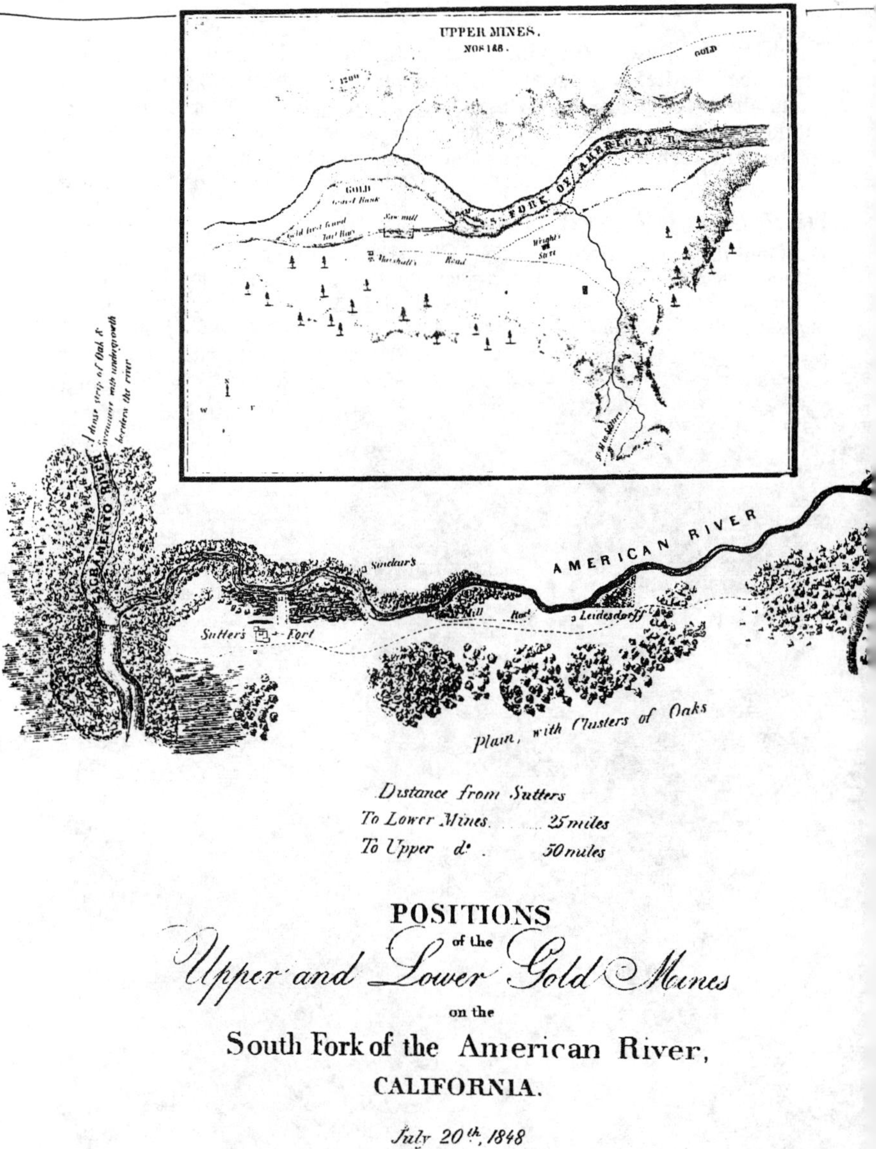
UPPER MINES.
GOLD
Saw mill
S. FORK OF AMERICAN R.
Road
Wright's Store
SACRAMENTO RIVER
A dense strip of Oak & Sycamore with undergrowth borders the river
AMERICAN RIVER
Sinclair's
Sutter's Fort
Mill Road
Leidesdorff
Plain, with Clusters of Oaks
Distance from Sutters
To Lower Mines 25 miles
To Upper d° 50 miles
POSITIONS
of the
Upper and Lower Gold Mines
on the
South Fork of the American River,
CALIFORNIA.
July 20th, 1848

JAMES W. MARSHALL

JOHANN AUGUST SUTTER

LINKS: James W. Marshall, – Vormann des Johann A. Sutter, der am 24.1.1848 am American River erste Gold-Nuggets entdeckt hatte.

RECHTS: Johann August Sutter, Schweizer Emigrant und Besitzer des Geländes

KARTE der Fundstelle von Gold am American River / South Fork. Angefertigt vom damaligen Militärgouverneur in Kalifornien, R. B. Mason (6.1848) zur Vorlage beim US-Präsidenten.

in ihrer Freizeit nach Gold zu suchen. Nur langsam sickerte die Nachricht des Goldfundes vom 24. Jan. 1848 nach San Francisco durch. Noch länger brauchte sie bis Washington/US- Ostküste:

MÄRZ 1848: eine lokale Zeitung San Franciscos berichtete in einer winzigen Notiz erstmals vom Gold- Fund am American River. Allerdings nahm kaum jemand derartige "Nachrichten" von Abenteurern so recht ernst, da zu viel an Falschmeldungen publiziert worden waren. Zudem waren einige Leute, die sich vor Ort selbst umschauten, mit leeren Händen nach San Francisco zurückgekehrt. Womit die Sache zunächst einmal vergessen schien.

MAI 1848: ein cleverer Geschäftsmann aus San Francisco hatte von den Gerüchten der Goldfunde erfahren. Er machte sich persönlich auf die Reise zum Sägewerk am American River, da er Geschäfte witterte. Dort sprach er mit den Mitarbeitern Johann Sutters und überzeugte sich von den Goldfunden. In Erwartung eines großen Booms beschloß er, beim Sägewerk einen Shop zu eröffnen. Zurückgekehrt nach San Francisco präsentierte er dort ein Säckchen mit goldenen Nuggets und verbreitete die Nachricht der Funde. Damals bestand San Francisco aus nur rund 4oo Einwohnern, fast alle bissen an und machten sich auf den Weg zum American River.

JUNI 1848: reiste der Militärgouverneur von Kalifornien R.B.Mason zum American River, um die Sachlage offiziell für die US- Regierung zu erkunden. Eine genaue Karte wurde angefertigt (siehe Abb. Vorseite), die Mason zusammen mit Goldproben dem US-Präsidenten James Polk nach Washington schickte.

Nun brauchte derartige Diplomatenpost damals wegen sehr ungenügender Verkehrsverbindungen entsprechend Zeit.

ENDE 1848 erhielt Polk die Karte plus Goldproben. Dem US-Präsidenten kamen derartige Nachrichten gerade recht. In Sachen des Mexikanischen Krieges war er trotz Friedensvertrages 2.2.1848 und erheblicher Ausweitung des US- Territoriums zunehmend in Beschuß der Kritik geraten: Es wurde ihm vorgehalten, ob sich denn diese gewaltigen Kriegskosten und Menschenverluste gelohnt hätten - für ein derart abgelegenes Gebiet.

Es lag daher im Interesse des Präsidenten, die Goldfunde in Kalifornien bekannt zu machen und als Legitimation für seine politischen Entscheidungen zu nutzen.

In einer Rede vor dem US- Kongress Ende 1848 präsentierte Polk nicht nur die Karte und die Goldproben vom American River, - sondern behauptete sogar, daß die Regierung bereits vor Vertragsunterzeichnung 2.2.1848 Kenntnis von den Goldfunden gehabt habe, - was natürlich eine falsche Behauptung war.

Polk erreichte nicht nur sein Ziel, die Kritiker der Expansionspolitik zu beruhigen. Seine Rede vor dem Kongress führte auch zu Schlagzeilen in der Weltpresse:

Noch im Laufe des JAHRES 1849 machten sich Zehntausende von Abenteurern und Glücksrittern aus aller Welt auf den Weg, um an dem sagenhaften Reichtum in Kalifornien teilzuhaben. Sie bildeten die erste große Welle von Goldsuchern, nach dem Jahr ihrer Ankunft im Westen "forty-niners" genannt.

"HO FOR CALIFORNIA!"

In den USA verwandelte sich die Gold- Euphorie in ein nationales Ereignis. "*Ho for California!*" war die Zauberformel jener Tage, und der Song "There's plenty of gold, so I've been told, on the banks of the

Sacramento" klang noch ein Jahrhundert später durch Schiffskajüten und Seemannskneipen in aller Welt.

Die **Zeitungs-Artikel** der amerikanischen aber auch europäischen Presse sahen ein *"Goldenes Zeitalter"* heranbrechen. In wenigen Monaten könne man in Kalifornien mehr Gold schürfen als in der gesamten bisherigen Weltgeschichte.

Ökonomen spekulierten über die Konsequenzen der Goldschwemme für die Entwicklung des Geldwesens und des Weltmarkts, und Pastoren machten sich Sorgen um die moralische Zukunft der Nation...

Den meisten Wirbel verbreiteten aber die Geschäftsleute, die am großen Treck nach Kalifornien verdienen wollten. Sie veröffentlichten Anzeigen, die den potentiellen Goldsuchern für ihre Reise nach El Dorado alles Notwendige bis Überflüssige versprachen: vom Spaten bis zum Smoking (angeblich nötig bei rauschenden Festen der glücklichen Finder). Sogar Kapital-Gesellschaften fanden sich zusammen, die den gesamten Trip nach Kalifornien organisierten und finanzierten, Transport und Ausrüstung inklusive. Die Gerüchteküche des schnellen Reichtums trieb immer schnellere Blüten: man brauche das Gold in den Flüssen nur "aufzuheben" hieß es.

Daher waren es nicht nur Abenteurer, die sich auf den beschwerlichen Weg nach Kalifornien machten, - sondern zunehmend auch ehrbare und gutgläubige Bürger, so Ärzte, Pastoren und kleine Angestellte, die ihre große Chance im "schnellen Reichtum" sahen. Sie lösten ihren Hausstand auf und machten sich auf den beschwerlichen Weg in den Westen. Klar: auch die Rechtsanwälte sahen ihre Chance, da Reichtum zwangsläufig meist zu Streit führt...

Details zum Leben in den Goldgräber Camps ab 1849 siehe Seite 521.

TRANSPORT

War Hauptproblem der damaligen Einwanderer nach Kalifornien. Es gab **1849** zwei Möglichkeiten:

* ein äußerst beschwerlicher Überlandtrip ab den westlichen Grenzen des damals erschlossenen US- Territoriums und Siedlungen am Oberlauf des Mississippi.
* der Seeweg ab US- Ostküste rund um den südamerikanischen Kontinent und Kap Horn/Südspitze und weiter entlang der Westküste rauf nach Kalifornien. Zwar weniger gefährlich als der Überlandtrip durch Indianer- Land, so doch im damaligen Zeitalter der Segelschiffe sehr zeitaufwendig und in Schiffspassage teuer.

★ **ÜBERLAND- TRIP**: benutzt wurde der OREGON TRAIL, der vom Oberlauf des Mississippi / Independence westwärts durch damals völlig unerschlossene Gebiete und Indianerland führte. Er mußte zudem wegen der Überquerung der Rocky Mountains und Abzweiger CALIFORNIA

TRAIL in der Sierra Nevada jahreszeitlich exakt abgestimmt werden, um nicht in den ersten Schneestürmen des Herbstes steckenzubleiben.

Diesen Landweg wählten allein 1849 über 3o.ooo Menschen und vorwiegend diejenigen, die bereits im Mittleren Westen und Süden der damaligen USA als Farmer lebten. Sie hatten einen relativ kurzen Weg und besaßen außerdem schon einen großen Teil der benötigten Ausrüstung, verfügten über Pferde, Zugtiere und Wagen.

Die meisten Menschen erreichten Kalifornien zwischen 185o und 1869 mit den großen Planwagen-Trecks über den erprobten "Oregon-Trail", den in den vierziger Jahren schon Tausende auf ihrem Weg in den Nordwesten benutzt hatten. Von dieser Strecke zweigten sie unterwegs Richtung Sacramento auf den sogenannten "California-Trail" ab. Über diese beiden Routen erreichte innerhalb von 3o Jahren rund eine halbe Million Menschen die Staaten an der Westküste.

Gegen Ende des Winters sammelten sich Tausende von Abenteurern und Siedlern in einigen Städten am Missouri, wo sie sich auf den großen Treck nach Westen vorbereiteten und zu Gruppen zusammenfanden. Das Bild von Pferden, Ochsengespannen und Planwagen hat sich durch unzählige Hollywood-Filme eingeprägt. Doch viele Siedler verfügten nicht einmal darüber, sie verpackten ihre Habseligkeiten auf Handwagen oder Schubkarren und machten sich zu Fuß auf die lange Reise.

SIEDLER-TRECKS
in den Weiten der Prairie

Es kam zunächst darauf an, die Jahreszeiten geschickt auszunützen: Man durfte nicht zu früh los, denn das Gras auf der Prairie mußte bereits dicht genug sein, um die Zugtiere zu ernähren. Bei einem zu späten Start hingegen würde der Winter den Treck in der Sierra Nevada überraschen und ihn kurz vor dem Ziel aufhalten, was den sicheren Tod bedeutete. Das Schicksal einer der ersten Siedlergruppen, der "Donner Party", war abschreckend: 1844 war sie westlich von Reno im Schnee steckengeblieben, und die wenigen Überlebenden hatten sich von ihren toten Gefährten ernährt.

Aber selbst gute Ausrüstung und Zeitplanung bewahrten die Trecks nicht vor entbehrungsreichen Abenteuern: Die beiden wichtigsten Ressourcen, Gras und Wasser, existierten nur spärlich entlang der Route. Je mehr Menschen und Tiere unterwegs waren, desto knapper wurden sie. Auf der Prairie herrschte eine mörderische Hitze. Durch die Trockenheit schrumpfte das Holz an den Wagenrädern, die eisernen Beschläge hielten nicht mehr, und es kam dadurch ständig zu Pannen und Unfällen. Die Gespanne wirbelten einen solchen Staub auf, daß der Kutscher zeitweise seine eigenen Tiere nicht erkennen konnte. Im Laufe der Jahre türmten sich Abfälle und Exkremente am Wegesrand und rund um die Lagerplätze; regelmäßig brachen Cholera-Epidemien aus. Die unzähligen Gräber entlang des Trails sprechen noch heute eine deutliche Sprache.

Die Auseinandersetzungen mit Indianern hielten sich dagegen in Grenzen. Das Bild von wilden Sioux und Shoshoni, die über die Wagenburgen der Siedler herfallen, wurde eher später dann in Hollywood- Filmen kreiert, als daß es auf diesen Reisen der Siedler-Trecks Realität war. Denn die Trecks befanden sich auf der Durchreise und machten daher den Indianern auch nicht ihr Land streitig, so daß diese selten einen Grund sahen, die Wagenkolonnen als Bedrohung anzusehen.

Trotzdem grassierte unter den Siedlern die Angst vor den "Wilden", geschürt von cleveren Waffenhändlern, die in den Städten am Missouri ihre todbringende Ware verkaufen wollten. Bis an die Zähne bewaffnet brachten sie sich dann die Einwanderer auf ihrer Reise bei Streitigkeiten eher gegenseitig um, als daß sie sich gegen Indianer wehren mußten.

Da die Wagentrecks mit Kind und Kegel extrem langsam vorankamen, suchte man ständig nach neuen Transport- und Kommunikationswegen, die Nachrichten und Waren schneller von Ost nach West bringen konnten. Einen originellen Versuch in dieser Hinsicht unternahm die US-Armee mit ihrer "Camel Brigade". Sie importierte mehrere Dutzend Kamele aus Nordafrika, die vor allem auf der Route über Arizona nach Süd-

kalifornien ihre Bewährungsproben bestanden. Auf dem California Trail, der u.a. über die Sierra Nevada führte, - waren die Kamele natürlich nicht einzusetzen. Und dies war die Haupteinwanderungsroute, da sie direkt nach Placerville im Gold Country führte (Details siehe S. 522). In Placerville (zur kalifornischen Goldrush- Zeit auch "Hangtown" genannt), ging dann der Ripp-off erst richtig los.

Der **SEEWEG**: war die auf den ersten Blick zunächst "bequemere" Variante. Man schiffte sich in Häfen der US- Ostküste ein und mußte, da der Panama- Kanal erst 191o eröffnet wurde, komplett um die Südspitze des südamerikanischen Kontinents und Kap Horn segeln.

Zwar sparte man sich dabei den mühsamen Overland- Trip quer durch den nordamerikanischen Kontinent. Die Schiffspassage an Bord dehnte sich aber auf den rund 13.ooo Seemeilen für die Passagiere endlos in die Länge.

Anfangs benötigte der Trip bis zu 6 Monate, da alte und ausgediente Schiffe (z.B. ausrangierte Walfänger) eingesetzt wurden. Sie wurden von den Reedern billig eingekauft und den Goldrausch- Abenteurern zwar zu überhöhten, so doch noch tragbaren Passagepreisen nach San Francisco angeboten. Übelster Teil der Reise war die Umrundung von Kap Horn mit Stürmen und ewigem Hin- und Herkreuzen, bis dann die Westküste des südamerikanischen Kontinents erreicht war.

Später kamen dann die "Klipper" (Schnellsegler), die den Trip um Südamerika in beachtlichen rund 4 Monaten realisierten, allerdings auch im Passagepreis erheblich teurer waren und zudem vielfach ausgebucht. Geschäftsleute transportierten hier ihre Waren (zumindest in der Anfangszeit der Klipper-Verbindungen), die sie dann in San Francisco mit hohem Gewinn verkauften.

Alternative für diejenigen, die sich Geld sparen wollten, war die Schiffspassage nach Pa

WERBE-POSTER für schnelle Schiffsverbindung ab US-Ostküste nach San Francisko. Der Schnitt bei "klippern" lag bei ca. 110 Tagen.

nama, wo die Abenteurer ausstiegen, um zu Fuß den Istmus zur Pazifikseite zu überqueren. Der Marsch durch die tropische Hitze war für viele eine gewaltige Tortur, hinzu kamen Moskitos und Malaria. Noch problematischer war es, an der Pazifikküste ein Schiff zu finden, da fast alle Segler bereits mit Goldsuchern ausgebucht waren.

So stauten sich beispielsweise Ende 1849 in Panama City rund 8.ooo Goldsucher, die verzweifelt dort nach einer Schiffspassage nach San Francisco suchten.

Nach dem Motto: Nachfrage bestimmt das Angebot, segelten bald auch ab Europa spezielle Schiffe um Südamerika nach Kalifornien.

STAATSGRÜNDUNG KALIFORNIENS

Trotz des Vertrages mit Mexiko (1848), der die Region an die USA vergab und der Goldfunde konnte der Kongreß in Washington sich zunächst nicht zur Aufnahme des neuen Territoriums in die Union entscheiden. Die US-Staaten waren zerstritten in der Sklavenfrage und wollten verhindern, daß ein neuer Staat die jeweils andere Fraktion stärkte.

In Monterey trat daher 1849 eine verfassungsgebende Versammlung zusammen, die von sich aus die Modalitäten einer Staatsgründung regeln wollte. Die Sklavenfrage wurde schnell und eindeutig gelöst: Kalifornien verbot die Sklaverei. Dies hatte allerdings weniger humanitäre Gründe, sondern beruhte auf der Angst der Goldsucher, daß Grundbesitzer aus dem Süden der USA mit einem großen Kontigent an Sklaven die Goldfelder aufsuchen und damit den bisherigen Goldwäschern eine übermächtige Konkurrenz entgegenstellen könnten.

Als Kalifornien 185o den Antrag auf Eingliederung in die Union stellte, rangen die Vertreter der Südstaaten dem Kongreß zahlreiche Kompromisse in der Sklavenfrage ab, die

sie für den Eintritt eines weiteren liberalen Staates entschädigen sollten.

September 185o: der US- Präsident unterzeichnete das Gesetz, das Kalifornien zum 31. Staat der USA machte. Damit hatte Kalifornien sämtlichen anderen Territorien des Westens bei weitem den Rang abgelaufen. Obwohl Oregon ursprünglich das Siedlungszentrum der Amerikaner an der Westküste war, wurde es erst 9 Jahre später Bundesstaat.

Andere Staaten brauchten länger, um sich zu konstituieren, Nebraska z.B. bis 1867 und Arizona gar bis 1912.

POSTKUTSCHEN

Es ging nunmehr um schnellere Verbindung in den neuen Bundesstaat Kalifornien. Tausende Kilometer unerschlossenen Landes lagen zwischen dem Missouri und Mississippi rüber in den neuen Bundesstaat Kalifornien.

Die meisten Menschen erreichten Kalifornien zwischen 185o und 1869 mit den großen Planwagen-Trecks über den erprobten "Oregon-" und "California Trail". Über diese Routen erreichte innerhalb von 3o Jahren rund eine halbe Million Menschen die Staaten an der Westküste.

JOHN. BUTTERFIELD

1858 organisierte John Butterfield zwischen St. Louis am Missouri und San Francisco die berühmte OVERLAND STAGE-COACH LINE, eine Postkutschenverbindung über 4.5oo Kilometer. Mehr als 1oo Kutschen und 2.ooo Pferde hielten die Verbindung aufrecht, auf der man einen Brief für 1 Dollar befördern konnte.

Die Transportbedingungen waren äußerst widrig: Von Straßen konnte auf großen Teilen der Strecke nicht die Rede sein, es ging einfach überland. Indianer überfielen die Stationen, Banditen die Kutschen, und Wegelagerer verlangten einen Durchfahrt-Zoll. Hinzu kamen Flußdurchquerungen sowie Schnee- und Sandstürme, welche die Fahrt endgültig in ein Abenteuer verwandelten. Doch trotz dieser Hindernisse kam die Postkutsche in ihrer dreijährigen Anfangsphase bis 1861 nur dreimal zu spät: Das Personal an den Stationen hatte sich angewöhnt, die Uhr gemäß Ankunft der Kutsche zu stellen.

Die Postkutschen John Butterfields brauchten ab San Louis am Missouri bis Kalifornien rund 25 Tage, - dies war damals sensationell im Vergleich zum Seeweg nach Kalifornien, der (siehe Vorkapitel) gut 4 Monate im Minimum benötigte.

Butterfield war ein exzellenter Organisator. Alle rund 35 km (und dies auf 4.5oo km Strecke) errichtete er eine Versorgungsstation, wo die Pferde ausgetauscht wurden und die Reisenden sich von der rappelnden Fahrt erfrischten. Für den Betrieb der Verbindung nach San Francisco waren nicht nur große Mengen an Pferden, sondern auch rund 1.ooo Mann Personal nötig. Im Vergleich zu den hohen Betriebskosten war der Passagepreis von (nach heutigem Geldwert) ca. 9oo US/Person relativ preiswert.

POSTKUTSCHEN auf dem Weg in den Wilden Westen nach Kalifornien. Eingesetzt wurden Kutschen des sogen. "Concord-Typs" mit großem Hinterrädern. Innen saßen die 1. Klasse Passagiere – und oben der Kutscher plus weitere Reisende, die Wind und Wetter voll ausgesetzt waren.

Streckenverlauf: von St. Louis nach Forth Smith in Arkansas, weiter nach El Paso/ Texas -> Tucson/Arizona -> Los Angeles -> San Francisco. Butterfield soll in das Projekt (Pferde, Versorgungsstationen, Personal und Kutschen) gut 1 Mill. Dollar investiert haben. Die Verbindung bestand 2 mal/Woche in beide Richtungen. Unterwegs rund 14o Versorgungsstationen, die Jungfernfahrt war am 16.9.1858.

Kutschen: Butterfield hatte sich für die "Concord"- Kutsche entschieden, die den wilden Pistenbedingungen noch am besten gewachsen war. Im Inneren hatten 4 Passagiere der 1. Klasse Platz, an den Fenstern sogar Rollos gegen einscheinende Sonne (allerdings kein schußsicheres Glas!). Oben konnten nochmals 6 Personen (inkl. Kutscher) mitreisen, oft saßen oben auch bis zu 1o Leuten, jeder Passagier hatte 4o kg Gepäck frei.

Die Kutsche selber hatte ein Gewicht von 1 Tonne und wurde je nach Schwierigkeit des Geländes von 4 bis 8 Pferden gezogen. Der Kutscher war gut bezahlt, da von ihm der Erfolg des 4.5oo km- Überlandtrips abhing: bergab raste die schwerbeladene Kiste von bis zu 3 Tonnnen Gewicht mit full- speed und mußte so gelenkt werden, daß sie auf der schlechten Piste in Kurven nicht kippte, - zudem stand der Kutscher unter ständigem Zeitdruck: "*time is money*", einer der Kernsätze des Kapitalismus, soll angeblich zur Zeit der Butterfield- Postkutschen geprägt worden sein...

Überfälle auf Postkutschen: waren in den unerschlossenen Weiten westlich des Missouri

nicht selten, da die Postkutschen nicht nur Post, - sondern auch Geld und kapitalträchtige Passagiere beförderte. Zwar beschäftigte Butterfield bald revolverbewaffnete Scharfschützen auf den Kutschen, die nach ihrer Zielgenauigkeit ausgewählt wurden und selbst von bewegter, schnell fahrender Kutsche Angreifer treffen konnten. Trotzdem war in der Fahrkarte von St. Louis nach San Francisco durchaus ein bewaffneter Überfall von Banditen inklusiv.

Den Passagieren für den Trip nach Kalifornien wurde daher in langer Liste (neben wärmender Kleidung und Regenschutz) vorwiegend die Mitnahme von Revolvern, Kugeln, Waffenöl, Messer etc. empfohlen...

Besagte 25 Tage waren der Fahrplan, - sofern es keine Breakdowns gab (Wagenrad gebrochen etc.) oder "Verzögerungen" wegen Überfall entstanden. Der Rekord wurde übrigens 1864 auf dem Etappenabschnitt Atchison/Missouri -> Denver (3.061 km) mit 12 Tagen

OVERLAND-STAGECOACH-STATION in San Francisco 1860. Damals der Terminal für die wichtigs Overland-Verbindung in den Osten der USA.

aufgestellt, wobei allerdings Kutscher, Pferde und Passagiere nahe des körperlichen Zusammenbruchs eintrafen.

1860 transportierten die Butterfield Postkutschen bereits gut 85 % der gesamten Post nach Kalifornien. Da der Betrieb weitgehend funktionierte, wollten die wenigsten ihre Briefe der mehrmonatigen Schiffsverbindung um Südamerika übergeben.

Der Personentransport auf der Postkutsche war Zusatzverdienst; allerdings stieg der Passagepreis auf ca. 580 US, als sich das Funktionieren der Verbindung herumgesprochen hatte. Hinzu kamen die Verpflegungskosten auf den einzelnen Stationen. In der Einöde konnte praktisch verlangt werden, was man wollte, so daß der gesamte Kalifornientrip

nicht selten bei ca. 85o US one-way endete. Bei damaligem Durchschnittseinkommen von rund 5o US/Monat knackig teuer.

WELLS- FARGO

Zwei Unternehmer, die **1843** ein Transportunternehmen/Sektor Kutschen gründeten, welches dann bis Mitte der 6o-er Jahre zum Marktführer im Wilden Westen und Kaliforniens wurde. Die Firma transportierte Personen, Post, Geld und Wertsachen und hatte später in rund 2oo Orten Kaliforniens Büros, die auch als Banken fungierten.

Henry Wells war zunächst erfolgreicher Betreiber von Schaufelraddampfern auf dem Mississippi, als er 1841 im Raum New York ins lukrative Transport- Geschäft einstieg. Er schaffte u.a. preiswert und schnell Lobster von Long Island zu den Restaurants in New York. Da die Geschäfte gut liefen, tat er sich 1843 mit William Fargo zusammen und beide organisierten den Ausbau ihrer Verbindungen nach Cincinnati und Chicago.

Basis des großen Erfolges, den beide bald erreichten, war ihre Prämisse: schneller und billiger als die Konkurrenz zu sein. Ersten Ärger gabs mit dem US- Postministerium, da Wells & Fargo Briefe erheblich billiger auf ihren Strecken beförderten.

Außerdem waren beide sehr clever: als 1849 der Goldrausch in Kalifornien begann, schlossen Wells und Fargo mit John Butterfield einen Vertrag, der die American Express Company begründete. Zu Grunde lag die Idee, daß die Gold-Digger ihre Funde zu einer Bank bringen (die vielfach American Express war). Die Bank wiederum schaffte das Gold per Postkutsche u.a. zu den staatlichen Münzprägeanstalten in Philadelphia oder New Orleans und kassiert für den Service 3 - 5 %.

Henry Wells und William Fargo versprachen sich hier große Verdienste in Erwartung der reichen Goldfunde. Butterfield dagegen war eher skeptisch in Bezug dessen, was Kalifornien an Gold bringen würde. Zudem war sein wichtigeres Ziel der Aufbau der Overland-Postkutschenverbindung vom Missouri nach Kalifornien, die er dann 1858 realisierte.

Für Wells und Fargo ging das Projekt mit American Express zu langsam voran, so daß sie bereits 1852 in San Francisco ihr erstes Büro (zugleich Bank) eröffneten. Gold gabs reichlich und das Büro florierte; Geld und Gold transportierten Wells & Fargo Co. damals wegen noch fehlender transkontinentalen Kutschenverbindung per Schiff um den Kontinent.

Essen und Saufen im Wirtshaus. Später...
Im Kalifornien der ersten Jahre des Goldrausc
herrschten rauhe Sitten, wie Illustrationen ein
in den Camps der Minenarbeiter zB. Virginia Cit

Die Gewinne im Geld/Goldtransport waren gewaltig. Innerhalb Kaliforniens organisierten Wells- Fargo ihr eigenes Transportkutschen- Netz: sprich in immer mehr Orten Kaliforniens speziell auch des Gold Country eröffneten Wells- Fargo Büros, in denen Geld und Gold getauscht wurde, - von denen aber auch die Kutschen für Personen- Post- und Warentransport starteten. Bereits im ersten Jahr (1852) war Wells- Fargo zusätzlich in Sacramento, San Diego und Monterey präsent. Vormals bestehende andere und kleinere Transportunternehmen wurden verdrängt bzw. von Wells- Fargo aufgekauft.

Darüber hinaus hatte sich bis 1854 die Goldgräber- Szene stark kommerzialisiert: es waren oft nicht mehr individuelle Gold- Digger, die hier ihr Glück probierten, - sondern Firmen mit Baggern oder Wasserspritzen die Erde nach Gold "durchwühlten" und Kredite benötigten für ihre Maschinen, die wiederum Wells- Fargo zu Verfügung stellten.

...gings dann draußen weiter (die Zeiten haben sich wenig geändert).
b 1849 bis Mitte der 50-er Jahre
agazins der Zeit berichten. Analog gings dann
weiter... (ab 1860) Details siehe auch Seite 404ff.

Haupt- Rivale der Wells- Fargo war die Adams- Company, die z.B. im Nov. 1854 den Betrag von 35o.ooo US an Gold von San Francisco an die US- Ostküste verschiffte, - während Wells- Fargo lediglich 178.ooo US "exportierte". 1855 war Adams jedoch in Konkurs, und Wells Fargo als die besser organisierte Firma der Gewinner.

Weiterer Aufschwung für Wells- Fargo bedeutete die Erschließung der reichen neuen Minen bei Virginia City ab 186o . Die Kutschen von Wells- Fargo fuhren ab ca. 1862 von Placerville/Gold Country ca. 12 mal (!) am Tag nach Virginia City, somit rund alle 2 Stunden Abfahrt einer Kutsche, abhängig von den Pistenbedingungen über die Pässe der Sierra Nevada.

Rundum rauhe Zeiten, bei denen Wells- Fargo Whiskey über die Pässe transportierte, -

Lebensmittel, Minenausrüstung und Abenteurer. Auch hier tätigte die Company dicke Gewinne.

ÜBERFÄLLE: Ein großes Problem für Wells- Fargo war die Tatsache, daß die Kutschen auf den Strecken innerhalb Kaliforniens riesige Mengen an Wertsachen, vor allem Silber und Gold beförderten. Gepanzerte Fahrzeuge wie heute gab es damals nicht. Eine deratige Kutsche hätten die Pferde wegen Gewicht auch nicht ziehen können. Die mit Gold beladenen Fuhrwerke waren schwer genug; einmal brach bei Sonoma die Achse eines mit Gold im Wert von 2oo.ooo US beladenen Fuhrwerkes, und die Goldkörner verteilten sich über die Straße...

Der Hauptschutz derartiger Transporte war eine bewaffnete Begleitmannschaft. Außerdem wurden Fahrten mit besonders wertvoller Ladung geheim gehalten. Wichtigstes Werkzeug der Räuber war neben Gewehr und Pistole die Axt. Sie wurde zum Aufschlagen der Wells Fargo- Wertkiste benötigt.

Eine der Methoden, um der Räuberplage Herr zu werden, war die Abschreckung: Wells Fargo transportierte in ihren Wertkisten manchmal keine Gold- oder Juwelenschätze, sondern eine Klapperschlange. Diese Methode wurde auch öffentlich publik gemacht; der

JAMES B. HUME
Chef-Detektiv von Wells Fargo

RECHTS: die berühmte Wells-Fargo Wertkiste. Ein dickes Vorhängeschloß und die Flinten der Bewacher waren der einzige Schutz. Davor Säckchen mit Silber. Nach Überfällen wurden dann die Detektive unter Leitung James B. Hume tätig...

Räuber, der dann die Kiste mit der Axt aufschlug, hatte seine böse Überraschung.

Andere Vorsorgemaßnahmen bestanden darin, Wertsachen auf Passagierverbindungen zu transportieren. Die Wertkiste kam in derartigen Kutschen in Geheimfächer z.B. doppelten Boden unterhalb des Kutschbodens, wo die Kisten zusätzlich noch mit Bolzen verankert wurden.

RECHTS: Werttransport der Wells Fargo. An Bord 5 Mann mit Flinte.

☛ Agents of W., F. & Co. will not post this circular, but place them in the hands of your local and county officers, and reliable citizens in your region. Officers and citizens receiving them are respectfully requested to preserve them for future reference.

Agents WILL PRESERVE a copy on file in their office.

$800.00 Reward!

ARREST STAGE ROBBER!

1.

On the 3d of August, 1877, the stage from Fort Ross to Russian River was stopped by one man, who took from the Express box about $300, coin, and a check for $305.52, on Grangers' Bank of San Francisco, in favor of Fisk Bros. The Mail was also robbed. On one of the Way Bills left with the box the Robber wrote as follows:—

"I've labored long and hard for bread—
For honor and for riches—
But on my corns too long you've trod,
You fine haired sons of bitches.
BLACK BART, the P o 8.

Driver, give my respects to our friend, the other driver; but I really had a notion to hang my old disguise hat on his weather eye." (*fac simile.*)

Respectfully
B. B.

It is believed that he went to the Town of Guerneville about daylight next morning.

2.

About one year after above robbery, July 25th, 1878, the Stage from Quincy to Oroville was stopped by one man, and W., F. & Co's box robbed of $379, coin, one Diamond Ring, (said to be worth $200) one Silver Watch, valued at $25. The Mail was also robbed. In the box, when found next day, was the following, (*fac simile*):—

here I lay me down to sleep
to wait the coming morrow
perhaps success perhaps defeat
And everlasting sorrow
I've labored long and hard for bread
for honor and for riches
But on my corns too long you've tred
You fine haired sons of bitches
let come what will I'll try it on
My condition can't be worse
and if there's money in that Box
Tis munny in my purse
Black Bart
The Po8

LINKS: Sheriff mit der Axt, die der Räuber "Black Bart" zum Aufbrechen einer Wells Fargo Wertkiste benutzte.
OBEN: internes Rundschreiben

Da jedoch immer mehr Gold gefördert wurde und die gewaltigen Silberschätze der Virginia City Mine hinzukamen, reichte dieser Schutz des Transportes in Geheimfächern bald nicht mehr, sondern spezielle Fuhrwerke wurden eingesetzt, auf denen 5 - 1o Scharfschützen aufsaßen.

Trotzdem wurden bis Anfang der 6o-er Jahre Überfälle immer mehr zur Tagesordnung. Wells Fargo ließ sich eigene Formulare drucken: der *"Stage Robbery Report"*. In diesem Formular wurden dann nach erfolgtem Überfall alle Details eingetragen. Dieser Report wurde dann von der Detektivabteilung weiterbearbeitet, die u.a. Rundschreiben an die einzelnen Wells Fargo Agenturen weiterverschickte.

Zwischen ca. 186o und 75 erlebte Wells Fargo 313 Überfälle (!) bei Verlust von rund 1/2 Million US. Etwa den selben Betrag investierte die Company in Belohnungen für das Aufgreifen von Räubern sowie in einen recht effizienten Apparat an Detektiven und Scharfschützen. 24o Räuber konnten aufgegriffen werden.

Berühmt war das "Black Book" der Wells Fargo, in dem jeder aufgegriffe Räuber mit Foto eingeklebt und Zusatztext versehen wurde. Gewissermaßen eine Bibel des Erfolges der Wells Fargo Detektive.

Die Detektive arbeiteten mit damals modern-

der Wells Fargo zum Aufgreifen des Räubers "Black Bart", der am 3.8.1877 eine Wells Fargo Kutsche überfallen hatte und 605,52 US erbeutete und am 25.7.1878 weitere 604 US.

Der freche Räuber hinterließ gar noch ein Empfehlungsschreiben, gerichtet an die "sons of bitches" (=Wells Fargo), - im unteren Teil des Wells-Fargo Rundschreibens in Facsimile abgebildet.

Der Räuber (rechts) war im Privatleben ein Gentleman in San Francisco mit Namen Charles Boles. Als Räuber arbeitete er unter dem Pseudonym "Po. 8".

Er wurde wie viele andere von Wells Fargo Detektiven aufgegriffen.

sten Mitteln wie ballistische Untersuchung der Geschosse und später auch Fingerabdrücke. Slogan der Company war: "Wells Fargo never forget". Ein Spruch, der auch dringend nötig war, denn nichts schadet einer Transportfirma mehr, als wenn ständig anvertrautes Gut durch Raub verloren geht.

Black Bart (siehe Vorseite) war einer der vielen Räuber, den die Detektive faßten. Manchmal gings schneller, manchmal brauchte es mehr Zeit, - wobei die Detektive auf Wiederholungstäter und Denunziation (Anreiz die Belohnung) bauten.

Der Räuber Black Bart war hierbei ein schwieriger Fall, da er in unregelmäßigen Abständen Wells Fargo Kutschen überfiel. Die Presse verehrte ihn bald, da er mit viel Erfolg sich am Reichtum der Wells Fargo bediente und lange Zeit nicht gefaßt werden konnte. In Folge derartiger Artikel konnte Black Bart sogar nach Überfällen den Unterschlupf bei Farmern finden, die ihm Essen gaben und ihn versteckten. Black Bart benutzte kein Pferd, um Spuren zu vermeiden. Nach erfolgreichem Überfall entfernte er sich im Nonstop Marsch soweit wie wie möglich und galt als hervorragender Wanderer. Letztendlich wurde Black Bart gefaßt und kam ins Gefängnis von San Quentin.

BLACK BOOK der Wells Fargo. Hier wurden gefasste Räuber aufgelistet. Eine Erfolgsbibel der Detektive.

In der Regel waren es die Linien- Kutschverbindungen, die überfallen wurden und nicht die geheimgehaltenen ausschließlichen Spezialtransporte von Wertmetall, da diese von vielen Scharfschützen bewacht waren. So erklärt sich auch der in Relation "kleine" Betrag, den die Räuber bei der Fülle an Wells Fargo- Verbindungen erbeuteten. Die höchste Summe, die Räuber bei Überfällen erbeuteten, war bei einem Überfall 1855 und dort 80.000 US.

TRANSKONTINENTALE POSTKUTSCHEN- VERBINDUNG: 1858 hatte John Butterfield (siehe Vorkapitel) den regelmäßigen Post- und Personenverkehr von St. Louis am Missouri nach San Francisco eröffnet. Sie war im Betrieb extrem kostspielig. Die finanzkräftige Wells Fargo gab Butterfield Kredite und kontrollierte bereits 1860 weitgehend den Betrieb dieser Verbindung und kaufte sie später auf.

Als dann 1869 die Transkontinentale Eisenbahn von Omaha am Missouri quer durch Indianerland nach San Francisco führte, expandierte Wells Fargo weiter im Kutschen- und Warentransport zu den jeweiligen Bahnhöfen.

PONY EXPRESS

Zwischenetappe in Erschließung des Westens der USA. Butterfield hatte 1858 die durchgehende Postkutschenverbindung von St. Louis nach San Francisco eröffnet, die im Optimalfall 25 Tage dauerte.

Clevere Unternehmer wollten die Briefzustellung in Zustellzeit nach Kalifornien weiter unterbieten. Am **3.4.1860** startete der erste Pony Express in San Joseph am Missouri und erreichte in nur 9 Tagen San Francisco. So schnell hatte vorher nie eine Nachricht die US- Westküste erreicht!

Realisierung: auf der, von den Betreibern des Pony- Express gewählten Strecke wurden Posten zum Wechsel der Pferde eingerichtet. Konzept: der Reiter transportierte ausschließlich Post und war damit schneller als die schwerfälligen Stage-Coches.

Der erste Pony Express Reiter trifft in San Francisco ein (Links: Wells Fargo/American Express) und wird gefeiert.

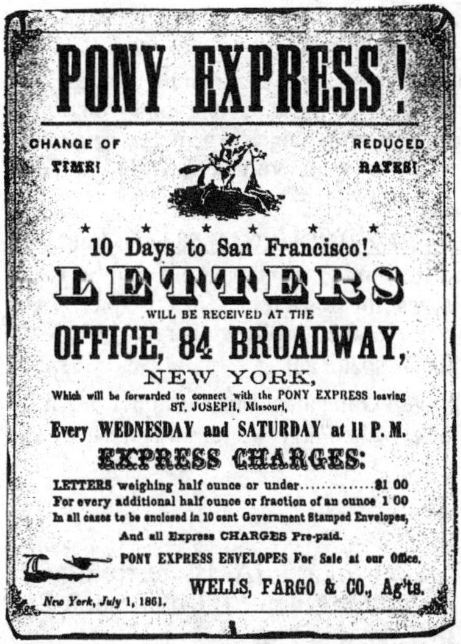

Ausgewählt wurden jugendliche Reiter, die das Abenteuer nicht scheuten und in 2 Satteltaschen die Post beförderten. Das Eintreffen der ersten Post per Pony Express wurde enthusiastisch in San Francisco gefeiert, siehe Foto.

Der Pony Express hatte allerdings nur 18 Monate Bestand. Reiter und Pferde kamen mit der Post reichlich ramponiert an, abgesehen von den Strapazen und Abenteuern unterwegs. Am 22. Okt. 1861 wurde der Pony Express eingestellt, zumal 2 Tage vorher die Telegrapaphenleitung zwischen dem Osten der USA und San Francisco fertiggestellt worden war.

Eilige Nachrichten konnten zwar per Pony Express schneller übermittelt werden, die Telegraphenverbindung machte diese Expresslinie jedoch unnötig. Mit dem Ausbruch des amerikanischen Bürgerkriegs 1861 stellten auch die Postkutschen und die "Camel Brigade" ihren Dienst ein. Überfälle und Blockaden durch Truppen der Südstaaten machten eine kontinuierliche Verbindung unmöglich. Die Planwagen-Trecks fanden schließlich ihr Ende mit der Errichtung der ersten Eisenbahnlinie quer durch den Kontinent.

TRANSKONTINENTALE EISENBAHN

Jahrhundertprojekt in den USA. Bis Mitte des 19. Jhds. war der Osten der USA bis Mississippi/Missouri teilweise mit Eisenbahngleisen durchzogen.

Die in England erfundene Dampflok brachte eine Fülle an Verbesserungen in der Infrastruktur der Verkehrswege. Einmal fuhr der Zug schneller als Pferdekutschen oder gar Flußschiffe. Weiterhin konnten (gegenüber Pferdefuhrwerk) erheblich mehr und schwerere Waren transportiert werden.

Die Eisenbahnverbindungen endeten Mitte des 19. Jhds. am Mississippi/ Missouri, auf dem von der Flußmündung Schaufelraddampfer den Personen- und Warentransport realisierten. Als dann 1849 Gold in Kalifornien entdeckt und die Region 185o zum Bundesstaat der USA wurde, - setzte ein großer Siedlerstrom nach Kalifornien ein.

Schon damals forderten fortschrittlich denkende Kongreßabgeordnete den Bau einer Eisenbahn durch das Niemandsland westlich des Missouri und über die Gebirgszüge nach Kalifornien: Nur so ließe sich der an Gold hochkarätige neue Bundesstaat effizient erschließen. Andere Kongreßabgeordnete verwiesen jedoch auf die extrem hohen Baukosten eines immerhin rund 3.ooo km langen Gleises in vielfach schwierigem Gebirgsterrain.

1852 wurde ein 8 km langes "Probe- Gleis" von St. Louis am Missouri

westwärts verlegt und am 9. Dez. 52 bedeutende Politiker eingeladen, um sie für das Transkontinentale Gleis einzustimmen. Die Veranstaltung verlief weitgehend positiv, und Vermessungstrupps machten sich auf, um die günstigsten Routen zu erkunden.

Insgesamt wurden 5 ROUTEN vorgeschlagen: die nördlichste führte von St. Paul am Missouri zum Columbia River nach Oregon. - Die mittlere etwa auf dem 4o. Breitengrad von Omaha/Missouri nach Sacramento/Kalifornien. - Alternativ eine Strecke von St. Louis/Missouri in Höhe des 39. - 4o. Breitengrad nach Sacramento. - Die beiden Südrouten führten von Fort Smith bzw. Preston nach Los Angeles bzw. San Diego.

Doch der amerikanische Kongreß konnte keine definitive Entscheidung herbeiführen: Die Südstaaten forderten im Eigeninteresse die Südvariante und argumentierten, daß sie billiger sei, da keine Überquerung der Sierra Nevada und der Rocky Mountains nötig sei. - Die Nordstaaten befürchteten dadurch eine Stärkung der Sklavenstaaten und bestanden auf einer zentralen Route.

1861 brach der Bürgerkrieg zwischen den Süd- und Nordstaaten der USA aus, bei dem sich jegliche Eisenbahnstrecken als extrem nützlich erwiesen. Am **8.5.1862** unterschrieb Präsident Abraham Lincoln den Eisenbahnvertrag (Pacific Railroad Act), der den Bau des ersten Transkontinentalen Gleises von Omaha -> Sacramento beschloß.

ABRAHAM LINCOLN

Der **VERTRAG** war sehr clever abgefaßt: Dem US- Präsidenten ging es um die möglichst schnelle Fertigstellung des 3.ooo km Gleises, um den reichen Bundesstaat Kalifornien an die USA anzubinden, aber auch den Bundesstaat Nevada, wo die reichen Silberminen von Virginia City lagen.

Der Vertrag vergab daher die Baulizenz an gleich 2 Eisenbahngesellschaften: von Sacramento/Kalifornien sollte sich die CENTRAL PACIFIC RAILWAY über die Kette der Sierra Nevada vorarbeiten - und die UNION PACIFIC von Omaha/ Missouri über die Ebene und später Rocky Mountains Richtung West. Zwar war die generelle Streckenführung des Gleises im Vertrag festgelegt, - nicht aber der Punkt, wo sich beide Eisenbahngesellschaften treffen.

Außerdem vergab der Vertrag finanzielle Unterstützung pro fertiggesteller Gleis- Meile. Bedingung: das Gleis mußte a) durchgehend befahrbar sein (also keine "Löcher" in der Gleisstrecke, z.B. an Teuerpassagen wie Gebirgsstrecken) und b) mindestens 14 Jahre benutzbar sein, womit schlampige Arbeit an z.B. Brücken unterbunden werden sollte.

Grundidee des Vertragswerkes: hier 2 private Eisenbahngesellschaften gegeneinander aufzustacheln, um in möglichst kurzer Zeit möglichst viele Gleismeilen zu erstellen: Denn diejenige Gesellschaft, die mehr Gleis bis zum gemeinsamen Treffpunkt erstellte, erhielt die analog höhere Vergünstigung.

FINANZIERUNG: die privaten Eisenbahngesellschaften erhielten einmal pro Gleismeile ein staatliches Darlehen, dessen Betrag von der Schwierigkeit des Geländes abhing: im Flachland gab es 1o.ooo US/Meile, - im Great Bassin 2o.ooo US/Meile und im Gebirgsland der Sierra Nevada und der Rocky Mountains 3o.ooo US.

REALISIERUNG DER TRANSKONT. EISENBAHN

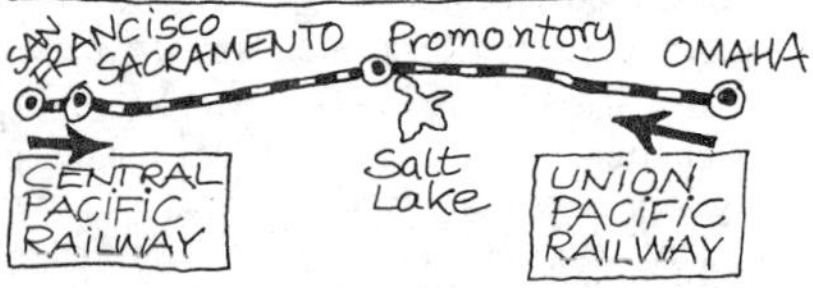

Von Westen arbeitete sich die Central Pacific vor. Baubeginn 1863. Sie hatte u.a. den Nachteil extrem gebirgigen Geländes (links). Von Ost arbeitete sich die Union Pacific vor. Baubeginn 1864. Es ging vielfach durch flaches Gelände (unten).

Weiterhin "verschenkte" die US- Regierung pro fertiggestellter Gleis- Meile zu beiden Seiten des Gleises 2o Meilen Land an die jeweilige Eisenbahngesellschaft: bereits 1oo fertiggestellte Gleismeilen ergaben 3.2oo qkm Land!

Dies war einer der dicken Anreize und später satten Gewinne für die Eisenbahngesellschaften. Denn als Besitzer des Landes entlang des Gleises konnten die Gesellschaften gegen Bezahlung jegliche Lizenzen vergeben z.B. für Hotels, Restaurants, Bars, Lagerhäuser etc. und zudem ihren Grundbesitz teuer verkaufen.

Daß es sich hier um Land handelte, das den Indianern gehörte, spielte für die US-Regierung bei Unterzeichnung des Eisenbahnvertrages keine Rolle, - wirkte sich aber später beim Bau des Gleises durch Angriffe der Indianer aus.

Letztendlich hatten die Eisenbahngesellschaften auch das Recht, Aktien auszugeben. Vom Vertragswerk eine sinnvolle Regelung, da zunächst große Geldsummen zum Bau des Gleises notwendig waren. Die Eisenbahndirektoren beider Gesellschaften nutzten aber auch diese Bestimmung sehr geschickt zur Maximierung ihrer Gewinne aus, siehe unten.

Collins P. Huntington L. Stanford Charles Crocker M. Hopkins
"THE BIG FOUR", sie erwirtschafteten als Direktoren der Central Pazific Railway gigantische Gewinne

REALISIERUNG: zunächst mal war der Eisenbahnvertrag für beide Gesellschaften vergleichbar einer gewaltigen "Goldmine", wie sie nie zuvor in diesen Dimensionen in Kalifornien bestand. Es wurde abgezockt nach allen Regeln der Kunst.

Die CENTRAL PACIFIC RAILROAD wurde am 28. Juni 1861 in Sacramento gegründet. Die Gründer waren vormals Geschäftsleute in Sacramento und wurden als Direktoren der C.P. Multimillionäre und zu den einflußreichsten Männern Kaliforniens.

OBEN: Theodore Judah, der als Landvermesser den Streckenverlauf der Transkontinentalen Eisenbahn bestimmte, später technischer Direktor der Central Pacific
LINKS: Gleisbau-Arbeiten der Central Pacific im Bundesstaat Nevada.

L. Standford war 1861 Gouverneur von Kalifornien, später Senator in Washington und nutzte diesen Posten offen für die Interessen der privaten Central Pacific Railway.

Collins P. Huntington früherer Besitzer einer Eisenhandlung in Sacramento agierte nach dem Motto: "wenn unsere gute Sache nur durch Bestechung möglich ist, dann ist die Bestechung ein moralischer Akt".

Charles Crocker früherer Besitzer eines Textilgeschäftes in Sacramento galt als sehr energischer Mann. Sein Railway- Biseness lernte er "by doing": Neben seiner Tätigkeit bei der C.P. gründete er eine Konstruktionsfirma, an die die C.P. den Bauauftrag vergab. Dem Fälschen und Frisieren von Rechnungen waren damit alle Wege geebnet.

Mark Hopkins wurde zum Schatzmeister der C.P. und in Folge Multimillionär.

Theodore Judah war als Landvermesser bereits in den 5o-er Jahren für die US- Regierung tätig. Seine bis 1861 fertiggestellten Aufzeichnungen und Karten waren die Vorlage für den späteren Weg des Gleises durch die Sierra Nevada. Um die Strecke zu realisieren, gewann er die o.g. "Big Four" (Stanford bis Hopkins) und wurde von diesen nach Washington zu Verhandlungen mit der US- Regierung geschickt. Nach Gründung der C.P. wurde Judah deren technischer Direktor, - war allerdings bald sehr verärgert über das grenzenlose Gewinnstreben. Judah starb kurz nach Baubeginn als 37- jähriger.

FINANZPOLITIK: Die Central Pacific kassierte zunächst die Subventionen des Bundes-

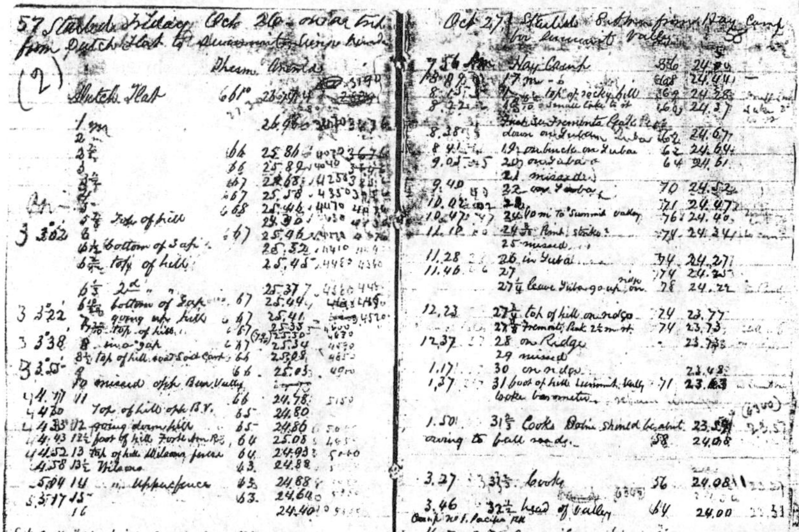

Akribische Aufzeichnung des Landvermessers Th. Judah, der den Gleisverlauf über die Sierra Nevada bestimmte.

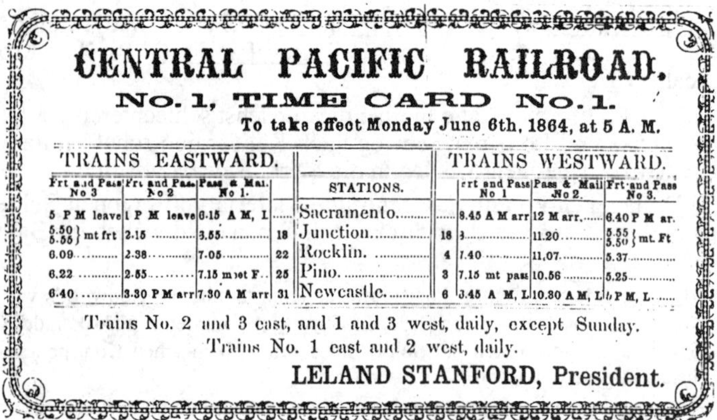

CENTRAL PACIFIC RAILROAD.

No. 1, TIME CARD No. 1.

To take effect Monday June 6th, 1864, at 5 A. M.

TRAINS EASTWARD.						TRAINS WESTWARD.		
Frt and Pass No 3	Frt and Pass No 2	Pass & Mail No 1.		STATIONS.		Frt and Pass No 1	Pass & Mail No 2.	Frt and Pass No 3.
5 P M leave	1 P M leave	6.15 A M, L		Sacramento		8.45 A M arr	12 M arr.	6.40 P M ar.
5.50 } 5.55 } mt frt	2.15	3.55	18	Junction	18	8	11.20	5.55 { 5.50 { mt. Ft
6.09	2.38	7.05	22	Rocklin.	4	7.40	11.07	5.37
6.22	2.55	7.15 meet F.	25	Pino.	3	7.15 mt pass	10.56	5.25
6.40	3.30 P M arr	7.30 A M arr	31	Newcastle.	6	3.45 A M, L	10.30 A M, L	5 P M, L.

Trains No. 2 and 3 east, and 1 and 3 west, daily, except Sunday.
Trains No. 1 east and 2 west, daily.

LELAND STANFORD, President.

Fahrplan der C.P. ab Sacramento 1864
zu damaligem Ausbau des Gleises

staates Kalifornien, um daraufhin in Washington durch Bestechung weitere Gelder locker zu machen. Auch der Passus des "Pacific Railroad Acts", der höhere Subventionen im Gebirgsland einräumte, wurde geschickt ausgenutzt: z.B. wurden im Flachland bei Sacramento Steinanschwemmungen als "Gebirgsland" deklariert und schon waren dort rund 15 km Gleis eine "Gebirgsstrecke", die erheblich höhere Subventionen brachte.

Auch bei der UNION PACIFIC agierten als Direktoren Männer, die später zu Mulitmillionären wurden. George Francis Train und Thomas Durant organisieten die Finanzen. Als Landvermesser agierte Grenville Dodge. Er hatte sich bereits in der Armee profiliert als Kämpfer gegen die Indianer.

GRENVILLE DODGE
Landvermesser der Union Pacific.

Dampflok der C.P., -typisch der Schornsteinaufbau:
diente der Verhinderung von Funkenflug.

Baubeginn 1863 bei der Central Pacific (C.P.) ab Sacramento/Kalifornien, - ein Jahr später begann die Union Pacific (U.P.) ihre Arbeiten ab Omaha.

Die C.P. ab Kalifornien hatte hierbei die zunächst schlechteren Karten. Sie mußte Gleise und Loks per Seeweg nach Kalifornien schaffen und hatte zudem den kostspieligen Anstieg in die Sierra Nevada vor sich.

Die U.P. dagegen konnte das benötigte Material auf eigenen Schienensträngen vom Osten der USA direkt nach Omaha und weiter zur Baustelle rollen.

In Kalifornien holte die Central Pacific riesige Holzstämme der Redwoods von Santa Cruz/Kalifornien für den Bau von Brücken. Dampfloks wurden in Fabriken des Ostens der USA bestellt und mußten per Schiff um den amerikanischen Kontinent zur US-Westküste transportiert werden.

Das Gleismaterial der Eisenschienen kam von Wales/Europa und dortigen Eisenhütten über den Atlantik. Auch hier hatte die ab Omaha operierende Union Pacific bessere Bedingungen, - da sie die Gleise ab Atlantikhäfen wie New York und Boston zu ihrer Baustelle transportieren konnte, - während die Central Pacific den weiten Seeweg hatte. Zudem wurden ihr während des Bürgerkrieges Lieferungen beschlagnahmt.

Im Wettlauf um die größte Anzahl an verlegten Gleismeilen hatte zunächst die Union Pacific die Nase vorn, konnte sie doch ihre Schienen durch die weiten Ebenen der Great Plains legen. Die Central Pacific der "Big Four"

Bauarbeiter-Waggon mit 3-stöckigen Schlafkabinen. Ansonsten schliefen die Bauarbeiter in Camps oder Zelten entlang der Strecke.

Die Central Pacific hatte gleich zu Beginn den sehr kostspieligen Anstieg in die Sierra Nevada zu überwinden. Oben: 2 Dampfloks mit Zug am Gebirgshang.

dagegen hatte gleich zu Beginn ihren schwersten Brocken vor sich, die Überquerung der Sierra Nevada. Die Verlegung der Schienen kam von 1863-67 hier nur im Schneckentempo voran. Monatelang dauerten die zahlreichen Sprengungen am steilen Felshang sowie in den vielen Tunnels. Während der Wintermonate erzielte man wegen hohem Schnee kaum Fortschritte. Der Schnee in der Sierra war teils so hoch, daß selbst 12 Dampfloks den Schneepflug in der Nähe des 2.143 m hohen Passes nicht durchschieben konnten.

Außerdem hatte die Central Pacific zunächst mit einem enormen Arbeitskräftemangel zu kämpfen. Die Kalifornier zogen es vor, in den Gold- und Silberminen zu arbeiten, die höhere Löhne zahlten. Erst als Crocker in den Chinatowns von San Francisco und Sacramento Chinesen anwarb, war die Lösung gefunden. Die Chinesen arbeiteten willig, kannten keine Streiks und ließen sich mit niedrigen Löhnen abfinden. Werbetrupps der Central Pacific waren selbst in China unterwegs, um Arbeiter für ihre Gesellschaft anzuheuern. Zeitweise schufteten über 1o.ooo Chinesen im Dienste der "Big Four".

Die Chinesen arbeiteten in Schichten rund um die Uhr. Sie durchbohrten und sprengten den massiven Granit der Sierra, transportierten tonnenweise Gestein in Schubkarren, kämpften im Winter gegen Kälte und Lawinen und starben zu Hunderten bei Arbeitsunfällen. Unter unsäglichen Ent-

behrungen bohrten sie beim Pass den Summit Tunnel, den höchsten Punkt im Westteil der transkontinentalen Linie.

Im Frühjahr 1867 hatten sie die Sierra überquert, und fortan verlegten sie in der ebenen Wüste von Nevada die Schienen in einem Tempo, über das die vorwiegend irischen Arbeiter der Union Pacific nur staunen konnten. Einmal erreichten sie die Rekordmarke von 1o Meilen pro Tag. Das Wettrennen wurde dadurch wieder ausgeglichener, erst recht, als die Konkurrenz von der Union Pacific die Rocky Mountains erreichte. Jetzt hatte die Gesellschaft aus dem Osten das Gebirge vor sich, während die Kalifornier ihre große Hürde bereits übersprungen hatten.

Huntington, Crocker und Co. lernten auch aus den Konflikten mit den Sioux und Cheyenne, die der Union Pacific in der Prairie des Mittleren Westens das Leben schwer gemacht hatten. Die Kalifornier erlaubten den Indianern das kostenlose Mitfahren auf Güterwagen und boten den Häuptlingen lebenslange Dauerkarten in den Reise-Waggons an. Aus diesem Grunde gab es im Bereich der Central Pacific keine Auseinandersetzungen und Verzögerungen durch Indianerüberfälle.

THOMAS DURANT OAKES AMES OLIVER AMES
Präsidenten der von Omaha sich vorarbeitenden Union Pacific

Die UNION PACIFIC hatte mit vielfältigen Problemen zu kämpfen. Einmal enthielt die von der US- Regierung ausgestellte Baulizenz die Auflage, daß mit dem Bau erst begonnen werden durfte, wenn die Gesellschaft 2 Millionen US an Union Pacific Aktien verkauft hatte. Thomas Durant gelang dies zunächst nicht, da offenbar zu viele Menschen sehr skeptisch bezüglich des Erfolges der Eisenbahnstrecke waren und sich

OBEN: chinesische Arbeitskräfte bei der Central Pacific. RECHTS: Passhöhe in der Sierra Nevada. Als Schutz gegen Schnee und Lawienen: Holztunnel.

BÜFFELHERDEN in der Prairie blockieren den Zug – und werden abgeknallt.

scheuten, ihr Geld in Union Pacific Aktien anzulegen. Durant machte daraufhin folgendes Angebot: Union Pacific Aktien können jederzeit und ohne Risiko zum Einkaufswert zurückgegeben werden. Nun lief der Aktienverkauf glänzend. Abgesehen davon kaufte auch Durant einen großen Schwung an Aktien, die er später mit hohem Gewinn weiterverkaufte.

Sowohl die Direktoren der Central wie auch der Union Pacific beschwerten sich bei der US-Regierung über die zu geringe Landschenkung von anfangs 1o Meilen rechts und links des Gleises. Sie wurde auf 2o Meilen angehoben, da dieser Punkt die US-Regierung weniger berührte, wohl aber die Bautrupps der Central Pacific:

Ständiges Problem waren die Angriffe der Indianer. Diese konnten sich keinesfalls mit dem Weißen Mann und seinem Feuerroß anfreunden. Pfeile und Gewehrkugeln kreuzten ihren Weg, und auf beiden Seiten starben viele Menschen. Nach Beendigung des amerikanischen Bürgerkrieges zwischen den Nord- und Südstaaten wurden daher kriegserfahrene Soldaten geholt, um den Bau der Union Pacific Railway vor Angriffen zu schützen.

Nächstes Problem war wieder einmal Geld. Eine Holding Company wurde gegründet, deren Teilhaber auch Ben Holladay war, der als Betreiber einer Postkutschenlinie zu Reichtum gekommen war. Und Präsident Lincoln ging der Bau nicht schnell genug, so daß er den Schaufel-Fabrikanten und Multimillionär Oakes Ames ins Weiße Haus zitierte.

Oakes Ames war damals 60 Jahre und hatte sich durch die hervorragende Qualität seiner Schaufeln viel Geld erworben. Die Schaufeln waren so gut, daß sie im Notfall und in abgelegenen Regionen sogar als Zahlungsmittel galten. Ames sollte mit seinem langjährigen "Know How" Ordnung in die Finanzen der Union Pacific bringen.

Er investierte in die "Credit Mobilier", eine Baufirma, die letztlich den Direktoren der Union Pacific gehörte. Hier gaben praktisch die Eisenbahndirektoren sich selber (als Besitzer der Baufirma) den Auftrag und konnten damit Preise sowie gleichzeitig die produzierten Unkosten selbst bestimmen. Unterm Strich führten "leicht" überhöhte Baukosten wegen Länge des Gleises zu gewaltigen Gewinnen für die Baufirmabesitzer und reduzierte wegen überhöhter Unkosten die spätere Gewinnausschüttung der Union Pacific Aktien.

Weiteres Problem waren die hohen Temperaturen der zu durchquerenden Wüstengebiete. Bauarbeiter bei der Union Pacific waren vorwiegend irische Einwanderer, die diese Temperaturen in ihrer Heimat nicht gewohnt waren, so doch als fleißige und anspruchlose Arbeiter galten.

Auch wurden Gleise in sinnlosen Kurven durch die Ebene gelegt, nur um mehr Meilen zu verlegen und höhere Subventionen von der Regierung zu beanspruchen. Dagegen wehrten sich ehrenwertere Ingenieure der Union Pacific und schickten Nachricht nach Washington. Die Ingenieure wurden entlassen, und die Bahndirektoren erhielten eine Anmahnung aus Washington, zukünftig die Gleise geradliniger zu verlegen...

Harpers Magazin (seinerzeit eine der führenden Zeitschriften der USA) berichtet in der Ausgabe vom Juni 1867 über den Stand der Dinge: die Central Pacific hatte ihre Gleise

Gleisverlegung der UNION PACIFIC. Wenn die Gelder nicht rechtzeitig eintrafen, wurden Brücken zunächst in Holz errichtet, damit man vorankam. Links im Foto die nachträglich gebaute Steinbrücke.

von Omaha 3o5 Meilen westwärts verlegt und die Union Pacific ab Sacramento 93 Meilen bis zum Punkt Cisne. "Die Gesellschaft hofft", wie Harpers weiter berichtet, "noch im gleichen Jahr Humboldt 25o Meilen östlich von Sacramento zu erreichen" (siehe Harper- Karte unten). "Von der Gesamtdistanz New York -> Sacramento 3.262 Meilen via Chicago sind 2.1oo Meilen per Eisenbahn und Flußschiff befahrbar".
Womit noch rund 1.2oo Meilen zum Zusammenschluß des Gleises fehlten...

Die Lebensmittelversorgung war in den Weiten der Prairie ein weiteres Problem. Um das Gleis voranzutreiben, arbeiteten damals bei der Union Pacific 1o.ooo Menschen, die versorgt sein wollten. U.a war hier der frühere Scout William F. Cody tätig, der innerhalb weniger Monate 4.ooo Büffel abschoß und als "Buffalo Bill" in die Geschichte einging. In den folgenden Jahren nach Eröffnung der Gleisverbindung waren die riesigen Büffelherden (und seinerzeit Haupternährung der Indianer) weitgehend ausgerottet.

Bautrupps der Union Pacific: waren wild zusammengewürfelt. Die Palette reichte von europäischen Einwanderern bis hin zu freigelassenen Sklaven. Pro Tag wurden 3 US bezahlt. Vortrupps ebneten das Gelände und schufen den Unterbau des Gleises inkl.

CENTRAL PACIFIC
Jun. 1887 bis hier fertig

1887: es fehlen noch rund 1200 Meilen

PROMONTORY POINT

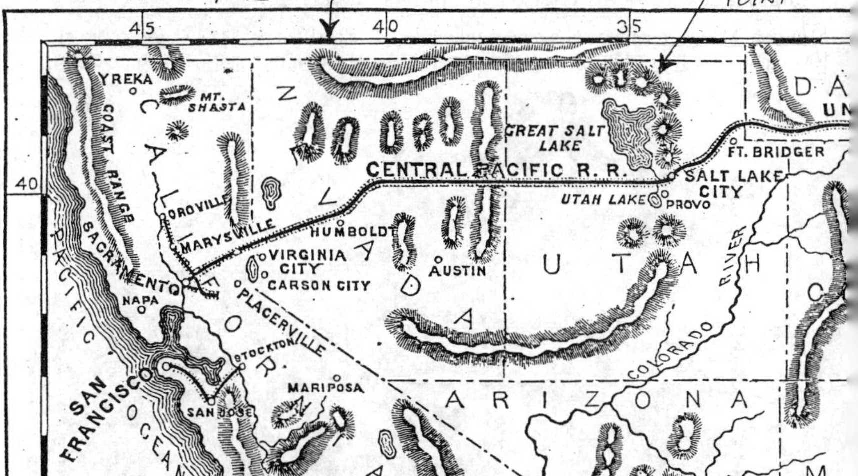

PACIFIC-RAILWAY. Die Karte im Harpers Magazin v
lauf von Omaha nach Sacramento und die Vielza
Salt-Lake verzeichnet die Karte südliche Streck

Brücken. Anschließend wurden die Holzschwellen verlegt. Die Union Pacific hatte hierzu eine Reihe an firmeneigenen Sägewerken, die die Millionen an benötigten Schwellen vorfertigten. Schwellen und Eisenschienen wurden mit Flachwaggons zur Baustelle gebracht.

Die Tagesleistung in ebenem Gelände lag im Schnitt bei ca. 1 - 3 Meilen, der Rekord waren 1o Meilen/Tag (Central Pacific). Im Gebirgsland z.B. der Sierra Nevada oder der Rockies waren pro Meile Monate nötig.

Auf dem Höhepunkt des kilometerfressenden Rennens um Landbesitz und Subventionen trafen sich die Vermessungs- und Planierungstrupps beider Gesellschaften **1869** im Bundesstaat Utah.

Da beide Eisenbahngesellschaften möglichst viele Gleismeilen verlegen wollten, entstand nun die groteske Situation, daß auf 3oo km parallel gearbeitet wurde. Jeder ebnete das Gelände für sich und baute eigene Dämme und Brücken. Erst nach einem Machtwort von US-Präsident Grant einigten sich die Gesellschaften auf einen endgültigen Treffpunkt, den:

Promontory Point (nördlich von Salt Lake City): hier trafen sich am **1o. Mai 1869** die Eisenbahndirektoren beider Gesellschaften, um den

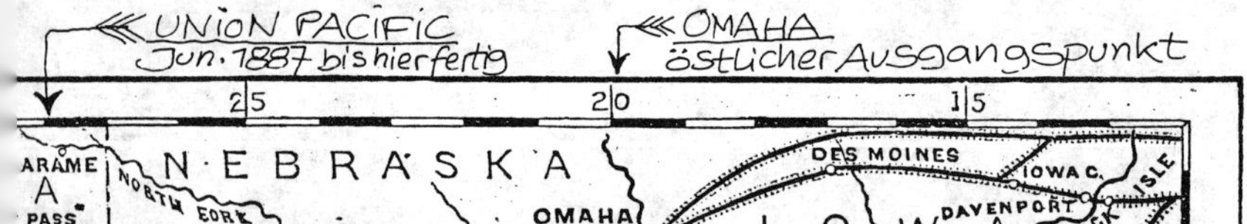

uni 1867 zeigt den projektierten Streckenver-
n durchquerten Längengraden. Im Bereich Great
ihrung. Verlegt wurden die Gleise jedoch nördlich.

letzten Nagel einzuschlagen und das Transkontinentalgleis zu vereinen. Der Nagel war aus purem kalifornischen Gold, und Leland Stanford von der kalif. C.P. trieb ihn mit einem silbernen Vorschlaghammer ins Holz der Bahnschwelle. Angeschlossen eine Telegraphenverbindung, die die Nachricht nach Sacramento und New York vermittelte. Das Ereignis wurde in allen Städten der USA mit Glocken gefeiert.

10. Mai 1869: am Promontory Point nördlich des Great Salt Lake/Utah treffen sich das Gleis der Union Pacific und der Central Pacific. Rund 1.500 Menschen feiern die nunmehr durchgehende Eisenbahnverbindung von Ost- zu Westküste der USA. LINKS die "Jupiter" der Central Pacific mit großem Schornstein gegen Funkenflug. RECHTS die Lok No. 119 der Union Pacific. Dieser Streckenabschnitt ist heute nicht mehr in Benutzung, beide Loks jedoch dort als Denkmal aufgestellt.

6 Jahre nach Baubeginn war damit die transkontinentale Gleisverbindung fertiggestellt. Der Railway Vertrag von 1862 bestimmte eine Fertigstellung bis 1876 (zum hundertjährigen Bestehen der USA) und war somit um 7 Jahre unterboten worden.

Damit war eine der wichtigsten Verkehrsverbindungen der USA fertiggestellt, auf der in den folgenden Jahren Hunderttausende von Einwanderern den Bundesstaat Kalifornien erreichten. Auch für den Warentrans-

port war das Gleis elementar. Und es bestärkte das Image der USA, das nunmehr über eine Verbindung zwischen beiden Weltmeeren verfügte. Das Gleis wurde auch zur wichtigen Europa -> Ostasienverbindung, die nicht nur der Jules Verne Romanheld Phileas Fogg (in 8o Tagen um die Welt) nutzte.

Per Eisenbahn nach Kalifornien

Seit durchgehender Fertigstellung des Gleises 1869 war eine Fahrt von New York nach Sacramento möglich. Sie dauerte anfangs 8- 1o Tage, da man in Chicago, Omaha und in Ogden (Schnittpunkt Union mit Central Pacific) umsteigen mußte.

Außerdem berührte die Strecke rund 2oo Bahnhöfe, und zu Beginn wurde in jedem Stop gemacht. Eine weitere Verzögerung bedeuteten die schnell verlegten Gleise.

Daß beim Wettlauf der Union und Central Pacific gewaltig geschludert wurde, bekamen die Fahrgäste auf der transkontinentalen Verbindung noch jahrelang zu spüren. Schienenstränge waren aufgrund der Eile nur provisorisch verlegt und hielten einer Dauerbelastung nicht stand, Entgleisungen waren keine Seltenheit. Ähnliches betraf die Bahndämme und Brücken, deren Balken sich unter dem Gewicht der Züge bogen und gelegentlich auch zusammenkrachten.

Transkontinentale Eisenbahn. Hier ein Streckenabschnitt in der Sierra Nevada über gewagte S-Kurven Holzkonstruktion bei reduzierter Speed.

Die Geschwindigkeit mußte sich dem Zustand der Geleise anpassen und schwankte zwischen 2o und 55 Kilometern pro Stunde. Zwar konnte nach Verbesserungen des Gleiskörpers schneller gefahren werden, doch wegen der notwendigen Stops an den rund 2oo Bahnhöfen und Wassertanks verringerte sich die Gesamtfahrzeit nur wenig.

Bis 1872 die Missouri-Brücke eingeweiht wurde, mußten die Passagiere den Fluß bei Omaha noch mit der Fähre überqueren. Auch das Umladen der gesamten Fracht brauchte dort seine Zeit.

Zudem versanken im weiteren Streckenverlauf die locker verlegten Geleise im Schlamm, und Lawinen blockierten die Schienen in den Rocky Mountains und der Sierra Nevada. Am Westhang der Sierra errichtete die Central Pacific über 4o Kilometer hölzerne Überdachungen für die Geleise, die im Winter einen halbwegs geregelten Betrieb gewährleisten sollten. Ungewollte Aufenthalte und Verspätungen waren trotzdem an der Tagesordnung.

Um 188o hatte man die Anfangsprobleme des Transpazifischen Gleises jedoch weitgehend im Griff, - und ab Omaha/Missouri rollten Expresszüge nach Sacramento, die mit nur wenigen Stops unterwegs auskamen und zudem komfortable Restaurant- und Schlafwaggons mit sich führten.

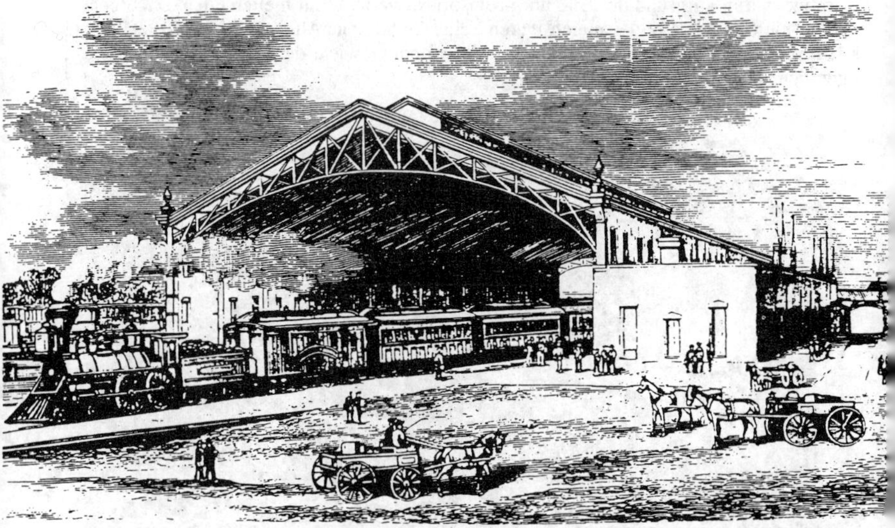

BAHNHOF OMAHA Ende 19. Jhd. und Ausgangspunkt für die 3.000 km Wildwest nach Kalifornien

OMAHA am Missouri expandierte seit Eröffnung der Eisenbahn. Hier stiegen die Passagiere in den Zug nach Kalifornien, Fahrzeit im Expresszug für die 3.ooo km rund 2 Tage und Nächte. Wer das Geld hatte, buchte einen Schlafwagen.

Zunächst ging es durch die Ebene, die bei Cheyenne endet, wo sich das

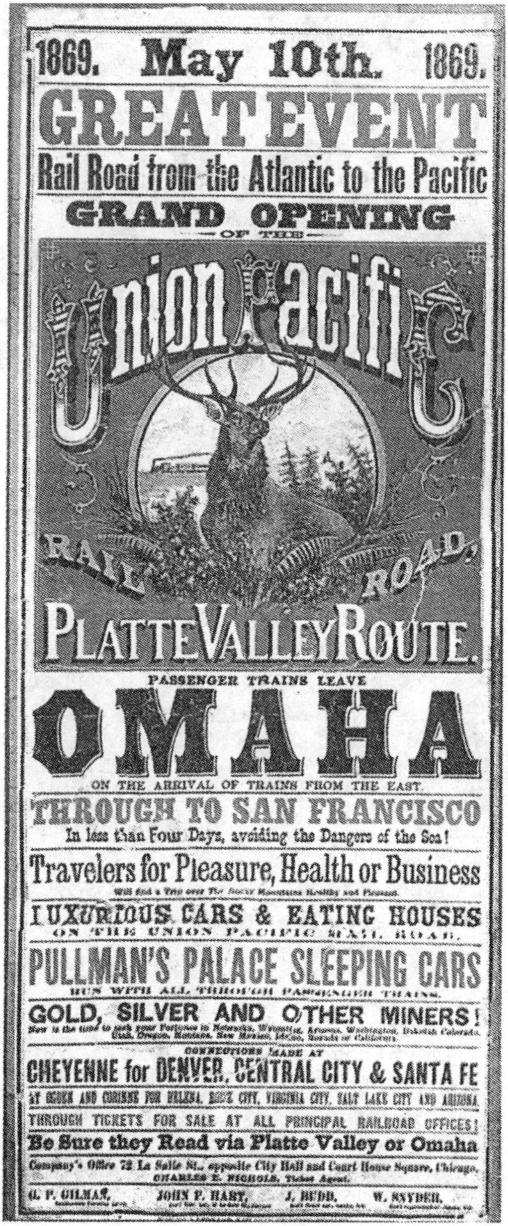

Werbeanzeige 1o.5.1869

zur Eröffnung der Transkontinentalen Eisenbahn von OMAHA nach SACRAMENTO/Kalifornien.

Sie verspricht im Begleittext vollmundig die Verbindung bis San Francisco, die damals aber per Zug nur bis Sacramento bestand. Weiter gings ab Sacramento per Schaufelraddampfer bis S.F.

Auch sind Anpreisungen von "less than four days" (weniger als 4 Tage Reisezeit) reichlich blumige Werbetexte, die den anfänglichen Fahrzeiten wegen zunächst mangelhaftem Gleis nicht unbedingt entsprachen.

Immerhin: das transkontinentale Gleis war fertiggestellt, und gegen 188o wurden die angegebenen Reisezeiten per Zug sogar unterboten. Sie lagen zur Jahrhundertwende bei ca. 3 1/2 Tagen ab New York via Chicago bis Oakland, dem Hafen vor San Francisco.

Zur Beschleunigung für kurze Stops wurde unterwegs die Post in Säcken in den Zug geworfen.

Gleis zum Sherman Paß in 2.512 m raufwindet, dem höchsten Punkt im östlichen Bereich der Strecke. Der folgende Abschnitt bis zum Beginn der Rocky Mountains führt durch ebene Steppe und weiter durch den Weber Canyon,

Canyon. Als Highlight der Fahrt lobten bereits damals die Zeitschriften Harpers und Lessley den Streckenabschnitt von Truckee über die Sierra Nevada runter nach Sacramento. Ab hier wurde später die Gleisverbindung bis Oakland an der Bucht von San Francisco fertiggestellt.

VERPFLEGUNG unterwegs: anfangs hielt der Zug in jedem Bahnhof, wo die Passagiere einfache (und häufig schlechte sowie überteuerte) Mahlzeiten einnehmen konnten.

Ab ca. 187o führten die Transkontinentalen Züge nach Kalifornien auch Speisewagen mit. Zudem gab es bald weitere Abwechslung auf dem 2- Tagestrip: je nach Zugklasse war ein Klavier installiert, auf dem ein Pianist klimperte und die Bar Wein bzw. Bier lieferte.

Auch Falschspieler bestiegen den Zug und zogen naiven Reisenden die Dollars aus der Tasche.

Andere freuten sich an den grandiosen Landschaften des Westens und den riesigen Büffel- und Antilopenherden. Nicht selten mußte der Lokführer warten, bis eine Büffelherde den Schienenstrang überquert hatte und die Geleise freigab. In den ersten Jahren war es geradezu ein Sport, vom Fen-

INKS: nächtliche Fahrkartenkontrolle. OBEN: die ransk. Eisenbahn durchquert die Central Plains.

Im Restaurantwaggon 1. Klasse

ster auf die Tiere zu schießen, die den Zug manchmal über mehrere Kilometer begleiteten.

Die Passagiere aus dem Osten waren natürlich besonders neugierig auf die Indianer, doch in der Prairie ließen sich Sioux oder Cheyenne nur selten sehen. Sie hatten ihre Jagdgründe weiter nach Norden verlegen müssen und waren deshalb auf die Eisenbahn nicht gut zu sprechen.

Anders dagegen im Abschnitt der kalifornischen Central Pacific. Die dortigen Shoshones und Paiutes machten von ihrem Recht auf kostenlose Fahrten, das ihnen seinerzeit von den "Big Four" gewährt wurde, ausgiebig Gebrauch. Doch so nah wollte man die Indianer dann auch wieder nicht bei sich haben, weshalb es bald zu Beschränkungen der indianischen

Rechte kam: Am Ende durften sie nur noch in Gepäckwagen und auf Trittbrettern mitfahren.

Überfälle der Indianer blieben auf der ersten Transkontinentalstrecke die Ausnahme. Dagegen spezialisierten sich sehr bald weiße Räuberbanden in diesem Metier. Ein Jahr nach Einweihung der Linie wurde ein Zug der Central Pacific innerhalb weniger Stunden in Kalifornien und Nevada gleich zweimal überfallen. Beim ersten Mal koppelten die Zugräuber sogar vorübergehend Lokomotive und Paketwagen vom restlichen Zug ab, um in Ruhe ihre Beute auszuladen. Als sich Banditen wie Jesse James oder

Dutch Charlie Burris zur Landplage entwickelten, ergriffen die Eisenbahngesellschaften strengere Schutzmaßnahmen und ließen wertvolle Sendungen von bewaffneten Trupps begleiten.

Fahrpreise: anfangs kostete die Strecke von Omaha nach Sacramento in der 1. Klasse 1oo Dollar, in der 2. Klasse 75 Dollar. Eine Sonderkategorie bildeten die Einwandererzüge, die für 4o Dollar pro Person europäische Neuankömmlinge ab New York quer über den Kontinent verteilten.

Die Transportbedingungen waren je nach Geldbeutel sehr unterschiedlich: in der 1. Klasse gab es nicht nur gut gepolsterte Sitze und hohe Kopfstützen (siehe Abb.), sondern auch komfortable Restaurantwaggons, die speziell in der Bar gut bestückt waren (siehe Abb. Vorseite).

Entwickelt hatte die Waggons George Mortimer Pullman, dem auch die Patente gehörten. Die mit Intarsien und anderen Verzierungen geschmückten schrägen Bretter im oberen Teil des Waggons wurden nachts runtergeklappt und dienten als Betten, um auch Langstrecken wie die Durchquerung des Kontinentes bequem zurücklegen zu können.

Pullman entstammte einem armen Elternhaus und versuchte in jungen Jahren sein Glück in einer Mine in Colorado, zum Millionär wurde er mit seinen Pullman-Waggons. Im Jahre 1872 besaß die Gesellschaft, deren Präsident er war, rund 5oo solcher Waggons, die bei verschiedenen Eisenbahnen eingesetzt waren. Seine Fabrik produzierte damals 3 Waggons pro Woche, wie das Harpers Magazin 1872 berichtete. Eingesetzt wurden Pullman- Schlafwagen (sie hießen "hotel-cars") u.a. auf der Union

GEORGE M. PULLMAN

Rechts: ein Pullman-Salonwagen. Die Sitze waren gut gepolstert. Die oben schräg angebrachten Bretter (mit Verzierungen) konnt nachts runtergeklapp werden und waren da Bett in der 1. Etage (siehe Abb. links). Auf d

Sitze unten kam ein Brett + Polster: die Betten in der unteren Etage. Vorgezogen wurde ein Vorhang und fertig war der nächtl. Schlafwagen.

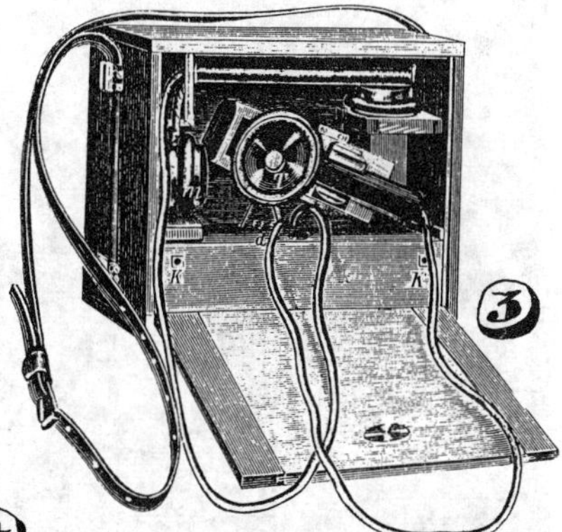

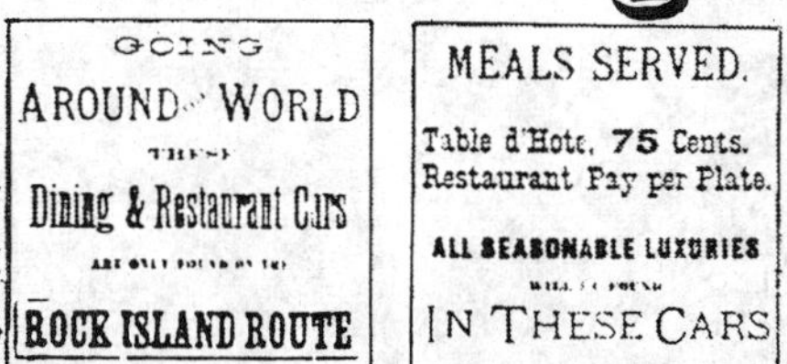

(1) UNION PACIFIC Werbung für die Transkontinentale Eisenbahn

(2) LESLIE'S MAGAZIN: machte mit einer Artikel-Serie Werbung für die für die transk. Eisenbahn

(3) TELEFON: wichtig für die Kommunikation auf der eingleisigen Strecke

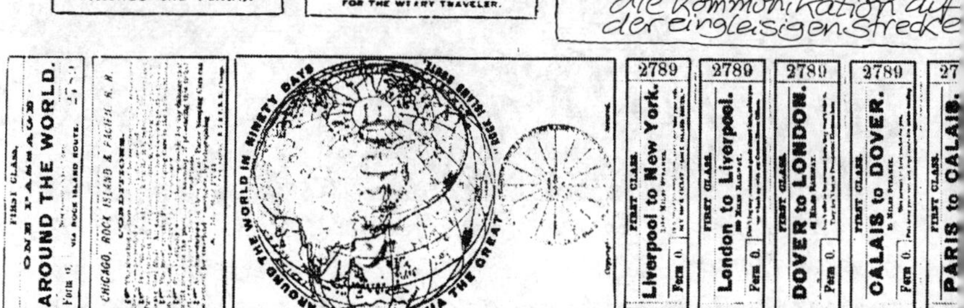

erstes Round the World Ticket via Transk. Eisenbahn
Abfahrt Omaha
Hobos werfen Kontrolleur vom Zug
Auch die POST lief seit Eröffnung der transk. Eisenbahn scheller

Pacific Strecke von Chicago nach Ogden/Weber Canyon und Nähe des Great Salt Lake. Die Waggons hatten auch Heizung, was in größeren Höhen nachts nötig und nützlich, - in anderen Zug- Klassen aber nicht immer Selbstverständlichkeit war.

In Pullman - Restaurantwaggons gab es neben Wein und hochprozentigem Alkohol ansonsten 133 verschiedene Lebensmittel, somit ein äußerst reiches Angebot, von dem heutige Zugreisende nur träumen können. Weiterhin 3oo Handtücher und 1.ooo Stoffservietten. Pullman Waggons in Spezialanfertigung waren sehr beliebt bei den europäischen Fürsten- und Königshäusern.

In der 2. Klasse ging's erheblich unkomfortabler zu, und am simpelsten waren die Einwandererzüge: Dicht zusammengedrängt saßen dort die Fahrgäste auf Holzbänken, die Waggons oft angekoppelt an langsame Güterzüge, so daß die Fahrt doppelt so lange dauerte wie in den Personenzügen. Trotz relativ niedriger Fahrpreise erwiesen sich diese Züge für die Eisenbahngesellschaften als Bombengeschäft. Die Masse brachte in diesem Fall die Dollars in die Kassen.

BAHNHOF in Oakland am San Francisco Bay, -späterer Endpunkt der Transkontinentalen Eisenbahn

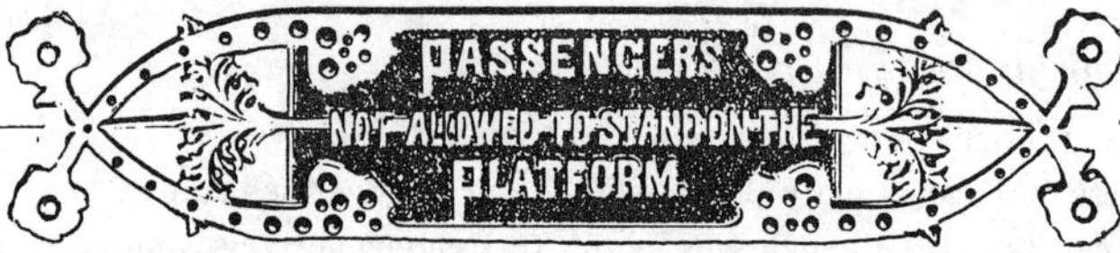

Am "billigsten" fuhren die Hobos, nämlich gratis unterhalb des Waggons oder auf dem Wagendach. Die Kontrolleure hatten hier die unangenehme und nicht selten gefährliche Aufgabe, die Hobos vom Zug zu vertreiben. Eingesetzt wurden u.a. Schlagstöcke, auf beiden Seiten. Hobos benutzen meist Güterzüge, wo für sie die "1. Klasse" das Innere offener Waggons waren. Einer der schönsten Hollywood Filme zum Thema ist "Bound for Glory", der auch die Einwanderung Arbeitssuchender nach Kalifornien behandelt. Details zu den "Hobos" siehe auch Seite 42.

PR- Aktionen für die Transkontinentale Eisenbahn

förderten ohne Frage den Ticketverkauf auf dem neuen Gleis. Bereits kurz nach Eröffnung bereisten 1872 Journalisten des renommierten *"Harper's Magazin"* die Strecke und lieferten einen begeisterten Artikel, wobei sie besonders die exzellenten Pullman- Hotel Cars lobten.

Sehr angetan waren sie von der Strecke über die Sierra Nevada und der großartigen landschaftlichen Szenerie, die allein die Fahrt lohne. Über das Essen berichteten sie: "wer

nicht 1. Klasse reist, steigt in den Bahnhöfen aus und verpflegt sich dort".

Der Artikel endet mit detaillierten Tips für die Realisierung der Reise auf eigene Faust, beispielsweise könne man in Salt Lake City günstig Gold kaufen, - in San Francisco sei Gold die bessere Währung als Geldscheine (die "greenbacks"). Auch solle man das Hotel für San Francisco per Telegraph vorreservieren, denn Unterkünfte seien seit Fertigstellung der Eisenbahn dort knapp. Als reine Fahrzeit nennt Harper 1872 für die Strecke Chicago -> San Francisco 5 Tage.

Das "Harper-Magazin" war damals zusammen mit "Frank Leslie's Illustrated Newspaper" führende Zeitschrift in den USA, und den Eisenbahngesellschaften kamen derartige Publikationen gerade recht, da sie eine hervorragende Werbung für die neue Transkontinentale Strecke darstellten.

Umfangreich beschrieb 1877 das US- Magazin *"Frank Leslie's Illustrated Newspaper"* die Reise. Auch stieg man einige Nummern größer ein: die journalistische Reise dauerte 5 Monate. Die neue Transkontinentale Eisenbahn erschien Leslie ein willkommener Aufhänger für eine Artikelserie

Beginn der Reise am 10. April 1877 in New York

Frank Leslie, geboren 1821 in Ipswich/England, sammelte ab 1842 in London erste Erfahrung im Sektor des "Illustrierten Journalismus". Dies war damals eine neue Sparte, da Zeitungen vorher meist ausschließlich aus Text bestanden. 1848 emigrierte er nach New York, da er sich dort eine bessere Karriere erwartete und gründete mehrere Magazine.

Er war der Auffassung, daß der Leser nicht nur Information als reinen Text wünschte, sondern auch die Illustration sehr wichtig für den Verkaufserfolg eines Magazins/bzw. Newspaper sei (heute eine Selbstverständlichkeit, - damals aber revolutionär im Print-Mediensektor).

Seine erfolgreichste Publikation war "Frank Leslie's Illustrated Newspaper", die in Konkurrenz zum "Harpers Magazin" stand. Beide Magazine enthielten hervorragende Illustrationen, die nach Fotovorlagen von Künstlern in Holzplatten geschnitzt und dann als Strichabbildung gedruckt wurden (denn erst ab ca. 1883 war der direkte Druck von Fotos technisch möglich). Leslie's Illustrated Newspaper expandierte, und 1876 hatte er in New York in einem 5- stöckigen Firmengebäude 4oo Angestellte.

Die neue Transkontinentale Eisenbahnverbindung war für Leslie ein willkommener "Aufhänger", sich durch eine über viele Nummern hinziehende Story zu profilieren und die Auflage zu steigern.

Am 1o. April 1877 sammelten sich mehrere hundert Menschen im Bahnhof von New York, um die im großen Stil aufgezogene Reise mit Sekt zu begießen. Leslie bestieg einen "Wagner- Palace Car", und die Story begann.

Die Reise führte via Niagara Falls und Chicago nach Omaha, Virginia City und bis San Francisco. Die Artikelserie wurde über 2 Jahre in Fortsetzung publiziert, war bei den Lesern sehr beliebt und steigerte die Auflage erheblich.

AROUND THE WORLD TICKET: das erste Ticket wurde 1871 angeboten, bestand aus lauter einzelnen Coupons für die jeweiligen Streckenabschnitte und war (siehe Abb. Seite 158) in Ost -> Westrichtung aufgebaut. Start und Zielpunkt New York.

1873 erschien der berühmte Roman "In 8o Tagen um die Welt" von Jules Verne, in dem sich Phileas Fogg mit seinem treuen Diener Passepartout in London auf die Reise macht, um die Wette einzulösen, daß die Umrundung der Welt mit öffentlichen Verkehrsmitteln in 8o Tagen möglich sei.

Auch wenn die Story fiktiv ist, so basiert sie auf der Realität damals bestehender Eisenbahn- und Schiffsverbindungen. Im Eingangskapitel des Romans studiert Phileas Fogg die englische Zeitung "Morning Cronicle" und die Fahrzeiten auf den einzelnen Abschnitten.

Sowohl Fahrzeiten, als auch die gewählten Verbindungen im Roman entsprachen sehr genau dem, was damals an Verkehrsverbindungen möglich war. Jules Verne muß also recht genau recherchiert und/oder Zeitungsartikel ausgewertet haben, bevor er mit dem Schreiben des Romanes begann. Denn Phileas Fogg und sein Diener benutzten die jeweils kürzeste und beste Verbindung; von Kalifornien nach New York war es die Transkontinentale Eisenbahn.

Dieser Roman, wie auch die vielen Zeitungs- und Zeitschriftenartikel über die Transkontinentale Eisenbahn trugen ohne Frage zur PR bei. Auch in Hollywoodfilmen fand die Strecke bald Aufnahme, z.B. "The Great Train Robbery", in Theater und Musikstücken.

PASSAGIERAUFKOMMEN: bereits im ersten Jahr nach Eröffnung der Transkontinentalen Strecke benutzten rund 15o.ooo die Verbindung, - gut 1o Jahre später waren es mehr als 1 Million jährlich.

Besiedlung und Eisenbahn- Monopol

Der LANDVERKAUF war ein ausgesprochen dickes Geschäft für die Eisenbahngesellschaften. Entlang des Gleises entstanden Siedlungen, und

das seinerzeit von der Regierung geschenkte Land konnte nun mit hohem Profit verkauft werden.

Ende des 19. Jhds. reisten Werbetrupps der konkurrierenden US- Eisenbahnen durch Europa, um die Vorzüge der Neuen Welt anzupriesen und den riesigen Landbesitz der Gesellschaften nach Möglichkeit schon in Europa parzellenweise zu verkaufen: Vielfach wurde unfruchtbares und wertloses Land teuer verkauft. Die Propaganda lockte Hunderttausende in die USA, die sich am Ende ihrer Reise dann oft einem trostlosen Landstück gegenübersahen. Ein Zurück gab es meist nicht mehr, da die letzten Ersparnisse für Landkauf und Fahrkarte aufgebraucht waren. Geschickter war derjenige, der sich vor Ort erst umschaute, bevor kaufte.

Angepriesen wurde der Landkauf auch in Anzeigen des Bundesstaates Kalifornien, der sich über neue Steuerzahler freute. Dies waren letztendlich ebenfalls Einkünfte der Eisenbahngesellschaften, die zunächst die Siedler nach Kalifornien transportierte, dann die Waren, die von den Siedler benötigten wurden (vom Phonograph bis zum Klavier etc.), und letztendlich die in Kalifornien produzierten Waren retour in den Osten der USA.

Die Eisenbahngesellschaften waren nicht nur an der Besiedlung Kaliforniens und anderer Bundesstaaten maßgeblich beteiligt, sondern hatten auch das fast ausschließliche Monopol des Warentransportes. An ihren Gleisen hing das Wohl Kaliforniens wie an einer Nabelschnur.

Feudale "Villa" des Eisenbahn Magnaten Mark Hopkins in San Francisco 1878. Sie hatte beachtliche Abmessung und kostete mehrere Mill. US.

WERBEANZEIGEN: Links das Gleis von Kansas City nach San Diego. Obwohl es durch Wüsten und karge Plains führt, ist es als fruchtbare Bananenstaude dargestellt. Oben rechts: Anzeige des kalif. Gouvernements. Darunter: auch im Warentransport verdienten die Eisenbahngesellschaften.

Eisenbahn- Monopol: Für die Direktoren ("The Big Four") beispielsweise der CENTRAL PACIFIC waren Fertigstellung und Betrieb der ersten transkontinentalen Linie erst der Beginn ihres großen Geschäfts:

Mit den gescheffelten Millionen brachten sie auch das innerkalifornische Eisenbahnnetz unter ihre Kontrolle. Später bauten sie das Gleis der Southern Pacific von San Francisco über Los Angeles nach New Orleans (eingeweiht 1883). Wieder erhielten sie Subventionen und großzügige Landzuweisungen von den Bundesstaaten und der US-Regierung.

Das so erreichte Monopol ermöglichte atemberaubende Gewinne: Städte oder Hafenanlagen entstanden meist dort, wohin die Eisenbahn ihre Schienen hinlegte, und anschliessend wurde das Land dort mit Superprofiten verkauft.

Die lästige Konkurrenz der Schiffahrts-Gesellschaften kauften sie auf, so daß sie fortan die Frachtraten im kalifornischen Binnen- und Exportmarkt nach Belieben festsetzen konnten und dies auch weidlich ausnutzten. Ganze Unternehmen wurden ruiniert durch überhöhte Transportpreise, andere durch Sonderkonditionen begünstigt. Das Wohl und Wehe der kalifornischen Wirtschaft lag vollkommen in den Händen der Eisenbahn.

Ähnliche Verhältnisse schufen die "Big Four" auch in der Politik. Fast jeder Politiker konnte über seine privaten Interessen oder diejenigen seiner Wähler nach Belieben beeinflußt werden. Industrielle waren sowieso von den Frachtraten abhängig, Anwälte kaufte man über Beraterverträge, und für Wohlverhalten gab es im allgemeinen Gratis-Fahrkarten für alle Strecken der Bahn.

Ohne Zustimmung der Eisenbahngesellschaft ging jahrzehntelang nichts. Niemals vorher oder nachher war die Politik in den Vereinigten Staaten so abhängig von einem Wirtschaftszweig wie seinerzeit in Kalifornien. Die "Big Four" verfügten über weitaus mehr Macht als mancher US-Präsident ihrer Epoche.

LOK-SCHUPPEN der Kansas Pacific ca. 1874 in Armstrong, Kansas. Beim Anblick der Dampfrösser dürfte das Herz heutiger Eisenbahnfans höher schlagen.

Weitere Entwicklung/Eisenbahn

Ihren Höhepunkt hatten US- Eisenbahnen um die Jhd.Wende bis in die 4o-er Jahre. Mit der Fertigstellung der Nordstrecke (Chicago-> Seattle) am 6. Jan. 1893 war zunächst im wesentlichen das Streckennetz im Westen abgeschlossen, und zur Jhd.- Wende umfaßte das gesamte Netz der USA

TICKET VERKAUF Union Pacific in Kansas City zur Jhd.-Wende. Die Gesellschaft war damals die reichste und eleganteste im Westen der USA.

rund 7o.ooo km. Die Eisenbahn war zum wichtigsten Waren- und Personen- Transportmittel geworden. Feudale, riesige Bahnhofsterminals (wie z.B. der von Chicago oder L.A.) repräsentierten den Reichtum der Eisenbahngesellschaften und waren Einstieg für den Trip über den Kontinent.

Mit dem Zug reisten Präsidenten zu Werbekampagnen für den Wahlkampf, Millionäre hatten ihren eigenen Luxus-Waggon, den sie an normale Züge ankoppelten, - und die Hollywoods Top Stars benutzten eigene Saloonwaggons, um in ihre Flitterwochen zu reisen, wobei spezielle Wagen für die mitreisenden Journalisten angehängt waren.

Eine Vielzahl privater Eisenbahngesellschaften war in den 3o-er Jahren Besitzer der einzelnen Strecken in den USA. Ihre Profite reduzierten sich jedoch zunehmend, da das Auto und der LKW als Transportmittel die Eisenbahn ablösten.

In den 4o-er Jahren kauften zu Reichtum gekommenen US- Automobilfirmen oft Eisenbahnstrecken auf, deren Gleise sie verrotten ließen, um wegen anschließend fehlender Verkehrsverbindungen den Verkauf ihrer Automobile zu fördern. Der Kapitalismus, wie er leibt und lebt. Nur die großen Eisenbahngesellschaften konnten sich über Wasser halten, litten aber unter immer größerem Schwund an Passagier- und Frachtaufkommen.

197o schien das "Aus" für die Eisenbahnen gekommen. Kaum noch ein Amerikaner benutzte den Zug. Auf Langstrecken wie der Transkontinent- Strecken nach Kalifornien war das Flugzeug die erheblich schnellere Wahl im Land des Wahlspruches "time is money". Und auf Kurzstrecken waren Auto, der Greyhound Bus und der LKW die erheblich flexiblere Wahl.

Als 1971 insgesamt 14 Eisenbahngesellschaften ihren Betrieb einstellen wollten, wurde per Regierungsdekret die halbstaatliche AMTRAK gegründet. Sie modernisierte u.a. den Passagierbetrieb auf den Transkontinental- Strecken nach Kalifornien. Ihre "Luxusliners" zählen heute zu den modernsten und komfortabelsten Passagierzügen der Welt und erfreuen sich zunehmender Beliebtheit (Details siehe auch Kapitel "Anreise" dieses Bandes).

ERDÖL-BOOM

Nach Jahren wirtschaftlicher Flaute in Kalifornien Ende des 19. Jhds. führten erste Erdölfunde in Folge zu einem weiteren Wirtschaftsschub. Mitten in Los Angeles wurde 1892 eine erste ergiebige Ölquelle gefunden. Die Stadt lag auf einem riesigen Erdölfeld, und es dauerte nicht lange, bis Bohrtürme das gesamte Stadtbild bestimmten. Später erwies sich das Central Valley als einträgliche Quelle, in Bakersfield und Umgebung entstand ein Erdöl- Imperium ungeheuren Ausmaßes.

Für die Unmengen Öl, die fortan aus den Quellen in Südkalifornien sprudelten, gab es anfangs keinen ausreichenden Markt. Bis zu dieser Zeit hatte Petroleum lediglich zur Beleuchtung gedient, zu diesem Zweck waren aber nur geringe Mengen nötig. Zudem hatte Edison 1879 die Glühbirne erfunden, die sich bei weiterer Ausreifung zunehmender Beliebtheit erfreute und die frühere Beleuchtung per Petroleumlampe ablöste.

Es galt also, neue Verwendungsmöglichkeiten auszuloten. Die Antwort war schnell gefunden: Ersatz der Kohle, die bis dahin mit hohem Kostenaufwand nach Kalifornien eingeführt werden mußte und ihren Einsatz bei Fabriken, insbes. aber den Dampfloks fand.

Der neue Energieträger Erdöl begann seinen Siegeszug bei den Eisenbahnen, die ihre Kohlekessel durch Ölbrenner ersetzten. Das Öl war weitaus billiger und verursachte we-

niger Rauch, was vor allem die Fahrgäste begrüßten. Insbesondere in Tunneln, aber auch den Schneeschutz- Gallerien der Rockies und der Sierra Nevada wurden Passagiere und Zugpersonal weniger "eingenebelt" wie in früheren Zeiten der kohlebetriebenen Dampfloks.

Da Erdöl wegen vorhandener Mengen billig war, fand bald auch bei Schiffen, Fabriken und in Haushalten der Umstieg von Kohle auf Erdöl statt. Kaliforniens Zukunft war nach Jahrzehnten wirtschaftlicher Flaute fürs erste garantiert.

Das entscheidende Ereignis für den sich überschlagenden Boom der Erdöl-Industrie war jedoch die Verbreitung des Automobils. 1908 hatte Henry Ford sein erstes "Model T" der Öffentlichkeit präsentiert, das am Fließband gefertigt wurde und den Triumph des "preiswerten Autos für jedermann" eingeleitet. Niedrige Benzinpreise sozusagen direkt aus der Quelle förderten den Kauf von Autos. Dies stimulierte den Bau besserer Straßen, was sich wiederum auf den Verkauf von Automobilen auswirkte.

Schon 1909 stellte der Staat 18 Mill. Dollar für den Ausbau eines innerkalifornischen Highway-Netzes bereit. 1912 begann die Konstruktion einer Überlandstraße von New York nach San Francisco mit einer Abzweigung Richtung Los Angeles. Neben den niedrigen Benzinpreisen trug auch das milde Klima Südkaliforniens dazu bei, daß der Siegeszug des Automobils dort besonders rasch erfolgte. Die Fahrt zum Strand oder in die Berge gehörte bald zum selbstverständlichen Wochenendvergnügen vieler Familien.

Die 2o-er Jahre verliefen im Automobil- und Erdölfieber. Kalifornien setzte Trends im Konsum- und Freizeitverhalten, die Jahrzehnte später auch in Europa und anderen Teilen der Welt zur Selbstverständlichkeit wurden. Es schlug die Geburtsstunde von "suburbia", den weitläufigen Wohnbezirken außerhalb der Stadtzentren, von denen aus die Bewohner ihren Arbeitsplatz per Auto erreichten. Zum Einkaufen boten sich die neuen Supermärkte und Einkaufszentren auf der "grünen Wiese" an, die den Autofahrer mit ausreichend Parkplätzen lockten. Der Massentourismus zu Stränden und Nationalparks erlebte einen ersten Höhepunkt.

1925 besaß in Los Angeles schon jeder dritte Einwohner ein Auto, und die Stadt avancierte damit zur am dichtesten motorisierten Metropole der USA und somit der ganzen Welt. PKWs beendeten die Isolierung der Landbevölkerung, LKWs lösten Transportprobleme in Industrie und Landwirtschaft. Erst jetzt war Kalifornien durch ein ständig vergrößertes Straßennetz direkt mit allen Teilen der Nation verbunden. Die Bewohner sahen ihre Zukunft optimistischer denn je. Doch dann kam es zum großen Krach an Wall Street, der auch den Westen der USA nicht verschonte.

KRISE UND KRIEGSWIRTSCHAFT

Mehr als ein Jahrzehnt lag die einst so prosperierende Wirtschaft Kaliforniens am Boden. Drastischer Rückgang von Frachtraten der Eisenbahn, sinkende landwirtschaftliche Produktion, Rückgang der Ölförderung und Massenarbeitslosigkeit waren die augenfälligsten Phänomene.

Lediglich die Unterhaltungsindustrie von Hollywood hielt sich relativ gut über Wasser und erreichte gegen Ende der 3o-er Jahre sogar den Höhepunkt ihrer damaligen Erfolgskurve. Offenbar brauchte die Nation in Zeiten der Krise vermehrt die Illusionen, welche die Traumfabrik in Südkalifornien bereitstellte. (Details zum Aufstieg Hollywoods zur Filmmetropole siehe Seite 182 und 238).

Präsident Roosevelts Arbeitsbeschaffungspolitik des *"New Deal"* trug in Kalifornien nur bescheidene Früchte. Wichtigstes Projekt war der Ausbau eines landesweiten Bewässerungssystems, das Wasser vom regenreichen Norden ins trockene Central Valley und nach Südkalifornien leitete. Doch ein Ende der ökonomischen Durststrecke war noch nicht abzusehen, als 1939 in Europa der 2. Weltkrieg begann.

Trotz einer starken Strömung in der Bevölkerung, die vor einer erneuten Einmischung der USA in einen weltweiten Konflikt zurückschreckte, bereiteten sich die Vereinigten Staaten verstärkt auf einen Krieg vor. Der Überfall der Japaner am 7.12.1941 auf die US-Pazifikflotte in Pearl Harbor brachte über Nacht den Kriegseintritt der Amerikaner. Für Kalifornien bedeutete diese Entscheidung einen Wirtschaftsaufschwung von ungeahnten Ausmaßen.

Innerhalb von 5 Jahren investierte die Bundesregierung rund 35 Milliarden Dollar in Kalifornien, rund 1o % des gesamten Haushalts. Einerseits galt es, die militärischen Einrichtungen an der Pazifikküste zu verstärken. Die Angst vor weiteren Attacken der Japaner wuchs in jenen Jahren fast zur Hysterie. Andererseits lag Kalifornien strategisch günstig für die Belieferung der US-Truppen, die im pazifischen Raum kämpften.

Mehr noch als in Europa mußte sich der Konflikt auf den pazifischen Kriegsschauplätzen durch die Überlegenheit von Marine und Luftwaffe entscheiden. Als Konsequenz initiierte die amerikanische Regierung ein Luftfahrt- und Schiffbauprogramm, wie es in der bisherigen Geschichte einmalig war. Und Kalifornien erhielt den Großteil der Zuschläge.

Die Bucht von San Francisco verwandelte sich in kürzester Zeit in eine riesige Werft. Bis zu 3oo.ooo Arbeiter fanden dort Beschäftigung und produzierten rund um die Uhr die sogenannte "liberty ships". 1943 lief alle 1o Stunden in der Bay Area ein Schiff vom Stapel.

In Südkalifornien wurde die dort bereits ansässige Flugzeugindustrie in atemberaubendem Tempo ausgebaut. Die Bedingungen um Los Angeles und San Diego erwiesen sich als geradezu ideal: Das milde und konstante Klima erlaubte eine Produktion in offenen Hallen, erleichterte die Lagerung und ermöglichte ganzjährig eine unbegrenzte Anzahl von Testflügen. Als Präsident Roosevelt 194o den jährlichen Bau von 5o.ooo Flugzeugen forderte, schien dies eine utopische Zahl, vier Jahre später erreichte die Produktion bereits die doppelten Ziffern.

Wäre nicht die Angst vor einem japanischen Luftangriff gewesen, so hätte die US-Regierung noch weitaus mehr in Kalifornien investiert. Doch für die Wirtschaft Kaliforniens hatte sich der Kriegseintritt auch so gelohnt: Technologisch besonders fortgeschrittene Industriezweige bildeten fortan das Rückgrat der Ökonomie an der Westküste. Die hohen Löhne zogen

qualifizierte Arbeitskräfte an, die auch nach Kriegsende in Kalifornien blieben. Beide Faktoren waren entscheidende Voraussetzungen für den Wachstumsschub, der auch während der Nachkriegszeit anhielt.

DAS MODERNE KALIFORNIEN

Das Ende des 2. Weltkriegs brachte Kalifornien einen weiteren Bevölkerungszuwachs. Viele Heimkehrer von der Pazifikfront sahen an der Westküste bessere Zukunftschancen als in ihrer ursprünglichen Heimat. Der Ausbau der Luft- und später der Raumfahrtindustrie schuf zudem große Nachfrage nach qualifizierten Arbeitskräften.

Während der 5o-er Jahre erfolgte eine starke Ausweitung der landwirtschaftlichen Produktion im Central Valley, Resultat des inzwischen fertiggestellten, landesweiten Bewässerungsprojektes.

Im Gefolge der Luftfahrtindustrie siedelten sich auch die wichtigsten Wirtschaftszweige moderner technologischer Entwicklung in Kalifornien an. Das Silicon Valley wurde zur Wiege der Computertechnik, noch heute entstehen hier die meisten technischen Neuerungen (Details Seite 699).

GEGENKULTUREN: Während die Bevölkerungsmehrheit Kaliforniens ihre Wertvorstellungen an Freizeit & Konsum orientierte, entstanden hier in den 5o-er bis 7o-er Jahren auch zahlreiche Gegenbewegungen, die sich den etablierten Institutionen und Mächten verweigerten:

* Die Motorradbanden der Hell's Angels hatten ihr Aktionszentrum in Oakland (Details Seite 713)
* Die Beatniks versammelten sich in San Francisco in literarischen Zirkeln und zu Drogenexperimenten (Seite 63o).
* Die Hippie-Bewegung hatte ihren Höhepunkt ab 1967 in San Francisco und fand internationales Echo (Seite 631).
* Studentenproteste an der University of California in Berkeley waren Auslöser und Vorbild für die Studentenbewegung, die Ende der 6o-er Jahre die ganze Welt erfaßte. (Seite 719).

Bereits 1962 überrundete Kalifornien New York als bevölkerungsreichster Staat der USA, und die Wachstumsraten haben sich bis heute nicht verringert. Mitte 1992 kamen durchschnittlich 2.ooo Neuankömmlinge pro Tag nach Kalifornien, knapp 5o Prozent davon aus anderen Nationen

Mit dem ständigen Zuwachs an Produktivität und Einwohnern tauchten neue Fragen auf und alte Probleme verschärften sich: Südkaliforniens chronischer Wassermangel nimmt dramatische Züge an; das krebsartige Wachstum von Los Angeles ist nicht zu stoppen; selbst die Freizeitmetropole San Diego kämpft mit dem Smog. Die Städte der Bay Area verschmelzen zu einem unübersichtlichen Konglomerat aus Highways, Wohn- und Geschäftsbezirken. Die Nationalparks sind gezwungen, dem explodierenden Touristenansturm Grenzen zu setzen.

Die Rezession zu Beginn der 9o-er Jahre hat viele Kommunen an den Rand ihrer finanziellen Möglichkeiten getrieben, und zahlreiche Städte Kaliforniens stehen vor dem Bankrott. Die Regierung des Bundesstaates konnte mehrfach ihren Haushaltsplan nicht durchs Parlament bringen, das Defizit von 11 Milliarden Dollar für 1992 erschien den Abgeordneten nicht mehr tragbar.

Trotz aller Schwierigkeiten gehört Kalifornien weiterhin zu den absoluten Trendsettern für die USA und die Welt - ob in der Entwicklung des Automobilismus oder dem Kampf um die Erhaltung der Umwelt, ob in Urbanismus oder Landwirtschaft, ob in Hollywood-Filmen oder im Sport, ob in Konsum oder Subkultur.

MUSIK

Von der amerikanischen Westküste sind seit der Entstehung der modernen Pop- und Rockmusik immer wieder lebhafte Impulse für die Musik-Szene ausgegangen. Zwei Strömungen der sechziger Jahre waren es jedoch, die den dauerhaftesten Einfluß auf die Weiterentwicklung der Rock-Musik ausübten.

Sie gingen als *CALIFORNIA SOUND* in die Annalen der Musikgeschichte ein, obwohl sie in sich völlig verschieden waren: die **SURFING MUSIC** und der **ACID ROCK**. Beide stellten in jenen Jahren das wichtigste Gegengewicht der amerikanischen Rock-Musik gegen den Erfolg der britischen Gruppen unter Führung der "Beatles" dar.

Surfing Music

Repräsentiert von der Gruppe "THE BEACH BOYS", die den Sound kreierte und ein Jahrzehnt lang auf seiner Erfolgswelle ritt. Trotz des weltweiten Echos fanden die Beach-Boys keine Nachahmer und blieben die einzigen Vertreter der Surfing Music. Sie beeinflußten allerdings eine ganze Generation von Jugendlichen und prägten mit ihren Songs das Bild vom sonnigen und freizeitverrückten Kalifornien.

Sie waren selbst noch High School Kids, als die drei Brüder Wilson zusammen mit ihrem Cousin Mike Love und dessen Freund Al Jardine 1961 auf die Idee kamen, ihrer Lieblingsbeschäftigung einen Song zu widmen: dem Surfen. Der Titel "Surfin'", komponiert am Strand und aufgenommen in einem unbekannten Studio Hollywoods, wurde sofort ein lokaler Erfolg und bald auch landesweit bekannt.

Die Beach Boys waren damit aber noch längst keine ausgewachsene Rock-Band. Bei ihrem ersten öffentlichen Auftritt Silvester 1961 in Long Beach beherrschten sie gerade drei Songs, die allerdings begeistert gefeiert wurden. Das gab der Gruppe den Antrieb zur Einübung weiterer Titel und begründete ihren endgültigen Durchbruch im Jahr 1962.

Mit ihren gestreiften, kurzärmligen Hemden, weißen Hosen und kurzgeschnittenem Haar erschienen sie dem Publikum als Verkörperung des liebenswerten amerikanischen Durchschnitts-Jugendlichen, "the All American Kid". Die Identifikation mit ihnen erleichterte außerdem der Sound: einfache Phrasen über Surfen und Beach-Life, unterlegt mit eingängigen Harmonien und simplen Rhythmen.

Die Plattentitel waren wenig originell: Nach "Surfin'" erschienen u.a. "Surfin' Safari", "Surfin' USA" oder "Surfer Girl". Doch alle erwiesen sich als Hits, die Verkaufszahlen stiegen ständig. Mitte der sechziger Jahre gehörten die Beach Boys zu den erfolgreichsten Gruppen der USA.

Von Sommer, Sonne und Romantik konnte man offenbar nicht genug bekommen. Die einfache Botschaft kam überall an und hieß: "If there's

waves, we're on the water. If there's sun, we're on the beach. And if there's nothing at all, we go cruise for chicks". Selbst Jugendliche im Mittleren Westen, Tausende Kilometer von Strand und Meer entfernt, schnallten Surf-Boards auf die Dächer ihrer Chevys und kurvten damit durch die Kleinstädte der Prairie.

1966 standen die Beach Boys auf dem Höhepunkt ihres Erfolges: Sie errangen mit dem Hit "Good Vibrations" ihre erste Goldene Schallplatte und landeten in den Charts des britischen "Melody Maker" als beliebteste Gruppe in England, noch vor den Beatles. Gegen Ende der sechziger Jahre schien der Beach- und Surf-Sound dann allerdings ausgereizt, die Musik der Gruppe wurde differenzierter und experimenteller, der große Erfolg aber blieb fortan aus.

In den siebziger Jahren zerfiel die Band. Ihr "musikalischer Kopf" Brian Wilson hatte sich schon früher zurückgezogen, neue Musiker kamen vorübergehend oder dauerhaft hinzu. Trotz einiger spektakulärer Live Auftritte war die große Zeit vorbei. Ein tragisches Symbol des Niedergangs von Surfing Music und Beach Boys war 1983 der Tod von Dennis Wilson: Er ertrank beim Surfen an der Küste vor Los Angeles.

Acid Rock

Völlig im Gegensatz zum geschniegelten Image der Beach Boys stand eine Musik-Bewegung, die ihre Ursprünge ebenfalls in Los Angeles hatte, ihren Höhepunkt jedoch im San Francisco der HIPPIE-ZEIT. Acid Rock (auch Psychedelic Rock genannt) verstand sich eher als gesellschaftliche Gegenströmung zum mittelständischen Amerika, dessen Ideale sich in Freizeit und Konsum erschöpften.

Merkmale dieser Strömung waren surrealistische Texte, Improvisation im Musikalischen, Einsatz orientalischer Instrumente, elektronische Elemente, gewaltige Verstärkung bei Live-Konzerten sowie visuelle Effekte wie grelle Farbgebung und Light-Shows. Eine entscheidende Rolle spielte der Drogenkonsum: Die Texte enthielten entsprechende Anspielungen, Plattenaufnahmen fanden unter Drogeneinfluß statt, und bei Konzerten waren Band und Publikum "high".

Entwicklung und Erfolg des Acid Rock sind nicht zu verstehen ohne die gesellschaftlichen Protestbewegungen der fünfziger und sechziger Jahre, die in San Francisco kulminierten (vergl. dazu Geschichte von San Francisco, Seite QW). Neben der damals in Kalifornien noch nicht verbotenen Modedroge LSD sollte auch die Musik das Bewußtsein erweitern, den Abstand zum gesellschaftlichen Einerlei ermöglichen.

Der Schriftsteller Ken Kesey versuchte eine neuartige Kombination von Drogen und Musik. Er meinte, LSD vertrüge sich gut mit dem harten, rhythmischen Beat der Rock-Musik und veranstaltete sogenannte "acid tests": LSD-Parties mit Gratis-Drogen und Rock-Bands. Parallel dazu er-

kannte der Musikpromotor Bill Graham das Potential dieses unkonventionellen Sounds und organisierte gut besuchte Konzerte in Sälen und unter freiem Himmel.

Zu den ersten Gruppen, die sich noch zögerlich auf den Acid Rock zubewegten, gehörten "THE BYRDS", die mit "Mr. Tambourine Man" bereits 1965 einen durchschlagenden Erfolg feierten und mit "Eight Miles High" einen Song übers Fliegen produzierten, der von der Mehrzahl der Fans als Drogen-Parabel verstanden wurde.

Auf dem Höhepunkt der Hippie-Bewegung kam der Acid Rock richtig in Schwung: In San Francisco fanden wöchentliche Massenveranstaltungen statt, zu denen sich Zehntausende im Namen von "Flower-Power", Drogen und Musik versammelten. Während dieser Konzerte machten sich Gruppen wie "JEFFERSON AIRPLANE" und "THE GRATEFUL DEAD" erstmalig einen Namen.

Der überregionale kommerzielle Erfolg dieser Bands kam jedoch nur zögernd zustande. Die improvisierte Musik der Acid Bands eignete sich nur begrenzt für disziplinierte Schallplattenaufnahmen. Spontaneität war auch ein Charakteristikum der meisten Musiker, die sich nur schwer mit einer langfristigen Aufgabe anfreunden konnten. Außerdem hielten sich die meisten Radiostationen zurück bei der Förderung von Musik, die im Zusammenhang mit Drogengenuß und Protestbewegung stand.

"Jefferson Airplane" landete 1967 dann aber zwei Hits mit "Somebody to love" und "White Rabbit". Der Acid Rock schaffte damit auch den kommerziellen Durchbruch innerhalb der amerikanischen Pop-Szene.

Anders verhielt es sich mit der zweiten Hippie-Band aus San Francisco, den "Grateful Dead". Die Gruppe spielte in den sechziger Jahren meistens gratis bei Keseys "acid tests" und den Freiluftkonzerten im Golden Gate Park. Ihre musikalische Entwicklung stagnierte, da sie selbst und ihr Publikum bei den Auftritten meist unter Drogen standen. Ihre besonderen Effekte bestanden eher in zeitlupenartigen Bewegungen und langdauerndem Stimmen der Instrumente, was die Zuhörer auf enorme Geduldsproben stellte. Erst ab 197o, mit der Aufnahme einiger Live-LPs sowie Tourneen durch Europa, stellte sich für die Band der kommerzielle Erfolg ein. Bis in die neunziger Jahre konnte sie sich trotz einigem Auf und Ab als Kult-Band der Hippie-Nostalgiker halten.

Doch Acid Rock drehte sich nicht nur um Drogen und Flower-Power. Die Gruppe "COUNTRY JOE & THE FISH" solidarisierte sich mit den Studentenprotesten in Berkeley und trat bei Teach-Ins und Massenveranstaltungen auf. Die politisch engagierteste Band der USA hatte sich ihren Namen nach einem Mao-Tse-Tung Zitat gegeben, nach dem der Revolutionär sich im Volk wie ein Fisch im Wasser zu bewegen habe.

Die neue Strömung der Rock-Musik in San Francisco führte auch zur Gründung einer Zeitschrift, die Jahre später zum Welterfolg werden sollte:

"Rolling Stone". Da die einschlägigen Zeitungen die Bedeutung des Acid Rock nicht erkannten und ihren Lesern Artikel darüber nicht zumuten wollten, gründete der Musikkritiker Jann Wenner 1967 in San Francisco das neue Magazin, das sich ausschließlich der Rock-Musik widmete. Die erste Nummer erschien mit 5.ooo Exemplaren, doch schon drei Jahre später hatte "Rolling Stone" eine Auflage von 25o.ooo.

Auch wenn die ursprünglichen Vertreter des Acid Rock nicht zu Superstars avancierten, entwickelte sich "psychedelic" zu einem Attribut, auf das kaum eine bekannte Band in der zweiten Hälfte der sechziger Jahre verzichten wollte. Gruppen wie "Pink Floyd" und "The Yardbirds" setzten mit Hilfe von Acid-Elementen musikalische Trends, und selbst die biederen Beach Boys zollten in ihrem Hit "Good Vibrations" dem Acid Rock Tribut.

Der Gitarrist JIMI HENDRIX verband Acid mit Blues zum härtesten Rock seiner Zeit und steigerte die Bühnen-Performance der Psychedelic Gruppen von San Francisco ins Extrem: In einer Fernsehshow bearbeitete er die Saiten seiner Gitarre mit den Zähnen und beim Rock-Festival 1967 in Monterey verbrannte er nach gelungenem Einsatz das Instrument auf der Bühne.

In Los Angeles begann der Aufstieg von Frank Zappa und seiner Gruppe "The Mothers of Invention". Am Strand von Venice traf Jim Morrison die anderen Mitglieder der zukünftigen "Doors" und wurde ihr Leadsänger. Janis Joplin und ihre Bay Area Gruppe "Big Brother and the Holding Company" landeten 1968 einen Number-One-Hit mit der LP "Cheap Thrills". Ähnlichen Erfolg mit ihrem Acid Soul und der Single "Everyday People" hatten 1969 "Sly and the Family Stone".

Die Atmosphäre in der Musik-Szene jener Zeit ist hervorragend dokumentiert in Oliver Stones Film "The Doors" aus dem Jahr 1991: Eine filmisch-musikalische Droge, die zurückversetzt in die zweite Hälfte der sechziger Jahre. The Doors im Rausch ihres rasanten Aufstiegs, ihres Erfolgs und der daraus resultierenden Probleme. Jim Morrison auf seiner Gratwanderung in den Grenzbereichen der Musik und des Lebens, die er mit Hilfe von Drogen zu überschreiten versucht.

Das Acid-Element tauchte jahrelang in Musik und Texten der berühmtesten Rock-Bands und Solisten auf: besonders markante Bespiele sind der Beatles-Song "Lucy in the Sky with Diamonds", "Paint it Black" von den Rolling Stones, "Rainy Day Woman" von Bob Dylan oder "Third Stone from the Sun" von Jimi Hendrix. In diesem Sinne erreichten die "Psychedelic Musicians" aus San Francisco einen weitaus dauerhafteren Einfluß auf die Entwicklung der Rock-Musik als die "braven" Surf-Kollegen aus Los Angeles.

Unzufriedenheit und Aufbegehren einer ganzen Generation manifestierte sich im Erfolg der neuen Strömung, vielleicht am prägnantesten ausge-

drückt in Jim Morrisons Aufschrei: "We want the world, and we want it NOW". Daß daraus gerade für viele Protagonisten des Psychedelic Rock nichts wurde, ist persönliche Tragik und Konsequenz des übermäßigen Drogenkonsums: Für Jimi Hendrix, Janis Joplin, Jim Morrison und andere endete der Acid-Rausch im tödlichen Desaster. Ihr musikalischer Einfluß jedoch hat ihr kurzes Leben bei weitem überdauert.

Wandmalerei

Weitaus weniger Beachtung als die nonkonformistische Musik der sechziger Jahre fand bisher die kalifornische Wandmalerei, obwohl sie durchaus ähnlichen Motiven entspringt. Mit diesen oft knallbunten überdimensionalen Bildern an Hauswänden oder Bauzäunen schufen sich die lateinamerikanischen Minderheiten ein künstlerisches Ausdrucksmittel für ihre besonderen Interessensphären und Probleme. Der herrschende Kulturbetrieb hat sie bisher weitgehend ignoriert, bei Touristen erweckt diese alternative Kunstform jedoch zu Recht immer mehr Interesse.

Die sogenannten MURALS finden sich vor allem im Mission District von San Francisco, aber auch in einigen Stadtbezirken von Los Angeles und San Diego. Die Künstler verwandelten kahle Hauswände in bunte Bilder, manchmal von der Größe einer Garagentür, manchmal über eine Höhe von drei Stockwerken.

Die Themenpalette ist weit gestreut, von lokalen Problemen bis hin zu internationalen Konflikten. Im Vordergrund stehen immer die besonderen Belange der mexikanischen und lateinamerikanischen Bevölkerungsgruppen: Rock-Star Carlos Santana, der Bürgerkrieg in El Salvador, Arbeiter im U-Bahn Schacht, Mexikaner beim Karneval oder ganz einfach nur ein gemaltes Fenster mit Gardinen, das der heruntergekommenen Hausmauer illusionären Glanz verleiht.

Der künstlerische Anspruch ist begrenzt, es geht den Malern mehr um das, was die Menschen im Alltäglichen bewegt. Aus diesem Grunde beteiligen sie oft auch die Anwohner an der Arbeit, die mit Ideen und technischer Hilfe zum Gelingen der "murals" beitragen und sie so zu einem Bestandteil ihres eigenen Lebens machen.

Kunst, Selbstdarstellung und Aktion gehören zusammen, und vielfach ist es interessanter, der Produktion eines Wandgemäldes beizuwohnen, als nur das fertige Resultat zu bestaunen. Wer Glück hat, trifft bei einem Spaziergang durch San Franciscos Mission District auf eine Malergruppe: Engagement und lateinamerikanisches Temperament sorgen für "lebendige Kunst".

Viele Wandgemälde verraten in Thema und Stil die traditionellen Wurzeln dieser Kunstrichtung: Symbole aus der Mythologie präkolumbianischer Indianer, Elemente mexikanischer Volkskunst, die Porträts der Maler

Rivera, Orozco und Siqueiros, die in der ersten Hälfte des 2o. Jahrhunderts die populistische Kunstgattung des "muralismo" in Mexiko begründeten und den kalifornischen Künstlern als Vorbild dienen.

Was in Kalifornien noch den Anstrich des Unkonventionellen hat, ist in Mexiko längst zu etablierter Nationalkunst avanciert, die der Staat seit den zwanziger Jahren massiv unterstützte und auch heute noch fördert. Dort wurden Schulen, Rathäuser und andere öffentliche Gebäude systematisch mit Wandgemälden versehen, die neben künstlerischen vor allem erzieherische Zwecke verfolgten: Auch der Masse der Analphabeten sollten auf diese Weise Geschichte und Traditionen des mexikanischen Volkes nähergebracht werden.

Der Erfolg dieser Abkehr-Bewegung von der Staffelei und den Salonbildern des Bürgertums spornt auch die Latino-Künstler Kaliforniens an, trotz weitaus geringerer Resonanz. Ihre "murals" werden wohl innerhalb der angelsächsisch geprägten USA niemals die Anerkennung erfahren, die in Mexiko selbstverständlich ist. Aber mit der wachsenden Bedeutung des lateinamerikanischen Bevölkerungsanteils in Kalifornien dürften auch die "murals" einen festen Platz in der Kunstszene der amerikanischen Westküste erhalten.

Literatur

Von einer "KALIFORNISCHEN LITERATUR" zu sprechen, wäre wohl übertrieben und würde keine Strömung der amerikanischen Literaturszene besonders treffend charakterisieren. Mit der Bedeutung der Westküste als Industrie- und Bevölkerungszentrum wächst zwar auch die Zahl der kalifornischen Autoren, doch eine einheitliche Tendenz, die sie von anderen abgrenzt, ist derzeit nicht zu erkennen. Wie die amerikanische Literatur insgesamt, so ist diejenige der Westküste noch relativ jung und hat ihre eigentlichen Perspektiven in der Zukunft. Die zahlreichen Werke von modernen Autoren der vergangenen 2o Jahren müssen erst noch beweisen, ob ihre literarische Qualität über die eines kurzfristigen Bestsellers hinausgeht.

Interessant ist vor allem die Vielfalt literarischer Texte, die über Menschen und Gesellschaft des amerikanischen Westens existiert. Viele Schriftsteller waren nur vorübergehend in Kalifornien. Das Land und seine Menschen haben aber offenbar bei den meisten einen so großen Eindruck hinterlassen, daß sie ein Buch oder einen Teil ihres Werkes dem dortigen Leben und Denken gewidmet haben.

Mitte des 19. Jhd. kamen MARK TWAIN und BRET HARTE nach Kalifornien. Twain versuchte sich als Verkäufer von Holz für Minen, wurde aber bald Redakteur verschiedener Zeitungen, - Harte übte zunächst Gelegenheitsjobs aus und war ab 1858 ebenfalls Journalist für verschiedene Zeitungen. Beide schrieben später Romane, die Eingang in die Weltliteratur fanden und teils auch zum Thema Kalifornien haben (Details siehe auch Seite 54o).

Zu **Beginn unseres Jhds.** beschrieben und kritisierten F. SCOTT FITZGERALD und NATHANAEL WEST das Hollywood der großen Studios und übermächtigen Produzenten. - Englische Schriftsteller wie ALDOUS HUXLEY und EVELYN WAUGH arbeiteten zeitweise als Autoren für den Film, sie setzten sich vor allem mit den politischen und gesellschaftlichen Konflikten des Westens auseinander.

In den **4o-er Jahren** erreichten RAYMOND CHANDLER und DASHIELL HAMMETT durch die Verfilmung ihrer Kriminalromane internationale Berühmtheit (siehe auch Seite 197). Ihre Privatdetektive bewegen sich im Großstadtgetriebe von Los Angeles und San Francisco.

In den **5o-er Jahren** entstand in Amerika die literarische Alternativbewegung der "BEATS": Autoren, die sich von den herrschenden Wertvorstellungen in Gesellschaft und Literatur abgrenzten und im Schreiben über ausgeflippte Typen, Drogen und orientalische Philosophie einen neuen Lebensstil suchten. Die führenden Literaten konzentrierten sich in San Francisco. Ihr bedeutendster literarischer Vertreter ist JACK KEROUAC, dessen Romane teilweise in Kalifornien spielen (siehe auch Seite 631).

Zu den berühmtesten Schriftstellern, die in Kalifornien geboren wurden, gehört JACK LONDON. Gelegentlich beschreibt auch er die Atmosphäre im Kalifornien um die Jahrhundertwende, die meisten seiner Romane aber sind Abenteuer- und Reiseberichte, die die halbe Welt zum Schauplatz haben. Typisch kalifornisch ist bei London noch am ehesten seine Biographie: Er führte ein rast- und ruheloses Leben ganz im Stile der absoluten Mobilität, die heute wie damals die Mentalität der Menschen im amerikanischen Westen prägt (Details Seite 73o).

Wenn es einen wirklich kalifornischen Schriftsteller gibt, dann ist es am ehesten JOHN STEINBECK, der nicht nur hier geboren wurde, sondern sein ganzes Leben in Kalifornien verbrachte. Auch die Mehrzahl seiner Romane spielt in Kalifornien. Sie handeln von den Nöten der frühen Siedler, beschreiben die brutalen Arbeitsbedingungen auf den Obstplantagen, die Auswirkungen der Weltwirtschaftskrise auf Arbeiter und Kleinbauern, die Hoffnungen und Enttäuschungen der Menschen, die auf der Suche nach dem amerikanischen Traum zu Hunderttausenden in den Westen kamen.

Die nachfolgende **Auswahl** erhebt keinen Anspruch auf Vollständigkeit, die angegebenen Werke spielen jedoch alle in Kalifornien und behandeln typische Aspekte des Lebens an der Westküste Amerikas. Lohnend zur Vor- oder Nachbereitung einer Kalifornien-Reise und als unterhaltsame Lektüre für unterwegs.

Eve Babitz: "Eve's Hollywood", 1972. Das Hollywood-Buch für alle, die wirklich die Atmosphäre atmen wollen. Sketchartige Berichte über die Jugend der Autorin, die mitten im reichen, ausgeflippten L.A. der 5oer und 6oer Jahre im Kontakt mit Filmleuten, Surfern und Jet-Set aufwuchs. Frech, lustig, schonungslos und glaubwürdig.

Raymond Carver: "Short Stories". (Kathedrale, Erzählungen, Piper, 34 DM). In den Kurzgeschichten (bzw. Anti-Kurzgeschichten) passiert wenig, jedenfalls selten etwas Dramatisches. Stattdessen typische Alltagssituationen von Menschen der Unter- und Mittelklasse: Arbeitslosigkeit, Suff, Hausfrauen-Tristesse, Nachbarschaftskonflikte, versandete Lebenswege. Scharf beobachtet das Leben in kalifornischen Städten, auf dem Land, in Indianerreservaten. Einfache und prägnante Sprache.

Raymond Chandler: "The Big Sleep". (Der große Schlaf, Diogenes, 7,8o DM). Privatdetektiv Philip Marlowe, auf der Suche nach einem verschwundenen Ehemann, gerät zwischen die Fronten der Unterwelt von Hollywood und Los Angeles. Nach einigen Morden stellt sich heraus, daß auch die feinen Leute nicht so ganz unschuldig sind. Einer von Chandlers bekanntesten Romanen, verfilmt 1946 von Howard Hawks mit Humphrey Bogart in der Hauptrolle.

Joan Didion: "Play as it Lays". Darstellung des seelischen Verfalls einer Schauspielerin bis hin zur völligen Ziel- und Empfindungslosigkeit. Schonungslose Aufdeckung der Leere von ständig wechselnden oberflächlichen Beziehungen. Spielt im Milieu von Produzenten, Drehbuchautoren und Schauspielern, die sich zu Dreharbeiten zwischen L.A., der Mojave Wüste und Las Vegas bewegen. Eingehende Schilderungen langer Fahrten auf den Freeways von Los Angeles sowie der Trostlosigkeit der Kasinos von Las Vegas.

F. Scott Fitzgerald: "The Last Tycoon". (Der letzte Taikun, Diogenes, 12,8o DM). Geschichte eines mächtigen, arbeitssüchtigen Hollywood-Produzenten. Beschreibungen der Studios und ihres Umfelds: Streß und Ausbeutung der Drehbuchautoren, Hektik des allgemeinen Arbeitsklimas, Reichtum und Leichtlebigkeit der Filmgrößen, Sucht des Publikums nach Kontakt mit den Stars, Macht der Medien und ihr Mißbrauch.

Dashiell Hammett: "The Dain Curse". (Der Fluch des Hauses Dain, Diogenes, 9,8o DM). Eine Serie von mysteriösen Morden geschieht in und um San Francisco. Obwohl alle aufgeklärt werden können, bleiben Zweifel. Ein Privatdetektiv versucht hartnäckig, dem Zusammenhang aller Fälle auf die Spur zu kommen. Eines der Meisterwerke des Krimi-Autors.

Bret Harte: "The Luck of Roaring Camp". (Drei Short Stories, Reclam, 3 DM). Seltenes Ereignis im männerdominierten Goldgräbermilieu: Ein Baby wird geboren. Da die Mutter stirbt nehmen sich die rauhbeinigen Abenteurer des Kindes an. Viel viktorianische Sentimentalität, gemischt mit Realismus und Humor.

Jeanna Wakatsuki Houston: "Farewell to Manzanar". Autobiographische Erinnerungen an die Deportation einer japanischen Großfamilie in ein kalifornisches Internierungslager während des II. Weltkriegs. Schilderung der Zustände im Lager aus der Sicht eines damals siebenjährigen Mädchens. Am Ende steht die noch schwerere Aufgabe, sich nach Auflösung des Lagers wieder in die US-Gesellschaft zu integrieren und sich trotz japanischer Herkunft und Diskriminierung zu amerikanisieren. Lebendige Schilderung eines der düstersten Kapitel der jüngeren amerikanischen Geschichte.

Aldous Huxley: "After Many a Summer". (Nach vielen Sommern, Piper, 12,8o DM). Das Leben in einer schloßähnlichen Luxusvilla in Kalifornien, gesehen aus dem Blickwinkel eines britischen Intellektuellen. Vorbild für die Hauptfigur war der kalifornische Zeitungsmagnat William Randolph Hearst. Mit vielen philosophischen Abschweifungen ausgeschmückte Geschichte um Armut und Reichtum, Liebe und Unverständnis sowie die übersteigerte Furcht vor dem Tod bei den Erfolgreichen der amerikanischen Konkurrenzgesellschaft.

Jack Kerouac: "The Dharma Bums". (Gammler, Zen und hohe Berge, Rowohlt, 8,8o

DM). Kalifornische Tramps und Beatniks auf der Suche nach Wahrheit und dem Sinn des Lebens durch orientalische Philosophie. Atmosphäre der fünfziger Jahre in den Kneipen San Franciscos und der "Szene" von Berkeley. Zwischendurch ausführliche Schilderungen von Bergwanderungen in der Sierra Nevada und im Marin County, die auch heute noch zum Nachahmen einladen. Intensive Auseinandersetzung mit der Schönheit der Bergwelt in Kalifornien sowie dem einfachen Leben mit und in der Natur. Die Sprache spontan und gespickt mit Slang-Ausdrücken.

Jack London: "Martin Eden". (Martin Eden, Xenos, 9,8o DM). Ungebildeter Matrose gerät durch Zufall in die Kreise des viktorianischen Bürgertums und arbeitet sich durch zähes Selbststudium zum Schriftsteller empor. Eine tragische Liebesgeschichte entwickelt sich vor dem Hintergrund des Kontrastes zwischen den brutalen Lebens- und Arbeitsbedingungen der einfachen Leute von Oakland und dem Dünkel und Erfolgsanspruch der höheren Gesellschaft.Stark autobiographisch.

Henry Miller: "Big Sur and the Oranges of Hieronymous Bosch". (Big Sur und die Orangen des Hieronymous Bosch, Rowohlt, 11,8o DM). Lockere Aneinanderreihung von autobiographischen Texten über sein Leben an der kalifornischen Küste (ab 1947). Gemischt mit Reflexionen über Kunst und Künstler. Zu Beginn auch schöne Naturbeschreibungen von Big Sur. Miller selbst nannte dieses Buch ein "potpourri".

John Steinbeck: "Cannery Row". (Die Straße der Ölsardinen, dtv, 7,8o DM). Die amüsanten, manchmal tragikomischen Abenteuer der Bewohner von Cannery Row, der Straße der Fischfabriken in der Hafenstadt Monterey. Stimmungsbilder und Persönlichkeiten aus der Boom-Zeit der Fischindustrie in den dreißiger Jahren. Viel Kalifornien-Nostalgie: u.a. eine aufregende Froschjagd am Carmel River, eine ungewöhnliche Autofahrt von Monterey nach San Diego und die in origineller Gemeinschaftsarbeit durchgeführte Instandsetzung eines ausgedienten Ford Model T.

John Steinbeck: "Sweet Thursday". (Wonniger Donnerstag, dtv, 9,8o DM). Nachkriegszeit in Monterey. Wegen Überfischung der Sardinenschwärme stehen die Fischfabriken leer. Die Typen von Cannery Row sind älter geworden, inszenieren aber weiterhin ihr ernstes und komisches Zusammenleben. Roter Faden ist eine amüsante Liebesgeschichte mit endlosen Hindernissen und Rückschlägen.

John Steinbeck: "To a God Unknown". (Der fremde Gott, dtv, 1o,8o DM). Geschichte einer Siedlerfamilie, die aus Vermont nach Kalifornien kommt und dort im Hinterland von Monterey eine Farm bewirtschaftet. Studie der Lebensbedingungen der ersten Siedler im "gelobten Land": Ihr Kampf gegen die Naturgewalten, ihre Einfachheit und Einsamkeit. Das Entstehen einer indianisch beeinflußten Naturmythologie unterstreicht die menschliche Hilflosigkeit gegenüber den übermächtigen Naturphänomenen einer wenig erschlossenen Wildnis.

John Steinbeck: "East of Eden". (Jenseits von Eden, dtv, 19,8o DM). Eines der Meisterwerke von Steinbeck. Geschichte zweier Familien im Salinas Valley von der Mitte des vorigen Jahrhunderts bis zum Ende des I. Weltkriegs. Roman um den Kampf von Gut und Böse im Menschen mit häufigen Anspielungen auf biblische Ereignisse. Anschauliche Beschreibungen des Landlebens der Siedler sowie der optimistischen Zukunftsgläubigkeit im damaligen Kalifornien, die von den harten Realitäten immer wieder enttäuscht wird. Weitere Themen: Liebe und Freundschaften, Laster und Intrigen im aufkommenden Kleinstadtleben des amerikanischen Westens.

Hunter S. Thompson: "Fear and Loathing in Las Vegas". (Angst und Schrecken in Las Vegas, Rowohlt, 7,8o DM). Groteske Abenteuer in einer grotesken Stadt. Unter dem Einfluß von Drogen verwischen sich für die Protagonisten dieser surrealistischen Story

Traum und Wirklichkeit. Viele treffende Beschreibungen des Trubels in der Spielerstadt, sprachlich jedoch extrem derb und nur für hartgesottene Konsumenten zu empfehlen.

Mark Twain: "The Celebrated Jumping Frog of Calaveras County". (Der berühmte Springfrosch der Provinz Calaveras u. andere Humoresken, Reclam, 3 DM). Kurzgeschichte, durch die der Autor erstmals einem breiteren Publikum bekannt wurde. Dreht sich um einen absurden Wettbewerb mit hüpfenden Fröschen in einem Goldgräberlager. Dokumentiert, wie sich die Goldsucher von ihrer harten Arbeit ablenkten und ihre Nuggets bei Spiel und Wetten schnell wieder verloren.

Evelyn Waugh: "The Loved One". (Tod in Hollywood, Diogenes, 12,8o DM). Schauplatz das Hollywood der Nachkriegszeit. Makabre Satire über das Geschäft mit dem Tod und amerikanische Bestattungsbräuche. Seitenhiebe gegen den Filmbetrieb in Hollywood.

Nathanael West: "The Day of the Locust". (Tag der Heuschrecke, Diogenes, 9,8o DM). Bitter-sarkastisches Buch über das Umfeld der Filmindustrie Hollywoods: Möchtegern-Stars und ein sensationsgieriges Publikum. Eine Abrechnung mit den Methoden, im Show-Business ohne Rücksicht auf Verluste zum Erfolg zu kommen.

Hollywood: Erfolgs-Story des Films

★ DIE BILDER LERNEN LAUFEN

189o hatte George Eastman den sogen. Rollfilm erfunden: fortan konnten Fotos auf einem Zelluloidfilm festgehalten werden. Der franz. Chemiker und Fabrikant Auguste Lumière brachte im gleichen Jahr zusammen mit der amerikanischen Eastman Company den Rollfilm auf den Markt. Er

RECHTS: Film des Franzosen Étienne Jules Marey (1890). UNTEN: Brüder Lumière, die 1895 das erste Kino der Welt eröffneten.

fand Verwendung in Fotoapparaten, war zugleich aber auch die Grundlage für den bewegten Film. Noch im selben Jahr baute der franz. Physiologe Étienne Jules Marey die erste Filmkamera der Welt, wobei er Rollfilm einsetzte.

Das Gerät war noch sehr einfach, konnte aber bereits Bewegungsabläufe zeigen. Es wurde in den folgenden Jahren von verschiedenen Erfindern weiterentwickelt.

1891 erhielt der US-amerikanische Erfinder THOMAS ALVA EDISON in den USA Patente für seine Geräte Kinetograph (für Filmaufnahme) und das Kinetoskop (für Wiedergabe).

Letzteres Gerät projezierte allerdings noch nicht den Film auf eine Leinwand; vielmehr mußte man reinschauen, um die bewegten Bilder zu sehen. In seinem inneren Aufbau entsprach das Kinetoskop Th.A. Edisons allerdings weitgehend den späteren Filmprojektoren. Ein Zelluloid- Film mit seitlicher Perforierung wurde von Zahnrädern vor einer optischen Linse weitertransportiert. Hinter der Linse und dem Film befand sich eine Lampe, die das auf dem Film befindliche Bild beleuchtete.

Der Film- Weitertransport war meschanisch mit einer sich drehenden Schlitzmaske verbunden: jedes Mal, wenn ein neues Bild vor der Betrachtungslinse erschien, gab die Maske den Blick frei, - verschloß sich aber während des Weitertransportes zum nächsten Bild.

Das Kinetoskop Edisons zeigte 46 Bilder pro Sekunde und war somit schnell genug, daß für das menschlich träge Auge der Eindruck des bewegten Bildes entstand. Der Film war 35 cm (!) breit und in seiner Länge in Schlaufen im Gerät untergebracht. Dies wirkte sich natürlich auf die Vorführdauer aus: sie war anfangs auf 15 Sek. beschränkt.

Edison hatte allerdings versäumt, seine Patente auch im Ausland anzumelden. In den USA gründete Edison eine Produktionsfirma und stellte zunächst Minutenfilme her. In sogenannten "Peep- Shows" konnten die Zuschauer einer nach dem anderen durch ein Guckloch die bewegten Bilder sehen. Die Kästen standen reihenweise in Billard-Sälen, Geschäften und sogar auf Bahnhöfen. Wegen der 1-Cent-Münze, die man einzuwerfen hatte, hießen sie in den USA "Penny-Arcades". Sie fanden aber auch in Europa Verbreitung, beispielsweise das Kaiserpanorama in Berlin an der Prachtstraße Unter den Linden. Die dortigen Kurzfilme zeigten vorwiegend Szenen fremder Länder und waren ähnlich wie die "Penny-Arcades" der USA ein großer finanzieller Erfolg der Betreiber.

THOMAS ALVA EDISON

Sowohl Edison, als auch die Brüder LUMIÈRE in Frankreich entwickelten das Kinetoskop weiter. Hinzu kam die Filmspule, um eine größere Länge an Filmmaterial unterzubringen. Aber auch Änderungen im Bereich der Optik und Hintergrundbeleuchtung des Filmes, - die letztlich eine Projektion auf eine Leinwand ermöglichten, so daß in einem Saal mehrere Leute gleichzeitig den Film sehen konnten. Am 28.12.1895 war in Paris Premiere des ersten Lichtspielhauses der

SCHAUKÄSTEN zur Betrachtung bewegter Bilder auf Rollfilm, die Vorläufer späterer Filmprojektion auf die Leinwand. Hier: das "Kaiserpanorama" in Berlin, Unter den Linden.

Welt, betrieben von den Brüdern Lumière. Sie wurden schnell reich, da sich die Menschenmassen vor dem Kino (Kurzform von Kinetograph) stauten, ähnliche Kinos wurden bald auch in anderen Teilen Europas und der USA eröffnet.

In den USA hießen die Schaukästen "Nickelodeon", da der Eintritt anfangs eine Nickel- 5 Cent Münze kostete, - vermischt mit dem griech. Wort für Theater. Das Geschäft lief hervorragend. Klar, daß sich schnell eine Fülle an Kleinfirmen bildete, die mehr oder weniger "hochwertige" Streifen für den Vorführbetrieb produzierten.

Um das sich hochkarätig entwickelnde Bussiness weiter zu erhalten, schloß Edison als US- Patentinhaber des Vorführgerätes die konkurrierenden Filmemacher im "Motion Picture Patents Trust" zusammen, der die Produktion monopolisierte.

Doch mit Hilfe ausländischer Patente machte eine unabhängige Gruppe junger Produzenten Edison Konkurrenz. Ihre Namen sollten später zu den großen der Filmgeschichte gehören: Jack Warner, Louis B. Mayer, der deutsche Einwanderer Carl Laemmle und der Nordamerikaner William Fox.

Zur Verteidigung seines Monopols bemühte Edison die Gerichte und setzte gelegentlich bezahlte Schläger auf die Studios der Unabhängigen an, die dort Kameras zertrümmerten und Filme zerschnitten.

★ THE MOVIES GO WEST

Mit der Zeit wurden diese Störaktionen den jungen Produzenten zu bunt. Sie hielten Ausschau nach einem Ort, an dem der Edision- Trust sie in Ruhe ließ. So weit weg wie möglich von New York war die Devise.

Südkalifornien schien für diese Newcomer als bester Produktionsort, da das Klima dort ganzjährig warm ist, einigermaßen weit weg vom Edison-Trust und zudem auch an Landschaft optimal für beispeispielsweise Wildwest- Streifen. Immer mehr dieser Newcomer der Filmbranche wanderten nach Los Angeles und dort HOLLYWOOD aus.

Bereits ca. 191o befanden sich dort die besten Produzenten und bekanntesten Filmstars. Details siehe auch Seite 232. In den folgenden Jahren wurde Hollywood zur Metropole des Weltschaffens der Filmproduktion.

★ STUMMFILM-ZEITEN

Die Minuten-Streifen der "Penny-Arcades" und die Kurzfilme der "Nickelodeons" waren längst abgelöst von längeren Spielfilmen. Aber vor 192o galt der Film immer noch als drittklassige Kunst für die niederen Schichten des Volkes. Doch Regisseure und Schauspieler machten Fortschritte. Das klassische Vorbild für die Stummfilmzeit wurde "The Birth of a Nation" (Die Geburt einer Nation), 1914 gedreht von D.W.GRIFFITH.

Griffith überwand als erster die Konzeption von Film als Kopie des Theaters und setzte die eigenen Mittel des Films bewußt und konsequent ein: Einstellungswechsel innerhalb einer Szene, Auf- und Abblende, Wechsel des Bildformats.

Im Bürgerkriegs-Drama "The Birth of a Nation" ließ er am Ende drei Handlungsstränge parallel laufen und zusammenschneiden. Revolutionär auch die Schlachten-Szenen mit ihrem Wechsel von der Totalen zu Gruppen- und Detailaufnahmen, womit individuelles Erleben und Leiden mit einem Gesamteindruck der Handlung kombiniert wurde.

Nicht nur filmtechnisch ging Griffith neue Wege. Da seine Gesellschaft die geschätzten Produktionskosten von 1oo.ooo Dollar scheute (damals ausreichend für ein Dutzend gewöhnlicher Filme), finanzierte er den Streifen durch eine Art Aktienausgabe an der Wall Street. Der Erfolg war für Stummfilmzeiten sensationell: Innerhalb von "nur" 15 Jahren spielte "The Birth of a Nation" 18 Millionen Dollar ein.

Neben Griffith setzte CECIL B. DEMILLE der Film-Regie eine richtungsweisende Rolle. Er gehörte zu den Regisseuren der ersten Stunde in Hollywood und prägte während der Stummfilm-Epoche das noch heute bestehende Klischee vom allmächtigen Regisseur, der das Studio regiert, indem er ein Heer von Schauspielern, Statisten und Kameraleuten nach seinen Launen und Einfällen herumkommandiert.

DeMille schuf zwar keine neuen Prinzipien filmischer Dramaturgie, erkannte aber die Vorliebe des Publikums für Geschichten aus der High Society und garnierte sie mit dem nötigen Quantum an "money and sex". Er machte das wirkliche oder fiktive Privatleben der Reichen zum Thema, seine Dramen und Komödien trafen den Geschmack der Zeit, und DeMille beeinflußte mit dieser Erfolgsformel eine Generation von Regisseuren.

Außerdem wurde der Film durch ihn erstmals auch zum Trendsetter gesellschaftlicher Strömungen: Was seine Schauspieler heute trugen, wurde morgen zur Mode, und mit den Inneneinrichtungen der Wohnungen in seinen Filmen setzte er dauerhafte Trends in den amerikanischen Haushalten.

CHARLES CHAPLIN: oft kopiert, aber nie erreicht sind die Leistungen des besten und finanziell erfolgreichsten Stummfilmstars und Regisseurs.

Mit seinen Filmen "The Tramp" und "The Vagabond" kreierte er 1915/17 eine der unvergeßlichsten Figuren der Filmgeschichte. Ein kleiner Mann mit der Aura des Unschuldigen und Heruntergekommenen spaziert mit seinen übergroßen Schuhen und dem Stock durch die komischsten Situationen, die aber nicht darüber hinwegtäuschen, wie er an Ungerechtigkeiten und dem übermächtigen Schicksal leidet.

Chaplin schaffte nicht nur glänzend den Übergang vom Theater zum neuen Medium Film, - zugleich gibt es kaum einen anderen Star der Stummfilmzeit, der über ein derart hohes Maß an Einfällen und Originalität verfügte. Immerhin hatten die Filme keinen Ton, - es galt also, durch bewegte Handlungsabläufe die Zuschauer zu fesseln, die den früheren platten Klamauk zusammenbrechender Betten und ins Gesicht geworfener Torten leid waren.

Sein hohes Können verschaffte ihm großen Verdienst; seine Filme waren in der Anfangszeit des Stummfilms und Eintritt in den Vorführtheatern teurer als die anderer, - zu Recht. Chaplin- Filme waren damals bereits ein Erlebnis. Das Publikum schmunzelte und lachte über seine Einfälle. Mit Chaplin, der gegen die Naturgewalt des täglichen Lebens ankämpfte, konnten sich breite Schichten der Zuschauer identifizieren.

Künstlerischen (und finanziellen) Höhepunkt in seiner frühen Schaffensperiode fand Chaplin mit dem Stummfilm "GOLDRAUSCH" (1925). Hier stellt sich der Vagabund dem ur-amerikanischen Abenteuer des Aufbruchs zu neuen Ufern und entzaubert den Mythos vom schnellen Reichtum.

Fantastisch sind Szenen, wie die eingeschneite Hütte, in der sich Chaplin und sein Partner aufhalten. Sie wird vom Sturm über eine Felsklippe getrieben und hängt nur noch an einem dünnen Seil. Die beiden Partner kämpfen um das Überleben, und die Hütte neigt sich bedenklich, je nach dem wo sich der jeweilige Goldrush- Partner gerade aufhält. Oder Szenen, wo der Tramp in Liebe zur Angebeteten Kerzen in seiner armseligen Hütte aufstellt für ein Abendessen. Diese kommt zwar mit Freundinnen, aber lacht über den Tramp, der weder Erfolg hatte bei Goldfunden, - noch sich mit den "tollen Männern" messen konnte in den Saloons, - wo sich Chaplin mit Faden am Hund verhaspelt und lächerlich macht.

Dies sind Szenen, die zu den größten Hollywoods und der Filmgeschichte zählen. Sie

faszinieren und berühren, ohne daß Ton nötig war. Chaplin- Filme, obwohl vor gut 8o Jahren gedreht, kann man noch heute wegen hoher Originalität ansehen, - was für andere damalige Stummfilmstars und deren Muff und Verstaubtheit der Streifen meist gilt.

Kleines PS: Chaplins erste Stummfilme aus seiner Anfangszeit 1914 - 21 (und vor seinen großen Streifen "Goldrausch" bis z.B. Rampenlicht) wurden in TV- Synchronisationen in heutiger Zeit ein zweites Mal vermarktet. Statt früherer Präsentation der Streifen per life Piano-Untermahlung im Kino kreischt hier ein Synchrosprecher in hoher Fistelstimme pseudooriginelle Kommentare. Schade, und man kann hier nur den Ton abdrehen....

Interessant für Filmfreaks ist dagegen eine Fassung des "Goldrausch", die das Bayrische Fernsehen vor rund 4 Jahren sendete. Hier kommentiert Charlie Chaplin persönlich seinen Film. Auch die Filmmusik wurde von ihm komponiert. Diese Version stammt von ca. 1945. Weitere Details zu Filmen und dem Leben Chaplins siehe Seite 234.

BUSTER KEATON dürfte aus heutiger Sicht der einzige sein, der Chaplin zumindest einigermaßen das "Wasser reichen" kann. Sein Immage war "Null- Lachen", aber (wie Chaplin) ständiger Kampf gegen alle Formen der Widernisse. Die Buster Keaton- Filme (insbesondere der "General") zählen zur ersten Kategorie der Stummfilmzeit Hollywoods, werden aber, - aus welchen Gründen auch immer, - praktisch nie im Kino oder TV gezeigt. Schade!

HAROLD LLOYD glänzte durch die Einstellung, wo er am Zeiger der Uhr einige Stockwerke oberhalb der dichtfrequentierten Straße hängt. Seine Stummfilme sind passabel originell, können aber nicht das Niveau eines Chaplin oder Buster Keaton erreichen.

DICK und DOOF: rauf und runter bei knallhartem Klamauk der Tortenschlachten etc. Dies traf damals den breiten Allgemeingeschmack und brachte massenweise Dollar in die Kassen der Produzenten. Heute ein zweites Mal für TV synchronisiert mit grellen Synchrostimmen, bei RTL liefen zudem per Computer nachkolorierte Farbversionen.

UNBEKANNTERE STUMMFILME der Zeit ab 191o sind heute vorwiegend interessant wegen spektaktulären Unfällen, wo Dampfloks am Bahnübergang Autos zerstören, Verfolgungsjagden, die alte Autos zeigen etc. Derartige Streifen wurden in Hollywood massenweise produziert und dienten der Füllung der Kinos.

MARY PICKFORD und DOUGLAS FAIRBANKS verkörperten eine andere Strömung des Stummfilmes. Den Produzenten ging es hier um die Präsentation einer Traumehe, wobei auf entsprechende Identifikation des

Zuschauers spekuliert wurde und Einnahmen an den Kinokassen.

Beide, Mary Pickford und Douglas Fairbanks, heirateten dann auch in der Realität und wurden zum "Traumpaar Hollywoods". Die Angelegenheit schlachtete die Filmpresse entsprechend aus, und der Film mit Mary Pickford als hübsche Unschuld mit dem Lockenkopf, bedrängt und bedroht, doch letztlich immer erfolgreich im glanzvollen Happy-End und in den Armen des besten aller Liebhaber (D. Fairbanks) wurde entsprechender Kassenerfolg.

DIE "STARS" EROBERN HOLLYWOOD

Bei den Allerweltsproduktionen der Frühzeit des Hollywood- Stummfilms sahen die Produzenten die Mitarbeiter (von Darsteller bis Regisseur) als unwichtig. Sie wurden schlichtweg nicht genannt.

Ausnahmen bildeten Streifen wie von Charlie Chaplin, die sich erheblich besser verkaufen ließen. Das Publikum war langsam die Hollywood - Massenproduktion minderwertiger Stummfilmstreifen leid und schaute zunehmend darauf, ob ein Charlie Chaplin, Buster Keaton oder eine Mary Pickford (etc.) Darsteller waren, - was ihnen Qualität garantierte.

Auch die Kinobesitzer konnten diese Tendenz an ihren Kassen feststellen. In Folge förderten die Hollywood- Produzenten zunehmend den Star-Rummel durch PR- trächtige Aktionen (siehe oben z.B. Mary Pickford).

Die Folge war allerdings auch, daß derart aufgebaute Stars zunehmend höhere Gagen forderten. Ein Charlie Chaplin arbeitete anfangs für 15o US die Woche, forderte ein Jahr später bereits 1.2oo US/Woche plus 1o.ooo US Handgeld, die er (wie er in seinen Memoiren vermerkt) "zu seinem Erstaunen" auch erhielt. Später wurde er dann pro Film bezahlt und zu Beträgen, die die höchsten des damaligen Hollywood waren. Details siehe Seite 186.

Eine der ersten Figuren, die sich im Bewußtsein des Publikums einprägten, war Mary Pickford. Als Kinderstar der Stummfilmzeit ("Little Mary") wurde sie durch die PR gefördert. Ihrer Mutter war klar, welche Rolle ein Top- Star für den finanziellen Erfolg eines Filmes bedeuten kann. Nach Anfangserfolgen des Kinderstars "Little Mary" spielte die Mutter bei Filmhonorar- Verhandlungen die einzelnen Filmgesellschaften gegenseitig aus.

Die Folge: Wer diesen Marktaufhänger "Little Mary" im Programm haben wollte, mußte tiefer in die Tasche greifen. Bereits 1915 kassierte "Little Mary" 7.ooo Dollar pro Woche. Gemäß heutiger Gagen für "Vermarktungs- Aufhänger" (sie belaufen sich bei 1o oder mehr Millionen US je nach Star) zwar ein lächerlicher Betrag, - so doch Anbeginn der Star- Vermarktung. Auch dürfte die Mutter der "Little Mary" der erste Schauspieler-Agent Hollywoods gewesen sein. -

Auch Charlie Chaplin hatte seinen eigenen Agenten (es war sein Bruder). Als die Probleme mit den Filmcompanies (aber auch politische Probleme) für Chaplin zu groß wurden, gründete er 1919 seine eigene Filmgesellschaft, die "United Artists". Gewiß ein Sonderfall im frühen Hollywood, aber Chaplin war auch der größte der Stummfilmstars. Die meisten

anderen Stars pokerten brav um höhere Gagen, die sie je nach Starberühmtheit auch erhielten.

★ DAS KINO DER STARS

Die Film-Industrie Hollywoods sah sich über Nacht mit der Tatsache konfrontiert, daß sie weltweit die höchstbezahlten Angestellten in ihren Reihen hatte. Die zusätzlichen Kosten wälzte sie aufs Publikum ab, das ja nach den Stars gerufen hatte: Eintrittspreise für Pickford- oder Chaplin-Filme lagen höher als andere.

Oft publizierten die Filmgesellschaften auch die extrem hohen Einkünfte ihrer Filmstars: Allein die Tatsache, daß ein Schauspieler dermaßen viel Geld verdiente, lockte ein noch größeres Publikum an, das ihn unbedingt sehen mußte. Der Star-Kult schaukelte sich selbst in immer neue Höhen.

Dies war der Beginn des Hollywood- Star Rummels. Bald schon genügten Hinweise auf das hohe Einkommen nicht mehr; das Publikum war Derartiges gewohnt. Es galt, Aktion in die PR zu bringen, - Affären der Stars, ihr Privatleben, Liebschaften etc.

Ständig befanden sich Produzenten auf der Suche nach neuen Gesichtern, die bei den Kinogängern ankommen könnten. Voraussehbar war der Erfolg absolut nicht. Also produzierte man eine Reihe von Filmen und wartete ab. Bei einem Flop verschwand der Schauspieler in der Versenkung. Mit einem neuen Publikumsliebling jedoch fuhren die Studios ungeheure Gewinne ein, zumindest so lange, bis seine Gehaltsforderungen zu hoch wurden, oder die Konkurrenz ihn abwarb.

Die Öffentlichkeit reagierte ebenfalls auf das neue Phänomen "Film-Star". Zeitschriften stürzten sich auf die Stars und verbreiteten Tatsachen, Gerüchte und Lügen. Die Leser verlangten nach Intimitäten aus dem Leben ihrer Helden und bekamen sie präsentiert. Besonders beliebt waren Skandale um das lockere Sittenleben, ein Spektakel, das noch heute nichts von seiner Anziehungskraft verloren hat.

Die Publicity um Glamour und Millionen-Verträge brachte eine Völkerwanderung junger Mädchen und Frauen in Gang. Zehntausende kamen nach Los Angeles und Hollywood in der Gewißheit, dort zum Star zu werden oder "zumindest" einen reichen Schauspieler zu heiraten. Nur ganz wenige schafften es, wobei schon damals der Weg oft über Parties und ins Bett des Produzenten oder Starschauspielers führte und nach mehreren Liebesnächten die Damen sich dann als Verkäuferin oder Serviererin wieder in der Realität fanden. Ganz Freche versuchten dann, dem Produzenten ein Baby anzuhängen. Auch Chaplin hatte hier seine Probleme.

Der Zustrom war so groß, daß die Produzenten eine landesweite Kampagne lancierten, um die Mädchen fernzuhalten. Paramount drehte sogar einen Film, in dem rund fünfzig Stars die Botschaft vermittelten: "Keep away from Hollywood!".

Ein spezieller Fall war Charlie Chaplin, der zusammen mit Mary Pickford, Douglas Fairbanks und dem Regisseur D.W. Griffith 1919 die Filmgesellschaft "United Artists" gründete. Fortan waren die vier Stars ihre eigenen Arbeitgeber. Sie mußten ihre Produktionen selbst finanzieren (was ihnen wegen ihres bisher Verdienten nicht schwer fiel) und das volle Risiko tragen. Auch mußten sie sich ein eigenes Vertriebsnetz an Aufführungstheatern schaffen. Dafür kassierten sie aber auch den kompletten Gewinn des Einspielergebnisses.

Bei der United Artists funktionierte das "Do-it-yourself"- System, da die Besitzer unumstrittene Publikumslieblinge waren und im Filmemachen über höchstes Talent verfügten. Auch konnte die United Artists weitere Weltstars an sich binden und war finanziell sehr erfolgreich.

Ansonsten verdrängten ab ca. 192o die großen Filmgesellschaften die vielen früheren Kleinproduktionsfirmen Hollywoods, indem sie diese aufkauften oder aber die Kleinfirmen sang und klanglos von der Bildfläche verschwanden (siehe auch Seite 24o).

★TÖNE FÜR DEN FILM

1927 lief der erste Tonfilm im Kino: "The Jazz Singer". Ein künstlerisch belangloser Streifen, der auch Gesang enthielt. Die ersten Worte des Schauspielers Al Jolson machten Filmgeschichte: "Hey, Mom, listen to this!". Und nicht nur die Mom hörte zu, sondern bald die ganze Welt.

Der Film war übrigens für den Oskar- Preis nominiert und hätte ihn sicher auch in der Rubrik der "epochemachende Neuerung" verdient. Die Jury strich den Film aus ihrer Liste mit dem Argument, daß er alle andernen (stummen) Filme aus dem Rennen werfen würde. Die Entscheidung wurde später als eine der Skandale der Oskar- Jury gewertet.

Hin wie her, - zumindest in Sachen künstlerischer Qualität dürfte die Oskar- Jury damals richtig entschieden haben...

Den Übergang zum Tonfilm begrüßte Hollywood keinesfalls mit Enthusiasmus. Hier waren zwei Jahrzehnte Entwicklung der Filmdramaturgie plötzlich hinfällig: völlig neue Pinzipien mußten bei Drehbuch, Regie, Filmschnitt und der Schauspielerei geschaffen werden. Die Mehrzahl der Filmemacher befürchtete eine Gefahr für ihre künstlerischen Ambitionen; schließlich bestand ihr filmisches Können gerade darin, das Gespräch durch andere Darstellungsformen zu ersetzen.

Charlie Chaplin trotzte dem Tonfilm noch jahrelang mit Stummfilm-Produktionen. Nur seine ungeheure Popularität und sein hohes Können ermöglichten den Publikumserfolg von Streifen wie "The Circus" (1929) und "City Lights" (Lichter der Großstadt, 1931) angesichts der inzwischen schon übermächtigen Tonfilm-Konkurrenz.

Zu den Anfangsproblemen des Tonfilmes gehörten die Kameras: damit keine Geräusche der Kamera aufgezeichnet wurden, mußten Kamera und Kameramann in einen riesigen ausgepolsterten Kasten. Dort schwitzte der arme Mann und kippte nicht selten ohnmächtig um. Auch waren die riesigen Kästen so unhandlich, daß wieder im Studio gefilmt werden mußte.

Kamera- Fahrten, die Objekte und Personen verfolgten, waren mit diesen riesigen Kästen nicht möglich, und die frühere Lebendigkeit der Stummfilmstreifen ging verloren.

Zudem setzten die Regisseure und Drehbuch- Autoren den Ton exzessiv ein. Sie ließen die Darsteller pausenlos reden und ermüdeten bald die Zuschauer durch ewig lange Dialoge. Zugleich verzichteten sie auch auf die film-typischen Gestaltungsmöglichkeiten der Handlung.

Insgesamt war in den ersten Jahren des Tonfilms eine künstlerische Verflachung der Filme die Folge. Dies wurde bald auch in den Kinos vom Publikum quittiert, die sich an den Ton gewöhnt hatten und mit "flau" produzierten Streifen nicht mehr zufrieden waren.

Nachdem man die Anfangsprobleme des Tonfilms in den Griff bekommen hatte, begannen ab ca. 193o die Goldenen Jahre Hollywoods. Zu den Top- Regisseuren gehörte

ALFRED HITCHCOCK, der **1939** von England nach Hollywood geholt wurde. Der Meister des Suspense und seine Frau Alma (Meisterin im Filmschnitt) lieferten Streifen, die zum besten gehören, was Hollywood je produzierte. Dies bezogen auf Handlung, Dramaturgie, Regieführung und den Filmschnitt.

Ein guter Film der Top-Qualität zeichnet sich dadurch aus, daß man ihn 1, 2 oder 1o mal sehen kann und immer wieder fasziniert ist und Neues entdeckt. Dies gilt für Hitchcock, vorausgesetzt man steht auf Suspense.

Hitchcock beherrschte Fahrtszenen ebenso wie den Filmschnitt, den Dialog und den Aufbau der Handlung als absoluter Meister.

Zur Glanzzeit Hollywoods gehören auch die Filme der "Schwarzen Serie", sowie Humphrey Bogart mit z.B. "Casablanca", ein Streifen, der Filmgeschichte machte und zu den Kultfilmen gehört: "Schau mir in die Augen, Kleines!"... (siehe Seite 195).

Die Probleme der Nebengeräusche von Tonfilmkameras hatte die Industrie durch den sogen. "Blimb" in den Griff bekommen: die Kamera hatte fortan eigene Geräuschdämmung, so daß der Kameramann nicht mehr in den "Schwitzkasten" mußte.

Gewaltige Kamera- Kräne waren konstruiert, die Kameramann und Regisseur durch die Luft schwenkten, eingesetzt u.a. für Kamerafahrten Alfred Hitchcocks in "Weißes Gift" (1946), sie gelten als beste Einstellungen dieser Kategorie der Filmgeschichte.

Hitchcock lieferte eine Reihe weiterer Meisterleistungen: sein Film "Lifeboat" (1943), der Film spielt über gesamte Länge an ein und der selben Stelle: nämlich in einem Rettungsboot inkl. Dialoge. Hitchcock wollte hiermit zeigen, wie man auch einen reinen Dialogfilm spannend gestalten kann.

In "Rear Window"(1954) arbeitet Hitchcock mit der Person eines Fotoreporters, der wegen Gipsbein ans Zimmer gefesselt ist. Damit ist der weitere Handlungsablauf vorbestimmt, nämlich kaum Ortswechsel: Alles findet ab Fenster des Reporters statt, der von hier Einblick in den Hof hat. Ein Film packend bis zur letzten Sequenz, ohne größeren Ortswechsel. Gewollt oder ungewollt hatte Hitchcock hier den 3. klassigen anderen Hollywood- Regisseuren dokumentiert, wie man auch ohne Wechsel des Handlungsortes spannende Filme fertigt.

In "The Rope" (1948) lieferte Hitchcock einen Streifen, der angeblich ohne jeglichen Filmschnitt auskommt. Ich habe den Film mehrfach gesehen und war schnell von Handlung und Dialogen "abgelenkt" (Kompliment an den Meister), - so daß ich den Film nochmals sehen muß, um zu überprüfen, ob die Behauptung stimmt...

"A Lady vanishes" (Eine Dame verschwindet, 1938) dürfte zusammen mit "39 steps" (1935) zu den schönsten Handlungsfilmen Hitchcocks zählen. Sie wurden noch während seiner englischen Zeit des Filmschaffens gedreht.

"Psycho" (196o) enthält die sicher berühmteste Mordszene Hollywoods, machte Filmgeschichte und wurde oft kopiert.

"Die Vögel" (1962) sind die wichtigsten Trickaufnahmen Hollywoods, bevor neuere Regisseure unter George Lucas mit modernster Technologie Streifen wie "Star Wars" fertigten (1978, Details Seite 2o5).

Der Tonfilm der 3o-er Jahre bedeutete sowohl für die Filmstudios teure Anlagen, - wie auch für die Kinos. Hier mußten Säle von 5oo - 1.ooo Personen beschallt werden, was die Anschaffungkosten damals sehr teurer Röhrenverstärkeranlagen verursachte.

Nur noch Firmen mit großem Kapital konnten die Anlagen finanzieren, was Hollywood endgültig in einen Firmenapparat der Großindustrie verwandelte.

Die Studios banden mittels langfristiger Verträge einen Stamm von Schau-

spielern an sich, denen die Filme zugewiesen wurden, in denen sie aufzutreten hatten. Ihr Image war festgelegt, oft wurden die Drehbücher darauf zugeschnitten. Ein einmal erfolgreiches Star-Bild sollte so wenig wie möglich abgewandelt werden.

Folge war, daß sich die Schauspieler in der Gunst des Publikums abnutzten und ausgetauscht wurden. Über Nacht endeten erfolgreiche Karrieren und neue begannen. Nur Schauspieler, die ein anderes Studio wieder mit neuem Image aufbaute, konnten Erfolge über einen längeren Zeitraum verbuchen.

Die Macht der Studios vergrößerte sich noch durch einen weiteren Aspekt des Tonfilms: Die europäischen Länder konnten ihre Filme aufgrund der Sprachprobleme nicht mehr umstandslos exportieren. Die Amerikaner dagegen verfügten über einen riesigen Markt englisch-sprachiger Länder, der ihnen enorme Zusatzgewinne einspielte.

Seine finanzielle Überlegenheit nutzte Hollywood für die Eroberung der europäischen Film-Märkte. Die Studios experimentierten mit Formen der Synchronisation und machten ausländische Schauspieler zu Stars. Ein geschickter Schachzug, denn in ihren Heimatländern zogen Greta Garbo, Marlene Dietrich, Pola Negri, Maurice Chevalier oder Rudolph Valentino die Massen an und sorgten für die Publicity amerikanischer Filme.

✶ FARBFILM

Schon seit 1917 experimentierte man mit Farbfilmen. Es gab Versuchs-Produktionen, und in vielen Filmen waren einige wichtige Szenen mit Farbe unterlegt. Allerdings waren die Techniker während der zwanziger Jahre nicht in der Lage, den blauen Teil des Farbspektrums zu isolieren, so daß vor allem Himmel und Wasser in eintönigem Grau erscheinen mußten. Erst zu Beginn der dreißiger Jahre ermöglichte das neue Technicolor-Verfahren die Einführung des Farbfilms und perfektionierte Hollywoods Rolle als Traumfabrik Amerikas und der ganzen Welt.

Das Technicolor-Verfahren verwendete zunächst Walt Disney in seinen Zeichentrick-Filmen "Flowers and Trees" (1932) und "The Three Little Pigs" (1933). Der Erfolg war durchschlagend, und auch die Spielfilm-Produzenten hielten sich danach nicht länger zurück. Der erste vollständig farbige Spielfilm war "Becky Sharp", in dem Regisseur Rouben Mamoulian vor allem die Buntheit der Kostüme voll ausspielte.

Das Monumental-Epos "Gone with the Wind" (Vom Winde verweht) von **1939** gilt als erster Super-Farbfilm der Filmgeschichte. Seine Produktion war ein Abenteuer, und seine Entstehungsgeschichte charakterisiert eindrucksvoll Macht und Wagemut der Produzenten und den damaligen Zustand des Zelluloid-Imperiums von Hollywood.

Die Seele des Films war sein Produzent David O. Selznick, eine der außergewöhnlichsten Figuren in der Geschichte Hollywoods. Er hatte 1933 bei der Produktion von

"King Kong" mitgewirkt und sich danach mit mehreren Filmen bei "Metro-Goldwyn-Mayer" einen Namen gemacht.

1935 gründete er eine eigene Gesellschaft und stürzte sich nach einigen Erfolgen in das Projekt von "Gone with the Wind". Für 5o.ooo Dollar kaufte er die Rechte an Margaret Mitchells Bestseller, von dem täglich knapp 4.ooo Exemplare verkauft wurden, für die damalige Zeit ein absoluter Rekord.

Doch damit begannen auch schon die Schwierigkeiten. Die Produktion würde mehr als einen Jahresetat von Selznicks Firma verschlingen, allein für die Kostüme mußten Zehntausende von Dollar veranschlagt werden. Der Produzent war auf die Gunst von Geldgebern angewiesen, die er von den Chancen des Projekts überzeugte. Außerdem fand sich kein Drehbuchautor, der den gewaltigen Stoff zu Selznicks Zufriedenheit filmgerecht aufbereiten konnte, so daß er während der Dreharbeiten die Szenen immer wieder selbst schrieb und veränderte.

Mittlerweile wurde die Besetzung der Rollen zu einem Medienspektakel. Alle Welt forderte Clark Gable als Hauptdarsteller. Der jedoch stand bei MGM unter Vertrag und mußte für eine horrende Summe ausgeliehen werden. Noch schwieriger gestaltete sich die Suche nach der weiblichen Protagonistin. Die Presse und die Leser von Mitchells Buch überhäuften Selznick monatelang mit Vorschlägen, zahlreiche Stars (u.a. Bette Davis, Joan Crawford, Lana Turner) drängten sich auf oder wurden zu Probeaufnahmen geladen, bevor sich Selznick für die unbekannte Engländerin Vivien Leigh entschied. Diese wiederum mußte sich erst von ihrem britischen auf den Südstaatenakzent umstellen, um eine glaubwürdige Scarlett O'Hara abzugeben.

Im Januar 1939 begannen die Dreharbeiten unter Regisseur George Cukor, doch wegen des immer noch fehlenden Drehbuchs kam es zu Auseinandersetzungen, und Cukor gab auf. Victor Fleming drehte den Film zu Ende, der Ende 1939 in Los Angeles uraufgeführt wurde. Auf gut 4 Millionen Dollar beliefen sich die Produktionskosten. Doch der Aufwand hatte sich für Selznick, den Außenseiter im Film-Business, gelohnt: der Film spielte bereits in den ersten 5 Monaten rund 2o Millionen Dollar ein und war der damals erfolgreichste Film. Außerdem erhielt er 5 Oskars als * bester Film, - * für die Regie, - * für die männliche Hauptrolle, - * für die weibliche Hauptrolle und für die * weibliche Nebenrolle (ging an Hattie McDaniels und war der erste Oskar an eine Schwarze Schauspielerin).

Die Szene des in Brand geratenen Munutionslagers in Atlanta filmten 7 Technicolor Kameras, wobei übrigens die Filmkulissen der vorher gedrehten Streifen "King Kong" und "King of Kings" verfeuert wurden.

Über die künstlerische Qualität von "Gone with the Wind" lässt sich arg streiten: hier trieften Herz und Schmerz, und in den Kinosälen bildeten sich Seen von Tränen. Das doch brisante Thema der Sklaven und die Gründe, warum es zum Ausbruch des Bürgerkrieges kam, wurden mit grenzenloser Naivität dem Zuschauer präsentiert. Eine Edelschnulze bombastischer Präsentation auch der Farbgestaltung, die eher künstlich-kitschig als künstlerisch war. Aber: Selznick hatte den Geschmack des Volkes getroffen, und selbst in den 6o-er Jahren füllte der Streifen noch die Kinosäle.

Mit der Einführung des Farbfilms und Selznicks Super-Produktion hatte sich Hollywood endgültig als Weltmacht des Films etabliert, der niemand Vergleichbares entgegensetzen konnte. Die 8 einflußreichen Studios produzierten pro Jahr rund 4oo neue Filme, die bei dieser Massenproduktion nicht immer 1. Klasse waren.

Zumindest: 9o % der weltweiten Filmproduktion kamen nunmehr aus Hollywood. In den USA besuchten wöchentlich rund 5o Millionen Amerikaner die Kinosäle und brachten den Studios einen jährlichen Gewinn von 7oo Millionen Dollar. Die Film-Industrie hatte sich zum elftgrößten Wirtschaftszweig der Vereinigten Staaten gemausert.

✶ SCHWARZ-WEISS-KLASSIKER IM FARB-ZEITALTER

Trotz des sensationellen Erfolges von "Gone with the Wind" setzte sich der Farbfilm nicht so schnell durch wie seinerzeit der Tonfilm. Die Produktionskosten in Farbe lagen um 5o Prozent höher als Schwarz/Weiß, und der Eintritt der USA in den II. Weltkrieg zwang auch Hollywood zum Sparen bei Material und Aufwand.

Außerdem galten Farbfilme lange Zeit als künstlerisch minderwertig, was mit damals noch nicht perfekter Farbwiedergabe des Filmmaterials zusammenhing, - aber auch mit monströsen Streifen wie "Gone with the Wind", die die Farbe bombastisch reinknallten, statt sie künstlerisch einzusetzen.

Bedeutende Regisseure und viele Schauspieler weigerten sich, mit Farbfilmen zu arbeiten, bzw. sich in Farbe abgebildet zu sehen. John Ford, einer der ganz großen Regisseure Hollywoods, drehte bis in die 6o-er Jahre die meisten seiner Erfolgsfilme in Schwarz-Weiß, und Greta Garbo erschien nie in Farbe.

In den 4o-er Jahren wurde noch die Mehrzahl der besten Filme Hollywoods in S/W gedreht. Darunter der Filmklassiker "Citizen Kane" (1941) von Orson Welles, den dieser als 25-Jähriger drehte und der einen Oskar für die beste Regie erhielt.

Orson Welles hatte sich bereits 1938 einen Namen gemacht mit dem Hörspiel "War of the Worlds" (Krieg der Welten). Ein Reporter berichtet aufgeregt im Radio, daß fremde Sternenbewohner in die USA eindringen. Der Bericht war so authentisch, daß Tausende von Amerikanern voll Angst im Rundfunksender anriefen. - "Citizen Kane" behandelt das Leben und Sterben eines Zeitungsmagnaten. Die Paralellen zu Randolph Hearst waren so direkt, daß dieser die Aufführung des Filmes zunächst zu unterbinden versuchte (siehe auch Seite 591).

Zu den Top-Filmen Hollywoods der 4o-er Jahre gehört selbstverständlich auch der Kultfilm "Casablanca" (1942) mit Humphrey Bogart und Ingrid Bergmann, produziert von den Warner Broth., Regie Michael Curtiz.

Für die Zuschauer hat "Casablanca" viele Identifikationspunkte: er enthält Elemente eines Liebes-, Abenteuer- und Spionagefilmes und berührt Probleme, mit denen Emigranten des 2. Weltkrieges konfrontiert waren (1942 ein absolut aktueller Stoff). Zentraler Angelpunkt im Film ist die Ricks Bar, wo sich diejenigen treffen, die aus dem Nazi- Deutschland geflüchtet waren, aber auch Spione und Agenten. Bogy wirft Erd-

nüsse in den Ventilator an der Decke und startet zündende Sprüche, die später zu geflügelten Worten des Kinopublikums wurden: der Kultfilm war geboren.

"Casablanca" ist über weite Sequenzen ein "Nachtfilm", auch hier ergab sich ein Identifikationspunkt für die Zuschauer: Denn wer wollte nicht eine Nacht in der Ricks Bar verbringen, wo Naziagenten lauthals "Wacht am Rhein" sangen, während französische Widerstandskämpfer die Marseillaise anstimmten, der schwarze Pianist "As Time goes by" klimperte und die Atmosphäre prickelte durch Filmschnitte, "was währenddessen hinter den Kulissen passiert"...

"Casablanca" enthält zugleich Elemente des Nostalgiefilms: bereits in der ersten Sequenz verabschiedet sich Rick Blaine (Humphrey Bogart) von Paris und den früher guten Zeiten. Und auf dem Airport von Casablanca (nebelverhangen und natürlich nachts) verabschiedet er sich in der Endsequenz des Filmes als einer der wenigen, die Marokko per Flugzeug Richtung USA verlassen dürfen.

Der Streifen ist handwerkliches Hollywood der Topklasse, sowohl was Dramaturgie, Filmmusik, dichte Atmosphäre, Regie und schauspielerische Leistung betrifft. Er erhielt 1943 den Oskar für den "besten Film". Wieder einmal war bewiesen, daß für künstlerische Qualität nicht unbedingt die Farbe nötig ist.

Großartig sind Szenen, wo Bogy zu seiner Geliebten (gespielt von Ingrid Bergman) sagt: "Schau mir in die Augen, Kleines!", und sie zaubert ein Lächeln um den Mund, welches zu den schönsten der Filmgeschichte zählt und das hohe Können Ingrid Bergmans als Schauspielerin dokumentiert.

Während bereits für Casablanca gedreht wurde, war das Drehbuch noch nicht fertig, - also auch offen, ob Ilsa Lund (I. Bergman) nun Rick oder Lazlo bekommt. Der Regisseur Curtiz sagte Ingrid Bergman: "spielen sie doch irgendwo in der Mitte", was zusätzlich authentischen Reiz dem Film verlieh.

Mit "Casablanca" hatte sich Humphrey Bogart endgültig als Darsteller des "harten Mannes mit sensiblem Inneren" im Filmgeschäft etabliert. Ständig qualmte er Zigaretten im Mundwinkel (beachte: Filmszenen wurden oft 1o-4o mal abgedreht, bis sie im "Kasten" waren), - welches ihm später auch zum Verhängnis wurde: er starb 1982 als Multimillionär an Lungenkrebs.

Auch EDEL- WESTERN der Kategorie "The Ox-Bow Incident" (Ritt zum Ox-Bow) und "Winchester 73" wurden in S/W abgedreht und erhielten den Oskar. Letzter großer Western mit Oskar war "High Noon" (1952), ebenfalls in S/W und heute ein etwas verstaubter Streifen.

Im Bereich KRIMI war Alfred Hitchcock (den David Selznick 1939 nach Hollywood geholt hatte), der Top- Regisseur. Er rangierte ständig in den Oskar Nominierungen und war der am häufigsten mit Oskar belohnte Re

gisseur Hollywoods, - so 194o für "Rebecca", - 1944 für "Lifeboat", - 1945 für "Spellbound" (bester Film) etc.

SCHWARZE SERIE: zwischen 1941 und 49 erlebte die S/W Produktion Hollywoods eine Blüte in Bezug künstlerischer Qualität und Kassenerfolg.

Die Filme basierten u.a. auf Romanen von Raymond Chandler und seiner Figur des Privatdetektivs Philip Marlow. Dieser kämpft sich mit zerknittertem Mantel durch die kriminelle Unterwelt und löst mit vielen intelligenten "Rückschlüssen", aber auch handfester Vor- Ortarbeit (= Filmaction) die ihm aufgetragenen Fälle.

Das Kinopublikum konnte sich mit diesem "Saubermann" identifizieren, zudem enthielten die Streifen Action- Szenen und waren spannend. Verfilmt u.a. mit Humphrey Bogart in "Der Malteser Falke" (1941). Die S/W - Technik tat hier für den finanziellen Erfolg der Streifen keinen Abbruch, da die Story dicht gestrickt war und die Schauspieler überzeugend agierten. Insbesondere sparte sich die Filmindustrie die teuren Farbfilmkosten.

Die Filme zeigten oft sozialkritische Hintergründe und waren nicht so oberflächlich wie oft damalige Farbfilm- Musicals etc. Außerdem ließen sie sich im Schwarz/Weiß Verfahren billig produzieren. Zur "Schwarzen Serie" gehören auch dokumentarische Kriminalfilme und Serien wie "Chicago 1937".

HOWARD HAWKS: begann 1926 als Regisseur der "2oth Century Fox"- Filmgesellschaft. Wegen seines hohen Talents konnte er sich seine Unabhängigkeit erhalten und drehte während seines 5ojährigen Filmschaffens als Regisseur für alle 8 großen Filmgesellschaften. Einer seiner ersten Filme war "The Dawn Patrol", der Luftkämpfe zeigte (193o). Später war er einer der Star-Regisseure Hollywoods und drehte mit fast allen Top- Filmstars: so 1946 "The Big Sleep" (Tote schlafen fest) mit Humphrey Bogart, - 1948 "Red River" mit John Wayne. Ab Ende der 5o-er Jahren folgten dann Farbfilme wie Rio Bravo" (1959) und "Hatari" (1962), beide wieder mit John Wayne - und "Gentlemen prefer Blondes" (1953) mit Marilyn Monroe, - "El Dorado" (1966) mit Robert Mitchum und J. Wayne.

TOTE TRAGEN KEINE KAROS: zwar erst 1981 erschienen, so doch einer der originellsten Streifen Hollywoods. Auf den ersten Blick hat der Film eine durchgängige eigene Handlung, ist jedoch aus gut 25 verschie

denen Hollywood Filmen der 4o-er Jahre in Sequenzen zusammengesetzt. Plötzlich erscheint Humphrey Bogart, dann Johnny Wayne, etc., für Film-Freaks ein Ratespiel, welche Szene aus welchem Film stammt. Und: wie es sich für einen derartigen Film gehört, ist die Story Raymond Chandler perfekt nachgestrickt.

★ UNAMERIKANISCHE AKTIVITÄTEN

Als nach nach Beendigung des 2. Weltkriegs der Parlaments-Ausschuß für unamerikanische Aktivitäten unter Führung von Senator McCarthy seine Tätigkeit gegen wirkliche und vermeintliche Kommunisten intensivierte, war Hollywood eines der wesentlichen Ziele dieser Gesinnungsschnüffelei. Das düsterste Kapitel in der Geschichte der Glamour-Metropole nahm seinen Verlauf.

Drei Faktoren zeichneten dafür verantwortlich: Der Ausschuß brauchte Publicity, und die konnte er nirgends besser bekommen als in der Metropole der Stars und Publikumslieblinge. Außerdem hatten zahlreiche europäische Künstler auf der Flucht vor dem Faschismus in Hollywood Zuflucht gesucht, die nach dem Krieg in den Verdacht gerieten, Freunde der Sowjets zu sein. Und auch die Studios hatten ein Interesse an der Tätigkeit des Ausschusses in ihren Reihen. Gewerkschaftliche Forderungen von Schauspielern und Personal machten ihnen nach 1945 stark zu schaffen, so daß man hoffte, Rädelsführer auf indirektem Wege loszuwerden.

Prominentestes Opfer war Charlie Chaplin, der sich immer geweigert hatte, seine britische Staatsbürgerschaft aufzugeben. Das erschien McCarthy und seinen Leuten zu unamerikanisch, weshalb Chaplin nach einem Aufenthalt in England kein Einreisevisum mehr erhielt. Bertolt Brecht, seit 1941 zusammen mit anderen deutschen Autoren wie Lion Feuchtwanger und den Brüdern Thomas und Heinrich Mann in Hollywood, verließ die USA in Richtung Schweiz am Tag nach seiner Anhörung vor dem Ausschuß.

Schlimmer erging es einigen Regisseuren und Drehbuchautoren, die im Gefängnis verschwanden, weil sie sich weigerten, mit dem Ausschuß zusammenzuarbeiten oder Kollegen zu denunzieren. Andere erhielten jahrelang keine Anstellung mehr in der Film-Branche, unter ihnen die Regisseure Elia Kazan, Edward Dmytryk und Joseph Losey.

★ HOLLYWOOD CONTRA FERNSEHEN

Bereits 1928 begannen erste Versuchssendungen des Fernsehens in den USA: in einem New Yorker Studio der Gesellschaft RCA drehte sich die Figur "Felix the Cat" auf einer Scheibe, wurde von einer Kamera aufgenommen, in elektronische Signale umgesetzt und per drahtloser Telegraphie durch die Luft übertragen. Das Empfängergerät projezierte das Bild auf einen elektronischen Bildschirm (er hatte damals 6o Zeilen, heutige

Fernseher haben je nach Fernsehnorm rund 6oo Zeilen). Daß derartige Testprogramme dem Spielfilm im Kino noch keine Konkurrenz machen konnten, liegt auf der Hand. Aber Firmen wie RCA waren am Weiterentwickeln: Eine Fülle an Problemen waren zu lösen, so insbesondere die elektronische Bildabtastung per Röhre, die Funkübertragung, aber auch die Entwicklung größerer Bildschirme zum Betrachten des Fernsehbildes.

Felix the Cat, erstes Fernseh-testbild der USA 1928

Am 15.3.1946 war dann Fernsehpremiere: Tankwarte der Fa. Texaco erschienen im Bild und sangen das Lied "Wir sind die Männer von Texaco, wir arbeiten von Maine bis Mexico...". Von Anbeginn war das US- Fernsehen von Firmen gesponsert und massiv mit Werbung durchsetzt, die die Sendungen ständig unterbrach, - "Vorzüge", die wir Deutschen erst Ende der 8o-er Jahre mit Einführung des Privatfernsehens erhielten, und die sich momentan in Deutschland noch auf 2 - 3 Unterbrechungen pro Spielfilm beschränken. - Die ersten US- Fernseher der 4o-er Jahre waren als Möbel gigantisch, im Bildschirm jedoch mini und extrem teuer (Details zur TV- Revolution ab Seite 21o).

Der Spielfilm im Kino hatte daher noch eine "Gnadenfrist" und erlebte in den 5o-er bis Mitte 7o-er Jahren die größte Blütezeit seiner Geschichte. Wieder war es HOLLYWOOD, das den Löwenanteil der weltweit vermarkteten Streifen lieferte.

Cinematische Top-Produkte: die traditionellen Regisseure wie z.B. John Ford und Alfred Hitchcock hatten zur höchsten Reife ihrer Talente gefunden. Ford drehte erstklassige Western und Hitchcock realisierte in den 5o-ern zahlreiche seiner besten Thriller wie "Vertigo" oder "Psycho". Und Elia Kazan verfilmte "Jenseits von Eden" (1955) mit dem Idol James Dean, der zum Inbegriff der neuen Generation avancierte.

James Dean spielte in seinen Filmen sich selber, und die Rolle war von den Drehbuchautoren perfekt auf seinen Leib geschneidert. J. Dean fühlte sich in seinem eigenen Leben als Rebell, der gegen traditionelle amerikanische Wertbegriffe ankämpfte und war daher auch in seinen Filmen "authentisch".

Sein letzter Film war "Rebel without Cause" (Denn sie wissen nicht, was sie tun, 1955), über den Dean selber sagte "ich habe hier alles von mir gegeben".

Seine Liebe zu PS- hochkarätigen Sportwagen wurde ihm zum Verhängnis. Mit seinem silbernen Porsche fuhr er

am 3o.9.1955 über den kalifornischen Hwy 99 und erhielt bereits bei Bakersfield von der Polizei einen Strafzettel wegen Geschwindigkeitsüberschreitung. Trotzdem drückte Dean weiter aufs Gaspedal und stieß auf der Kreuzung mit dem Hwy 466 mit einem schwarzen Plymouth zusammen. Die Geschwindigkeit des silbernen Porsche war bei 14o, James Dean wurde von der Lenksäule aufgespießt und starb als 24 jähriger im Krankenwagen auf dem Weg zum Hospital.

Auch andere Hollywood- Stars starben bei Autounfällen (und in der Realität), so Grace Kelly, die in Hitchcockfilmen berühmt wurde.

Auto- und Verfolgungsjagden waren Thema unzähliger Hollywoodfilme, - so beispielsweise in Peter Bogdanovics "Is was Doc" (1972). Der Streifen ist für Filmfreaks eine spannende Sammlung an Zitaten früherer Hollywood- Filme und für den Normalbetrachter eine gelungene Kinounterhaltung mit viel Humor. Es geht hier um verwechselte Koffer und eine Liebesaffäre mit Barbara Streisand, die sich letztlich in fantastisch gefilmte Autofahrten über die abschüssigen Straßen San Franciscos krönt.

Härter ans Thema geht der Streifen "The Driver" (1979). Hier kämpft ein Polizeiinspektor im morgendlich grauen New York und den Straßenschluchten gegen die Fahrkünste eines jugendlichen Kriminellen. Ein Streifen, der absolut atmosphärisch dicht gestaltet ist. Die Liste der Autojagden im Hollywood ab 5o-er Jahre läßt sich fast endlos fortsetzen, da das Auto zu dieser Zeit zum festen Bestandteil der amerikanischen Gesellschaft geworden war (Jerry Lewis- Filme über Elvis Presly bis xy).

Noch härter behandelt das Thema der Streifen "The Terminator" (1985): eine Killermaschine aus der Zukunft soll in L.A. eine Frau töten. Beklemmende Nachtszenen, wo LKW's brutal zuschlagen und die Gewalt verherrlicht wird. Offenbar wollte Hollywood zur Füllung der Kinokassen eins drauflegen, der Nachfolgefilm "Terminator II" erhielt sogar einen Oskar.

Zum Kultfilm in Sachen Auto und amerikanischem Lifestile wurde "American Graffity" (1974): Pubertät bis Hamburger, gemischt mit Liebe und PS. Regisseur war der junge George Lucas, der später absolute Bestsellerfilme wie "Star Wars" realisierte.

Eisenbahnfilme: zum schönsten Streifen dieser Kategorie zählt "Silver Streak" (Trans America Express, 1977). Geschildert wird eine Eisenbahnfahrt von Chicago nach L.A., die zunächst im Speisewagen relativ harmlos beginnt, in ein Liebesabenteuer mündet und später satte Verwicklungen nach sich zieht, wo Farmer, Cesnas, Hubschrauber etc. bzw. Verkleidungen nötig werden. Die Angelegenheit endet erfolgreich, allerdings auch mit der Zerstörung eines Bahnhofes...

Wildwestfilme: der heute etwas verstaubt wirkende s/w- Westernklassiker "High Noon" (1956) mit Gary Cooper war damals großer Kassenerfolg, erhielt 3 Oskars und machte den Western auch in Europa salon-

fähig. Hollywood produzierte mit Blick auf Kassenerfolg eine Masse weiterer Western (auch in Farbe), - die unterm Strich zum Thema hatten: rauchender Colt, Gaul, Überfall (entweder Indianer, - oder Überfall auf Bank, Western Train, Siedler Treck, Farm etc. oder alles vermischt). In jedem Fall aber: "das Gute siegt über das Böse", sprich: der Sheriff hängt den/die Banditen, bzw erledigt sie per Kugel, womit die Ordnung in der Kleinstadt wieder hergestellt ist.

Anfang der 6o-er Jahre waren diese Stereotypen des Handlungsablaufes beim Publikum weitgehend "abgelutscht". Modernere Western kamen u.a. aus italienischer Produktion, z.B. "Zwei Himmelhunde auf dem Weg zur Hölle", die mit Humor den ernsthaften Kampf (und teils verbissenen Krampf) früherer Wildwestfilme auf die Schippe nahmen und zu Kassenerfolgen wurden.

Auch Hollywood schlug in die gewinnträchtige Kerbe des Parodie- Western mit Streifen wie dem faden "Cat Ballou" oder dem excellenten US-Film "Butch Cassidy & Sundance Kid" (1982), der die Beutezüge des damaligen Gangsterpaars zum Thema hat, die Story locker mit Musik garniert und als gelungene Kinounterhaltung aufbereitet.

John Wayne mußte in Folge umsatteln und kämpfte fortan als Jetpilot, Soldat oder Agent.

Blondinen: seit Wassersuperdioxyd zum Haarefärben bekannt wurde, war es ein Mittel entdeckter Filmdivas, sich aus der Masse herauszuheben und zu profilieren. Jean Harlow war einer der ersten Stars dieser Kategorie in den 3o-er Hollywoods, starb aber früh als 26- jährige.

Dann kam Marilyn Monroe. Die Haare superwasserdioxyd.... etc., den supersexy wippenden Gang soll sie angeblich durch Absägen eines ihrer Stöckelschuhe erreicht haben. Sie war bald im Schrank der US- Soldaten vor Ort in Korea, sowie allgegenwärtlich auf der Leinwand als der Superstar der 5o-er Jahre.

Marilyn Monroe: geboren am 1. Juni 1926 als Norma Jean Baker in Los Angeles hatte als Mutter eine Cutterin, die bei der Columbia Filmgesellschaft tätig war, Vater unbekannt.

Die Mutter kam später in eine Nervenheilanstalt (analoge Story zu z.B. Charlie Chaplin), während Norma J. Baker ihre Jugend wechselnd bei Pflegeeltern bzw. im Waisenhaus verbrachte.

Grund (oder auch nicht), daß sie in ihrem späteren Leben mit dominierenden - aber nicht unbedingt zu ihr passenden Männern Eheverträge schloß. Der erste Ehe schloß sie als 16 jährige mit einem Jungen aus der Nachbarschaft.

Bereits 3 Jahre später (1946) wurde sie geschieden, nachdem sie auf der Titelseite bedeutender US- Magazine wie "Stars & Stripes" als Fotomodell abgebildet war. 1948 erhielt sie ihren ersten Filmvertrag bei der "2o-th Century Fox". Die Filmproduzenten erkannten schnell, daß sich diese wohlgeformte Dame (entsprechend geschminkt und hauteng bekleidet) als "Sexbombe" verkaufen ließ.

Die körperlichen Voraussetzungen der Norma Jean Baker waren nach damaligem Publikumsgeschmack bestens: sie besaß sehr lange Beine, ausgesprochen runden Hüftschwung und den Busen in richtiger Dimension. Ihre sehr glatte Haut war für das gnadenlose Sonnenlicht bei Außenaufnahmen optimal.

Mit ihrer (wie sie meinte) etwas zu langen Nase, die zudem in der Spitze leicht nach außen ragte, war sie nicht zufrieden. Fortan zog sie die Oberlippe leicht nach unten, damit die Nase bessere Form annahm. Regisseure wie Howard Hawks halfen nach, indem sie ihre Lippen mit einer Mischung aus Wachs, Vaseline und tiefrotem Lippenstift schminkten. Und die Monroe half nach, indem sie ihren Mund bei Filmaufnahmen "sexy" geöffnet hielt...

Der Sex- Appeal Marilyn Monroes wurde von der PR- Abteilung der Filmcompany zielstrebig in der Presse lanciert. Zunächst Nacktfotos, dann die dümmliche Frage: "warum hatten Sie denn nichts an?" Und die noch dümmere Antwort: "ok., ich hatte nichts an, aber das Radio war an..."

Der Farbfilm "Niagara" (1953) ist die hinreißende Mischung aus der sexy- attraktiven M. Monroe, aus zwischenmenschlicher Leidenschaften und dem reißenden Niagara- Strom. Trotz des arg durchschnittlichen Drehbuches profilierte sich Marilyn Monroe durch ihre persönliche Ausstrahlung, und der Streifen wurde zum Kassenerfolg.

In ähnlichem Stil gings weiter in den insgesamt 29 Monroe- Filmen. Sie war einerseits "Kunstprodukt" der Filmproduzenten, konnte anfangs aber ihre Ausstrahlung naiver Kindlichkeit verbunden mit weiblicher sexy Attraktivität überzeugend vor der Kamera rüberbringen.

Wegen langfristiger Verträge mit der Fox war M. Monroe verpflichet, die dümmlich kokette Frau zu spielen, die Männer aufreißt. Als dann die ersten Kassenerfolge kamen, wollte sie nicht mehr als blondes Dummchen vermarktet werden und versuchte mehrfach, ihre Mitwirkung in drittklassigen Filmen zu verweigern. Doch sie stieß damit auf den erbitterten Widerstand ihrer Vertragspartner, die soviel wie möglich aus ihrer Popularität herausholen wollten.

Als sie dann, derart als Sexobjekt hochgestylt, zum Objekt der Massengelüste der USA

wurde, kamen die satten Probleme. Selbst der US- Präsident John F. Kennedy begehrte sie, deren Geliebte sie wurde.

In den frühen Morgenstunden des 5.8.62 fand man ihre Leiche in ihrem Haus in Beverly Hills. Sie starb mit 38 Jahren, - offizieller Polizeireport "**Selbstmord**". Vielfach wird jedoch u.a. ein Mordkomplott vermutet,- es gibt verschiedene Theorien:

- als Geliebte John F. Kennedys (der ebenfalls unter mysteriösen Umständen starb) sei sie in dessen Machenschaften eingeweiht und daher von Killern ähnlich wie Kennedy ermordert worden.
- in den späten 5o-ern war Monroe Geliebte sowohl Kennedys wie auch John F. Fitzgeralds. Der FBI habe sie wegen umfangreichen Geheimwissens zum Schweigen bringen wollen.
- Drogeneinfluß: daß sie drogenabhängig (z.B. Aufputschmitteln) war, ist nachgewiesen. Hohe Nervosität behob sie mit narkotisierenden Mitteln, die sie mit Sekt runterzuspülen pflegte; - bei entsprechender Dosis tödlich.
- Selbstmord: im Zusammenhang ihrer Lebenskonditionen durchaus plausibel. Zwar Erfolg im Film, aber eine Vielzahl an gescheiterten Ehen und eine Vermarktung ihrer Person als sexuelles Dummchen...
- politische Verschwörung der Gewerkschaft: der damalige Gewerkschaftsboss Jimmy Hoffa war Erzfeind des US- Präsidenten Kennedy, - u. U. Mord, da Monroe als Geliebte Kennedys unerwünschter "Zaungast" der Machtkämpfe war.

Keine der Theorien der Ermordung ist gesichert, sie wurden von der Presse aber in Artikeln reichlich ausgeschlachtet.

Der Sex der Marylin Monroe wirkt heute reichlich bieder; man muß jedoch berücksichtigen, daß es damals noch keine "hard-core" - Pornofilme gab. Die MM- Filme wurden zur Zeit des sexuellen Aufbruchs gedreht, hier reichte ein hautenges Kleid mit Ausschnitt, oder der über dem U-Bahnschacht hochwehende Rock der MM ("Das verflixte 7. Jahr", 1955), um die Phantasie des Zuschauers zu beflügeln.

Musikfilme: Der ehemalige LKW- Fahrer Elvis Presley kam aus armen Verhältnissen. Seit 1954 hatte er großen Erfolg mit seinen Rock n'Roll Platten und konnte bei Konzerten nach damaligem Geschmack "fantastisch" mit seinen Hüften kreisen, wobei in der hautengen Hose sein Penis hervortrat, so daß bald eine regelrechte Elvis- Hysterie ausbrach. Insgesamt verkaufte er rund 6oo Millionen Platten.

Vermarktet wurde Elvis von sehr cleveren Managern, die mehr oder weniger über sein Leben bestimmten. Bald erkannten sie, daß man Dollar mit Elvis auch im Film erwirtschaften konnte.

Ab 1956 drehte Elvis als "Schauspieler" und Sänger in nur 13 Jahren 31 Musikfilme, die alle vom Drehbuch und schauspielerischer Leistung drittklassig waren. Schema: Elvis am Swimming Pool, wo Blondinen rumtigern, und was macht Elvis: er greift zur Gitarre und fetzt einen heißen Rock n'Roll runter. Sie wurden Kassenerfolge wegen ihrer Musikeinlagen, nicht aber wegen eventueller "schauspielerischer Leistungen". Zudem förderten sie die Plattenumsätze.

Elvis Presley verkam zunehmend in psychischer Verödung und Tablettenabhängigkeit.

Er starb am 16.8.1977 im Alter von nur 42 Jahren an Herzversagen. Seither ist sein Anwesen in Memphis Pilgerstätte seiner Fans.

Zu reinen Musikfilmen gehört "Woodstock", der in rund 3 Std. das damalige Festival dokumentiert, oder avantgardistische Streifen von Frank Zappa. Viele weitere wurden gedreht bei unterschiedlichem Erfolg.

Krimis bis Agentenfilme: wurden massenweise in Hollywood produziert. Die Palette reicht von Topfilmen des Altmeisters Hitchcock (z.B. "Psycho", 196o), - über "Telefon" (1977, mit Charles Bronson), - "Gorky Park" (1983, mit Lee Marvin, spielt in den Zeiten des Kalten Krieges), - etc., bis hin zu TV- Serienfilmen mit Peter Falk ("Colombo"), der als glasäugiger Detektiv mit zerknittertem Mantel sich dumm stellt und damit an wertvolle Informationen zum Aufdecken seiner Fälle kommt.

Road Movies: da traditionelle Drehbuchthemen tausendfach abgelutscht waren, suchten kleinere Hollywood- Produzenten nach neuen Themen ab Ende der 6o-er Jahre. Zudem hatte sich die Größe der Kameras reduziert.

Der Begriff *"Road Movies"* entstand , da man das Aufnahmegerät in wenigen Bussen unterbringen konnte und draußen in der "Natur" filmte, was kostspielige Kulissen in den Filmstudios ersparte und erheblich die Produktionskosten drückte.

"Rain People" (1969) war einer der ersten Streifen dieser Kategorie. Der Regisseur Francis Ford Coppola verfilmte hier die Story einer bürgerlichen Frau, die aus ihrem Milieu ausbricht und per Autostop Kalifornien erreicht. Unterwegs lernt sie eine Vielzahl verschiedener Personen kennen. Der Streifen war Kassenerfolg, da er neben authentischer Story die Natur einfließen ließ.

"Easy Rider" (1969) ist das wohl berühmteste Road Movie. Zwei Motorradfahrer (Peter Fonda und Dennis Hopper) durchqueren den amerikanischen Kontinent: Also jede Menge toller Landschaftsaufnahmen, verbunden mit dem Feeling der Freiheit auf dem Motorrad. Auf ihrer Reise werden sie mit der amerikanischen Gesellschaft konfrontiert.

Produziert wurde der Film von der kleinen Gesellschaft BBS für lediglich 4oo.ooo US. Er war aber derart an Feeling authentisch, so daß sich die große Columbia entschloß, den Streifen in ihre Filmtheaterkette aufzunehmen. Einspielergebnis rund 5o Mill. US. Kaum ein anderer Hollywood-Film hat bei derart geringen Produktionskosten ein derart hohes Ergebnis erreicht.

Zugleich wurde "Easy Rider" zum Kultfilm der damaligen Generation, ein Ruhm, den in der Filmgeschichte bei bisher produzierten ca. 35.ooo Hollywood- Kinofilmen nur rund 15o erreichten!

Fortan setzten die großen Filmgesellschaften ebenfalls auf "Road Movies", konnten aber nie den Erfolg von Easy Rider erreichen. Gleiches gilt für Peter Fonda, der seine eigene Filmgesellschaft gründete und mit Road Movies wie "Der weite Ritt" oder "Expedition in die Zukunft" nur durchschnittlichen Erfolg hatte.

Trickfilm: der Marktführer Walt Disney lieferte 1967 "Das Dschungelbuch". Es war der letzte Zeichentrickfilm noch unter der Regie des Altmeisters und ist sein bester. Romanvorlage Rudyard Kipling.

Balu, der Bär beschützt Mogli, das kleine Menschenkind, das eine Fülle an Gefahren bestehen muß. Großartig sind Szenen, wo die Affen die Bananen aus der Hand rausschießen, und Balu der Bär mit seinem dicken Hintern durch den Wald tingelt "Versuch's mal mit Gemütlichkeit". Disney- Kitsch vom besten, aber in perfekter Kinounterhaltung. Der Streifen bringt für die Company seit fast 3o Jahren in sporadischen Verleih- und Kinoabspielungen dicke Gewinne und ist einer der wenigen, die bisher nicht als Video erschienen.

Sience Fiction: fortgeschrittene Aufnahmetechniken im Trickbereich ermöglichten Streifen wie "2.oo1, Odysee im Weltraum" (1968), der für seine Spezialeffekte den Oskar erhielt, - oder "Clockwork Orange" (1971). Beide Filme von Regisseur Stanley Kubrick wurden zu Kultfilmen ihrer Kategorie.

"Krieg der Sterne" (Star Wars, 1978) gehört zu den schönsten Sience Fiction Filmen, was die Phantasie in optischer Realisierung und Sound betrifft; von der Story ist er eher dünn. Drehbuch und Regie: George Lucas.

Lucas ist ein Naturgenie, in Bildern zu fühlen. An der Universität von Kalifornien schrieb er sich in die Filmklasse ein, Kommilitonen waren Scorsese und Coppola. Mit seinem s/w- Kurzfilm "THX 1138" erwarb sich Lucas eine Reihe von Filmpreisen.

Sein erster großer Kinofilm war "American Graffiti" (Details Seite 563), der in der Produktionsphase große Finanzierungsprobleme hatte, letztendlich aber Millionengewinne brachte.

Mit dem Film "Krieg der Sterne" erfüllte sich George Lucas einen Jugendtraum, resultierend aus der Lektüre von Sience Ficion Romanen. In der Skywalker Ranch nördlich von San Francisco wurden Drehbuch und PR zusammen mit früheren Kommilitonen der University of California entwickelt.

Die Story: Luke Skywalker hängt auf seiner Farm auf dem Planeten Tatooine rum. Druiden (Roboter) sind für ihn tätig, ebenso hat er Miniraumschiffe, die über dem Boden gleiten. Zerstörung von Druiden vermengen sich mit Angriffen, und Obi Wan, der alte Waise (gespielt von Alec Guinness) hilft. Als Story beim ersten Anschauen schwer durchschaubar, aber faszinierend von der Bilderflut eines echt originellen Sience Fiction.

In der Fortsetzung "Das Imperium schlägt zurück" geht es in die Weiten des Weltalls. Um den Kampf Gut gegen Böse zu bestehen, wird im Airport der schrottreife Weltraumfrachter "Millenium Falcon" des Piloten Han Solo gechartert. Zwar zählt sein Raumschiff nicht zu den besten im Weltall, aber der Pilot (gespielt von Harrison Ford) ist mit allen Wassern gewaschen und trägt letztendlich zum Erfolg der Mission bei.

Das "was" und "warum" bleibt auch in dieser Folge nicht immer klar, - es geht über tiefe Abgründe, die Laserkanonen spritzen blaues Licht über die Leinwand, Alec Guinness stirbt im Nahkampf, die Gruppe versinkt in einer fantastisch präsentierten Wassermüllkippe etc. Ein Streifen, den es zwar auch als Video für den Fernseher gibt, den man aber wegen Bild und Sound im Kino auf Breitleinwand sehen muß. -

Folge 3: "Die Jeddi Ritter schlagen zurück" bringt fantastische Tiefflüge von Weltraumflugzeugen durch enge Canyons und Kampfszenen. Ein Genre wurde hier bis zum Exzess optisch ausgeschlachtet und war in dreiteiliger Reihe Kassenerfolg.

STAR WARS ist die aufwendigste Trick- Produktion der Filmgeschichte,

Sektor Sience Fiction. Allein für den ersten Teil der Trilogie waren bis zu 9oo Techniker 3 Jahre (!) tätig, um die Menge an Modellen und Trickaufnahmen zu erstellen. Gesamtkosten 1o Mill. US. Der Streifen enthält mehr als 36o Trickaufnahmen. Er gilt zusammen mit Teil 2 und 3 als das Kunstvollste, was Effektaufnahmen Hollywoods betrifft.

ILM (Industrial Light & Magic): Mit seinen Gewinnen aus "American Graffity" hatte George Lucas 1975 seine ILM gegründet, die zunächst Star Wars produzierte und sich damit profilierte. Heute gibt es kaum einen großen Effektfilm in Hollywood, der nicht im Trickbereich von der ILM produziert wird.

Auch der Kinokassenfüller "E.T." (1982) von Steven Spielberg (hier besucht ein Außerirdischer die Erde) wurde im Trickbereich von der ILM realisiert. Gleiches gilt für Hollywoods Katastrophenfilme etc., bis hin zu aufwendigen Werbespots im TV, oder Parallelaufträgen der ILM wie "Jäger des verlorenen Schatzes", Poltergeister" etc.

"Alien" (1979) ist spannende bis bedrückende Weltraum- Sience Fiction. Die Mannschaft unter Leitung von Sigourney Weaver fliegt durch die endlosen Weiten, wobei sich ein scheußliches Ungeheuer an Bord "einquartiert" hat, gegen das gekämpft werden muß.

Das Drehbuch wurde von zwei arbeitslosen Autoren verfaßt, war wirr und chaotisch. In Hollywood wollte es niemand haben, bis Walter Hill, renommierter Autor bei der 2oth-Fox es sich durchsah. "Wirr und voller Klischees", meinte er, zudem "unprofessionell geschrieben". Aber die Grundidee gefiel ihm, daß hier an Bord eines Raumschiffes und auf einsamer Fahrt durch das Weltall ein Monster bekämpft werden muß.

Die Story wurde kräftig umgeschrieben und Elemente des Horrorfilmes eingemischt. Die Maskenbildner hatten bei Schaffung des Monsters bestes Betätigungsfeld: der Gummianzug des Monsters, der einem nigerianischen Schauspieler übergestülpt wurde, kostete rund 25o.ooo US und hatte eine Fülle an Drähten, die den Schwanz des Monsters steuerten. Der arme Nigerianer schwitzte bei den Dreharbeiten ungeheuerlich. Gleichzeitig konnte das Monster eine sabbernde Flüssigkeit aus dem Mund abgeben.

Die übelsten Szenen, wo aus dem Monster im Brustbereich Knochen, Blut und Fleisch herausbrechen... waren den Schauspielern im Drehbuch nicht mitgeteilt, da man hoffte, daß diese beim Abdrehen entsprechend "life" erschreckten. Dies gelang. Der Film war großer Kassenerfolg, bekam aber auch Zensur, sprich Sperre für Jugendliche.

"Blade Runner" (1982): ein Kopfgeldjäger ist hinter 6 Androiden her, die im Jahre 2o19 vom Mars auf die Erde gekommen sind und dort wie normale Menschen unerkannt ihr Unwesen treiben.

Anfang der 8o-er wurde mit der neuen Trickfilmtechnologie eine Reihe weiterer Sience Fiction Filme gedreht, die aber oft nicht das Niveau von "Alien" oder "Star Wars" erreichten.

"Zurück in die Zukunft" (1985): ist einer der schönsten "Zeitreise-Filme", die Hollywood drehte. Der 17 jährige Marty McFly kennt den (leicht "Einstein"- gestylten) Professor Dr. Emmet Brown. Dieser hat einen De-Lo-

rean Sportwagen durch Einbau eines Plutoniummotors und weiterer Extras in eine Zeitmaschine umgebaut.

Dann wird das Fahrzeug auf "5.11.1955" eingestellt: Marty landet in seinem Heimatort und zwar zu der Zeit, als seine Mutter noch nicht mit seinem Vater vereiratet war. Damit beginnen die Komplikationen, denn die jugendliche Mutter verliebt sich in Marty. Dieser hat alle Mühe, daß seine Mutter nicht ihn, sondern seinen Vater heiratet. Andernfalls würde Marty nicht geboren werden, könnte also nicht mehr in die Gegenwart zurückreisen.

Abgesehen davon hat Marty mit einigen anderen Leuten in der Kleinstadt üblen Trouble und möchte gerne wieder in die Gegenwart. Dummerweise fällt noch der Motor des Zeitreise- Fahrzeuges aus, und man wartet auf einen Blitz, der das Fahrzeug starten soll.

Ein rundum spannender und sehr origineller Film, der zudem gute Trickaufnahmen besitzt. Er erhielt hervorragende Kritiken und war großer Erfolg an den Kinokassen, - ebenso wie die beiden Fortsetzungen.

Horrorfilme: gab es bereits im Hollywood vor dem 2. Weltkrieg (z.B. "Frankenstein"). Selbiger wurde später mehrfach in neuen Fassungen aufbereitet. Die Trick-Technik, aber auch die Kunst der Beleuchter und vorallem der Maskenbildner war erheblich fortgeschritten und boten größere Möglichkeiten, den Zuschauer zu schocken. Auswahl:

"Rosemarie's Baby" (Roman Polanski, 1967): hat zum Thema die Schwarze Magie. Okultische Kreise geben einer werdenden Mutter heimlich spezielle Beigaben in ihre Milch, so daß es ihr übel wird. Zum Schluß wird das Neugeborene umgebracht. Szenen, bei denen es auch dem Kinobesucher übel wurde.

"Der Exorzist" (1973): seinerzeit der erfolgreichste Horrorfilm. Er erhielt zudem Oskar für beste Regie, Kamera, Haupt- und Nebenrolle.

Thema ist wieder der Okultismus, vermischt mit Schockelementen. Ein kleines Mädchen sieht ihre Mutter und den geschiedenen Vater kaum noch. In Folge psychisch geschädigt, masturbiert sie vor dem Kruzifix. Außerdem kann sie 1 m über ihrem Bett schweben sowie den Kopf um 18o Grad auf den Rücken drehen, wobei sie eine Fülle von Obszönitäten spricht.

Statt daß man nach den wahren Gründen ihrer Schädigung sucht, muß die Polizei her, die aber (wie nicht anders zu erwarten) hier nichts ausrichten kann. Daher wird ein "in Psychologie erfahrener" Priester gerufen. Dieser analysiert zielstrebig, das Mädchen sei vom Teufel befallen und versucht, ihn auszutreiben.

Die Maskenbildner bereiteten das Gesicht des Mädchens abstoßend blutig. Sie setzten hier "eines drauf" in Relation früher recht harmlosen Horrormasken. Auch der um 18o Grad auf den Rücken gedrehte Kopf war für die Maskenbildner Hollywoods kein Problem. Vom Gesicht der jugendlichen Hauptdarstellerin wurde ein Gipsabdruck genommen, der als Latex- Maske umgesetzt wurde. Im Inneren steuerten Motoren die Mundbewegung und die Augen. Das Ganze bekam die Darstellerin hinten auf den Kopf gesetzt.

Der "Exorzist" war lediglich der Beginn einer Schwemme von Horrorstreifen, die Hollywood im Anschluß produzierte. In "Freitag der 13." werden einem Menschen die Augen mit Pfeilen ausgestochen. - Die "Zom-

bie" Filme hatten die scheußlichsten Masken entstellter Gesichter aber auch z.B. Gedärme, die aus den Menschen rausquellen, und in "Cujo" zerfleischt ein Kampfhund einen Menschen.

Obwohl derartige Streifen im Kino Jugendsperre haben und auf Erwachsene eher lächerlich-dümmlich wirken, - gelangen sie auf Video kopiert an Kinder, die sich die Filme in Abwesenheit der Eltern auf dem Videorecorder ansehen.

Zu einem wirksamen Schutz der Kinder (z.B. Kopierverbot derartiger Filme auf Video) konnte sich der deutsche Gesetzgeber bisher leider nicht entschließen.

Gleiches gilt für Hollywoodfilme mit hoher Brutalität. Sie sind auf Video frei erhältlich und werden zudem von deutschen Privat- TV Sendern nachts abgespielt. Selbst in den werbeträchtigen Vorabendzeiten regieren Mord und Totschlag - gewissermaßen als Beigabe zum Abendessen.

Untersuchungen amerikanischer Universitäten haben zweifelsfrei ergeben, daß derartige Filme (frei im Umlauf, auch für die Kids), - zu menschlicher Verrohung und Brutalität führen. Interviews mit Jugendbanden, die in den Slums Amerikas per Maschinengewehr öffentliche Erschießungen durchführen, ergaben, daß ihre Vorbilder die Kino- und Videofilme waren.

Katastrophenfilme: traditionelles Thema, wobei in der Regel ein Schiff untergeht (z.B. die "Titanic"), - oder (sehr beliebt) Hochhäuser wegen Erdbeben einstürzen und/oder in Brand geraten.

Bei fortgeschrittener Tricktechnik produzierte Hollywood bezüglich Drehbuch massenweise Durchschnittliches wie z.B. "Höllenfahrt der Poseidon", einem Kreuzfahrtschiff, dessen Passagiere in einen Sturm geraten.

Ganz nett anzusehen ist "Der weiße Hai" (1975, Regie Steven Spielberg), der als Ungeheuer nicht nur die Badegäste, sondern eine ganze Stadt terrorisiert. Der Hai selber war eine mit Tausenden von Hebeln, Drahtseilen und Motoren gesteuerte Mechanik. Er erhielt einen Oskar und ist in den Universal Studios ausgestellt.

Mit rund 7 Mill. US Produktionskosten war er relativ billig und spielte mehr als 1oo Mill. US an den Kinokassen ein. Die Nachfolgefilme Hai 2 und 3 konnten sich jedoch nicht als eigenständiges Genre entwickeln, wie beispielsweise die Drakula- oder Frankensteinfilme. Daher gab es auch keinen "Hai 4".

"Erdbeben" (1974): Der Hauptdarsteller Charlton Heston kämpft an Hochhauswänden viele hundert Meter über den Straßen von L.A. um sein Leben, und die Tricktechniker Hollywoods zauberten mit großflächigen Modellen das vom Erdbeben geschüttelte Los Angeles.

"Flammendes Inferno" (1974): der wohl beste Katastrophenfilm Hollywoods, was das Staraufgebot und Trickaufnahmen betrifft.

Die Story: der höchste Wolkenkratzer der Welt wird eingeweiht, und die illustren Premieregäste reisen an. Gefeiert wird in den oberen Stockwerken des Wolkenkratzers. Dann kommt es zu einem Brand im mittleren Bereich des Hochhauses, der den Gästen zunächst verschwiegen wird, um sie nicht unnötig zu beunruhigen.

Währenddessen versucht die Feuerwehr, den Brand zu löschen, - was nicht gelingt. Er breitet sich immer weiter aus, und die Stargäste oben im Gipfel des Hochhauses müssen gerettet werden. Dramatische Situation entsteht, da die Aufzüge wegen Feuer und Stromausfall steckenbleiben. Auch der Abgang über die Nottreppe entwickelt sich zunehmend zum Problem, da sie zusammenstürzt. Menschen retten Menschen, bzw. fallen in die Tiefe etc.

Als Filmproduktion extrem teuer wegen der Vielzahl an Superfilmstars und der Spezialaufnahmen der Trickstudios. Erstmals in der Filmgeschichte Hollywoods taten sich hier 2 der großen Filmgesellschaften zusammen (2oth Fox und Warner Brothers), um sich die Produktionskosten zu teilen. Unterm Strich ein Streifen, der im Kino bei Breitleinwand und Soundsystem überzeugte, - in der TV- oder Videoversion auf kleinem Fernsehbildschirm wegen dünner Story eher fad wirkt.

Humor, Satire bis Klamauk (ab 1946): die MARX BROTHERS nahmen u.a. auch Kultfilme und deren Darsteller (z.B. "Casablanca" mit Humphrey Bogart) auf die Schippe. Im Streifen "Eine Nacht in Casablanca" (1946) setzen sich die Marx Brothers mit viel Witz und einer Fülle an Gags gegen eine Gruppe von Nazis durch, die sich mit einem geklauten Schatz in einem Casablanca- Hotel aufhalten.

CHARLIE CHAPLIN lieferte mit seinem Spätwerk "Monsieur Verdoux" (1947) die schwarze Komödie eines Heiratsschwindlers, der letztlich auf dem Schafott landet. - "Rampenlicht" (1952) ist die melancholische Komödie eines alternden Schauspielers, der im Theater keinen Erfolg mehr hat, aber liebevoll von einer jungen Frau umsorgt wird. - "Ein König von New York" (1957) ist Chaplins Abrechnung mit Hollywood und Amerika, das ihm nach einer Auslandsreise die Rückkehr in die USA verweigern wollte.- 1o Jahre vergingen bis zu seinem nächsten und letzten Film "Die Gräfin von Hongkong" (1967), für den Chaplin das Drehbuch schrieb; der Humor ist eher zähflüssig.

JERRY LEWIS: der US- Komiker brachte ab 5o-er Jahre satt dickklamaukigen Humor mit einer Vielzahl von Filmen ins Kino.

In der Presse gefeiert als "King of Crazy" glänzte er durch herausstehende Zähne und Klamauk. Auf die Schippe nahm er in seinem typisch "plärrenden Lewis Sound" die biedere US- Gesellschaft der 5o-er, von Student bis Professor, von Klein- bis Großunternehmer und xy. Auch Hitler bekam eins aufs Dach in einer scharfzüngigen Parodie. Ansonsten sind in seinen Filmen alle Elemente Hollywoods eingebaut, insbesondere auch verrückte Verfolgungsfahrten.

In den Kinos waren Lewis- Filme gern gesehen und Kassenerfolg. Seine TV-Show seit Ende der 5o-er hatte dagegen nur mittelmäßigen Erfolg. Seine Kinoerfolge produzierte er bald in eigener Filmcompany ("York Pictures Company" 1953- 57, später "Jerry Lewis Pict. Corperation"). In den 7o-er Jahren spielte er in "King of Comedy" den genervten Star, der von seinem Anbeter (Robert de Niro) gekidnappt wird.

MEL BROOKS: schrieb zunächst für andere Komiker die Texte. Erfolg hatte er dann mit seinem eigenen Film "Frühling für Hitler" (1967, Oskar für das Drehbuch), - sowie einer Reihe Filmparodien ab 7o-er Jahre, in denen er Regie führte und das Drehbuch schrieb. "Is was Sheriff" (1974) ist eine gelungene und witzige Parodie auf das Genre der Wildwestfilme.

Auch in seinen weiteren Parodien, z.B. "Young Frankenstein" (1976), - "Silent Movie" (1977), - oder "Mel Brooks' verrückte Geschichte der Welt" (198o) zeigte er gute Kenntnis der Filme Hollywoods, die er vielfach exzellent parodierte. Sein Humor ist platter Slappstick, klotzig bis gewollt demonstrativ geschmacklos, - was in den USA recht gut ankam, in Europa jedoch weniger.

WOODY ALLEN: begann als Gagschreiber für US-Komiker wie Bob Hope und soll damals angeblich bis zu 5o Gags pro Tag produziert haben. Er schuf sich dann sein eigenes Genre mit Filmen wie "Was sie schon immer über Sex wissen wollten..." (1972). Der Betrachter erfährt zwar nicht das, was er schon immer wissen wollte, wohl aber lebenswichtige Details, wie man z.B. den Safe "Keuschheitsgürtel" knackt etc. Dieser sehr spezielle Woody Allen- Humor hat seine Fangemeinde. Zudem ist er Multi- Talent; der Film "Manhattan" (1978) gilt als schönste Liebeserklärung an diesen Stadtteil New Yorks.

Die einzelnen FILM- GENRE wurden oft auch miteinander vermischt, z.B. Humor mit Action etc.

Die größte Blüte Hollywoods im Filmschaffen ab 1946 kann verständlicherweise im Rahmen eines Reiseführers nur ausschnittsweise präsentiert werden. Details bleiben ausführlichen Film- Kompendien vorbehalten. Exzellent z.B. die Paperbacks von "Cinema", Postfach 132.174, Hamburg.

★ TV- REVOLUTION

Zwar war Amerika nach Einführung der ersten regulären TV- Sendungen (1946) begeistert vom neuen Medium. Die Bildschirme waren jedoch anfangs noch sehr klein und die Geräte teuer.

Man versammelte sich daher zunächst vor öffentlich in z.B. Restaurants aufgestellten Fernsehern. Insbesondere Shows wie von Milton Berles oder "I love Lucy" waren Straßenfeger. Sie zeigten Sketche, moderiert von Entertainern und Komikern.

Technologischer Fortschritt bedeutete größere Bildschirme und billigere Preise für die Fernseher: 1951 wurden in den USA bereits 12.ooo Stück verkauft, was die traditionelle Branche der Kinofilmproduzenten erschreckte. Zudem waren die Zuschauerzahlen im Kino um gut 5o % zurückgegangen.

Dies hatte zweifache Folge: einmal wurde in Hollywood eine Fülle an

FERNSEHSTUDIOS gegründet, so z.B. die CBS, die einem Zigarrenfabrikanten gehörte, der zuvor große Gewinne u.a. aus den Columbia Records (Schallplatten) erwirtschaftet hatte.

Zum anderen besannen sich die traditionellen KINOFILM- PRODUZENTEN auf die Vorteile ihres Mediums: sie konnten Großleinwand einsetzen, Farbe und Supersound, - Features, die der kleine schwarz/weiß Fernseher nicht bringen konnte.

* TECHNICOLOR: Verfahren für verbesserte Farbwiedergabe. Es wurde ab Anfang der 5o-er Jahre eingesetzt, die Farben waren erheblich brillanter und natürlicher.

* CINEMASCOPE: die entscheidendste Neuerung im Kinosektor. Der Film wurde auf eine 11 m (!) breite Leinwand projeziert. Zusammen mit Technicolor wirkte dies entsprechend auf die Kinobesucher und füllte die Kassen.

  "Das Gewand" (1953) war erster Film in CinemaSkope und erfuhr seine Fortsetzung mit *"Gladiatoren"* (1954), ein Monumental Epos aus der Zeit der Römer. In den 5oern bis Anfang der 6o-er folgte eine Fülle an derartigen Breitleinwand- Filmen. Die Themen gingen quer durch die Geschichte: Griechen, Römer, Ägypter, Ritter, Piraten, bis hin zu Liebe und Krieg.

  Auch drei der "besten" Monroe- Filme wurden in CinemaSkope gedreht: *"Wie angelt man sich einen Millionär"* (1953), *"Fluß ohne Wiederkehr"* (1954) und *"Das verflixte 7. Jahr"*. - Auch der berühmte James Dean Film *"Denn sie wissen nicht, was sie tun..."* (1955) wurde in diesem Verfahren gedreht.

  "Ben Hur" (1959) war eines der letzten Monumental-Epen in CinemaScope, die noch in Hollywood gedreht wurden. Die Hundertschaften an Komparsen trieben die Produktionspreise in die Höhe, zudem kontrollierten die US- Gewerkschaften inzwischen auch die Filmbranche und forderten höhere Löhne für Beleuchter über Komparserie bis hin zu Schauspielern.

  Einige Produktionen (z.B. *"Cleopatra"* mit Elizabeth Taylor, 1962) wurden daher ins Ausland, z.B. Pinewoodstudios London oder nach Rom verlagert.

  Auch war das Publikum diese Monumental-Epen mit gewaltiger Komparserie, aber dünnem Drehbuch müde, und die hohen Produktionskosten führten nicht mehr zum gewünschten Einspielergebnis, - zumal derartige Breitleinwandflime nur in entsprechend ausgerüsteten Kinos vorgeführt werden konnten.

  "Anspruchsvollere Drehbücher" waren daher gefagt. Ein *"Doktor Schiwago"* (1965) entwickelte sich nach zunächst schleppender Anlaufphasezu zu einer wahren Goldgrube für die MGM. Das Breitleinwandverfahren hatte sich zwischenzeitlich zu stattlichen rund 2o m Bildfläche ausgeweitet, und die MGM wollte eins draufsetzen:

  "Ryan's Tochter" (197o). Ein großartiger Streifen bezüglich Landschaftsaufnahmen der irischen Westküste, - und faszinierend, wer ihn im entsprechend ausgerüstetem Kino gesehen hat! Der Film leitete zugleich das Ende dieses Genres ein. Fortsetzung gab es zwar ab 1973 im sogen. "Omnimax- Cinema": der Zuschauer sitzt in einer Art "Rundum- Projektionskuppel". Das Verfahren ist aber so teuer, daß es weltweit nur rund 2o derartige Kinos (eines in z.B. San Diego) und nur ca. 5o solcher Filme gibt.

* 3 D- FILME: hier setzt sich der Zuschauer eine (pro Auge) verschieden gefärbte Brille auf und sieht den Film dreidimensional. Vom Konzept vielversprechend, konnte sich jedoch nicht durchsetzen.

* VERBESSERTE KINOS: sie wurden ab 5o-er mit komfortableren Sitzen eingerichtet, und bekamen kostspielige Sound- Anlagen. Die Vorteile gegenüber TV lagen auf der Hand: Insbesondere waren derartige Kino- Soundsysteme in Stereo und potenten Basslautsprechern auch die Basis für Kinoerfolge späterer Erdbeben- Schocker a la *"Das Erdbeben"* (1974), Weltraum- Abenteuer a la *"Krieg der Sterne"* (1978) und der Horrorfilme.

* AUTOKINOS: ab Beginn der 6o-er. Sie entsprachen dem US- Feeling unbeschränkter Mobilität: hier konnte man mit Auto und Freundin bzw. Freund reinfahren, auf der Großleinwand John Wayne beobachten, oder eine Liebesschnulze etc. Vor allem ließ sich das damals so beliebte Petting praktizieren, ohne daß Kinonachbar zusah. Zunehmende sexuelle Freiheiten in der bürgerlichen Moral eröffneten dann auch das elterliche Heim, was die Autokinos im Rückgang der Besucherzahlen spürten.

Das FERNSEHEN der späten 5o-er bis Anfang der 6o-er Jahre hatte zwar den Nachteil, daß die Bildfläche nur ca. 4o cm in der Diagonale maß und zudem die Welt ausschließlich in s/w zeigte.

Allerdings konnten jegliche Weltnachrichten in diesem elektronischen Medium umgehend an den Zuschauer weitergeleitet werden. Später nutzten auch Politiker wie R. Nixon erfolgreich das neuen Medium, um sich beim Wahlkampf ins richtige Licht zu setzen.

Insbesondere stand der Fernseher mitten im Wohn- bzw. Schlafzimmer. Hier waren weder 5 US für Kinoeintritt noch Anreise zum Kino nötig, sondern lediglich der Druck auf den Einschaltknopf.

Die TV- Gesellschaften der USA nutzten diesen Vorteil von Anbeginn zielstrebig: **Shows** dominierten, sowie **Serien** unterschiedlicher Qualität, die von ständiger Werbung unterbrochen waren. Bzw. "Product Placement" (d.h. der Schauspieler der Serie zündet sich demonstrativ die Zigarette xy an, bzw. fährt begeistert die Automarke yz). Ziel und Zweck: wenn der Zuschauer erst mal in einer Serie "angebissen" hatte, verfolgte er treu die Fortsetzungen, - und damit sowohl das Product Placement wie auch die ständig unterbrechende Werbung.

TV- SERIEN: damit die Einschalt- Quoten stimmen (wichtig für Werbeeinschaltungen), müssen sie im Drehbuch "publikumsgefällig" sein. Anfangs waren Aktion und Liebesromanzen gefragt, jedoch keine Brutalität. Die Bedürfnisse des Zuschauers untersuchten die Meinungsforscher, um die Stories der Serien entsprechend hinzustricken, - in Hinblick auf beste Einschaltquoten.

"The Guiding Light" ist älteste der TV- Serien. Sponsor: der US- Waschmittelhersteller "Procter & Gamble", der ab 1952 in TV- Serie seine Waschmittelprodukte herausstellte. Daher auch für das Genre der Spitzname *"SEIFENOPERN"*. In den USA hat die Serie zwischenzeitlich erstaunlich die Folge 14.ooo (!) erreicht, - in deutschsprachiger Synchronisation (RTL) unter dem Namen *"Die Springfield Story"* die Folge 1.65o.

In Folge wurde ab 6o-er Jahre das werbeträchtige Produkt "TV- SERIE" weiter ausgebaut. Der Serienheld in Stilisierung: z.B. *"Kojak"* glatzköpfig am Lollypop nuckelnd, - *"Detektiv Rockford"* kommt bauernschlau auf alle Schliche, - *"Bill Cosby"* (für Fami-

lienharmonie), - Drakula im Verschnitt *"The Adams Family"* etc.

Dann kamen Serien, in denen es um Reichtum und Intrigen ging wie *"Dallas"* und *"Denver"*, die übers ZDF Einstieg ins bundesdeutsche allabendliche Fernseh- Leben fanden. Sie fesselten trotz banalem Drehbuch die der Serie verfallenen Zuschauer. Wenn "J.R." zu böse war, litten sie mit, - nicht jedoch unter störender Werbeunterbrechung, denn das war damals im ZDF verboten...

Eine der originellsten US- Serien ist *"Colombo"*. Der Komissar in zerknittertem Mantel stellt sich dumm, wird nicht recht ernst genommen, kommt damit aber zu wichtigen Informationen zur Lösung seiner Krimifälle.

In den **7o-ern** waren die US- FERNSEHGESELLSCHAFTEN bereits Mischgiganten mit Filial-Töchtern der Kino- und TV- Branche, - verbreitet über Gesamt- USA, die auch Filialen in Hollywood hatten.

Sie kontrollierten sowohl den TV- Bereich als auch den des Kinos. In Mischverträgen wurden u.a. Kinofilme produziert, die anschließend im TV ihre Aufführung fanden.

Der TV (weltweit verbreitet) hatte zwischenzeitlich 56 cm in der Diagonale erreicht. Zwar nicht das, was das Kino bieten konnte. Dafür stand er zu Hause und wurde als "Pantoffelkino" erheblich bequemer als der Gang ins Kino, - was zu massenhafter Schließung von Kinopalästen führte

Das **Farbfernsehen** (ab Ende der 6o-er Jahre) bedeutete das Ende des zuvor "künstlerisch wertvollen s/w- Spielfilmes". *"Wer hat Angst vor Virginia Wolf"* oder Billy Wilders *"Der Glückspilz"* waren letzte ihres Genres. Fortan hatten nur noch in Farbe produzierte Kinofilme eine Chance.

GEGENWART

Aus der Talsohle Ende der 6o-er Jahre scheint sich der Kinofilm Hollywoods inzwischen wieder herausgearbeitet zu haben.

Regisseure wie *George Lucas* (Krieg der Sterne, sowie sein Trickfilmstudio), - *Steven Spielberg* (u.a. E.T.) oder *Woody Allen* gingen neue Wege und waren am neuerlichen Aufschwung des Kinos maßgeblich beteiligt. Auch ist das Publikum den "Seriensenf" mit zudem ständiger Werbeunterbrechung leid und honoriert gutgemachte Kinofilme.

Dicke Einkünfte für die Universal Studios bestehen auch durch die "Studiotours". Sie sind bei jährlich rund 5 Mill. Besuchern ein ähnlicher Touristenknüller wie Disneyland. Die Szenerie der Brände, eines Erdbebens etc. wurde vom Trickstudio des George Lucas bereitet.

KALIFORNISCHE RIESENBÄUME, Illustr. 19. Jhd.

ÖKOLOGIE

Kalifornien und die Staaten der amerikanischen Westküste gelten heute in vielen Bereichen als Vorreiter in Fragen des Umweltschutzes und des ökologischen Managements natürlicher Ressourcen. Die "*kalifornische Norm*" ist nicht nur bei der Begrenzung von Autoabgasen eine der striktesten der Welt. Diese Tatsache reflektiert allerdings nicht automatisch eine intaktere Umwelt als anderswo, sondern deutet eher den massiven Druck an, unter den kalifornische Landschaften durch das rapide Wirtschafts- und Bevölkerungswachstum der letzten Jahrzehnte geraten sind.

Dabei ist der Kampf um die landschaftlichen Schönheiten so alt wie der Bundesstaat selbst. Kalifornien ist seit über hundert Jahren Schauplatz erbitterter Auseinandersetzungen um das Primat von Ökonomie und Ökologie. Einige ihrer größten Erfolge, aber auch ihre schmerzlichsten Niederlagen erlebte die amerikanische Umweltschutzbewegung in Kalifornien. Und auch gegenwärtig werden dort die Debatten engagierter geführt als anderswo in den Vereinigten Staaten.

FRÜHE ÖKOLOGEN

Die ersten Menschen auf dem amerikanischen Kontinent, die ein ausgeprägt ökologisches Bewußtsein entwickelten, waren die Ureinwohner: Die Indianer verstanden sich selbst als Teil einer natürlichen Gemeinschaft, zu der jedes Lebewesen gehörte und die daher als funktionierende Gesamtheit Respekt verdiente.

Natürlich jagten und fischten sie für ihren Lebensunterhalt und nahmen auch größere Eingriffe in den natürlichen Kreislauf vor, z.B. durch Brandrodung von Wäldern oder Anlage von Bewässerungsgräben. Doch all dies geschah in engen Grenzen und nach Maßgabe unmittelbarer Überlebensbedürfnisse. Vorübergehende Überbeanspruchung glichen sie aus durch Einschränkung der Jagd auf bestimmte Tiere und durch Anbaumethoden, die die Nährstoffe des Bodens weitgehend erhielten.

Diese Haltung basierte auf einer Religion und Weltanschauung, die Natur und Leben als einen großen Zyklus ansah: das Wiederkehren der Jahreszeiten, das regelmäßige Auftauchen von Sonne und Mond, die Ablösung einer Generation durch die andere. Um diese Kreise geschlossen zu halten, war jeder Eingriff tabu, der ihr Fortbestehen behindert oder unterbrochen hätte. Rücksichtnahme auf Ressourcen, die auch für die Zukunft noch zur Verfügung stehen mußten, galt für die Indianer daher als Selbstverständlichkeit.

Eine kurze, pointierte Zusammenfassung der indianischen Naturphilosophie gibt die inzwischen auch bei uns bekanntgewordene Rede des Häuptlings Seattle, 1855 gerichtet an den Präsidenten der Vereinigten Staaten. Bezeichnender Titel: "Wir sind ein Teil der Erde". Zwar stimmt der heute in Umlauf befindliche Text nicht mit dem historischen Original überein, sondern ist eine variierte Fassung aus einem Film über Häuptling Seattle, aber die indianische Haltung zur Natur wird darin trotzdem gültig

wiedergegeben:

Stellenweise liest sich die Rede wie ein modernes ökologisches Manifest, eine Warnung vor dem Raubbau an der Natur und der schrankenlosen Plünderung von Pflanzen- und Tierwelt. Zu damaliger Zeit war sie eher ein Ausdruck der Hilflosigkeit gegenüber den Denkweisen und Ansprüchen des Weißen Mannes. Vor allem die Käuflichkeit und Monopolisierung von Grund und Boden paßte absolut nicht ins Weltbild der Indianer vom göttlich bestimmten Naturkreislauf, in dem der Mensch nur ein Agent unter vielen war.

Neben Siedlern, Goldsuchern und Eisenbahnkonstrukteuren, die sich die Erde des amerikanischen Westens geschäftstüchtig untertan machten, standen von Anfang an auch Menschen, die von den landschaftlichen Schönheiten entzückt waren und sie für erhaltenswert erklärten. Sie empörten sich über die Ausrottung von Büffeln und Bären sowie den Raubbau an den Wäldern. Die Motive dieser ersten Ökologen des 19. Jahrhunderts deckten sich natürlich nicht mit denen der Indianer, sondern entsprangen dem US-amerikanischen Ideal der "frontier":

In der Eroberung von bisher unerschlossenem Neuland habe sich der besondere Charakter der Menschen in der Neuen Welt gebildet. Der zivilisierte Mensch des alten Europa habe sich angesichts der unberührten Wildnis erneuert und verbessert. Ein Teil dieser "frontier" müsse daher für nachfolgende Generationen erhalten bleiben, damit auch diese weiterhin den "American Spirit" entwickeln und bewahren können.

Zunächst stießen diese Stimmen auf wenig Gehör: Zu sehr waren die Menschen damit beschäftigt, sich Überleben und Geschäfte um jeden Preis zu sichern, zu unerschöpflich erschien auch der Vorrat der Natur in den grenzenlosen Weiten des Westens. Aber schon ein gutes Jahrzehnt nach Gründung des Bundesstaates Kalifornien entstand der erste Vorläufer der späteren Nationalparks: Wegen der atemberaubenden Naturschönheiten entzog die Bundesregierung 1864 das Yosemite Valley der privaten Nutzung und übereignete es dem Staat Kalifornien. Der erste State Park war geboren.

NATIONALPARKS

Die Debatte um Yosemite gab auch den entscheidenden Impuls zur Einrichtung des ersten Nationalparks der Welt in Wyoming. 1872 stellte die US-Regierung den Yellowstone Park unter die Aufsicht von Bundesbehörden und initiierte damit eine beispiellose Entwicklung hin zu einem Nationalpark-System, das heute über 35o unterschiedliche Einheiten umfaßt. "Die beste Idee, die Amerika jemals hatte", wie der frühere britische Botschafter James Bryce erklärte.

Da der Schutz des State Park für Yosemite nicht ausreichte, plädierten die Umweltschützer unter Führung des schottischen Einwanderers John Muir für die Einrichtung von Nationalparks auch in der kalifornischen Sierra Nevada. Muirs Begeisterung für die unberührte Bergwelt der Sierra mani-

festierte sich in zahllosen Zeitungsartikeln und Büchern. Er wurde damit zum bekanntesten Kämpfer für eine unzerstörte Umwelt und die Einrichtung von Nationalparks.

189o führten die Bemühungen zu einem ersten großen Erfolg: Neben Yosemite National Park entstanden der Sequoia und General Grant National Park, letzterer heute ein Teil des Kings Canyon National Park. Zur Verteidigung der Nationalparks gegen Versuche illegaler Abholzung gründete Muir 1892 den "Sierra Club", eine Organisation, die noch heute in vorderster Linie der Ökologie-Bewegung an der amerikanischen Westküste steht.

Neben dem National Park institutionalisierte die US-Regierung später das National Monument: Liegen die Voraussetzungen für einen Nationalpark (vor allem hinsichtlich Größe und Vielfalt der Landschaften) nicht vor, kann der Präsident ein bestimmtes Gebiet durch Erklärung zum National Monument unter die Aufsicht der zentralen Nationalparkverwaltung stellen und damit für die Allgemeinheit zugänglich machen.

Die schnelle Umsetzung von Ideen der Naturschützer überrascht auf den ersten Blick. Allein hätten sie dies wohl auch nie zustandegebracht, aber sie besaßen einen einflußreichen Partner mit starker Lobby in den Parlamenten: die Eisenbahngesellschaften. Diese griffen die Nationalpark-Idee begierig auf, da sie sich davon eine Ausweitung des Tourismus und damit die Erhöhung ihres Fahrgastaufkommens versprachen. Eine Kalkulation, die einige Jahrzehnte lang aufging.

Hatte John Muir noch die Vision von der Erhaltung der Wildnis innerhalb der Nationalparks, so verwandelte sich das Management-Konzept der Parkbehörden schnell in ein typisch amerikanisches Business: Mit Hotel- und Straßenbauten sowie spektakulären Publicity-Aktionen sollten Touristen angezogen, die Parks in ein Sport- und Freizeitgelände verwandelt werden. Tenniscourts, Golfplätze und Skilifte entstanden, man veranstaltete Bärenfütterungen vor großem Publikum und höhlte die Stämme von Sequoia-Bäumen aus, durch die die ersten Automobile rollten.

Das Yosemite Valley verwandelte sich in eine kleine Stadt mit Massenandrang am Wochenende. Auf dem 9oo m hohen Glacier Point entzündete man nachts riesige Feuer und warf die brennende Glut die senkrechten Felswände hinunter, um spektakuläre Lichteffekte zu erzielen. Das Ganze begleitet von Lautsprechermusik, die zwischen den Felswänden widerhallte.

Erst in den 3o-er Jahren verschafften sich wieder diejenigen Gehör, die die Parks als ökologische Einheit sahen, die es zu erhalten gelte. Einen ersten Erfolg erzielten sie 194o mit der Einrichtung von Kings Canyon National Park im südlichen Teil der Sierra Nevada. Das Straßennetz in diesem Naturreservat beschränkt sich auch heute noch auf ein Minimum. Besucher sollen sich den Park erwandern und in der freien Natur übernachten.

Die Einrichtung von Kings Canyon markiert auch den Wandel im Konzept des Nationalpark-Management: Nicht mehr weitgehende Erschließung für die rekreativen Bedürfnisse der Besucher ist das oberste Gebot, vielmehr steht die Erhaltung des Ökosystems im Vordergrund. Einen radikalen Schritt voran in dieser Richtung bedeutete der sogenannte "wilderness act", den der amerikanische Kongress 1964 verabschiedete: Darin wurden große Flächen in den einzelnen Nationalparks zur "wilderness area" erklärt, wo die Natur Vorrang vor dem Menschen besitzt.

Um dies zu gewährleisten, sehen sich die Parkverwaltungen inzwischen gezwungen, den Besucheransturm durch Reglementierungen zu beschränken. "Wilderness areas" dürfen nur mit einer besonderen Erlaubnis betreten werden, die Anzahl der Wanderer hält man so auf einem Niveau, das der Natur nicht abträglich ist.

In den letzten Jahren stellt der moderne Massentourismus die Parks auch außerhalb der Wildnis-Reservate vor ständig wachsende Schwierigkeiten. Einschränkungen des Besucherbetriebs sind die konsequente Folge. Freizeitangebote wie Skilaufen, Fischen, Jagen und selbst Wandern verlagern sich zunehmend aus den Nationalparks in die National Forests, die weniger strikten Regulierungen unterliegen.

Wieder ist Yosemite mit seinen Besuchermassen ein exponierter Fall: Hunderttausende erhoffen sich dort Natur und Einsamkeit, finden aber häufig mehr Menschen vor als in der Stadt, aus der sie gerade flüchten. Teile des Yosemite Valley sind bereits für den Autoverkehr gesperrt, an einigen Wochenenden muß der Fahrzeugzustrom ins Tal zusätzlich eingeschränkt werden: Zufahrt nur noch, wenn gleichzeitig andere den Park verlassen.

Schnellfinder zu National Parks und National Monuments in Kalifornien (mit Gründungsjahr):

NATIONAL PARKS:

CHANNEL ISLANDS (198o, Central Coast): Seelöwen, Vogelschutzgebiet, seltene Pflanzen und Tiere .... Seite 572

KINGS CANYON (194o, Sierra Nevada): Tief eingeschnittene Canyons, Sequoia-Bäume .... Seite 445

LASSEN (1916, Cascade Mountains): Vulkanisch aktives Gebiet, deutliche Spuren der Eruption von 1915 .... Seite 788

REDWOOD (1968, North Coast): Waldgebiete mit den höchsten Bäumen der Welt .... Seite 778

SEQUOIA (189o, Sierra Nevada): Ausgedehnte "wilderness areas", Waldstücke mit riesigen Sequoia-Bäumen .... Seite 434

YOSEMITE (189o, Sierra Nevada): Spektakuläre Felsformationen, Wasserfälle, Sequoia-Bäume .... Seite 455

NATIONAL MONUMENTS:

CABRILLO (1913, San Diego): Exponierte Spitze einer Halbinsel zwischen Pazifik und San Diego Bay, ... Seite 353

DEATH VALLEY (1933, Kalifornische Wüste): Heiße Wüstenlandschaft mit abwechslungsreichen geologischen Formationen........ Seite 4o5

DEVIL'S POSTPILE (1911, Sierra Nevada): Dekorative Basalt-Türme, entstanden aus abgekühlter Lava........ Seite 433

JOSHUA TREE (1936, Kalifornische Wüste): Hochgelegene Wüstenlandschaft mit Felsformationen und Yucca-Palmen........ Seite 383

LAVA BEDS (1925, Cascade Mountains): Erkaltete Lavafelder, verzweigtes Höhlensystem........ Seite 799

MUIR WOODS (19o8, Bay Area): Wälder mit majestätischen Redwood-Bäumen........ Seite 741

PINNACLES (19o8, Central Coast): Bizarre Felsformationen und Höhlen, Spuren vulkanischer Aktivität........ Seite 6o4

POINT REYES NATIONAL SEASHORE (1972, Bay Area): Halbinsel mit Stränden und Felsküsten, ungewöhnliche Tierwelt........ Seite 744

DER KAMPF UMS WASSER

Wasser ist das Zauberwort in Kalifornien; aufgrund der großen Wasserknappheit in den trockenen Gebieten Kaliforniens fanden schon seit Bestehen des Staates härteste Auseinandersetzungen und Machtkämpfe um die Versorgung mit diesem vitalen Rohstoff statt . Vor allem der enorme Wasserverbrauch in Los Angeles, der Bay Area und in der Landwirtschaft des Central Valley hat in den vergangenen Jahren zu einer Zuspitzung des Problems geführt. Dauerhafte Lösungen sind nicht in Sicht.

Schon Ende des 19. Jahrhunderts kam es zu ersten Konflikten: Die Gold- und Silberminen am Rande der Sierra Nevada arbeiteten mit gewaltigen Wassermengen, um das begehrte Metall aus den Bergen zu waschen. Als Folge verschlammten und verdreckten die Flüsse im Central Valley, bis sie mit der Zeit nicht mehr schiffbar waren und ihr Wasser zur Bewässerung der Felder nicht mehr taugte.

Zwar verbot das Urteil eines Bundesgerichts 1884 diese Praktiken, doch die Minenbesitzer waren mit ihren Millionengewinnen derart einflußreich, daß illegale Ausschwemmungen weiterhin erfolgten, den Profit der "miners" sicherten und die Landwirtschaft um Sacramento ruinierten.

Auf der anderen Seite führten die kalifornischen Wasser- und Eigentumsgesetze zu einem Konflikt innerhalb der Landwirtschaft selbst: Wer Grund

und Boden entlang der Flüsse besaß, war allein berechtigt, über das Wasser zu verfügen. Diese Rechtslage führte dazu, daß Spekulanten kilometerlange Uferstreifen aufkauften, um damit die Kontrolle über die Wasserversorgung einer Region zu bekommen und ihre Monopolstellung zum Schaden der Landwirte und Stadtbewohner für überhöhte Wasserpreise auszunutzen. Erst jahrzehntelange Prozesse und staatliche Bewässerungsprojekte führten zur Entmachtung der Monopolisten.

Bei diesen Auseinandersetzungen ging es noch nicht um ökologische Aspekte. Die divergierenden wirtschaftlichen Interessen waren ausschlaggebend. Erst im Streit um den Bau des Staudamms Hetch Hetchy waren es dann die Umweltschützer, die sich der Zerstörung der Natur entgegenstellten. Das Hetch Hetchy Valley ist ein Teil des 1890 gegründeten Yosemite National Park, eine verkleinerte Ausgabe des grandiosen Yosemite Valley mit steil aufragenden Felswänden. Die Einbettung in den Nationalpark schien es zunächst vor wirtschaftlicher Nutzung zu schützen.

Doch auf dieses Tal hatten es Ende des 19. Jahrhunderts die Behörden von San Francisco abgesehen: Es schien ihnen ideal für den Bau eines Staudamms, um die Wasserversorgung der Stadt von der Monopolstellung der Spring Valley Water Company unabhängig zu machen. Zwar gab es in der Sierra Nevada noch weitere mögliche Standorte für einen Staudamm, diese Gebiete waren aber bereits von Spekulanten aufgekauft, um im Fall der Fälle ordentlich abkassieren zu können.

So sahen die Politiker aus San Francisco in Hetch Hetchy die beste und billigste Lösung. Ein Sturm der Entrüstung war die Folge dieser Pläne. Allen voran kämpfte der unermüdliche Ökologe und Sierra-Fan John Muir, um das Tal in seiner landschaftlichen Schönheit zu erhalten. Als San Francisco im Jahre 1900 mit seinem Projekt ernsthaft an die US-Regierung herantrat, machte Muir seinen ganzen Einfluß geltend: Per Pressekampagne und Lobby bei Regierung und Parlament konnte die Entscheidung immer wieder vertagt werden.

Bedenkt man die wirtschaftliche Bedeutung San Franciscos und den landesweiten "Mitleidseffekt", den das Erdbeben von 1906 hervorrief, so erscheint die Leistung der Ökologen beinahe unglaublich: Bis 1913 konnten sie Hetch Hetchy gegen jeglichen Eingriff verteidigen. Vor allem John Muirs gute Beziehungen zu Präsident Theodor Roosevelt spielten dabei wohl eine entscheidende Rolle. Roosevelt war in Fragen des Landschaftsschutzes einer der aufgeschlossensten Präsidenten in der Geschichte der USA.

Erst als unter Präsident Wilson ein Anwalt aus San Francisco das Innenministerium übernahm, entschied die Regierung sich endgültig zum Nachgeben: Der Staudamm wurde gebaut. John Muir verglich die Erhabenheit des Tals mit einer Kathedrale und meinte verbittert, ebensogut könne man nun auch die schönsten Kirchen mit Wassertanks füllen. Doch umsonst: noch heute bezieht San Francisco einen Teil seines Wasser aus

Hetch Hetchy.

Der Kampf der Ökologen um die Bewahrung einer Landschaft hatte jedoch gezeigt, daß es durchaus möglich war, im business-orientierten Amerika den wirtschaftlichen Interessen eine andere Macht entgegenzustellen. Der Kampf gegen den Staudamm in Hetch Hetchy wurde zum Vorbild für die moderne Ökologie-Bewegung.

In den folgenden Jahrzehnten fand der Streit ums kalifornische Wasser allerdings ohne entscheidendes Zutun der Ökologen statt. Wirtschaftliche Interessen schürten den Konflikt um den Los Angeles Aquädukt, der die Wasserversorgung der Metropole sicherte, dafür aber den Farmern des Owens Valley ihre Lebensgrundlage entzog (Details zu den üblen Praktiken während dieser Kontroverse, siehe S. 228).

Auch der Bau riesiger Staudämme im Norden Kaliforniens stieß auf wenig Einwände seitens der Naturschützer, obwohl dadurch beispielsweise der Lachsbestand der Flüsse enorm reduziert wurde. Aber die Baumaßnahmen fanden statt während der Weltwirtschaftskrise, in der die Prioritäten auf Beschäftigung des Arbeitslosenheeres und Förderung der kalifornischen Landwirtschaft lagen.

Erst seit Los Angeles seine durstigen Fühler noch weiter ins Owens Valley und die Sierra Nevada ausgestreckt hat, hört man wieder ökologische Argumente: Die Anzapfung von sieben Flüssen der zentralen Sierra senkt seit Jahren rapide den Wasserspiegel des ökologisch einmaligen Mono Lake, der langfristig sogar von der totalen Austrocknung bedroht ist. John Muirs Nachfolger im Sierra Club führen die Auseinandersetzung um die Erhaltung des Sees gegen die Interessen von Los Angeles an. Eine Lösung des Konflikts ist in naher Zukunft nicht in Sicht. Mittlerweile schreitet die Austrocknung vor allem in Jahren mit wenig Niederschlägen enorm voran.

DER KAMPF UM DIE WÄLDER

Das aktuellste Umweltschutzthema im amerikanischen Westen dreht sich seit Jahren um die Erhaltung der Wälder in Kalifornien, Oregon und Washington. Dort befinden sich noch die Reste des weltweit größten Regenwalds in gemäßigten Klimazonen. Was nicht in den Nationalparks unter Naturschutz steht, wurde in den letzten Jahrzehnten radikal abgeholzt; der Nordwesten liefert ein Drittel des Holzbedarfs der amerikanischen Nation und versorgt neuerdings auch zunehmend den japanischen Markt.

In Kalifornien haben Kahlschläge in der Sierra Nevada, den Cascade Mountains und dem Küstengebirge vor allem den jahrhundertealten Bestand der majestätischen Baumriesen Sequoia und Redwood stark reduziert. Nur noch ein Zehntel der ursprünglichen Wälder steht; ein Verlust, der erst in Hunderten von Jahren wieder ausgeglichen werden könnte.

Doch dies ist seitens der Holzwirtschaft sowieso nicht geplant. Abgeholzte

Flächen werden zwar aufgeforstet, aber nicht mit dem ursprünglichen Baumbestand, sondern mit schnell wachsenden Nutzhölzern, die so bald wie möglich erneuten Gewinn versprechen.

Seit Jahren versucht die Ökologie-Bewegung an der Westküste, diese Tendenz zu unterbrechen und wenigstens die verbliebenen Wälder mit altem Baumbestand zu retten. Der Sierra Club und andere gemäßigte Organisationen bemühen sich, vor allem auf dem Wege der Aufklärung ihren Standpunkt zu verbreiten.

Als flankierende Maßnahmen dienen juristische Schritte, von denen einer seit Mitte 1990 einen Riesenwirbel in der Öffentlichkeit verursacht hat: Mit Hilfe eines US-Gesetzes zum Schutz aussterbender Tierarten konnte ein Abholzungs-Stop für große Flächen im Nordwesten der USA erreicht werden. Die Wälder bieten Schutz und Lebensraum für eine seltene Eulenart, die "spotted owl", die auf diese Weise über Nacht ins Zentrum des Interesses geriet, wobei es weniger um das Tier als um den Wald geht. Der Erhalt dieser Eulenart dient den Umweltschützern nämlich als juristisches Vehikel, um die Abholzung zu bremsen, die auf anderem Wege bisher nicht zu verhindern war.

Kräftig beigetragen zur Zuspitzung des Konflikts um die Wälder des Nordwestens hat eine Gruppe von radikalen Umweltschützern mit dem Namen "Earth First!". Sie propagiert das sogenannte "monkeywrenching", eine Variante der Maschinenstürmerei aus dem 19. Jahrhundert. Straßen durch Wälder werden aufgerissen, Autoreifen der Holzlaster zerstochen, und das Einschlagen von Nägeln in von Abholzung bedrohte Bäume soll die Kreissägen der Holzfäller lahmlegen. Die Gruppe nennt dies "Öko-Verteidigung" und rechtfertigt ihre umstrittenen Methoden als eine Art Notwehr für den vom Tode bedrohten Wald.

Die Gegner der Umweltschützer haben sich natürlich auch längst formiert. Sie fragen, ob das Überleben der Eule wichtiger sei als die wirtschaftliche Zukunft einer ganzen Region. Im ersten Jahr nach Inkrafttreten der Verordnung sank die Abholzungsquote auf etwa ein Viertel des vergleichbaren Vorjahreszeitraums, angeblich stehen 100.000 Arbeitsplätze auf dem Spiel. Inzwischen bezeichnen sich die Holzfäller als eine schützenswerte, von der Ausrottung bedrohte Spezies. Die Aktionen von "Earth First!" werten Holzindustrie und die hinter ihr stehende Bevölkerungsgruppe gar als offene Kriegserklärung und kontern ihrerseits mit wenig zimperlichen Methoden.

Daß das letzte Wort in Fragen der "spotted owl" und damit der derzeit gültigen Abholzungsbeschränkungen längst nicht gesprochen ist, zeigen Erwägungen der US-Regierung, das Gesetz über den Artenschutz zu modifizieren und damit indirekt der Holzwirtschaft wieder zu ihrem "logging" zu verhelfen.

In manchen Gegenden Nordkaliforniens, Oregons und Washingtons

jedenfalls hat die Polarisierung der Standpunkte bereits ein Ausmaß erreicht, das Gespräche zwischen den Konfliktparteien nicht mehr zuläßt. Die Atmosphäre ist aufgeheizt, und die "spotted owl" wurde zum ideologischen Schlagwort . Wer in Nordkalifornien oder den Staaten des Nordwestens unterwegs ist, sollte daher mit Äußerungen zu diesem Thema vorsichtig sein. Dort hat jeder Partei bezogen, und man kann leicht mit unbedachten Äußerungen anecken.

SCHNELLFINDER zu weiteren ökologischen Themen im Text:

LOS ANGELES (3,5 Mill. Einwohner, Los Angeles County: 8,5 Mill.)

Unvorstellbar großer Stadtkoloß zwischen Pazifikküste und Gebirge, dessen Vororte sich immer weiter in die angrenzenden Täler hineinfressen.

Geschäfts- und Kulturzentrum der gesamten Westküste, zweitgrößte Stadt der USA und eine der bedeutendsten Städte der ganzen Welt. Vor allem die Ausdehnung und die Aufgelockertheit bestechen: Um das Stadtzentrum herum verschiedenste Stadtbezirke, jeder mit besonderem Charakter.

In L.A. gibt es (fast) alles: ein Finanzzentrum mit postmodernen Wolkenkratzern aus den achtziger Jahren, - Hollywood mit all seinen Reminiszenzen an das Show-Business des 2o. Jahrhunderts, - den sagenhaften Reichtum von Beverly Hills, - die Armut der Schwarzen in Watts, - eine Küste zum Baden und Surfen, - Berge zum

LOS ANGELES, Main street 1882

Wandern und Skilaufen vor der Haustür. Über allem der beinahe ständig sonnige Himmel von Southern California, der in diesem Jahrhundert schon Millionen von Amerikanern aus dem Osten angelockt hat, die hier ihr "California Dreaming" verwirklichen wollten.

Größe: Da keiner richtig weiß, bis wohin sich L.A. eigentlich erstreckt, variieren auch die Angaben über Einwohnerzahlen erheblich. Die (administrativ definierte) "City of Los Angeles" hat ca. 3,5 Millionen Einwohner, "Los Angeles County" 8,5 Millionen. Das gesamte Einzugsgebiet der Großstadt, die sogenannte "Greater Los Angeles Area" mit den fünf Counties Los Angeles, Riverside, Ventura, Orange und San Bernardino zählt dagegen 13,5 Millionen Bewohner.

Bevölkerung: Los Angeles County verfügt inzwischen über die größte mexikanische und hispanische Bevölkerungsdichte in den USA: ca. 3,5 Millionen Menschen lateinamerikanischer Abstammung. Das macht sich nicht nur im Straßenbild bemerkbar, wo mancherorts Angebote von Läden oder Kinoprogramme nur noch in spanischer Sprache vorkommen. Auch Publikationen öffentlicher Stellen müssen derzeit mindestens zweisprachig herausgegeben werden.
Eine weitere große Bevölkerungsgruppe bilden die Japaner und Koreaner, die ihre eigenen Stadtteile besitzen mit den bezeichnendem Namen "Little Tokyo" und "Koreatown". Um der multikulturellen Bevölkerungsmischung gerecht zu werden, druckt die Busgesellschaft ihre Broschüren sogar in 5 Sprachen: spanisch, englisch, armenisch, koreanisch und tagalog. Damit ist allerdings nur ein Bruchteil der Sprachen erfaßt, die in L.A. tatsächlich gesprochen werden.

Klima: L.A. rühmt sich eines perfekten Klimas: fast das ganze Jahr über sonnig, leichte Meeresbrisen und geringe Luftfeuchtigkeit. Die Höchsttemperaturen in den Wintermonaten um 2o Grad, im Sommer selten über 28 Grad. Die geringen Niederschläge haben jedoch auch ihre Schattenseite: Der Wassermangel in der Stadt wird von Jahr zu Jahr akuter.

Stadtgeschichte: Als Gründungsdatum gilt der 4. Sept. 1781, als 22 Männer plus je 11 Frauen und Kinder von Mexiko kommend sich niederließen und ihrem Dorf folgenden Namen gaben: "El Pueblo de Nuestra Señora de la Reina de Los Angeles" (später in "Los Angeles" abgekürzt, die Stadt der Engel).

In den nächsten 5 Jahren wuchs die Siedlung auf immerhin 5oo Einwohner, die vorwiegend von der Landwirtschaft lebten. 1822 war die Kirche an der Hauptplaza fertig und 1835 wurde Los Angeles für kurze Zeit Hauptstadt der mexikanischen Provinz Alta California bei zwischenzeitlich rund 1.ooo Einwohnern.

186o, also 12 Jahre nach Beendigung des amerik.-mexik. Krieges war die Stadt bereits auf rund 5.ooo Einwohner angewachsen, hatte allerdings weder Größe noch Bedeutung wie die Boomtowns im Gold Country. 188o: Gründung der Universität und rund 13.ooo Einw. (zum Vergl. San Francisco damals bereits rund 24o.ooo Einw.).

Mit der Fertigstellung der "Southern Pacific" Eisenbahn setzte ab 1883 die erste große Zuwanderungswelle ein, die das verträumte Städtchen in wenigen Jahren zum urbanen Zentrum in Südkalifornien avancieren ließ. Los Angeles war einer der Endpunkte dieser transkontinentalen Linie und damit naturgemäß erster Anlaufpunkt der meisten Neuankömmlinge aus dem Osten der USA.

Innerhalb von nur 10 Jahren kamen rund 60.000. Für zusätzlichen Boom sorgten Erdölfunde in der Region gegen Ende des Jahrhunderts.

Damals bereits wurde die Wasserversorgung zu erheblichem Problem der Stadtverwaltung (Details siehe separates Kapitel).

Und L.A. expandierte weiter: Zwischen 1900 und 1905 von 100.000 Einw. auf 250.000. Die Reichen bauten sich ihre feudalen Villen, und 1908 beginnt ein weiterer Boom: die Filmindustrie. Siedlungen wie Hollywood und Beverly Hills entstanden. 1923 wurde Hollywood der Stadt L.A. einverleibt. Details siehe Seite 238.

1927 erstmals Verleihung des Oscars, des höchsten Preises der Filmindustrie. 1932 Veranstaltung der Olympischen Sommerspiele.

MAIN STREET, Los Angeles ca. 1850. Ein amerikanisches Magazin bemerkt: dahinter erstrecken sich schäbige Viertel. Schön aber der Bereich um das wichtigste Hotel Pico und die Los Angeles Bank.

Abgesehen davon expandiert L.A. stark in Einwohnerzahl: bereits 193o sind 1 Million erreicht und nur 2o Jahre später (195o) 2 Millionen. Kaum eine andere Metropole der westlichen Welt erreichte in derart kurzer Zeit solche Zuwachsraten. Heute umfaßt der Großraum L.A. 13,5 Mill. Einwohner.

Da L.A. zur Jh.-Wende 1oo.ooo Einw. hatte, ist diese Stadt somit in 9o Jahren um 13,4 Mill. Menschen gewachsen! Dies dürfte weltweit absoluter Rekord sein!

Daß derart massive Zuwachsraten erhebliche Probleme für die Stadtverwaltung bringen, liegt auf der Hand. Eines der Hauptprobleme ist die:

Wasserversorgung: bereits die ersten Siedler mußten die Erfahrung machen, daß ihr fruchtbares Land unter der sengenden Sonne verbrannte, sobald einen Winter lang die gewohnten Regenfälle ausblieben.

Daß dies häufiger passierte, als ihnen lieb war, zeigen zeitgenössische Klagen über die plötzliche Verwandlung des gelobten Landes in eine Staubwüste. Dies ist auch zentrales

Stadansicht Los Angeles ca. 1890, - inkl. vieler Parks und Gartenanlagen. Auch diese brauchten viel Wasser.

Thema in einigen Romanen John Steinbecks.

Zu massiven Engpässen kam es seit Eröffnung der "Southern Pacific" Eisenbahn, als 1883 die erste Zuwanderungswelle einsetzte. Mehr Menschen brauchten mehr Wasser, und die wenigen Flüsse, die aus den Bergen kamen, waren schnell in Haushalten und Fabriken versickert.

Besonders die Dürreperiode zwischen 1892 und 19o4 setzte in Los Angeles eine fieberhafte Suche nach zusätzlichen Wasserquellen in Gang, um die Stadt vor dem Kollaps zu bewahren.

Ein wahrer Krimi nahm seinen Anfang: Zunächst Vereinbarungen mit den Ranchern im Owens Valley östlich der Sierra Nevada, die bereit waren, überflüssige Wassermengen an die Stadt abzutreten.

Doch L.A. wuchs weiter (bis 19o5 auf 25o.ooo Einwohner) und brauchte mehr Wasser. Strohmänner und angebliche Rancher kauften große Landareale insb. entlang des Owen Rivers und an den Hängen der Sierra Nevada; Wasserrechte

natürlich inklusive. 1913 erfolgte die Einweihung des ca. 35o km langen Aquädukts von der Sierra Nevada zur Stadt. Ein technisches Meisterwerk, das auf der gesamten Strecke ohne Pumpen und nur mit natürlichen Gefälle operiert. Die Folgen: Den Farmern im Owens Valley wurde zunehmend das Wasser abgegraben, der riesige Owens Lake trocknete aus, und inzwischen ist auch der ökologisch einmalige Mono Lake von der Vertrocknung bedroht. Die Bauern im Tal probten den Aufstand: Allein 1926 sprengten sie die Wasserleitung 26 Mal in die Luft.

Doch L.A. ließ nicht locker. Geld und Macht waren auf Seiten der Stadt, die mit Tricks, Intrigen und Gewalt ihre Wasseransprüche durchsetzte. Einen guten Einblick in die rüden Methoden im Streit ums Wasser von Los Angeles vermittelt Roman Polanskis Film "Chinatown": Jack Nicholson als Privatdetektiv wird verwickelt in eine angebliche Ehebruchsaffäre, die sich als hochpolitischer Kampf um die Wasserversorgung der Stadt entpuppt. Bis heute gültiges Fazit von einem der Hauptakteure: "Whiskey is for drinking, water is for fighting over".

Da die City of Los Angeles die Wasserversorgung für das gesamte Tal kontrollierte, blieb den umliegenden Gemeinden nur die Wahl, sich der Stadt anzuschließen oder auszutrocknen. "Annexion oder Stagnation" war die Parole, mit der sich L.A. ausbreitete.

191o bereits der Anschluß Hollywoods, 1923 sollte Beverly Hills folgen. Ein erbitterter Abwehrkampf begann: Eine "Bürgerinitiative" unter Führung von Filmstars wie Douglas Fairbanks, Harold Lloyd und Rudolph Valentino führte die erfolgreiche Kampagne für die Selbständigkeit. Die eigene Wasserversorgung wurde mit großem Kapitalaufwand sichergestellt, und Beverly Hills blieb bis heute eine eigenständige Gemeinde, vollständig umgeben von Los Angeles.

Schon gut 1o Jahre nach Einweihung des Aquädukts wurde das Wasser wiederum knapp. Der Erdöl- und Automobilboom sowie der rasante Aufstieg Hollywoods zur Filmmetropole lockten wiederum Hunderttausende nach Südkalifornien.

Zwar argumentierten die Stadtväter bei ihrer Wassersuche meist mit der Versorgung der Haushalte, der größte Verbraucher jedoch war die Industrie: Zahlreiche Fabriken hatten sich um 192o als Konsequenz der Erdölfunde in und um Los Angeles angesiedelt und verzeichneten in Folge des einsetzenden Automobil-Booms enorme Wachstumsraten. Reifen- und Erdölindustrie benötigten für den Produktionsprozeß Unmengen von Wasser, allein die Union Oil Company in Long Beach verbrauchte 193o ebenso viel wie der gesamte Rest der Stadt.

L.A. tat sich mit einigen anderen Städten zusammen, um das kostbare Naß aus noch weiterer Entfernung herbeizuschaffen: Diesmal zapfte man per Aquädukt den Colorado River an und handelte sich einen langfristigen Rechtsstreit mit dem Staat Arizona ein, der seinerseits auf Wasserrechte am Colorado pochte.

Die zusätzlichen Wassermengen wurden während des Zweiten Weltkriegs voll ausgeschöpft, nachdem die US-Regierung Los Angeles in ein Zentrum der Rüstungs- und Luftfahrtindustrie verwandelte, um die pazifischen Kriegsschauplätze schnell mit Nachschub zu versorgen. Das damit verbundene weitere Wachstum der Bevölkerung verschärfte die Versorgungslage erneut. Auch nach dem Krieg trat keine Entspannung ein: L.A. blieb Wirtschaftszentrum Nr. 1 an der Westküste und viele Kriegs-Heimkehrer ließen sich dort nieder.

Der Kampf um die Wasserversorgung der Metropole ist auch heute noch nicht beendet. Wegen des unaufhaltsamen Wachstums der Stadt und der jahrelangen Dürreperiode Ende

der achtziger Jahre ist die Debatte sogar aktueller denn je. In die schon klassische Auseinandersetzung zwischen Farmern und Stadt haben sich nun auch die Umweltschützer eingeschaltet. Es geht um das Überleben des Mono Lake und anderer Landschaften am Rande der Sierra Nevada.

Zum ersten Mal mußte L.A. 199o/91 zu Rationierungsmaßnahmen greifen. Doch die Wasserpolitiker der Stadt denken längst über den bisherigen Rahmen hinaus: Im Gespräch sind u.a. Meerwasser-Entsalzungsanlagen und eine Pipe-Line von Alaska nach Los Angeles. Das Expansionsprogramm der Stadt auf Kosten großer Teile des Landes soll weitergehen. Auch wenn nach den trockenen Jahren wieder feuchtere Zeiten kommen: Der Wassermangel in L.A. wird ein Dauerproblem bleiben und sich eher noch zuspitzen. Genug Stoff für eine Fortsetzung von Polanskis "Chinatown".

Smog: Spätestens seit den Oylmpischen Sommerspielen von 1984 ist der Smog von Los Angeles weltbekannt. Damals gab es Debatten, ob man den hochtrainierten Sportlern die schlechte Luft der Stadt vor allem bei Dauerleistungen zumuten könne. Ob man sie den Bewohnern von L.A. tagtäglich und jahraus jahrein zumuten kann, fragt keiner wirklich ernsthaft.

Natürlich gibt es viele Debatten und auch gezielte Maßnahmen, die aber an der Grundproblematik bisher nichts geändert haben. Trotz der Nähe zum Meer steht die Luft in den Tälern der Metropolitan Area große Teile des Jahres relativ bewegungslos. Industrie- und Autoabgase sammeln sich und bilden die gefürchtete Smog-Schicht, die vor allem an warmen Spätsommertagen extrem gesundheitsgefährdende Werte erreicht.

Das Problem ist nicht neu. Schon in den zwanziger und dreißiger Jahren, als L.A. den Übergang zur totalen Automobilisierung begann, waren Verkehrsstaus an der Tagesordnung, und die Abgaswolke erreichte ein beängstigendes Ausmaß. Der Ausbau des Freeway-Netzes und die ungeheure Zunahme des Autoverkehrs nach dem 2. Weltkrieg bewirken, daß der strahlend blaue Himmel von Southern California über L.A. immer häufiger nur noch verschleiert zu sehen ist.

Daran haben auch die relativ scharfen Emissionsgesetze Kaliforniens bisher nichts geändert. Die "Angelinos" haben sich offenbar längst damit abgefunden und trösten sich mit ihrem eigenen Gradmesser: "Smog besteht dann, wenn man vom Hollywood Freeway die 15 m hohen Buchstaben des Hollywood Sign nicht mehr sehen kann." Und das ist gar nicht so oft der Fall, also "kein Grund zur Panik..." Übrigens: so grau, trist und trübe, wie bei Smog im Ruhrgebiet oder in Berlin, wird man Los Angeles nie erleben.

Filmindustrie: 1887 und noch bevor der Film erfunden war, kaufte der Einwanderer Harvey Wilcox 15 km nördlich von Los Angeles billig ein großes Areal an Farm- und Ackerland, um sich hier als Rancher niederzulassen. Er ließ seinen neuen Besitz als "Hollywood" im Katasteramt eintragen. Der Name entstand, so wird berichtet, weil Wilcox hier Holly-Büsche angepflanzt habe.

1891 hatte Thomas A. Edison sein Kintetoskop zum Patent angemel-

Filmposter für "Moderne Zeiten"

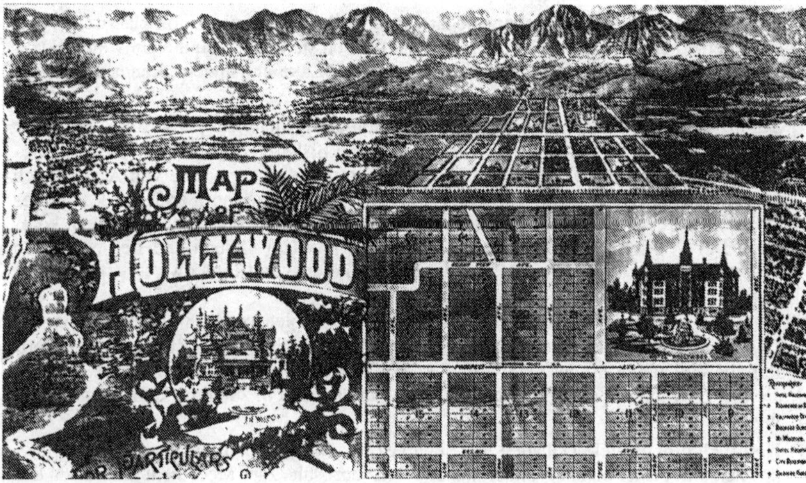

HOLLYWOOD ca. 1915. Hier wurden ab 1908 die meisten und viele der besten Spielfilme der Welt produziert.

det. Es dauerte allerdings noch 4 Jahre, bis das erste Kino der Welt (1895 in Paris) eröffnet wurde, betrieben von den Brüdern Lumière. Es wurde ein großer finanzieller Erfolg; bald folgten weitere Lichtspielhäuser in Europa und den USA. Entsprechend stieg auch die Anzahl an Filmproduktionen.

Anfangs waren es extrem kurze, nur wenige Minuten dauernde Streifen. Zu sehen beispielsweise ein Mann der nieste (thats all), selbstverständlich noch ohne Ton. Im Streifen "Black Diamond Express" raste eine dampfschnaubende Lok auf die Zuschauer zu. Die Geräusche lieferten Mitarbeiter hinter der Leinwand, und im Zuschauerraum sollen angeblich einige Damen vor Angst in Ohnmacht gefallen sein.

Bald wurden die Stummfilme "länger" und dauerten beachtliche 5 oder 1o Minuten, wobei "Szenen aus dem Leben" (jeglicher Natur) gezeigt wurden und die Zuschauer fasziniert waren von den bewegten Bildern, während ein Life- Pianist seitlich der Leinwand vor sich hinklimperte.

Um 19o6 kamen die ersten Filmemacher nach Los Angeles. Grund: das angenehme Klima mit viel Sonne (für Außenaufnahmen wichtig, da die Beleuchtungstechnik noch in ihren Kinderschuhen steckte). Aber auch das aufgeschlossene "menschliche Klima" einer Bevölkerung, deren Großväter Goldgräber waren oder als Pioniere den Wilden Westen erschlossen hatten. Zudem behandelten viele dieser ersten Stummfilme u.a. das Thema der Erschließung des Wilden Westens, weswegen derartige Streifen die entsprechende Kulisse bei Außenaufnahmen benötigten, die sie nicht in z.B. New York, wohl aber in der Gegend von L.A. fanden.

Ein entscheidener Grund für die Standortwahl L.A. waren aber auch Streitigkeiten mit Edison, der auf Grund bestehender Patente am Kinetoskop den Newcomern der Filmproduktion den Einstieg ins lukrative Geschäft verwehren wollte. Details Seite 184.

Letztere hofften in Standortwahl L.A. (da weit entfernt von New York), sich dem Gerichtsknüppel der Edison- Anwälte entziehen zu können. Wenn's hart auf hart ging,

konnten sich diese "Filmpiraten", wie sie Edison bezeichnete, - schnell mit ihrem Equipment über die mexikanische Grenze in Sicherheit bringen. Das Equipment war oft ihr einziges Kapital, und ein Verlust durch Gerichtsentscheid hätte fatale Folgen für diese Kleinfirmen gehabt.

Ab ca. 191o entstanden in L.A. fast wöchentlich neue Filmcompanies, und die Nachfrage nach den flimmernden Zelluloid- Bildern war gewaltig; damals gab es in den USA bereits rund 15.ooo derartiger Vorführstellen.

Da die Grundstückspreise Downtown L.A. damals bereits recht teuer waren, baute man bald die Studios außerhalb und nördlich der Stadt, wo noch unbebautes Farmland bestand. Hauptgewinner war Harvey Wilcox, der den Filmleuten auf seiner Ranch Hollywood Grundstücke für Studios und Wohnhäuser verkaufte.

Wilcox hatte bereits vorher Grundstücke an "normale" Bürger gewinnträchtig verkauft. Diese waren nicht unbedingt von diesen Filmleuten und ihrem für damalige Begriffe "lockerem Lebensstil" begeistert, - zumal die Filmleute in der Anfangszeit aus Finanzknappheit in Restaurants oder Hotels oft zahlungssäumig waren, bzw. anderweitig anstießen. "No dogs - no artists" (keine Hunde - keine Künstler) war damals ein nicht selten anzutreffendes Schild.

Daß die ehrbaren Bürger von Hollywood ihre Tochter von der Straße ins Haus befahlen, wenn die Crews filmten, - geht separat. Bei zunehmendem Erfolg der Filmbranche wechselte dies dann eher ins Gegenteil: Nichts Besseres konnte passieren, als wenn die Tochter eines durchschnittlich verdienenenden Familienvaters von den Bossen der Filmbranche "entdeckt" wurde (damals bereits nicht selten über den "Umweg" übers Bett), und dann als großer Filmstar den erworbenen Reichtum auf die Familie verteilte. Hoffnungen in der aufstrenden Film- Metropole Los Angeles, die sich aber nur für wenige realisierte.

Die Keystone-Studios in Hollywood, gebaut um 1912, wo Charles Chaplin 1914 seine ersten Filme drehte.

Charlie Chaplin war einer der ersten, der in Hollywood großen Reichtum erlangte. Geboren 1889 in London verbrachte er seine Kindheit in sehr armen Verhältnissen. Seine Mutter war in Irland geboren und hatte Zigeuener als Vorfahren. Sie trat im Varieté auf, sein Vater verdiente sich Geld in der Operette und als Musical Star.

Das Verhältnis zwischen den Eltern war nicht immer das beste, der Vater verfiel immer mehr dem Alkohol und die Mutter mußte den jungen Chaplin ins Waisenhaus bringen. Sie selber beendete ihr Leben in der Irrenanstalt von Crane Hill.

Bereits als 7-jähriger trat Chaplin im Theater auf. Erste Erfolge hatte er als Komiker in der Clown-Truppe des "Casey's Court Circus" und erhielt dann als 17- jähriger eine Aufstiegschance bei der "Karno- Truppe" , die europaweit tingelte und besseren Ruf genoß. Sein Einkommen steigerte sich auf 4o Pound/Woche.

191o reiste Chaplin auf dem Frachter Cairnaora von Europa mit der Karno Truppe in die Neue Welt, die Truppe erntete dort allerdings Gelächter wegen mangelhafter Qualität.

Nach Zwischenaufenthalt in Europa war Chaplin fest entschlossen, das große Geld in den USA zu realisieren. Mack Sennet, Produzent und Leiter der Keystone Filmstudios in Hollywood hatte Chaplins Talent erkannt und ihn unter Vertrag genommen. Als Chaplin Ende 1913 in Los Angeles eintraf, erklärte Mack Sennet ihm die Arbeitsweise: "Wir haben kein Textbuch. Wir suchen nach einem Einfall und dann lassen wir die Dinge ihren Lauf nehmen..."

Der erste Film Chaplins (Making a Living, Man schlägt sich durch) wurde Anfang 1914 gedreht. Produzent war Henry Lehrmann, der sich rühmte, daß er auch mit schlechten Schauspielern gute Filme drehen könne, - und Chaplin war schockiert, als fast alle seine tollen Einfälle der Schere zum Opfer fielen. Sein zweiter Film zeigt ein Seifenkistenrennen in Venice (Kid Auto Races at Venice), bei dem Chaplin zum ersten Mal seine späteren Erkennungszeichen, die übergroßen Schuhe und schlabbrigen Hosen, den Stock und die Melone benutzte. Das Schnurrbärtchen und der Watschelgang rundete das Erscheinungsbild ab.

Insgesamt drehte Chaplin 1914 für Keystone 35 Kurzfilme, also im Schnitt 1 - 2 pro Woche. Trotzdem mangelte es ihm nicht an originellen Einfällen, zugleich feilte er

MUTTER Hannah Chaplin geb. Hill — CHARLES CHAPLIN in Jugendjahren — VATER Charles Chaplin

seinen Stil weiter aus und wurde in den Kinos zum Kassenschlager. Der Kurzfilm "Dough and Dynamite" (Teig und Dynamit) brachte beispielsweise Einnahmen von 13o.ooo US. Hierzu stand allerdings das mit Sennet anfangs ausgehandelte Honorar Chaplins in krassem Widerspruch (15o US/Woche). Da Mack Sennet das Salär auf lediglich 75o US/ Woche erhöhen wollte, kam es zum Bruch:

1915 wechselte Chaplin über zur Essanay Film- Company bei einem Wochenlohn von 1.25o US und 1o.ooo US Handgeld. Chaplin wurde damit einer von Hollywoods Großverdienern, dürfte damals aber auch der weltweit höchst bezahlte Angestellte gewesen sein. Bei Essanay hatte Chaplin fast völlige Freiheiten in Gestaltung der Filme. Er war zudem Regisseur, Hauptdarsteller und "Autor", wobei die Filmstory allerdings in bewährter Methode nicht als Drehbuch geschrieben wurde, sondern vor der Kamera entstand. In dieser Zeit lernte Chaplin seine erste große Liebe kennen, Edna Purviance. Sie spielte in 35 Chaplin- Filmen mit und wurde eine der ersten großen Stummfilmstars neben Chaplin.

Gedreht wurde in Studios von Chicago, San Francisco und Los Angeles. Einer der berühmtesten Filme während seiner Zeit bei Essanay war "Der Tramp". Chaplins Bruder Sidney wurde sein Manager. Fortan erhielt Chaplin von Essanay pro fertiggestelltem Film einen Extrabonus von 1o.ooo US. Zu einer Verlängerung des Vertrages über 1915 hinaus kam es jedoch nicht, da die Essanay (trotz bisheriger Verdienste an Chaplinfilmen von 1,3 Mill. US) Chaplin für weitere 12 Zweiakter lediglich 35o.ooo US anbietet.

1916 wechselt Chaplin zur Mutual Filmcompany über, für die er 12 Filme dreht. Er bekommt eine Wochengage von 1o.ooo US plus 15o.ooo US Handgeld. Chaplin war da

MACK SENNET, rechts: Chaplin bei der Arbeit

mals 27 Jahre alt und stürzte sich mit totalem Engagement in die Arbeit, wobei ihm der Vertrag absolute Freiheiten gab, auch in Bezug auf Filmmaterial. Chaplin als Perfektionist benötigte für manche Filme das 15o-fache an Filmlänge, die der Streifen letztendlich hatte. Und die Mutal verdiente an den 12 Streifen innerhalb der nächsten 5 Jahre 25 Mill. US.

Mitte 1917 wechselte Chaplin zu First National, mit der Manager Sidney ein Honorar von 1,2 Mill US für 8 Filme aushandelte, zuzüglich einer Gewinnbeteiligung von 5o % der Einnahmen pro Film. Chaplin war nunmehr zum Millionär geworden und ließ sich ein eigenes Studio am Sunset Boulevard in Hollywood bauen, um freier und besser arbeiten zu können. Die Filme entstanden während der Zeit 1917 - 21, darunter sein erster längerer Film "The Kid".

Der 1. Weltkrieg und zunehmende Pressekampagnen gegen Chaplin behinderten seine Arbeit. Kleingeistige Journalisten forderten von Chaplin, er solle sich als Kriegsfreiwilliger melden. Da Chaplin jedoch nur knapp 6o kg auf die Waage brachte, wurde er als untauglich abgelehnt. In seinem Film "Shoulder Arms" (Gewehr über), einer scharfzüngigen Satire, kommentierte Chaplin seine pazifistische Einstellung zum Krieg. Der Film, gedreht für die First National, brachte viel Geld aber auch Ärger, - wie nicht anders zu erwarten.

Zunehmend forderten patriotische Stimmen, Chaplin- Filme zu boykottieren. Ein weiterer schwerer Schlag für Chaplin war die Tatsache, daß sich Edna Purviance in einen anderen Mann verliebt hatte, was zudem auch die Presse gegen Chaplin ausschlachtete.

Chaplin flüchtete sich in Arbeit und lernte zudem ein 17-jähriges Mädchen kennen, - Mildred Harris, die er 1918 heiratete, da sie ihn sexuell reizte und angeblich ein Kind unterwegs war, welches sich aber nach geschlossener Heirat als Fehlmeldung herausstellte. Offenbar war Mrs. Harris vorrangig am Geld Chaplins und einem Filmanstellungsvertrag in Hollywood interessiert, was Chaplin doppelt schmerzte.

In Folge verhandelten die Anwälte um Auflösung der Ehe sowie Ablösesumme, - und die First Nacional setzte Chaplin unter Druck, endlich seinen Spielfilm "The Kid" abzuschließen. Auch hier gab es finanzielle Probleme, die die Anwälte letztlich zu Gunsten Chaplins und einer Zahlung von 1,5 Mill. US für den Film aufs Konto Chaplins regelten. Es ist erstaunlich, wie Chaplin trotz dieses massiven Drucks von außen einen derart sensiblen Film fertigstellen konnte.

19. Jan. 1919: Um zukünftig von derart massiven äußeren Einflüssen freizukommen, - gründete Chaplin (zusammen mit der ebenfalls zu Reichtum gekommenen Mary Pickford, mit dem Schauspieler D. Fairbanks und dem Traditionsregiseur Hollywoods, D.W. Griffith) - eine eigene Filmgesellschaft: die UNITED ARTISTS.

Das Konzept erschien vielversprechend, da hier weltbekannte Schauspieler und Regisseure als Firmenaushänger fungierten. Zudem wollte man wenige Filme pro Jahr produzieren, dafür aber in Ruhe ohne Termindruck und bester Qualität.

Allerdings produzierte Griffith einen Kassen- Flop nach dem anderen, und Chaplin war erst für die United Artists verfügbar, als sein Vertrag mit der First National auslief. Zu Beginn der 2o-er Jahre kam die United Artists dann in Gewinnzonen und kräftig: Chaplins abendfüllende Stummfilme waren riesige Kassenerfolge, so "Der Goldrausch" (1923, Einspielergebnis damals 6 Mill. US), - "Der Circus" (1928, ebenfalls erfolgreich, allerdings Chaplin bei der Produktion in Kreativität gehemmt durch eine parallel laufende, weitere Scheidungsklage. Für diesen Film erhielt er seinen ersten Oscar), - "Lichter der Großstadt" (1931, sein erster Tonfilm) und "Moderne Zeiten"

(1936, seine bis dahin teuerste Produktion, Kosten 1,5 Mill. US, allein am Drehbuch arbeitete er 2 Jahre).

In seinem Film "Der große Diktator" (194o) portraitierte er trefflich das Nazideutschland und Hitler. Szenen, wie Chaplin als Hitler lässig mit dem Fuß den Luftballon "Weltkugel" raufkickt und der Ballon platzt, sind als Glanzleistungen in die Filmgeschichte eingegangen.

Parallel hatte Chaplin 1941 Probleme mit jungen Mädchen, z.B. der gerade 22 jährigen Joan Barry, in die er sich verliebt hatte. Während Chaplin sich relativ friedlich von seiner 3. Frau Paulette Goddard 1942 für ca. 25.ooo US loslösen konnte (bei Heirat war sie 19, er 44), - demolierte die junge Joan Barry Autos und die Fenster seines Hauses. Zudem präsentierte sie Chaplin ein Baby und eine Vaterschaftsklage.

Chaplin stritt jede Beteiligung ab und bat um Bluttest. Dieser bestätigte Chaplin, daß er nicht der Vater war. Allerdings waren Bluttests in Kalifornien erst 1953 gerichtlich zugelassen. Die Sache zog sich vor den Gerichten ewig hin. Letztlich mußte Chaplin den für ihn Klacks von 1oo US/Woche an Unterhalt zahlen. Ein ungerechtes Urteil, wie Chaplin betonte. Erlebnisse Chaplins, die sich u.U. in seinem Film "Monsieur Verdoux" (1947) niederschlugen. Ein alternder Theaterkünstler verliebt sich in ein junges Mädchen.

Die Ehe mit Oona O' Neill (sie war 18 Jahre, als der 54-jährige Chaplin sie heiratete) hielt 34 Jahre bis zum Tod Chaplins. Die Ehe ergab 5 Kinder, deren älteste Tochter Geraldine Chaplin ebenfalls eine berühmte Schauspielerin wurde.

Zu den Spätwerken Chaplins zählen "Ein König in New York" (1957) und "Die Gräfin von Hongkong" (1967). Chaplin starb in hohem Alter von 88 Jahren in seinem schweizer Domizil in Vevey am Genfer See 1977.

RESTAURANT MUSSO Franks Grill, seit 1919 beliebter - Treff von Filmregisseuren, Produzenten und Drehbuchautoren

★ **Studios und Stadtentwicklung Hollywood**: 19o5 war Hollywood ein selbstständiger Ort mit rund 6oo Einwohnern. Während sich die Filmgesellschaften der allerersten Stunde oft noch in Scheunen einmieteten, - wurden bei zunehmendem Erfolg ihrer Produktionen bald größere Produktionsstätten nötig.

Die "Nestor Company" logierte anfangs in einer Kneipe Ecke Sunset Boulevard/Gower Street. Sie wurde (zusammen mit den "Power's Picture Plays") 1912 vom Deutschen Carl Lämmle aufgekauft, der die sehr erfolgreiche "Universal Pictures" gründete.

Ebenfalls 1912 gründeten Charles O. Baumann und Adam Kessel die berühmte "Keystone Company", in deren Studios Charlie Chaplin 1914 seine ersten Filme drehte. Die damals bereits relativ großen Studios lagen allerdings nicht in Hollywood, sondern in Edendale nördlich von L.A.

1915 mietete sich D. W. Griffith an der Ecke Hollywood mit Sunset Boulevard das frühere "Majestic Reliance Studio".

OBEN: Carl Lämmle
UNTEN: Nestor Comp., eine kleinere Produkt.-firma, wurde 1912 von Lämmle aufgekauft, der die UNIVERSAL gründete.

Gegenüber lagen die umfangreichen Studios der Vitagraph. Sie zählte in der Anfangszeit Hollywoods zu einer der wichtigsten Produktionsfirmen und konnte in Kooperation mit der finanzkräftigen Essanay ein sehr effizientes Film- Vertriebsnetz in Nordamerika aufbauen, welches früheren Monopol Edisons Paroli bot. Die Vitagraph war zugleich eine der ersten Filmcompanies Hollywoods, die seit 1916 längere Spielfilme produzierte.

192o war die Zeit der kleinen Filmstudios und Produzenten weitgehend zu Ende. Sie hatten entweder pleite gemacht, oder waren von den Giganten im Filmgeschäft aufgekauft.

Dies waren die Fox, - die Paramount, die First National (die 1917 - 21 Chaplin für die Summe von 1,2 Mill. US gewinnen konnte) und die Universal von Carl Lämmle.

Um noch größere Kapitalkraft zu gewinnen, gingen diese Giganten an die Börse und gaben Aktien aus. Durch den Kapital-

DAVID WARK GRIFFITH

HOLLYWOOD (1905) inmitten von Wiesen. In der Mitte querlaufend der heutige Hollywood Boulevard. Etwa an dieser Stelle befindet sich heute das Chinese Theater (6).

Hollywood Boulevard

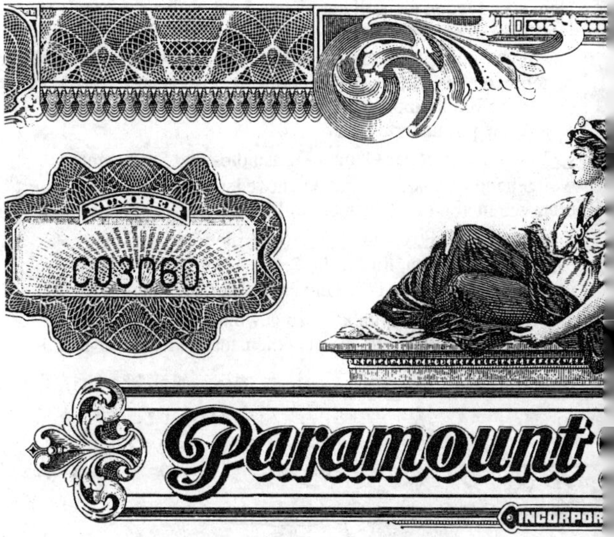

RECHTS: Ausschnitt aus einer Paramount Aktie

zuwachs konnten die Gagen für teure Superstars wie Charly Chaplin bezahlt werden, was wiederum zu satten Gewinnen der entsprechenden Gesellschaft führte.

1921 schluckte die First National eine Gruppierung früherer, führender Produzenten wie Mack Sennet. Bereits 1919 hatte Chaplin zusammen mit Fairbanks, Pickford, Hart und Griffith die United Artists gegründet, um sich vor den immer mächtiger werdenden Giganten zu schützen.

1925 wurden die Warner Brothers das 6. Großstudio in Hollywood. - MGM war in Fusion der Kinokette Metro mit der in finanzielle Schwierigkeiten geratenen Firma Goldwyn und der Hearst Cosmopolitan Pictures entstanden, letzere gehörte dem berühmten Zeitungsverleger Hearst. Als Manager der MGM wurde Louis B. Mayer verpflichtet, später einer der mächtigsten Hollywood- Produzenten.

Nicht nur immer größere Filmgesellschaften beherrschten den Markt, auch wurden die Filmproduktionen immer aufwendiger. 1922 entstand unter der Regie Griffiths der Film "Robin Hood", bei dem eine riesige Burg neben die Filmstudios aufgebaut wurde. Dies bewirkte, daß auch immer mehr Menschen für die Produktionen nötig wurden (und nach Hollywood zogen).

Bei MGM gab es Mitte der 2o-er Jahre allein 2oo Art- Direktoren, und bei Paramount arbeiteten mehr als 2oo Personen allein in der Kostümabteilung. Riesige Kinopaläste entstanden, die sogen. Erstaufführungskinos, vor denen die Stars vorfuhren, wenn die jeweils neuste Produktion der Weltöffentlichkeit vorgestellt wurde.

Ausführliche Details zur Filmgeschichte, der großen Regiseure und Filmstars siehe Kapitel "Erfolgsstory des Films".

Beverly Hills: westl. an Hollywood angrenzend. 19o6 wurde das Areal von einer Erdölgesellschaft aufgekauft. Da jedoch kein Öl gefunden wurde, parzellierte man das

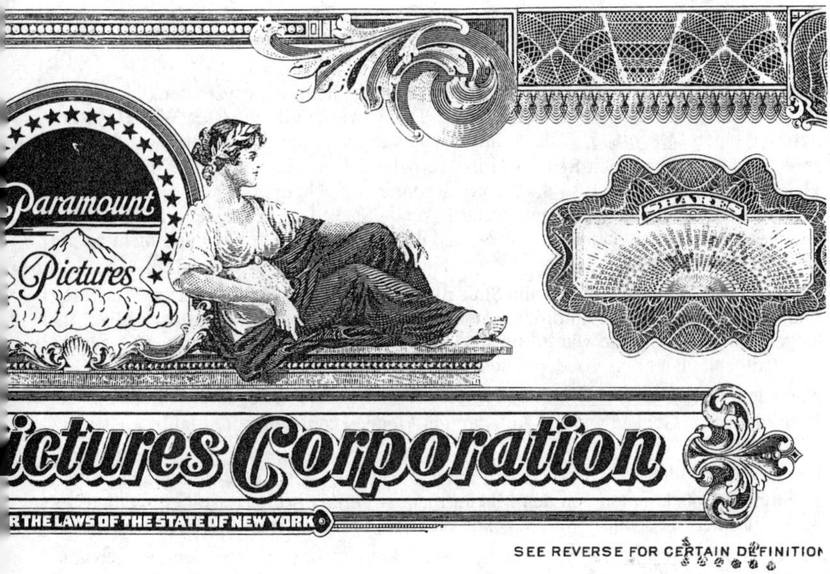

Land zum Grundstücksverkauf. Anfangs entwickelte sich das Geschäft nur schleppend, 1913 hatte Beverly Hills lediglich 55o Einwohner, während Hollywood im Zusammenhang mit der Filmindustrie stark expandierte.

Douglas Fairbanks verliebte sich dann in Mary Pickford (ihres Zeichens verheiratet mit Charles Chaplin). Um Pickford heimlich treffen zu können, baute Fairbanks eine Jagdhütte in Beverly Hills. 192o heirateten beide, und die Jagdhütte wurde zu einer feudalen Villa ausgebaut.

Ein weiterer Grund bewirkte die Expansion Beverly Hills ab Mitte der 2o-er Jahre: in Hollywood hatten sich die riesigen Filmgesellschaften (siehe Vorkapitel) etabliert und ein Starrummel hatte eingesetzt. Die vielfachen Millionäre, aber auch die Filmstern-

"bescheidene" Villa in Beverly Hill mit Zufahrtsallee

chen führten ein wahres Lotterleben mit Parties, Drogen, Alkoholexzessen und Sexorgien, die dann häufig in der Presse sensationell aufbereitet und für die breite Allgemeinheit zu lesen waren.

Die Filmbosse, die damals bereits sorgfältig das Image ihrer Stars ausfeilten (wichtig für den Verkauf), fürchteten eine Schädigung. Daher wurde ein gewisser Will Hays beauftragt, einen "*Moralkodex*" der Filmbranche auszuarbeiten. Bei Verstoß wurden entsprechende Filmstars nach Beverly Hills "verbannt". Dort ging zwar das Lotterleben in gleicher Vehemenz weiter, so doch unter dezenter Aufsicht der örtlichen Polizei. Diese hatte die Anweisung, beide Augen zuzudrücken in Sachen o.g. Exzesse (z.B. Kokain), - wohl aber sehr genau darauf zu achten, daß derartiges vertuscht blieb und nicht an die Öffentlichkeit gelangte.

Nunmehr war Beverly Hills für die Stars als Wohngegend äußerst attraktiv. Wer Rang und Namen hatte (auch Filmproduzenten) baute sich hier extrem luxuriöse Villen. Im Gegensatz zu Hollywood wurde Beverly Hills bei zunehmender Expansion L.A.s nicht ins Stadtgebiet integriert, sondern blieb als eigene Stadt eine Enklave.

Nach dem Niedergang der Filmindustrie in den 5o-er Jahren zogen die Filmstars aus. Höher gelegene Gebiete wie Bel Air waren in Mode gekommen, oder Malibu an der Pazifikküste.

Die feudalen Villen Beverly Hills, mit ihren prächtigen Gartenanlagen und nicht selten Swimmingpools konnten von den Maklern jedoch schnell weitervermittelt werden. Es waren diesmal zu hohem Verdienst gekommene Staranwälte, Ärzte und Großindustrielle.

Als dann das Fernsehen ab ca. Anfang 6o-er Jahre zunehmend an Bedeutung gewann, kauften sich deren Stars Villen in B.H. (Grund; kurze Wege zu den Fernsehstudios im ansonsten Auto-verstopften Großraum L.A.).

Auch für Popstars wie Prince wurde B.H. attraktiv, auch die Stars der neuen Generation des Spielfilmes ließen sich hier nieder. Heute hat B.H. 3o.ooo EW. und ist eine reichsten Wohngegenden. Hier befinden sich die teuersten Geschäfte des Großraumes Los Angeles, und die Stadtverwaltung versucht, eine Verschandelung B.H. durch zu exzessive Bauten zu verhindern.

Tourist INFO

Das Convention & Visitors Bureau von Los Angeles unterhält zwei Informationsstellen:

* 695 S. Figueroa St. in DowntownTel. 689-8822) und
* 6541 Hollywood Blvd. in Hollywood (Tel. 462-4213).

Beide Büros geöffnet Mo-Fr von 8- 17 Uhr. Das Personal ist gut informiert und hilfreich. Erhältlich Los Angeles Stadtpläne sowie Prospekte.

Weitere Tourist-Infos in Beverly Hills, Santa Monica, Anaheim und Catalina Island. Details siehe unsere jeweiligen Kapitel.

Notruf 911.

Unterschiedliche Vorwahlnummern und Ortsnetze in den verschiedenen Bezirken des Großraums Los Angeles:

213: Downtown, Hollywood.

31o: Beverly Hills, Santa Monica, Malibu, Venice, Long Beach, Catalina Island.

714: Orange County.

818: San Fernando Valley und nördliche Stadtteile.

Post Postämter verteilt über alle Stadtteile. Adressen siehe dort.

KONSULATE

DEUTSCHLAND: 6222 Wilshire Blvd., Tel. 213-93o-2703.
SCHWEIZ: 344o Wilshire Blvd., Tel. 213-388-4127.
ÖSTERREICH:

KARTEN

L.A. ohne Stadtplan erkunden zu wollen ist hoffnungslos. Brauchbare Stadtpläne bei den Touristenbüros oder von den Autovermietern. Detaillierte Karten im Buchhandel. Gute Auswahl in Downtown bei THOMAS BROS., 6o3 W. 7th St. Besonders übersichtlich und empfehlenswert:

"STREET MAP OF L.A." von USA Maps Inc. Sehr genau, aber beschränkt auf das zentrale Los Angeles. Ca. 1,5o US.

"LOS ANGELES AND VICINITY" von Global Geographics. Los Angeles und umgebende Counties. Ca. 2 US.

"LOS ANGELES AND VICINITY" von Rand McNally. Interessante Satellitenaufnahmen des Großraums Los Angeles.

BÜCHER

"L.A. BIKE RIDES", Loren MacArthur. 37 Radtouren in und um Los Angeles. Detaillierte Beschreibungen und Karten. Chronicle Books, ca. 9 US.

"MOUNTAIN BICYCLING AROUND L.A.", Robert Immler. 34 Touren in und um Los Angeles, mit Karten. Wilderness Press, ca. 11 US.

"HIKE LOS ANGELEs", Dennis Gagnon, zwei Bände, jeder ca. 1o US. Wanderungen durch die City, entlang der Küste und in die umliegenden Berge. Leider keine detaillierten Karten.

"SUNSHINE AND WEALTH", Bruce

Henstell. Unterhaltsame Geschichte von L.A. und Hollywood in den 2oer und 3oer Jahren. Viele schwarz-weiß Fotos. Chronicle Books, ca. 14 US.

"ARCHITECTURE IN L.A.", David Gebhard. Umfangreiches Material und Fotos zu Hunderten von Gebäuden in L.A. und Umgebung. Peregrine Smith Books, ca. 18 US.

"NATURAL L.A.", Bill Thomas. Führer zu Parks, Botanischen Gärten, Zoos und Wäldern in der City von L.A. sowie im Umkreis von 1oo Meilen. Perennial Library, ca. 1o US.

"BORN TO SHOP L.A.", Suzy Gershman. Der Führer für Shopping-Fans zu großen Firmen und kleinen Läden. Bantam Books, ca. 1o US.

"RAYMOND CHANDLER'S LOS ANGELES", Elizabeth Ward. Auszüge aus Chandlers Romanen, zusammengestellt mit Fotos der im Text erwähnten Straßenzüge und Gebäude. Für Fans des Krimi-Autors. Overlook Press, ca. 18 US.

"ASHES IN THE RAIN", Al Martinez, Selected Essays. 6o kurze, gut lesbare Essays des bekannten Kolumnisten der "L.A. Times". Alltägliche Situationen, Glossen und hintergründige Berichte aus Los Angeles. TQS Publications, ca. 12 US.

"LOS ANGELES STORIES", Sammlung von Kurzgeschichten und Buchauszügen bekannter Schriftsteller, u.a. Scott Fitzgerald, Raymond Chandler und Henry Miller. Behandeln eine Vielzahl von Aspekten im Leben der Menschen von Los Angeles und Hollywood. Chronicle Books, ca. 1o US.

Verbindungen ab LOS ANGELES

FLUG: Der internationale Flughafen von Los Angeles (Kürzel "LAX") liegt 25 km vom L.A. Stadtzentrum an der Pazifikküste, südl. von Santa Monica.

LAX ist mit rund 45 Mill. Passagieren/jährlich der drittgrößte Airport der Welt. Entsprechend sehr gute und häufige Verbindungen, Details siehe unten.

Der Airport besteht aus 8 weit vertreuten Terminals, die in Hufeisenform angeordnet sind. Entsprechend sind lange Wege (und genügend Zeit) einzukalkulieren, wer in LAX umsteigt.

ANKUNFT: lange Warteschlangen bei Zoll- und Einwanderungsbehörde. Bei internat. Flügen mindestens 2 Std. rechnen, bis alle Formalitäten erledigt sind. Für Abwechslung bei der Warterei sorgen die niedlichen Schnüffelhunde des Zolls (Motto: "Our dogs don't bite"). Sie beschnuppern das Handgepäck und riechen mit absoluter Sicherheit einen Apfel in der hinterletzten Ecke des Rucksacks. Einfuhr von Obst, Gemüse und Lebensmitteln nach Kalifornien ist verboten.

Am Ausgang der Terminals warten **Taxis** (Festpreis 26,5o US bis Downtown) und **Shuttle-Busse** in die verschiedenen Stadtteile. Letztere bieten einen "door-to-door-service", d.h. sie fahren die einzelnen Fahrgäste bis zum gewünschten Hotel. Tarife bis Downtown oder Hollywood ca. 7 US pro Person.

Die billigste Lösung (ca. 1,1o US) sind die regelmäßigen **RTD-Busse**. Dafür zunächst vor dem Terminal auf den kostenlosen Bus mit der Aufschrift "Parking Lot C" warten. Der transportiert zum Busterminal der RTD mit Verbindungen in alle Stadtteile:

-> Downtown mit Linie 42 bis Broadway und Linie 439 bis Grand Ave.
-> Hollywood mit Linie 22o über Robertson Blvd. bis nahe Santa Monica Blvd. und Melrose Ave.
-> Long Beach und zur South Bay mit Linie 225 und 226 (nur Mo- Sa tagsüber).

Mietwagen: Alle namhaften Firmen sind im LAX-Airport vertreten. Es lohnt, die Preise und spezielle Angebote (unbegrenzte Km etc.) zu vergleichen. Der Mietwagen spart teures Taxi zum Hotel bzw. Gepäckschlepperei per Bus. Zudem hat er im Großraum L.A. bei den vielen Freeways durchaus seinen Sinn, - anschließend kann man per Mietwagen bequem weiter in Kalifornien rumfahren. Details siehe "Mietwagen".

ABFLUG: abgesehen von einzukalkulierenden Staus auf den Freeways zum Airport sollte man u.a. wegen Zollformalitäten mindest. 2 Std. vor Abflug im Airport eintreffen. Genaue Infos durch die jew. Airlines, die die Tickets ausstellen und auch den jeweiligen Abflugterminal bekanntgeben.

INTERNAT. FLÜGE: fast alle bedeutenden Airlines bedienen LAX. Flugstrecken nach Mittel- und Südamerika, nach Kanada, nach Europa (teils Non-Stop), in den pazifischen Raum und nach Ostasien.

INNERAMERIKANISCHE FLÜGE: Alle wichtigen US-Airlines bedienen LAX und verbinden mehrmals pro Tag mit praktisch jeder größeren Stadt in den USA und Kanada. Metropolen wie San Francisco, Chicago oder New York im Stundentakt oder noch häufiger.

TARIFE ab Los Angeles: unterliegen riesigem Konkurrenzkampf, daher Sonderangebote und Dumping-Preise je nach Saison und Marktlage. So kann ein Flug von LAX nach New York im gleichen Flugzeug 3oo oder 1.3oo US kosten, je nachdem, wann man wo und bei wem gebucht hat. Faustregel: Je früher gebucht, desto billiger, manchmal aber auch günstige Lastminute- Angebote. Reisebüros haben einen guten Überblick über die jeweilige Marktlage und ersparen lästiges Rumtelefonieren.

Stadtbüros oder Telefonnummern der wichtigsten FLUGLINIEN (Vorwahl 213, falls nicht anders vermerkt):

AEROCALIFORNIA: Tel. 8oo-258-3311

AEROMEXICO: Tel. 8oo-237-6639

AIR FRANCE: 85o1 Wilshire Blvd., Tel. 274-8381

ALASKA AIRLINES: Tel. 8oo-426-o333

ALITALIA: Tel. 8oo-223-573o

AMERICA WEST AIRLINES, Tel. 8oo-247-5692

AMERICAN AIRLINES, 5855 W. Century Blvd., Tel. 935-6o45 und 8oo-223-5436

BRITISH AIRWAYS: Tel. 8oo-247-9297

CONTINENTAL: 512 W. 6th St., Tel. 8oo-435-oo4o

DELTA: 529 W. 6th St., Tel. 386-551o

IBERIA: 63oo Wilshire Blvd., Tel. 852-4733 oder 8oo-772-4642

KLM: Tel. 8oo-777-5553

LUFTHANSA: 6o7 W. 7th St., Tel.68o-o7oo

MEXICANA: 3o8 S. Broadway, Tel. 687-832o

NORTHWEST AIRLINES: Tel. 38o-1511

SAS: Tel. 8oo-221-235o

SKYWEST AIRLINES: Tel.8oo-453-9417

SOUTHWEST AIRLINES: Tel. 485-1221

SWISSAIR: Tel. 8OO-221-475O

TWA: Tel. 484-2244

USAIR: 54oo W. Century Blvd., Tel.935-5oo5

UNITED: 619 W. 6th St., Tel.772-2121

Die Flughäfen von BURBANK im Norden und der JOHN WAYNE AIRPORT in Orange County haben nur lokale Bedeutung, kaum brauchbar für den normalen L.A.-Touristen.

BUS: GREYHOUND-TERMINAL in der 6th Street/Ecke Los Angeles St. am Rande der Downtown (siehe unsere dortige Karte, Nr. 22). Nicht gerade die angenehmste Gegend, aber wenige Blocks Richtung Broadway wird die Umgebung besser. Dort auch mehrere RTD-Buslinien, z.B. Linie 1 und 2 nach Hollywood und Linie 4 nach Santa Monica.

Für Fahrten innerhalb Downtowns den DASH-Bus, Route A ab Ecke 7th St./Los Angeles St. Verkehrt alle 5 bis 1o Min an Wochentagen, von 6.3o-18.3o Uhr. Details im Kapitel "Downtown L.A.".

Bei Ankunft nach Einbruch der Dunkelheit besser ein Taxi zum Hotel, kostet innerhalb von Downtown kaum über 5 US. Tagsüber sind die 8 bis 1o Blocks ins Zentrum von Downtown sowie zu den meisten Hotels auch zu Fuß kein Problem in Bezug Belästigungen. Bez. Gepäck das Taxi oder Busse natürlich bequemer.

FERNVERBINDUNGEN BUS: ab Greyhound Terminal zu allen wichtigen Orten in Kalifornien und entlang der Westküste.
Außerdem Direkt- oder Anschlußbusse in alle Großstädte der USA. Informationen zu Abfahrtszeiten und Tarifen: Tel. 213-62o-12oo. Einige Busse pro Tag sind auf jeder Route Express-Busse, die seltener halten und je nach Strecke um Stunden schneller sind als die normalen. Vorherige Nachfrage, welcher der vielen Busse der schnellste ist spart erheblich Zeit.

Die angegebenen Tarife und Frequenzen sind nur grobe Anhaltspunkte. Greyhound wechselt Fahrpläne und -preise manchmal wöchentlich. Außerdem auf Sonderangebote mit bestimmten Auflagen achten und im Zweifel nachfragen, ob es nicht billiger geht als mit dem Normaltarif (ähnlich wie bei Airlines). Hier die wichtigsten aus einer ungeheuren Vielzahl von Verbindungen in ca. :

-> San Diego: ...... 2o x tägl., 3- 4 Std., ca. 18 US
-> Palm Springs: ... 5 x tägl., 3 Std., ca. 17 US

-> Las Vegas: .... 8 x tägl., 6- 7 Std., ca. 4o US
-> Monterey: .... 5 x tägl., 8- 1o Std., ca. 45 US
-> Santa Barbara: ... 12 x tägl., 2- 3 Std., ca. 14 US
-> San Francisco: .. 6 x tägl., 12- 13 Std., ca. 4o US
-> Bakersfield: ...... 1o x tägl., 2- 3 Std., ca. 15 US
-> Fresno: .... 12 x tägl., 4- 6 Std., ca. 3o US

BAHN: Bahnhof der Amtrak ist die UNION STATION, Alameda St./Ecke Los Angeles St. (siehe unsere Downtown Karte, Nr. 1).

Innerhalb Downtown am besten den DASH-Bus, Route B. Er verkehrt an Wochentagen von 6.3o- 18.3o Uhr ca. alle 1o Min. Der RTD-Bus 33 fährt auch noch zu späterer Stunde über den Broadway ins Zentrum von Downtown. Nach Einbruch der Dunkelheit aber besser Taxi. Maximal ca. 5 US im Zentrumsbereich.

ZUGVERBINDUNGEN: Fahrplanauskunft über Tel. 213-624-o171 und 8oo-872-7245. Der Zug hat die Bequemlichkeit auf Langstrecken, um Zielpunkte zu erreichen. Dort auf den Bus umsteigen, der mit dichterem Streckennetz Kalifornien abdeckt. Folgende Zugpreise einfach und ca.

-> San Diego: ...... 9 x tägl., 2- 3 Std., ca. 3o US
-> Santa Barbara: .. 2 x tägl., 2- 3 Std., ca. 2o US
-> Las Vegas:....... 1 x tägl., 7 Std., ca. 65 US. Weiter nach z.B. Den- Denver 1 x tägl., 24 Std., ca. 15o US.
-> San Francisco:... 1 x tägl., 11- 12 Std., ca. 75 US (umsteigen in Oakland, kurz vor San Francisco, auf den Bus)
-> Sacramento: .... 1 x tägl., 13- 4 Std., ca. 9o US
-> Portland: .... 1 x tägl., 28- 3o Std., ca. 18o US
-> Seattle: .... 1 x tägl., 32- 34 Std., ca. 2oo US

Außerdem die Langstreckenverbindungen per Zug nach beispielsweise Chicago (1x täglich) und New Orleans (3 x wöchentlich). Die Preise auf diesen Strecken satt teuer. Hier (wie auch innerhalb Kaliforniens und rauf nach Oregon/Washington) lohnt sich für Touristen einer der "Amtrak-Railpässe", Details siehe Kapitel "Transport in Kalifornien".

Transport in LOS ANGELES

Auf den ersten Blick ist der Großraum LOS ANGELES ein riesiges Gewirr an Freeways (Autobahnen) und Schnellstraßen sowie Boulevards.

Wer mit MIETWAGEN fährt, braucht unbedingt eine gute Detailkarte, die die einzelnen Ausfahrten der zuführenden Freeways markiert. Und wer den BUS benutzt, ein Fahrplanheft der RTD.

Leider ist das METRO- Netz von L.A. derzeit nur ungenügend ausgebaut,

da das Verkehrsnetz von L.A. bisher vorwiegend in Sachen Autoverkehr ausgebaut wurde.

BUS: gutes, öffentliches Verkehrsnetz, das fast alle interessante Punkte erreichen lässt. Allerdings ist der Zeitaufwand wegen der vielen Stops der Busse oft größer als mit eigenem Auto.

Auf manchen Buslinien ist jeder dritte oder vierte Bus ein Express-Bus, zu erkennen an einer **3** vor der normalen Nummer der Linie. Beispiel: Auf der Strecke der Linie 2o fährt als Expressbus die Nummer 32o.

Bus-Fahrpläne: Das städtische Busunternehmen Rapid Transit District (RTD) gibt übersichtliche Karten mit den Verbindungen in den einzelnen Stadtteilen heraus. Gratis erhältlich in den "Customer Centers", z.B. 419 S. Main St. in Downtown oder 6249 Hollywood Blvd. in Hollywood. Informationen auch über Tel. 213-626-4455.

Fahrpreis der RTD-Busse: 1,1o US. Beim Einsteigen abgezählt bereithalten, die Fahrer haben kein Wechselgeld. Außer der Monatskarte für ca. 42 US keine Sammelkarten oder Vergünstigungen. Umsteigen zu anderen Bussen oder in die Metro ist möglich: gleich beim Bezahlen ein "transfer-ticket" verlangen, das dann dem Fahrer des nächsten Busses übergeben wird.

Die wichtigsten Verbindungen zwischen den Stadtbezirken:

Downtown -> Hollywood: RTD-Linie 1, 2, 3, 4, 2o, 21 und 22.

-> Beverly Hills -> Santa Monica: RTD-Linie 2o und 22.

-> Flughafen LAX: RTD-Linie 42 und 439.

Hollywood -> Beverly Hills -> Santa Monica: RTD-Linie 4.

-> Flughafen LAX: RTD-Linie 22o.

Weitere Details zu Verbindungen zwischen den Stadtteilen, zu Stationen und genauen Routen in unseren jeweiligen Kapiteln. Dort auch Info zu Transport innerhalb der Bezirke, die teilweise neben den RTD-Bussen noch über nützliche lokale Buslinien verfügen (z.B. "DASH" in Downtown oder "Big Blue Line" in Santa Monica).

METRO: Das Netz von L.A. befindet sich im Aufbau, rund 2oo km sollen konstruiert werden. Fertig ist bereits die Blue Line: 3o km- Direktverbindung zwischen Downtown (Metro Center 7th/Ecke Flower St.) und dem Hafen Long Beach (Transit Mall 1st St./Ecke Pine Ave.).

Fahrzeit für die 3o km ca. 1 Std., ca. 1,1o US (per Auto würde man rund 2 Std. benötigen). Ticketmaschinen an jeder Station. An den Endstationen jeweils günstige Anbindung an RTD-Busse. Umsteigen auf Busse möglich: beim Fahrscheinkauf gleich für o,25 US ein zusätzliches "transferticket" lösen.

AUTO: Auch wenn die meisten Sehenswürdigkeiten in L.A. mit öffentlichen Verkehrsmitteln zu erreichen sind: Mit dem Auto geht's oft einfach schneller und leichter.

Ein guter L.A.- Stadtplan ist allerdings Voraussetzung, sowie ein aufgeweckter Co-Pilot, der den Fahrer vor allem auf den Freeways rechtzeitig auf Ab- und Verzweigungen hinweist. Wer sich im Ruhrgebiet oder Rhein-Main-Raum durchfindet, meistert auch das Straßennetz von Los Angeles.

Auf den vielspurigen Freeways (Schnellstraßen) rollt der Vekehr vergleichsweise ruhig und unaggressiv. Verstopfungen regelmäßig morgens und abends zur Rush-hour. Neuralgische Punkte sind dabei vor allem die Kreuzungen von zwei oder mehreren Freeways. Informationen zur Verkehrslage über die AM-Radiostationen KNX (1o7o) und KFWB (98o).

Besonderheit: An manchen Autobahnauffahrten gibt es Ampeln, pro Grünphase darf sich nur ein Wagen in den Freeway einfädeln. Unter Umständen sind auch die schnurgeraden Boulevards zu empfehlen, die manche Verbindung direkter herstellen, wenn auch von Ampeln unterbrochen.

Die wichtigsten FREEWAYS:

* SANTA MONICA FWY. 1o: Wichtigste Ost-West Achse. Führt von Santa Monica an der Küste nach Downtown und von dort als SAN BERNARDINO FWY. 1o weiter nach Osten Richtung Riverside und Palm Springs. Gleichzeitig die schnellste Ausfallstraße nach Las Vegas.
* POMONA FWY. 6o: Ab Downtown Richtung Osten, parallel zum San Bernardino Fwy.
* HOLLYWOOD FWY. 1o1: Ab Downtown Richtung Hollywood und weiter nach Norden. Geht nördlich von Hollywood über in den VENTURA FWY. (1o1) zur zentralen Pazifikküste Kaliforniens.
* GOLDEN STATE FWY. 5: Ab Downtown nach Norden Richtung Bakersfield ins Central Valley.
* SAN DIEGO FWY. 4o5: Nord-Süd Verbindung durch den Westteil von Los Angeles ins Orange County und weiter nach San Diego.
* HARBOR FWY. 11o: Von Long Beach nach Norden bis Downtown. Von dort weiter als PASADENA FWY. (11o) bis Pasadena.
* SANTA ANA FWY. 5: Fortsetzung des Golden State Fwy. ab Downtown nach Süden durchs Orange County und nach San Diego.

Tip: Kein Freeway, aber eine geradlinige und zügige Ost-West Verbindung von Downtown zur Küste nach Santa Monica ist der Wilshire Blvd.

NACH L.A. rein: Die Autobahnen aus allen Richtungen gehen über in die Freeways von Los Angeles, wobei die Straßennummern weitgehend beibehalten werden. Soweit wie möglich über einen der Freeways bis zum gewünschten Stadtbezirk oder zumindest in dessen Nähe fahren. Bei telefonischen Hotelreservierungen bereits fragen, welche Abfahrt am günstigsten ist. Netz der wichtigsten Freeways und Verbindungen siehe oben.

AUS L.A. raus: Nach NORD entlang der Küste nach Santa Barbara und San Francisco über Ventura Fwy., später Hwy. 101. Durchs Central Valley nach Bakersfield und Sacramento über Golden State Fwy., später I-5.

Nach OSTEN: Nach Palm Springs über San Bernardino Fwy., später I-1o. Nach Las Vegas über San Bernardino Fwy., später I-15.

Nach SÜDEN: Nach San Diego schnell und direkt über San Diego Fwy. oder Santa Ana Fwy. Schöner, aber langsamer die Küstenstraße Hwy. 1.

PARKEN: Hauptproblem beim Autofahren in L.A.: Die Parkplätze sind knapp und teuer, vor allem immer dort, wo man gerade hinwill (d.h. wo was los ist). Gelegentlich gibts gratis-Kurzzeitparkzonen: Ohne Parkscheibe, die Beschränkungen aber sehr ernst nehmen. Kontrolleure ("parking reinforcement") sind ständig unterwegs, und der Abschleppwagen schnell zur Hand. Vorsicht auch bei vielen Einkaufszentren und Supermärkten, vor allem in Strandnähe: Ist Parken nur für Kunden gestattet, gibt es mit Sicherheit Kontrollen. Wer den halben Tag unbefugt rumsteht, wird nicht geduldet.

Parkuhren schlucken bis zu 2 US die Stunde. Private Parkplätze und Parkhäuser sind reichlich vorhanden, haben aber ebenfalls saftige Preise. Auch Hotels kassieren fürs Parken oft eine stattliche Extrasumme, bei Motels dagegen immer gratis.

Autovermietung: sehr große Anzahl an Vermietern. Wer noch nicht von Europa aus über ein internationales Unternehmen gebucht hat, findet hier die freie Auswahl: Vom Luxus-Wohnmobil bis zum schrottreifen Käfer.

Für Touren außerhalb von L.A. sind die bekannten Firmen empfehlenswert, da sie ein dichtes Netz von Abgabe- und Servicestationen haben. Innerhalb der Greater Los Angeles Area sind die lokalen Firmen meist günstiger.

Wer eine billige Lösung sucht, braucht etwas Geduld, die untenstehende Liste und zusätzlich vielleicht noch die Gelben Seiten des Telefonbuchs. Je nach Saison und Verfügbarkeit bieten einzelne Unternehmen (auch die bekannten) ständig Sondertarife für bestimmte Wagentypen. Einige Telefonate und Vergleiche bringen etwas Klarheit in den sich täglich wandelnden Tarif-Wirrwarr.

Geduld lohnt sich, denn die Preisunterschiede sind enorm. Außerdem muß man dann zur Adresse des entsprechend recherchierten Billigvermieters hinfahren, was wiederum Zeit und Geld kostet. Dort angekommen kann sich (insbes. bei nicht-internat. Vermietern) herausstellen, daß das am Telefon genannte "billige Angebot" leider ein "Mißverständnis" war, oder aber hier alte Autos vermietet werden. Kann sein, muß aber nicht. Unterm Strich lohnt sich eine tiefgreifende Recherche nur dann, wenn man länger (z.B. 2 - 3 Wochen) das Auto mieten möchte und dabei große Strecken zurücklegen wird.

Alle namhaften Firmen sind vertreten am Flughafen LAX. Dort ist bequemster Ange –

botsvergleich möglich, da die Vermieter einigermaßen nah zusammenliegen. Die meisten haben zudem mehrere Filialen im Großraum Los Angeles. Über die genannten Telefonnummern ist die nächstgelegene zu erfragen (Vorwahl 213, falls nicht anders vermerkt).

BUDGET: 3540 Wilshire Blvd., Tel. 8oo-221-12o3

RENT-A-CAR-CHEAP: 4858 W. Century Blvd., Tel. 678-9146

ALAMO: Tel. 649-2242.

DOLLAR: 338o Wilshire Blvd., Tel. 38o-5353

AVIS: 12o7 W. 3rd St., Tel. 977-145o.

HERTZ: 4o4 S. Figueroa St., Tel. 629-1498

SNAPPY: 555o Wilshire Blvd., Tel. 937-2172

RENT SMART: 1oo1 S. Figueroa St., Tel. 746-2423

UGLY DUCKLING: 7415 Santa Monica Blvd., Tel. 874-0975

NATIONAL: Tel. 8oo-227-7368

THRIFTY: 757 S. Flower St., Tel. 627-oo61

Motorräder vermietet:

AMERICAN MOTORCYCLE: Tel. 714-594 89o1.

Wohnmobile:

ALTMANS: 6323 N. Sepulveda Blvd., Tel. 818-997-6622

CRUISE AMERICA: 171o S. Anaheim Blvd., Anaheim, Tel. 714-772-9o3o

BOB'S RV RENTAL: 8835 E. Alondra Blvd., Paramount, Tel. 63o-59o9

HOLIDAY MOTOR HOMES: 5875 Rodeo Rd., Tel. 2o2-oo41.

Taxi: Innerhalb der Stadt ca. 2 US für die erste Meile, dann rund 1,5o US für jede weitere. Taxis vom Flughafen LAX nach Downtown zum Festpreis von ca. 26,5o US. Warten direkt vor den Terminals. In umgekehrter Richtung 24 US. Zuverlässige und sichere Unternehmen: CHECKER CAB, Tel. 213-827-2222 und YELLOW CAB, Tel. 312-413-789o.

Es gibt Unmassen an Hotels und Motels im Großraum L.A. Übernachten könnte man fast an jeder Straßenecke.

Günstige HOTEL-STANDORTE für Sightseeing und Attraktionen sind vor allem *Downtown*, *Hollywood* und *Santa Monica*. Standquartiere in diesen Stadtteilen sind gut geeignet, um von dort aus benachbarte Bezirke aufzusuchen.

Wer länger in L.A. bleibt, wechselt am besten ein- oder zweimal den Stadtteil, dann sind die täglichen Wege kürzer.

* DOWNTOWN hat einiges an Sehenswürdigkeiten und Kultur zu bieten, ist außerdem ein guter Ausgangspunkt für eine erste Orientierung sowie Tagestrips nach Pasadena, Long Beach oder Orange County.

  Preiswerte Stadthotels und kostspielige Luxusherbergen, wenig Mittelklasse. Günstige Sonderangebote vor allem an Wochenenden, wenn die Geschäftsleute ausbleiben. Details ....Seite 269

* Für Film-Fans ist HOLLYWOOD der beste Hotel- Standort. Dort auch die meisten Musik-Clubs und Szene-Kneipen. Tagesausflüge nach Beverly Hills und Westwood oder an die Küste nach Santa Monica, Venice, Malibu. Preiswerte Motels sowie Stadthotels der Mittel- und Teuerklasse. Details .... Seite 293

* Wem Stadtleben rund um die Uhr zu viel ist, der kann sich nach SANTA MONICA zurückziehen und Strandleben mit Tagesausflügen in die Zentren der Metropole verbinden. Von hier aus auch bequeme Trips nach Malibu, Venice, Long Beach, Westwood und Beverly Hills.

  Bei den Hotelpreisen am Wochenende und während der Sommersaison mit saftigen Aufschlägen rechnen. Details .... Seite 3o8

* CATALINA ISLAND ist das beste Rückzugsgebiet vom hektischen Stadtgetriebe. Kleine, gemütliche Hotels auf der ruhigen Insel, die tagsüber allerdings für einige Stunden von Ausflüglern überfallen wird. Zum Wandern oder Ausspannen am besten an Wochentagen kommen: weniger Betrieb und niedrigere Hotelpreise. Details .... Seite 331

Jugendherbergen gibt es in Santa Monica, Hollywood, Long Beach und Orange County. Details und Adressen siehe dort.

Camping: Für Camper ist L.A. definitiv nichts! Im Großraum Los Angeles praktisch keine Campingplätze. Die wenigen Ausnahmen liegen in Malibu und auf Catalina Island (Details dort), sind aber weit abseits und für Stadtbesichtigung nicht praktikabel. Camper-Paradiese liegen anderswo in Kalifornien.

VERANSTALTUNGSKALENDER

"L.A. Weekly": umfassendes Programm für die gesamte Woche. Theater, Kino, Ausstellungen, Musikveranstaltungen. Erhältlich in Schallplattenläden, vielen Kneipen. Meist sehr schnell vergriffen, aber einsehbar in den Touristenbüros.

"Calendar": Sonntagsbeilage der Zeitung "Los Angeles Times". Ebenfalls ausführlicher Veranstaltungskalender für die jeweilige Woche. Leichter zu bekommen: sonntags sowieso; aber auch während der Woche läßt sich in Hotels oft noch die letzte Sonntagsausgabe der Zeitung auftreiben.

MUSIK/DISCO

Leider sind Nachtleben und Unterhaltungsangebote in L.A. nirgends konzentriert, gute Discos, Musik-Clubs und Kinos über den gesamten Großraum Los Angeles verteilt. Programme und Qualität wechseln ständig. Was heute "in" ist, kennt morgen schon keiner mehr. Weite Wege und viel Zeitaufwand bei einem riesigen, schier unübersichtlichen Angebot. Das Bummeln von einem Schuppen zum andern ist höchstens mit eigenem Wagen und guter Ortskenntnis sinnvoll. Am besten einen der

Veranstaltungskalender studieren und dann gezielt losfahren.

KINO/THEATER

Bestes Angebot in Downtown und Hollywood. Programme in den genannten Veranstaltungskalendern.

ZUSCHAUERSPORT

PFERDERENNEN: Große Leidenschaft der Amerikaner. 3 Rennbahnen allein im Großraum Los Angeles:

"Santa Anita Park" in Arcadia im Norden von L.A. Saison Okt.-April. Info und Tickets: Tel. 818-574-7223

"Hollywood Park" in Inglewood, südwestlich von Downtown. Saison April- Juli und Nov./Dez. Information: Tel. 213-419-1574.

"Fairplex Park", im südlichen L.A. Saison Sept./Okt. Information über Tel. 714-623-3111.

Die Profi-Teams aus L.A. gehören in den vier amerikanischen Supersportarten Basketball, Football, Baseball und Eishockey zu den besten der USA. In der jeweiligen Saison finden ständig Spiele statt, nicht nur am Wochenende. Für Kenner dieser Sportarten Leckerbissen auf höchstem Niveau. Auch sehenswert wegen des perfekten Show-Business rund um das Auftreten der lokalen und nationalen Helden.

NBA-BASKETBALL: Saison von November bis April/Mai. Die "L.A. Lakers", das erfolgreichste Team der NBA-Geschichte, spielen im Great Western Forum, 39oo W. Manchester Blvd., Inglewood. Info und Tickets: Tel. 213-419-3182. Die "L.A. Clippers" treten auf in der Los Angeles Sports Arena, 3939 S. Figueroa St. Spielplan und Karten: Tel. 213-748-8ooo.

BASEBALL: Saison von April bis September. Die "L.A. Dodgers" spielen im Dodger Stadium, 1ooo Elysian Park Ave., Tel. 213-224-15oo. Die "California Angels" im Anaheim Stadium, 2ooo State College Blvd., Orange County. Tel. 714-634-2ooo.

NFL-FOOTBALL: Saison August bis Dezember. Auch hier zwei Teams: die "L.A. Raiders" im Los Angeles Coliseum, 39o9 S. Figueroa St. im Exposition Park. Tel. 213-322-59o1. Die "L.A. Rams" im Anaheim Stadium, 2ooo State College Blvd., Orange County, Tel. 714-937-6767.

NHL-EISHOCKEY: Saison September bis März. Seit dem Einkauf kanadischer Eishockeystars machen auch die "L.A. Kings" von sich reden. Spiele im Great Western Forum, 39oo W. Manchester Blvd., Inglewood. Info und Karten: Tel. 213-673-6oo3.

Fast die gesamte Küstenlinie vor Los Angeles ist ein einziger Strand. Ausgenommen vor allem die Hafengegend um San Pedro und Long Beach. Alle Strände

sind öffentlich und leicht zugänglich (Ausnahme einige Strände in Malibu). Schwimmen, Surfen und alle erdenklichen Sportarten sind Trumpf. Detaillierte Beschreibungen in den Kapiteln "Santa Monica", "Malibu", "Venice", "South Bay" und "Orange County".

FESTE & FESTIVALS

"TOURNAMENT OF ROSES PARADE": Am 1. Januar. Umzug mit Musik, Festwagen und vielen Blumen auf dem Colorado Blvd. in Pasadena. Ein sehr amerikanisches Spektakel.

"OSHOGATSU": Japanisches Neujahrsfest am 5./6. Januar. Folklore und Kunst auf der Japanese Village Plaza, Downtown.

"MARDI GRAS": Mexikanischer Karneval in der Olvera St., Downtown.

"GOLDEN DRAGON PARADE": Zum chinesischen Neujahrsfest im Februar. Farbenprächtiger Umzug durch Chinatown sowie über mehrere Tage kulturelle und folkloristische Veranstaltungen.

"ST. PATRICK'S DAY": Am 17. März. Feiertag der irischen Minderheit. Paraden in verschiedenen Stadtteilen, die größte auf der Avenue of the Stars in Century City.

"INDEPENDENCE DAY": Den 4. Juli begeht auch L.A. mit Festen und Feiern. Am schönsten die Feuerwerke in Santa Monica und Malibu.

"FESTIVAL OF ARTS": In Laguna Beach, zwei Wochen im Monat August. Ausstellungen und Veranstaltungen rund um die bildende Kunst.

"LOS ANGELES COUNTY FAIR": Im September in Pomona. Riesige Landwirtschaftsmesse mit Rummelplatz.

"HALLOWEEN": Parade mit ausgehöhlen Kürbisköpfen in Santa Monica. 31. Oktober.

"HOLLYWOOD CHRISTMAS PARADE": Am 25. Dezember auf dem Sunset Boulevard. Festwagen und viel Rummel um den Weihnachtsmann. Häufig nehmen bekannte Persönlichkeiten aus dem Show-Business teil.

MEDIEN

ZEITUNGEN: Am meisten verbreitet und am informativsten ist die "Los Angeles Times" (o,75 US). Allerdings Unmengen von Werbung zwischen den redaktionellen Artikeln. Sonntagsausgabe (1,25 US) mit dem Veranstaltungskalender "Calendar" und einem halben Dutzend weiterer Beilagen.

FERNSEHEN: Neben den drei nationalen Sendern ABC, CBS und NBC rund 3o weitere Stationen über Antenne oder Kabel. Hotels und Motels haben in der Regel eine Broschüre mit Kanälen und sonstigen Hinweisen zum Fernsehkonsum. Gutes und trotz der Fülle halbwegs übersichtliches Fernsehprogramm für die gesamte Woche in der Sonntagsausgabe der

"L.A. Times": TV-Times.

RADIO: AM- und FM-Sender wie Sand am Meer, meist Musik und Werbung. Bei Autofahrten in und um L.A. eine willkommene Abwechslung. Auch die Wetterberichte bringen schon vor dem Frühstück die richtige Einstimmung auf den Tag: "Another sunny day in Southern California", vermeldet der Sprecher fröhlich und stolz, als wär's sein Verdienst.

KBIG: 1o4.3 FM - Popmusik	KFRN - 128o AM - relig. Sendungen
KIIS - 1o2.7 FM - Aktuelle Hits	KIK - 94.3 FM - Country&Western
KKGO - 1o5.1 FM - Klassik	KLOS - 95.5 FM - Rock-Musik
KFWB - 98o AM - Nachrichten, Verkehrsfunk	
KGFJ - 123o AM - Rock, Beat, Oldies	
KNX - 1o7o AM - Nachrichten, Verkehrsfunk	
KTWV - 94.7 FM - Jazz	

Rund um die Uhr:

Obwohl nicht gerade eine City mit viel geballtem Leben nach Mitternacht bietet L.A. doch einiges auch für Nachtschwärmer. Großer Vorteil der Stunden nach Mitternacht: kein Verkehrs- oder Parkplatzproblem. Nachteil: Ohne Auto geht (fast) nichts.

THE ORIGINAL PANTRY: Downtown, 877 S. Figueroa St. Nach Mitternacht sind hier die Schlangen der Wartenden nicht mehr so lang, das Essen gleich und das Publikum ähnlich wie unter der Rubrik "Restaurants" beschrieben.

GORKY'S CAFE: Hollywood, 1716 N. Cahuenga Blvd. Live-Musik (Jazz, Blues, Rock), selbstgebrautes Bier und nicht übermäßig gutes Essen halten wach bis zum frühen Morgen.

PACIFIC DINING CAR: Santa Monica, 27oo Wilshire Blvd. 24 Stunden lang gibt's hier die beliebten und berühmten Steaks.

BEN FRANK'S: West-Hollywood, 8585 Sunset Blvd. Wer zu irgendeiner Tages- oder Nachtzeit seine Dosis Kaffee braucht, dies ist die richtige Adresse.

HOLLYWOOD BILLIARDS: Hollywood, 55o4 Hollywood Blvd. Für Spieler, die auch nachts die Kugel rollen lassen. Beim Billard für ca. 3 US die Stunde ist die Nacht schnell rum.

HOLLYWOOD STAR LANES: Hollywood, 5227 Santa Monica Boulevard. Für noch Aktivere die 24-Std. Bowling Bahn.

WORLD BOOK AND NEWS: Hollywood, 1652 N. Cahuenga Blvd. Der Zeitungs- und Zeitschriftenstand in der Nähe des Hollywood Blvd. schließt nie und hat eine phantastische Auswahl.

COPY MAT: Hollywood, 63o1 Sunset Blvd. Für Notfälle oder das plötzlich auftretende Bedürfnis, den Lieben daheim von den nächtlichen Abenteuern zu berichten: 24 Std. Fax-Service.

A-1 AUTOMOTIVE: Hollywood, 443o Santa Monica Blvd. Hilft Tag und Nacht bei Autopannen. Tel. 213-661-5352.

WHITE TIE LIMOUSINE SERVICE: Wer Lust hat, sich in einer Luxus-Limousine durchs nächtliche L.A. kutschieren zu lassen, ruft hier an: Tel. 213-553-2133

THE NEXT STAGE: Sightseeing-Tour bei Nacht mit Besuch des Blumenmarktes in den frühen Morgenstunden und einem Blick auf den Sonnenaufgang von der Spitze eines Wolkenkratzers in Downtown. Reservierung über Tel. 213-939-2688.

L.A. - GRATIS

Los Angeles ist kein billiges Pflaster. Wer länger bleibt und viel sehen will, muß allein für Eintrittsgelder tief in die Taschen greifen. Daher lohnt sich ein wenig Vorplanung und Auswahl, denn vieles ist gratis, zumindest an bestimmten Wochentagen. Nähere Beschreibungen bei den einzelnen Stadtteilen, an dieser Stelle nur die Liste der Museen und Attraktionen, die immer oder zeitweise kostenlos zu besuchen sind.

Downtown:

California Museum of Science & Industry

Afro-American Museum

Wells Fargo History Museum

Natural History Museum (jeden 1. Di im Monat)

Museum of Contemporary Art (jeden Do ab 17 Uhr)

L.A. Children's Museum (für Erwachsene Mi/Do während der Schulzeit)

Temporary Contemporary Museum (jeden Do ab 17 Uhr)

Rose Garden im Exposition Park

Campus der University of California

El Pueblo de Los Angeles mit den ältesten Gebäuden der Stadt

Watts Towers

Music-Center (Gratis-Führungen, wenn keine Vorstellung läuft)

Union Station

City Hall

Hollywood:

Travel Town Museum im Griffith Park

Max Factor Museum

L.A. County Museum of Art (jeden 2. Di im Monat)

La Brea Tar Pits

Beverly Hills:

Die Straßen, in denen die Stars wohnen, sind ohne Gebühr zugänglich, der Zutritt zu den Häusern dagegen ist für keine noch so große Summe zu haben.

Westwood:

Campus der University of California Los Angeles (UCLA)

Malibu:

J. Paul Getty Museum

★L.A. DOWNTOWN

In den achtziger Jahren hat sich mit dem Bau von hypermodernen Wolkenkratzern die City von L.A. drastisch verändert. Während der Koloß bis dahin als klassische "Stadt ohne Zentrum" galt, hat Los Angeles nun auch seinen Mittelpunkt klar markiert und belebt: ein Einkaufs-, Geschäfts- und Verwaltungszentrum mit originellen Hochhäusern und Glaspalästen. Hier haben die berühmtesten Architekten der USA den postmodernen Architektur-Trend zum Ende des 20. Jahrhunderts entscheidend geprägt.

Im Straßenbild vor allem Kontraste: Die Bürgersteige im Financial District relativ leer, zwei Straßen weiter im Viertel der Latinos dagegen ein Gedränge und Geschiebe wie in einer mexikanischen Großstadt. Geschäftsleute werden in Cadillacs mit verdunkelten Scheiben vom Hotel zu ihren Meetings chauffiert, wobei sie Straßen durchqueren, in denen aus Geschäften und billigen Ramschläden mexikanische Schnulzen, Salsa- oder Mariachi-Rhythmen dröhnen. Die hochmodernen, manchmal sterilen Strukturen einer nordamerikanischen Großstadt, lebendig gemacht durch lateinamerikanische Hektik und Lebensauffassung.

Faszinierend auch das Gemisch der Rassen und Sprachen: Die schwarze Busfahrerin weist freundlich, aber entschieden den weißen Bankangestellten darauf hin, daß er durch die falsche Tür aussteigen will. Die mexikanische Serviererin unterhält sich auf spanisch mit ihrer Kollegin, im nächsten Moment spricht sie den asiatisch aussehenden Kunden auf englisch an.

Das attraktive Durcheinander nimmt allerdings nach Geschäftsschluß und erst recht nach Einbruch der Dunkelheit ein schnelles Ende. Dann haben fast alle Downtown verlassen: Die Reichen an die Westside und nach Beverly Hills, die Mittelklasse in die Vororte von San Fernando oder San Bernardino Valley und die ethnischen Minderheiten in ihre jeweiligen Vorstädte. Downtown L.A. ist dann nur noch zu genießen in einem der Theater- und Konzertsäle oder beim ausgiebigen Dinner.

Los Angeles Convention & Visitors Bureau, 685 S. Figueroa St. Informationen und Karten zum gesamten Großraum L.A. Das Personal spricht auch deutsch. Tel. 624-7300.

Post: S. Broadway/Ecke 9th St.

Telefon: Nach Downtown und Umgebung sowie South Central L.A. und Hollywood gilt die Vorwahlnummer 213. In diesem Bereich Ortsgespräche. Alle anderen Bezirke im Großraum Los Angeles auch von Downtown aus nur über die jeweiligen Vorwahlnummern.

TRANSPORT IN DOWNTOWN

Im Zentrum von Downtown sind die Wege kurz. Alles ist leicht zu Fuß zu erreichen, auch wenn den "Angelenos" selbst dies noch nicht aufgefallen ist: Die Bürgersteige sind nicht allzu belebt , nur auf den Straßen im Viertel der Latinos (Broadway und Umgebung) herrscht Gedränge.

Bus: Zu den Sehenswürdigkeiten am Rande von Downtown am besten den DASH-Bus nehmen (DASH = Downtown Area Short Hop). Mit Abstand die billigste, bequemste und schnellste Art, sich in Downtown zu bewegen. Zwei Linien, A und B, die quer durch Downtown kurven. Übersichtliche Karte im Touristenbüro. Busse verkehren alle 5 bis 1o Min., je nach Tageszeit. Allerdings nur an Wochentagen von 6.3o-18.3o Uhr.

Fahrpreis o,25 US inkl. Umsteigen von einer Linie zur anderen. Geld abgezählt bereithalten, Fahrer wechselt nicht. Wer umsteigen will, verlangt gleich beim Bezahlen das Umsteigeticket ("Transfer"), das dann dem nächsten Fahrer ausgehändigt wird.

Zu den Sehenswürdigkeiten in der südlichen Umgebung von Downtown wie Exposition Park oder University of Southern California sind auch die großen RTD-Busse sowie die Metro Blue Line nützlich. Gleiches gilt für die Parkanlagen im Westen und Norden des Zentrums. Genaue Angaben über die entsprechenden Linien siehe oben.

Taxi: Am Abend ist ein Taxi nützlich und ratsam, vor allem bei längerem Heimweg zum Hotel durch die menschenleeren Straßen. Wegen der kurzen Strecken kommt man innerhalb von Downtown kaum über 5 US pro Fahrt.

Auto: Wer mit Mietwagen oder eigenem Auto nach Downtown kommt, sucht sich möglichst ein Motel oder Hotel mit eigenem Parkplatz. Auf den Straßen, wenn überhaupt, nur Kurzparkzonen. Parkhäuser sind knackig teuer: 1o US pro Tag mindestens einkalkulieren.

Die Sehenswürdigkeiten von Downtown liegen etwas verstreut, sind aber leicht zu erreichen durch eine Kombination von Spaziergängen und der Benutzung der billigen "DASH"-Busse (siehe Transport).

Eine der Hauptadern ist der BROADWAY (21). Vom früher glanzvollen Kino- und Theaterviertel sind noch einige der schönsten Filmpaläste übriggeblieben. Heute zwischen mexikanischen Geschäften vor allem Kinos mit lateinamerikanischen Billigfilmen. Die Teppichböden abgewetzt, in der Eingangshalle stehen Videospiele. An den Wänden überdimensionale Porträts mexikanischer Schauspieler, die ihre Glanzzeit auch längst hinter sich

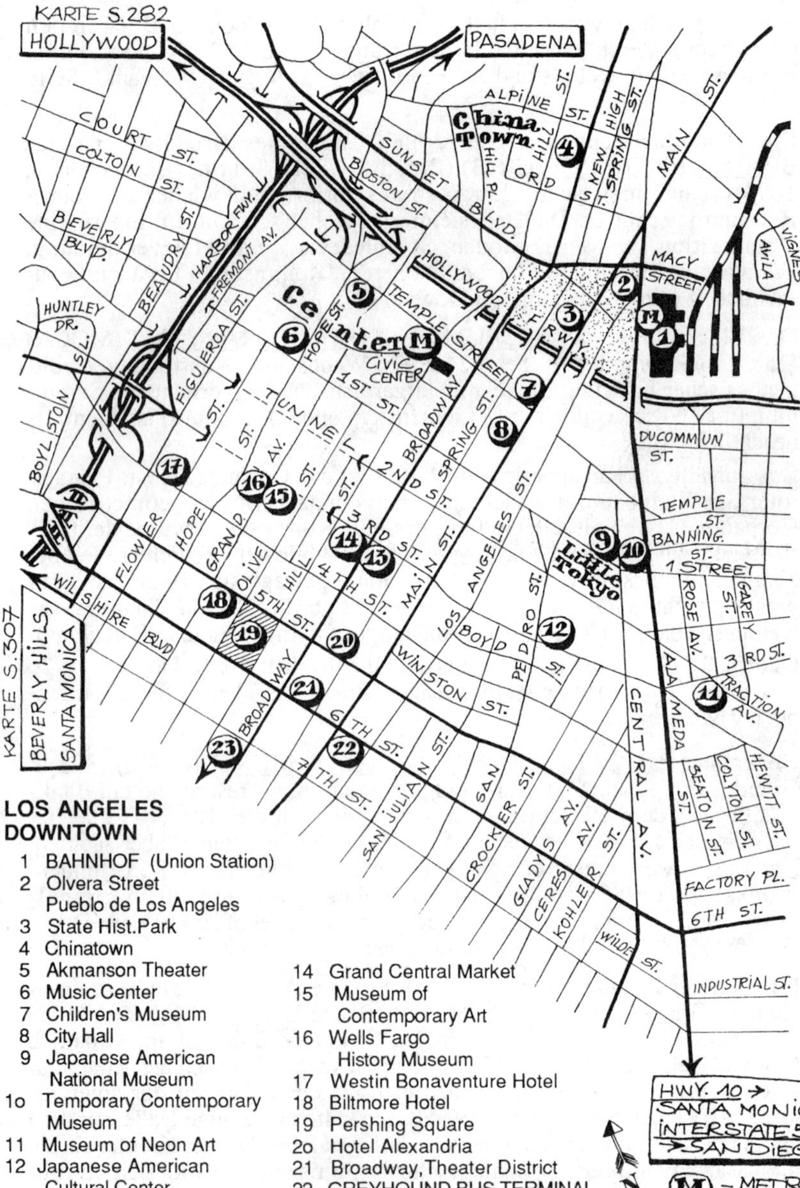

LOS ANGELES DOWNTOWN

1 BAHNHOF (Union Station)
2 Olvera Street
Pueblo de Los Angeles
3 State Hist.Park
4 Chinatown
5 Akmanson Theater
6 Music Center
7 Children's Museum
8 City Hall
9 Japanese American
National Museum
1o Temporary Contemporary
Museum
11 Museum of Neon Art
12 Japanese American
Cultural Center
13 Bradbury Building
14 Grand Central Market
15 Museum of
Contemporary Art
16 Wells Fargo
History Museum
17 Westin Bonaventure Hotel
18 Biltmore Hotel
19 Pershing Square
2o Hotel Alexandria
21 Broadway, Theater District
22 GREYHOUND BUS TERMINAL
23 Richtung Exposition Park

haben. Zwischen zwei Vorstellungen lohnt sich jedoch der Blick in den einen oder anderen Kinosaal, in dem früher umjubelte Hollywood-Filme Premiere hatten. Details und Adressen siehe "L.A. für Kino-Fans", Seite 263.

Ein Monument aus den glanzvollen Tagen des Broadway ist das BRADBURY BUILDING (13) (Broadway/Ecke 3rd St.). Bürogebäude, 1893 erbaut, inzwischen komplett restauriert und wieder als teurer Büroraum vermietet. Die Backsteinfassade eher schlicht. Im Innern eine Komposition aus Marmorböden, Schmiedeeisen und Holzverkleidung. Ein gläsernes Dach läßt Sonnenlicht herein. Kontrast und Ergänzung zur sachlichen Büroarchitektur von Downtown.

Drei Blocks weiter das MUSEUM OF CONTEMPORARY ART (MOCA) (15), 25o S. Grand Ave. Tel. 621-2766. Wechselnde Ausstellungen zeitgenössischer Künstler, oft sehr avantgardistisch. Die permanente Sammlung (u.a. Werke von Warhol, Lichtenstein und Oldenbourg) ist ebenfalls beachtlich.

Das auffälligste Kunstwerk von MOCA ist das Gebäude selbst: Flacher, roter Sandsteinbau mit gläsernen Pyramidendächern und geometrischen Vorbauten. Durch diese 1986 fertiggestellte Konstruktion wurde der futuristische japanische Architekt Arata Isozaki auch in der westlichen Welt bekannt. Seither ist er einer der international gefragtesten Baumeister für prestigeträchtige Großprojekte (u.a. verantwortlich für das Disney-Verwaltungsgebäude in Orlando/Florida und die Olympia-Halle in Barcelona).

Geöffn. Di-So 11-18 Uhr, Do bis 2o Uhr. Eintritt 4 US, Do von 17-2o Uhr gratis. Karte gilt am selben Tag auch für das "Temporary Contemporary Museum".

Gegenüber das WELLS FARGO HISTORY MUSEUM (16) (333 S. Grand Ave.). Dokumente zur Goldgräberzeit, inkl. Tresore und ein Bankschalter aus dem 19. Jahrhundert. Originell auch die "Reward"-Plakate, mit deren Hilfe die Marshals und Sheriffs berüchtigte Bankräuber suchten. Der 1kg schwere faustgroße Nugget wurde allerdings erst 1975 gefunden. Prunkstück der Sammlung ist eine über 1oo Jahre alte Original-Postkutsche, komplett mit Hutschachtel und Reisekoffer auf dem Dach. Geöffn. Mo-Fr von 9-17 Uhr, Eintritt frei.

Ein weiterer Komplex von Sehenswürdigkeiten weiter nördlich, zu erreichen ab Grand Ave. mit "DASH"-Bus, Route B bis UNION STATION (1) (Alameda St./Ecke Los Angeles St.). Der Bahnhof im "Spanish Revival" Stil wirkt wie die vergrößerte Ausgabe einer spanisch-mexikanischen Missionskirche. Ein Prachtbau aus der Glanzzeit der amerikanischen Eisenbahnen (erbaut 1939). Keine kalte und zugige Halle, sondern ein Wartesaal mit bequemen Sesseln, holzgetäfelter Decke, Kronleuchtern und Marmorfußböden. Nostalgische Reminiszenz an die Zeit, in der Eisenbahnfahren noch ein großes Erlebnis und Union Station das Ziel von

Glücksrittern, Geschäftsleuten und Hollywood-Stars war.

Neben dem Bahnhof beginnt das PUEBLO DE LOS ANGELES (2), der historische Kern der heutigen Superstadt. 1781 an dieser Stelle von 44 spanischen Siedlern gegründet. Gebäude aus der spanisch-mexikanischen Epoche sowie der zweiten Hälfte des 19. Jahrhunderts (fast alle geöffn. Mo-Fr von 1o- 15 Uhr, am Wochenende 1o- 16.3o Uhr).

Im Zentrum, zwischen Los Angeles St. und Main St., die PLAZA. Angrenzend das FIREHOUSE NR. 1, der erste Feuerwehrstützpunkt von Los Angeles. Später genutzt als Saloon, Hotel und Geschäftshaus. Heute ausgestellt Relikte der Feuerbekämpfung aus dem 19. Jahrhundert wie Feuerspritzen und Schläuche.

Gegenüber das PICO HOUSE, erbaut 1869 von Pio Pico, dem letzten mexikanischen Gouverneur vor der Annexion Kaliforniens durch die USA. Erstes 3-stöckiges Haus der Stadt. Damals "finest hotel in Southern California", in dem es laut überschwenglicher Werbung "auf jedem Stockwerk Bäder und Toiletten für beiderlei Geschlecht" gab.

Auf der anderen Seite von Main St. die IGLESIA DE NUESTRA SEÑORA DE LOS ANGELES, auch kurz "Old Plaza Church" genannt. Älteste Kirche der Stadt aus dem Jahr 1822. Mexikanischer Missionsstil. Im Innern holzgetäfelte Decke und vergoldeter Altar.

Von der Plaza zweigt die enge OLVERA STREET (2) ab, sehr touristisch aufgemacht mit Souvenirständen und mexikanischen Kunsthandwerksläden sowie Restaurants. Hauptattraktion zwei historische Wohnhäuser: AVILA ADOBE, das älteste Haus in Los Angeles, erbaut 1818. Typisch kalifornisch-mexikanischer Landhausstil des 19. Jahrhunderts: ehemaliger Lehmziegelbau mit hölzerner Veranda, nach dem Erdbeben 1971 allerdings in Massivbauweise rekonstruiert. Bei der Eroberung Kaliforniens durch die US-Truppen 1847 vorübergehend als Hauptquartier benutzt. Das SEPULVEDA HOUSE stammt aus dem Jahr 1887. Einrichtung mit kleiner Original-Küche und einem Schlafzimmer mit Baldachin-Bett, Bullerofen und Vogelkäfig.

Nördlich vom Pueblo de Los Angeles beginnt CHINATOWN (4). Das Straßenbild geprägt von überdimensionalen Schildern mit chinesischen Schriftzeichen. Verlockende orientalische Düfte aus Gewürz- und Teeläden. Viele Restaurants, in deren Fenstern gebratene Peking-Enten hängen. Auf Broadway, Hill St. und Spring St. Lokale mit der besten chinesischen Küche von Downtown. Überall eine freundlich-zuvorkommende Atmosphäre, in der auch Touristen wie Gäste behandelt werden. (Ab Pueblo mit dem "DASH"-Bus zur Endstation an der Bernard

aus zu Fuß zurück Richtung Zentrum über Broadway oder Hill St.)

Weitere Sehenswürdigkeiten liegen östlich vom Broadway, zu erreichen mit "DASH"-Bus, Route A ab Figueroa St. Zunächst das markante, turmartige Gebäude von CITY HALL (8), dem Rathaus von Los Angeles (2oo N. Spring St.). Lange Zeit das höchste Gebäude in der City von Los Angeles, wo es zwischen 19o5 und 1957 verboten war, höher als zehn Stockwerke zu bauen. Die einzige Ausnahme machten die Stadtväter bei ihrem Rathaus. Das Bemerkenswerteste an diesem Gebäude ist die Tatsache, daß es einem sofort bekannt vorkommt. Kein Wunder: Es war immer wieder Kulisse für Filme und vor allem Fernsehkrimis. An klaren Tagen schöner Blick über die Stadt von der Aussichtsplattform im 27. Stock.

CHILDREN'S MUSEUM (7), 31o N. Main St. Kinder können hier aktiv ins Museumsgeschehen eingreifen, z.B. sich als Clown anmalen, als Feuerwehrmann kostümieren oder als Radiosprecher betätigen. Ein Spaß für kleine Kinder, die ansonsten in Downtown nicht gerade viel geboten bekommen.(Geöffn. Mo-Fr von 11.3o-17 Uhr, Sa/So 1o-17 Uhr. Außerhalb der Sommermonate allerdings nur sehr halbherzige Öffnungszeiten: abgesehen vom Wochenende nur Mi/Do von 14- 16 Uhr. Eintritt 4 US).

TEMPORARY CONTEMPORARY MUSEUM (1o), Central Ave./Ecke 1st St. Ehemalige Lagerhalle mit genügend Raum für eine großzügige Ausstellung avantgardistischer Kunst. Moderne kalifornische Künstler, deren Werke anderswo (noch) keine Ausstellungsräume finden, zeigen hier in wechselnden Ausstellungen ihre künstlerischen Konzepte. Die lichtdurchflutete Halle bietet vor allem gute Bedingungen für Werke jener kalifornischen Richtung, die sich mit dem Thema "Licht und Raum" auseinandersetzt.

Der Name des Museums rührt daher, daß vor dem Bau des neuen Museum of Contemporary Art (siehe oben) die Sammlung vorübergehend hier untergebracht war. Das Museum behielt jedoch auch nach dem Umzug die Räume und stellt sie für besonders "gewagte" Ausstellungen zur Verfügung. Geöffn. Di-So von 11- 18 Uhr, Do bis 2o Uhr. Eintritt 4 US, Do ab 17 Uhr gratis, Ticket gilt am selben Tag auch für das Museum of Contemporary Art.

In der Nähe des Temporary Contemporary beginnt eine Fußgängerzone durch den Stadtteil LITTLE TOKYO (zwischen Central Ave. und San Pedro St.). Das Stadtviertel der Japaner, in Flair und Atmosphäre nicht mit Chinatown vergleichbar. Zeichnet sich weniger aus durch lebendiges Straßenleben und typische Geschäfte als durch die Betonklötze der Sumitomo Bank oder der Mitsubishi Bank. Für Freunde japanischer Küche allerdings eine gute Auswahl an Restaurants.

Wichtigster Anlaufpunkt ist das JAPANESE AMERICAN NATIONAL

MUSEUM (9), Central Ave./Ecke 1st St., neben dem Temporary Contemporary Museum. Ist eine der bedeutenden Attraktionen des Stadtviertels Little Tokyo. Exponate zur Geschichte der japanischen Einwanderer und ihrem Kampf für Gleichberechtigung. Außerdem Dokumentation über die Internierung von Bürgern japanischer Abstammung während des II. Weltkriegs (Ausführliches dazu siehe Seite 427). Geöffn. Di- So, Eintritt ca. 5 US.

JAPANESE AMERICAN CULTURAL AND COMMUNITY CENTER (12) (San Pedro St./Ecke 3rd St., nähe Endstation von "DASH"-Bus in der 3rd St.): ein grauer Betonbau am Rande eines mit Ziegelsteinen zugepflasterten Platzes. Im Innern die DOIZAKI GALLERY, ein kleines Museum mit wechselnden Ausstellungen zur japanischen Kultur. Geöffn. Di-Fr von 12- 17 Uhr, Sa/So 11- 16 Uhr, Eintritt frei.

Daneben der JOHN IRVINE GARDEN, eine grüne Oase im Dickicht des umgebenden Betons. Die blühenden Büsche und plätschernden Bäche dieses japanischen Mini-Gartens bilden einen eigenartigen Kontrast zur dahinterliegenden Hochhauskulisse. Zu erreichen vom Innern des Cultural Center aus über den Fahrstuhl und das Kellergeschoß. (Geöffn. tägl. 9-17 Uhr, Eintritt frei).

Einige Straßenblocks östlich von Little Tokyo das kleine, aber sehr originelle MUSEUM OF NEON ART (11), 7o4 Traction Ave. In einer alten Lagerhalle wechselnde Ausstellungen von Neon-Licht Objekten, oft herrlich kitschig und grotesk.Im halbdunklen Innern blinken und flackern die Röhren in vielen Farben und erzeugen magische Effekte. Amerikanisch-avantgardistische Kunst par excellence. (Geöffn. Di-Sa von 11- 17 Uhr. Eintritt 2,5o US).

Nach einem Besuch dieses Museums erscheinen die Ausfallstraßen amerikanischer Städte beinahe als eine Art Freilichtmuseum für Neon-Kunst. Wer diese Art Zugang zur Leuchtreklame vertiefen will, kann an einem der "Neon-Cruises" teilnehmen, die das Museum regelmäßig anbietet: Nächtliche Stadtrundfahrten unter dem Motto "Leuchtreklame und Kunst" mit Erklärungen zur Entstehung und Geschichte von Neon-Reklame sowie zahlreichen Anekdoten. Wechselnde Termine, zu erfragen beim Tourist-Büro oder im Museum (Tel. 617-158o).

L.A. FÜR KINO-FANS: DOWNTOWN

Nicht in Hollywood, sondern in der City von Los Angeles wurde der erste Spielfilm gedreht. Der Regisseur, der sein Studio dort eröffnete, war Francis Boggs. 19o8 übernahm er eine ehemalige chinesische Wäscherei und filmte dort ein Jahr später "The Heart of the Racing Tout", den ersten

vollständig in Kalifornien gedrehten Spielfilm. Auch zwischen 191o und 192o, als sich Hollywood bereits einen Namen machte, war Downtown L.A. weiterhin das Zentrum der aufstrebenden Filmindustrie.

Downtown auch der Geburtsort der prachtvollen Filmpaläste und Schauplatz großer Gala-Premieren. Um 193o besaß Los Angeles etwa 1.5oo Kinosäle, viele von ihnen konzentrierten sich entlang South Broadway zwischen 3rd und 9th Street, dem sogenannten THEATER DISTRICT (21). Eine ganze Anzahl dieser Kinos hat selbst den Bau-Boom der achtziger Jahre überlebt und lohnt wegen der kühnen Ausstattungen den Besuch.

Zwar spielen hier in der Regel nur noch amerikanische oder mexikanische Billigproduktionen, und der alte Glanz ist verblichen. Aber da die Theater in ihrer Struktur nicht grundsätzlich verändert wurden, läßt sich mit ein wenig Phantasie die große Zeit des Films in Los Angeles heraufbeschwören. Wer sich als Kino-Fan zu erkennen gibt, wird bei den meisten der Theater hereingelassen, um einen kurzen Blick ins Innere zu werfen. Am besten natürlich zwischen zwei Vorstellungen. Zur Not ein Ticket kaufen und die Atmosphäre in Ruhe genießen.

Im Theater District noch rund ein Dutzend der klassischen Kinosäle. In Architektur und Ausstattung oft angelehnt an prunkvolle europäische Schlösser: Stuckdecken, Säulen, verschnörkelte Treppengeländer, überdimensionale Spiegel, Springbrunnen, Kronleuchter. Bei einem Bummel über South Broadway muß man manchmal schon genau hinsehen, um sie hinter verblichenen Fassaden oder zwischen mexikanischen Ramschläden zu entdecken. Besonders attraktiv die folgenden:

UNITED ARTISTS THEATER, 933 S. Broadway. Eröffnet 1927 mit dem Film "My best Girl", Mary Pickford und Buddy Rogers in den Hauptrollen und natürlich bei der Premiere zugegen. Der Kinosaal überschwenglich mit Spiegeln und Wandmalereien dekoriert. Bei der Eröffnung war der handgewebte Teppich in der Lobby genau auf die Deckenmalerei abgestimmt.

LOS ANGELES THEATER, 615 S. Broadway. 1931 eröffnet mit Charlie Chaplins "City Lights" (Lichter der Großstadt). Bei der Ausstattung war an alles gedacht: eine spezielle Loge für Raucher; Kinderbetreuung während der Vorstellung; ein Ballsaal mit Kapelle, in den der aktuelle Film zusätzlich auf eine kleine Leinwand projiziert wurde; in den Waschräumen reichte man den Damen silberne Kämme, damit sie noch letzte Hand an ihre Frisuren legen konnten; die Platzanweiser verfolgten über ein Lichtpult, welche der 1.ooo Plätze schon besetzt waren. Doch der ganze Aufwand kam zur falschen Zeit. Die Weltwirtschaftskrise erfaßte auch die Filmindustrie, und das Los Angeles Theater ging nach kurzer Zeit bankrott.

MILLION DOLLAR THEATER, 3o7 S. Broadway. Schon 1917 eröffnet,

2.2oo Plätze. Im Stil einer mexikanischen Kathedrale mit einem Überschwang an barocken Elementen.

Hinter der stilvollen präkolumb. Fassade des MAYAN THEATER, 1o44 S. Hill St., wurde zur Eröffnung die Show "Gentlemen Prefer Blondes" (Blondinen bevorzugt) aufgeführt, später von Howard Hawks mit Marilyn Monroe in der Hauptrolle verfilmt. Die Super-Blondine Hollywoods stand übrigens noch 1948 unter dem Namen Marilyn Marlowe bei einer Show hier auf der Bühne des Mayan Theater.

Wer sich zu Dreharbeiten oder Premieren in Downtown einfand, mußte selbstverständlich standesgemäß logieren. In der ersten Zeit war das HOTEL ALEXANDRIA (2o), Spring St./Ecke 5th St., Treffpunkt der Stars. Bei einem Blick in die Lobby läßt sich nur noch erahnen, daß hier einst jeder, der in Hollywood Rang und Namen hatte, ein- und ausging. Der Cowboy-Held Tom Mix ritt sogar mit seinem Pferd über den wertvollen türkischen Teppich an die Rezeption.

Nach seiner Fertigstellung 1923 lief das BILTMORE HOTEL (18), 5o6 S. Grand Ave., dem Alexandria den Rang ab. Vier Jahre später gründeten Produzenten, Regisseure und Schauspieler hier die "Academy of Motion Picture Art and Sciences". Bei dem Gala-Essen aus diesem Anlaß soll auch der erste Entwurf für den "Oscar" entstanden sein: auf einer Papierserviette.

Mitte der siebziger Jahre wurde das Biltmore restauriert. Wer einen Blick hineinwirft, erkennt vielleicht einiges wieder: Schließlich war das Hotel Schauplatz für Szenen in rund 25o Filmen, unter ihnen "Chinatown" mit Jack Nicholson, "A Star is Born" (Ein neuer Stern am Himmel) mit Judy Garland oder "The Last Tycoon" (Der letzte Tycoon) des Regisseurs Elia Kazan. Auch in der Fernsehserie "Dynasty" (Denver Clan) tauchte das Biltmore gelegentlich auf.

Die fünf gläsernen Türme des WESTIN BONAVENTURE HOTEL (17), 4o4 S. Figueroa St., dürften Kino-Fans ebenfalls nicht unbekannt sein. Futuristische Filme und Fernsehserien bedienen sich gelegentlich dieser Kulisse.

Auch das BRADBURY BUILDING (13), taucht in zahlreichen Filmen auf. Besonders lange und originell in Szene gesetzt in "Blade Runner", mit Harrison Ford in der Hauptrolle. Das Innere des Gebäudes mit seinen kunstvoll gearbeiteten Galerien und schmiedeeisernen Geländern erscheint in einem total verwahrlosten Zustand, der düsteren Stimmung im fiktiven Los Angeles des Jahres 2o19 angepaßt.

CITY HALL (8), das Rathaus von Los Angeles, 2oo N. Spring St. War vor allem in den fünfziger und sechziger Jahren ständig Kulisse für Filme und Fernsehserien, besonders für Krimis sowie die endlose "Superman"-Serie. Bis 1957 die Baubeschränkungen in Los Angeles aufgehoben wurden, war es für Hollywood-Regisseure das nächstgelegene Hochhaus

und mußte für Filme herhalten, die eigentlich in New York oder Chicago spielten.

DOROTHY CHANDLER PAVILION im Los Angeles Music Center (6), 135 N. Grand Ave. Hier finden seit 1969 die Oscar-Verleihungen statt. Wer Ende März in L.A. ist, bekommt zwar mit ziemlicher Sicherheit keinen Zutritt zu der geladenen Runde, kann aber einige Stars aus der Nähe oder Ferne auf ihrem Weg zur Preisverleihung erspähen.

UNION STATION (1): Immer wieder Kulisse für Filme, die in Los Angeles spielen. Im Science Fiction Streifen "Blade Runner" originell zurechtgemacht als Polizeihauptquartier der Roboter-Jäger im 21. Jahrhundert. Eine lange Filmsequenz auch in "Guilty by Suspicion" (Schuldig bei Verdacht) von 1991: Robert De Niro als erfolgreicher Hollywood-Regisseur trifft Anfang der fünfziger Jahre auf dem Bahnhof ein und muß sich mit einer schwierigen Lage auseinandersetzen: Auch in Los Angeles grassiert die Hetzkampàgne des Senators McCarthy. Filmleute und Schauspieler müssen ihre Kollegen bespitzeln oder werden selbst vors Tribunal zitiert. Ein Film über die dunklen Tage der Filmindustrie, als in Los Angeles und Hollywood viele Regisseure und Schauspieler aufgrund vager Verdachtsmomente und Denunziationen für Kommunisten gehalten und entlassen wurden, Details Seite 198.

UMGEBUNG VON DOWNTOWN

Einige Sehenswürdigkeiten liegen etwas abseits, südwestlich von Downtown, sind aber sowohl per Auto als auch mit öffentlichen Verkehrsmitteln am besten von der City aus zu erreichen.

EXPOSITION PARK (23): Trotz seiner zweimaligen Aktivierung als Schauplatz der Olympischen Sommerspiele 1932 und 1984 ein etwas vernachlässigtes Parkgelände. Im Südteil einige der Olympiastätten wie das Los Angeles Memorial Coliseum und die Los Angeles Sports Arena. Interessanter die nördliche Hälfte des Parks: einige der hier versammelten Museen lohnen den Besuch. (Zu erreichen mit RTD-Bus 4o ab Downtown (Broadway), zurück Bus 81 über Figueroa St.; Mo.-Fr. von 7.3o-16.3o auch einer der kleinen "DASH"-Busse ab Grand Ave./Ecke 9th St. bis zum Exposition Park. Per Auto über Harbor Fwy. 11o Richtung Süden).

CALIFORNIA MUSEUM OF SCIENCE AND INDUSTRY: 7oo State Drive. Geöffn. tägl. 1o-17 Uhr, Eintritt frei. Großer Museumskomplex mit verschiedenen Abteilungen zur Naturwissenschaft und Technologie:

In der Technology Hall Darstellung und Erklärung naturwissenschaftlicher Phänomene am Objekt. Vieles auch zum Anfassen, Ausprobieren und Selbermachen. Anschauliche Naturwissenschaft für Kinder und Erwachsene. Größere Abteilungen zu Elektrizität, Magnetismus und Energie. Übersichtlich dargestellt eine Weltgeschichte der Mathematik sowie mathematische Modelle und Theorien.

Interessant die kleine Ausstellung zum Thema Erdbeben: Methoden der Messung und Vorhersage, Möglichkeiten erdbebensicherer Bauweise sowie eine Übersicht über Ursachen und Folgen von Erdbeben in verschiedenen Regionen de Erde.

Nebenan die Kinsey Hall of Health mit einfach bis einfältig gestalteten Informationen über Gesundheit und Ernährung: Kalorien- und Nährstofftabellen, Warnungen vor Alkohol-, Tabak- und Drogenmißbrauch. Alles nicht gerade mitreißend, vielleicht gedacht für die Kunden der MacDonald Filiale, die im Museum das Verpflegungsmonopol hat.

Direkt daneben weist einer der berühmt-berüchtigten Starfighter F-1o4 den Weg zum Eingang in die Aerospace Hall. Im Innern etwas eng und dichtgedrängt weitere Flugzeuge, von einmotorigen Propellermaschinen bis zum Jet der US-Navy. Raketenmodelle und Videofilme zur Raumfahrt ergänzen die kleine, eher willkürlich als systematisch zusammengestellte Sammlung. Schmuckstück ist eine Original-Raumkapsel aus dem Gemini-Programm der NASA in den sechziger Jahren.

Hinter dem Gebäude, im Air and Space Garden, stehen zwei Flugzeuge unter freiem Himmel: eine DC-3 Propellermaschine und ein DC-8 Passagierjet.

Das naturwissenschaftliche Museum besitzt eigenartigerweise auch eine Wirtschaftsabteilung, die Hall of Economics and Finance. Per Schautafel, Spiel und Video eine komplette amerikanische Sichtweise wirtschaftlicher Abläufe: Konkurrenz, Produktion, Inflation, Arbeitslosigkeit, Arbeitskampf etc. Wer noch nicht wußte, daß alles so sein muß, wie es ist, weil es die unausweichlichen Faktoren der Wirtschaft so verlangen, bekommt es hier anschaulich vor Augen geführt. Der aktive Besucher schlüpft in die Rolle des Finanzministers, Unternehmers oder Präsidenten der Zentralbank und erfährt, welch unausweichlichen Problemen er gegenübersteht. Spätestens die fiktive Debatte zwischen Adam Smith und Karl Marx über die Vorteile von Jeans und Hamburgern beweist es endgültig: Capitalism is great!

Unterhaltsamer die Shows im IMAX THEATER, wo auf überdimensionaler Leinwand täglich verschiedene Filme gezeigt werden, begleitet von einem 6-Kanal-Rundum-Sound. Programme und Anfangszeiten an der Kasse oder per Tel. 744-2o15. Eintritt 5,5o US.

Vor den Museumsgebäuden ein wunderbarer ROSENGARTEN, der für die stiefmütterliche Behandlung der Biologie im Museum selbst entschädigt. Die Fülle von Farben und Düften wird vor allem an Sonntagen mit weiterem Leben erfüllt, wenn die Ausflügler mit Kind, Kegel und Oma vor und in den Rosenbüschen ihre Familienfotos schießen.

Am Ende des Rosengartens das zweite große Museum im Exposition Park: MUSEUM OF NATURAL HISTORY, 9oo Exposition Blvd. Sehr breit gestreute Mischung von Ausstellungsstücken, nicht nur zur Naturge-

schichte. Neben Fossilien, Dinosaurierknochen und Mineralien auch Fotos und Dokumente zur Geschicht von Los Angeles, Kalifornien und den USA. Riesige, etwas verwirrende Bandbreite, eher bieder ausgestellt in einem klassischen Museumsgebäude mit großen Sälen, hohen Kuppeln und Marmorfußböden. Geöffn. Di.-So. von 1o-17 Uhr, Eintritt 5 US.

CALIFORNIA AFRO-AMERICAN MUSEUM, 6oo State Drive (geöffn. tägl. 1o-17 Uhr, Eintritt frei). Modernes Gebäude mit viel Raum und Licht für die wechselnden Ausstellungen. Vorwiegend Werke afro-amerikanischer Künstler. Manchmal aber auch andere Sammlungen und Dokumentationen der historischen Rolle afrikanischer und afro-amerikanischer Kultur. Das Museum lohnt vor allem wegen der selbstbewußten Darstellung afro-amerikanischer Elemente in Kunst, Kultur und Alltagsleben der USA.

MUSEUM OF AFRICAN AMERICAN ART, 4oo5 Crenshaw Blvd., im 3. Stock des Kaufhauses May Company. Zu erreichen ab Südrand Exposition Park mit RTD-Bus 4o. Kleines, aber exquisites Museum und ein wichtiger Kristallisationspunkt afro-amerikanischer Kultur. Durch seine Lage in einem vorwiegend von Schwarzen besuchten Kaufhaus demonstriert es Offenheit und Bürgernähe. Pro Jahr vier wechselnde Ausstellungen, meist hervorragender Qualität. Afrikanische oder afro-amerikanische Künstler. Gut sortierte Verkaufsboutique ohne den üblichen Andenkenkitsch, sondern Postkarten, Geschenkartikel, Schmuck und Kunsthandwerk aus der Kultur des "schwarzen Amerika". Übliche Öffnungszeiten des Kaufhauses, Eintritt frei.

Direkt angrenzend an den Exposition Park der riesige Campus der UNIVERSITY OF SOUTHERN CALIFORNIA (USC). Ein Bummel lohnt sich vor allem innerhalb des älteren Teils, etwa im Dreieck zwischen Figueroa St. und Exposition Blvd. Backsteingebäude verschiedener Stilrichtungen erinnern an die klassischen Universitäten in England oder an der Ostküste der USA. Besonders markante Fassaden haben

MUDD HALL OF PHILOSOPHY, BRIDGE HALL, SCIENCE BUILDING, das Gebäude der GWYNN WILSON STUDENT UNION sowie die DOHENY MEMORIAL LIBRARY.

Der Sonnenschein und die Blütenpracht Kaliforniens machen es nicht einfach, sich zu Studienzwecken in die ehrwürdigen Hallen dieser Uni zu begeben. Kein Wunder, daß sich ein großer Teil des Campus-Lebens in den weitläufigen Parkanlagen abspielt.

STADTTEIL WATTS:eine skurril-absurde Sehenswürdigkeit befindet sich inmitten dieses tristen Stadtbezirks, die Watts Towers, (1765 E. 1o7th St.). Drei Türme, rund 3o m hoch, erbaut von einem gewissen Simon Rodia aus allen nur erdenklichen Materialien und Abfällen. Mehr als 3o Jahre hatte der gute Mann allein an den Türmen gebastelt, bevor er 1954 über Nacht spurlos verschwand und sein Lebenswerk zurückließ. Nicht

schön, aber kurios. Zu erreichen ab Downtown entweder mit RTD-Bus 55 über Main St. oder mit der Metro Blue Line bis 1o3rd St. Station.

1965 ging der Stadtbezirk wegen des "Watts Riot" durch die Schlagzeilen der Weltpresse, als die schwarzen Einwohner hier einen mehrtägigen Aufstand probten. Niedergeschlagen nach knapp einer Woche von einem massiven Aufgebot an Polizei und Nationalgarde.

Und im April 1992 waren Watts und die angrenzenden Bezirke von South Central Los Angeles wieder Schauplatz blutiger Unruhen, den schlimmsten seit Ende der sechziger Jahre. Die aufgestaute Wut der schwarzen Bevölkerung von L.A. brach im Anschluß an ein skandalöses Gerichtsurteil aus: Vier weiße Polizisten, die einen Schwarzen auf offener Straße brutal zusammengeschlagen hatten, wurden von einer Jury freigesprochen; für die Schwarzen war damit das Maß voll.

Brandstiftungen und Plünderungen riefen ein massives Aufgebot an Polizei und Militär auf den Plan, tagelang herrschte der Ausnahmezustand. Schulen und Universitäten wurden geschlossen, der Busverkehr eingestellt. Von L.A. aus gingen die Unruhen auch auf andere Großstädte der USA über. Zwar konnte nach tagelangen Ausschreitungen die Ruhe langsam wiederhergestellt werden, an den Ursachen für das Aufbegehren der Schwarzen in Los Angeles und anderen Städten änderte dies jedoch vorerst nichts.

Drei PARKS liegen westlich und nördlich von Downtown mit einigen kleineren Sehenswürdigkeiten. Die Parks selbst nicht besonders attraktiv: mehr oder weniger gepflegte Grünflächen und hier und da ein Teich:

MAC ARTHUR PARK: Zu beiden Seiten des Wilshire Blvd. Knapp 1 km westlich davon das Bullocks Wilshire Department Store, eines der ältesten und traditionellen Kaufhäuser von Los Angeles. Erbaut 1929 mit vielfältigen Art Deco Elementen. Welche Rolle das Auto schon damals in L.A. spielte, erkennt man daran, daß sich der Haupteingang nicht an Straßenfront, sondern beim Parkplatz befindet. (Zu erreichen über Wilshire Blvd. mit RTD-Bus Nr. 2o und 21).

In der Nähe des ECHO PARK lohnt ein Spaziergang durch das Stadtviertel ANGELINO HEIGHTS. Um die Jahrhundertwende einer der Nobelbezirke der Stadt. Noch heute (vor allem entlang der Carroll St.) viele Villen im viktorianischen Stil. (Zu erreichen über Sunset Blvd. mit RTD-Bus Nr. 2 und 3).

Der ELYSIAN PARK nördlich von Downtown ist die größte der zentralen Parkanlagen. Viel los ist vor allem bei Baseball-Spielen im riesigen Dodger Stadium. (Zu erreichen ab Spring St. mit RTD-Bus Nr.83 und 84)

Downtown ist ein guter Standort zur Erforschung auch anderer Stadtteile. Wegen der vielfältigen Busverbindungen innerhalb der City und zu den anderen Stadtbezirken lohnt sich auf jeden Fall ein Hotel im Zentrum von Downtown, zumindest nicht allzu weit entfernt von den Hauptverkehrsadern. Gute Auswahl in der Teuer-Klasse und bei Billig-Hotels. Etwas dürftig ist das Angebot dagegen in der Mittelklasse.

"**Checkers Hotel**", 535 S. Grand Ave. Vor kurzem total umgebaut, wobei die schöne Fassade des ehemaligen Mayflower Hotels beibehalten wurde. Mit knapp 2oo Zimmern das kleinste und familiärste Luxushotel von Downtown. Im Innern hat ein Innenarchitekt sein Meisterstück geliefert: Komfort und Luxus in zarten Creme-Tönen. Gemütliche Räumlichkeiten und Sitzecken im Lobby-Bereich. SW-Pool auf dem Dach. Zimmer mit dezentem Luxus, Marmor in den Bädern. DZ ab ca. 21o US. Tel. 624-oooo und 8oo-628-49oo.

"**Sheraton Grande Hotel**", 333 S. Figueroa St. Zentral. Moderner Glaspalast mit SW-Pool im subtropischen Garten. Großräumige, lichtdurchflutete Lobby auf zwei Etagen. Zimmer mit dem gewohnten Komfort der gehobenen Preisklasse. DZ ab ca. 21o US. Tel. 617-1133 und 8oo-325-3535.

"**Westin Bonaventure**", 4o4 S. Figueroa St. Der Star unter den futuristischen Glaspalästen von Downtown. Absolut zentral, sind die fünf runden Türme nicht zu übersehen. Lobby sehr unpersönlich im hektischen Getriebe eines Shopping-Centers. Auch sonst kommt man sich etwas verloren vor in dem 15oo-Zimmer-Hotel. Ein Erlebnis ist die Fahrt auch für Nicht-Hotelgäste in den außen angebrachten gläsernen Fahrstühlen. Guter Blick auf die Skyline von L.A. SW-Pool. Zimmer mit jeglichem Komfort der Teuer-Klasse. DZ ab ca. 19o US. Tel. 624-1ooo.

"**The Biltmore Hotel**", 5o6 S. Grand Ave. Bei seiner Eröffnung in den zwanziger Jahren das größte Hotel westlich von Chicago. Zentral in Downtown. Markanter Klinkerpalast mit mehreren Lobbys. Getäfelte Decken, Teppiche, Marmor, Luxus. Großes Hallenbad und Fitneß-Center im Untergeschoß. Großzügig und komfortabel ausgestattete Zimmer. Zurückhaltend aufmerksamer Service eines traditionellen Grand-Hotels mit viel Flair. DZ ab ca. 175 US. Tel. 624-1o11 und 8oo-421-8ooo.

"**Hyatt Regency**", 711 Hope St. Moderner Glaspalast mit auffälligem Rundbau im oberen Bereich. Zentral im Financial District. Fitneß-Center. Zimmer mit der üblichen Ausstattung der Nobel-Klasse. DZ ab 175 US. Tel. 683-1234 und 8oo-233-1234.

"**Holiday Inn**", 1o2o S. Figueroa St. Nähe Convention Center in ziemlich trostloser Umgebung. Mit 2oo Zimmern relativ klein für L.A.-Maßstäbe. SW-Pool und Fitneß-Center. Zimmer modern und funktional eingerichtet mit Sitzecke. DZ ca. 13o US. Tel. 748-1291 und 8oo-465-4329.

"**Hotel Figueroa**", 939 S. Figueroa St. Großer Ziegelsteinbau im Stil der zwanziger Jahre. Am Rande des Zentrums an lauter Durchgangsstraße. Ehemals pompöse Lobby im spanischen Stil mit Kacheln und heute abgewetztem Mobiliar. Unpassend das triste Restaurant, das mitten in die Lobby gesetzt wurde: Kantinenatmosphäre zwischen verblichenem Glanz. Große Zimmer mit winzigen Bädern. Alles nicht mehr neu, aber der Versuch ist erkennbar, am einstigen Stil noch festzuhalten. DZ 75-9o US, je nach Lage und Größe. Tel. 627-8971.

"**Hotel Kawada**", 2oo S. Hill St. Neu eröffnet im Zentrum von Downtown. Modern gestaltete Lobby mit tiefen Ledersesseln. Zimmer klein, aber funktional und modern eingerichtet, inkl.Kühlschrank, DZ ab ca. 65 US. Einige Zimmer mit Kitchenette, ab ca. 7o US. Beste Wahl in dieser Preisklasse. Tel. 621-4455 und 8oo-752-9232.

"**Inn Towne Hotel**", 925 S. Figueroa St. Flachbau mit einigen Palmen und großem Parkplatz davor. Am Rande des Zentrums. Zimmer einfach, aber ordentlich möbliert, zur Straße hin relativ laut. Im Innenhof SW-Pool. Günstig für Leute, die mit dem Mietwagen nach Downtown kommen. DZ ca. 75 US.

"**Hotel Stilwell**", 838 S. Grand Ave. Geführt von freundlichen, indischen

Einwanderern. Altes Gebäude, die Lobby kahl und ungemütlich. Die Zimmer dagegen renoviert mit Teppichboden und moderner Einrichtung. Kleine, sehr saubere Bäder, einige mit winziger Badewanne. DZ ab 53 US. Tel. 627-151 und 8oo-553-4774.

"**Kent Inn Motel**", 92o S. Figueroa St. Dreistöckiges Gebäude älteren Datums. Parkmöglichkeit im Innenhof. Kleiner SW-Pool. Außen wie innen einfacher Motel-Stil. Schlicht möbliert. Einige Zimmer mit Kühlschrank und Telefon. DZ ab ca. 53 US. Tel. 626-87o1.

"**Hotel Milner**", 813 S. Flower St. In dem alten Gebäude blättert vielfach der Putz. Lobby mit neuer Möblierung und bequemen Sesseln. Die Zimmer zeugen von altem Glanz: verschnörkeltes Mobiliar und verschlissene Samtgardinen. Renovierte Badezimmer. Eines der besseren und sicheren Billighotels von Downtown. DZ ab 37 US. Tel. 627-6981 und 8oo-521-o592.

"**Hotel Orchid**", 819 S. Flower St. Relativ zentral gelegen und sicher. Hauptsächlich Jugendliche und Studenten. Moderne, renovierte Lobby. Dahinter wird es dann etwas einfacher: in den Fluren blättert der Putz, penetranter Geruch nach Reinigungsmitteln. Die Zimmer klein und einfach möbliert. Sanitäre Anlagen antiquiert und abgenutzt, aber sauber. DZ ab 37 US, günstige Wochenraten ab 145 US. Tel. 624-5855.

"**Hotel Huntington**", 752 S. Main St. Gelber Backsteinbau. Abgewetzte Ledersessel und alte Spiegelkommoden geben der Lobby den Charme vergangener Zeiten. Frühstücksbar, Cola-Automaten in den Fluren. Locker-freundliche Atmosphäre. Zimmer akzeptabel sauber, aber mit spartanischem Verzicht auf Möbel und Lampen. DZ mit Gemeinschaftsbad ca. 37 US, mit Privatbad ca. 45 US. Tel. 627-3186.

"**Hotel Alexandria**", 5th St./Ecke Spring St. Antiquierter zwölfstöckiger Betonkasten. Innen heruntergekommener Glanz von einst mit ziemlich abgerissenem Publikum. Große Zimmer mit schäbigen Möbeln und ratternder Klimaanlage. Uralt-TV. Sanitäre Anlagen auch nicht gerade im Bestzustand. Wochentarife ab ca. 14o US. Tagespreise Verhandlungssache. Eine Bleibe bei finanziellen Engpässen oder für hartgesottene Film-Freaks: In seinen besseren Zeiten übernachteten im "Alexandria" Hollywood-Stars wie Rudolph Valentino, Fred Astaire und Humphrey Bogart.

"ORIGINAL PANTRY CAFE", 877 S. Figueroa St. Einfache Kaschemme mit viel Atmosphäre und gemischtem Publikum: Polizisten, Angestellte, junge Leute. Mehrere Säle, oft gerammelt voll. Man ißt an einfachen Tischen oder gleich am Tresen. Fleisch- und Fischgerichte ohne besonderen Anspruch zwischen 5 und 1o US.

"COUNTRY LIFE", 888 S. Figueroa St. Rein vegetarische Cafeteria mit angeschlossenem Bio-Laden. Gemütlich im Souterrain. Salate (ca. 2 US), Müsli- und Körnerbar, Fruchtsäfte. Geöffn. tägl. 7- 9 und 11- 17 Uhr.

"TURKEY BASKET", 444 S. Flower St. Glaspavillon mit davorliegender Terrasse. Guter Ausblick auf das Kommen und Gehen in den umliegenden Hochhäusern. Zu Essen gibt es Amerikas beliebtestes Federvieh in zahllosen Zubereitungen: Truthahn indisch, mit Chilisoße, mit Früchten und und und... Kleine Portion ab ca. 4 US, große ab 8 US. Ganzer Truthahn um 35 US.

"LA BELLA CUCINA", 949 S. Figueroa St. Preiswerte Pizzas und Nudeln um 6-8 US. Neon-Licht und unterkühlte Fast-Food-Atmosphäre.

"ENGINE CO. NO. 28", 644 S. Figueroa St. Originelles Restaurant in einem der wenigen stilvollen Gebäude aus den zwanziger Jahren, die sich in Downtown zwischen die Hochhäuser ducken. Früher Feuerwehrzentrale, heute nobel eingerichtet mit sehenswerter Bar. Man sitzt allerdings etwas verloren in den abteilähnlichen Nischen. Feine internationale Küche. Kleine Portionen. Hauptgerichte wie Truthahn ca. 15 US.

"CLIFTON'S CAFETERIA", 515 W. 7th St. Selbstbedienung in traditioneller Umgebung. Stuckdecken und Holztäfelung. Alte Uhren und Spiegel an den Wänden. Keramik und Krimskrams in Glasvitrinen. Sehr gemischtes Publikum vom Parkwächter bis zum Bankangestellten. Einer der gemütlichsten Orte für ein Frühstück, das man sich nach eigenem Geschmack zusammenstellt. Preiswerte Imbisse, Kaffee und Kuchen. Geöffn. 7- 15 Uhr.

"LAS MARACAS", 217 W. 5th St. Reichliches mexikanisches Frühstück mit Eiern, Schinken etc. für ca. 3 US. Einfaches Ambiente.

"BOARDROOM RESTAURANT", 433 Spring St. Im 11. Stock der Public Library. Geöffn. mittags von 11.3o- 14.3o Uhr. Einfaches und preiswertes Mittagsbuffet für ca. 6,5o US. Essen soviel man will. Im Erdgeschoß kleines Café neben den Bücherregalen mit dem Motto "Food for Thought". Mo-Fr 8- 17 Uhr. Kaffee und Kuchen, kleine Salate.

"BERNARD'S", 5o6 Grand Ave. Vornehmes Restaurant im Biltmore Hotel. Ruhige, gediegene Atmosphäre bei dezenter Live-Musik. Französisch inspirierte Küche. Dinner ab 18 Uhr mit anschließendem Gratis-Transport zum Konzert oder Theater im Music Center. Teuer.

"CHEZ FRANCOIS", 5o5 S. Flower St. Im Untergeschoß des Arco-Tower ("Level C"). Nur mittags geöffnet. Gourmet-Restaurant mit französischen Spezialitäten. Besonders gut die zahlreichen Lachszubereitungen. Hauptgerichte im Schnitt um 15 US, einige Tagesgerichte aber schon ca. 1o US.

"REX", 517 S. Olive St. Art-deco Eingangshalle. Innen gediegene Holztäfelung und nobel-dezente Möblierung. Feine italienische Küche. Kleine Karte mit ausgewählten Gerichten: Von ca. 15 US für eine extravagante Nudelzubereitung bis hin zu 5o US für den Fasan nach Art des Hauses.

"PASTA PRIMAVERA", 611 W. 7th St. Kleines italienisches Lokal, leicht unterkühlte Atmosphäre. Dafür gute Auswahl an Nudelgerichten und Salaten, ca. 6-8 US.

"GRAND CENTRAL PUBLIC MARKET", Hill St./Ecke 3rd St. In der Markthalle tagsüber einfaches und sehr preiswertes Essen an den Imbißständen. Keine kulinarischen Höhenflüge, aber frische Lebensmittel

appetitlich zubereitet.

"L.A. GRILL", 521 W. 7th St. Billige, aber blitzsaubere mexikanische Taquería. Moderne Einrichtung. Kleine Imbisse a la mexicana ab 2 US.

"GILL'S", 838 S. Grand Ave. Indisches Restaurant. Mittags großes warmes Buffet mit orientalischen Spezialitäten für einen Festpreis von ca. 7 US. Abends gepflegte Atmosphäre und Essen á la carte. Hauptgerichte ab ca. 1o US.

"GORKY'S CAFE", 536 E. 8th St. Beliebte Cafeteria und Bar mit Kulturprogramm. Selbstbedienung für einfaches Essen. 7 eigene Biere im Ausschank, besonders gut das "Red Star". Am Ende des langen Tresens die Stahlkessel der Brauerei. In etwas abgelegener, zwielichtiger Gegend. Nach Einbruch der Dunkelheit besser mit Auto (Parkmöglichkeit) oder Taxi.

"LAS ANITAS", W-26 Olvera St. Kleines Kellerlokal mit rustikaler Einrichtung im Pueblo de Los Angeles. Original mexikanische Küche. Tacos und Enchiladas um 8 US.

"EL PASEO", 11 Olvera St. Passabel auf mexikanisch gemacht, mit überdachter Terrasse und Blick auf die vorbeiflanierenden Touristen, in der Fußgängerzone im Pueblo de Los Angeles. Mexikanisch-amerikanische Küche zu relativ moderaten Preisen, Hauptgerichte ab ca. 1o US.

"GOLDEN DRAGON", 96o N. Broadway, in Chinatown. Kantonesische Küche in gemütlichem Speisesaal. Dezente chinesische Dekoration. Hauptsächlich Shrimps und Muscheln. Hauptgerichte zwischen 8 und 12 US. Einfacher Mittagstisch für ca. 4 US.

"MON KEE", 679 N. Spring St. Unscheinbares Restaurant abseits der touristischen Pfade in Chinatown. Jahrelang gelobt von zahlreichen Gourmet-Kritikern hat es auch weiterhin einen hohen Standard. Besonders gut die Muschel- und Fischgerichte. Alles superfrisch und mit ausgezeichneten Soßen. Ein Raum reserviert für Nichtraucher. Wer seinen eigenen Wein mitbringt, zahlt 1 US pro Person "Korkgeld". Hauptgerichte ab ca. 8 US.

"HONG KONG LOW", 425 Gin Ling Way, kleiner Platz in Chinatown Nähe Broadway. Dezent-chinesisches Ambiente mit gemütlichen Sitzecken. Große Speisekarte mit Gemüse-, Fleisch- und Fischgerichten. Kleine Imbisse ab ca. 5 US. Reichhaltige Mahlzeiten mit einem Querschnitt durch die chinesische Küche ab ca. 7 US.

"HORIKAWA", 111 S. San Pedro St. Eines der besseren und teureren Restaurants von Little Tokyo. Im Keller eines tristen Bürogebäudes. Das Essen entschädigt für den äußeren Eindruck: beste japanische Spezialitäten, Sushi-Bar.

SELBSTVERSORGER

"GRAND CENTRAL PUBLIC MARKET" (14), Hill St./Ecke 3rd St. In der großen Markthalle das frischeste, preiswerteste und umfassendste Angebot an Lebensmitteln in Downtown. Als Gratis-Zugabe die Marktatmosphäre: eine Mischung aus Mexiko und Ostasien im Herzen von Downtown L.A. Neben orientalischen Gewürzen viel Obst und Gemüse sowie frischer Fisch. Unter der Hand geklaute Uhren oder Schmuggelware. Spanisch ist die Umgangssprache, Englisch wird verstanden.

SHOPPING

Kaufhäuser: "Broadway Plaza", Hope St./Ecke 7th St. Einkaufszentrum im Herzen von Downtown, erstreckt sich über einen ganzen Straßenblock. Kaufhaus, Geschäfte, Restaurants, Fast-Food Stände. Schuhputzer, Springbrunnen und viel großzügiger Glitzer. An einem der wenigen Regentage von L.A. gut für einen Bummel ohne Regenschirm und nasse Füße. Wem Broadway Plaza nicht ausreicht, der findet in der Nähe ein halbes Dutzend weiterer Shopping Malls nach ähnlichem Muster, z.B. Arco Plaza (Figueroa St./Ecke 5th St.) oder Seventh Market Place (Figueroa St./Ecke 7th St.).

Bücher:

"Thomas Bros.", 6o3 7th St. Große Auswahl an Landkarten und Reiseführern zu Los Angeles, Kalifornien und den USA.

"Caravan Book Store", 55o S. Grand Ave. Modernes Antiquariat und alte, ledergebundene Ausgaben aus England und den USA. Zum Stöbern für Anglisten und anglophile Leseratten.

Kleidung:

"Designer Labels for Less", 1924 S. Main St. Designer-Mode zu Discount-Preisen: 4o-8o% unter den üblichen Preisen in Kaufhäusern und Läden. Ähnliche Angebote bei "Fashion Corner", 2oo E. 9th St.

"Remy Leather Fashions", 1o2o Los Angeles St. Hervorragende und teure Lederbekleidung.

"Edward Borovay", 635 S. Olive St. Wer die vergitterte Bronzetür passiert hat, findet im Hinterzimmer erlesene Pelzjacken und Mäntel aller Art.

Schmuck:

Die Hochburg der Schmuck- und Juwelenhändler von Los Angeles befindet sich nahe der Kreuzung Hill St./7th St. Vom billigen Ramsch- und Reparaturladen bis zum nobelsten Juwelengeschäft ist dort alles vertreten. Ein goldenes Reich aus Schmuck und Edelsteinen. Unglaubliche Konzentration von Reichtum, der teuerste Straßenblock von Downtown. "West Coast Jewelry Plaza" (645 S. Hill St.) ist ein riesiger Markt mit

allem, was das edle Herz begehrt. Gegenüber der Laden von "St. Vincent" nimmt fast einen halben Straßenblock ein.

Lebensmittel:

"Han San Company", 837 N. Broadway, in Chinatown. Chinesische Lebensmittel aller Art: eingelegte Gin Seng Wurzeln, säckeweise getrocknete Pilze, riesige Auswahl an Gewürzen, die auf dem Ladentisch im Mörser zerkleinert werden. Ausgefallene Spezialität: getrocknete Seepferdchen zur Bereitung eines Nierentees. Daneben dann noch die unvermeidlichen chinesischen Feuerwerkskörper. Alles eingehüllt in orientalische Gerüche.

"Sun Long", 811 N. Broadway. Chinesisches Teegeschäft mit immenser Auswahl. Die Teesorten lagern in großen Dosen im Regal. Schöne Geschenkpackungen. Auf Wunsch kostenlose Proben.

"San Antonio Winery", 737 Lamar St., etwas nördlich von Chinatown, zu erreichen über N. Main St. Die einzige Weinkellerei der City. Direktverkauf mehrerer Weinsorten. Führungen Mo-Fr von 9- 14.3o Uhr.

THEATER

"MARK TAPER FORUM", im Music Center (6), 135 N. Grand Ave. Kleines Theater, hauptsächlich moderne Stücke aus Europa und Amerika. Programm und Kartenreservierung: Tel. 972-7211.

"LOS ANGELES THEATER CENTER", 514 S. Spring St. Vier Theater unter einem Dach in einem ehemaligen Bankgebäude. Die Lobby in der früheren Schalterhalle, marmorverkleidet. Hier trifft sich vor den Vorstellungen ein buntgemischtes Publikum zum Drink oder kleinen Imbiß. Jede Menge extravagante Typen. Im Keller noch die alten Tresortüren, die heute zu kleinen Aufenthaltsräumen führen, in denen man sich während der Theaterpausen trifft.

Das Zentrum nennt sich selbst "theater factory" und versucht, die multikulturelle Entwicklung von Los Angeles widerzuspiegeln. Folglich viel experimentelles Theater sowie Stücke schwarzer und lateinamerikanischer Autoren. Wer sich für modernes Theater interessiert, findet auf dem Spielplan dieser vier Bühnen auf jeden Fall etwas Passendes. Außerdem gute Kontaktmöglichkeiten zur Künstlerszene von Los Angeles.

"BOB BAKER MARIONETTE THEATER", 1345 W. First St. Eines der besten Puppentheater der USA. Auf Anfrage auch Führung hinter die Kulissen. Tel. 25o-9995.

MUSIK/KONZERTE:

"AHMANSON THEATER", im Music-Center (6), 135 N. Grand Ave. Top-Musicals, die oft jahrelang laufen. Programm und Kartenreservierung: Tel 8oo-762-7666.

"DOROTHY CHANDLER PAVILION", ebenfalls im Music-Center. Hier finden die großen Opern- und Konzertabende statt. Heimat des Los Angeles Philharmonic Orchestra. Information und Reservierung: Tel 972-7211.

BÜCHER/VIDEO:

"PUBLIC LIBRARY", die Stadtbibliothek von L.A., zur Zeit provisorisch untergebracht im Gebäude 433 S. Spring St. Zugänglich für jedermann. Telefonbücher, aktuelle Literatur, Videothek. Spezielle Abteilung mit Reiseführern im 2. Stock.

Wann das vor einigen Jahren ausgebrannte ursprüngliche Gebäude der Bibliothek wiederhergestellt ist, ist derzeit noch unklar. Die umfangreichen Restaurierungsarbeiten jedenfalls haben begonnen. Nach der Fertigstellung sicher eine weitere Attraktion von Downtown.

★PASADENA

Villenvorort, wie man ihn aus Hunderten von Hollywood-Filmen kennt: die typischen Einfamilienhäuser, große Vorgärten und breite Auffahrten fürs Auto. Vor allem interessant wegen der guten Museen und einer Super-Attraktion: der Bibliothek und dem Botanischen Garten von The Huntington.

Auf dem Weg dorthin liegt das SOUTH-WEST MUSEUM, 234 Museum Drive. Am Eingang ein hölzerner Totempfahl, der einen abtauchenden Killerwal symbolisiert. Im Obergeschoß Exponate zur Kultur der Indianer an der Westküste: Waffen und Gebrauchsgegenstände, ein Original Wigwam, Häuptlingsmäntel aus Büffelhaut, Tragegestelle für Kleinkinder, hölzerne Vogelkopfmasken für rituelle Tänze.

Im Untergeschoß die Abteilung über die Indianer des Südwestens (Arizona, Utah, New Mexico): hervorragende Farbfotografien von Felsmalereien und Petroglyphen, Gebrauchsgegenstände, Korbwaren, Waffen sowie Ponchos mit Original-Mustern aus dem 19. Jahrhundert. Angeschlossen ein Laden mit Büchern und indianischem Kunsthandwerk.

Geöffn. Di.-So. von 11-17 Uhr, Eintritt 4 US. Zu erreichen von Downtown aus mit RTD-Bus 83 ab Spring St. Per Auto Richtung Norden über Harbor Fwy 11o bis zur Abfahrt 43rd Ave. Von dort aus den grünen Schildern zum Museum folgen.

THE HUNTINGTON: Riesiger Komplex aus Botanischen Gärten, Museen und einer Bibliothek. Faszinierende Ansammlung von Gemälden, Möbeln, Keramik und Silberwaren aus aller Welt. In der Bibliothek Erstausgaben und Handschriften, die zu den kostbarsten der Welt gehören. Die Gebäude umgeben von einem ausgedehnten Areal, das in verschiedene Gärten unterteilt ist: vom japanischen Garten über den Kräutergarten bis

hin zum phantastischen Wüstengarten mit seiner unglaublichen Kakteensammlung. Obendrein auch noch schön gelegen auf einem abschüssigen Gelände, mit den San Gabriel Mountains im Hintergrund und der City von Los Angeles zu Füßen. Eine der ganz großen Attraktionen von L.A.

Zusammengetragen wurden die Sammlungen von Henry Edwards Huntington, einem Neffen des kalifornischen Eisenbahnmagnaten und Miteigentümers der Central Pacific Railroad, Collis P. Huntington. Beide gehörten zum erlesenen Kreis der reichsten und mächtigsten Männer ihrer Zeit im gerade erst eroberten Westen der Vereinigten Staaten.

Seine ersten Schritte im Big Business unternahm Henry im Unternehmen seines Onkels. Nach dessen Tod kaufte er um die Jahrhundertwende mit Teilen der Erbschaft das öffentliche Verkehrssystem von Los Angeles auf. Ein genialer Schachzug zum richtigen Zeitpunkt, denn in den folgenden zehn Jahren verdreifachte sich die Bevölkerung im Großraum Los Angeles.

Huntington expandierte im großen Stil das lokale Straßen- und Eisenbahnnetz. Besonders hohe Gewinne erzielte er durch den Aufkauf von riesigen Ländereien, deren Wert er in die Höhe trieb, indem er eine neue Bahnlinie dorthin verlegte und sie damit als Wohn- oder Industriegebiet erschloß. Mit den Profiten im Eisenbahngeschäft kaufte er sich später vor allem in Firmen des Wasser- und Energiesektors ein und war zeitweise Mitglied in sechzig Aufsichtsräten.

Im Alter von 60 Jahren zog er sich 1910 aus dem Geschäftsleben zurück, um sich bis zum Ende seines Lebens dem Ausbau seiner Ranch in Pasadena und seinen Bücher- und Kunstsammlungen zu widmen. Er rundete seine Sammlungen ab durch die Heirat von Arabella Duval Huntington, der Witwe seines Onkels Collis. Sie brachte ihren Kunstverstand und ihre eigenen Sammlungen mit in die Ehe ein. Der gemeinsame "Haushalt" beherbergte fortan die größte Kunst- und Büchersammlung westlich der Rocky Mountains. 1919 übergaben beide den gesamten Besitz einer Stiftung.

Die in der Huntington Library ausgestellten ca. 10.000 Bände bilden nur einen Bruchteil des tatsächlichen Bestandes. Hinter Glas großzügig präsentiert die wertvollsten Stücke: U.a. "The Ellesmere Chaucer", ein handschriftliches Manuskript der Canterbury Tales aus dem 14. Jahrhundert. Die Bibliothek besitzt zwei der 48 noch existierenden Gutenberg-Bibeln, eine davon ist ausgestellt und in hervorragendem Zustand.

Weitere Attraktionen sind Original-Handschriften von Benjamin Franklin (u.a. seine handgeschriebene Autobiographie), Thomas Jefferson und George Washington. Außerdem Manuskripte aus dem Mittelalter, der Renaissance sowie der Zeit der Entdeckung und Eroberung Amerikas. Dazu Dokumente zur Geschichte Kaliforniens und des Goldrausches.

Neben der Bibliothek die Arabella Huntington Memorial Art Collection mit Malerei aus der Renaissance, Skulpturen aus dem Frankreich des 18. Jahrhunderts sowie Sèvres-Porzellan und Wandteppichen.

In einem weiteren Gebäude die Huntington Gallery: Große Bandbreite von Gemälden, Möbeln und anderen Kunstgegenständen. Hauptsächlich britische Malerei des 18. und 19. Jahrhunderts, aber auch Werke aus dem

Frankreich der gleichen Epoche. An bekannten Malern vertreten u.a. van Dyck, Gainsborough und Turner. Überrangende Vielfalt an Möbelstücken, Teppichen, Geschirr und Silberwaren. Immer das Feinste vom Feinsten. Ganze Räume erinnern an die Ausstattung französischer Schlösser.

In der Virginia Steele Scott Gallery hauptsächlich Gemälde amerikanischer Maler von 173o bis 193o. Dazu ebenfalls Mobiliar und Silber.

Wem von all dem Kunstgenuß der Kopf schwirrt, kann sich in den umliegenden Gärten erholen. Die Huntington Botanical Gardens sind allerdings in ihrer Weitläufigkeit kaum weniger schwindelerregend. Daher am besten erst mal eine Pause einlegen in der gemütlichen Teestube am Rose Garden. Dort gibt es für ca. 9 US Tee und Kuchen satt.

Im Japanese Garden die traditionellen Elemente wie Wasser, Steine Brücken und verschlungene Pfade. Darüber ein japanisches Herrenhaus aus dem 17. Jahrhundert. Luxuriöse Einfachheit aus Bastmatten und wenigen Einrichtungsgegenständen im Innern. Hinter dem Haus ein Steingarten ("Zen Garden"), dessen abstrakte Formen die Phantasie anregen und eine andere Sicht der Natur schaffen sollen. Nebenan eine kleine Sammlung von Bonsai Pflanzen.

Der Desert Garden ist einer der Höhepunkte: Fünf Meter hohe Kandelaberkakteen überragen eine unglaubliche Sammlung von Kakteen, Palmen und Agaven. An vielen Stellen roter, vulkanischer Boden mit seltenen Wüstenpflanzen, hergebracht aus den extremsten Trockengebieten der Welt. Insgesamt über 5.ooo Arten. Vor allem in der tiefstehenden Nachmittagssonne ein ständiges Wechselspiel aus Licht und Schatten, Farben und Formen.

Daß Palmen nicht nur in der Wüste wachsen, sondern sich auch auf grünem Rasen gut machen, beweist der Palmengarten: Der Traum vom palmenbestandenen Südkalifornien ist hier auf wenigen Hektar konzentriert auf den Begriff gebracht. Sonne und zwitschernde Vögel tun ein Übriges.

Wer noch Zeit hat, kann weitere Gärten genießen, die je nach Jahreszeit einen besonderen Reiz haben: australischer, subtropischer und Kameliengarten, Dschungelgarten und Orangenhain; der Kräutergarten mit den verlockenden Düften von Rosmarin, Myrthe und Lavendel sowie der Rose Garden mit Hunderten von Rosenarten. Das gelobte Land scheint hier endgültig Realität geworden zu sein.

Geöffn. Di.-Fr. von 13- 16.3o Uhr, Sa./So. von 1o.3o- 16.3o. Eintritt 5 US. Möglichst während der Woche kommen und den gesamten Nachmittag für den Besuch einplanen. Am Wochenende Unmassen von Besuchern.

Adresse: 1151 Oxford Rd. Zu erreichen mit RTD-Bus 79 ab Olive St. in

Downtown. Fährt entlang des Huntington Drive. Aussteigen bei San Marino Ave., von dort zu Fuß zum Eingang. Per Auto Richtung Norden auf Harbor Fwy 11o bis zum Ende der Autobahn. Von dort den grünen Schildern "Huntington Library" folgen. Vorbei am California Institute of Technology, kurz dahinter rechts ab und durch einen filmreifen südkalifornischen Villenvorort direkt zum Haupteingang und Parkplatz.

NORTON SIMON MUSEUM, W. Colorado Blvd./Ecke Orange Grove Blvd. Eines der besten Kunstmuseen der Westküste. Hauptsächlich europäische Malerei. Höhepunkt allerdings die phantastisch ausgestellte Sammlung indischer und südostasiatischer Skulpturen.

Die europäische Kunst ist mit einem guten Querschnitt von der Renaissance bis zum 2o. Jahrhundert vertreten. Aus jeder Epoche und jedem Land wenige, aber exquisite Stücke, u.a. Lucas Cranach, Boticelli, Goya, Rubens, Rembrandt, Frans Hals. Etwas ausführlicher die impressionistische Sammlung mit Werken fast aller Größen dieser Epoche, von Pisarro über Monet und Renoir bis zu Gauguin. Kleine Sonderabteilung zu van Gogh mit Bildern, Skizzen und Dokumenten zu seinem Leben und Schaffen.

Die Abteilung indischer und südostasiatischer Skulpturen ist klein, aber exquisit und überzeugend ausgestellt. Die Figuren stehen im Halbdunkel, geschickte Punktbeleuchtung hebt Formen, Konturen und Ausdruck wunderbar hervor. Die einzelnen Skulpturen und der Gesamteindruck des Saales sind eine Augenweide auch für absolute Laien auf dem Gebiet dieser Kunstrichtung.

Im Untergeschoß weitere Ausstellungssäle: unwahrscheinlich große Sammlung von Bildern und Skulpturen von Edgar Degas, eine Sonderabteilung holländischer und flämischer Maler sowie eine Gruppe indischer und asiatischer Skulpturen. Moderne Plastiken von Rodin bis Henry Moore im Garten hinter dem Museum; vor dem Eingang Rodins "Bürger von Calais".

Geöffn. Do.-So. von 12-18 Uhr, Eintritt 4 US. Zu erreichen von Downtown aus ab Olive St. mit RTD-Bus 483. Per Auto über Harbor/Pasadena Fwy 11o Richtung Norden bis zum Orange Grove Exit. Von dort bis zur Kreuzung mit Colorado Blvd. Vorsicht Autofahrer: Der Pasadena Fwy. ist einer der ältesten von Los Angeles. Extrem kurvenreich und eng, einst gebaut für Geschwindigkeiten des Ford Model T. Gefährlich vor allem das Einfädeln an Auf- und Abfahrten, die nur mit 1o km/h zu meistern sind.

In der Nähe des Museums entlang Orange Grove Blvd. und einiger Nebenstraßen zahlreiche Häuser aus der Glanzzeit von Pasadena kurz nach der Jahrhundertwende. Die schönsten Beispiele: FENYES MANSION (47O W. Walnut St.) mit kleinem Museum und Original-Möblierung. Geöffn. Di und Do sowie am ersten und letzten Sonntag im Monat von 13-

16 Uhr. Eintritt 4 US. Im GAMBLE HOUSE (4 Westmoreland Pl.) eine Mischung zahlreicher Stilrichtungen und darauf abgestimmte Teppiche und Möbel. Geöffn. Do.-So. von 12-15 Uhr. Eintritt 4 US.

Das Norton Simon Museum ist der beste Ausgangspunkt für eine Tour zum **MOUNT WILSON**: Neben dem Mulholland Drive in Beverly Hills und Hollywood eine der schönsten Autofahrten im gesamten Großraum Los Angeles. Vom Berg aus überwältigender Blick auf die Stadt, sofern der Smog es erlaubt. Am schönsten zum Sonnenuntergang.

Zufahrt: Ab Pasadena den Foothill Fwy. 21o Richtung Westen bis zum Los Angeles Crest Hwy. Von dort ca. 3o km über den Crest Hwy. und später die Mt. Wilson Rd. auf den 1.715 m hohen Berg. Im Winter ist der obere Teil der Straße manchmal verschneit und nur mit Schneeketten zu befahren.

Tip: Pasadena ist am besten erreichbar und zu erkunden von Downtown aus. Relativ leicht per Auto; die einzelnen Museen mit dem Bus abzuklappern ist kompliziert und vor allem sehr zeitaufwendig. Wegen der knappen Öffnungszeiten sind The Huntington und das Norton Simon Museum praktisch nicht an einem Tag zu besichtigen. Daher am besten einen Tag morgens das South-West Museum, danach weiter zum Norton Simon. Wer ein Auto hat, kann gegen Abend dann noch die Tour zum Mt. Wilson anschließen. Einen Extra-Tag für The Huntington einplanen.

Westlich von Pasadena im Stadtteil GLENDALE ein Wallfahrtsort für Kino-Fans: der FOREST LAWN MEMORIAL PARK, 1712 S. Glendale Ave. im Dreieck zwischen Golden State Fwy. und Glendale Fwy. Eines der besten Beispiele für amerikanische Friedhöfe der Luxusklasse. In den weitläufigen Parkanlagen Teiche und Springbrunnen, Nachbildungen von Kirchen in England und Schottland, Statuen, Wandgemälde und Mausoleen. Forest Lawn ist die letzte Ruhestätte von Clark Gable, Erroll Flynn, Nat King Cole, Walt Disney und vielen anderen Berühmtheiten der Film- und Musikszene.

Kaum ein anderer Ortsname auf der Welt besitzt einen solchen Klang wie Hollywood. Die Stadt mit ihren Film- und Fernsehstudios hat die Freizeitgewohnheiten eines ganzen Jahrhunderts geprägt - Illusionen, Freude und Tränen erzeugt. Sie war Hoffnung für Hunderttausende, die hierher pilgerten, um nach oben zu kommen und den amerikanischen Traum vom schnellen Geld und Ruhm zu verwirklichen.

Auch heute hält Hollywood noch einiges von dem, was der Name verspricht: Boulevards mit bekannten und klangvollen Namen, auf denen sich zwar nicht mehr die Stars, so doch jede Menge extravagante Typen ein

Stelldichein geben. Auf Schritt und Tritt Erinnerungen an die Glanzzeit der hiesigen Filmproduktion, sei es in Museen, Filmpalästen oder Hotels und Restaurants, in denen Stars und Regisseure ein- und ausgingen. Eine Besichtigungstour durch Hollywood ist ein nostalgischer Bummel durch die Geschichte des Films.

Weiterhin die dichteste Konzentration von Film- und Fernsehstudios auf der Welt. Viele von ihnen bieten Touren an oder die Möglichkeit, an einer Live-Show als Zuschauer teilzunehmen. Wie kinoverrückt die Stadt auch heute noch ist, zeigt die Masse von Filmtheatern, vor denen sich wie eh und je bei Uraufführungen lange Schlangen bilden.

Und schließlich hat Hollywood auch für diejenigen einiges zu bieten, die sich nicht zu den Kino-Freaks zählen: ein hervorragendes Kunstmuseum und die größte und eigentümlichste Fundstätte fossiler Säugetiere und Vögel der Welt.

Tourist INFO

In einem viktorianischen Haus, "Janes House", dem ersten Wohnhaus seiner Art in Hollywood. Erbaut 19o3, als der Boulevard noch ein staubiger Weg war. 6541 Hollywood Blvd., Tel. 462-4213. Geöffn. Mo.-Fr. von 8- 17 Uhr.

Post

Post: Wilcox/Ecke Selma Ave., nähe Hollywood Blvd.

Vorwahl 213. Ortsgespräche auch nach Downtown und South Central L.A. Alle anderen Bezirke im Großraum Los Angeles nur mit der jeweiligen Vorwahlnummer zu erreichen.

TRANSPORT IN HOLLYWOOD

Bus: Hollywood wird von West nach Ost durchquert von mehreren großen Boulevards, auf denen häufig RTD-Busse verkehren. Die meisten von ihnen fahren bis Downtown und an die Küste bei Santa Monica.

Die wichtigsten Verkehrsadern, auf denen man auch zu fast allen Sehenswürdigkeiten gelangt:

- Hollywood Blvd.: RTD-Linie 1 (weiter bis Downtown),
- Sunset Blvd.: RTD-Linie 2 und 3 (beide auch bis Downtown),
- Santa Monica Blvd.: RTD-Linie 4 (bis Downtown und im Westen bis Santa Monica),
- Melrose Ave.: RTD-Linie 1o (ab La Cienega Blvd. bis Downtown),
- Beverly Blvd.: RTD-Linie 14 (bis Downtown),
- Wilshire Blvd.: RTD-Linien 2o, 21 und 22 (alle bis Downtown).

Die Nord-Süd-Verbindungen zwischen den Boulevards am besten über

Fairfax Ave. in West-Hollywood (RTD-Linie 217), La Brea Ave. (RTD-Linie 212) oder Vine St. (RTD-Linie 21o).

Auto: Für Autofahrer ist das schachbrettartige System der Straßen und Boulevards kein Problem. Übersichtlich und einfach zu befahren.

Hauptschwierigkeit ist das Parken: Entweder zeitlich begrenzt am Straßenrand. Parkuhren oder entsprechende Hinweisschilder, die unbedingt ernst zu nehmen sind. Es gibt intensive Kontrollen, und der Abschleppwagen ist schnell zur Hand. Andere Alternativen sind private Parkplätze mit saftigen Gebühren: Für einen halben Tag ist man schnell 8 US los. Auf manchen Parkplätzen günstigere Langzeit-Tarife, ein Vergleich lohnt sich.

HOLLYWOOD/ BEVERLY HILLS

1 Bamsdall Park mit Hollyhock House
2 Capitol Records Tower, Pantages Theater
3 Home Savings and Loan Association
4 Max Factor Museum
5 Hollywood Wax Museum
6 Mann's Chinese Theater
7 Hollywood Memorial Park Cementery
8 Wilshire Country Club
9 Pan Pacific Park
1o Famer's Market
11 Los Angeles County Museum of Art
12 George C. Page Museum, La Bres Tar Pits
13 Beverly Hills Golden Triangle
14 Rodeo Drive
15 Whitley Heights
16 Hollywood Studio Museum
17 Hollywood Bowl
18 Universal Studios
19 Observatorium
2o Zoo
21 Gene Autry Western Heritage Museum

Wilcox-Villa
Anfang des Jhs.

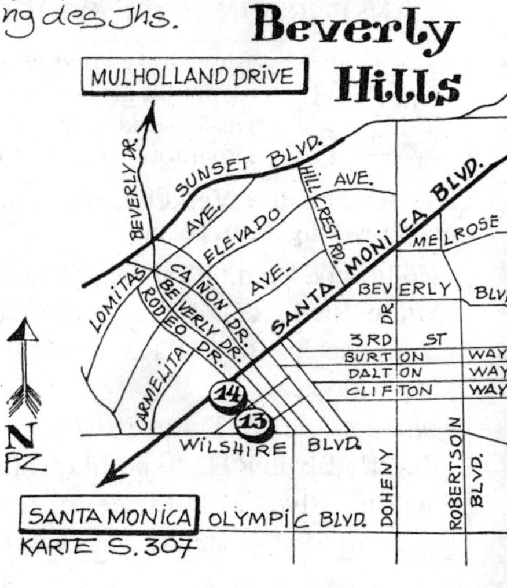

LANKERSHIM BLVD.
HOLLYWOOD WAY
OLIVE AVE.
PASADENA
YENTURA FRWY
Los Angeles River
BENTHAM BLVD.
HOLLYWOOD FRWY
Hollywood Lake
Griffith Park
Hollywood District
LOS FELIZ BLVD.
HOLLYWOOD BLVD.
SUNSET BLVD.
FOUNTAIN AVE.
SANTA MONICA BLVD.
WILLOUGHBY AVE.
WARING AVE.
MELROSE AVE.
ROSEWOOD AVE.
OAKWOOD AVE
BEVERLY BLVD.
1ST.
2ND
3RD ST.
4TH ST.
5TH ST.
6TH ST.
WILSHIRE BLVD.
OLYMPIC BLVD.
LA JOLLA AVE.
CRESCENT HTS
FAIRFAX AVE.
ALTA VISTA BLVD.
LA BREA AVE
HIGHLAND AVE
ROSSMORE AVE.
VAN NESS AVE.
WESTERN AVE.
NORMANDIE AV.
VERMONT AV.
DOWNTOWN
KARTE S. 259
1
2
3
4
5
6
7
8
9
10
11
12
15
16
17
18
19
20
21

Bauarbeiter und Grundbesitzer posieren vor dem berühmten Schild. Ein Foto von 1922, das das Schild noch komplett zeigt.

Über der Stadt in den Hollywood Hills das HOLLYWOOD SIGN, die weithin sichtbaren weißen Buchstaben, mit denen in den zwanziger Jahren für Baugrund geworben wurde. Die einzelnen Buchstaben sind 15 m hoch, damals war noch "Hollywoodland" zu lesen. Eine sicher recht ausgefallene Werbung für Bauland.

Die Buchstaben wurden dann zu einer Art Wahrzeichen für die Stadt und man ließ sie weiter am Berghang stehen. Allerdings waren sie Zielscheibe der Hobby- Schützen. Man schoß aufs Blech, weil's so schön scheppert, wenn die Kugel einschlägt. Bis 195o waren die Buchstaben fast wie ein Sieb zerlöchert und teilweise die einzelnen Metallplatten, aus denen sie zusammengesetzt waren, heruntergefallen. Man entschloß sich daher, zur Erhaltung des Wahrzeichens, die Sache zu renovieren.

HOLLYWOOD BOULEVARD: Das eigentliche Zentrum, am meisten ist los im Bereich zwischen Kreuzung des Boulevards mit Vine St. und La Brea Ave. Dort auch viele Kinosäle und eine Anzahl Gebäude für Film-Nostalgiker.

WALK OF FAME: auf beiden Bürgersteigen des Hollywood Boulevards die Namen Tausender von Film- und Musikstars auf dem Pflaster verewigt. Der Stern plus Name wird nicht selten von Fans liebevoll geputzt,

zumindest zeigen dies Hollywood- PR Fotos. Gesamte Länge: 5 km zwischen Kreuzung mit der Sycamore St. und Gower St., - mit einer kleinen Extension auch auf der Vine St.

Auf dem Hollywood Boulevard herrscht nicht die sonst übliche Leere amerikanischer Bürgersteige, sondern viel Betrieb. Originelle, ausgeflippte und leider auch viele kaputte Typen, dazwischen Touristen. Zahlreiche Buchläden und viel billiger Hollywood-Souvenirkram.

MANN'S CHINESE THEATER (6), 6925 Hollywood Blvd. Über die chinesisch inspirierte Architektur läßt sich streiten. Trotzdem ohne Frage das berühmteste Kino von Hollywood aufgrund eines Publicity-Tricks des Erbauers Sid Grauman: Er ließ die Filmstars sich verewigen mit Hand- oder Fußabdrücken im Zement vor dem Theater. Judy Garlands zierliche Hand neben der Faust von John Wayne oder den Riesenfüßen von Bob Hope. Rund 17o andere Stars hinterließen hier ihre Spuren.

MAX FACTOR MUSEUM OF BEAUTY (4), Highland Ave./Ecke Hollywood Blvd. Früher der berühmteste Schönheitssalon der Film-Divas von Hollywood. Gegründet vom russischen Emigranten Max Factor, der für seine Make-up Leistungen 1929 sogar einen Oscar erhielt. Vor einem halben Jahrhundert hätte man hier an einem Tag gleichzeitig Marlene Dietrich und Greta Garbo begegnen können.

Heute im kleinen Museum Fotos und Autogramme der Hollywood-Stars von einst. Dazwischen die Utensilien der künstlichen Schönheit: Perücken, Puder, Salben und sogar eine "kissing machine" zum Dauertest für Lippenstifte. Geöffn. Mo.-Sa. von 1o- 16 Uhr, Eintritt frei.

HOLLYWOOD WAX MUSEUM (5), 6767 Hollywood Blvd.: eine traurige Kopie der Institution von Madame Tussaud in London. Die rund 15o Hollywood-Stars von einst und jetzt gleichen eher ihrer eigenen Karikatur als sich selbst. Ob Clint Eastwood, Bill Cosby oder Marilyn Monroe in dieser Aufmachung die 7 US Eintritt lohnen ist zweifelhaft. Ein Blick auf die am Eingang ausgestellten Beispiele dürfte einen Besuch vollkommen ersetzen. Geöffn. tägl. 1o- 24 Uhr.

CAPITOL RECORDS TOWER (2), 175o N. Vine St. Der berühmte und erfolgreiche Schallplatten- Label baute sich hier sein Monument: ein 13-stöckiges Gebäude in Architektur wie aufeinandergestapelte Schallplatten.

Bereits seit den 5o-er Jahren hatte Capitol Records einen Stützpunkt in Hollywood. Zu ihren berühmtesten Gruppen zählten später auch die Beatles in England und von der dortigen Capitol Records auf Schallplatte gebracht.

Weitere Schallplattenfirmen, die ihren Sitz in Hollywood hatten bzw. haben: Mowtowns Records, die 197o nach Hollywood zogen und Gruppen auf Schallplatte brachten wie "The Doors", "The Mamas and the Papas", "Velvet Underground", "Frank Zappa", "Canned Heat" und weitere. - A & M Records produzierte u.a. "Joan Baez", "Quinzy Jones".

HOME SAVINGS AND LOAN ASSOCIATION (3), 15oo N. Vine St.

Die Bankfiliale ist dekoriert mit Mosaiken u.a. Greta Garbos, Charlie Chaplins, Bette Davis und Gary Coopers. Im Innern Szenen aus "The Squaw Man", dem ersten Spielfilm, der vollständig in Hollywood gedreht wurde.

PANTAGES THEATER (2), 6233 Hollywood Blvd. Einer der spektakulärsten Filmpaläste der großen Hollywood-Epoche. Unglaublich luxuriöse Ausstattung, zahlreiche Neben- und Vorräume. Erbaut 193o, in den fünfziger Jahren war er Schauplatz der Oscar-Verleihungen. Inzwischen im Original-Stil renoviert und Aufführungsort erfolgreicher Musicals.

Östlich und am besten mit einem der Busse auf dem Hollywood Blvd. zu erreichen: der BARNSDALL PARK (1) mit dem BARNSDALL ART CENTER, Hollywood Blvd./Ecke Vermont Ave. Kleine Kunsthalle mit Theater. Wechselnde Ausstellungen moderner Kunst, geöffn. Di.-So. 12.3o- 17 Uhr, Eintritt 1 US.

Daneben das HOLLYHOCK-HOUSE: die erste Arbeit des berühmten amerikanischen Architekten Frank Lloyd Wright in Los Angeles. Privatvilla, erbaut 1919 für die Enkelin eines Ölmagnaten. Typisch für die frühen Konstruktionen von Wright die horizontalen Linien mit Flachdach und umlaufenden Stuckornamenten. Interessant die verwendeten Stilelemente der Maya-Architektur.

SÜDLICH VOM HOLLYWOOD BOULEVARD:

Parallel zum Hollywood Blvd. der SUNSET BOULEVARD: ebenfalls eine Straße mit magischem Klang. Viel ist nicht übriggeblieben vom einstigen Glanz: heute eine durchschnittliche Einkaufsstraße mit Mittelklassegeschäften und vielen Motels. Nobel lediglich der Abschnitt zwischen La Cienega Blvd. und Doheny Drive in West Hollywood, dem sogenannten SUNSET STRIP: Teure Boutiquen und Hotels. Aber kaum zum Bummeln geeignet, hier fährt man im Auto vor.

Zur Zeit absolut "in" ist die MELROSE AVENUE: Am meisten los am Sa. Nachmittag und Abend zwischen Fairfax Ave. und La Brea Ave. Teure Boutiquen, Läden mit Antiquitäten und Kuriositäten, Restaurants. Ein Spazierweg der Schickeria. Hier kommt man her, um zu sehen und gesehen zu werden. Bizarre Typen und eine exklusive Modenschau auf den Bürgersteigen. Die Straße gestopft voll mit Motorrädern, Sportwagen und Nobelkarossen: Chevies aus den Sechzigern, englische Sportwagen aus den Fünfzigern und jede Menge Luxusschlitten aus unseren Tagen.

HOLLYWOOD MEMORIAL PARK CEMETERY (7), Pilgerstätte für Kino-Nostalgiker und Fans. Unter Palmen liegen hier Stars und Sternchen ganzer Hollywood-Epochen begraben: u.a. Regisseur und Hollywood-Pionier Cecil B. De Mille, die Stummfilmstars Douglas Fairbanks und Mary Pickford, der eigentlich unsterbliche Rudolph Valentino, Peter Lorre, Eleanor Powell und der Regisseur Victor Fleming ("Vom Winde

verweht"). Wer seine verblichenen Favoriten hier nicht findet, kann es noch einmal versuchen im "Forest Lawn Memorial Park". Details siehe Kapitel "Pasadena".

SÜDLICHES HOLLYWOOD: einige Attraktionen, die mal nichts mit dem Film zu tun haben.

LOS ANGELES COUNTY MUSEUM OF ART (11), 59o5 Wilshire Blvd. Moderner Gebäudekomplex mit monumentaler Eingangshalle, - insgesamt 5 große Ausstellungsgebäude mit je mehreren Stockwerken.

Alles hervorragend und großzügig ausgestellt, - der Besuch aller Ausstellungen braucht jedoch Zeit und lässt sich bei intensivem Kunstgenuß kaum in einem Tag realisieren. Am besten Schwerpunkte setzen, ein Übersichtsplan ist am Eingang erhältlich. Geöffn. Di.-Fr. 1o- 17 Uhr, Sa./So. bis 18 Uhr. Eintritt 5 US.

* ANDERSON BUILDING: Kunst des 2o. Jahrhunderts sowie Sonderausstellungen.
* AHMANSON BUILDING beherbergt im Untergeschoß ostasiatische Kunst. Im Erdgeschoß und und den Oberstockwerken eine ungeheure Fülle verschiedener Kunstrichtungen in eigenen Abteilungen: u.a. präkolumbianische Kunst aus Mittel- und Südamerika, europäische Malerei aus verschiedenen Ländern und Jahrhunderten, moderne Skulpturen, Mosaiken, Silber, Glas, altägyptische Kunst, indianische Skulpturen.
* HAMMER BUILDING: vor allem Werke des Expressionismus, Impressionismus sowie Fotografien. Im
* PAVILION FOR JAPANESE ART: japanische Malerei und Skulptur. Interessant hier vor allem die dekorative Kunst.
* BING CENTER mit Bibliothek und Theater.

LA BREA TAR PITS (12) liegt direkt neben dem County Museum. Mitten zwischen den Hochhäusern von L.A. und den breiten Boulevards die größte Fundstelle der Welt fossiler Knochen.

"la brea" = spanisch für Teer. Eine Ansammlung von Tümpeln mit extrem hohem Teergehalt. In einigen dieser düsteren Löcher brodelt und blubbert es, über allem liegt leichter Teergeruch.

Seit Jahrmillionen tritt an dieser Stelle Teer durch Erdspalten an die Oberfläche und bildet schwarze Lachen. Die zähflüssige Masse besteht aus Rückständen von Rohöl, das reichlich unter dem Boden von Los Angeles vorhanden ist. In der Anfangszeit des kalifornischen Erdölbooms bohrte John Hancock an dieser Stelle nach Öl, wurde fündig und machte ein Vermögen, heute lohnt der Abbau nicht mehr.

Vor Jahrmillionen sind Vögel und Säugetiere, die hierher zur Tränke kamen, in die Tümpel geraten, nicht mehr entkommen und langsam versunken. Der Teer hat die Knochen konserviert , so daß Archäologen auf dem Gelände über eine Million Fossilien fanden. Darunter Skelette längst ausgestorbener Tiere, so des amerikanischen Löwen, des

Mammut und des Säbelzahntigers. Außerdem das ca. 9.ooo Jahre alte Skelett einer Indianerfrau.

Am Westende des Parks ein überdachter Tümpel, in dem noch Original-Knochen zu sehen sind.

Weitere Funde aus den Tar Pits ausgestellt im benachbarten GEORGE C. PAGE MUSEUM (12). Bison- und Mammutskelette sowie zahlreiche andere Säugetiere und Vögel. An einer Maschine kann jeder Besucher durch Hochziehen von Hebeln nachvollziehen, wie zäh der Teer ist und wie er für Lebewesen zur tödlichen Falle werden kann. Geöffn. Di- So von 1o- 17 Uhr, Eintritt 4 US. Der Zugang zum Park ist gratis.

NÖRDLICH VOM HOLLYWOOD BOULEVARD

WHITLEY HEIGHTS (15): Wohngebiet mit Luxusvillen auf einem Hügel im Zentrum Hollywoods: Gewundene Straßen, die Häuser an den Berg geschmiegt. Kakteen, Palmen und Bougainvilla zieren dieses kleine Viertel, das den alten Glanz und Charme Hollywoods noch vollständig bewahrt hat. Ein kleiner Traum vom Wohnen. Zu den berühmten Anwohnern gehörten Bette Davis, Rudolph Valentino, Leonard Bernstein und William Faulkner, der hier Drehbücher für Columbia Pictures schrieb. (Zu erreichen über Highland Ave. Einige Blocks nördlich vom Hollywood Blvd. rechts in die Milner St. einbiegen).

HOLLYWOOD STUDIO MUSEUM (16), Highland Ave. 21oo. Eines der ältesten Studios in Hollywood, 1913 vom legendären Regisseur und Filmpionier Cecil DeMille in einer Scheune provisorisch eingerichtet für den Western "The Squaw Man".

Ausgestellt sind Relikte aus der Geschichte des Studios und der Filmproduktion in Hollywood. Das Büro des Regisseurs ist wiederhergestellt, mit Uralt-Kamera, vorsintflutlichen Schreibmaschinen und Filmboxen. Im Hauptsaal Kameras und Filmrollen aus Charlie Chaplins Studio, Kostüme von Gloria Swanson, ein Hocker von Pola Negri für die Drehpausen ("Miss Negri only"). Als Krönung der Original-Kampfwagen aus dem Film "Ben Hur". Erinnert sofort an die Großeinstellungen der gefährlichen Radnabe. Geöffn. Di.-So. von 1o- 16 Uhr, Eintritt 2 US.

Das Gebäude stand ursprünglich Nähe Kreuzung Hollywood Blvd. mit Vine St. und war zunächst nur gemietet, wobei sich der Besitzer vorbehielt, es auch weiterhin für seine Pferde und Kutschen zu nutzen. Daß beim Waschen der Kutschen ihm schon mal das Wasser unter den Schreibtisch floß, störte einen Regisseur der damaligen Zeit wenig. DeMille zog einfach hohe Lederstiefel an, die fortan sein Markenzeichen wurden.

Nach dem Erfolg ihres Hollywood-Erstlings "The Squaw-Man" kauften DeMille und seine Partner Jesse Lasky und Samuel Goldfish (später Goldwyn) die Scheune. Sie diente jahrelang für weitere Filme der Players-Lasky Corporation, die sich später mit Paramount zusammentat. Auf dem Gelände an der Vine St. und in der Scheune standen u.a. Mary Pickford und Rudolph Valentino vor den Kameras.

In dieser Zeit prägte DeMille auch entscheidend das öffentliche Klischee vom allmäch-

tigen Hollywood-Regisseur, der das Studio regiert, indem er Schauspieler, Statisten und Kameraleute nach seinen Launen und Einfällen herumkommandiert. Bei insgesamt 53 Stummfilmen führte er Regie, an weiteren 59 war er als Autor oder Produzent beteiligt. Damit wurde er zu einer der bestimmenden Figuren der Filmproduktion in den ersten Jahrzehnten von Hollywood.

Als die Filmgesellschaft auf ein neues Gelände umzog, nahmen Lasky und DeMille ihr Studio in der Scheune aus Nostalgie mit und sorgten dafür, daß es erhalten blieb. Nach jahrelanger Odyssee durch Hollywood landete das Gebäude 1983 an seinem jetzigen Standort und wurde zum Museum umgestaltet.

Schräg gegenüber vom Museum die HOLLYWOOD BOWL (17), 2ooo Highland Ave. Freilichtbühne in einen Hügel der Hollywood Hills eingebettet. Im Stil eines Amphitheaters mit halbrundem Bühnenpavillon. Schauplatz großer Open-Air-Konzerte, Klassik wie Rockmusik. Eine Vorstellung in einer Sommernacht ist schon wegen der Kulisse ein Erlebnis, "when music meets the stars". Nebenan ein kleines Museum mit wechselnden Ausstellungen zur Geschichte Hollywoods und des Theaters.

Hollywood Bowl, Studio Museum und Whitney Heights sind mit öffentlichen Verkehrsmitteln nur schwer zu erreichen. Ab Hollywood Blvd. verkehrt nur während der rush-hour morgens und nachmittags RTD-Bus 42o. Ansonsten PKW unerläßlich, zu Fuß zu weit.

GRIFFITH PARK: Kein Park im engeren Sinne, sondern ein mehrere Quadratkilometer großes und bergiges Gelände. Ausflugsziel der "Angelenos": Golf, Reiten, Picknickplätze und Wanderwege. Außerdem der Zoo von Los Angeles und das sehenswerte "Gene Autry Western Heritage Museum".

Ganz oben das PLANETARIUM (19) mit zahlreichen Programmen für astronomisch Interessierte. Kino-Kennern dürfte das Observatorium bekannt sein aus dem James Dean Film "Rebel without Cause" (...denn sie wissen nicht, was sie tun): Treffpunkt der Halbstarken zu Beginn und Ende des Films. (Zu erreichen mit RTD-Bus 2o3 ab Hollywood Blvd./Ecke Vermont Ave.)

Eine weitere Filmkulisse im Griffith Park ist BRONSON CANYON. Wegen seiner Nähe zu den Studios vor allem Schauplatz in Billig-Western und Fernsehserien wie "Bonanza" oder "Gunsmoke" (Rauchende Colts). Mit wenig finanziellem Aufwand konnten hier halbwegs realistische Außenaufnahmen gedreht werden. (Zu erreichen nur per Auto über Bronson Ave. und Canyon Drive.)

GENE AUTRY WESTERN HERITAGE MUSEUM (21): Das attraktivste Museum der Westküste zu Realität und Mythos des Wilden Westens. Fans von Revolverhelden, Cowboys, Showdowns und Saloons kommen voll auf ihre Kosten.

Auf 2 Stockwerken zahlreiche Abteilungen, die sich mit der Verklärung

des Westens befassen: Kitschige Malerei vom Grand Canyon und Sonnenuntergängen über der Prairie, sowie Utensilien der Wildwest-Show von Buffalo Bill inkl. Colts, Stiefel und Sättel.

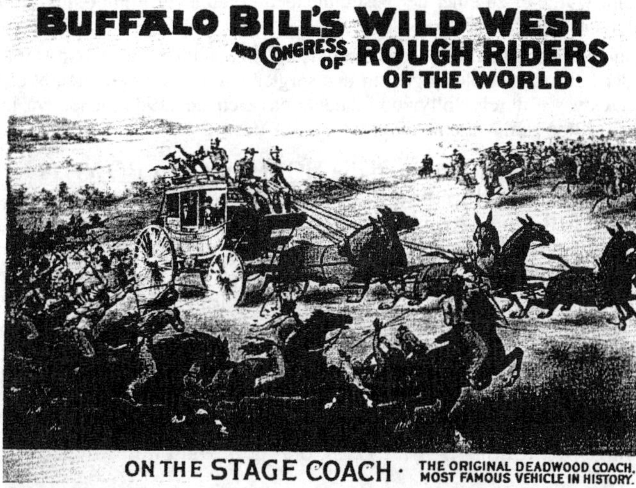

BUFFALO BILL
(1846 – 1917)

Buffalo Bill: 1846 mit richtigem Namen William Frederick Cody geboren, war in jungen Jahren als Reiter für den Pony Expreß über die Prairie geprescht. Während des Bürgerkrieges Soldat auf Seiten der Nordstaaten. Als dann die Transkontinentale Eisenbahn gebaut wurde, war er Büffeljäger, um für die Arbeiter Fleisch zu besorgen. Angeblich soll er innerhalb kürzester Zeit 4.ooo Büffel erlegt haben, was ihm den Spitznamen "Buffalo Bill" einbrachte.

Später nutzte die Armee seine Erfahrung und setzte ihn als Scout im Kampf gegen die Sioux- und Cheyenne- Indianer ein. Unter anderem besiegte er Häuptling Gelbe Hand, was ihn zu einer Art Nationalheld machte.

Buffalo Bill trug schulterlanges Haar. Bei den Cowboys waren derartige "Longhairs" verrufen. Denn wenn sie einen Viehdieb erwischten, schnitten sie ihm häufig den oberen Teil des Ohres ab, um ihn zu markieren. Die Viehdiebe wiederum ließen sich die Haare lang wachsen, damit man dieses (gegenüber anderen Cowboys) warnende Zeichen nicht sah. Anders bei Trappern und Scouts: bei ihnen galt langes Haar in Indianertradition als Zeichen der Manneskraft und des Mutes. Bezeichnend übrigens, daß Buffalo Bill auf seitlichem Foto trotz langer Haare das Ohr freihält.

1883 gründete Buffalo Bill seine "Wildwest Show" und tingelte mit echten Indianern, Cowboys und Scharfschützen quer durch die USA. Mehrere Reisen führten die Gruppe auch nach Europa; auf einem der damaligen Tournee-Fotos sieht man z.B. eine Gruppe Indianer in einer venezianischen Gondel... Wie dem auch sei: die Buffalo Bill Wild

west Shows fanden viel Interesse. Dies zu Zeiten, als es den Wildwestfilm noch nicht gab. Buffalo Bill starb 1917 in Denver/Colorado.

Nicht nur er zog geschäftlichen Nutzen aus seinem abenteuerreichen Leben, sondern auch der Schriftsteller Edward Z.C.J. Buntline, der Groschenhefte von der Stange schrieb (die sog. "Dime Novels"). Er war in diesem Sektor der erfolgreichste in den USA Ende des 19. Jhs. Während seines Lebens schrieb er rund 2oo dieser Hefte, die als Trivialliteratur von ihren Lesern verschlungen wurden, - sicher auch von denjenigen, die dann später als Drehbuchautoren oder Produzenten in Hollywood tätig waren...

Ein Saal des Museums ist dem Hollywood-Western gewidmet: Rekonstruierte Kulisse einer Wildwest-Stadt, Fotos von berühmten Cowboy-Darstellern, Video-Zusammenschnitte von Filmen. Kostüme, Waffen, Filmplakate.

Im Untergeschoß Dokumentation der Eroberung des Westens: Gebrauchsgegenstände der Siedler und Goldwäscher, eine Postkutsche, Militäruniformen, Indianerfedern. Aus der Gründungszeit der ersten Siedlungen Feuerspritzen, Werbeschilder von Läden und Hotels, eine Saloontheke, Roulett-Tische. Eine dekorative Sammlung von über 5oo Sheriffsternen aus allen Teilen des Westens sowie eine Kollektion von Colts aus zwei Jahrhunderten. Zwischendurch Szenen und Schießereien zwischen Revolverhelden: Doc Holiday, Wyatt Earp, der "gun fight am O.K. corral" und andere berühmte Show-Downs.

Über Wyatt Earp gehen die Geschichtsdarstellungen weit auseinander. Die damalige Presse berichtet, daß er 1875 in Wichita Polizist war, wo er einen Pferdedieb und 14 Tage später einen betrunkenen Cowboy festnahm. Ab 1876 war er in Dodge City (damals eines der berüchtigsten Nester im Wilden Westen) als Polizist tätig und ab 1878 als Assist. Marshal.

Über Earp berichtete die Presse, daß er eiskalt zur Waffe griff und kein Gangster sich trauen solle, ihm über den Weg zu laufen. Da es ihm nicht gelang, den Posten als Marshal zu bekommen, war er kurzzeitig für den Kurierdienst Wells Fargo als "gunman" (sie schützten mit Waffen den Kurierdienst) tätig.

1879 ließ er sich in Tombestone/Arizona nieder. Dort waren 2 Jahre zuvor reiche Silberschätze entdeckt worden. Jede Menge Dollar wurde in den Saloons umgesetzt, und es herrschten Bedingungen, die kaum noch durch Gesetz und Sheriff kontrolliert werden konnten. Wyatt Earp betrieb dort offiziell einen Saloon. Unklar waren aber die Herkunft

der erheblichen Gelder, die Earp innerhalb kurzer Zeit zusammenhäufte, - und die kaum aus normalen Gewinnen seines Saloons stammen konnten.

Man warf ihm vor, daß er Anführer einer Gangsterbande sei, die Postkutschen überfiel und zugleich am Gewinn im Falschspiel verwickelt sei, - woran viele in Tombstone glaubten, - was ihm aber nie gerichtlich nachgewiesen werden konnte.

Gemäß anderer Darstellungen sei Earp bereits 1875 in Wichita am Gewinn aus Falschspielerei engagiert gewesen, weswegen er seinen Posten dort als Polizist verlor. Ebenso habe er keine Anstellung als Marshal in Dodge City erfahren, da er auch dort im Falschspiel tätig gewesen sei.

In Dodge City lernte Earp 1876 den berüchtigten John H. "Doc" Holliday kennen. Dieser war offiziell als Zahnarzt tätig, jedoch tief ins gambling verwickelt und galt als eiskalter Killer. Beide trafen sich dann in Tombestone wieder und hätten, so diese Version der Darstellung, - gemeinsame Sache gemacht. Auch die Schießerei am OK.-Corral wurde nie gerichtlich aufgeklärt.

In ersten Gerichtsverfahren beteuerte Earp: er sei 32 Jahre alt, Saloonbetreiber und wisse ansonsten von nichts. 1881 wurde dann ein Haftbefehl ausgestellt, dem sich Earp durch Flucht nach Kalifornien entzog. Zeitweilig war er auch in Alaska als Goldwäscher tätig. Er starb 1929 eines natürlichen Todes und ohne jegliche Verurteilung.

Die letzte Abteilung des Museums behandelt die Viehhirten: texanische Cowboys, aber auch Charros aus Mexiko. Reiterzubehör, Lederhosen, Hüte, Stiefel, Sättel. Auch die Weiterentwicklung des Cowboy-Daseins vom Pferd zum Pick-up Truck ist dokumentiert.

Insgesamt zählt das Museum zu einem der wichtigsten und lohnendsten zur Geschichte des Wilden Westens, - wer sich hiermit intensiver beschäftigen will.

Adresse: 47oo Zoo Dr., direkt neben dem Zoo. Am nordöstlichen Rand des Griffith Park, Schnittpunkt von Golden State Fwy. 5 und Ventura Fwy. 13o. Geöffn. Di.- So. 1o- 17 Uhr, Eintritt ca. 6 US.

TRAVEL TOWN am nördlichen Ende des Griffith Park Drive. Ein kleines Open-Air Einsenbahnmuseum. Alte Dampfloks und einige Waggons der "Union Pacific". In einer Halle Feuerwehrfahrzeuge aus der Frühzeit des Automobils. Geöff. tägl. 1o- 16 Uhr, Eintritt frei.

FILM- UND FERNSEHSTUDIOS

UNIVERSAL STUDIOS (18): Berühmteste Studiotour, allerdings ziemlich kommerziell und mehr auf Show ausgerichtet, - kein wirklicher Blick hinter die Kulissen, sondern eine ca. 1 stündige Rundfahrt mit flüchtigen Eindrücken von den Szenarien vieler bekannter Film- und Fernsehserien.

Besondere Attraktionen sind das hautnahe Auftauchen des überdimensionalen King Kong (er kostete übrigens 6,5 Mill. US), ein simuliertes Erdbeben in der U-Bahn Station sowie das Haus von Norman Bates aus Hitchcocks Thriller "Psycho". Außerdem finden auf dem Gelände den

ganzen Tag über kurze Shows mit Szenen aus Fernsehserien wie "Star Trek" oder "Miami- Vice" statt. Insgesamt eine Art Disneyland für Kino-Fans.

Zu erreichen per Auto über Hollywood Fwy. 1o1 Richtung Norden, Ausfahrt "Universal Center". Von dort ausgeschildert. Geöffn. täglich 9.3o- 16 Uhr, Eintritt 22,5o US, Kinder bis 11 Jahren 17 US. Parken extra 4 US.

WARNER BROS. STUDIOS, 4ooo Warner Blvd. Gute Tour hinter die Kulissen dieses Studios. Besonders interessant, wenn gerade Aufnahmen laufen. Touren nur in sehr kleinen Gruppen, daher oft wochenlange Voranmeldung nötig. Für den normalen Touristen besteht nur die Chance, direkt vorbeizuschauen und zu hoffen, daß einer der Angemeldeten nicht auftaucht. Mo-Fr von 1o- 14 Uhr, Eintritt 22 US.

KABC-TV STUDIO, 4151 Prospect Ave. Gratis-Tickets für Zuschauer bei Fernseh-Shows. Für viele ihrer Shows brauchen die Studios Publikum, das an den richtigen Stellen lacht oder klatscht. Auf diese Weise ein Einblick in die Produktion von Fernsehserien und -massenware. Telefonische Reservierung Mo.-Fr. von 9-17 Uhr, Tel. 557-413o.

Gratis-Tickets für die Shows zahlreicher anderer Studios erhältlich über AUDIENCES UNLIMITED. Reservierung und Information über die aktuellen Produktionen per Tel. 818-5o6-oo67.

Filme werden bekanntlich nicht nur in Studios gedreht. Deshalb befindet sich ständig eine Reihe von Filmteams zu Außenaufnahmen irgendwo im Großraum Los Angeles. HOLLYWOOD ON LOCATION, 8644 Wilshire Blvd., gibt täglich um 9.3o Uhr eine detaillierte Liste sowie Karten mit den aktuellen Drehorten heraus. Die geforderten 29 US für die Information sind allerdings ein stolzer Preis angesichts der schwachen Chance, wirklich nah an die Superstars heranzukommen.

Auf jeden Fall so früh wie möglich losziehen, damit die Dreharbeiten nicht schon beendet sind, wenn man eintrifft. Außerdem einen Drehort wählen, der leicht zugänglich ist: Bei Aufnahmen in einem Restaurant z.B. ist es wahrscheinlich, daß Zuschauer nicht hineinkommen. Also am besten Straßenszenen und ähnliche Außenaufnahmen heraussuchen.

Auch für zukünftige Filmstars und ambitionierte Nachwuchsregisseure hat Hollywood die richtigen Anlaufstellen, die sogenannten "talent agencies". Wer die Berufung fühlt, kann sich z.B. melden bei "Creative Artists", 983o Wilshire Blvd. Hier wie anderswo in Hollywood sind allerdings unendlich viel mehr Träume zerronnen als Wirklichkeit geworden.

Zimmersuche in Hollywood relativ problemlos. Einfach den Sunset Blvd. entlanggehen oder -fahren. Ständig Hotels und Motels.

"**Bel Age Hotel**", 1o2o N. San Vicente Ave. Luxuriöses Wohnen am Rande von Hollywood Richtung Beverly Hills. Am Hang mit schönem

Blick über die Stadt. Rund 15o exklusive Suites, ausgestattet mit Original-Gemälden sowie bequemen, und geschmackvollen Möbeln. Kleine Eßecke mit Bar. Ansonsten der gewohnte Komfort dieser Preisklasse. Suite ca. 24o US. Tel. 854-1111 und 8oo-424-4443.

"**Hyatt on Sunset**", 84o1 Sunset Blvd. Supermodernes Glashochhaus. SW-Pool. Große Zimmer mit Sitzgruppe und Schreibtisch. Alle Zimmer nach vorn haben Balkons und wunderbaren Blick über Hollywood und L.A. DZ je nach Lage 125- 16o US. Tel. 656-1234 und 8oo-233-1234.

"**Hollywood Roosevelt Hotel**", 7ooo Hollywood Blvd. Absolut zentral Nähe Mann's Chinese Theater. Lobby im spanischen Stil mit hohen Decken und Bogengängen. Am Eingang sitzt Charlie Chaplin auf einer Bank. Geschäftiges Treiben und ausgeflipptes, extravagantes Publikum. SW-Pool. Große Zimmer mit Sitzgruppe, einige mit Blick auf das Hollywood Sign. Hotel mit großer Vergangenheit: 1929 Schauplatz der ersten Oscar-Verleihung, in den dreißiger Jahren "Absteige" vieler Filmstars. DZ ca. 15o US. Tel. 466-7ooo und 8oo-95o-7667.

"**Holiday Inn Hollywood**", 1755 N. Highland Ave. Zentral in Hollywood Nähe Mann's Chinese Theater. Triste Hochhauskonstruktion, von den Zimmern guter Blick bis Downtown. Drehrestaurant im Dachgeschoß. SW-Pool. Großzügige und komfortable Zimmer. DZ ab ca. 95 US. Tel. 462-7181 und 8oo-465-4329.

"**Sunset Plaza Hotel**", 84oo Sunset Blvd. Am Hang gelegen, aber nur wenige Zimmer mit direktem Blick auf die Stadt. SW-Pool im Innenhof. Eigener Parkplatz. Große Zimmer mit Sitzecke. DZ ca. 8o US. Tel. 654-o75o.

"**Metropolitan Hotel**", 58oo Sunset Blvd. Modernes Glas-Beton Hochhaus. Innen sachlich-kühler Stil. Zimmer sehr modern mit großen Betten und gemütlicher Sitzecke. Von allen Zimmern der oberen Stockwerke ausgezeichnete Sicht auf L.A. oder die Hollywood Hills. DZ ca. 65 US.

"**Hallmark Hotel**", 7o23 W. Sunset Blvd. Modernes, sehr gepflegtes Gebäude. Eines der besseren Häuser im Motel-Stil. Parken in der Tiefgarage. Schöner SW-Pool im Innenhof. Zimmer klein, aber gemütlich möbliert. Auch sanitäre Anlagen in gutem Zustand. Für ca. 6o US pro DZ eine gute Wahl. Tel. 464-8344 und 8oo-255-7249.

"**Hollywood Center Motel**", 671o Sunset Blvd. Im Herzen von Hollywood. Die Zimmer in kleinen Holzhäuschen mit Marquise. Büsche und Blumen sorgen für ein wenig Grün. Parken im Vorhof. Zimmer sehr klein mit gealterten und abgewetzten Möbeln. Bäder modernisiert mit Badewanne. Nicht ganz so gesichtslos wie andere Motels. DZ ca. 45 US.

"**Travel Inn**", 737o Sunset Blvd. Motel mit Parkplatz im Vorhof. Nicht mehr neu, die Möbel etwas klapprig. Im Badezimmer ebenfalls die Spuren langjährigen Gebrauchs. Insgesamt aber sauber und für 45 US pro DZ akzeptabel.

"**Saharan Motor Hotel**", 7212 Sunset Blvd. Flacher Motelbau im Zentrum von Hollywood. Die Palmen drumherum geben dem einfallslosen Gebäude noch etwas Stil. Parkplatz hinter dem Haus, SW-Pool im Innenhof. Zimmer einfach möbliert mit kleiner Sitzecke. Im Bad (mit Mini-Badewanne) blättert der Putz. DZ ca. 4o US. Tel. 874-67oo.

"**Gilbert Hotel**", 155o Wilcox Ave. Schlichtes dreistöckiges Gebäude an runtergekommener Straßenecke nähe Hollywood Blvd. Zimmer winzig und spartanisch ausgestattet. Sanitäre Anlagen in schlechtem Zustand. DZ ca. 37 US.

"**Hastings Hotel**", 6162 Hollywood Blvd. Am Walk of Fame mit Blick auf das Gebäude der Capitol Records. Riesiger Kasten, der schon bessere Tage gesehen hat.

Zimmer sehr einfach mit Uralt-TV und nicht immer funktionierender AC. Nach vorn relativ laut. DZ ca. 37 US. Tel. 464-4136.

"**St. Moritz Hotel**", 5849 Sunset Blvd. Heruntergekommenes Billig-Hotel in vereinsamtem alten Gebäude. Flure düster und eng, die Zimmer hinter erblindeten Scheiben. Sanitäre Anlagen in traurigem Zustand. Nicht viel mehr als ein Dach über dem Kopf für 37 US im DZ.

YMCA, 1533 Hudson Ave., wenige Schritte vom Hollywood Blvd., Tel. 467-4161. Jugendherberge mit angeschlossenem Hotel. Altes Gebäude, innen teilweise renoviert. Gute Alternative zu den Billig-Motels. Viel jugendliches Publikum, gute Kontaktmöglichkeiten. Herbergsbetten ca.1o US, DZ im Hotel ca. 4o US.

Hunderte von Restaurants verteilt über die Stadtteile, viele nur schwierig zu erreichen. Am besten eines der Lokale entlang der Flanierstraßen Hollywood Blvd. oder Melrose Ave. Neben gutem Essen dort auch viel Betrieb, interessantes Publikum und die Nähe zu den Sehenswürdigkeiten des alten und neuen Hollywood.

"INTERNATIONAL HOUSE OF PANCAKES", 7o12 Sunset Blvd. Beliebt bei den pfannkuchenvernarrten Amerikanern. 24 Std. geöffn., daher auch gut für ein ausgiebiges Frühstück.

"CARNEY'S", 8361 Sunset Blvd. Hamburger-Imbiß in altem Eisenbahnwaggon der "Union Pacific". Das Ambiente originell, das Essen weniger.

"MUSSO & FRANK'S GRILL", 6667 Hollywood Blvd. Seit 1919 eine Institution in Hollywood. Man sitzt etwas ungemütlich und isoliert in abteilartigen Nischen. Internationale Küche. Die Preise beinhalten eine Art "Traditionszuschlag": schließlich sitzt man nicht oft in einer Ecke, in der schon Gloria Swanson oder Scott Fitzgerald diniert haben.

"THE OLD SPAGHETTI FACTORY", 5939 Sunset Blvd. Ausgefallenes Ambiente: in einer ehemaligen Fabrikhalle, griechische Säulen am Eingang. Kronleuchter, Kamin und vergoldete Bilderrahmen. In der Mitte ein ausrangierter Straßenbahnwaggon. Für Nudelfans alle möglichen Zubereitungen. Menü inkl. Salat und Nachtisch ab ca. 6 US. Wartezeiten einkalkulieren!

"GORKY'S", Cahuenga Ave./Ecke Hollywood Blvd. Szene-Treff bei Selbstbedienung und verschiedenen Biersorten aus der eigenen Brauerei. An der Wand die Brauereikessel aus Stahl. Live Musik. 24 Std. geöffnet.

"INDIA INN", 1638 Cahuenga Ave. Kleines, ruhiges Lokal mit indischer Küche. Günstiger und guter Lunch ab ca. 4 US. Abends große indische Reisplatte für ca. 16 US.

"EMPANADAS", 1649 Cahuenga Ave. Argentinische Teigtaschen mit Füllungen aller Art von Rindfleisch bis Spinat. Spartanisches Mobiliar.

Pro Empanada rund 1 US, auch zum Mitnehmen.

"PREMIERS OF HOLLYWOOD", 17o7 Vine St. Hochmodern eingerichtetes Nobelrestaurant mit Modern Art an den Wänden. Internationale Küche, teuer.

"MEL'N ROSES", 7313 Melrose Ave. Originelle Dekoration mit alten Tanksäulen und in Sofas verwandelten Chevy-Kofferräumen. Frühstück ab 4 US, Salate um 6 US.

"MELROSE BAKING COMPANY", 7356 Melrose Ave. Kleines Café mit Marmortischen. An den Wänden Fotos aus Wien. Kaffee und Kuchen (Schwarzwälder Kirsch und Sacher), Bio-Brot, Müsli und Brötchen. Frühstück ca. 5- 6 US.

"FARMER'S MARKET", Fairfax Ave./Ecke 3rd St. Absoluter Tip für Frühstück, Lunch oder ein sehr frühes Abendessen. Zwischen den Marktständen kleine Restaurants und Imbißbuden. Alles absolut frisch direkt vom Markt, für jeden Geschmack etwas: Fisch, vegetarisch, chinesisch etc. Über allem die Düfte der verschiedenen Küchen. Sehr gemischtes Publikum, vom städtischen Arbeiter bis zur High Society, die im Nobelschlitten vorfährt.

"MACDONALD'S", 1411 Vine St. Neben der Greyhound Station. MacDonald's und "Casablanca": eine Hommage an den Film mit Humphrey Bogart und Ingrid Bergmann. Das Innere getrimmt auf Rick's Café mit den charakteristischen Bögen und Ventilatoren. An den Wänden Standfotos aus dem Film. Zum Essen die üblichen Serienprodukte.

"ROSSO & NEGRO", 7371 Melrose Ave. Italienisches Lokal mit Schickeria-Publikum. Nobel schwarz-weiß möbliert. Original-Gemälde an den Wänden. Vollständiges Lunch-Menü ab 11 US, ansonsten Nudelgerichte ab 9 US.

"CHIANTI", Martel Ave./Ecke Melrose Ave. Besteht seit 1938 und bürgt weiterhin für gute italienische Küche. Meist ziemlich voll. Gepflegtlockere Atmosphäre. Nudelgerichte ab 8 US.

"CAFE HABANA", 7465 Melrose Ave. Kubanische Küche in modern gestyltem Restaurant. Riesenspiegel und schwarzes Mobiliar. Hauptgerichte ab ca. 6 US.

"AL AMIR", 575o Wilshire Blvd. Eleganter Speisesaal. Hervorragende libanesische Küche. Große Auswahl an typischen Vorspeisen. Vornehm und teuer.

"LAWRY'S THE PRIME RIB", 55 N. La Cienega Blvd. Im englischen Stil mit Bar. Seit 1938 berühmt für seine Rippchen mit ausgefallenen Beilagen. Gute Salate. Teuer.

"YAMASHIRO", 1999 N. Sycamore Ave. Kopie eines japanischen Palastes. Wunderbarer Blick auf die Stadt. Erstklassige japanische Küche.

Tempura, Sushi und jede Menge frische Meerestiere. Teuer, aber der Umgebung und dem Essen angemessen.

SELBSTVERSORGER

Beste Auswahl an frischem Obst und Gemüse, Fisch und Fleisch auf dem FARMER'S MARKET, Fairfax Ave./Ecke 3rd St. Nicht ganz so originell wie der Grand Central Market in Downtown L.A., aber viel Betrieb und gute Atmosphäre.

Zentral gelegen und gut sortiert auch der Supermarkt RALPHS, 73oo Sunset Blvd. Gute Salatbar mit frischen zubereiteten Salaten.

SHOPPING

Bücher

"B. DALTON", 6743 Hollywood Blvd. "Books by the inch", d.h. aufeinandergestapelte Bücher für ca. 1,5o US pro inch. Auch sonst gute Bücher über Hollywood, Kritisches über Minderheiten- und Rassenprobleme.

"WORLD BOOK & NEWS", Cahuenga Ave./Ecke Hollywood Blvd. Riesiger Zeitschiftenstand an der Straßenecke. Nennt sich "best newsstand on the planet". Unglaubliche Auswahl an Zeitungen und Zeitschriften aus aller Welt. 24 Std. geöffnet. Zusätzlich Buchladen im Innern.

"LARRY EDMUND'S BOOKSHOP", 6644 Hollywood Blvd. Beste Adresse für alles, was mit Hollywood, Film und Stars zu tun hat: Bücher, Zeitschriften, Poster, Fotos.

"BOOK CITY COLLECTABLES", 6631 Hollywood Blvd. Bücher, Poster und Erinnerungsstücke an die Glanzzeit Hollywoods.

Kleidung

"ESPRIT SUPERSTORE", 8491 Santa Monica Blvd. Riesenauswahl an Damen- und Herrenkleidung (Markenware) zu günstigen Preisen.

"FREDERICK'S", 66o8 Hollywood Blvd. Eine Institution in Hollywood: das traditionelle Geschäft für feine, geradezu reizende Damenunterwäsche. Hier haben sich Generationen von Stars und Sternchen diskret eingekleidet. Auch heute noch ein nobles Etablissement.

Kaufhäuser

"THE BROADWAY-BEVERLY CENTER", 142 San Vicente Ave. Großes Kaufhaus und Shopping-Center. Eine der ersten Adressen in Hollywood.

Schallplatten

"ALL EARS", 77o1 Melrose Ave. Poppiger Musikladen. CDs, Kassetten und alte Schallplatten. Rock, Soul, Jazz. Viele alte Singles und LPs der Rock- und Beat-Epoche für nur 99 cents.

Kuriositäten

"OFF THE WALL", 7325 Melrose Ave. Fundgrube für faszinierende und absurde "US-Antiquitäten": alte Cola-Automaten, Friseursessel, Juke-Boxes, Tanksäulen, jede Menge Neon-Reklame, Emaille-Reklameschilder, Kuriositäten aller Art ("weird stuff").

"MR. NO", 7662 Melrose Ave. Poster-Shop mit Tausenden von Postern und Plakaten zu Film, Fernsehen, Musik und sonstigem.

"HOLLYWOOD NEON", 7456 Melrose Ave. Leuchtende Gebrauchkunst: Neonreklame, ausgefallene Uhren mit Neonbeleuchtung, extravagante Glühbirnen.

UNTERHALTUNG

Was für ganz L.A. gilt, ist ebenfalls gültig für Hollywood: eine unübersehbare Anzahl von Theatern, Kinos, Musik-Clubs, Galerien, Discos, Bars und Nachtclubs, die ein ganzes Buch füllen könnten. Programme und Qualität wechseln ständig. Auswahl am besten über einen der Veranstaltungskalender für ganz L.A. (vergl. Seite 252). Die Entscheidung wird schwer genug fallen bei derart hochkarätigen Angeboten auf den verschiedenen Sektoren von Kunst, Kultur und Unterhaltung.

KINO

Hollywood-Besucher stürzen sich vielleicht am ehesten auf das Kino-Programm. Die Stadt ist immer noch ein Dorado für Kinogänger. Neben kleinen und traditionsreichen Kinos die großen Zentren mit oft mehr als einem Dutzend Sälen. Die Stadt plant für die kommenden Jahre auch eine Wiederbelebung des Hollywood Blvd. als Kinozentrum. Dafür wurden Millionen investiert in den Neubau des sogenannten "Galaxy 6"-Komplexes sowie in die Restauration von Filmtheatern aus den dreißiger und vierziger Jahren.

Zunächst einige traditionelle Filmpaläste, die berühmte Uraufführungen erlebt haben und im Innern noch einen Eindruck geben von der glanzvollen Epoche des Kinos in Hollywood. Wer diese alten Kinosäle sehen und erleben will, muß aufpassen: einige der Kinos haben angebaut und zeigen auch Filme in neuen Sälen. Also unbedingt vorher nachfragen, welcher der Filme im alten Saal läuft.

"MANN'S CHINESE THEATER", 6925 Hollywood Blvd. Nähere Beschreibung siehe "Sehenswertes".

"EGYPTIAN THEATER", 6712 Hollywood Blvd. 1922 eröffnet anläßlich der Premiere von "Robin Hood", Douglas Fairbanks in der Hauptrolle. Gespickt mit altägyptischen Motiven und einer entsprechenden Ausstattung, offenbar inspiriert von den sensationellen Tut-ench-amun Funden desselben Jahres. Leider im Laufe der Jahre nicht sehr einheitlich restauriert. Trotzdem noch deutliche Spuren des Original-Kinos, in dem die Platzanweiser in ägyptischen Kostümen ihre Arbeit verrichteten.

"CINERAMA DOME THEATER", 636o Sunset Blvd. Eröffnet 1963 im Zeichen des damaligen Fortschrittsdenkens. Nicht mehr die Schnörkel und der Luxus von Filmtheatern aus der frühen Hollywood-Zeit, sondern modernes utopisches Design in Kuppelform. Super-Leinwand und Stereo-Sound.

Weniger Nostalgie und Tradition, aber dafür eine größere Auswahl an Filmen bieten die modernen Kino-Zentren, die oft über ein Dutzend Säle verfügen. Die besten:

"UNIVERSAL CITY CINEMAS", direkt bei den Universal Studios. 18 Kinosäle mit jeweils unterschiedlichen Filmen. Programm über Tel. 818-5o8-o588.

"CINEPLEX THEATERS", 852o Beverly Blvd. 14 Kinos unter einem Dach. Programme über Tel. 652-776o.

"AMERICAN CINEMATHEQUE", 792o Sunset Blvd. Im Gebäude der Regisseur-Vereinigung der USA. Spezielle Programme ausgefallener in- und ausländischer Filme.

THEATER

"PANTAGES THEATER", 6233 Hollywood Blvd. Theaterstücke und Musicals. Beschreibung des Theaters siehe "Sehenswertes".

"HENRY FONDA THEATER", 6126 Hollywood Blvd. Bekannte Musicals und klassisches amerikanisches Theater.

"JAMES A. DOLITTLE THEATER", 1615 N. Vine St. Neue und alte Theaterstücke sowie Musicals aus L.A. und vom New Yorker Broadway.

MUSIK/DISCO

"THE BAKED POTATO", 3787 W. Cahuenga Ave., North Hollywood. Einer der klassischen Jazz-Clubs.

"LE CAFE", 14633 Ventura Blvd., Sherman Oaks. Täglich live Jazz.

"CATALINA BAR", 1640 N. Cahuenga Blvd. Jazz-Club.

"COCONUT TEASZER", 8117 Sunset Blvd. Rock-Club und Diskothek. Live Musik und Disc-Jockey. Mindestalter 21.

"PALOMINO", 69o7 Landkersheim Blvd., North Hollywood. Rock-Club.

"FLORENTINE GARDENS", 5951 Hollywood Blvd. Diskothek auch für Jugendliche ab 18. Geöffn. Do-So ab 2o Uhr.

"SOUL HOUSE", 16oo N. Argyle Ave. Diskothek mit Musik der sechziger bis neunziger Jahre. Mindestalter 21.

"THE PALACE", 1735 Vine St. Disco mit Licht- und Lasereffekten. Mindestalter 18.

★BEVERLY HILLS

Selbständige Gemeinde, umgeben von den verschiedenen Bezirken von L.A. Hollywood ist schon kein armes Pflaster, aber nach Überquerung der Stadtgrenze bei Doheny Drive fällt der Unterschied deutlich ins Auge: Parkanlagen, noch mehr Grün, und schon kreuzt auch der eine oder andere Rolls Royce durch die Straßen.

Die 33.ooo Einwohner verfügen über ein Durchschnittseinkommen von monatlich ca. 12.ooo US netto. Für sie existiert eine gewaltige Konzentration von Luxusgeschäften: Boutiquen aller namhaften Designer zwischen Paris und New York, Ausrüstungen für Golf und Polo, Juweliere und edle Kunstgalerien.

In den Wohngebieten grandiose, kilometerlange Palmenalleen. Die Villen sind in der Regel mehrere Millionen Dollar wert; eine an der anderen, die Vorgärten penibel gepflegt, und der Rasen wie mit dem Rasiermesser geschnitten. Hinter den Fassaden führen Berühmtheiten wie Jaqueline Bisset, Jack Nicholson oder Linda Evans das süße Leben der High Society.

Tourist INFO Tourist-Info: 239 S. Beverly Dr., Tel. 271-8174 oder 8oo-345-221o.

Post Post: 469 N. Crescent Dr. Telefon: Vorwahl 31o. Ortsgespräche auch nach Santa Moni-ca, Malibu, Venice und Long Beach. Nach Hollywood und Downtown L.A. nur per Vorwahl 213.

TRANSPORT IN BEVERLY HILLS

Im Notfall geht es auch ohne Rolls Royce oder Cadillac, ein Auto ist aber schon hilfreich bei einer Tour durch die luxuriösen Wohngebiete, in denen öffentliche Transportmittel für die Bewohner nicht nötig sind. Im Zentrum, dem "Golden Triangle", problemlos und am besten zu Fuß.

Bus: Guter Anlaufpunkt für Busverbindungen in andere Stadtteile von L.A. ist die zentrale Kreuzung Wilshire Blvd./Santa Monica Blvd. Von hier aus über Wilshire Blvd.die RTD-Busse 2o und 21 über das südliche Hollywood nach Downtown. RTD-Bus 4 über Santa Monica Blvd. östlich nach Hollywood und Richtung Westen bis Santa Monica. Beverly Hills ist also bequem per Ausflug zu erreichen ab Downtown, Hollywood oder von der Küste aus.

Irgendwie haben fast alle Sehenswürdigkeiten von Beverly Hills mit Kino, Fernsehen, Stars und Hollywood-Nostalgie zu tun. Das sogenannte "GOLDEN TRIANGLE" (13) zwischen Santa Monica Blvd., Wilshire Blvd. und Rexford Dr. mit seinen teuren Geschäften und Boutiquen läßt sich zu Fuß erkunden, für alles Weitere ist ein Auto unerläßlich.

Hauptattraktion im Golden Triangle ist RODEO DRIVE (14), die teuerste Ladenzeile der Welt, sozusagen ein goldenes Mekka der Superreichen. Wer in den Geschäften von Rodeo Drive nicht fündig wird, ist selber schuld oder hat nicht genug Geld. Auf jeden Fall gibt es nichts, was es nicht gibt; und je wertvoller die Waren, desto größer ist die Auswahl.

Wie wär's mit dem neuesten Parfüm aus eigener Kreation des Hauses für 185 Dollar das Minifläschchen? Zu teuer? Dafür ist aber in jede Flasche ein echtes 24-Karat Goldband eingelassen. Oder vielleicht ein Stop im Juwelierladen, wo der Durchschnittskunde pro Besuch zwischen 2.ooo und 5.ooo Dollar läßt? Schwieriger wird es dagegen in der Männerboutique "Bijans", die so exklusiv ist, daß eine Reservierung nötig ist, um überhaupt den Eingang passieren zu dürfen.

Auch für Normalverbraucher zugänglich sind die Attraktionen entlang MULHOLLAND DRIVE, der schönsten Panoramastraße oberhalb von Los Angeles. Ausgangspunkt in den Hügeln von Beverly Hills. Bietet fabelhafte Ausblicke auf die verschiedenen Bezirke von L.A. und die dahinterliegenden San Gabriel Mountains. Ein ganz anderes Los Angeles Gefühl als in den Häuserschluchten von Downtown oder dem Getriebe von Hollywood.

Die Straße windet sich über die Hügel entlang tief eingeschnittener Canyons. Zwischendurch immer wieder Luxusvillen, umgeben von gepflegten Gärten und Palmen. Das unendliche Häusermeer von L.A. zu Füßen, aufgelockert durch das Grün der Parks, dazwischen die breiten Bänder der Freeways.

Am schönsten frühmorgens, wenn der Smog die Stadt noch nicht zugedeckt hat. Hollywood-Filme haben das Panorama dagegen eher in den Abendstunden genutzt: mit Liebespaaren vor der Kulisse der flackernden Lichter der Großstadt. Mit der romantischen Knutscherei im Auto ist es allerdings endgültig vorbei, da von 18- 6 Uhr auch an den schönsten Aussichtspunkten absolutes Halteverbot besteht.

Ähnlich schön ist von Beverly Hills aus auch die Verlängerung des Mulholland Drive Richtung Westen nach Malibu. Spektakuläre Kurverei durch die Berge mit Ausblicken auf die Stadt und die Pazifikküste.

Zu erreichen ist der Mulholland Drive vom Zentrum aus über Beverly Dr. und Coldwater Canyon. Er endet im Zentrum von Hollywood, Cahuenga Ave. Wegen der Ausflüglermassen die Fahrt am Wochenende nach Möglichkeit vermeiden.

BEVERLY HILLS FÜR KINO-FANS

THE WITCHES HOUSE, 516 N. Walden Dr. Ein wahres Hexenhäuschen inmitten seriöser Villen und gepflegter Vorgärten. Das Haus gehörte früher einem Filmstudio in Culver City und wurde 1931 vollständig hierher verpflanzt. Spielte eine Rolle in dem satirischen Film "The Loved One" (Tod in Hollywood) des Regisseurs Tony Richardson.

ISRAEL DISCOUNT BANK, 2o6 N. Beverly Dr. Unter dem Namen "The Beverly Theater" der erste große Filmpalast von Beverly Hills. Erbaut 1925 im Stil einer arabischen Moschee. Daß ausgerechnet eine israelische Bank sich in einem derartigen Gebäude niedergelassen hat, ist eine der Kuriositäten von Los Angeles.

ACADEMY OF MOTION PICTURE ARTS AND SCIENCES, 8949 Wilshire Blvd. Sitz der Institution, die alljährlich die "Oscars" verleiht. Im Gebäude eine der besten Bibliotheken der Welt zum Thema Kino und Film. Im Besitz der Academy u.a. die Notizbücher und Aufzeichnungen berühmter Regisseure wie John Huston oder George Cukor.

REGENT BEVERLY WILSHIRE HOTEL, 95oo Wilshire Blvd. Eine der exklusivsten "Absteigen" von Los Angeles. Laut Warren Beatty sogar "der einzige Ort in L.A., wo es sich wohnen läßt". Er muß es wissen, denn er hat rund zehn Jahre hier gelebt. Andere prominente Bewohner waren Elizabeth Taylor, Steve McQueen und Elvis Presley.

DZ kosten derzeit 255-325 US. Wer sich's leisten kann, mietet eine Suite benannt nach James Stewart, Bob Hope oder Yves Saint Laurent. Oder gleich für 3.ooo US (pro Nacht, wohlgemerkt) die Präsidenten-Suite. Schließlich rühmt sich Beverly Hills nicht umsonst seiner breiten Palette von Hotels, die von "großartig bis glanzvoll" reicht, und außerdem "everything in between" aufweist.

BEVERLY HILLS HOTEL, 9461 Sunset Blvd. Eines der ältesten Hotels

von Los Angeles, erbaut 1912 im spanisch-mexikanischen Missionsstil. Wegen seiner illustren Gäste häufig in den Schlagzeilen der Klatschpresse, z.B. als Marilyn Monroe hier eine Affäre mit Yves Montand zugeschrieben wurde oder man John F. Kennedy regelmäßig in gewissen Suites verschwinden sah. Das Hotel war ebenfalls Schauplatz zahlreicher Filme, z.B. in "Designing Woman" von 1957 mit Lauren Bacall und Gregory Peck in den Hauptrollen.

Ein Zimmer in einem der Luxusbungalows im großzügigen Garten kostet heutzutage 15o-25o US, eine Suite 1.4oo US. Die Chancen, mit einem Star unter einem Dach zu schlafen, stehen dabei gar nicht so schlecht.

CHURCH OF THE GOOD SHEPHERD, 5o5 N. Bedford Dr. Hollywood macht selbstverständlich auch vor den Kirchen nicht halt, und diese war Schauplatz eines der originellsten Publicity-Gags der Filmgeschichte: 195o heiratete hier die 18jährige Elizabeth Taylor einen gewissen Nicky Hilton, gerade rechtzeitig vor der Premiere ihres nächsten Films mit dem passenden Titel "The Father of the Bride" (Der Vater der Braut). Als sie sich drei Monate später wieder scheiden ließ, war zwar die Ehe offensichtlich gescheitert, der Film jedoch ein Erfolg.

Beerdigungen weiß Hollywood ebenfalls angemessen zu begehen, und auch in dieser Hinsicht war die Church of the Good Shepherd Schauplatz einiger veritabler Inszenierungen: Besonders viel Tränen flossen bei den Verabschiedungen von Rudolph Valentino, Gary Cooper und Alfred Hitchcock.

Auch wenn es manchmal nicht so aussieht: Selbst Hollywood-Stars haben die Schule besucht. Einige (z.B. Richard Chamberlain oder Richard Dreyfuss) sogar eine der exklusivsten der USA, die BEVERLY HILLS HIGH SCHOOL, 255 South Lasky Dr. Mit eigenem Fernsehkanal, einer futuristischen Kombination von Turnhalle und Schwimmbad sowie eigenen Erdölquellen auf dem Grundstück. Vorbereitung auf die Härte des Lebens a la Beverly Hills.

STAR-WOHNSITZE: Fast jeder, der im Film-Business Rang und Namen besitzt, hat sich in Beverly Hills mal eine Zeitlang aufgehalten, sei es in den Hotels oder in einer der Traumvillen auf den Hügeln: Charlie Chaplin, Greta Garbo, Marilyn Monroe, Harold Lloyd, Marlene Dietrich ... die Liste der berühmten "Ehemaligen" ließe sich beliebig verlängern. Und auch die derzeitigen Bewohner könnten Dutzende von Filmen hochkarätig besetzen: u.a. Harrison Ford, Kirk Douglas, Jon Voight. Dazu Stars der Musik-Szene wie Lionel Richie, Bruce Springsteen und Prince.

Wer Näheres über einen besonderen Star wissen will, erkundigt sich beim Touristenbüro. Adressenangaben an dieser Stelle wären zu schnell überholt, da Filmleute nicht gerade für einen seßhaften Lebenswandel bekannt sind. Eine Tour zu einigen der bekanntesten Villen macht für 1 US der "Beverly Hills Trolley", Di- Sa von 1o- 18 Uhr ab Rodeo Dr./Ecke Dayton Way.

Neben den beiden erwähnten Hotels "Regent Beverly Wilshire Hotel" und "Beverly Hills Hotel" (siehe Vorkapitel) ist auch das "Bel Age", 1o2o North Vincente Boulevard interessant: hier bestellt man neben Cola und Bier auch bei Gefallen noch einen Picasso oder Matisse. Er kommt dann auf die Rechnung und wird mit der Kreditkarte bezahlt. Die Bilder hängen (wohlgemerkt!) zum Ansehen in den Zimmern und Gängen. Dafür, daß sie nicht wie z.B. die Hotelhandtücher gratis mitgenommen werden, sorgen zunächst die von Haus sehr teuren Übernachtungspreise, die das Klientel filtern. Das Konzept hat noch einen weiteren positiven Aspekt, wie der Hotelmanager berichtet: die alten und neuen Meister an den Wänden ziehen entsprechend gebildete Gäste ins Hotel. Daß manche den Picasso auf die Spesenrechnung schreiben und ihn pauschal unter "Speisen und Getränke" sich abrechnen lassen, geht separat.

★WESTWOOD

Westlich von Beverly Hills das kleine und sehr lebendige Stadtviertel Westwood Village: Wohn- und Geschäftshäuser, urige Kneipen, jede Menge Kinos und das neue sehenswerte Armand Hammer Museum.

TRANSPORT IN WESTWOOD

UCLA ist per **Bus** zu erreichen ab Hollywood mit RTD-Linie 2 über den Sunset Blvd. Ab Downtown oder dem Zentrum von Beverly Hills mit RTD-Linie 21 über Wilshire Blvd. bis zur Endstation UCLA. An den Uni-Eingängen gibt es einen Lageplan. Unbedingt besorgen, denn die Wege auf dem Campus sind weit.

Linie 2o oder 21 über Wilshire Blvd. zum Armand Hammer Museum ab Downtown oder Zentrum von Beverly Hills.

Die Atmosphäre ist geprägt von den Studenten der UNIVERSITY OF CALIFORNIA LOS ANGELES (1). Mit UCLA hat sich der Stadtkoloß L.A. die passende Universität zugelegt: Eine eigene Kleinstadt für die ca. 35.ooo Studenten. Typische amerikanische Campus-Universität, nur eben ausgedehnter, größer, voller. Studenten überall: mit dem Buch auf der Bank, schmusend auf dem Rasen oder beim Joggen und Baseballspielen.

Ein Rundgang zu den zentralen Gebäuden lohnt nicht nur für Studenten, die Kontakt mit ihresgleichen suchen. Bester Zugang über Sunset Blvd. Von dort wenige Schritte zu den JANSS STEPS, einer breiten Treppe, die hinaufführt zur zentralen DICKSON PLAZA. Kinogänger werden sich bei genauem Hinsehen an den Streifen "The Graduate" (Die Reifeprüfung) erinnern. Die Uni-Szenen mit Dustin Hofman und Katherine Ross spielen

zwar in Berkeley, wurden aber teilweise hier gedreht.

Die Plaza ist umrahmt von einigen klassischen Campusgebäuden: Die roten Backsteinfassaden von Royce Hall oder der Powell Library sind romanischen Kirchen nachempfunden. Am Ende der Plaza führt rechts ein Weg zur INVERTED FOUNTAIN, einem originellen Springbrunnen, dessen Wasser vom Rand aus zum Zentrum sprudelt und dort nach unten fällt.

Von der Plaza aus in der anderen Richtung der MURPHY SCULPTURE GARDEN. Zwischen Bäumen auf einer großen Wiese moderne Plastiken, u.a. Rodins kopflose Statue "The Walking Man" sowie Werke von Gerhard Marcks, George Moore und weiteren modernen Künstlern. Große Vielfalt an Objekten und Stilrichtungen, schön eingepaßt in das leicht hügelige Gelände. Sehr wirkungsvoll auch abends, wenn die Skulpturen angestrahlt sind. Insgesamt ein Leckerbissen für Freunde moderner Plastik und solche, die es an diesem Ort vielleicht werden könnten.

Südlich des Campus das ARMAND HAMMER MUSEUM OF ART (2), 1o899 Wilshire Blvd. Eröffnet Ende 199o. Lohnende Sammlung hauptsächlich europäischer Malerei aus fünf Jahrhunderten. Ausgestellt in weiträumigen Galerien aus Carrara-Marmor mit moderner Glas- und Stahlkonstruktion.

U.a. Rembrandt, Rubens, Goya und viele Impressionisten. Faszinierend die riesige Sammlung von Zeichnungen und Lithographien von Honoré Daumier (nur eine Auswahl der über 1o.ooo Daumier-Werke, die das Museum besitzt). Ein eigener Saal ist Leonardo da Vinci gewidmet. Zusätzlich erstklassige Sonderausstellungen und ein Buchladen, dessen Auswahl Kunstkennern das Herz höher schlagen läßt. (Geöffn. Mi.-Mo. von 12-19 Uhr. Eintritt 4,5o US, Do. von 16-19 Uhr gratis.)

Südlich von Westwood im Stadtteil Century City das MUSEUM OF THE HOLOCAUST, 976o W.Pico Blvd., im Simon Wiesenthal Center. Ausstellung zur Juden-Vernichtung durch die Nazis im Dritten Reich. Persönliche Erinnerungsstücke, Dokumente und Fotos, die das Grauen schonungslos aufzeigen. Geöffn. Mo.-Fr. von 9- 17 Uhr, So. von 13- 17 Uhr. Geschlossen samstags und an allen jüdischen Feiertagen. Eintritt frei.

★ SANTA MONICA

Zentrum des Bade- und Strandtourismus von Los Angeles. Badeort für alle Brieftaschen. Am schönsten im Frühjahr und Herbst; im Sommer und an Wochenenden stark überlaufen. Breite Strände, jede Menge Beach-Rummel. Schöne Spaziergänge auf der Uferpromenade, wo sich die Palmen in der Meeresbrise wiegen.

Die Stadt selbst gesichtslos, angelegt im Schachbrettmuster. Geht nahtlos über in die Vororte der Westside von Los Angeles. Im Zentrum aber eine neugestaltete, recht ansprechende Fußgängerzone mit viel Leben und Atmosphäre auch am Abend. Eine Seltenheit für L.A., wo es überrascht, daß die "Angelenos" auch mal auf ihr Auto verzichten können.

14oo Ocean Ave. an der Promenade, außerdem kleines Info-Häuschen in der Fußgängerzone, 3rd St./Ecke Santa Monica Blvd.

5th St./Ecke Arizona Ave.

Vorwahl 31o. Ortsgespräche in alle Küstenvororte von L.A.. wie Malibu, Venice, Long Beach sowie nach Beverly Hills. Nach Hollywood und Downtown L.A. nur per Vorwahl 213.

TRANSPORT IN SANTA MONICA

<u>Bus</u>: Auch Santa Monica ist an das RTD-Busnetz von Los Angeles angeschlossen. RTD-Bus 4 über Santa Monica Blvd. nach Beverly Hills, Hollywood und Downtown. RTD-Busse 2o und 22 ab Ocean Blvd. über Wilshire Blvd. direkt nach Downtown.

Dazu die Verbindungen der lokalen Gesellschaft "<u>Big Blue Line</u>". Fahren kreuz und quer durch Santa Monica. Praktisch vor allem die Linie 3 ab Lincoln Boulevard zur University of California (UCLA) in Westwood Village sowie in der anderen Richtung zum internationalen Flughafen LAX. Außerdem mit Linie 1o schnellste Verbindung nach Downtown L.A. über den Freeway (Abfahrt Pier Ave./Ecke Main St.). Linie 1 ab Santa Monica Blvd. nach Venice, Linie 2 ab Wilshire Blvd. ebenfalls nach Venice.

Haltestellen mit dem blauen Dreieck der "Big Blue Line". Wie bei RTD-Bussen auch, das Fahrgeld abgezählt bereithalten, der Fahrer wechselt nicht. Umsteigen zwischen Big Blue und RTD möglich.

<u>Greyhound</u>: Terminal 1433 5th St. Täglich mehrere Busse nach L.A. Downtown, von dort Anbindung an das nationale Greyhound-Netz.

SANTA MONICA PIER (6): Im Ortszentrum. Alter, massiver Holzpier, der weit ins Meer hinausragt. Darauf die unvermeidlichen Angler, zahlreiche Schnellimbisse und Restaurants.

Auf einer großen Tafel Fotos zur Geschichte des Pier: von seiner Konstruktion 1875 über Strandszenen aus der Zeit der Jahrhundertwende und den zwanziger Jahren bis in die Gegenwart. Eine interessante Dokumentation des "American Beach Life" über ein Jahrhundert. Am Beginn des Pier ein überdachtes Pferdchen-Karussell, Kino-Fans bekannt aus dem Film "The Sting" (Der Clou) mit Robert Redford und Paul Newman.

Nördlich vom Pier der PACIFIC COAST HIGHWAY (auch genannt Palisades Beach Rd.), einst die Prachtstraße der Stadt mit den Häusern von Stars und Filmproduzenten, als Santa Monica in den zwanziger und dreißiger Jahren bei der High Society noch "in" war. Heute sind die Villen nicht mehr im besten Zustand, eingequetscht zwischen Strand und dem immer breiter gewordenen Highway.

SANTA MONICA HISTORICAL SOCIETY MUSEUM (4), 1341 3rd St., in der Fußgängerzone. Viele originelle Ausstellungsstücke zur Geschichte von Santa Monica. Neben Kleidungsstücken und Schreibmaschinen auch Filmrequisiten, Fotos und Filmszenen. Geöffn. Fr.-So. von 15-18 Uhr.

ANGELS ATTIC (3), 516 Colorado Ave. Eines der verwinkelten viktorianischen Häuser mit Terrasse, Erkern, Türmchen und gepflegtem Vorgarten. Im Innern ein Museum für Puppen, Puppenstuben, Miniaturen und anderes Spielzeug. Geöffn. Do.-So. von 12.3o-16.3o, Eintritt 4 US.

HERITAGE SQUARE (7), Ocean Park Blvd./Ecke Main St. Kleiner Platz mit Holzhäusern im viktorianischen Stil. Museum mit Exponaten zur Geschichte von Santa Monica. Geöffn. Do.-So. von 11-16 Uhr. Vom Zentrum aus zu erreichen mit "Blue Line" Nr. 8.

MUSEUM OF FLYING (11): das mit Abstand beste Museum von Santa Monica. Rund 25 erstklassig erhaltene Flugzeuge aus der Pionierzeit der Fliegerei. Verschiedene Doppeldecker, eine DC-3, die "New Orleans" (erstes Flugzeug, das die Welt umrundete), Kampfflieger der Navy aus dem II. Weltkrieg. Alle Maschinen auf Hochglanz poliert. Die meisten

WEST LOS ANGELES

1 University of California Los Angeles
2 Armand Hammer Museum
3 Angel's Attic
4 Fußgängerzone 3rd. Street, Historical Society Museum
5 Santa Monica Bay und State Beach
6 Santa Monica Pier
7 Heritage Square
8 Venice Beach ("Muscle Beach")
9 Venice Canal-District
1o Marina del Rey, Jachthafen
11 Museum of Flying
12 West los Angeles District
13 Culver City
14 Westchester

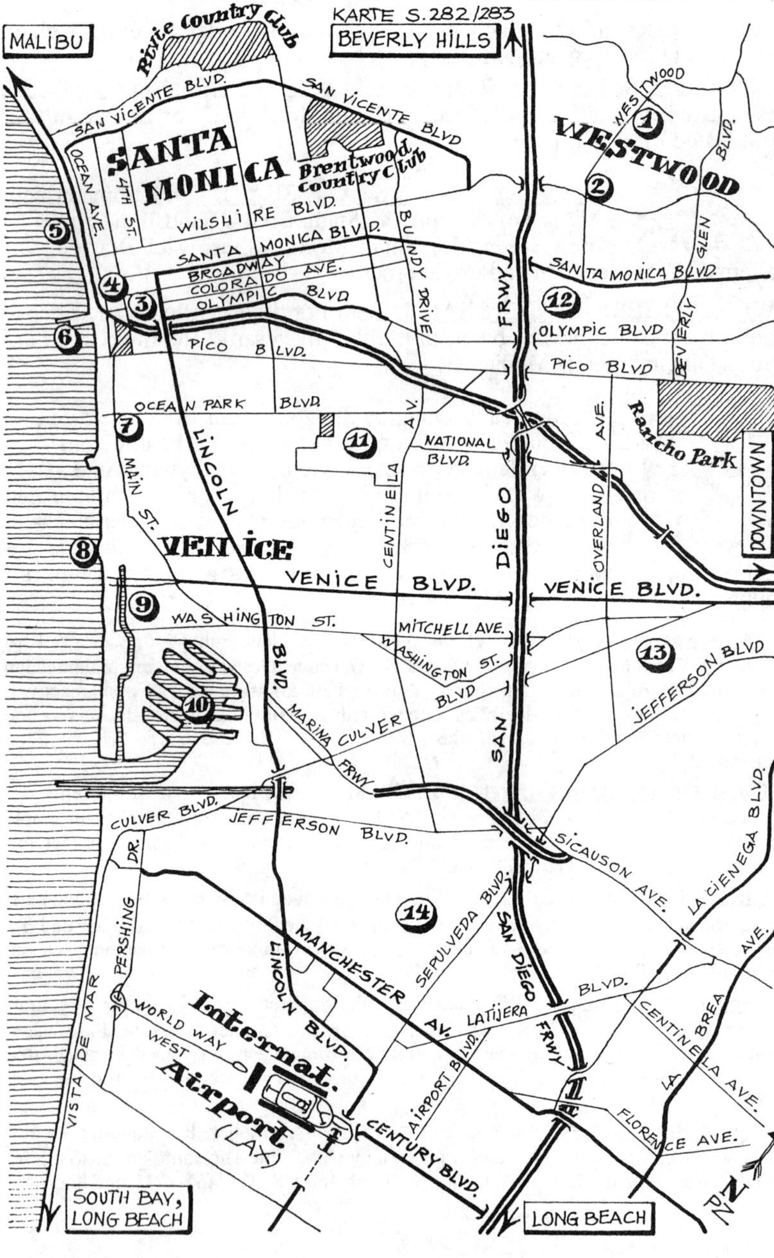

KARTE S.282/283
BEVERLY HILLS
MALIBU
Riviera Country Club
SAN VICENTE BLVD.
SANTA MONICA
Brentwood Country Club
WESTWOOD
WESTWOOD BLVD.
OCEAN AVE.
4TH ST.
WILSHIRE BLVD.
SANTA MONICA BLVD.
BROADWAY
COLORADO AVE.
OLYMPIC BLVD
PICO BLVD.
BUNDY DRIVE
SAN DIEGO FRWY
GLEN
BEVERLY
OLYMPIC BLVD
PICO BLVD
OCEAN PARK BLVD.
CENTINELA AV.
NATIONAL BLVD.
OVERLAND AVE.
Rancho Park
DOWNTOWN
KARTE S.259
MAIN ST.
LINCOLN BLVD.
VENICE
VENICE BLVD.
WASHINGTON ST.
MITCHELL AVE.
JEFFERSON BLVD
MARINA CULVER BLVD
MARINA FRWY
CULVER BLVD.
JEFFERSON BLVD.
PERSHING DR.
SICAUSON AVE.
LA CIENEGA BLVD.
SEPULVEDA BLVD.
MANCHESTER AV.
LATIJERA BLVD.
LA BREA AVE.
CENTINELA AVE.
VISTA DE MAR
WORLD WAY WEST
Internat. Airport (LAX)
AIRPORT BLVD.
CENTURY BLVD.
FLORENCE AVE.
SOUTH BAY, LONG BEACH
LONG BEACH
N
1
2
3
4
5
6
7
8
9
10
11
12
13
14

fliegen noch, und am Wochenende wird die eine oder andere für einen Demonstrationsflug aus dem Hangar geholt.

Geöffn. Do.-So. von 1o- 17 Uhr, Eintritt 4 US. Zu erreichen über Ocean Park Blvd. bis 28th St., dort rechts ab zum Museum. Per Bus ab 4th St. mit "Blue Line" Nr. 8.

SANTA MONICA STATE BEACH (5): Kilometerlang, direkt im Zentrum der Stadt. Breiter Sandstrand zu beiden Seiten des Santa Monica Pier. Viel Betrieb, vor allem an Wochenenden und im Sommer.

WILL ROGERS STATE BEACH. Geht nördlich nahtlos über. Ebenso breit, mehrere Kilometer bis nach Malibu. Insgesamt sind dies ca. 2o km Strand allein in Santa Monica.

Santa Monica ist ein guter Stützpunkt zur Erkundung von L.A. Strandnähe, frische Luft und gute Verkehrsverbindungen entlang der Küste sowie nach Hollywood und Downtown. Unterkünfte in jeder Preislage, im Sommer und an Wochenenden jedoch frühzeitig reservieren. Der Nachbarort Venice ist verkehrsmäßig wesentlich schlechter angebunden, wegen der zahlreichen Hostels aber vor allem für Leute mit dünnerer Brieftasche eine Alternative.

"**Loews Santa Monica**", 17oo Ocean Ave. Zentral Nähe Santa Monica Pier. Top-Hotel von Santa Monica. Neues, fünfstöckiges Gebäude. Große Lobby mit umlaufenden Galerien, die zu den Zimmern führen. Zimmer hell, komfortabel und geschmackvoll eingerichtet. Fast alle mit Meerblick. Großer, teilweise mit Glas überdachter SW-Pool. Zugang zum Strand über kleine Straße. DZ je nach Lage 19o-21o US. Tel. 458-67oo und 8oo-223-o888.

"**Guest Quarters Suite Hotel**", 17o7 4th St. Vier Blocks vom Strand entfernt. Neues Gebäude, nähe Fußgängerzone. SW-Pool. Durchweg großzügige, komfortable Suites ab ca. 185 US. Im Vorraum mit Sofa, Eßecke und Bar. Einige Zimmer mit Meerblick. Tel. 395-3332 und 8oo-424-29oo.

"**Shangri-La**", 13o1 Ocean Ave. Fünfstöckiges Gebäude im Bauhaus-Stil. Strandnähe, einige Zimmer mit Meerblick. Ruhiger, sonniger Innenhof mit Liegestühlen und Tischen. Große Zimmer mit bequemen Sesseln. Stilvoll-moderne Aufmachung. DZ ab 12o US. Tel. 394-2791.

"**Channel Road Inn**", 219 W. Channel Rd. Bed & Breakfast. 14 Zimmer in gemütlichem Haus von 191o. Garten. Ein Block vom Strand. Zimmer unterschiedlich ausgestattet, teilweise mit Antiquitäten eingerichtet. Romantisches Wohnen im ansonsten eher nüchternen Santa Monica. DZ je nach Größe und Ausstattung 9o-16o US. Tel. 459-192o.

"**Pacific Shore Hotel**", 1819 Ocean Ave. Unansehnlicher Betonquader an der Küstenstraße. Strandnähe. Zimmer nach vorn laut, aber mit Blick auf den Pazifik. SW-Pool. Einrichtung modern und funktional. DZ ab 1oo US. Tel. 451-8711 und 8oo-241-3848.

Allerdings an lauter Durchgangsstraße. Einfallsloses, nicht mehr neues Gebäude. Zimmer großzügig und komfortabel mit Sitzecke. Badezimmer mit Wanne. DZ ca. 1oo US.

"The Georgian", 1415 Ocean Ave. Älteres Hotel mit Atmosphäre. Über die Küstenstraße zur Promenade und zum Strand. Gemütliche Lobby mit ruhigen Sitzecken. Die Zimmer vollständig renoviert, nach vorn mit Meerblick. DZ ab ca. 9o US.

"Travelodge", 1525 Ocean Ave. Motel in Strandnähe (über die Küstenstraße). Parken im Innenhof. Zimmer einfach möbliert mit Schreibtisch und kleinen Sesseln. Dusche. DZ ca. 7o US. Tel. 451-o761 und 8oo-255-3o5o.

"Belle Bleu Inn", 167o Ocean Ave. Holzhäuser im Motel-Stil, Parkplatz im Vorhof. Kleiner Fußweg direkt zum Strand. Die meisten Zimmer ruhig zum Garten. Als Möblierung neben dem Bett ein vereinzelter Stuhl sowie Wandschrank. Badezimmer mit Wanne. DZ ca. 6o US.

"Carmel", 1451 2nd St. Nicht weit vom Strand. Traditionelle Lobby mit Deckenbalken, Kronleuchtern und Kamin. Zimmer einfach mit kleiner Sitzecke und Ventilator. Kleine Bäder, modernisiert. DZ ab ca. 5o US.

"Ocean Lodge", 1667 Ocean Ave. Einfaches Motel, Parkmöglichkeit an der Seite. Über die Küstenstraße zum Strand, Nähe Santa Monica Pier. Zimmer spartanisch eingerichtet. DZ ab ca. 5o US.

"Flamingo", 1733 Ocean Ave. Motel mit mehreren dreistöckigen Gebäuden. SW-Pool in der Mitte. Strandnähe. Viele Zimmer nach hinten und leise. Einfach möbliert, wacklige Tische und Stühle. DZ ab ca. 5o US.

"Sea Shore Motel", 2637 Main St. Zwei Blocks vom Strand in freundlicher Umgebung direkt bei den historischen Gebäuden des Heritage Square. Parkplatz im Hof. Außer TV keine Extras in den Zimmern. Gute Alternative, wenn die strandnahen Motels voll sind. DZ ca. 45- 5o US. Tel. 392-2787.

"AYH-Hostel", 1436 2nd St., Tel. 393-9913. Neu eröffnet zu Beginn der neunziger Jahre. 2 Blocks vom Strand. Rund 2oo Betten. Ein integrierter Teil ist das älteste Gebäude von Santa Monica aus dem Jahr 1875 mit schöner Backsteinfassade. Fernsehraum und Waschmaschine. Von Mai bis Nov. unbedingt vorher reservieren. Ca. 12- 15 US pro Person, im Zweibettzimmer noch einmal 3 US Aufschlag.

Weitere jugendherbergsähnliche Unterkünfte in VENICE:

"Share-Tel", 2o Brooks Ave., Tel. 392-o325. Familiäre Atmosphäre. Apartments mit Küche und Bad. Günstige Wochenrate ca. 1o5 US. Bus-Service zum Flughafen LAX.

"Jim's at the Beach", 17 Brooks Ave., Tel. 399-4o18. Saubere Zimmer und Gemeinschaftsräume. Wenige Schritte zur Venice Beach. Pro Person ca. 13 US.

"Folks-Tel", 15 Paloma Ave., Tel. 392-7o39. Apartments mit Küche, teilweise Meerblick. Ca. 85- 95 US pro Woche.

"BELLEVUE", 1o1 Sta. Monica Blvd. Großes Lokal, zusätzlich Tische auf der Terrasse. Fischgerichte und einige italienische Spezialitäten. Hauptgerichte um 15 US, preiswertes Menü für ca. 12 US zum "Sunset-Dinner" zwischen 16 und 18:3o Uhr.

"SWENSEN'S", 1355 Ocean Ave. "Ice Cream Factory". Rund 3o ausgefallene Eiskremsorten zum Mitnehmen oder Verzehr in der kleinen Eisdiele.

Zahlreiche Retaurants und Schnellimbisse auf dem Santa Monica Pier. Am schönsten jedoch in der blauen Holzhütte des "BOATHOUSE". Den Sonnenuntergang über dem Pazifik erlebt man am besten bei einem Drink an der Bar. Von dort aus Blick direkt aufs Meer. Ein Abendessen kommt allerdings teuer: kleine Snacks ab ca. 7 US, Fischgerichte und Hummer 18- 3o US.

"THE LIGHTHOUSE", Arizona Ave./Ecke 2nd St. Riesiges japanisches Buffet mit Fisch und Seafood. Selbstbedienung mit unbegrenztem Nachschlag. Viele Salate und Dutzende kleiner Fischhappen, ständig frisch zubereitet. Für Fisch- und Muschelfans zum rundherum Sattessen. Festpreis mittags ca. 9 US, abends ca. 16 US.

"JOEL'S KITCHEN", 1449 2nd St. Originelle Kneipe. Jede Menge Barhocker, ein paar Tische. Sportfotos und College-Wimpel an den Wänden. Pool-Billard. Preiswertes Essen um 4 US.

"GUADALJARA", 2o5 Broadway. Kleines Lokal mit Ledersitzecken. Mexikanisches Essen, relativ original und gut. Hauptgerichte ca. 9 US.

"REMI", 1453 3rd ST. Gepflegtes Lokal, einige Tische auf der Terrasse zur Fußgängerzone. Italienische Spezialitäten, mal ohne Pizza. Antipasti ca. 1o US, Nudelgerichte um 15 US.

"KING GEORGE", Santa Monica Blvd./Ecke 3rd St. Im gepflegten Pub-Stil. Einige Tische auf der Terrasse. Englische Küche, englisches Bier. Hauptgerichte zwischen 5 und 1o US.

"PITA FEAST", 1321 3rd St. Sauberer, halbwegs gemütlicher Fast-Food Laden. Selbstbedienung: vom gewählten Gericht (alle ca. 6 US) nimmt man sich, so viel man will.

"LEGENDS", 1311 3rd St. Schicke Sport-Bar mit Sportlerfotos und Football-Helmen an den Wänden. Ständig Sportübertragungen auf mehreren Fernsehschirmen.

"NATURAID", 122o 3rd St. Vegetarische Cafeteria mit angrenzendem, enormen Bio-Laden. Gerichte ab 6 US.

"POSITIVELY FOURTH STREET", 1215 4th St. Winziges Lokal in kleinem Backsteinhaus. Möbliert mit Regiestühlen. Besonders gut die großen Salate, Spezialmischungen je nach Saison, zwischen 6 und 1o US.

"THE HERITAGE", 264o Main St. Gemütliches Lokal in schindelverkleidetem Haus. Innen Holztäfelung und schöne Vitrinen. Für ein frühes Abendessen in der Atmosphäre eines amerikanischen Landhauses. Kleine, originelle Gerichte um 1o US. Geöffn. nur von 17-21 Uhr.

"BRITISH RAAJ", 5o4 Sta. Monica Blvd. Gepflegtes Lokal. Einrichtung mit indischem Touch. Hervorragende indische Küche. Vegetarische Gerichte ab ca. 8 US, Lamm- und Fischspezialitäten ca. 1o- 15 US.

"VITO", 28o7 Ocean Ave. Italienisches Feinschmecker-Restaurant. Teuer, aber ausgefallen und hervorragend: Osso Buco, hausgemachte Nudeln mit Lachs oder Hummer.

"THE MARQUIS WEST", 311o Sta. Monica Blvd. Eines der besten italienischen Restaurants von L.A. Gourmet-Treffpunkt bei Spezialitäten aus Norditalien. Nudeln und Meerestiere. Nobel und teuer.

SELBSTVERSORGER

"VONS": Guter Supermarkt, 7th St./Ecke Broadway.

"FARMER'S MARKET", Arizona St. Jeden Mittwoch großer Lebensmittelmarkt auf der Straße.

SHOPPING

Bücher/Zeitschriften

"THE MAIL HOUSE", 1341 Ocean Ave. Uriger Zeitungsstand in winzigem Häuschen. Auch europäische und deutsche Zeitungen und Zeitschriften.

"HENNESSY & INGALLS", 1245 3rd St. Spezialbuchhandlung für Kunst und Architektur. Ungeheure Auswahl an Bildbänden. Alles über Architektur in Amerika.

"KENNETH KARMIOLE", 1225 3rd St. Modernes Antiquariat. Fundgrube für Bücherstöberer mit Geduld. Viel Auswahl zu Hollywood, Filmindustrie und Filmgeschichte.

"AYH-TRAVEL STORE", 1434 2nd St. Gute Reiseführer und Karten zu Kalifornien. Vor allem für Wanderer und Rucksackreisende. Außerdem die Möglichkeit, die eigene Ausrüstung zu ergänzen. Freundliches Personal mit jeder Menge Tips für billiges Reisen und Übernachten in L.A. und Kalifornien.

Kaufhaus

"SANTA MONICA PLACE", Broadway/Ecke 3rd St. Kaufhaus mit Shopping Mall und vielen kleinen Geschäften und Boutiquen.

Kino

Auch in Santa Monica ist die Nähe zu Hollywood greifbar: Zahlreiche Kinosäle und -zentren.

"AMC", 3rd St./Ecke Arizona St. Supermodernes Kinozentrum mit 7 Filmsälen.

"CRITERION", 3rd St./Ecke Arizona St., 4 Kinosäle.

"MONICA", 1332 2nd St. Vier Kinosäle unter einem Dach. Hauptsächlich neueste Film-Hits.

"BROADWAY", 1441 3rd St. Vier Filmtheater, eines davon mit ausgefallenen Filmen.

SPORT

Surfen: Surfer sind in Southern California immer und überall unterwegs, also auch in Santa Monica. Da spielt es keine Rolle, ob die Wellen dem Ideal entsprechen oder nur träge vor sich hinplätschern. Schließlich ist surfen hier nicht nur Sport, sondern Lebensgefühl, ein "state of mind". Brettverleih am Strand.

Hochseeangeln: In der Sommersaison organisierte Angeltouren mit voll ausgerüsteten Booten ab Santa Monica Pier.

Fahrrad: Ein fabelhafter Radweg über ca. 3o km von Santa Monica bis Redondo Beach am Strand entlang. Ein schmales Betonband, manchmal schnurgerade, dann wieder in wunderschön geschwungenen Bögen. Traumstraße für Radfahrer und ein großer Spaß, vorbei an Strandschönheiten, Muskelmännern und Sonnenanbetern. Verleih: in der kleinen Straße Appian Way, nähe Pier. Ca. 3,5o US pro Stunde, 15 US pro Tag. Auch Tandems für ca. 25 US pro Tag. Weitere Verleihstände entlang des Strandes.

Wandern: Schöne Strandwanderungen entlang des kilometerlangen Santa Monica State Beach. Bei genügend Ausdauer rund 3o km Richtung Süden, immer am Strand entlang bis Redondo Beach. Auch ein L.A.-Erlebnis.

Skateboard: Hervorragende Bedingungen für Anfänger, Normalverbraucher und Freaks entlang des Fahrradweges am Strand. Neben dem Surfen eine regelrechte Sucht der Beach-People von Santa Monica und den angrenzenden Badeorten. Verleih am Strand, ca. 5 US pro Stunde, 12 US pro Tag.

★ MALIBU

Nördlich von Santa Monica verläuft der Küsten-Highway auf einem schmalen Streifen zwischen dem Pazifik und den Bergen. Am Strand entlang eine kilometerlange Aufreihung von dichtgedrängten Häusern, so daß es schwierig ist, ans Meer zu gelangen. Die Villen der Superreichen und Hollywood-Größen liegen oberhalb in den Bergen mit weitem Blick übers Meer, selbstverständlich ziemlich abgeschottet gegen "Publikumsverkehr".

Mehr noch als Beverly Hills ist Malibu seit Jahren "in" bei den Stars des Show-Business. Berühmte Anwohner sind Barbra Streisand, Robert Redford, Steven Spielberg, Dustin Hoffman, Jack Nicholson und Linda Ronstadt, neuerdings auch Thomas Gottschalk. Die Stars genießen die Abgeschiedenheit ihrer Grundstücke in den Bergen, Neugierige sind nicht willkommen.

J.PAUL GETTY MUSEUM

Hauptattraktion von Malibu, eines der reichsten Kunstmuseen der West-

küste. Das Gebäude wurde vom Ölmilliardär Paul Getty in Bauauftrag gegeben und 1974 eröffnet. Es befindet sich auf einem bewaldeten Hügel oberhalb des Pazifiks und ist eine originalgetreue Rekonstruktion der Villa dei Papiri im römischen Herculaneum, die 79 n. Chr. durch den Ausbruch des Vesuv verschüttet und im 18. Jahrhundert wiederentdeckt wurde.

Es beherbergt die Kunstschätze, die Getty zu seinen Lebzeiten ansammelte, sowie Zukäufe, die nach seinem Tode aus seinen Dollar- Milliarden und seiner Stiftung getätigt wurden.

Jean Paul Getty (geboren 1892 in Minneapolis - gestorben 1976 in London) gilt in den USA als d a s Synonym für Reichtum, also praktisch ein Onkel Dagobert, - dies aber in der Realität.

Als 12 jähriger kaufte er sich seine ersten Erdölaktien und lernte dann auf den Erdölfeldern seines Vaters das Business, sowie arabisch und französisch. Mit 23 hatte er im Erdölgeschäft von Kalifornien bereits seine erste Million gemacht. Er galt als extrem geizig und war zugleich ein Genie im Vermehren des Geldes: Mit 65 war er der reichste Mann der Welt, wobei er sein Geld weiter vermehrte und bei seinem Tode als 84 jähriger die beachtliche Summe von rund 2,2 Milliarden US hinterließ.

Zwar konnte J.P. Getty nach dem Tode seines Vaters 1914 dessen Getty Oil Company übernehmen, die beachtliche Gewinne abwarf. Trotzdem ist diese Vermehrung auf 2,2 Milliarden beachtlich und wurde in dieser Rate bisher von keiner anderen Privatperson der Welt erreicht.

Das Leben Gettys war (wie nicht anders zu erwarten) fürstlich, führte durch 5 Ehen und war von vielen Affairen begleitet. Er schrieb mehrere Bücher, u.a. einen Leitfaden "How to become rich" (Wie werde ich reich).

Gettys Kunstsammlung: Mit dem Geld und zunehmendem Alter wuchs auch seine Begeisterung für die Kunst, vor allem für große antike Marmorstatuen, goldglänzende franz. Rokoko- Möbel, persische Teppiche und großformatige Gemälde. Dabei kaufte er, was ihm gefiel, wobei Geld für ihn keine Rolle spielte.

Seine Leidenschaft für Möbel begann Ende der 3o-er Jahre, wo Getty bald die erlesensten Stücke der Welt besaß. Dieser Sammelzweig umfaßte bei seinem Tod 4oo Stück. Ein weiterer Zweig waren antike Statuen der Griechen und Römer, wobei Getty bald die besten Stücke sein Eigentum nannte.

Schon damals klagten internationale Museen; sie waren leer ausgegangen, da sie nicht in Dimensionen eines J.P. Getty auf Aktionen mitbieten konten.

1954 machte Getty Teile seiner Sammlung auf seiner Ranch in Los Angeles der Öffentlichkeit zugänglich. 1974 wurde das J.Paul Getty Museum in Malibu eröffnet. Beide Museen hat Getty übrigens nie persönlich gesehen, da er seit 1951 im Ausland lebte und nicht wieder in die USA zurückkehrte.

Getty Milliarden und Stiftungen: in seinem Testament vermachte J.P. Getty das Museum einer Stiftung, die zugleich Teile seines Milliardenvermögens zu verwalten hatte. Damit begannen die Probleme auf dem internationalen Kunstmarkt, denn kein Museum der Welt verfügte über ein derart hohes Kapital zum Ankauf von Kunstwerken auf Auktionen.

Allein 1983 legte die Stiftung 85 Millionen US zum Ankauf von Kunstwerken auf den

Tisch. Das superreiche Getty Museum wurde zum Schreckgespenst auf allen bedeutenden Auktionen, da es über Kapital fast ohne Limits verfügte.

Zudem sind Stiftungen (so auch das Getty Museum) gemäß US- Gesetzen gezwungen, 5 % der Kapitaleinnahmen (z.B. aus Zinsen) in Investitionen zu tätigen. 1984 stieg das Stiftungsvermögen durch den Verkauf von Getty Aktien an Texaco auf 2,17 Milliarden US. Rechnerisch waren somit mehr als 1oo Millionen US pro Jahr auszugeben!

Die Stiftung schlug gezwungenermaßen jährlich zu und tätigte Ankäufe auf Auktionen wie der Haifisch. In Kunstkreisen sprach man vom "Alptraum der Getty- Milliarden", die auf Auktionen die Preise in astronomische Höhe trieben, und bei dem niemand (außer später den Japanern) mithalten konnte.

Die internationalen "sonstigen" Museen versuchten, sich mit dem Argument zu wehren, die Paul Getty Stiftung solle sich doch bitte auf Spezialgebiete beschränken. Dies, damit den anderen Museen zumindest in bestimmten Freiräumen des Kunstmarktes noch eine Chance für Ankauf verbleibt.

Die übermächtige Getty Stiftung konterte, indem sie einen Fundus gründete, der finanziell Projekte von Museen in z.B. wissenschaftlichem Aufbau, Publikation und Dokumentation unterstützte. Den Preiskampf auf Auktionen stellte diese natürlich nicht ab und war eher als "Feigenblatt" der Getty- Stiftung zu sehen.

J.P. GETTY CENTER: Um den Überfluß an Getty- Kapital steuerrechtlich abzudrücken, - aber auch, um das aufgebaute Prestige als eine der bedeutendsten Kunstsammlungen der USA weiter auszubauen, beschloß die Stiftung 1984 den Bau dieses Kulturzentrums.

Ein 36o Millionen-Projekt, mit dessen Bauarbeiten 199o begonnen wurde. Das hochmoderne Zentrum wird aus einer Gruppe von Gebäuden und Parks bestehen, - Heimat für Museen, wissenschaftliche Institute und Bibliotheken. Nur die Antikensammlung soll im Museum in Malibu verbleiben. Zeitpunkt der Fertigstellung noch nicht klar.

J.P. GETTY- MUSEUM in MALIBU: Der Eintritt ist gratis, geöffnet Di-So. 1o - 17 Uhr.

* Wer mit eigenem Fahrzeug kommt, muß sich vorab per Tel. 458-2ooo3 anmelden, ohne Reservierung wird man in der Regel abgewiesen. Zufahrt: von Santa Monica über den Pacific Coast Highway Ri. Malibu. Kurz hinter der Einmündung des Sunset Blvd. rechts ab in die Hügel rauf zum Museum (ausgeschildert). Beim Museum gehts runter in die dortige Tiefgarage, wo Parkraum knapp ist. Mit der strikten Regelung will man vermeiden, daß Leute außerhalb des Museumsgeländes parken und dort den Verkehr behindern.
* Per RTD-Bus 434 ab Santa Monica, Ocean Ave./Ecke Colorado St. Vom Fahrer den kostenlosen "museum pass" verlangen, sonst kein Zutritt.
* Per Tourbus: eigener Parkplatz, den Rest erledigt der Veranstalter der Tour.

BESICHTIGUNG: Kolonnaden begrenzen einen rechteckigen Garten mit langgestreckten Wasserbecken in der Mitte. Die Bronzeplastiken sind Nachbildungen der in Herculaneum gefundenen Originale.

Das Museum selbst ist absolut professionell und luxuriös: Treppenaufgänge aus Marmor, dito Fußböden und die Wände. Großzügige Präsentation der Exponate, kostenlose Führungen und Vorträge.

Im Untergeschoß die Antikensammlung: ägyptische Mumienporträts, griechische Vasen und Skulpturen, römische Mosaiken, Gläser und Goldschmuck.

Im oberen Stockwerk Bronze-Statuen aus der Renaissance sowie hervorragender Querschnitt durch die europäische Malerei aus mehreren Jahrhunderten. Neben italienischen Renaissance-Künstlern vertreten die Holländer van Dyck, Rubens und Rembrandt sowie Impressionisten von Cézanne bis Manet und van Gogh. Große Namen sind fast durchgängig vertreten, aber nicht immer mit ihren besten Werken. So doch ein selten kompletter Überblick. Meist wird versucht, die Bilder in einer Umgebung zu präsentieren, die ihrer jeweiligen Entstehungszeit entspricht: Tapeten, Möbel und andere Antiquitäten bilden den adäquaten Rahmen für die Gemälde.

In gesonderten Sälen eine Sammlung von Bibeln und Handschriften seit 12. Jahrhundert sowie dekorative Kunst: französische und englische Möbel, Wandteppiche und Leuchter aus mehreren Jahrhunderten, Uhren und Porzellan. Ganze Räume sind in einheitlichen Stilrichtungen eingerichtet und dekoriert. Genauigkeit regiert bis ins Detail und bis zu den frischen Blumenbouquets auf dem Kaminsims. Eine kleine Abteilung mit wechselnden Ausstellungen widmet sich der Geschichte der Fotografie in Europa und den USA.

ZUMA BEACH: ca. 13 km nördlich vom Malibu Pier. Surfen und Angeln, Volleyballplätze.

POINT DUME STATE BEACH: Südlich von Zuma. Schwimmen und Surfen.

PARADISE COVE: ca. 1o km nördlich vom Malibu Pier. Privat, 1o US Parkgebühr pro Tag.

CORAL STATE BEACH: ca. 6 km nördlich vom Malibu Pier. Tauchen, Angeln, kein Surfen.

SURFRIDER BEACH: Direkt nördlich vom Malibu Pier. Bester Surfstrand im Raum Malibu.

TOPANGA STATE BEACH: Am Pacific Coast Hwy., Nähe Einmündung des Topanga Canyon Blvd. Surfen und Tauchen.

MALIBU CREEK STATE PARK

Von Malibu aus lohnt ein Abstecher in die Berge des Hinterlandes. Lohnende Rundfahrt insbes. wegen des State Parks und des Topanga-Canyon (rund 5o km).

Vom Pacific Coast Highway zunächst durch den MALIBU CANYON, eine wilde Schlucht mit felsigen, trockenen Landschaften. Die Straße

windet sich an den Hängen entlang, bis nach ca. 15 Min. Fahrt der MALIBU CREEK STATE PARK beginnt. Ein mehrere Quadratkilometer großes Gelände mit Picknickplätzen und schönen Wanderwegen. Informationen und Karte am Eingang, wo man auch seine 5 US Eintrittsgebühr pro Auto berappt.

Von 1946 an befand sich hier die sogenannte "Century Ranch". Sie wurde von der Filmgesellschaft Twentieth Century Fox errichtet für Außenaufnahmen zu Filmen, die im Wilden Westen oder exotischen Breiten Afrikas und Asiens spielten. Die vielseitige und wilde Landschaft war Hintergrund in zahlreichen Filmen und Fernsehserien, u.a. so bekannten wie "Viva Zapata" des Regisseurs Elia Kazan, "Planet of the Apes" (Planet der Affen), "M.A.S.H." und mehreren Tarzan-Verfilmungen. Auch seit der Umwandlung des Geländes 1974 in einen State Park wird hier weiter gefilmt.

Im Malibu Creek State Park befindet sich die einzige passable Campingmöglichkeit im Großraum Los Angeles. Schönes Gelände zwischen Hügeln und Bäumen. Einfache sanitäre Einrichtungen. 12 US pro Stellplatz.

Kurz hinter dem State Park beginnt die Rückfahrt zur Küste über Mulholland Drive durchs Küstengebirge. Schöner Blick über die Berge, gelegentlich tauchen die nördlichen Ausläufer von Los Angeles im San Fernando Valley auf. Nach ca. 1o km rechts ab auf die Old Topanga Canyon Rd. Sie führt in abwechslungsreicher Kurverei durch den TOPANGA CANYON: einen Zone des Großraums L.A., der noch nicht zubetoniert ist. Erodierte Felsformationen zu beiden Seiten der Straße, und auf den Hügeln immer wieder Luxusvillen und Schlößchen.

★ VENICE

Südlich von Santa Monica. Das Ortszentrum nicht gerade vom Feinsten: heruntergekommene Hotels, triste Flachdachbauten.

Interessant dagegen Publikum und Atmosphäre am berühmten MUSCLE BEACH (8), dem breiten Sandstrand vor dem Ortszentrum. Sport regiert den Beach: Muskelmänner und -frauen beim schweißteibenden Bodybuilding, jede Menge Plätze für Basketball und Paddle-Tennis. Dazu die Surfer, Rollschuhfahrer, Radler und Jogger. Körperkult in Reinkultur. Keine Angst vor indiskreten Blicken - im Gegenteil.

Vom Strand aus schöner Blick auf die Bucht von Santa Monica. Nach Einbruch der Dunkelheit ist die ganze Gegend allerdings eher zwielichtig, und nach 22.3o der Aufenthalt am Strand sowieso verboten.

SEEPROMENADE (Venice Boardwalk) mit 3 km Länge gilt sie heute als längste Rollschuhbahn der USA. Betrieb ist am Wochenende und im Sommer täglich. Vermietung von Rollschuhen, wer's selber ausprobieren will.

WINDWARD AVENUE, Hauptstraße im Ortszentrum. Sie führt vom Kinney Plaza (im dortigen Postamt Wandgemälde des alten Venice) senkrecht zum Strand. Entlang der Straße u.a. einige Second Hand Shops, - sowie Häuser mit Arkaden. Letztere erinnern an das großangelegte Projekt des Zigarettenfabrikanten Abbot Kinney. Um 19oo begann er, an dieser Stelle eine Art amerikanisches Venedig zu errichten, daher auch der Name "Venice".

Damals war dieser Teil der Pazifikküste und sein Sandstrand noch weitgehend unberührt. Schwarze Arbeitskräfte schufen ein Netz von Kanälen, die als Verkehrswege dienten und auf denen Gondeln fuhren. Am Rand der Kanäle entstanden pompöse Gebäude mit Arkaden, die an "Venedig" erinnern sollten.

Der erhoffte kulturelle kulturelle Aufschwung blieb jedoch aus, und Venice diente lange Zeit als Vergnügungszentrum für die Größen des Show-Business: Bilder aus jener Zeit zeigen Charlie Chaplin im Auto-Scooter und Marlene Dietrich auf einer Rutschbahn. Auf dem Pier feierten die Stars rauschende Feste.

Die Anlage der Kanäle hielt jedoch dem Flutsystem nicht stand. Die Mehrzahl der Wasserwege verkam zur Kloake und wurde 1925 auf Anweisung der Gesundheitspolizei aus hygienischen Gründen zugeschüttet. Zudem hemmte die Weltwirtschaftskrise den weiteren Aufschwung von Venice.

Nach dem II. Weltkrieg war der endgültige Abstieg besiegelt. Orson Welles wählte hier 1957 den passenden Drehort für seinen Film "Touch of Evil" (Im Zeichen des Bösen): Vor der düsteren Kulisse des heruntergekommenen Venice inszenierte er die Atmosphäre einer schmuddeligen mexikanischen Grenzstadt, in der ein fanatischer und selbstgerechter US-Polizist zum Mörder wird. Neben Welles bewegen sich Charlton Heston, Janet Leigh und Marlene Dietrich durch die tristen Arkaden an der Windward Avenue.

Seit den 7o-er Jahren erlebte Venice wieder einen Aufschwung, als es Künstlerkolonie wurde. Zudem wurde der Strand Mode, wo auch Volleyball- Wettkämpfe ausgetragen wurden und sich junge Leute trafen. Der neue Anstrich von Venice war beispielsweise zu sehen in der amerikanischen Version des berühmten Belmondo-Films "Außer Atem": Regisseur Jim McBride drehte hier 1982 "Breathless" (Atemlos) mit Richard Gere und Valerie Kaprisky in den Hauptrollen.

Die schönsten Spuren des alten Venice sind erhalten entlang der Straßen (9) Sherman Canal, Linnie Canal, Howland Canal und Carroll Canal: ein sehenswertes Wohnviertel mit Gärten direkt an den letzten übriggebliebenen Kanälen. Die engen Sträßchen und bogenförmigen Brücken erinnern aber eher an eine holländische Stadt mit Grachten als an Venedig.

Die Kanäle liegen etwa zehn Blocks südlich der Windward Ave. auf der Landseite der Küstenstraße. Erreichbar per Auto über Pacific Ave. oder zu Fuß über die Strandpromenade bis 24th Ave., dann ein paar Blocks ins Landesinnere.

Richtung Süden wird Venice zunehmend nobler. Vor allem rund um das

Hafenbecken der MARINA DEL REY (1o) Luxushotels und vornehme Apartmenthäuser. Marina del Rey rühmt sich, der größte Jachthafen der Welt zu sein: ein Wald von Masten in den zahlreichen Hafenbecken, Zehntausende von Motor- und Segeljachten von der Jolle bis zum millionenschweren Luxusliner. Für Fans des Wassersports eine imposante Parade von allem, was heutzutage auf dem Bootsmarkt zu haben ist.

TRANSPORT

Bus: Von Santa Monica aus mit der "Big Blue Line": Ab Ocean Ave. Linie 1, ab 4th St. Linie 2. Beide ins Zentrum von Venice. Nach Marina del Rey mit Linie 2 bis Lincoln Ave., von dort weiter mit Linie 3. Die Linie 3 fährt ab 4th St. in Santa Monica direkt nach Marina del Rey und weiter zum internationalen Flughafen LAX.

Auto: Von Santa Monica aus einfach Richtung Süden über Ocean Ave. Die Zufahrt zur Muscle Beach im Ortszentrum von Venice über Windward Ave. Nach Marina del Rey über Washington Ave.

★ SOUTH BAY

Südlich von Venice Fortsetzung der Strände an der Santa Monica Bay. Zunächst entlang des Flughafengeländes von LAX, dann weiter an Industrieanlagen und Öltanks vorbei. Bei MANHATTAN BEACH beginnt wieder gepflegtes Strandleben. Kilometerlang aufgereiht die Wochenendhäuser, Seniorenresidenzen und Apartments. Wenig Hotels und Motels, sondern eher Wohn- und Feriengegend der Bewohner von Los Angeles. Überlaufen an Wochenenden und im Sommer.

Richtung Süden werden die Wohngegenden nobler, die Häuser moderner. Die Orte HERMOSA BEACH und REDONDO BEACH gehen praktisch ineinander über. Weiterhin schöne Strände, bis Redondo Beach abrupt an den steilen Felsen der Halbinsel Palos Verdes endet.

TRANSPORT

Bus: Machbar, aber kompliziert und zeitaufwendig. Zu den Stränden von Manhattan Beach bis Redondo Beach ab Santa Monica mit "Big Blue Line" Nr. 3 bis LAX, von dort weiter mit RTD-Bus 439 bis Redondo Beach. Von Downtown L.A. aus über LAX mit RTD-Bus 439. RTD-Busse 225 und 226 fahren ab LAX über die Halbinsel Palos Verdes nach San Pedro.

Auto: Bestes Verkehrsmittel zu den Stränden und auf der Halbinsel Palos Verdes. An den Stränden sind zur Saison allerdings Parkplätze extrem knapp.

★ HALBINSEL PALOS VERDES

Lohnende Fahrt auf dem Palos Verdes Blvd. um die Halbinsel, ca. 2o km. Bei klarem Wetter schöner Blick über die South Bay bis Santa Monica. Gegenüber liegt Catalina Island. Die Straße schlängelt sich oberhalb des Meeres entlang und durchquert immer wieder luxuriöse Villenviertel.

Angenehmer Zwischenstop bei POINT VICENTE: kleiner Park mit Picknicktischen. Von der Aussichtsplattform (ausgestattet mit Fernrohren) sieht man von Dez. bis April Grauwale, die entlang der kalifornischen Küste von Alaska zur mexikanischen Halbinsel Baja California ziehen, wo sie ihre Jungen bekommen.

Pro Saison werden an dieser Stelle ein- bis zweitausend Tiere gesichtet, die relativ dicht an der Küste vorbeischwimmen. Gelegentlich auch Delphine und Seelöwen. Die Chancen, auch bei einem kurzen Aufenthalt Glück zu haben, sind gar nicht so schlecht. Der beste Standort im Raum L.A. zur Walbeobachtung. Kleines Informationszentrum, das per Ausstellung, Karten und Videofilmen Hintergrundmaterial zur Wanderung der Wale liefert. Einzelheiten siehe auch Seite 746.

★ LONG BEACH

Hafen von Los Angeles mit gigantischem Warenumschlag und viel "Big Business" im Ostasienhandel. Downtown Long Beach hat in den achtziger Jahren ein erneuertes Zentrum bekommen: Wolkenkratzer, vornehme Geschäfte und Hotels für Geschäftsleute. Dieser Financial District ist piekfein, sauber und leicht steril.

Der Besuch von Long Beach lohnt sich hauptsächlich wegen des gigantischen Flugbootes "Spruce Goose" und des Luxusliners "Queen Mary".

TRANSPORT

RTD

Metro: Mit der "Blue Line" hervorragende und schnelle Anbindung an Downtown L.A. Fahrzeit knapp 1 Std. (gegenüber ca. 2 Std./Auto). Endstation in Long Beach im "Transit Mall" (1st St./Ecke Pine Ave.), Downtown: 7th Street Metro Center.

Bus: Vom "Transit Mall" aus zahlreiche lokale Busse des "Long Beach Transit" in alle Ecken der Stadt, Fahrpreis o,75 US. Wichtig vor allem die Linie 181 zur "Spruce Goose" und "Queen Mary". RTD-Bus 232 fährt ebenfalls von hier ab zum internationalen Flughafen LAX.

Auto: Im Stadtbereich überflüssig. Wer entlang der Küste unterwegs ist, fährt von der Küstenstraße (Ocean Ave.) aus über Pine Ave. ins Hafengelände und zur "Spruce Goose".

Fähre: Mit "Catalina Cruises" ab Long Beach rüber nach Catalina Island. Der Anleger wenige Blocks von der zentralen Kreuzung Ocean Ave./ Queens Way am Ende des Long Beach Freeway 71o: Catalina Landing Harbor. Preise und Abfahrtszeiten siehe Kapitel "Catalina Island".

SPRUCE GOOSE: ist größte Flugzeug aller Zeiten. Die Flügelspannweite beträgt 97,54 m (im Vergleich dazu beim Jumbo-Jet nur 59,6 m). Baumaterial des Rumpfes: Birkenholz. Angetrieben wurde es von 8 Propellermotoren.

Das Flugzeug steht unter einer riesigen Kunststoffkuppel. Vor dem Einlaß ein ziemlich pathetischer Einführungsfilm. Dann hebt sich der Vorhang und der weiße Flieger taucht in voller Größe auf. Auf einer Rampe steigt man bis zum Cockpit rauf, auf halber Höhe ein Eingang in den kolossalen Rumpf. Auf einer Simulationstafel ein anschaulicher Größenvergleich zwischen der Spruce Goose und anderen Flugzeugen. Bringt die Dimensionen dieser Flugmaschine erst richtig zur Geltung: So paßt z.B. eine vollständige Verkehrsmaschine vom Typ DC-9 unter einen der Flügel des Giganten.

Die Spruce Goose wurde während des II. Weltkrieges vom exzentrischen Millionär und Fliegerei- Fanatiker Howard Hughes konzipiert. Das Flugzeug sollte eines der wichtigsten Probleme der amerikanischen Kriegsführung jener Zeit lösen: den raschen Transport von möglichst viel Truppen und Material zu den verschiedenen Kriegsschauplätzen, insbesondere aber in den pazifischen Raum. Da dort große Airports eher selten waren, dachte Hughes von vornherein an ein Wasserflugzeug oder Flugboot.

Die Planung und Konstruktion des Prototyps "Hercules" nahmen mehrere Jahre in Anspruch. Das Projekt war umstritten, wurde von vielen als Spinnerei eines überspannten Sonderlings abgetan und erhielt den verächtlichen Beinamen "Spruce Goose" (Fichtengans). Doch Hughes ließ nicht locker, auch wenn inzwischen der Krieg vorüber war und das Pentagon die militärische Notwendigkeit eines derartigen Flugzeuges nicht mehr einsah.

Im November 1947 setzte er sich selbst an den Steuerknüppel des fertiggestellten Wasserflugzeuges, das im Hafen von Long Beach lag. Sein erfolgreicher Flug in rund 2o Meter Höhe ging über 1,5 km. Die Flugtauglichkeit war bewiesen, die Eitelkeit von Hughes befriedigt, eine Verwendung für den Flieger gab es aber nicht. So kam er für mehr als drei Jahrzehnte in den Lagerschuppen. Seit 1983 Touristenattraktion.

Als Zugabe rund um das Flugzeug eine Sammlung von rund 4o Oldtimer-Autos aus Amerika und Europa: Raritäten längst verschwundener Firmen der zwanziger Jahre, "Gangster-Limousinen" aus der Zeit der Prohibition, Luxus-Cabrios und ein "Herbie"-Käfer.

Der gesamte Komplex ist täglich von 1o- 18 Uhr geöffnet, Parkgebühr 4 US. Im Eintrittspreis von 17,5o US ist auch der Besuch Mary Queen enthalten.

QUEEN MARY: Stapellauf 1934 und damals das größte Passagierschiff

der Welt. Der Luxusliner liegt heute neben der "Spruce Goose" im Hafen von Long Beach und kann innen besichtigt werden. Zugleich dienen die damaligen 1. Klasse Kabinen und Salons als Hotel.

Gebaut wurde die Queen Mary ab 193o für die Cunard Line. Für den dicht frequentierten Transatlantikverkehr zwischen Southampton/England und New York wurden schnellere und größere Schiffe benötigt. Die Queen Mary war in einer Länge von 3o6 m und 4 Parsons- Turbinen mit je 18o.ooo - 21o.ooo PS konzipiert, für damalige Zeiten eine gigantische Größe.

Wegen der Weltwirtschaftskrise mußten die Arbeiten unterbrochen werden. 1934 fand der Stapellauf statt und nach weiteren Ausbauarbeiten 1936 die Jungfernfahrt nach New York. 1936 erhielt die Queen Mary das Blaue Band für die schnellste Überfahrt, mußte dieses jedoch bald wieder an den franz. Passagierdampfer Normandie abgeben.

An Bord der Queen Mary war Platz für 2.o79 Passagiere, und im wöchentlichen Turnus wurde der Atlantik zwischen Southampton und New York vice-versa überquert.

Nach Ausbruch des II. Weltkrieges wurde die Queen Mary zum Truppentransporter umgebaut: Bis zu 16.ooo Soldaten konnten an Bord u.a. in Hängematten untergebracht werden. Somit war es möglich, ganze Kompanien schnell von einem Kriegsschauplatz zum nächsten zu transportieren. Die Queen überstand übrigens den Krieg ohne jeglichen Torpedotreffer. Grund war einmal ihre hohe Geschwindigkeit, mit der sie jedem anderen Schiff davonfuhr. Zudem wurden die Transportrouten streng geheim gehalten.

Nach Beendigung des II. Weltkrieges mußte die Queen gründlich repariert werden: Entfernung der Tausenden von Kaugummis, Abschleifung der Parkettfußböden, die die Soldatenstiefel beschädigt hatten etc.

Seit 1947 wieder Passagierverkehr nach New York, der anfangs florierte, in den 6o-er Jahren aber stark rückläufig war wegen zunehmender Konkurrenz durch das Flugzeug. Zum Todesstoß wurde ein 6-wöchiger Streik britischer Seeleute, der das Schiff in Southampton festhielt und der Reederei massive Unkosten verursachte. Daher wurde die Stillegung beschlossen, und man suchte einen Käufer für das Mammutschiff.

Dieser war kaum in Sicht: wer wollte ein derart großes und in Betrieb teures Passagierschiff kaufen, das keine Verwendung mehr im Transatlantikverkehr hatte. Als schon fast die Männer mit den Schweißbrennern zur Verschrottung anrückten, wendete sich das Blatt für die "Queen der Weltmeere" doch noch zum Positiven:

1967 kauften die Stadtväter von L.A. die Queen zum Spottpreis von 3,4 Mill. US. Folgende Überlegungen waren kaufentscheidend: San Francisco hat als Wahrzeichen seine Golden Gate Bridge, Paul Getty repräsentierte sich in Malibu mit einer Villa, die einer pompeianischen nachgebaut war, und die alte London Bridge wurde nach Arizona verfrachtet. Warum also sich nicht einen Luxusdampfer zulegen, der als Wahrzeichen für den aufstrebenden Hafen Long Beach dienen könne?

Gesagt - getan: die besten Schiffskabinen wurden vom Hyatt- Konzern in ein 5-Sterne Hotel verwandelt, welches auch als Tagungsstätte dient. 5o Shops und Boutiquen sowie Restaurants wurden integriert und ein Museum. Investitionen, - so meinte man damals, - die sich sicher langfristig durch Hotelgäste und Besucher rentieren würden.

Man rechnete anfangs mit Investitionskosten hierzu von rund 6 Mill. US, - aus denen nach 6 Jahren schon rund 6o Mill. wurden. Offenbar fehlte den damaligen Finanzkalkulatoren das Know How, wie mit "Alten Damen" zu rechnen ist; zumindest Ankäufer von altem Schloßgemäuer wissen, daß deren Unterhalt extrem teuer ist...

Außerdem sanken die Besucherzahlen von anfangs 1,4 Mill. pro Jahr auf 45o.ooo bei weiter sinkender Tendenz, und das Schiff entwickelte sich zunehmend als Dollargrab.

Seit Ende der 7o-er Jahre wurde nach Lösungen gesucht und in der Lokalpresse diskutiert. Ein Leser meinte: "Versenkt sie!", - andere Stimmen schlugen vor, die Schiffskabinen in einen Massagesalon zu verwandeln, oder gar den gesamten Pornobetrieb der Hafenstadt Long Beach aufs Schiff zu verlagern (dort sei er komplett unter Kontrolle). Auch kam der Vorschlag, die Queen in einen riesigen Spielsalon zu verwandeln, wovon aber die Stadtväter von Long Beach wenig begeistert waren, da sie genügend Probleme im Haus hatten und diese nicht durch eine eventuelle Maffia-Übernahme des Schiffes zusätzlich steigern wollten. Auch der Verkauf stand zur Diskussion, wobei sich auch ein Scheich meldete. Allen 4o Interessenten war aber der geforderte Preis von 4o Mill. US zu teuer.

1978 übernahm dann die Wrather Company (eine Hotel- und Erdölfirma) das Schiff. Sie investierte weitere 5o Mill. US, wobei nicht nur die Teppiche im Schiff erneuert wurden, sondern auch die besten Köche für die Top- Restaurants an Bord verpflichtet wurden etc. und der Kommerzkomplex "Spruce Goose" & "Queen Marry" entstand. Als trotzdem keine befriedigenden Gewinne erreicht wurden, fand sich 1988 die Walt Disney Company als Pächter. Auch sie konnte bisher keine schwarzen Zahlen erwirtschaften. Man wird sehen, wie es weitergeht.

BESICHTIGUNG DER QUEEN MARRY: In den frei zugänglichen Räumen an Bord interessante Ausstellungsstücke zur Geschichte der Passagierschiffahrt sowie zum Leben auf dem Schiff. Zu sehen sind auch die prunkvollen Säle für Theateraufführungen und Bälle. Führungen in den Maschinenraum und auf die Kommandobrücke.

Vom Promenadedeck des riesigen Schiffes schöner Blick über den Hafen und auf die Skyline von Long Beach. Dort gibt es auch Luxusrestaurants, in denen es sich abends mit Blick auf die Lichterkette von Long Beach stilvoll (aber auch teuer) dinieren lässt. Wer länger bleiben will, quartiert sich im Hotelsektor des Schiffes ein, Details siehe unser Kapitel "Hotels".

SHORELINE VILLAGE: gegenüber der Queen Mary und durch ein Hafenbecken getrennt. Ein nicht ganz geglückter Versuch, in Long Beach wieder traditionelle Hafenatmosphäre herzustellen. Holzbuden, Kneipen und Restaurants machen eher den Eindruck einer Filmkulisse. Jedes Jahr im April kommt richtig Leben in diesen Teil des Hafens, wenn der Formel I Grand Prix von Long Beach stattfindet.

Ein witziger Nebeneffekt am Rande: Die Palmen auf den Inseln im Hafen von Long Beach haben doppelten Nutzwert: einmal gaukeln sie "Südsee-Athmosphäre" vor, zum anderen verbergen sie mehr oder weniger geschickt die dahinter liegenden Ölplattformen. Eine Kulisse im Hollywood-Stil für besseres Hafenimage.

LONG BEACH- DOWNTOWN: hier lohnt im Zentrum ein kurzer Bummel über PINE AVENUE: Zwischen 1st und 5th Street mehrere gut restaurierte Geschäftshäuser, Bankgebäude und Art-Deco Fassaden. Sie geben eine Vorstellung davon, wie Long Beach in den zwanziger und

dreißiger Jahren ausgesehen hat.

Nicht weit entfernt das LONG BEACH MUSEUM OF ART, 23oo Ocean Ave. Untergebracht in einem restaurierten Gebäude aus dem Jahr 1912. Hauptsächlich Zeichnungen und Gemälde deutscher Expressionisten. Dazu wechselnde Ausstellungen zeitgenössischer kalifornischer Künstler. Häufig Beispiele von Videokunst: Künstler bringen per experimenteller Collage, Dokumentarfilm oder Farbkomposition ihre Weltsicht auf dem Bildschirm zur Anschauung. Geöffn. Mi.-So. von 12-17 Uhr, Eintritt frei.

Long Beach ist am einfachsten zu besuchen per Tagesausflug mit der Metro ab Downtown L.A. Ansonsten lohnt die Hotelsuche lohnt nur für Leute, die sowieso entlang der Küste mit dem Auto unterwegs sind, bzw. stilvoll in den 1. Klasse- Kabinen der Queen Mary übernachten wollen.

"**Hyatt Regency**", 2oo S. Pine St. Nähe Shoreline Village und der Queen Mary. Zentral und ruhig gelegen, umgeben von einer Lagune. Das Hotel überragt die gesamte Hafengegend bei entsprechendem Rundblick: Aus fast allen Zimmern weiter Blick über Hafen und Downtown. Luxuriöse große Zimmer hinter getönten Scheiben. DZ je nach Größe 215- 28o US. Tel. 491-1234.

"**Passagierschiff Queen Mary**", heißer Tip für Freunde der Nostalgie von Luxuslinern. Die besten (1. Klasse-) Kabinen wurden stilgerecht renoviert und sind meist sehr geräumig. Angst vor Seegang braucht niemand mehr zu haben, da das riesige, 3oo m lange Schiff zusätzlich durch eine rund umlaufende Mole geschützt ist. An Bord feudale Luxusrestaurants, ebenfalls liebevoll restauriert. Die Übernachtung ist mit ca. 12o US/ Doppelbett- Kabine zudem noch relativ preiswert.

"**Appleton Place**", 935 Cedar Ave. Bed & Breakfast. In Wohngegend ca. 1o Blocks vom Hafen. Kleines rosa Haus mit 5 Gästezimmern. Gemütlicher Frühstücksraum mit langem Holztisch. Zimmer unterschiedlich groß und möbliert, z.T. mit Antiquitäten. Ist niemand da, einfach das versteckte Telefon an der Eingangstür benutzen, verbindet mit den Eigentümern. DZ ca. 75 US. Tel. 432-2312.

"**Lord Mayor's Inn**", 435 Cedar Ave. Bed & Breakfast. Ehemaliges Haus eines Bürgermeisters von Long Beach, erbaut 19o4. Etwa fünf Blocks vom Hafen. 5 Gästezimmer, sehr stilvoll. In der Eingangshalle ein Flügel. Terrassen fürs abendliche Klönen. Parkmöglichkeit. Jedes Zimmer mit besonderer Ausstattung. DZ ca. 85 US. Tel. 436-o324.

"**Travelodge**", 8o Atlantic Ave. Im Zentrum von Downtown. Nähe "Transit Mall", dem Knotenpunkt des öffentl. Verkehrs. Gepflegtes Motel, Zimmer funktional eingerichtet mit Kühlschrank. DZ ca. 6o US. Tel. 435-2471.

"**Econolodge**", 15o Alamitos Ave. Günstig gelegen in Downtown. Nicht weit von der Metro-Endstation, auch per Auto schnell zum Hafen und zur "Queen Mary". Einfaches Motel. Kaffee und Morgenzeitung gratis. DZ je nach Saison ab 5o US. Tel. 435-7621.

"AYH-Hostel Los Angeles International", 36o1 s. Gaffey St., Building 613, im Stadtteil San Pedro. Tel. 831-81o9. Weit außerhalb in schöner und ruhiger Lage im Angel's Gate Park. Pro Person ca. 8 US.

★ ORANGE COUNTY

Südöstlich der City von L.A. eine schier endlose Aneinanderreihung von Vororten und Wohngebieten, das klassische amerikanische Suburbia: kilometerlange, schnurgerade Straßen, gesäumt von Motels, Tankstellen, Drive-ins und Shopping Centers. Neon-Reklame am Straßenrand und Chuck Berry im Autoradio machen das Bild komplett: Leben heißt zum großen Teil Autofahren in den Vorstädten von Los Angeles.

Im Häusermeer von Orange County zwei größere Attraktionen: Disneyland in Anaheim sowie die Orange County Coast, beliebte Strände und Badeorte entlang der Küste südlich von Long Beach.

Tourist INFO Im Convention Center von Anaheim, 800 Katella Ave., Nähe Disneyland.

Vorwahl für Anaheim und den Rest von Orange County: 714. Gespräche nach Downtown L.A. und Hollywood nur per Vorwahl 213, nach Beverly Hills und in die Vorstädte entlang der Pazifikküste von Malibu bis Long Beach per Vorwahl 310.

Anaheim

Seit Mitte der fünfziger Jahre eine Art Pilgerstätte für die Bewohner von L.A., Kinder aus den gesamten Vereinigten Staaten und Touristen aus aller Welt. Ziel des Massenandrangs ist ein Vergnügungspark, den ein gewisser Walt Disney 1955 mitten in den Orangenplantagen von Orange County errichtete und der sich sofort zu einem nie dagewesenen Publikumsrenner entwickelt hat:

DISNEYLAND: Man nehme einen Rummelplatz und einen Märchenpark, addiere jede Menge Fast-Food Restaurants und Souvernirläden, garniere alles mit vielen bekannten Comic-Figuren, etwas Popcorn, Ketchup und Cola - und fertig ist Disneyland.

Perfekte Organisation, totale Sauberkeit und geschickte Publicity taten ein übriges, um den Park bekannt und populär zu machen (weiter "Disneylands" übrigens in Orlando/Florida, in Paris und Tokyo).

Geboten werden Geisterbahn und Achterbahn, viel verklärte amerikanische Geschichte, Karussellfahrten in Mickey Mouse Atmosphäre, simulierte Fahrten im U-Boot oder Raumschiff, Märchenfiguren und viel Phantasie. Das ganze ist abwechslungsreich und doch irgendwie künstlich, steril, naiv. Insgesamt ein harmloses, eher hausbackenes Vergnügen für Familien mit Kindern unter zwölf Jahren.

Geöffnet je nach Jahreszeit von 9- 20 oder 9- 24 Uhr. Eintritt 27,50 US, für Kinder 22,50 US. Parkplatz 4 US extra. Dafür sind alle Fahrten und Karrussells im Park frei. An Wochenenden und zur Ferienzeit ist der Andrang allerdings unbeschreiblich, Schlan-

gestehen ist dann die Hauptbeschäftigung. Wartezeiten über eine Stunde selbst bei weniger beliebten Fahrten keine Seltenheit.

Adresse: 1313 Harbor Blvd. Zu erreichen per Auto ab Downtown L.A. über Santa Ana Fwy. 5 bis Abfahrt Harbor Blvd. Ebenfalls ab Downtown RTD-Bus 460, braucht ca. 1,5 Std. Schneller sind die Greyhound-Busse ab Terminal Downtown, die zur Greyhound Station in Anaheim fahren (2080 Harbor Blvd., Nähe Parkeingang von Disneyland).

Auf seinem Weg nach Disneyland hält der RTD-Bus 460 an einem weiteren Vergnügungspark: KNOTT'S BERRY FARM, 8039 Beach Blvd. rund 7 km nordwestlich von Disneyland. Jahrmarkt-Atmosphäre und spektakuläre Karrussells. Preise und Konditionen ähnlich wie Disneyland.

Der Erfolg des Show-Business in Disneyland ließ auch Amerikas Fernsehprediger nicht ruhen. Nach jahrelanger Kampagne um finanzielle Unterstützung entstand nicht weit vom Vergnügungspark die CRYSTAL CATHEDRAL, ein futuristischer Kirchenpalast aus Glas und Metall. Nicht unbedingt ein Beispiel dafür, daß der Glaube Berge versetzen kann, sondern eher für die suggestive Macht der TV-Evangelisten.

Die Kirche erinnert in ihren Dimensionen an eine Sportarena. Galerien in der Größe von Zuschauertribünen, gewaltige Orgeln, an der Decke gebündelte Lautsprecher. Von der Architektur her die absolut passende Kirche zum postmodernen Stil der Hochhäuser in L.A. Im Garten ein Spazierweg, der dem "Walk of Fame" in Hollywood nachempfunden ist. Hier allerdings keine Star-Namen, sondern Hunderte von Bibelsprüchen in die Platten eingelassen: Glaube als Show-Business.

In der Crystal Cathedral zelebriert Amerika die Kirche des 21. Jahrhunderts. Inzwischen wöchentliche Fernsehübertragungen der Gottesdienste in alle Teile der USA und per Satellit in viele Länder Europas. Am Sonntagmorgen bis zu 6 Gottesdienste hintereinander. Häufig sind Opern-Stars als "special guests" zugegen und sorgen für die klangliche Kulisse. Laien erzählen von der Kanzel von ihren Bekehrungen, Heilungen oder Wundern, die offenbar nicht nur in Anaheim und Umgebung an der Tagesordnung sind.

Die Hauptrolle in der Kirchen-Show spielt Robert Schuller, "senior pastor" und der Mann, der durch visionäres und publicity-wirksames Auftreten das Geld für den Kolossalbau zusammengetrommelt hat. Wenn er in Anaheim seine Auftritte hat, ist der Andrang besonders groß. Mit dem Mikrofon in der Hand vermittelt er seine religiösen und moralischen Wahrheiten und erinnert dabei in Auftreten und Formulierung nicht zufällig, sondern ganz bewußt an die Show-Master des amerikanischen Fernsehens. Christentum aufbereitet für die TV-Generation.

Die Kirche als Show Business ist keine exzentrische Laune der wohlhabenden Bürger von Orange County, sondern ein amerikanisches Phänomen, dem man vielerorts begegnet und das immer mehr Zuspruch findet. Über eigene Fernsehsender und Programme rund um die Uhr werden ungeheure Geldmittel lockergemacht. Crystal Cathedral ist der Repräsentationsbau der Bewegung, die bereits dabei ist, weitere Projekte dieser Art in Angriff zu nehmen.

Adresse: 12141 Lewis St. Per Auto ab Disneyland leicht zu erreichen: Über Harbor Blvd. Richtung Süden, dann links ab den Schildern folgen.

Anaheim und Disneyland sind bequem als Tagesausflug von Downtown L.A. aus zu besuchen. Wer länger bleiben will: rund um den Vergnügungspark ein vollständiges Hotelviertel mit Dutzenden preiswerter Motels ab 4o US bis zu den Filialen der Luxus-Hotelketten wie Hyatt oder Hilton, wo der Preis fürs DZ um 2oo US liegt.

Hotelsuche ist für Autofahrer kein Problem: Entlang Harbor Blvd. und den angrenzenden Straßen eins neben dem anderen. Auch wer mit dem Greyhound-Bus ankommt, hat keine Schwierigkeiten: Auf dem kurzen Stück zwischen Terminal und Parkeingang über ein Dutzend Hotels und Motels.

"AYH Fullerton Hacienda", 17oo N. Harbor Blvd. Ca. 4 km nördlich von Disneyland an der gleichen Straße. Resevierung unbedingt ratsam, da geringe Kapazitäten. Tel. 738-3721.

Orange County Coast

Die schönen Strände von Orange County sind an Wochenenden und im Sommer hoffnungslos überlaufen. Kilometerlange Strandabschnitte in Huntington Beach und Newport Beach, eher kleine und verträumte Buchten mit Sandstrand in Laguna Beach. In dichten Reihen stehen die Ferienhäuser an der Küste und im Landesinneren.

TRANSPORT entlang der ORANGE COUNTY COAST

Auto: Von Anaheim aus über den schnurgeraden Harbor Blvd. bis Newport Beach. Von dort aus nach Süden oder Norden immer entlang der Küstenstraße Pacific Coast Hwy. An Wochenenden allerdings eine einzige Blechlawine, extremer Mangel an Parkplätzen und scharfe Kontrollen mit schnellem Einsatz von Abschleppwagen gegen Parksünder.

Bus: Entlang der Küste zwischen Long Beach und San Clemente ca. halbstündig Bus Nr. 1 des "Orange County Transit District" (OCTD).

Fähre: Ab Newport Beach beste und schnellste Fährverbindung nach Catalina Island. Abfahrtszeiten und Preise siehe "Catalina Island".

SURFEN ist nach wie vor Hauptbeschäftigung an der Küste des Orange Country. Zu Beginn des 2o. Jhs. schwappte die Surf-Welle von Hawaii nach **HUNTINGTON BEACH**/Kalifornien. Noch heute ist der Strand vor allem bei jugendlichen Surfern sehr beliebt, obwohl das Hinterland eher abstoßend ist: Industrieanlagen, Hochspannungsmasten, Ölpumpen. Den Bade- und Surfbetrieb scheint das wenig zu stören. An Sommerabenden viel Stimmung bis spät in die Nacht hinein.

HUNTINGTON INTERNATIONAL SURFING MUSEUM (411 Olive

Ave. in der Nähe des Piers): dokumentiert die Geschichte des Surf-Sports. Zu sehen sind Surfbretter, Trophäen und anderen Utensilien, sowie eine Galerie der berühmtesten Surfer. Geöffn. tägl. von 12- 17 Uhr.

NEWPORT BEACH: Ein schmucker Küstenort auf und in der Nähe der Balboa-Peninsula. Die Halbinsel verläuft parallel zur Küste und bildet dadurch einen idealen Naturhafen. Von hier aus Abfahrt der Personenfähre nach Catalina Island. Der breite Sandstrand ist gesäumt von mehreren Reihen Villen und Ferienhäusern.

Am meisten los ist zwischen NEWPORT PIER und der Spitze der Halbinsel. Auch hier sind Beach-Life, Surfen, Sport und "California Dreaming" großgeschrieben. Das Gedränge an Sommerwochenenden ist unbeschreiblich. Schöner Spazierweg entlang des Jachthafens: auf der einen Seite die Schiffe, auf der anderen schöne Häuser im skandinavischen und holländischen Stil.

NEWPORT HARBOR ART MUSEUM (im leicht futuristisch anmutenden Stadtzentrum): Moderner Museums-Flachbau mit wechselnden Kunstausstellungen, die in der Regel hochkarätig sind. Die Bewohner von Newport Beach gehören nicht gerade zu den Armen und leisten sich hier regelmäßig einen außergewöhnlichen Kunstgenuß. Am besten vorher anrufen und nach der aktuellen Ausstellung fragen, damit sich der weite Weg lohnt. Tel. 759-1122. Vom Garten hinter dem Museum ein schöner Blick hinunter zur Küste und an klaren Tagen bis Catalina Island. In der anderen Richtung zu den San Gabriel Mountains.

Geöffn. Di-So von 1o-17 Uhr. Eintritt 5 US, Di gratis. Nur per Auto zu erreichen über den Pacific Coast Hwy. Richtung Süden; links ab in die Jamboree St., dann rechts in die Sta. Barbara St., dort gleich links in San Clemente Dr.

LAGUNA BEACH: schönster Badeort an der Küste von Orange County, liegt südlich von Newport Beach. Zwischen beiden Orten schöne, leicht hügelige Landschaft. Für ein paar Kilometer hört hier die dichte Bebauung auf. Die Straße oberhalb der Steilküste mit Ausblicken aufs Meer und die kleinen Buchten. Beste Sicht am Aussichtspunkt "Reef Point", etwa auf halber Strecke.

Der Ort selbst auf Hügeln über dem Meer. Palmenalleen und eine Luxusvilla an der anderen. Ca. 1km hinter dem nördlichen Ortseingang lohnt ein kurzer Abstecher zum "Vista Point": Phantastischer Blick übers Meer, auf die Stadt und die kleinen Sandbuchten. Die Strände sind klein und romantisch, im Sommer natürlich ebenfalls überfüllt. Oft nur zu erreichen über enge Stichstraßen oder steile Treppen.

Hotels sind rar an dieser Küste, die hauptsächlich von Tagesausflüglern aus L.A. sowie den Besitzern der Ferien- und Wochenendhäuser lebt. Im Sommer und an Wochenenden nur mit viel Glück oder äußerst langfristiger Reservierung ein Zimmer aufzutreiben. Die Preise entsprechend hoch. Im

Grunde nur zu empfehlen während der Nebensaison.

"**Portofino Beach Hotel**", 23o6 West Oceanfront Ave., Newport Beach. Tel. 673-7o3o. Direkt am Strand, nähe Newport Pier. Im mexikanischen Stil. Sonnenterrasse, familiäre Atmosphäre. Zimmer in unterschiedlicher Größe und Ausstattung. DZ je nach Größe und Saison ab 1o5 US.

"**Balboa Inn**", 1o5 Main St., Newport Beach. Absolut zentral und direkt am Strand. Sehr ruhig. Gebäude im mexikanischen Stil. Zimmer sehr gepflegt, allerdings relativ klein, einige mit Meerblick. DZ ab 1oo US, im Sommer Minimum 13o US. Tel. 675-3412.

"**Eiler's Inn**", 741 S. Coast Hwy., in Laguna Beach. Bed & Breakfast. Zentral an der Hauptstraße, nicht weit vom Meer. Verwunschener, mit Palmen bestandener Innenhof. Die meisten Zimmer ruhig nach hinten, Größe und Ausstattung unterschiedlich. DZ ca. 1o5 US.

"**Hotel Laguna**", 425 S. Coast Hwy., Laguna Beach. Weißer Hotelklotz an der Hauptstraße oberhalb des Meeres. Zimmer zum Garten, einige mit schönem Blick aufs Meer. DZ ab 9o US, in der Hauptsaison ab 1oo US. Tel. 494-1151.

"TALE OF THE WHALE", 4oo Main St., Newport Beach. Nähe Balboa Pier. Großes Lokal in typischem Holzhaus. Durch Unterteilung in einzelne Räume gemütlich. Rustikal eingerichtet, z.T. Ledersofas. Blick auf den Jachthafen. Frühstück ab 4 US, Fischgerichte ab 7 US.

"BRITTA'S CAFE", 2o5 Main St., Newport Beach. Klein und gemütlich. Rustikal eingerichtet mit karierten Tischdecken. Freundlich-familiäre Atmosphäre. Kleine Gerichte 4-6 US. Ideal für ein Frühstück vor Abfahrt der Fähre nach Catalina Island.

"CHICAGO PIZZERIA", 1o6 Main St., Newport Beach. Am Balboa Pier. Einfache Pizzeria. Pizza ab 6 US, rund zwanzig Biersorten aus aller Welt im Angebot.

"NEWPORT OYSTER BAR", 21o3 Ocean Front Ave., Newport Beach. Schicke Bar mit Restaurant. Schwarz-weiß gestylt. Yuppie-Publikum und entsprechende Preise für hervorragende Austern und Fischgerichte.

"THE OLD SPAGHETTI FACTORY", 211o Newport Blvd., Newport Beach. Von außen nüchternes Gebäude, im Innern jede Menge Kunst und Kitsch aus amerikanischer Vergangenheit und Gegenwart. Die richtige Adresse für preiswertes Essen: Tagesmenü inkl. Vor- und Nachspeise schon ab 5 US. Spezialität: Nudelzubereitungen.

SELBSTVERSORGER

"DORY FLEET MARKET", morgendlicher Fischmarkt direkt am Newport Pier. Hölzerne Verkaufsbuden. Fische und Schalentiere werden hier absolut frisch angelandet und auf Wunsch auch ausgenommen und zerlegt. Die Kooperative ist angeblich die letzte Fischerflotte in den USA, die noch mit den kleinen Booten vom Typ "Dory" auf Fang geht. Bei rauhem

Wetter auch heute noch risikoreich.

"LUCKY FOOD CENTER", Balboa Blvd./Ecke 32nd St., Newport Beach. Ca. 5 Blocks vom Balboa Pier. Supermarkt und Bäckerei mit passablem Weißbrot. Kleine Salatbar. Geöffn. tägl. von 8- 24 Uhr.

SPORT

Surfen: Das Surf-Fieber an den Stränden von Orange County ist ungebrochen. Im Sommer sowieso, wenn die Surfer zu Tausenden ihre Wellen reiten. Aber selbst im Winter oder wenn das Meer total ruhig ist, lassen sich viele nicht abhalten, paddeln in der Brandung herum und versuchen, auch noch die kleinste Welle zu erwischen. Bei solchem Seegang ideale Bedingungen für Anfänger: Mal ein Brett leihen (jede Menge Shops am Strand) und einige erste Stehversuche. Durch einen Blick nach links oder rechts lernt man, wie's geht. Angenehmes Lernklima, denn die Cracks kommen erst bei Superbrandung aus ihren Kneipen.

Fahrrad: Kilometerlanger Fahrradweg von Huntington Beach bis zur Spitze der Balboa Peninsula in Newport Beach. Asphaltiert, immer am Strand entlang. Kein Auto stört, man kurvt lediglich um die Skateboard-Fahrer herum. Schönes und ungewohntes Stranderlebnis. Verleih in der Nähe der Piers.

Rollschuh und **Skateboard**: Perfekte Bedingungen entlang des Fahrradweges zwischen Huntington Beach und Newport Beach. Geeignet allerdings nur für Könner, die mit ihrem Gerät umgehen können. Viel Betrieb erfordert perfekte Fahrkünste. Schon das Zuschauen macht aber Spaß und ist ein Spektakel für sich.

★ Catalina Island

Größte Insel vor der kalifornischen Küste. Sie ist bergig, fast überall Steilküste, kaum besiedelt und Naturschutzgebiet. Haupt- und Hafenort ist das malerische Nest AVALON. Es gibt Unterkünfte, Restaurants. Außerdem lohnt die Insel für Wanderungen.

Schöner Tagesausflug, aber auch gut geeignet für ein paar Tage Abgeschiedenheit nach einer Woche Großstadtgetriebe in L.A. Wenn nachmittags die Fährschiffe ablegen, wird es beschaulicher.

Fähre: Ab Newport Beach: Mit "Catalina Flyer", einem schnellen Katamaran. Fahrzeit 9o Min. Tickets im Büro, 4oo Main St. Abfahrt Newport Beach 9 Uhr, zurück ab Insel Catalina 16.3o Uhr. Fahrpreis ca. 28 US. Reser vierung ist an Wochenenden ratsam: Tel. 714-673-5245. Kein Autotransport, aber großer Parkplatz am Balboa Pier, 6 US pro Tag.

Abwechslungsreiche Überfahrt. Zunächst gehts durch den Hafen von Newport Beach mit seinen Luxusvillen und davor dümpelnden Jachten.

Zwischen Dez. und April sieht man während der Fahrt u.U. Wale, sie ziehen entlang der Küste zu ihren Paarungsplätzen in Baja California.

Ab Long Beach: Mit "Catalina Cruises", Details zum Liegeplatz siehe Kapitel "Long Beach". Abfahrt 9 Uhr, zurück ab Insel Catalina 17 Uhr. An Wochenenden und in der Hochsaison weitere Abfahrten. Dann möglichst reservieren: Tel. 31o-253-98oo. Fahrpreis knapp 3o US.

Fährhafen auf der Insel ist der Ort AVALON.

Avalon (ca. 1.7oo Einw.): kleines Hafenstädchen, das sich malerisch die Hügel raufzieht, mediterranes Ambiente. Das Klima ist weitaus milder als auf dem Festland: im Winter nicht so kalt, im Sommer weniger heiß und von daher eigentlich insgesamt sehr angenehm.

Der Ort ist voll auf Ausflugstourismus eingestellt, im Sommer viel Betrieb. Restaurants und Shops. Abends, wenn das letzte Schiff den Hafen verlassen hat, kehrt Ruhe ein.

Auch wenn es Auto- und Fahrradvermietung gibt, erkundet man den Ort am besten zu Fuß, wofür rund 1 Std. ausreicht. Von den oberen Straßen des Ortes guter Blick auf Hafen und rüber zum Festland.

CASINO: protziger Rundbau bei der Hafeneinfahrt. Erbaut 1929 traten hier u.a. Größen wie Benny Goodman auf, heute genutzt für Feste sowie Theater- und Kinoaufführungen.

WRIGLEY MEMORIAL GARDEN: etwas außerhalb von Avalon, aber noch problemlos zu Fuß zu erreichen. Heute ein öffentlich zugänglicher, Botanischer Garten mit vielen Kakteen und endemischen Pflanzen der Insel. Darüber das Monument zu Ehren des Kaugummikönigs William Wrigley, dem seit 1919 große Teile der Insel gehörten und der ihre Entwicklung und Öffnung für den Tourismus förderte.

William Wrigley jr., rangiert heute in Liste der reichsten Amerikaner auf Platz 115 (direkt hinter Roy E. Disney, dem Hauptimhaber des Disney Imperiums) und besitzt schlappe 595 Millionen US.

William Wrigley/Großvater hatte vor 1oo Jahren als kleiner Handelsvertreter für Backpulver die Idee, einen Streifen Gummi beizulegen, damit das Backpulver sich besser verkaufen ließe. Zu seinem Erstaunen bestand jedoch mehr Interesse am Kaugummi, so daß er 1892 eine Fabrik in Chicago gründete. Damals bereits wurden die Wrigleys 5 Stückweise verpackt und gehörten bald (ähnlich wie Jeans und Cola) zum American Way of Life, - wohl der größte Ruhm, den ein US-Produkt erreichen kann.

Heute ist Enkel William Wrigley der größte Kaugimmiproduzent der Welt (14.ooo Tonen jährl. und 1,2 Milliarden US Umsatz). Auf seinen Parties, so wird berichtet, dürfen die Gäste beliebig Kaugummi kauen und Blasen knallen lassen, dies gilt nicht als unanständig. Verboten ist aber das Festkleben von Kaugummi unter dem Tisch, an Schränken etc. und das Ausspucken von Kaugummi auf Perserteppiche etc.

Geöffn. ist der Wrigley Memorial Park tägl. von 8- 17 Uhr, Eintritt 1 US.

Catalina Ave./Ecke Crescent Ave., Tel. 51o-2ooo.

Vorwahl 31o. Ortsgespräche nach Long Beach sowie in die nördlich davor liegenden Küstenorte bis Malibu. Nach Hollywood und Downtown L.A. nur per Vorwahl 213, Orange County per 714.

Sumner Ave.

Die angegebenen Tarife sind nur grobe Anhaltspunkte, die Preise schwanken extrem je nach Saison und Buchungslage. Wochenenden meiden.

"**Garden House Inn**", Claressa Ave. Bed & Breakfast. 9 Zimmer in eleganter Atmosphäre. Garten, Terrasse mit Meerblick. Zimmer teils mit antiken Möbeln. DZ ab 14o US. Tel. 51o-o356.

"**Vista del Mar**", Crescent Ave. Direkt am Hafen, Zimmer nach vorn mit schönem Blick. Komfortabel ausgestattet, manche Zimmer mit Kamin. DZ ab 1o5 US. Tel. 51o-1452.

"**Zane Grey Pueblo**", Chimes Tower Rd. Weit den Berg hinauf, oberhalb des Casinos. Gebaut im etwas entfremdeten Baustil der Pueblo-Indianer. Großartiger Blick auf Bucht und Berge, absolut ruhig. Zimmer eher einfach, verteilt auf mehrere Gebäude. Große Sonnenterrasse, SW-Pool. 1926 erbaut vom Schriftsteller Zane Grey. DZ 55-135 US. Tel. 51o-o966.

"**Glenmore Plaza**", Sumner Ave., 51o-oo17. Im Zentrum von Avalon. Typische Inselarchitektur, Holzbau mit kleinen Erkern und Terrasse. Gemütliche Lobby mit Ohrensesseln. Zimmer klein und freundlich mit Sitzecke. DZ 75-11o US.

"**Catalina Lodge**", Sumner Ave. Etwas abseits vom Zentrum. Flachbau im Motel-Stil. Ruhig. Zimmer klein und einfach eingerichtet. DZ 6o-9o US. Tel 51o-1o7o.

"**Hotel Catalina**", Whitley Ave. Blau-weißes Holzgebäude oberhalb des Hafens. Treppen, Balkons, Flure - alles etwas verwinkelt. Veranda mit Schaukelstühlen. Einige Zimmer mit Blick auf den Hafen. Eingerichtet mit Korbmöbeln. DZ ab 65 US. Tel. 51o-oo27.

"**Atwater Hotel**", Sumner Ave. Großes Hotel mit rund 1oo Zimmern. Im Zentrum und Nähe Hafen. Zimmer mit und ohne Privatbad. Preisgünstigste Alternative in Avalon. DZ ab 37 US. Tel. 51o-25oo.

"Hermit Gulch", ca. 2 km von Avalon im Innern der Insel. Zu erreichen über Avalon Canyon Rd. Getränkeautomaten, Picknicktische und einfache sanitäre Einrichtungen (heiße Duschen per Münzapparat). Pro Person 7 US. Guter Ausgangspunkt für Wanderungen. Für Sommerwochenenden langfristig reservieren, Tel. 51o-o866.

Weitere Campingplätze im Inselinnern, entlang der Wanderwege. Sie sind sehr basic ausgerüstet, fließend Wasser vorhanden. Kostenlose Camp-Erlaubnis nötig. Einholen bei L.A. County in Avalon, Tel. 51o-o688.

Regionale Spezialitäten: SALT WATER TAFFY, toffee-ähnliche Bonbons. Weich oder hart, nicht übermäßig süß und mit leichtem Salzwassergeschmack. Erhältlich in den Läden am Hafen.

"SOLOMON'S LANDING", Crescent Ave./Ecke Marilla Ave. Mexikanische Küche, stark amerikanisiert. In nachempfundenem mexikanischen Ambiente mit Patio und verwinkelter Architektur. Terrasse mit Hafenblick. Sandwich um 7 US, Hauptgerichte (auch Fisch) ab 1o US.

"MR. MING'S CHINESE GARDEN", Sumner Ave. Zwei Speisesäle, einer mit Fast-Food Ambiente, der andere gegpflegter. Preiswerte chinesische Küche, große Portionen. Hauptgerichte ca. 7 US, Fisch etwas teurer. Komplettes Tagesmenü ab 12 US.

"ARMSTRONG'S", Crescent Ave. Direkt am Hafen mit Terrasse, auf der die Möwen landen. Blick auf den Hafen auch vom Innenraum. Gemütlich im Holzhaus, aufgemacht als Fischerkneipe mit Anglerfotos und Fischattrappen an den Wänden. Hervorragende Fischgerichte, Muscheln und Austern. Wechselnde Angebote je nach Fang. Hauptgerichte ab 8 US.

"CAFE PREGO", Crescent Ave. Italienisches Lokal mit weißen Möbeln und karierten Tischdecken. Korbflaschen an den Wänden. Gemütlich in verschiedenen kleinen Räumen. Teure, aber ausgezeichnete Nudel- und Fischgerichte um 15-2o US.

SELBSTVERSORGER

"VONS", Metropole St. Gut sortierter Supermarkt. - "AVALON BAKE SHOP", Catalina Ave. Weißbrot und Kuchen.

INSELTRANSPORT

Auf der Insel Catalina kaum Autoverkehr, hauptsächlich zweisitzige Mini-Autos (Vermietung in Avalon). Selbst der Sheriff kurvt mit einem solchen Gefährt über die Insel: ein köstlicher Anblick, das schwarzgestrichene Freizeitmobil mit Blaulicht.

Schon am Ortsrand von Avalon hört der Verkehr praktisch auf. Hier beginnen einige schöne Wanderungen durch das menschenleere Landesinnere.

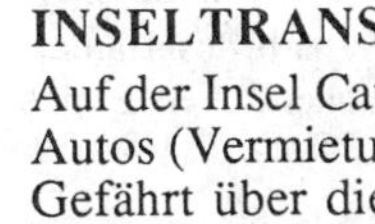

SPORT

Schöne Touren durch das Innere der Insel. Nur auf markierten Routen und Trails. Nur Mountain-Bikes erlaubt (und sinnvoll). Helm ist Pflicht. Außerhalb der Ortsgrenzen ist eine Genehmigung erforderlich (siehe Wandern). Verleih: BROWN'S BIKES, 1o7 Pebbly Beach Rd. 5-Gang Fahrrad 15 US pro Tag (nur für Stadtverkehr), Mountain Bike 25 US. Schließfächer für Gepäck im Laden vorhanden.

Golf: Attraktiver Golfplatz im Avalon Canyon. Beginnt am Ortsrand und erstreckt sich durchs hügelige Gelände. Alter Baumbestand, viele Palmen. 9 Löcher. Ausrüstung auch für Gäste zu leihen.

Tauchen: Einige gute Tauchgründe rund um die Insel. In der Regel nur per Boot erreichbar. Info und Ausrüstung am Pier in Avalon.

Wandern: Schöne Hikes durch die Bergwelt und oberhalb der Küste. Reizvoll auch wegen der fremdartigen und unbekannten Vegetation. Viele Pflanzen auf Catalina sind endemisch und äußerst selten. Auch alle Tiere sind geschützt. Auf der Insel lebt u.a. eine beträchtliche Anzahl wilder Büffel, die 1924 für Aufnahmen zum Film "The Vanishing American" hergebracht wurden und sich inzwischen ordentlich vermehrt haben. Gebührender Abstand ist ratsam, ebenso bei Begegnungen mit Klapperschlangen.

Selbst Tageswanderungen sind nur mit vorheriger Genehmigung erlaubt, kostenlos erhältlich bei L.A. County in Avalon, Catalina Ave., Tel. 51o-o688. Dort gibt es auch Schließfächer für überflüssiges Gepäck und für 1 US eine Wanderkarte.

Bei Übernachtungen nicht vergessen, vorher Campingplatz zu reservieren (siehe Camping). Auf den markierten Wegen bleiben, die alle durch Naturschutzgebiete führen. Abfall nicht vergraben, sondern mit zurücknehmen. Wichtig zu allen Jahreszeiten ist guter Sonnenschutz.

Rundwanderung über den Südteil der Insel: Guter Eindruck von der Landschaft sowie der Flora und Fauna. Von Avalon durchs Inselinnere zur Westküste. Über Black Jack Junction nach Little Harbor, rund 28 km. Dort Campingplatz. Zurück weiter südlich über Eagles Nest Lodge, ca. 25 km. Insgesamt 2 Tage.

Inseltrail: Die Tour über die gesamte Insel geht bis Little Harbor wie die vorige. Dann weiter nach Norden bis zum Isthmus, der den kleinen Nordteil an die Hauptinsel anbindet. 12 km bis zum Campingplatz Little Sherman's Cove. Dort beginnt die Rundwanderung (ca. 3o km) über die Nordinsel. Rückweg über die Südinsel wieder nach Little Harbor und von dort wie Tour 1. Insgesamt rund 11o km, 4- 6 Tage. Einsam und anstrengend, aber sehr lohnend wegen der Ausblicke aufs Meer und an schönen Tagen bis hinüber zu den San Gabriel Mountains auf dem Festland.

★Edwards Air Base

Rund 12o km nordöstlich von L.A. am Hwy 14, Abzweigung in Rosamond. Der anliegende und ausgetrocknete ROGERS- SALZSEE bietet optimale Bedingungen wegen seiner Größe und absolut flachem Terrain für jegliche Art von Flugtests. Zugleich ist er heute Lande-Airport für die US-Space Shuttle- Raumfähre.

1933 wählten die Militärs den Salzsee für den Test konventioneller Bomben, und 194o bestimmte der US- Präsident die Region offiziell für Schießübungen der Armee und später der Air Force. So wurde z.B. nach Eintritt der USA in den 2. Weltkrieg am Rande des Salzsees eine 2oo m lange Attrappe eines japanischen Kreuzers aufgebaut, an dem sich US- Piloten in Bombardierung übten, - und damalige Besucher glaubten an eine "Fata Morgana" a la eines in der Wüste gestrandeten Schiffes...

Ab 1942 wurde der brettebene Salzsee zugleich zum Start- und Landefeld für Hochgeschwindigkeits- Jetflugzeuge. Die riesige Fläche des Salzsees bot hier optimale Bedingungen auch für eventuelle Notlandungen, zudem 35o Tage im Jahr beste Wetterbedingungen für die Tests:

* 1947 durchbrach der deutschstämmige Charles Chuck Yeager mit der X 1 als erster die Schallmauer und erreichte 1.12o km/h. Die X 1 war damals an einen Bomber vom Typ B 29 angehängt, der rauf in 7.5oo m Höhe flog, wo die X 1 mit Yeager ausgeklinkt wurde, die im Sturzflug zur Erde schoß und dabei die Schallmauer durchbrach.
* 1953 erreichte Yeager die 2- fache Schallgeschwindigkeit, und 1954 Major Arthur Murray mit der X 1A eine Rekord- Flughöhe von 27.ooo m.
* 1956 wurde der damalige Höhenrekord auf 38.465 m geschraubt. 1961 flog Major White mit der X 15 die 6-fache Schallgeschwindigkeit.
* 1963 wurde die größte Flughöhe mit einem Jet erreicht: 1o7.96o m. Jet war wieder eine X 15, die im gleichen Jahr auch den Geschwindigkeits- Weltrekord aufstellte: 7.274 km/h.

Damit waren die "sinnvollen Limits" von Jets erreicht (Weltraumraketen erreichten höhere Geschindigkeiten und Höhen). In Folge wurde der Salzsee zum Testgelände neuer Antriebsaggregate von geheimem militärischen Überschallfluggerät, - sowie deren Flugtauglichkeit unter Extrembedingungen.

Nicht selten kamen die Testpiloten in Schwierigkeiten, z.B. Mitte der 8o-er Jahre, als ein Überschall- Kampflugzeug wegen Defekt seine Klappen an den Tragflächen nicht für die Landung umstellen konnte. Die Maschine mußte mit der gigantischen Geschwindigkeit von 448 km/h auf dem Salzsee aufsetzen, welches eine erheblich längere Strecke zum "Ausrollen" der Maschine bedeutete, - nur in den Weiten des Salzsees möglich.

* Als dann die NASA die wiederverwendbare Raumfähre "Space Shuttle" konstruierte, war der Rogers Salzsee als Landeplatz optimal. Erste Landung 1981, alle amerikanischen Weltraumfähren landeten bis 2. Hälfte der 8o-er Jahre dort. Da aber der Rücktransport zum Startplatz in Florida teuer ist, dient der Salzsee heute nur noch als Landepiste, wenn drüben in Florida Schlechtwetter herrscht.

Im Ort EDWARDS leben heute rund 17.ooo Menschen, die ihr Einkommen aus militärischen und zivilen Programmen haben. Die Pionierzeiten

erster Überschallflüge, wo vieles spontan lief, man sich nach dem Knall dann unten in der Eisdiele traf, und deren Wirtin (mit Pilotenschein) auch mal den Überschalljet fliegen durfte, - sind heute passé.

Alles geht seinen festen Gang, ein technologischer Großbetrieb mit einem jährlichen Etat von mehr als 4oo Mill. US. So kontrolliert die Flugleitzentrale mehr als 7o Testflüge pro Tag plus den militärischen Flugverkehr über der Air Base. Getestet werden neben modernsten Jets insbesondere auch elektronische Waffen- Lenksysteme, wie sie z.B. im Golf Krieg zum Einsatz kamen.

Eine Vielzahl an Start- und Landepisten zieht sich kreuzweise über Land, aber auch den ausgetrockneten Salzsee. Die längste Landepiste ist die für den Space Shuttle. Eine riesige, auf dem Salzsee aufgezeichnete Kompaßrose hilft den Piloten für zusätzliche Orientierung.

Selbstverständlich ist dieser Bereich für Besucher strikt gesperrt. Interessant ist jedoch ein MUSEUM mit früher getesteten Überschallflugzeugen sowie ein BESUCHSZENTRUM in der Nähe des Weltraumbahnhofs der NASA.

Edwards liegt am HWY 14, der von L.A. zur Südspitze der Sierra Nevada führt (Details siehe Seite 387).

★ Routenplanung ab Los Angeles

Je nach zur Verfügung stehender Urlaubszeit kann man (siehe Karte nächste Seite) ab Los Angeles:

A die SÜDSCHLEIFE voll ausfahren: L.A. -> San Diego (Seite 341) -> Kaliforn. Wüsten (Seite 372) -> Las Vegas (Seite 391) -> Death Valley (Seite 4o5). Eigenes Auto sinnvoll, benötigt je nach Stops rund 4- 7 Tage inkl. San Diego extra gegenüber (B).

B die DIREKTROUTE: Interstate 15 von L.A. direkt nach Las Vegas (Auto ca. 6 Std. Auch tägl. Busse und Züge, die 6 - 7 Std. brauchen) + ca. 3 Std. bis Death Valley (eigenes Auto nötig).

Das **DEATH VALLEY** steht (zu Recht) auf dem Programm vieler Südkalifornienbesucher. Wer Las Vegas ausklammert, benötigt ab L.A. via Interstate 15 bis Baker und weiter über den HWY 127 bis Death Valley rund 6 - 7 Std. mit dem eigenen Auto.

Die Zeit im Death Valley nach eigenem Ermessen und Interessen kalkulieren. Weiter ab Death Valley:

* Entweder retour nach L.A. per Hwy 178 und Hwy 14 via Mojave und Edwards Air Basis (siehe Vorkapitel).
* Oder: auf dem Weg rauf nach San Francisco noch die **SIERRA**

NEVADA einbauen. Hier gibts eine Vielzahl an Routenkombinationen, abhängig von Gebieten und Nationalparks, - die man unterwegs besuchen möchte.

Wer genügend Zeit hat und alle interessanten Regionen der Sierra besuchen möchte, fährt ab Death Valley den Hwy 178 ins Owens Valley und weiter über den Walkers Pass zum Sequoia National Park mit seinen Riesenbäumen. Weiter zum (wegen u.a. Gebirgsformationen) großartigen Yosemite National Park, der im Sommer zum Mono Lake durchquert werden kann.

Anschließend Lake Tahoe und/oder der Ostschlenker über die Minenstadt Virginia City und das Spielerparadies Reno. Weiter via Interstate 8o und Truckee

Ab Reno und Truckee über die Interstate 8o entweder direkt nach San Francisco; lohnender Stop in Sacramento (Seite 552). Oder noch den Südschlenker durchs Gold Country ausfahren, Details siehe Seite 519.

Der gesamte Rundtrip benötigt inkl. Stops im Minimum 1o Tage, - bei Wanderungen, Stops und Übernachtung in lohnenden Gebieten aber entsprechend mehr.

ALTERNATIVEN: Zeitersparnis ergibt sich, indem man ab DEATH VALLEY den Hwy 19o zum Owens Valley fährt und dort direkt zum Mono Lake. Weiter zum Tahoe Lake bzw. Schlenker via Virginia City und Reno siehe oben.

Klammert als Route zwar den Sequoia Nat. Park und die lohnende Strecke über den Walker Pass aus, spart aber gut 3 Tag auf dem Südschlenker um die Sierra.

Den Yosemite Nationalpark kann man hierbei ab Mono Lake in Abkürzung des Schlenkers via Tahoe Lake und Reno einbauen, - oder via Gold Country. Alle Details siehe entsprechene Regionenkapitel.

C LOS ANGELES -> SAN FRANCISO direkt: schnellste Verbindung ist die Interstate 5 (Autobahn) durchs Central Valley. Fahrzeit (mehrmals tägl.) Bus ca. 12 - 13 Std., Zug 11- 12 Std.(auch zeitsparender Schlafwagen), - Auto ca. 11 Std.

Schöner dagegen die landschaftlich großartige Strecke entlang der Pazifikküste via Hwy 1o1. Extrazeit je nach Stops ab ca. 2- 3 Tage.

D LOS ANGELES -> SAN FRANCISCO via Hwy 14: führt in die Mojave Wüste (mit eventuellem Abstecher zum Rogers Salzsee, wo die Space Shuttle- Weltraumfähren landen).

Direkteinstieg ab L.A. zur Südspitze der Sierra Nevada und Tip, wer wegen (z.B. Zeitknappheit) die südkalifornischen Wüsten, Las Vegas und das Death Valley ausklammern möchte.

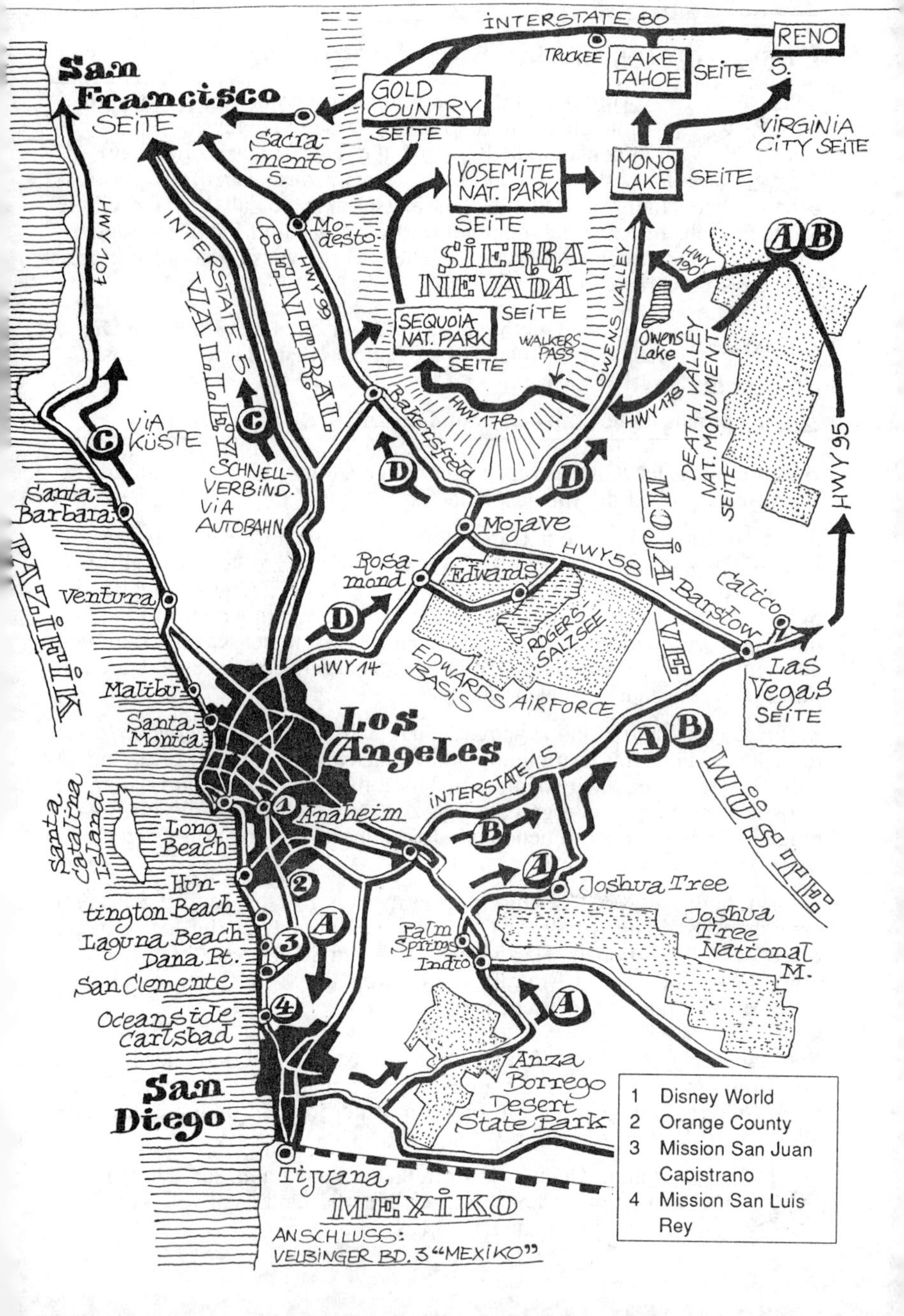

INTERSTATE 80
RENO
TRUCKEE
LAKE TAHOE
SEITE
S.
San Francisco
SEITE
GOLD COUNTRY
SEITE
Sacramento
S.
VIRGINIA CITY SEITE
MONO LAKE
SEITE
YOSEMITE NAT. PARK
SEITE
Modesto
HWY 101
INTERSTATE 5
CENTRAL VALLEY
HWY 99
SIERRA NEVADA
SEITE
OWENS VALLEY
HWY 190
SEQUOIA NAT. PARK
SEITE
WALKERS PASS
Owens Lake
DEATH VALLEY NAT. MONUMENT
SEITE
HWY 178
HWY. 178
Bakersfield
VIA KÜSTE
SCHNELL-VERBIND. VIA AUTOBAHN
HWY 95
Santa Barbara
Mojave
MOJAVE
Rosamond
Edwards
HWY 58
Barstow
Calico
Ventura
ROGERS-SALZSEE
EDWARDS AIRFORCE BASIS
HWY 14
Las Vegas
SEITE
PAZIFIK
Malibu
Santa Monica
Los Angeles
WÜSTE
INTERSTATE 15
Santa Catalina Island
Anaheim
Long Beach
Huntington Beach
Joshua Tree
Joshua Tree National M.
Laguna Beach
Dana Pt.
San Clemente
Palm Springs
Indio
Oceanside
Carlsbad
Anza Borrego Desert State Park
San Diego
Tijuana
MEXIKO
ANSCHLUSS: VELBINGER BD. 3 "MEXIKO"
1 Disney World
2 Orange County
3 Mission San Juan Capistrano
4 Mission San Luis Rey

Los Angeles ⟶ San Diego

Auto: ca. 18o km, am schnellsten über die Autobahn Interstate 5 in rund 2 Std. Wesentlich abwechslungsreicher ist die Küstenstraße (Pacific Coast Highway) entlang der Orange County Coast: Ebenfalls gut ausgebaut, aber ständig verlockende Aussichtspunkte, so daß die Fahrt einige Stunden mehr in Anspruch nehmen dürfte. Bade- und Picknickmöglichkeiten. An der Strecke außerdem 2 sehenswerte Missionen aus der spanischen Kolonialzeit.

Bus: Die Greyhound-Busse zwischen L.A. und San Diego nehmen die Inlandsroute, an der Küste nur lokaler Busverkehr.

Zug: mehrmals täglich mit dem "San Diegan".

Beschreibung der Küstenstrecke im Orange County bis zum Badeort Laguna Beach siehe Los Angeles, Seite 326.

Rund 1o km südlich liegt Dana Point, von hier aus Abzweigung zur MISSION SAN JUAN CAPISTRANO: Eine der größten der kalifornischen Missionsstationen, gegründet 1776. Rote Ziegelsteingebäude. Schöner, harmonischer Kreuzgang um einen großen Innenhof mit Palmen und Springbrunnen. Altar und bemalte Holzdecke in der Kapelle stammen aus dem Jahr 1776, ein großer Teil der Klostergebäude dagegen wurde in jüngster Zeit restauriert und erneuert.

Mehrere Innenräume sind zugänglich, u.a. Schlafräume der Mönche sowie die Klosterküche mit Einrichtung und Gerätschaften. Überall Erklärungen zum Funktionieren einer spanischen Missionsstation sowie zum Alltag im Kloster. Besonders außergewöhnlich zwei Schmelztiegel, die im Boden eingelassen sind, und mit denen der Talg zur Herstellung von Kerzen und Seife gewonnen wurde.

Geöffn. tägl. von 8.3o- 17 Uhr, im Sommer bis 19 Uhr. Eintritt 3 US. Zu erreichen ab Küstenstraße in Dana Point Harbor über die Del Obispo Street. Von der Autobahn I-5 zwischen L.A und San Diego Abfahrt Ortega Hwy. Der Bahnhof von Amtrak ist nur zwei Blocks entfernt, so daß sich auch bei Bahnfahrt ein Zwischenstop anbietet.

Südlich von DANA POINT führt die Küstenstraße unterhalb der Klippen am Strand entlang. Schöne Strände, wenig Schatten, nur vereinzelt Palmen. Ständig Gelegenheit, die Fahrt zu unterbrechen und sich für eine Weile in die Wellen zu werfen.

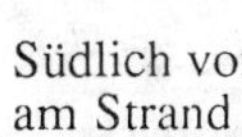

Camping: Kleiner Platz direkt am Sandstrand, südlich von Dana Point Harbor. Leichter Baumbestand, gepflegte sanitäre Anlagen. Stellplatz ca. 15 US.

Auf den rund 3o km zwischen SAN CLEMENTE und OCEANSIDE geht die Küstenstraße über in die Autobahn I-5. Schöner Küstenabschnitt, ausnahmsweise mal nicht völlig zugebaut, aber wegen der Militärbasis Camp Pendleton nicht zugänglich. Im Nobelort San Clemente befindet sich die Ranch Richard Nixons, zu Zeiten seiner Präsidentschaft häufig Treffpunkt der internationalen Politikergilde.

In Oceanside Abzweigung zur MISSION SAN LUIS REY, der größten spanischen Mission Nordamerikas, gegründet 1798. Hier lebten zeitweise 3.ooo Indianer. Die Gebäude weiß getüncht und hervorragend restauriert. Schlichte Fassade mit dem typischen mexikanischen Glockenturm. Kleine verwinkelte Patios führen zu den einzelnen Gebäuden. In der Kirche bemalte Holzdecke und einfacher blau-weißer Altar. Kupfernes Taufbecken, von Indianern geschmiedet. Die kleine Kapelle neben der Kirche hat einen leicht verborgenen Ausgang zum beschaulichen Missionsfriedhof.

Der große Haupthof ist nicht zugänglich, sondern noch heute den Franziskaner- Mönchen vorbehalten. Es lohnt sich aber ein Blick auf Garten und Kreuzgang sowie einen vereinzelten Torbogen der Originalmission. Der beste Einblick vom Parkplatz aus, vorbei am Haupteingang Richtung Toiletten.

Angegliedert ein Museum zur Geschichte der Mission: Glocken aus dem frühen 19. Jhd., Möbel, Kutten und Gerätschaften der Mönche. Versteckt in einer Ecke die Prunkstücke der Sammlung: zwei überdimensionale Psalmenbücher, handschriftlich und in Schafsleder gebunden. Die Fotos aus dem Jahr 188o zeigen den zerfallenen Zustand der Mission zu jener Zeit.

Geöffn. tägl. 1o- 16.3o Uhr, Eintritt 2 US. Von der Autobahn I-5 aus zu erreichen über Abfahrt Mission Avenue. Von dort ca. 7 km ins Landesinnere.

Picknick: Schräg gegenüber der Mission an der Mission Ave. der große Supermarkt ALBERTSONS. Gut sortierte Salatbar und warme Pizza. Einkaufen und anschließend Picknick vor der Mission.

Die Badeorte OCEANSIDE und CARLSBAD gehören zu den nobelsten entlang der Küstenstraße. Alles vom Feinsten: Strände, Strandpromenaden, gepflegte Rasenflächen, teure Apartmentkomplexe und kein Papierschnipsel auf der Straße. Wirkt an vielen Stellen ziemlich steril. Weniger vornehm und lockere Atmosphäre dagegen weiter südlich in LEUCADIA und ENCENITAS. Die Strände überall schön, zur Sommersaison und an Wochenenden gleichmäßig voll, da bereits im direkten Einzugsbereich von San Diego.

SAN DIEGO

(1,1 Mill. Einw., Metropolitan Area ca. 2,5 Mill.)

Dic sechst- größte Stadt der USA, direkt an der Grenze zu Mexiko. Wegen des ganzjährig warmen Meeresklimas und viel Sonne ist sie bei den Nordamerikanern sehr beliebt als Wohnort. Gleichzeitig die Sonnen-, Sport- und Freizeithauptstadt der Westküste.

Gelegen an einer grandiosen, geschützten Bucht, ist San Diego von rund 1oo km Stränden umgeben, - zugleich ein ideales Surf- und Segelrevier.

Teile der Innenstadt wurden vor dem Verfall und Abriß gerettet, so daß sich neben der modernen Skyline inzwischen wieder eine relativ lebendige City entwickelt: Restaurierte Wohn- und Geschäftshäuser beherbergen Läden, Restaurants und Kneipen. Der riesige BALBOA PARK ist Ruhepunkt und Standort von einem Dutzend Museen. Eine der Hauptattraktionen der Stadt ist SEA WORLD, der weltberühmte Meeres-Zoo mit spektakulären Delphin- und Walshows.

Stadtgeschichte: San Diego ist die älteste europäische Siedlung in Kalifornien. Keine andere Stadt an der Westküste kann auf ein geschichtliches Datum hinweisen, das bereits im 16. Jahrhundert liegt:

Im Auftrag der spanischen Krone kreuzte 1542 der Portugiese Joao Rodríguez Cabrillo von Guatemala aus vor der amerikanischen Westküste. Er erkundete mit seinen beiden Karavellen "Victoria" und "San Salvador" die San Diego Bay und betrat auf der Halbinsel Point Loma als erster Europäer kalifornischen Boden. Cabrillo kehrte aber bald wieder um, denn dieses Gebiet ohne Gold und Edelmetalle war zu jener Zeit für ihn wie für andere Konquistadoren völlig uninteressant.

Erst mehr als 2oo Jahre später begann eine zögernde Besiedlung Südkaliforniens. Ausgangspunkt war wiederum die Gegend um das heutige San Diego: 1769 gründete der spanische Mönch Junipero Serra auf dem Presidio Hügel oberhalb einer Meeresbucht die Mission "San Diego de Alcalá". Von hier aus zog er Richtung Norden und richtete in regelmäßigen Abständen von je einem Tagesmarsch weitere Missionsstationen.

Um die Mission San Diego entwickelte sich eine kleinere Siedlung, der Kern der heutigen Old Town. Die Entwicklung ging allerdings nur sehr langsam voran: selbst 1825

Missionsstation San Diego de Alcalá 1769

hatte der Bereich auf dem Hügel oberhalb des Hafens gerade ca. 4o Häuser und war ein weit abgelegener Posten im riesigen Staatsgebiet Mexikos.

SAN DIEGO, Hauptplatz Old Town, Illustr. ca. 1860

1850, als die USA nach erfolgreichem Abschluß des Mexikanischen Krieges u.a. das Gebiet Kalifornien erhielten, expandierte San Diego als südlichster Posten in diesem neuen Bundesstaat. Es betrieb Seehandel, Hotels und Spielsaloons entstanden. Zu weiterem Aufschwung kam es, als 1867 der Goldwäscher Alonzo Horton ein großes Areal jungfräulichen Landes südlich der Old Town aufkaufte. Er hatte sich viel Geld verdient durch reiche Goldfunde im Gold Country und sah in San Diego eine gute Kapitalanlage. Auf dem von ihm gekauften Areal entstand die New Town. 4 Jahre später zog auch der Stadtrat in die New Town um, und Horton hatte u.a. im Verkauf von Grundstücken sein Kapital vervielfältigt.

1885 erreichte die Eisenbahn San Diego. Ein wichtiger Schritt in der Stadtgeschichte, da nunmehr eine Zuwanderung in größerem Umfang stattfinden konnte, aber auch die Eisenbahn die Infrastruktur des Warentransportes erheblich verbesserte. 1888 wurde das Luxushotel "Del Coronado" am Silver Strand der Coronado Halbinsel eingeweiht, welches reichen Urlaubern als Bleibe diente, und San Diego war bereits auf 4o.ooo Einwohner gewachsen.

San Diego konnte allerdings als Handelshafen nicht die führende Rolle von San Francisco und Los Angeles brechen.

Während des 2. Weltkriegs wurde San Diego wegen seiner geschützten Naturbucht (San Diego Bay) zum Hauptquartier der US- Pazifikflotte. Im Dez. 1941 hatten die Japaner den US- Flottenstützpunkt Honolulu/Hawai angegriffen, und die USA beschlossen den eiligen Ausbau San Diegos als wichtigstem Navy- Stützpunkt an der Westküste.

Auch heute prägt das Militär in weiten Teilen das Stadtbild. Der Militär-Airport auf der

Spitze der Coronado-Halbinsel und die ständig startenden und landenden Flugzeuge der Navy sind nicht zu übersehen. San Diego ist zudem Heimathafen von etwa 1oo Schiffen der US-Marine, u.a. drei Flugzeugträgern. Über 14o.ooo Menschen sind bei den verschiedenen Einheiten in und um die Stadt stationiert.

Wirtschaft: neben der Funktion als Hauptquartier als Hauptquartier der US- Pazifikflotte, die zum wichtigsten Wirtschaftsbereich der Stadt zählt, - besitzt San Diego Flugzeug- und Raumfahrtindustrie: u.a. die Space Shuttles und Raketen für Weltraumsatelliten werden hier gefertigt, sowie elektronische Geräte. Weiterhin biomedizinische und ozeanographische Forschungsinstitute.

Einer der wichtigsten Wirtschaftszweige ist die "Weiße Industrie", sprich Fremdenverkehr. Alljährlich kommen Millionen Nordamerikaner nach San Diego wegen exzellenter Freizeit- und Badebedingungen. Selten sinken die Lufttemperaturen unter 7 Grad, durchgängig das Jahr über liegen sie bei ca. 2o - 25 Grad. Regenfälle sind Rarität. San Diego ist heute die Sport- und Freizeithauptstadt an der US- Westküste.

Mexikanische Arbeitskräfte: Der südliche Stadtrand San Diegos ist gleichzeitig die Grenze zu Mexiko. Jenseits der Grenze "*la línea*" liegt das mexikanische TIJUANA und bildet mit San Diego eine der vielen Zwillingsstädte entlang der über 3.2oo km langen Grenzlinie zwischen Mexiko und den USA.

Die "*border towns*" auf beiden Seiten haben in den letzten Jahrzehnten ein sprunghaftes Bevölkerungswachstum erlebt. Menschen kommen aus allen Teilen Mexikos, weil sie sich in den USA ein besseres Leben versprechen. Die Aussicht auf einen höher bezahlten Job läßt jedes Jahr mehrere Millionen Mexikaner legal oder illegal die Grenze überqueren. Die US-Grenzpolizei führt zwar Kontrollen durch, aber für jeden Grenzgänger, der ihnen in die Hände fällt, passieren zehn weitere unbemerkt.

Wer geschnappt und abgeschoben wird, versucht es am nächsten Tag wieder. Seine Chancen stehen gar nicht schlecht, und die Angst vor "*la migra*", der amerikanischen Einwanderungsbehörde, hält sich angesichts der erheblich schlechteren Löhne Mexikos in Grenzen.

Manch einer hat den Weg schon ungezählte Male hinter sich: Er weiß, wohin er auf der anderen Seite zu gehen hat, um an den ersehnten Job und die paar Dollars zu kommen, für die er sich in den USA so wenig kaufen kann, mit denen er aber in Tijuana eine ganze Großfamilie halbwegs über die Runden bringt.

Wenn in Kalifornien die Erntezeit herannaht, werden die Kontrollen regelmäßig lascher gehandhabt, denn dann sind die Mexikaner bei den amerikanischen Farmern als billige Arbeitskräfte willkommen: Legal angeworbene Landarbeiter sind ebenso gefragt wie die illegalen Grenzgänger, die "*indocumentados*", denen noch weitaus geringere Löhne gezahlt werden und für die außerdem keine Sozialabgaben entrichtet werden müssen.

Inzwischen leben in Kalifornien und im Südwesten der USA schon dauerhaft mehrere Millionen Mexikaner, die sogenannten "*chicanos*", die dort je nach Saison und Interessenlage als hilfreiche Mitbürger auf schlecht bezahlten Arbeitsplätzen oder als nationales Problem der Überfremdung und Unterwanderung behandelt werden.

Schon Ende des letzten Jahrhunderts begann diese Bewegung mobiler Arbeitskräfte über die Grenze: Als Saisonarbeiter ließen sich in der Landwirtschaft Kaliforniens ein paar Dollars verdienen. Und die Mexikaner waren bei den US-Farmern lange Zeit willkommen - bis zur Weltwirtschaftskrise, als massenhafte Ausweisungen und Zwangsdeportationen vorgenommen wurden.

Ab 1942 nahm das Hin und Her der Wanderarbeiter dann offizielle Formen an: In einem Vertrag (dem sogenannten Bracero-Programm) einigten sich Mexiko und die USA auf bestimmte Quoten mexikanischer Arbeitskräfte, die Jahr für Jahr zur Erntezeit die Grenze für eine festgelegte Frist überqueren durften.

Das Abkommen wirkte wie ein Magnet, und die Grenzstädte erlebten ihren ersten großen Wachstumsschub, obwohl nur ein geringer Prozentsatz der Bewerber überhaupt die Arbeitserlaubnis erhielt. Der Rest blieb auf der mexikanischen Seite und bevölkerte dort die Elendsviertel, - teils aber auch "Aufbauprogramme" der mexikanischen Regierung, die hier US- Firmen erhebliche Steuervergünstigungen auf der mexikanischen Seite der Zwilligssiedlungen anbieten.

Das Bracero-Programm wurde zwar 1964 beendet, die Migration Richtung Norden ist aber weitergegangen und hat sich noch verstärkt. Einigen gelingt die dauerhafte Integration ins Arbeitsleben Kaliforniens, viele fristen eine unstete Existenz als legale oder illegale Saisonarbeiter, - und die meisten warten in Tijuana und anderen Grenzstädten auf die Chance, ein Bruchstück vom Californian Dream zu erhaschen.

Tourist INFO 1st Ave./Ecke F St., Tel. 236-1212. Geöffn. tägl. von 8.3o-17 Uhr. Sehr hilfreich, gutes Kartenmaterial. Oft auch verbilligte Angebote für Hotels und einige der Sehenswürdigkeiten. Das Personal spricht auch deutsch.

Post: 825 E St., Downtown. Das Hauptpostamt liegt etwas abseits: 2535 Midway Drive.

Telefon: Vorwahl 619, Notruf 911.

Konsulat: Deutschland: 6868 Nancy Ridge Dr., Tel. 455-1423.

Karten und Bücher

Gute Karten (sowohl Übersicht- als auch Detailkarten von Downtown und Old Town) gratis im Touristenbüro.

"San Diego on Foot", Carol Mendel. Genaue Beschreibungen von Spaziergängen durch San Diego. Mendel Publishing, ca. 5 US.

"Discover San Diego", L. and R. Peik. Touren im Stadtbereich, zu den Stränden und in die Umgebung. Ca. 3 US.

"Afoot and Afield in San Diego County", Jerry Schad. Wanderungen entlang der Küste, im Hinterland und in der Anza Borrego Wüste. Detaillierte Beschreibungen mit Karten. Wilderness Press, ca. 16 US.

Downtown San Diego

NR. siehe Karte Seite 346/347

relativ kompakt, erstreckt sich bis zum Hafen. Interessante Mischung aus restaurierten Geschäftshäusern der zwanziger Jahre und hypermodernen Glaspalästen.

GASLAMP QUARTER (12): Versuch, die Innenstadt wieder mit Leben zu füllen. Mehrere Straßen rund um die 5th Avenue mit verschnörkelten

Gaslaternen, die inzwischen allerdings elektrisch funktionieren. Das Viertel ist relativ homogen mit Lager-, Wohn- und Geschäftshäusern aus den zwanziger und dreißiger Jahren, mit viel Aufwand renoviert. Farbige Fassaden an den alten Backsteinbauten, die schönsten in der 5th Ave. zwischen A Street und Market Street.

Kleine Theater, Galerien und Restaurants mit lebendiger Atmosphäre, wie sie in US-Innenstädten nur selten anzutreffen ist. Manches erscheint dabei allerdings etwas künstlich und gewollt. Information und eine kleine Ausstellung zur Geschichte des Viertels im WILLIAM HEATH DAVIS HOUSE (9), 41o Island Ave., geöffn. Mo-Fr von 11- 14 Uhr, Sa von 1o-13 Uhr.

SEAPORT VILLAGE (7): weiter westlich am Hafen und sehr touristisch aufgemacht. Um 3 Plätze gruppieren sich Nachbildungen von Fischerhütten sowie viktorianischen und mexikanischen Wohnhäusern. Liegt direkt am Wasser mit schönem Blick auf die Bucht. Souvenirstände, Eisdielen, Boutiquen, Restaurants. Geöffn. 1o- 21 Uhr, im Sommer bis 22 Uhr.

SANTA FE RAILROAD DEPOT (1), Broadway/Ecke Kettner Blvd. Der Bahnhof aus dem Jahr 1915. Heute Endstation der Amtrak-Züge von Los Angeles. Die große Halle mit Rundbögen, Türmen und gekachelten Kuppeln erinnert eher an eine Kirche als an einen Bahnhof.

SAN DIEGO COUNTY ADMINISTRATION CENTER (5), 16oo Pacific Hwy. Imposantes Verwaltungsgebäude, ein weißer Monumentalbau von 1936 im Stil der spanischen Missionen. Mit roten Dachziegeln, die Kuppeln und Fensterumrandungen aus bunten Kacheln.

MARITIME MUSEUM (4), 13o6 N. Harbor Drive. Am Ufer vertäut drei Oldtimer-Schiffe, die man bis in den hintersten Winkel erforschen kann.

Die Berkeley war ein Fährdampfer auf der San Francisco Bay und brachte 19o6 Überlebende des Erdbebens in Sicherheit. Einblick in den noch funktionierenden Maschinenraum. Der Frachtensegler Star of India (1863) besitzt einen vornehmen Mahagoni-Salon. Dritter im Bunde ist der schottische Luxusdampfer Medea, 19o4 in Dienst gestellt. (Geöffn. tägl. 9-2o Uhr, Eintritt 4 US).

AMERICA'S CUP MUSEUM, B-Street Pier. Schon lange ist San Diego eine der Segel-Hauptstädte der USA. Seit der Austragung des America's Cup 1992 und der entsprechenden weltweiten Publicity ist die Stadt endgültig segelverrückt. Im Museum Modelle von Jachten, die im Laufe dieses Jahrhunderts am America's Cup teilgenommen haben.

HAFENRUNDFAHRTEN: 1o5o N. Harbor Dr., Nähe beider Museen. Abfahrt 6 x tägl. zwischen 1o und 16 Uhr. Dauer: 1 oder 2 Std., 9 bzw. 12 US. Lohnt sich hauptsächlich wegen des Panoramas: die Bucht mit den weißen Segelschiffen vor der Skyline. Das läßt sich allerdings ebenso

SAN DIEGO

1 Santa Fe Railroad Depot
2 San Diego Branch Western Naval Facilities
3 America's Cup Museum
4 Maritime Museum
5 County Administration Building
6 U.S. Navy Supply Center
7 Seaport Village
8 Pantojo Par
9 William Heath Davis House
1o TOURIST INFO
11 Shopping Center Horton Plaza
12 Gaslamp Quarter National Historic District
13 POST
14 GREYHOUND TERMINAL
15 Civic Theater
16 California Theater
17 Convention and Visitors Bureau
18 Aerospace Historical Center
19 Automotive Museum
2o Organ Pavilion
21 Museum of Man
22 Museum of Art
23 Timken Art Gallery
24 House of Hospitality
25 Casa de Balboa
26 Reuben H. Fleet Science Center
27 Naturhist. Museum
28 Botan. Building
29 Spanish Village
3o Zoo
31 Cabrillo Bridge
32 U.S. Naval Hospital

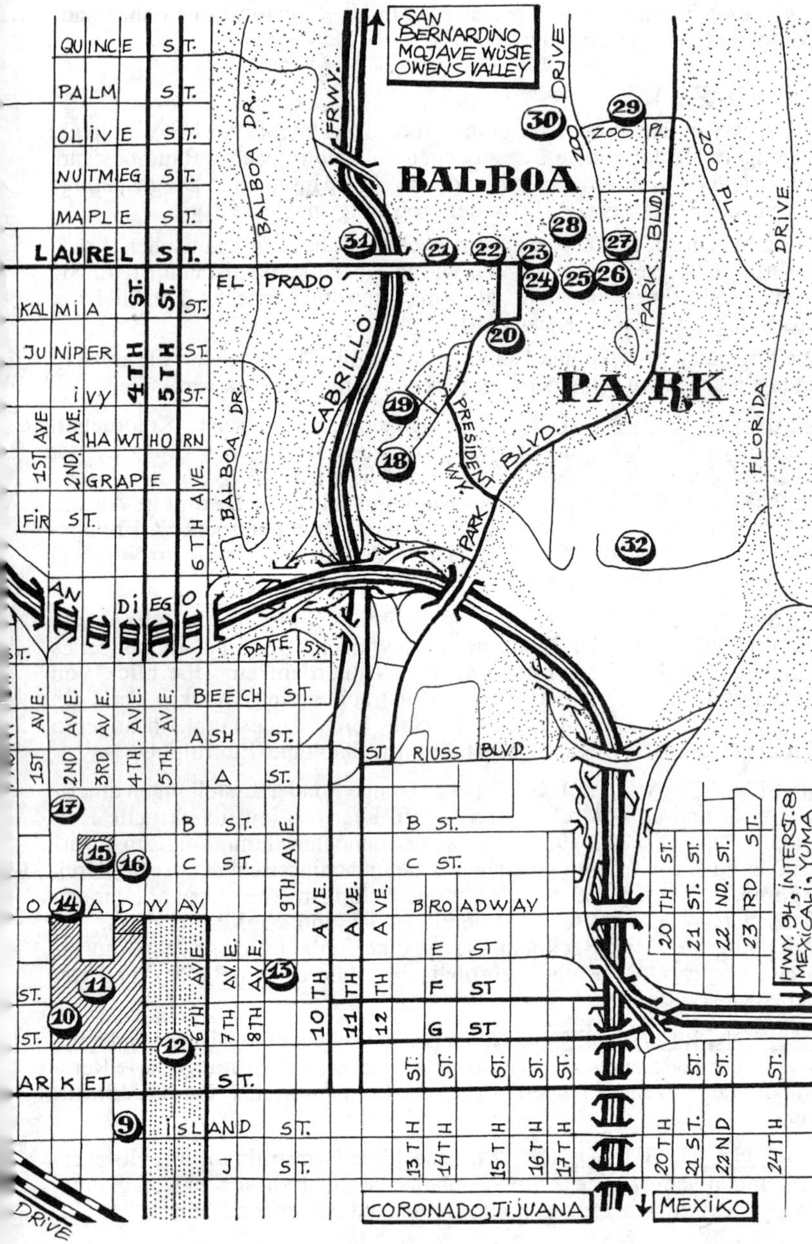

SAN BERNARDINO MOJAVE WÜSTE OWENS VALLEY
QUINCE ST.
PALM ST.
OLIVE ST.
NUTMEG ST.
MAPLE ST.
LAUREL ST.
KALMIA ST.
JUNIPER ST.
IVY ST.
HAWTHORN
GRAPE
FIR ST.
1ST AVE.
2ND AVE.
4TH ST.
5TH ST.
6TH AVE.
BALBOA DR.
EL PRADO
CABRILLO FRWY.
BALBOA
PARK
ZOO DRIVE
ZOO PL.
PARK BLVD.
PRESIDENT WY.
FLORIDA DRIVE
DIEGO
DATE ST.
BEECH ST.
ASH ST.
A ST.
B ST.
C ST.
BROADWAY
E ST
F ST
G ST
RUSS BLVD.
1ST AVE.
2ND AVE.
3RD AVE.
4TH AVE.
5TH AVE.
6TH AVE.
7TH AVE.
8TH AVE.
9TH AVE.
10TH AVE.
11TH AVE.
12TH AVE.
13TH ST.
14TH ST.
15TH ST.
16TH ST.
17TH ST.
20TH ST.
21ST ST.
22ND ST.
23RD ST.
24TH ST.
MARKET ST.
ISLAND ST.
J ST.
DRIVE
HWY. 94, INTERST. 8 MEXICALI, YUMA
CORONADO, TIJUANA
MEXIKO
9
10
11
12
13
14
15
16
17
18
19
20
21
22
23
24
25
26
27
28
29
30
31
32

genießen während der viel preiswerteren Überfahrt mit der Fähre nach Coronado (Details siehe "Transport").

Balboa Park

Nördlich von Downtown. Einer der größten Stadtparks der USA. In leicht hügeligem Gelände viele Rasenflächen und subtropischer Baumbestand. Außerdem konzentrieren sich hier die meisten Museen San Diegos, einige davon äußerst sehenswert. Dazu der großzügig angelegte Zoo.

Die Gebäude in der Mehrzahl im nachempfundenen spanischen Kolonialstil, zeitweise fühlt man sich wie in einer mexikanischen Stadt. Sie wurden 1915 für die Panama-California Exposition errichtet, anläßlich der Eröffnung des Panama-Kanals (1914).

Die folgenden Museen und Gebäude liegen dicht beieinander, die Besichtigung läßt sich gut mit einem Spaziergang durch den Park verbinden:

HOUSE OF HOSPITALITY (24): Gebäude im spanischen Kolonialstil mit Innenhof, Bogengängen und gekachelten Brunnen. Im Info Center erhältlich der "Balboa Passport": Ein Gutscheinheft (9 US) für die Museen im Park. Je nach Eintrittspreis des Museums muß eine bestimmte Anzahl der Coupons abgegeben werden. Falls nicht anders vermerkt, Öffnungszeiten Di-So von 1o- 16.3o Uhr. Tip: Jeden Dienstag sind im Wechsel einige der Museen gratis.

MUSEUM OF MAN (21): Anthropologisches Museum. Viele Exponate zur Frühgeschichte der Menschheit: ägyptische Mumien, indianisches Kunsthandwerk, afrikanische Masken. Außerdem ein Überblick von Neandertaler-Knochen bis zu Hochzeitstrachten aus Mexiko. Teils ein ziemliches Durcheinander, manche Säle leicht angestaubt, in anderen Einsatz modernster Medien und Museumstechnologie. Eintritt 3 US.

MUSEUM OF ART (22): Häufig erstklassige Sonderausstellungen amerikanischer und europäischer Kunst (Info über das jeweils aktuelle Programm über Tel. 232-7931). In der permanenten Sammlung ein informativer Querschnitt durch die japanische und chinesische Kunst (Malerei, Figuren, Porzellan). Dazu eine abwechslungsreiche Auswahl amerikanischer und europäischer Malerei des 19. und 2o. Jahrhunderts: u.a. Dalí, Magritte, Max Beckmann sowie eine Reihe französischer Impressionisten. Im Obergeschoß europäische Malerei des Barock und der Renaissance. Eintritt 5 US.

TIMKEN ART GALLERY (23): Kleine Sammlung europäischer und amerikanischer Malerei bis zum 19. Jh. Dabei einiges Hochkarätiges wie Rembrandt oder Cézanne. Außerdem ein Saal mit russischen Ikonen. Eintritt frei.

BOTANICAL BUILDING (28): Eine Metallkonstruktion mit Holzverstrebungen schützt den kleinen botanischen Garten vor zu viel Sonne. Tropisches Ambiente mit Palmen, Farnen und blühenden Blumen.

Casa de Balboa: (25) * HALL OF CHAMPIONS: Ruhmeshalle amerikanischer Sportler mit vielen Reliquien für Fans. Vor allem Baseball und Football. Eintritt 3 US. - * MUSEUM OF PHOTOGRAPHIC ARTS: wechselnde Ausstellungen zu fotografischen Themen. Klein, aber meist hervorragende Fotos. Im angrenzenden Buchladen gute Auswahl von Fotobüchern und Bildbänden. Eintritt 2,5o US.

* MUSEUM OF SAN DIEGO HISTORY: Stadtgeschichte, dokumentiert mit Fotos, Plakaten, Karten und Texten. U.a. ein Original Ford Model T von 1921. Ausführlich auch die Geschichte der Eisenbahn. Eintritt 3 US.

Im Untergeschoß der Casa de Balboa das MODEL RAILROAD MUSEUM: Modelleisenbahnen aller Schattierungen für Kinder und erwachsene Fans. Recht lieblos ausgestellt, manche so hoch, daß gerade Kinder nichts erkennen können. Geöffn. Mi-So von 11-16 Uhr, Eintritt 1 US, Kinder gratis.

REUBEN H. FLEET SPACE THEATER AND SCIENCE CENTER (26): Im Science Center physikalische Phänomene (Pendel, Kraft, Wellen, Optik) didaktisch hervorragend präsentiert und anschaulich erklärt. Jede Menge naturwissenschaftliche Lerneffekte, nicht nur für Kinder. Alles zum Anfassen und Mitexperimentieren. Als Anregung interessant für Naturwissenschaftler, aufregend für diejenigen, die im Physikunterricht nie was kapiert haben; hier wird vieles plötzlich klar. Geöffn. tägl. 9:3o-21:3o, Eintritt 2 US.

Im angeschlossenen Space Theater stündlich ausgezeichnete Videovorführungen, u.a. Filme über die Erde, aufgenommen vom Space Shuttle, eine imaginäre Reise zu anderen Planeten sowie Laser-Shows mit Musik von U2 und Pink Floyd. Eintritt pro Show 6 US, Ticket schließt Besuch des Science Center ein.

NATURAL HISTORY MUSEUM (27): Ein großer Teil ziemlich muffig und verstaubt. Lange Reihen ausgestopfter Vögel und Säugetiere, nicht gerade interessant ausgestellt und erklärt. Erinnert an die Biologie-Sammlung einer Schule vor 4o Jahren. Sehenswert aber die neue Abteilung zur Mineralogie: Umfangreiche Sammlung von Fossilien, Edelsteinen und Halbedelsteinen. Dokumentation über Gewinnung und Verarbeitung von Metallen und Edelsteinen. Eintritt 5 US.

SPANISH VILLAGE (29): Nachbildung einer spanischen Plaza mit kleinen Häusern, in denen Künstler und Kunsthandwerker arbeiten und ihre Werke ausstellen. Wirkt von der Architektur her eher künstlich und steril.

ORGAN PAVILION (2o): Freilichttheater im eigentümlichen Zuckerbäckerstil mit der größten Freiluftorgel Amerikas.

SAN DIEGO AUTOMOTIVE MUSEUM (19): Sammlung von über 6o Oldtimer Autos ab Jahrgang 19o4: Luxuskarossen und riesige Mafia-

Limousinen aus den dreißiger Jahren, Sportwagen und Cabrios der fünfziger. Viele Raritäten und kuriose Fahrzeuge wie ein Mercedes 17o von 1937, ein Messerschmitt Kabinenroller und einer jener legendären Tucker, von denen nur 5o Exemplare gebaut wurden. Eines der Prunkstücke ist der Lincoln, von Nixon bis Reagan das offizielle Fahrzeug der US-Präsidenten. Außerdem kleine Sammlung von Rennwagen, Motorrädern und abstrusen Kühlerfiguren. Eintritt 3,5o US.

AEROSPACE HISTORICAL CENTER (18): Über dreißig Originale und Nachbildungen von Flugzeugen aus der Frühzeit der Fliegerei. U.a. Lindberghs "Spirit of St. Louis", - die Flugmaschine der Gebrüder Wright und Kampfflugzeuge der US-Navy. Dazu Gemini- und Apollo- Raumkapseln. Plakate von Flugtreffen und Veranstaltungen aus aller Welt, z.B. "Nationale Flugwoche Kiel 1911" oder "De vliegende Mensch, Gent 19o8". Ansonsten stark militärisch und nationalistisch ausgerichtete "Ruhmeshalle" für Flieger und Astronauten der US-Air Force. Eintritt 4 US.

Am nördlichen Rand des Balboa Parks der ZOO (3o) mit vielen Tieren, die vom Aussterben bedroht sind. Sie werden großzügig gehalten, nach Möglichkeit in Gehegen, die ihrer natürlichen Umgebung angepaßt sind. Wenig Käfige und Gitterstäbe. Das hat zur Folge, daß die Tiere oft nicht zu sehen sind, da im dichten Urwald oder hohen Gras verschwunden. Außerdem Tausende von Pflanzenarten, viele von ihnen ebenfalls in der freien Natur vom Aussterben bedroht. Einer der attraktivsten Tierparks der USA. Geöffn. tägl. von 9-16 Uhr, Eintritt 11 US, Kinder 4 US. Wegen der großen Entfernungen lohnt unter Umständen eine Bustour im offenen Doppeldecker, 2,5o US.

Umgebung Downtown

NR. siehe Karte Seite 351

OLD TOWN (4): Das ursprüngliche Stadtzentrum um die damalige Missionsstation, heute eine Art Museumsdorf, errichtet rund um ein paar authentische und schöne Häuser aus dem 19. Jahrhundert. Mexikanische Kirche, Saloon, Heuschober und einige unbedeutende bis überflüssige Museen. Sehenswert vor allem die mexikanischen Landhäuser: Casa de Bandini, Casa de Machado und Casa de Cabrillo.

Am Rand von Old Town der HERITAGE PARK mit 6 Holzhäusern im viktorianischen Stil, die aus anderen Stadtteilen San Diegos hierher gerettet wurden. Insgesamt eine geballte Ladung echter plus künstlicher US-Tradition, gemischt mit echter und künstlicher mexikanischer Geschichte, stark touristisch aufgezogen. Über allem der Lärm des zehnspurigen Highway und der Jets vom nahen Flughafen.

Oberhalb von Old Town auf einem Hügel der PRESIDIO PARK mit Rasenflächen, Palmen und Wüstenpflanzen. Mittendrin das JUNIPERO SERRA MUSEUM, benannt nach dem Gründer der spanischen Missionen im heutigen Kalifornien. Weißes Kirchengebäude im spanischen Missions-

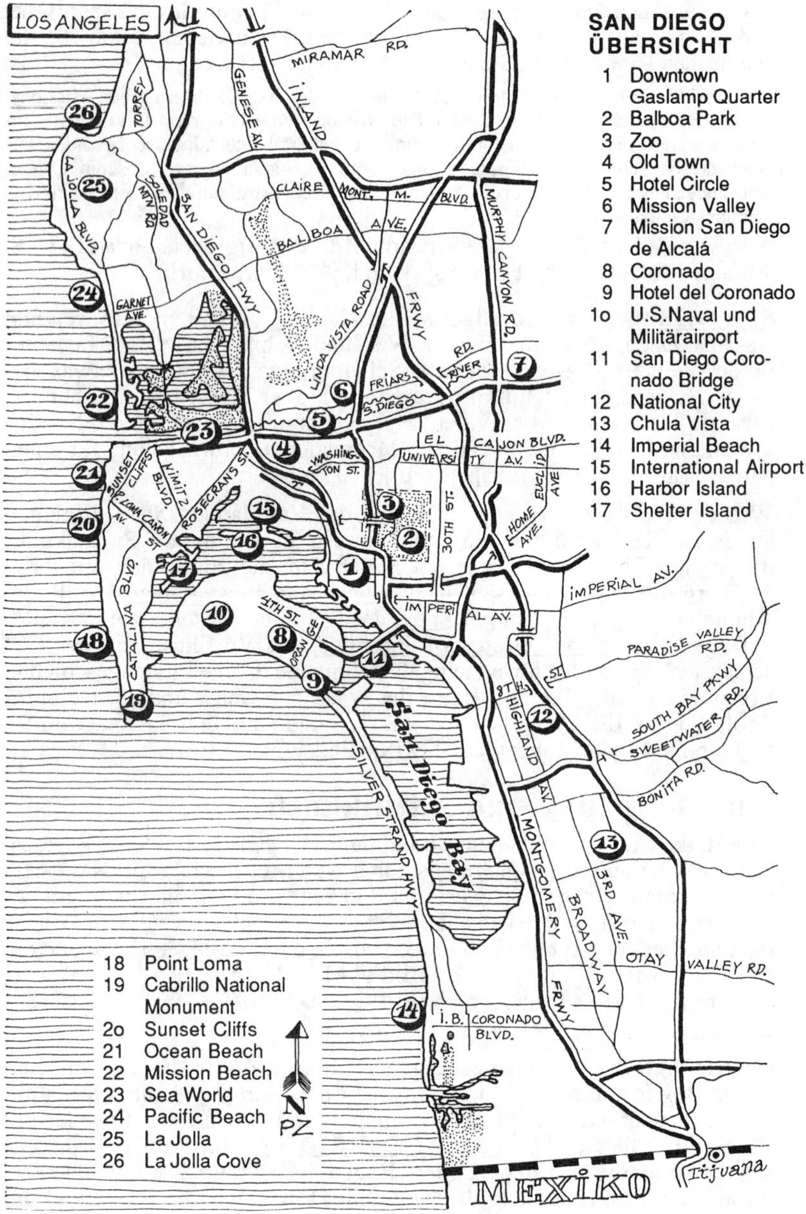
SAN DIEGO
ÜBERSICHT
1 Downtown Gaslamp Quarter
2 Balboa Park
3 Zoo
4 Old Town
5 Hotel Circle
6 Mission Valley
7 Mission San Diego de Alcalá
8 Coronado
9 Hotel del Coronado
1o U.S.Naval und Militärairport
11 San Diego Coronado Bridge
12 National City
13 Chula Vista
14 Imperial Beach
15 International Airport
16 Harbor Island
17 Shelter Island
18 Point Loma
19 Cabrillo National Monument
2o Sunset Cliffs
21 Ocean Beach
22 Mission Beach
23 Sea World
24 Pacific Beach
25 La Jolla
26 La Jolla Cove
LOS ANGELES
MIRAMAR RD.
GENESE AV.
INLAND
TORREY
LA JOLLA BLVD.
SOLEDAD MTN RD.
SAN DIEGO FWY
CLAIRE MONT. M. BLVD.
BALBOA AVE.
MURPHY CANYON RD.
LINDA VISTA ROAD
FRWY
GARNET AVE.
FRIARS RD.
RIVER
S. DIEGO
EL CAJON BLVD.
WASHINGTON ST.
UNIVERSITY AV.
EUCLID AVE
SUNSET CLIFFS BLVD.
NIMITZ
ROSECRANS ST.
LOMA CANON AV. ST
HOME AVE.
30TH ST.
IMPERIAL AV.
CATALINA BLVD.
4TH ST.
ORANGE
PARADISE VALLEY RD.
8TH ST.
HIGHLAND AV.
SOUTH BAY PKWY
SWEETWATER RD.
BONITA RD.
San Diego Bay
SILVER STRAND HWY
MONTGOMERY FRWY
BROADWAY
3RD AVE.
OTAY VALLEY RD.
I.B. CORONADO BLVD.
N
PZ
MEXIKO
Tijuana

stil mit anschließendem Bogengang. Wertvolle Sammlung alter spanischer Möbel, z.T. sogar aus dem 14. Jahrhundert. Dazu Gegenstände aus der spanischen Kolonialzeit: Steigbügel, Kleidung, Werkzeuge.

Der Presidio Park war ursprünglich auch Standort der ersten kalifornischen Missionsstation (Basilica San Diego de Alcala). Die Mission wurde 1774 rund 1o km weiter ins Landesinnere verlegt, weil sich dort die Dörfer der zu bekehrenden Indianer befanden. Die Gebäude sehr schlicht. Kapelle, ein ruhiger Garten sowie ein kleines Museum mit Gegenständen aus dem Klosterleben. Außerdem eine Rekonstruktion des Wohnraums von Missions-Gründer Junipero Serra.

Adresse: 1o818 San Diego Mission Rd., zu erreichen über Hwy. 8, Abfahrt Mission Gorge Rd. Geöffn. tägl. 9-17 Uhr, Eintritt 1 US.

SEA WORLD (23): großartiger Meeres-Zoo mit Aquarien, Terrarien und Bassins. Dazu die weltberühmten Wal- und Delphinshows. Die faszinierende Welt des Meeres in vielerlei Schattierungen. Manchmal etwas viel Show-Business und Klimbim drumherum, aber insgesamt eine hervorragende Darbietung von Walen, Haien, Pinguinen, Delphinen, Schildkröten und Hunderten von anderen Meerestieren. Abwechslung für einen ganzen Tag und das Eintrittsgeld auf jeden Fall wert.

Wichtig: Früh kommen und zu Beginn den Zeitplan der Show-Einlagen studieren, die Tour durch den Park dann darauf abstimmen. Spektakulär: die Shamu-Show der dressierten Killerwale, die zusammen mit ihren Trainern die unglaublichsten Kunststücke und Bewegungen vorführen. Ähnlich die Marine Mammal Show der Delphine. Besonders für Kinder aufregend die Show Pirates of Pinniped mit Vorführungen der Geschicklichkeit von Seelöwen, eingebettet in eine lustige Piratengeschichte. Lohnend auch das Pinguin-Haus, die Wasserski-Show und der Delphin-Pool, wo sich die Meeressäuger anfassen und streicheln lassen. Geöffn. tägl. von 9-17 Uhr, Eintritt ca. 23 US, Kinder ca. 17 US.

San Diego Bay und Pazifikküste

Die Stadviertel um die Bucht und entlang der Küste strahlen das ganze Jahr über Urlaubsatmosphäre aus, auch wenn regelmäßig die Navy-Jets vorbeidonnern. Schöne Spazier- und Radwege rund um die Bucht, immer mit fantastischen Ausblicken auf die Flotte der Segelboote auf dem Wasser oder hinüber zur Skyline von Downtown. Eine leichte Meeresbrise und die zahlreichen Palmen runden das Bild ab. Die Viertel zur Bay hin etwas vornehmer und beschaulicher, an der Pazifikseite viel Rummel und Beach-Life.

CORONADO (8): Langgestreckte Halbinsel, durch die sich die San Diego Bay formt. Navy-Einrichtungen, Villenviertel und zum Ozean hin breiter Sandstrand mit Dünen. Verbindung mit Downtown entweder per Fähre oder über die CORONADO BRIDGE: eine kühne Brückenkonstruktion, die sich in elegantem Bogen über die Bucht schwingt. Von ihr aus der schönste Blick überhaupt auf Downtown, die Bucht und die

Strände. Leider nicht für Fußgänger und keine Haltemöglichkeit für PKW. Deshalb am besten langsam mit dem Wagen rüberzuckeln und sich gelassen der Ungeduld einheimischer Autofahrer aussetzen.

Hauptsehenswürdigkcit dcr Halbinsel ist das HOTEL DEL CORONADO (9), ein hölzerner Komplex aus dem Jahr 1888, in dem über ein Jahrhundert lang die Berühmtheiten dieser Welt abgestiegen sind. Kino-Kennern dürfte das Gebäude bekannt vorkommen: Hier drehte Billy Wilder 1958 seinen Filmklassiker "Some like it hot" (Manche mögen's heiß) mit Marilyn Monroe.

Sehenswert die Hotelhalle und der Garten im Innenhof. Die Reichen von heute haben kein Problem damit, daß ihnen das gemeine Volk beim Lunch oder Tennisspielen zusieht: Das weitläufige Gelände ist offen für jedermann und ein Drink auf der Terrasse keine schlechte Idee.

SHELTER ISLAND (17): Langgestreckte Halbinsel in der Bucht, gegenüber von Coronado. Jachthafen, kleiner Strand und schöne Uferpromenade mit direktem Blick auf die Skyline von Downtown und die davor kreuzenden Segelschiffe.

POINT LOMA (18): Weitere Halbinsel, die sich von Norden um die San Diego Bay legt. An ihrer Spitze das CABRILLO NATIONAL MONUMENT (19), ca. 12o m über dem Meer mit schönem Blick auf den Pazifik und zur anderen Seite auf die Bucht und Downtown. Erinnert an die Entdeckung Kaliforniens durch den portugiesischen Seefahrer Joao Rodríguez Cabrillo (vergl. Stadtgeschichte).

Vom CABRILLO DENKMAL aus ein grandioser Blick auf Coronado und die gesamte Stadt. Am besten kurz vor Sonnenuntergang herkommen: Auf der Pazifikseite versinkt die Sonne im Meer, kurz darauf gehen auf der Bay-Seite die Millionen Lichter der Großstadt an. Von hier aus erkennt man auch besonders deutlich die unglaublich geschützte Lage der Bucht, die von zwei vorgelagerten, ineinandergreifenden Halbinseln gegen den Ozean abgeschirmt ist.

Cabrillo National Monument ist zwischen Dezember und April auch eine der besten Stellen an der südkalifornischen Küste zur Walbeobachtung. Ein gläserner Unterstand schützt vor Winterstürmen. Details zur Wanderung der Grauwale entlang der Küste Kaliforniens im Kapitel "Natur und Umwelt", S. 746).

Unten auf der Landspitze das Point Loma LIGHTHOUSE, erbaut 1891 und immer noch in Betrieb. Der ältere Leuchtturm (benutzt von 1855-91) steht im Nationalpark selbst und ist für Besucher geöffnet. Zu sehen ist die Wohnung des Leuchtturmwärters mit liebevoll altmodisch ausgestatteter Küche und Schlafzimmer und Erläuterungen zum entbehrungsreichen Leben im Turm.

Im nördlichen Teil der Halbinsel die SUNSET CLIFFS (2o): Rund 15 m hohe Sandsteinklippen, gegen die die Pazifikwellen anrollen. Auf dem Wasser fast immer ein Schwarm Surfer. Atemberaubend, wie sie auf den riesigen Wellen auf die Küste zusteuern und rechtzeitig von der Welle steigen müssen, um nicht auf die Felsen aufzulaufen.

Point Loma und die Sunset Cliffs sind zu erreichen über Hwy 8 Richtung Westen. Dann über den Sunset Cliffs Blvd. entlang der Küste.

Nördlich der Sunset Cliffs beginnen die Küstenvororte OCEAN BEACH (21) und, wiederum auf einer Halbinsel, MISSION BEACH (22). Die Strände (Details S. 354) meist rammelvoll, vor allem in Mission Beach auch viel Rummel. Schon von weitem sichtbar die hölzerne Achterbahn ("The Big Dipper") des Vergnügungszentrums BELMONT PARK. Nachdem sie lange stillgelegt war, wurde sie nach modernen Sicherheitsstandards restauriert und ist inzwischen wieder eines der Wahrzeichen von San Diego. Daneben das größte Hallenbad westlich des Mississippi ("The Plunge"), schon 1925 eröffnet. Rundherum Boutiquen und Restaurants.

LA JOLLA (25): Schicker Badeort im Norden von San Diego mit beliebten Stränden. Enge Straßen, viele Palmen, alles blitzsauber. Ansonsten der übliche Ferienbetrieb mit Restaurants, Snack-Bars und Geschäften für Badekleidung und Sportartikel. Direkt am Meer das MUSEUM OF CONTEMPORARY ART, 7oo Prospect Ave. Wechselnde Ausstellungen moderner kalifornischer Künstler. Von einigen Sälen schweift der Blick unwillkürlich weg von den Kunstwerken zu den Fenstern: Die Aussicht auf den Pazifik ist ein Kunstwerk für sich.

In SCRIPPS AQUARIUM MUSEUM (86o2 La Jolla Shores Dr.) rund 2o Aquarien mit Meeresfischen sowie ausführliche Informationen zur Meeresforschung. Nicht so spektakulär wie Sea World, sondern mehr wissenschaftlich orientiert. (Geöffn. tägl. von 9-17 Uhr, Eintritt frei.)

Über dreißig Strände auf rund 1oo km Küstenstrecke im San Diego County. Von Nord nach Süd die schönsten:

LA JOLLA COVE (26): Leicht geschützt vor der direkten Brandung. Gut zum Schwimmen und Schnorcheln. Sehr klares Wasser.

WINDANSEA: In La Jolla. Einer der besten Surfstrände.

TOURMALINE SURF PARK: Im Norden von Pacific Beach. Reserviert für Surfer und Windsurfer.

MISSION BEACH (22): Einer der beliebtesten und belebtesten Strände. Viel Rummel, Läden und Restaurants. Surfen.

BONITA COVE: Südlich von Mission Beach. Sehr ruhiges Wasser,ideal für Kinder. Picknickplätze und Wiese im Hinterland.

OCEAN BEACH (21): Surfen und Volleyball. Viel los auf der Promenade: Jogger, Skater, Rollschuhläufer.

IMPERIAL BEACH: Südlich der Coronado-Halbinsel Richtung mexikanische Grenze. Guter Surfstrand. Hier finden jedes Jahr im August die "Sand Castle Days" statt, die US-Meisterschaft im Sandburgen-Bauen: Jede Menge originelle Skulpturen wie Dornröschenschlösser oder Dinosaurier.

Transport in SAN DIEGO

Bus: Busse des "Metropolitan Transit System" (MTS) verkehren innerhalb von Downtown und verbinden die City mit allen Stadtteilen und Attraktionen. Nach 21 Uhr geringe Frequenzen. Fahrpreis 1 US, passend bereithalten und beim Fahrer zahlen. Umsteigen gratis.

Bei häufiger Nutzung von öffentlichen Verkehrsmitteln spart der "Day Tripper Pass" viel Geld: Gültig auf allen Buslinien, der Straßenbahn und der San Diego Ferry. 1-Tages-Paß 4 US, 4-Tages-Paß 12 US. Erhältlich im "Transit Store", Broadway 449.

Busse ab Downtown fahren in der Regel über Broadway Richtung:

La Jolla: Linie 3o und 34

Mission Beach: Linie 34

Sea World: Linie 9

Ocean Beach: Linie 35

Point Loma: Linie 6A. Wer bis zur Spitze der Halbinsel und zum Cabrillo National Monument will, steigt an der Endstation von 6A um auf Linie 6.

Coronado: Linie 9o1

Old Town: Linie 5, ab Ash Street

Imperial Beach: Linie 9o1

Flughafen: Linie 2

Balboa Park: Linie 2o

Zoo: Linie 7

Mission San Diego de Alcalá: Linie 43

San Diego Trolley: Moderne Straßenbahn, vor allem nützlich zur Fortbewegung innerhalb der City, zum Hafen und zur mexikanischen Grenze. Umsteigemöglichkeit zu den Bussen von MTS. Tickets an Fahrscheinautomaten an den Haltestellen, je nach Entfernung 1-2 US.

Verkehrt tagsüber im 15-Minuten Takt, nach 2o Uhr bis Mitternacht ca. alle 3o Min. Ausgangspunkt sind die Stationen auf dem Broadway. Von dort entweder Richtung Hafen zum Amtrak-Bahnhof, Seaport Village und Convention Center oder Richtung Süden bis direkt an die mexikanische Grenze. Von dort einfach zu Fuß zur Avenida Revolución, dem Zentrum von Tijuana.

Old Town Trolley: Stadtrundfahrt durch die interessantesten Bezirke San Diegos im nachgebauten motorisierten "Cable Car" á la San Francisco: Downtown, Old Town, Balboa Park, Coronado. Tagsüber halbstündlich ab 9 Uhr. Haltestellen über die Stadt verteilt, u.a. Horton Plaza, Seaport Village, Maritime Museum, Hotel del Coronado, Old Town, Balboa Park, Zoo. Fahrpreis ca. 14 US.

Nicht die übliche Stadtrundfahrt, sondern weitaus attraktiver: Man kann an jeder Haltestelle aussteigen und mit einem der späteren Trolleys weiterfahren. Daher in relativ kurzer Zeit sowohl guter Gesamtüberblick möglich als auch längerer Aufenthalt an den Stellen, die besonders interessieren. Spart das zeitaufwendige Hin und Her mit öffentlichen Verkehrsmitteln oder lästige Parkplatzsuche. Ideal, um an einem Tag möglichst viel zu sehen.

Auto: Wegen der langen Wege und guten Straßenverbindungen durchaus auch innerhalb der Stadt nützlich. Schnelle Nord-Süd-Strecke über die Autobahn I-5, von Ost nach West die Autobahn I-8. Von dort aus gut ausgeschilderte Zufahrten nach Downtown, Old Town, Balboa Park, Sea World und zur Küste. Besonders schön, aber oft auch sehr voll die Küstenstraße von La Jolla bis Point Loma.

Taxi: 1,5o US für die erste Meile, dann ca. 1,8o US für jede weitere. Vom Flughafen bis Downtown ca. 7 US. Mehrere Unternehmen:

Yellow Cab: Größter Wagenpark, 24-Std.-Service. Tel. 239-8o61.
Co-op Silver Cabs: Etwas preiswerter. Tel. 28o-5555.

Fähre: Mit der "San Diego Bay Ferry" von Downtown zur Halbinsel Coronado. Schnellste und direkteste Verbindung nach Coronado. Tägl. 1o- 18 Uhr regelmäßig, Fahrzeit 15 Min., Rückfahrkarte ca. 3,5o US.

Verbindungen ab San Diego

Bus: Der Greyhound-Terminal liegt zentral in Downtown: 12o W. Broadway. Info über Abfahrtszeiten und Tarife über Tel. 239-9171.

-> Los Angeles: ca. 2o x tägl.,3 Std., ca. 18 US

-> San Francisco: ca. 8 x tägl., 11-15 Std., ca. 55 US

-> New York: ca. 5 x tägl., 3 Tage, ca. 2oo US

-> Tijuana/Mexiko: ca. 2o x tägl, 45 Min., ca.4,5o US.

Von Los Angeles und San Francisco Anschlüsse in alle größeren Städte

Kaliforniens sowie in die gesamten Vereinigten Staaten. Die Verbindung nach Tijuana lohnt vor allem für Leute, die von dort aus weiter nach Mexiko reisen, da Greyhound den zentralen Busbahnhof ansteuert. Ins Zentrum von Tijuana besser den San Diego Trolley.

Bahn: Amtrak-Züge fahren ab Santa Fé Railroad Depot, Broadway/Ecke Kettner Blvd. in Downtown. Informationen über Tel. 8oo-872-7245.

-> Los Angeles: 9 x tägl, /2 Std., ca. 27 US.

-> Santa Barbara: 2 x tägl, /4 Std., ca. 5o US.

Ab Los Angeles Anschluß in weitere Städte Kaliforniens sowie an die Langstreckenzüge Richtung Ostküste.

Auto: Nach NORDEN: -> Los Angeles am schnellsten über I-5 (18o km, ca. 2 Std.), schöner und abwechslungsreicher auf der gut ausgebauten Küstenroute, dem Pacific Coast Hwy. Nach Riverside und weiter Richtung Las Vegas (53o km, ca. 7 Std.) über I-15.

Nach OSTEN: I-8 Richtung Yuma (27o km, ca. 3 Std.) und weiter durch Arizona.

Nach MEXIKO: Per I-5 zur mexikanischen Grenze und nach Tijuana, ca. 2o Min. Von dort weiter auf der gut ausgebauten und wenig befahrenen MEX 1 bis zur Südspitze der Halbinsel Baja California.

Wer mit dem Auto nach Mexiko fährt, braucht unbedingt eine mexikanische Versicherung. An der Grenze selbst relativ teuer, daher am besten schon vorher besorgen, z.B. bei "Charles Costa Enterprise", 84o 3rd St., Chula Vista, Tel. 422-o993. In eiligen Fällen: "Instant"-Versicherung, 223 Via de San Isidro, San Isidro (Abfahrt vom Highway kurz vor der Grenze), 24 Std. geöffnet. Manche Autovermieter erlauben inzwischen per Spezialtarif die Fahrt nach Mexiko, allerdings nur innerhalb der Nordhälfte der Halbinsel Baja California.

Autovermietung: Dutzende von Anbietern, alle namhaften Firmen sind vertreten. Tarifdschungel mit vielen Sonderangeboten je nach Saison und Auslastung der einzelnen Unternehmen. Durch ein wenig Herumtelefonieren läßt sich u.U. viel Geld sparen.

ALAMO: 2942 Kettner Blvd., Tel. 297-o311

AVIS: 3875 N. Harbor Dr., Tel. 231-7143 oder 8oo-331-1212. PKW auch nach Mexiko.

BUDGET: 2535 Pacific Hwy., Tel. 279-29oo

COURTESY: 1566 Kettner Blvd., Tel. 232-3191 oder 8oo-824-3232, Autos auch nach Mexiko.

DOLLAR: 2499 Pacific Hwy., Tel. 234-3388. Autos nach Mexiko.

HERTZ: 3871 N. Harbor Dr., Tel. 321-7ooo oder 8oo-654-3131.

BLUE CHIP: 7241 Alvarado Rd., Tel. 464-5252. Vermietung von Wohnmo-

Flüge: Mitten in der Stadt der internationale Flughafen "Lindbergh Field". Zwei Terminals (East und West), aufgeteilt nach Fluglinien. Kleinbusse vom und zum Airport mit "Super Shuttle" (Tel. 278-8877). Bringen rund um die Uhr zu jedem gewünschten Hotel, ca. 6 US. Lohnt sich nur für Einzelpersonen, ansonsten ist Taxi billiger. Öffentliche Busverbindung nach Dowtown: Linie 2, ca. 1 US.

Praktisch alle wichtigen US-Airlines fliegen San Diego an. Täglich mehrfach Flüge in alle wichtigen Städte Kaliforniens und entlang der Westküste sowie Verbindungen in alle großen Städte der USA.

AEROMEXICO: 246 Broadway, Tel. 238-1320

ALASKA AIRLINES: 591 Camino de la Reina, Tel. 800-426-0333

AMERICAN AIRLINES: 9665 Chesapeak Dr., Tel. 279-0252

AMERICA WEST: 9404 Genesee Ave., La Jolla, Tel. 558-6227

CONTINENTAL: 1081 Camino del Rio, Tel. 800-525-0280

DELTA: 409 Camino del Rio, Tel. 298-4344

NORTHWEST: 252 Broadway, Tel. 234-3131

USAIR: 7851 Mission Center, Tel. 574-6233

SOUTHWEST: 555 W. Beech St., Tel. 232-1221

Tip: Flüge nach Mexiko sind billiger ab Tijuana. Also per Trolley oder Taxi über die Grenze und dort buchen. Verbindungen mit MEXICANA, AEROMEXICO und AEROCALIFORNIA nach Mexico City und in viele weitere Städte des Landes.

Hotels in Downtown liegen verkehrsmäßig am günstigsten. Neben modernen Hochhauskästen auch stilvolle, kleinere Häuser. Wer in Strandnähe oder an der Bay wohnen will, muß längere Wege zu den Sehenswürdigkeiten in Kauf nehmen. Strandhotels im Sommer und an Wochenenden oft ausgebucht. Tip: Am Wochenende in Downtown, während der Woche in Strandnähe übernachten.

✶ DOWNTOWN

"**US Grant Hotel**", 326 Broadway. Eines der Top-Hotels von San Diego direkt im Zentrum. Protzige Lobby mit Kronleuchtern. Zimmer möbliert im englischen Stil des 18. Jahrhunderts. Fitneß-Center. Gratis-Transport zum Flughafen. DZ ab ca. 190 US. Tel. 232-3121 und 800-237-5029.

"**Horton Grand Hotel**", Island St./Ecke 4th Ave. Originellstes Hotel in Downtown: restaurierte viktorianische Fassade mit verschnör-kelten Balkongittern und Erkern. Zwei Backsteingebäude, verbunden durch eine moderne Lobby mit Glaskuppel. Das viktorianische Element an manchen Stellen etwas zu dick aufgetragen: Selbst die Dame an der Rezeption im historischen Gewand. Zimmer klein und sehr gemütlich, mit Antiquitäten und Stilmöbeln ausgestattet. DZ ca. 140 US. Tel. 544-1886 und 800-999-1886.

"**Kingston Hotel**", 1o55 1st Ave. Luxushotel im Zentrum von Downtown. Lobby mit dicken Ledersesseln. Großes Fitneß-Center und Squash-Plätze. Zimmer elegant mit bequemen Sitzmöbeln und Schreibtisch. DZ je nach Größe und Lage ca. 11o-12o US. Tel. 232-6141 und 8oo-662-4477.

"**Horton Park Plaza**", 5th Ave./Ecke E St. Zehnstöckiges, älteres Haus. Stilvoll restauriert in rosa und grau. Wohnen wie in den dreißiger Jahren in einem der schönsten Gebäude des Gaslamp Quarter. Auch die Zimmer renoviert und modernisiert. DZ ab ca. 1o5 US. Tel. 232-95oo und 8oo-443-8o12.

"**Hotel St. James**", 83o 6th Ave. Klassisches Backsteinhochhaus aus den zwanziger Jahren mit den typischen Feuerleitern. Zentral im Gaslamp Quarter, von den oberen Stockwerken Blick über die Stadt. Zimmer kürzlich renoviert. DZ ca. 85 US. Tel. 234-o155.

"**Howard Johnson**", 143o 7th Ave. Nördlich des Zentrums, Richtung Flughafen. Schlichtes, modernes Gebäude, geheizter SW-Pool. Gratis-Transport zum Flughafen und Amtrak-Bahnhof. DZ ab ca. 75 US. Tel. 696-o911 und 8oo-654-2ooo.

"**Hotel San Diego**", 339 W. Broadway. Traditionshotel am Rande von Downtown. Innen und außen vollständig renoviert. Großzügige Zimmer, stilvoll eingerichtet mit Sitzgruppe. DZ ca. 55-8o US, vergleichsweise günstig in dieser Preiskategorie. Tel. 234-o221 und 8oo-621-538o.

"**Hill House**", 25o4 A St. Vier Gästezimmer, etwas außerhalb von Downtown in ruhiger Wohngegend. Zimmer unterschiedlich möbliert und ausgestattet, z.T. elegant im viktorianischen Stil. Einige Zimmer mit schönem Blick auf die Stadt. DZ je nach Größe und Ausstattung ca. 55- 65 US. Tel. 239-4738. Bed&Breakfast.

"**Comfort Inn**", 719 Ash St. Am Rande des Zentrums Richtung Balboa Park. Modernes Haus. Whirlpool. Zimmer schlicht mit Korbmöbeln. DZ ca. 65 US. Tel. 232-2525 und 8oo-228-515o.

"**Southern Hotel**", 1159 6th Ave. Einfaches Hotel im Herzen von Downtown. In älterem Gebäude mit verzierter Fassade. Zimmer ohne Extras. DZ ca. 43 US. Günstig für Alleinreisende, da EZ nur die Hälfte. Tel. 239-38o8.

"**Paris Hotel**", 759 4th Ave. Kleines Hotel über einer Ladenzeile im Gaslamp Quarter. Nur wenige Zimmer, einfach ausgestattet mit kleinem Bad. DZ ca. 37 US. Tel. 238-1833.

"**Corinthian Suites Hotel**", 184o 4th Ave. Vollkommen neues Hotel, etwas abseits vom Zentrum, aber relativ günstig zum Balboa Park. Zimmer mit Kühlschrank und Mikrowelle; einige mit Parkblick. DZ ca. 32-4o US, sehr günstige Wochenraten ab ca. 14o US. Tel. 236-16oo.

"**Gaslamp Quarter Hotel**", 417 Market St. Typisches Gebäude an zentraler Ecke des Gaslamp Quarter. Zimmer leicht heruntergekommen. DZ ca. 37 US.

"**Maryland Hotel**", 63o F St. Backsteingebäude über einen ganzen Straßenblock. Am Rande des Gaslamp Quarter. Rund 3oo Zimmer. Einfache, aber ordentliche Einrichtung mit Korbsesseln und kleinen Kommoden. DZ für ca. 32 US gute Wahl, ohne Privatbad nur ca. 26 US. Günstige Wochenrate für DZ mit Bad 145 US. Tel. 239-9243.

"**Downtown Inn Hotel**", 66o G St., am südlichen Rand des Gaslamp Quarter. Gebäude neu und schlicht. Moderne Einrichtung, funktional, ohne Schnörkel. Die meisten Zimmer mit Kühlschrank und Mikrowelle. DZ ab ca. 32 US, günstige Wochenraten ab ca. 12o US. Tel. 238-41oo.

OLD TOWN

Ruhiges Wohnen, etwas abseits von den meisten Attraktionen. Dafür einige stilvolle Hotels, die aus dem üblichen US-Rahmen fallen.

"**Hacienda Hotel**", 4o41 Harney St. Direkt oberhalb der historischen Gebäude von Old Town am Hang. Ein halbes Dutzend kleinerer Gebäude, ineinander verschachtelt. Dazwischen Terrassen, Treppen, kleine Innenhöfe, Springbrunnen und der SW-Pool. Weitläufige Hotelanlage, die aber durch die Aufteilung intim und angenehm wirkt. Zimmer mit rustikalen Holzmöbeln und Kitchenette. Balkons mit Blick über die Stadt. DZ ca. 12o US. Tel. 298-47o7 und 8oo-888-1991.

"**Heritage Park Inn**", 247o Heritage Park Row. Absolut ruhig gelegen im Heritage Park. Bed&Breakfast in viktorianischer Villa aus dem Jahr 1889. Gemeinschaftsräume und Zimmer urgemütlich mit Kamin und vollgepackt mit Antiquitäten und englischen Stilmöbeln. Frühstück auf dem Zimmer oder auf der Veranda. Jeden Abend gibt's einen klassischen Hollywood-Film. DZ ab ca. 9o US. Tel. 295-7o88.

"**Vacation Inn**", 39oo Old Town Ave. Mehrere Gebäude mit umlaufender Holzterrasse. Gruppiert um bepflanzte Innenhöfe mit Springbrunnen und SW-Pool. Moderne Zimmer mit neuer, stilvoller Möblierung. Kitchenette mit Mikrowelle und Kühlschrank. Die meisten Zimmer sehr ruhig. DZ ab ca. 7o US. Tel. 299-74oo oder 8oo-451-9846.

"**Old Town Inn**", 4444 Pacific Hwy. Knapp 1oo Zimmer in dreistöckigem Gebäude. Zimmer im einfachen Motelstil, einige völlig neu und modern. DZ ab ca. 4o US. Tel. 26o-8o64 und 8oo-225-961o.

HOTEL CIRCLE

Auf einer Rundstraße einige Dutzend Hotels und Motels jeder Preiskategorie. Nähe Old Town, nicht gerade schön gelegen zu beiden Seiten der Autobahn I-8. Abfahrt Taylor St. oder Hotel Circle. Für Autofahrer u.U. recht praktisch. Die Auswahl ist einfach bei einer Fahrt über die Rundstraße. Alle Hotels vergleichsweise preiswert für den gebotenen Komfort.

Billig z.B. "**Interstate 8 Motel**", 2444 N. Hotel Circle, Tel. 291-1883, DZ ab ca. 43 US. Mittlere Preislage z.B. "**Ramada Inn**", 2151 S. Hotel Circle, Tel. 294-7531, DZ ab ca. 7o US. Gehobene Kategorie das "**Hanalei Hotel**", 227o N. Hotel Circle, Tel. 297-11o1, DZ ab ca. 11o US.

SAN DIEGO BAY / STRÄNDE

"**Hotel del Coronado**", 15oo Orange Ave. Seit 1888 das traditionelle Luxushotel von San Diego (siehe auch Sehenswertes). Knapp 7oo Zimmer in viktorianischem Holzgebäude. Holzverkleidete Lobby mit dicken Teppichen und Kronleuchtern. Zimmer modernisiert mit entsprechendem Luxus; viele mit Blick aufs Meer. SW-Pool, Whirlpool und Sportanlagen in dem weitläufigen Gartengelände. Wer diese Atmosphäre atmen will, ist ab ca. 155 US dabei, kann aber auch für eine Suite knapp 1.ooo US hinblättern. Tel. 522-8ooo und 8oo-522-3o88.

"**Bay Club Hotel**", 2131 Shelter Island Dr. Direkt am Jachthafen. Zweistöckig im Motel-Stil. Mit Holzschindeln verkleidet. Zimmer elegant eingerichtet; die oberen mit Balkon und besserem Blick, die unteren mit Terrasse und Zugang zum Garten. Parkplatz vor dem Hotel. DZ ab ca. 12o US. Tel. 224-8888 und 8oo-672-o8oo.

"**Travelodge Harbor Island**", 196o Harbor Island Dr. Mal kein Motel der Travellodge- Kette, sondern zehnstöckiger Hotelturm direkt an der Bay. Sehr günstig zum Flughafen. Von den modernen und renovierten Zimmern wunderbarer Blick über die Bucht und Downtown. SW-Pool und Whirlpool. DZ ab ca. 95 US. Tel. 291-67oo und 8oo-295-3o5o.

"**Humphrey's Half Moon Inn**", 23o3 Shelter Island Dr. Ruhig gelegen auf der Halbinsel Shelter Island. Knapp 2oo Zimmer im Motel-Stil, am Jachthafen. SW-Pool und Whirlpool im subtropischen Garten. Große Zimmer mit Balkon oder Terrasse. Luxuriöse Einrichtung, farblich elegant abgestimmt. DZ ab ca. 8o US. Gute Wahl in dieser Preiskategorie. Tel. 224-3411 und 8oo-542-74oo.

"**El Cordova Hotel**", 1351 Orange Ave. Auf der Halbinsel Coronado. Im mexikanischen Stil mit verwinkeltem Patio, in dem sich auch einige Läden und der SW-Pool befinden. Dadurch tagsüber etwas Hektik, aber auch Atmosphäre. Kleine Zimmer mit gemütlichen Sitzmöbeln. DZ ab ca. 7o US. Tel. 435-4131 und 8oo-367-6467.

"**Marina Inn**", 2o51 Shelter Island Dr. Am Jachthafen. Vom Rezeptionsgebäude aus zwei langgestreckte Häuser. Motel-Stil. Im Garten Palmen und SW-Pool. Zimmer klein, die unteren mit winziger Terrasse. Obere Zimmer mit Blick über die Bucht. DZ ab ca. 7o US. Tel. 222-o561 und 8oo-922-2336.

"**Kona Kai Resort**", 1551 Shelter Island Dr. Langgestreckter Motel-Komplex, fast am Ende der Sackgasse auf Shelter Island. Gesäumt von Palmen, SW-Pool. Schon etwas in die Jahre gekommen. Sehr ruhig. Obere Zimmer mit Balkon, die unteren mit Terrasse. Z.T. schöner Blick über die Bucht und auf die Skyline von Downtown. DZ ab ca. 7o US, günstige Wochenraten auf Anfrage. Tel. 222-1191 und 8oo-325-2218.

"**Best Western Airport Inn**", 29o1 Nimitz Blvd. Weißer Hotelkomplex Nähe Flughafen und Harbor Island an der Bay. Zimmer funktional und ohne Schnickschnack eingerichtet; viele mit Blick auf die Bucht und Downtown. SW-Pool. Kleinbus gratis zum Flughafen. DZ ab ca. 65 US, je nach Saison günstige Wochentarife. Tel. 224-3655.

"**La Avenida**", 1315 Orange Ave. Auf der Halbinsel Coronado. Einfaches Motel mit SW-Pool im Vorgarten. Davor der Parkplatz. Trotz Durchgangsstraße relativ ruhig. Einrichtung und sanitäre Anlagen nicht mehr neu, aber akzeptabel. DZ ab ca. 5o US.

"**El Rancho Motel**" 37o Orange Ave., im Zentrum von Coronado. Mini-Motel mit ebensolchen Zimmern. Sehr einfach, aber für ca. 5o US vergleichsweise in Ordnung. Tel. 435-2251.

"**Vagabond Inn**", 1325 Scott St., in der Nähe des Jachthafens in relativ ruhiger Nebenstraße. Frühstück und Morgenzeitung inkl., SW-Pool und Whirlpool. DZ ab ca. 5o US. Tel. 223-o646 und 8oo-522-1555.

"**Sportsman's Lodge**", 141o Rosecrans St. Kleines Motel mit rund 2o Zimmern. An belebter Straße zwischen Flughafen und San Diego Bay. Nähe Küste, auch mit öffentlichen Verkehrsmitteln zum Strand und nach Downtown. Schlichte Einrichtung. DZ für ca. 34 US relativ günstig. Tel. 224-3434.

Juhe

ARMED SERVICES YMCA, 5oo W. Broadway. Tel. 232-1133. Zentral in Downtown. Auch für Zivilisten. Im Schlafsaal pro Person ca. 1o US, einige DZ vorhanden für ca. 32 US.

YWCA, 1o12 C St., Tel. 239-o355. In Downtown. Nur für Frauen. Platz im Schlafsaal ca. 1o US, DZ ca. 3o US.

AYH-IMPERIAL BEACH, 17o Palm Ave., Tel. 423-8o39. Im südlichen Stadtteil Imperial Beach. Ein Block vom Strand, etwa 8 km von der mexikanischen Grenze. Ca. 13 US.

AYH-ELLIOTT INTERNATIONAL, 379o Udall St., Tel. 223-4778. In Küstennähe auf der Halbinsel Point Loma. Ca. 13 US.

"Campland on the Bay", 2211 Pacific Beach Dr., Tel. 274-626o. Hauptsächlich Wohnmobile, aber auch Zelte erlaubt. Meist sehr voll, an Sommerwochenenden hoffnungslos. Unbedingt vorher reservieren. Stellplätze ab ca. 24 US, im Sommer noch teurer.

"San Diego Metropolitan KOA", 111 N. 2nd Ave., Tel. 427-36o1 oder 8oo-762-5267. Im südlichen Vorort Chula Vista. Sehr gut ausgestattet mit Supermarkt und Whirlpool. Stellplatz ca. 25 US. Frühzeitig reservieren.

Gute und doch halbwegs preisgünstige Restaurants sind in San Diego nicht gerade an der Tagesordnung; dafür ist der Besucher- und Touristenstrom zu groß. Fast-Food-Läden gibt es buchstäblich zwei an jeder Straßenecke. Für Feinschmecker, die gewohnt sind, einige Scheinchen für ihr Essen auszugeben, empfiehlt sich die Broschüre "San Diego Dining" mit einer Auswahl teurer Hotelrestaurants und nobler Lokale in der Stadt und entlang der Küste; erhältlich im Touristen-Büro.

DOWNTOWN

"THE FISH MARKET", 75o N. Harbor Dr. Trotz der Größe ein gemütliches Fischrestaurant mit zahlreichen Räumen ganz vorn am Wasser. Mahagoni- und Messingeinrichtung. Muschel-Cocktails ab ca. 5 US, große Fischgerichte 1o-2o US. Im Oberstock "TOP OF THE MARKET": ebenso viel und guter Fisch, hier aber in ausgefallenen Zubereitungen und noblem Ambiente. Entsprechend teurer.

"REIDY O'NEIL'S", 939 4th Ave. Schicke Bar mit Restaurant im englischen Stil. Filmplakate, Fotos und Sporttrophäen an den Wänden. Man sitzt an der hölzernen Bar oder weißgedeckten Tischen. Salate, Sandwiches und englisch inspirierte Gerichte vom Grill, ca. 6-11 US. Mehrere Biere, u.a. Guiness.

"CHINA KING", 1o41 4th Ave. Einrichtung steril im Fast-Food-Stil. Sehr günstiges Buffet zur freien Auswahl mit 16 verschiedenen chinesischen Spezialitäten. Lunch ca. 4 US, abends 5 US.

"NIKO'S GREEK VILLAGE", 1157 6th Ave. Kleines, gemütliches griechisches Lokal. Plakate und Fotos aus Griechenland an den Wänden.

Viele Salate und kleine Gerichte, griechische Weine. Auch vegetarisches Essen. Hauptgerichte ca. 6-9 US, Frühstück mit Orangensaft, Zimtbrötchen und Kaffee ca. 2 US.

"FIO'S", F St./Ecke 5th Ave. Modern gestyltes Nobelrestaurant. Bar mit italienischen Weinen, ein Flügel daneben. Italienische Spezialitäten. Sehr originelle und gute Fisch- und Muschelgerichte um 15 US. Kleine Nudelteller ab ca. 6 US.

"CROCE'S", 81o 5th Ave. Feines Restaurant mit internationaler Küche. Angeschlossen eine Jazz-Bar mit Live-Musik. Minimal-Verzehr 5 US.

"PARADISE BAKERY", 427 C St. Bäckerei mit modernem Café. Kaffee und Kuchen, aber auch Croissants, Kekse, Quiche und Salate.

"GOLDEN LION TAVERN", 4th Ave./Ecke F St. Größere Kneipe mit zwei langen Theken. An der Decke eine Buntglaskuppel und Wandmalereien mit Motiven aus der christlichen Symbolik. Rustikale Atmosphäre. Essen eher Fast-Food, aber der richtige Ort für ein ordentliches Bier.

"CAFE SEVILLA", 555 4th Ave. Andalusisches Lokal, rustikal möbliert. Stierkampfplakate an den Wänden. Kalte und warme Tapas ca. 3-6 US, Paella ca. 17 US.

"OLD COLUMBIA GRILL", 1157 Columbia St., etwas abseits vom Zentrum. Das Restaurant der Mini-Brauerei "Karl Strauss' Old Columbia Brewery". An der Bar das Bier der Brauerei und im Restaurant deftige amerikanische Küche. Am Wochenende und auf Voranmeldung Brauereiführung.

OLD TOWN

Rund 3o Restaurants innerhalb der wenigen Blocks von Old Town. Alle unverkennbar touristisch und relativ teuer. Die meisten machen auf mexikanisch. Das gilt auch für die beiden folgenden, die aber in schönen Kolonialhäusern untergebracht sind und relativ authentisches mexikanisches Essen anbieten:

"CASA DE BANDINI", im Zentrum von Old Town. In Landhaus aus dem Jahr 1829 mit Terrasse und hölzernem, umlaufenden Balkon. Im Innern mexikanische Hacienda-Atmosphäre. Mehrere Speisesäle, rustikal mexikanisch eingerichtet. Schöner Patio, Live-Musik. Kleine Speisen um 8 US, Hauptgerichte ab ca. 1o US.

"EL FANDANGO", ebenfalls mitten in Old Town. Innen gemütlich mit Kamin. Zwei Terrassen. Mexikanisches Essen zu ähnlichen Preisen wie Casa de Bandini.

SAN DIEGO BAY

"HUMPHREY'S", 2241 Shelter Island Dr. Locker-vornehme Atmosphäre. Direkt am Wasser mit Blick auf die Bay und den Jachthafen. Fisch-

und Muschelgerichte in außergewöhnlichen Zubereitungen. Hauptgerichte ab ca. 1o US.

"BALI HAI", 223o Shelter Island Dr. Zweistöckiger Rundbau mit Speisesaal oben und unten. Direkt an der Landzunge auf Shelter Island. Schöner Blick über die Bucht Richtung Downtown. Gemütliche und bequeme Korbmöbel. Feine chinesische Küche, relativ wenig Gerichte auf der Speisekarte. Spezialitäten mit Huhn, Fisch oder Shrimps ca. 1o-15 US.

"MIGUEL'S COCINA", 1339 Orange Ave. Halbinsel Coronado. Etwas versteckt in verwinkeltem Patio. Schattig und gemütlich unter Bananenstauden und Palmen. Mexikanische Gerichte um 7 US.

"BRIGANTINE", 1333 Orange Ave. Halbinsel Coronado. Schöne blauweiße Holzfassade. Im Innern verwinkelt und holzgetäfelt, etwas düster. Fisch und Seafood-Zubereitungen in vielen Variationen. Hauptgerichte 8-15 US.

"CHU DYNASTY", 1o33 B Ave., Halbinsel Coronado. Chinesisches Restaurant mit der üblichen Dekoration. Düster. Günstiges Mittagsbuffet: Für ca. 5 US kann man soviel essen, wie der Magen aufnimmt.

"PEHOE'S", auf dem kleinen Pier Nähe Fähranleger in Coronado. Rundum verglastes Lokal mit gemütlichen Korbstühlen. Bei schönem Wetter auch Tische auf der Terrasse. Einzigartiges Panorama über die Bucht und zu den Hochhäusern von Downtown. Gut für einen Drink. Der Austern- oder Krabbencocktail dazu kostet ca. 1o US.

SELBSTVERSORGER

"HARBOR SEAFOOD MART", 565 Harbor Lane, Downtown. Kein eigentlicher Fischmarkt, sondern 5 Restaurants, die aber auch Verkaufstheken für hochklassige Meeresfrüchte haben.

"FARMER'S BAZAAR", 7th Ave/Ecke K St., Downtown. Markt für frisches Obst und Gemüse.

"BOUDIN SOUR DOUGH", Im Einkaufszentrum Horton Plaza, Downtown. Viele Sorten frisches Weiß- und Schwarzbrot.

"FARMER'S MARKET", ebenfalls im Horton Plaza. Supermarkt mit ausgesuchten Lebensmitteln: frisches Obst und Gemüse, Delikatessen, französisches Weißbrot.

"VONS", Nimitz Blvd./Ecke Rosecrans St., Nähe Shelter Island. Großer und moderner Supermarkt.

Picknick: Viele Picknickmöglichkeiten auch innerhalb der Stadtgrenzen von San Diego. Die schönsten Plätze am Cabrillo National Monument (Point Loma), im Presidio Park und im Balboa Park.

SHOPPING

"HORTON PLAZA", E St./Ecke 1st St. Großer Shopping Mall und Konsum-Palast im Zentrum von Downtown. Nicht überdacht, also ohne den bekannnten Air-Condition-Mief. Neben den üblichen Geschäften und Kaufhäusern auch einige ausgefallene Läden:

"Musicland": Super-Auswahl an CDs und Kassetten. Klassik, Jazz, Country & Western sowie Rock.

"Kite Country": Drachen, Frisbees, Bumerangs und andere Flugobjekte in bunter Auswahl.

"A View of the World": Originelle Poster und Postkarten mit US-Motiven. Karten und Reiseführer zu San Diego und Umgebung.

"The Nature Company": Laden der gleichnamigen kalifornischen Umweltschutz-Organisation. Neben aufblasbaren Pinguinen und viel Kitsch gute Literatur über Natur und Umwelt in Kalifornien.

"Jessop's": Das Prunkstück dieses Uhren- und Juwelierladens steht vor der Tür und ist unverkäuflich: Die handgearbeitete Replik einer Standuhr aus dem Jahre 19o7. Ca. 7 m hoch, 15 Monate Konstruktionszeit. Räderwerk sichtbar hinter Glas.

"The Candy Barrel": Paradies für Bonbon-Freunde. In großen Holzfässern lagern unfaßbare Mengen süßer, saurer und Schokoladenbonbons. Außerdem verführerische Auswahl an lustigen und originellen Lollipops.

"Pannikin", 675 G St., Downtown. Uriger Kaffee-, Tee- und Kramladen. Große Glasbehälter, alte Waagen und Kaffeemühlen.

"Ye Olde Doll Shoppe", 2454 Heritage Park Row, Old Town. Erstaunlicher Puppenladen in einem alten viktorianischen Haus. Puppen aller Spielarten, Puppenhäuser, Miniaturen.

UNTERHALTUNG

Veranstaltungskalender: Die wöchentliche Ausgabe von "San Diego this Week" bringt gute und übersichtliche Hinweise auf die Programme von Theatern und Kinos sowie Informationen zu aktuellen Ausstellungen und sonstigen Veranstaltungen. Häufig mit Gutscheinen für verbilligten Eintritt (u.a. auch für "Sea World"). Erhältlich im Touristenbüro und vielen Hotels.

Telefonische Veranstaltungsankündigungen auch unter der Nr. 238-381o.

Tip: Die "San Diego Theater Foundation" bietet den sogenannten "ARTS TIX SERVICE": Tickets für Theater-, Musik- oder Tanzveranstaltungen zum halben Preis. Gilt nur für Aufführungen am jeweiligen Tag. Zunächst anrufen (Tel. 238-381o) und fragen, welche Sachen an diesem Tag zum

halben Preis angeboten werden. Bei Interesse dann Ticketkauf direkt im Laden von TIMES ARTS TIX, im Shopping Mall "Horton Plaza", Downtown. Di-Sa 1o-19 Uhr; Tickets für So/Mo schon am Samstag.

Kino

UNITED ARTISTS, Downtown im Shopping Mall "Horton Plaza". 7 Kinosäle. Aktuelle Film-Hits von 1o- 22 Uhr.

BIJOU THEATER, 658 5th Ave., Downtown.

CASINO THEATER, 643 5th Ave., Downtown.

OMNIMAX- CINEMA: auf der ganzen Welt gibt es nur rund 2o derartiger Kinos, das von San Diego war das erste (1973).

Die Zuschauer sitzen in einem kugelförmigen Saal, auf dessen Wände der Film fast rundum projeziert wird. Mit einem Blick ist der Film nicht zu erfassen, man sitzt also mitten drin im Geschehen. Der Eindruck ist (zusammen mit der gewaltigen Sound Anlage) entsprechend spektakulär.

Das Filmmaterial ist 7o mm im Bild breit, und eine Filmspule für einen 6o Min. Film hat rund 1,5 m. Projeziert wird mit einer 18o Grad- Fischaugen-Linse.

Theater

OLD GLOBE THEATER, Balboa Park. Nicht nur Shakespeare, sondern neben klassisch auch moderne Theaterstücke.

SAN DIEGO REPERTORY THEATER, 79 Horton Plaza, Downtown. Gegenwartstheater: Dramen, Komödien, Musicals.

STARLIGHT MUSICAL THEATER, 1549 El Prado, Balboa Park. Freilichttheater. Von Mai bis Oktober populäre Musicals.

THE BOWERY THEATER, 1o57 1st Ave., Downtown. Kleines Theater, nur ca. 8o Plätze. Moderne amerikanische Stücke. Saison von September bis Mai.

MYSTERY CAFE DINNER THEATER, 5o5 Kalmia St. Nur Fr u. Sa. Beim Abendessen wird eine Mordgeschichte vorgeführt. Schauspieler agieren gleichzeitig als Kellner des viergängigen Menüs. Gäste können sich aktiv an der Lösung des Falles beteiligen oder einfach nur zusehen. Eintritt inkl. Essen ca. 35 US.

MARIE HITCHCOCK PUPPET THEATER, Palisades Building, Balboa Park. Nur Fr-So. Marionettentheater, Eintritt ca. 1,5o US.

GASLAMP QUARTER THEATER, 547 4th Ave., Downtown. Knapp 1oo Plätze. Modernes und experimentelles Theater.

Oper/Konzerte

Das Ensemble der SAN DIEGO OPERA tritt auf im CIVIC THEATER, 3rd Ave./Ecke B St., Downtown. Saison von Januar bis Mai.

Von Oktober bis Mai Darbietungen des SAN DIEGO SYMPHONY ORCHESTRA in der COPLEY SYMPHONY HALL, 1245 7th Ave. Im Sommer zusätzlich populäre Konzerte im Marina Park am Convention Center.

Radio/Fernsehen

Neben einigen lokalen Sendern die gleichen Stationen wie in Los Angeles (Details siehe dort). Gutes und übersichtliches Wochenprogramm in der Sonntagsbeilage "TV-week" der Zeitung "San Diego Union".

Musik/Disco

CITY COLORS, im Omni Hotel, 91o Broadway Circle. Diskothek mit Video-Monitoren, auf denen Profis zu den Rhythmen tanzen.

CLUB MONTEREY, im Doubletree Hotel, Mission Valley, 9o1 Camino del Rio. Diskothek. Unterschiedliche Musikrichtungen an den jeweiligen Wochentagen. Am Wochenende Rock'n Roll.

PAL JOEY'S, 5147 Waring Rd. An Wochenenden Blues und Jazz live.

ROSIE O'GRADIES, 34o2 Adams Ave. Von Di-Sa Blues und irischer Jazz.

CALIFORNIA FATS, 2137 Pacific Hwy. Von Do-So jeden Abend Jazz live.

CROCE'S TOP HAT BAR, 818 5th Ave. Besitzerin ist die Witwe des Sängers und Songwriters Jim Croce. Jeden Abend Jazz und Blues live.

BACCHANAL, 8o22 Clairemont Mesa Blvd. Jeden Abend gute Rockbands.

COUNTRY BUMPKIN, 1862 Palm Ave., Imperial Beach. Mi-Sa Country-Gruppen mit Hits aus den fünfziger und sechziger Jahren. So/Mo Rock-Musik.

CONFETTI, 5373 Mission Center Rd., Mission Valley. Diskothek. Jede Nacht die Top 4o Hits der USA.

HOT ROCK, 1862 Palm Ave., Imperial Beach. Täglich Dancing; es spielen lokale Rockgruppen.

Feste & Festivals

ART ALIVE: Letzte Aprilwoche im San Diego Museum of Art, Balboa Park. Berühmte Bilder und Skulpturen werden aus Blumen nachgebildet.

OLD GLOBE THEATER FESTIVAL: Mitte Juni bis Mitte Oktober. In den drei Theatern im Balboa Park Werke von Shakespeare sowie andere klassische und moderne Stücke.

STREET SCENE: Anfang September im Gaslamp Quarter. Musikveranstaltungen in den Straßen der Altstadt: Jazz, Rock, Blues.

THANKSGIVING DIXIELAND JAZZ FESTIVAL: Ende November mit Jazz-Bands aus ganz Amerika.

BOAT PARADES OF LIGHT: Rund 1o Tage vor Weihnachten in Mission Bay, Oceanside und San Diego Harbor. Unzählige bunt beleuchtete Boote im Hafen und vor der Küste.

SPORT

San Diego nennt sich "Sports and Fitneß Capital of the US". Nicht ganz von der Hand zu weisen bei 78 Golfplätzen, 1.2oo Tennisplätzen und über 5o.ooo registrierten Jachten.

Segeln: Segeln ist nicht von ungefähr die Sportart Nr. 1: Die San Diego Bay formt einen riesigen natürlichen Jachthafen. Im San Diego County daher zahlreiche Segelclubs und eine Ausnahmeerscheinung: Der "San Diego Yacht Club" ist einer der berühmtesten der Welt. Eines seiner Boote gewann den 27. America's Cup, daher durfte der Club laut Reglement 1992 die 28. Version dieses internationalen Segelwettbewerbs ausrichten. Schauplatz die Küste vor San Diego, ein hervorragendes Revier mit guten und schwierigen Windverhältnissen.

Boots-Charter für eine Spritztour auf dieser inzwischen weltbekannten Se-

gelstrecke oder für ruhigere Touren in der Bucht: HARBOR SAILBOATS, 2o4o Harbor Island Dr., oder bei TOP FUN CHARTERS, im Shopping Mall "Horton Plaza", Downtown.

Hochseeangeln: Vor der Küste von Südkalifornien gute Angelbedingungen. Zwischen Dezember und April noch ein attraktiver Nebeneffekt während der Touren: Beobachtung der Grauwale auf ihrer Wanderung zwischen Alaska und Baja California. Mehrere Veranstalter, die Ein- oder Mehrtagestrips organisieren und auch die Ausrüstung stellen, z.B. POINT LOMA SPORTFISHING, 14o3 Scott St.

Fahrrad: San Diego ist eine der wenigen US-Städte, in denen es lohnt, sich per Fahrrad auf Erkundungstour zu machen: Wetter ideal, das Netz der Radwege relativ dicht. Viele Straßen im Stadtbereich (vor allem in Coronado, Mission Beach, Pacific Beach und La Jolla) verfügen über Radwege. Fahrradspuren auch entlang des Küstenhighway von San Diego bis Oceanside. Teilweise recht bergig, aber wunderbare Ausblicke auf die Küste und ins Landesinnere. Immer wieder Möglichkeiten für einen erfrischenden Bade-Stop.

In allen Stadtteilen Fahrradverleih, in der Regel ca. 4 US pro Stunde, 16 US pro Tag.

PACIFIC BEACH: Alpine Rent a Bike, 4444 Mission Blvd.

MISSION BEACH: Hamel's, 7o4 Ventura Place.

LA JOLLA: La Jolla Ciclery, 7443 Girard St.

DOWNTOWN: Pennyfarthings, 52o 5th Ave.

CORONADO: Bike Coronado, direkt am Fähranleger.

Pferderennen: Nördlich von San Diego im Badeort Del Mar eine der bekanntesten Rennbahnen der USA: "Racetrack Delmar". Gegründet 1937 von Bing Crosby. Für Pferdesportfans ein Leckerbissen: Nur wenige hundert Meter vom Meer, "where the turf meets the surf". In der Mitte Palmen und künstliche Seen, Architektur im spanischen Kolonialstil. An einem lauen Sommerabend ein Super-Erlebnis, selbst wenn das Geld beim Wetten draufgeht. Saison von Juli bis September, billigste Eintrittskarte ca. 2,5o US. Einfach zu erreichen über die Küstenstraße Richtung Norden.

Football: Die "San Diego Chargers" spielen in der US-Profi-Liga. Jack Murphy Stadium, 9449 Friars Rd., Mission Valley. Saison August bis Dezember. Ticketreservierung über Tel. 28o-2111.

Baseball: Die "San Diego Padres" spielen von April bis September in der Profi-Liga. Gleiches Stadion wie oben. Tickets über Tel. 283-7294.

Fussball: Europäischer Fußball á la USA bei den "San Diego Sockers" in der San Diego Sports Arena, 35oo Sports Arena Blvd. Eintrittskarten über Tel. 224-GOAL.

Abstecher nach Mexico:

Direkt an der südlichen Stadtgrenze San Diegos schließt sich das mexikanische Tijuana an: jährlich überqueren rund 3o Milll. (!) US- Touristen die Grenze auf der Suche nach billigem Vergnügen jeglicher Art und machen die Stadt damit zur meistbesuchten der Welt. Als Stadt selber nicht unbedingt attraktiv, trotzdem kann der Besuch lohnen, um die gewaltige Tourismus- Maschinerie zu erleben.

Sehr lohnend dagegen die Halbinsel Baja California mit ihren großartigen und oft einsamen Stränden, erloschenen Vulkanen, Lavafeldern und Kakteenwäldern, sowie weiten Wüstengebieten. Alle Details im VELBINGER- Reiseführer Band 3 "Mexiko".

STRANDLEBEN, Illustration von 1880

San Diego ⋙→ Anza Borrego

12o km/ca. 2 Std. Zunächst auf I-8 Richtung Osten bis Abfahrt Julian. Die Autobahn zieht sich in weiten Schleifen durch die schöne Hügellandschaft des CLEVELAND NATIONAL FOREST. Gelegentlich ragen Zypressen aus dem kargen, felsigen Boden, vereinzelt auch Palmen.

Weiter auf Hwy. 79 durch den CUYAMACA STATE PARK. Kurvenreiche Strecke durch eine leicht bewaldete Berglandschaft, schöner Stop am Cuyamaca See.

JULIAN: Winzige Siedlung entlang der Straße. Ehemalige Minenstadt. Hat auch heute noch etwas von diesem Charakter bewahrt: Holzhäuser und die typischen überdachten Bürgersteige. Souvenirläden, ein paar Cafés, und schon ist der Ort zu Ende. In der Washington St. das JULIAN PIONEER MUSEUM mit allerlei Kleinkram (Kleidung, Fotos) zur Geschichte der Stadt.

"**Julian Hotel**", direkt an der Hauptstraße. Angeblich das älteste Hotel in Südkalifornien. Heute Bed&Breakfast. Zimmer im traditionellen Stil des Minenstädtchens. Preise saisonbedingt ab ca. 1oo US.

"**Julian Lodge**", an einer Nebenstraße, gleich links hinter dem Ortseingang. Bed&Breakfast. Frühstücksraum sehr familiär mit Sofa, Klavier und Kaminofen. Zimmer gemütlich mit rustikalen Holzmöbeln. DZ ca. 75-85 US.

Kurz vor dem ANZA BORREGO DESERT STATE PARK, an der Kreuzung von Hwy. 78 mit der Staatsstraße S2 eine Erinnerungstafel an die SAN FELIPE STAGE STATION: Hier befand sich eine der Postkutschenstationen der "Butterfield Stage Line", die ab 1858 St. Louis mit dem Westen der USA verband. Alle 2o Meilen gab es eine solche Station für den Pferdewechsel und eine Erholungspause der Passagiere. Ca. 3o km von der Abzweigung Richtung Südosten auf der S2 ist noch das Gebäude der nächsten Station erhalten: Vallecito.

ANZA BORREGO DESERT siehe folgendes Kapitel.

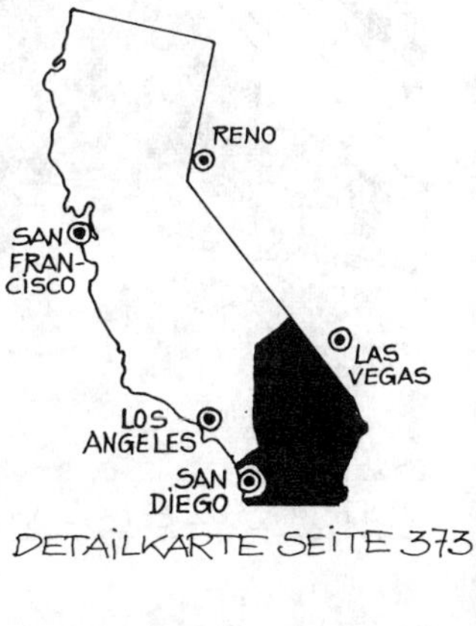

KALIFORN. WÜSTEN

Die Wüstengebiete liegen im Südosten von Kalifornien. Nicht nur tote Sandhaufen, sondern sehr vielseitig und lebendig: In den hochgelegenen Wüsten MOJAVE und JOSHUA TREE wachsen riesige Wälder einer skurrilen Yucca-Palme, in ANZA BORREGO überleben die letzten Exemplare von widderartigen Bighorn-Schafen. Klapperschlangen und Kojoten sind überall heimisch.

Im DEATH VALLEY die abwechslungsreichste und heißeste Wüste Amerikas: Sand- und Geröllwüste, Salzseen, Vulkankrater und farbenprächtige geologische Formationen aus Fels und Sandstein.

Wüstenerlebnisse bequem per Auto auf schnurgeraden Autobahnen und Landstraßen oder auf anstrengenden, aber grandiosen Wanderungen: durch bizarre Landschaften hinein in die glühend heiße Einsamkeit.

Inmitten der Einöde zwei eigentümliche menschliche Siedlungen: PALM SPRINGS mit riesigen Grünflächen, Golf-

plätzen und Schwimmbädern. In den Wintermonaten Spielplatz der Reichen und Ausflugsziel sonnenhungriger Touristen.

Im angrenzenden Bundesstaat Nevada das neonglitzernde LAS VEGAS. Roulettkugeln und Spielautomaten, die nicht eine Sekunde zur Ruhe kommen. Dutzende von Kasinos, die mit niedrigen Preisen für Unterkunft und Verpflegung locken, um den Besuchern dann am Spieltisch die Rechnung zu präsentieren. Eine faszinierende, künstlich-kitschige Stadt, gebaut auf dem amerikanischen Traum vom schnellen Geld.

TIPS FÜR WANDERER UND AUTOFAHRER

Mit der Wüste ist nicht zu spaßen, vor allem während der Sommermonate. Im Death Valley sind zu dieser Zeit 60 Grad keine Seltenheit. Lieber eine Vorsichtsmaßnahme zu viel als eine zu wenig. Gefährlich wird's aber nur, wenn man einige wichtige Grundregeln mißachtet und meint, was in Mitteleuropa funktioniert, sei auch angemessen für das extreme Wüstenklima. Abenteuertouren und lange Wanderungen nur mit guter Vorbereitung und Ausrüstung sowie nach Absprache mit den Rangern.

Wasser: In der Wüste das absolute Lebenselixier, bei Wanderungen oder anderen Tätigkeiten braucht der Mensch im Sommer rund 5 Liter Flüssigkeit täglich. Genug Wasser mitnehmen und regelmäßig trinken, der Körper benötigt es ständig. Süße Getränke und Alkohol vermeiden. Es hat keinen Sinn, Wasser zu rationieren. Flüssigkeit sparen geht nur durch Einschränkung der Bewegung und Aufenthalt im Schatten. Alle notwendigen Aktivitäten nach Möglichkeit früh am Morgen verrichten.

Kleidung: In der Sonne Körperflächen bekleidet halten: verhindert nicht nur den Sonnenbrand, sondern spart auch Flüssigkeit. Lange Hose und langärmliges Hemd sind ratsam, Hut und Sonnenbrille unverzichtbar.

Wetter: Hitze ist nicht das einzige klimatische Problem in der Wüste. Winternächte sind eisig kalt, bei längeren Wanderungen entsprechend ausrüsten. Plötzliche sintflutartige Regenfälle kommen unverhofft, sogenannte "flash floods". Enge Canyons und ausgetrocknete Flußbetten verwandeln sich im Nu in reißende Flüsse und können zur tödlichen Falle werden.

Wandern: Je länger die Wanderung, desto genauer die Vorsichtsmaßnahmen beachten. Bei weiteren Strecken die Ranger über Ziel und Dauer der Wanderung informieren. Nicht vergessen, sich auch wieder zurückzumelden. Den größten Teil der Strecke am frühen Morgen zurücklegen, später im Schatten ausruhen und Bewegung vermeiden.

Tiere und Pflanzen: Die Wüste hat einige Bewohner, mit denen Kontakt zu vermeiden ist, da ihre Bisse sehr unangenehm oder sogar giftig sind. Skorpione, Schwarze Witwen und Klapperschlangen sind aber nicht aggressiv. Wer einen Bogen um sie macht, hat wenig zu befürchten. Unübersichtliches Gestrüpp und dunkle Löcher meiden. Wer im Freien übernachtet, sollte sich für alle Fälle vorher ein Anti-Serum besorgen. Bei Bissen und Stichen so schnell wie möglich einen Arzt aufsuchen. Manche Kakteenarten haben unangenehme Stacheln, Distanz ist auch hier angebracht.

Autofahren: Für Wüstentrips (auch auf ausgebauten Straßen) einen zuverlässigen Wagen mieten. Reserverad und Werkzeug überprüfen. Neben Trinkwasser auch einen Kanister mit Kühlwasser dabeihaben. Im Sommer kommen an Steigungen manchmal die besten Wagen zum Kochen. Auf Sandwegen nur mit Vierrad-Antrieb; Schaufel und

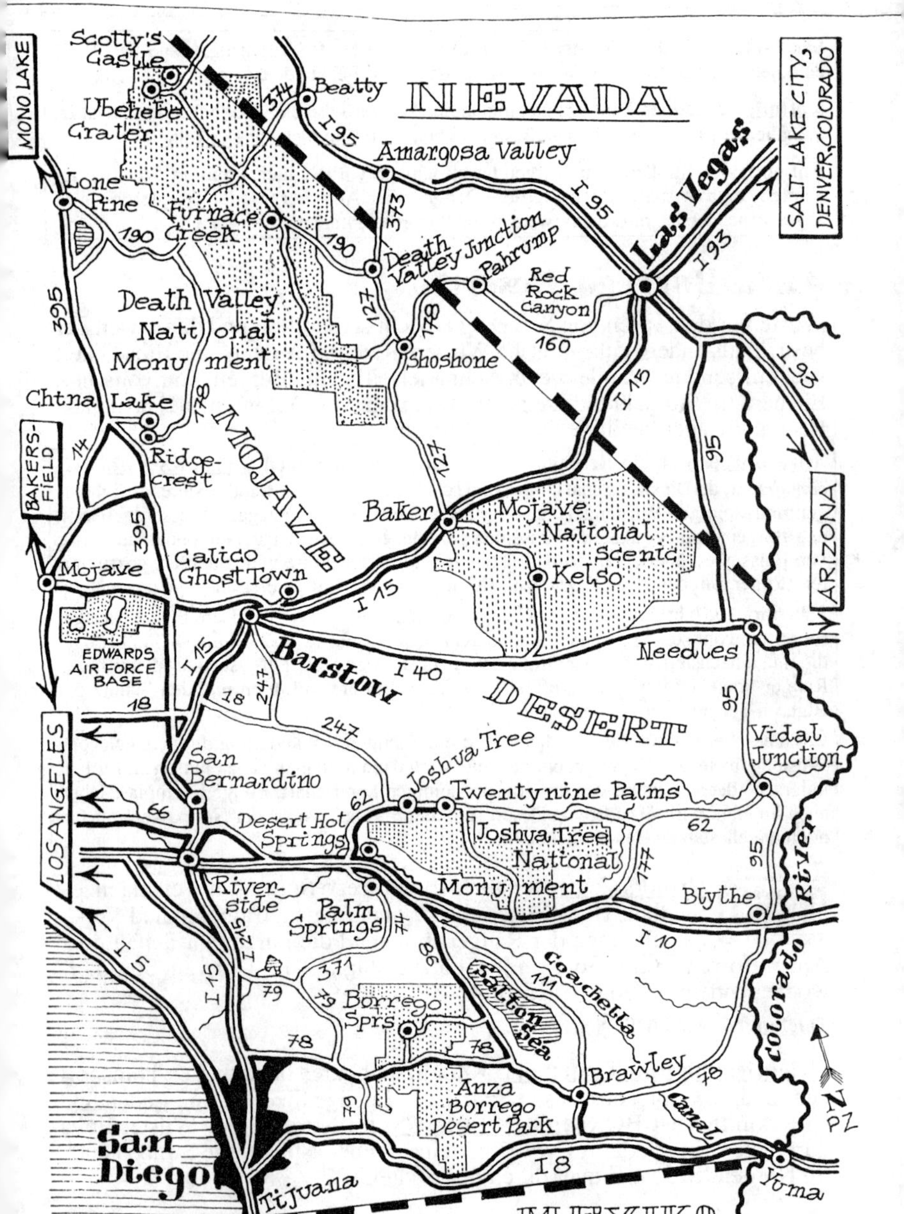
NEVADA
MEXIKO
ARIZONA
MOJAVE
DESERT
MONO LAKE
SALT LAKE CITY, DENVER, COLORADO
BAKERSFIELD
LOS ANGELES
Scotty's Castle
Ubehebe Crater
Beatty
Amargosa Valley
Las Vegas
Lone Pine
Furnace Creek
Death Valley Junction
Pahrump
Red Rock Canyon
Death Valley National Monument
Shoshone
China Lake
Ridgecrest
Baker
Mojave National Scenic
Kelso
Mojave
Calico Ghost Town
Barstow
Needles
EDWARDS AIR FORCE BASE
Vidal Junction
San Bernardino
Joshua Tree
Twentynine Palms
Desert Hot Springs
Joshua Tree National Monument
Riverside
Palm Springs
Blythe
Colorado River
Coachella
Salton Sea
Borrego Sprs
Anza Borrego Desert Park
Brawley
Canal
San Diego
Tijuana
Yuma
I 95
I 15
I 40
I 10
I 5
I 215
I 8
I 93
395
190
374
373
127
178
160
14
18
247
66
62
177
95
74
86
111
371
79
78
PZ
N

Sandbrett dabeihaben. Vorher bei den Rangern Auskunft über den Zustand der Wege einholen und sich an deren Tips halten. An genügend Benzin denken.

Notfälle: Bei einer Panne unbedingt beim Wagen bleiben. Möglichst im Schatten aufhalten, unbedingt notwendige Bewegung nur nach Einbruch der Dunkelheit.

Auf normalen Straßen kommt irgendwann jemand vorbei, auch wenn im Sommer der Verkehr extrem spärlich ist. Sind die Ranger über Autotouren oder Wanderungen in abgelegene Gebiete informiert, werden sie die Suche aufnehmen.

★ Anza Borrego Desert

Wüste vor den Toren von San Diego. Nicht so berühmt und daher weniger besucht als andere kalifornische Wüsten. Richtig für Leute, die Einsamkeit suchen, schöne Wanderwege. Sehr vielseitig mit Bergen, Canyons und Ebenen. Im Frühjahr blüht eine große Anzahl von Wildblumen. Dazu nach Regenfällen der knallrote Ocotillo-Strauch.

Anza Borrego ist ein Refugium für die letzten verbliebenen Bighorn-Schafe (*ovis canadensis*; dt. Dickhornschaf): Sind sind sehr scheue, klettergewandte Tiere, die im kargen und steinigen Wüstengelände überleben. Sie kennen abgelegene Wasserquellen in den Bergen, und bei akutem Wassermangel können sie sogar tagelang ohne Aufnahme von Flüssigkeit überleben. Zu Hilfe kommen ihnen dabei ihre widderähnlich gekrümmten Hörner, mit denen sie Kakteen aufritzen, um an das saftige Fleisch zu gelangen.

Schon im 19. Jahrhundert haben Goldgräber und Viehzüchter die Tiere beinahe ausgerottet. Obwohl seit 1883 unter besonderem Schutz, gibt es noch immer Schießwütige, die ihnen nachstellen. Bei der Größe des Anza Borrego State Park ist es für die wenigen Ranger praktisch unmöglich, effektive Kontrollen durchzuführen und den Schutz der Bighorn-Schafe zu gewährleisten.

Besucher werden die Tiere höchstens auf einer längeren Wanderung durch abgelegene Wüstengebiete zu Gesicht bekommen, und auch dann muß man genau hinsehen: Ihr Fell unterscheidet sich kaum von der grauen, steinigen Landschaft. Einige Exemplare leben auch im Naturpark "The Living Desert" in Palm Springs, wo sie der Normalverbraucher noch am ehesten zu Gesicht bekommt.

Tourist INFO Visitors Center westlich von Borrego Springs, der einzigen Siedlung. Info-Material zu Wanderungen, Camping und Veranstaltungen der Ranger. Lohnend die kurze Dia-Schau über Anza Borrego (alle 3o Min.). Geöffnet tägl. 9-17 Uhr, an Sommerwochenenden nur von 1o- 15 Uhr.

Telefon: Vorwahl 619, Notruf 911.

Orientierung und Transport: Kein brauchbarer öffentlicher Transport zum und im Gebiet des Desert State Park. Einzige Siedlung mit Läden und Unterkünften ist BORREGO SPRINGS, im Nordteil der Wüste. Etwa durch die Mitte verläuft Hwy. 78; kleinere, aber asphaltierte Straßen auch im Norden (S22) und quer durch den Südteil (S2).

SEHENSWERTES: Anza Borrego verfügt nicht über die ganz großen

landschaftlichen Höhepunkte. Im Mittelpunkt steht (vor allem bei kurzen oder längeren Wanderungen) das Erleben von Ruhe und Wüstenatmosphäre.
Entlang der S 22 östlich von Borrego Springs allerdings einige aufregende Ausblicke auf die BORREGO BADLANDS: eine ausgewaschene und erodierte Einöde, die vor allem gegen Abend durch ihre Farbenvielfalt besticht. Bester Aussichtspunkt ist FONT'S POINT, ca. 5 km südlich der S 22, zu erreichen über eine Sandstraße. Unbedingt vorher bei den Rangern anfragen, ob sie passierbar ist.

Weiter östlich auf der S22 erscheint in der Ferne der SALTON SEA, entstanden durch ein Mißgeschick 19o5 im Rahmen von Bewässerungsprojekten für das Imperial Valley an der Grenze zu Mexiko. Bei dem Versuch, den Colorado River umzuleiten, kam eine Überschwemmungskatastrophe dazwischen, die das Tal mit den Fluten des Colorado füllte. Zurück blieb bis heute der See. Da der Wassernachschub ausbleibt, wird er auf lange Sicht aber wieder austrocknen.

Am Ostrand des State Park, zu erreichen über Hwy. 78, die OCOTILLO WELLS RECREATION AREA. Reserviert für Dünen-Buggies und sonstige Off-Road Fahrzeuge, mit denen Motorsportfans lautstark durch die Wüste knattern.

"**La Casa del Zorro**", 3845 Yaqui Pass Rd., südlich von Borrego Springs. Verstreute Gebäude im spanischen Stil unter Palmen. Weitläufiger Garten. Freizeitanlagen mit Tennisplätzen, mehreren SW-Pools und Whirlpools. Ruhig und erholsam. Zimmer großzügig und komfortabel im mexikanischen Stil eingerichtet. DZ ab ca. 1oo US. Tel. 767-5323 und 8oo-325-8274.

"**Oasis Motel**", 366 W. Palm Canyon Dr. Kleines Motel am Ortsrand von Borrego Springs. Umgeben von Palmen; SW-Pool und Whirl-pool. Parken vor den kleinen, aber ordentlichen Zimmern. Mit AC. DZ ca. 6o US, mit Kitchenette ca. 7o US. Von Juni bis September nur 35 bzw. 45 US. Tel. 767-54o9.

"**Hacienda del Sol**", 61o Palm Canyon Dr. Motel Nähe Einkaufszentrum von Borrego Springs. Zimmer und einige kleine Häuschen verstreut zwischen Palmen und Kakteen. SW-Pool. DZ ca. 5o US, mit Kitchenette ca. 55 US. In den Sommermonaten 2o Prozent billiger. Tel. 767-5442.

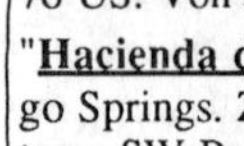

"Borrego Palm Canyon", Nähe Visitors Center. Picknick-Tische und ordentliche sanitäre Einrichtungen mit Toiletten und Duschen. Stellplatz ab ca. 12 US, im Sommer billiger.

"Tamarisk Grove", südlich von Borrego Springs am Yaqui Pass. Kleine Oase mit Baumbestand und etwas Schatten. Ausstattung und Preise wie "Borrego Palm Canyon".

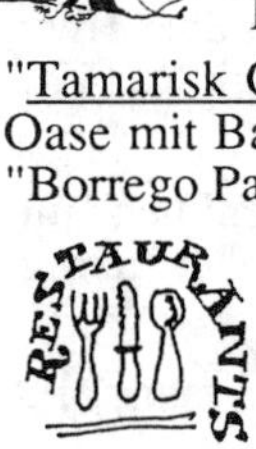

"LA CASA DEL ZORRO", im gleichnamigen Hotelkomplex. Vornehmes Restaurant im mexikanischen Stil und mit mexikanischer Küche. Die positive und teurere Alternative zu den tristen Etablissements in Borrego Springs.

"BORREGO PIZZA", im Einkaufszentrum am zentralen Kreisverkehr von Borrego Springs. Simple Pizzeria, trostloses Gestühl und Ambiente. Pizza ab 3 US.

"CIRCLE", ebenfalls am Kreisverkehr. Düsteres Lokal mit Billiard. Auf den Barhockern an der Theke etwas heruntergekommenes Wüstenpublikum mit Cowboy-Hut. Hauptsächlich Hamburger und Sandwiches ab ca. 5 US. Außerdem ein paar Grillgerichte, z.B. Steaks um 1o US.

SELBSTVERSORGER: "BORREGO VALLEY FOODS", direkt am Kreisverkehr in Borrego Springs. Supermarkt mit kleiner Obst- und Gemüseabteilung. Nichts Besonderes erwarten, Lebensmittel am besten von anderswo mitbringen.

Picknick: Die Wüste bietet jede Menge ungestörte Picknickmöglichkeiten, in der Regel natürlich ohne Schatten. Vom Straßenrand ein paar Schritte, und schon ist man allein mit sich und der Landschaft. Alle Abfälle einpacken und beim Visitors Center oder Hotel in die Mülltonne.

VERANSTALTUNGEN: "Peg Leg Smith Liar's Contest": Peg Leg Smith war ein Abenteurer der frühen Wildwestzeit. Er hatte in Anza Borrego angeblich Gold entdeckt, später die Mine aber nicht mehr wiedergefunden. Da er die Geschichte von der Größe der Mine im Laufe seines restlichen Lebens immer weiter aufbauschte, ging er als grandioser Lügner in die Annalen von Anza Borrego ein. Alljährlich am ersten Aprilwochenende findet in Erinnerung an ihn der Liars Contest statt: Es geht darum, die größten und besten Lügen über Minen und Goldfunde aufzutischen.

Die markierten Trails sind alle relativ kurz und einfach, bei der Hitze allerdings dennoch anstrengend. Für ausgiebige Wanderungen in die Wüste unbedingt die Hinweise am Anfang des Kapitels beachten.

Visitor Loop Trail: Rundweg über 1 km mit Ausgangspunkt am Visitors Center. Ein kleiner Vorgeschmack auf die Wüste, bei dem typische Pflanzen den Weg säumen.

Elephant Trees Discovery Trail: Leichter, ebener Rundweg zu einigen Exemplaren der seltenen Elephant Trees (*bursera microphylla*; zur Gattung der Weißgummibäume gehörig). 2km, ca. 1 Std. Zu erreichen über Hwy. 78, kurz hinter Ocotillo Wells rechts ab auf die Split Mountain Rd. Von dort knapp 1o km bis zum Trailanfang.

Borrego Palm Canyon Trail: Führt zu einem Wasserlauf mit Palmenhain. Unterwegs schöne Ausblicke auf das Borrego Valley. Leicht, aber steinig. 5 km, ca. 2-3 Std.

Font's Point: Halbtagestour zu Font's Point. Von dort aus einer der spek-

takulärsten Ausblicke des gesamten State Park: auf die erodierten Bergketten der Badlands. Ausgangspunkt auf der S 22, von Borrego Springs Richtung Osten, Nähe 29-Meilen Schild. 12 km hin und zurück auf relativ gutem Weg, der je nach Wetterlage auch für Autos passierbar ist.

Rattlesnake Canyon: Tageswanderung (ca. 14 km hin und zurück) zu einer Quelle, die das ganze Jahr über Wasser führt. Nicht markiert, aber eingezeichnet in die Wanderkarte, erhältlich im Visitors Center. Unterwegs viel Wüstenfeeling und einige interessante Details: Mit Glück erwischt man im äußerst steinigen Gelände einen der alten Indianerpfade. Die aufgeschichteten Steinhaufen entlang des Weges stammen allerdings nicht von Indianern, sondern von abergläubischen Wanderern: Jeder beim Vorübergehen hinzugefügte Stein soll die Wahrscheinlichkeit erhöhen, die Goldmine von "Peg Leg Smith" zu finden (siehe oben).

Der Trail führt durch einen Canyon, gelegentlich unterbrochen von rund 3 m hohen Felswänden. Sie sind leicht zu erklettern, waren aber früher ein Frust für die Viehtreiber: das Vieh kam nicht weiter zu den erhofften Wasserstellen. Ausgangspunkt der Wanderung an der S 22, östlich von Borrego Springs, Nähe 31-Meilen Schild. Ein km weiter ein kleiner Parkplatz. Direkt rechtwinklig zur Straße erkennt man einen Einschnitt im Gebirge: den Rattlesnake Canyon.

★ Palm Springs (4o.ooo Einw.)

Wüstenhauptstadt Kaliforniens, in der von Wüste nicht mehr viel zu sehen ist. Direkt am Fuße der unwirtlichen San Jacinto Mountains ein Anblick besonderer Art: PALMEN, wo man hinschaut; penibel gepflegter englischer Rasen überall; Dutzende von Golfplätzen und über 1.ooo Swimming-Pools. Teure Mode-Boutiquen, Straßencafés und Pferdedroschken für die Besucher.

Mittendrin das High-Life der Reichen und derjenigen, die auf dem "Desert Playground" mal dabeigewesen sein möchten: Bikini-Mädchen auf heißen Motorrädern, verfolgt von Schürzenjägern in offenen Cabriolets; Radfahrer, Rollerskater, ausgeflippte Typen. Alles scheint nur einen Zweck zu haben: Selbstdarstellung und Vergnügen.

Die Prominenz aus Filmstars und Politikern, die Palm Springs in den vergangenen Jahrzehnten berühmt gemacht hat, hält sich dagegen vornehm zurück: Bob Hope, Frank Sinatra oder Ex-Präsident Gerald Ford feiern die Feste in ihren Luxusvillen und spielen Golf hinter den Mauern privater Clubs. Die Straßen in den Außenbezirken tragen schon zu Lebzeiten ihre Namen: Mit "Bob Hope Drive" und "Frank Sinatra Drive" bekennt sich die Stadt rundum zu ihren berühmten Einwohnern aus dem Show-Business.

PALM SPRINGS ist ein Beispiel für den Glauben der Amerikaner ans Machbare: Der Mensch und das Große Geld haben der Wüste demonstrativ eine geballte Ladung Grün abgetrotzt. Die Pflanzen sind so gepflegt und üppig, daß man schon mal an ihrer Echt-

heit zweifelt. Ein Gedanke an die Vergangenheit der Gegend als Wüste mit spärlichen Oasen kommt bei diesem Anblick kaum noch auf. Dabei liegt diese Zeit erst rund 60 Jahre zurück.

Lebendig ist jene Epoche eigentlich nur noch in den meisterhaften Bildern des Fotografen Stephen Willard, der seit den zwanziger Jahren in Palm Springs ein eigenes Studio betrieb. Im Sommer fotografierte er die Sierra Nevada, im Winter die Wüste um seinen Wohnort. Die Fotos von einem Stück gerade erst verschwundener Landschaft zeigen einfühlsame Kompositionen aus Licht und Schatten, wobei die Palmen immer wieder eine Hauptrolle spielen: einzeln oder in Gruppen, vom Wind bewegt und vor dem Hintergrund des fahlen Wüstenhimmels. Die Faszination der Wüste und der lebensspendenden Oasen könnte kaum besser eingefangen werden als auf diesen Schwarz-Weiß Fotos. Der Blick in einen von Willards Bildbänden (erhältlich in den Buchhandlungen der Stadt) lohnt sich: Er ergänzt auf romantisch verklärte Weise den Eindruck des heutigen Palm Springs.

Von der Verwandlung der Wildnis in eine moderne Großstadt haben in Palm Springs ausnahmsweise einmal die Ureinwohner profitiert, wenn auch sehr spät und nach langem Kampf: Wie überall in Nordamerika mußten auch die hier ansässigen Indianer vom Volk der Cahuilla beim Bau der Eisenbahn ihr Land verlassen und sich in zugewiesene Reservate zurückziehen. Die vertragliche Zusicherung, daß ihnen entlang der Strecke jedes zweite Grundstück weiterhin gehöre, stand nur auf dem Papier. Durch jahrzehntelange gerichtliche Eingaben schafften die Cahuilla es allerdings, daß ihnen ihre verbrieften Rechte tatsächlich auch faktisch zugestanden wurden. Seither besitzen sie große Teile von Palm Springs. Durch die Explosion der Grundstückspreise im Zuge der Stadtentwicklung wurden die Nachfahren der vertriebenen Indianer vielfach zu Millionären.

Klima: Wüstenklima, geringe Luftfeuchtigkeit. Nur ca. 20 Regentage im Jahr. Höchsttemperaturen in den Wintermonaten um 20 Grad, von Juni bis Sept. über 40 Grad. Im Sommer wegen der Hitze Nebensaison.

Orientierung: Palm Springs geht inzwischen nahtlos über in die weniger exklusiven Nachbarorte Cathedral City, Rancho Mirage, Palm Desert und Indian Wells. Das Zentrum befindet sich um die Kreuzung Palm Canyon Drive/Tahquitz Way. Hauptgeschäftsstraßen mit Hotels, Restaurants und Shopping sind Palm Canyon Dr. und Indian Canyon Ave.

Tourist INFO Visitor's Information Center, 2781 N. Palm Canyon Dr., Tel. 778-8418.

Post **Post**: 333 E. Amado Rd. **Telefon**: Vorwahl 619.

THE DESERT MUSEUM, 101 Museum Dr., im Zentrum von Downtown. Erbaut und großzügig ausgestattet mit dem Geld der einheimischen Prominenz. Aus der permanenten Sammlung bemerkenswert die Abteilung für afrikanische und asiatische Kunst sowie die Skulpturen international bekannter Bildhauer (z.B. Henry Moore). Außerdem wechselnde Ausstellungen, in der Regel moderne kalifornische Kunst. Eine naturgeschichtliche Abteilung informiert über Flora und Fauna in der Wüste.

Besonders lohnend die Ausstellung indianischer Web- und Flechtarbeiten.

Die in Palm Springs ansässigen Cahuilla-Indianer waren berühmt für ihre schönen Körbe, von denen es hier viele ausgezeichnete Exemplare zu sehen gibt. (Geöffn. Di-So von 1o-16 Uhr, Eintritt 4 US.)

VILLAGE GREEN HERITAGE CENTER, 221 S. Palm Canyon Dr. Drei alte Häuser mitten im Getriebe von Downtown sind das stolze Erbe von Palm Springs. Klein und wenig aufregend. Am besten noch RUDDY'S GENERAL STORE, ein zum Museum verwandelter Kaufmannsladen aus den dreißiger Jahren. Leider etwas zu blitzblank und perfekt hergerichtet, so daß richtige Atmosphäre kaum aufkommt.

MOORTEN BOTANICAL GARDEN, 17o1 S. Palm Canyon Dr. Kleiner privater Wüstengarten, vollgestopft mit Kakteen und Wüstenpflanzen aus Kalifornien, Baja California und anderen Teilen Amerikas. Etwas chaotisch, aber mit viel Engagement zusammengestellt. Auf engstem Raum guter Überblick über die Wüstenflora. Geöffn. tägl. 9-16 Uhr, Eintritt 1,5o US.

Weitaus attraktiver allerdings der großräumige Park THE LIVING DESERT im Nachbarort Palm Desert, 47-9oo Potola Ave. Mischung aus botanischem Garten und Zoo. Zwischen Kakteen und Wüstenpflanzen weiträumige Gehege für verschiedene Tierarten, u.a. Kojoten, Adler und die vom Aussterben bedrohten Bighorn-Schafe. Da die Gehege sehr groß und in etwa der natürlichen Umgebung der Tiere angepaßt sind, kann es passieren, daß sich die Tiere in einer nicht einsehbaren Ecke aufhalten.

Auch die Pflanzen sind abwechslungsreich und weiträumig zusammengestellt. Informative Erklärungen zu zahlreichen Formen von Wüstenlandschaft und Wüstenleben. Die öde und steinige Bergkette der San Jacinto Mountains im Hintergrund rundet das Bild dieses lebendigen Wüstenmuseums ab. Lohnt sich für alle, die nicht selbst in die Wüste kommen, aber auch als gute Vor- oder Nachbereitung für Wanderungen und Wüstentrips. Geöffn. von Sept. bis Mitte Juni tägl. 9- 17 Uhr, Eintritt 5,5o US.

Zu den ursprünglichen Mineralquellen der Gegend um Palm Springs gehören MINERAL SPRINGS (1oo N. Indian Canyon Ave.) und DESERT HOT SPRINGS (1o-8o5 Palm Dr.). Sie sind heute voll ausgebaut mit Schwimmbecken, Fitneß-Club und Hotel. Meist aber überfüllt, so daß Vergnügen und therapeutische Wirkung eingeschränkt sind.

CABOT'S OLD INDIAN PUEBLO, 67-616 E. Desert View Ave. Haus in Pueblo-Architektur, Baustil der Hopi-Indianer aus dem Südwesten der USA. Eigenhändig erbaut von Cabot Yerxa, einem Aussteiger aus der Frühzeit von Palm Springs. Geöffn. Mi-Mo von 9.3o- 16 Uhr. Eintritt 2 US.

AERIAL TRAMWAY: Seilbahn hinauf zum Mount San Jacinto auf knapp 2.6oo m Höhe, 15 Min. Fahrt. Oben willkommene Abkühlung von der Hitze und herrlicher Blick auf die Berge und das Wüstental von Palm

Springs. Ausgangspunkt für Wanderungen.

Zu erreichen über Hwy. 111, dann die Tramway Rd. ca. 5 km bergauf bis zur Talstation. Geöffn. tägl. 1o-2o Uhr, Fahrpreis 15 US.

INDIAN CANYONS: Vor den Toren von Palm Springs, zu erreichen in Richtung Süden über S.Palm Canyon Drive. Mehrere Schluchten mit eigentümlichen Kontrasten: Teiche, Wasserfälle und Palmen in felsiger Umgebung. Früher wegen ihres geschützten Oasencharakters bevorzugter Lebensraum der Indianer. Heute Picknickplätze und Wanderwege. Information und Karten am sogenannten "Trading Post" im Palm Canyon.

WINDMÜHLEN: Nördlich von Palm Springs am Hwy. 1o ein ungewöhnliches Bild: Tausende von Windrädern in der Landschaft erinnern an einen stilisierten Palmenwald. Sie stehen in langen Reihen in der Ebene und teilweise auch auf den Bergen dahinter. Alternative Energiegewinnung für die sonst wenig "alternative" Stadt Palm Springs.

TRANSPORT

Bus: Im Stadtbereich verkehren alle 3o- 6o Min. mehrere Linien des "Sun Bus". Fahrpreis o,5 US; Summe exakt bereithalten, da der Fahrer kein Wechselgeld hat. Brauchbar vor allem Linie 2 durchs Zentrum und Richtung Süden über Palm Canyon Dr. zum Flughafen. Linie 2o fährt entlang des gesamten Palm Canyon Dr. und Hwy. 111 zwischen Palm Springs und Palm Desert.

Taxi: Desert Cab, Tel. 325-2868.

Die City of Palm Springs nimmt Hotelreservierungen entgegen: Tel. 8oo-347-7746. In den Sommermonaten ist wenig los, die Preise sinken um bis zu 5o % und Handeln ist fast überall möglich.

Wer nicht gerade am Wochenende kommt, hat aber auch im Winter keine Schwierigkeiten: Hotels gibt es wie Sand in der Wüste, viele aufgereiht entlang der Straßen Palm Canyon Dr. und Indian Canyon Ave. Absolute Spitzensaison ist um Ostern.

Obwohl Palm Springs prinzipiell ein teures Pflaster ist, sind alle Hotelkategorien vertreten. Günstig gelegen (sowohl für Autofahrer als auch für öffentliche Verkehrsmittel) sind die folgenden:

"**Hyatt Regency**", 285 N. Palm Canyon Dr. Absolut zentrale Lage mitten in Downtown. Zimmer nach vorn wegen des nächtlichen Treibens auf der Straße nicht ganz leise. Alle Zimmer als Suites ausgelegt mit viel Platz. Geschmackvoll und komfortabel möbliert. Balkon. DZ ab ca. 21o US. Tel. 322-9ooo und 8oo-233-1234.

"**L'Horizon**", 1o5o E. Palm Canyon Dr. Klein und familiär, nur 22 Zimmer. SW-Pool, sehr ruhig. Frühstück inkl., ebenfalls Fahrräder gratis. DZ ca. 11o US. Tel. 323-1858.

"<u>Villa Royale Inn</u>", 162o S. Indian Trail. Romantische Lage außerhalb auf großem Grundstück mit SW-Pool. Bed&Breakfast. Die Zimmer im Stil verschiedener europäischer Länder dekoriert. DZ je nach Lage und Größe ab ca. 8o US. Tel. 327-2318 und 8oo-245-2314.

"<u>Montevista Hotel</u>", 414 N. Palm Canyon Dr. Gut und freundlich geführtes Motel in Downtown. Parken direkt vor den Zimmern. SW-Pool und Whirlpool. Zimmer funktional eingerichtet. Praktisch für Autofahrer, die direkt im Zentrum des Geschehens übernachten wollen. DZ ca. 65 US. Tel. 325-5641.

"<u>Travelodge</u>", 333 E. Palm Canyon Dr. Verkehrsgünstig gelegen, wo die Hauptstraße ihre Richtung abrupt ändert. Gut 2 km von Downtown. Im Motel-Stil, 2 SW-Pools, Whirlpool. Frühstück und Morgenzeitung inkl. Fast alle Zimmer mit Balkon oder Terrasse. DZ ca. 6o US, im Sommer ermäßigt auf ca. 4o US. Tel. 327-1211 und 8oo-255-3o5o.

"<u>Desert Hotel</u>", 285 N. Indian Canyon Ave. Sehr zentral in Downtown, trotzdem ruhige Lage. Nähe Greyhound-Terminal. Zimmer klein, düster und spartanisch eingerichtet. Jeweils 4 Zimmer teilen sich eine Dusche und Toilette. Heruntergekommen, aber für DZ ca. 2o US ist nicht mehr zu verlangen. Ein Dach überm Kopf im Zentrum.

Die Restaurant-Szene von Palm Springs ist leider extrem und negativ touristisch ausgerichtet. Entweder überteuerte Spezialitäten-Lokale (von indisch über deutsch bis japanisch) oder ebenfalls überteuerter Fast-Food Ramsch. Eine der wenigen Ausnahmen im Zentrum:

"<u>TONY'S PASTA MIA</u>", 37o N. Palm Canyon Dr. Klein, voll und hektisch mit viel jugendlichem und frühreifem Publikum. Ca. 6 US für sizilianische Nudelgerichte, erstklassig zubereitet mit absolut frischen Zutaten. Ob sich so etwas in einer derartigen kulinarischen Umgebung halten kann? Hoffnung macht das signierte Foto von Frank Sinatra an der Wand. Vielleicht wacht sein Image über die gleichbleibende Qualität des Essens?

SELBSTVERSORGER: "<u>VONS</u>", E. Palm Canyon Dr./Ecke Gene Autry Trail. Großer und gut sortierter Supermarkt am Rand von Downtown. - "<u>CIRCLE K</u>", 321 E. Arenas Rd. Laden mit Lebensmitteln und Getränken im Zentrum von Downtown.

Palm Springs nennt sich "<u>Dattelhauptstadt der Welt</u>". Die vielen Palmen in der Umgebung bestätigen dies. Verkauf von Datteln am Rande der Landstraßen Richtung Süden. Außerdem viele spezielle Gerichte in Restaurants, z.B. Dattel-Milkshake. Bei "<u>ANDREA'S</u>", 152 N. Palm Canyon Dr., gibt es Datteln in Säcken, Kisten, Geschenkkartons und allen Variationen.

<u>Picknick</u>: Mit Abstand die schönsten Picknick-Plätze in den Indian Canyons südlich von Palm Springs: Holztische und -bänke unter schattigen Palmen und an plätschernden Bächen.

Veranstaltungskalender: Das monatliche Veranstaltungsprogramm "Desert Guide" gratis im Touristen-Büro und vielen Hotels.

Kino: "Camelot 3", 23oo E. Barristo Rd., 3 Kinosäle mit aktuellen Filmhits. "Courtyard 6", 777 Tahquitz Canyon Way. 6 Kinosäle, aktuelle Filmhits.

Feste & Festivals: "Palm Springs International Film Festival": Alljährlich im Januar. Rund 6o Filme, häufig internationale Premieren.

Golf: Palm Springs nennt sich "Golf-Hauptstadt der Welt". Dürfte bei ca. 8o Golfplätzen nicht übertrieben sein. Praktisch an jeder Straßenecke ein Green. Neben privaten Clubs auch öffentliche Plätze, viele gar nicht so teuer:

"Canyon South Golf Course", 1o97 Murray Canyon Dr., im Winter ca. 6o US, im Sommer je nach Wochentag und Tageszeit nur 15 US.

"Palm Springs Golf Course", 1885 Golf Club Dr., im Winter ca. 3o US, im Sommer um 12 US.

Fahrrad: Gutes Wetter, ebenes Terrain und viele Radwege sind verführerisch. Schöne Touren unter Palmen und entlang der grünen Wiesen der Golfplätze. Weitere Infos und Tourenvorschläge beim "Palm Springs Cyclesport Bicycle Club", Tel. 322-966o. Fahrradverleih bei MAC'S BIKE RENTALS, 7o-155 Hwy. 111.

Schwimmen: Im OASIS WATERPARK Schwimmbecken und viele Attraktionen wie Riesenrutschen und Wellenbad. Gene Autry Trail/Ecke Palm Canyon Dr.

Tennis: Neben Golf der beliebteste Sport. Rund 6oo Plätze im gesamten Stadtbereich, viele mit Flutlicht.

Verbindungen ab Palm Springs

Bus: Greyhound-Terminal sehr zentral in Downtown, 311 Indian Canyon Ave.

-> Los Angeles: 5 x tägl., 3 Std., ca. 17 US

-> Anaheim: 1 x tägl., 2 Std., ca. 17 US

-> Calexico: 6 x tägl. 3- 4 Std., 18 US

-> Dallas: 1 x tägl. 28 Std., ca. 17o US

-> Joshua Tree (mit "Desert Stage Line"): 2 x tägl., 1,5 Std., ca. 8 US

-> Bakersfield (mit Amtrak-Bus, von dort Anschluß an den Zug nach San Francisco): 1 x tägl., 6 Std., ca. 3o US

Auto: Nach Westen: Hwy. 1o Richt. Los Angeles (18o km, ca. 3 Std.). -> Richtung Osten: ebenfalls Hwy. 1o nach Phoenix, Arizona (45o km, ca. 5- 6 Std.).

-> Richtung Norden: Hwy. 62, später Hwy. 247 durch die Mojave Wüste nach Barstow (18o km, ca. 3 Std) und weiter nach Las Vegas (39o km, ca. 5 Std.).

-> Richtung Süden: Hwy. 111 durchs Imperial Valley nach Yuma, Arizona (25o km, ca. 3 Std.).

Autovermietung: Für Ausflüge in die Canyons der Umgebung sowie zu den Wüsten von Joshua Tree und Anza Borrego lohnt sich auch tageweise ein Mietwagen. Alle internationalen und viele lokale Firmen am Flughafen und mit Stadtbüros:

BUDGET, 15o S. Indian Canyon Ave., Tel. 32o-7897
AZTEC, 45o N. Indian Canyon Ave., Tel. 325-2294
HERTZ, 244 N. Indian Canyon Ave., Tel. 778-512o
LINDO'S, 4oo E. Tahquitz Way, Tel. 322-4122

Flüge: Flughafen "Palm Springs Regional Airport", relativ zentral im Nordwestteil der Stadt. Direktflüge mehrmals täglich nach San Francisco, Los Angeles, Seattle, Chicago, Dallas, Las Vegas, Phoenix, Denver und St. Louis. Von dort aus Verbindungen in alle wichtigen Städte der USA.

ALASKA AIRLINES, Tel. 8oo-247-5692
AMERICAN AIRLINES, Tel. 8oo-433-73oo
AMERICAN EAGLE, Tel. 8oo-433-73oo
AMERICA WEST, Tel. 8oo-247-5692
UNITED, Tel. 8oo-241-6522
SKYWEST, Tel. 8oo-453-9417
TWA, Tel. 8oo-21-2ooo

✦ Joshua Tree National Monument

Gebirgige Wüstenlandschaft, die besonders fasziniert durch ihre Vielfalt an Felsformationen, und in denen die zahlreichen Kletterer bunte, lebendige Punkte darstellen. Ein Paradies für Free-Climber.

Ergänzt wird diese bizarre Landschaft durch riesige Wälder der nicht weniger bizarren Joshua Trees, nach denen das National Monument benannt ist. Insgesamt eine ungewöhnliche, manchmal fast absurd oder mystisch erscheinende Kombination aus unwirtlicher Landschaft und skurrilen Pflanzen, die sich trotz der Trockenheit darin heimisch fühlen.

Der JOSHUA TREE (*yucca brevifolia*; dt. Josuabaum) ist eine seltene Unterart der Yucca Palme und wächst vor allem in hochgelegenen Wüsten oberhalb 1.ooo m. Im National Monument sind die größten Exemplare bis zu 15 m hoch. Ausgedehnte Wälder auch in Teilen der Mojave Wüste, z.B. entlang Hwy. 16o zwischen Las Vegas und Death Valley oder am Walker Pass nordöstlich der Stadt Mojave.

Der Name stammt von mormonischen Siedlern, die im 19. Jahrhundert auf ihrem Weg nach Westen zum ersten Mal auf diesen Baum trafen. Seine eigentümlich gen Himmel ragenden Äste interpretierten sie als die erhobenen Arme des Propheten Josua, der ihnen damit den Weg zum Garten Eden weisen wollte. Bei der unerbittlichen Hitze und Öde der Landschaft war ein solches Zeichen der Hoffnung sicherlich hochwillkommen.

Tourist INFO Oasis Visitor Center am östlichen Rand der Stadt Twentynine Palms, direkt an der Stichstraße zum Park. Gut ausgeschildert. Hilfreiches Personal. Karten und Infomaterial. Am Parkeingang ist eine Gebühr von 5 US pro PKW fällig, Ticket gilt für eine Woche.

Orientierung und Transport: Der Nordteil des National Monument gehört zur hochgelegenen Mojave Wüste und ist landschaftlich interessanter als der Südteil. Dieser gehört zur Colorado Wüste, liegt tiefer und hat nicht die charakteristischen Joshua Trees.

Kein öffentlicher Transport im Park. Per Auto drei mögliche Zufahrten im Westen, Norden und Süden. Am besten den Nordeingang bei Twentynine Palms nehmen. Von dort aus die schönste Tour durch den Nordteil des Parks bis zum Westausgang beim Ort Joshua Tree. Entfernungen ab Twentynine Palms: Südeingang bei Cottonwood ca. 6o km, Westeingang bei Joshua Tree ca. 5o km.

In Twentynine Palms die besten Übernachtungsmöglichkeiten. Innerhalb des National Monument selbst weder Unterkunft noch Lebensmittel.

Trotz der Nähe zum Großraum Los Angeles ist Joshua Tree National Monument noch weitgehend unberührt und naturbelassen. Damit es so bleibt, folgende Verhaltensmaßregeln strikt beachten:

Pflanzen und Tiere dürfen nicht aus ihrer natürlichen Umgebung entfernt werden.

Fahrzeuge nur auf asphaltierten Straßen oder offiziell ausgewiesenen Sandwegen.

Kein Feuerholz sammeln; Feuer nur auf Campingplätzen.

Müll selbstverständlich in die vorhandenen Tonnen oder mit aus dem Park nehmen.

Während der Dunkelheit sind einige der attraktiven Stellen tabu. Sie dürfen nur bei Tageslicht aufgesucht werden. Entsprechende Hinweisschilder beachten.

Per Auto sind die schönsten Stellen entlang der Strecke zwischen Twentynine Palms und dem Ort Joshua Tree leicht erreichbar und gut ausgeschildert.

Zunächst einige Felsformationen wie SPLIT ROCK: aufgetürmte und ineinander verschobene Felsklötze, erodiert und teilweise in der Mitte durchgebrochen. Auf der gegenüberliegenden Straßenseite JUMBO ROCKS mit schönem Blick über den Park und die Joshua Trees. Nach ca. 24 km Abzweigung zur GEOLOGY TOUR ROAD, allerdings nur mit Vierrad-Fahrzeugen zu befahren. 29 km lange Strecke mit Ausblicken auf bizarre Felsformationen und geologische Besonderheiten. Die Hauptstraße führt weiter durchs QUEEN VALLEY, eine Hochebene mit besonders hohen und dekorativen Joshua Tree. Ein markanter Punkt ist hier der MOUNT RYAN, ein Felsquader, der nur noch auf einer Spitze steht und jeden Moment umzufallen droht.

Kurz darauf die Abzweigung zu KEY'S VIEW. Der Abstecher auf der

asphaltierten Straße lohnt sich: Am Ende der Strecke ein phantastischer Ausblick auf das rund 1.5oo m tiefer gelegene Imperial Valley: Palm Springs zu Füßen, dahinter der Salton Sea und in ca. 15o km Entfernung Signal Mountain an der mexikanischen Grenze. An besonders klaren Tagen sogar 25o km Sichtweite, bis weit hinein nach Mexiko. Im wahrsten Sinne des Wortes ein erhebendes Gefühl.

Zurück auf der Hauptstraße der BARKER DAM mit einem kleinen See inmitten von Felsblöcken. Der Stausee wurde von Viehzüchtern als Viehtränke eingerichtet. Ein Fußweg führt am See entlang, durch Felsspalten und über eine kleine Ebene mit Joshua Trees. Manche Gesteinsformen sind wahrhaft atemberaubend.

In der Nähe des Sees liegt HIDDEN VALLEY, ein spektakuläres Tal, rundum eingerahmt von steilen Felswänden. Diente früher Viehdieben als Schlupfwinkel. Auf dem markierten Rundweg durchs Tal (ca. 2 km) immer neue, erstaunliche Felsformationen: mit etwas Phantasie erkennt man die absonderlichsten Figuren und Gestalten. Vor allem bei Mondschein dürften die Viehdiebe gute Nerven gebraucht haben.

Der Ort TWENTYNINE PALMS ist trostlos, hat aber die nächstgelegenen Unterkünfte zum National Monument. Qualität der Hotels sehr einfach. Wer komfortabler wohnen will, besucht Joshua Tree am besten per Tagesausflug ab Palm Springs.

"**Gardens Motel**", 71487 Twentynine Palms Hwy. An der Hauptstraße am Ortsrand. Ruhig, da die einzelnen Gebäude nach hinten versetzt sind. Schöner SW-Pool auf einer Terrasse. Zimmer klein, aber funktional und modern ausgestattet. DZ ab ca. 5o US. Tel. 619-367-9141 und 8oo-528-1234.

"**Econo Lodge**", 72562 Twentynine Palms Hwy. Dreistöckiges, langgestrecktes Gebäude an der Hauptstraße. Keine Schönheit, Zimmer aber ordentlich und praktisch eingerichtet. SW-Pool. DZ ab ca. 45 US. Tel. 619-367-2833.

"**Hill View Motel**", 73193 Twentynine Palms Hwy. Einige klapprige Häuschen ziehen sich den Hügel hinauf. Einrichtung ebenso schäbig wie das Äußere. Sanitäre Anlagen in Ordnung. DZ ab ca. 32 US. Tel. 619-367-4oo4.

"**Sunset Motel**", 73842 Twentynine Palms Hwy. Winziges Motel, kurz vor der Abfahrt zum National Monument und Visitor Center. Zimmer klein, aber gepflegt. DZ ab ca. 32 US.

"**Smoke Tree Lodge**", 7197o Twentynine Palms Hwy. Etwas zurückgesetzt an der Hauptstraße. Winziges Motel, heruntergekommen. Zimmer klein mit klappriger Möblierung. DZ ca. 25 US.

Voll ausgerüstete Plätze leider nur abseits der interessanten Route: im Nordwestzipfel "CAMPGROUND BLACK ROCK CANYON" (Stellplatz ca. 1o US) und im Südosten des National Monument "CAMPGROUND COTTONWOOD" (Stellplatz ca. 6

US). Schöne und günstig gelegene Campingplätze entlang der Nordroute durch den Park. Dort überall Toiletten, aber kein Wasser. Daher ausreichend vorsorgen. Keine Gebühr.

"Jumbo Rocks": Origineller Platz auf Sandboden zwischen gewaltigen Felsbrocken. Picknicktische.

"Mount Ryan": Campen wie einst im Wilden Westen. Am Fuße eines Felsbrockens, der Schatten spendet. Umgeben von Joshua Trees, die bei Nacht ein gespenstisches Aussehen annehmen.

"Hidden Valley": Stellplätze rund um ein bizarres Felsmassiv. Schatten je nach Tageszeit. Ausgangspunkt für mehrere attraktive Wanderungen.

Das Angebot, wie bei den Unterkünften, wenig berauschend. Einigermaßen passabel die folgenden:

"NUTRICION CENTER", 71965 Twentynine Palms Hwy. Direkt an der Hauptstraße in einer Art Lagerhalle. Preisgünstigess Essen: chinesische und vegetarische Gerichte. Das originellste, was im Ort zu haben ist.

"PIZZA HUT", an der Hauptstraße neben der Econo Lodge. Bester der zahlreichen Fast-Food-Stops.

SELBSTVERSORGER: "THRIFTY", 71717 Twentynine Palms Hwy. Gut sortierter Supermarkt im Einkaufszentrum. Spätestens hier mit den nötigen Lebensmitteln eindecken, im National Monument keine Versorgungsmöglichkeit.

Picknick: Zahlreiche installierte Picknickplätze mit Holztischen und -bänken im Park. Vor der Kulisse von Joshua Trees, Felsklötzen und bei sommerlichen Temperaturen weitaus attraktiver als die traurigen Lokale von Twentynine Palms.

Klettern: Joshua Tree National Monument ist ein Wunderland für Free-Climber. Schon der Anblick der unzähligen Felsen ist aufregend. Schöne Klettertouren vor allem im Hidden Valley und bei Barker's Dam. Alle Schwierigkeitsgrade für Anfänger und Experten.

Vorher unbedingt beim Visitor Center die Informationsbroschüre besorgen. Darin zahlreiche Hinweise, wie sich sportliche Aktivitäten mit dem Anspruch auf Erhaltung der besonderen Umwelt des Parks vertragen. Nur die markierten Wege zu den Kletterwänden benutzen.

Beste **Wanderzeit** von Herbst bis Frühjahr. Zwischen Juni und September Höchsttemperaturen um 4o Grad. Da werden auch kurze Hikes schnell zur Strapaze. Vorsicht mit den eigenen Kräften und an den erhöhten Wasserverbrauch denken (vergl.

Tips zu Wanderungen in der Wüste, Seite 372). Touren außerhalb der bezeichneten Trails bedürfen der Genehmigung durch die Ranger im Visitor Center. Längere Trips in die Wildnis nur für geübte Wüstenwanderer zu empfehlen.

Lost Horse Mine: Wanderung zu einer stillgelegten Mine. Ausgangspunkt an der Straße nach Key's View (ausgeschildert). Retour 7 km, ca. 3 Std.

Ryan Mountain: Der relativ anstrengende Aufstieg wird belohnt durch schöne Ausblicke auf die umliegenden Täler. Ausgangspunkt der Parkplatz am Mt. Ryan. Retour 5 km, ca. 2- 3 Std.

Verbindungen ab Twentynine Palms

Bus: 2 x täglich mit "Desert Stage Line" ab Twentynine Palms nach Palm Springs, 1,5 Std., ca. 8 US. 1 x pro Woche mit Greyhound direkt nach Los Angeles, 4 Std., ca. 4o US.

Auto: Ab Twentynine Palms über Hwy. 62 rund 8o km, 1Std. bis Palm Springs. Von dort weiter nach Los Angeles oder San Diego. Richtung Norden über Hwy. 247 ca. 16o km, 2- 3 Std. bis Barstow, dem Verkehrsknotenpunkt in der Mojave Wüste.

★ Mojave Desert

Hochgelegene Wüste, durchzogen von kahlen Bergketten. Leicht zugänglich und oft durchquert, da durch ihre Mitte die Interstate Highways 15 und 4o von Los Angeles nach Las Vegas bzw. nach Arizona verlaufen.

Große Flächen sind abgesperrt als Trainingslager für die US-Streitkräfte. Bekannt vor allem Edwards Air Force Base: Landeplatz der NASA- Space Shuttles, Details siehe auch Seite 334.

Die Straßen schnurgerade, die Sonne glüht, und Las Vegas oder Los Angeles sind noch weit. Hier ist die Wüste manchmal Genuß und Strapaze zugleich. Gut, daß das Autoradio unentwegt die Rockmusik der frühen und späten Jahre bringt und den Fahrer am Eindösen auf der endlosen Geraden hindert. Die Mojave Wüste hat wenig Orte oder Sehenswürdigkeiten. Im Mittelpunkt steht das Wüstenerlebnis: die Weite und Ausgestorbenheit einer sonnenverbrannten Landschaft.

Im Sommer unerträglich heiß; am schönsten nach Regenfällen im Winter oder Frühjahr, wenn sich ungeahnte Pflanzen auf dem Wüstenboden sehen lassen und im Hintergrund die Höhen der Sierra Nevada oder der San Bernardino Mountains verschneit sind.

Während die relativ kleinen Wüstenabschnitte von Death Valley, Joshua Tree und Anza Borrego als National Monuments oder State Park geschützt sind, läuft die Auseinandersetzung um die Zukunft der Mojave Wüste noch immer auf vollen Touren.

Die einen halten die Wüste an sich für völlig wertlos und bestehen auf ihrer extensiven Nutzung durch den Menschen: Das Militär beharrt auf seinen Flugplätzen, Ausbildungslagern und Testgeländen für Munition und neue Waffen; Chemie-Unternehmen verpesten mit gutem Gewissen die Luft abseits menschlicher Siedlungen; Wochenendausflügler genießen die "große Freiheit" und knattern mit Wüsten-Buggies und Jeeps durchs Gelände; experimentelle Anlagen für Wind- und Sonnenenergie beanspruchen große Flächen; illegale Müllkippen verschandeln die Landschaft.

Umweltschützer halten dagegen, daß gerade die Mojave Wüste keine tote Einöde ist: Eine landschaftliche Vielfalt von Sanddünen, Bergketten, Canyons und Oasen beherbergt ein ebenso differenziertes Pflanzen- und Tierleben. Die Naturschützer befinden sich derzeit aber eher in der Defensive. Zu weit fortgeschritten sind bestehende Einrichtungen und Projekte für die Zukunft. Einen vollständigen Schutz wie in den Nationalparks wird es für die Mojave Wüste wohl nicht geben. Sicher aber werden weitere Gebiete für bestimmte Aktivitäten gesperrt, so daß große Teile der Wüste die Chance bekommen, in relativer Ursprünglichkeit erhalten zu bleiben.

★ Barstow (2o.ooo Einw.)

Glühend heißes Wüstenkaff, das seinen Charme in einem Film von Wim Wenders entfalten könnte. In der Realität aber öde und trist. Verkehrsknotenpunkt, etwa auf halber Strecke zwischen Los Angeles und Las Vegas. Hier kreuzen sich die Wüstenwege: Interstate 4o aus Arizona und Interstate 15 aus Las Vegas; außerdem Umsteigestation für Greyhound-Busse. Wer nicht auf einen Anschlußbus warten muß, tankt auf, trinkt eine Cola, schaut kurz im Touristenbüro rein und fährt schleunigst seinem nächsten Ziel entgegen.

Desert Information Center, 831 Barstow Rd. Karten und Informationen zu Barstow und der Mojave Wüste. Kleine Ausstellung über Geologie, Flora und Fauna der Wüste. Geöffn. tägl. 9-17 Uhr.

Die einzigen Gründe, in Barstow zu bleiben, sind eine Panne oder ein verpaßter Busanschluß. Für die Übernachtung bietet sich in diesen Fällen an:

"**El Rancho**", 112 E. Main St. Großes und neues Motel im Zentrum, direkt am Greyhound-Terminal. SW-Pool mitten auf dem Parkplatz. Zimmer geräumig und kahl mit Bett, Stuhl und Tisch. Genau die passende Atmosphäre zu diesem Ort. Vorteile: zentral, sauber und für ca. 3o US nicht teuer. Tel. 619-256-24o1.

Weitere Hotels und Motels entlang der Main St., alle ähnlich im Stil, mal ein paar Dollars mehr, mal weniger.

Auf der Main Street sind sie alle wie an einer Schnur aufgereiht, die schon klassischen Fast-Food-Läden Amerikas. Etwas anderes wäre dem Ort auch überhaupt nicht angemessen.

"VONS", Main St./Ecke Yucca Ave., ziemlich weit im Osten der Stadt. Guter und großer Supermarkt.

"SEVEN/ELEVEN", direkt am Busbahnhof, 24 Std. geöffnet. Kleiner Lebensmittelladen mit dem Nötigsten für gestrandete und durstige Buspassagiere.

Verbindungen ab Barstow

Bus: Moderner Greyhound-Terminal, zentral, Main St./Ecke 1st St.

-> Los Angeles: 12 x tägl., 3 Std., ca. 18 US

-> Las Vegas: 12 x tägl., 3 Std., ca. 27 US

-> San Diego: 2 x tägl., 5 Std., ca. 3o US

-> Flagstaff/Arizona: 2 x tägl., 7 Std., ca. 55 US

Auto: -> Los Angeles: Über I-15, 18o km, ca. 2- 3 Std.

-> Las Vegas: Über I-15, 25o km, ca. 3 Std.

-> Joshua Tree National Monument: Über Hwy. 247, 16o km, ca. 2- 3 Std.

In der Umgebung von Barstow, Richtung Osten entlang der Autobahnen I-15 und I-4o mehrere Sehenswürdigkeiten:

SOLAR ONE POWER PLANT: Experimentelles Sonnenkraftwerk, das heute bereits für 1 Million (!) Haushalte in Südkalifornien Strom liefert, - und dies zu konkurrenzfähigen Preisen.

Es gibt derzeit 3 Typen an Solarkraftwerken, in jedem Fall sind Spiegel beteiligt, da es gilt, die Sonneneinstrahlung zu bündeln, um hohe Temperaturen zu erreichen.

Typ 1 besitzt glatte, ungewölbte Spiegel, die auf dem Boden aufgestellt mit unterschiedlichem Neidungswinkel die Sonnenstrahlen in Summe auf die Spitze eines Turmes fokussieren, wo eine Flüssigkeit (z.B. Wasser) erhitzt wird, die wiederum (Beispiel Wasser) verdampft und eine Turbine antreibt, an der ein Stromgenerator angeschlossen ist. Ein derartiges Solarkraftwerk ist z.B. in Südspanien in Erprobung.

Typ 2 besitzt Parabolspiegel. Typ 3 (z.B. das südkalif. Solarkraftwerk) arbeitet schüssel- oder ringförmige Reflektoren, in deren Rinne eine durchlaufende Flüssigkeit erhitzt wird. Insgesamt sind derzeit rund 2.ooo solcher Reflektoren aufgestellt. Dieser Typ spart den Bau hoher Türme, benötigt aber erheblich mehr Fläche, welches in der Mojave Wüste jedoch kein Problem ist. Sicher auch wegen Erdbebengefahr hat man hier diesen Typ gewählt. Weiterer Vorgang siehe Typ 1.

Der südkalifornische Solar One Power Plant ist derzeit das größte Solarkraftwerk der Welt, und die Erfolge sind beachtlich. In derzeitigem Ausbaustadium liefert die Anlage 27o Megawatt und zu Preisen, die durchaus konkurrenzfähig sind. Die Betreiber rechnen zudem mit einer Halbierung des Strompreises, wenn Mitte der 9o-er Jahre die zweite und verbesserte Generation u.a. der Spiegel eingesetzt wird. Diese werden durch Motoren jeweils je nach Sonnenstand optimal eingestellt. In der Rinne der südkalifornischen An-

lage wird ein spezielles Thermo-Öl auf rund 4oo Grad erhitzt, welches zu einem zentralen Boiler fließt und das dort befindliche Wasser erhitzt, das wiederrum eine Dampfturbine antreibt. Derzeit gewinnt man Erfahrungswerte in allen Teilbereichen der 199o eröffneten Anlage, um Verbesserungen einzubringen.

Generell benötigt die Menschheit dringendes Umdenken in ihrer bisherigen Energiegewinnung. Die derzeitige Praxis, hier hemmungslos fossile Stoffe wie Kohle und Erdöl zur Stromgewinnung und für die Heizung zu verwenden, hat nicht nur ihre Limits in beschränken Lagerstätten.

Sie sind u.a. verantwortlich für den Anstieg des Weltklimas (Treibhauseffekt), aber auch Schädigung der, die Menschheit schützenden Ozonschicht in der Stratosphäre. Das Ozonloch über der Antarktis wird immer größer, parallel stieg die Rate an Hautkrebs in Australien und Neuseeland...

Weitere Details zu Ozonloch, Treibhausklima, aber auch weiterführender Literatur im Velbinger Band 36, "Chile/Antarktis".

Lage der Solar Power Plant: Nähe Daggett, ca. 15 km von Barstow auf der I-4o Richtung Arizona.

CALICO GHOST TOWN: Einst die reichste Silbermine Kaliforniens. Heute der Versuch, die alte Zeit wieder aufleben zu lassen: Um einige historische Gebäude herum wurden weitere Häuser im Baustil der damaligen Minensiedlungen hinzugestellt. Alles ist da: vom Saloon bis zum Minenschacht, der Feuerwehrspritze (1898) und der Schule. Am besten das Originalgebäude von "Lane's General Store".

Hauptsächlich dient die heutige "Ghost Town" als Kulisse für Andenkenläden mit auf alt gemachtem Klimbim und Kitsch. Geöffn. tägl. von 7- 18 Uhr, Parkgebühr 5 US pro Auto. Von Barstow aus nächste Abfahrt vom Highway I-15 Richtung Las Vegas.

CALICO EARLY MAN SITE: Archäologisch bedeutende Ausgrabungsstätte. 1968 wurden hier über 2oo.ooo Jahre alte Werkzeuge gefunden, die ältesten Spuren menschlichen Lebens auf dem amerikanischen Kontinent. Für Besucher allerdings wenig attraktiv, das Gelände ähnelt eher einer Kiesgrube. Kleines Besucherzentrum in einer ärmlichen Baubude, gelegentlich Führungen. Der Abstecher lohnt selbst für archäologisch Interessierte kaum, da keine Original-Fundstücke zu sehen sind. Diese befinden sich im Riverside County Museum in Redland bei Los Angeles. Geöffn. Do-So von 8- 16.3o, Mi von 12- 16.3o, Eintritt frei. Zufahrt: I-15 Richtung Las Vegas, Autobahnabfahrt Minneola Rd.

KELSO SAND DUNES: Die schönste Dünenlandschaft der kalifornischen Wüste. Über mehrere Kilometer majestätische Sanddünen, die teils Höhen bis zu 25o m erreichen. Sie liegen abseits der Durchgangsstraßen und sind für Off-Road Fahrzeuge gesperrt, daher echtes Wüsten-Feeling. Kelso liegt genau im Dreieck zwichen den beiden Autobahnen I-15 und I-4o. Zufahrt entweder von Norden ab I-15 oder von Süden ab I-4o über die Kelbaker Road. Von Barstow jeweils ca. 15o km.

Barstow ⋙→ Las Vegas

Über die Interstate 15, 25o km, ca. 3 Std. Die klassische Wüstenautobahn durch die Mojave von Kalifornien ins benachbarte Nevada. Schnurgerade, heiß und kaum eine menschliche Siedlung. Einzige nennenswerte Unterbrechung: direkt an der State-Line 2 Kasinos mit preiswerter Übernachtungsmöglichkeit. Wer nicht bis Las Vegas warten will, kann bereits hier ein paar Scheine auf den Roulett-Tisch legen.

Tip: Während der Fahrt die beiden Radiostationen FM 98.1 oder FM 99.5 einschalten: ständig Hinweise auf preiswerte Übernachtungsmöglichkeiten in Las Vegas sowie Sonderangebote von Restaurants und Kasinos.

★ Las Vegas (19o.ooo Einw.)

Gelegen inmitten einer Wüstenebene, umgeben von Bergketten und Einöde: die neonglitzernde Vergnügungshauptstadt der Welt. Tagsüber eher unansehnlich mit plumpen Hotelklötzen und Hochhäusern, - nachts jedoch die leuchtende und blinkende Inkarnation amerikanischer Neon-Publicity. Ein Rummelplatz, der jeden Tag im Jahr volle 24 Stunden auf Hochtouren läuft.

SPIELKASINOS: Betrieb rund um die Uhr. Gambling regiert die Stadt und ist der einzige und ausschließliche Zweck. Die Besucher kommen, um ihre Münzen in die Automaten zu werfen oder an den Spieltischen die grünen Scheine rüberzuschieben.

Die Kasinos konkurrieren darum, daß dies möglichst in ihren eigenen Sälen und nicht bei der Konkurrenz geschieht. Daher ist Las Vegas auch so billig: Lockangebote bei Übernachtung, Essen und Entertainment holen die Kunden herein. Danach wird's teuer, es sei denn, man ist immun gegen den Reiz des Spiels.

Neben dem Glücksspiel bietet die Stadt hochkarätige Shows mit internationalen Stars, zahlreiche Kapellen für schnelle, unbürokratische und originelle Eheschließungen sowie ein fabelhaftes Automobilmuseum.

Das GLÜCKSSPIEL hat im Westen der Vereinigten Staaten Tradition. In den ersten Jahrzehnten der Besiedlung fanden Farmer, Abenteurer und Goldsucher keinen ähnlich attraktiven Zeitvertreib und widmeten sich daher intensiv dem "gambling". Vor allem der plötzliche Reichtum vieler Menschen während des Goldrauschs in Kalifornien verführte sie zum Einsatz der Nuggets beim Spiel. Ablenkung vom harten Alltagseinerlei oder noch schnellere Vermehrung ihres Vermögens waren der Zweck; Resultat aber war in der Mehrzahl der Fälle die Bereicherung von professionellen Spielern oder Betrügern.

Gegen Ende des 19. Jahrhunderts bemühten sich die politischen Repräsentanten der westlichen Bundesstaaten jedoch um eine Verbesserung im Image des Wilden Westens und erließen scharfe Gesetze gegen das gambling. Als letzter Bundesstaat schloß sich 191o auch Nevada dem neuen Trend an: Der 3o. September jenes Jahres war der letzte Termin für erlaubtes Glücksspiel, und es kam noch einmal zu einem glorreichen Run auf die Kasinos und Kneipen, an dem sich selbst Leute beteiligten, für die Spielsäle sonst Tabu

waren. Es blieb aber ein offenes Geheimnis, daß besonders in Nevada die Roulettkugeln im Untergrund weiterrollten. Zwei Jahrzehnte lang überlebte das Glücksspiel hinter verschlossenen Türen, bis es 1931 erneut legalisiert wurde. Der Staat erhoffte sich davon eine Ausweitung seiner Steuereinnahmen.

Einige Jahre später übernahmen die Ganoven des organisierten Verbrechens den Aufbau großer Hotelkasinos und machten Las Vegas per Glücksspiel, Entertainment und billigen Übernachtungspreisen populär. Nach diesem System funktioniert die Spielerstadt noch heute, auch wenn ehrenwerte Großunternehmen inzwischen die zwielichtigen Gestalten bei der Organisation des Spielbetriebs abgelöst haben.

In den letzten Jahren ist das Spielen in den Kasinos zunehmend unpersönlicher geworden, Spielautomaten ersetzen immer mehr die Roulett- und Kartentische. Früher hießen die Slot-Machines noch "Penny Annie", standen in den Vorhallen der Kasinos und waren

WIE ALLES BEGANN: in den Wildwest Camps wurde gerne gespielt. Placerville/Gold Country oder Virginia City/Nevada und andere Boom-Towns hatten zur Blütezeit bis zu 190 solcher Saloons.

Samuel Colt

Vor 183o gab es einschüssige Gewehre und Pistolen, d.h. man mußte nach jedem Schuß nachladen.

Nun kam Samuel Colt, angeregt von den Schaufelraddampfern des Mississippi auf die Idee, die Munition in einem drehbaren Revolver unterzubringen. Automatisch nach jedem Schuß drehte sich dieser für die nächste Kugel weiter. Die Erfindung wurde patentiert, und die "Colt's Manufacturing Comp." in Hartford/Conn. eine der erfolgreichsten Fabriken im Waffensektor des 19. Jhs.

Der Colt war bald wichtigste Waffe bei der Erschließung des Wilden Westens, - dies sowohl im Kampf gegen die Indianer, aber auch z.B. bei Streitigkeiten um Gold-Claims oder im Saloon.

Der Colt steckte nicht nur im Halfter derjenigen, die die Postkutschen begleiteten, sondern wurde auch von den Banditen gezückt, die die Postkutschen (und später Eisenbahnen) sowie Banken überfielen. Die verschiedenen Colt- Modelle hatten z.T. recht originelle Namen, z.B. "peacemaker"

Auch in Wildwest- Filmen von Gary Cooper bis John Wayne war der Colt die meistgezückte Waffe. Daß er dort oft erst geschickt um den Finger gedreht wird, bevor man abdrückt, - ist eher Filmgeschichte. Die Westernhelden von Gut bis Böse hatten dazu keine Zeit.

1992 mußte dann die Fabrik wegen Fehlmanagement, aber auch fehlender Nachfrage den Konkurs anmelden; es gibt heute bessere Knarren...

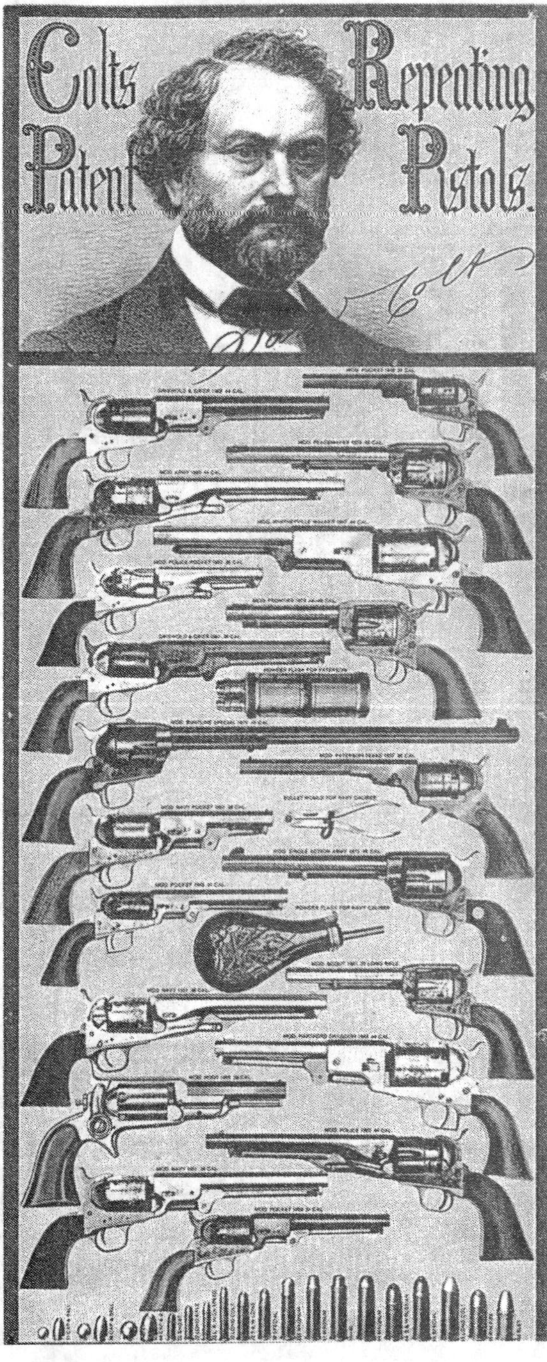

OBEN: Schießerei vor Wildwest Saloon, Illustration 19. Jh.
UNTEN: Las Vegas, Main Street, Ende 19. Jh. Eine Handvoll Saloons und Shops.

gedacht zur Unterhaltung der Ehefrauen, während die Herren der Schöpfung sich "ernsthafteren" Spielen widmeten.

Heute dagegen verkörpern die einarmigen Banditen die Hoffnung des Kleinen Mannes auf das ganz große Geld: Fast alle Maschinen sind per Computer an ein gemeinsames Netz angeschlossen, manche sogar in einem Verbund mit Slot-Machines in vielen anderen

Pioniere präsentieren sich im Saloon für Foto.

Orten des Staates Nevada. Auf diese Weise erreichen die Jack-Pots zeitweise astronomische Höhen, Gewinne von 6 Millionen Dollar sind schon vorgekommen. Eine Art Lotto-Ersatz mit Münzeinwurf und sekundenschneller Gewinnausschüttung.

Die Hoffnung der Spieler auf den großen Schlag und ihre zunehmende Vorliebe für Spielautomaten geht für die Kasino-Unternehmer einher mit einer willkommenen Straffung der Organisation: Mehr Spieler auf engem Raum, Esparnis von Personal und Überwachungsfunktionen, kein Streit um Chips und Karten. Glückspiel in Las Vegas wird immer mehr zum durchrationalisierten Betrieb einer hochtechnisierten Vergnügungsindustrie.

Geschichte Las Vegas: 1829 wurde hier am Handelsweg von Zentralmexiko rauf ins Gebiet des heutigen Los Angeles ein Stützpunkt errichtet. Bedeutung erlangte das Nest in karger Landschaft jedoch erst 1905, als eine Eisenbahnverbindung zwischen Los Angeles und Salt Lake City projektiert wurde und das vormals billig erworbene Land

von seinen Besitzern mit hohem Profit verkauft wurde. Zu weiterem Aufschwung kam es 193o beim projektierten Bau des 4o Meilen entfernten Hoover Staudammes (siehe Seite 4o3), für den jede Menge Arbeiter benötigt wurden, die ihre "Abwechslung" in Form des Spielerglücks dann in zunächst einfacheren Etablissiments in Las Vegas fanden.

1931 wurde im Bundessstaat Nevada, hier auch in Las Vegas, das Glücksspiel wieder genehmigt. Anstoß in Las Vegas war damals sicher auch, um einen Anreiz den Bauarbeitern des Hoover Damms zu bieten. 194o Eröffnung des ersten Hotel- Casinos, - die bis heute bewährte Combi-Form aus Unterkunft, Glücksspiel + Show.

Orientierung: Der Exit 34 vom Interstate Highway 15 führt direkt auf den sogen. STRIP: die Hauptstraße von Las Vegas, ca. 1o km lang und gesäumt von Hotelburgen und Spielkasinos. Endet in DOWNTOWN: dort noch einmal eine dichte Konzentration von Unterkünften, Restaurants und Kasinos.

Tourist INFO Zahlreiche private Informationsbüros. Bieten durchaus nützliche Infos, Karten und Ermäßigungskupons. Sie vertreten in der Regel eine bestimmte Gruppe von Unternehmen und Kasinos. Zwei offizielle Stellen geben etwas objektivere und allgemeine Hinweise: "Chamber of Commerce", 23o1 E. Sahara Ave., Tel. 457-4664; "Convention and Visitor's Authority", 315o Paradise Rd., Tel. 733-2323 oder 8oo-332-5333.

Post: 1oo1 Circus/Circus Drive, Nähe Circus/Circus Hotel. **Telefon**: Vorwahl 7o2.

Bücher

"Inside Las Vegas", Mario Puzo, Grosset &Dunlap. Vom Autor des "Paten" ein indiskreter Blick hinter die Kulissen der Spielerstadt. Entlarvende s/w und Farbfotos sowie Geschichten von Spielern, Croupiers und leichten Mädchen.

"Fear and Loathing in Las Vegas", Hunter S. Thompson. Groteske Abenteuer in einer grotesken Stadt. Unter dem Einfluß von Drogen verwischen sich für die Protagonisten dieser surrealistischen Geschichte Traum und Wirklichkeit. Viele treffende Beschreibungen des Trubels in Straßen und Spielhallen der Stadt.

Transport in LAS VEGAS

Bus: Die Linie "Nr. 6 Strip" verkehrt entlang des Las Vegas Boulevard bis Downtown. Damit ist praktisch alles zu erreichen, was notwendig ist. Gleichzeitig eine preiswerte Tour durch die Neon-Welt der Stadt. Fahrpreis 1 US.

Auto: Mit dem Wagen durch Las Vegas ist kein Problem: breite, mehrspurige Straßen, vor fast jedem Kasino ausreichende und kostenlose Parkplätze.

Taxi: Zahlreiche Unternehmen, vor jedem Hotel oder Kasino. 24 Stunden im Einsatz und mit ähnlichen Tarifen: z.B. Flughafen-Strip ca. 1o-12 US, Flughafen-Downtown ca. 15 US.

KASINOS

Konstruktion und Ausstattung sind immer aufwendig, oft originell und einfallsreich, manchmal bis zur Schmerzgrenze kitschig: Im "CAESAR'S PALACE" (1o) der Augustus zu Pferd und die neonumschlungene Venus von Milo. - Im "CIRCUS CIRCUS" (4): ein überdimensionales Zirkuszelt mit Feuerschluckern, Jongleuren und Artisten. - Im "HOLIDAY" werden die Karten in einem Mississippi-Schaufelraddampfer gemischt. - Im "SILVER CITY" (5) die Kulisse einer Western-Town. - Das "EXCALIBUR" ein mittelalterliches Schloß mit Ritteratmosphäre, Lederhosen

Blasmusik. In ihrer Kombination formen die Las Vegas "Neon- Casinos" die Einmaligkeit und Verrücktheit dieser künstlichen Welt aus Spiel, Show und Dollar.

Trotz schreiender Reklame und Dekoration sind die Unterschiede zwischen den Kasinos gering: In den Spielsälen löst sich alles auf im Blinken der Neonlichter und Rattern der Slot- Machines. Unglaubliche Mengen von Einarmigen Banditen, die mit der Zigarette im Mundwinkel und ohne jeglichen Kostümzwang auch in der Jeans bedient werden. Die Atmosphäre locker-hemdsärmlig, - keine Spur von der früheren Verruchtheit düsterer Hinterzimmer oder gar der Vornehmheit von Monte Carlo oder Baden Baden.

Auch die Spieler sind in der Regel keine romanreifen Typen wie bei Dostojewski, sondern Durchschittsmenschen, die eben mal nicht vor'm Fernseher sitzen: Joe Clark aus Kansas City und Amy Brown aus Baltimore verbringen hier ihr Wochenende. Ordentliche Bürger, Hausfrauen und Gemischtwarenhändler, die ihren Alltag von Zeit zu Zeit mit einer Prise des Glücksspiels würzen möchten.

Richtige Stimmung kommt kaum auf, - an den Automaten sowieso nicht, und selbst an den Spieltischen nur gelegentlich. Selten Ärger, nur manchmal Freude, meist angestrengte Langeweile. Alles geht wahnsinnig schnell, selbst das Einsammeln der Karten am Black-Jack-Tisch, - und die Emotion über Gewinn oder Verlust ist längst vom nächsten Spiel überholt. Das Geld soll eben nicht nur abgeliefert werden, sondern auch so schnell wie möglich ins nächste Spiel wandern.

Der avantgardistische Film "Queen of Diamonds", gedreht 199o von Nina Menkes, schildert die gelangweilte Atmosphäre an den Spieltischen von Las Vegas: Eine Black Jack- Dealerin bei ihrer eintönigen Arbeit zwischen Karten, Dollars und angeödeten Spielern. Daneben ein aufschlußreicher Blick in das triste Umfeld der Glitzer-Paläste. Der Film erschließt in überlangen Einstellungen auch kleinste Details am Spieltisch, ist dadurch allerdings ebenso ermüdend wie das unaufhörliche Flackern der Neonlichter.

SHOWS: garnieren den Spielbetrieb der Casinos und lohnen ohne Frage. "Circus Circus" läßt Feuerschlucker sowie Artisten auf dem Trapez auftreten, - berühmt ist die Tiger-Show von Roy, auch Autorennen unterhalb der Hotelpaläste. Details im Veranstaltungskalender.

MUSEEN: Die meisten beherbergen drittklassigen Kitsch bis hin zu Geschmacklosigkeiten: z.B. das LIBERACE MUSEUM mit seinen kitschigen Erinnerungsstücken an den gleichnamigen amerikanischen Entertainer. - im RIPLEY'S BELIEVE IT OR NOT Absurditäten und Kuriositäten - oder der wenig geglückte Versuch, die GUINESS WORLD RECORDS in einem Museum auszustellen.

Lohnende Ausnahme die AUTO COLLECTION (9) im Hotel-Kasino Imperial Palace, 3535 Las Vegas Blvd. Mehr als 2oo Oldtimern und eine der besten Sammlungen der Welt. Die Vielfalt ist atemberaubend.

Fast alles vorhanden, was Automobilgeschichte gemacht hat: Ford Model T, der Klassiker vom ersten Fließband, - der revolutionäre Tucker, von dem nur 5o Exemplare produziert wurden, bevor die Multis in Detroit die Firma in den Bankrott trieben, - eine Cadillac Luxuskutsche von 19o5, - LKW's und Feuerwehrautos der ersten Generation.

Kuriositäten wie ein 1923-er Ford-Schneemobil oder ein Gefängnisauto des Los Angeles Police Department, - ein Omnibus aus dem Jahr 1913, - Rennwagen und chromblitzende

HENRY FORD, Erfinder der Automobil-Fließbandproduktion. Rechts: Ford Model 1907

Cabriolets aus allen Epochen der Automobilproduktion. Daneben die Gefährte zahlreicher Politiker und historischer Persönlichkeiten, u.a. ein Rolls Royce aus dem Besitz des letzten russischen Zaren sowie Hitlers kugelsicherer Parade-Mercedes.

Eintritt 7 US, aber fast immer gibt es Gratis-Kupons in Broschüren oder Veranstaltungskalendern. Manchmal werden sie auch direkt vor dem Hotel verteilt. Ehe man die 7 US bezahlt, lohnt ein bißchen Rumfragen und Suchen. Weitere Superausstellung an Oldtimern in Reno, siehe Seite 51o.

HOCHZEITEN: Neben Glücksspiel ist Las Vegas bekannt und beliebt für die "schnelle Heirat". Kein Aufgebot, keine Wartezeit, kein Bluttest und zudem wesentlich billiger als anderswo. Auch dies hat im Bundesstaat Nevada Tradition.

Die relativ lockere Gesetzgebung existiert seit den 3o-er Jahren. Seinerzeit wurde sie offiziell damit begründet, die "Freiheiten des Alten Westens" beizubehalten. Tatsächlich stand aber damals schon (wie bei der Legalisierung des Glücksspiels) das große Geschäft im Vordergrund. Auf diese Weise sollten Menschen und Geld in die trostlosen Gebiete des Wüstenstaates Nevada gelockt werden.

Der Erfolg ließ nicht lange auf sich warten. Las Vegas ist heute in den USA die Stadt mit den meisten Kirchen pro Einwohner. Sie werden hauptsächlich von Besuchern und Größen des Show-Business zur unkonventionellen Vermählung genutzt. Zu den bekanntesten Ehepaaren, die hier den Publicity- wirksamen Bund fürs Leben schlossen, gehörten Elvis und Priscilla Presley sowie Paul Newman und Joanne Woodward.

Während in den ersten Jahrzehnten die Städte Reno und Las Vegas vor allem mit schnellen und skandalträchtigen Scheidungen auf sich aufmerksam machten, ist inzwischen das Ehe-Roulett ähnlich wie das Glücksspiel seiner Verruchtheit beraubt und verläuft eher bieder als aufregend. Die Paare, die in Las Vegas täglich zu Hunderten heiraten, haben die Wahl zwischen Kirchen aller Glaubensrichtungen, sie kommen hauptsächlich zu

Neujahr oder am Valentinstag und versprechen sich vom Ehebund in Las Vegas einen originellen Start ins bevorstehende Durchschnittsleben.

Kein Wunder, daß die Originalität auch ihre typisch amerikanischen Blüten treibt: Heiraten in einem Mobil-Home während der Fahrt über den neonbeleuchteten "Strip", oder das Ja-Wort in einer Luxuslimousine mit eingebautem Whirlpool. Die "Little White Chapel" hat sogar ein Drive-In Fenster für ganz Eilige, die so schnell wie möglich ins Kasino kommen wollen, um dort die Mitgift zu verspielen.

Das Zentrum von Las Vegas besteht weitgehend aus Hotels und Kasinos. Rund 75.ooo Zimmer und über 2o Millionen Besucher pro Jahr. Zimmersuche ist daher kein Problem. Lediglich an Feiertagen und langen Wochenenden gibts gelegentlich Engpässe.

Je nach Saison verkünden viele Hotels Sonderangebote über die lokalen Radiosender und geben Ermäßigungskupons an die Touristenbüros oder annoncieren mit Verbilligungen in den großen Zeitungen Kaliforniens. Vorher Augen und Ohren offenhalten, bei Ankunft gleich eines der Touristenbüros ansteuern.

Tip: Besonders preisgünstig von Sonntag bis Donnerstag; im Billigbereich kommt man oft mit nur 1o US pro DZ über die Runden.

Fast alle Hotels konzentrieren sich entlang des Las Vegas Boulevard (The Strip) oder in Downtown. Die folgenden sind günstig gelegen und gut, müssen aber auf Grund der ständig wechselnden Angebote nicht unbedingt das beste Preis/Leistungsverhältnis aufweisen.

"**Caesar's Palace**", 357o Las Vegas Blvd. Weltberühmtes Hotel-Kasino am "Strip" mit rund 1.5oo Zimmern. Dekoriert im Übermaß mit Kopien antiker Statuen und jeder Menge "griechisch-römischem" Kitsch. Extravagant und luxuriös. DZ ca. 12o- 17o US. Tel. 731-711o und 8oo-634-6661.

"**Bally's**", 3645 Las Vegas Blvd. Kasino-Hotel, alles unter einem Dach: Spielsäle, Restaurants, Show, SW-Pool, Fitneß-Club. Von den oberen Stockwerken des Hochhaus-Komplexes guter Blick über die Lichterketten von Las Vegas. Zimmer modern und funktional eingerichtet. DZ ab ca. 8o US.

"**Center Strip Travelodge**", 3419 Las Vegas Blvd., Tel. 734-68o1 oder 8oo-854-7666. Günstig gelegen, etwa auf mittlerer Höhe des "Strip". Viele Kasinos in der Nähe. SW-Pool, Frühstück inkl. Solide Mittelklasse. DZ ab ca. 4o US.

"**Crest Motel**", 2o7 N. 6th St. Einfaches, aber ordentliches Motel in Downtown. Nähe Kasinos. Zimmer funktional eingerichtet mit Kühlschrank. Frühstück inkl., DZ ab ca. 25 US. Tel. 382-5642 und 8oo-777-1817.

Zwei Jugendherbergen nah beieinander auf dem "Strip". Ob sich bei den niedrigen Hotelpreisen die Übernachtung hier lohnt, ist ein individuelles Rechenexempel.

"AYH Las Vegas International", 1236 Las Vegas Blvd., Tel. 382-8119. Pro Person ca. 12 US, mit Jugendherbergsausweis billiger.

"Las Vegas Independent Youth Hostel", 12o8 Las Vegas Blvd., Tel. 385-9955. Pro Person ca. 12 US.

Werbeposter für Whiskey, mit Spielern

Essen und Trinken sind kein Problem in Las Vegas. Jedes Kasino hat mehrere Restaurants. Die Spannweite reicht von der McDonald-Filiale mit Hamburgern für 99 Cents bis zum französischen Candlelight-Restaurant im Caesar's Palace, wo man für ein 7-gängiges Feinschmecker-Menü inkl. Wein ca. 6o US berappt.

Gourmet-Lokale mit erstklassigen Menüs sind in Las Vegas günstiger als anderswo, und in jeder Kategorie bieten die Kasinos relativ gutes Essen zu niedrigen Preisen, um die Leute in ihre Spielsäle zu locken. In den Kasinos kosten Drinks aller Art selten mehr als 75 Cents, Spieler trinken sogar umsonst.

Besonders preiswert die Buffets zum Frühstück, Mittag- oder Abendessen: "All you can eat" für 3- 1o US je nach Tageszeit und Qualität. Überall große Auswahl und Mengen fürs Geld. Auf den Buffets für 1o US sind Lachs, Shrimps, Truthahn und andere warme und kalte Leckerbissen eine Selbstverständlichkeit. Nichtalkoholische Getränke meist inbegriffen. Eines der größten und preiswertesten Buffets im Kasino "Circus Circus".

Art der Angebote sowie Preise ändern sich ständig, mit Kupons evtl. noch zusätzliche Verbilligung. Preise sind oft auch an der Straße per Neon angekündigt. Ein ordentliches Frühstück ist vor 7 Uhr früh vielerorts

schon für 1 US zu haben. Vor 16 Uhr gelten die Buffets als Lunch und sind billiger als die Abendbuffets, die um diese Zeit beginnen, aber kaum mehr bieten.

Zudem eine Vielzahl an Restaurants aller Sparten von Steakhouse zu spezieller Küche (brasilianisch, chinesisch (relaitv preiswert), mexikanisch, italienenisch etc.). Deren Preise liegen allerdings erheblich über denen der preiswert- Lockangebote der Kasinos.

SELBSTVERSORGER: In Las Vegas kommt es meist billiger, sich an die Sonderangebote und Buffets der Kasinos zu halten, als selbst einzukaufen. Der Gang zu den dünn gesäten und außerhalb liegenden Supermärkten lohnt kaum, zumal überall rund um die Uhr für Verpflegung gesorgt ist. Wer sich für einen bevorstehenden Trip durch die Wüste eindecken will: Supermarkt "LUCKY", Flamingo Rd./Ecke Maryland Rd.

UNTERHALTUNG

Veranstaltungskalender: Der "Las Vegas Advisor" (1 US) nennt die aktuellen Programme und Shows der Kasinos. Dazu billige Angebote von Restaurants und Hotels. Der Dollar macht sich bezahlt. Außerdem gibt's in Hotels und den Touristenbüros weitere Gratis-Broschüren mit Veranstaltungstips und Coupons.

Shows: Jedes Kasino hat mindestens ein Theater, zwei Aufführungen pro Abend sind keine Seltenheit. Die "Cocktail-Show" gegen Mitternacht bietet in der Regel das gleiche Programm, ist aber preiswerter als die "Dinner-Show" am frühen Abend.

Generell wird viel Billiges an Show Business geboten, - oft auch gratis, um die Leute ins Kasino zu locken. Die großen Kasinos inszenieren teure und aufwendige Shows bei unterschiedlicher Qualität und Eintrittspreisen von 1o- 8o US/Person. Bei beliebten Shows rechtzeitig reservieren, sie sind in der Regel voll. Ähnlich steht's bei Auftritten in der Musikszene: neben hochkarätigen Shows mit Superstars auch abgehalfterte Größen von einst, die in Las Vegas ihr Gnadenbrot verdienen.

Rodeo: Alljährlich im Dezember ist Las Vegas Schauplatz der "Rodeo National Finals", der Endrunde der amerikanischen Meisterschaft mit den besten Rodeo-Reitern der USA. Die Machos besteigen den Stier, werden durchgeschüttelt und landen im Sand. Für die Amerikaner ein Riesenspektakel zwischen Sport und Show-Business.

Aussichtspunkte: der nächtliche Blick auf das Neon-Meer der Wüstencity ist eine Show für sich. Tip Nr. 1 ist das "Centerstage Restaurant"/Union Plaza, da zentral gelegen und noch passabele Preise. - Weiterhin die "Sky Room Lounge" im Oberstock des "Horseshoe Hotel", Superblick vom 24. Stock, teils jedoch verbaut. - Weitere ausprobieren gemäß Höhe des jeweiligen Hotelpalastes und bestehendem Freiblick.

Radio: In Las Vegas viele Radiosender. Infos für preiswerte Übernachtung und Musikprogramm für die Wüstendurchquerung.

KWNR:	FM 95.5	Country & Western	KNPR:	FM 89.5	Klassik und Jazz
KRRI:	FM 1o5.5	Oldies	KOMP:	FM 92.3	Rock

AUSFLÜGE

Die 4o Meilen auf dem Hwy. 93 südwestlich zum **HOOVER STAU-**

DAMM lohnen. Mit 23o m Höhe zählt er zu einem der höchsten Staudämme der Welt. Aufgestaut wird der Colorado River.

Projektbeginn 1931, wobei zunächst der Colorado River in 4 Tunneln im Canyon aufgespaltet wurde, um die Wassermassen seitlich des geplanten Staudamms abzuleiten. Dann (1932) begann man mit dem Bau des Staudammes. Gewaltige Mengen an Steinen und Beton mußten im Canyon aufgerichtet werden, um dem zukünftigem Wasserdruck standzuhalten. Mehr als 5.ooo Arbeiter waren tätig, gesamte Baukosten rund 175 Millionen US. Fertiggestellt 1935, die Wasserturbinen versorgen an Stromleistung rund 1/2 Mill. Haushalte.

GRAND CANYON: Ausflugsziel Nr. 1 ab Las Vegas. Der Canyon drüben im Bundesstaat Arizonas ist der größte und spektakulärste von Nordamerika. - Per Mietwagen kommt einiges an Meilen zusammen; in der Regel fährt man von Las Vegas via Hoover Staudamm und Interstate 93/4o nach Williams (bei Flagstaff), wo der Hwy. 64/16o von Süden kommend auf den Canyon beim Grand Canyon Village trifft. Hier Hotels, Restaurants sowie in der Nähe ein Airport. Bei genügend Zeit kann man das nordöstliche liegende Monument Valley noch mit einbauen (Hwy. 64/89/16o/163) und erreicht via Bundesstaat Utah wieder Nevada (z.B. Death Valley, siehe Folgekapitel) Alle Details zum Grand Canyon, sowie o.g. Bundessstaaten im VELBINGER Band 58 "USA, der Südwesten".

Organisierte Tours zum Grand Canyon: jede Menge im Angebot ab Las Vegas per Bus (z.B. mit "Silver Line Tours" oder "Grey Line Tours").

Per Flug für Leute mit wenig Zeit: mit der Air Nevada ab/bis Las Vegas inkl. Überfliegen des Canyons ca. 4 Std. Gibts auch als Package Flug plus Übernachtung am Canyon, sowie als 7- Tagestrip per Sportflugzeug weiter via Monument Valley, Bruce Canyon, Arches Nat. Park.

Verbindungen ab Las Vegas

Bus: Greyhound-Terminal in Downtown, 2oo Main St.

-> Los Angeles: 8 x tägl., 6- 7 Std., ca. 38 US
-> San Diego: 3 x tägl., 9 Std., ca. 38 US
-> San Francisco: 4 x tägl., 15 Std., ca. 6o US
-> Flagstaff/Arizona: 1 x tägl., 1o Std., ca. 55 US
-> Salt Lake City/Utah: 2 x tägl., 1o Std., ca. 6o US
-> Denver/Colorado: 2 x tägl., 27 Std., ca. 1oo US

Einige sind schnelle Express-Busse und halten seltener. Vor dem Ticketkauf nachfragen.

Von Los Angeles, San Francisco oder San Diego billige Chartertouren per Bus nach Las Vegas. Sind u.U. billiger als der Greyhound-Bus oder ein Mietwagen. Vor Ort Tageszeitung studieren oder nachfragen bei Reisebüros oder Hotels.

Bahn: Der Amtrak-Bahnhof (1) im Spielkasino des Union "Plaza Hotel", 1 N. Main St. Die Spielautomaten direkt hinterm Bahnsteig, daher sehr bequeme Anreise ins Spieler-Paradies.

War früher Bahnhof der Union Pazific. Nachdem diese ihren Betrieb eingestellt hatte,

baute man auf dem Bahnhofsgelände das Kasino. Als Amtrak dann wieder ins Geschäft einstieg, benutzte man die alten Schienenstränge erneut, und so enden die Züge heute dort, wo die Leute sowieso hinwollen, im Kasino. - Geplant ist übrigens eine High-Speed Magnetbahn von L.A. nah Las Vegas, die die Anreise von 7 Std. auf ca. 2 1/2 Std. verkürzen wird, sofern gebaut... Derzeitige Zugfahrzeiten:

-> Los Angeles: 1 x tägl., 7 Std., ca. 65 US
-> Bakersfield: 1 x tägl. per Amtrak-Bus, 5 Std., ca. 6o US. Von dort Anschluß an den Zug nach Oakland/San Francisco.
-> Salt Lake City/Utah: 1 x tägl., 9 Std., ca. 85 US
-> Denver/Colorado: 1 x tägl., 24 Std,, ca. 15o US

Auto: Über Interstate 15 nach Salt Lake City im Bundesstaat Utah und Richtung Westen nach Los Angeles (45o km, ca. 6 Std.).

Autovermietung: Für Las Vegas selbst ist kein Leihwagen nötig. Nötig aber beispielsweise für's Death Valley. Bei diesem Wüstentrip unbedingt auf einen zuverlässigen Wagen achten. Viele Unternehmen am Flughafen von Las Vegas sowie in der Stadt:

ALAMO: 452o Paradise Rd., Tel. 737-3111
THRIFTY: 3o3o E. Sahara Ave., Tel. 457-3o6o
HERTZ: Union Plaza Hotel, Zentrum von Downtown, Tel. 383-o843

Flüge: Im Süden der Stadt der (12) "McCarran International Airport". Supermodern und effektiv organisiert. In der Lobby silberne Art-Deco Palmen zum "Einstimmen" auf die künstliche Wüstenoase Las Vegas.

BELL TRANS: ab Airport in großen Limousinen zu jedem gewünschten Hotel im Stadtbereich: zum "Strip" ca. 3,5o, bis Downtown ca. 4,5o US. Taxi siehe "Transport".

Alle wichtigen US-Airlines fliegen Las Vegas an. Daher gute Verbindungen in beinahe alle Großstädte der Westküste und der USA. Viele Nonstop-Flüge auch in kleinere Städte des Westens mit AMERICA WEST. Die Fluglinie hat in Las Vegas ihren Stützpunkt-Flughafen und daher die direktesten und häufigsten Verbindungen. Adresse: 185o E. Flamingo Rd., Suite 118, Tel. 736-1737 und 8oo-247-5692.

Las Vegas ⋙→ Death Valley

Entweder über die Interstate 95 via Beatty, oder die kürzere und wesentlich schönere Strecke über Pahrump, Shoshone und Death Valley Junction (Hwy. 16o), 22o km, ca. 3 Std.: Direkt hinter Las Vegas beginnt die charakteristische Gebirgswüste der Mojave mit Wäldern von Joshua Trees. Kurz nach der Paßhöhe des Springs Mountain die steilen Felswände des RED ROCK CANYON. Danach führt Hwy. 16o schnurgerade durch die Hochebene, übersät bis zum Horizont mit Joshua Trees. Eine der dichtesten Konzentrationen dieses Wüstenbaumes überhaupt.

In DEATH VALLEY JUNCTION eine Absurdität im Stil von Werner

zogs Film "Fitzcarraldo": Ein Opernhaus, nicht im Urwald und fiktiv, sondern real in der Wüste, das AMARGOSA OPERA HOUSE. Ein ehemaligen Kinosaal der Borax Company, die ihre Aktivitäten längst eingestellt hat. Eingerichtet, bemalt und als One-Woman-Show betrieben von der Eigenbrötlerin Martha Becket, die sich in die Wüste zurückgezogen hat und von Okt. bis Mai Tanz- und Ballcttaufführungen veranstaltet.

★Death Valley

Das TAL DES TODES (Länge 22o km, Breite 15 bis max. 6o km) ist zu Recht die berühmteste Wüstenregion Nordamerikas. Als National Monument steht es unter Naturschutz.

Der Talboden liegt in Meereshöhe oder teils unterhalb. Seitlich des Tales steigen die Bergketten fast senkrecht auf 2.ooo - 3.3oo m! Vorherrschend sind Gesteins- und Geröllwüsten, sowie Lavafelder, ausgetrocknete Salzseen im Talboden und eine "Abteilung" Sandwüste mit hohen Dünen.

Im Winter sind die kahlen Bergketten nach Niederschlägen verschneit. An den Übergängen vom Tal ins Gebirge attraktive Canyons und Felsformationen.

Die schönsten Stellen des Death Valleys sind per Auto zugänglich, trotzdem nie überfüllt. Wer die totale Einsamkeit der Wüste sucht, hat viele Trails zur Auswahl, die zu spektakulären Aussichtspunkten führen oder auf denen sich einfach nur das typische "Wüsten-Feeling" einstellt: mörderische Hitze, Alleinsein, und der Mensch reduziert auf ein relativ hilfloses Wesen, das ohne eine enorme tägliche Wasserration nicht weit kommt.

Am schönsten ist die Wüste am frühen Morgen und kurz vor Sonnenuntergang. Dann kommen die Farbschattierungen zum Vorschein, und die Licht-Schatten Kontraste sind ausgeprägter. Gegen Mittag verblaßt alles in der flimmernden Hitze. Auch wegen der Temperaturen sind Unternehmungen gegen Morgen oder Abend angenehmer.

Klima

Das Death Valley ist der Inbegriff für extremes Klima. Große Temperaturunterschiede zwischen Höhenlagen der Gebirgsketten und dem Talboden. Unten im Tal Nov. bis Febr. Höchsttemperaturen von 2o- 25 Grad, durchschnittliche Spitzenwerte von Juni bis September 4o- 5o Grad. Es kann aber noch heißer werden: Im Juli wurden schon 57 Grad im Schatten gemessen, Temperaturen am Boden in der Sonne: über 9o Grad!

Plötzliche und starke Regenfälle sind selten, aber das ganze Jahr über möglich. Durch die kräftigen Fluten auf der ausgetrockneten Erde entstehen dann die fürs Death Valley charakteristischen fächerartigen Auswaschungen im Boden (*"alluvial fans"*).

Nach Regenfällen zwischen Febr. und April das Phänomen der *"blühenden Wüste"*: Wüstenpflanzen und Wildblumen verwandeln die ödesten Flecken für kurze Zeit in einen bunten Teppich aus Farben und Blüten. Da sie je nach Monat und Regenfällen nur an ganz bestimmten Stellen auftauchen, lohnt sich während dieser Zeit eine Nachfrage im Touristbüro. Die Ranger wissen, ob und wo gerade etwas blüht.

Verbindungen Death Valley

Kein regelmäßiger öffentlicher Transport ins Valley. Mit Glück erwischt man einen der sporadischen Busse der "Las Vegas-Tonopah-Reno Stage Line" ab Las Vegas, 922 E. Stewart Ave., Tel. 7o2-384-123o. (Nur während der Wintermonate).

Auto: > Los Angeles: Richtung Süden bis Baker, von dort Interstate 15, Entfernung: 5oo km, ca. 6- 7 Std.

ab Las Vegas: Richtung Südosten bis Death Valley Junction, weiter Hwy. 16o, 22o km, ca. 3 Std.

-> Owens Valley: Nach Nordwesten über Hwy. 19o, bis Lone Pine 17o km/ca. 3 Std.

Autovermietung: Günstigste Möglichkeit per Mietwagen ins Death Valley: ab Las Vegas. Die 2-Tagesmiete mit einer Übernachtung reicht aus, um die wichtigsten Punkte zu sehen.

TRANSPORT im DEATH VALLEY: Kein öffentlicher Transport, nur gelegentlich Touren ab Furnace Creek Ranch zu Scotty's Castle. Wegen der großen Entfernungen und der Hitze ist ein Auto absolut notwendig, um die weit auseinanderliegenden Attraktionen zu erreichen.

Möglichst mit vollem Tank losfahren. Die Tankstellen in Furnace Creek, Stovepipe Wells und Scotty's Castle sind teurer als außerhalb des National Monument. Kein Diesel erhältlich. Auf manchen Steigungen wird der Wagen im Sommer leicht überhitzt, Fahrstil entsprechend einrichten. An besonders kritischen Stellen gibt es am Straßenrand Tanks mit Kühlwasser.

Tourist INFO

Das FURNACE CREEK VISITOR CENTER (1o) liegt im Zentrum von Death Valley. Informationen und Karten für Wanderer und Autofahrer. Kleine Ausstellung zur Geschichte, Flora und Fauna von Death Valley. Außerdem sehr guter Buchladen mit Literatur zum Tal sowie zu anderen kalifornischen Wüsten und Nationalparks. Geöffnet im Sommer 8- 17 Uhr, im Winter 8- 2o Uhr.

Im Visitor Center zahlt man auch die Eintrittsgebühr zum National Monument von 5 US pro PKW. Gilt für 7 Tage. Den Beleg bei Touren im Tal dabeihaben.

Post: In der Furnace Creek Ranch. **Telefon**: Vorwahl 619, Notruf 911 oder 786-233o (Park Headquarters). Telefone lediglich in Furnace Creek, Stovepipe Wells und Scotty's Castle.

Karten und Bücher: Die beste Karte des gesamten National Monument mit Straßen und einigen Wanderwegen bekommt man als Zugabe bei Bezahlung der Gebühr für den Park.

"Inside Death Valley", Chuck Gebhardt, Bookcrafters, ca. 7 US. Viel Hintergrundinformation über Geologie und Geschichte des Tals. Außerdem detaillierte Beschreibungen der schönsten Stellen.

Geschichte: Schon vor rund 3.ooo Jahren siedelten in dem heißen Wüstental Indianer vom Stamm der Shoshone. Sie nannten das Tal *"Tomesha"* (brennender Boden). Die unwirtliche Region hatte für sie jedoch wenig Schreckliches, da sie sich den klimatischen Gegebenheiten anpaßten: Im Winter lebten sie rund um die wenigen Oasen auf dem Talboden, während der unerträglich heißen Sommermonate zogen sie sich in die kühleren Höhenlagen der angenzenden Gebirge zurück.

Zum *"TAL DES TODES"* wurde die Gegend erst mit Ankunft der weißen Siedler 1849. Auf dem Weg zu den Goldfeldern Kaliforniens waren viele Trecks erst sehr spät im Jahr in Salt Lake City eingetroffen und wollten Kalifornien trotzdem noch im gleichen Jahr erreichen. Schließlich lockte der sagenhafte Reichtum und es galt, ihn auszubeuten, ehe andere zuvorkamen.

Der bevorstehende Winter 49 veranlaßte mehrere Gruppen, auf bisher nicht bekannten Wegen weiterzuziehen. Sie suchten sich weiter südlich vermeintlich sicherere Übergänge übers Gebirge, bei denen mit Schneefall noch nicht so bald zu rechnen war. Schnee fiel tatsächlich nicht, aber eine Gruppe von etwa hundert Siedlern erreichte im Dezember halb verhungert das glühend heiße Tal. Die Zugtiere brachen zusammen, so daß die Menschen ihre Wagen mit der gesamten Habe aufgeben mußten, um zu Fuß nach Westen voranzukommen. Soweit bekannt, ist damals niemald umgekommen. Trotzdem gaben die Siedler dem Tal, dem sie nur mit letzter Mühe entronnen waren, rückblickend den Namen *"Death Valley"*.

Danach erlebte Death Valley die typische Geschichte des gesamten Wilden Westens: Gerüchte über Gold- und Silbervorkommen des Tales verbreiteten sich, und die ersten Abenteurer und Goldsucher tauchten auf. In Los Angeles handelte man Aktien von Kupferminen des Death Valleys, die angeblich zu den ergiebigsten des Kontinents gehörten, im Endeffekt aber nicht einmal den Transport des notwendigen Wassers finanzierten. Die Spekulation blühte, Aktienhändler tätigten dicke Gewinne, - während sich in der Wüste einige arme Teufel sich ans Schürfen machten und ihren ganzen Lohn für überteuerte Lebensmittel ausgeben mußten.

Wirklich ergiebige Minen im Death Valley gab es nur wenige. Ihre Ausbeutung führte zu einem kurzen Boom. In Rhyolite, Skidoo und anderen Orten in den umliegenden Amargosa oder Panamint Mountains entstanden sogar die typischen Goldgräberstädte. Aber nach wenigen Jahren waren die Minen erschöpft, zurück blieben Geisterstädte, von denen das trockenen Wüstenklima bis heute noch Reste erhalten hat. Im eigentlichen Death Valley war nur die "Keane Wonder Mine" halbwegs ertragreich.

Ein großes Geschäft tätigten 1881- 89 die "HARMONY BORAX WORKS", die in der Nähe des heutigen Furnace Creek und an anderen Stellen im Death Valley Borax abbauten. Verwendet wurde Borax zur Herstellung von Desinfektions- und Waschmitteln. Berühmt wurden in jener Zeit die sogenannten "2o Mule Teams", mit denen die Mineralien aus Death Valley zum Eisenbahnknotenpunkt in Mojave abtransportiert wurden: 2o Maultiere zogen 3 aneinandergehängte Wagen, beladen mit Mineralien und der Verpflegung für die Begleiter. Die Wagen waren besonders für diesen rauhen Transportweg konstruiert, und in den 8 Produktionsjahren soll kein einziger je zusammengebrochen sein. Wie es um die Maultiere bestellt war, darüber gibt es keine Überlieferung.

Mitte der zwanziger Jahre waren auch die letzten Minen erschöpft. Mit der Entwicklung des Automobils verwandelte sich Death Valley aber langsam in ein Ziel für Touristen, die von Los Angeles in ihren Ford Model Ts herübertuckerten und sich über die grandiosen Landschaften wunderten. 1933 kaufte die amerikanische Bundesregierung große Flächen auf, und Präsident Hoover erklärte Death Valley zum geschützten "National Monument". Der endgültige Aufschwung des Tourismus begann, obwohl sich die Massen auch heute noch in Grenzen halten. Death Valley, wie auch andere Abschitte der kalifornischen Wüste, ist immer noch ein einsames, abgelegenes Tal, wo nach wenigen Schritten abseits der Hauptstraßen jeder sein individuelles Plätzchen finden kann.

Orientierung: Die Oase FURNACE CREEK liegt relativ zentral und hat die beste Infrastruktur mit Hotels, Camping und Läden. Idealer Ausgangspunkt für Touren im Death Valley. Von hier aus drei asphaltierte Straßen nach Südosten, Süden und Norden. Die schönsten Aussichtspunkte und typischsten Landschaften an den Strecken nach Südosten und Süden.

Richtung Südosten

ZABRISKIE POINT (1), ca. 7 km von Furnace Creek. Berühmter Aussichtspunkt auf die erodierten und ausgewaschenen "Badlands": Hügelketten aus weichem Sandstein, die an Mondlandschaften erinnern. Keinerlei Vegetation. Benannt nach dem Selfmade-Man und Minenbesitzer Chri-

DEATH VALLEY

1 Zabriskie Point
2 2o Mule Team Canyon Road
3 Dante's View
4 Golden Canyon
5 Artist Drive
6 Devil's Golf Course
7 Natural Bridge
8 Badwater
9 Borax Museum
1o Furnace Creek Visitor Center
11 Harmony Borax
12 Salt Creek
13 Sand Dunes
14 Mosaic Canyon
15 Hell's Gate
16 Scotty's Castle
17 Ubehebe Crater
18 Mahagony Flat Campground
19 Telescope Peak Trail

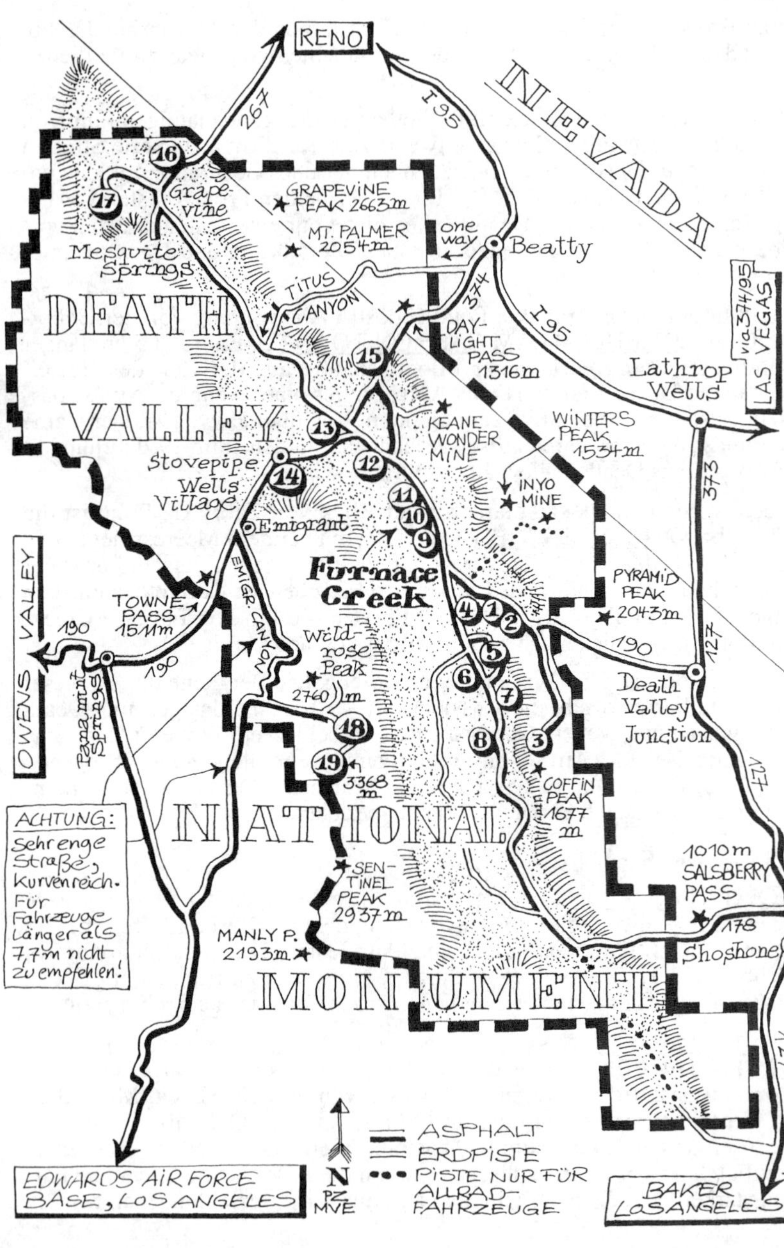
RENO
NEVADA
267
I 95
GRAPEVINE PEAK 2663 m
MT. PALMER 2054 m
Grapevine
Mesquite Springs
one way
Beatty
TITUS CANYON
374
DAYLIGHT PASS 1316 m
I 95
via 374/95 LAS VEGAS
Lathrop Wells
DEATH VALLEY
KEANE WONDER MINE
WINTERS PEAK 1534 m
Stovepipe Wells Village
INYO MINE
373
Emigrant
Furnace Creek
EMIGR. CANYON
TOWNE PASS 1511 m
PYRAMID PEAK 2043 m
OWENS VALLEY
190
Wildrose Peak 2760 m
190
Panamint Springs
190
127
Death Valley Junction
3368 m
COFFIN PEAK 1677 m
LAS VEGAS via 160, 372, 178
ACHTUNG: Sehr enge Straße, kurvenreich. Für Fahrzeuge länger als 7,7 m nicht zu empfehlen!
NATIONAL
SENTINEL PEAK 2937 m
1010 m SALSBERRY PASS
178
MANLY P. 2193 m
Shoshone
MONUMENT
127
ASPHALT
ERDPISTE
PISTE NUR FÜR ALLRAD-FAHRZEUGE
N
PZ MVE
EDWARDS AIR FORCE BASE, LOS ANGELES
BAKER LOS ANGELES

stian Brevoort Zabriskie, der in den ersten Jahren des 2o. Jahrhunderts in Nevada und Kalifornien überall dort auftauchte, wo es was zu verdienen gab.

Berühmt wurde "Zabriskie Point" 1969 durch den gleichnamigen Film von Michelangelo Antonioni. Der zeitweise zum Kultfilm avancierte Streifen schildert symbolisch die Unzufriedenheit der 68er Generation mit den gesellschaftlichen Umständen. Die Flucht der beiden Protagonisten vor der Polizei in die Wüste von Death Valley bietet nur eine scheinbare und vorübergehende Lösung und endet in totaler Zerstörung und Desillusionierung.

Rund 6oo m nach Zabriskie Point südöstl.: Abzweigung von der Hauptstraße zur 2O MULE-TEAM CANYON ROAD (2). Ein rund 5 km langer Sandweg entlang verlassener Minengebäude aus der Zeit des Borax-Abbaus in Death Valley. Nichts Aufregendes, aber wenn die Straße passierbar ist, eine Alternative zum direkten Weg über Hwy. 19o. Der Name stammt von den berühmten Eselsgespannen, mit denen im 19. Jahrhundert das Borax aus Death Valley abtransportiert wurde.

Noch wesentlich spektakulärer als der Blick von Zabriskie Point ist die Aussicht von DANTE'S VIEW (3). 1.669 m über dem Meeresspiegel und sogar 1.754 Meter über dem direkt unterhalb gelegenen tiefsten Punkt der westlichen Hemisphäre bei Badwater. Hier oben ist es durchschnittlich rund 15 Grad kühler als auf dem Talboden. 4o km von Furnace Creek, ständig bergauf; die letzten 5oo m extrem steil und kurvig.

Der Blick buchstäblich wie aus dem Flugzeug. Die Bergkette fällt an dieser Stelle steil ab und gibt die Aussicht frei auf beinahe das gesamte Death Valley. Dahinter weitere Gebirgsketten und bei klarem Wetter in der Ferne die Sierra Nevada. Am schönsten morgens, wenn die gegenüberliegende Panamint Range von der Sonne angestrahlt ist. Aber auch der Sonnenuntergang läßt sich hier oben spektakulär erleben.

Richtung Süden

GOLDEN CANYON (4): Enge Sandsteinschlucht, ca. 4 km von Furnace Creek. Ein Fußweg führt im Canyon stetig bergauf. Besonders reizvoll am späten Nachmittag, wenn die Sonne das Gestein leuchtend gelb und rot färbt. Gutes Timing ist hier wichtig: Kommt man zu früh, ist alles noch blaß; kurz vor Sonnenuntergang liegen große Teile der Schlucht bereits im Schatten.

ARTIST DRIVE (5): Asphaltierter Rundweg durch eine farbenprächtige Vorgebirgslandschaft, Zufahrt ca. 15 km von Furnace Creek. Mineralien im Gestein färben den Boden in Grün-, Rot- und Ockertönen. Ständig wechselnde Farbkompositionen, abstrakte Gemälde der Natur. Besonders deutlich kurz vor Sonnenuntergang, wenn die tiefstehende Sonne die Farben stärker heraushebt. Allein die Fahrt durch die verschlungenen Kurven

von Artist Drive macht enorm viel Spaß. Die Straße windet sich durch Geröllhalden und Sandsteinhügel. Die dichteste Konzentration verschiedener Farbtöne bei ARTIST'S PALETTE. Die Bezeichnung ist nicht übertrieben: Die Farben auf diesen ausgewaschenen Hängen erscheinen tatsächlich aufgetragen und gemischt wie auf der Palette eines Malers.

18 km von Furnace Creek in einer absolut horizontalen Ebene die Salz- und Gesteinsverwerfungen von DEVIL'S GOLF COURSE (6). Macht beinahe den Eindruck, als stünde man vor einem See, dessen Oberfläche vom Wind gekräuselt ist. Beim Gehen knirscht die Salzkruste wie verharschter Schnee. Darüber flimmert die Luft in der glühenden Hitze. In der Oberfläche von Zeit zu Zeit kreisrunde Löcher, die diesem unwirklichen Gelände den Namen gaben. Nur der Teufel kann auf einer derartigen Oberfläche Golf spielen. Ursprung der Löcher: Aus dem feuchten Untergrund verschaffen sich unterirdische Gase gelegentlich unter starkem Druck einen Ausgang an die Oberfläche.

In einem engen Canyon, 21 km von Furnace Creek, die NATURAL BRIDGE (7): eine natürliche Brücke aus Sandstein, die sich über den Canyon spannt. Von den Wassermassen, die nach heftigen Regenfällen die Schlucht hinunterschießen, unterspült, und nun ein dekoratives Naturphänomen. In den Seitenwänden des Canyons Auswaschungen, durch die das Regenwasser kaskadenartig in den Hauptstrom fällt.

Der Übergang von trockener, verkrusteter Salzwüste zum feuchten Salzsee läßt sich besonders schön studieren bei BADWATER (8), 26 km von Furnace Creek. Das Regenwasser sammelt sich nach Unwettern in der Talsohle und verdunstet dann langsam. Zurück bleiben die Salze und Mineralien. Je nach Jahreszeit und Intensität der Regenfälle dehnt sich die Fläche des Sees aus oder verdunstet zu einem übelriechenden Pool. Der Salzgehalt des Wassers ist weitaus höher als im Meer, daher ungenießbares "bad water".

Nicht weit von hier, zu Fuß zu erreichen, die absolut tiefste Stelle der westlichen Hemisphäre: 86 m unter dem Meersspiegel. Der Unterschied zu dem Punkt direkt an der Straße beträgt allerdings nur ein paar cm, so daß das Feeling an der exakten Stelle kaum anders sein dürfte.

Richtung Norden

Noch auf dem Gelände der Furnace Creek Ranch das BORAX MUSEUM (9). Untergebracht in einem Original-Haus aus der Zeit des Wilden Westens. Werkzeuge und Gerätschaften aus der Glanzzeit des Borax-Abbaus im Death Valley. Kleine Mineraliensammlung. Am attraktivsten der Freilichtteil des Museums mit alten Kutschen, Förderband und Räderwerken. Prunkstück eine schwarze Diesellok mit Tender aus den zwanziger Jahren, als von Death Valley Junction noch eine Eisenbahnlinie bis ins Tal verkehrte.

Eine weitere Erinnerung an die Borax-Zeit sind die HARMONY BORAX WORKS (11), 3 km von Furnace Creek. Ruinen der wichtigsten Borax-Abbau-Anlage im Death Valley.

23 km nördlich von Furnace Creek die Abfahrt zum SALT CREEK (12). Ein kleines Rinnsal mit Salzwasser, das wie durch ein Wunder in der öden Umgebung auftaucht und ein paar Pflanzen zum Leben erweckt. Sogar winzige Fischlein ("pup fish") schwimmen darin auf und ab. Der Bach entspringt in der Nähe von Stovepipe Wells, läuft 12 km über die Erde und danach noch knapp 3o km unterirdisch, bis er endgültig versickert und vertrocknet.

Bei SAND DUNES (13), 31 km von Furnace Creek, nähert sich Death Valley der landläufigen Vorstellung von Wüste: feiner, gelber Sand, aufgeweht zu meterhohen Dünen, deren Form und Lage sich ständig ändert. Ein kurzer Marsch hinein in diesen Sandkasten der Natur lohnt sich. Aber unbedingt auf Richtung und Distanzen achten und Vorsicht vor plötzlich aufkommenden Sandstürmen.

MOSAIC CANYON (14): Enge Schlucht, deren Wände an einigen Stellen so abgeschliffen sind, daß sie wie Marmor wirken. Zu erreichen über Hwy. 19o Richtung Westausgang von Death Valley, kurz hinter Stovepipe Wells.

Von HELL'S GATE (15) weiter Blick ins südliche Death Valley. Guter Eindruck von der Lage des Tals zwischen den Bergketten der Amargosa Range und der Panamint Range. 34 km von Furnace Creek auf der abzweigenden Straße nach Beatty/Nevada (Hwy. 374).

SCOTTY'S CASTLE (16): Groteskes Anwesen am Nordrand von Death Valley, 87 km von Furnace Creek. Mitten in der Wüste ein Gebäudekomplex im schlecht kopierten spanischen Kolonialstil. Unpassende Türme geben der Villa einen schloßartigen Aspekt. Im Innern ausgestattet mit absurdem und übertriebenem Luxus inkl. Wasserfall. Touren durchs Haus tägl. 9- 17 Uhr, ca. 1 Std., Eintritt 6 US. Viel Betrieb, daher oft stundenlange Wartezeiten.

Das Anwesen wurde in den zwanziger Jahren erbaut vom Millionär und Versicherungs-Magnaten Albert Johnson aus Chicago. Er hatte sich in die spleenigen Ideen des Abenteurers und Goldsuchers Walter Scott ("Death Valley Scotty") vernarrt, der in der Gegend unermeßliche Erzvorkommen vermutete und vergeblich suchte. Ein typischer Glücksritter des Wilden Westens, der am Schluß Phantasie und Wirklichkeit seiner eigenen Geschichten selbst nicht mehr unterscheiden konnte. Nachdem Johnson beim Börsenkrach von 1929 große Teile seines Vermögens verloren hatte, zog er sich bis zu seinem Tod 1948 in die Villa im Death Valley zurück. Auch Scotty starb hier 1954.

Um das Gebäude und den Abenteurer ranken sich zahllose Legenden, die natürlich immer mit den von aller Welt erhofften Goldfunden zu tun haben. U.a. heißt es, daß Scotty immer die im Haus installierte Orgel spielte, um den Lärm der unter dem Anwesen arbeitenden Goldmine zu übertönen. Dabei hat er anderen Berichten zufolge auch nach dem Tod von Johnson das luxuriöse Haus gar nicht bewohnt, sondern in einem trost-

losen Schuppen im Hof genächtigt. Geschicktes Marketing hat Scotty's Castle inzwischen zu einer der Hauptattraktionen von Death Valley erklärt und zieht die Besucher in Scharen an.

Am UBEHEBE CRATER (17) (9o km von Furnace Creek) zeigt Death Valley seine vulkanische Seite. Ein immenser Krater von 15o m Tiefe und 8oo m Durchmesser, entstanden durch eine Vulkanexplosion vor mehreren tausend Jahren. In der Nähe weitere kleine Krater, zu erreichen über einen leichten Wanderweg. Störend der kräftige Wind, der sehr oft über den Kraterrand fegt und den feinen Lavasand aufwirbelt. In der Umgebung ist die Wüste zur Abwechslung mal schlicht grau: vulkanischer Sand, den die Explosion im Umkreis von mehreren Kilometern verstreut hat.

Das Hotelangebot ist spärlich, es gibt nur 3 Übernachtungsmöglichkeiten. Reservierung unbedingt nötig an Wochenenden und besonders an Feiertagen wie Thanksgiving, Weihnachten/Neujahr und Ostern.

"**Furnace Creek Inn**", direkt am Schnittpunkt der 3 Hauptstraßen durchs Death Valley. Etwas oberhalb auf einer Anhöhe. Luxushotel im mediterranen Stil. SW-Pool und alle sonstigen Annehmlichkeiten der Preisklasse. Sehr formale Atmosphäre. Geöffn. Mitte Oktober bis Mitte Mai. Frühstück und Abendessen inkl., DZ ab ca. 23o US. Tel. 786-2361.

"**Furnace Creek Ranch**", im Zentrum des Tals und guter Ausgangspunkt für Touren. Auf großem Gelände mit viel Grünflächen, Bäumen sowie Golfplatz. Flache Gebäude im Motel-Stil. Die besten Zimmer in den weiter hinten gelegenen Häusern am Golfplatz. Terrasse oder Balkon, Ventilator und AC. Schlicht und modern möbliert. Auf dem Gelände auch Restaurants, Läden, SW-Pool. Einfache DZ ganzjährig um 7o US, die besseren im Winter ca. 1o5 US, im Sommer ca. 7o US. Tel. 786-2345 und 8oo-528-6367.

"**Stovepipe Wells Village**", im Nordwesten des Valley, am Hwy. 19o Richtung Lone Pine. Tel. 786-2387. Holzgebäude in staubiger Umgebung. Motel-Stil, Parkplätze direkt vor den Zimmern. SW-Pool sehr exponiert direkt am Hauptparkplatz. Zimmer groß mit Bett, Tisch und Stühlen. DZ je nach Qualität ca. 6o- 7o US.

Wer die hohen Hotelpreise innerhalb des National Monument nicht zahlen will, hat nur die Alternative von je einem Hotel in den trostlosen Siedlungen **Shoshone** ("Shoshone Motel", Tel. 852-4335, DZ ca. 4o US) und **Death Valley Junction** ("Amargosa Hotel", Tel. 852-45o9, DZ ca. 55 US). Von beiden aus aber noch ein langer Weg zu den Attraktionen im Valley. Für's Gebotene außerdem nicht gerade preiswert.

Wild Campen für Rucksackwanderer ist an vielen Stellen und unter Einhaltung bestimmter Grundregeln erlaubt. Info und Anmeldung im Visitor Center. Weiterhin gibt es mehrere offizielle Campingplätze, für die aber keine Reservierung möglich ist. Daher frühzeitig eintreffen.

"Furnace Creek": Zentral im Valley. Viele Bäume spenden zumindest zeitweise Schatten. Picknick-Tische, Toiletten, Wasseranschluß. Duschen für

1 US auf der Furnace Creek Ranch nebenan. Stellplatz ca. 8,5o US, ganzjährig geöffnet.

"Texas Spring": In kleiner Mulde oberhalb von Furnace Creek. Spärliche Bäume, kaum Schatten. Wasser, Picknicktische und Toiletten. Duschen nur auf der Furnace Creek Ranch für 1 US, geöffnet November-April, Stellplatz ca. 5 US.

"Sunset": Gegenüber der Furnace Creek Ranch. Ebenes, schattenloses Gelände. Trostlos für Zelte; für Wohnmobile noch ganz passabel wegen der Nähe zur Furnace Creek Ranch. Stellplatz ca. 4 US, geöffnet November bis April

"Mesquite Spring": In einer Mulde Nähe Scotty's Castle im Norden des National Monument. Kein Schatten. Wasser, Toiletten, Picknicktische. Stellplatz ca. 5 US, ganzjährig geöffnet.

"Stovepipe Wells": Trostloser Platz ohne Schatten am Hwy. 19o Richtung Westen. Toiletten, Wasser. Duschen für 1 US im benachbarten Hotel. Stellplatz 4 US, geöffnet November bis April.

RESTAURANTS

Ähnlich wie bei den Hotels spärlich und teuer.

"CAFETERIA", auf dem Gelände der Furnace Creek Ranch. Frühstück, Mittag- und Abendessen. Eier mit Speck um 5 US, zum Lunch recht gute Salate um 7,5o US. Steaks ab 15 US.

"SEÑOR COYOTE", nebenan. Etwas gemütlicher und auch vom Essen her attraktiver. Mexikanische Küche. Hauptgerichte 9- 12 US.

"SNACK BAR", bei Scotty's Castle. Simple Cafeteria, gut für ein erfrischendes Getränk. Zum Essen (Sandwich und Hamburger in miserabler Qualität) höchstens geeignet, wenn die Wüste Hirn und Magen ordentlich weichgeklopft hat.

"L'OTTIMOS", im Furnace Creek Inn Hotel. Nobelrestaurant mit italienischer Küche. Wen es in der Wüste nach superteurer und feiner Küche gelüstet, muß sich einen Schlips umbinden und ein paar große, grüne Scheine lockermachen.

"TOLL ROAD DINING ROOM", beim Hotel Stovepipe Wells. Rustikaler Blockhüttenstil. Nudelgerichte ab ca. 1o US, Fleischgerichte um 13 US.

SELBSTVERSORGER

Am besten einen Schwung Lebensmittel mitbringen. Die Läden im Valley sind dünn gesät und nicht gerade üppig ausgestattet. Dazu noch hohe Preise. Trinkwasser am Wasserhahn vor dem Gebäude des Visitor Center in Furnace Creek. Lebensmittel für Engpässe oder bei längeren Aufenthalten:

"GENERAL STORE", auf dem Gelände der Furnace Creek Ranch. Hinter

Unmassen von Andenken und Kitsch versteckt die kleine Lebensmittelabteilung. Konserven, Brot und Milchprodukte sowie eine traurige Obst- und Gemüseecke.

"GENERAL STORE": Der gleichnamige Laden in Stovepipe Wells ist von ähnlichem Kaliber wie in Furnace Creek.

REGIONALE SPEZIALITÄTEN: Datteln direkt von den Palmen des Death Valley. Keine schlechte Alternative als Verpflegung bei Touren und Wanderungen. Kleiner Verkaufskiosk an der Straße vor der Furnace Creek Ranch.

Picknick: Überall möglich in der Landschaft, oft vor phantastischer Kulisse. Natürlich gibts nirgends Schatten, daher in der Mittagshitze kaum machbar. Schön dagegen ein Frühstück mit herrlichem Ausblick bei Dante's View oder Abendessen am Artist Drive. Abfälle mitnehmen, in der Wüste vergammeln sie in hundert Jahren nicht.

SPORT

Reiten: Nur organisierte Touren auf genehmigten Pfaden. Attraktiv bei Vollmond der "Moonlight-Ride". Ausgangspunkt und Info: Furnace Creek Ranch. Von Oktober-Mitte Mai, danach ist es auch den Pferden zu heiß. 15 US pro Stunde.

Golf: Wer eine Runde auf dem niedrigst gelegenen Golfplatz der Welt (ca. 65 m unter dem Meeresspiegel) spielen will: schöner Platz unter Palmen hinter der Furnace Creek Ranch.

Wandern: Vorweg: Es gibt viele wunderschöne Trails im Tal und den angrenzenden Bergketten. Aber hier noch mehr als anderswo in den Wüsten Kaliforniens unbedingt die Grundregeln fürs Wandern und Überleben in der Wüste beachten (siehe Seite 372). Das Klima im Sommer ist buchstäblich mörderisch, daher nur kurze Wanderungen machen. Lieber eine am Morgen und eine gegen Abend. Bei Temperaturen über 3o Grad ganz besondere Zurückhaltung. Wettervorhersage einholen, da bei Stürmen und Regenfällen die Canyons zu reißenden Flüssen werden. Insgesamt: Lieber etwas zu vorsichtig als von den extremen Naturbedingungen überwältigt werden. Diese Wüste trägt den Namen "Tal des Todes" nicht von ungefähr.

Golden Canyon (4): Halbtagestour (ca. 8 km) durch den Golden Canyon zum Zabriskie Point (1) mit aufregenden Ausblicken. Wegen der Färbung der Landschaft am besten nachmittags bis Sonnenuntergang.

Ausgangspunkt ist der Hwy. 178, 4 km südlich von Furnace Creek. Zunächst bergauf im Golden Canyon. Nach ca. 1,5 km zweigt rechts ein enger Pfad ab, weiter bergauf zum Zabriskie Point. Zeitweise unterhalb einer roten Sandsteinwand, die wie eine Festung über den gelblichen Sandbergen thront. Der Pfad schlängelt sich schön über Bergrücken und

durch kleine Mulden. Teilweise sehr steil, nichts für extrem heiße Tage. Rückweg ab Zabriskie Point durch die große Auswaschung, die sich wie ein grauer, breiter Fluß ins Tal zieht.

Keane Wonder Mine: Extrem steiler Pfad zu einer stillgelegten Mine mit Superblick aufs Valley und hinüber zum Telescope Peak, der höchsten Erhebung des Death Valley Gebietes. Hin und zurück 3,5 km, ca. 2-3 Std. Ausgangspunkt des Trails: zu erreichen über die Hwy. 374, rund 26 km von Furnace Creek, dann noch 4 km Schotterstraße zu einem kleinen Parkplatz.Ab hier führt der Trail entlang der Überreste einer Lastenseilbahn, die von 19o3- 16 gold- und silberhaltiges Gestein der Keane Mine ins Tal beförderte. Die hölzernen Träger und Stahlseile noch erhalten. Unterwegs Schachteingänge. Das Gestein auf dem Weg glänzt so metallisch, daß man das Gefühl hat, auf einer Silbermine herumzukraxeln. Der Weg endet oberhalb der Bergstation der Seilbahn.

Achtung: im Death Valley gibt es rund 1oo Minen, deren Eingänge teilweise von der Verwaltung des Nat. Monumentes bereits verschlossen wurden. Andere sind dagegen offen und in Begehung gefährlich u.a. wegen Einsturzgefahr. Nie Kinder unbeaufsichtigt lassen, Tunnel nie ohne starke Taschenlampe begehen. Wenn die Tunnel begangen werden, so geschieht dies auf eigenes Risiko. Unbedingt zu mehreren gehen, damit bei verknackstem Fuß etc. jemand Hilfe holen kann.

Telescope Peak Trail: Zum höchsten Gipfel der Region, dem 3.368 m hohen Telescope Peak (19). Steiler Anstieg, aber wunderschöne Blicke auf Death Valley sowie das angrenzende Panamint Valley. Ca. 22 km retour, bei sehr frühem Aufbruch für Geübte machbar als Tagestour.

Ausgangspunkt ist der Mahagony Flat Campground (18), Nähe Westeingang zum National Monument. Er liegt bereits in 2.48o m Höhe. Zur Sicherheit bei der Wildrose-Rangerstation Wetterinfos einholen und die eigenen Pläne bekanntgeben. Im Winter und Frühjahr ist der Weg vereist und verschneit.

Death Valley ⋙→ Owens Valley

Bis Lone Pine 17o km, ca. 3 Std. Grandiose Strecke über Hwy. 19o im Nordwesten aus dem National Monument raus. Unbedingt empfehlenswert nicht nur für den Abstecher ins Owens Valley, sondern auch als Alternativstrecke nach Los Angeles. Eine Autofahrt, die ungeheuren Spaß macht und ein Lehrstück für amerikanische Dimensionen. Von den Ausblicken ganz zu schweigen. Innerhalb von nur einer Stunde überwindet man bergauf bergab Tausende von Höhenmetern.

Zunächst steigt die gut ausgebaute Straße von Meereshöhe bis auf fast 1.511 m zum Towne Pass. Von dort stürzt sie dann herunter ins riesige Panamint Valley, nur um sich im Anschluß in wilden Kurven wieder hinaufzuschrauben in die Inyo Mountains. Nach der Fahrt über eine

vulkanische Hochebene mit vereinzelten Joshua Trees dann hinunter ins Owens Valley. Im Tal die weißen Salzflächen des ausgetrockneten Owens Lake und dahinter die steil aufragenden, schneebedeckten Gipfel der Sierra Nevada.

ANSCHLUSS: Owens Valley Seite 421
Sierra Nevada ab Seite 419
Los Angeles Seite 226

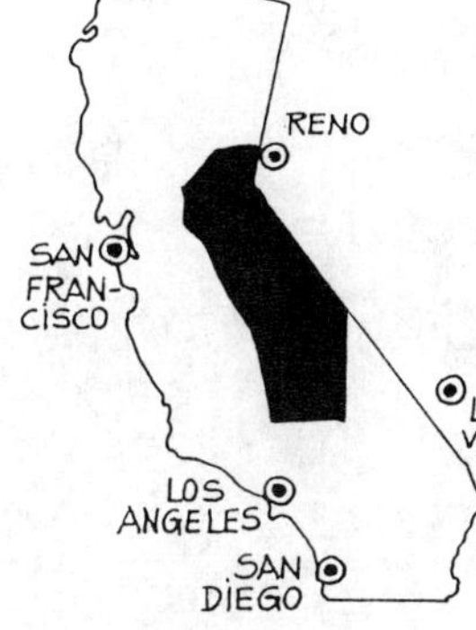

ÜBERSICHTSKARTE
Sierra Nevada siehe S.423

Transkontinentale Eisenbahn heute "CALIFORNIA ZEPHIR" (Lawinenschutz)

SIERRA NEVADA Höhe Truckee Donner Lake, ab Seite 512

Das Rückgrat Kaliforniens; Bergkette mit über 4.000 m hohen Gipfeln im Osten des Staates. Das Innere der Sierra Nevada ist größtenteils unerschlossen und per Auto nicht zugänglich. Im Süden das größte zusammenhängende Gebiet der USA (außerhalb Alaskas) ohne Straßen.

Grandiose Berglandschaften mit riesigen Waldgebieten, geschützt vor wirtschaftlicher Überbeanspruchung. Mehrere große Nationalparks, die - wie z.B. der Yosemite Nat. Park zu den berühmtesten der USA zählen.

Die Sierra Nevada ist Heimat von Braunbären und den riesigen Sequoia-Bäumen, den größten lebendigen Organismen des Planeten Erde. Im Sommer ist die Sierra ein Paradies für WANDERER: Abgelegene, nur zu Fuß erreichbare Bilderbuchlandschaften mit Bergseen, Flüssen und Wasserfällen. Im Winter funktionieren einige hochmoderne SKIZENTREN, vor allem am Lake Tahoe und bei den Mammoth Lakes. Unendliche Möglichkeiten für Skiwanderungen.

Mit Yosemite der landschaftlich eindrucksvollste und meistbesuchte Nationalpark Kaliforniens: von eiszeitlichen Gletschern ausgeschürfte Täler mit gewaltigen Felsmonolithen, in denen Gestein und Wasser ständig neue Kombinationen eingehen und eine majestätische Landschaft formen.

Von Bären und Menschen

Die Naturschutzgebiete in den Nationalparks und "wilderness areas" der Sierra Nevada haben bis in die heutige Zeit den Bären das Überleben gesichert. Zwar war es mit Schutzmaßnahmen für den Grizzlybär bereits zu spät, das letzte Exemplar wurde 1922 in der Nähe des Sequoia National Park erschossen. Aber Braunbären trotten noch heute durchs Unterholz, werfen allerdings seit den Zeiten des Massentourismus besondere Probleme auf:

Eigentlich sind die Braunbären zurückhaltende Burschen, leben im Wald und ernähren sich von Beeren, Eicheln und Ameisen. Doch seit sie mit Touristen die Wälder teilen, haben sie gelernt, daß sich ihre tägliche Futtersuche sehr viel einfacher gestalten kann: der rasche Griff in fremde Picknickkörbe verheißt Leckerbissen ohne viel Mühe. Da die Bären sehr intelligente Lebewesen sind, haben sie inzwischen nicht nur herausgefunden, wie die Leckereien der Touristen schmecken und riechen, sie kennen auch die typischen Verpackungen und Aufbewahrungsorte. Und darüber machen sie sich im Zweifelsfall her, ohne Respekt vor verschlossenen Kühlboxen oder Autotüren.

Zwar ist der Genuß menschlicher Nahrung für die Bären keineswegs ungesund, aber es ändert abrupt ihren Lebensstil. Warum mühselig in der Wildnis nach Futter suchen, wenn es anderswo auf dem Tablett serviert wird? Sobald sie auf den Geschmack

gekommen sind, treiben sich die Bären daher immer häufiger in der Nähe von Urlaubszentren herum, statt ihren gewohnten Beschäftigungen im Wald nachzugehen. Keine guten Bedingungen für ein natürliches Bärendasein und obendrein gefährlich für arglose Touristen.

Aus diesem Grunde sollten nicht nur Wanderer, sondern auch Autofahrer sich überall in der Sierra ein paar grundlegende Verhaltensweisen zu eigen machen: Keine Bären füttern; Lebensmittel unsichtbar und verpackt im Wagen verstauen (Kofferraum); im Freien keine Nahrung unbeaufsichtigt liegen lassen, beim Zelten sie verschlossen an einen unzugänglichen Ast hängen; Abfall nur in "bärensichere" Mülltonnen.

Wenn Bären keine menschliche Nahrung bekommen, ziehen sie sich von allein in ihre natürlichen Gefilde zurück. Das erspart den Rangern eine in letzter Zeit immer wieder notwendige und kostspielige Praxis: Das Einfangen und den Abtransport per Hubschrauber von bärenstarken Rumtreibern aus der Nähe von Touristenzentren in einsamere Gegenden. Dorthin, wo sie nicht sogleich wieder auf Milchtüten und Honigtöpfe treffen.

Verbindungen und Routenplanung Sierra Nevada:

Die Sierra Nevada hat gewaltige Dimensionen in Nord/Süd Erstreckung, die man an benötigter Fahrzeit nicht unterschätzen sollte. Die beiden Haupt- Straßenachsen entlang der Sierra Nevada:

* der **Hwy 395**: führt entlang des Ostrandes der Sierra durchs Owens Valley rauf zum Mono Lake und weiter nach Reno im Bundesstaat Nevada, bzw. als Abzweiger Hwy 89 zum Lake Tahoe/Kalifornien.
* die **Autobahn 99** durchs Central Valley westlich der Sierra. Sie ist die schnellste Verbindung von L.A. nach Sacramento, mit einer Vielzahl an westwärts in die Sierra führender Hwy- Stichstraßen, die z.B. als 189 und 18o den Sequoia Nat. Park erschließen, - sowie mehrere Hwys zum Yosemite National Park.
* **Querverbindungen**, die die Sierra Nevada durchqueren, gibt es erst ab Höhe Yosemite Nat. Park und nördlich.

Gewisse Vorplanung dessen, was man besuchen will, - ist daher nötig, damit man Strecken nicht doppelt fährt oder gar große Umwegrouten um die Südspitze der Sierra rangiert.

OSTSEITE DER SIERRA NEVADA

Möglicher Einstieg ab San Francisco entweder direkt über den Hwy 395. - Oder via Death Valley (siehe Vorkapitel), von hier über den Hwy 19o, der beim Owens Lake auf den Hwy 395 trifft, die durchs Owens Valley führt.

Owens Valley

Hochgelegenes Tal am Ostrand von Kalifornien, eingerahmt von der Sierra Nevada und den White Mountains. Die höchsten Gipfel der Sierra

sind hier aneinandergereiht und bilden eine steil aufragende, beinahe unüberwindliche Wand. Schöne Fahrt auf Hwy. 395 am Fuß der Bergkette, grandioses Panorama vor allem nach Schneefällen zwischen November und April.

Das Owens Valley ist idealer Ausgangspunkt für Wanderungen und Bergtouren in die Wildnis der Sierra Nevada. Einsame Täler, Wälder und Bergseen. Bei MAMMOTH LAKES eines der attraktivsten Skigebiete Kaliforniens. Dazu zwei absolut einmalige Naturphänomene: Der BRISTLECONE PINE FOREST mit über 4.ooo Jahre alten Bäumen, den ältesten Lebewesen des Planeten Erde. Außerdem die geologischen Skurrilitäten des MONO LAKE.

Der südöstliche Abschitt der Sierra Nevada ist weitaus unberührter und unzugänglicher als der Westhang. Dieser Teil des Gebirges ist den großen städtischen Zentren an der Küste abgewandt, es gibt keine Straßen, die von Westen her die Sierra überqueren. Die einzige Verbindung vom Owens Valley über die Berge ist der TIOGA PASS vom Mono Lake in den Yosemite National Park. Aber selbst diese Verbindung ist nur wenige Monate im Jahr passierbar: in der Regel von Mitte Oktober bis Mai tief verschneit.

Klima: Sonniges, trockenes Klima mit gelegentlichen Schauern. Die meisten Niederschläge von Nov.-April. Höchsttemperaturen dann um 15 Grad, im Sommer über 3o Grad.

Karten und Bücher

Detaillierte Straßen- und Wanderkarten zum Teil gratis in den Touristenbüros von Lone Pine, Bishop und Mammoth Lakes.

"Exploring the Eastern Sierra", Mark A. Schlenz. Hervorragende Fotos und Hintergrundinformationen über das Owens Valley und den östlichen Teil der Sierra Nevada. Companion Press, ca. 1o US.

"Climbing Mount Whitney", Walt Wheelock. Karten und detaillierte Beschreibung der Wander- und Klettermöglichkeiten am Mount Whitney. La Siesta Press, ca. 3 US.

★Owens Lake

Erster markanter Anlaufpunkt von Süden oder von Death Valley aus: Ein riesiger See, der keinen Abfluß besitzt und daher im Laufe von Jahrtausenden versalzte. Heute ausgetrocknet. Diente lange Jahre der Salzgewinnung, inzwischen nur noch geringe Produktion. Heimat vieler Vogelarten.

Owens Lake ist das gravierendste Beispiel für die Folgen der Wasserableitung aus dem Owens Valley nach Los Angeles. Schon seit der Jahrhundertwende versuchte L.A., seinen ständig steigenden Wasserbedarf über dieses Tal zu sichern. Die Flüsse der Sierra Nevada wurden umgeleitet und führen ihr Wasser seit 1913 in einen Aquädukt, der von

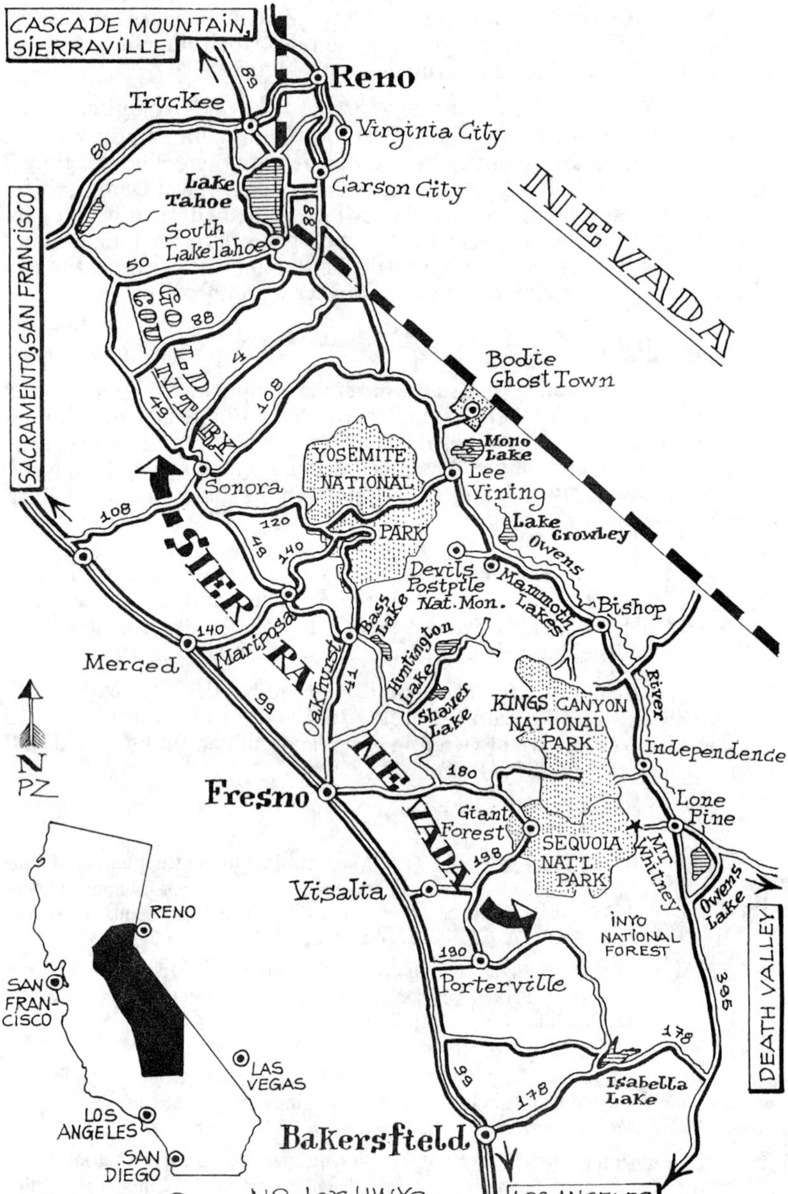
CASCADE MOUNTAIN, SIERRAVILLE
Reno
Truckee
Virginia City
Lake Tahoe
Carson City
South Lake Tahoe
NEVADA
SACRAMENTO, SAN FRANCISCO
GOLD COUNTRY
Bodie Ghost Town
Mono Lake
Lee Vining
YOSEMITE NATIONAL PARK
Sonora
Lake Crowley
Owens
Devils Postpile Nat. Mon.
Mammoth Lakes
Bishop
SIERRA NEVADA
Merced
Mariposa
Oakhurst
Bass Lake
Huntington Lake
Shaver Lake
KINGS CANYON NATIONAL PARK
River
Independence
Fresno
Giant Forest
SEQUOIA NAT'L PARK
Mt Whitney
Lone Pine
Owens Lake
Visalia
INYO NATIONAL FOREST
DEATH VALLEY
Porterville
Isabella Lake
Bakersfield
LOS ANGELES
N
PZ
RENO
SAN FRANCISCO
LAS VEGAS
LOS ANGELES
SAN DIEGO
80
89
88
50
4
49
108
120
140
41
99
180
198
190
178
395
NR bei Straßen = NR der HWYS.

hier aus die Metropole an der Küste versorgt. Zu den teilweise kriminellen Methoden, die beim Ankauf von Land und der Überrumpelung der hier ansässigen Farmer angewandt wurden vergl. Seite 228.

Auf das Tal hatte dies katastrophale wirtschaftliche und ökologische Auswirkungen: Die landwirtschaftliche Produktion ging rapide zurück, Versteppung und die Austrockung von Seen waren und sind die Folge. Noch 187o war z.B. der Owens Lake über 1o m tief; zwei Dampfschiffe verkehrten darauf, um die zahlreichen Minen an den Ufern zu versorgen. Bereits wenige Jahrzehnte später war er völlig ausgetrocknet, da ihm der Wassernachschub aus der Sierra Nevada fehlte. Ähnliches passiert zur Zeit mit dem Mono Lake, einige hundert Kilometer weiter nördlich.

★Lone Pine (1.7oo Einw.)

Typisch amerikanische Kleinstadt mit einer Hauptstraße, wo sich alles abspielt: Einkaufen, Tanken, Essen, Übernachten. Einige Gebäude im gepflegten Wildwest-Stil. Keine Sehenswürdigkeiten im Ort selbst, aber bester Ausgangspunkt für den Abstecher zu den Filmkulissen der Alabama Hills sowie für die Besteigung von Mount Whitney, dem höchsten Berg der USA außerhalb Alaskas.

Tourist INFO Südlich des Ortes an der Kreuzung von Hwy. 395 und 136. Gut bestückt mit Info-Material, vor allem zu Wanderungen in die Wildnis der Sierra Nevada. Hervorragender Buchladen mit Literatur zu Wüste und Sierra. Geöffn. tägl. 9-16:3o Uhr.

Informationen auch im Zentrum von Lone Pine bei der CHAMBER OF COMMERCE, 126 S. Main St., Tel. 876-4444. Sa nachmittag und So geschlossen. Wetterbericht (wichtig für Wanderungen in die Sierra und zum Mount Whitney): 876-4252.

Telefon: Vorwahl 619.

"**The Portal Motel**", 425 S. Main St., im Ortszentrum an der Hauptstraße. Klein, aber freundlich hergerichtet, mit ein paar Bäumen auf dem Asphalt des Parkplatzes. Moderne und geschmackvolle Einrichtung. DZ von April-Okt. ca. 6o US, sonst ca. 38 US. Tel. 876-593o.

"**Frontier**", 1 km südlich der Stadt am Hwy 395, Modernes Motel mit SW- Pool. Parken vor den Zimmern. Sehr gepflegte Anlage. Zimmer mit TV und Kaffeemaschine. DZ von April-Okt. ca. 53 US, sonst ca. 4o US. Tel. 876-5571.

"**Dow Villa Motel**", 31o S. Main St., im Ortszentrum. Ein größeres Motel mit schöner SW-Pool zwischen den Gebäuden, die allerdings schon etwas in die Jahre gekommen sind. DZ ganzjährig ca. 5o US. Tel. 876-5521 oder 8oo-824-9317.

"**Mt.Whitney Motel**", 3o5 N. Main St. am Nordausgang des Ortes. Motel mit Parkplätzen vor den Zimmern. Freundlich geführter Familienbetrieb. Die Zimmer mit Kühlschrank und Kafffeemaschine. Nicht schlechter als die vorstehenden, aber mit DZ ca. 45

US von April-Okt. sowie ca. 27 US in der restlichen Zeit vergleichsweise preiswert.

"**The Trails Motel**", 633 S. Main St. Winziges Motel an der Hauptstraße, am Südrand des Ortes. Spartanisch einfaches Gebäude; Zimmer etwas düster, aber mit Mikrowelle und Kühlschrank. DZ von April-Okt. ca. 35 US, sonst ca. 25 US. Tel. 876-5555 und 8oo-524-9999.

"Portagee Joe", kurz hinter Lone Pine, auf der Mt. Whitney Portal Rd. links ab. Auf Sandboden, einige Bäume geben Schatten. Kleiner Bach durchs Gelände. Picknicktische, Wasserhahn und Plumpsklos. Stellplatz 5 US.

"Tuttle Creek", oberhalb der Alabama Hills. Zu erreichen über Mt. Whitney Portal Rd. und Horseshoe Rd. Am Fuße der Sierra mit schönem Blick auf die Berge und den Owens Lake. Sandboden, kaum Schatten. Picknicktische und Plumpsklos, kein Trinkwasser. Gratis. Geöffn. von März-Oktober.

"Diaz Lake", am Hwy 395, 3 km südlich von Lone Pine. Gut ausgestatteter Platz inkl. Duschen. Ganzjährig geöffnet. Stellplatz ca. 7,5o US.

Die Auswahl zwischen Pizza und Fast Food ist nicht gerade überwältigend:

"SCHAT'S", an der Hauptstraße gegenüber Dow Villa Motel. Kleines Café mit eigener Bäckerei. Gut und gemütlich.

"THE SPORTSMAN", 2o6 S. Main St. Fast Food, aber relativ gemütlich mit rustikalen Holzmöbeln und karierten Tischdecken. Auch Frühstück.

"SIERRA CANTINA", auf der Main St. im Zentrum. Mexikanische Küche, reichliche Portionen. Gute Suppen. Mittlere Preise.

"PIZZA FACTORY", 3o1 S. Main St. Neben Pizza auch Nudelgerichte und eine Salatbar.

Selbstversorger: "JOSEPH'S BI-RITE MARKET", Mountains View Rd./Ecke Main St. Gut sortierter Supermarkt.

Picknick: Irgendwo zwischen den Felsklötzen der Alambama Hills findet sich ein absolut einsames Plätzchen für ein zünftiges Picknick. Die "Wildwest-Landschaft" und das entsprechende Feeling sind gratis.

Verbindungen ab Lone Pine

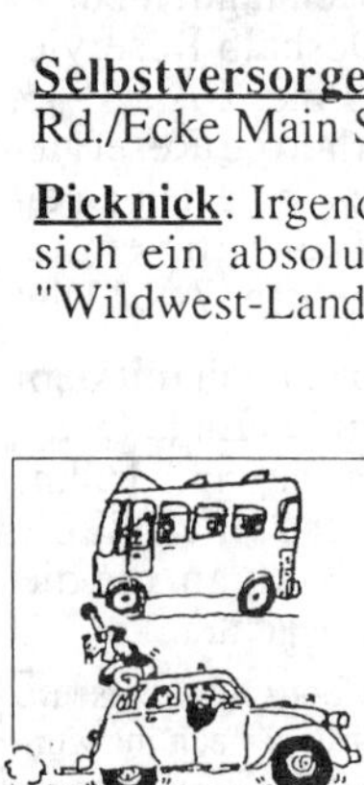

Bus: Greyhound-Terminal 1o7 N. Main St. 1x pro Tag verkehrt in beiden Richtungen der Bus zwischen Reno und Los Angeles.

Auto: Über den Hwy. 395 nach Los Angeles (35o km, ca. 5 Std.), sowie nördlich zum Mono Lake bzw. nach Reno/ Nevada (4oo km, ca. 6 Std.).

★Alabama Hills

Auf den Hängen zur Sierra skurrile Felsformationen: Unzählige Felsklötze, die ein Gigant dort hingestreut haben mag, und die Wind und Wetter zu grotesken Formen erodierten. Mit etwas Phantasie erkennt man die verschiedensten Figuren: Tiere, Menschenköpfe und bei Nacht ein wahres Gruselkabinett. Bei der korrekten Identifizierung der "Monster" hilft ein kostenloses Faltblatt vom Touristenbüro. Asphaltierte Rundstraße ("Picture Rocks Circle") ab Zentrum Lone Pine. Zu erreichen über die Mt. Whitney Portal Rd., trifft südlich des Ortes wieder auf Hwy. 395. Fahrtdauer ohne Stops ca. 3o Min.

Jeder, der schon mal den einen oder anderen Wildwestfilm gesehen hat, kennt die Alabama Hills. Hier hat Hollywood seit 192o über zweihundert Filme gedreht. Die felsige Landschaft diente als Hintergrund für Postkutschenüberfälle und Planwagen-Trecks, als nächtlicher Lagerplatz für John Wayne, Steve McQueen oder Humphrey Bogart. Auch viele Fernsehserien der fünfziger und sechziger Jahre drehten ihre Außenaufnahmen hier.

Wer sich für Details interessiert, bekommt beim Touristenbüro in Lone Pine eine Karte, auf der eingetragen ist, wo sich genau der Hinterhalt aus dem Film "Hopalong Cassidy", der Canyon aus "Lone Ranger" und viele andere Schauplätze befinden. Die Filmkulissen befinden sich allerdings in der Mehrzahl nicht entlang der asphaltierten Rundstraße, sondern an der sogenannten Movie Road, die nach ca. 2 km rechts abzweigt (ungepflastert).

★Mount Whitney

Mit 4.418 m höchster Berg der USA außerhalb Alaskas. Nur rund 15o km vom niedrigsten Punkt der westlichen Hemisphäre im Death Valley entfernt. Zeugt von den enormen geologischen Kräften und Verschiebungen in dieser Region.

Da der Mt. Whitney relativ leicht bestiegen werden kann, ist er in den Sommermonaten ein äußerst populäres Ziel ambitionierter Wanderer. Um die Wildnis zu schützen, dürfen täglich nur 75 Menschen auf dem Weg hinauf campen. Deshalb Reservierung nötig beim US-Forest Service, P.O. Box 8, Lone Pine, CA 93545, Tel. 876-5542. Das Permit ist kostenlos. Wer ohne vorherige Reservierung kommt und trotzdem einen Erlaubnisschein möchte: am besten an einem Werktag und nicht während der Hochsommerzeit. Frühzeitig einfinden in der Ranger Station in Lone Pine, Whitney Road, geöffn. 7- 17 Uhr.

Der Trail beginnt in 2.55o m Höhe, bis hierhin kommt man auch mit dem Auto (Whitney Road, 2o km ab Lone Pine, passierbar Mai bis Ende Okt.). Am Ende der Straße Campingplatz und kurz danach Trailbeginn: 16 km bis zum Gipfel, retour eine 2- Tagestour. Schneefrei ist er Mitte Juli bis Anfang Oktober. Problem ist auch die dünne Luft ab ca. 3.ooo m, die die Leistung reduziert. Ratschläge der Ranger und Wetterinfo beachten.

Der Nachbargipfel (4.o19 m) wurde nach einem der größten Hollywood- Filmregiseure Mt. Hitchcock benannt. Auch der Filmstar Mrs. Crabtree erhielt Ehrung: nach ihr wurden die unter dem Mt. Hitchcock liegenden Seen benannt.

✶Independence

Gut 2o km nördlich von Lone Pine am Hwy. 395. Kleines Städtchen mit etwas Western-Charme und einem überdimensionalen und protzigen Courthouse.

EASTERN CALIFORNIA MUSEUM, Center Rd.: ziemlich lieblos zusammengewürfelte Ausstellungstücke von Flechtarbeiten der Indianer bis zu Uralt-Schreibmaschinen. Daneben kleine Dokumentation über ein dunkles Kapitel in der Geschichte der Stadt und der Nation: die Internierung japanischer Einwanderer während des II. Weltkriegs. Geöffn. Mi- Mo von 1o- 16 Uhr, Eintritt frei.

In der Nähe von Independence errichteten die Amerikaner 1942 das MANZANAR RELOCATION CAMP, ein Internierungslager für 1o.ooo Einwanderer und Bürger japanischer Abstammung, die hier jahrelang unter härtesten Bedingungen festgehalten wurden. Nach dem Krieg wurde das Camp abgerissen, heute erinnert außer dem Friedhof und der Ausstellung im Museum nur noch wenig an diese Zwangsmaßnahme, die die Amerikaner gern verdrängen.

Die antijapanische Einstellung im Westen der USA hatte schon weit vor dem II. Weltkrieg und dem Überfall der Japaner auf Pearl Harbor Tradition: Wie andere Asiaten auch, verwehrten die Immigrationsgesetze japanischen Einwanderern die amerikanische Staatsbürgerschaft. Mangelnde Integration in den amerikanischen Schmelztiegel war aber Grund für Kritik und Mißtrauen. In Kalifornien verging während der ersten Hälfte des 2o. Jahrhunderts kaum eine Legislaturperiode, in der das Parlament nicht antijapanische Gesetze debattierte und verabschiedete. Einwanderern aus Ostasien war es lange Zeit verwehrt, Grund und Boden zu kaufen oder auch nur zu pachten. Eine Art Protektionismus der einheimischen Farmer gegenüber dem bekannten Fleiß der Zuwanderer. Manche dieser diskriminierenden Gesetze hatten noch bis 1952 Gültigkeit.

Vor diesem innenpolitischen Hintergrund ereignete sich 1941 der japanische Angriff auf die amerikanische Pazifikflotte in Pearl Harbor. Während Militärs und Politiker von nun an hinter jedem Einwanderer einen potentiellen Spion oder Saboteur vermuteten, kam diese Situation vielen Bewohnern der Westküste gelegen, sich endgültig der ungeliebten japanischen Konkurrenten zu entledigen. Präsident Roosevelt verfügte höchstpersönlich die Überprüfung japanischer Einwanderer und deren Verlegung in Internierungslager. Viele Menschen waren gezwungen, über Nacht ihr Hab und Gut zu Schleuderpreisen zu verkaufen, da sie auf den Transport nicht mehr mitnehmen durften, als sie tragen konnten.

Bevor in mehreren Bundesstaaten des Westens zehn Lager aus dem Boden gestampft waren, brachte man die Japaner in vorläufige Camps in Stadien und auf Pferderennbahnen. Die Lager entstanden in trostlosen und abgelegenen Gegenden wie der Wüste Arizonas oder eben bei Independence im Owens Valley. Bretterbuden, verkleidet mit Teerpappe, dienten den Internierten als Unterschlupf. Vor allem die ständigen Sandstürme im ausgetrockneten Owens Valley machten ihnen zu schaffen, im Winter dazu die eisige Kälte.

Die Maßnahmen stießen praktisch auf keinerlei Widerstand, da sich die Mehrzahl der Internierten als gute Amerikaner fühlten und nicht noch zusätzlich weitere Vorwände für

Maßnahmen gegen sie liefern wollten. Sie hofften auf die Einsicht der Amerikaner, die allerdings erst sehr viel später kam: 198o stellte ein Ausschuß des Kongresses in Washington offiziell fest, daß während des II. Weltkriegs von den japanischen Einwanderern keinerlei tatsächliche Bedrohung der inneren Sicherheit ausgegangen war, sondern daß Rassenvorurteile und Kriegshysterie die treibenden Motive der Internierungen waren.

★Bristlecone Pine Forest

Mehrere Wälder mit den Bristlecone Pines, den ältesten Lebewesen des Planeten Erde. Die Bäume, die hier in den Höhenlagen des INYO NATIONAL FOREST stehen, sind zum Teil über 4.ooo Jahre alt. Sie waren also zarte Pflänzchen, als die Ägypter ihre Pyramiden bauten, und hatten schon rund 2.ooo Jahre auf dem Buckel, als Hannibal mit seinen Elefanten die Alpen überquerte.

Die Bristlecone Pines (*pinus aristata longaeva*; dt. Borsten-Kiefer) sind zähe Lebewesen, die sich von den extremen klimatischen Bedingungen auf über 3.ooo m Höhe nicht kleinkriegen lassen. Die jungen Bäume sind noch dicht mit Nadelzweigen bedeckt, die an Fuchsschwänze erinnern. Wind und Wetter formen sie über die Jahrhunderte zu den erstaunlichsten und bizarrsten Gebilden.

Überleben können sie in der trockenen Einöde durch minimales Wachstum (nur 3 cm in hundert Jahren). Dadurch entsteht ein sehr harziges Holz, das der Fäulnis widersteht. Die Exemplare in etwas feuchteren Lagen nehmen mehr Wasser auf, werden nicht so hart und widerstandsfähig und sterben früher ab. Bei den Bristlecones also ein eigentümliches Gesetz der Natur: wer die schlechtesten und härtesten Lebensumstände hat, wird am ältesten.

Der alte Baum mit seinem knorrigen Stamm ist fast völlig abgestorben, nur ein dünner Teil der Rinde lebt weiter und versorgt die Spitzen der Äste. Er biegt und windet sich, will aber einfach nicht absterben. Selbst im Tod bleibt er noch hartnäckig stehen und kann sich weitere 1.ooo Jahre lang aufrechthalten. Durch Sand und Eis poliert, glänzt er, vermodert aber nicht. Wie an Gestein nagt die Erosion langsam an ihm und vernichtet ihn erst in einem langen Prozeß.

Die Wälder sind zu erreichen ab Hwy. 395, Abzweigung ca. 65 km nördlich von Lone Pine im Ort Big Pine. Eine asphaltierte Straße führt hinauf in den Inyo National Forest bis zum SCHULMAN GROVE, dem ersten der Waldstücke auf ca. 3.ooo m Höhe. Hier die ältesten bekannten Exemplare, bis 4.7oo Jahre alt.

Eine Schotterstraße führt 18 km weiter bis zum PATRIARCH GROVE, wo sich eine Bristlecone Pine mit rund 1o m Umfang befindet. Hier außerdem die skurrilsten Baumstrukturen und -formen. Straßen in den Wintermonaten, oft weit bis ins Frühjahr hinein, wegen Schnee und Eis gesperrt.

Die Erhaltung einer derartigen Ausnahmewelt erfordert selbstverständlich einige Regelungen, die jedem einleuchten dürften: Keinerlei Holz sammeln oder mitnehmen; kein offenes Feuer; Parken nur auf den ausgewiesenen Plätzen; Wandern nur auf markierten Trails (die Wurzeln der Bäume liegen knapp unter der Erdoberfläche und sind extrem empfindlich).

★Bishop (3.5oo Einw.)

Städtisches Zentrum des Owens Valley, schön gelegen am Fuße der Sierra Nevada. Gute Infrastruktur mit Hotels, Restaurants und Geschäften. Ausgangspunkt für Wanderungen in die Berge und Touren zu den Sehenswürdigkeiten der Umgebung: Von Bishop aus sind alle Attraktionen des Owens Valley per Tagestour zu erreichen.

Tourist INFO Chamber of Commerce, 69o N. Main St., Tel. 873-84o5. Sehr hilfreich mit Bergen von Material über das gesamte Owens Valley sowie den östlichen Teil der Sierra Nevada.

Post: 595 W. Line St. **Telefon**: Vorwahl 619.

Zwei Museen lohnen einen kurzen Abstecher:

PAIUTE SHOSHONE INDIAN CULTURAL CENTER, 23oo W. Line St.: Von den Indianern zur Pflege ihrer Traditionen eingerichtet. Anschauliche Darstellung des Lebens der Indianer im Owens Valley. Ausgestellt u.a. Körbe, Keramik, Babytragen. Geöffn. tägl. 9-16 Uhr.

LAWS RAILROAD MUSEUM: Kleine Wildweststadt; angenehm, ohne Andenkenrummel. Original sind der Bahnhof und ein kompletter Schmalspurzug. Verschiedene Häuser wie Post und Arztpraxis wurden aus anderen Teilen des Owens Valley hierher gebracht und durch Filmkulissen ergänzt. Zu erreichen ab Bishop, wenige km über Hwy. 6 nach Norden bis zum kleinen Ort Laws. Geöffn. tägl. 1o- 16 Uhr, Eintritt frei.

Bishop ist gut bestückt mit Unterkünften. Von Nov.-April sind die Preise sehr niedrig, bei einigen Motels läßt sich auch noch handeln.

"**Chalfant House**", 213 Academy St. Bed&Breakfast. Ein restauriertes Holzhaus aus dem Jahr 1898. Jedes Zimmer unterschiedlich möbliert mit viktorianischen Antiquitäten und rustikalen Möbeln. Gemütlicher Aufenthaltsraum. Alle Zimmer mit eigenem Bad. Alternative zu den immergleichen Hotels auf Main Street. DZ ca. 65 US. Tel. 872-179o.

"**Bishop Inn**", 8o5 N. Main St., im Zentrum. Im Motel-Stil, Whirlpool, die Zimmer etwas komfortabler ausgestattet als in den anderen Motels. DZ ganzjährig ca. 55 US. Tel. 873-4284.

"**Town House Motel**", 625 N. Main St. Ein Motel mit kleinen, freundlichen Häuschen an der Hauptstraße. Der SW-Pool etwas exponiert direkt neben den vorbeidonnernden LKWs. Die Zimmer aber gemütlich und nicht so unpersönlich wie in anderen Motels. DZ von Mai-Okt. ca. 45 US, sonst ca. 35 US. Tel. 872-4541.

"**Outdoorsman Motor Lodge**", 651 N. Main St., im Zentrum an der Hauptstraße und in der Nähe von Restaurants und Läden. Parken rund um das zweistöckige Gebäude. Die Zimmer sehr groß, aber spärlich mit Plastikmöbeln ausgestattet. Gratiskaffee in der Lobby. DZ von Nov.-April ca. 35 US, sonst ca. 48 US. Tel. 873-6381.

"**Starlite Motel**", 192 Short St. Einfaches Motel in ruhiger Seitenstraße. Parken im

Innenhof. SW-Pool in den Sommermonaten. Einige Zimmer mit Kitchenette. DZ im Winter um 32 US, im Sommer ca. 4o US. Tel. 873-4912.

"**El Rancho Motel**", 274 Lagoon St., Tel. 872-9251. In ruhiger Nebenstraße, nicht weit vom Zentrum. Motelbau, Parken direkt vor der Zimmertür. Zimmer einfach, aber sehr gepflegt. Manche mit Kitchenette und Kühlschrank. DZ ganzjährig ca. 32 US.

Viele sehr einfache Campingplätze für Wanderer in den Bergen um Bishop. Liste beim Touristenbüro. Besser ausgestattet die folgenden:

"Pleasant Valley", 1o km nördlich von Bishop über Hwy. 395, Abzweigung zur Pleasant Valley Rd. Am Owens River. Plumpsklos, Picknicktische, Wasseranschluß. Stellplatz ca. 8 US.

"Brown's Town", am Hwy. 395, 2 km südlich von Bishop. Viele schattige Stellplätze. Toiletten, Duschen, Stromanschluß. Stellplatz ca. 12 US.

Entlang der Hauptstraße eine Kette von Fast Food und Hamburger-Läden. Aber auch einige Ausnahmen:

"SCHAT'S", 763 N. Main St. Gemütliches Café, rustikal möbliert. Dekoriert mit Holzschuhen und holländischem Porzellan. Große Auswahl an Kuchen und süßen Leckereien. Auch gutes Frühstück und Sandwiches mit frischem knusprigem Weißbrot.

"SIZZLER'S", 871 N. Main St. Etwas hektische Fast Food Atmosphäre. Aber es ist nicht nötig, das Essen schnell herunterzuschlingen: Für ca. 7 US ein ordentliches kaltes und warmes Buffet, von dem man sich holt, solange der Magen knurrt.

"GOURMET IMPERIAL", 785 N. Main St. Im 1. Stock des Shopping Center. Atmosphäre etwas steril und trist, aber ausgezeichnetes chinesisches Essen: Huhn, Fleisch, Seafood. Hat allerdings seinen Preis, unter 1o US ist kaum ein Hauptgericht zu haben.

"EL CHARRO AVITIA", 97o N. Main St. Mexikanisches Essen in rustikal gemütlicher Atmosphäre. Hauptgerichte ab ca. 8 US.

SELBSTVERSORGER

"VONS", Main St./Ecke Short St. Filiale der Supermarktkette. Gute Möglichkeit, vor längeren Trips in die Berge, die Vorräte aufzustocken.

"SCHAT'S BAKERY", 763 N. Main St. Kuchen und frisches Brot, knusprige Brötchen und französisches Baguette. Spezialität ist das "Sheepherder's Bread", nach baskischem Rezept aus den Pyrenäen.

"MEADOW FARMS COUNTRY SMOKEHOUSE", 2345 N. Sierra Hwy. Alternative zum abgepackten Supermarktessen: Wurst, Schinken und Fleisch aus eigener Räucherei.

FESTE & FESTIVALS

"Mule Days": Die "Maultiertage" am letzten Wochenende im Mai. Größtes Volksfest im Owens Valley. Viertägiger Viehmarkt im Westernstil mit Rodeos, Maultierrennen und anderen Wettbewerben. Country&Western Musik.

SPORT

Ski: Wegen der guten Infrastruktur und den relativ niedrigen Hotelpreisen eignet sich Bishop durchaus als Standquartier für ein paar Skitage in Mammoth Lakes. Ca. 1 Std. Fahrt bis zum Lift. Verleih von Ausrüstung ebenfalls billiger als in Mammoth Lakes selbst: Bei OUTDOORSMAN, 651 N. Main St. alpin für ca. 15 US pro Tag, 25 US für drei Tage. Langlaufausrüstung ca. 9 US pro Tag. Details zum Skigebiet siehe "Mammoth Lakes".

Wandern: Rund um Bishop zahlreiche Trails in die Sierra Nevada oder die White Mountains. Attraktive Mehrtagestouren in die Wildnis. Bei Übernachtungen kostenloses "wilderness permit" besorgen und die allgemeinen Hinweise zum Wandern und Übernachten in der Sierra beachten: Info und Karten beim WHITE MOUNTAIN RANGER DISTRICT, 798 N. Main St., Tel. 873-42o7. Für viele der Wanderwege gelten während der Sommermonate Maximalquoten. Die Hälfte wird per Reservierung vergeben, die andere Hälfte früh am Morgen des jeweiligen Tages.

Eine praktische Einrichtung für Wanderer ist der BACKPACKER'S SHUTTLE SERVICE: Transport im Jeep zu den Ausgangspunkten der Wanderwege. Auch Abholservice zu vereinbarten Terminen. Info und Reservierung, Tel. 873-4453.

Reiten: Eine beliebte Art, die Wildnis der Sierra Nevada auf "Westernart" kennenzulernen, sind die PACK TRIPS. Per Pferd oder Maultier geht es auf Ein- oder Mehrtagestouren zu ausgesuchten Zielen in die Berge. Die Tiere kennen ihren Weg, der Führer ist immer dabei, Reitkenntnisse nicht erforderlich. Kosten pro Tier ca. 35 US am Tag, dazu kommen noch Kosten für Packtiere und Führer, die unter den Teilnehmern aufgeteilt werden. Touren veranstalten SCHOBER'S PACK STATION, Tel. 873-4785 (Sommer) oder 387-2343 (Winter) und ROCK CREEK PACK STATION, Tel. 935-4493 (Sommer) oder 872-8331 (Winter).

Verbindungen ab Bishop

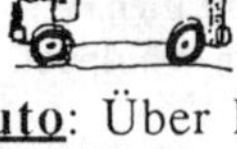

Bus: Greyhound-Terminal 2o1 S. Warren St. Einmal pro Tag kommt in beiden Richtungen der Bus zwischen Reno und Los Angeles durch.

Auto: Über Hwy. 395 nach Los Angeles (43o km, ca. 6 Std.), nach Reno (32o km/ ca. 5 Std.).

★Mammoth Lakes (4.5oo Einw.)

Alpiner Urlaubsort inmitten von Nadelwäldern, 65 km nördlich von Bishop. Skizentrum für Abfahrt und Langlauf. Häuser und Hotels in rustikaler Holzbauweise, aufgelockert in der Landschaft und versteckt in Waldstücken. Viele Bergseen in der Umgebung. **Telefon**: Vorwahl 619.

Tourist INFO Direkt am Ortseingang das Visitor Center mit Ranger Station. Tel. 934-2712 oder 8oo-367-6572.

Ski alpin: Das Skigebiet "Mammoth Mountain Ski Area" 5 km oberhalb des Ortes mit rund 3o Liften. Parkplätze und kostenloser Busservice vom Ort zu den Pisten. Ausrüstung an den Liften und im Ort. Pisten aller Schwierigkeitsgrade auf wenig bewaldeten Hängen. Saison von Nov.-Juni, gehört zu den längsten in den USA. Tagesticket ca. 35 US.

Langlauf: Langlaufzentrum "Tamarack" an den Twin Lakes, ca. 2 km vom Ort über die Lake Mary Rd. Kostenloser Bus-Service vom Ortszentrum. Rund 4o km gespurte Loipen. Verleih von Ausrüstung.

Wandern: Zahllose Wanderwege zu den Seen im Inyo National Forest. Für Übernachtungen in der Wildnis ist eine Erlaubnis nötig, einholen bei der Ranger Station.

Hotels im Stil meist recht ähnlich: kleine bis mittelgroße Häuser, Holzkonstruktionen oft im Alpenstil. Über 1oo Unterkünfte, daher außerhalb von Feiertagswochenenden keine Zimmerprobleme. Hotels verschiedener Preislagen vermittelt das MAMMOTH RESERVATION BUREAU, Tel. 934-2528 oder 8oo-527-6273. Die angegebenen Preise gelten zur Skisaison, im Sommer etwa 2o % billiger.

Tip: Die Kosten fürs Skilaufen in Mammoth Lakes lassen sich stark reduzieren, wenn man sein Standquartier in Bishop aufschlägt. Preise für Hotels, Restaurants und Skiverleih dort erheblich niedriger. Über den hervorragend ausgebauten Hwy. 395 ist man in spätestens einer Stunde am Lift. Bei den niedrigen Benzinpreisen fällt die Anfahrt finanziell kaum ins Gewicht.

Preiswerte und gute Unterkünfte in Mammoth Lakes:

"**Tamarrack Lodge**", direkt an den Twin Lakes; Ausgangspunkt der Loipen ins Langlaufgebiet. Absolut ruhige Lage. Rustikales Holzgebäude, komfortable Einrichtung. DZ ab ca. 85 US. Tel. 934-2442 und 8oo-237-6879.

"**Alpenhof Lodge**", Minaret Rd., an der Straße zu den Liften. Wie der Name schon sagt, im Stil eines alpinen Bauernhofes. Schwimmbad und Whirlpool. DZ ab ca. 7o US. Tel. 934-633o oder 8oo-828-o371.

"**Travelodge**", Minaret Rd., günstig gelegen an der Straße zu den Liften. Modernes, sehr gepflegtes Gebäude, Hallenbad. Die Zimmer mit Kühlschrank, einige mit Kiche-

nette. DZ ab ca. 75 US. Tel. 934-8576 und 8oo-255-3o5o.

"Motel 6", Main St., Nähe Ortseingang. Sehr einfaches Motel, Parken direkt vor der Zimmertür. Einrichtung spartanisch, aber ordentlich. Während der Skisaison oft langfristig ausgebucht. DZ ab ca. 35 US. Tel. 934-666o.

"Ullr Lodge", Minaret Rd., im Ortszentrum. Die Lodge gebaut wie ein Schweizer Bauernhof, die Zimmer von sehr unterschiedlicher Qualität und Größe. Die billigsten im Gemeinschaftssaal schon ab ca. 18 US pro Person, DZ ab ca. 33 US. Tel. 934-2454.

★Devil's Postpile National Monument

Bizarre geologische Formation, entstanden bei einem Vulkanausbruch vor Tausenden von Jahren. Bei Abkühlung der Lavamassen bildeten sich vieleckige Säulen, die wie aneinandergelehnte Masten aussehen. Später polierten Gletscher den Stein, so daß die "Postpiles" metallisch glänzen. Ein Wanderweg führt zu den RAINBOW FALLS, einem 5o m hohen Wasserfall, dessen spritzende Gischt bei Sonnenschein attraktive Regenbögen bildet.

Zu erreichen ab Mammoth Lakes in 2o km über Hwy. 2o3. In den Sommermonaten Unmengen von Besuchern, im Winter ist die Zufahrtsstraße in der Regel verschneit. Die Anzahl der Besucher wird unter Kontrolle gehalten durch Verbot von Privatautos: Von einem Parkplatz verkehrt ein Bus (5 US) zum National Monument.

Weiter ab Mammoth Lakes zum MONO LAKE (Seite 477), LAKE TAHOE (Seite 483) und RENO (Seite 5o9).

Querverbindung Yosemite Nat. Park -> Mono Lake: Seite 474.

SIERRA NEVADA WESTSEITE UND ZENTRUM

Großartige Nationalparks wie der YOSEMITE und der SEQUOIA NAT. PARK sowie unter Schutz gestellte National Forests. Grandiose Berg- und Waldlandschaften, ein Eldorado für Wanderer.

Zwar liegt der SEQUOIA NATIONALPARK nur rund 2o km westlich von Lone Pine/Owens Valley, es gibt jedoch keinerlei direkte Straßenverbindungen. Um ihn zu erreichen, muß man daher um die Südspitze der Sierra Nevada:

-> Entweder über die an Km längere Strecke (Hwy 14, 58) via Bakersfield und das Central Valley (Autobahn).

-> Oder die Abkürzung (Hwy 178) durch den Sequoia National Forest: bringt zwar keine Zeitersparnis, dafür aber einsame und schöne Gebirgslandschaften. Vom Owens Valley (Hwy 395) führt der Hwy 178 rauf zum Walker Pass: hier einer der dichtesten Wälder mit dem

Wüstenbaum *Joshua Tree* in Kalifornien.

Der SEQUOIA NATIONAL FOREST bildet den Südzipfel der Sierra Nevada. Ausgedehnte und einsame "wilderness areas", nur zugänglich für erfahrene Wanderer während der Sommermonate.

Die GREAT WESTERN DIVIDE ROAD (Hwy. 19o) vom Südrand der Sierra Nevada nach Porterville im Central Valley ist die einzige Straße durch diese Wildnis der Region des Sequoia Nat. Forest. In der Regel ist der Hyw. 19o nur Mai bis Oktober passierbar.

Überall bizarre Felsformationen, Wälder und grandioser Ausblick auf die höchsten Gipfel der Sierra Nevada. Der Streckenabschnitt Isabella Lake bis Springville ist der spektakulärste Teil der Fahrt: Hier führt der Hwy. 19o im wesentlichen als Höhenstraße über einen Bergkamm, der die dortigen und tiefeingeschnittenen Täler trennt.

Anschließend gehts im westlichen Umwegschlenker runter in die Tiefebene des Central Valley via Porterville, VISALIA und von dort als Hwy 198 aufsteigend ostwärts zum Sequoia Nat. Park. Spannend wird es hinter ASH MOUNTAIN, dem Eingang zum Nationalpark. In engen, steilen Kurven windet sich die Straße hinauf in die Sierra. Gelegentlich anhalten und ins Tal zurückschauen.

★ Sequoia National Park

Mit der größten Ansammlung an SEQUOIA- BÄUMEN Kaliforniens. Die gigantischen Kolosse erreichen Höhen über 8o m und zählen zu den ältesten Lebewesen der Welt. Sie sind über die im äußersten Westen durch den Nat. Park führende Straße per Auto und kurzem Spaziergang zu erreichen.

Ansonsten grandiose Landschaften mit Hochgebirgstälern, endlosen Wäldern, Bächen, Wasserfällen und kleineren Bergseen. Ein Eldorado für Wanderer und im Winter für Skilangläufer.

Bei knapper Urlaubszeit verzichten manche auf den Besuch des Sequoia- und des anschließenden Kings Canyon National Park: Denn die Zufahrt benötigt Zeit,- und Sequoias gibts auch im Yosemite Nationalpark (dort zusammen mit grandioser Berglandschaft.

Eintritt: 5 US pro PKW, schließt den Besuch des Kings Canyon National Park ein und gilt bis zu 7 Tagen.

Der **SEQUOIA-BAUM** (*sequoia gigantes*; dt. Riesen-Mammutbaum) gehört zu einer Familie von Mammutbäumen, die vor 1oo Millionen Jahren in weiten Teilen der Erde verbreitet war. Die einzigen Überlebenden dieser Gattung sind die Sequoias an den Westhängen der Sierra Nevada, die Redwoods (vorwiegend Nordküste Kaliforniens, Details siehe S. 778) und die Metasequoias in einigen Gegenden Chinas.

Heute gibt es noch 75 Haine ("groves") mit Sequoia- Bäumen. Die schönsten und am besten zugänglichen befinden sich in den Nationalparks Kings Canyon und Sequoia (dort

die größte Anzahl), weitere im Yosemite Nationalpark.

Angaben in ca. maximal	Redwood	Sequoia
Alter	2.000 Jahre	2.700 Jahre
Höhe	110 m	83 m
Durchmesser Stamm*	7 m	12 m
Umfang Stamm*	15 m	31 m

* am Boden

Auch in Deutschland gibts einen kalifornischen Sequoia und zwar im Arboretum auf der Insel Mainau im Bodensee. Der 50 m hohe Sequoia ist dort allerdings nicht gewachsen, sondern wurde per Schiff und LKW hertransportiert.

Die Redwoods erreichen zwar größere Höhen (die höchsten Bäume am Redwood Creek in Nordkalifornien), besitzen dafür aber einen dünneren Stamm. Die Sequoias haben an der Basis des Stamms oft einen Umfang von gut 30 m, selbst einzelne Äste können bis zu 2 m dick und 35 m lang werden. Die Sequoias erreichen ein Gesamtvolumen bis zu fast 1.500 Kubikmeter Holz und sind damit nicht nur die ältesten, sondern auch höchsten Lebewesen der Welt.

Verankert und versorgt werden die Riesen von einem erstaunlichen Wurzelsystem. Trotz der immensen Höhe des Baumes reichen die Wurzeln kaum einen Meter tief in den Boden, dehnen sich aber in 30 m Umkreis aus. Täglich pumpt jeder Baum Hunderte von Litern Wasser aus dem Boden bis hinauf in seine Spitze und Verzweigungen.

Die Sequoias sind nicht nur wegen ihrer ungeheuren Größe eigentümliche Lebewesen. Sie bedürfen zum Wachstum und Überleben einer ganz besonderen Kombination von Temperatur und Feuchtigkeit, die sie nur in den "groves" an den Hängen der Sierra vorfinden.

Redwoods und Sequoias sind praktisch "unsterblich": die bis zu 60 cm dicke Rinde ist wegen ihrer Holzzusammensetzung resistent gegen Feuer und Insekten. So wuchsen (aus herabfallendem Samen entstandene) neue Bäume Jahr für Jahr um Millimeter gen Himmel. Feuer am Boden war nützlich, da es das Kleinholz wegbrannte, welches Licht schaffte für den neuen entstehenden Mamutbaum.

Tod für die "unsterblichen Bäume" bedeutete in den verg. Jahrtausenden lediglich, wenn der Humus über dem bis zu 30 m sich ausbreitendem Wurzelteller weggeschwemmt wurde - und die Giganten dann bei Sturm wegen fehlendem Wurzelhalt umstürzten.

Ab Mitte des 19. Jhds. setzten die Pioniere Kaliforniens den Mamutbäumen erheblich zu: Im Rahmen des Goldrausches wurde jede Menge an Bauholz benötigt, zum Bau von Häusern, Saloons, für hözerne Wasserkanäle etc., - und weite Bereiche der Bay Area mit seinen Redwoods in großem Stil abgeholzt. Überleben konnten hier nur die Mamutbäume, die weit entfernt in abgelegenen Gebieten wuchsen, wo deren Abtransport schwierig und unlukrativ war.

Gegen Ende des 19. Jhds. wurde dann auch in abgelegeneren Regionen abgeholzt, da man über fortgeschrittenere Technik verfügte: John Dolbeer hatte den "Dolbeer-Donkey" erfunden, der u.a. das Fällen und den Abtransport der Baumgiganten erheblich erleichterte (weitere Details siehe ab Seite 768), - und der Bestand der letzten noch verbliebenen Bäume reduzierte sich rapide.

1872 wurde der Yosemite Nationalpark gegründet und 1890 der Sequoia Nationalpark, zum Schutz insbesondere auch der Riesenbäume. Jegliche Holzfällerei der Riesenbäume war hier verboten, woran man sich anfangs aber nicht unbedingt hielt, da es innerhalb dieser Nationalparks Enklaven mit Siedlern und Holzfällern gab, die auf ihren traditionellen Rechten bestanden.

Die neuen Nationalparks wurden nach damaliger Erkenntnis der Forstwirtschaft gepflegt, die u.a. Waldbrände überwachte und verhinderte. Genau dies wäre jedoch fast der Todesstoß für die Sequoias gewesen, denn diese benötigen für ihre Fortpflanzung den Waldbrand (siehe oben). Eine Erkenntnis, die man erst in den 6o-er Jahren unseres Jhds. gewann. Heute besitzt der Sequoia-Nationalpark sogen. "Fire- Lookouts" zur Überwachung von kontrolliert angelegten Bodenfeuern, um den Fortbestand der Sequoias zu sichern.

Visitor Center in Lodgepole, Nähe Nordeingang, Tel. 565-3341. Viel gutes Infomaterial. Kleine Ausstellung mit Überblick über die Geschichte des Parks und die Bedeutung der Sequoia-Bäume. Regelmäßig kurze Filmvorführung über Leben und Sterben der Sequoias.

Weiteres Visitor Center in Ash Mountain am Südeingang zum Park, Tel. 565-3456. Ähnlich ausgestattet wie Lodgepole. Beide geöffn. tägl. von 8-17 Uhr, im Sommer länger in den Abend hinein.

Post: Neben dem Visitor Center in Lodgepole. **Telefon**: Vorwahl 2o9, Notruf 911.

Karten und Bücher

Gute Straßenkarte gratis bei der Entrichtung der Eintrittsgebühr. Detaillierte Karte mit Wanderwegen und Skitrails für 1 US in den Visitor Centers.

"Trees or Timber?", Douglas Hillman Strong. Geschichte und Hintergrundmaterial zu den Nationalparks Sequoia und Kings Canyon. Sequoia Natural History Association, ca. 3 US.

"**Giant Forest Lodge**" (siehe Karte: 4), im Gigant Forest Village und somit Zentrum der Parkaktivitäten. Mehrere Komplexe mit Hotelgebäuden, Motels und kleineren Holzhäuschen. Pluspunkt: liegt mitten zwischen den Riesen- Sequoias und kürzeren bis längeren Wanderwegen in die Umgebung.

Stil: rustikal, Ausstattung einfach bis komfortabel je nach Preislage. Hütte ohne Bad ca. 35 US, dann stufenweise teurer für Motelzimmer und Häuser. Max. ca. 11o US für ein Haus mit Bad und Kamin. Im Winter etwa 2o % Nachlaß.

"**Stony Creek**", nördlich außerhalb des Parks, an der General's Highway nach Grant Grove. Nur im Sommer bewirtschaftet. Gepflegtes Hotel, Zimmer rustikal mit Privatbad. DZ ca. 75 US.

Zwar hat vor allem die "Giant Forest Lodge" große Kapazitäten, da es aber sonst keine Unterkünfte im Park gibt, kann es an Wochenenden oder im Sommer dennoch zu Engpässen kommen. Reservierung daher ratsam, Tel. 561-3314.

Ausweichmöglichkeiten: Von Visalia kommend, am Hwy. 198 zwischen dem Ort Three Rivers und dem Südeingang zum Nationalpark (Ash Mountain) ein Dutzend winziger Motels. Aufgereiht links und rechts der Straße. Alle einfach, preiswert und ziemlich ähnlich. Wenn in Sequoia alles ausgebucht ist, praktisch die einzige brauchbare Alternative. Wer spät am Abend ankommt, bleibt lieber hier und fährt früh am nächsten Morgen in den Park. Nachteil: Von hier aus noch ca. 1 Stunde Fahrt bis ins Zentrum des Nationalparks.

Weitere Möglichkeit: die Unterkünfte im nördlich anschließenden Kings Canyon Nat. Park (in Grant Grove und Cedar Grove). Die beiden dortigen Lodges sind aber aber auch oft voll, daher besser vorher von Sequoia aus telefonisch anfragen, ob noch was frei ist. Details siehe Kings Canyon National Park.

Außer für "Lodgepole" (Tel. 800-452-1111) keine Reservierung möglich. In der Regel steht daher bei frühzeitigem Eintreffen ein Platz zur Verfügung. Lage der Campingplätze siehe unsere Übersichtskarte.

"Potwisha": an der Hwy 198, rund 6 km nach südlichem Parkeingang (Ash Mountain). Er liegt in 634 m Höhe und ist ganzjährig geöffnet. Beliebt auch bei Wohnmobilen. Der Platz mit Toiletten und Wasser, der Stellplatz ca. 8 US.

"Buckeye Flat": an der Hwy 198 Nähe Hospital Rock. Ein kleinerer Platz in 860 m Höhe, gesperrt für Wohnanhänger und Wohnmobile.

"Lodgepole": liegt 6 km nördlich von Giant Forest Village. Höhe bereits 2.048 m, nachts kann's daher kühl werden. Guter Ausgangspunkt z.B. zum Tokopah Wasserfall (Details siehe "Wandern"). Der Platz mit Wasser, Toiletten, im Sommer Duschen und kleiner Laden. Stellplatz 10 US, im Winter gratis.

"Dorst": rund 20 km nördlich von Giant Forest Village an der General's Highway Ri. Grant Grove. Der Platz liegt im Wald in 2.048 m Höhe am Dorst Creek. Wasser, Toiletten, der Stellplatz ca. 8 US. Geöffn. von Juni-August.

"Stony Creek": bereits außerhalb des Sequoia Nat. Parks am General's Highway Ri. Grant Grove. Liegt Nähe des gleichnamigen Motels.

"Atwell Mill": an der Erdpiste "Mineral King Road" im Südteil des Parks. Ähnlich wie "Cold Spring" einfach ausgestattet und Ausgangspunkt für sehr lohnende Wanderungen im südlichen Bereich des Nationalparks zu einer Vielzahl von Bergseen.

WILDCAMPEN: prinzipiell im Hinterland des Nationalparks erlaubt, aber ein "wilderness permit" der Ranger erforderlich (gratis). Erhältlich bei den Rangerstationen des Nat. Parks, z.B. Parkeingang.

"VILLAGE CAFETERIA": das zentrale Restaurant im Giant Forest Village am Hwy. 198. Mittelmäßiges Kantinenessen, knappe Portionen, die man sich selbst zusammenstellt a ca. 4 - 6 US/Portion.

"GIANT FOREST LODGE": das Restaurant der Lodge ist derzeit bestes Restaurant bei noch passablen Preisen.

"FIRESIDE ROOM": neben der Village Cafeteria. Eine rustikale Bar mit Kamin und Pool-Billard für den abendlichen Drink.

Selbstversorger: "GIANT FOREST MARKET" in der Giant Forest Village. Relativ gut sortierter Lebensmittelladen, aber wenig Obst und Gemüse. Am besten ein paar Vorräte aus der nächsten größeren Stadt mitbringen.

Picknick: Ausgerüstete Plätze mit Holztischen und -bänken beim Hospital Rock und am Ende der Crescent Meadow Road.

Verbindungen

Keinerlei öffentlicher Transport. Mit eigenem Wagen entweder ab Visalia im Central Valley über Hwy. 198 (5o km, ca. 1 Std. bis Parkeingang), oder von Norden über die Verbindungsstrecke mit dem Kings Canyon National Park.

★Region Mineral King

Eine Erdpiste ab Dorf Hammond (am Hwy 198 südl. des Parkeingangs Ash Mountain) erschließt den südlichen Teil des Sequoia Nat. Parks.

Die Piste, genannt "Mineral King Road", wurde Ende des 19. Jhds. von Silberschürfern angelegt, die sich in der Region reiche Funde erhofften. Viel Silber konnte jedoch nicht gefunden werden; es verblieb eine Siedler- Enklave in Silver City. Die Walt Disney Corporation plante im Bereich von Mineral King den Bau eines Skizentrums, welches jedoch durch Einspruch des Nationalparks nicht realisiert wurde.

Heute ist die nur im Sommer befahrbare Piste nützlicher Zugang für die Südregion des Sequoia Nat. Parks und zu dortiger Vielzahl an Bergseen und Wanderungen. Ausrüstung wie Nahrungsmittel vorab mitbringen, da es vor Ort keinerlei Nachschub oder Shops gibt. Die Wanderungen benötigen zwei oder mehr Tage.

Detailkarten und Infos im Park Headquarter Ash Mountains. Rangerstationen bestehen in Cold Springs und Little Five Rivers.

★Region Giant Forest

Erschlossen durch den Hwy 198 von Visalia im Central Valley. Die Asphaltstraße windet sich entlang des Kaweah Rivers bergauf und erreicht bei ASH MOUNTAIN den südlichen Parkeingang.

HOSPITAL ROCK: einst Standort eines Dorfes der Potwisha-Indianer, die früher die Region bewohnten. Am Felsen Zeichnungen und Aushöhlungen, in denen Körner und Eicheln zerstampft wurden. Die Indianer führten von hier den ersten Weißen zu den Riesenbäumen des Giant Forest.

Weiter oberhalb der ELEVEN RANGE OVERLOOK: Beim Blick zurück ins Tal erkennt man elf hintereinander gestaffelte Bergketten, die sich bis zum Central Valley hinunterziehen.

CRESCENT MEADOW ROAD: per PKW zugänglich. An einer Stelle

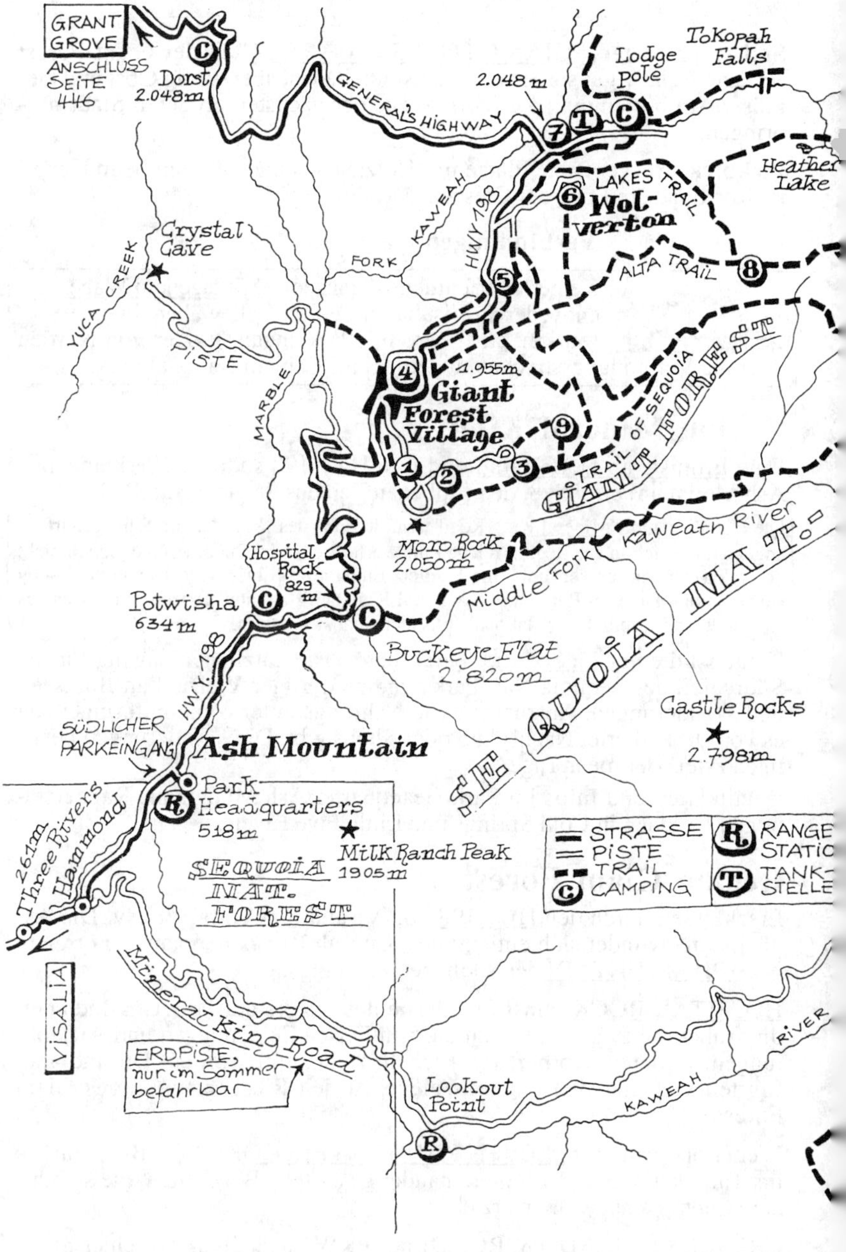
GRANT GROVE
ANSCHLUSS SEITE 446
Dorst 2.048 m
GENERAL'S HIGHWAY
2.048 m
Lodge pole
Tokopah Falls
Heather Lake
LAKES TRAIL
Wolverton
KAWEAH
HWY 198
Crystal Cave
YUCA CREEK
PISTE
FORK
ALTA TRAIL
MARBLE
1.955 m
Giant Forest Village
TRAIL OF SEQUOIA
GIANT FOREST
Moro Rock 2.050 m
Hospital Rock 829 m
Middle Fork Kaweath River
Potwisha 634 m
Buckeye Flat 2.820 m
SEQUOIA NAT.
Castle Rocks 2.798 m
SÜDLICHER PARKEINGANG
Ash Mountain
HWY 198
Park Headquarters 518 m
Milk Ranch Peak 1905 m
261 m Three Rivers
Hammond
SEQUOIA NAT. FOREST
STRASSE
PISTE
TRAIL
CAMPING
RANGE STATIO
TANK-STELLE
VISALIA
Mineral King Road
ERDPISTE, nur im Sommer befahrbar
Lookout Point
KAWEAH
RIVER

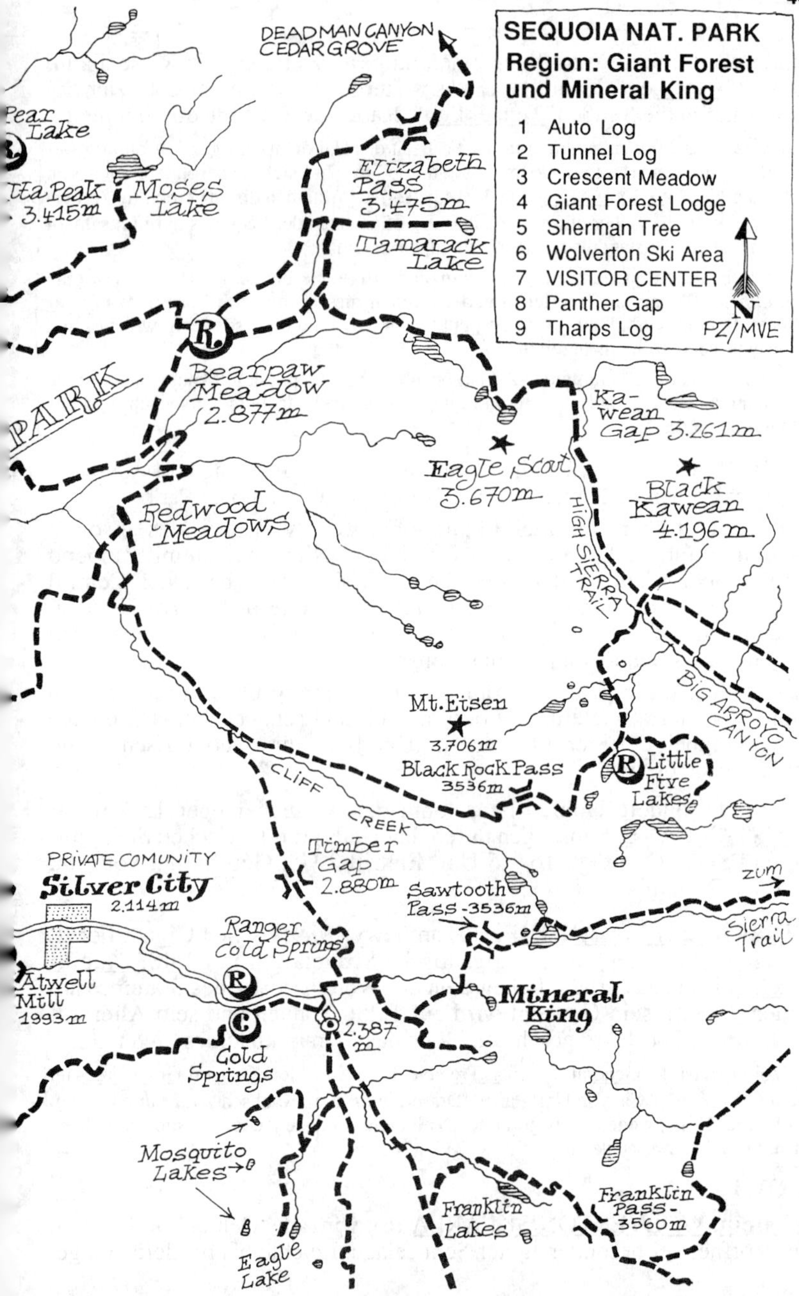
SEQUOIA NAT. PARK
Region: Giant Forest und Mineral King
1 Auto Log
2 Tunnel Log
3 Crescent Meadow
4 Giant Forest Lodge
5 Sherman Tree
6 Wolverton Ski Area
7 VISITOR CENTER
8 Panther Gap
9 Tharps Log
PZ/MVE
N
DEADMAN CANYON CEDAR GROVE
Pear Lake
Moses Lake
Elizabeth Pass 3.475m
Tamarack Lake
PARK
Bearpaw Meadow 2.877m
Kawean Gap 3.261m
Eagle Scout 3.670m
Black Kawean 4.196m
HIGH SIERRA TRAIL
Redwood Meadows
BIG ARROYO CANYON
Mt.Eisen 3.706m
Black Rock Pass 3536m
Little Five Lakes
CLIFF CREEK
Timber Gap 2.880m
PRIVATE COMUNITY
Silver City 2.114m
Sawtooth Pass -3536m
zum Sierra Trail
Ranger Cold Springs
Atwell Mill 1993m
Mineral King
2.387 m
Cold Springs
Mosquito Lakes
Franklin Lakes
Franklin Pass-3560m
Eagle Lake

kann man mit dem Auto durch einen umgestürzten Sequoia Riesenbaum fahren ("Auto Log", Karte: 1). Etwas weiter blockiert ein umgestürzter Sequoia Stamm die Straße ("Tunnel Log", Karte: 2): er wurde durchtunnelt.

Derartige "Attraktionen" wurden in der Frühzeit des Nationalparks geschaffen, um Besucher anzulocken. Heute denkt man anders und möchte sich insbesondere auch von Seiten der Nat. Park Verwaltung von derart plakativen Aktionen distanzieren. Im Vordergrund steht: die Besucher auf das einzigartige Ökosystem der Sequoias aufmerksam zu machen und ein Verständnis für die Natur zu vermitteln.

Es geht eben nicht nur um ein paar schutzbedürftige Riesenbäume, sondern um eine Gesamtheit, die erst das Überleben und vor allem die komplizierte Fortpflanzung der seltenen Bäume ermöglicht. Im Mittelpunkt steht dabei die Idee, so wenig wie möglich in die natürliche Welt einzugreifen.

Neue und zusätzliche "Autofahrer-Attraktionen" sind daher in Zukunft kaum zu erwarten. Wer mehr sehen will, muß die Riesen in ihrer normalen Umgebung aufsuchen, und das geht nur per pedes.

MORO ROCK: kuppelförmiger Granitfelsen, in Entstehung und Aussehen vergleichbar den berühmten "Domes" im Yosemite National Park.

Der Aufstieg über eine Steintreppe lohnt sich: Von oben das absolute Panorama, ein voller 360 Grad Rundblick. Nicht nur atemberaubend schön, sondern auch aufschlußreich: Man sieht die Ebene des Central Valley, sowie die langsam ansteigende Westseite der Sierra Nevada, Flußtäler, den Lake Kaweah und das dicht bewaldete Gebiet der beiden Nationalparks Sequoia und Kings Canyon.

Dazwischen die typischen Granitfelsen. Richtung Osten die höchsten Gipfel der Sierra, viele über 4.000 m hoch und schneebedeckt. Beinahe die Gesamtheit der Sierra Nevada im Überblick ihrer geografischen und geologischen Gestalt.

Nur für besondere Höhlen-Fans lohnt der Abstecher über 15 km zur CRYSTAL CAVE. Führungen durch den Untergrund zwischen Stalagmiten und Stalaktiten tägl. 10- 15 Uhr, Eintritt 2 US. Geöffn. nur von Mai bis Ende September.

GENERAL SHERMAN TREE (5) am Hwy 198 zwischen Gigant Forest Village und Lodgepole. Der gigantische Sequoia gilt mit 1.483 Kubikmeter Holz als das größte Lebewesen der Welt. Umfang des Stammes am Boden 31,3 m, sein Gewicht wird auf 1.256 Tonnen und sein Alter auf ca. 2.300 - 2.700 Jahre geschätzt. Höhe des Mammutbaumes 83,8 m.

An Volumen ist der General Sherman Tree Nr. 1, kurz vor dem General Grant Tree (im Grant Grove/Kings Canyon Nat. Park). Diese Baumriesen wachsen zwar nur ca. 1 mm pro Jahr an Höhe, wegen ihres gesamten Volumens sind sie jedoch die am schnellsten wachsenden Lebewesen der Welt.

SPORT

Ski alpin: WOLVERTON SKI AREA (6), winziges Gebiet mit 3 Liften, nur geöffnet bei besonders guter Schneelage. Leichte bis mittlere Hänge.

Wird möglicherweise in den nächsten Jahren mangels Nachfrage vollends geschlossen.

Langlauf: Viele Trails mit Ausgangspunkt entweder Giant Forest Village oder Wolverton Ski Area (hier auch Verleih von Ausrüstung, ca. 11 US pro Tag). Sequoia ist ein attraktives Langlaufgebiet, auch wenn es keine gespurten Loipen gibt. Daher die Fortbewegung an manchen Stellen etwas mühselig. Wird aber belohnt durch Einsamkeit und das Gefühl, den Giganten näherzukommen als durch den Blick vom Parkplatz aus.

Im Winter sind die Sequoia-Groves nur per Ski richtig zugänglich und besonders attraktiv: Das zimtrote Holz der Rinde kommt vor dem weißen Hintergrund reizvoll zu Geltung. Im Sommer sind die Langlauf-Trails Wanderwege, dann aber weitaus bevölkerter.

Wandern: zusammen mit den Sequoias die Hauptattraktion des Nationalparks. Es gibt Kurzwanderungen von 1 - 2 Std. zu den Groves der Sequoia- Riesenbäume, Ganztageswanderungen zu einsamen Bergseen, sowie Wanderungen von mehreren Tagen quer durch den Nationalpark in abgelegene und unberührte Regionen des Hochgebirges (3.ooo und mehr Höhenmeter).

Bei Übernachtung auf Trails im Nationalpark ist eine Genehmigung der Nationalparkverwaltung nötig. Nennt sich "*wilderness permit*", gratis und erhältlich bei den Rangers, z.B. am südl. Parkeingang Ash Mountain. Bei längeren Touren die Rangers unbedingt über Dauer und Ziel informieren. Zurückmelden nicht vergessen!

Detailkarten: sowohl für Ganztages- wie auch Mehrtageswanderungen unbedingt erforderlich. Erhältlich im Park Headquarter Ash Mountain bzw. im Vistors Center (7).

Höhen- Akklimatisierung: ab ca. 2.4oo m wird die Luft dünner. Derartige Höhen werden im Bereich Mineral King und im westlichen Teil des Nationalparks bei Pässen bis über 3.ooo m erreicht. Wer noch nicht an diese Höhe angepaßt ist (der Körper benötigt ca. 3 - 4 Tage), - sollte bei ansteigenden Trails längere Wanderzeiten als normal kalkulieren. Die Ranger beraten hierzu, ebenso zu Ausrüstung und Wetter.

Tips und Infos, die man nicht in den Wind schlagen sollte, denn ab ca. 4 - 5 Wanderstunden vom Hwy 198 entfernt bewegt man sich meist in absoluter Einsamkeit, wo man nur noch auf den Haupttrails gelegentlich andere Wanderer trifft - und die nächste Rangerstation oft 8 Std. oder mehr entfernt ist...

Die meisten Besucher durchfahren den Nationalpark auf dem Hwy. 198 vom Parkeingang/Ash Mountain -> via GIGANT FOREST VILLAGE und legen dort kürzere Wanderungen zu den Sequoias ein:

Ab Gigant Forest Lodge (4), aber auch im südl. Bereich bei Moro Rock eine Vielzahl an Kurzwanderwegen. Diese größte Ansammlung von Sequoia-Giganten macht jeden Hike (egal ob kurz oder lang) zu einem besonderen Erlebnis. Die reine Gehzeit erhöht sich oft beträchtlich, da man förmlich als Hans-Guck-in-die-Luft durch den Wald stiefelt. Der Giant Forest Grove ist durchzogen von mehreren markierten Wanderwegen, die nicht als Rundkurs konzipiert sind. Daher eigene Kombinationen zusam-

menstellen, um nicht den gleichen Weg zurückgehen zu müssen. Karte im Visitor Center.

Die schönsten Stellen berührt ein 11 km langer Weg mit Ausgangs- und Endpunkt Giant Forest Village: Zunächst über ALTA TRAIL bis McKinley Tree Junction. Dort weiter auf dem TRAIL OF SEQUOIAS bis zur Crescent Meadow (3). Dies ist der schönste Abschnitt der Wanderung. Hier stehen die Bäume nicht nur einzeln oder in kleinen Gruppen, sondern dichtgedrängt in Hainen von 2o- 3o Exemplaren. Ein Märchenwald, in dem sich der Wanderer in einen Däumling verwandelt sieht. Unvermittelt steht er dann auch vor den Märchenwiesen von Log Meadow und Crescent Meadow: feuchte bis morastige Lichtungen, um die herum sich die roten Bäume gruppieren. Von dort zurück auf der Crescent Meadow Road, vorbei am Moro Rock zur Giant Forest Village. Dauer inkl. Besteigung des Moro Rock, ca. 5- 6 Std.

Wanderwege von rund 1 Std. sind der CONGRESS TRAIL, Ausgangspunkt am General Sherman Tree (5) durch eine dichte Konzentration von Sequoia-Bäumen, - sowie der SUNSET ROCK TRAIL (Ausgangspunkt Giant Forest Village) zu einem riesigen Felsmonolithen, von dem man bei klarem Wetter einen großartigen Blick bis ins Central Valley hat.

Ein weiterer lohnender Trail führt vom Visitor Center (7) und Camping Lodgepole Ri. Ost am Fluß aufwärts zum TOKOPAH Wasserfall. - Der LAKES-TRAIL beginnt bei Wolverton und führt in rund 1o km zu mehreren Seen (u.a. Heather Lake) bis hin zur Rangerstation am Pear Lake. Wegen knapp 8oo m Anstieg bis Pear Lake in knapp 3.ooo m Höhe anstrengend, benötigt in der Regel Übernachtung und Ranger- Permit.

ALTA PEAK: 3.415 m hoher Berggipfel mit spektakulärem Panorama bei klarem Wetter. Zu erreichen über Lakes Trail mit Südabzweigung, anstrengend wegen mehr als 1.2oo Höhenmeter- Differenz, die zu überwinden sind und dünner Luft. Wilderness-permit für Wildcampen nötig.

Der weitaus größte Teil des Sequoia- Nationalparks besteht aus geschützter Wildnis. Nur für Wanderer zugänglich während weniger Sommermonate. Dann für die Auserwählten ein landschaftlicher Leckerbissen: Endlose Wälder, Wasserfälle und Bergseen. Und vor allem die große Einsamkeit, das pure Naturerlebnis, das anderswo nur noch selten zu haben ist. Im Winter und beginnenden Frühjahr ein ideales Gebiet für Skitouren.

★General's Highway (48 km)

Direkte Straßenverbindung vom SEQUOIA NAT. PARK zum KINGS CANYON NAT. PARK/ Region Grant Grove. Fahrzeit ca. 1 Std., im Winter und Frühjahr (ca. Okt. - Ende April) meist wegen Schnee gesperrt; dann sind weite Umwege durchs Central Valley nötig.

Der General's Highway ist eine abwechslungsreiche Strecke durch die

Wälder der beiden Parks. Steile Felswände am Straßenrand, von denen oft noch bis Anfang Mai die Eiszapfen eine bizarre Kombination aus Eis und Fels bilden. Zwischendurch Ausblick gen Westen weit ins Central Valley hinein und Richtung Osten auf die verschneiten Gipfel der High Sierra. Dann wieder entlang der Straße Sequoia-Groves, die Riesen stehen direkt am Straßenrand. Der Kings Canyon Nationalpark/Region Grant Grove wird von Süden kommend erreicht.

Kings Canyon National Park

Nur in extrem kleinen Bereichen per Straße erschlossen; der "Rest" sind an Fläche gewaltige Regionen absoluter Einsamkeit, selbst Rangerstationen sind hier Rarität. Der Nationalpark wurde 194o begründet und nördl. an den Sequoia Nat. Park angehängt.

Als Minizipfel hängt der Bereich **GRANT GROVE** nordwestlich am Sequoia Nat. Park und ist über den oben beschriebenen "Generals Highway" zu erreichen,- bzw. über den Hwy 18o ab Fresno/Central Valley.

Ab Grant Grove führt der Hwy 18o in nordöstlicher Schleife in den Bereich **CEDAR GROVE**, der im sogen. "Kings Canyon" liegt, einem tief eingeschnittenen Gletschertal, der dem Nationalpark den Namen gab. Zum Glück war man sich bei Parkgründung 194o klar, daß Autos wenig mit einem Nationalpark und den Ideen des Schutzes der Natur zu tun haben. Außer Campings und Hotel ist daher in Cedar Grove Schluß mit weiteren Straßen für den PKW.

Tourist INFO

Visitor Center (4) in Grant Grove. Geöffn. tägl. 8-17 Uhr, Tel. 335-2315. Kleines Museum zur Entdeckungsgeschichte der Sierra Nevada. Außerdem eine eindrucksvolle Demonstration der Größe von Sequoia-Bäumen: Ein abgedunkelter kreisrunder Raum von gut 7 m Durchmesser zeigt den Baumumfang aus der ungewöhnlichen "Innenperspektive", der Besucher befindet sich sozusagen im Stamm. In der Mitte des Raumes als Größenvergleich unter einer Glaskuppel das winzige Samenkorn. Einleuchtend und hautnah.

Post: Beim Visitor Center in Grant Grove. **Telefon**: Vorwahl 2o9, Notruf 911.

EINTRITT: Pro PKW 5 US Zufahrtsgebühr. Gilt für einen Aufenthalt bis zu 7 Tagen und gleichzeitig für den Besuch des Sequoia National Park.

Übernachtungsmöglichkeiten im Nationalpark sind rar. Auch auf der Zufahrtsstraße von Fresno her nichts, was halbwegs in Parknähe liegt. Reservierung (Tel. 561-3314) daher zu allen Jahreszeiten ratsam.

Ausweichmöglichkeit unter Umständen die Unterkünfte im Sequoia National Park , ca. 1 Std. Fahrzeit ab Grant Grove, sowie die Motels bei Three Rivers am Hwy 198 (Details Seite 437).

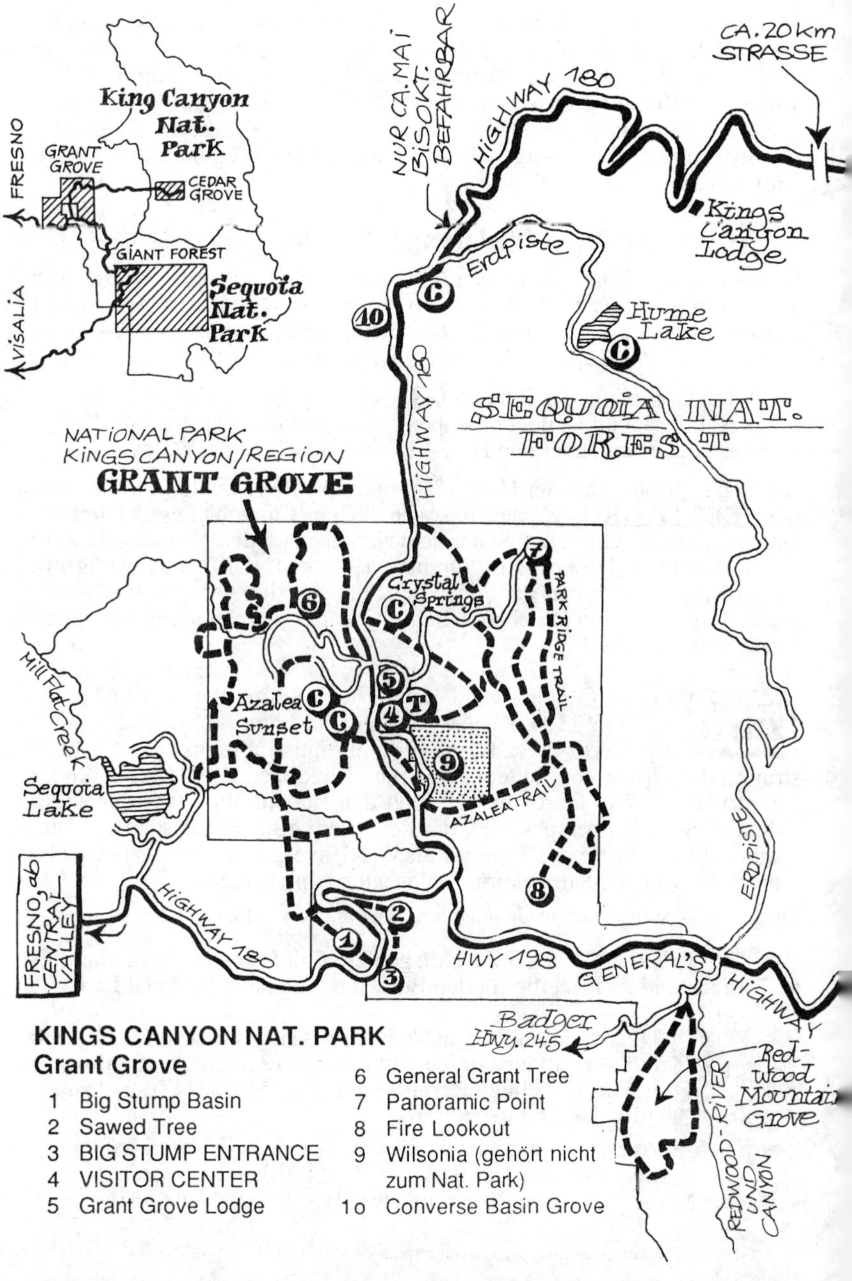

KINGS CANYON NAT. PARK
Grant Grove

1 Big Stump Basin
2 Sawed Tree
3 BIG STUMP ENTRANCE
4 VISITOR CENTER
5 Grant Grove Lodge
6 General Grant Tree
7 Panoramic Point
8 Fire Lookout
9 Wilsonia (gehört nicht zum Nat. Park)
1o Converse Basin Grove

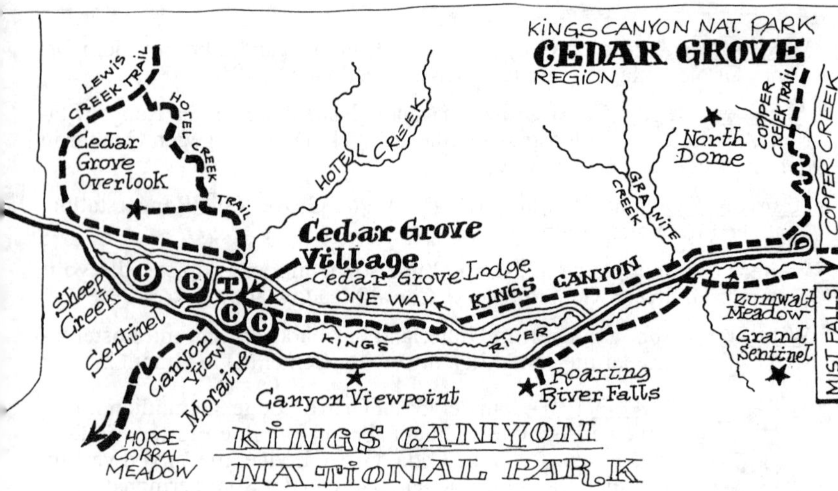

"**<u>Grant Grove Lodge</u>**" (5), in Grant Grove beim Visitors Center. Rustikale Holzhäuschen im Wald mit jeweils 2 Wohneinheiten, geräumig mit Privatbad. Das Mobiliar rustikal und einfach, der abgeschiedenen Umgebung angemessen. Eines der wenigen Hotels in Kalifornien ohne TV. Der Lebensrhythmus paßt sich hier den Tageszeiten an. DZ von Mai bis Okt. ca. 55 US, sonst ca. 45 US. Außerdem noch eine Anzahl primitiver Hütten ohne Bad ab ca. 32 US.

"**<u>Cedar Grove Lodge</u>**", Motel im Kings Canyon. Komfortabel, aber nur von Mai bis Okt. geöffnet. DZ ca. 8o US.

Zahlreiche einfach eingerichtete, aber schön gelegene Plätze. Keine Reservierungsmöglichkeit. Wer früh genug kommt, hat auch im Sommer gute Chancen. Die Plätze sind in der Regel nur von Mai bis Oktober geöffnet.

"<u>Azalea</u>", Region Grant Grove, in der Nähe der gewaltigen Sequoias mitten im Wald. Toiletten, Wasser. Stellplatz 8 US.

"<u>Sunset</u>", Region Grant Grove, im Wald Nähe Visitor Center. Ausstattung und Kosten wie Azalea.

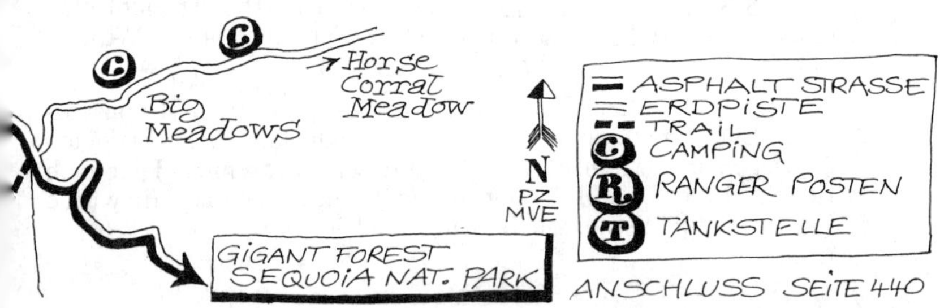

"Sheep Creek", Region Cedar Grove im Canyon, rund 2 km vor dem Ort Cedar Grove Village. Toiletten, Wasser. Stellplatz 8 US.

"Sentinel", Region Cedar Grove im Canon, Nähe der dortigen Ranger Station. Ausstattung und Kosten wie Sheep Creek. Duschen gegen Gebühr in der naheliegenden Cedar Grove Lodge.

"Canyon View" und "Moraire", Region Cedar Grove Nähe Rangerstation, ähnliche Preise wie "Sentinel".

Weitere Campingplätze am Hume Lake sowie an der Erdpiste, die vom General's Highway Richtung Horse Corral Meadow abzweigt.

Wildcampen für Wanderer im Hinterland des Parks erlaubt mit kostenlosem "wilderness permit", erhältlich im Visitor Center (4) in Grant Grove.

"CAFETERIA", in der Grant Grove Lodge. Gemütlich im Stil einer Skihütte. Schließt abends früh ihre Pforten. Einfaches Essen. Auch die Cedar Grove Lodge im Canyon verfügt über eine Cafeteria, die nur während der Sommermonate ge öffnet ist.

Selbstversorger: In Grant Grove und Cedar Grove jeweils ein Market: winzige Läden mit dem Notwendigsten: Konserven und ein paar Milchprodukte. Am besten aus der nächstgelegenen Stadt einen ausreichenden Vorrat an Lebensmitteln mitbringen.

Picknick: Am General Grant Tree (6) Picknick unter den Baumriesen. Der Platz ist ausgestattet mit Bänken und Tischen.

Region Grant Grove

* Vom Sequoia Nat. Park kommend (via Hyw. 198, Generals Highway) erreicht man den PARKEINGANG beim Abzweiger/-> Horse Corral Meadow. Diese Erdpiste führt bis zum H.C. Meadow und setzt sich als kürzester Trail rüber nach Cedar Grove fort (Details dort).

REDWOD MOUNTAIN GROVE: Abzweiger an der Kreuzung -> Erdpiste zum Hwy 245. Nach ca. 2 km beginnt links ein Wanderweg zum Redwood Mountain Grove westlich des Redwood Canyons mit Riesenbäumen.

* Von Fresno/Central Valley kommend (via Hwy 18o) erreicht man Grant Grove beim BIG STUMP (3), hier der Parkeingang von West.

Westlich anschließend das BIG STUMP BASIN (1): Dokument radikaler Sequoia- Abholzung Ende des 19. Jhds., ein Friedhof von verbliebenen Baumstümpfen, teilweise sind noch die künstlich angelegten Wasserwege zum Abtransport der Baumriesen zu erkennen. Hier auch ein riesiger Baumstumpf (="big Stump") eines Sequoias. Er wurde 1875 gefällt für die Weltausstellung in Philadelphia.

In GRANT GROVE eine Vielzahl leicht zu erreichender Riesenbäume. Der Rundgang im nahegelegenen Sequoia-Wald ist eine Reise in die Vergangenheit von Jahrhunderten und Jahrtausenden. Einige der hier versammelten Bäume waren bereits kleine Sprößlinge, als vor rund 3.ooo Jahren das hölzerne Pferd zur Eroberung Trojas konstruiert wurde.

Stars in Grant Grove sind der GENERAL GRANT TREE (6) und der GENERAL LEE TREE, beide uralt, gut 8o m hoch und mit der charakteristischen Sequoia-Form: hoch aufragender Stamm und knorrige Riesenäste in der Krone. Beide tragen die Spuren zahlreicher Waldbrände, die sie in den letzten Jahrhunderten problemlos überlebt haben.

PANORAMIC POINT (7): lohnt sich wegen des Ausblicks auf die östliche Sierra, zu den höchsten Berggipfeln des Gebirges. Zu erreichen über eine Erdpiste ab Grant Grove Lodge (5), bzw. mehrere Trails durch den Wald. Von einer kleinen Lichtung öffnet sich am Panoramic Point der Blick über die Berge.

WILSONIA (9): Enklave in der Grant Grove Enclave. Privatbesitz bereits seit vergang. Jhd., für die die Rechte und Bestimmungen des Nationalparks nicht gelten.

HUME LAKE: nördlich von Grant Grove und über eine Erdpiste zu erreichen. Der künstliche kleine Stausee wurde Ende des verg. Jhds. angelegt zur Flußregulierung und zum Abtransport von Holz (auch Sequoias).

Heute beschauliche Atmosphäre inmitten von Wäldern, Campingplatz, und während der Ferienmonate im Sommer lebhaftes "Hallo" jugendlicher Ferienlager mit Bootsbetrieb.

SPORT

Langlauf: Attraktive Touren im Bereich Grant Grove, allerdings keine gespurten Loipen. Beinah am schönsten zeigen sich die Sequoia-Wälder im Winter. Ein ungewöhnliches Gefühl, sich unter den Riesen per Langlaufski zu bewegen. Kaum Menschen, im Nu ist man mit den uralten Baumkolossen allein. Ausrüstung im Laden von Grant Grove, ca. 12 US pro Tag. Karte mit Trails für 1 US im Vistitor Center. Im Sommer sind die Skirouten für Wanderer zugänglich.

"North Grove": In einer Niederung stehen sie dicht konzentriert, die jungen, alten und uralten Exemplare der Sequoias. Das Rot ihrer Rinde hebt sich im Schnee besonders deutlich und fotogen ab. Zwischen diesen Giganten stapft der Skiläufer und fühlt sich wie der letzte Zwerg. Ausgangspunkt Parkplatz am General Grant Tree. Rundkurs 2,5 km, ca. 1 Std.

Wandern: eine Vielzahl an kürzeren Wanderwegen im Bereich Grant Grove. Im Visitor Center (4) gibts einen Übersichtsplan über die Trails und Möglichkeiten der Region.

Region Cedar Grove

Ab Grant Grove (siehe oben) führt der Hwy 18o nordöstlich rund 4o km in den KINGS CANYON, der dem Nationalpark den Namen gab.

Spektakulär schon die Zufahrt ab Grant Grove: Immer wieder phantastische Ausblicke steil hinunter ins Tal. Zum Glück sind genügend Ausbuchtungen zum Anhalten vorhanden, sonst würde man beim Hals-Recken und gleichzeitigen Fahren schnell mal eine der Kurven verpassen. Leitplanken sind hier Fehlanzeige.

Von Okt. - Mai ist sie wegen Schnee und Eis gesperrt. Selbst im Hochsommer nicht annähernd so viel Betrieb wie in anderen Nationalparks.

In CEDAR GROVE erreicht man den Fuß des Canyons. Steil aufragende Granitwände und Wasserfälle bilden eine klassische Sackgasse. Lohnende Stops (siehe Karte) sind der "Canyon Viewpoint", die Wasserfälle "Roaring River Falls" sowie "Zumwalt Meadow" mit Blick auf den Grand Sentinel.

Die Straße endet am Parkplatz am Copper Creek. Von hier Wanderung östlich zum Mist Falls, einem Wasserfall. Der Pfad führt zunächst relativ eben durch Wiesen und Wald, vorbei an Stromschnellen und kleinen Kaskaden. Das letzte Teilstück zum großen Wasserfall hin ziemlich steil und anstrengend. Hin und zurück 13 km/ ca. 4- 5 Std.

Am schönsten sind Mehrtageswanderungen in die Einsamkeit der High Sierra. Vor allem Cedar Grove am Fuße des Canyons ist Ausgangspunkt für Hunderte Kilometer Trails in die Wildnis. Wanderkarte im Visitor Center. Voraussetzung: gute Ausrüstung, gute Kondition und das kostenlose "wilderness permit" der Ranger (erhältlich im Visitor Center). Während der Ferienmonate und an Wochenenden ist die Anzahl der Wanderer auf vielen Trails beschränkt. Wer sicher gehen will, ruft vorher beim "Chief Ranger's Office" in Three Rivers an: Tel. 2o9-565-33o7.

Verbindungen

Kein öffentlicher Transport zum Nationalpark. Per Auto ab Fresno über Hwy. 18o, bis zum Parkeingang 9o km, ca. 1,5 Std. Von Mai bis Okt. ist in der Regel auch die direkte Verbindungsstraße zum Sequoia National Park passierbar, sonst wegen Schnee gesperrt. Auch die anderen Straßen zum und im Park können im Winter wegen Schneefall gesperrt sein, vor allem die Zugangsstraße ab Grant Grove zum Canyon.

Kings Canyon Nat.Park ⟶ Yosemite Nat.Park

Keine direkte Verbindung zwischen den beiden Nationalparks durch die

Berge der Sierra. Schnellste Strecke über Fresno/Central Valley und Oakhurst/Sierra National Forest. Insgesamt 25o km/ca. 4- 5 Std.

Sierra National Forest: Zwischen den Nationalparks Kings Canyon und Yosemite. Endlose Wälder, versteckte Bergseen, kaum Straßen. Keine spektakulären Attraktionen, wenig Besucher. Die richtige Gegend für Mehrtageswanderungen und Leute, die jeglicher Zivilisation entfliehen wollen. Einige der Seen sind entwickelt als Naherholungsgebiet für die Großstädte im Central Valley.

Oakhurst (2.ooo Einw.)

Kleine Siedlung in den Bergen. Besteht hauptsächlich aus Hotels und Restaurants. Guter Ausgangspunkt für Touren und Wanderungen im nördlichen Teil des Sierra National Forest. Unter Umständen auch guter Stützpunkt für Tagesausflüge zum Yosemite National Park, wenn dort alle Unterkünfte überlaufen sind.

In unmittelbarer Nähe der BASS LAKE: Schön gelegener Bergsee, umgeben von Wäldern und Wochenendhäusern. Viele unberührte Ufer, vor allem am Südrand. Mitte der 6o-er Jahre mehrfach Schauplatz von sogenannten "runs" der Hell's Angels, wilder Motorradfeste, bei denen Anwohner und Touristen das Fürchten lernten. Die vorher angekündigte große Konfrontation der "outlaws" mit den ehrsamen Bürgern blieb aber regelmäßig aus. Mehr zu den Aktionen der Hell's Angels auf S. 713.

Tourist INFO Im Zentrum der Stadt am Hwy. 41.

Post: Am Bass Lake, gegenüber Pine Ridge Resort. **Telefon**: Vorwahl 2o9.

"**The Pines Resort**", 1o km von Oakhurst, direkt am Ufer des Bass Lake, Hotelkomplex mit Hauptgebäude und vielen Chalets im Wald. SW-Pool, Sauna, Bootsverleih. Neues Hotel im rustikalen Stil. Holzverkleidung, Kamine, luxuriöse Ausstattung. DZ je nach Saison 9o- 16o US. Tel. 642-3121 und 8oo-35o-7463.

"**Yosemite Gateway Inn**", oberhalb Hwy. 41, Schön gelegen in großem Gartengelände. Mehrere Gebäude im gehobenen Motelstil. Zimmer mit kleiner Terrasse oder Balkon, Blick auf die Berge. Kleines Hallenbad und im Sommer zusätzliches Freibad. Möblierung etwas auf englischen Stil getrimmt. Hauptsaison von Mai-Sept. DZ je nach Größe und Saison 5o- 8o US. Tel. 683-2378 und 8oo-528-1234.

"**Day's Inn**", am Hwy 41, Vierstöckiges Gebäude an der Hauptstraße. SW-Pool etwas exponiert auf dem Parkplatz. Moderne, komfortable Zimmer. DZ von Okt.-April ca. 43 US, im Sommer ab 8o US. Tel. 642-2525 und 8oo-325-2525.

"**Oakhurst Lodge**", Hwy. 41 im Zentrum der Stadt. Einfaches Motel, Zimmer etwas düster. Die hinteren Gebäude sind abseits der Straße und ruhig. DZ von Okt.-Mai ca. 43 US, sonst um 5o US. Tel. 683-4417 und 8oo-521-4447.

Viele einfache, aber schön gelegene Campingplätze am Bass Lake. Einige sind voll ausgerüstet, andere sehr primitiv ohne Wasser. Stellplatz ca. 6-1o US.

"THE LUNCH PAIL", Hwy. 41 am südlichen Ortsausgang. Gemütliches, kleines Lokal im Holzhaus im Goldgräberstil. Familiäre Atmosphäre. Aus der Küche kommt von jedem etwas: Fleisch- und Fischgerichte um 1o US, kleine Salatbar.

"THE BEACH CLUB", Hwy. 41/Ecke Hwy. 49. Der Versuch, den riesigen Raum per Innendekoration gemütlich zu machen, ist nur teilweise gelungen. Fleisch- und Fischgerichte um 13 US. Große und abwechslungsreiche Salatbar für ca. 7 US.

"VIEWPOINT", Hwy. 41 im Best Western Hotel. Kein Hotel-Restaurant im üblichen Stil, sondern freundlicher Familienbetrieb. Spitzen-Salatbar für ca. 7 US. Außerdem ungewöhnlich zubereitete Gerichte, beispielsweise Nudeln mit Seafood. Die meisten Hauptgerichte 1o-15 US, damit kaum teurer, aber wesentlich besser als anders wo im Ort.

Selbstversorger: "RALEY'S" am Hwy. 41. Riesiger, moderner Supermarkt. Gute Käse- und Wursttheke.

SPORT

Ski: In den Hochlagen des Sierra National Forest bis ins Frühjahr gute Schneeverhältnisse. Skizentren für Langlauf und alpin am SHAVER LAKE und HUNTINGTON LAKE, südlich von Oakhurst. Details im Touristbüro.

Wandern: Unendliche Wandermöglichkeiten abseits von jeglicher Zivilisation. Die Sierra ist riesig, und die Siedlungen liegen weit auseinander. Genaue Informationen und Karten im Touristenbüro.

Verbindungen Oakhurst

Per öffentlichem Transport ist nur Oakhurst zu erreichen: mit dem Bus der "Yosemite Grey Line Tours" (Details siehe Yosemite National Park).

Per Auto über Hwy. 41 nach Fresno 7o km, ca. 1 Std., - ins Yosemite Valley 6o km, ca. 1 Std.

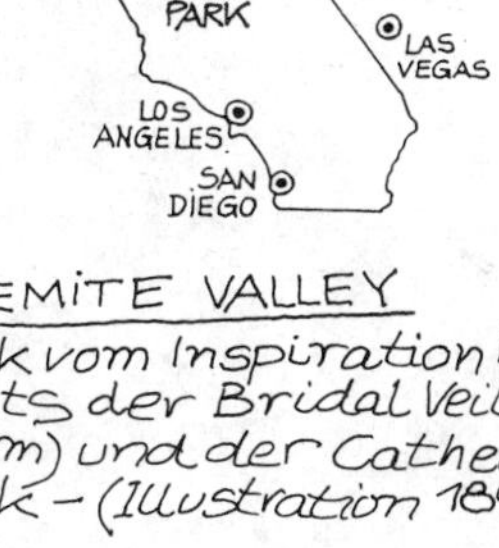

YOSEMITE VALLEY

Blick vom Inspiration Point, rechts der Bridal Veil Fall (189 m) und der Cathedral Rock – (Illustration 1891).

YOSEMITE NAT. PARK

Eine Landschaft der Superlative: von Gletschern ausgeschürfte Täler, an den Rändern glattgeschrammte Felskolosse, deren ebenmäßige Formen den Vergleich mit Kirchenkuppeln und Kathedralen nahelegen. Allerdings größer und gewaltiger als jedes menschliche Bauwerk. Die Erosion hat aus diesen Gebilden zusätzliche Spuren und Details herausgearbeitet. In diesem Sinne ist Yosemite ein offenes geologisches Bilderbuch.

Nur der kleinste Teil per Straße zugänglich. Ein weitaus größeres Gebiet des Nationalparks ist Wildnis, zu erschließen nur auf erlebnisreichen Wan-

derungen durch riesige Wälder, vorbei an Bergseen, klaren Gebirgsbächen und riesigen Sequoia-Bäumen.

Die 5 US Eintrittsgebühr pro PKW gelten für einen Aufenthalt bis zu einer Woche. Radfahrer oder Buspassagiere zahlen 2 US.

Geologische Entstehung: Die Geschichte der grandiosen Felsformationen von Yosemite begann vor rund 3 Millionen Jahren. Die Verschiebung von Erdplatten verursachte eine kontinuierliche Auffaltung und Erhöhung der Sierra Nevada. Gleichzeitig grub der Merced River einen über 9oo m tiefen Canyon in die Landschaft, dort, wo sich heute das Yosemite Valley befindet. Vor 1 Million Jahren schoben sich eiszeitliche Gletscher in diesen Canyon, schürften ihn tiefer aus und polierten das Gestein an seinen Wänden glatt.

Während der Eiszeit war Yosemite Valley bis zum oberen Rand von Gletschern bedeckt. Nach dem Schmelzen der Eismassen bildete sich hinter einer Endmoräne auf dem Grund des Tales ein See, der aber im Verlauf der folgenden Jahrtausende durch aus den Bergen heruntergewaschenes Gestein versandete. Der Mirror Lake ist der noch heute sichtbare Rest, aber auch er dürfte in naher Zukunft versandet sein.

Die charakteristische Kuppelform vieler Felsen im Yosemite National Park und an anderen Stellen der Sierra Nevada verdankt sich einem eigentümlichen Erosionsprozeß: Solange die Granitfelsen noch unter einer dicken Schicht anderen Gesteins lagerten, besaßen sie die zufällige Form anderer Felsen auch, standen aber unter einem sehr starken Druck. Nachdem Erosion das aufliegende Gestein weggewaschen hatte, war der Granit von dem auf ihm liegenden Druck befreit und dehnte sich nach außen hin aus. Bei dieser Expansion kam es zu einer "Abschälung" von Gesteinsschichten: Der Fels sprengte Teile seiner äußeren Schicht ab. Die Schwachstellen befanden sich dabei natürlich in der Nähe von Ecken und Ausbuchtungen, die dem Druck als erstes nachgaben, so daß der gesamte Fels die Tendenz zeigte, seine unregelmäßigen Buckel und Ecken zu verlieren. Im Laufe der Zeit rundete er sich kuppelförmig zu sogenannten "domes" ab.

Tips zur Reiseplanung: Kein Nationalpark an der Westküste ist so beliebt wie Yosemite und daher oft voll, häufig sogar überfüllt. Vor allem während der Sommermonate. Aber ein Lob an Ranger und Parkverwaltung: Alles ist hervorragend organisiert, die notwendigen Regelungen sind einleuchtend. Ein Versuch, die Schönheiten des Parks zu erhalten, ohne die Menschen auszusperren. Es besteht eine Fülle von Alternativen und Aktivitäten, so daß sich die im Yosemite Valley zusammenströmenden Massen auch wieder verlaufen können.

Mit etwas Vorausplanung sind auch Fans von Einsamkeit relativ schnell dem ganz großen Andrang entflohen. Wer noch mehr Ruhe haben will, muß an Wochentagen in der Vor- oder Nachsaison kommen. Dabei ist allerdings auch Glück nötig: Ein früher Schneefall im Herbst oder ein Wintereinbruch im April können viele Pläne zunichtemachen. Hier hat die Natur noch weitgehend das Sagen, und es fahren nicht am nächsten Tag die Schneepflüge los, um auch den letzten Wanderweg passierbar zu machen. Im Winter darf sich die Natur ungestört erholen.

Großes Visitor Center in Yosemite Village mit vielen Büchern und Broschüren zum Nationalpark und zur Sierra Nevada allgemein. Außerdem kleines Informationszentrum am Parkeingang "Big Oak Flat" (Hwy. 12o von Modesto). Zwischen Mai und Sept. ebenfalls in Tuolumne Meadows.

Auch das riesige Postamt in Yosemite Village am Visitor Center ist ein Indiz für die Besuchermassen und abgeschickten Postkarten, die der Park zu bewältigen hat.

Telefon: Vorwahl 2o9, Notruf 911.

Touren: Geführte Touren im Park per Bus oder offenem Wagen sind informativ und geben einen raschen und komprimierten Überblick über alles Sehenswerte. Verschiedene Programme zwischen 2 Std. und Ganztagestour. Kosten 6-35 US. Ausgangspunkt und Informationen: Yosemite Village.

Orientierung: Per Auto sind vier Hauptbereiche des Nationalparks zugänglich:

* Im Zentrum das YOSEMITE VALLEY mit den faszinierenden Felsformationen
* Richtung Süden die WAWONA ROAD (Wälder und Sequoia-Bäume)
* im Norden der Staudamm im HETCH HETCHY VALLEY
* Richtung Osten durchquert den Park die TIOGA ROAD (nur zwischen Mai und Okt. schneefrei und passierbar).

Veranstaltungen: Täglich ein großes Programm an Vorträgen, Dia- und Videoshows sowie Führungen zu interessanten Punkten des Parks. Oft sehr informativ und didaktisch gekonnt, in der Regel gratis. Veranstaltungskalender abgedruckt im "Yosemite Guide", einer nützlichen Vierteljahreszeitung, erhältlich kostenlos an den Eingängen und im Visitor Center.

Karten und Bücher

Als gute und übersichtliche Straßenkarte dient die Karte des National Park Service, die man bei der Entrichtung der Eintrittsgebühr erhält.

"Yosemite Valley Hiking Trails und Bicycling Paths", detaillierte Wanderkarte mit Radwegen, ca. 3 US.

"Yosemite Road Guide", Yosemite Association, ca. 4 US. Sehr hilfreich für Autofahrer. Penibel genaue Erklärung aller interessanten Stationen, die mit dem PKW erreichbar sind: Aussichtspunkte, Wasserfälle, Gebäude.

"Yosemite and the High Sierra", A. R. Collings, The American Experience, ca. 14 US. Schmaler Bildband mit hervorragenden Farbfotos sowie Hintergrundmaterial zur Geologie und Geschichte des Nationalparks.

"Yosemite National Park", Jeffrey P. Schaffer, Wilderness Press, ca. 2o US. Ausführlichstes und informativstes Buch zu Wanderungen in Yosemite. 1oo Wanderungen mit detaillierten Beschreibungen und Erklärungen der Landschaft, inkl. Wanderkarte.

"Above Yosemite", Robert Cameron, Cameron & Company, ca. 27 US. Faszinierende Luftaufnahmen des Nationalparks.

"Our National Parks", John Muir, University of Wisconsin Press, ca. 12 US. Das klassische Werk aus dem Jahr 19o1 über die Nationalparks Kaliforniens vom bekannten, unermüdlichen Naturfreund und Kämpfer für die Nationalparkidee.

"Yosemite", Official National Park Handbook, ca. 6,5o US. Konzentrierter, sehr informativer Überblick über alle Phänomene und Aspekte von Yosemite. Mit Fotos. Der beste Einstieg und Überblick.

"Yosemite and the Range of Light", A. Adams, New York Graphic Society, ca. 32 US. Die schönsten Fotos des bekannten amerikanischen Fotografen, der wie kein anderer die Stimmung der Sierra Nevada eingefangen hat.

Sofern man nicht per Tagesausflug den Nationalpark mit Mietwagen besucht (und auf einem der Parkplätze abstellt), sondern übernachten will:

Nach Möglichkeit nur mit reserviertem Hotelzimmer nach Yosemite kommen. Alle Hotels innerhalb der Parkgrenzen können zentral reserviert werden: Tel. 252-4848. Die Nachfrage ist enorm, und die wenigen Unterkünfte sind schnell und oft langfristig ausgebucht. Auch bei Hotels in Parknähe kommt es vor allem von Mai bis Okt. zu Engpässen. Wer nicht reserviert hat, sollte zumindest früh am Tag ankommen, sich zunächst ein Zimmer unweit des Parkeingangs sichern und dann weitersehen, ob direkt im Park noch etwas frei ist.

"**The Ahwahnee**": im Yosemite Valley, Nähe Yosemite Village. Das traditionsreiche Nobelhotel im Zentrum des Nationalparks. Im Stil eine etwas eigentümliche Mischung aus rustikal und elegant. Zimmer im Hauptgebäude und mehreren komfortablen Blockhütten. DZ ca. 21o US, an Wochentagen von Nov.-März ca. 19o US.

"**Yosemite Lodge**", zentral Nähe Yosemite Village. In einem kleinen Waldstück mehrere Gebäude im Motelstil. Kleine Zimmer, sehr gepflegt. DZ ohne Privatbad ca. 42 US, mit Bad ab 6o US. In der Wintersaison je nach Wochentag 1o- 2o% billiger.

"**Curry Village**", relativ zentral im Yosemite Valley. Verbindung nach Yosemite Village per Shuttle-Bus. Zimmer im Motelstil und in kleinen "cabins", Hütten aus Zeltbahn ab 32 US, andere DZ je nach Qualität (mit oder ohne Privatbad) ca. 45- 75 US. In den Wintermonaten je nach Wochentag bis zu 25 % Nachlaß.

"**Wawona Hotel**", am Hwy. 41 Richtung Fresno, kurz vor dem Südausgang des Parks. Das älteste und schönste Hotel in Yosemite, bereits eine Sehenswürdigkeit für sich. Hauptgebäude aus dem Jahr 1879. Schöne weiße Holzfassade mit umlaufender Veranda und Balkons. In der Lobby knistert das Kaminfeuer. Weitere kleine Gebäude im gleichen Stil zwischen den Bäumen am Hang. Zimmer einfach und rustikal. Zwar eine knappe Stunde Fahrt zum Yosemite Valley, dafür aber ruhiges und stilvolles Wohnen. Geöffnet nur im Sommer und rund um die Feiertage in der restlichen Jahreszeit. DZ ohne Bad ca. 6o US, mit Bad ca. 8o US.

Zwei weitere einfache Unterkünfte innerhalb der Grenzen des Parks, aber relativ abgelegen an der Straße zum Tioga Pass. Beide nur im Sommer geöffnet: "**Tuolumne Meadows Lodge**" (DZ ca. 35 US) und "**White Wolf Lodge**" ("cabins" aus Zeltbahn ab ca. 32 US).

Zwar außerhalb des Nationalparks, aber trotzdem verkehrsgünstig gelegen, nicht weit vom Yosemite Valley:

"**Cedar Lodge**", Hwy. 14o, 7km vor dem Parkeingang, Tel. 379-2612. Großer Komplex im gehobenen Motelstil. Am Wald oberhalb der Straße. Gemütliche Lobby, in der man die Sofas mit Stoffbären teilt. Zimmer gepflegt und großzügig. Die teureren haben Kühlschrank und im Badezimmer Whirlpool. DZ ab 7o US.

"**Yosemite View Lodge**", Hwy. 14o, direkt am Parkeingang "El Portal", Tel. 379-2681. Verschiedene Motelgebäude zwischen Straße und Fluß. Zimmer unterschiedlich groß und ausgestattet, vom simplen DZ bis zur Suite mit Küche. Einige sehr schön gelegen oberhalb des Flusses. DZ je nach Lage und Ausstattung 5o- 1oo US.

Ist alles ausgebucht, weitere Unterkünfte im Ort OAKHURST, gut 1 Std. Fahrt vom Yosemite Valley über Hwy. 41 Richtung Fresno (Seite 451).

Campingplätze können zwischen Mai und Oktober ausgebucht sein, Reservierung daher ratsam. Geht zentral für fast alle Plätze im Nationalpark über "Ticketron", Tel. 8oo-452-1111. Von außerhalb der USA ebenfalls möglich über 1-312-9o2-1919.

Im Yosemite Valley die zentralen Plätze LOWER RIVER, - UPPER RIVER, - LOWER PINES, - UPPER PINES und NORTH PINES. Alle ähnlich und nahe zusammen: auf flachem Gelände, schattig unter hohen Bäumen. Ganzjährig geöffnet, im Winter und Frühjahr ist der Boden oft schneebedeckt oder matschig. Wasser, Toiletten, Picknicktische. Stellplatz ca. 12 US.

WAWONA unterhalb der Wawona Road, Nähe Südausgang des Parks und direkt am Fluß. Schön gelegen, schattig unter Bäumen. Weniger Massenbetrieb als auf den Plätzen im Valley. Toiletten, Wasser Picknicktische. Stellplatz 7 US.

Etwa 1o weitere Plätze im Bereich des Nationalparks je nach Wetterlage nur zwischen Juni und Sept. geöffnet.

INDIAN FLAT, Hwy. 14o, 7 km vom Parkeingang El Portal, die Alternative vor den Toren von Yosemite. Liegt unterhalb der Straße direkt am rauschenden Gebirgsbach, aufgelockerte Stellplätze unter Bäumen. Toil., Wasser, Picknicktische. Keine Reservierung möglich. Stellplatz 9 US.

"PARKLINE", Hwy. 14o, am Parkeingang El Portal. Freundlicher Familienbetrieb. Holzgetäfelter, rustikaler Raum mit schönem Blick auf den Fluß, der unten über die Felsen rauscht. Kleine Salatbar. Verschiedene Nudelgerichte und Menüs 8-12 US. Reichliche Portionen.

"DEGNAN'S", in Yosemite Village. Cafeteria mit kühler Atmosphäre und Selbstbedienung. Fast Food, Pizza (ab 5 US) und Getränke.

"VILLAGE GRILL", in Yosemite Village. Hamburger und Hot Dogs in kühler Plastik-Umgebung. Einige Tische auf der Terrasse mit Blick auf die

Felswände. Preiswertes Frühstück um 2 US.

"THE AHWAHNEE", im gleichnamigen Hotel in Yosemite Village. Nobel-rustikales Ambiente. Internationale Küche zu gehobenen Preisen. Hauptgerichte um 2o US.

"WAWONA", im gleichn. Hotel am Hwy. 41. Vor allem die Atmosphäre im rustikalen Speisesaal paßt zu Yosemite. Schöner Blick durch die Sprossenfenster auf die Sequoia-Bäume. Mittags kaltes und warmes Buffet. Zum Abendessen Reservierung ratsam.

SELBSTVERSORGER

"VILLAGE STORE", in Yosemite Village. Hinter Souvenirs und Postkarten beginnt ein Supermarkt. Alle notwendigen Lebensmittel vorhanden. Preise natürlich höher als anderswo.

"EL PORTAL MARKET", Hwy. 14o, kurz vor dem Parkeingang. Von außen unscheinbar, von innen ein antiquierter Gemischtwarenladen im alten Stil: eng, durcheinander und teuer. Konserven, Milchprodukte, kaum Frisches. Eher Sehenswürdigkeit als Einkaufsalternative.

"WAWONA STORE", Hwy. 41, kurz hinterm Parkeingang. Kleiner Laden mit den notwendigsten Lebensmitteln.

Picknick: Im Yosemite Valley einige "offizielle" Plätze mit Tischen und Bänken. Viel Betrieb. Ansonsten findet sich überall ein ruhiges Plätzchen mit Panorama, wie es kein Restaurant bieten kann. Bei schönem Wetter sicher mit Abstand die beste Alternative.

SPORT

Ski alpin: Skigebiet am BADGER PASS mit leichten und mittelschweren Pisten. Mehrere Schneisen durch die Nadelwälder. Keine sensationellen Abfahrten, 3 Sessellifte. Saison ist von Nov.-April. Gratis-Bus zum Yosemite Valley. Liftkarte an Werktagen ca. 22 US, am Wochenende 25 US. Ausrüstung ca.16 US pro Tag.

Langlauf: Am Badger Pass oder Nähe Nordwesteingang bei Crane Flat. Viele km gespurte Loipen entlang von Wanderwegen. Absoluter Knüller ist die Strecke zum Glacier Point. Der Blick von dort aufs Yosemite Valley läßt die insgesamt 33 km Marsch vergessen. Die lohnendste Tour für trainierte Langläufer.

Eislauf: Eisbahn in Curry Village im Yosemite Valley. 4,5o US, Ausrüstung 2 US.

Radfahren: Mehrere schöne Radwege und Rundtouren im Yosemite Valley, z.T. auch abseits der Straßen. Eine angenehme Art, sich im Valley fortzubewegen. Verleih von April-Nov. bei Yosemite Lodge und Curry Village. Ca. 4,5o US pro Stunde, 15 US pro Tag. Fahren auf Wanderwegen sind nicht erlaubt, Karte mit Fahrradwegen im Visitor Center.

Reiten: "Valley Stables" veranstaltet ganzjährig geführte Reitausflüge zu verschiedenen Zielen im Nationalpark. Tagestour ca. 55 US, halber Tag ca. 35 US.

Drachenfliegen: Vom Glacier Point vorbei an senkrechten Felswänden und Wasserfällen ins Yosemite Valley. Eine der schönsten und begehrtesten Flugstrecken der Welt. Allerdings nicht für jedermann zugelassen, sondern nur für Sportler mit Meisterlizenz. Anmeldung für die sonntäglichen Flugtermine (zwischen April und Oktober) mindestens ein Jahr im voraus.

Klettern: Die Felsen von Yosemite mit ihren senkrechten, teilweise überhängenden Wänden sind ein Dorado für Bergsteiger und Free-Climber. Besonders beliebt der Felsen "El Capitán", in dessen Wänden oft Kletterer wie bunte Stecknadelköpfe hängen und durch ihre Winzigkeit die Dimensionen dieser Steinmassen verdeutlichen. Wegen der großen Nachfrage und Gefährlichkeit gibt es allerdings vielfältige Regelungen und Einschränkungen. Info und Hilfestellung von April-Okt.:"Mountaineering School", Curry Village im Yosemite Valley.

Die Wanderwege können im Sommer ganz schön bevölkert sein. Je früher am Morgen man loskommt und je weiter weg vom Ausgangspunkt, desto weniger stolpert man über die Massen. Viele Wege sind bis Mitte Mai oft verschneit und gesperrt.

Bei Mehrtageswanderungen mit Übernachtung im Freien ist ein Erlaubnisschein erforderlich, kostenlos im Backcountry Office neben dem Visitor Center (1). Viele der Langstrecken-Trails sind sehr gefragt, es gibt Maximalquoten. Die Hälfte der Genehmigungen werden vorreserviert (Wilderness Office, P.O. Box 577, Yosemite, CA 95389), die andere Hälfte direkt vor Ort vergeben. Früh am Morgen da sein und hoffen, daß die Schlange der Wartenden nicht zu lang ist. Für Tageswanderungen keine Einschränkungen. Weitere Details siehe Folgetext.

TRANSPORT IM NATIONALPARK

Anreise siehe Seite 475

Bus: im Yosemit Valley ein kostenloser Shuttle- Bus zwischen dem Parkplatz (P) unterhalb des Yosemite Fall, fährt durchs Yosemite Village, durchs Curry Village bis rüber nach Upper Pines (Ausgangspunkt für den John Muir Trail zum Vernal Wasserfall) und weiter nordwärts zum Trailbeginn zum Mirror Lake. Frequenz: 8 - 22 Uhr im Abstand von 1o Min., außerhalb Sommermonate seltener.

Auf diesem Rundweg berührt der Shutltle- Bus alle wichtigen Stellen im Tal sowie die Ausgangspunkte für Wanderungen und erreicht Orte, die für private PKW's gesperrt sind. Durch das Panoramafenster im Dach sieht man von den Felsformationen erheblich mehr als von Mietwagen. An jeder Haltestelle (durchgehend nummeriert) kann man aussteigen und später einen der folgenden Busse zum nächsten Stop nehmen.

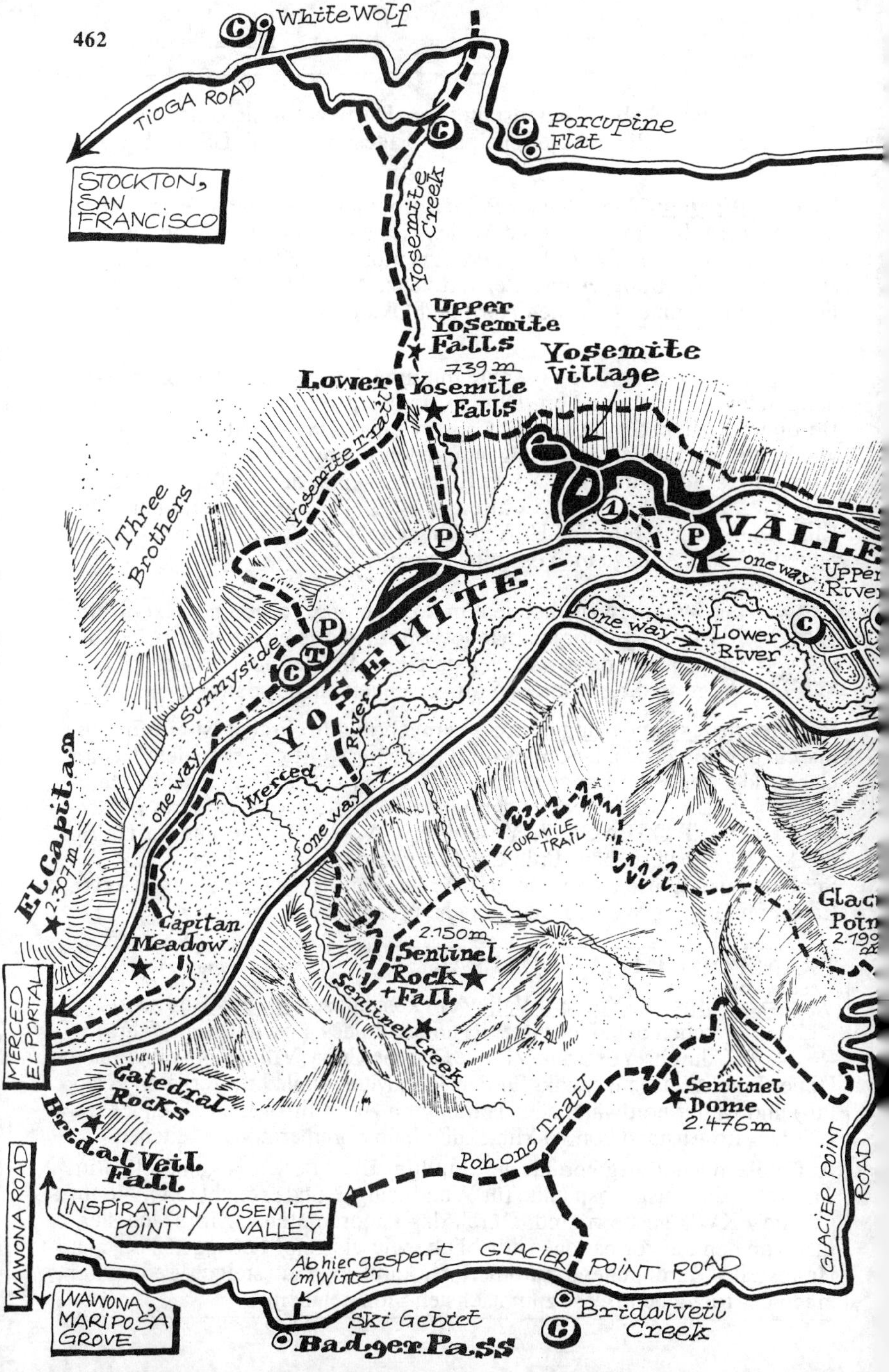
White Wolf
TIOGA ROAD
STOCKTON, SAN FRANCISCO
Porcupine Flat
Yosemite Creek
Upper Yosemite Falls
739 m
Yosemite Village
Lower Yosemite Falls
Yosemite Trail
Three Brothers
VALLE
one way
Upper River
Lower River
YOSEMITE
YOSEMITE
Merced River
Sunnyside
one way
one way
one way
El Capitan
2.307 m
FOUR MILE TRAIL
Glac Point
2.199
Capitan Meadow
2.150 m
Sentinel Rock + Fall
Sentinel Creek
MERCED EL PORTAL
Catedral Rocks
Bridal Veil Fall
Sentinel Dome
2.476 m
Pohono Trail
WAWONA ROAD
INSPIRATION POINT / YOSEMITE VALLEY
GLACIER POINT ROAD
GLACIER POINT ROAD
Ab hier gesperrt im Winter
WAWONA, MARIPOSA GROVE
Ski Gebiet
Badger Pass
Bridalveil Creek

MONO LAKE
Tenaya Lake
HWY. nur in den Sommermonaten als Querverbindung vom Yosemite zum Mono Lake befahrbar
Ahwiyah Point
Washington Column
Mirror Lake
Half Dome 2.695m
Royal Arches
MIRROR LAKE TRAIL
North Pines
RIVER MERCED
Upper Pines
Mount Broderick
Grizzly Peak
Liberty Cap
Happy Isles Nature Center
Vernal Fall
Emerald Pool
MIST TRAIL
River
Merced
MIST TRAIL
TRAIL FÜR PFERDE
Nevada Fall
Illilouette Creek
PANORAMA-TRAIL
GLACIER PT.-PANORAMA-TRAIL
Illilouette Wasserfall
C Campingplätze
T Tankstelle
P Parkplatz
YOSEMITE VALLEY
1 Valley Vistor Centre, Yosemite Museum Park Headquarter, sowie Postamt
2 Ahwahnee Hotel
3 Curry Village: Mountaineering School und -Shop, Swimming Pool, Raft Renting
4 Reitstall, Pferde-Vermietung
5 Shuttle- Bus Stop für Merced-Trail
N
PZ MVE

Tioga Road: Von Mitte Mai bis Oktober regelmäßige Busverbindung vom Valley in den Ostteil des Parks über die Tioga Road bis nach Lee Vining am Mono Lake. Details zum Lake siehe dort.

Wawona Road: Von Juni bis Aug. kostenloser Shuttle-Bus zwischen Yosemite Valley und Wawona (im Mai und Sept. nur an Wochenenden).

Badger Pass: Während der Skisaison besteht Pendelverkehr zwischen Yosemite Valley und dem Skigebiet am Badger Pass (gratis).

Auto: Angesichts des hervorragenden Bus-Service im Yosemite Valley gehört der Mietwagen auf einen der kostenlosen Parkplätze (P). Geplant ist: das Tal total für PKWs zu sperren (die Fahrzeuge werden dann auf einem Sammelplatz westl. außerhalb des Parks abgestellt).

Derzeitiger Stand: an Sommer- Wochenenden kann es wegen Überlastung der Straßen zeitweise zur Sperrung der Zufahrt zum Valley für private PKW kommen. Dann darf nur noch derjenige ins Tal, der eine Reservierung für Hotel oder Campingplatz vorweisen kann. Tankstellen im Park und an den Zufahrtstraßen vorhanden, aber extrem überteuert. Besser im Central Valley nochmal volltanken.

★Yosemite Valley

Der schönste Teil des Nationalparks und Zentrum der meisten Aktivitäten. Daher auch am dichtesten frequentiert, - an Wochenenden und im Sommer massive Besuchermassen fast wie eine Belagerung.

Zu beiden Seiten des Tales die spektakulären Felsformationen mit fast senkrecht aufragenden 1.6oo m hohen und blankpolierten Felswänden. Zahlreiche Wasserfälle, die über die scharfen Kanten in die Tiefe stürzen.

Gleich am nordwestlichen Eingang des Tales die YOSEMITE FALLS, zu erreichen mit Shuttle Bus, Stop # 7, der Trail zum Fuß der Wasserfälle ca. 2o Min. retour. - Oder: ab Parkplatz Sunnyside über den "Yosemite Trail" zu den UPPER YOSEMITE FALLS: Einer der spektakulärsten (aber auch schwierigen) Hikes zur oberen Kante der Yosemite Falls. Mit insgesamt 739 m dritthöchster Wasserfall der Welt (wobei man die einzelnen Wasserfälle addiert). Unterwegs tolles Panorama übers Yosemite Valley. Vorsicht: steil abfallende Hänge direkt neben dem Pfad. Im Sommer sehr heiß. Hin und zurück ab Sunnyside 12 km/ ca. 6-8 Std.

Der Trail lässt sich ab Upper Yosemite Falls nordwärts fortsetzen zur Tioga Road (dort Rücktransport per Bus), bzw. rüber zum Lake Tahoa.

Im westlichen Eingangsbereich des Yosemite Valleys der EL CAPITAN: mit 2.3o7 m ein gigantischer Felsklotz mit fast senkrecht aufsteigenden Wänden. Der Granitfels mißt ab Talboden 1.2oo m und ist größter Gra-

YOSEMITE FALLS am nordwestlichen Talrand

SENTINEL ROCK, - Wasserfall und Blick ins Tal

nitmonolit der Welt, - eine Herausforderung für Superprofis bei Bergsteigern....

Auf der gegenüberliegenden Seite des Tales die CATHEDRAL ROCKS, die ebenfalls fast senkrecht abfallen, mit dem Wasserschleier des "Bridal Veil Fall", den häufig der Wind verbläst, daher der Name, der "Brautschleier" bedeutet.

SENTINEL ROCK und - FALLS: zu erreichen ab Yosemite Valley über einen Trail, der ab westlichem Talbeginn am Hang des Sentinel Creek aufwärts führt. Beherrscht ist die Szenerie durch den gewaltigen Sentinel Rock, eine Felswand von rund 2.15o m Höhe. Der Trail setzt sich östlich als sogen. "Four Mile Trail" fort (großartiger Blick aufs Tal), bis zum GLACIER POINT, der im Sommer auch per Straße erreicht werden kann, Details siehe dort.

Am Ostende des YOSEMITE- TALES setzen sich 3 Seitenzweige fort: das

* enge Tal nordwärts zum Mirror Lake. Teilt sich später in die Täler

oberhalb des GLACIER POINT

Snow Creek (guter Mehrtagestrail rauf zur Tioga Road) und dem Tenaya Canyon (als Trail gefährlich).

* dem spektakulären Tal des Merced Rivers, Standardwanderung der meisten Yosemite Besucher.
* dem Tal des Illilouette Creek, der südwärts zu einem Wasserfall führt.

MIRROR LAKE: Leichte Wanderung zu einem kleinen See, in dessen Wasser sich die umliegenden Felswände spiegeln. Nicht mehr für ewig

allerdings, da der See durch aus den Bergen gespültes Material zunehmend versandet und mit der Zeit eine Wiese das Wasser verdrängt. Rundweg um den See 5 km, mit An- und Abmarsch 7 km (ca. 2 Std.) Ausgangspunkt: Bushaltestelle Mirror Lake. - Die Wanderzeit kann abgekürzt werden durch einen Fahrradweg, der rund 1 km bis vor dem See endet.

Nördlich vom Mirror Lake führt der Snow Creek Trail als 2- Tageswanderung rauf zur Tioga Road, Genehmigung vom Nationalpark nötig.

MERCED RIVER/ VERNAL FALL:

Ausgangspunkt ist der Shuttle- Bus Stop (5)

Von hier gehts entlang des Merced River (via Nordufer) über den Mist- Trail flußauf durch schattigen Wald. Nach einer Brücke, die den Fluß überquert, dann den Pfad nehmen, der direkt am Fluß entlang führt (und nicht den südöstlichen, der in Zickzack den Berg ansteigt). Der erstgenannte Trail direkt am Fluß, der Mist Trail bringt den hautnahen Kontakt mit dem Wasser und hat seinen Namen zu Recht. Er ist in seinem letzten Teil spektakulär, da er direkt am Wasser zur oberen Kante des Vernal Wasserfalls führt.

Gegen Ende des Trails gehts durch die Gischt und über rutschige Felsen, - vor allem im Frühjahr, wenn der Fall viel Wasser führt. Von oben schönes Panorama aufs Tal und die Felswände. Hin und zurück 5 km/ ca. 2 Std., auch per gemietetem Pferd zu erreichen.

In der Regel besucht man ab Vernal Fall noch den Emerald Pool, der sich direkt oberhalb anschließt und wandert zumindest bis zum Fuß des Nevada Fall, ca. 1 Std. retour extra. Der Ansteig zur Oberkante des Wasserfalls allerdings steil rauf und entsprechende Extrazeit.

HALF DOME: gigantischer Granitklotz von 2.965 m Höhe im Osten des Yosemite Valleys, - Eldorado für Extrem Kletterer.

Ab Nevada Fall (oder bereits Emerald Pool) kann man über den Panorama Trail den Glacier Point erreichen: Eine der schönsten Wanderungen im südöstlichen Teil des Yosemite Valley.

Sie führt entlang des Panorama Cliff (Superblick aufs Tal!) und überquert den Bach des Illilouette mit gleichnamigem Wasserfall. Anschließend zick- zack steil am Hang rauf und in Nordwestrichtung zum Glacier Pt. Insgesamt ab Nevada Fall bis Glacier Pt. ca. 4 - 5 Std.

Der Glacier Pt. hat Straßenverbindung (Bus) mit dem Yosemite Valley. Somit Gesamtwanderzeit ab Busstop (5) -> Nevada Fall -> Glacier Pt. knapp ein Tag inkl. Stops für Fotos und Picknick. Aber unbedingt vorab im Tourist Büro fragen, wann der letzte Bus ab Glacier Pt. retour nach Yosemite Valley fährt! Die Busfahrt über die Glacier Pt. Road ist dann nochmals großes Bonbon, Details siehe unten.

HALF DOME (2.695 m): gewaltiger Grantitklotz, dominiert im Osten oberhalb des Tales. Er ist über einen sehr anstrengen Trail (retour 1o - 12 Std.) zu erreichen, der via Nevada Fall führt. Die Felsnadel ist beliebt insbesondere bei Top- Freeclimbern. - Andere (Mehrtages-) Trails führen vom Nevada Fall ostwärts zu den Bergketten am dortigen Rand des Nationalparks und Höhen von 3.5oo - 4.ooo m.

GLACIER POINT (2.199 m) Aussichtsterrasse südlich oberhalb der steilen Felswände des Yosemite Valleys. Unvergleichlicher und geradezu unbeschreiblicher Blick hinein ins Yosemite Valley. Reckt man sonst den Kopf nach oben und läßt den Blick an den Felswänden hinaufgleiten, so liegt hier die Faszination zu Füßen: Die markantesten Felsen im Überblick und das Tal als Ganzes. Den akustischen Hintergrund bildet das Rauschen der Wasserfälle.

Von April bis Oktober jeden Sonntag ein besonderes Spektakel, wenn sich

die Drachenflieger vom Glacier Point ins Tal hinabstürzen dürfen und mit ihren bunten Segeln bunte Farbtupfer vor den grauen Felswänden bilden.

Zufahrt: allein wegen dem Panorama aufs Tal lohnt die Fahrt. Zunächst aus dem Yosemite Tal westlich raus und über die Wawona Road. Großartiger Blick aufs Tal beim Parkplatz Discovery View, er liegt beim Beginn des Tunnels. Dieser kürzt die früheren Serpentinen ab, die den Berg raufführten (Inspiration Point). Beste Zeit für Fotos am Spätnachmittag bis Sonnenuntergang. Die beiden Felskolosse "El Capitán" und "Cathedral Rocks" bewachen den Eingang des Tales.

Auf der Wawona Road weiter südwärts bis Chinquapin: hier dann ausgeschilderte Abzweigung auf die Glacier Point Road, die via Badger Pass zum Glacier Point führt. Die Road ist in den Wintermonaten (Nov. - Mitte März) nur bis zum Skigebiet am Badger Pass geöffnet.

Busverbindung ab Yosemite Valley: im Sommer bis zum Glacier Pt., - im Winter bis zum Skigebiet am Badger Pass.

Wandern: der "Four Mile Trail" beginnt im Yosemite Tal (siehe unsere Karte) beim Sentinel Creek und steigt dort steil in die Berge rauf zum Sentinel Rock (2.15o m) und -Wasserfall. Gesamtlänge ab Yosemite Tal bis Glacier Point knapp 8 km, sehr anstrengend (rund 1.ooo Höhenmeter sind zu überwinden). Zeitbedarf in dieser Richtung gut 4 Std., abhängig von eigener Kondition. Belohnt wird der Wanderer mit Superblick aufs Tal und die Bergspitzen.

"Pohono Trail": beginnt am Tunnel/Discovery View und folgt zunächst dem ehemaligen Pistenverlauf der alten Wawona Road mit Superblick vom Inspiration Point (siehe auch Grafik Seite QW). Weiter entlang der Oberkante der südlichen Felsen des Valleys Richtung Ost, um dann in südlichem Bogen den Glacier Pt. zu erreichen. Gesamtwanderzeit ca. 6 - 8 Std., spektakulärer im Gesamtverlauf dürfte der "Four Mile Trail" sein.

"Panorama Trail": sehr lohnende und relativ leichte Wanderung vom Glacier Pt. via Illilouette, Nevada- und Vernal Fall. Im Vorkapitel in Gegenrichtung beschrieben. Welche Wanderrichtung man einschlägt, ist auch von den Abfahrtszeiten der Busse zum Glacier Point abhängig.

Beste KARTE für Wanderungen im Bereich des Yosemite- Valleys die gleichnamige des Department of the Interior Geological Survey, Maßstab 1 : 24.ooo. Eingetragen alle Trails, sowie Höhenlinien, Wasserfälle, Straßen, Berggipfel etc. Erhältlich in Deutschland über das Geo Center/Stuttgart, bzw. bei Bestellung über jede Buchhandlung.

Skifahren: das Skigebiet um den Badger Pass ist eines der ältesten von Kalifornien. Erster Skibetrieb seit 1928, heute moderne Anlage, die weniger durch anspruchsvolle Abfahrten, - denn Super- Langlaufloipen durch den Nationalpark glänzen. Spitze ist die 13 km Loipe zum Glacier Point durch verschneite Wälder. Zwar anstrengend, aber eines der lohnendsten Winter-Yosemite Erlebnisse.

John Muir

Geschichte Nationalpark: die Gegend war von den Tenaiya Indianern bewohnt, als 1851 die ersten Weißen auf Pferden ins Tal kamen, u.a. auf der Suche nach Gold (interessante Dokumentation im Yosemite Museum, siehe Karte Nr. 1).

1864 unterzeichnete Abraham Lincoln den "Yosemite Grant", der das Tal und die Region bis Mariposa Grove im Süden dem Bundesstaat Kalifornien einverleibte. Im Tal wurden Tierfarmen gegründet. 1868 besuchte John Muir zusammen mit Robert U. Johnson (Herausgeber des Century- Magazins) das Tal. Beide waren auf ihren Wanderungen schockiert über das, was hier an Wildwuchs im Tal der grandiosen Naturschönheiten passierte. Sie forderten die Schaffung eines Nationalparks, der dann 1872 gesetzlich verankert wurde. Verboten wurde u.a. die frühere Schafzucht der Farmer. Gleichzeitig Publikationen in US-Magazinen (z.B. "Harpers Weekly"), die damals bereits zu einem touristischen "run" aufs Tal führten. Die Anreise war allerdings beschwerlich: Bis Ende 19. Jhd. war das Tal (abgesehen von Trails) per Straße nur von Süden über eine Piste ab Wawona zu erreichen.

Ab San Francisco benutzten die Reisenden zunächst den Zug bis Raymond und stiegen dort in Pferdekutschen um, insgesamt ein 4oo km Trip pro Richtung. Die Kutschenfahrt auf der Piste ins Valley wurde im Wawona Hotel unterbrochen. Am folgenden Tag gings über die heute asphaltierte HW 41 ("Wawona Road") nordwärts, damals eine Erd-Schotterpiste, über die ein Reisekompendium von 1891 schreibt:

"Die Kutschen sind nicht gerade komfortabel, und es geht über ein extrem gebirgiges Terrain. Auch wenn die Kutschen gut gefedert sind, stößt es die Passagiere kräftig durch. Die Anstrengung wird jedoch entschädigt durch großartige Landschaften und Wildblumen, vor allem im Mai und Juni.
Der schönste Teil der Strecke beim Inspiration Point mit dem besten Blick aufs Tal. Anschließend

ANREISE ins Valley per Kutsche / 19. Jhd.

STONEMAN-HOUSE: Ziel der Reisegruppen im Yosemite Valley

führt die Piste in Serpentinen steil über 1.000 m runter ins Yosemite Tal." Der Kutscher auf dem Bock mußte die Bremsen bedienen, und die Reisenden hatten Superblick.

Ziel war das Stoneman House, über das das Kompendium von 1891 berichtet: "ein großes und komfortabeles Hotel (Anm. Red.: das Hotel befand sich etwa dort, wo heute der Reitstall (4) liegt). Die Übernachtung an einer derart schönen Stelle kostet seinen Preis. Hier kommen die Kutschen an, ebenfalls kann man im Hotel Pferde und Führer mieten für die vielen großartigen Ausflüge in die Berge. Kein Hotel könnte großartiger gelegen sein."

Damals umfaßte der Nationalpark gerade das Umfeld um das Yosemite Valley, wurde später bis Wawona im Süden und erheblich über den nördlich liegenden Hetch Staudamm (versorgt San Francisco mit Trinkwasser) ausgedehnt, in Folge Kontroversen mit Naturschützern, Details siehe dort.

1907 wurde eine Eisenbahn bis El Portal am westlichen Eingang des Nationalparks gebaut, die die vormals beschwerliche Kutschenanreise (via Wawona) abkürzte, ebenfalls ab hier Bau einer Piste direkt ins Valley.

Mit Erfindung des Autos entstanden zu Beginn unseres Jahrhunderts zunächst Allwetterpisten, die später asphaltiert wurden. Heute überfluten alljährlich rund 3 Millionen Besucher (!) das Yosemite Valley.

Vorschriften im Nationalpark: Verboten sind: Lagerfeuer, sowie das Sammeln von Holz. - Geschwindigkeitsbeschränkung: 45 miles per hour (auf den kurvenreichen Straßen passieren alljährlich viele Unfälle wegen überhöhter Geschwindigkeit), verboten: die Straßen zu verlassen (mit z.B. Geländefahrzeugen).

Bären gibt es im Nationalpark, und jedes Jahr verursachen sie auf der Suche nach Lebensmitteln, die Touristen offen rumliegen lassen, viele Schäden: z.B. Beschädigung an Campingausrüstung, an Autos etc. Daher bitte alle Lebensmittel immer verschlossen verwahren (in Dosen, Büchsen etc.). Großer Respekt ist gegenüber Bärenfrauen mit Jungen geboten; sie können aggressiv werden, um ihre Kinder zu schützen, - sofern man zu nahe rangeht. Weitere Informationen zu Bären am jeweiligen Park- Entrance.

Flüsse, Bäche: niemals oberhalb von Wasserfällen baden! Hier bildet sich teils eine sehr starke Strömung, die einen wegreißen kann. - Vorsicht auch am Ufer, manchmal sind die Steine rutschig und ruck-zuck ist man im kalten, reißenden Wasser. Alljährlich einige Unfälle, die bei reißendem Wasser und Felsen im Fluß tödlich enden können.

Fahrräder dürfen nur auf speziell ausgewiesenen Fahrradwegen benutzt werden. Auf Trails sind Fahrräder verboten, also nix mit Mountain Bikes.

✶ Südlicher Yosemite Nat. Park

Die Wawona Road verbindet den Westausgang des Yosemite Valleys mit WAWONA (55 km). Im Sommer Busverbindung, um die Straßen von Privatfahrzeugen zu entlasten. Spektakulär ist der (im Vorkapitel beschriebene) Anstieg aus dem Yosemite Tal mit Fotoblick am Spätnachittag ab Discovery View.

WAWONA ist ein indianischer Name und bedeutet "big tree" (großer Baum). Im Ort das älteste, heute erhaltene Hotel des Nationalparks, das

"Wawona" (1879), Details siehe auch Kapitel "Unterkunft Yosemite Nat. Park". - Der Besuch des PIONEER YOSEMITE HISTORY CENTER lohnt: Freilichtmuseum mit einer Gruppe von Original-Blockhütten und Holzhäusern aus der Pionierzeit. Sie wurden von verschiedenen Stellen im Nationalpark hierher gebracht. U.a. eine Bäckerei, Bauernhäuser und die Postkutschenstation von Wells Fargo mit Tresen und Schreibtisch im Innern. Anschaulich werden hier die Lebensbedingungendes 19. Jhds. dokumentiert, der "Wilde Westen"

SEQUOIA-TREE: einer dieser Riesenbäume wurde Ende 19. Jhds durchtunnelt, - zur Freude der Touristen, die mit der Kutsche durchfahren konnten.

zum Anfassen und nicht glorifiziert. Zu sehen die harten Lebensbedingungen, aufgebaut mitten im Wald an einem Fluß, über den eine überdachte Original-Holzbrücke führt.

Einer der ersten Siedler war Galen Clark, der 1857 die "Clark's Station" baute (Vorläufer des späteren Wawona Hotels). 1864 wurde Mariposa Grove mit seinen Sequoia-Riesenbäumen für Touristen erschlossen, und Clark war der erste "guardian". 1875 kauften die Washburn Brothers die Region um Wawona und begannen mit dem Bau des neuen Wawona Hotels. Im gleichen Jahr Bau der Wawona Road rauf ins Yosemite Valley, - der Tunnel, der die früheren Serpentinen beim Inspiration Point abkürzt, wurde erst 1933 eröffnet.

MARIPOSA GROVE: Waldstück mit den höchsten Sequoia-Bäumen des Yosemite, rund 1o km südwestl. von Wawona. Die Bäume können ein Alter von 1.ooo - 2.7oo Jahren erreichen.

Zahlreiche Rundwege führen ab Parkplatz Mariposa Grove (ca. 6 km ab South Park Entrance, ausgeschildert) durch das Waldstück zu besonders markanten Exemplaren. Der Grizzly Giant mißt z.B. 31 m Umfang und ist 64 m hoch, Alter: 2.7oo Jahre! Er gilt damit als einer der ältesten der Welt. - Durch zwei andere Sequioa Bäume wurden Ende des 19. Jhds. Tunnel gesägt: zur Freude von Touristen, damit sie per Kutsche durchfahren konnten. Heute sieht man die Bedeutung (und Gefährung!) dieses größten Baumes der Welt anders; nährere Details siehe Kapitel "Sequoia Nat. Park".

★ Nördlicher Yosemite Nat. Park

Ab Hetch Hetchy- Park Entrance im Nordwesten führt eine Stichstraße durch Waldgebiet zum **HETCH HETCHY STAUSEE**. Vom Staudamm schöner Blick auf die steil aufragenden, von Gletschern glattgescheuerten Felswände. Ein Wanderweg führt am Ende des Dammes durch einen Tunnel und auf der anderen Seite des Sees entlang.

Das Tal war vor seiner Überflutung eine Kleinausgabe des Yosemite Valleys, und John Muir wetterte "genauso gut könne man hier eine gotische Kathedrale mit Wasser überfluten".

Der Stausee dient als Trinkwasser-Reservoir für San Francisco. Gebaut wurde der gewaltige Staudamm 1915- 22. Bereits im Planungsstadium gab es erhebliche Kontroversen. Die Naturschützer (vornan John Muir) verwiesen darauf, daß eines der schönsten Täler der Sierra Nevada zerstört wird. Andererseits benötigte das stark expandierende San Francisco dringend Wasser, weitere Details siehe Seite 219.

Ob es gerade dieses Tal im Nationalpark sein mußte, welches überflutet wurde, war damals umstritten: Bis heute drängen Umweltschützer darauf, das Tal wieder zugänglich zu machen. Dürfte allerdings bei den akuten Wasserproblemen, die auch Nordkalifornien seit Jahren hat, kaum realisiert werden.

TIOGA ROAD: einzige Querverbindung West-Ost durch den Nationalpark. Sie wurde 1882 - 83 angelegt, um Minen zu erschließen und 1961

modernisiert. Einstieg im Westen ist der BIG OAK FLAT ENTRANCE mit Hodgdon Meadow Campingplatz. Die enge Straße ist im weiteren Verlauf in 2 oneways aufgeteilt. Beide Zweige treffen sich beim Crane Flat Camping und Tankstelle. Ab hier südöstlich die "Big Oak Flat Road" ins Yosemite Valley, - sowie die "Tioga Road" nordöstlich.

Letztere ist in ihrem Verlauf eine großartige Panoramastraße und führt im östlichen Bereich an Granitgipfeln vorbei, die bis rund 3.3oo m erreichen (Mt. Hoffman, 3.3o7 m, Cathedral Peak, 3.335 m). Über den Tioga Pass (3.o31 m) verlässt sie den Nationalpark mit mehreren Campingplätzen und Seen Richtung Mono Lake.

Wegen Höhenlage und dichter Schneeverwehungen ist die TIOGA ROAD im Winter gesperrt, - bzw. befahrbar ca. Mitte Mai bis Anf. Nov. (abhängig davon, was danach an Schnee runterkommt und wann dieser wieder wegschmilzt).

Die Attraktion "on the road" sind Wälder, Wiesen, Granitfelsen und Seen. Für die Strecke unbedingt mehrere Stunden (und Filmrollen!) einkalkulieren, es lohnt sich. Für Stops ist vorgesorgt: an den schönsten Stellen Aussichtsplattformen und Parkplätze. Entlang der Strecke mehrere Campingplätze. Außerdem Querverbindungen von Mehrtageswanderungen, - so durch den Yosemite Creek und den Snow Creek, beide ab Yosemite Valley.

In TUOLUMNE MEADOWS an der Tioga Road Tankstelle, Camping und Sequioa Riesenbäume. Hier auch Startpunkt für kleinräumige Wanderungen zu umliegenden Seen und Wasserfällen. Details vermittelt das Visitor Centre in T. Meadows. Bei Höhenlage knapp unter 3.ooo m sollte man sich für längere Wanderungen zunächst an die Höhe anpassen und die Dinge anfangs langsam angehen.

Toulumne Meadows ist auch Ausgangspunkt des JOHN MUIR TRAILS, der über knapp 34o km von Yosemite durch die High Sierra südwärts bis zum Mount Whitney, dem höchsten Berg Kaliforniens führt. Ein Super-Erlebnis für trainierte Wanderer. Gute Vorbereitung und Ausrüstung erforderlich. Näheres beim Wilderness Office, Yosemite Valley.

Verbindungen Yosemite Nat. Park

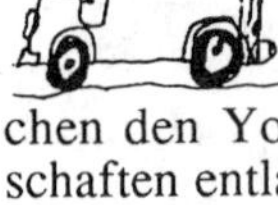

Bus: Ab San Francisco gibt es Tagestouren mit Reiseveranstaltern in den Yosemite Nationalpark. Bei rund 6oo km retour bleibt für den Park selber relativ wenig Zeit. Die Busse fahren sehr früh am Morgen in S.F. los und erreichen den Yosemite im Lauf des Vormittags. Zu sehen sind die Landschaften entlang der Straße, u.a. auch Glacier Point und Sequioa Bäume. Zumindest für Leute mit wenig Zeit die Möglichkeit, den Yosemite Nationalpark "anzuschnuppern".

Wer auf normale öffentliche Busse zurückgreift, schafft es in jedem Fall

nicht in einem Tag. In der Regel wird man aber den Yosemite Nationalpark mit umliegenden anderen Attraktionen verbinden, z.B. Gold Country.

MERCED/Central Valley (Amtrak-Bahnhof und Greyhound-Terminal): 2 x tägl. mit "VIA", 3 Std, ca. 14 US, - bzw. 1 x tägl. mit "Yosemite Greyline Tours", 2,5 Std., ca. 15 US. Beide Buslinien sind koordiniert mit den Zugverbindungen von Amtrak <-> Oakland/San Francisco, in der Regel direkter Anschluß.

FRESNO/Central Valley (Amtrak-Bahnhof, Greyhound-Terminal, Flughafen): 1x tägl. mit "Yosemite Greyline Tours" 4 Std./ ca. 12 US. Der Bus ist koordiniert mit der Amtrak-Verbindung <-> Bakersfield/Los Angeles. Außerdem Anschluß an Flüge nach Los Angeles und San Francisco.

Von beiden Städten (Merced, Fresno) guter Anschluß zu weiteren Punkten und Sehenswürdigkeiten. - Infos zu genauen Fahrplänen: "Amtrak", Tel. 8oo-872-7245; "VIA", Tel. 209-384-1315; "Yosemite Greyline", Tel. 8oo-345-495o.

LEE VINING/Mono Lake: ab Yosemite Valley von Mitte Mai bis Okt. regelmäßige Busverbindung über die Tioga Road rüber zum Mono Lake.

Auto: bringt in Anreise den Vorteil größerer Flexibilität, 4 Zufahrten zum Yosemite Valley, im Winter kann es auf allen Strecken zu vorübergehenden Sperrungen wegen Schneefalls kommen.

Ab MODESTO über Hwy. 12o: 2oo km, ca. 3 Std. Schnellste Zufahrt von San Francisco und der Bay Area aus. Abwechslungsreiche Gebirgsstrecke durch dichte Wälder. Tiefe Abgründe und herrliche Ausblicke.

Ab Merced über Hwy. 14o: 135 km, ca. 2- 3 Std. Die Straße windet sich neben dem Merced River in einem engen Tal. Kleinere Felswände deuten schon hier an, was einen im Yosemite Valley erwartet.

Ab Fresno über Hwy. 41: 15o km, ca. 2-3 Std. Schnellste Zufahrt aus dem südlichen Central Valley und dem Großraum Los Angeles. Kurvenreiche Strecke durch die dichten Nadelwälder des Sierra National Forest.

Ab Reno/Nevada über Hwy. 12o: 35o km, ca. 6-7 Std. Einzige Möglichkeit, von Osten direkt in den Park zu kommen. Straße über den Tioga Pass ist allerdings von Nov. bis Mai in der Regel wegen Schnee gesperrt. Schöne Strecke quer durch den Nationalpark, typische Gebirgslandschaften, viel Einsamkeit.

Yosemite Nat. Park -> Lake Tahoe

Eine der schönsten Querverbindungen über die Sierra Nevada führt ab Yosemite via Tioga Road und Toulumne Meadows über den Ostrand des Gebirges zum MONO LAKE und weiter über den Hwy. 395 zum LAKE TAHOE (25o km, ca. 4 Std.). Bereits John Muir war fasziniert von der Schönheit der Region, mit ihren sprudelnden Bachläufen und riesigen bis fast 4.ooo m hohen Berggipfeln. Gleich beim Ostausgang des Yosemite Nationalparks eine Reihe Campingplätze, Tankstelle am Tioga Lake sowie Lebensmittelversorgung. Wegen Wintersperre des Tioga Passes (3.o31 m) ist die Strecke aber nur Mai - Okt. befahrbar.

TUOLUMNE RIVER

Alternative: entlang des Westhanges der Sierra Nevada über Hwy. 49 durchs GOLD COUNTRY mit vielen möglichen Zwischenstops in ehemaligen Goldgräber- und Wildweststädten. Details Seite 519.

★Mono Lake

Eines der bizarrsten Naturwunder Kaliforniens: Gebirgssee auf 1.945 m Höhe, von majestätischer Schönheit, umgeben von vielen Kratern. Auch PAOHA ISLAND in der Mitte des Sees ist vulkanischen Ursprungs, vermutlich erst vor 2oo Jahren durch eine Eruption entstanden. Weitere geologische Besonderheit sind die Tuffstein-Stalagmiten, die überall wie

kleine Türme aus dem Wasser herausragen. Eine skurrile Laune der Natur.

Nur wenige, eigentlich eher simple Elemente müssen zusammenspielen, damit sich die eigentümlichen Tuffstein-Türmchen bilden: Die Karbonate aus dem salzhaltigen Wasser des Sees treffen zusammen mit kalziumhaltigem Süßwasser, das aus winzigen Quellen auf dem Grund des Sees entspringt. Kalzium und Karbonat vereinigen sich chemisch zu Kalkstein, so daß sich direkt um die Quellen herum zunächst ein kleiner Krater bildet.

Dieser wächst im Laufe der Zeit zu einem Turm, durch dessen hohles Innere das Quellwasser weiterhin aufsteigt. Der Prozeß geht stetig fort, bis sich der Turm aus Kalkstein

so weit aufgebaut hat, daß er die Wasseroberfläche erreicht. Dort findet das ausströmende Süßwasser kein Salzwasser mehr vor, die chemische Reaktion kann nicht mehr stattfinden und die Konstruktionsphase ist beendet.

Massenhaft sichtbar wurden die Türme ab 1941, als Los Angeles im Rahmen seiner unersättlichen Wassersuche vier der sieben Flüsse, die den Mono Lake speisen, in seinen Aquädukt umleitete. Der Wasserspiegel sank seither um rund 12 m, - mehr und mehr der charakteristischen Türmchen kommen an die Oberfläche. Für den Mono Lake hat dies auf Dauer fatale Folgen, vor allem nach der langen Trockenperiode gegen Ende der achtziger Jahre: Die Oberfläche verkleinert sich rapide, der Salzgehalt des Wassers hat sich bereits verdoppelt. Die Perspektiven für den langfristigen Erhalt des Sees sind nicht besonders günstig, obwohl zahlreiche Umweltschutzorganisationen die Auseinandersetzung mit dem Department of Water and Power von Los Angeles aufgenommen haben.

Die Umweltschützer argumentieren vor allem mit der ökologischen Besonderheit des Sees: Er ist kein toter Salzsee; einige Lebewesen gedeihen in seinen Gewässern hervorragend und vermehren sich zu Milliarden. Vor allem Algen, die im Winter den See grün färben. Von ihnen lebt eine winzige Krabbenart, die sich ebenfalls ungeheuer vermehren kann, und der der Mono Lake den Besuch von Zugvögeln verdankt. Im Juli/August kommen um die 15o.ooo Wassertreter auf ihrem Weg nach Süden. Außerdem nisten und brüten Vögel an den Ufern, 9o% aller kalifornischen Möwen sind hier aus dem Ei geschlüpft.

In der kühleren Jahreszeit ist der Mono Lake eine erhabene Oase der Ruhe. Im Sommer dagegen viel Betrieb wegen der Direktverbindung vom Yosemite Nat. Park. Der See ist gut vom Hwy. 395 aus zu sehen, der oberhalb entlangführt. Trotzdem unbedingt einige Abstecher einplanen, die die geheimnisvolle Schönheit der Landschaft besser offenbaren:

Am leichtesten ist der See zugänglich bei LEE VINING am Hwy. 395: ca. 1 km nördlich des Ortes führt eine Stichstraße zum Seeufer. Vom Parkplatz ein kurzer Weg mit Erläuterungstafeln ans Wasser und zu den Tuffstein- Formationen.

Noch eindrucksvoller sind die Kristallisierungen bei SOUTH TUFA, am Südrand des Sees, zu erreichen über Hwy. 12o Richtung Osten. Ein zauberhafter Wald aus Tuffstein-Stalagmiten, durch die ein kleiner Lehrpfad führt. Bizarr die spitzen, oft mannshohen Gebilde vor den sanft abgerundeten Formen der umliegenden Berge. An manchen Stellen blubbern die Süßwasserquellen, und man kann beinahe zusehen, wie sich die Türmchen bilden. Auf dem Weg nach South Tufa auch der PANUM CRATER, ein Vulkankrater, leicht zu Fuß von einem Parkplatz aus zu erreichen.

Ein geradezu atemberaubendes Panorama bietet der VISTA POINT am Hwy. 395 nördlich des Mono Lake. Hier schraubt sich die Straße zum Conway Summit hinauf: von einem kleinen Parkplatz aus Blick hinunter zum Mono Lake. An der Seite die Sierra Nevada und im Hintergrund die Kette der White Mountains. Besonders attraktiv im Winter und Frühjahr, wenn sich die schneebedeckten Gipfel im See spiegeln.

★Bodie

Eine der schönsten und originellsten Geisterstädte des amerikanischen Westens. Trotz der 5 US Zufahrtsgebühr pro PKW hat der Kommerz Bodie noch nicht überrannnt, wie dies bei vielen ähnlichen Städten längst geschehen ist. Der Ort liegt einfach zu abgelegen und im "letzten Winkel von Kalifornien" kurz vor der Grenze zu Nevada.

Typische Wildwest-Stadt, wie sie u.a. in der Nähe von Minen Mitte bis Ende 19. Jhd. entstanden:

Vieles erscheint, als wäre es vor gar nicht langer Zeit erst verlassen. Die Holzgebäude relativ gut erhalten, auch das Inventar und Mobiliar vieler Häuser noch fast im Original-Zustand. In Bodie verfolgt man ein überzeugendes Konzept der Konservierung: vor dem Verfall bewahren, ohne künstlich zu restaurieren.

Bodie erlebte seinen Boom um 188o. Mit rund 1o.ooo Einwohnern war es ein typisches Minenzentrum des Wilden Westens. Die Goldfunde erwiesen sich als ergiebig, Saloons sprossen aus dem Boden und zogen neben den Goldgräbern auch das übliche abenteuerlustige und geldgierige Völkchen an, das für entsprechende Stimmung sorgte. Viel Geld wechselte die Hände, und kein Tag verging ohne Streit und Schießereien. Natürlich nur so lange, wie die Minen etwas hergaben. Danach hielt es niemand mehr in dieser gottverlassenen und eiskalten Gegend auf über 2.55o m Höhe aus; Bodie wurde Geisterstadt.

Zu erreichen vom Mono Lake aus über Hwy. 395 nach Norden bis zur Abzweigung des Hwy. 27o. Dann noch 18 km nach Osten durch ein sanft geschwungenes Höhental. Die letzten 4 km ein Sandweg. Geöffn. tägl. 9-16 Uhr, im Hochsommer 9-19 Uhr. Im Winter und Frühjahr ist die Zufahrtsstraße oft verschneit und gesperrt.

Holzgebäude mit Bank, Dentist, Bar, Post etc.
Und durch den Ort eine (bei Regen) Schlammpiste,
durch die sich die Pferdefuhrwerke quälten...

Weitere Wildwest- Städte gibts dann drüben im Bundesstaat Nevada nahe der Grenze zu California, - z.B. Virginia City, Details siehe Folgetext nach Kapitel "Lake Tahoe".

Der Hwy 395 vom Mono Lake kommend teilt sich nach 35 km im Toiyabe Nat. Forest auf: -> links eine Querverbindung über die Sierra Nevada nach Sonora im Gold Country (Details Seite 543), -> rechts weiter als Hwy 395, der kurz vor dem Monitor Pass geradlinig rein nach Nevada/Carson City führt: Die schnellste Verbindung an die Ostseite des Tahoe Sees, bzw. weiter nach Virginia City und Reno.

Ansonsten abzweigen auf dem Hwy 89, der durch die Waldgebiete des Eldorado National Forest ans Südufer nach South Lake Tahoe führt.

LAKE TAHOE

Illustration in einem Reisemagazin Ende 19. Jh. Damals ein See "großer Naturschönheit" und weitgehend unerschlossen. Der Dampfer im linken Bildbereich zeigt die Größe des Sees.

LAKE TAHOE

Größter Bergsee Kaliforniens und einer der landschaftlichen Höhepunkte! Der tiefblaue See ist umgeben von bewaldeten Hügeln und den Gipfeln der Sierra Nevada.

Felsiges Ufer und viele Sandstrände. Im Sommer breites Angebot an Wassersport, viele Campingplätze am See. Und im Winter excellente Skigebiete, - mit die besten in Kalifornien.

Spätenstens seit den Olymischen Winterspielen von Squaw Valley (196o) wurde die Region auch international ein Begriff. Auf vielen der Skipisten

Superblick auf den See, - ein Traum Panorama! Rund um Lake Tahoe 22 Skigebiete (alpin und Langlauf), die zu den besten der USA gehören.

Großartig ist der Besuch im Frühjahr, wenn sich das Blau des Sees von den verschneiten Bergketten abhebt - und im Herbst bei Färbung der Wälder. Entlang des Sees heute eine Vielzahl an Siedlungen mit guter touristischer Infrastruktur (Shops, Post, Bank etc.), sowie Campings.

KALIFORNIEN teilt sich den See mit NEVADA. Am kalifornischen Westufer sowie im südlichen Hauptort South Lake Tahoe viel Betrieb und Aktivitäten.

Das ruhigere Ostufer gehört zum "Silver State" Nevada. Spielkasinos und der damit verbundene Trubel in Reichweite, Zentrum des Glücksspiels ist Reno. In der Nähe auch Carson City (Hauptstadt Nevadas), sowie Virginia City, eine alte Minenstadt in den Bergen, noch heute mit Wildwest-Atmosphäre.

Ein See mit ungewöhnlichem Steckbrief: Mit 1.898 m der höchste See der USA dieser Größe: Fläche 685 qkm und damit um ein Viertel größer als der Bodensee.

Die Temperatur des Wassers von 16 Grad weicht über das ganze Jahr nie mehr als ein Grad nach oben oder unten ab. Die Wasserreinheit beträgt 99,7 %, der See ist damit sauberer als das Trinkwasser der meisten US-Städte. Bei guten Lichtverhältnissen kann man einem sinkenden Stein noch bis 40 m unter der Wasseroberfläche mit den Augen folgen.

Seine größte Tiefe 501 m, - am Rubicon Point fällt der See nur 3 m vom Ufer senkrecht auf 487 m Tiefe. Die Wassermenge des Sees ist immens: würde man ihn über ganz Kalifornien ausschütten, so wäre der gesamte Staat von einer 35 cm hohen Wasserschicht bedeckt.

★ South Lake Tahoe (22.000 Einw.)

Am Südufer und direkt an der Grenze zu Nevada. Größter und wichtigster Ort am See. Dichte Konzentration von Hotels und Motels, sowie Ausgangspunkt für die Rundfahrten auf dem See.

Heavenly Valley, direkt vor der "Haustüre" ist eines der attraktivsten Skigebiete im Bereich des Sees. Direkt hinter der Staatsgrenze zu Nevada die Kasinos vom Ort Stateline. Ein Wirbel von Wassersport, Ski, Ausflugstourismus und Gambling.

An Werktagen ist South Lake Tahoe der richtige Standort für Touren im Tahoe Gebiet: billige Unterkünfte und superpreiswerte Kasino-Restaurants in Nevada. Am Wochenende dagegen häufig ausgebucht, die Hotelpreise steigen bis zu 100%, und der geplante Spaß ist dann leicht vorbei.

Tourist INFO

Chamber of Commerce, 3066 Hwy. 50, am Westrand der Stadt.

Post: 1085, Park Ave. **Telefon**: Vorwahl 916.

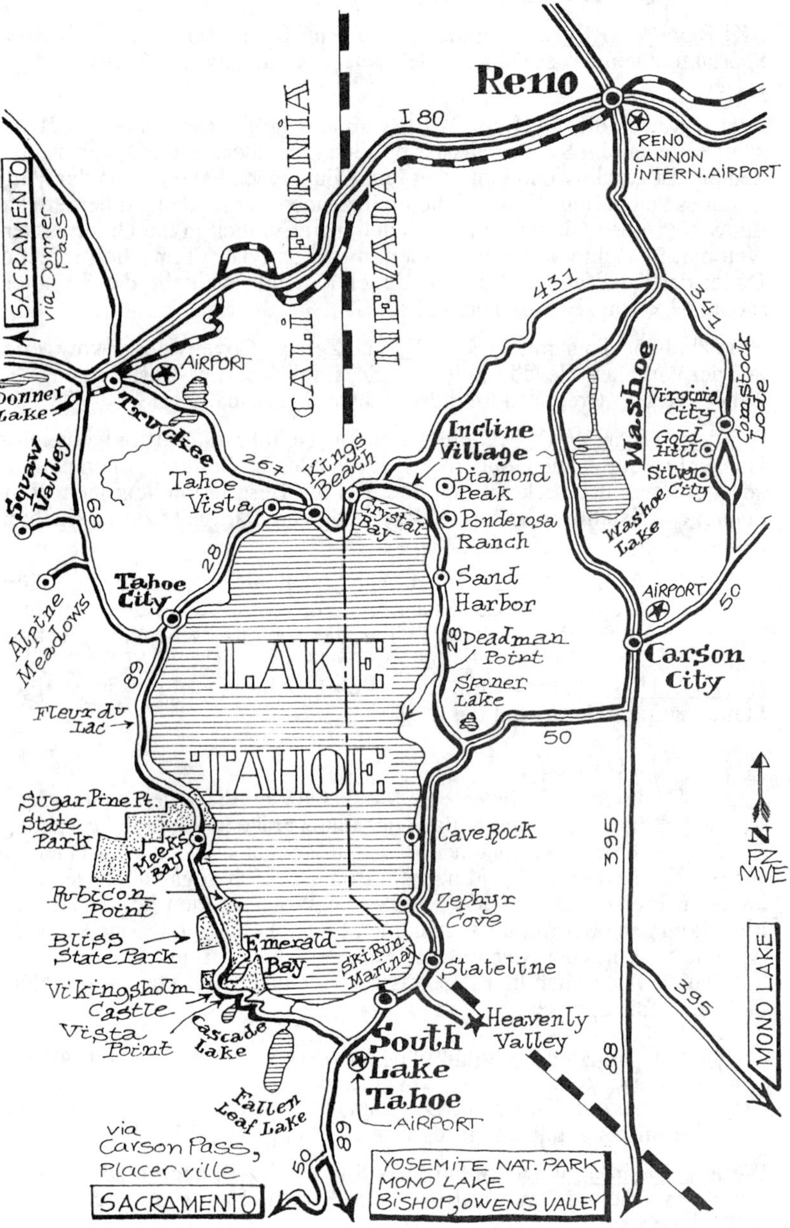
Reno
RENO CANNON INTERN. AIRPORT
I 80
CALIFORNIA
NEVADA
SACRAMENTO
via Donner Pass
AIRPORT
Donner Lake
Truckee
Squaw Valley
Alpine Meadows
89
267
Tahoe Vista
Kings Beach
Crystal Bay
Incline Village
Diamond Peak
Ponderosa Ranch
Sand Harbor
431
341
Washoe
Virginia City
Gold Hill
Silver City
Comstock Lode
Washoe Lake
AIRPORT
50
Carson City
Tahoe City
28
LAKE TAHOE
Deadman Point
Spooner Lake
Fleur du Lac
Sugar Pine Pt. State Park
Meeks Bay
Rubicon Point
Bliss State Park
Emerald Bay
Vikingsholm Castle
Vista Point
Cascade Lake
Cave Rock
Zephyr Cove
Ski Run Marina
Stateline
Heavenly Valley
South Lake Tahoe
AIRPORT
Fallen Leaf Lake
395
88
N
PZ MVE
MONO LAKE
via Carson Pass, Placerville
SACRAMENTO
YOSEMITE NAT. PARK
MONO LAKE
BISHOP, OWENS VALLEY

SKI RUN MARINA, am Ende des Ski Run Blvd.: Zentrum der Wassersportaktivitäten, Wasserski, Paddelboote, Sportangeln. Die Preise sind gesalzen.

Hier legt auch die TAHOE QUEEN ab, das größte der Tahoe Ausflugsschiffe, gebaut im Stil der Mississippi-Schaufelraddampfer. Die Fahrt über den See ist attraktiv und lohnt den Preis. Zum einen hat man von der Mitte des Sees den besten Blick auf die umliegenden Bergketten. Außerdem hat das Schiff einen Glasboden, durch den man Einblick in die Unterwasserwelt hat. Besucht werden u.a. Emerald Bay und das Vikingsholm Castle. Dauer der Rundfahrt 2 Std., im Winter 1 x tägl., während der Sommermonate 3 x/ Tag. Fahrpreis rund 2o US.

Eine ähnliche Tour mit M.S. DIXIE ab Zephyr Cove, wenige km weiter auf der östlichen Nevada-Seite des Sees, inkl. ist die "Besichtigung der Tahoe- Nessy" (frei nach Loch Ness/Schottland), ca. 15 US.

AERIAL TRAMWAY: weitere Attraktion, sie führt rauf ins Skigebiet von Heavenly Valley. Die Gondeln verkehren auch im Sommer, oben phantastischer Panoramablick auf den See. Bei der Bergstation beginnen Wanderwege. Talstation: California Base Lodge am Parkplatz zum Skigebiet. Preis: 8 US.

KASINOS: Wenige Schritte rüber nach Stateline/Nevada zum Gambling. Nicht gerade ein Las Vegas oder Reno, aber wenn sich die Kasinotüren hinter einem schließen, rollt der Dollar, die Roulett-Tische und Spielautomaten sind überall identisch. Die größten Kasinos sind CAESAR'S und HARRAH'S, kaum weniger belebte Ableger ihrer jeweiligen Stammhäuser in Reno und Las Vegas.

HOTELS

Im Prinzip gibt es zwei Möglichkeiten: Entweder in eines der über 5o Motels entlang der Hauptstraße in South Lake Tahoe, die dort wie an einer Schnur aufgereiht sind. An Werktagen oft extrem billig, je nach Saison läßt sich sogar noch gewaltig handeln. Preisnineau ca. 25- 6o US. An Wochenenden besser erst gar nicht kommen oder mit unverschämten Preiserhöhungen rechnen. Zweite Alternative: eines der Kasino-Hotels auf der Nevada-Seite. Mehr Komfort und teurer. Aber auch hier der krasse Unterschied zwischen "normalen" und Wochenendpreisen.

"El Dorado Campground", am Hwy. 5o im Ortszentrum, Tel. 573-2o59. Großer Platz unter Bäumen. Über die Straße zum Strand. Toiletten, Duschen, Picknicktische. Geöffnet Juni-Sept., im Juli/Aug. unbedingt reservieren. Stellplatz ca. 18 US.

Weitere Campingplätze entlang des Südufers, z.B. auch landschaftlich schön am Emerald Bay, im Bliss State Park und am südlich gelegenen Fallen Leaf Lake.

Beste Wahl hier wie überall in Reichweite des Spieler-Staates Nevada sind die Restaurants der Kasinos. Sie locken mit Dumping-Preisen zum Essen und spekulieren auf Spieldollars nach dem Nachtisch. Es gibt aber keinen notwendigen Zusammenhang zwischen beiden: Wer nur zum Essen kommt, hat keinerlei sonstige Verpflichtung, wird auch nicht gezielt zum Spiel animiert. Besonders beliebt die Buffets "All you can eat": Riesenauswahl, gute Qualität und so niedrige Preise, daß selbst ein entprechender Einkauf im Supermarkt kaum vorteilhafter wäre.

SPORT

Ski: 2 km oberhalb und östlich des Ortes die California Base Lodge. Sie ist Ausgangspunkt ins HEAVENLY VALLEY, dem größten Skigebiet der USA. Einige Pisten beginnen bereits hier, das Hauptareal aber erst jenseits des Berges. Direkter Zugang per Gondelbahn Aerial Tramway. Höchste Liftstation auf fast 3.1oo m. 24 Lifte erlauben Skifahren für jeden Geschmack und Schwierigkeitsgrad. Tageskarte ca. 4o US, Ausrüstung ca. 2o US.

Wandern: Zahlreiche Wanderwege am See und in den umliegenden Bergen. Karten und Info beim Touristenbüro oder dem Forest Service, 87o Emerald Bay Rd., Tel. 573-26oo.

Nach Fertigstellung dürfte der "Tahoe Rim Trail" ein Leckerbissen für erfahrene Wanderer werden. Geplant ist dieser Trail über 23o km durchs Gebirge rund um Lake Tahoe. Noch sind erst einige Teilstrecken fertiggestellt, weitere sind im Bau, andere geplant. Info über den aktuellen Stand beim Forest Service.

Verbindungen Lake Tahoe

Bus: Greyhound-Terminal zentral, 1o97 Park Ave.
-> San Francisco: 6 x tägl., 5- 6 Std., ca. 3o US
-> Sacramento: 6 x tägl., 3 Std., ca. 17 US
-> Carson City: 6 x tägl, / 1 Std, / ca. 7 US
-> Reno: 6 x tägl., 2 Std., ca. 15 US
Kein Bus von South Lake Tahoe zum Nordufer des Sees.

Auto: Zum Nordufer entweder entlang der Westseite des Sees (Hwy. 89) oder über die Ostseite (Hwy. 5o und 28). Nach Sacramento entweder direkt über I-5o oder zum Nordufer und dann über I-8o. Beide Strecken landschaftlich reizvoll durch die Sierra Nevada.

Autovermietung: Wer mit dem Bus in South Lake Tahoe ankommt und auch die anderen Seiten des Sees kennenlernen will, muß ein Auto oder Moped mieten.

TAHOE RENT-A-CAR, Hwy. 5o/Ecke Tahoe Keys Blvd., Tel. 544-45oo
SOUTH SHORE MOTORS, 1875 Lake Tahoe Blvd., Tel. 541-4o7o
LAKEVIEW SPORTS, 3131 Hwy. 5o, Tel. 544-0183 (Mopeds und Fahrräder)

★ Westufer Lake Tahoe

Der Hwy. 89 führt von Ort South Lake Tahoe rauf nach Tahoe City. Die vielen Campings, Villen und Ferienhäuser sind halbwegs dezent eingebaut in Wald und Landschaft.

EMERALD BAY: eine der schönsten Stellen des Sees, - eine malerisch tief eingeschnittene und enge Bucht, umrahmt vom Grün der Wälder. Vom Vista Point an der Hwy. 89 bester Blick auf die Bucht und dortiges Inselchen. Ein Fußweg führt ab Vista Point in ca. 2 km zum Ufer der Bucht. Unten steht das Vikingsholm Castle, ein Wohnhaus von 1928 mit skandinavischen "Stilanleihen", kann im Sommer besichtigt werden.

CASCADE LAKE: der Hwy. 89 führt in diesem Bereich über einen schmalen Grat. Zu beiden Seiten geht's steil runter (zum Emerald Bay und zum Cascade Lake). Superblick, aber praktisch keine Parkmöglichkeit. Das Auto läßt man daher am Vista Point stehen und läuft zurück. Der Cascade Lake diente wegen toller Landschaft als Kulisse für mehrere Hollywood Filme.

BLISS STATE PARK: umfaßt den dicht bewaldeten Uferbereich von Emerald Bay bis zum Rubicon Point: Nur 3 m vom Ufer fällt der See abrupt auf eine Tiefe von 487 m. Bei klarem Wetter an dieser Stelle ein tiefes, unwirkliches Dunkelblau des Sees. Eine asphaltierte Stichstraße führt von der Hwy. 89 zum Wasser, kurze Wanderwege um die Halbinsel von Rubicon Point. Eintritt in den Park: 5 US pro PKW.

"Rubicon Trail": Einfacher Wanderweg durch die Wälder des Bliss State Park. Am Seeufer bis zum Vikingsholm Castle an der Emerald Bay. Schöner Blick auf den See. Ausgangspunkt an der Straße durch den Park. Retour ca. 15 km, 3 - 4 Std.

"Bliss State Park Campground", Tel. 525-7277. Schönster und gut ausgerüsteter Campingplatz am Westufer. In 3 voneinander getrennten Abteilungen mitten im Wald. Stellplätze zwischen umgestürzten Bäumen und Felsklötzen. Am schönsten der Teil direkt am See in Strandnähe. Toiletten, Duschen. Geöffn. Juni-Sept. In den oberen Abteilungen (1 oder 2 km zum See) ca. 14 US, Stellplätze am See ca. 17 US.

"Meeks Bay", an der Durchgangsstraße Hwy. 89 zwischen dem Bliss State Park und Tahoe City . Der Campingplatz liegt direkt am See unter Bäumen, kleiner Strand, Picknicktische und Toiletten. Stellplatz 1o US. Geöffn. Juni-Sept.

FLEUR DU LAC, Haus des Industriellen Henry J. Kaiser, welches dieser 1937 baute. Diente wegen origineller Architektur dem Film "Der Pate II." als Filmkulisse. - Im Bereich mehrere Campingplätze.

Tahoe City (2.ooo Einw.)

Wichtigste Siedlung an der Westseite des See, ein typischer Ferienort mit Wochenendhäusern, Hotels und Restaurants. Bootstouren über den See mit "North Tahoe Cruises". Moderne Ausflugsboote, ca. 2 Std., 12 US.

Tahoe City ist bester Stützpunkt im Seenbereich für Ausflüge, z.B. nach Truckee mit dem Railway- Museum (Exponate aus der Pionierzeit der Transkontinental- Eisenbahn), - zum Donner Lake, - sowie zu den Skigebieten von Squaw Valley, Alpine Meadows und Donner Lake.

Chamber of Commerce, N. Lake Blvd., im Light House-Shopping Centre am Nordrand des Ortes.

Telefon: Vorwahl 916.

"**Tahoe Marina Lodge**", N. Lake Blvd., Nähe Abzweigung Hwy. 89. Mehrere Holzgebäude am Seeufer. Tennisplatz und SW- Pool. Die Zimmer komfortabel möbliert, ausgestattet mit Kühlschrank und Geschirrspüler. DZ je nach Lage und Saison 1oo- 16o US. Auch größere Appartments für längeren Aufenthalt. Tel. 583-2365.

"**Lake of the Sky**", 955 N. Lake Blvd. Neues Motel am Nordrand des Ortes. Etwas zurückversetzt von der Hauptstraße. SW-Pool. Zimmer mit heller, moderner Kiefernmöblierung. DZ in der Nebensaison ab ca. 55 US, von Juni-Sept. ab 7o US. Tel. 583-33o5.

"**Travelodge**", Hwy. 28, Ortsmitte. Gediegenes Motel am Golfplatz. SW-Pool und Whirlpool. Zimmer hell und geräumig mit kleiner Sitzgruppe. DZ in der Nebensaison ab ca. 5o US, im Winter ca. 6o US und im Sommer ca. 7o US. Tel. 583-3766 und 8oo-255-3o5o.

"William Kent Campground", 2 km südlich Tahoe City, mitten im Wald, etwa 2oo m zum See. Picknicktische,Toiletten. Geöffn. Juni-Sept. Stellplatz 1o US.

"Lake Forest Campground", auf kleiner Halbinsel nördlich Tahoe City, Tel. 583-5544. 2oo m vom Kiesstrand und Bootsanleger. Stellplätze auf ebenem Gelände, einige Bäume. Toiletten. Stellplatz ca. 1o US.

SPORT

Radfahren: In Tahoe City und der Umgebung hervorragend ausgebaute Radwege, insgesamt rund 25 km. Sie sind fast überall von der Straße durch einen Grünstreifen oder Niveauunterschied getrennt. Strecken: von Tahoe aus Richtung Norden und Süden in Seenähe, zeitweise direkt am Ufer. Schön auch die Tour entlang Hwy. 89 nach Squaw Valley:

unterhalb der Straße, folgt hier dem Verlauf des Truckee River. Mehrere Vermieter, Preise 12-15 US pro Tag (u.a. "TSR Bike Rentals", direkt am Hwy. 89 Richtung Squaw Valley).

Ski: Vor den Toren von Tahoe City zwei der bedeutendsten Skigebiete in der Lake Tahoe Region:

SQUAW VALLEY: Rund 1o km von Tahoe City. Ausgedehntes Skigebiet, Austragungsort der Olympischen Winterspiele 196o. Am Eingang die Embleme der damals nur 2o teilnehmenden Nationen und die olympische Flamme. 3o Lifte, verteilt über 6 Berge. Sessellifte direkt vom Parkplatz, oder per Gondel in die höheren Lagen. 2 weitere Basisstationen auf 2.5oo m. Dort auch eine Schlittschuhbahn (14 US inkl. Gondelfahrt). Relativ schneesicher bis Ende Mai. Tageskarte ca. 38 US, Ausrüstung ca. 18 US. Gratis-Bus ab Tahoe City. Langlauf: In den Wintermonaten 25 km Langlaufloipen.

ALPINE MEADOWS: ca. 1o km von Tahoe City über Hwy. 89. Kompaktes alpines Skizentrum am Scott Peak und Ward Peak. Saison oft bis Ende Mai/Anfang Juni. Schöne Abfahrten, teils an relativ kahlen Hängen, manchmal auch durch Waldschneisen. 11 Lifte. Tageskarte ca. 38 US, Ausrüstung 18 US. (In Tahoe City Ausrüstung rund 5 US billiger bei "Dave's Ski Shop", 62o N. Lake Blvd.) Von Weihnachten bis Ostern Gratis-Busse ab Tahoe City.

Details zu Truckee und Donner Lake siehe Seite 512.

★ Nord- und Ostufer Lake Tahoe

Weitere Ferienorte wie TAHOE VISTA und KING'S BEACH, dort ein schöner Sandstrand mit fast vollständigem Blick auf alle Ufer des Sees. Bei Dunkelheit sieht man in der Ferne die Lichter von South Lake Tahoe am gegenüberliegenden Ufer.

Incline Village

Hauptort am Nordufer, ein Luxus-Refugium der Reichen und Superreichen: Mitten im Wald traumhafte Seegrundstücke mit den passenden Villen. Der Ort entstand erst Ende der 6o-er Jahre, als man für finanzkräftiges Klientel einen Resort schaffen und daran verdienen wollte.

Unterkünfte sind rar und eher für gehobene Ansprüche. Diesbezüglich aber die bessere Alternative zum Massenbetrieb in South Lake Tahoe.

"**Hyatt Regency**", Country Club Dr./Ecke Lake Shore Dr. Das Haupthaus mit Spielkasino, umgeben von Bäumen in ruhiger Lage und wenige Schritte vom See und einem eigenen Strand. In der Lobby gibts bereits die Spielautomaten und Kartentische. Von den Zimmern herrlicher Blick auf den See. Dies gilt auch für die Dependencen direkt am Seeufer: 12 Holzgebäude mit luxuriösen Apartments. Strand und Bootsanleger vor der Tür. DZ in

der Nebensaison ab ca. 15o US, in der Hauptsaison ab ca. 195 US. Tel. 7o2-831-1111.

"**Inn at Incline**", 1oo3 Tahoe Blvd. Dreistöckiges Gebäude im Motel-Stil, etwas zurückversetzt von der Durchgangsstraße. Umgeben von Bäumen. Zimmer je nach Preislage unterschiedlich eingerichtet und ausgestattet. Die günstigsten DZ je nach Saison und Wochentag 6o- 9o US. Tel. 7o2-831-1o52.

PONDEROSA RANCH, am südlichen Ortsrand. Drehort des Fernseh-Dauerbrenners "Bonanza". Neben dem Ranchhaus der Cartwrights eine vollständige Western-Stadt und eine Sammlung alter Farm-Gerätschaften. Natürlich fehlt auch nicht der übliche Verkaufsrummel: "Hossburger" zwischen Pappbrötchen sowie Zinnbecher mit den Konterfeis von Ben, Hoss, Adam und Little Joe. (Geöffn. Mai-Okt. tägl. von 9:3o-17 Uhr, Eintritt 7,5o US)

Ski: Oberhalb von Incline Village das Skizentrum DIAMOND PEAK, eines der kleineren und preiswerteren am Lake Tahoe. Alpin und Langlauf. 7 Lifte, leichte bis schwere Pisten. Tageskarte 3o US, halber Tag 23 US. Ausrüstung 14 US pro Tag. Langlauf: gespurte Loipen aller Schwierigkeitsgrade. 9 US pro Tag, Ausrüstung 1o US.

Das OSTUFER auf Nevada-Seite ist noch ziemlich unberührt. Dicht bewaldet, felsige Abschnitte wechseln mit Stränden. Besonders schön im nördl. Teil entlang Hwy. 28, vor allem bei SAND HARBOR BEACH: Sandstrand mit Bäume und Grünflächen.

Nähe DEADMAN POINT sank 194o der Dampfer "SS. Tahoe" (gebaut 1896), der damals den Personenverkehr über den See realisierte, als die Circular Road um den See noch nicht bestand.

Geschichte Lake Tahoe: der See in 1.898 m Höhe war im Sommer das Fisch- und Jagdgebiet der Washoe Indianer, die den See "Big Water" nannten. Im Winter hatten sie ihr Gebiet im tiefer liegenden Carson Valley östlich hinter der Carson Bergkette.

John Frémont zusammen mit Kit Carson als Führer gelten als erste Weiße, die die Region 1844 besuchte und vom Carson Pass am heutigen Hwy 5o den See erblickte.

JOHN FRÉMONT

KIT CARSON

Die Gruppe war im Auftrag des Topographical Corps der US Army tätig, zur Entdekkung, Erforschung und Kartographierung neuer Gebiete im Westen.

Frémont, 1813 in Savannah geboren als uneheliches Kind hatte später eine steile Karriere. Für den 1938 gegründeten Tropogr. Corps unternahm er 5 Expeditionen in den bisher unerforschten Westen, die grundlegendes kartographisches Material

lieferten, das u.a. auch später für den Trassenverlauf der Transkontinentalen Eisenbahn durch die Sierra Nevada diente. - Kit Carson, ein erfahrener Trapper, steuerte wichtiges Know How des Überlebens in der Wildnis bei und hatte zudem erfolgreich gegen Indianer gekämpft. Ihm zu Ehren wurde der Carson Pass benannt.

Zu Aufschwung kam die Region um den Lake Tahoe, als 185o Gold (später auch Silber) in Washoe entdeckt wurde und ganze Karawanen von Ochsenkarren mit Material, Esel-Transporte und Prospektoren über die neuen Trans Sierra- Trails via Lake Tahoe zum Washoe zogen, - Details siehe Folgekapitel.

1869 tangierte die nunmehr fertiggestellte Transkontinental- Eisenbahn den See in wenigen km Entfernung bei Truckee, und zur Jhd.- Wende bauten sich reiche Unternehmer (u.a. aus San Francisco) am See ihre Ferienvillen. Zum großen Boom kam es dann in 6o-er Jahre, wo im Zusammenhang der Olympischen Winterspiele Airports und Skipisten angelegt wurden, in Folge aber auch der Sommertourismus gefördert wurde. Der Bereich um den See unterliegt heute strengeren Baubestimmungen.

WASHOE

Ab Nordufer Lake Tahoe kommt man direkt über der Hwy. 431 nach RENO (7o km, ca. 1 Std.). Unbedingt lohnend ist jedoch der Abstecher ins WASHOE, wie die Region seit ihrer Entdeckung 185o hieß. Hier lagen die wichtigsten Gold- und Silberfunde der östl. Sierra.

185o machte eine Gruppe von Prospektoren (Goldsuchern) auf ihrem Trail Rast im Tal des Carson Valley, um hier Kräfte für die beschwerliche Überquerung der Sierra Nevada zu sammeln. Einige der Prospektoren schürften probeweise am Mt. Davidson und wurden fündig. Allerdings nur geringe Mengen an Gold, so daß die Gruppe weiterreiste ins "Gold Country" auf der westl. Seite der Sierra.

Trotzdem: die Kunde des Fundes sprach sich rum, und im gleichen Jahr beanspruchten Prospektoren einen Claim am sogen. Gold Hill .

PFERDEFUHRWERKE mit Gütern für die Mine auf der Straße Carson City → Lake Tahoe an einer Mautstatio

Links oben Hotel. Das Foto dürfte von ca. 1865 stammen.

WHISKEY wurde in den Minensiedlungen des Washoe in großen Mengen benötigt. Illustration 1860, zeigt den beschwerlichen Transport von Whiskey-Fässern.

Sie schürften zunächst an der Oberfläche, stießen jedoch in 3o - 6o cm unter der Oberfläche auf reichere Funde und bauten sich am Gold Hill eine kleine Siedlung von Blockhütten.

Andere Prospektoren, die später ins Land kamen (der Gold Hill war mit Claims bereits abgesteckt), erforschten den Six Mile Canyon (bei Virginia City), wo sie heller eingefärbten Goldstaub fanden, der "offenbar mit anderem Erz gemischt" war. Daß es sich hier um Silberspuren handelte, war ihnen nicht bewußt. Der Abbau erschien ihnen nicht sinnvoll, da der Goldgehalt der Funde zu gering war.

1859 waren Prospektoren bis ans obere Ende des Six Miles Canyon vorgedrungen. Zudem hatten Prüfungen ergeben, daß es sich hier um hochkarätige Funde handelte. Vornan der Prospektor Henry Comstock, der den Claim der Ophir Mine beanspruchte.

HENRY COMSTOCK

GEORGE HEARST

Dies stieß aber auf den Widerspruch früherer Prospektoren, die im Gebiet tätig waren. Insbesondere konnten die Prüfungsergebnisse nicht geheim gehalten werden, so daß ein wahrer Run profilierter Rechtsanwälte stattfand, - die hier fix Claims rechtsgültig machten, bzw. von früheren Claimbesitzern abkauften, die noch nicht vom hohen Reichtum ihres Terrains erfahren hatten.

Zwar konnte Comstock zunächst seine Besitzansprüche behaupten, mußte sie jedoch später für 11.oo US $ an den Richter James Walsh verkaufen, letztlich kam die Mine in den Besitz von George Hearst, - dem Vater des späteren Zeitungsverlegers und Multimillionärs. Mit der Vermehrung seines Kapitals begann er in der Ophir- Mine, verkaufte diese aber später mit Gewinn, um nach Ankauf der Homestake-Mine/South Dakota und der Anaconda Mine/Montana ein gewaltiges Vermögen anzuhäufen. Weitere Details siehe Comstock Lode/ Virginia City.

Die Kunde von den reichen Funden in der Washoe-Region machte 1859 schnell die Runde: "Go it, Washoe!" war der Ruf (rauf ins Washoe!). Es waren zunächst Einzelkämpfer, die auf eigene Faust ihr Glück versuchten und in der Washoe Region ihren Claim absteckten. Wenn das Glück hold war, siehe z.B. Comstock, entstanden auf dem Claim große Minenbetriebe. Zunächst wurden die Erze Gold und Silber in offenen Gruben abgebaut, bei zunehmendem Know How und Minen- Technologie dann aber bis rund 6oo m unter Tage, wo Temperaturen bis zu 55 Grad herrschten.

Anfang der 6o-er Jahre gab es rund 17.ooo Claims in der Region, von denen aber nicht alle lukrativ waren. Die großen "Winner", deren Claims sich über reichen Gold- und Silberadern im Berg befanden, beschäftigten bald diejenigen als Bergarbeiter, deren Claim weniger ertragreich war. Details zu den Lebens- und Arbeitsbedingungen siehe Virginia City.

Transportwege: Hauptverbindung war zunächst der Trail von Placerville/Gold Country über den Carson Pass runter zum Südufer des Lake Tahoe und weiter über die Gebirgskette Carson Range nach CARSON CITY, der Verwaltungsstadt der Region. Von

hier ging es rauf ins Hochtal beim Mt. Davidson/VIRGINIA CITY.

Journalisten des Harper Magazins berichteten in einer 3 teiligen Serie über die Washoe Region (Ausgabe Dez. 186o, Jan. und Febr. 1861): Esel oder Pferd für den Trail ist in Placerville nur mit mindestens 3 Tage Warterei erhältlich. Zudem sind die Hotels der Stadt extrem überfüllt, und es ist schwer, ein Bett zu finden. Die Straßen sind blockiert mit Abenteurern, die ins Washoe wollen. In den Spielsaloons der Stadt "üben sich die Abenteurer für die Minenregion", - die Kleidergeschäfte bieten überteuerte Ware an. Placerville ist zudem zentraler Versorgungspunkt jeglicher Waren (Ausrüstungsgegenstände, Lebensmittel etc.), die in Virginia City benötigt werden.

Mexikanische "vaqueros" bieten sich mit Maultieren für den Trail an, und die Tageszeitung von Placerville überschlägt sich täglich mit Meldungen zu neuen, großen Funden im Washoe, was die Stimmung zusätzlich anheizt.

Zum Trail über die Berge berichten die Journalisten des Harper Magazins: er sei o.k., allerdings etwas schlammig im Bereich Placerville. Allerdings solle man die Reise nicht im April unternehmen, wenn nach der Schneeschmelze der Trail nicht nur verschlammt ist, sondern auch tiefe Rinnen von Wasserläufen besitzt, die ein Fahren mit Pferdefuhrwerken unmöglich macht.

Die Benutzung des Trails im Winter (er geht über hohe Pässe, die tief eingeschneit sind) war in der Anfangszeit ein echter "Engpass". Virginia City war weitgehend von Versorgung abgeschnitten, - begonnen von Lebensmitteln über Whiskey hin zu Werkzeugen. Sie wurden während dieser Jahreszeit per Maultieren über die Pässe transportiert (die nicht selten die Hänge runterschlitterten), - was den Preis der Waren in Carson City und Virginia City erheblich verteuerte. Durchaus aber auch möglich, daß es Whiskey in Hülle und Fülle gab (weil gerade eine Whiskey-Karawane die Schneepässe überwunden hatte), - aber kein Fleisch zu essen...

Die Zeiten besserten sich 1869 erheblich, als die Transkontinental- Eisenbahn via Reno über die Sierra Nevada nach Sacramento und San

Sturm zerfetzt Hütte

Prospektor mit Ausrüstung

CARSON CITY, Nevada State Capitol (Stich von 1877)

[Francisco führte: Ein Stichgleis wurde von Reno via Virginia City nach Carson City gebaut, das die Region ganzjährig versorgte. (siehe auch Seite 5o2).]

★ Carson City (36.ooo Einw.)

Hauptstadt des heutigen Bundesstaates Nevada, weit ausgebreitet in der Ebene. Platz spielt keine Rolle, und so verteilen sich die Gebäude dieser Kleinstadt auf der Fläche einer mittleren Großstadt.

Neben einigen historischen Gebäuden im Zentrum gewinnt das Gambling auch hier immer mehr die Oberhand. Die neuen Glitzerpaläste der Kasinos lassen selbst das STATE- CAPITOL (1871) blaß aussehen.

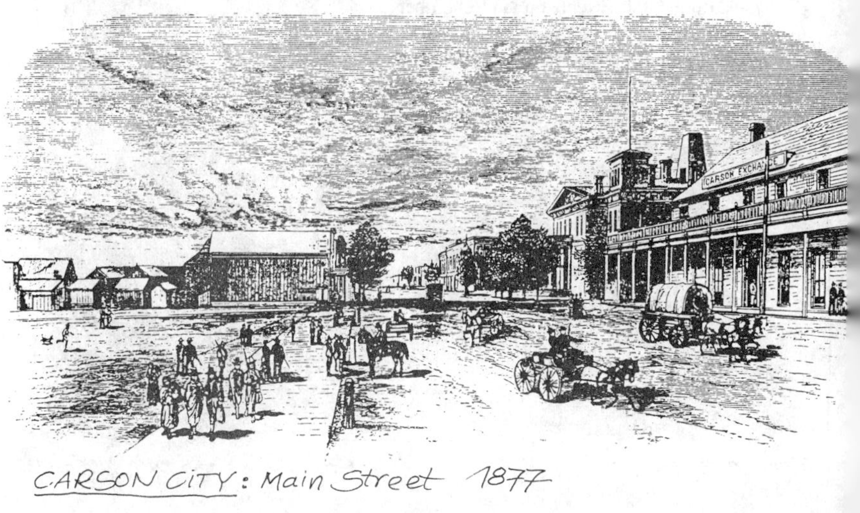

CARSON CITY: Main Street 1877

Geschichte: Seit Entdeckung der großen Gold- und vor allem Silberschätze im Washoe wurde Carson City zur Verwaltungsmetropole des Washoe- Minendistriktes. Grund: wegen tieferer Lage angenehmeres Klima für die Verwaltungsbeamten.

Während das Harper- Magazin noch 186o berichtet: "Carson City ist eine Katastrophe, Leute die weiter nach Virginia City auf Anschluß warten, hängen hier rum, - business, Verkauf von Whiskey so intensiv, daß die Männer in der Mitte der Straße umfallen...", - etablierte sich die Stadt in den folgenden Jahren.

1866 wurde die United States Mint (staatliche USA- Münzpräge) gebaut, die ihren Betrieb in Prägung von Silbermünzen 187o aufnahm. Die Lage war naheliegend: Silber- und Goldgewinnung in den Bergen - und Münzprägung für die USA! Geprägt wurden die Münzen mit CC- Stempel. Die Münzprägeanstalt war bis 1893 in Betrieb, - ausgenommen der Jahre 1885 - 89.

Nevada State Capitol: fertiggestellt 1871, um die Bedeutung von Carson City zu dokumentieren, Bauergänzungen bis 1915.

NEVADA STATE MUSEUM, 6oo N. Carson St. Neben Abteilungen zur Anthropologie, Biologie und Geologie vor allem interessant die Nachbildung einer Ghost-Town. Im Keller die verwinkelten Gänge und Stollen einer realistisch nachempfundenen Silbermine. Außerdem eine Sammlung so ziemlich aller Pistolen und Gewehre, mit denen im Wilden Westen herumgeballert wurde, inkl. der ersten mechanischen Maschinengewehre. Geöffn. tägl. von 8:3o-16:3o Uhr. Eintritt 1,5o US.

STATE CAPITOL, Carson St./Ecke Musser St. Das historische Parlamentsgebäude. Architektonisches Stilgemisch mit Silberkuppel als Symbol für die Herkunft des Reichtums im Staat Nevada. Die Abgeordneten tagen heute im modernen Gebäude nebenan, wenn sie überhaupt tagen. Denn

CARSON CITY: United States Mint, gebaut 1866

das Parlament von Nevada tritt nur alle zwei Jahre zusammen: Die Bevölkerung ist minimal, und das Geld kommt übers Glücksspiel wie geschmiert in die Staatskassen. Worüber also groß debattieren, außer über Diätenerhöhungen?

NEVADA STATE RAILROAD MUSEUM, Carson St./Ecke Fairview Dr. Einige aufpolierte Dampfloks und Waggons in einer Halle. Viel verfallenes Eisenbahngerät auf dem Gelände drumherum. Geöffn. Mi-So von 8:3o-16:3o Uhr, Eintritt 1 US.

Verbindungen: Bus 6 x/tägl. nach South Lake Tahoe, ca. 7 US, - sowie 6 x/tägl. nach Reno, ca. 7 US, Fahrzeit jeweils 1 Std. Keine Busverbindung nach Virginia City, hier ist eigenes Auto nötig.

Per Auto zwischen Carson City und Reno nicht den direkten Weg über die Autobahn, sondern den Umweg über Hwy. 5o und 342 nehmen.

Wer mit eigenem Auto nach Reno fährt: der Abstecher nach VIRGINIA CITY lohnt! Hierzu fährt man den Hwy. 5o und 342. Im ersten Teil bis Virginia City geht die Strecke kurvenreich bergauf, vorbei an stillgelegten Minen und verlassenen Fabrikanlagen. Der spektakulärste Teil dann nördlich von Virginia City: Von einer Paßhöhe aus herrlicher Blick hinunter in die Hochebene von Reno, dahinter die Gipfel der Sierra Nevada. Die Fahrt geht durch eine unwirtliche, bizarre Landschaft aus Sand und Fels, nur hier und da ein verloren wirkender Baum.

VIRGINIA CITY: Ende 19. Jhd., von rechts nach links die Förderanlagen der Imperial-, Empire- und der Yellow Jacket Mine.

✶Virginia City (1.5oo Einw.)

Mitten in einer unwirtlichen Bergwelt eine der ehemals reichsten Städte Nevadas. Virginia City ist heute eine attraktive Mischung aus zerfallenden Häusern und Hütten, authentischen Backstein- und Holzfassaden aus der Minen-Epoche, - sowie für den Tourismus aufgepäppelten Läden und Kneipen. Die Hauptstraße mit klassischen Westernfassaden, manchmal abgebröckelt, manchmal restauriert. Keine unberührte Geisterstadt, aber auch nicht so perfekt auf Hochglanz gebracht wie die Städte im Gold Country. Mehr authentische Wildwest-Atmosphäre als in vergleichbaren Städten Kaliforniens.

Entlang der Hauptstraße mehrere kleine Museen zur Geschichte des Silberbooms und einiger hier aufgetauchter Persönlichkeiten; wenig aufregend und eher kommerziell orientiert. Viele Originalgebäude aus dem 19. Jahrhundert, besonders eindrucksvoll die Riesen-Villen der Silberbarone.

Geschichte: bereits 1848 befand sich unterhalb des Mt. Davidson (2.583 m) eine kleine Siedlung der Mormonen.

Zum Boom kam es (siehe Vorkapitel), als 1859 reiche Silberlager gefunden wurden. Das Harper Magzin/Ausg. Jan. 1861 zeigt als Illustration eine

VIRGINIA CITY: Main Street, rechts das höchste Gebäude der Stadt, das aus Stein gebaute "Hotel International". Unter den Straßen die Minenstollen.

Handvoll Holzhäuser und Zelte am Berghang (Bildunterschrift "Virginia City"!) und berichtet, daß es sich um ein "Schlammloch" handle, das Klima nicht gerade optimal sei (Hurricans und Schnee) und das Tal außer Bodengestrüpp keinerlei Bewuchs hat, - eine Stelle nicht gerade zum Verlieben...

Zudem, - wie Harpers berichtet, - ein Wildwuchs an einer Vielzahl von Claims. Derzeit noch keine einheitliche Gesetzgebung, um die Claimbesitzer zu schützen, - aber jede Menge an Rechtsanwälten, die ihre Dienste sich mit Gold- oder Silber bezahlen ließen, - bzw. gleich in die eigene Tasche arbeiteten, indem sie ihre Mandanten falsch berieten.

Auf den Richter Cradlebaugh, der mit seinen Beisitzern extra nach Virginia City anreiste, setzte man damals (1861) große Hoffnungen, da zu viel ungeklärt war.

Bezüglich der Unterkunftsmöglichkeiten reportiert Harpers: "das "Hotel Haystack" kann 3oo Mann unterbringen. Sie schlafen eher wie in einem engen Pulverfass, denn in komfortablem Hotel".

Interessant ist auch das Interview, das die Harpers Journalisten 1860 mit Ortsansässigen in Virginia City führten. Primäre Frage, wie sieht es mit medizinischer Versorgung aus? Antwort: einzige Medizin sind Brandy, Whiskey und Gin. - Frage: gibt es Schulen? Antwort: nein, etwas zu lernen ist vergeudete Zeit. - Frage: lohnt es, 1.5oo US $ in einen Claim zu investieren? Antwort: die besten Silberminen sind bereits entdeckt.

HALE & NORCROSS MINE (ca. 1877)

Virginia City, unterhalb des Mt. Davidson. Zu sehen in linker Bildmitte oben das heraus-ragende "Hotel Internat." darunter als langgestrecktes Holzgebäude

Frage: lohnt es, in Virginia City sich als Rechtsanwalt niederzulassen? Antwort: die Region ist mit Anwälten bereits überflutet. Besser geht man in ein "new country", z.B. Pikes Pike. - Frage: möchte meine Familie mit nach Virginia City mitnehmen. Ist das sinnvoll? Antwort: besser vergißt man die Idee, oder wenn schon, muß die Frau Männerkleidung tragen...

1860 war die "Pionierzeit" in Virginia City. Schon bald löste auf den Top- Claims die industrielle Erzgewinnung (mit immer weiter perfektionierter Technologie) die früheren Einzelkämfer ab.

Ende der 60-er Jahre hatte Virginia City bereits 20.000 Einwohner und war dominiert von den großen Minengesellschaften, deren Aktien auf der Börse in San Francisco gehandelt wurden. Die Minen erreichten immer größere Tiefen, zugleich mußten erhebliche technologische Probleme bewältigt werden:

der Mine. Links die Schlote, aus denen Dampf und Rauch aufsteigen. Vorne rechts: ein Gleis zum Antransport von Grubenholz. Vorne links: Rutsche, über die die Erze in den Sammelbehälter kamen. Rundum die Wohnhäuser Foto ca. 1877

* die begehrten Erze Gold und Silber befanden sich im Berg wie die Rosinen im Kuchen verstreut, - zudem war das Gestein, in dem sie eingelagert waren, sehr "bröselig". Das hatte den Vorteil, daß man das Erz teilweise locker mit dem Pickel aus dem Berg schlagen konnte, - aber auch den Nachteil, daß die Kammern im Berg wegen porösem Gestein schnell einstürzten:

* Die Kammern, in denen z.B. Silberfunde eingeschlossen waren, hatten im Comstock unterhalb Virginia City oft Größen von 3o x 25 x 15 m, - teilweise aber auch bis zu 18o x 12o x 25 m! Dies waren Größen, die sich mit herkömmlichen Holzbalken nicht mehr abstützen ließen. Auch die sonstige Technik, nämlich daß man in der Kammer eine oder mehrere natürliche Felssäulen stehen ließ (die die Decke stützten), ließ sich in den Comstock Minen nicht anwenden: diese Felssäulen hätten wegen ihres bröseligen Gesteins zu wenig Stützkraft gehabt.

Der Deutsche P. Deidesheimer erfand das Abstützverfahren mittels viereckiger Holzkästen aus Stützpfeilern, die mit Bolzen verbunden waren (siehe Graphik). In diesem Verfahren konnten durch jeweilige Ergänzung weiterer Holzquadrate größere Hallen gegen abbröckelndes Gestein abgestützt werden.

* Infrastruktur Verkehrswege: anfangs lief der Verkehrsweg von San Francisco über Sacramento, Placerville und die im Vorkapitel beschriebene Piste über die Sierra Nevada. Schwere Maschinenteile (z.B. für Entwässerungspumpen) mußten anfangs in Pferdefuhrwerken über die Sierra- Pässe rauftransportiert werden, was natürlich die Größe dieser Pumpen limitierte, denn ab bestimmtem Gewicht machten die Pferde schlapp.

Um in größere Tiefen des Berges vordringen zu können, waren größere Pumpen aber auch Aufzugsmaschinen nötig. Hier kam 1869 die Fertigstellung der Transkontinental- Eisenbahn zu Hilfe. Noch im selben Jahr wurde eilig ein Stichgleis von Reno nach Virgina City und weiter durch die Berge nach Carson City verlegt.

Das nur rund 35 km lange Gleis von Virginia City nach Carson City war eine technische Meisterleistung der Vermessungsingenieure und Bauarbeiter. Die Strecke weist eine Steigung von insgesamt 48o m auf, mußte weitgehend in den Fels gesprengt werden und hat 6 Tunnel von insges. 8oo m. Es war die aufwendigste und kurvenreichste Bergstrecke der Welt. 1.2oo Bauarbeiter realisierten die Gleisverbindung in nur 9 Monaten.

Nunmehr war per Eisenbahn die Heranschaffung schwererer Maschinenteile für die Minen möglich. Aber auch der Antransport der gewaltigen Mengen an Grubenholz, das einmal für die schweren Stützbalken der Minen benötigt wurde, zum anderen Feuerholz für die vielen Dampfmaschinen.

Auch der Antransport von Lebensmitteln war nunmehr gesichert, um eine Stadt von bald 25.ooo Einwohnern in totaler Wildnis zu versorgen, wie auch bequemerer Abtransport der geförderten Erze und Edelmetalle. Und: die Fachleute waren mit dem Abseilen der schweren Holzbalken beschäftigt.

Minen führten in immer größere Tiefen, wobei neue Probleme entstanden:

* Hohe Temperatur: bald erreichten einige der Minen Tiefen von 500 und 600 m. In Fördergebieten z.B. 450 m herrschten Temperaturen von fast 40 Grad: unmenschliche Arbeitsbedingungen in der stickigen Hitze. Als Schutz gegen die heißen Steine trugen

die Bergleute Schuhe und einen Leder-Lendenschurz, - außerdem gab es in Fässern Eiswasser zur Abkühlung, that was all...

Dort, wo Wasser aus dem Fels austrat, herrschten Temperaturen von rund 55 Grad, dito in tieferen Bereichen der Mine. Als dann Tiefen von 9oo m erreicht wurden, hatten die Minenbesitzer ihr Limit erreicht: aus Bohrlöchern trat 75 Grad heißes Wasser, dicke Dampfschwaden verhüllten die Stollen, und der Holzgriff der Pickel war so heiß, daß er nur mit Handschuhen angefaßt werden konnte.

* Seilwinden der Aufzüge: auch hier war technologisches Neuland zu bestreiten. Es galt, Kabel aus Stahldraht herzustellen, die den gewaltigen Gewichtsbelastungen von 4oo - 9oo m Kabellänge plus der Last der Förderkörbe standhielten. Das Know How der Stahldrahtverflechtung lieferte A.S. Hallidie, der in San Francisco den Cable Car konstruiert hatte. Die Förderkörbe bewegten sich je nach PS der Antriebsmaschine mit einer Geschwindigkeit von bis zu 3oo m/Min.!

* Entwässerungspumpen: die Minen im Bereich Virginia City hatten das Problem starker Wassereinbrüche (u.a. wegen porösem Gestein). Je größer die Tiefe war, in die man vorstieß, desto stärker mußten die Entwässerungspumpen sein. Letzendlich förderten Pumpen der einzelnen Minen zusammen rund 16 Millionen Liter/Tag (!).

  Dies bedeutete zugleich den Bau riesiger Schwungräder für die Pumpen aus Eisenguß. Sie wurden in San Francisco und dortigen Eisengießereien gefertigt und waren im Durchmesser so groß, daß sie bei Eisenbahnverladung nicht durch die Tunnel der Sierra Strecke passten. Man baute sie daher in einzelnen Segmenten, die dann in Virginia City vor Ort zum gesamten Schwungrad verschraubt wurden.

  Trotzdem war die Entwässerung ein ständiges Problem der Minen. Bereits 1864 hatte der Deutsche Adolph Sutro den Vorschlag gemacht, einen 6 km

Maschinist an Seilwinde für die Aufzüge, rel. kleines Modell.

OBEN: Abraumhalden direkt neben Mineneingang.
UNTEN: Fässer mit Eiswasser zur Abkühlung der Bergleute.

langen generellen Entwässerungs- und Wasserdampf- Entlüftungsstollen quer unterhalb der Region zu bauen. Der Plan wurde wegen fehlender Gelder bis 1871 aufgeschoben und nach 7 jähriger Bauzeit erst 1878 fertiggestellt. Der Stollen erwies sich aber als wenig effizient.

Stadtentwicklung Virginia City: die Kunde vom großen Reichtum zog viele Abenteurer an, zumal ab 1869 die Stadt per Eisenbahn erreichbar war. Damals lebten rund 3o.ooo Menschen in dieser Berg-Einöde. Es gab 6 Kirchen, 5 Brauereien und über 1oo Saloons, in denen dem Spieltrieb und dem Alkoholgenuß gefrönt wurde. Eine eigene Oper bestand ab 1867, in der Größen wie Enrico Caruso auftraten, aber auch Striptease für die Minenarbeiter veranstaltet wurde.

Ein Großfeuer zerstörte die Holzsiedlung 1875. Umgehend wurde die Stadt neu aufgebaut, so das "International Hotel" in 6- Stock-Backstein an der Main Street.

In den Boom- Zeiten der Stadt Ende der 6o-er bis Ende der 7o-er ließ es sich gut leben, was die Einkünfte der Minenbesitzer betraf, die dicke Gewinne tätigten und Hauptlieferant des Silbers für die USA waren.

Lebensbedingungen der Bergarbeiter: waren weniger positiv. Sie vegetierten in Herbergen, und Holzhäusern, die ungenügend gegen winterliche Kälte geschützt waren: Lungenentzündung und Rheumatismus waren häufige Krankheiten.

Zudem wurde jede Menge Alkohol getrunken, welches nicht selten zu Leberzirrose führte. Gemäß Statistik schaffte der Zug jährlich bis zu 8oo.ooo Liter an Gin, Whiskey und Brandy ran, der in den Saloons konsumiert wurde.

Todesfälle resultierten nicht nur aus Erkrankungen, sondern vor allem aus Unfällen in den Minen. Wieviele Menschen starben, ist heute nicht bekannt, da die genauen Statistiken damals von den Minenbesitzern unterdrückt und unter Verschluß gehalten wurden. Man schätzt aber, daß rund 3o % der Bergarbeiter an Unfällen starben.

Nr. 1 der Todesfälle waren Stürze: nach der extremen Hitze in der Mine kamen die Bergleute verschwitzt ans Tageslicht und dort in die kalte Sierra- Temperatur, Folge Kreislaufkollaps und Sturz in Minenschächte... Stürze aber auch innerhalb der Mine in den sogen. Grubensumpf, wo in den Wasserlöchern Temperaturen um 7o Grad herrschten. Wer hier reinfiel, hatte kaum noch Chance (wegen Verbrennungen), - selbst wenn er umgehend rausgeholt wurde. Ansonsten gab es an den Grubensümpfen eine Stange, an deren Spitze ein Eisenhaken befestigt war und mit der die Leichen rausgeholt wurden...

WILLIAM WRIGHT
Herausgeber der Zeitung
"Territorial Enterprise"

Nr. 2 waren Einbrüche von Stützbalken in den Stollen und Abraum- Kammern. Sie kündigten sich oft Tage vorab durch Knistern und Knarren im Gebälk an. Indikator für bevorstehende Einstürze waren auch die vielen Ratten, die sich in den Minen aufhielten und von den Essensresten der Bergarbeiter fraßen. Stand baldiger Stolleneinbruch bevor, wurden sie unruhig. Trotzdem wurde weitergearbeitet, um nicht Lohn und Anstellung zu verlieren....

Nr. 3 waren Feuer im Bergwerk. Die Menge an Stützbalken, sowie Gase in den Minen (die sich durch die Kerzenbeleuchtung entzünden konnten) führten zu Feuer, bei dem die Stützbalken verbrannten und die Decke einstürzte.

Maschinist am Aufzug — einer der verantwortungs-
vollsten Posten in der Mine.

Nr. 4 in der Rangliste waren vorzeitige Explosion von Sprengladungen, die die Bergleute zerfetzten. Aber auch in die Schächte herabstürzende Gegenstände, z.B. Werkzeuge, Holz etc. Einmal sprang ein Hund über eine Schachtöffnung, blieb aber hängen und stürzte in den 400 m tiefen Schacht, wo er wegen der Wucht des Aufpralls Bergleute tötete.

Ein anderes Mal verhakten sich Werkzeuge und Stangen, die im Förderkorb untergebracht waren und die Sache stürzte in die Tiefe, wo weitere Bergleute den Tod fanden.

Der **Maschinist** an den Bedienhebeln des Aufzuges hatte einen der verantwortungsvollsten Posten in der Mine. In seiner Hand lag das Leben der Leute vom Förderkorb, - und die Geschwindigkeit des Korbes war beachtlich: bis zu 300 m in der Minute! Ein Zeiger auf einer Scheibe zeigte dem Maschinisten den jeweiligen Stand des Förderkorbes an. Als einziger Kontakt zwischen den Leuten im Förderkorb und dem Maschinisten oben war ein Seil, über das Zeichen per Glocke gegeben werden konnten.

★ **William Wright**, Herausgeber der Zeitung "Territorial Enterprises" hatte ebenfalls einen bedeutenden Posten in der Stadt und Umgebung. Mit viel Zivilcourage berichtete er über das, was die Minenbesitzer gerne unterdrücken wollten: Arbeitsbedingungen, Unfälle in den Minen und mögliche Schutzmaßnahmen. Teilweise waren die Artikel so engagiert, daß William Wright unter dem Pseudonym "Dan De Quille" schrieb. Er war sehr bliebt in Virginia City, und die Zeitung hatte hohe Auflagen.

Die Zeitung The Territorial Enterprise war eine der bedeutendsten des amerikanischen Westens. Ab 1862 arbeitete Mark Twain zwei Jahre lang für das Blatt, später verfaßte er zahlreiche Kurzgeschichten über das Leben in Virginia City.

★ **Ausbeute der Minen**: insgesamt sollen die Minen der Region Virginia City über eine Milliarde Dollar (!) Gewinn erbracht haben. Auf jeden Fall verdankt San Francisco seinen Aufstieg den Dollarmillionen aus den Silberminen. Ein Kapital, das in viele andere Wirtschaftszweige floß und einer der Gründe war für den Aufstieg der USA ab 2. Hälfte des 19. Jahrhunderts zur führenden Weltmacht.

★ **Dekadenz der Minen**: ab ca. 1885 waren die Silberminen erschöpft, bzw. Tiefen von 800 m und mehr erreicht, wo Arbeiten wegen Hitze und Wasserdämpfen unmöglich wurde. Die Stadt und andere Minensiedlungen im Umkreis wurden verlassen. Die Bergarbeiter waren gefragte Experten in neu entdeckten anderen Minenregionen der USA. Und die Besitzer der Virginia City- Minen hatten, - wenn sie clever waren wie z.B. Hearst, - rechtzeitig verkauft. Virginia City, einstmals blühende Minenmetropole, verfiel als unbedeutende Siedlung in der Berg- Einöde.

im Bereich Virginia City gibts Motels und Hotels, allerdings relativ teuer. Ob es sich lohnt, hier oben in der Berg- Einöde für die Nacht einzumieten, sei dahingestellt.

Zumindest ist im naheliegenden Reno für den Abend mehr geboten. Auch gibt es in Reno erheblich mehr Hotels und Motels, die zudem wegen Konkurrenzkampf billiger sind.

BESICHTIGUNGEN: im KASINO alte Spieltische aus der Zeit des Silberbooms. - VILLEN DER SILBERBARONE, inkl. Mobiliar und alten Dokumenten. In der Villa des "Bonanza- Kings" John W. Mackay ein Museum. Die Bonanza Kings waren nicht nur gewinnträchtig in ihren

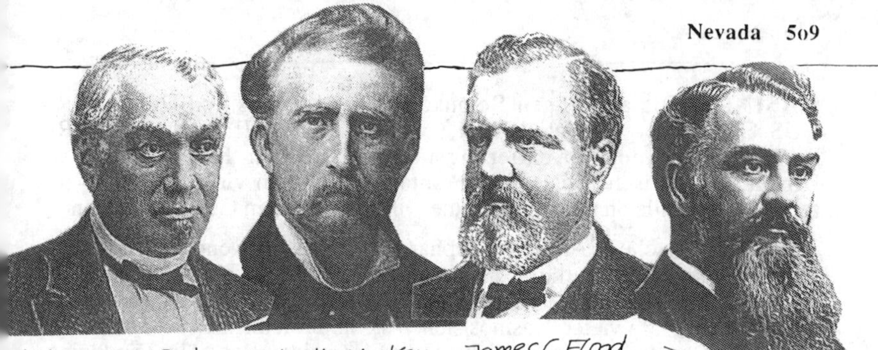

William S. O'Brien John W. Mackay James C. Flood James G. Fair
Die BONANZA-KINGS: als Minenbesitzer und Multi-Millionäre zum Clan zusammengeschlossen.
Im Clan nicht assoziert waren J.P. Jones (ab 1873 US-Senator von Nevada) und W. Sharon (Großaktionär der Bank von California) zugleich größter Widersacher der 4 Bonanza Kings.

Minen tätig, sondern auch am Alkoholhandel und an den Spieltischen beteiligt. Eine Tradition, die sich heute im Bundesstaat Nevada in Spieler-"Paradiesen" wie Reno und Las Vegas fortsetzt.

Mehrere kleinere MUSEEN an der Main Street/Virginia City,- teils dient der Museumsbetrieb, um Souvenirs an die Käufer zu bringen.

OLDTIMER- FAHRTEN: vom Frachtdepot der ehemaligen "Viginia & Truckee- Railroad" (eröffnet 1869) . Mit originalen Dampfloks und Waggonmaterial der Zeit des Silberbooms gehts auf den Gleisen zum Zielpunkt einer Mine, die besichtigt werden kann.

★ Reno (11o.ooo Einw.)

Nach Las Vegas das größte Glückspiel- Zentrum im Staat Nevada. Es ist im Vergleich zu Las Vegas jedoch eher hausbacken und provinziell; weniger Glanz und weniger Neon. Aber die Roulettkugel rollt hier wie dort, und die Slot-Machines schlucken die Münzen im gleichen Tempo.

Zwischen den großen Kästen der Kasinos zahlreiche kleine Kapellen. Unkomplizierte Blitzhochzeiten sind im Rahmen der freizügigen Gesetze von Nevada immer noch "in": Trauzeugen, Blumen und Papierkram sind im Pauschalpreis inbegriffen. Wer auf der Suche nach finanziellem oder ehelichem Glück noch Augen für anderes hat: Das Automobilmuseum ist Spitzenklasse.

Tourist INFO Chamber of Commerce, 135 N. Sierra Blvd. Information und Broschüren sowie Gratis- und Billig-Cupons für Kasinos, Hotels und Shows.

Post: Virginia St./Ecke Mill St. **Telefon**: Vorwahl 7o2.

KASINOS: Die auffälligen Betonkästen der Kasinos und Hotels CIRCUS CIRCUS, - SUNDOWNER, - FLAMINGO HILTON und HARRAH'S geben den Orientierungsrahmen für den Kasinobezirk in Downtown. Zwischen diesen markanten Fixpunkten viele weitere. Von innen sind sie alle ähnlich, auch keine Differenz bei den Gewinnchancen.

Keine europäische Kasino-Atmosphäre erwarten. In Reno geht's locker zu, teilweise fast schlampig. Shorts und T-Shirt kein Problem; sind sie sauber, ist man bereits gut angezogen. Roulett- und Kartentische werden immer weniger, in vielen Kasinos stehen sie in der letzten Ecke. Die große Mehrzahl der Spieler versucht sich an den Einarmigen Banditen: Der kleine Mann hofft auf den großen Schlag á la Lottomillion, der an den Slot-Machines möglich ist. Die Münze im Spielautomaten ersetzt das Kreuz auf dem Lottoschein (zur Wandlung und Modernisierung des Spielbetriebs in den letzten Jahren siehe auch Seite 392).

NATIONAL AUTOMOBILE MUSEUM, Lake St./Ecke Mill St. Ein Traumland für Autofans und faszinierend selbst für notorische Fußgänger und Kritiker der Automobilmachung. Historisch aufgebaut in einem modernen, silberglänzenden Museumsbau. Die Ausstellungssäle sind verbunden durch imitierte Straßen einer amerikanischen Kleinstadt der jeweiligen Epoche mit Tankstellen, Werkstätten etc.

Renaults und Cadillacs aus der Zeit der Jahrhundertwende; längst vergessene Firmennamen wie Franklin, Knox und Mercer, - Luxuslimousinen der dreißiger Jahre, - die ersten Chryslers, Dodges und Studebakers, - ein Feuerwehrauto von 1917 und ein Campmobil von 1921. Versuchsautos mit Dampfmotoren und anderen längst überholten Ideen; die ersten Pick-ups von Ford und Chevrolet sowie andere Nutzfahrzeuge. Alles vorhanden, was in der Nachkriegszeit Automobilgeschichte gemacht hat: Porsche, Jaguar, Maserati, Ferrari, Ford Mustang, eine "Ente" und ein 47er "Käfer", Formel I Rennwagen, der Cadillac von Elvis Presley.

Geöffn. täglich von 9:3o-17:3o Uhr, Eintritt 7,5o US.

Hotels und Motels in Reno alle dicht zusammen im Kasino-Bezirk von Downtown. Spottbillig, vor allem außerhalb der Wochenenden. Bei lauem Geschäft läßt sich sogar von den Sonderangeboten noch einiges runterhandeln. Es lohnt die Nachfrage beim Touristenbüro oder eine kurze Orientierung bei einzelnen Hotels. Viele Motels haben die Preise außen groß angezeigt. Die Wege sind kurz; wenn's nicht klappt, nebenan gibt es die nächsten Angebote. Wer vorher reservieren will, zahlt mehr: Angebote in allen Preiskategorien hat die "Convention and Visitor's Authority", Tel. 827-7366 oder 8oo-367-7366.

Zentral gelegen sind die Kasinohotels "**Circus Circus**", 5oo N. Sierra St. (DZ ca. 4o US); "**Eldorado**", 4th St./Ecke Virginia St. (DZ ab ca. 4o US); "**Flamingo Hilton**", 255 N. Sierra St. (DZ ab 8o US).

Zentral auch folgende Motels: "**Chalet**", 515 N. Center St. (DZ ab ca. 3o US); "**Travelodge Downtown**", 655 W. 4th St. (DZ ab ca. 5o US); "**River**", 24o E. 2nd St. (DZ ab ca. 3o US).

Reno ist ein billiges Pflaster für gutes und reichhaltiges Essen. Die Kasinos locken mit Tiefstpreisen und Sonderangeboten sowie Billig-Kupons die Spieler an. Essen ohne zu spielen ist ebenso selbstverständlich wie die Mitnahme der Gratis-Kupons für Drinks oder eine halbe Mahlzeit.

Am besten noch die Buffets, die einige Kasinos anbieten: große Auswahl für jeden Geschmack und soviel essen, bis man satt ist oder platzt. Um 5 US am Abend, morgens und mittags noch billiger. Selbstverständlich gibt es dazu auch Alternativen, von McDonald's bis zum Candlelight-Dinner. Alles verfügbar innerhalb der "Kasino-Meile". Getränke an den Bars der Kasinos ebenfalls lächerlich billig, Spieler trinken vielerorts sogar gratis.

SELBSTVERSORGER:

In Reno in jedem Fall umsteigen auf Restaurant-Essen. In den Kasinos kommt es billiger als der Einkauf im Supermarkt.

Verbindungen ab Reno

Bus: Moderner Greyhound-Terminal zentral, Stevenson St./Ecke 2nd St.

-> San Francisco: 12x tägl./ 6- 7 Std./ ca. 45 US

-> Sacramento: 12 x tägl./ 3-4 Std./ ca. 3o US

-> Carson City: 6 x tägl./ 1 Std./ ca. 7 US

-> South Lake Tahoe: 6 x tägl./ 2 Std./ ca. 15 US

Bahn: Amtrak-Bahnhof zentral, Commercial Row/Ecke Lake St.

-> San Francisco: 1x tägl./ 8 Std./ ca. 75 US, sehr lohnende Strecke über die Sierra Nevada, vorbei am Donner Lake, siehe nächstes Kapitel.

-> Sacramento: 1x tägl./ 5 Std./ ca. 4o US.

Auto: Über I-8o nach Sacramento (22o km/ ca. 2- 3 Std.) und San Francisco (36o km/ ca.4- 5 Std.). Hwy. 395 in Nord-Süd Richtung zum Lassen National Park (25o km/ ca. 4 Std.) und ins Owens Valley (bis Bishop 33o km/ ca. 5 Std.).

Autovermietung: Von Reno aus lohnt u.U. das Anmieten eines Wagens für Ausflüge nach Virginia City und zum Lake Tahoe.

ALAMO, Tel. 323-83o6 - HERTZ, Tel. 785-2511 - THRIFTY, Tel. 329-oo96

Anschluß NORDKALIFORNIEN: beispielsweise kann ab RENO über die Hwy. 395/ 4 und 89 relativ schnell der Lassen National Forest und der Shasta Nat. Forest erreicht werden. Details ab Seite 788.

Reno ⋙→ Sacramento

22o km/ ca. 2- 3 Std. Sowohl per Bahn als auch über die Autobahn I-8o eine der klassischen Routen über die Sierra Nevada nach Kalifornien.

Die Streckenführung der Bahn ist spektakulärer, aber auch die Fahrt über I-8o läßt keine Wünsche offen. Landschaftlich grandios über die Höhenlagen der Sierra. Dichte Nadelwälder wechseln mit felsigen Abschnitten, auf denen sich Bäume nur vereinzelt halten können. Zwischendurch Bergseen, Canyons und weite Panoramablicke. Nach Schneefällen zwischen Herbst und Frühjahr eine bezaubernde Winterlandschaft. Am Ende stürzt sich die Straße von den Hängen der Sierra hinunter ins Central Valley.

★ Truckee

Holzfällerstadt und Zwischenstop für Züge und Busse nach San Francisco. Eine echte Western-Town ohne touristischen Anspruch. Charakteristische Holz- und Backsteinfassaden, in der Comercial Road noch Häuser aus dem 19. Jh. Charles Chaplin filmte in Truckee Szenen zu seinem Film "Der Goldrausch".

Das Stadtbild ist heute ein gewürfeltes Durcheinander und eher häßlich, hat aber gewissen "Wildwest-Flair". Hier gehen die Leute noch ihren Geschäften nach, ohne gemerkt zu haben, daß sie in einer Western-Town leben, wie sie andernorts längst aufgepeppt und vermarktet wurde.

Unterkunft: im Ort mehrere Hotels, sowie eine ganze Reihe an Campinplätzen entlang der Straße zum Lake Tahoe.

Verbindungen: Greyhound-Terminal und Bahnhof im Ortszentrum, die Schienen gehen mitten durch die Stadt. Per BUS nach Reno (5 x tägl./ ca. 5 US), Sacramento (8 x tägl., ca. 16 US) und San Francisco (8 x tägl., ca. 3o US). Per BAHN 1 x tägl. nach Sacramento (ca. 4o US), San Francisco (ca. 6o US) und Reno (ca. 12 US).

Von Truckee kein öffentlicher Transport zum Lake Tahoe.

★ Donner Lake

Kleiner See westlich von Truckee an der Interstate 8o. Liegt schön zwischen Wäldern, Bademöglichkeit und ruhige Alternative zum Lake Tahoe.

Am Eingang zum State Park ein Denkmal und kleines Museum, das an eine der tragischsten Geschichten aus der frühen Pionierzeit erinnert, das Schicksal der "Donner Party". Geöffn. tägl. 1o-16 Uhr, Eintritt 2 US.

1846 hatte sich eine Gruppe von 89 Siedlern in Illinois mit Planwagen, Lebensmitteln und Gepäck auf den Weg gemacht, um Kalifornien zu erreichen. Sie benutzten den Oregon Trail, der von Illinois westwärts durch Land der Pawnee, Sioux und Chevenne Ind-

OBEN: James Reed und seine Frau Margarete. Mitglieder der "Donner-Party". Beide überlebten. James Reed war später erfolgreicher Immobilien-makler in Kalifornien.
RECHTS: Elisha Stevens, Trapper, Entdecker des Donner Passes, führte 1844 den ersten Wagen-Treck über den Pa
UNTEN: auch die Transkontin. Eisenbahn benutzt diese Trasse.

dianer zu den Rocky Mountains führte. Hier zweigte der California Trail ab, der später beschwerlich die Sierra Nevada überquert. Details zu den Trails siehe auch Seite 115.

Anfangs wurde die Sierra südlich in der sogen. "Carson Route" überquert: sie führt über das heutige Carson City weiter entlang des Südendes des Lake Tahoe und weiter über den Carson Paß über die Sierra nach Placerville und war lange Zeit die Haupteinwanderungs-Route nach Kalifornien.

Der Trapper Elisha Stevens hatte eine Abkürzung entdeckt, die nördlich via heutigem Truckee und Donner Paß verlief. Bereits 1844 hatte er einen Treck über diesen Paß geführt.

TRANSKONTINENTAL-EISENBAHN im Bereich der Sierra Nevada. Der Bau war extrem aufwendig und kostspielig. Zudem im Winter das Gleis oft zugeschneit. Die Loks mußten freigeschaufelt werden, siehe Vorseite (die Graphik zeigt einen relativ harmlosen Fall).

Nun war die Gruppe der 89 Siedler, die im April 1846 in Illinois aufgebrochen war (die sog. "Donner Party", benannt nach den Leitern der Gruppe, Jacob und George Donner), in Zeitschwierigkeiten gekommen: Der Winter stand bevor, und die Sierra war noch nicht überquert. Im Oktober 1846 erreichte die Gruppe Reno, pausierte hier erst einmal, um Kräfte für die beschwerliche Überquerung der Sierra zu sammeln, zumal die Wagen erheblich überladen waren. Man entschied sich daher für die Abkürzungsroute über die Sierra, die der Trapper Elisha Stevens entdeckt hatte.

Eine fatale Entscheidung: die Gruppe hätte besser den Winter in Reno abgewartet, denn in Reno gab es Lebensmittelversorgung. Stattdessen brach die Gruppe auf und wurde am heutigen Donner- Lake von winterlichen Schneestürmen überrascht. Man hoffte, bald weiter zu kommen und baute ein Lager aus Blockhäusern am See. Doch die Schneemassen wurden immer höher, und die Lebensmittelvorräte neigten sich dem Ende entgegen.

Verzweifelt versuchten einige, trotz dicker Schneestürme den Paß zu überqueren. Mehrere starben, und die Überlebenden ernährten sich in ihrer Verzweiflung von deren toten Körpern. Einen Monat später erreichten sie halb verhungert Sutters Fort am American River auf der Westseite der Sierra.

Den am See Verbliebenen ging es nicht viel besser. Auch sie waren fast verhungert, als eine Rettungsmannschaft im Februar bei ihnen eintraf. Letztlich überlebten nur 47 der ursprünglich 89 Menschen diesen schrecklichen Treck nach Kalifornien.

"Donner Memorial Campground", Tel. 587-3841. Nähe Donner Lake und leicht zugänglich von der Autobahn I-8o. Großer Platz unter Bäumen auf dem Gelände des State Park. Etwa 2o km vom Lake Tahoe, daher ruhiger als die Plätze am See und trotzdem geeignet für Tagestouren. Gut ausgerüstet mit Toiletten und Duschen. Nur im Sommer geöffnet. Stellplatz ca. 12 US.

Bau der Transkontinental- Eisenbahn: die Überquerung der Sierra Nevada war erhebliches Problem der Ingenieure der Central Pacific Railway, die sich von der US-Westküste (San Francisco, Sacramento) Richtung Ost vorarbeitete. Eine Vielzahl an

Viadukten in Holzkonstruktion mußte gefertig werden, Einschnitte in den Fels und in Tunnel gesprengt werden.

Als Trassenführung wurde der Donner Paß gewählt. Im Bautrupp waren 6.ooo Chinesen, die sich als die fleißigsten und besten Bauarbeiter bewährt hatten. Sie waren Tag und Nacht tätig, um die Wünsche der Eisenbahngesellschaft nach Fertigstellungstermin zu erfüllen.

Der Winter 1866/87 traf den Bautrupp massiv: man befand sich in Bauarbeiten kurz vor Paßhöhe (2.143 m), die im Summit Tunnel unterquert werden sollte: rund 5oo m durch Granitfels. Dann kamen Schneestürme und 44 Blizards, die teils 2 Wochen andauerten. Der Bautrupp war völlig im Schnee eingeschlossen, selbst 12 Dampfloks konnten den Schneepflug nicht mehr voranschieben, - und die Versorgung mit Baumaterial für den Tunnel nicht mehr sicherstellen. Trotzdem wurde mit Einsatz schwerer Schneepflüge und neuer Technologien weitergearbeitet und bis Frühjahr 1887 war dieser Bereich der Sierra von San Francisco bis Reno durchgehend befahrbar. Weitere Details zur "Transkontinental Eisenbahn" siehe Seite 132.

Heute fährt der Luxuszug "California Zephyr" täglich auf der Strecke. Fahrzeitr Reno -> Truckee -> Donner Lake -> Sacramento ca. 4 Std., eine der lohnendsten Eisenbahnfahrten innerhalb Kaliforniens. Weitere Details siehe auch Kapitel "Anreise/Zug ab Chicago".

ANSCHLUSS: Sacramento Seite 552
Gold Country, Beginn des Kapitels: Seite 518
Einstieg Gold Country ab Truckee via Yuba Paß: S. 526
Nord Kalifornien/Lassen Volcanic Nat. Park: Seite 788

TRANSKONTINENTAL-EISENBAHN: im Bereich der Sierra Nevada-Durchquerung waren gewaltige Mengen an Bauholz nötig. Holz gab es in der Sierra reichlich entlang der Bahnstrecke. Manche dieser Holzviadukte hatten eine Länge von 350 m und 40 m Höhe! Trotz der vielen Verstrebungen gerieten sie schnell ins Schwanken, wenn die Züge mit den schweren Dampfloks drüberfuhren. Um das seitliche Schwanken zu verhindern, wurden die Viadukte oft in Kurven gebaut, was zusätzliche Stabilität brachte.

GOLD COUNTRY

Über 5oo km windet sich Highway 49 durchs Gold Country, eine hügelige Landschaft am westlichen Rand der Sierra Nevada. Schauplatz des Goldrausches von 1848-54.

ANSKONTINENTAL-EISENBAHN oberhalb des American River/South Fork

DETAILKARTE zum Gold Country Siehe Seite 543

Entdeckung: 1839 hatte der Schweizer Johann August Sutter das Gebiet der heutigen Stadt Sacramento im Central Valley erreicht. Von der Mexikanischen Regierung (ihr gehörte damals alles Land nördl. Mexiko City bis rauf zur heutigen Grenze Kanadas) erhielt er 2o.ooo Hektar Land zur Kultivierung.

Da das Land fruchtbar war, kamen bald weitere Siedler. 1848 entdeckte James Marshall (Vormann von J.A. Sutter) beim Bau einer Sägemühle am Oberlauf des American Rivers **GOLD**. Zunächst versuchte man, den Fund geheim zu halten, und die Mitarbeiter Sutters wuschen in ihrer Freizeit im Fluß fleißig Gold.

Es lag auf der Hand, daß sich langfristig diese reichen Funde nicht verheimlichen ließen. Im Laufe des Jahres 1849 machten sich viele 1o.ooo Abenteurer auf den Weg nach Sacramento und von dort weiter ins Gold Country an den Westhängen der Sierra Nevada. Sie erreichten das Gebiet 1849, daher der Name "forty niners".

Bald war die Region von rund 1oo.ooo Menschen besiedelt und hatte die höchste Bevölkerungsdichte Kaliforniens. Wildwest-Siedlungen entstanden bei den Schürfstellen an den Flußläufen, - Blockhäuser, zwischen denen Schlammstraßen durchführten.

SUTTER-SÄGEMÜHLE, wo der Vormann James Marshall 1848 Gold entdeckte, - Auslöser des kalifornischen Goldrausches, der bis ca. 1860 rund 600 Mill. US$ an Funden brachte.

Details zum politischem Background, Anreiserouten der Goldsucher siehe Geschichtskapitel im Einleitungsteil dieses Bandes.

Die Goldsuche funktionierte anfangs nach wenigen Grundregeln, die auch eingehalten wurden, da es 1849 in Bezug der Größe des Gebietes und der reichen Funde zunächst noch relativ wenige Goldgräber gab:

Der Goldsucher steckte seinen "claim" ab. Dieser galt als ihm gehörig, wenn er dort ständig arbeitete, sowie durch Liegenlassen seines Werkzeugs. Eventuelle Streitigkeiten regelte ein Komitee.

Nach Ankunft von immer mehr Abenteurern kam es zwangsläufig zu Streit um die Claims: Neuankömmlinge ließen ihr Werkzeug in bereits bewirtschafteten und erfolgreichen Claims liegen und behaupteten frech, der claim gehöre ihnen. Immer mehr Rechtsanwälte zogen in die Region und hatten gutes Einkommen, wobei sie nicht selten in die eigene Tasche wirtschafteten.

Im Bereich der Fundstätten entstanden Boom-Towns: flott hingebaute Blockhäuser- Siedlungen. Sie waren vollgestopft mit Goldsuchern, - aber auch Geschäftsleuten, die den Goldsuchern das Geld abknöpften. Je nach Versorgungslage wechselten Lebensmittel, Whiskey, Kleidung und Ausrüstungsgegenstände zu überhöhten Preisen den Besitzer.

Saloons und Spielhallen sprossen aus dem Boden, deren Besitzer das dicke Geld machten. Einige der späteren Eisenbahn- Tycone begannen ihr Buissenes in diesen Wildwest- Towns (z.B. Sacramento), wo sie Lebensmittel- und Ausrüstungs Shops hatten und die überhöhten Gewinne später in den Bau der Transkontinental Eisenbahn investierten.

Blockhütte der ersten Wassercompany im Gold Country

Diese Besitzer der Shops bis Bars und Spielhöllen galten als die Hauptverdiener im Gold Country. Hinzu kamen die Besitzer der Wassercompanies, die in bis zu 23 km langen Fels- und Holzrinnen das Wasser zum Goldwaschen zuleiteten und teils horrende Nutzungsgebühren verlangten.

Für jeden Neuankömmling bestand ein weiteres Problem: frisch im Gold Country

angekommen, wurden ihm dort natürlich nicht die besten Schürfstellen verraten. Die Dummen wurden zu Schürfstellen geschickt, die längst ausgebeutet waren, bzw. zahlten gar noch Geld für den Tip.

Die meisten Goldsucher kamen gerade über die Runden. Etwa eine halbe bis eine Unze Gold täglich war nötig, um sich über Wasser zu halten und weiterzuarbeiten in der Hoffnung auf den großen Fund. Es gab aber auch Glückliche, die aus einer Pfanne Gold im Wert von 2.ooo Dollar herauswuschen oder an einem Tag Nuggets für 5o.ooo Dollar fanden.

Manch einer reiste dann mit einem Sack voll Nuggets oder Goldstaub nach San Francisco, um dort sein neues Glück zu genießen. Meist dauerte dies nur wenige Tage, denn im Rausch des Erfolgs gab es kein Halten. Wer dann nach einer Woche ohne jeden Cent dastand, machte sich keine Sorgen: Oben in den Bergen gab es ja noch genug Gold, man mußte sich nur wieder auf den Weg machen....

Schüttelkasten zum Auswaschen des Goldes ↑ Pickel ↑ Schaufel ↑ Pan
WERKZEUGE DER GOLDSUCHER

Zugang zum Gold Valley: Es gab 2 Routen: einmal Overland vom Mississippi gut 2.6oo km durch Indianerland, - zum anderen das Schiff via Panama (gefährlich wegen Gelbfieber und Malaria, da man die Landenge zu Fuß überqueren mußte), bzw. um die Südspitze Südamerikas! Bevor man also ans erhoffte dicke Geld (sprich Gold) kam, waren erhebliche Strapazen gesetzt, die zudem große Kosten verursachten. Details hierzu im Geschichtskapitel/Einleitungsteil dieses Bandes. Die Transkontinentale Eisenbahn kam erst später (1869).

Ab Hafen San Francisco, in der Anfangszeit noch eine kleine Brettersiedlung, kamen auf die Abenteurer weitere Unkosten und Probleme: Die Meeresbucht mußte bis zur Mün-

dung des Sacramento Rivers und des San Joaquin Rivers überquert werden. Die Schiffsunternehmer in San Francisco kassierten in der Anfangszeit für die Fahrt bis zur Mündung beider Flüsse satte Summen, so daß sich manche Abenteurer zu mehreren zusammentaten und ein altes, für den Fernverkehr im Pazifik nicht mehr taugliches Schiff kauften.

Ab hier ging es entweder den San Joaquin flußauf zum heutigen Stockton und von dort auf Trails entlang der Flüsse in den südlichen Bereich des Gold Country. Oder: den Sacramento River flußauf bis Sacramento. In der Anfangszeit bis Spätsommer 1849 gab es auf dem Fluß keinen regulären Schiffsverkehr, und die Erstankommenden wurden von Privatunternehmern erbärmlich geschröpft, bzw. bauten sich auf eigene Faust ein Floß und paddelten anstrengend flußauf. Ende 1849 wurde dann ein Steampaddler auf dem Fluß eingesetzt und auf der Gesamtstrecke San Francisco -> Sacramento ein regulärer Schiffsliniendienst eingeführt, der auch die Passagepreise in erträgliche Dimensionen brachte.

Sacramento war der Sammelpunkt aller Abenteurer, Goldsucher und sonstiger Unterneh-

mer, - und damals größte Stadt Kaliforniens. Von hier wurde das Gold Country "verwaltet" im Sinne, daß von hier der Warennachschub und damit die Gewinne getätigt wurden. Anfangs lag es mit weiterführenden Straßen ab Sacramento sehr im Argen: schlammige Trails, die jedoch bald zu Verkehrswegen in die einzelnen Täler und dortigen Fundstellen ausgebaut wurden. Sie waren nach Regenfällen nicht minder schlammig, konnten jedoch weitgehend von Pferdefuhrwerken befahren werden.

Ende 1854 und nur ein halbes Jahrzehnt nach der Entdeckung des ersten Nugget streiften über 1oo.ooo Goldsucher durch das Vorgebirge der Sierra Nevada. Sie hatten zu dieser Zeit praktisch jeden Fluß überprüft und durchgewaschen. Täglich wurde es schwie-

riger, an das verbliebene Gold heranzukommen.

Während auf dem Höhepunkt des Goldrausches 1852 Gold im Wert von 81 Millionen Dollar gefunden wurde, reduzierte sich diese Menge bereits ein Jahr später drastisch. Zwar existierten weiterhin große Mengen Gold, sie ließen sich aber mit den einfachen Methoden des Grabens oder Waschens nicht mehr gewinnen.

Fortan waren Bergbauingenieure gefragt, die mit großem Kapitaleinsatz und für damalige Zeiten modernsten Maschinen zu Werk gingen: Um an die Goldlager zu kommen, wurden ganze Wasserläufe umgeleitet und mit Rohren ähnlich riesiger "Feuerwehrspritzen" auf die Berghänge gerichtet. Mit Hilfe des Wassers wusch man ganze Berge für immer aus der kalifornischen Landschaft, um das darin enthaltene Gold herauszuspülen. Zudem ermöglichten bis zu 25o m tiefe Schächte den Abbau von Gold unter Tage.

Nachdem die "forty-niners" bereits mit Pfanne und Schaufel das Land umgepflügt hatten, wurde es nun noch einmal in größerem Maßstab durchwühlt, zerfurcht und umgegraben. Bis ca. 1865 war die einst liebliche Vorgebirgslandschaft der Westseite der Sierra Nevada verwandelt in ein einziges Durcheinander von Gruben, Halden, umgeleiteten Flüssen und weggeschwemmten Bergen.

Die neuen Technologien beispielsweise der hydraulischen Wasserspritzen benötigten erheblich weniger Menschen bei der Goldgewinnung.

Die meisten der "forty niners" waren abgewandert in andere, neue Minengebiete, z.B. Virginia City/Nevada, nach Oregon, Kanada oder gar Australien.

Einige kehrten zurück zu ihren Familien an der Ostküste. Die Mehrzahl aber ließ sich in Kalifornien nieder und sorgte für eine konstante Weiterentwicklung in den Städten und auf dem Land.

Das Gold Country hatte Schlüsselfunktion für die Erschließung Kaliforniens. In nur einem Jahrzehnt entwickelte sich dort aus der vormals verschlafenen mexikanischen Grenzprovinz ein bedeutender Bundesstaat der USA, der heute zu einem in Wirtschaft und Technologie wichtigstem der USA zählt.

Malakoff Diggings (siehe auch Seite
GOLDWASCHEN per scharfstrahliger Wasserdüse

Heute sind diese "Wildwest- Towns" im Gold Country perfekt aufbereitet für den Tourismus. Der Kommerz regiert, und die schmucken, filmreifen Hausfassaden stammen nicht immer aus der Originalzeit von 1849 - 54. Mancherorts überdeckt der Touristenrummel ums Historische schon wieder die Wildwest-Atmosphäre. Mit Abstand schönster Ort ist NEVADA CITY im nördlichen Teil des Gold Country.

Verbindungen Gold Country

Der **Hwy. 49** (benannt nach den "forty niners") ist die zentrale Verkehrsachse in Nord- Süd. Er beginnt beim Yuba Paß im Norden, führt durch den landschaftlich wie auch bez. Siedlungen lohnenden nördlichen Teil des Gold Countries (Nevada City, Grass Valley) südwärts über Auburn, Placerville, Sonora nach Mariposa im Süden.

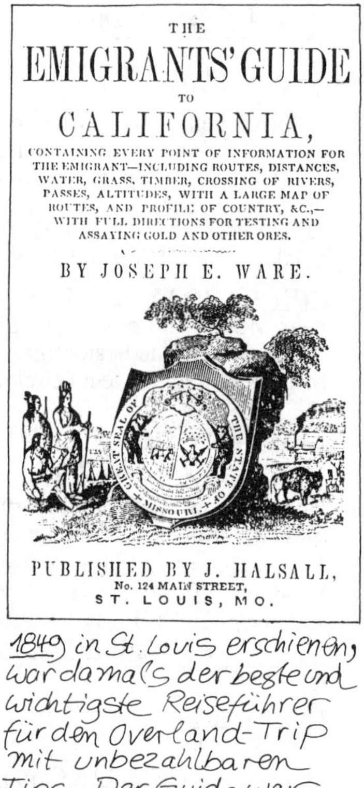
THE
EMIGRANTS' GUIDE
TO
CALIFORNIA,
CONTAINING EVERY POINT OF INFORMATION FOR THE EMIGRANT—INCLUDING ROUTES, DISTANCES, WATER, GRASS, TIMBER, CROSSING OF RIVERS, PASSES, ALTITUDES, WITH A LARGE MAP OF ROUTES, AND PROFILE OF COUNTRY, &c.,— WITH FULL DIRECTIONS FOR TESTING AND ASSAYING GOLD AND OTHER ORES.

BY JOSEPH E. WARE.

PUBLISHED BY J. HALSALL,
No. 124 MAIN STREET,
ST. LOUIS, MO.

1849 in St. Louis erschienen, war damals der beste und wichtigste Reiseführer für den Overland-Trip mit unbezahlbaren Tips. Der Guide war daher damals das meistbenutzte Kompendium.

Praktisch keine öffentlichen Verkehrsmittel entlang Hwy. 49. Einzige Möglichkeit: per Greyhound-Bus von Sacramento nach Auburn, von dort lokale Busverbindung nach Grass Valley und Nevada City (Details siehe dort). Ansonsten nur per Auto zugänglich (ca. 3 Std. ab San Francisco).

Der interessanteste Abschnitt liegt zwischen Nevada City und Sonora/-Jamestown. Zu erreichen im Südteil über Hwy. 12o auf dem Weg von Stockton oder Modesto zum Yosemite National Park. Der Nordabschnitt am schnellsten zugänglich ab Sacramento über I-8o oder I-5o.

Der Hwy. 49 mit seinen historischen Minenstädten ist außerdem die attraktivste Anreisestrecke für den Yosemite National Park, wer aus der Region San Francisco kommt.

Tip: Von Mai bis September Wochenenden meiden. Ausflügler aus der San Francisco Bay Area überfluten die Region: Hotels sind langfristig ausgebucht, die kleinen Orte völlig überlastet, und der enge und kurvige Hwy. 49 total verstopft.

✶ Yuba Paß

Zu erreichen in Nordschleife ab Reno oder von der Interstate 8o ab Truckee: der Hwy 89 führt nach Sierraville. In der Nähe das triste Kaff VINTON: Aussteiger der 6o-er und 7o-er Jahren (dieses Jhs.) haben sich hierhin zurückgezogen, ansonsten ist der Hund begraben. - Der YUBA PASS (2.o42 m) ist die höchste Stelle des Hwy. 49. Entlang der Strecke weiter Blick auf die Ebene und die Berggipfel der Sierra Nevada.

SIERRA CITY (2oo Einw.) in schöner Lage im Wald. Tankstelle, ein paar Motels und das KENTUCKY MINE MUSEUM, ein Bergwerk mit Stollen, die heute besichtigt werden können, wie auch die Ausrüstung der Minenarbeiter, sowie eine rekonstruierte Wohnhütte der Arbeiter.

✶ Downieville (3oo Einw.)

1849 von Goldsuchern gegründet, die hier im Fluß nach Gold wuschen. Heute eine Mini- Siedlung am Fluß in ausgesprochen schöner Landschaft, dicht bewaldetes Tal und mehrere kleine Wasserfälle in der Umgebung.

In Downieville scheint die Zeit stehengeblieben zu sein: enge Straßen und Brücken. In kleiner Nebenstraße eine Reihe historischer Fassaden, ansonsten malerisch ins hügelige Gelände gesetzte Häuser. An der Main Street das kleine SIERRA COUNTY MUSEUM, das über die harte Arbeit der Gold-Diggers berichtet. U.a. sind auch Kuriositäten ausgestellt.

Übernachtung: 2 Motels an der Hwy. 49. Wald und Fluß runden die Idylle ab. Camping:

"Union Flat Campground", etwa 3 km östlich von Downieville am Hwy. 49. Direkt am Fluß unter Bäumen. Picknicktische und primitive Toiletten.

Im weiteren Verlauf der Hwy 49 gehört zum landschaftlich schönsten Teil. Hier beginnt der TAHOE NATIONAL FOREST: gebirgig und dicht bewaldet. Abwechslungsreicher Mischwald mit kleinen Flüssen und Gebirgsbächen, vor allem im Herbst ein farbiges Bild. Die Straße weiterhin extrem kurvenreich, aber gut ausgebaut.

"Willow Creek", 5 km östlich des Ortes Camptonville. Unterhalb des Hwy., mitten im Wald an einem kleinen Bach. Einfache sanitäre Anlagen, Duschen. Ganzjährig geöffnet. Stellplatz 1o US. Möglichkeit zum Goldwaschen gratis.

★ Nevada City (2.6oo Einw.)

Mit Abstand das Schmuckstück im Gold Country! Malerisch am Berg gelegen zwischen Waldstücken. Eine Western-Stadt (allerdings Ende des 19. Jhs.) wie aus dem Film, im Zentrum klassische Holz- und Backsteingebäude, die Fassaden sind natürlich gealtert oder dezent restauriert.

Die schönsten Gebäude in der Broad St., Commercial St., Main St. und Pine St. In Zentrumsnähe viele restaurierte Villen im viktorianischen Stil mit Vorgärten, Veranden und Erkern.

Tourist INFO

Chamber of Commerce, 123 Main St., Tel. 265-2692.

Post: 2oo Coyote St. **Telefon**: Vorwahl 916

Geschichte: Nach Ende der Goldausbeute im Fluß bzw. anschließend in Minen wurde die Stadt ab 2. Hälfte des 19. Jhs. zugleich zum Ferien-Resort reicher Familien vorwiegend aus San Francisco, die hier oben in der klaren Höhenluft ihre Villen bauten.

Mehrere Feuersbrünste zerstörten viele der Holzgebäude der Stadt, und die Feuerwehr war wichtigste "Company", konnte aber nur einen Teil der Häuser retten. Teils bestanden alte Häuser, teils wurde neu aufgebaut. Die heutigen architektonischen Schmuckstücke vom Nevada City stammen daher vorwiegend aus der Periode der City als Ferienresort. Unter anderem wurde die heutige Restaurierung von US- Banken finanziert.

NATIONAL HOTEL, 211 Broad St. Gebaut 1854, gilt als das zweitälteste noch erhaltene Hotel des Gold Country. Innen und außen viel Western-Flair, allerdings teure Übernachtungspreise (siehe "Hotels").

NATIONAL HOTEL, 211 Broad St. Gilt als ältestes (1854) noch erhaltenes Hotel des Gold Country. Innen und außen viel Western Flair, allerdings teure Übernachtungspreise (siehe "Hotels").

NEVADA COUNTY MUSEUM, 214 Main St., im ehemaligen Feuerwehrhaus von 1871 (mehrmals mußten in der Stadtgeschichte schwere Brände bekämpft werden). Weißgestrichenes Gebäude mit Balkon und Giebeltürmchen. Ausgestellt sind Exponate aus der Pionierzeit, viktorianische Kinderwagen bis hin zu chinesischem Altar. Geöffn. Do-Di von 11-16 Uhr, an Sommerwochenenden länger. Eintritt frei.

MINER'S FOUNDRY, 325 Spring St. Kulturzentrum und Radiostation

KVMR. Wen das Funktionieren eines winzigen provinziellen Radiosenders interessiert, kann mal reinschauen. Winziges Büro mit engem Sendestudio, Kassetten- und Plattenstapeln.

AMERICAN VICTORIAN MUSEUM: 325 Spring St., berichten von der Minen- Epoche der Stadt.

GOLDWASCHEN: Mit etwas Glück findet man auch heute noch Goldstaub in den Flüssen um Nevada City und Grass Valley. Wer's versuchen will (in Anlehnung damaliger Goldwäscher), folgende Anleitung:

Das Touristbüro in Nevada City gibt Tips, wo eventuell noch Gold zu finden ist, - jedoch keine Garantie. Das Arbeitsmaterial ist eine Stahlpfanne mit rund 3o cm Durchmesser. Gab's während des Goldrausches an jeder Straßenecke, heute etwas schwerer aufzutreiben. Die Pfanne (Pan) hält man zunächst über das Lagerfeuer, damit sie geschwärzt wird = eventueller Goldstaub/Körner lassen sich so leichter sehen.

Am Fluß dann in die Hände spucken, das Feeling spielen lassen und den richtigen Haufen Dreck oder Sand in die Pfanne werfen. Größere Steine, wenn's nicht gerade Nuggets sind, zurück in den Fluß. Dann die Pfanne mit beiden Händen unter Wasser halten und langsam rotieren lassen. Bei diesem Vorgang lösen sich die Goldkrümel vom leichteren Gestein und Sand und setzen sich in der trichterförmigen Spitze der Pfanne ab.

Jetzt die Pfanne leicht schräg halten, damit das leichtere Material weggewaschen werden kann. Wieder rotieren und wieder abspülen (Pfanne immer unter Wasser). Solange wiederholen, bis nur noch das Gold und einige schwere Mineralien übrig sind. Danach nur noch die Goldstücke aus dem restlichen Material heraussuchen und in der nächsten Bank eintauschen. Voilá.

Wer's nicht allein probieren möchte: Es gibt auch organisierte Goldwäscher-Touren, Anmeldung über Tel. 273-44o6. Ausrüstung, Transport und Fluß sind im Preis von 1o US inkl. Selbst mitbringen nur Turnschuhe und das entsprechende Glück.

"**Flume's End**", 317 S. Pine St., Bed & Breakfast. Country-Inn am Hang direkt über einem plätschernden Bach. Mitten im Grünen, trotzdem bequem zu Fuß ins Zentrum. Verschachteltes Haus mit 5 Gästezimmern, mehreren Balkons und Terrassen. Zimmer geräumig und mit modernem Komfort sowie einigen antiken Stilmöbeln. DZ ca. 11o US, reichhaltiges Frühstück inkl. Tel. 265-9665.

"**The Parsonage**", 427 Broad St. Typisches Holzhaus mit Veranda und Erkern. Im Stadtzentrum, umgeben von kleinem Garten. Zimmer unterschiedlich ausgestattet mit eigenem Bad und Möbeln aus der Pionierzeit. Bed & Breakfast, DZ während der Woche ab 7o US, Fr/Sa ab ca. 8o US. Tel. 265-9478.

"**National Hotel**", 211 Broad St. Western-Hotel mit beinahe authentischem Goldgräber-Flair. Filmreifes Backsteingebäude, leicht heruntergekommen. Einige schiefe Fensterläden, die Teppiche in der Lobby abgenutzt. Empfangshalle eingerichtet in wunderbar geschmacklosem Wildwest-Plüsch, rote Samttapeten. Zimmer sehr einfach, Möbel stark abgewetzt. DZ ohne Bad ca. 5o US, mit Bad ab 7o US. Für den gebotenen Komfort eine Unverschämtheit, aber die Atmosphäre mag manchem den Preis wert sein. Tel. 265-4551.

"**The Northern Queen Inn**", 4oo Railroad Ave. Größeres Motel am Stadtrand. SW-Pool. Zimmer geräumig und je nach Preislage mehr oder weniger komfortabel ausgestattet. DZ ab ca. 52 US. Tel. 265-5825.

"**Airway Motel**", 575 Broad St. Kleines Motel oberhalb des Zentrums. Ruhige Lage zwischen den Wohnhäusern und Gärten der Umgebung. Flache Steinhäuschen im Grünen. SW-Pool. Zimmer klein, holzgetäfelt, einfach eingerichtet. DZ ca. 4o US.

"Nevada County Fairgrounds", 11228 McCourtney Rd. in Grass Valley. Am nächsten gelegen zu den beiden Städten Nevada City und Grass Valley. Ganzjährig geöffnet. Gute sanitäre Einrichtungen. Stellplatz ca. 1o US.

"Scott's Flat Lake", etwa 7 km nördlich von Nevada City am Hwy. 2o. Großes Gelände am See, ganzjährig geöffnet. Gepflegte sanitäre Anlagen, Picknicktische. Stellplatz ca. 1o US.

"Oregon Creek", am Hwy. 49 rund 25 km nördlich von Nevada City. Hinter der Brücke scharf links, dann noch einen Kilometer. Ruhig und wunderschön gelegen unter Bäumen am Bach. Picknicktische, primitive Toiletten. Nur im Sommer geöffnet.

"THE APPLE FARE", 3o7 Broad St. Gemütliches Lokal im Zentrum. Kleine Imbisse, Suppen , Salate. Gutes Frühstück ab 4 US. Abends geschlossen.

"McGEES", 315 Broad St. Einer der typischen Saloons. Holztheke und Tische zwischen rustikalen Backsteinwänden. Hier oder anderswo das bernsteinfarbene Bier der lokalen "Nevada City Brewing Company" probieren!. Würzig nach Art eines englischen Porter.

"VLADO'S", 423 Broad St. Vornehmes italienisches Ristorante im Holzhaus. Preise für Nudelgerichte (ab 8 US) und italienische Spezialitäten (ab 13 US) halten sich in angemessenen Grenzen.

"THE MINE SHAFT", 222 Broad St. Auf besonders alt und rustikal getrimmter Saloon in einer Bretterbude. 6o Sorten "schnapps".

"NATIONAL HOTEL BAR", 211 Broad St. Der passende und authentische Annex zum National Hotel. Fast echte Saloon-Atmosphäre.

"COUNTRY ROSE CAFE", Commercial St./Ecke Pine St. In altem Backsteingebäude. Dahinter zusätzliches, romantisches Gartenlokal. Vor allem mittags und an warmen Sommerabenden angenehmes Sitzen. Gute Küche mit ausgefallenen Spezialitäten. Kleine Gerichte mittags ab ca. 7 US, abends ziemlich teuer: Hauptgerichte ab 15 US.

"CITIZEN'S", 221 Broad St. Besseres Fast Food und Pizzalokal. Rote Backsteinwände, dazwischen Holzbänke und -tische. Pizza, Suppen, Sandwiches, kleine Salatbar. Alles preiswert und ordentlich.

"BONANZA MARKET", Broad St., für Selbstversorger, neben dem Theater. Kleiner Supermarkt mit den notwendigsten Lebensmitteln.

Bus: Stündlich nach Grass Valley (o,75 US). Abfahrt vor dem National Hotel, Broad St. Bis 17 Uhr, außer sonntags.

★ Grass Valley (8.ooo Einw.)

War nach oberflächlichem Goldwaschen in den Flüssen ab ca. 186o bedeutende Minenstadt. Die Tunnel untergruben in angebl. 6oo km Länge die Stadt und sind heute teils noch erhalten. Gewaltige Mengen an Gold wurden damals gefördert, im Wert vieler Mill. Dollar, die den Reichtum von Grass Valley Mitte des 19.Jhs. begründeten.

Tourist INFO Chamber of Commerce, 248 Mill Street, Tel.: 916-273-4667. Untergebracht in einer Replika des Lola Montez Hauses, kleine Ausstellung.

Im Ortskern historischen Fassaden: In der Mill St. sehr kommerziell aufgezogen, authentischer dagegen in der angrenzenden Main St.

NORTH STAR MINING MUSEUM am südlichen Ende der Mill St.: sehenswert und informativ. Jede Menge Relikte aus der Zeit des Bergbaus in Grass Valley: Pumpen, Steinmühlen, Dokumente, Fotos sowie ein

OBEN: Goldprospektoren. RECHTS: Grass Valley. Im Gegensatz zu anderen Boomtowns

riesiges Räderwerk zum Pumpen von Wasser und Zermahlen des Gesteins. Vieles funktioniert noch; bei entsprechendem Interesse führen die Museumsleute gern einige der Pumpen und Maschinen vor. Geöffn. von Mai bis Oktober täglich 1o-17 Uhr, Eintritt frei.

EMPIRE MINE STATE PARK, etwas außerhalb. Die Empire Mine war die größte, kommerziell betriebene Mine im Gold Country und brachte rund 5oo Mill. US an Ausbeute. Sie wurde 195o geschlossen. Im Bereich heute noch viel erhalten an damaligen Gebäuden, Maschinen, Räderwerk.

Am Rand des Parks das Wohnhaus des einstigen Minenbesitzers: eine luxuriöse Villa aus roh behauenen Quadern im englischen Stil, umgeben von gepflegtem, terrassenförmigem Garten.

Im Museum informative Ausstellung über den Untertagebau, der hier betrieben wurde. Ausführliche Darstellung der extrem harten Arbeitsbedingungen. (Zu erreichen ab Hwy. 49, Ausfahrt Colfax Ave., oder von Grass Valley Zentrum über Mill St. und Empire St. Geöffn. tägl. von 9-17 Uhr, Eintritt 2 US).

(deren Goldreichtum bald erschöpft war), besaß Grass Valley äußerst ergiebige Minen und konnte ihren Status als reiche Stadt (v.a. gepflasterte Straßen) über viele Jahrzehnte erhalten.

LOLA MONTEZ

Lola Montez (mit richtigem Namen: Marie Dolores Gilbert) 1818 in Limerick/Irland geboren als Tochter eines schottischen Offiziers und einer Kreolin.

Sie war eine exzellente Tänzerin und liebte, das Leben in vollen Zügen zu genießen. Zu ihren Eroberungen gehörte König Ludwig I. von Bayern, dessen Mätresse sie war, was u.a. zu Unruhe im Volk führte (1848 mußte der König abdanken). Aber auch andere Größen liebten Lola im Bett, so Victor Hugo/Frankreich, Franz Liszt/Ungarn, - Lola war also international tätig und hatte darüber hinaus mehrere Heiraten hinter sich.

FRANZ LISZT KÖNIG LUDWIG I.

Nach der Affäre mit König Ludwig I., Lola war damals gerade 3o, zog es sie in neue Regionen, wo frischer Wind wehte: sprich nach Kalifornien. Der Boom im Gold Country und die Nachrichten vom dortigen Life-Style waren nach ihrem Geschmack.

Die Kunde von der liebeslüsternen, männermordenden Dame waren auch in die USA schon vorgedrungen, und ein amerikanischer Kartoonist begrüßte mit einer scharfzüngigen Illustration: Lola schickt einen letzten Kuß und Liebespfeil, während sich auf dem europäischen Kontinent Könige und andere Größen die Tränen wischen...

LOTTA GRABTREE

Und eine Zeitung in San Francisco kündigte Lola an: "sie ist sehr sexy, wie ein Komet". Offenbar waren die Goldschürfer aber anderer Ansicht: sie brachen in schallendes Gelächter aus, als Lola tanzte.

Für Lola Montez war dies nur eine kurzfristige Schlappe. Zum einen war sie erheblich Besseres gewohnt als diese Golddigger, - nämlich Könige und Künstler. Zum anderen hatten ihr Kritiker bedeutender US-Zeitungen hohes künstlerisches Niveau attestiert. Sie kaufte sich ein Haus in Grass Valley, wo sie ihre Memoiren schrieb, aber auch Lotta Grabtree (Tochter eines Minenbesitzers) lehrte, die eine der berühmtesten Komödiantinnen der USA wurde.

Lola Montez starb bereits mit 43 Jahren, 1861 in New York. Ähnlich wie Edith Piaf lebte sie zwar sehr kurz, aber intensiv.

Grass Valley hat eine Vielzahl an Hotels, Motels und Bed & Breakfast-Inns, sowie Restaurants. - Transport: 3 - 4 mal tägl. Bus ab Sacramento via Auburn nach Grass Valley. Fahrzeit ab Auburn ca. 1 Std, 2 US. Weiterhin stündliche Busverbindung Grass Valley -> Nevada City (2o Min., ca. o,75 US). Die Busse verkehren bis 17 Uhr außer So.

MALAKOFF DIGGINGS STATE PARK: nordöstlich von Grass Valley und Nevada City. Ab Mitte der 5o-er Jahre des verg. Jhs. waren hier die größten und potentesten Wasserspritzen der Welt tätig. Pro Stunde wurden unter hohem Druck rund 12o.ooo Liter Wasser auf die Bergwände gerichtet, um dort Gold auszuwaschen (siehe auch Foto Seite 524). Dabei entstanden bis zu 2oo m tiefe Kerben im Berg.

Lola Montez verabschiedet sich von ihren europäischen Liebhabern. US-Karrikatur.

Zum Heranleiten der Wassermassen wurde ein umfangreiches Kanalnetz gebaut. 1884 wurde diese radikaler Erzförderung staatlich verboten. Grund war damals weniger der Landschaftsschutz, als die Tatsache, daß diese Wassermassen jede Menge schlammigen Erdreiches nach Sacramento führten und die Befahrbarkeit der Flüsse sowie die Benutzung der Häfen zunehmend behinderten.

Im State Park auch die frühere Goldgräbersiedlung NORTH BLOOMFIELD. Das Camp wurde originalgetreu restauriert und kann besichtigt werden. Per Film wird der frühere Goldabbau gezeigt.

★Auburn (1o.5oo Einw.)

Größere Stadt auf mehreren Hügeln. In der historischen Old Town Backsteingebäude mit den üblichen Saloons und Geschäften. Wenig Western-Flair, aber wichtiger Verkehrsknotenpunkt am Hwy. 49.

Visitors Bureau, 6o1 Lincoln Way, Tel. 916-885-5616 oder 8oo-427-6463.

In Auburn hauptsächlich die üblichen Einheitsmotels von Durchgangsorten. Preiswerte und fürs Gold Country sehr typische Übernachtungsmöglichkeit aber im Nachbarort Newcastle (ca. 5 km). Ruhige und angenehme Atmosphäre abseits vom touristischen Getriebe des Hwy. 49, und doch in erreichbarer Nähe:

"Victorian Manor", 482 Main St. Kleineres Haus mit 4 Gästezimmern. Ruhige Lage in leicht verwildertem Garten. Zimmer mit Möbeln im viktorianischen Landhausstil, moderne Badezimmer. Sehr familiäre Atmosphäre bei Gratis-Getränken am Nachmittag auf der Veranda. DZ ca. 55 US inkl. ausgiebigem Frühstück, daher letztlich auch preiswerter als die Motels in Auburn. Tel. 916-663-3oo9.

Wer in Newcastle übernachtet, findet dort auch ein passables Restaurant, besser und weniger touristisch als die "Western-Saloons" am Hwy. 49:

"NEWCASTLE INN", 525 Main St. Vorn die Kneipe mit hölzerner Bar und alten Werbeplakaten an den Wänden. In der Juke-Box Hits der fünfziger Jahre. Originell, ohne künstlich aufgepeppt zu sein. Im Hinterzimmer rustikaler Speisesaal. Gutes Essen mit italienischem Einfluß, große Portionen. Komplettes Menü ab ca. 12 US.

Verbindungen

Bus: Greyhound-Terminal zentral, 16o Harrison Ave., Tel. 885-9422.

-> Reno: 5 x tägl., 2-3 Std., ca. 18 US (fragen nach dem günstigen Sondertarif "Gambler Special": Hin- und Rückfahrt billiger als der normale one-way Tarif).

-> Sacramento: 9 x tägl., 1 Std., ca. 6 US

-> Grass Valley: 3 x tägl., 1 Std., ca. 2 US

Auto: Von Auburn sowohl in den südlichen als auch nördlichen Teil des Gold Country über Hwy. 49. Die Autobahn I-8o verbindet direkt mit Sacramento, San Francisco und Reno.

Einige Kilometer nördlich vor Coloma eines der landschaftlich spektakulärsten Teilstücke des Hwy. 49: In steilen Serpentinen geht's runter ins Tal des AMERICAN RIVER, der sich an dieser Stelle durchs Gebirge gegraben hat. Unten am Fluß gute Bademöglichkeit.

★ Coloma (16o Einw.)

Winzige Siedlung, heute völlig unbedeutend. 1848 fing hier jedoch der kalifornische Goldrausch an, als James Marshal beim Bau einer Sägemühle am American River einige Goldnuggets entdeckte. Daran erinnert der JAMES MARSHAL DISCOVERY STATE PARK, ein weitläufiges Parkgelände (Eintritt pro PKW ca. 3 US), mit Resten historischer Gebäude, einer Nachbildung von Sutters Mühle und einem kleinen Museum.

Der Park eignet sich gut für eine Pause auf der Fahrt durch die Goldgräberstädte. Grillplätze, Tische und Bänke in ruhiger Umgebung unter schattigen Bäumen.

"American River Resort", direkt in Coloma Nähe State Park. Einer der schönsten Campingplätze des Gold Country. In hügeligem Gelände am Fluß. Viele Bäume, SW-Pool. Toiletten, Duschen, kleiner Lebensmittelladen. Stellplätze ab 2o US für Zelte, ab 25 US für Wohnmobile. Voll ausgestattete Hütten ab ca. 8o US. Tel. 622-67oo. Nördlich von Coloma weitere Plätze, einfacher ausgestattet und preiswerter als der American River Resort.

Von Coloma auch Schlauchboot-Touren auf dem American River: "Raft Trips", Tel. 8oo-556-6o6o, Tagestrip ca. 6o US inkl. Lunch.

Weiterhin Kurse im Goldwaschen, natürlich ohne Erfolgsgarantie: "Gold Country Prospecting", Tel. 916-622-2484.

★ Placerville (8.ooo Einw.)

Die Stadt war 185o die drittgrößte in Kalifornien (nach Sacramento und San Francisco), - bzw. größte im Gold Country. Für heutigen Besuch allenfalls lohnend wegen Museen und reichhaltiger Motels.

Tourist INFO

Chamber of Commerce, Main Street.

Geschichte: nach Entdeckung des Goldes in den Flüssen am Westhang der Sierra Nevada (1848) erreichten in den folgenden Jahren viele 1o.ooo Abenteurer die Region. Für diejenigen, die nicht das Schiff nach San Francisco benutzten, sondern Überland via California Trail (siehe S. 115) ankamen, war Placerville Einstieg ins Gold Country.

Denn in Placerville endete der Trail vom Lake Tahoe über die Sierra Nevada, - eine Schlammsiedlung, wie Chronisten beschreiben, - in der der totale Nepp regierte. Überteuerte Lebensmittel und Ausrüstungsgegenstände, aber auch jede Menge an Bars, Puffs und Spielsaloons.

Dem unvorsichtigen Reisenden, der die beschwerliche Reise der vielen tausend Kilometer von der US- Ostküste und den Oregon- Trail mit Abzweigung California Trail glücklich hinter sich gebracht hatte, wurden in Placerville schnell die Hosen ausgezogen, - sei es im Puff oder an der Bar. In Folge endeten Streitigkeiten um Geld nicht selten mit dem Revolver, wobei es zwangsläufig Tote gab. Weiterer (eventueller) Gang der Dinge: Gerichtsverfahren und Galgen. Bald schon hatte Placerville den Beinamen "Hangtown".

Die hohe Rate an Schießereien resultierte nicht nur aus Geldüberforderungen, sondern vielfach schlicht und einfach aus überhöhtem Alkoholkonsum, in dessen Folge selbst bei kleineren Streitigkeiten der Revolver gezogen wurde. In der Stadt wurden dicke Gewinne getätigt, und der Sheriff war weit weg oder drückte beide Augen zu, da bestochen....

PLACERVILLE : war ab 1859 Ausga
wo reiche Gold- vorallem aber Silbersch
Placerville aus der Zeit ca. 1860. Z

Abreise in New York etc.

Eine zweite Blütezeit erlebte Placerville ab ca. 186o, als reiche Gold-, vor allem aber Silberfunde im Washoe bei Virginia City entdeckt und ausgebeutet wurden. Placerville war Ausgangs- und Versorgungspunkt dieser Minen. Details siehe Seite 492. Als dann die Eisenbahn 1869 ab San Francisco via Reno die Minen von Virginia City erreichte, waren die goldenen Zeiten von Placerville vorbei.

Bedeutende amerikanische Unternehmer begannen ihre Karriere in Placerville. Beispielsweise John Studebaker, der hier 1852 Schubkarren für Goldschürfer fertigte. Mit den Gewinnen begründete er später in Indiana eine der bedeutendsten Fahrzeugfabriken. - Philip D. Armour reiste als 2o-jähriger von New York Überland nach Placerville, wo er eine Metzgerei eröffnete. Innerhalb kurzer Zeit erwirtschaftete er hohe Gewinne. Mit dem Kapital ließ er sich später in Milwaukee nieder und wurde mit seinen dortigen Fleischverarbeitungs- Fabriken zum Mulitmillionär.

Philip D. Armour

unkt über die Sierra ins "WASHOE";
efunden worden waren. Foto von
ndest als Foto relativ "friedlich"

Ankunft in Placerville

Placerville ist heute eine ziemlich unattraktive Durchgangsstadt: der Highway 5o (Sacramento -> Tahoe Lake) kreuzt hier den Highway 49. Ein ganzer Schwung Tankstellen und im Stadtzentrum der Hangman Tree, an dem eine Puppe erhängt wurde (Anspielung auf "Hangtown"). Entlang der Main St. wechseln historische Fassaden mit modernen Gebäuden ab.

EL DORADO COUNTY HISTORICAL MUSEUM: Besuch lohnt: Exponate zur Geschichte der Stadt und Goldrausch, alte Fotos, ein Modell des Placerville Gerichtes, Werkzeuge. Weiterhin Kutschen, ein Eisenbahnwaggon etc. Liegt beim El Dorado County Fairground am Plavcerville Dr. westl. der Stadt.

SHENANDOAH VALLEY: an der E 16, die in Plymouth abzweigt und nordöstl. zum Hwy. 5o rauffführt.

Seit Anfang der 7o-er Jahre unseres Jhs. bauen Winzer in dieser Gegend wieder Wein an, - eine Tradition, die mit dem Goldrausch im letzten Jahrhundert einsetzte. Damals gab es schon über hundert Weinbaubetriebe, die aber nach und nach mit der Abwanderung der Bevölkerung ihre Konsumenten verloren und deshalb aufgeben mußten.

Heute erweist sich das Vorgebirge der Sierra Nevada von Klima und Boden her als idealer Standort für modernen Weinbau. Vor allem kleine Familienbetriebe produzieren hier ordentliche Weine: Im Shenandoah Valley hauptsächlich Zinfandel, einige Kilometer weiter nördlich herrschen Riesling-Reben vor. Die meisten Betriebe sind für Besucher geöffnet und schenken einen kostenlosen Probeschluck aus. Vom Hwy. 49 leicht zu erreichen sind "Kenworthy Vineyards" (Shenandoah Rd.), "Monteviña" (Shenadoah School Rd.) und "Shenandoah Vineyards" (Steiner Rd.).

AMADOR CITY: (15o Einw.) 2 km nördlich von Sutter Creek. Winziges Dörfchen mit schönen Fassaden entlang des Hwy. 49. Im Kontrast zu Sutter Creek rustikaler und ursprünglicher.

★Sutter Creek (2.ooo Einw.)

Rechts und links vom Hwy. 49 sehr gepflegte und herausgeputzte historische Fassaden. Der Nobelort unter den restaurierten Goldgräberstädten.

"**The Foxes**", 77 Main St., Hinter relativ unscheinbarer Fassade verbirgt sich einer der schönsten Country-Inns von Kalifornien. Übernachtungsmöglichkeit und Sehenswürdigkeit in einem. Verwunschenes Gartengelände vor und hinter dem Haus (Baujahr 1857). Das Innere geschmackvoll eingerichtet und dekoriert, aber nicht so überladen und vollgestopft wie die üblichen viktorianischen Häuser. Zimmer sehr geräumig mit Ledersesseln und Kamin. DZ mit opulentem Frühstück 9o- 12o US. Tel. 2o9-262-5882.

"**Sutter Creek Inn**", 75 Main. Gemütlich eingerichtete 17 Zimmer, einige mit Kamin, andere mit Betten, die an Ketten von der Decke hängen. Geräumiger Aufenthaltsraum mit Bibliothek. Im Garten gibt's im Sommer Hängematten. Bed & Breakfast

Inn, DZ inkl. gutem Frühstück ca. 60 - 90 US. Tel. 209-267-5606.

Sutter Creek ist bekannt für seine vielen Kunsthandwerks- und Antiquitätengeschäfte. Auch die Preise sind "nobel".

★ Jackson (3.500 Einw.)

Das Städtchen verteilt über mehrere Hügel. Die Main St. unterhalb des markanten Court House mit vielen schönen und charakteristischen Fassaden aus Backstein oder Holz. Nicht alles harmonisch, eher ungeplant und leicht durcheinander. Dadurch entsteht eine relativ authentische Western-Atmosphäre: lebendig, ohne übermäßig auf Tourismus getrimmt zu sein. Hier auch das Geschäftszentrum mit Läden und Kneipen. Rund 2 km nördlich der Main St. noch einige hölzerne Türme und Förderanlagen der ehemaligen Kennedy Mine.

Auf einem Hügel das AMADOR COUNTY MUSEUM, in rotem Backsteinhaus aus dem Jahr 1859. Typischer Landsitz des 19. Jahrhunderts. Gepflegter Garten mit altem Baumbestand (Redwood-Mammutbäume). Hinter dem Gebäude der Amador Canonball: Replik einer Dampflok, Baujahr 1875. Im Nebengebäude Modell eines Förderturms. Das Museum selbst besteht hauptsächlich aus den liebevoll ausgestatteten und restaurierten Wohnräumen des Erbauers. Kleine Abteilung zur Goldgräbergeschichte, hauptsächlich Fotos. Geöffn. Mi-So von 10-16 Uhr, Eintritt frei.

Ruhiger und schöner Picknickplatz mit Bänken und Tischen unter den Bäumen im Museumsgarten. Ein idyllisches Plätzchen in historischer Umgebung.

MOKELUMNE HILL (560 Einw.): Der "Historical District" erstreckt sich abseits von Hwy. 49 entlang der Main St., ungefähr 500 m lang. Der Ort hat seinen dörflichen Charme bewahrt: nicht verfallen, aber auch nicht übermäßig herausgeputzt. In den Seitenstraßen schmucke Holzhäuschen mit blühenden, leicht verwilderten Vorgärten.

SAN ANDREAS (1.900 Einw.): Am Hwy. 49 das moderne Geschäftszentrum. Der kleine historische Ortskern in einer Seitenstraße am Nordrand der Stadt. Das CALAVERAS COUNTY MUSEUM verfügt über eine Sammlung der üblichen Utensilien aus der Goldgräberzeit. Geöffn. tägl. von 10-16 Uhr, Eintritt 1 US.

Die Amerikaner bezeichnen das Land, in dem sich während des Goldrauschs bis zu 100.000 Abenteurer und Goldsucher aufhielten, als "Mother Lode" (dt. Hauptader). Der Begriff ist eine Übersetzung aus dem Spanischen und stammte ursprünglich von mexikanischen Bergarbeitern, die die erzhaltige Hauptader einer Mine "veta madre" nannten. Da die Mexikaner zu den ersten gehörten, die beim Run auf das kalifornische Gold die Ausläufer der Sierra Nevada erreichten, prägten sie auch hier diesen Begriff, der den ganz großen Goldfund umschrieb.

ANGEL'S CAMP (2.3oo Einw.): Wenig attraktives Städtchen, bekannt geworden allerdings durch Mark Twains Geschichte "The Celebrated Jumping Frog of Calaveras County" sowie Kurzgeschichten von Bret Harte. Beide Schriftsteller verbrachten während der Zeit des Goldrauschs einige Jahre in verschiedenen Minenstädten und haben in ihren Erzählungen die Atmosphäre jener Zeit überzeugend eingefangen (siehe auch ->Seite 178).

BRET HARTE

INA COOLBRITH

MARK TWAIN

Mark Twain (mit richtigem Namen Samuel Langhorn Clemens) wurde 1835 in Florida/Missouri geboren. Seine Jugend verbrachte er in Hannibal am Mississippi, eine Zeit, die ihn später zu den Romanen *"Tom Sawyer"* und *"Huckleberry Finn"* inspirierte. Nach dem Tod seines Vaters arbeitete er als Drucker und dann 2 1/2 Jahre als Lotse auf einem Mississippi- Schaufelraddampfer. Aus dieser Periode seines Lebens stammt auch sein späterer Künstlername (Mark Twain = 2 Faden Wassertiefe).

Bei Ausbruch des Bürgerkrieges trat Twain der Armee bei, gab jedoch bald sein Offizierspatent mit der Begründung zurück: "Überanstrengung wegen ständigem Rückzug". Er reiste mit einer Postkutsche des Overland Mail in 2o Tagen nach Carson City/Nevada, wo das Goldfieber ausgebrochen war. Twain träumte von schnellem Reichtum: da die Minen viel Holz benötigen, - so dachte er sich, - sei es keine schlechte Idee, am Lake Tahoe Land abzustecken, um Bäume zu fällen. Doch er und sein Partner genossen mehr das schöne Leben am See, und ein größerer Brand zerstörte ihren Holz-Claim am See. Innerhalb kurzer Zeit war somit der Traum ausgeträumt, und Twain probierte sich als Goldgräber, allerdings ohne Erfolg.

Zudem gingen ihm langsam seine Geldmittel zu Ende, parallel hatte Twain Artikel an die in Virginia City erscheinende Zeitung *"Territorial Enterprises"* geschickt, wo er 1862 Anstellung als Reporter fand. Twain schrieb sehr engagiert, was nicht unbedingt im Sinne der dortigen Minenbesitzer war. Denn eines der Hauptthemen der Zeitung waren realistische Berichte über Unfälle in den Minen, die schlechten Lebensbedingungen der Arbeiter etc. (siehe auch Seite 5o6). Um sich zu schützen, legte er sich damals sein Pseudonym "Mark Twain" zu.

Brisant wurde die Situation dann, als Twain in einem scharfzüngigen Artikel zwei regionale Persönlichkeiten anschoß die das gar nicht lustig fanden und ihn zu einem Pistolen

duell herausforderten. Der Gouverneur empfahl Twain, heimlich nachts per Postkutsche nach San Francisco zu flüchten. Hier schrieb Twain ab 1864 Artikel für die *"Morning Call"* und die *"Californian"*, wo er Bret Harte kennenlernte. Beide liebten den Wilden Westen, Reisen und das Abenteuer, - waren jedoch sehr unterschiedlich im Charakter und Schreibstil.

Parallel schrieb Twain seine ersten Bücher und wurde zunehmend bekannt. Er verstand, die Dinge lebendig darzustellen, was die Leser faszinierte und Mark Twain bald dicke Einkünfte aus der Buchschreiberei brachte.

Humor war ihm wichtig, - und diesen vermißte er etwas bei den Reportagen und Romanen von Bret Harte. Zunehmende Distanz schaffte die Geldpumperei Hartes, zumal dieser geliehenes Geld nicht pünktlich zurückzahlte. Die anfängliche Sympathie beider Autoren endete letzlich in Distanz.

Viele Reisen führten Mark Twain in die Goldgräber-Regionen Kaliforniens, aber auch nach Hawai und Europa Er starb 191o in Redding/Conn.

Zeitgen. Illustration: Mark Twain träumt von dem was er liebt: der Wilde Westen.

Bret Harte: geboren 1836 in Albany. Schon früh schmökerte er in Büchern, Charles Dickens war sein Lieblingsschriftsteller, - und bis er 2o war, kannte er alle Werke von Dumas, Defoe, Fielding, Cervantes (beachte: Themen vielfach Abenteuer, sich im Leben durchsetzen, Reisen und Soziales). Bret Harte war fest entschlossen, selber ein berühmter Schriftsteller zu werden.

1854 erreichte er als 18 Jähriger San Francisco, wo er sich zunächst 4 Jahre mit Gelegenheitsjobs sein Geld verdiente, z.B. als Apothekergehilfe, als Privatlehrer und 2 Monate sogar als pistolenbewaffneter Begleiter von Wells Fargo Kutschen. Ab 1858 schrieb er Artikel für die in Union erscheinende *"Northern Californian"* und stieg später als deren stellvertretendem Leiter auf.

Ein engagierter Artikel über einen Angriff Weißer gegen Indianer 186o beendete seine Karriere bei der "Northern Californian", und er zog nach San Francisco, wo er Gedichte und Skizzen für die literarische Zeitschrift *"Golden Era"* schrieb. In dem Zusammenhang gewann er die Anerkennung von Jessie Benton Frémont, Ehefrau des berühmten Pfadfinders und Tochter des Senators Thomas Hart Bentón. Sie förderte ihn und verschaffte ihm Zutritt in literarische Zirkel von San Francisco.

1864, als die Zeitschrift "Golden Era" pleite machte, wurde Bret Harte Teilhaber der Zeitschrift *"Californian"*, die ebenfalls Literarisches zum Thema hatte. Außerdem hatte er auf Grund Vermittlung von J.B.Fremónt einen gut bezahlten Job in der Münzanstalt, der für damalige Zeiten den guten Lohn von 27o US/Monat brachte und seine Kosten

abdeckte. 1868 trat der zu Geld gekommene Bergarbeiter Anton Roman an Harte mit der Bitte, eine neue Zeitschrift redaktionell zu leiten. Ihr Name war "*Overland Monthly*", und sie sollte zum Thema haben die Entdeckung und Erschließung Kaliforniens und die Glorifizierung des Ganzen. Aber bitte handfest! Anfangs gab es noch gewisse Reibungspunkte zwischen dem Verleger A.Roman und dem Redaktionsleiter B. Harte.

Beide wurden sich dann jedoch handelseinig, und unter der Regie Hartes entstand der "*Overland Monthly*" , der im Styling glorifizierter Pioniertaten des Wilden Westens wie nicht anders zu erwarten zum Erfolg wurde. Parallel veröffentlichte Harte stilistisch ähnlich geschriebene Romane, die sich zunehmend gut verkaufen ließen. Bret Harte ist neben Mark Twain einer der bedeutendsten Autoren Kaliforniens des 19. Jhs., konnte aber nicht den wirtschaftlichen Erfolg Mark Twains erreichen.

Ina Coolbriht: 1841 in Nauvoo/Illinois geboren, kam sie mit ihren Eltern als 1o-Jährige nach Kalifornien. Ihre Kindheit verbrachte sie in Los Angeles, wo sie erste Gedichte schrieb, später auch für die Zeitschriften "*Golden Era*" und "*Californian*". Sie war bekannt mit Bret Harte, verkehrte im Literarischen Zirkel San Franciscos und schrieb nach Gründung des"*Overland Monthly*" auch für diese Zeitschrift Gedichte. Eine Tätigkeit, von der sie nicht leben konnte und daher die Stelle einer Bibliothekarin in Oakland aufnahm. Zu ihren Freunden zählte u.a. Jack London. 1919 verlieh ihr der kalifornische Staat die Auszeichnung als beste Dichterin.

★Columbia (4oo Einw.)

War neben Placerville eine der größten Goldgräbersiedlungen. 1945 zum Historic State Park erklärt und relativ realistisch rekonstruiert bzw. restauriert. Der Besuch lohnt, allerdings insbes. an Wochenenden erheblicher Besucherrummel.

185o, also kurz nach Beginn des Goldesrausches war Columbia zweitgrößten Siedlung der Region (nach Placerville). Damals lebten in Columbia rund 6.ooo Menschen, die anfangs in Zelten campierten, bis Blockhütten gebaut wurden.

1852, als die Siedlung weiter gewachsen war, gab es 4 Banken, Poststation, einfache Wildwest- Hotels und rund 3o Shops, die mit Lebensmitteln und Werkzeug versorgten. Die Goldausbeute war beachtlich, und in rund 19o (!) Spielsaloons wurden ca. 2 Millionen US Dollar umgesetzt.

1854: war das frühere Goldgräber Camp auf 15.ooo Menschen angewachsen. Die Frage nach der neuen Bundeshauptstadt verlor Columbia nur knapp gegen Sacramento. Die Goldausbeute in Columbia war beachtlich, angeblich rund 2,5 Mill. Unzen. Nach Erschöpfung der Minen 187o verfiel Columbia. 1945 zum Historic State Park erhoben und Beginn der Restaurierungsarbeiten.

Zu sehen sind heute: Spielsaloons von 1857 und 186o, - das Early House (186o), eine Art Massenherberge, die gut 1oo Golddiggern Unterkunft gab, - gegenüber das Haus der damaligen Zeitung "Columbia Gazette"; sie ist heute für die Besucher wieder in Betrieb. - Weiterhin Hotels aus der Zeit ab 1857, Theater und Wells Fargo Poststation.

In rekonstruierten Werkstätten kann man der Arbeit von Schmieden zusehen, - in Shops das damalige Warenangebot sehen. Eine Zahnarztpraxis

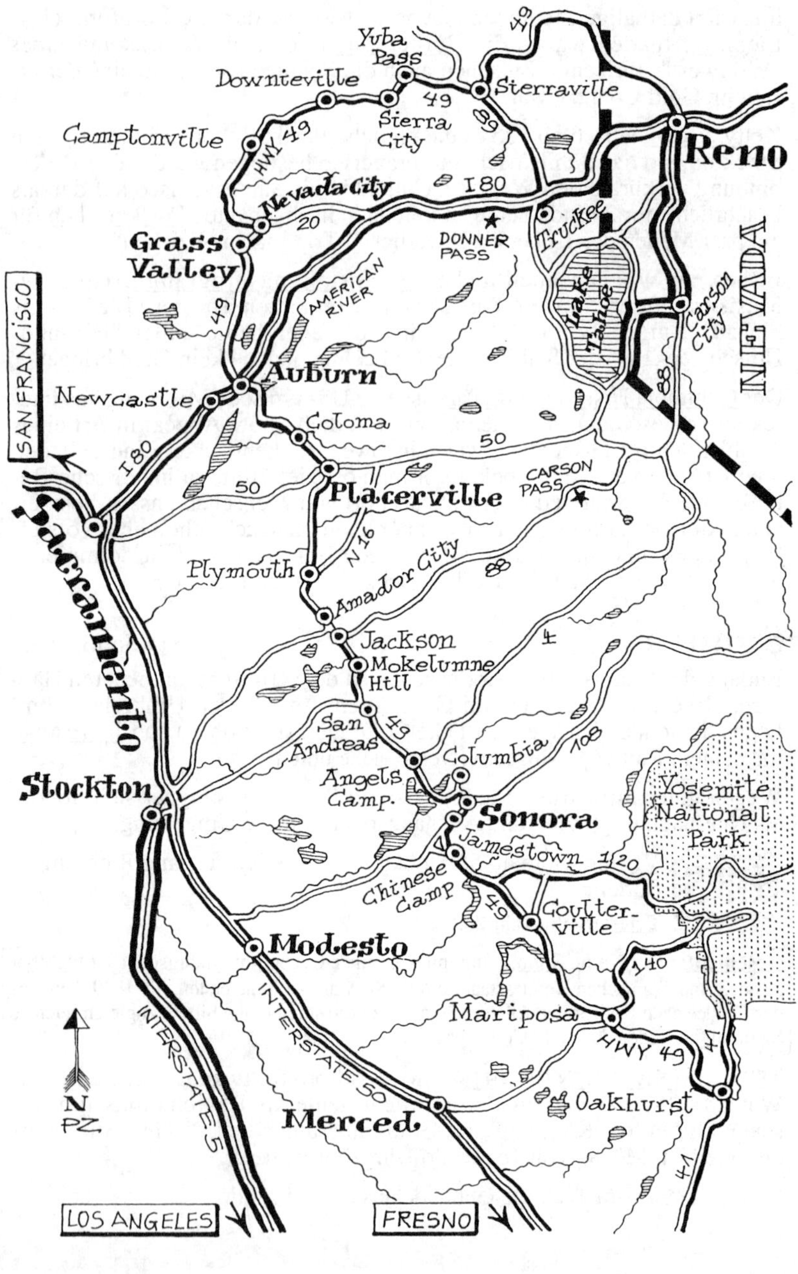
Yuba Pass
Downieville
Sierraville
Sierra City
Camptonville
HWY 49
49
89
Reno
Nevada City
180
I 80
Truckee
20
Grass Valley
Donner Pass
American River
Lake Tahoe
Carson City
NEVADA
San Francisco
49
Auburn
Newcastle
Coloma
50
Placerville
Carson Pass
Sacramento
Plymouth
N 16
Amador City
88
Jackson
Mokelumne Hill
4
San Andreas
Columbia
108
Stockton
Angels Camp.
Sonora
Yosemite National Park
Jamestown
120
Chinese Camp
Coulterville
Modesto
140
Mariposa
HWY 49
41
Interstate 5
Interstate 50
N
PZ.
Merced
Oakhurst
Los Angeles
Fresno

illustriert damalige Methoden, bevor die Narkose durch Chloroform (J. v. Liebig) erfunden war. - Ein Barber Shop zeigt die Ausrüstung eines "Wildwest" - Friseurs. Zu sehen auch die Schule (186o), die eine der ersten im Gold Country war.

Kelty & Co. betrieb ab 1854 eine tägliche Postkutschenverbindung nach Stockton, wo das Schiff nach San Francisco bestiegen wurde. Diese Verbindung verkürzte den Weg von Columbia bis San Francisco auf damals beachtliche nur 24 Std. Heute kann man in nachgebauten Postkutschen für ein paar Meilen den früher beschwerlichen Trip "nachvollziehen".

Insbes. an Wochenenden dickes Veranstaltungsprogramm: Hillbilly-Musiker auf den Straßen, Aufführungen im Fallon Theater (1857), - bis hin zu "Kursen" zum Goldwaschen, die aber heute außer "Hin-und-Herschwenkens" der Stahlpfanne nur Feeling, jedoch kein Gold bringen.

Der Columbia Historic State Park ist eine US- typische Mischung aus interessanter Geschichtsdokumentation - mit dem Show-Appeal in Art eines "Gold Country- Disneyland". Den halbwegs authentischen Eindruck, den die Gebäude vermitteln, bekommt man oft nicht mit, da historische Betriebe wie der Schmied oder Zahnarzt oft von Menschenmassen belagert sind. An einem Montag im November kann man sich schon eher vorstellen, wie es hier im 19. Jhd. zugegangen sein mag. Zudem dominieren Souvenirshops und andere Dollar-trächtige Verkaufsstände...

★Sonora (4.5oo Einw.)

Entlang der Hauptstraße historische Gebäude, vermischt mit neueren Häusern. Hotels, Restaurants und Geschäften. Im näheren Umkreis (5 km) liegen die lohnenden Westernstädte Columbia (siehe oben) und Jamestown mit seinem Railway- Museum (Detail siehe unten).

Wegen guter Infrastruktur an Hotels und Restaurants eignet sich Sonora als Übernachtungsstop und Ausgangspunkt für die Umgebung.

Tourist INFO

Visitors Bureau, 55 Stockton St., am Ortsausgang Richtung Süden.

Telefon: Vorwahl 2o9

Geschichte: Der Name Sonora stammt von einer Gruppe mexikanischer Goldgräber aus dem mexikanischen Bundesstaat Sonora. Sie waren mit die ersten, die 1849 dem Ruf des Goldes nach Kalifornien folgten. Seinerzeit herrschten rauhe Sitten, zugleich reichste Siedlung im Süden des Gold Countries.

TUOLUMNE COUNTY MUSEUM, Bradford St./Ecke Lower Sunset St. War ab 1857 das Gefängnis und dient heute als Regionalmuseum. Zu sehen alte Fotos, Kleidung und Goldgräberutensilien. Nichts Aufregendes. Geöffn. Mo-Sa von 1o- 15.3o Uhr, Eintritt frei.

Entlang Hauptstraße einige Gebäude aus dem 19. Jhd.

"<u>Sonora Towne House</u>", 35o S. Washington St. Ordentliches Motel im Ortszentrum, etwas oberhalb der Hauptstraße. Parkplätze vor den Gebäuden. SW-Pool und Whirlpool. Zimmer geräumig mit Sitzecke. DZ von Okt.-April ca. 5o US, sonst ab 6o US. Am Wochenende generell 1o% Aufschlag. Tel. 532-3633.

"<u>Gunn House</u>", 286 S. Washington St. Restauriertes Haus aus dem vorigen Jahrhundert. Oberhalb der Hauptstraße. Vollständig modernisiert inkl. SW-Pool. Zimmer groß, mit Ausstattung im viktorianischen Stil. DZ ab ca. 45 US. Tel. 532-3421.

"<u>Ryan House</u>", 153 S. Shepherd St. Kleines Haus mit schönem Garten. Vier Gästezimmer, unterschiedlich ausgestattet mit Möbeln im Landhaus-Stil. Bed & Breakfast, DZ ab ca. 7o US. Tel. 533-3445.

Hauptsächlich auf "Wildwest" getrimmte Saloons. Ausnahmen: "<u>CAFFEINE MARY'S</u>", 6o S. Washington St. Gemütliches Café mitten im Buchladen. Kaffee, Kekse und andere Kleinigkeiten.

"<u>GOOD HEAVENS</u>", 49 N. Washington St. Im Gebäude des einstigen Yosemite Hotel aus dem Jahr 1858. Gemütliches kleines Lokal mit Spe-

<u>SONOMA</u>, Main Street Mitte verg. Jhd. mit Gold-Prospektoren

zialitäten von Quiches hin zu Salaten und verschiedene Sandwiches. Alles um 6 US.

"SAVE MART", Hwy. 49 am südlichen Ortsrand. Großer, etwas provinzieller Supermarkt.

✶ Jamestown (95o Einw.)

Zünftige Western-Town am Hwy. 49. Vielbesucht, da verkehrsgünstig an der Strecke zum Yosemite National Park, zudem wurden wegen der attraktiven Ortskulisse in Jamestown viele Wildwestfilme gedreht:

Insgesamt wurden rund 2oo (!) Western in Jamestown gedreht. Zu den erfolgreichsten zählte der Edelwestern "High Noon" (12 Uhr mittags) mit Gary Cooper und Grace Kelly. Beide wurden in der weißen Ortskirche getraut. Auch der Bahnhof war einer der entscheidenden Schauplätze in diesem Film. - Der Bahnhof diente auch dem Cinema-Bestseller "Butch Cassidy and Sundance Kid". Auch eine Vielzahl an TV- Western-Seifenopern hatten ihren Drehort in Jamestown, so "High Chaparral".

Das Zentrum von Jamestown in relativ einheitlicher Holzbauweise mit alten und auf alt getrimmten Gebäuden. Highligt für Eisenbahnfans ist:

RAILTOWN 1897: Eisenbahnmuseum an der 5th Avenue, parallel zur Durchgangsstraße. Rund um den Bahnhof (Drehort vieler Filme) stehen viele alte Dampfloks und Waggons. An Sommerwochenenden Führungen (ca. 2,5 US), sowie Fahrten mit Oldtimer Zügen (ab ca. 9 US).

CHINESE CAMP: südöstlich am Hwy 49. Zur Ausbeutung ihrer Claims bedienten sich die Goldsucher anfangs auch der Arbeitskraft der fleißigen Chinesen, die als Einwanderer ins Land gekommen waren. Um 1853 lebten bereits rund 2o.ooo Chinesen im Gold Country und ihre Zahl nahm so rapide zu, daß die Chinesen bald von den Weißen aus den Camps vertrieben wurden. Die Chinesen gingen nach z.B.San Francisco, wo sie Geschäfte eröffneten, bzw. hatten im Gold Country ihr eigenes Camp: 1856 lebten hier rund 5.ooo Chinesen. Heute ist die Siedlung weitgehend verlassen.

Rund 15 km südlich zweigt der Hwy. 12o ab Richtung YOSEMITE NAT. PARK, der in seinem Nordwest Eingang (Big Oak Flat Entrance) erreicht wird. Details zum Yosemite Nat. Park siehe Seite 455.

COULTERVILLE: an der Hwy. 49. Lohnend das Jeffrey Hotel (1852), es wurde weitgehend authentisch restauriert und ist das älteste, heute noch erhaltene Hotel im Gold Country. Lohnend auch der Magnolia Saloon und das chinesische Sun Wo Store gegenüber, alle Main Street.

✶ Mariposa (1.8oo Einw.)

Südlichster größerer Ort am Hwy. 49, zwei Museen, zugleich Querverbindung (Hwy. 14o) rüber in den Yosemite Nat. Park.

Tourist INFO County Chamber of Commerce, 5158 Hwy 14o. Tel.2o9-966-2456

Geschichte: Mariposa (zu Deutsch "Schmetterling") wurde 1849 von mexikanischen Goldsuchern gegründet. Wegen besonders großer Nuggets, die hier gefunden wurden, expandierte Mariposa bald zu einer größeren Siedlung.

MARIPOSA COUNTY MUSEUM and HISTORIC CENTER, 12 th and Jessie Sts. Exponate zur Stadtgeschichte, Goldgräberwerkzeug, aber auch Gegenstände von Indianern, die vor den Weißen hier lebten und von Pionierfamilien. Zu sehen u.a. auch Gegenstände von John Charles Fremont, der in der Nähe (im Bear Valley) geboren wurde. Geöffn.: im Sommer tägl., im Jan. geschlossen.

COUNTY COURTHOUSE, 9th and Bullion Strs. Gebaut 1854, das älteste Gerichtsgebäude im Gold Country, heute unter Denkmalschutz. Die Uhr auf der Turmspitze kam aus England und wurde per Schiff ums Kap Horn nach Mariposa gebracht. Das Gerichtsgebäude ist heute noch in Benutzung, Führungen im Sommer an Wochenenden.

Oberhalb auf einem Hügel das über 1oo Jahre alte Stadtgefängnis (Old Jail), das noch bis Anfang der 6o-er Jahre unseres Jahrhunderts benutzt wurde.

CALIFORNIA STATE MINERAL EXHIBIT: 4999 Hwy. 14o am östl. Ortsrand. Umfangreiche Mineraliensammlung.

ANSCHLÜSSE: -> Yosemite Nat. Park Seite 455
-> Oakhurst Seite 451, Fresno Seite 564
-> Merced im Central Valley Seite 564

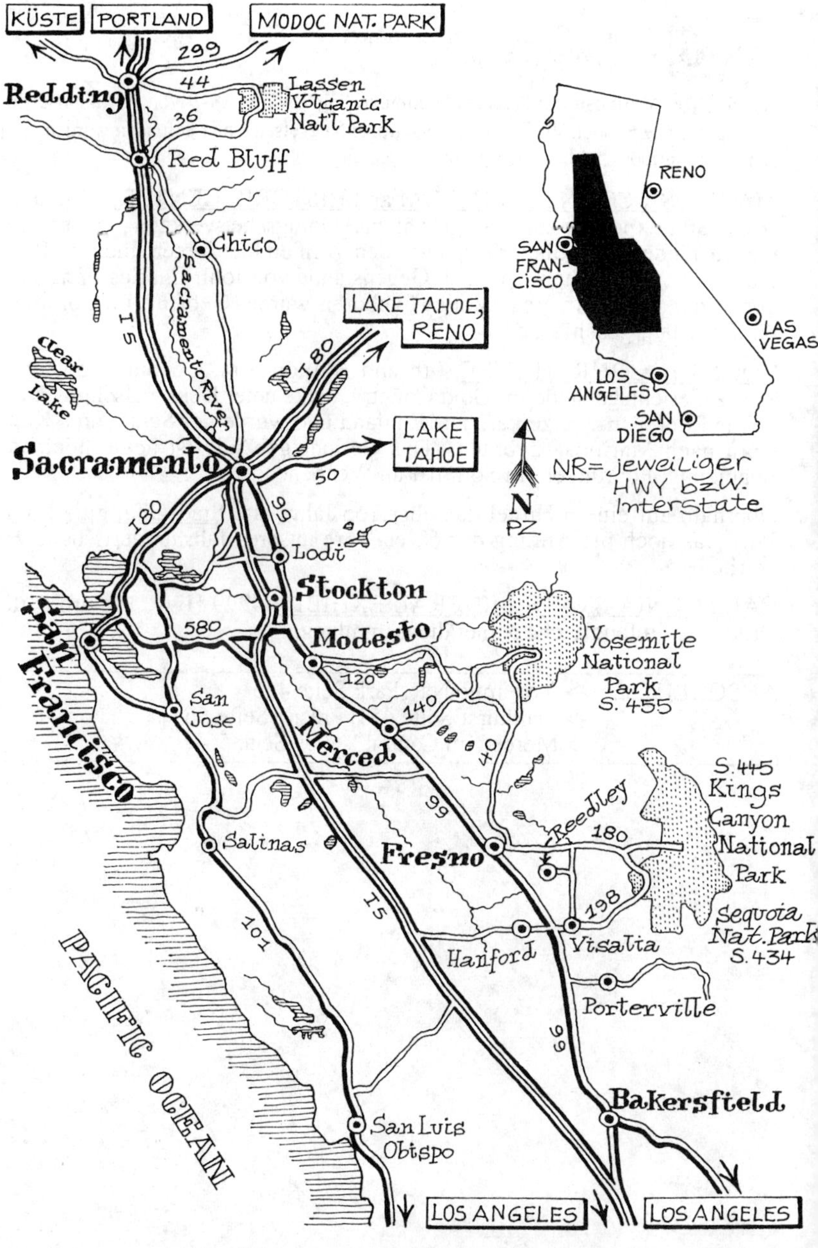
KÜSTE
PORTLAND
MODOC NAT. PARK
299
44
36
Lassen Volcanic Nat'l Park
Redding
Red Bluff
Chico
Sacramento River
I5
Clear Lake
LAKE TAHOE, RENO
I80
LAKE TAHOE
50
Sacramento
I80
99
Lodi
Stockton
580
Modesto
San Francisco
120
Yosemite National Park S. 455
140
San Jose
Merced
40
S.445 Kings Canyon National Park
99
Reedley
180
Salinas
Fresno
I5
198
Sequoia Nat. Park S.434
101
Hanford
Visalia
Porterville
PACIFIC OCEAN
99
Bakersfield
San Luis Obispo
LOS ANGELES
LOS ANGELES
RENO
SAN FRANCISCO
LAS VEGAS
LOS ANGELES
SAN DIEGO
N
PZ
NR= jeweiliger HWY bzw. Interstate

CENTRAL VALLEY

Für den Kalifornien Urlauber nützlich als schnelle senkrechte Verbindung durch den Bundesstaat, um beispielsweise von Shasta City im Norden (unser Kapitel Cascade Mountains) über die Autobahn No. 5 fix nach SACRAMENTO (Einstieg Gold Country) zu kommen.

Oder ab Sacramento der Hwy. 8o rüber nach San Francisco, - bzw. der Hwy. 5o ans Südende des Lake Tahoe.

Weiterhin ist das Central Valley Schnelleinstieg für Regionen wie Yosemite Nationalpark, Kings Canyon (via Fresno) und südwärts nach Bakersfield und L.A.

Landwirtschaftlich ist das CENTRAL VALLEY dank eines riesigen Bewässerungssystems eine der produktivsten Agrar- Regionen der Welt. Der Sacramento River von Norden und der San Joaquin River von Süden vereinigen sich etwa auf halbem Wege im California Delta, bevor sie in die Bucht von San Francisco münden.

Mehr als 25o verschiedene landwirtschaftliche Produkte werden im Central Valley im großen Stil angebaut: Mandeln und Walnüsse, Pfirsiche und Orangen, Toma-

ORANGENPLANTAGE und Bewässerung verg. Jahrhundert

ten und Weintrauben, Baumwolle und Rosen. Die Produktpalette ist so vielseitig wie in kaum einer anderen Agrarregion der Welt. Verantwortlich für diesen Überfluß sind die geschützte Lage des Tals zwischen zwei Gebirgsketten, sowie ein gigantisches Bewässerungsprojekt, durch das die Farmer ganzjährig über das benötigte Wasser verfügen können.

Schon gegen Ende des letzten Jahrhunderts blühte die Landwirtschaft im Central Valley. Sie war zu jener Zeit allerdings noch stark abhängig vom Wetter, vor allem von winterlichen Regenfällen, die nicht selten zu gering ausfielen oder ganz ausblieben.

1937 startete die amerikanische Bundesregierung daher das "Central Valley Project": Man staute Flüsse im regenreichen Nordkalifornien und leitete das Wasser durch ein System von Kanälen und Aquädukten durch das gesamte Tal nach Süden. Auf der Fahrt über Interstate 5 zwischen San Francisco und Los Angeles überquert man mehrfach den "California Aqueduct", das größte Bauwerk seiner Art im Valley.

Wegen des sonnigen und warmen Klimas ist seither der Anbau von Obst und Gemüse das ganze Jahr über möglich. Daß es für die Bauern auch gewinnbringend ist, dafür sorgte die Regierung durch Subventionierung der Wasserpreise und Immigrationsprogramme, die immer genügend billigen Arbeitskräften aus Ostasien oder Mexiko den Weg nach Kalifornien bahnten.

Für den frühen Boom der Landwirtschaft im Central Valley sorgten Ende des 19. Jahrhunderts vorwiegend chinesische Arbeiter, die nach der Fertigstellung der transkontinentalen Eisenbahnen und dem Niedergang der Goldproduktion auf die Niedriglöhne in der Landwirtschaft angewiesen waren. Nach der Ausweisung und Vertreibung der Chinesen übernahmen japanische Einwanderer die Erntearbeit.

Während der Weltwirtschaftskrise verdingten sich die "Okies" bei Kaliforniens Farmern, verarmte Bauern aus dem von der Dürre getroffenen Oklahoma und anderen Staaten des Mittleren Westens, die mit Versprechungen an die Westküste gelockt wurden, aber ebenfalls nur Hungerlöhne vorfanden. John Steinbecks Roman "The Grapes of Wrath" (Früchte des Zorns) schildert eindringlich die Not der heimatlosen und entwurzelten "Okies" in einer ihnen fremden und feindlich gesinnten Welt, in der ihr Traum vom "Goldenen Westen" in Hunger und Entbehrung unterging.

Seit dem II. Weltkrieg sind es hauptsächlich Mexikaner und Flüchtlinge aus Vietnam, Kambodscha und Laos, die Kaliforniens Landwirtschaft mit der benötigten Arbeitskraft versorgen. Vor allem die Mexikaner kommen häufig nur zur Erntezeit legal oder illegal über die Grenze. Sie ziehen von Ort zu Ort, sind immer dort zur Stelle, wo gerade die Ernte eines bestimmten Produktes ansteht. Ihre Lebensbedingungen sind ähnlich schlecht wie ihre Löhne. Für viele ist es die einzige Möglichkeit, ihre Familien jenseits der Grenze halbwegs über die Runden zu bringen. Die wenigen Dollars bringen zwar auch in Mexiko keinen Reichtum, jedoch mehr als die noch schlechter bezahlten Jobs zu Hause.

Wer auch immer die fabelhaften Ernten eingebracht hat: Das System der Wanderarbeit jedenfalls hat sich im Central Valley seit dem vergangenen Jahrhundert erhalten und bleibt wohl auch in Zukunft die Basis der Landwirtschaft in Kalifornien.

Im Zentrum des Valley die kalifornische Hauptstadt SACRAMENTO mit einer Reihe sehenswerter Gebäude und Museen. Alle anderen Städte haben nicht gerade viel zu bieten, sind höchstens Durchgangsstationen auf der schnellsten und langweiligsten Nord-Süd Strecke durch Kalifornien oder

brauchbar für Zwischenstops bei Trips in die Sierra Nevada oder die Cascade Mountains.

Klima: Milde Winter ermöglichen ganzjährige landwirtschaftliche Produktion und ein erträgliches Reisen von Oktober bis April. In den restlichen Monaten heiß und schwül, die Temperaturen steigen nicht selten über 4o Grad.

Verbindungen: das Central Valley ist erstklassig erschlossen. Alle größeren Städte liegen an Amtrak-Eisenbahnrouten und haben häufige Busverbindungen in alle Teile Kaliforniens. Von Nord nach Süd verläuft durch das gesamte Tal Interstate 5, die schnellste Autobahnstrecke zwischen der Nordgrenze Kaliforniens zu Oregon und San Diego/Los Angeles im Süden. Praktisch parallel dazu berührt der Hwy. 99 (von Sacramento bis Bakersfield ebenfalls Autobahn) alle wichtigen Städte des Central Valley.

★Redding (5o.ooo Einw.)

Nördlichste Stadt im Central Valley. Hauptsächlich interressant als Übernachtungsstation beim Besuch des Lassen Volcanic National Park (siehe dort). Allerdings auch von hier aus keine öffentlichen Verkehrsverbindungen zum Nationalpark. - Telefon Redding: Vorwahl 916.

Geschichte: Redding entstand um 185o an der Stelle einer Indianersiedlung. Der Ort entwickelte sich dann ab 1872, als die Central Pacific Railway (siehe auch Seite 166) Redding erreichte. Farmer, aber auch Minengesellschaften siedelten sich hier an. Im Modoc Krieg (siehe Seite 799) war Redding Stützpunkt der Soldaten.

In der Stadt 2 Museen die u.U. den Besuch lohnen: das "Redding Museum and Art Center" (1911 Rio Dr.) mit Exponaten zur Anthropologie sowie Kunst, - und das "Charter House Natural Sience Museum", eine naturwissenschaftliche Ausstellung.

Die Hotel- und Motelzeile von Redding ist Hilltop Drive, leicht zu erreichen und gut ausgeschildert ab Autobahn I-5. Die Hotels aufgereiht wie an einer Schnur, selten ausgebucht, so daß Zimmersuche kein Problem ist. Alle Preiskategorien vorhanden. Lage und Bauweise unterscheiden sich kaum, Unterschiede lediglich im Komfort.

"**Best Western Hilltop Inn**", 23oo Hilltop Dr. Komfortabel und modern mit SW-Pool und Whirlpool. Leichtes Frühstücksbuffet im Preis inkl., DZ ca. 85 US. Angeschlossen ein gemütlicher Pub und eines der besten Restaurants der Stadt: "C.R.GIBBS". Jedes Abendessen (1o- 15 US) beginnt mit einem reichlich bemessenen Shrimp-Cocktail auf Kosten des Hauses. Tel. 221-61oo.

"**Days Inn**", 218o Hilltop Dr. Ebenfalls modern und komfortabel mit SW-Pool und Whirlpool. DZ ca. 75 US im Winter, ab 95 US während der Sommersaison. Tel. 221-82oo.

"**Motel 6**", 164o Hilltop Dr. Modernes, schlichtes Motel. Etwas laut an der Autobahn. Großer SW-Pool. DZ ca. 4o US. Tel. 221-18oo.

Billiger, aber ziemlich heruntergekommen sind einige einfache Motels im Zentrum der Stadt, entlang Market Street: "**Saratoga**", 3o25 S.Market St., Tel. 243-8586, DZ ca. 2o US. - "**El Rancho**", 3295 S.Market St., Tel. 241-5275, DZ ca. 26 US.

Verbindungen ab Redding

Bus: Greyhound-Terminal Pine St./Ecke Butte St., Tel. 241-2531.

-> Sacramento: 3 x tägl., 3- 4 Std., ca. 2o US
-> Portland, Oregon: 3 x tägl. , 8- 9 Std., ca. 8o US

Bahn: Amtrak Bahnhof 162o Yuba St.

-> Sacramento: 1 x tägl., 4 Std., ca. 35 US
-> Portland, Oregon: 1 x tägl., 11 Std., ca. 1oo US

Auto: Sacramento: über I-5, 26o km, ca. 3 Std.
-> Mount Shasta City: über I-5, 1oo km, ca. 1,5 Std.
-> Lassen Volcanic National Park: über Hwy. 44 zum Nordeingang, 8o km, ca. 1,5 Std.

Autovermietung: Sinnvoll für die Tour zum Lassen Volcanic National Park, da dorthin keine öffentlichen Verkehrsmittel existieren.

HERTZ, 18o1 Park Marina Dr., Tel. 243-4593, - RENT-A-WRECK, 255o Churn Creek Rd., Tel. 222-83o4

RED BLUFF (12.ooo Einw.): Trostlose Stadt in der Ebene ohne touristische Attraktionen. Von hier aus allerdings die Zufahrt über Hwy. 36 zum Südeingang des Lassen Volcanic National Park (8o km, ca. 1,5 Std.). Details siehe dort.

★ Sacramento (32o.ooo Einw.)

Seit 1864 Hauptstadt des Bundesstaates Kalifornien. Zentraler Verkehrsknotenpunkt. Als Stadt nicht aufregend, aber angenehm mit vielen Parks und Grünflächen sowie Bäumen in fast jeder Straße. Die eigentlich schöne Lage am Sacramento River wird zerstört durch ein Gewirr von Autobahnen, die mitten durchs Zentrum führen.

Historische Gebäude und gute Museen bieten einen informativen Einblick in die eschichte Kaliforniens. Absolute Spitzenklasse ist das Eisenbahn-Museum von Sacramento.

Geschichte: 1839 hatte der Schweizer Emigrant Johann August Sutter im Bereich um das heutige Sacramento 2o.ooo Ha. Land erhalten und dort eine Siedlung gegründet. Kalifornien gehörte damals noch zu Mexiko, Details siehe auch Seite 111 und 52o.

Sutters Neugründung New Helvetia entwickelte sich zum Anziehungspunkt für Siedler,

die aus dem Osten der USA über die Sierra Nevada ins Central Valley kamen. Eine Art (zunächst noch kleiner) Kristallisationspunkt für amerikanischen Einfluß war entstanden.

Gut 1o Jahre war Sutter zusammen mit den neu angekommenen Siedlern auf seinem Land als Farmer und Viehzüchter tätig. Am 24.1.1848 entdeckte dann James Marshall (Vormann Sutters) am Oberlauf des American River rund 75 km nordöstlich von Sacramento beim Bau einer Sägemühle ein Gold- Nugget und bald wurde mehr Gold gefunden.

Für Sutters Siedlungsprojekt hatte dies verheerende Folgen: Zunächst liefen ihm seine Leute in Scharen davon, um in den Bergen ihr schnelles Glück zu finden. Im Laufe des Jahres 1849, als sich die Goldfunde bis zur US- Ostküste durchgesprochen hatten, kamen Tausende von Abenteurern zum American River, zertrampelten die Ernten und schlachteten das Vieh auf den Weiden. Gegen diesen Massenansturm war Sutter machtlos. Er konnte seine Schulden nicht zurückzahlen und verzweifelte letztlich am Scheitern seines großangelegten Projektes. Daraufhin übergab er den gesamten Besitz an seinen Sohn, der sich den Zeichen der Zeit anpaßte: Sutter Junior teilte das Land auf, verpachtete die Grundstücke und ließ Straßen bauen.

SACRAMENTO: wurde 1854 Hauptstadt Kaliforniens Vor dem Bau der Eisenbahn besorgten Schiffe die Verbindung nach San Francisco.

Rund um die ursprüngliche Siedlung entwickelte sich eine Stadt, die zum Versorgungszentrum des Goldgräbergebietes wurde. Details ab Seite 52o, - zu den Verkehrswegen nach Sacramento Seite 522 und 115.

185o wurde Kalifornien neuer Bundesstaat der USA, und die Nähe Sacramentos zu den Gold- Fundstellen machten die früher kleine Siedlung 1854 zur Hauptstadt Kaliforniens. Viele Händler, die ihr Schäfchen während des Goldrausches ins Trockene gebracht hatten, ließen sich in der neuen Hauptstadt nieder und trugen mit ihren Investitionen zu einer kontinuierlichen Weiterentwicklung bei.

Als 1869 die transkontinentale Eisenbahn von Chicago bis Sacramento fertiggestellt war, war zugleich der Grundstein für ein dauerhaftes Wachstum gelegt. Durch die günstige Lage im Herzen des Central Valley hat Sacramento bis heute seine Bedeutung als Handelsplatz und Verkehrsknotenpunkt bewahrt.

Tourist INFO Convention and Visitors Bureau, 1421 K Street, Tel. 449-6711. Kleiner Ableger auch in Old Town, 11o4 Front St. In Sacramento hat außerdem das kalifornische Tourist Office seinen Hauptsitz. Informationen über den gesamten Staat im 16. Stock des Wolkenkratzers, 8o1 K Street.

Post: 8o1 I Street/Ecke 8th St. **Telefon**: Vorwahl 916.

Die Sehenswürdigkeiten gruppiert in 3 Bereichen: * im Zentrum um den Capitol Park, * in der Old Town am Sacramento River sowie * in den Außenbezirken.

ZENTRUM

GOVERNOR'S MANSION (13), H Street/Ecke 16th St. Verschnörkelte viktorianische Villa aus dem Jahr 1877, umgeben von gepflegtem Garten. Sie diente von 19o3- 67 als Amtssitz des kalifornischen Gouverneurs, letzter offizieller Bewohner war Ronald Reagan, in dessen Regierungszeit

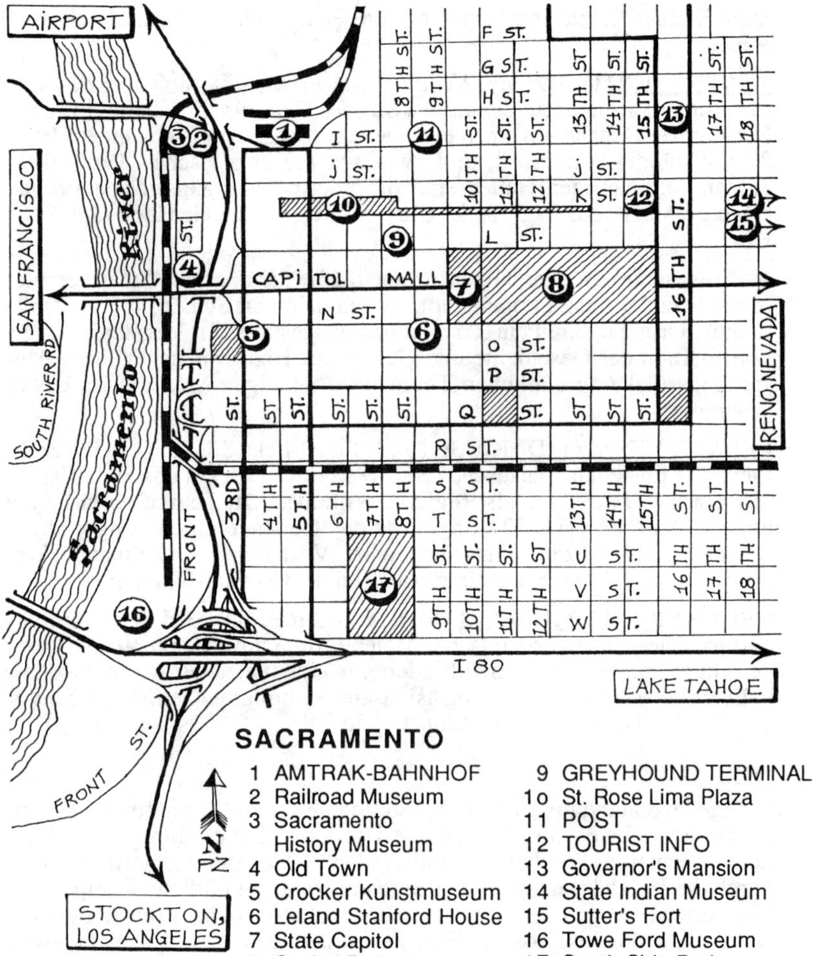

der Sitz verlegt wurde. Halbstündige Touren durch die repräsentativen Innenräume täglich 1o- 16 Uhr, 2 US.

CAPITOL PARK (8): Großzügige Parkanlage im Stadtzentrum mit Bäumen und Pflanzen aus aller Welt. Angelegt im viktorianischen Stil mit langen, geraden Wegen und geometrisch angeordneten kleineren Pfaden. Dazwischen Bäume und Blumenrabatten. Ein strenger Park, dem die Besucher mit lockerem Kampieren auf den Rasenflächen das Formelle neh-

men. Kleiner Kaktusgarten in der Südostecke, Nähe Kreuzung 15th St./N Street.

STATE CAPITOL (7) am Westrand des Parks, seit 1869 Sitz des kalifornischen Parlaments. Gebaut im Stil des Capitols in Washington D.C. Nach langer Debatte um einen eventuellen Neubau wurde des Innere 1976-82 vollständig restauriert, und zwar so, wie es zwischen 19oo- 191o aussah. Die Heiligen Hallen sind für jedermann zugänglich, man marschiert einfach rein (tägl. 8- 18 Uhr). Touren durchs Gebäude tägl. 9- 16 Uhr.

Im Erdgeschoß die ehemaligen Arbeitsräume der höchsten Staatsbeamten sowie wichtige Institutionen: Gouverneurszimmer, Schatzamt, Staatsbibliothek. Originalgetreu eingerichtet und ausgestattet. In Vitrinen eine Dokumentation der Geschichte und Gegenwart Kaliforniens. Weitere Ausstellungsstücke zu ähnlichen Themen im winzigen Museum im Untergeschoß.

LELAND STANFORD HOUSE (6), N Street/Ecke 8th St. Verschnörkelte Steinvilla im neoklassizistischen Stil, 1857 erbaut. Bevor das State Capitol fertig war, 5 Jahre lang als Regierungssitz benutzt. Touren durchs Haus nur auf Anfrage (Tel. 324-o575), da das Gebäude einem langwierigen Restaurierungsprozeß unterzogen wird. Vorhanden sind Stuckdecken, holzverkleidete Wände und ein großer Teil der Original-Möblierung.

CROCKER ART MUSEUM (5), 216 O Street/Ecke 3rd St. Sammlung europäischer und amerikanischer Malerei mit Schwerpunkt 19. Jhd., ausgestellt in prachtvoller Gemäldegalerie. In einem neueren Anbau moderne kalifornische Kunst sowie eine asiatische Sammlung. Geöffn. Di-So von 1o- 17 Uhr (Do bis 21 Uhr), Eintritt 2,5o US.

OLD TOWN

Weitgehend authentische Rekonstruktion des alten Geschäftsviertels von Sacramento. Zwei- bis dreistöckige Holz- und Backsteingebäude. Trotz der unvermeidlichen Kitsch- und Andenkenläden entsteht Atmosphäre durch die Holzbürgersteige über Straßenniveau, gemütliche Kneipen und Restaurants. Angrenzend leider mehrere übereinandergeführte Schnellstraßen, die den historischen Flair beeinträchtigen. Vom Zentrum aus zu erreichen über die breite Fußgängerzone Capitol Mall Richtung Westen.

CALIFORNIA STATE RAILROAD MUSEUM (2), 111 I Street/Ecke 2nd St. Glanzstück der Old Town, ein Eisenbahnmuseum der Superklasse! Die riesige Ausstellung dokumentiert die gesamte amerikanische Eisenbahngeschichte am Objekt. Über zwanzig restaurierte Lokomotiven und Waggons können von allen Seiten, selbst von innen und unten, bestaunt werden. Prunkstück die grüngoldene Bilderbuchlok "C.P. Huntington", die erste Lokomotive der Southern Pacific. Beim Gang durch den Pullman Waggon von 1929 täuschen die fertig bezogenen Betten, vorbeiflitzende

Lichter und rhythmisches Schwanken des gesamten Schlafwagens eine Nachtfahrt durch Kanada vor.

Draußen ein rekonstruierter Bahnhof mit Telegrafenbüro, Schaltern, Warteräumen und weiteren Lokomotiven. Im Oberstock Schmalspurbahnen und Modellbauanlagen.

Querschnitt durch einen Pullman-Schlafwagen (hier: der Santafe-Railway). Weitere Details Seite

Diashows und Filme runden das Museum ab, - das sicher interessanteste und wichtigste Eisenbahnmuseum Kaliforniens, hervorragende Präsentation und für jeden Eisenbahnfan absolutes "muß". Geöffnet täglich von 1o- 17 Uhr, Eintritt 5 US.

SACRAMENTO HISTORY MUSEUM (3), 1o1 I Street und direkt neben dem Eisenbahnmuseum. Dokumentation der Geschichte Sacramentos im ehemaligen Wasserwerk. Ausführliche Abteilungen zur Rolle der Landwirtschaft im Central Valley sowie zum Goldrausch, durchaus sozialkritisch. Besucher können hier selbst Gold waschen und handfeste Vergleiche zum derzeitigen Broterwerb anstellen. Nuggets und Goldstaub im Wert von 1 Million Dollar in den Vitrinen, aber nicht zum Anfassen. Geöffnet Di-So von 1o- 16.3o Uhr, Eintritt 2,5o US.

Den Besuch des Sacramento History- Museums sollte man nach Möglich-

Der Job des Bremsers auf der Transkontinental-Eisenbahn war extrem hart und gefährlich. Bevor das Gleis SACRAMENTO erreicht, mußte die Kette der Sierra Nevada überquert werden, die im Winter berüchtigt für ihre Schneestürme war. Hier mußte der Bremser auf dem verschneiten Brett auf dem Zugwaggon entlanglaufen. Nicht selten gab es Unfälle, weil er ausrutschte.

keit vor der Fahrt ins Gold Country einbauen, da die dortigen Museen nicht immer so kompetent und "seriös" berichten, sondern oft mit "Show-Charakter" vermischt sind.

AUSSENBEZIRKE

TOWE FORD MUSEUM (16), 22oo Front St., etwas abgelegen und südlich der Old Town. In einer düsteren Halle drängen sich dicht an dicht rund 15o hochglanzpolierte Ford-Atomobile vom Model T (19o8) bis zum Cobra (1966), zudem Kuriositäten wie der "Hot-Dog Wagen" von 1931 und ein Rettungsfahrzeug aus dem Jahr 1953.

Zu erreichen ab Old Town über Front St., an Wochenenden kostenloser Bus-Service zwischen Railroad Museum, Crocker Art Museum und Towe Ford Museum. Geöffn. täglich 1o- 18 Uhr, Eintritt 5 US.

SUTTER'S FORT (15), 27th St./Ecke L Street, am nördlichen Stadtrand. Replika der ersten Siedlung im heutigen Sacramento, 1839 vom Einwanderer und Pionier John Sutter errichtet. Wohnhaus, Bäckerei, Schmiede etc. Alles ausgestattet im Stil der Zeit. Geöffn. täglich 1o- 17 Uhr, Eintritt 1 US.

STATE INDIAN MUSEUM (14), direkt daneben (26th St./Ecke K Street). Mit Exponaten zu Kunsthandwerk und Kultur der Indianer des Central Valley und der Sierra Nevada. Kultgegenstände, Werkzeuge, Flechtarbeiten. Geöffnet tägl. 1o- 17 Uhr, Eintritt 1 US.

"**Radisson**", 5oo Leisure Lane, etwa 1o Min. per Auto vom Stadtzentrum an der Hwy. 16o. Verkehrsgünstige, dennoch ruhige Lage. Komfortables Super-Motel auf riesigem Areal. Zahlreiche flache Gebäude in penibel gepflegten Grünflächen. In der Mitte ein kleiner See, daneben SW-Pool und Fitneß-Center. Moderne Möblie-rung in dezenten Grautönen. DZ je nach Größe und Lage 9o- 12o US. Tel. 922-2o2o und 8oo-333-3333.

"**Hartley House**", 7oo 22nd St. Bed&Breakfast. Viktorianisches Haus in Wohnviertel am Stadtrand. Elegant eingerichtete Zimmer mit Privatbad. Alle Zimmer unterschiedlich ausgestattet. Je nach Größe und Qualität 8o- 115 US. Tel. 447-7829.

"**Clarion**", 7oo 17th St. Efeuumrankter Flachbau gegenüber Governor's Mansion. 1o Min. zu Fuß ins Zentrum. Modernes Hotel, SW-Pool im ruhigen Innenhof. Zimmer funktional und komfortabel. DZ ab ca. 95 US. Tel. 444-8ooo und 8oo-762-2333.

"**Vagabond Inn**", 9o9 3rd St. Sehr günstig gelegen zwischen Old Town und Zentrum. Modernes Hotel mit hellen großen Zimmern. SW-Pool. DZ ca. 6o US. Tel. 446-1481 und 8oo-522-1555.

"**Capitol Center Travelodge**", 1111 H Street, Nähe State Capitol. Solides Motel der Mittelklasse. Zimmer modern und funktional eingerichtet. DZ 4o-65 US. Tel. 444-888o.

"**Americana Lodge**", 818 15th St. Größeres Motel, 6 Blocks vom Capitol. Zweistöckig, Parken in Garagen unter den Gebäuden. Kleiner SW-Pool, etwas exponiert an der Straßenecke. Zimmer einfach, aber sauber. DZ ca. 37 US. Tel. 444-398o.

"**Capitol Park Hotel**", 1125 9th St. Klassisches Backsteingebäude, weißgestrichen mit den typischen Feuerleitern. Zentral Nähe State Capitol. Schön restauriert von außen, die Zimmer aber haben bessere Tage gesehen. Trotzdem solides Stadthotel in der

preisgünstigen Kategorie. DZ ca. 37 US. Tel. 441-5361.

"Central Motel", 818 16th St. Nicht ganz so zentral wie der Name vermuten läßt, aber doch bequem zu Fuß zum Capitol Park. Kleines Motel, Parkplätze im Innenhof. Zimmer mit AC, leicht heruntergekommen. DZ ab ca. 32 US. Tel. 446-6oo6.

"Hotel Berry", L Street/Ecke 8th St. noch das akzeptabelste der Billighotels und Absteigen rund um den Greyhound-Terminal. Für die ca. 32 US pro DZ aber nicht mehr erwarten als ein tristes Bahnhofshotel.

"Gold Rush", 1421 Tiverton Ave., Tel. 421-5954. Kleine Herberge mit Familienanschluß. Freundlich und sauber. Unbedingt reservieren, da nur wenige Betten. Pro Person 8 US.

"Sacramento Metro KOA", 4851 Lake Rd., Tel. 371-6771. Etwa 6 km westlich des Zentrums. Gepflegter und gut ausgestatteter Platz. Stellplatz ca. 15 US.

"FOX AND GOOSE", R Street/Ecke 1oth St. Urgemütliche Kneipe in ehemaliger Lagerhalle. An den roten Backsteinwänden Fotos und alte Werbeplakate. Vorn die Kneipe mit Tresen und kleinen Tischen, dahinter der rustikale Speisesaal. Geöffnet vom Frühstück bis in die Nacht. Live-Musik (Rock, Blues, Country). Große Auswahl an Omeletts, Suppen, Salaten und Sandwiches (4- 6 US).

"TOKYO", 428 J Street. Modern gestyltes Restaurant mit klassischer japanischer Küche und Sushi-Bar. Abends bis 21 Uhr geöffnet. Essen ausgezeichnet, große Portionen, 9- 11 US pro Hauptgericht. Eingang um die Ecke über 5th St.

"LU SHAN", 4o3 J Street. Schon von weitem als chinesisches Restaurant zu erkennen: in charakteristischem buddhistischen Tempelgebäude. Im Innern etwas sterile Atmosphäre. Kantonesische Küche. Komplettes Menü (6 Gänge) ab 7 US, freie Auswahl am reichhaltigen Buffet 7,5o US.

"PIZZA SIDEWALK", 814 K Street. Einfache Pizzeria. Mittags sehr günstiges Buffet: Für 4 US Selbstbedienung an der Pizza-, Nudel- und Salattheke.

"FAT CITY", 1oo1 Front St. Nähe Railroad Museum, originellstes Lokal von Old Town. In altem Backsteingebäude verschachtelte Speisesäle. Jugendstillampen und -spiegel. Dekorative Glasdecke. Urgemütlich mit alten Sofas und Klavieren. Nudel- und Fleischgerichte 8- 1o US, kleinere Gerichte wie Chili oder Sandwiches 4- 6 US.

"HOGSHEAD BREW PUB", 114 J Street. Kellerkneipe in Old Town. Serviert werden drei verschiedene Biersorten aus eigener Mini-Brauerei. Außerdem Kleinigkeiten wie Suppen (ab 2 US), Sandwiches und Pizza

(ab 5 US). Do-Sa Live-Musik.

"RUBICON BREWING COMPANY", 2oo4 Capitol Ave. Etwas außerhalb. Ebenfalls Bier aus eigener Brauerei. Das Ambiente etwas künstlich, man setzt auf Antörnen durch laute Musik.

Selbstversorger:

"PAYLESS", K Street/Ecke 1oth St., Supermarkt und Drugstore im Zentrum.

Verbindungen ab Sacramento

Bus: Greyhound-Terminal zentral, L Street/Ecke 7th St. Gut hundert Busse täglich in alle Richtungen, u.a.:

-> Redding: 3 x tägl., 3- 4 Std., ca. 2o US
-> Portland, Oregon: 3 x tägl., 12- 13 Std., ca. 9o US
-> Fresno: 5 x tägl., 4 Std., ca. 24 US
-> Bakersfield: 5 x tägl. , 7- 8 Std., ca. 36 US
-> San Francisco: 12 x tägl., 2- 3 Std., ca. 1o US
-> Reno, Nevada: 12 x tägl., 3- 4 Std., ca. 3o US
-> South Lake Tahoe: 6 x tägl., 2- 3 Std., ca. 17 US

Bahn: Amtrak-Bahnhof zentral, I Street/Ecke 4th St.

-> Oakland: 1 x tägl., 2 Std.
-> Redding: 1 x tägl., 4 Std., ca. 35 US
-> Portland, Oregon: 1 x tägl., 15 Std., ca. 12o US
-> Reno, Nevada: 1 x tägl., 5 Std., ca. 4o US
-> Fresno: 3 x tägl., 3 Std., ca. 33 US
-> Bakersfield: 3 x tägl., 5 Std., ca. 38 US.

Auto: In Sacramento kreuzen sich vier der wichtigsten Autobahnen Kaliforniens:

I-5: Schnellste Nord-Süd Verbindung nach Los Angeles (62o km, ca. 7 Std.) und Redding (26o km, ca. 3 Std.).

Hwy. 99: Ebenfalls Nord-Süd, aber entlang der wichtigsten Städte im Central Valley: Fresno (27o km, ca. 3 Std.), Bakersfield (45o km, ca. 5 Std.).

I-8o: Wichtigste Ost-West Route nach San Francisco (14o km, ca. 2 Std.) und Reno, Nevada (22o km, ca. 2- 3 Std.).

Hwy. 5o: Direkt zum Südufer von Lake Tahoe (15o km, ca. 2 Std.).

Flüge: Sacramento Metro Airport, 2o km nördlich von Downtown an I-8o. Zehn Fluglinien verbinden täglich mit allen wichtigen Städten Kaliforniens und der Westküste.

✶California Delta

Weite Ebene südwestlich von Sacramento, durchzogen von unzähligen Wasserläufen. Mündungsgebiet der beiden größten Flüsse im Central Valley: des Sacramento River und San Joaquin River.

Der HIGHWAY 160 ist die schönste Strecke durchs Delta, - gleichzeitig eine gute Verbindung zwischen Sacramento und der San Francisco Bay Area. Nicht so schnell und direkt wie auf der Autobahn I-80, dafür aber nicht voll und angenehm zu fahren.

Die Straße führt auf einem Damm, entlang des Sacramento River und einiger Nebenarme. Auf der einen Seite der Fluß mit Motorbooten und Wasserskiläufern, auf der anderen Obstplantagen und gelegentlich ein schönes altes Farmhaus. Weite Ausblicke über das flache Land.

Als Zugabe eine Sammlung kurioser metallischer Zug- und Hubbrücken, die den Fluß überspannen und bei Durchfahrt eines Bootes gelegentlich den Straßenverkehr aufhalten. Wer sich auf Nebenstraßen wagt, muß häufige Wartezeiten an den zahlreichen Fähren in Kauf nehmen. So viele Brücken kann man gar nicht bauen, wie es im Delta Wasserwege gibt.

Als 1722 die Spanier die Delta-Region entdeckten, fanden sie ein moskitoverseuchtes Seen- und Sumpfgebiet vor. Nicht anders erging es den Abenteurern des kalifornischen Goldrausches, von denen viele von San Francisco per Dampfschiff auf dem Sacramento River nach Sacramento reisten und dort ihren Weg ins Goldgräbergebiet fortsetzten.

Ab 1870 waren es wieder chinesische Arbeiter, die mit der Entwässerung der Sümpfe und der Konstruktion von Deichen und Kanälen begannen. 1869 hatten sie die Trasse der transkontinentalen Eisenbahn fertiggestellt und fanden neue Jobs in der harten Arbeit der Urbarmachung und Erschließung des California Deltas. In späteren Jahrzehnten wurden auch Spezialbagger eingesetzt.

Um 1930 war das einstige Sumpfgelände in ein Flußdelta mit vielen Haupt- und Nebenarmen verwandelt. Die so gewonnenen Gebiete wurden zu Anbauflächen und gehören noch heute zu den fruchtbarsten Böden der Welt. Die Wasserarme funktionierten als Transportwege von der San Francisco Bay bis weit ins Landesinnere hinein. Hochseedampfer können auf diese Weise bis nach Stockton gelangen. Heute hauptsächlich Wassersport- und Angelrevier.

✶Lodi

(40.000 Einw.)

Gesichtslose Stadt mitten in einem der größten Weinbaugebiete des Central Valley. Lodi erlangte Ende der 60-er Jahre Weltruhm durch den Song "Lodi" der Pop-Gruppe Creedance Clearwater Revival, die die Trostlosigkeit dieser Provinzstadt besang. Dem ist heute nicht viel hinzuzufügen.

Nach einem langen Trip durchs schwülheiße Central Valley bietet Lodi zwei erfrischend positive Alternativen für Picknick und Übernachtung:

MICKE GROVE PARK, zu erreichen über Armstrong Road. Schattiger Park mit Wiesen, Picknickbänken, Schwimmbad, kleinem Zoo und japa-

nischem Garten. Eintritt 3 US pro PKW.

SAN JOAQUIN COUNTY HISTORICAL MUSEUM: Dokumentation der Geschichte der Landwirtschaft im Central Valley, dazu historisch möblierte Räume, Kostüme und Kutschen. Geöffn. Mi-So von 13- 17 Uhr, Eintritt 1 US.

"**Wine & Roses Country Inn**", 25o5 W.Turner Rd., Bed & Breakfast. Viktorianisches Haus in einem wunderschönen Park. Innen üppig ausgestattet mit englischen Stilmöbeln, vielen viktorianischen Accesoires und: Rosen über Rosen. DZ 9o-12o US. Auch im angegliederten Restaurant fühlt man sich um 1oo Jahre zurückversetzt. Das viergängige Tagesmenü ca. 25 US und Spitzenklasse. Tel. 2o9-334-6988.

★Stockton (18o.ooo Einw.)

Zentrum des Spargelanbaus. Stockton war zur Zeit des Goldrausches in Kalifornien (1849 - ca. 6o) der Einstieg für die südlichen Bereiche des Gold Countries. Heute in den Außenbezirken eine typische Stadt des Central Valley mit Motels, Tankstellen, Burger Kings. In Downtown noch einige der klassischen roten Backsteinbauten. Kein Grund für einen längeren Aufenthalt.

Wer mit Amtrak von Bakersfield nach Sacramento fährt, muß in Stockton von der Bahn auf den Anschlußbus umsteigen. Der wartet vor dem Bahnhofsgebäude, so daß auch von daher kein Aufenthalt nötig wird.

Autofahrer, die nach langer Fahrt durchs Central Valley in Stockton übernachten wollen, finden an den Autobahnausfahrten von I-5 und Hwy. 99 zahlreiche Motels aller Preiskategorien.

★Modesto (13o.ooo Einw.)

Weitere Stadt im Central Valley, haut vom Stadtbild nicht unbedingt vom Hocker. Keine speziellen Attraktionen, aber - wie oft in Kalifornien: Filmbezug:

Der Regisseur George Lucas verbrachte in Modesto seine Kindheit. Sein Film *"American Graffity"* wurde nicht nur zum amerikanischen Kultfilm der 5o-er Jahre, sondern ist zugleich seine Homage an Modesto: Jugendliche kosten die Liebe (per Petting) und die PS, wie auch pampige Hamburger, die ans Auto gebracht werden. Der Orts- Sheriff büßt (leider!) sein Fahrzeug ein, Schlußszene ein Wettkampf zwischen Straßenkreuzern und aufgetrimmten Oldtimern...

George Lucas wurde später im Team Steven Spielbergs zum Starregisseur Hollywoods mit beispielsweise "Star Wars", einem der wohl besten Sience Fiction Filme hinsichtlich aufwendiger Trickaufnahmen und Sound (siehe auch Kapitel "Film" Seite 2o5).

"American Graffity" wird heute alljährlich "nach-zelebriert" am ersten Wochenende nach der High School Graduation (2. bzw. 3. Juli Woche): Oldtimer aus den 5o-ern und Wettrennen, wobei die Polizei die Straße absperrt. Ansonsten ist die Mc.Henry Ave. die PS- Flaniermeile, - auch das

Hamburger- Drive Inn aus dem Film (1oth Street zwischen G und K St.) besteht noch.

Weitere sehenswerte **Veranstaltungen**: "Hot Rod Custom Car Show" im Januar, - "Oakdale Rodeo" im April und "Patterson Apricot Festival" im Mai.

Unterkunft: mehrere in Modesto und an den Stadtumgehungsstraßen (Motels). Dito viele Restaurants und Supermärkte.

Verbindungen: Über Modesto führt die direkteste Strecke von San Francisco (Autobahn 58o + 2o5 + Hyw. 12o) zum Yosemite National Park. Die Strecke umgeht jedoch bereits nördlich Modesto. Für Yosemite Besucher, die sich im Nationalpark länger aufhalten wollen (z.B. Camping oder Wanderungen), ist Modesto guter Zwischenstop, um die Vorräte im Auto zu ergänzen, - im Nationalpark später erheblich teurer.

BUS: ab Modesto ca. 8 x tägl. nach San Francisco (2 Std.), - ca. 12 x tägl. nach Los Angeles (8 1/2 Std.) und Fresno (17 x tägl., ca. 2 Std.).

MERCED (45.ooo Einw.): Sehenswert das Gerichtsgebäude von 1875, in Betrieb bis in die 7o-er Jahre unseres Jhds. Hotels, Restaurants. Weiterhin Zwischenstop auf dem Weg (Hwy. 14o) zum Yosemite National Park, gute Busverbindungen zum Nationalpark (Details siehe Yosemite).

✶ Fresno (32o.ooo Einw.)

Geographischer Mittelpunkt und wirtschaftliches Zentrum des San Joaquin Valley. Stark geprägt von ethnischen Minderheiten (ca. 7o versch. Nationalitäten) und Landwirtschaft: In der Umgebung die produktivste Agrarregion Kaliforniens und damit der Welt.

Das Stadtbild gesichtslos: mit üblichem Schachbrettmuster, durchzogen von den beiden Autobahnen, die das Zentrum zerschneiden. Geschäftshäuser und ehemalige Lagerhallen, die heute Restaurants und Läden beherbergen. Nur wenige Sehenswürdigkeiten, aber wichtig als Durchgangsstation für Touren in die Nationalparks der Sierra Nevada. Gute Busverbindung zum Yosemite National Park. Während der Sommermonate unerträglich heiß.

Tourist INFO

Visitors Bureau, 8o8 M Street, Tel. 233-o836.

Post: Hauptpostamt: 19oo E Street/Ecke El Dorado St.. Zentraler allerdings die Post in 23o9 Tulare St. - **Telefon**: Vorwahl 2o9.

MEUX HOME, Tulare St./Ecke R Street. Etwas verloren wirkendes viktorianisches Haus in der trostlosen Bahnhofsgegend, erbaut 1888. Innen restauriert mit Möbeln und Gerätschaften aus dem 19. Jahrhundert. Eines der wenigen schönen Gebäude in Downtown. Geöffn. Fr-So von 12-15.3o Uhr, Eintritt 3 US.

CITY HALL, Tulare St./Ecke P Street. Origineller Glaspalast im Stil der postmodernen kalifornischen Architektur, 1992 eingeweiht. Offenbar will Fresno nicht völlig hinter Los Angeles zurückstehen. Allerdings kein klotziger Wolkenkratzer, sondern in der Höhe dem Stadtbild angepaßt.

FRESNO METROPOLITAN MUSEUM: 1555 van Ness Ave. Sammlung europäischer und amerikanischer Malerei. Am interessantesten noch die Abteilung mit Fotos des bekannten Fotografen Ansel Adams, der in unvergleichlicher Weise die Landschaften und Stimmungen der Sierra Nevada eingefangen hat. Geöffnet Mi-So von 11- 17 Uhr, Eintritt 2 US.

Daß Fresno nicht nur aus den Lagerhallen von Downtown besteht, zeigt der TOWER DISTRICT um das wieder zu Leben erweckte Tower Theater (Nähe Kreuzung Olive St./van Ness Ave.): Wohnhäuser aus den zwanziger und dreißiger Jahren, dazu einige ausgefallene Läden und Restaurants. Harmonischer als Downtown, aber über ein provinzielles Flair geht es auch hier nicht hinaus.

KEARNEY PARK: Weitläufige Parkanlage inmitten von Weingärten und Obsthainen. Rasenflächen, bestanden mit Palmen und vielen anderen Baumarten. In der Mitte KEARNEY MANSION, das einstige Wohnhaus des Millionärs Theo Kearney, der sein Geld im Rosinen-Geschäft verdiente und den Park anlegen ließ. Von Downtown aus führt eine schnurgerade, fast 7 km lange Allee aus Palmen, Eukalyptus und anderen Bäumen zum Park. Durchaus einen Abstecher wert.

BLOSSOM TRAIL: Zwischen Anfang Februar und Anfang Mai bietet die Umgebung von Fresno das farbenprächtige Schauspiel der Baumblüte. Je nach Monat und Witterung blühen Mandel-, Aprikosen- und Pfirsichbäume, etwas später Apfelbäume und Zitrusfrüchte. In der richtigen Jahreszeit ist diese Tour durch die Obsthaine ein Erlebnis. Im Touristbüro gibt es eine Gratis-Karte und die aktuelle Information, wo die Blütenpracht gerade besonders gut zu sehen ist.

"**Centre Plaza Holiday Inn**", 2233 Ventura St. Großes, modernes Hotelgebäude im Zentrum von Downtown. Gewaltige Lobby mit Bar, Restaurant und geräuschvollem Wasserfall. Kleiner SW-Pool. Von den oberen Stockwerken Blick über die flachen Dächer von Fresno. Die Zimmer komfortabel und wegen Doppelverglasung trotz Autobahnnähe relativ ruhig. DZ ab ca. 75 US. Tel. 268-1ooo und 8oo-465-4329.

"**La Quinta Inn**", 2926 Tulare Ave. In Downtown, Nähe Amtrak-Bahnhof und Hwy. 41. Modernes Gebäude, im Stil mexikanisch inspiriert. SW-Pool. Komfortable Einrichtung der hellen und großen Zimmer. DZ ca. 65 US. Tel. 442-111o.

"**Country Victorian**", 1oo3 S.Orange Ave. Bed&Breakfast. Viktorianisches Bauernhaus aus dem vorigen Jahrhundert, etwa 1 km östlich von Downtown Richtung Kings Canyon National Park. In ruhiger Wohngegend mit Garten und kleiner Terrasse. Teilweise Original-Möblierung. DZ mit Gemeinschaftsbad ab ca. 37 US, mit Privatbad ca. 55 US. Tel. 233-1988.

"**Fresno Downtown Motel**", 2127 Inyo St. Freundlich geführtes Motel direkt im

Zentrum. Günstige Lage zu den beiden Autobahnen Hwy. 99 und 41 sowie zum Greyhound Terminal. AC und SW-Pool. Zimmer einfach eingerichtet, die meisten ruhig. DZ ca. 32 US. Tel. 268-o621.

"Motel 7", 888 Broadway. Wenige Schritte vom Greyhound-Terminal. Einfaches Motel mit mehreren Gebäudekomplexen. SW-Pool etwas exponiert am Parkplatz. Die Zimmer einfach möbliert, aber mit AC. DZ ab ca. 25 US. Tel. 485-755o.

Dutzende von **Hotels** und **Motels** aller Preiskategorien außerdem an den Autobahnausfahrten und Zubringern entlang Hwy. 41 und 99.

Fresno ist gut bestückt mit ordentlichen und preiswerten Restaurants. Die frischen Rohstoffe und Zutaten kommen aus dem unerschöpflichen Landwirtschaftsgebiet der Umgebung. Ab 21 Uhr aber werden die Bürgersteige hochgeklappt, danach ist es Glückssache, noch ein geöffnetes Lokal zu finden.

"HOFBRAU", 282o Tulare St. Rustikale Kneipenatmosphäre mit Holzverkleidung und langer Bar. Bierkrüge in den Regalen. Der Geruch nach heißem Schinken und Sauerkraut bestätigt, was der Name verspricht. Selbstbedienung für deftiges Essen und Bier vom Faß, für 5- 6 US wird man satt.

"EL TORITO", 284o Tulare St. Großes Lokal, aber gemütlich unterteilt in verschiedene Nischen. Mexikanische Dekoration und gute mex. Küche. Preiswertes Mittagsbuffet für ca. 6 US. Hauptgerichte ab 5 US.

"FARMER'S MARKET", 2736 Divisadero Ave./Ecke Tulare St. Zahlreiche Restaurants unter einem Dach: Fast-Food, vietnamesisch, indisch, mexikanisch etc. Etwas aufgepeppte Marktatmosphäre. Man holt sich das Essen von der jeweiligen Theke und setzt sich an eine der Tischgruppen. Große Auswahl und sehr preiswert. Nur bis 21 Uhr geöffnet.

"BURGER KING", 1o33 Broadway. Halbwegs gemütlicher Fast-Food Laden im Greyhound-Terminal. Gut für einen Imbiß während der Wartezeit auf den Anschlußbus.

"ARLIN'S", 123o Fulton Mall, in der Fußgängerzone. Kleines Café-Restaurant. Bei schönem Wetter auch einige Tische draußen. Angenehme Atmosphäre für einen kleinen Imbiß. Preiswert: Frühstück um 2 US, verschiedene Salate um 3 US. Nur bis 16 Uhr geöffnet.

"THE OLD SPAGHETTI FACTORY", 2721 Ventura Ave. Eine alte Lagerhalle, innen gemütlich ausgestattet. Knallige Farben, Holzverkleidung, rustikale Möbel. Mittendrin ein ausrangierter Straßenbahnwaggon aus dem Los Angeles der dreißiger Jahre. Zu essen gibt's Nudelgerichte von 4- 6 US. Salat, knuspriges Weißbrot und ein kleiner Nachtisch gehören dazu.

Selbstversorger

"FARMER'S MARKET", 2736 Divisadero Ave. In der Markthalle frische

landwirtschaftliche Produkte aus der Umgebung von Fresno.

"FOOD MAXX", Hwy. 18o, Richtung Kings Canyon National Park. Riesen-Großmarkt mit Konserven, Milchprodukten, Obst, Gemüse. Ideal für die Zusammenstellung einer Proviantreserve vor dem Trip zu den Nationalparks der Sierra Nevada.

Picknick: Am schönsten etwas außerhalb der Stadt im Kearney Park. Rasenflächen, Tische und Bänke sowie viel Schatten. Siehe "Sehenswertes".

Verbindungen ab Fresno

Bus: Greyhound-Terminal im Zentrum, 1o33 Broadway. Mit Linie 22 des "Fresno Area Express" (FAX) zum Amtrak-Bahnhof.

-> San Francisco: 7 x tägl., 4 Std., ca. 23 US
-> Los Angeles: 12 x tägl., 5- 6 Std., ca. 28 US
-> Sacramento: 5 x tägl., 4 Std., ca. 24 US
-> Yosemite National Park (mit "Yosemite Grey Lines"): 1 x tägl., 4 Std., ca. 12 US. Dieser Bus fährt auch über Bahnhof und Airport.

Bahn: Amtrak-Bahnhof zentral, Santa Fé St./Ecke Tulare St. Mit Linie 22 des "Fresno Area Express" (FAX) zum Greyhound-Terminal.

-> Bakersfield: 3 x tägl., 2 Std., ca. 22 US
-> Los Angeles: 3 x tägl., 5 Std., ca. 38 US (ab Bakersfield per Bus)
-> Sacramento: 3 x tägl., 3 Std., ca. 33 US (ab Stockton per Bus)
-> San Francisco: 3 x tägl., 5 Std., ca. 38 US (ab Oakland per Bus)

Flüge: "Fresno Air Terminal", nordwestlich des Zentrums, zu erreichen über Hwy. 99 oder 41, jeweils Ausfahrt "McKinley Ave.". Mit Linie 26 des "Fresno Area Express" (FAX) nach Downtown (o.6o US). Mehrmals am Tag Direktflüge in alle größeren Städte Kaliforniens und der Westküste. Gute und häufige Ver bindungen hat vor allem AMERICA WEST, Tel. 449-o737.

Auto: Nord-Süd Verbindung über den stark befahrenen Hwy. 99 (Autobahn): Los Angeles (35o km, ca. 4 Std.), San Francisco (3oo km, ca. 3- 4 Std.), Sacramento (27o km, ca. 3 Std.).

Zu den Nationalparks der Sierra Nevada Hwy. 41 (Yosemite, 15o km/ca. 2 Std.) und Hwy. 18o (Kings Canyon und Sequoia, jeweils 14o km/ca. 2 Std.).

Autovermietung: Durch seine zentrale Lage ist Fresno guter Ausgangspunkt für Touren in die Sierra Nevada. Kings Canyon und Sequoia National Park nur per Auto zugänglich, kein öffentlicher Transport.

Mietwagen ab Fresno daher eine Alternative.

HERTZ, Fresno Air Terminal, Tel. 251-5o55, - BUDGET, 3636 N.Blackstone Ave., Tel. 224-2o66, - ACTION (preiswert), 1811 Divisadero Ave., Tel. 266-3869, - STANDARD, 6261 N.Blackstone Ave., Tel. 435-1o3o

★Reedley (6.ooo Einw.)

Kleines Städtchen in ländlicher Umgebung, südöstlich von Fresno. Im Zentrum noch erhalten 2 Straßenblocks mit klassischen Backsteingebäuden aus den Gründerjahren. Besonders typisch das HOTEL BURGESS und das einstige OPERA HOUSE, heute Restaurant. Reedley ist relativ authentisch, weil das Zentrum nicht als Freilichtmuseum hergerichtet ist, sondern in den alten Häusern weiterhin normale Läden und Geschäfte funktionieren. Kein Tourismus oder Andenkenrummel, sondern normales US-Kleinstadt-Feeling.

Reedley ist außerdem Station auf dem "BLOSSOM TRAIL", einer Tour durch die blühenden Obsthaine von Fresno County (Details dazu siehe Fresno).

VISALIA (6o.ooo Einw.): Wie ein Tintenfleck ausgebreiteter Ort in der Ebene. Landwirtschaft, viel Rinderzucht und keinerlei Sehenswürdigkeiten. Interessant nur als Durchgangsstation vom Hwy. 99 zum Sequoia National Park: über Hwy. 198, 85 km, ca. 2 Std. Letzte Möglichkeit, sich vor dem Trip in die Sierra Nevada ausreichend und preiswert zu verproviantieren. Details zum Sequoia Nat. Park siehe Seite 434.

HANFORD (25.ooo Einw.): liegt rund 2o km westlich von Visalia und war früher Eisenbahnknotenpunkt mit Relikten aus dieser Zeit. Das Zentrum um die COURTHOUSE PLAZA mit einer eigentümlichen architektonischen Stilmischung: die neoklassizistischen Bauten des Auditorium und des Veteran's Memorial neben dem gelben Backsteinbau des Courthouse (heute Einkaufszentrum mit Jugenstilfenstern und schönem schmiedeeisernem Treppengeländer). Dazu typische einstöckige Geschäftshäuser aus der Gründerzeit, mexikanisch inspirierte Gebäude und das ehemalige Gefängnis als Kleinausgabe der Pariser Bastille. Ein kurioses Szenarium für eine verschlafene Kleinstadt mitten im Landwirtschaftsgürtel Kaliforniens.

★Bakersfield (14o.ooo Einw.)

Wenn plötzlich zwischen den Obstbäumen Öltanks wachsen, neben den McDonald's eine Ölpumpe auf- und abgeht, wenn im Autoradio fast nur noch Country&Western Songs zu hören sind - dann nähert man sich Bakersfield. Zwischenstop lohnt wegen des Kern County Museum, Details siehe unten. Bei Reisen durch Kalifornien ist Bakersfield u.U. ein wichtiger Verkehrsknotenpunkt: Die Stadt liegt im Schnittpunkt der Verbindungen zwischen Los Angeles, Las Vegas, San Francisco und Sacra-

mento. Umsteigestation für Greyhound Busse und Amtrak Züge.

Post: 18th/Ecke G Street, Nähe Amtrak-Bahnhof und Greyhound Terminal.
Telefon: Vorwahl 8o5.

Bakersfield nennt sich selbst *"All-America-City"*, und irgendwie ist da was dran: auf Öl- und Landwirtschaft gegründete Boom-Town seit über 1oo Jahren, ausgefranste Vororte mit Schachbrettstraßen, Tankstellen und Imbißketten.

KERN COUNTY MUSEUM, Chester Ave./Ecke 38th St. (nördlich von Downtown). Lohnendes Freilichtmuseum mit vielen, hierher verpflanzten Originalgebäuden aus der Pionier- und Gründerzeit.

In einem Park etwa 5o Gebäude. Die meisten Häusern sind original, einige nachgebaut, viele andernorts vor dem Verfall gerettet und hier wieder zusammengesetzt. Die lockere Anordnung auf dem großzügigen Areal schafft eine angenehme Atmosphäre ohne den üblichen patriotischen Anden-kenrummel. Besonders interessant die Ausstellungstücke im Zusammenhang mit der Erdölförderung (noch heute produziert die Region um Bakersfield zwei Drittel des kalifornischen Erdöls): u.a. ein hölzerner Bohrturm sowie Oldtimer-Tanklastwagen.

Ansonsten alles vorhanden, was den Wilden Westen ausmachte: ein Schulhaus von 1882 mit hölzernen Sitzbänkchen und Schiefertafeln, - die Praxis des Bestattungsunternehmers; ein Drugstore, - eine Dampflok der Southern Pacific, - eine Apotheke mit Original-Gläsern und Heilmitteln im Regal, - das Gebäude der Kern Valley Bank, - ein Blockhaus aus dem Jahr 1868 sowie mehrere Wohnhäuser mit Inneneinrichtung. Figuren in historischen Kostümen beleben die Räume und helfen der Phantasie auf die Sprünge. Geöffn. täglich 8- 17 Uhr, Einlaß bis 15 Uhr. An Wochenenden erst ab 1o Uhr. Eintritt 4 US.

Für Autofahrer große und preiswerte Auswahl an Motels in der Nähe jeder Ausfahrt vom Hwy. 99. Kein Problem, für 25 US ein DZ zu bekommen. Viele Motels haben die Preise auf riesigen Tafeln angeschlagen, erkennbar von der Autobahn selbst bei Tempo 1oo. Wem das ewig gleiche Vorstadt ambiente zu eintönig ist, hat u.a. folgende Alternativen:

"**Rio Bravo Resort**", 112oo Lake Ming Rd. Nähe Hwy. 178 Richtung Sequoia National Forest, etwa 15 km von Downtown. In parkartigem, gepflegtem Gelände. SW-Pools und Golfplatz. Mehrere Holzgebäude im gehobenen Motelstil. Große Zimmer, komfortabel ausgestattet. DZ ab ca. 85 US. Sehr gutes Restaurant. Tel. 872-5ooo.

"**Padre Hotel**", 18th/Ecke H Street. Für alle, die mit Bus oder Bahn den Anschluß verpaßt haben: in der Nähe von Amtrak-Bahnhof und Greyhound-Terminal. Kühle Eingangshalle, die von besseren Tagen zeugt. Zimmer heruntergekommen, aber für ca. 25 US pro DZ ist kaum mehr zu erwarten. Tel. 322-1417.

Verbindungen ab Bakersfield

Bus: Greyhound-Terminal in trister Umgebung, 18th/Ecke F Street. Längeres Warten auf Anschlußbusse möglichst vermeiden.

-> Los Angeles: 1o x tägl., 2- 3 Std., ca. 15 US
-> Barstow, Mojave Desert: 2 x tägl., 3- 4 Std., ca. 21 US
-> Sacramento: 5 x tägl., 7- 8 Std., ca. 36 US
-> San Francisco: 5 x tägl., 7- 8 Std., ca. 32 US

Bahn: Amtrak-Bahnhof nicht weit vom Greyhound-Terminal, 15th St./Ecke F Street.

-> San Francisco: 3 x tägl., 7 Std., ca. 42 US (ab Oakland weiter per Bus)
-> Sacramento: 3 x tägl., 5 Std., ca. 37 US (ab Stockton per Bus)
-> Los Angeles: Der Amtrak-Bus nach L.A. nur für Passagiere, die bereits per Zug von Norden her kommen.

Auto: Über Hwy. 99 oder I-5 in NORD-SÜD Richtung durchs Central Valley: Los Angeles (18o km, ca. 2- 3 Std.), Fresno (17o km, ca. 2 Std.). Nach OSTEN über Hwy. 58: Barstow (21o km, ca. 2- 3 Std.), Las Vegas (55o km, ca. 6- 7 Std.).

CENTRAL COAST

Kaliforniens zentrale "Vorzeigeküste": schöne Buchten und Strände, reger Bade- und Surfbetrieb.

Mit MONTEREY und SANTA BARBARA zwei noble und attraktive Ferienorte, die im Sommer und an Wochenenden von Besuchern überquellen.

Die KÜSTE ist erschlossen durch Highway 1, eine der Traumstraßen Kaliforniens. Besonders bei Big Sur phantastische Landschaften: rauhe, vom Wind zerzauste Steilküste, an der sich die Straße in kühnen Kurven entlangwindet. In jedem Fall die lohnendste Verbindung zwischen Los Angeles und San Francisco

Details zum ersten Küstenabschnitt ab LOS ANGELES siehe dort: Während Santa Monica (Seite 305) noch Badeort für alle Brieftaschen ist, schließt sich nördlich an den Hängen der Küstenberge Malibu (Seite 312) mit seinen Luxusvillen an. Auch das Amtrak- Gleis führt in diesem Bereich entlang der Küste via Ventura und Santa Barbara: eine ausgenommen schöne Strecke, die auch als Abstecher ab L.A. lohnt.

✶ Ventura (90.000 Einw.)

Bade- und Ferienzentrum mit Sandstränden, Uferpromenade und palmengesäumten Straßen. Viel Ausflugs- und Wochenendtourismus von Los Angeles. Etwas verloren zwischen den modernen Gebäuden der Hauptstraße liegt die MISSION SAN BUENAVENTURA, 211 E.Main St. Gegründet 1782, das Kirchengebäude ist restauriert.

Ab Ventura Fähren und Ausflugsboote zum CHANNEL ISLANDS NAT. PARK. Einer der jüngsten der USA, eingerichtet erst 1980. Die 5 Inseln sind felsig und wüstenhaft, keinerlei Versorgungseinrichtungen. Auf Tagestouren sieht man je nach Jahreszeit (und Glück) Wale, Delphine oder Seelöwen sowie eine artenreiche Vogelwelt. ANACAPA ISLAND wird täglich per Fähre angelaufen. Zu den anderen Inseln saisonabhängige Touren mit "Island Packers", 1867 Spinnaker Drive, Ventura.

✶ Santa Barbara (85.000 Einw.)

Die Verwirklichung eines kalifornischen Traums: ausnehmend schön gelegen zwischen Pazifik und Küstengebirge. Lange Sandstrände, palmengesäumte Straßen und Promenaden sowie ein harmonisches Stadtbild.

Tourist INFO

In Strandnähe: Santa Barbara St./Ecke Cabrillo Blvd. Im Zentrum: 504 State St. (beide geöffnet von 9- 17 Uhr).

Post: 836 Anacapa St. **Telefon**: Vorwahl 805.

Nach dem Erdbeben 1925 wurde Downtown einheitlich im spanischen Kolonialstil errichtet, strenge Vorschriften regeln bis heute Bauweise und Höhe der Gebäude. Auf den Hügeln am Stadtrand die Villen der Reichen und Superreichen. Santa Barbara ist ganzjährig ein angenehmer Aufenthaltsort - zum Baden oder Bummeln, Sporttreiben oder Faulenzen.

Klima: Selbst für kalifornische Verhältnisse ist Santa Barbara privilegiert. Der ungewöhnliche Ost-West Verlauf der Küste hält kalte Meeresströmungen und Winde fern. Die dicht am Pazifik liegende Bergkette schützt vor Kälte aus dem Inland. Daher das ganze Jahr über ideales Klima mit durchschnittlichen Höchsttemperaturen von 20- 25 Grad. Ein wahrhaft ewiger Frühsommer.

Orientierung: Die Pazifikküste verläuft bei Santa Barbara für etwa 60 km von Ost nach West. Strände und Hafen liegen also im Süden der Stadt. Dort auch die besseren Hotels und das Zentrum sportlicher Aktivitäten.

Einige Blocks vom Meer entfernt donnern LKW's auf der Hwy. 1o1 durch die Stadt, extrem viel Verkehr. Auf der anderen Seite des Hwy liegt Downtown mit ordentlichen Stadthotels, Restaurants, Entertainment und einigen sehenswerten historischen Gebäuden und Museen. State Street ist die Flanierstraße quer durch die Innenstadt bis hin zum Strand.

COUNTY COURT HOUSE (1), 11oo Anacapa St. Schmuckstück des "Spanish Revival Stils" von Santa Barbara. Nachemfundene spanische Kolonialarchitektur, wie sie selbst die Spanier nur an wenigen Stellen der Neuen Welt hinterlassen haben, selbstverständlich etwas US-gemäß eingefärbt. Kühle, gekachelte Hallen und Treppenaufgänge; bemalte Holzdecken.

Im Hof ein kleiner Park mit Grünflächen und Palmen. Vom Turm aus (Gratis-Lift) schöner Rundblick über die Dächer von Santa Barbara bis zum Meer und hinauf in die Berge. Keine bloße Touristenattraktion: In den Hallen flanieren die Anwälte und Richter in dunklen Anzügen, und in den Sälen finden Gerichtsverhandlungen statt.

MUSEUM OF ART (2), 113o State St. Die kleine Sammlung europäischer, ägyptischer und asiatischer Kunst samt Gemäldegalerie ist hervorragend präsentiert. Besonders schön die antiken Glasgefäße aus dem Mittelmeerraum. Auch Liebhaber des Impressionismus kommen auf ihre Kosten. Oft Sonderausstellungen von internationalem Rang. Geöffn. Di-So von 11- 17 Uhr, Eintritt 3 US.

HISTORICAL SOCIETY MUSEUM (7), 136 E.De La Guerra St. Diverse Ausstellungsstücke zur frühen Siedlungsgeschichte von Südkalifornien: Gemälde, Möbel, Silberwaren. Schöne Sammlung von Ledersätteln. Geöffn. Di-So von 1o- 17 Uhr, Eintritt frei.

Direkt neben dem Museum sowie in der De La Guerra Street der PRESIDIO DE SANTA BARBARA STATE HISTORIC PARK (8), ein Konglomerat von original spanischen und mexikanischen Häuser aus dem 19. Jahrhundert, die das Erdbeben von 1925 überlebt haben. U.a. EL CUARTEL, der Militärstützpunkt der einstigen spanischen Siedlung.

Im BRINKERHOFF DISTRICT (9) wandelt sich die Szenerie vom Mexikanischen zum mehr US-Amerikanischen: Kleine Einfamilienhäuser, Holzkonstruktionen im viktorianischen Stil. Der Station-Wagon vor der Tür läßt die Häuser noch kleiner erscheinen.

Grandpa sitzt im Schaukelstuhl auf der Terrasse; manchmal entsteigt aber auch eine flotte Rollschuhläuferin dem etwas verstaubten Interieur. Fast eine amerikanische Idylle entlang der palmengesäumten Straßen. (Das Viertel etwa im Bereich folgender Straßen: Brinkerhoff St./Cota St./Ortega St./Bradbury Ave.).

MISSION SANTA BARBARA (19), Laguna St./Ecke Los Olivos St. Schönste der kalifornischen Missionen, gegründet 1786. Herrliche Lage

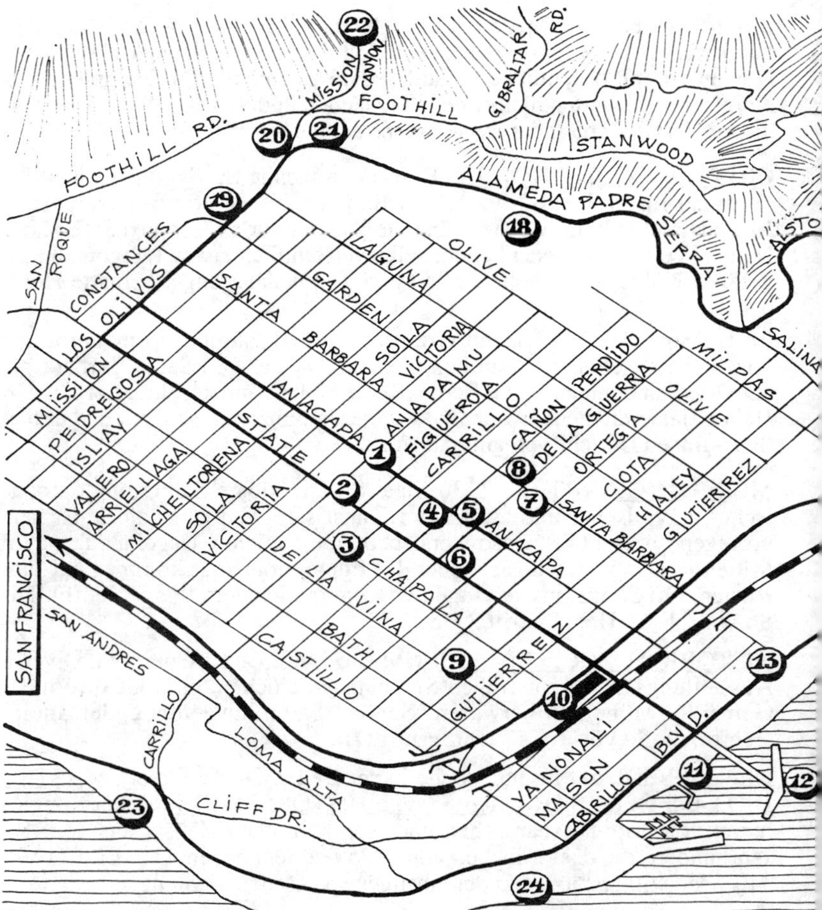

SANTA BARBARA

1 County Court House
2 Museum of Art
3 GREYHOUND-TERMINAL
4 Lobero Theater
5 POST
6 Plaza de la Guerra
7 Historical Society Museum
8 Presidio
9 Brinkerhoff District
1o BAHNHOF
11 West Beach
12 Stearns Wharf
13 TOURIST INFO
14 East Beach
15 Santa Barbara Zoo
16 Coast Village Road
17 Montecito Village
18 Brooks Institute of Photography
19 Mission Santa Barbara
2o Museum of Natural History
21 Rocky Nook Park
22 Santa Barbara Botanic Garden
23 Arroyo Burro Beach
24 Leadbetter Beach

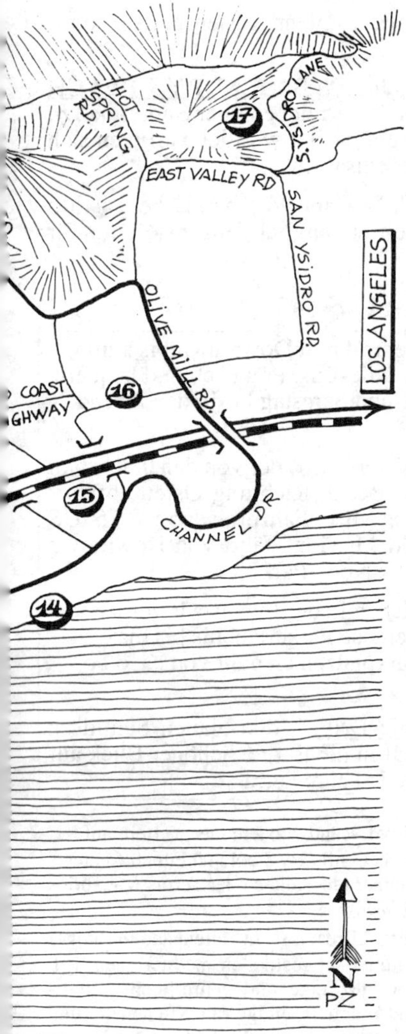

oberhalb der Stadt. Rote Dachziegel auf den Gebäuden, ein verwunschener Klosterhof mit Palmen und Blumen. In den engen Zellen Exponate zum Leben der Franziskanermönche und der Bekehrung der Chumash-Indianer. Weniger attraktiv die zugehörige Kirche, die 182o ihre Adobe-Vorläuferin ersetzte und nach dem Erdbeben 1925 noch einmal erneuert wurde. Geöffn. tägl. von 9- 17 Uhr, Eintritt 2 US.

MUSEUM OF NATURAL HISTORY (2o), 2559 Puesta del Sol St. Informative Ausstellung über Vögel, Säuge- und Meerestiere. Interessant aber vor allem die Abteilung über die Chumash-Indianer. Die Lebensweise dieses Stammes wurde gründlich erforscht und ist hier anschaulich dargestellt. Charakteristisch z.B. ihre Leidenschaft fürs Glücksspiel, illustriert durch würfelähnlich gearbeitete Walnußhälften. Geöffn. tägl. 1o - 17 Uhr, Eintritt 3 US.

ROCKY NOOK PARK (21) mit knorrigen alten Bäumen und zahlreichen Findlingen.

BROOKS INSTITUTE OF PHOTOGRAPHY (18), 1321 Alameda Padre Serra. Privates Ausbildungsinstitut, das einen Teil seiner immensen Sammlung von Kameras in den Gängen ausstellt. Außerdem ständig Sonderausstellungen von Fotoarbeiten der Absolventen. Zutritt auch für die Öffentlichkeit, Mo-Sa von 8- 17 Uhr, gratis.

Santa Barbaras Strände liegen Richtung Süden. Mild und angenehm im Winter, nicht zu heiß im Sommer. Am meisten Betrieb am EAST BEACH (14), ein breiter Sandstrand vor der Promenade. Die "Beach-Show" der Schönen und Sportlichen konzentriert sich vor allem rund um die Volleyballplätze.

WEST BEACH (11) liegt direkt gegenüber von Downtown. Gute Windsurf-Bedingungen, auch für Anfänger. Zwischen beiden Stränden

STEARNS WHARF (12), einer der für Kaliforniens Küstenstädte so typischen Holzpiers.

Östlich und westlich weitere schöne Strände, z.B. HENDRY'S BEACH (23), auch Arroyo Burro Beach genannt. Zu erreichen über Shoreline Dr. und Cliff Dr. Zu Beginn noch relativ belebt, weiter westlich verlieren sich die Leute, und es wird selbst im Sommer einsamer.

Schwimmbad: "LOS BAÑOS POOL", W.Cabrillo Blvd./Ecke Castillo St. Von Juni-Sept. für die Öffentlichkeit zugänglich, ansonsten nur für Schwimmtraining.

TRANSPORT in SANTA BARBARA

Bus: Über State St. verkehrt durch Downtown bis zum Strand ein kostenloser Shuttle-Bus. Praktisch und bequem. Tägl. 11- 17 Uhr, Freitag und Samstag bis in den Abend hinein.

Praktisch auch der MTD-Bus Nr. 21 "Waterfront", der von der Innenstadt (De la Viña St.) die Strände von West Beach Richtung Osten abfährt: Stearns Wharf, East Beach, bis Olive Mill. Fahrpreis von 0,75 US abgezählt bereithalten. Bus Nr. 22 "Old Mission" fährt von Downtown (Chapala St.) zur Mission und zum Rocky Nook Park.

Auto: Genügend Parkflächen in der Innenstadt vorhanden. Entlang der Straßen kostenlose Parkerlaubnis bis max. 90 Minuten. Auf privaten Parkplätzen Gebühr von ca. 0,50 US pro Stunde.

Lohnend ist der ausgeschilderte "Scenic Drive" (den blauen Schildern folgen), von der Küstenpromenade hinauf in die Berge. Schöner Blick auf die Stadt vor allem im Bereich der Alameda Padre Serra.

"**Sheraton**", 1111 E.Cabrillo Blvd. Rund 200 Zimmer, verteilt auf mehrere Gebäude im mexikanischen Stil. SW-Pool und Fitneß-Center. Über die Straße zum Strand. Zimmer mit Balkon oder Terrasse, luxuriös eingerichtet. DZ ab ca. 105 US. Tel. 963-0744.

"**Villa Rosa**", 15 Chapala St. Bed&Breakfast. In Hafennähe in ruhiger Seitenstraße. Gebäude und Zimmer im rustikalen mediterranen Stil. Kleiner Garten mit SW-Pool und Palmen. Großzügige und gemütliche Aufenthaltsräume. Alle Zimmer verschieden groß und möbliert, einige mit Kitchenette und Kamin. Frühstück sowie Wein/Käse Cocktail am Nachmittag inkl. Günstigstes DZ ca. 85 US, am Wochenende ab 100 US. Tel. 966-0851.

"**Santa Barbara Inn**", 901 Cabrillo Blvd. Modernes Gebäude an der Strandpromenade, östlich von Downtown. Schöner Garten und SW-Pool. Komfortable Zimmer mit Balkon oder Terrasse, sehr hell und freundlich. Viele mit Meerblick. DZ ab ca. 85 US. Tel. 966-2285.

"**The Old Yacht Club Inn**", 431 Corona del Mar St. Bed&Breakfast in zwei benachbarten Häusern. Ruhiges Wohngebiet, Nähe Strand. Kleine Terrasse mit

Sitzmöbeln und Liegestühlen. Fahrräder und Liegestühle für Strand vorhanden. Freundlich-familiäre Atmosphäre. Jedes Zimmer mit persönlichem Touch eingerichtet, teilweise mit Antiquitäten. DZ je nach Größe und Ausstattung 8o-15o US. An Wochentagen außerhalb der Sommersaison erhebliche Rabatte. Tel. 962-1277.

"**Cabrillo Inn**", 931 E. Cabrillo Blvd. Über die Straße zum Strand. Mehrere ineinander verschachtelte Gebäude im besseren Motelstil. Dazwischen zwei SW-Pools und große Sonnenterrassen. Zimmer groß, hell und komfortabel ausgestattet. Gesamte Anlage sehr gepflegt. DZ ab ca. 7o US, mit Meerblick ca. 1oo US. In den Sommermonaten rund 2o% Aufschlag, an Wochenenden noch einmal 1o% mehr. Tel. 966-1641.

"**Beach Travelodge**", 22 Castillo St. Nähe Jachthafen, gegenüber von einem kleinen Park. Winziges Motel, freundliche und gepflegte Atmosphäre. Die Zimmer rund um den Parkplatz gruppiert. Preiswertestes DZ je nach Saison 65- 9o US. Tel. 965-8527.

"**The Schooner Inn**", 533 State St. Angenehmes Stadthotel im Herzen von Downtown. Lobby mit gemütlichen Sitzecken und Sofas. Zimmer funktional und modern eingerichtet. DZ je nach Wochentag und Saison ab ca. 55 US. Tel. 965-4572.

"**New Faulding Hotel**", 13 E. Haley St. Im Zentrum. Leicht heruntergekommene Atmosphäre. Der Ventilator in den Fluren schafft es nicht, den muffigen Geruch zu vertreiben. Zimmer ordentlich mit Minimalausstattung und winzigem Bad (Dusche). DZ ca. 55 US. Tel. 963-9131.

"**Pacific Crest Motel**", 433 Corona del Mar Dr. Kleines Motel in Strandnähe. Schöner SW-Pool im Innenhof. Freundlich-familiäre Atmosphäre. Zimmer gepflegt mit kleiner Sitzgruppe. DZ je nach Wochentag und Saison 4o-65 US. Tel. 966-31o3.

"**Adobe Motel**", 26 E.Haley St. Kleines Motel, zentral in Downtown. Relativ ruhig in einer Seitenstraße. Einfaches Haus, die meisten Zimmer im 1. Stock. Angelehnt an den spanischen Stil der Innenstadt-Architektur. DZ ab ca. 45 US. Tel. 963-9194.

"**Motel 6**", 443 Corona del Mar Dr. Wenige Schritte entfernt vom Strand (East Beach). Einfaches, aber gepflegtes Motel in ruhiger Seitenstraße. Zimmer mit Bett, Tisch und Stuhl. Im Sommer frühzeitig reservieren, da sehr beliebt und gute Wahl fürs Geld. DZ ab ca. 4o US. Tel. 564-1392.

"**California Hotel**", 35 State St. Nähe Pier und Strand, außerdem günstig zum Bahnhof. Großer Kasten, der schon bessere Tage gesehen hat. Zimmer ohne Extras. DZ ab ca. 4o US, an Wochenenden und im Sommer rund 2o % teurer. Tel. 966-7153.

"**Hotel State Street**", 121 State St. Günstig gelegen Nähe Pier und Amtrak-Bahnhof. Alter Backsteinbau, inzwischen von außen frisch getüncht. Der Preis von ca. 38 US fürs DZ ist akzeptabel. Tel. 966-6586.

"**Virginia Hotel**", 17 W. Haley St. Großes Hotel im Zentrum. In der Lobby läuft der Fernseher, und die Leute packen ihre Sandwiches aus. Zimmer basic mit Bett, Stuhl und Waschbecken. Kleine Toilette und Uralt-Badewanne ohne Dusche. DZ ca. 38 US.

Direkt in Santa Barbara keine Campmöglichkeit. Viele Plätze dagegen in den Bergen des Los Padres National Forest im Hinterland. Ausführliches Verzeichnis dieser sehr einfach ausgestatteten Campgrounds im Touristenbüro.

Am nächsten liegt "Carpinteria Beach Campground", ca. 18 km südöstlich von Downtown. Hwy. 1o1 bis Ausfahrt Carpinteria St., von dort zur Palm Ave. 12 US pro Stellplatz, im Sommer und an Wochenenden unbe-

dingt reservieren: Tel. 8oo-446-7275.

"BROPHY BROTHERS", direkt am Jachthafen auf dem Wellenbrecher. Rustikales Lokal vom Typ Fischerkneipe, im 1. Stock. Ideal für ein zünftiges Fischmahl mit Blick auf Hafen und Meer. Man sitzt an Tischen, der langen Theke oder auf der Terrasse. Viel Stimmung und oft lange Warteschlangen. Ruppig-freundliche Atmosphäre. Auf den Tellern große Fischportionen mit Beilagen (1o-15 US).

"CASTAGNOLA", 2o5 Santa Barbara St. Gebäude im spanischen Stil, Einrichtung simples Plastik. Viele Tische auch auf der Terrasse. Große Auswahl an Fisch- und Seafood-Gerichten (ab 4 US). Man bestellt an der Theke und hofft, daß die Kellnerin den ausgewählten Tisch mit den richtigen Gerichten in Verbindung bringt. Der Fisch ist hervorragend, kommt direkt vom eigenen "Fish-Market" nebenan.

"SEE'S COFFEE", 1o14 State St. Die etwas kühl gestaltete Möblierung gewinnt durch die rundherum gelagerten Kaffeesäcke und allerlei Zubehör fürs Kaffeetrinken. Im Ausschank alle möglichen Sorten des schwarzen Gebräus. Auch zum Verkauf als Bohnen oder Pulver. Die richtige Adresse für Koffeinsüchtige.

"KAYSER'S HEALTH BAR", 1o14 State St. Direkt neben dem Koffein-Tempel der Pilgerort für die Gesundheitsbewußten. Frische Säfte, Milch und Joghurt. Auf der Terrasse vor dem Gebäude können sich beide Fanatikergruppen mischen.

"NUTRITION CENTER", 15 E.Figueroa St. In drangvoller Enge bekommt man hier Vitaminstöße per frisch gepreßten Säften und vegetarischem Essen. Im angrenzenden Laden auch Bio-Produkte zum Verkauf.

"ANDERSEN'S", 11o6 State St. Klein, aber fein und gemütlich. Leicht auf dänisch getrimmt. Smorgasbord für zwei Personen ca. 16 US, reichhaltiges Frühstück ab 4 US. Nur bis 18 Uhr geöffnet.

"OCEAN BLUE", 12o8 State St. Schlichte blau-weiße Holzverschalung deutet eine Fischerkneipe an. Der Rest etwas nobler mit weißen Tischdecken und feinen Gerichten rund um Fisch und Seafood. Salate ab 4 US, Seafood-Cocktails ab 5 US und Hauptgerichte 1o- 15 US.

"PRESIDIO CAFE", 812 Anacapa St. Besonders schön die Terrasse im Patio mit Palmen und Springbrunnen. Internationale Küche. Kleine Speisen um 5 US, Hauptgerichte 1o-15 US.

"PARADISE CAFE", 7o2 Anacapa St. Kleines Lokal in rustikalem Holzhäuschen. Große, gemütliche Terrasse oberhalb der Straße. angenehm zum Sitzen und Ausruhen. Essen quer durch den Garten: Salate (um 7 US), Fisch- und Fleischgerichte (1o-15 US).

"PLAYA AZUL CAFE", 914 Santa Barbara St. Gemütlich in kleinem Holzhaus. Schöne Terrasse. Mexikanische Gerichte um 9 US.

"OUR DAILY BREAD", 831 Santa Barbara St. Mini-Café mit eigener Bäckerei. Frisches Weißbrot und Kuchen. Preiswerte kleine Gerichte wie Salate, Quiches und vegetarische Sandwiches ab 3 US.

"CHARLOTTE CAFE", 742 State St. Exzellente Köstlichkeiten mit frischen Produkten aus der Region zu knusprigem Weißbrot. Zu empfehlen vor allem die wechselnden Tagesgerichte ab 8 US. Feine Küche, französisch inspiriert. Reichhaltige Portionen. Atmosphäre locker-freundlich.

"PAUL BHALLA'S", 1311 State St. Vornehmes Lokal mit originellen Lampen und Tigerfellen an der Wand. Feinste indische Küche, ohne US-Kompromisse. Individuell wählt man die Schärfe der Gerichte. Kleine Karte mit Auserwähltem vom Rind und Lamm sowie Seafood. Mehrere vegetarische Gerichte. Hervorragend. Hauptgerichte ca. 15- 2o US.

SELBSTVERSORGER

Wer selbst einkauft, hat es gut in Santa Barbara. Man ist mal nicht nur auf ein oder zwei Supermärkte angewiesen, sondern findet zahlreiche Bäckereien und viele Spezialitätenläden in den Hauptstraßen von Downtown. Außerdem:

"CASTAGNOLA", 2o5 Santa Barbara St. Erstklassiges Fischgeschäft mit großer Auswahl. Alles appetitlich ausgebreitet. Auch fertige Fischsalate und -cocktails.

"VONS", Victoria St./Ecke Chapala St. Relativ zentral gelegener Supermarkt.

"FARMER'S MARKET": Obst-, Gemüse- und Blumenmarkt in den Straßen des Zentrums. Samstags von 8:3o-12 Uhr in der Santa Barbara St./Ecke Cota St. und dienstags von 16- 19.3o in der State St., zwischen den Hausnummern 4oo und 5oo.

Picknick: Natürlich am Strand und entlang der Uferpromenade. Wer's etwas ruhiger liebt, packt die Sandwiches aus im "Rocky Nook Park", Nähe Mission Santa Barbara.

Bücher: "Earthling", State St./Ecke Victoria St. Großer Buchladen, etwas chaotisch und durcheinander. Aber genau richtig zum Stöbern und Schmökern. Amerikanische Literatur sowie Sachbücher für Schwule, Lesben, werdende Mütter, Traveller, Öko-Freaks und Minderheiten aller Art.

UNTERHALTUNG

Veranstaltungskalender: Wöchentliches Veranstaltungsprogramm in "The

Santa Barbara Independent". Kostenlos in Hotels und an den Hauptstraßen in Plastik-Boxen. Sehr ausführlich und informativ. Kommerzielle und alternative Veranstaltungen in den Bereichen Kunst, Kultur, Sport und allem, was sonst interessieren könnte.

Kino

"ARLINGTON", 1317 State St. Filmpalast aus der Glanzzeit Hollywoods, erbaut 193o. Im Stil eines protzigen mexikanischen Landhauses. Gekachelter Springbrunnen, Kronleuchter und Sofas in der Lobby. Die Wände des Kinosaals zeigen die Fassaden eines mexikanischen Dorfes (nicht aufgemalt, sondern plastisch herausgearbeitet). Am besten zu sehen und zu erleben von der Empore. Wenn dann noch ein Western spielt, ist das Ambiente komplett.

"FIESTA FIVE", 916 State St. Fünf Kinos unter einem Dach. Gespielt werden gängige Film-Hits.

"GRANADA", 1216 State St. Drei Kinos in klassischem Backsteingebäude aus der Gründerzeit. Im Programm aktuelle Hollywood-Produktionen.

"VICTORIA STREET THEATER", 33 W.Victoria St. Originelles Kino in kirchenähnlichem Gebäude. Direkt im Kinosaal neben der Leinwand die Popcorn-Bude. Viel Stimmung bei den Vorführungen. Außenseiter-Filme und alternative Filmfestivals.

Feste und Festivals

"International Film Festival": Mitte März. Viel beachtetes Festival mit Uraufführungen von US- und internationalen Filmen.

"Summer Solstice Parade": Umzug mit abenteuerlichen Kostümen zur Feier des längsten Tages. Am nächstgelegenen Samstag zur Sommersonnenwende.

"Old Spanish Days": Fünf Tage lang Feierlichkeiten zur Erinnerung an die spanisch-mexikanische Vergangenheit Kaliforniens. Umzüge, Rodeos, Märkte. Anfang August.

Dazu im Jahresverlauf eine große Anzahl weiterer Festlichkeiten: vom anerkannten Jazz-Festival bis hin zu den üblichen kommerziellen italienischen oder griechischen Tagen. Selbstverständlich auch ein "Oktoberfest".

Musik/Disco

"Carnaval", 634 State St. Diskothek im Zentrum, häufig Live-Bands. Di-So ab 21 Uhr.

"City Broiler", 1129 State St. Täglich ab 2o Uhr live Jazz.

SPORT

Santa Barbara gibt sich betont sportlich: Jogger in der Innenstadt und am Strand, Beach-Volleyball, Rollschuhlaufen auf der Uferpromenade. Fitneß und Körperkultur gehören zum Stadtbild.

Windsurfen: Beste Bedingungen an der West Beach, direkt gegenüber von Downtown. Verleih: "Mountain Air Sports", 731 State St.

Radfahren: Die Stadt hat ein Herz für Radfahrer. Viele Kilometer asphaltierte Radwege. Am schönsten natürlich die Strecke an der Uferpromenade entlang zu den Stränden im Osten und Westen der Stadt. Vermietung: "Beach Rentals", 8 W.Cabrillo Blvd., Nähe Stearns Wharf am Strand. Karte mit Radwegen vorhanden. Pro Stunde 6 US, halber Tag 18 US.

Verbindungen ab Santa Barbara

Bus: Greyhound-Terminal zentral in Downtown, Carillo St./Ecke Chapala St.

-> Los Angeles: 12x tägl./ 2-3 Std./ ca. 13 US.

-> San Francisco 8x tägl./ 8-1o Std./ ca. 4o US.

Außerdem mit "Santa Barbara Airbus" 8x täglich zum internationalen Flughafen von Los Angeles (LAX). Abfahrt vor dem Sheraton Hotel, 1111 E.Cabrillo Blvd. Bei Vorauszahlung 28 US, innerhalb von 24 Std. vor Abfahrt 33 US. Tel. 964-7759 oder 8oo-733-6354.

Bahn: Amtrak-Bahnhof zwischen Downtown und Pier, 2o9 State St.

-> Los Angeles (mit Anschluß nach San Diego): 5 x tägl., 2,5 Std., ca.25 US.

-> San Francisco: 1x tägl., 9 Std., ca. 82 US (ab Oakland per Bus)

Flüge: Der Flughafen von Santa Barbara hat eher lokale Bedeutung. Die besten und häufigsten Verbindungen (u.a. nonstop nach Los Angeles und San Francisco) hat UNITED AIRLINES, Tel. 964-6863. In der Regel aber günstiger mit dem Direktbus zum Airport von L.A. und von dort Anschluß an alle wichtigen Städte Kaliforniens und der USA.

Auto:

-> Los Angeles: über Hwy. 1o1, 15o km, ca. 2 Std.

-> Bakersfield: über Hwy. 33, 25o km, ca. 3-4 Std.

-> San Francisco: direkt über Hwy. 1o1, 52o km, ca. 6 Std. (Schöner jedoch die Strecke entlang der Küste über Hwy. 1 mit vielen interessanten Zwischenstops, z.B. in San Luis Obispo, Big Sur, Monterey oder Santa Cruz).

Autovermietung: Für Ausflüge ins Hinterland des Los Padres National Forest sowie entlang der Küste lohnt u.U. ein Mietwagen für einen oder mehrere Tage.

	Billiger sind:
HERTZ, Tel. 963-3336	U-SAVE, Tel. 963-3499
AVIS, Tel. 965-1o75	UGLY DUCKLING, Tel. 963-9514

Santa Barbara → Bakersfield/Central Valley

Parallel zur Küste verläuft im Hinterland der LOS PADRES NATIONAL FOREST, eine vielseitige, wenig erschlossene Berglandschaft. Schönste Durchquerung im südlichen Teil auf Hwy. 33 (Santa Barbara -> Bakersfield: 25o km, ca. 3,5 Std.). Die Straße äußerst kurvenreich, aber gut ausgebaut und wenig befahren.

Von der Küste bei Ventura schlängelt sich die Straße hinauf in die Berge. Anfängliche Wälder gehen nach und nach über in trockenes Land mit macchia-ählichem Gestrüpp. Zwischendurch steile Felswände und von der Erosion ausgewaschene Sandsteinformationen. Kurz hinter der Paßhöhe ein großartiges Panorama auf die wüstenartigen Hügelketten, die sich hintereinander aufreihen, bis sie in der Ebene des Central Valley auslaufen. Ein weniger bekanntes, aber durchaus charakteristisches Stück kalifornischer Wüste.

Santa Barbara ⋙➤ San Luis Obispo/Küste

Der direkte Weg (15o km, 2 Std.) führt über den Hwy. 1o1. Zunächst entlang der Küste, später im Landesinneren.

Langsamer aber abwechslungsreicher dagegen die Strecke über Santa Ynez -> Solvang -> Lompoc (Hwy. 154 und Hwy. 1):

Von Santa Barbara zunächst über den San Marcos Pass ins Weinbaugebiet von SANTA YNEZ und LOS OLIVOS. Kurz hinter der Paßhöhe weiter Blick auf die Felder, den Lake Cachuma und die wüstenartigen San Rafael Mountains. Im Dreieck zwischen den Orten Santa Ynez, Los Olivos und Solvang zahlreiche Weingüter. Besichtigung und Weinproben ist bei den meisten auch ohne Voranmeldung möglich.

Santa Barbara County ist zwar nicht Napa Valley, aber zwischen Küste und Bergen des Los Padres National Forest bestehen relativ gute Bedingungen für den Weinbau. Im Gegensatz zu anderen kalifornischen Regionen verlaufen die Bergketten hier in Ost-West Richtung, so daß kühle Pazifik-Luft in die Täler dringt und das Klima gemäßigter als sonst in Südkalifornien gestaltet.

Durch entsprechende Höhenlagen und Ausrichtung der Weinberge existiert eine Vielzahl von Mikroklimata, die den Anbau fast aller Qualitätsreben ermöglichen. Hauptprodukt ist der Chardonnay, man findet aber auch guten Riesling, Pinot Noir und Cabernet Sauvignon. Weinproben u.a. bei:

"The Gainey Vineyard", 395o East Highway 246, Santa Ynez.
"Austin Cellars", 2923 Grand Avenue, Los Olivos.
"Santa Barbara Winery", 2o2 Anacapa St., Downtown Santa Barbara.

SOLVANG (3.5oo Einw.): 1911 von dänischen Pionieren gegründete Siedlung, heute pseudo-skandinavisches Musterdorf. Aufwendig herausgeputzt für den Tourismus: Fachwerkhäuser, Windmühlen, Hans Christian Andersen Square, Hamlet-Motel und "homemade Strudel". Alles harmonisch, sauber, putzig, kitschig. Eine Art Disneyland für amerikanische Skandinavien-Nostalgiker.

LOMPOC (3o.ooo Einw.). Amerikanischer, aber nicht weniger gepflegt und sauber. Die Stadt ist Zentrum der Blumenproduktion: Die sanfte Hügellandschaft produziert einen großen Teil der amerikanischen Blumensamen. Im Frühsommer ein farbenprächtiges und wohlriechendes Panorama.

Missionsstationen gründeten die Spanier gegen Ende des 18. Jhds. zwischen San Diego und San Francisco, um den nordwestlichen Zipfel ihres Weltreiches zu erschließen und die Indianerbevölkerung zu bekehren.

Die Missionen befanden sich zumeist in Meeresnähe, um eine Versorgung per Schiff sicherzustellen, und hatten nicht mehr als eine Tagesreise Abstand voneinander, so daß die Padres in engem Kontakt bleiben konnten.

In der Folgezeit siedelten sich in ihrer Nähe zahlreiche "rancheros" an, die von der Viehzucht lebten und sich der billigen Arbeitskraft der Indianer bedienten.

Als die Missionen während der mexikanischen Epoche säkularisiert wurden, mußten die Mönche gehen und die Grundbesitzer eigneten sich den Kirchenbesitz mitsamt der dazugehörigen Indianer an.

OBEN RECHTS: Innenhof der Mission Santa Barbara Ca. 1880

UNTEN: Pazifikküste

2 Kilometer östlich des Ortes Abzweigung zur MISSION LA PURISSIMA. Die typischste der kalifornischen Missionsstationen, die sehr an den ländlichen Kolonialstil der Spanier in Lateinamerika erinnert. 1787 in der Nähe gegründet und nach vollständiger Zerstörung durch ein Erdbeben 1812 am heutigen Ort wiederaufgebaut.

In abgeschiedener Umgebung, auf den Wiesen grasen Schafe und Esel. Schlicht und unaufdringlich restauriert, mit dezent verteilten Requisiten des Klosterlebens. Auch die Innenräume (Missionsladen, Backöfen) geben ein relativ authentisches Bild vom Leben in den Missionen. Geöffn. tägl. von 7- 17.3o Uhr, Parkgebühr 5 US. Man kann auch vorn an der Straße parken und das restliche Stück zu Fuß gehen.

Picknick: Die Mission ist ein idealer Ort für ein geruhsames Mittagessen aus dem Picknickkorb. Bänke und Tische auf einer Wiese gegenüber.

Kurz vor San Luis Obispo nähert sich Hwy. 1 wieder dem Pazifik. Beim PISMO BEACH auf 4o km Länge die schönsten und größten Küstendünen Kaliforniens. Der Sand wird von den Flüssen angeschwemmt und dann vom Wind wieder Richtung Land geweht und zu hohen Dünen geformt. Manche Strandszene in Hollywood-Filmen wurde hier gedreht.

Zugang über "Pismo State Beach". Für 3 US kann jeder sein Fahrzeug mitnehmen und direkt vor den Wellen parken. Nur Teile der Dünenlandschaft sind als "Pismo Dunes Preserve" geschützt, der Rest ist freigegeben für Off-Road Fahrzeuge. Dort geht die Beschaulichkeit unter im Motorengedröhn.

Nördlich von Pismo Beach hören die Dünen auf, das Meer brandet gegen Sandsteinklippen. Von dort schöne Blicke Richtung Süden auf den Strand und die Dünenlandschaft.

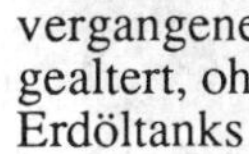

"Oceano", schattiger Platz südlich des Ortes Pismo Beach. Zwischen Dünen und einer Lagune. Gepflegte sanitäre Anlagen inkl. Duschen. Ganzjährig geöffnet. Stellplatz ca. 1o US.

6 km nördlich von Pismo Beach der AVILA BEACH: Mehrere Strandabschnitte zwischen den Klippen. Mit seinem alten Holzpier, den wenigen Häusern und altmodischen Läden besitzt der Strand das Flair längst vergangener Sommerfrischen. Nicht herausgeputzt, sondern sympathisch gealtert, ohne heruntergekommen zu sein. Modern lediglich die häßlichen Erdöltanks oberhalb auf den Hügeln.

Zwischen Pismo Beach und Avila Beach Abzweigung über den San Luis Bay Drive zur SEE CANYON ROAD. Eine enge, kurvige Strecke, teils als nicht asphaltierter Hohlweg durch Apfelsinenplantagen nach San Luis Obispo. Weiter oben herrlicher Ausblick über die Hügellandschaft zum Pazifik. Wer vom Pismo Beach schneller nach San Luis Obispo kommen will, spart sich den Abstecher Avila Beach/See Canyon Road und fährt den direkten Weg über die Hwy. 1o1.

★ San Luis Obispo (40.000 Einw.)

Angenehme Provinzstadt auf halbem Wege zwischen L.A. und San Francisco inmitten welliger Hügellandschaft. Zwar nicht die ganz großen Sehenswürdigkeiten, dafür aber amerikanische Provinz von ihrer positiven Seite: relativ harmonische Architektur im Zentrum und den angrenzenden Wohnbezirken, studentisches Flair in den Straßen und Kneipen.

Ein Ort zum Luftschnappen zwischen den großen Highlights von L.A. und San Francisco. In der Nähe einige schöne Strände, auch im Sommer selten überfüllt.

Tourist INFO

"Visitors Center", 1039 Chorro St.

Post: 893 Marsh St. Telefon: Vorwahl 805

Klima: Angenehm mild das ganze Jahr über. Im Winter und Frühling kühle und windige Tage. Im Sommer und Herbst Höchsttemperaturen um 25 Grad.

MISSION SAN LUIS OBISPO DE TOLOSA, Chorro St., mitten im Zentrum. Schlichtes Missionsgebäude mit einschiffiger Kirche, gegründet 1772. Umgeben von einem kleinen Park, der Klosterhof voller Blumen. Das angegliederte Museum beherbergt ein wenig lohnendes Sammelsurium von Gerätschaften und Kleidung sowie einige Ausstellungstücke zur Kultur der Chumash-Indianer.

COUNTY HISTORICAL MUSEUM, 696 Monterey St., hinter der Mission und nicht viel aufregender. Diverse Relikte aus der Geschichte der Stadt sowie Nachbildungen von Felsmalereien der Chumash-Indianer. Ein liebevoll zusammengetragenes Durcheinander. Geöffn. Mi-So von 10- 16 Uhr.

In der INNENSTADT viele restaurierte Privat- und Geschäftshäuser verschiedenster Stilrichtungen: von Adobe-Häusern aus dem 19. Jahrhundert über die klassischen Backsteingebäude bis zu art deco Fassaden und viktorianischen Villen. Die Broschüre "Heritage Walks" (gratis im Visitors Center) zählt alle auf, inkl. Bauzeit, Bedeutung und übersichtlichen Plänen für einen Rundgang.

Geschäftshäuser und öffentliche Bauten hauptsächlich in der Nähe der Mission entlang Chorro St. und Higuera St. Eine schöne Sammlung von Wohnhäusern entlang Buchon St., zwischen Broad St. und Morro St. Viele davon um die Jahrhundertwende erbaut. Kein Museumsdorf sondern ein lebendiger Stadtteil mit Charme. Von hier aus nur ein paar Blocks zum Amtrak-Bahnhof: auch dort mehrere Geschäftsgebäude (u.a. das Park Hotel) aus der Zeit im 1910.

TRANSPORT: Im Stadtbereich eigentlich weder Auto noch öffentliche

Verkehrsmittel nötig. Für Faule und Fußkranke fährt der Trolley durch die wichtigsten Straßen des Zentrums, ein Bus im Stil eines Straßenbahnwaggons: Mo-Fr 9.3o- 17.3o, am Wochenende 12- 17 Uhr. Gratis.

"**Madonna Inn**", 1oo Madonna Rd. Vielleicht weniger ein Ort zum Übernachten als eine amerikanische Sehenswürdigkeit. In einer Art Phantasie-Schlößchen eine abenteuerliche Mischung aus rosa Stoffen, Brokat, Goldüberzug und roh behauenen Felsbrocken als Kaminverkleidung oder künstlerische Wandgestaltung. In dieser Zusammenstellung eine Perfektion von Kitsch. Über 1oo Zimmer, alle unterschiedlich und extrem ausgestattet: Es gibt einen vollständig blauen Raum, Badezimmer wie düstere Felsenkeller, Zimmer ganz in rotem Leder oder nach historischen Themen gestaltet - durchaus schlafraubend mitunter.

Übernachtung im DZ schon ab 9o US; für 19o US erhält man eine noch geballtere Ladung Kitsch. Umsonst ist die Benutzung des Männer-Pissoirs vor dem "Gourmet-Shop". Bei Annäherung setzt sich über dem felsenumrahmten Pinkelbecken ein Wasserfall in Bewegung. Weshalb auch gelegentlich Damen dort eindringen, um derlei Wunderding zu bestaunen. 543-3ooo und 8oo-543-9666.

"**Quality Suites**", 1631 Monterey St. Großes Hotel im mediterranen Stil. Gruppiert um einen Innenhof mit SW-Pool. Die meisten Zimmer ruhig zum Hof, einige zur lauten Straße. DZ mit allem Komfort ab ca. 11o US. Tel. 541-5oo1.

"**Cuesta Canyon Lodge**", 18oo Monterey St. Gepflegtes Hotel der gediegenen Mittelklasse. Verschachtelte Gebäude rund um einen Innenhof. Geheizter SW-Pool und Whirlpool. Kaffeemaschine in den komfortabel eingerichteten Zimmern. Innen und außen viel Holzverkleidung, die Gemütlichkeit schafft. Frühstück inkl., DZ ca. 73 US.

"**Travelodge**", 1825 Monterey St. Motel am Stadtrand, 15 Min. zu Fuß ins Zentrum. Zweistöckiges Gebäude mit SW-Pool. Gepflegte Zimmer mit Sitzgruppe und Schreibtisch. DZ je nach Saison ab ca. 6o US. Tel. 543-511o.

"**Olive Tree Inn**", 1ooo Olive St. Nördlich des Zentrums, verkehrsgünstig Nähe Hwy. 1 und 1o1. Gehobener Motelstil. Mehrere Gebäude rund um den Parkplatz. SW-Pool und Sauna. Einige Zimmer mit Balkon. Einrichtung schlicht und modern. DZ je nach Saison ab ca. 6o US. Tel. 544-28oo und 8oo-528-1234.

"**Heritage Inn**", 978 Olive St. Bed&Breakfast. In älterem Privathaus. Kamin im gemütlichen Aufenthaltsraum. Zimmer individuell ausgestattet. DZ je nach Größe und Saison ab ca. 6o US. Tel. 544-744o.

"**Adobe Inn**", 1473 Monterey St. Bed&Breakfast. Wenige Blocks von den Sehenswürdigkeiten des Zentrums. Die Besitzer haben dem einstigen Billig-Motel mit der Innendekoration in Pastelltönen und gutem Service eine freundlich-persönliche Note gegeben. Alternatives Frühstück mit Joghurt, Müsli und selbstgebackenem Brot. Nachmittagstee. DZ von Okt.-Mai ca. 5o US, sonst ca. 55 US. Tel. 549-o321.

"**Los Padres Motel**", 1575 Monterey St. Kleines Motel Nähe Zentrum. Mehrere Gebäude, im Stil mexikanisch. Frühstück inkl. DZ ca. 38 US, im Sommer ab ca. 5o US. Tel. 543-5o17.

"**Super 8 Motel**", 1951 Monterey St. Sehr einfaches Motel an der Ausfallstraße Nähe Hwy. 1o1. Winziger SW-Pool. Zimmer ohne Extras. DZ ab ca. 45 US. Tel. 544-7895 und 8oo-848-8888.

"**Hotel Wineman**", 849 Higuera St. Sehr einfaches Stadthotel, mitten im Zentrum an einer Straßenkreuzung. Altes Gebäude und entsprechende Möblierung. Zimmer aber groß

und sauber. Wegen Lage und Preis (ca. 3o US pro DZ) besser als manches der klapprigen Motels am Stadtrand.

Keine Möglichkeit in Stadtnähe. Schöne Plätze am Strand allerdings in Pismo Beach und Morro Bay, siehe dort.

"TACOS ACAPULCO", 1131 Broad St. Bei jungen Leuten beliebter Fast-Food Laden. Mexikanisches Essen, superbillig und passabel. Tacos 1,5o US, größere Gerichte ab 3 US.

"THE RHYTHM CAFE", 1o4o Broad St. Gepflegt-familiäre Atmosphäre, etwas eng. Bei gutem Wetter einige Tische auf dem Balkon über dem Fluß. Die fast weltweite Auswahl an Gerichten (griechisch, italienisch, indisch, katalanisch) erklärt sich aus der wechselvollen Biographie des Kochs. Trotz der Vielfalt: Er versteht sein Metier in allen Bereichen. Ab ca. 8 US bekommt man ein gutes Beispiel der jeweiligen nationalen oder regionalen Küche.

"CAFE ROMA", 1819 Osos St. Am Bahnhof. Gemütlich und gediegen im alten Gebäude des Park Hotel. Schöne Terrasse. Feine italienische Küche, Spezialitäten vor allem aus Norditalien. Nudelgerichte ab 9 US.

"DEL MONTE", 19o1 Morro St. Originelle Kneipe in einer Art Wildwest-Holzbude. Innen etwas Fast-Food Atmosphäre, aber Musikbox und Barhocker verbreiten Flair der fünfziger Jahre. Neben den üblichen Sandwiches auch ordentliche Salate und kleine Gerichte um 7 US.

"S.L.O. BREWING COMPANY", 1119 Garden St. Die Kneipe der lokalen Brauerei. Rohe Backsteinwände, Holzbalken an der Decke, rustikale Möblierung und die Braukessel sichtbar im Raum. Mi-Sa Live-Musik. Zu trinken die vier eigenen Biersorten vom Faß; ausgezeichnet vor allem das Ale und das dunkle Porter ("the Schwarzenegger of the brews"). Dazu herzhafte Gerichte um 5 US.

"LINNAEAS", 1112 Garden St. Café und beliebter Studententreff. Man sitzt eng und gemütlich, klönt, liest ein Buch oder brütet über seinem Kaffee.

"CHOCOLATE SOUP", Morro St./Ecke Monterey St. Fast-Food Laden mit Stil: blaue Möbel und art deco. Selbstbedienung. Gute Suppen und Salate sowie Chili zum Sattwerden. Das meiste unter 5 US. Auch preiswerte Kombinationen von Suppe/Sandwich oder Salat/Chili.

"McLINTOCK'S SALOON", 686 Higuera St. Kneipe im Wildweststil. Gepflegter Saloon mit karierten Tischdecken, Western-Fotos an den Wänden und einer sehenswerten Bar. Herzhaftes Essen auf Fleischbasis. Steaks ab 9 US, Frühstück mit Eiern und Speck ca. 5 US.

"COUNTRY CULTURE", 746 Higuera St., in der Passage. 1o Sorten hervorragendes Joghurt-Eis mit allen möglichen Zutaten von Müsli bis Gummibärchen.

"TORTILLA FLAT", 1o51 Nipomo St. In altem Backsteingebäude. Rustikal möbliert und stilwidrig durch viel Neon ergänzt. Gutes mexikanisches Essen ab 5 US.

SELBSTVERSORGER

"FARMER'S MARKET": Jeden Donnerstag von 18-21 Uhr im Zentrum auf der Higuera St. Nicht nur Verkauf von Obst und Gemüse direkt vom Bauern, sondern ein kleines Volksfest mit Barbecue, Straßenmusikanten, Pantomime und Tanz.

SHOPPING

"EARTHLING", Higuera St./Ecke Broad St. Alternativ angehauchter Buchladen. Große Auswahl an Frauenliteratur, Film-Büchern, Metaphysik, gesunde Ernährung. Außerdem Bücher und Bildbände über Kalifornien.

"BURRISS", 1o33 Chorro St. Origineller, etwas chaotischer Laden mit Sätteln, Silberbeschlägen und Cowboy-Hüten.

"ROCKY MOUNTAIN CHOCOLATE FACTORY", 848 Higuera St. Kandierte Äpfel, Pralinen und andere Süßigkeiten. Nicht billig, aber selbstgemacht und ausgezeichnet.

UNTERHALTUNG

Veranstaltungskalender: Wöchentlich erscheint "New Times", gratis in Hotels, Restaurants und beim Touristenbüro. Sehr ausführlich und informativ.

Musik/Disco

Viele der Kneipen und Bars in San Luis Obispo bringen abends Live-Musik, manche räumen auch eine Tanzfläche ein. Aktuelle Angebote jeweils im Veranstaltungskalender.

Viel Stimmung bei sehr unterschiedlicher Musik vor allem in "D.K. WEST INDIES BAR", 1121 Broad St.

Theater

"THE GREAT AMERICAN MELODRAMA", im Ort Oceano, südlich von San Luis Obispo. Originelles Provinztheater im Stil der Jahrhundertwende. Das Programm konzentriert sich ebenfalls auf Stücke aus der Zeit des "Alten Westens": Melodramen, komische Operetten und Revuen. Gute amerikanische Vaudeville-Tradition.

Feste und Festivals

"La Fiesta": Mitte Mai feiert San Luis Obispo seine hispanischen Traditionen. Umzüge, mexikanische Mariachi-Musik und kulturelle Veranstaltungen.

"Mozart Festival": Musikfestival, das neben den Werken von Mozart auch vielfältige andere Musik präsentiert. Aufführungen im gesamten Stadtbereich, u.a. in der Mission. Ende Juli/Anfang August.

Kino

Direkt nebeneinander der art deco Filmpalast "Fremont" (erbaut 1941) und die vier neueren Kinosäle von "Mission Cinemas". Beide zeigen aktuelle Hollywood-Produktionen.

Verbindungen ab San Luis Obispo

Bus: Greyhound-Terminal: 15o South St.
-> Los Angeles: 12 x tägl., 5- 6 Std., ca. 25 US
-> San Francisco: 8 x tägl., 6 Std., ca. 3o US

Bahn: Amtrak-Bahnhof südlich des Zentrums am Ende der Santa Rosa St.
-> San Francisco: 1 x tägl., 6 Std., ca. 6o US (per Bus ab Oakland)
-> Los Angeles: 1x tägl., 5 Std., ca. 5o US

Flüge: Flughafen im Süden, nicht weit von der Stadt. Verschiedene Airlines fliegen täglich mehrfach Los Angeles, Santa Barbara und San Francisco an. Häufige Verbindungen hat AMERICAN EAGLE, Tel. 541-1o1o oder 8oo-433-73oo.

Auto: Über Hwy. 1o1 nach Santa Barbara im Süden (15o km, ca. 2 Std.) und San Francisco im Norden (2oo km, ca. 3 Std.). Interessanter sind die Alternativrouten über Hwy. 1 entlang der Küste (Details S. QW und im Anschluß).

San Luis Obispo ⇝ Monterey

Dieses 23o km lange Teilstück begründete den legendären Ruf des Highway 1. Entlang der Strecke die spektakulärsten Küstenlandschaften Kaliforniens.

Zunächst durch hügeliges Landwirtschaftsgebiet nördlich von San Luis Obispo. Nach etwa 2o km erreicht die Straße bei MORRO BAY wieder die Küste. Hier bildet eine längliche Sandbank einen geschützten natürlichen Hafen. Der MORRO ROCK, ein riesiger, kuppelförmiger Felsklotz überwacht die Szenerie. Viel Bade- und Bootsbetrieb.

Im Ort SAN SIMEON eine dichte Konzentration von Motels und Hamburger-Restaurants. Übernachtungsstützpunkt für eine der großen Attraktionen der Central Coast:

HEARST CASTLE

Schloß des Zeitungskönigs und Millionärs Wiliam Randolph Hearst in den Bergen oberhalb des Pazifiks. Von Hwy. 1 ist es trotz seiner Größe nur als kleiner Punkt zu erkennen.

In mehreren Gebäudekomplexen prunkvoll und protzig ausgestattete

Wohn-, Schlaf- und Gästezimmer. Zu sehen sind erlesene Teppiche, wertvolle Bibliotheken, zahlreiche Kunstsammlungen, grandiose Swimming-Pools und weitläufige Gartenanlagen.

Ein Monument amerikanischer Macht und amerikanischen Reichtums. Daher auch bei US-Bürgern ein besonders beliebtes Ausflugsziel: alljährlich kommen mehr als eine Million Besucher. Der Ort selbst wird dementsprechend zelebriert wie ein Nationalheiligtum: Autos parkt man auf enormen Parkplätzen, eine eigene Wartehalle für den Ticketverkauf, kleines Museum, Andenkenläden. Dann geht's per Tour im gelben Bus 3o Min. den Berg rauf zum Castle.

Die verschiedenen Gebäudetrakte sind so groß, daß 4 Touren angeboten werden, die alle etwas Verschiedenes zeigen. Für Erstbesucher empfohlen Tour Nr. 1, die einen generellen Überblick über wichtige Räume sowie Garten und Swimming-Pool gibt. In der Praxis nimmt man aber am ehesten die Tour, die am wenigsten ausgebucht ist, denn stundenlange Wartezeiten sind keine Seltenheit. Vom Charakter des Castle, dem protzig zur Schau gestellten Reichtum, bekommt man in jedem Fall einen Eindruck. Hearst hat aus Europa sagenhafte Kunstschätze zusammengetragen und sie im entsprechenden Rahmen ausgestellt.

Die jeweils nächsten freien Touren sind auf Digital-Tafeln in der Wartehalle angezeigt. Von 8-16 Uhr, Dauer etwa 2 Stunden inkl. Transfer auf den Berg. Pro Person und Tour 12 US. Reservierung im Sommer und an Wochenenden ratsam: Tel. 8oo-444-PARK.

William Randolph Hearst (1863-1951) machte nicht die amerikanische Traumkarriere vom Tellerwäscher zum Millonär. Er konnte vielmehr bereits zu Beginn seiner Laufbahn auf die Dollarmillionen zurückgreifen, die sein Vater George als Bergbau-Unternehmer in den Silberminen von Virginia City/Nevada verdient hatte. Der Junior gründete im Alter von 24 Jahren seine erste Zeitung und baute in der Folge das größte Presseimperium der Vereinigten Staaten auf.

Besonderen Erfolg hatte er mit seiner "Yellow Press": Boulevardzeitungen, die mit sensationalistischer Aufmachung die Leser ansprachen und sich in riesigen Auflagen verkauften. Durch aggressive und emotionsgeladene Berichterstattung trug Hearst wesentlich dazu bei, daß die USA 1898 Spanien den Krieg erklärten, um ihre Weltmachtambitionen im karibischen Raum und im Pazifik voranzutreiben. Hearst gilt noch heute als einer der "Architekten" dieses Krieges.

In den zwanziger und dreißiger Jahren stand er auf dem Höhepunkt seiner Macht und beherrschte in Kalifornien und weiten Teilen der USA den Zeitungs- und Zeitschriftenmarkt. In San Francisco und Los Angeles kontrollierten Hearsts Zeitungen zeitweilig zwei Drittel des lokalen Marktes, die Sonntagsausgaben in den gesamten Vereinigten Staaten kamen zu über 2o % aus dem Hause Hearst.

Hearst war zu Lebzeiten eine der umstrittensten Persönlichkeiten der amerikanischen Öffentlichkeit, mit der sich auch Literaten und Filmemacher auseinandersetzten: Die Person Hearst war Vorbild für Romanfiguren, beispielsweise des Millionärs Jo Stoyte in Aldous Huxleys Roman "After many a Summer" (Nach vielen Sommern) sowie für den skrupellosen Zeitungsverleger Charles Foster Kane in Orson Welles' Film "Citizen

Kane". Bei beiden taucht auch eine Variante des legendären Schlosses auf, das sich Hearst an der kalifornischen Central Coast errichten ließ.

Das Erstlingswerk von Orson Welles, in dem er Regie führte und selbst die Hauptrolle spielte, wurde 194o fertiggestellt und zeigte den Aufstieg des Verlegers und seine Affäre mit einer Schauspielerin. Welles hatte den kritischen Streifen nur drehen können, weil ihm Hollywood nach dem Erfolg seines Radio-Hörspiels "Krieg der Welten" praktisch freie Hand für einen Film gegeben hatte. Die üblichen Kontrollmechanismen der Filmfabrik waren damit vorübergehend außer Kraft gesetzt.

Um so härter schlug Hearst dann zu: Auf seinen Druck hin zeigte kaum ein Kino den Film, in allen Blättern seiner Verlage wurde er totgeschwiegen. Der erhoffte finanzielle Erfolg stellte sich daraufhin für das Filmstudio natürlich nicht ein. Mit der Unabhängigkeit von Welles als Regisseur war es damit ebenfalls vorbei.

★ **Das Castle**: Die über 1oo.ooo Hektar Grund und Boden in den Küstenbergen der Central Coast hatte im 19. Jahrhundert noch Vater Hearst erworben.

1919 beauftragte William Randolph die Architektin Julia Morgan, dort einen Gebäudekomplex für seine umfangreichen Kunstsammlungen zu erbauen. Die Konstruktion dauerte über ein Vierteljahrhundert und sollte das Lebenswerk von Julia Morgan werden.

Für die Gartenanlagen wurden Tausende von Kubikmetern Mutterboden und ausgewachsene Bäume aus aller Welt herangeschafft. Eine eigens eingerichtete Hafenanlage im Ort San Simeon löste das Transportproblem für die Unmengen von Baumaterialien. Ständig brachte Hearst von seinen Reisen neue Ideen oder Kunstschätze mit, die das ursprüngliche Baukonzept veränderten und zu Um- und Neubauten führten.

Letztlich hatte das Castle in seinem Hauptgebäude und den 3 Gästehäusern insgesamt 1oo prunkvoll ausgestatte Zimmer und Säle. Kunst- und Büchersammlungen waren standesgemäß untergebracht. Der Swimming-Pool im Garten umgeben von griechischen Tempeln, das Hallenbad ausgelegt mit erlesenen Mosaiken.

Der Safari-Park war zur damaligen Zeit der größte private Zoo der Welt. Dort tummelten sich Löwen, Zebras, Bären, Känguruhs und sogar die äußerst seltenen asiatischen Yaks. In den Gästehäusern trafen sich Persönlichkeiten wie Winston Churchill oder Charles Lindbergh mit Hollywood-Stars wie Mary Pickford, Charlie Chaplin, Gary Cooper und Clark Gable.

Die Weltwirtschaftskrise ging auch an Hearsts Presseimperium nicht spurlos vorbei und zwang seinem Tatendrang ein langsameres Tempo auf. Trotzdem ging der Ausbau der Gebäude noch bis zu seinem Tod 1951 weiter, und manches wurde unvollendet hinterlassen. Während die Familie Hearst auch heute noch weite Teile der Ländereien kontrolliert, ging das "Castle" 1958 in den Besitz des kalifornischen Staates über und ist seither für die Öffentlichkeit zugänglich.

Hinter Hearst Castle verläuft HIGHWAY 1 noch einige Kilometer durch die Ebene. Je nach Stand der Gezeiten brandet das Meer bis an die Straße oder zieht sich zurück und hinterläßt freigelegte Klippen und Felsen. Danach schlängelt sich die Straße hinauf in die Berge und verläuft fortan auf enger und kurvenreicher Strecke oberhalb des Ozeans. Der spektakuläre Abschnitt, die Traumstraße Kaliforniens, beginnt:

BIG SUR: Eine rauhe, vom Wind gepeitschte Landschaft. Hauptsächlich Felsküste, steile Klippen und vereinzelte Vogelfelsen im Meer. Nur ge-

legentlich mal ein kleiner Strand. Die Straße wie ein unendlicher Bandwurm um die Berge gelegt. Immer wieder fabelhafte Ausblicke auf Küste und Meer. Nur wenig erschlossen. Winzige Ortschaften, keine Neonreklame, die Landschaft spielt die Hauptrolle.

Natürlich jede Menge Begleiterscheinungen wie Autoschlangen hinter Sonntagsfahrern und schleichenden Wohnmobilen. Kultstrecke für Motorradfahrer, die sich halsbrecherisch in die Kurven stürzen und den Easyrider-Song "Born to be wild" im Kopfhörer haben. Selbstmordstrecke für Fahrradfahrer, die sich weder von Autos noch überdimensionalen Campmobilen auf der engen Strecke einschüchtern lassen. Fazit: neben der phantastischen Landschaft den Verkehr genau im Auge behalten, sonst kann es hier besonders leicht ins Auge gehen.

Der nördliche Küstenabschnitt ist bekannt als BIG SUR, eine amerikanische Verkürzung der ehrfurchtsvollen Bezeichnung, welche die Spanier diesem Land gaben: "el país grande del sur". Der gleichnamige Ort ist allerdings nur ein winziger Versorgungsstützpunkt mit Motels, Läden und Tankstelle. Unter- und oberhalb der Straße die Villen und Häuser von Aussteigern und Literaten, die seit dem II. Weltkrieg in dieser wildeinsamen Gegend einen Kontrast zur hektischen Aktivität San Franciscos gesucht haben.

Kurz vor dem Ort der PFEIFFER BIG SUR STATE PARK. Beliebt vor allem bei Wochenendausflüglern aus der Bay Area. Schöne Wanderwege durch den Park und seine Redwood-Wälder. Eintritt pro PKW 5 US. Wanderkarten beim Park-Headquarter vor dem Campingplatz.

2 km südlich vom State Park die HENRY MILLER MEMORIAL LIBRARY: Im Chalet eines Freundes von Henry Miller eine kleine Pilgerstätte für den unkonventionellen Autor. Der Raum vollgestopft mit Büchern und Erstausgaben des Autors, der einige Zeit hier an der Küste lebte.

Nördlich von Big Sur die POINT LOBOS STATE RESERVE: Naturschutzgebiet mit rund 3oo Pflanzenarten und 25o Vogel- und Tierarten, u.a. Seelöwen, die hier ihre Kolonie haben. Wanderwege von den Parkplätzen zu verschiedenen Aussichtspunkten. Schöne Spaziergänge entlang der Küste. Meist kräftiger Wind, und das Meer brandet gegen die Felsen und vorgelagerten Inseln, auf denen sich die Seelöwen sonnen. Geöffn. tägl. von 9-16 Uhr, im Sommer bis 19 Uhr. Eintritt 5 US pro PKW, an Wochenenden überfüllt.

Im südlichen Teil der Strecke, in der Nähe des Mini-Ortes Lucia, die beiden Campgrounds "Kiak Creek" und "Kiln Lime Beach". Beide klein, direkt am Meer und schön gelegen zwischen den Klippen. Wiese und lichter Baumbestand. Stellplatz 1o US.

Außerdem kurz hinter dem Eingang zum Pfeiffer Big Sur State Park, am

Big Sur River. Unter Bäumen; ausgestattet mit Toiletten und Duschen. An Wochenenden of langfristig ausgebucht. Stellplatz ca. 16 US. Weitere Campgrounds entlang Hwy. 1 beim Ort Big Sur. Ähnlich schön gelegen und etwas preiswerter.

★ Carmel (5.ooo Einw.)

Am Südrand der Monterey Halbinsel. Wohnort der Prominenten, Reichen und reichen Prominenten. Häuser, Villen und kleine Schlösser in allen Stilrichtungen und für alle Ansprüche ab 5oo.ooo Dollar. Traumhaft gelegen am Meer zwischen Grünanlagen, Bäumen und Golfplätzen. Im Zentrum hochkarätige Galerien und Nobel-Boutiquen.

In Carmel ist alles exklusiv und vieles anders: keine Imbißketten, keine üblichen Straßenschilder, keine aufdringliche Werbung, keine US-typischen Briefkästen am Straßenrand vor den Häusern. Im Mekka der Prominenten verwundert es auch nicht, daß sich hier Clint Eastwood vier Jahre lang als Bürgermeister versuchte.

Der Abstecher nach Carmel lohnt nicht nur zum Bestaunen der Villenviertel. Der Ort hat außerdem direkt vor der Haustür einen weißen Sandstrand, der seinesgleichen sucht: CARMEL CITY BEACH. Südlich des Ortes, etwas weniger "in", der größere CARMEL RIVER STATE BEACH.

Am Südrand der Stadt außerdem die MISSION SAN CARLOS BORROMEO (auch "Carmel Mission" genannt). Gegründet 1771 als Zentrum der Missionierungsbemühungen in ganz Kalifornien. Rund um einen riesigen bepflanzten Innenhof die flachen Klostergebäude. Kirche mit den charakteristischen Glockentürmen des spanischen Kolonialstils.

MISSION SAN CARLOS BORROMEO, gegründet 1771

Im Museum Gegenstände aus dem Klosterleben und persönliche Besitzstücke des Gründers der kalifornischen Missionen, Junipero Serra, der in dieser Mission auch seine letzte Ruhestätte gefunden hat. In einem kleinen Raum die erste kalifornische Bibliothek: ein Schreibtisch und vier Regale mit antiken Büchern. Bei Serras Tod umfaßte die Sammlung 5o Bände. (Geöffn. tägl. 9- 16.3o Uhr, Eintritt frei).

In Carmel beginnt auch der 17 MILE SCENIC DRIVE rund um die Halbinsel Monterey. Für 7 US Zufahrtsgebühr pro PKW findet sich hier die Fortsetzung von Carmel in noch schönerer Umgebung. Die Straße führt über weite Strecken direkt an der Küste entlang. Das Meer donnert gegen Klippen und vorgelagerte Felsen, Seelöwen und zahlreiche Vogelarten tummeln sich in der Brandung und den Gezeitentümpeln.

Die Super-Villen nehmen kein Ende. Sie flankieren eine Handvoll Golfplätze, von denen einige zu den exklusivsten in den gesamten Vereinigten Staaten gehören. "Pebble Beach" halten viele sogar für den besten Golfplatz der Welt.

Wer seine 7 US voll auskosten will, kann auf einem Rundweg durchs Landesinnere zum Ausgangspunkt in Carmel zurückfahren. Den attraktivsten Teil der Strecke hat man mit dem Küstenabschnitt allerdings hinter sich, so daß man das Reich der Reichen auch am Nordausgang bei Pacific Grove verlassen kann. Von dort nur noch wenige Kilometer bis ins Zentrum von Monterey.

★Monterey (3o.ooo Einw.)

Klimatisch begünstigte Hafenstadt an der Nordseite der Monterey-Halbinsel. Hier wurde die kalifornische Verfassung ausgearbeitet, bevor der Staat 185o den USA beitrat. Aus dieser Zeit zahlreiche Gebäude, die heute perfekt restauriert und im Monterey State Historic Park zusammengefaßt sind. Ein sehenswerter Stadtteil außerdem Pacific Grove mit einheitlichem Baustil von Wohnhäusern aus der Zeit von 189o- 191o.

Weitere Attraktion ist das Unterwasserleben in der Bucht von Monterey,

BUCHT VON MONTEREY 1840

für jedermann zugänglich gemacht im hervorragenden Aquarium.

Tourist INFO Im "Pacific House", wenige Schritte von Fisherman's Wharf. Außerdem im Stadtteil Pacific Grove ein kleines Info-Häuschen der "Chamber of Commerce", Central Ave./Ecke Forest St.

Post: 565 Hartnell St. **Telefon**: Vorwahl 4o8.

Geschichte: Die historische Bedeutung Montereys liegt in der Zeit vor der offiziellen Staatsgründung Kaliforniens: Zwar waren spanische Schiffe unter Joao Rodríguez Cabrillo (1542) und Sebastián Vizcaíno (16o2) mehrmals die Bucht von Monterey angelaufen, eine dauerhafte Besiedlung des Küstenstreifens erfolgte jedoch zunächst nicht. Erst 1771 legte Junipero Serra im benachbarten Carmel den Grundstein für die Mission San Carlos Borromeo, und im Anschluß daran enwickelte sich ein kleiner Ort an der geschützten Nordseite der Halbinsel.

1776, als im Osten des Kontinents die amerikanische Unabhängigkeitserklärung unterzeichnet wurde, ernannte Spanien Monterey zur Hauptstadt der Westküstenprovinzen Alta und Baja California. Aufgrund dieser Entscheidung entwickelte sich die Stadt in den folgenden Jahrzehnten relativ schnell und blieb auch nach der Unabhängigkeit Mexikos von Spanien wichtigstes Zentrum von Landwirtschaft und Verwaltung im Nordwesten Mexikos.

Bei Ausbruch des Konflikts zwischen Mexiko und den USA 1846 besetzten amerikanische Truppen Monterey ohne Gegenwehr und behielten dort bis zum Ende des Krieges die Kontrolle.

Mit der Abtretung Kaliforniens an die USA versammelten sich 1848 in Monterey einflußreiche Bürger, um eine Verfassung auszuarbeiten, auf deren Grundlage der Staat den USA beitreten konnte. Nach Verabschiedung der Konstitution wurde der Sitz der gesetzgebenden Versammlung nach San José verlagert, so daß Monterey seine administrative Bedeutung verlor. Die Stadt lag damals zu weit entfernt von der fieberhaften wirtschaftlichen Entwicklung in San Francisco und im Gold Country, die der kalifornische Goldrausch seit 1848 mit sich gebracht hatte. Im amerikanischen Kalifornien hat Monterey seither lediglich die Rolle einer Provinzstadt und eines Touristenzentrums gespielt.

Zentraler Anlaufpunkt in Downtown ist FISHERMAN'S WHARF (7): ein enormer Holzpier, der zusammen mit dem gegenüberliegenden "Municipal Wharf" den Jachthafen umrahmt. Hier treffen sich offensichtlich alle Touristen, die zwischen Los Angeles und San Francisco unterwegs sind. Entsprechend die Atmosphäre: überfüllte Restaurants, Souvenirshops und Ausflugsboote, dazwischen dreiste Pelikane und Marktschreier, die ihren - natürlich besten - clam chowder in Probebechern anbieten.

CUSTOM HOUSE (6): direkt vor dem Pier das Zollgebäude, das in Teilen bereits von den Spaniern erbaut wurde. Heute restauriert. Im kleinen Museum alles, was den Schiffsbesatzungen vom Zoll so abgeknöpft wurde: Holzfässer, Kaffee- und Teesäcke, Dosen und Schachteln dubiosen Inhalts bis hin zum Papagei.

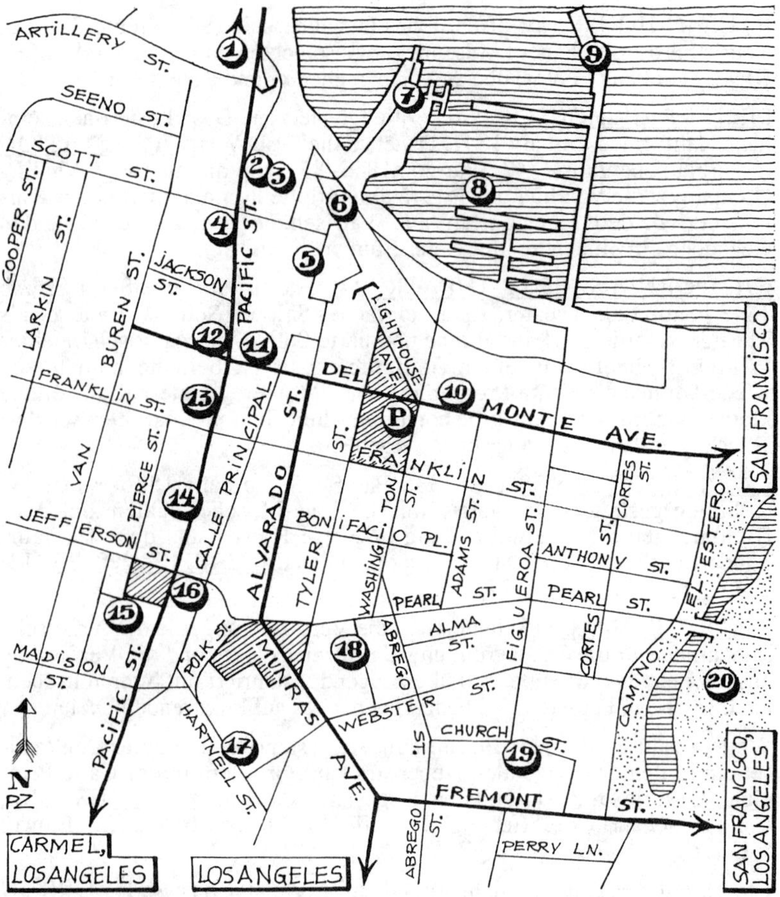

MONTEREY

1 Richtung Cannery Row, Aquarium und Pacific Grove
2 Old Whaling Station
3 First Brick House
4 California's First Theater
5 Pacific House TOURIST INFO Custom House
7 Fisherman's Wharf
8 Jachthafen
9 Municipal Wharf
1o Greyhound Terminal
11 Conference Center
12 Casa Soberanes
13 Merrit House
14 Casa Serrano
15 Colton Hall
16 Larkin House
17 POST
18 Stevenson House
19 Royal Presidio Chapel
2o El Estero Park

PACIFIC HOUSE (5): öffentliches Gebäude seit 1847. Heute Sitz des Touristbüros mit kleinem Museum zur Geschichte von Monterey: Waffen, Kleidung und alte Fotos; übersichtlich gegliedert und ausgestellt.

FIRST BRICK HOUSE (3): in der Fußgängerzone Das älteste Backsteinhaus Kaliforniens, erbaut 1847. Daneben die OLD WHALING STATION (2), erbaut ebenfalls 1847. War von 1855- 85 Hauptquartier der "Whaling Company", die von hier aus ihre Walfangflotte kommandierte. Der Bürgersteig vor dem Haus besteht aus Walfischknochen. Zwischen beiden Gebäuden ein blühender, duftender Blumengarten.

CALIFORNIA'S FIRST THEATRE (4), Pacific St./Ecke Scott St. Ab 1848 benutzt als Theater, später einfacher Saloon. Seit 1937 wieder als Theater installiert. Kleine Bühne und harte Stühle, die Atmosphäre eines Wildwest-Theaters in einer Goldgräberstadt ist beinahe authentisch wiederhergestellt. (Zum Programm siehe "Monterey/Unterhaltung"). Die kleine Bar im Vorraum gibt noch den alten Saloon-Charakter wieder; Whiskey verlangt man allerdings vergeblich.

CASA SOBERANES (12), 336 Pacific St., erbaut 183o. Außergewöhnlich gestalteter Vorgarten mit Abalone-Muschelschalen und Walfischknochen als Beetumrandung. Weitere Häuser aus dem 19. Jahrhundert entlang Pacific St., die schönsten sind MERRITT HOUSE (13) und CASA SERRANO (14).

In COLTON HALL (15) tagte 1849 die Versammlung, die das juristische Fundament für die Staatsgründung Kaliforniens legte und die Verfassung ausarbeitete. Der Sitzungssaal überzeugend restauriert mit Schreibtischen, alten Büchern, Papieren und Federkielen, alles auf knarrenden Dielen.

Weitere Häuser aus dem 19. Jahrhundert, restauriert und unter Denkmalschutz in den angrenzenden Nebenstraßen, vor allem in der Calle Principal. Luxuriös mit Antiquitäten ausgestattet das LARKIN HOUSE (16), Calle Principal/Ecke Jefferson St., geöffn. Mi-Mo von 1o- 16 Uhr, Eintritt 1 US.

Ein anderer Fixpunkt im historischen Viertel ist das STEVENSON HOUSE (18), 53o Houston St., im historischen Viertel. Hier lebte der Schriftsteller Robert Louis Stevenson 1879 für einige Monate. Heute Museum mit wenigen persönlichen Erinnerungsstücken. Geöffn. Do-Di von 1o- 16 Uhr.

ROYAL PRESIDIO CHAPEL (19) (Church St./Ecke Figueroa St.), Teil der 177o von Junipero Serra gegründeten Missionsstation, die schon ein Jahr später ins heutige Carmel verlegt wurde.

CANNERY ROW (1), nördlich von Downtown und ein Abschnitt der Uferstraße Ocean View Ave. Richtung Pacific Grove. Bis in die vierziger Jahre Zentrum der Fisch- und Konservenindustrie. Nachdem die Sardinen vor der kalifornischen Küste endgültig weggefischt waren, wurden die

"Canneries" stillgelegt, die Gegend verkam.

Literarische Berühmtheit erlangte die Straße durch John Steinbecks Romane "Cannery Row" und "Sweet Thursday", die sich mit den Abenteuern einiger ausgeflippter Typen und eines alternativen Meeresbiologen beschäftigen (siehe auch Kapitel "Literatur" im Einleitungsteil dieses Bandes). Der Bucherfolg des Nobelpreisträgers brachte Cannery Row wieder in Mode und ließ sie bald zur Touristenattraktion werden.

Inzwischen sind die Fassaden der Konservenfabriken restauriert, schicke Lokale und Läden eingezogen. Leider etwas zuviel des Guten, so daß eher Rummelplatzatmosphäre entstanden ist: Karussell, Wachsfigurenkabinett und viele andere Belustigungen, die hier eigentlich wenig zu suchen haben.

MONTEREY BAY AQUARIUM (1)

Am Ende von Cannery Row, im kostspielig umgebauten Rahmen einer ehemaligen Konservenfabrik. In verschiedenen, teils mehrstöckigen Aquarien und Meerwasserbecken naturgetreu präsentiert: die Lebensbereiche von Pflanzen und Tieren in der Bucht von Monterey.

Durch große Glasfenster beständig Ausblicke auf die Bucht und damit ein direkter Kontakt zu der Welt, die im Aquarium genauer vorgestellt wird. Hervorragend präsentiert, spannend und lehrreich veranschaulicht. Eine Lektion in Meeresbiologie ohne Langeweile, aber auch ohne Sensationalismus. (Geöffn. tägl. 1o- 18 Uhr, Eintritt 9 US).

Im Unterschied zu herkömmlichen Aquarien bietet diese neue Form des Biotop-Aquariums keine exotischen Fische oder aus aller Welt importierte Meerestiere, sondern eine möglichst lebensechte und vollständige Demonstration des Unterwasserlebens direkt vor der Haustür: Das Überleben von Pflanzen und Tieren im Wechsel von Ebbe und Flut. Unterschiede des Lebens an Sand- und Felsküste, in Gezeitentümpeln und Dünen. Selbst die kleinsten Tiere werden in ihrer Bedeutung für das gesamte Ökosystem erklärt.

Hochinteressant vor allem die Becken mit den schnell wachsenden "kelp forests" (*macrocystis pyrifera*; dt. Birntang-Wälder), die für Monterey Bay besonders charakteristisch sind. Der Tang wächst täglich um 12 cm; in der Natur wird er bis zu 6o m lang, in den Becken des Aquariums hat er bisher rund 2o m erreicht. In den weit verzweigten Pflanzenarmen, die unter der Wasseroberfläche ein dichtes Dach bilden, finden Hunderte von Lebewesen Schutz und Nahrung.

Auch technisch mußte das Aquarium neue Wege gehen, um seinem Anspruch gerecht zu werden, ein möglichst authentisches Bild der heimischen Unterwasserwelt zu zeigen: Knapp 35o m lange Rohre pumpen ununterbrochen frisches Meerwasser in die Tanks und befördern damit ständig lebendige Mikroorganismen direkt aus der Bucht ins Aquarium, so daß die dortigen Lebewesen eine artgerechte Umgebung vorfinden. Taucher versenkten in der Bucht künstliche Felsen, an denen

sich im Laufe der Zeit die typischen Meerestiere und -pflanzen festsetzten. Nach vier Jahren wurden die Felsen geborgen und in ihre neue Umgebung im Aquarium eingeführt.

Monterey eignet sich besonders für die Einrichtung eines Biotop-Aquariums, da sich in der vorgelagerten Bucht das vielseitigste Ökosystem der amerikanische Westküste befindet: Mitten durch Monterey Bay verläuft ein Unterwassergraben, der die Form eines riesigen Canyons hat und extrem nah an die Küste heranreicht. Entstanden durch enorme geologische Verschiebungen der San Andreas Verwerfung entlang der kalifornischen Küste.

Nur einen Kilometer vom Ufer entfernt stürzt der Canyon auf 9o Meter Tiefe hinunter, verbreitert und vertieft sich bis zu einem Maximum von 36oo m unter dem Meeresspiegel. Dadurch findet sich in der Bucht eine Tiefsee-Vegetation, wie sie anderswo in solcher Küstennähe nicht vorkommt.

Strömungen spülen ständig nährstoffreiches Wasser aus der Tiefe an die Oberfläche, wo sich eine vielfältige Meeresfauna entwickeln kann. Diese günstigen Lebensbedingungen zogen auch die riesigen Sardinenschwärme an, von denen die Fischindustrie in Cannery Row jahrzehntelang lebte, bis der letzte dieser Fische ins Netz gegangen war.

Monterey Bay liegt außerdem im Schnittpunkt mehrerer großer Meeresströmungen entlang der amerikanischen Westküste, die in der Bucht subtropische und temperierte Gewässer zusammenführen und auf diese Weise das einzigartige Ökosystem noch bereichern. Lebewesen aus beiden Klimazonen treffen aufeinander und schaffen Bedingungen für Taucher und Meeresforscher, die sie sonst nirgends vorfinden.

Hinter dem Aquarium beginnt der Ortsteil PACIFIC GROVE, ein amerikanisches Bilderbuchstädtchen mit einer in Kalifornien selten anzutreffenden Harmonie in der Architektur. Viele viktorianische Holzhäuser aus dem 19. Jahrhundert und den ersten Jahren des 2o. Jahrhunderts. Auch was später gebaut wurde, ist auf diesen Stil abgestimmt. Idyllisch gelegen oberhalb der Bucht. Ein angenehmer und ruhiger Ort zum Bummeln und Übernachten. Buslinie 1 verbindet Pacific Grove über Lighthouse Ave. mit Downtown Monterey.

Im Zentrum das PACIFIC GROVE MUSEUM OF NATURAL HISTORY, Central Ave./Ecke Forest Ave. Präparierte Tiere aus der Umgebung. U.a. zahlreiche Exemplare der Schmetterlinge ("Monarch Butterflies"), die jedes Jahr zu Tausenden nach Pacific Grove kommen, um in den Grünanlagen der Stadt zu überwintern. Von Nov.-März ziehen in ihrem Gefolge Scharen von Touristen in dem ruhigen Städtchen ein, um am Schmetterlingsspektakel teilzuhaben. Museum geöffn. Di-So von 1o-17 Uhr, Eintritt frei.

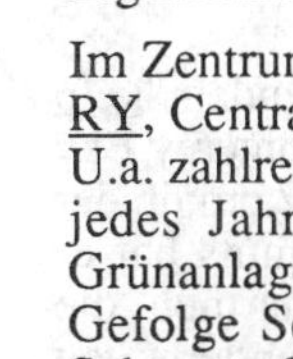

Monterey ist ein teures Pflaster und Sa/So meist voll ausgebucht. Die Großstädte der Bay Area sowie des Central Valley liegen nah genug für Wochenendausflüge. Am schönsten wohnt man im ruhigen Pacific Grove, dort Bed&Breakfast Häuser in alten viktorianischen Villen, aber auch einige halbwegs preisgünstige Motels. Im historischen Zentrum von

Downtown hauptsächlich Hotels der Teuerklasse. Außerhalb, entlang Fremont St., weitere Motels mit günstigen bis mittleren Preisen, allerdings in ziemlicher Entfernung von den Sehenswürdigkeiten der Stadt.

"**Hotel Pacific**", 3oo Pacific St. Im historischen Zentrum von Monterey. Ineinander verschachtelte Gebäude im spanischen Kolonialstil. Zimmer mit Holzfußböden und Kamin, Kühlschrank und komfortablem Mobiliar. DZ ab ca. 15o US. Tel. 373-57oo und 8oo-225-29o3.

"**Hyatt Regency**", 1 Golf Course Dr. Am Rande von Downtown, aber verkehrsgünstig gelegen mit direkten Autobahnanschlüssen. Eigentlich ein eigenes Dorf mit zahlreichen zweistöckigen Gebäuden. Luxuriöser Motelstil inmitten einer Gartenanlage und am Rande des Golfplatzes. Hinter dem eher rustikalen Äußeren verbergen sich erstklassig ausgestattete Zimmer mit allem Komfort. DZ ca. 14o- 22o US. Tel. 372-1234.

"**Roserox Country Inn**", 557 Ocean View Blvd. Bed&Breakfast. Schindelverkleidetes Haus in Pacific Grove, direkt am Meer. Die meisten Zimmer mit Blick über die Bucht. Individuell ausgestattet, u.a. mit Gegenständen aus der Christlichen Seefahrt. DZ je nach Größe und Ausstattung ca. 135- 22o US. Tel. 373-7673.

"**Seven Gables Inn**", 555 Ocean View Blvd. Bed&Breakfast. Kleiner Komplex viktorianischer Häuser rund um einen gepflegten Garten. In Pacific Grove, direkt an der Bucht von Monterey. Perfekt restauriert. Luxuriös mit Stilmöbeln und Antiquitäten ausgestattete Aufenthaltsräume. Auch die Zimmer individuell mit Antiquitäten bestückt, einige mit Blick aufs Meer. DZ ab ca. 1o5 US, die Mehrzahl um ca. 15o US. Tel. 372-4341.

"**The Gosby House**", 643 Lighthouse Ave. Im Zentrum von Pacific Grove. Bed&Breakfast. Vollständig renoviertes viktorianisches Haus mit verschiedenen Anbauten. Ein Schmuckstück mit antiken Möbeln, individuell gestalteten Zimmern und der Atmosphäre des 19. Jahrhunderts (bis hin zu Gardinen und Tapeten). Frühstück reichhaltig, nachmittags gratis Wein- und Käsecocktail. DZ je nach Ausstattung ca. 9o-135 US. Tel. 375-1287.

"**Travelodge**", 675 Munras St. Verkehrsgünstig gelegen Nähe historischen Zentrum und Autobahnzufahrten. Vierstöckiges Gebäude an relativ belebter Straßenkreuzung. DZ je nach Saison ca. 7o- 9o US. Tel. 373-1876 und 8oo-255-3o5o.

"**Terrace Oaks Inn**", 1o95 Lighthouse Ave. Kleines Motel in Pacific Grove. Ruhig, da etwas von der Hauptstraße nach hinten versetzt. Von außen ländlich-rustikal, Inneneinrichtung modern und funktional. DZ ca. 65 US, mit Kitchenette ca. 75 US. Tel. 373-4382.

"**Borg's Motel**", 635 Ocean View Blvd. Großes Motel in Pacific Grove auf der Verlängerung von Cannery Row. Direkt an der Küstenpromenade. Einfach möbliert. Zimmer teilweise mit schönem Blick über die Bucht. DZ je nach Lage und Größe 55-85 US. Tel. 375-24o6.

"**The Wilkies Motel**", 1o38 Lighthouse Ave. In Pacific Grove, Nähe Leuchtturm. Ungefähr 5 km von Downtown. Schön gelegen unter Bäumen in einer Wohngegend. Modern ausgestattet. DZ je nach Wochentag und Saison ca. 55- 75 US. Tel. 372-596o und 8oo-439-4553.

"**Super 8 Motel**", 2o5o N.Fremont St. Einfaches Motel an der Ausfallstraße. Zu erreichen von Monterey aus über Hwy. 1 Richtung Norden, Ausfahrt "Fremont St.". Neue und gepflegte Anlage. Zimmer nach hinten versetzt, daher relativ ruhig. DZ ca. 48

US, im Sommer ab 7o US. Tel. 373-3o81.

"**Motel 6**", 2124 N.Fremont St. Recht liebevoll konstruiertes Motel unter ein paar Bäumen. Kleiner SW-Pool beim Parkplatz. Zu erreichen wie Super 8 Motel. DZ je nach Saison ca. 45- 7o US. Tel. 646-8585.

"Veteran's Memorial Park", auf der Monterey Halbinsel, westlich von Downtown. Zu erreichen über Jefferson St. Campground in schöner Parkanlage. Gepflegte Einrichtungen inkl. Duschen. Stellplatz ca. 15 US.

Montereys Restaurants kennen wenig Zwischentöne: entweder sind sie Pilgerziel für Feinschmecker oder sie sind eingestellt auf den Massentourismus von Fisherman's Wharf und Cannery Row. Die Preise entsprechend hoch, die Qualität in der Regel ebenfalls. Stilvoll ißt man vor allem in einigen Lokalen in Pacific Grove, für die viktorianische Häuser den Rahmen abgeben.

Zu den besten und teuersten gehört "OLD BATH HOUSE", 62o Ocean View Blvd. Viktorianisches Haus, perfekt restauriert. Inneneinrichtung ebenso stilecht. Blick auf die Bucht - und exquisite kalifornische Küche mit den frischen Produkten der Region.

Einfache Restaurants, selbst Fast-Food Läden muß man in Monterey suchen. Für ein ausgiebiges und halbwegs erschwingliches Essen ist man gar nicht so schlecht bedient bei den Restaurants auf Fisherman's Wharf. Hier ist der Fisch frisch, die Portionen reichlich. Für einen Drink oder kleinen Imbiß ist eher Cannery Row zuständig. In Monterey konzentriert sich nun einmal alles um diese beiden Zentren, hier ist immer was los und immer geöffnet.

SELBSTVERSORGER

"CAVALIERI'S FISH MARKET", auf Fisherman's Wharf. Frischer Fisch zum Mitnehmen. Außerdem fertig zubereitet gute Seafood-Cocktails.

"PENINSULA FISH MARKET", ebenfalls auf Fisherman's Wharf. Spezialität: Räucherfisch direkt aus dem Rauch.

"SAFEWAY", 57o Munras Ave., im historischen Zentrum. Guter Supermarkt mit Obst- und Gemüseabteilung. Salatbar mit knackig frischen Salaten und zubereiteten Varianten von Nudel- oder Kartoffelsalat.

Picknick: Bietet sich an bei einem Ausflug über die Halbinsel von Monterey, entlang des "17 Mile Scenic Drive" (siehe Carmel). Schöne Stellen entlang der Straße mit Blick auf das bewegte Meer.

UNTERHALTUNG

Veranstaltungskalender: Zahlreiche Gratis-Broschüren in Hotels, Restaurants und Supermärkten. Die meisten sind bloße Werbeblätter.

Relativ informativ noch die wöchentlich erscheinende "Coast Weekly" mit Hintergrundartikeln zu Neuigkeiten und Problemen in Monterey und Umgebung.

Musik/Disco

Nächtliche Unterhaltung hauptsächlich in der Cannery Row. Live-Bands treten auf in "Doc Ricket's Lab", "The Boiler Room" und "Mark Thomas Outrigger".

Theater

"California's First Theatre", Pacific St./ Ecke Scott St. Schon das Ambiente eines rustikalen Wildwest-Theaters lohnt den Besuch. Die Stücke sind nicht der Rede wert, aber der Atmosphäre angepaßt: Melodramen und Revuen aus dem 19. Jahrhundert, in der Regel mit viel Schwung gespielt von Laienschauspielern.

Kino

"Lighthouse Cinemas", 525 Lighthouse Ave. in Pacific Grove. Vier Kinosäle hinter einer schönen Fassade. Aktuelle Hollywood-Produktionen.

Radfahren: Lohnende Tour von Fisherman's Wharf aus entlang der Küste nach Pacific Grove (von der Straße getrennte Fahrradwege). Für weitere Fahrten über die Halbinsel kräftigen Gegenwind einkalkulieren. Attraktiv natürlich die Tour über den "17 Mile Scenic Drive" (siehe "Carmel"). Mit dem Rad spart man sogar die Zufahrtsgebühr von 7 US pro PKW. Allerdings kein gesonderter Fahrradweg und viel Verkehr.

Vermietung: "Heritage Harbor Bike Rental", 99 Pacific St., direkt vor Fisherman's Wharf. Filiale auch auch 711 Cannery Row. Pro Stunde 8 US, pro Tag 3o.US.

Verbindungen ab Monterey

Bus: Lokal: Nach Pacific Grove mit Linie 1, nach Carmel Linie 4, jeweils ab Downtown Monterey.

Überregional: Greyhound-Terminal in einer tristen Bretterbude, Del Monte St./Ecke Washington St. Monterey liegt abseits der Hauptroute zwischen San Francisco und Los Angeles, Busse nach L.A. über San Luis Obispo und Santa Barbara nur mit Anschluß in Salinas.

-> San Francisco: 3 x tägl., 4 Std., ca. 18 US
-> Los Angeles: 5 x tägl., 8- 1o Std., ca. 45 US

Flüge: "Monterey Peninsula Airport" wenige km östlich von Downtown. Beste Anschlüsse hat AMERICAN AIRLINES (1o5 Crossroads Blvd., Tel. 8oo-433-73oo) mit täglich mehreren Nonstop-Flügen nach San Francisco und San José.

Auto: Hwy. 1 ist das Nonplusultra der Verkehrswege von und nach Monterey. Richtung Süden über die Traumstraße Kaliforniens (23o km bis San Luis Obispo), Richtung Norden die landschaftlich ebenfalls schöne Küsten-

strecke nach San Francisco (19o km). Fahrzeiten stark abhängig vom saisonalen Verkehrsaufkommen sowie von der Anzahl der unvermeidlichen Stops zum Staunen und Gaffen.

Parken in Monterey: In den Straßen 2 Stunden parken gratis. Vor Fisherman's Wharf großer Parkplatz, o,5o US pro Stunde. Parkhaus: Del Monte St./Ecke Washington St., 1 US pro Tag.

Monterey ⋙→ San Francisco

Der Highway 1 verläuft hier nicht mehr so spektakulär wie südlich von Monterey. Trotzdem rund 19o km abwechslungsreiche Küstenstrecke mit kurzen Strandabschnitten zwischen Sandsteinfelsen sowie lohnenden Zwischenstops im Städtchen Santa Cruz und im Naturpark "Año Nuevo".

Ein Abstecher vom Hwy. 1 ins Landesinnere lohnt höchstens zum PINNACLES NATIONAL MONUMENT, einem Gebiet mit bizarren Felsnadeln vulkanischen Ursprungs und höhlenartigen Gängen in einem engen Canyon. Zufahrt allerdings ziemlich umständlich ab Monterey nach Salinas und von dort südlich auf Hwy. 1o1 bis zur Abfahrt Soledad. Noch rund 2o km Landstraße bis zum National Monument.

★ Santa Cruz (45.ooo Einw.)

Angenehme Küstenstadt; Badeort und Ausflugsgebiet für die Bevölkerungszentren im Central Valley und der Bay Area von San Francisco. Lockere Atmosphäre im Stadtbereich und an den Stränden. Surfparadies. Die nachgebaute Kirche der früheren MISSION SANTA CRUZ ist klein und unbedeutend.

Attraktion dagegen der Vergnügungpark am BOARDWALK. Einer der wenigen verbliebenen Parks dieser Art, direkt am Meer. Mit klassischen Karussells und einer hölzernen Achterbahn, richtig schön altmodisch. Hier drehte und dreht Hollywood seine Filmszenen im Rummelplatzmilieu.

Ein Film anderer Art läuft ab an den Küstenabschnitten Richtung Westen: Hier liegen einige der besten Surfstrände Kaliforniens mit Superwellen. Der berühmteste ist STEAMER LANE: Nicht nur ein Dorado für die Sportler, sondern auch ideale Bühne für Zuschauer, selten kommt man so nah ans Surfspektakel heran. Schaulustige stehen oberhalb der Klippen, die Surfer sausen direkt darunter auf den schräg zur Küste laufenden Wellen vorbei. Zum Greifen nahe und viel Stimmung, da die Zuschauer das Gebotene lauthals mit Beifall oder Pfiffen kommentieren.

Bester Überblick direkt vor dem Leuchtturm am LIGHTHOUSE FIELD STATE BEACH. Oft ist der vorgelagerte Felsen bevölkert mit Seelöwen, die die Surfakrobaten mit ihrem Gebrüll begleiten.

Im roten Backsteingebäude des Leuchtturms ist folgerichtig das

SURFING MUSEUM untergebracht. Winzig, aber hochinteressant mit alten Surfboards aus Redwood- und Balsaholz sowie modernen Kunststoffbrettern. Daneben Fotos aus der Frühzeit des Surfens mit den Helden von damals in den Wellen von Kalifornien und Hawaii. Geöffn. Do-Mo von 12- 16 Uhr, Eintritt frei.

Vom Leuchtturm aus ein Küstenabschnitt mit Sandsteinklippen und Stränden entlang des West Cliff Drive. Endet am NATURAL BRIDGES STATE BEACH. Hier hatte das Meer aus dem Sandstein mehrere brückenartige Bögen herausgearbeitet, die bis auf einen durch weitere Erosion inzwischen zusammengebrochen sind. Kleiner geschützter Strand, gut geeignet zum Baden. Von hier aus direkte Zufahrt auf Hwy 1.

AÑO NUEVO STATE RESERVE

Naturschutzgebiet, rund 4o km nördlich von Santa Cruz. In welliger Dünenlandschaft direkt am Meer. Sandsteinklippen und ruhige Strände. Schöner Blicke auf den Küstenverlauf. Der Besuch lohnt vor allem wegen der SEE-ELEFANTEN-KOLONIE: Fast das ganze Jahr über tummeln sich die Tiere auf den Stränden einer kleinen Halbinsel oder liegen faul in der Sonne. Ein Pfad (vom Parkplatz ca. 5 km hin und zurück) führt zeitweise in geringem Abstand an den Tieren vorbei.

Im Okt./Nov. sind die meisten See-Elefanten verschwunden, in den übrigen Monaten aber ist immer was los in der Kolonie. Im Frühjahr liegen die Jungen am Strand, in den Sommermonaten ausgewachsene und junge Tiere gemeinsam. Von Mitte Dez. bis Ende März ist Paarungszeit, und man darf sich den See-Elefanten nur im Rahmen einer Führung nähern. Vorherige Reservierung nötig über Tel. 8oo-444-PARK, 2 US pro Person.

Geöffn. tägl. 9 Uhr bis Sonnenuntergang, Eintritt 5 US pro PKW. Von San Francisco aus auch mit öffentlichem Bus zu erreichen: zunächst mit "Sam-Trans" Linie 1A bis Half Moon Bay. Von dort weiter mit Bus Nr. 9oC.

Nördlich der State Reserve ländlich geprägter Streckenabschnitt am Hwy. 1. Die Felder reichen bis ans Meer, nichts erinnert an die Nähe der dicht bevölkerten Bay Area. Malerisch und weithin sichtbar steht das PIGEON POINT LIGHTHOUSE auf einer Landzunge. Nördlich davon winzige Strände, die schönsten sind BEAN HOLLOW STATE BEACH (direkt an der Straße) und PESCADERO STATE BEACH (versteckt hinter einer dicken Düne).

Einziger größerer Ort zwischen Santa Cruz und San Francisco ist HALF MOON BAY (9.ooo Einw.): Wochenendhäuser und Motels, viel Landwirtschaft, ein paar Strände und Ausflügler. Schon vor den Toren von San Francisco (noch ca. 3o km) liegt ein Strand mit Super-Panorama: MONTARA STATE BEACH. Einer der letzten Strände vor der unzugänglichen Steilküste, mit besonders ausgeprägten ausgewaschenen Sandsteinfelsen im Hintergrund.

SAN FRANCISCO: 1850 (also kurz nach Au
Hill auf die Hafenbucht, in der sich schon
die die Einwanderer, Glücksritter und G
ausschließlich aus Holzhäusern; entsprech

SAN FRANCISCO

(75o.ooo Einw.)

Von Lage und Kulturangebot eine der schönsten Großstädte der USA. Sie erstreckt sich über mehr als 4o Hügel auf einer Halbinsel zwischen Pazifik und der Bucht von San Francisco.

Als Minimum 4 - 5 Tage einkalkulieren. Eine Vielzahl an Museen, Bootstrips in der Bucht u.a. zum Alcatraz Gefängnis, Parks und reichhaltige Restaurant- Szene, Shopping und Vergnügungsszene.

San Francisco ist Mythos und Traum von Millionen: damals der Einwanderer und Glücksritter, heute von Besuchern und Touristen. Eine Stadt der Sentimentalität: beschrieben von Dichtern, besungen in populären Songs und Welthits. Ein kultureller Schmelztiegel und aufgeschlossen für das Fremde.

Während andere Metropolen der USA längst ihre Identität verloren haben, besitzt San Francisco sein unverwechselbares Flair und konnte es bis heute bewahren, - z.B. mit den Cable Cars, dem seit 1973 bestehenden Verbot fader Hochhäuser und vielem mehr.

Eine Stadt, deren Besuch Genuß bringt. In den 6o-er Jahren Hochburg der Hippiebewegung. "I left my heart in San Francisco" gilt heute noch. Eine

uch des Goldrausches), Blick vom Telegraph
ld eine Vielzahl an Segelschiffen sammelten,
chäftsleute. Damals bestand die Stadt fast
t brannte es.

Stadt, - zudem verewigt in vielen Hollywood- Spielfilmen: "Is was Doc" von Peter Bogdanovic dürfte einer der schönsten sein: wilde Verfolgungsjagden über die steilen Straßen nach der Jagd eines Koffers, mitbeteiligt Barbara Streisand...

STADTGESCHICHTE: Ende des 18. Jhds. von Franziskanern als Missionsstation *San Francisco de Assis* gegründet. Damals ein unbedeutendes Nest, das selbst 1846 lediglich 5oo Einwohner hatte und ein verschlafener Hafen mit Namen Yerba Buena im äußersten Norden der República de México war.

Nach Ausbruch des Krieges zwischen Mexiko und den USA (siehe Seite 1o9) besetzte die US-Navy im Juli 1846 den Hafen und behielt ihn bis zur endgültigen Annexion Kaliforniens unter Kontrolle.

Kalifornischer Goldrausch: Als 1848 Gold am American River (siehe Seite 111) entdeckt wurde, verließ zunächst fast die komplette Bevölkerung die Siedlung San Francisco, um am Gold- River das Glück zu suchen. Die Message der Funde brauchte bis zur Ostküste der USA gut 1/2 Jahr, ab 1849 setzte dann ein gewaltiger Einwandererstrom ein, und die frühere Mini- Siedlung expandierte gewaltig.

Die Goldfelder am Westhang der Sierra Nevada wurden einmal über den sehr beschwerlichen Overland- Trail (siehe Seite 115) erreicht, - fast bequemer war der Weg per Schiff um die Südspitze Südamerikas und Kap Horn rauf nach San Francisco (Details Seite 118). Diese Connection wurde insbesondere auch zum Transport der Post (da sicherer) und für den Transport aller benötigter Waren benutzt.

Anfang 1849 lebten in San Francisco bereits 2.ooo Menschen und Ende desselben Jahres waren es bereits 25.ooo ! Weitere 5o.ooo hatten den Weg über den Hafen San Francisco gewählt, um zu den Goldfeldern zu gelangen.

Eine Boom-Town war geboren, die alles in den Schatten stellte, was vorher oder nachher im amerikanischen Westen Rang und Namen hatte. Grundstücke, die 1846 noch für einen Krug Whiskey gehandelt wurden, waren über Nacht mehrere tausend Dollar wert. Preise für Holz und Baumaterialien erreichten astronomische Höhen, und die Löhne pendelten sich zeitweise auf 3o Dollar pro Tag ein. Für damalige Zeiten eine unvorstellbare Summe, aber Arbeitskraft war extrem knapp in einer Stadt, die vom Goldboom lebte.

Der Zustrom an Menschen und der hervorragende Gang der Geschäfte verlangten neue Wohnungen, aber auch Verkaufs- und Lagerraum. Täglich entstanden im Schnitt 3o neue Häuser, viele von ihnen mit Materialien, die im Osten vorfabriziert waren und per Schiff den Weg um Kap Horn genommen hatten.

Schiffe, die von ihrer Mannschaft verlassen waren, wurden an Land gezerrt und dienten als Lagerhäuser oder Hotels. Fast alle Matrosen machten sich auf Goldsuche, so daß die Kapitäne ihre Mannschaften später bei Ankunft in San Francisco in Ketten legen ließen.

Der Platz wurde schon bald knapp, so daß man die Bucht nach und nach mit Sand und Erde auffüllte, um neues Land zu gewinnen. Weitere Schiffe, die verlassen im Hafen lagen, fanden sich auf diese Weise plötzlich auf dem Trockenen wieder und konnten als Unterkunft oder Lagerraum verwendet werden. Die einstige Uferlinie entlang der heutigen Montgomery Street verwandelte sich bald ins Banken- und Finanzzentrum der Stadt.

Feuersbrünste: Der extrem boomhafte Bau von Häusern und Lagerschuppen in Holzbauweise führte zwangsläufig zu massiven Bränden. Zwar gab es eine Feuerwehr, die

mit viel Mut die Brände zu löschen versuchte. Innerhalb von 18 Monaten brannte San Francisco sechsmal fast völlig nieder, die Verluste beliefen sich auf mehr als 25 Millionen Dollar. Doch noch auf den rauchenden Trümmern unterschrieben Geschäftsleute und Makler die Verträge für den Neuaufbau, der nach jeder Zerstörung schwungvoller voranging.

Die wiederholten Brände führten zur Bildung freiwilliger Feuerwehren, einer Institution, auf die San Francisco noch heute stolz ist. Die Feuerwehren bildeten sich häufig nach landsmannschaftlichen Gesichtspunkten und waren berühmt für ihren Mut und Einsatzwillen. Das ging soweit, daß sie sich am Ende die Bekämpfung eines Feuers gegenseitig streitig machten, um die Ehre allein davonzutragen. Nach einer handgreiflichen Auseinandersetzung zwischen rivalisierenden Feuerwerheinheiten sah sich der Stadtrat gezwungen, sie aufzulösen, da vor lauter Schlägerei das Feuer ungehindert weitertobte.

Da man in allgemeiner Brandstiftung die Ursache der ständig wiederkehrenden Feuersbrünste vermutete, schufen die Bürger auf eigene Faust eine Institution, die in den USA später vielerorts Nachahmung fand: die gefürchteten VIGILANCE COMMITTEES. Militante Bürgerwehren, die das Recht in die eigene Hand nahmen und es gegen wirkliche und vermeintliche Kriminelle durchsetzten. Selbst Hinrichtungen ohne Gerichtsverfahren standen auf der Tagesordnung. Neben Brandstiftern, Dieben und Straßenräubern verfolgten die Komitees auch unliebsame Mitbürger anderer Nationalität oder Rasse. Zur Herstellung von "law and order" hielten die meisten Einwohner von San Francisco derlei Praktiken für notwendig und gerechtfertigt.

Kommerzielle Geschäfte: Sie florierten ab Goldboom 1849 in vorher nicht gekanntem Ausmaß. Da Kalifornien bis ca. 1865 keine praktikable Landverbindung mit den übrigen Vereinigten Staaten besaß, war San Francisco auf die Schiffsverbindungen angewiesen. Der Nachschub an Gütern konnte mit dem Zustrom an Menschen nicht mithalten, so daß fast alles knapp und teuer war.

Die Ankunft eines Schiffes war ein großes Ereignis, Händler kauften ganze Schiffsladungen auf, nur um sie zehn Minuten später mit riesigem Gewinn weiterzuverkaufen. San Francisco wurde zum Tummelplatz für Spekulanten, clevere Kaufleute und Betrüger.

Mitte der 2. Hälfte des 19. Jhds. kamen Dampf-Segelschiffe in Eisenbauweise auf, die die Überfahrt erheblich beschleunigten.

SCHIFFSFLAGGEN von Reedereien, die San Francisco anliefen. Allein daran sieht man die gewaltige Quantität an Schiffen, die damals Transporte nach San Francisco durchführten. Die Route ging um die Südspitze Südamerikas, da der Panama Kanal noch nicht eröffnet war.

TELEGRAPH HILL: die höchste Erhebung San Franciscos. Von hier konnten einlaufende Schiffe beobachtet werden. Die Flaggen der einzelnen waren allgemein bekannt.

Im Laufe der Jahre gesellte sich zur Knappheit auch der Überfluß. Während des halben Jahrzehnts, das der Goldrausch andauerte, fanden Nuggets und Goldstaub im Wert von über 3oo Millionen Dollar ihren Weg nach San Francisco. Kein Wunder, daß sehr bald auch die Produkte vorhanden waren, die diese enorme Kaufkraft abschöpfen konnten.

Champagner, Whiskey und jede Sorte Schnaps flossen in Strömen, 1853 schenkten über 5oo Saloons und Läden Alkohol aus. Importierte Lebensmittel konkurrierten mit den Köstlichkeiten, die Küste und Wälder Kaliforniens anzubieten hatten. Restaurants schossen wie Pilze aus dem Boden und boten die raffinierteste Kost, die man sich damals denken konnte. Einwanderer aus aller Welt sorgten für eine abwechslungsreiche Küche, eine Tradition, die bis heute in San Francisco in hohem Kurs steht.

Post, Zeitungen, Nachrichten: Die isolierte Lage Kaliforniens und San Franciscos vom Rest der USA zur Zeit des Goldrausches (Schiffe brauchten im Minimum 4 Monate von der US- Ostküste bis San Francisco) machten insbesondere auch die 2- wöchentliche Ankunft des Postschiffes zur großen Attraktion. Es brachte die Post von den Verwandten an der Ostküste, von Frau und Kindern, die teils dort zurückgelassen waren, - aber auch die "neuesten" Nachrichten in Zeitungen. Auf dem Telegraph Hill versammelte man sich, um die Ankunft wichtiger Schiffe zu erwarten. Nicht selten las dann einer vor versammelter Mannschaft aus der Zeitung vor.

Eine Situation, die sich dann 1858 besserte, als die Overland Stage Coach Line vom Missouri quer durch den Wilden Westen nach San Francisco eröffnet wurde. Sie brauchte lediglich 25 - 3o Tage und transportierte auch Post und Zeitungen (Details siehe auch Seite 12o).

Gambling: Bei den dicken Goldfunden, die einige der Glücksritter im Gold Country (siehe Seite 524) tätigten, war das aufstrebende San Francisco einer von mehreren Punkten, wo auf "High Life" gemacht wurde. Und manch einer verlor in Stunden am Spieltisch das, was er mühsam in der Wildnis an Goldkörnern und - Staub geschürft hatte.

Die Gambling Halls waren professionell betriebenen Spielhallen, das Zentrum in San Francisco lag bis ca. 1855 beim Portsmouth Square. Mexikanische und französische Kartenspiele waren hier die Favoriten, da sie den Spielern aber auch Spielhallenbesitzern den schnellsten Gewinn zu versprechen schienen. Das sonst weit verbreitete Poker galt als nicht effektiv genug für einen raschen Umsatz von Gewinn und Verlust. Wie heute in den Spielerstädten Las Vegas oder Reno boten die Gambling Halls ihren Besuchern Gratis-Drinks und Essen zu lächerlich niedrigen Preisen an, um die Spieler in ihre Säle zu locken. Die Profite beim Glücksspiel waren so enorm, daß derlei Extra-Ausgaben nicht ins Gewicht fielen.

PORTSMOUTH SQUARE um 1855, damals Zen

Prostitution: Die Goldsucher und Abenteurer, monatelang in den Bergen unterwegs, hatten beim Besuch in San Francisco natürlich nicht nur das Glücksspiel im Sinn, sondern wollten sich auch sexuell befriedigen. Ganze Schiffsladungen von Frauen kamen von der Ostküste oder aus den Hafenstädten Lateinamerikas und Asiens. Die Investition in ein Bordell rentierte sich beinahe so sehr wie ein Spielsaal. Einzelne Damen verlangten bis zu 600 Dollar pro Nacht und setzten sich nach einem oder zwei Monaten hektischer Aktivität in ihrem Heimatland zur Ruhe (sofern nicht im Besitz von Tripper oder Schlimmerem).

The Winner: Der amerikanische Traum vom Millionär realisierte sich für manche, die die Nase für den Erfolg hatten, - so LEVI STRAUSS: 1830 in Bad Ocheim/Bayern geboren, wanderte er als 18- jähriger nach Kalifornien aus. In San Francisco betrieb er zunächst einen Shop mit genereller Ausrüstung für die Goldsucher: so Revolver,

...r Gambling Halls (zB. das "Eldorado", rechts)

LEVI STRAUSS (1830 – 1902) Erfinder der Jeans.

Werkzeug, Decken etc. Bald erkannte er aber, daß die Goldsucher stabile Hosen benötigten. Seine Idee: hier den Segelstoff als Material für Hosen zu verwenden. Das Segelmaterial hatte in Wind, Wetter und Feuchtigkeit die härtesten Belastungen auszuhalten. Warum also nicht dieses robuste Material auch für Hosen verwenden.

1853 war die Jeans erfunden, und Strauss beschäftigte bald 5oo Mitarbeiter in seiner Fabrik. Werbeträchtig wurde publiziert, daß beispielsweise einem Eisenbahner die Kupplung brach: kurzerhand verband er die Waggons mit seiner Jeans, und der Zug konnte so noch 15 km bis zur nächsten Station fahren etc. Ob Anekdote oder richtig: Strauss war Ende der 5o-er Jahre mehrfacher Millionär.

Gleichzeitig wurden auch neue Verkaufswege mit den Jeans erfolgreich ausprobiert: so der Postversand und der Verkauf in Supermärkten. Zudem hatte der deutsche Einwanderer Singer die Nähmaschine erheblich verbessert, was auch die Massenherstellung der Levis- Jeans erleichterte. Zum Vorwurf wurde ihm gemacht, daß er bei Minimallöhnen auf engstem Raum eine Fülle an Arbeitskräften beschäftigte, die bis zu 84 Stunden/Woche arbeiteten. Die Gewerkschaften hatten damals offenbar weniger zu sagen, und Mr. Strauss wurde mit seinem Erfolgsprodukt immer reicher.

1872 hatte ein Mitarbeiter der Strauss- Fabrik, J.W. David, die Idee, man solle die Nähte der Hosen an problematischen Stellen wie den Taschen mit Nieten absichern. Dies wurde 1873 patentiert, und die Levis- Jeans erfreuten sich wegen nun noch höherer Stabilität

SAN FRANCISCO um 1877, Blick auf Russian Hill vielfach aber bereits Häuser in Backstein (fat

hoher Beliebtheit. Sie wurden (wie später Coca Cola) zum US- Nationalprodukt. Die Cowboys trugen Jeans, - wie später auch US-Präsidenten Johnson und Nixon, um Wählerstimmen auf dem Land zu gewinnen.

EISENBAHN - TYCONE: Die Kaufleute Collis Huntington und Mark Hopkins handelten mehrere Jahre lang mit allem, was die Schiffe nach San Francisco schafften und machten damit riesige Vermögen. Zeitweise monopolisierten sie den Markt für Werkzeuge, die die Goldsucher dringend benötigten und kassierten in dieser Zeit schwindelerregende Höchstpreise für Schaufeln und Pfannen.

Gemeinsam mit zwei weiteren Geschäftsleuten, Charles Crocker und Leland Stanford, gründeten sie 1861 die Central Pacific Railroad, die zusammen mit der Union Pacific bis 1868 die Transkontinentale Eisenbahn erstellte. Die anschließenden Gewinne im Betrieb der Eisenbahn, aber auch im Landverkauf entlang des Gleises waren so gewaltig, daß die Gründer zu vielfachen Millionären wurden (Details siehe auch Seite 138).

Als Big Four gingen sie in die Geschichte der Stadt ein, ihre schloßähnlichen Luxusvillen auf Nob Hill sind zum Teil noch heute erhalten. Stanford anvancierte zum Gouverneur von Kalifornien und gründete die private Stanford University, heute wissenschaftliches Zentrum des High-Tech Imperiums von Silicon Valley.

Boom und Krise (1855-75): Nachdem die leicht zugänglichen Goldvorräte erschöpft waren, erlebte San Francisco seine erste Krise. Der Zusammenbruch von zwei Banken 1855 löste eine Panik aus, während der viele Einwohner die Stadt verließen.

Doch der Rückschlag war nur von kurzer Dauer. Neue Bergbaumethoden machten den Abbau auch von schwer zugänglichen Goldvorkommen an den Hängen der Sierra Nevada möglich. Hinzu kamen neue Minen bei Virginia City (siehe Seite 499), die dafür sorgten, daß durch San Francisco weiterhin die Millionen flossen.

Bildmitte) und Bucht. Teils noch Holzgebäude, - später beim 1906 - Erdbeben).

San Francisco war die Handelsmetropole an der US- Westküste und hatte um 1865 rund 13o.ooo Einwohner. Auf den wichtigsten Straßen (z.B. der Market und der Sansome Street) fuhren Straßenbahnen, die von Pferden gezogen wurden. Die Häuser des Zentrums waren aus Stein gebaut (vielfach aus Backstein) und ungenügend gegen Erdbeben gesichert, was sich dann fatal bei dem späteren Erdbeben von 19o6 auswirkte.

Der damalige Finanzdistrikt befand sich im Bereich der Straßen Sansome-, Kearny-, Montgomery- und California Street. Hier lagen die wichtigsten Banken und die Stock-Exchange. Die meisten Banken (u.a. die Bank of California) konzentrierten sich in der Sansome Street.

1869 erreichte die Transkontinentale Eisenbahn (siehe Seite 132) über die Sierra Nevada die Stadt Sacramento mit Verlängerung bis Oakland. Von hier ging es mit dem Fährschiff über die Bucht zum Ferry Building/San Francisco. Die Züge brachten massenweise neue Einwanderer in die Region, und die Stadt wuchs in den folgenden nur rund 35 Jahren auf 4oo.ooo Einwohner. Die Eröffnung der Eisenbahn wurde auch in San Francisco mit einem großen Fest gefeiert.

Das Ereignis, das alle herbeigesehnt hatten, brachte jedoch nicht nur Vorteile: In der Folge überschwemmten Industrieprodukte von der Ostküste den Markt in San Francisco, und ortsansässige Firmen gingen reihenweise pleite. Sie waren noch zu wenig entwickelt, um mit den mächtigen Konzernen zu konkurrieren. Außerdem hatten sie sich mit überzogenen Preisen auf einem Markt relativer Knappheit bewegt, der nun mit einem Schlag der nationalen Konkurrenz unterworfen war.

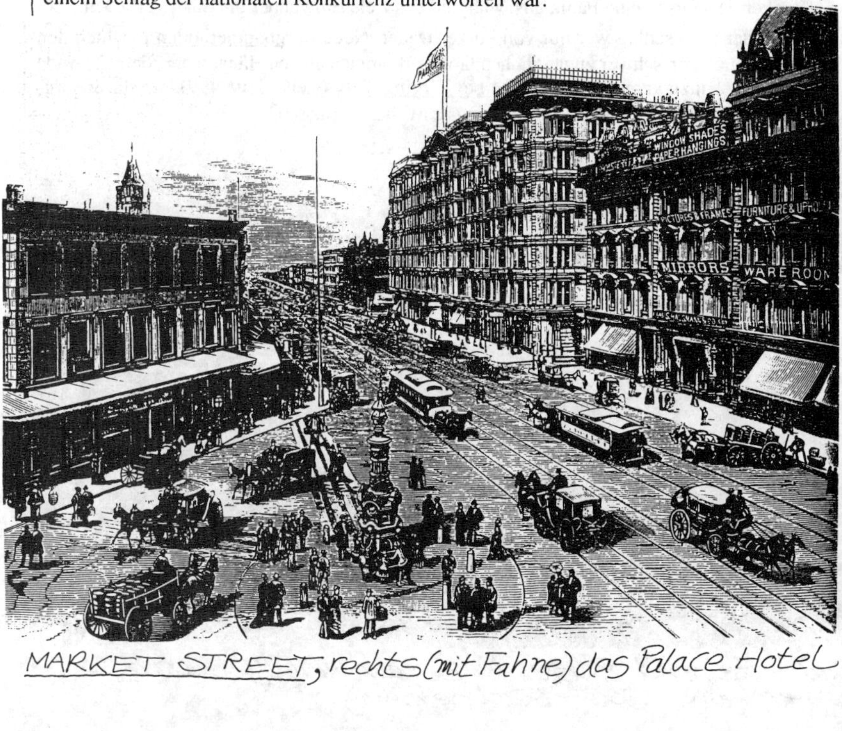

MARKET STREET, rechts (mit Fahne) das Palace Hotel

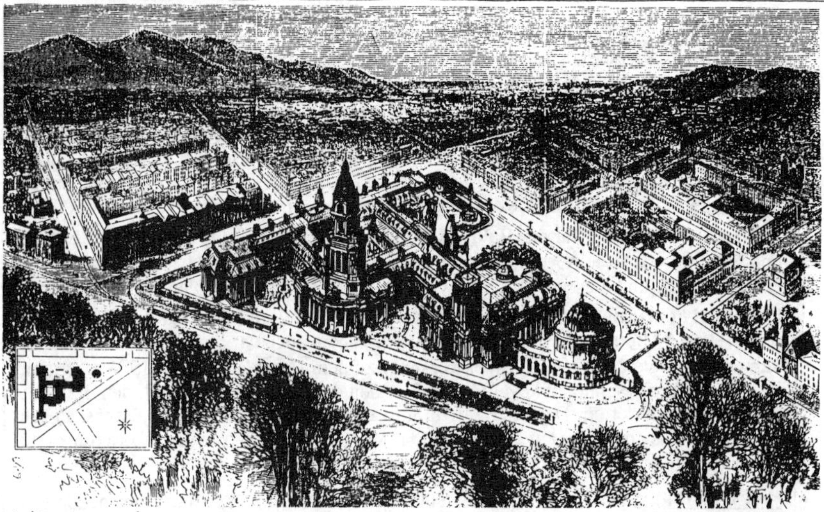

NEW CITY HALL, gebaut 1872–98, beim Erdbeben 1906 schwer zerstört

SANSOME STREET, Sitz der Bank of California

Das San Francisco der 7o-er Jahre verfügte über feudale Hotels, die gemäß damaliger Presseberichte zu den besten der USA zählten, - so das Palace Hotel/Market Street. Der Bau kostete damals beachtliche 6 Millionen US (nach heutigem Wert ein Vielfaches) und war mit jeglichem Luxus ausgestattet. Der Grand Court (Innen-Patio) hatte 7 Stock und war dem Grand Hotel in Paris nachempfunden. Hier residierten die damaligen Millionäre, aber auch Berühmtheiten wie der Opernstar Enrico Caruso. Bauherr war Senator William Sharon, der allerdings durch Aufnahme hoher Kredite auch für andere Bauobjekte seine Bank in den Konkurs stürzte, - sehr zum Ärger der Anleger.

Das zweite Top Hotel war das Baldwin Hotel/Ecke Marekt mit O'Farrell Street. Erbauer und Besitzer war "Lucky" Baldwin, der hohe Gewinne in der Ophir-Mine/Virginia City erwirtschaftete und diese u.a. im Baldwin Hotel in San Francisco anlegte.

Das Hotel konkurrierte in Prestige mit dem Palace Hotel und hatte zudem angeschlossenen Theater- Betrieb. Feature des Hotels war zudem auch der Superpanoramablick auf San Francisco von den oberen Stockwerken. Auf dem Hoteldach waren 15 Wassertanks installiert, die als Schutz bei eventuellen Bränden dienten, - ein Umstand, den die Gäste des Hotels honorierten. Da Mr. Baldwin mit seinen Geschäften (auch Landbesitz) sehr erfolgreich war, hatte er den Beinahmen "Lucky Baldwin". Trotz der Wassertanks auf dem Dach erlebte das Hotel 1898 einen schweren Brand...

New City Hall: Gemäß Reichtum der Stadt stand aus Prestige der Bau eines neuen Rathauses an. Die Stadtväter kleckerten nicht, sondern klotzten. Mit dem Bau wurde 1872 begonnen, er war so kostspielig, daß die Baufirmen oft nur 3 - 4 Monate arbeiteten, bis der Etat verbraten war. Anschließend wurde um neue Gelder diskutiert, die Fertigstellung zog sich bis 1898 hin. Das Bauwerk kostete 6 Millionen US und wurde beim Erdbeben

SAN FRANCISCO, Palace Hotel: das damals beste Hotel der Stadt. Links: Zufahrt der Gäste per Kutsche. Oben: der "Grand Court", Innenhof mit Palmen und Glasdach unter Eisenkonstruktion.
Die Suites boten jeglichen Luxus. Hier logierten die damals einflußreichsten Persönlichkeiten, sowie Berühmtheiten wie Enrico Caruso.

von 1906 schwer beschädigt. Von dem 100 m hohen Turm, der aus 6.000 Tonnen Ziegelstein und 1.000 Tonnen Stahl gebaut war, blieben praktisch nur noch das Stahlskelett und die Metallkuppel übrig.

Leland Stanford, der Eisenbahnmagnat, hatte seine Villa Leland's Place in italienischem Stil bauen lassen. Sie hatte die bescheidene Breite von 55 m und Tiefe von 43 m. Die Eingangshalle besaß Korinthische Säulen aus rotem Aberdeen Granit, in den ersten Stock führte eine Treppe aus Mahaghoni. Für die Bibliothek, das Musikzimmer und die Art Gallery wurden ebenfalls die wertvollsten Hölzer verwendet. Der Speisesaal war 16 x 10 m groß und hatte einen fantastischen Blick über die Stadt und die Bucht. Die Möbel waren aus teuerstem amerikanischen Walnuß- und Rosenholz.

Die Hopkins Villa (Ecke California mit Mason Street) war ein feudales, schloßähnliches Gebäude und gehörte dem Eisenbahnmagnaten Mark Hopkins. Er kaufte das Grundstück 1874, starb allerdings 1878, ein Jahr vor Fertigstellung der Villa.

1878 war zugleich ein schwarzes Jahr für die Aktionäre der Minen in Virginia City: Die Kurse an der Börse (stock exchange) in San Francisco waren absolut in den Keller gefallen. Grund: die Minen in Virginia City hatten Tiefen erreicht, wo extreme Temperaturen

STOCK EXCHANGE: Große Panik bei den Aktionären 1878, die schockiert die Kurse studiere, sie waren absolut in den Keller gefallen.

LELAND'S PLACE: Villa des Eisenbahnmagnaten L. Stanford

SACRAMENTO STREET: durchquerte Nob Hill
Illustration von 1870.

herrschten. Während noch 1875 Höchstpreise für Aktien gezahlt wurden, schien 1878 das Ende der Minen gekommen. Mit neuen Technologien erreichten die Minengesellschaften dann Tiefen von bis zu 8oo m. Dort war dann aber mit dem Abbau Schluß, und 1881 stand der nächste Börsenkrach ins Haus.

Handel betrieb San Francisco Ende des 19. Jhds. wegen seiner optimalen Lage an der US- Westküste mit Asien (z.B. permanente Schiffsverbindung mit Yocohama/Japan), aber auch mit Hawai und Inseln Ozeaniens. Weiterhin bestanden Schiffsverbindungen nach Melbourne/Australien, welches zunehmend ein wichtiger Handelspartner wurde. Melbourne hatte damals bereits 25o.ooo Einwohner. Außerdem bestanden die traditionellen Schiffs- und Handelsverbindungen ab San Francisco entlang der Pazifikküste Zentral- und Südamerikas.

Trotz aller Krisen expandierte San Francisco weiter, u.a. wegen seiner Bedeutung als damals wichtigster Hafen an der US- Westküste.

Erdbeben 19o6: Wieder einmal waren die Spannungen der beiden Erdplatten an der San Andreas Verwerfung so groß geworden, daß sie sich mit einem Schlag entladen mußten und dadurch ein verheerendes Erdbeben verursachten.

ERDBEBEN vom 18.4.1906. In Folge wüteten Brände bis zum 21.4.

Am frühen Morgen des 18. April 19o6 erwachten die Bürger der Stadt durch ein kräftiges Wanken der Erde, das 4o Sekunden andauerte. Kurz darauf gab es einen weiteren Erdstoß von 25 Sekunden.

Auf der nach oben offenen Richterskala hatte er eine Stärke von 8,3, bzw. auf der 12 teiligen Mercalliskala gar den dort zweithöchsten Wert 11. Eine gewaltige Energie, die der von 1.ooo Bomben zu je 1 Million To. Sprengladung entspricht.

Den Holzhäusern konnten die Erdstöße relativ wenig anhaben, da Holz flexibel reagiert, dito im Zentrum moderne Hochhäuser mit Stahlgerippen. Anders dagegen Backsteingebäude, die regelrecht zusammengerüttelt wurden und in Steinhaufen zusammensanken. Sie begruben rund 5oo Menschen.

Um 8 Uhr früh und nach diversen kleineren Nachbeben war bei den meisten Einwohnern San Franciscos der Schrecken halbwegs überstanden. Armeegeneral Frederick Funston befahl 1.7oo Soldaten in die Stadt, die Plünderungen Einhalt bieten sollten, und der berühmte italienische Operntenor Enrico Caruso, der am Vorabend in der Oper ein Gastspiel gegeben hatte, stand (gemäß damaliger Zeitungsberichte) schluchzend in seiner völlig verwüsteten Suite im Palace Hotel.

Die eigentliche Katastrophe stand San Francisco jedoch noch bevor. Gegen 9 Uhr stiegen an vielen Stellen der Stadt Rauchsäulen auf: Während des Bebens waren Öfen umgestürzt und hatten Gebäude in Brand gesetzt. Brände entstanden ebenfalls durch beschädigte Stromleitungen und Kurzschluß sowie durch beschädigte Gasleitungen, die explodierten.

Die Feuerwehren von San Francisco waren zwar für jegliche Brandbekämpfung entsprechend ausgerüstet, hatten jedoch ein elementares Problem: aus den Hydranten floß praktisch keinerlei Wasser, da das Erdbeben die Wasserleitungen zerstört hatte!

Der Feuerwehrchef Dennis Sullivan hatte bereits seit Jahren gefordert, daß man in den einzelnen Stadtteilen Notreservoirs mit Pumpstationen anlegen solle. Dies war von den Stadtvätern unter Hinweis auf zu hohe Kosten abgelehnt worden...

Eine fatatale Entscheidung, denn ohne Wasser war der Kampf gegen die Brände aussichtslos. Bereits gegen Mittag des 18. April hatte der Feuersturm 3 qkm der Stadt verwüstet, und die Menschen flüchteten vor der Feuerwand mit Fähre über die Bucht.

Das Großfeuer wütete bis zum 21. April und hatte während dieser Zeit 8o % der Stadt zerstört. Viele Bewohner hatten sich auf die Spitze der Hügel geflüchtet und konnten buchstäblich zusehen, wie sich die verschiedenen Brandherde ihren Weg durch die Stadt fraßen.

Im damaligen Vergnügungsviertel Barbary Coast am Hafen tränkte man Juteleinen und Tücher mit Wein (!) und spannte sie über die Häuser. Daß der Brand die Barbary Coast

Das Großfeuer wütete 3 Tage, und die Bewohner sahen von den Hügeln machtlos der Zerstörung zu.

Ruine des Justizpalastes

Zerstörung am Telegraph Hill

aus diesem Grunde verschonte, ist nur schön klingenden Legende. Hauptgrund, daß in diesem Bereich San Franciscos das Feuer relativ schnell gelöscht wurde, waren die Feuerspritzen und -schläuche der Navy-Schiffe im Hafen, die gerade noch bis hierhin reichten.

Über die Hälfte der 4oo.ooo Einwohner von San Francisco verlor bei dem Brand Haus und Habe. Viele wurden von den Fährschiffen auf die andere Seite der Bucht in

Das Zentrum von San Francisco nach dem Erdbe
stört, 500 Menschen starben und mehr als 250.00

Total verwüsteter Straßenzug

Blick auf die Kearny Street

Sicherheit gebracht, andere quartierten sich in Zelten und Notbehausungen auf dem Gelände des Golden Gate Parks ein. Über die Opfer der Katastrophe gibt es sehr widersprüchliche Angaben, da die Behörden von Anfang an den Versuch machten, das wahre Ausmaß der Zerstörung zu verheimlichen und herunterzuspielen. Schließlich sollten die Geschäfte weiterlaufen, und die Banker im Osten nicht durch allzu beängstigende Katastrophen-Meldungen verschreckt werden.

d Feuersturm. Gut 80% der Stadt waren zer-
rden obdachlos.

ARCHITEKTEN-PLAN für die Panama-Pazific-Exposition (1915). Der Plan bezeichnet die Punkte, z.B. der Golden Gate Park → der Lincoln Park (rechts), im Dreieck zum Civic Centre, dem Ferry Depot und Telegraph Hill rüber zum Harbor Viertel.

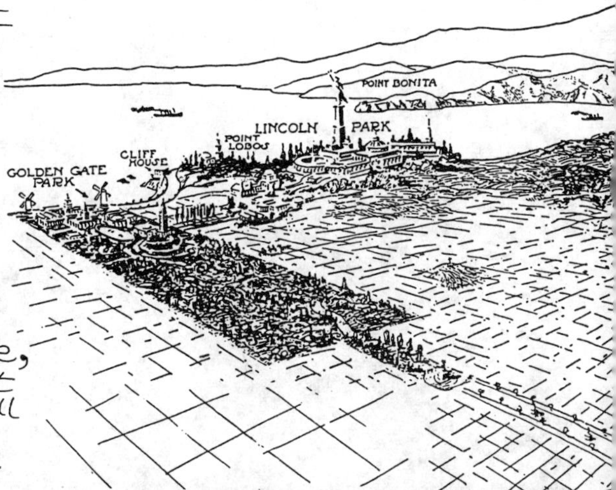

Größere Erdbeben hatte es in San Francisco bereits 1865 gegeben, - und Stadtbrände in Vielzahl; immer wurde die Stadt innerhalb kürzester Zeit wieder aufgebaut. Diesmal nach dem riesigen Brand von 19o6 lediglich rund 3 Jahre nötig, bis die Stadt um 19o9 wieder weitgehend stand.

San Francisco in der 1. Hälfte des 2o. Jhds.: Zusätzlichen Aufschwung gab die für 1915 geplante PANAMA PACIFIC EXPOSITION. Hier wurde die Eröffnung des Panama- Kanals gefeiert, der den früheren und weiten Seeweg um die Südspitze Südamerikas abkürzte und damit den Warenverkehr von der US- Ostküste nach San Francisco erheblich beschleunigte und zusätzlichen wirtschaftlichen Aufschwung brachte. Im Zusammenhang der Exposition wurde auf dem Telegraph Hill nicht ein Kirchengebäude, sondern für 1,5 Mill. US der Coit Tower gebaut, ein Leuchtturm mit einem Leuchtfeuer, das noch 1oo Seemeilen gesehen werden konnte. Inwieweit dies Sinn hatte bei einer Position bereits innerhalb der San Francisco

HAFENFRONT SF. mit Piers ab Ferry Depot Südlich

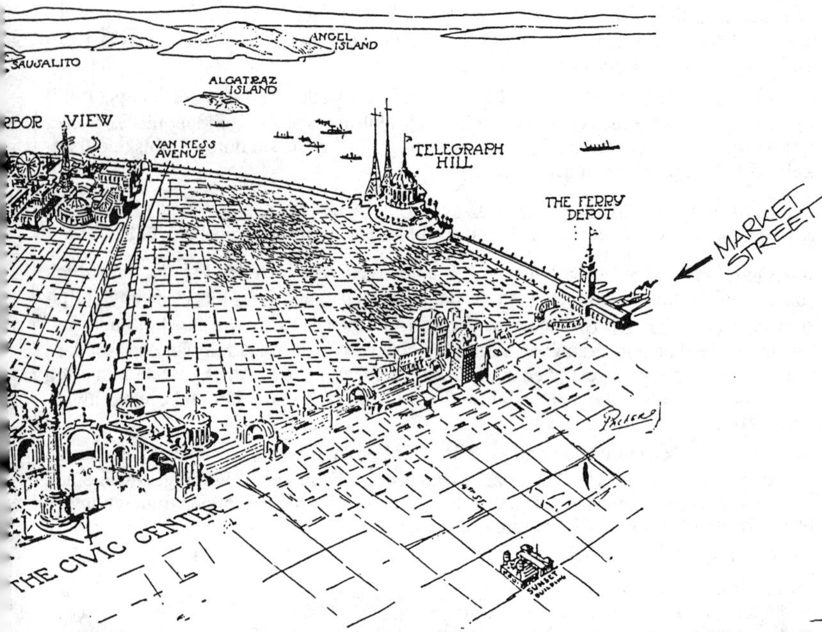

Bucht (und hier nicht mehr vor Riffs etc. gewarnt werden konnte), sei dahingestellt. Zumindest wurde der Coit Tower mit Privatgeldern finanziert und sollte als Wahrzeichen die Bedeutung der Stadt dokumentieren. Die Panama Pacific Exposition von 1915 war voller Erfolg in Tradition der früheren Weltausstellungen, - obwohl sich Europa bereits im 1. Weltkrieg befand.

Zwischen 192o und 3o enstanden weitere Gebäude, die das heutige San Francisco

↑SUTTER BUILDING ↑FERRY DEPOT

prägen, die Stadt war auf rund 6oo.ooo Einwohner angewachsen. In den 2o-er Jahren erhielt die zentrale Market Street ab Ferry Building ein neues Gesicht, so mit dem 16-Stock Gebäude des Mason Building (1924), - und dem Gebäude der Pacific Gas & Electric Company (1925) mit 17 Stockwerken.

Im Financial District entstand das 22 Stock hohe Gebäude des Sutter Buildings (1927) sowie das damals höchste Gebäude der US- Westküste: das Russ Building mit 31 Stock. Vor Erdbeben hatten die Architekten keine Angst mehr, als sie durch Stahlskelettbauweise die Naturgewalten zu beherrschen glaubten.

1936 Eröffnung der Oakland Bay Brücke, - 1937 wurde die Golden Gate Bridge eingeweiht, grandioses Brückenwerk über das Golden Gate (Details siehe Seite 668).

Die Vielzahl an Piers (insgesamt rund 65 ab heutigem Marina Viertel bis runter südlich vom Ferry Building!) dokumentieren die damalige Bedeutung San Franciscos im Schiffsverkehr und Seehandel. Hieraus erwuchs wirtschaftlicher Reichtum für die Stadt. Seit Eröffnung des Panama- Kanals war San Francisco nunmehr nicht nur per Zug, sondern auch via Seeweg voll angekoppelt an den Gang der Geschäfte in Amerika. San Francisco erlebte den Boom der zwanziger Jahre, den Börsenkrach von 1929 und die Weltwirtschaftskrise wie andere Städte auch.

Bis Ende der 3o-er Jahre hatte San Francisco sein voll ausgebautes Verkehrsnetz, sprich Schnellstraßen z.B. in Einfädelung zum Hafenbezirk beim Ferry Building, sowie einen Schwung weiterer Hochhäuser. Eine Architektur, die jedoch nicht immer zum Schönsten zählte, so doch zweckmäßig und funktional war.

Nördlich des Ferry Buildings war übrigens in den 3o-er Jahren ein Landefeld für (damals

kleine) Propellermaschinen geplant, um im Zusammenhang des Aufkommens von Flugverbindungen einen zentralen Airport zu schaffen. Vom Bau des kostspieligen Plateaus auf Stelzen und gut 800 m Länge wurde jedoch wegen Kosten Abstand genommen.

2. Weltkrieg: Er bedeutete für San Francisco großen wirtschaftlichen Aufschwung: Von hier aus führten die USA den Pazifikkrieg gegen Japan. Die Schiffswerften produzierten, aber auch reparierten auf Hochtouren, und in den Hafenanlagen wurden Millionen Tonnen von Kriegsgütern verladen. Hunderttausende von Soldaten machten Zwischenstation auf ihrem Weg zu den Kriegsschauplätzen im Pazifik. All dies erforderte Arbeitskräfte, die aus dem ganzen Land herbeiströmten. Innerhalb von nur zwei Jahren verdreifachte sich die Zahl der Arbeitnehmer in der Stadt. Wieder einmal wurde San Francisco das Zentrum einer Art "Völkerwanderung gen Westen".

Weiterhin versammelten sich im Frühjahr 1945 (und noch während der letzten Kriegsmonate) in San Francisco die Vertreter von 52 Staaten, um in einer Konferenz letzte Details für die Gründung der Vereinten Nationen zu erörtern. Teilnehmen durften nur die Staaten, die vor dem 1.3.1945 Deutschland und Japan den Krieg erklärt hatten. Am Ende der Konferenz zwei Monate später verabschiedeten sie die Charta der Vereinten Nationen, noch heute Handlungsgrundlage der UNO.

1945 bis heute: Auf dem Weg zurück von den Kriegsschauplätzen im Pazifik blieb eine große Anzahl Menschen in San Francisco hängen. Aus verschiedenen Gründen konnten oder wollten sie ihren Weg in die Heimat nicht fortsetzen.

Viele von ihnen waren durch die Kriegserlebnisse der amerikanischen Konsum-

SAN FRANCISCO, Architektur der 30-er Jahre. LINKS: Market/Kearney Street, OBEN: Union Square mit Francis Hotel, RECHTS: der Newspaper Square mit Hochhäusern.

gesellschaft entfremdet: Sie fanden keinen Anschluß mehr an die Lebensweise des mittelständischen Amerika. Diese Generation bildete einen ersten Kristallisationspunkt für zahlreiche Gegenkulturen und Oppositionsbewegungen, die sich nach dem 2. Weltkrieg in Kalifornien bildeten und zumeist in San Francisco ihre intensivste Ausprägung hatten: die *Beatniks* in den 5o-er Jahren, - oder in den 6o-er Jahren die *Flower Power* Bewegung (Details siehe unten).

In Stadtentfaltung nach Beendigung des 2. Weltkrieges wurden die Freeways zum wichtigsten Projekt, - da das Auto dominierte.

Bis Ende des 19. Jhds. war für den Verkehr das Ferry Building zentraler Verkehrsknoten, da von hier die Fähren über die San Francisco Bucht ablegten. Seit Eröffnung der Oakland Bay Bridge (1936) und der Golden Gate Bridge (1937) reduzierte sich entsprechend der Fährbetrieb. Trotzdem wurde für 6oo Mill. US der Bereich um das Ferry Building neu konstruiert, plus runde 75o Mill. US für das Ferry Building selber. Es ging hier um ein Prestigeobjekt als Stadtwahrzeichen, aber auch kommerzieller Gewinne angesiedelter Geschäfte.

Zu wichtigen Bauvorhaben gehörte Mitte der 5o-er Jahre der Bereich südlich der Market Street. Aufwendige Architektenpläne sollten zu dieser Zeit San Francisco im Rahmen umgreifender Stadtplanung neu gestalten und modernisieren. Nur wenige dieser geplanten Architektur- Ensembles wurden letztendlich realisiert, stattdessen baute man im Zentrum eine Vielzahl von Hochhäusern. Das American Building (1972) war zunächst letztes Hochhhaus, das in der Stadt gebaut wurde, danach verbot die Stadtverwaltung den Bau weiterer zu Gunsten des harmonischen Stadtbildes.

Erdbeben Okt. 1989: Das "Loma Prieta" Erdbeben (benannt nach dem Epizentrum bei Santa Cruz) erreichte zwar nicht die Stärke des Bebens von 19o6, führte aber zu erheblichen Schäden und zahlreichen Todesopfern in San Francisco und der Bay Area.

Besonders betroffen war der Stadteil Marina, auf Sandaufschüttungen am Ufer der Bucht erbaut und daher für Erschütterungen besonders anfällig. Teile einer doppelstöckigen Hochstraße brachen zusammen und begruben Autos und Insassen unter Tonnen von Beton. Auch eine Fahrspur der Bay Bridge zwischen San Francisco und Oakland war den Spannungen nicht gewachsen und stürzte ein.

Eine Katastrophe größeren Ausmaßes wurde verhindert, weil unter der Bevölkerung keine Panik ausbrach und die Rettungsmannschaften effizient eingriffen. Behörden und Bewohner von San Francisco haben gelernt, mit der Gefahr zu leben, die von den geologischen Kräften der San Andreas Verwerfung ausgeht.

DIE BEATNIKS

In den 5o-er Jahren entstand das Beat-Movement. Keine eigentliche Bewegung mit einheitlichem ideologischen Hintergrund, sondern eher Sammelbezeichnung für individuelle Aussteiger, die sich von den Werten der amerikanischen Gesellschaft distanzierten: Verzicht auf die Jagd nach immer mehr Dollars und ständigem Konsum, Abstand von Hierarchien und Konformismus. Viele von ihnen sammelten sich im Stadtteil North Beach, wo sie in Kneipen und Buchläden Gleichgesinnte trafen und über Gott und die Welt philosophierten.

Dem selbstzufriedenen Wohlstandsdenken des Nachkriegs-Amerika setzten die Beats die Einfachheit und Bescheidenheit entgegen, ohne sich jedoch organisiert an der Veränderung der Gesellschaft zu versuchen. Sie konzentrierten sich auf ihre individuelle

Selbstverwirklichung. Folgerichtig waren es hauptsächlich literarische Werke, die eine Identifizierung des Beat-Movement ermöglichten. Allen Ginsberg, William Burroughs und Jack Kerouac waren seine bedeutendsten Schriftsteller, ihre Gedichte und Romane handeln von Auflehnung, individueller Abkehr und Selbstfindung.

Auf der Suche nach einem anderen Selbst experimentierten viele der Beats mit Drogen, um (wie sie meinten), dadurch eine Bewußtseinserweiterung zu erreichen. Andere suchten ihr Heil in sexueller Befreiung, das Schlagwort von der "freien Liebe" kam auf. Auch orientalische Philosophien und Religionen versprachen neue Wege des Umgangs mit dem eigenen Denken und Fühlen, vor allem der Zen-Buddhismus fand viele Anhänger. Um sich vom verachteten Konformismus abzugrenzen, entwickelte jeder eine ganz persönliche Sicht der Welt, mit der er sich aus der Normalität der Gesellschaft zurückzog.

Der Mehrheit der Amerikaner waren die Beats suspekt: sie galten bei ihnen als "schmutzige, arbeitsscheue Gammler, die in ihrer großen Nation nichts zu suchen hatten". Ein Kolumnist des San Francisco Chronicle prägte damals den Negativ-Begriff des *"Beatnik"*: eine Anspielung auf den ersten russischen Sputnik, der Amerika verschreckt hatte: Die Beats gehörten zu dieser anderen, feindlichen Welt und waren ebenso unamerikanisch wie die Kommunisten.

Doch Amerika wäre nicht Amerika, wenn es nicht auch noch aus seinen Kritikern ein Geschäft machen würde: Der Stadtteil North Beach entwickelte sich zu einer der Touristenattraktionen von San Francisco. Findige Veranstalter organisierten "Beatnik-Tours", und der Bürger bestaunte die Ausgeflippten. Aus Protest marschierten die Beats im Gegenzug durch den Financial District, um dort die Herren in den dunklen Anzugen zu begaffen...

Wer es von den Beats ernst meinte mit dem Rückzug aus der amerikanischen Gesellschaft, fühlte sich fortan nicht mehr wohl in North Beach und wanderte ab. Als Ausweichstandort bot sich Haight-Ashbury an, ein traditioneller Stadtteil, der das Erdbeben von 1906 weitgehend überlebt hatte, nun aber langsam verkam. Die motorisierten Bürger siedelten sich in den Vorstädten an, die Mieten sanken. Das Vakuum füllten Künstler, Nonkonformisten und Beats.

Und sie blieben nicht lange allein: Mitte der sechziger Jahre verstärkte sich unter amerikanischen Jugendlichen die Abkehr von den Idealen ihrer Gesellschaft. Im Engagement für die "Civil Rights- Bewegung" mußten sie erkennen, daß die verfassungsmäßigen Garantien von Freiheit und Gleichberechtigung nur sehr bedingt galten und daß der Kampf dafür in den wenigsten Fällen Erfolg brachte. Hinzu kam die Eskalation des Vietnam-Krieges, die einen Teil der Jugend desillusionierte und von den bestehenden politischen Strukturen abschreckte.

DIE HIPPIES

San Francisco und besonders der Stadtteil Haight-Ashbury wurden in den 60-er Jahren zum Sammelpunkt enttäuschter Jugendlicher und Studenten, die ihr Heil nun in Selbstfindung und "neuen Werten" suchten.

1966 war der Stadtteil in eine alternative Szene verwandelt, und die Hippies betraten die Bühne: Langhaarige und Bärtige in bunten Ponchos und wallenden Gewändern. Niemand wußte, wovon sie ihren kärglichen Lebensunterhalt finanzierten, Drogen waren einfach und preiswert zugänglich, in Wohngemeinschaften wurde die freie Liebe praktiziert, und im angrenzenden Golden Gate Park veranstalteten Gruppen wie "Grateful Dead" oder "Jefferson Airplane" fast jeden Tag ein Rock-Konzert.

In Abgrenzung zu den Sit-ins und Teach-ins der politisierten Studenten von Berkeley veranstalteten die Hippies "Human Be-ins", denn ähnlich wie den Beats ging es ihnen nicht um gesellschaftliche Veränderungen, sondern um ihr eigenes "Sein": Wohlfühlen, Bewußtseinserweiterung und -veränderung. Über 2o.ooo Menschen nahmen am ersten dieser Be-ins teil, die Massen waren auf dem "trip". Psychedelische Musik sprudelte aus Riesenlautsprechern, "love and peace" wurden zum Motto einer neuen Generation.

Die Publicity in der US-Presse brachte noch mehr Leute nach San Francisco. Zu den etwa 6.ooo Dauer-Hippies kamen an Wochenenden bis zu 2o.ooo weitere, um an Be-ins und Rock-Konzerten teilzunehmen. Für den Sommer 1967 erwarteten die örtlichen Behörden einen nie dagewesenen Ansturm von Jugendlichen aus dem ganzen Land. Die Horror-Vision des braven Bürgers war perfekt: 1oo.ooo haschischrauchende Gestalten würden nackt durch San Franciscos Straßen ziehen, in die städtischen Brunnen hüpfen und sich auf dem Rathausplatz in aller Öffentlichkeit lieben.

Drohungen und abschreckende Maßnahmen der Behörden von San Francisco konnten den "Summer of Love" nicht verhindern. Haight-Ashbury und der Golden Gate Park wurden zur Pilgerstätte, es herrschte eine bis dahin nicht gekannte Atmosphäre von Freiheit und Offenheit, im Rausch von "love, peace and dope". Das erwartete Chaos jedoch blieb aus. Der Sommer war lang, nur wenige hielten sich die ganze Zeit in der Stadt auf, und viele zogen weiter in Landkommunen. Auch mit der Liebe war es nicht so bestellt, wie manch einer sich das ausgemalt hatte: Männliche Hippies waren in der überwältigenden Überzahl, so daß viele von ihnen enttäuscht wieder abzogen.

Doch beinahe über Nacht nahm der Rausch von Haight-Ashbury ein bitteres Ende: Unter die drogenseligen und eher naiven Hippies mischten sich Dealer und Kriminelle, die aus der herrschenden Freizügigkeit ihren Nutzen zogen. Zunächst wickelten sie im Hintergrund ihre dunklen Geschäfte ab, beherrschten aber sehr schnell die Szene:Machtkämpfe der Drogenmafia, Schießereien am hellen Tag, Überfälle auf Passanten und Geschäfte.

Innerhalb kürzester Zeit zogen sich die Hippies zurück; sie gingen wieder nach Hause, etablierten sich in der linken Szene von Berkeley oder gründeten Landkommunen. Da auch viele der alteingesessenen Bewohner von Haight-Ashbury vor der Zunahme des Verbrechens kapitulierten, verkam der Stadtteil vorübergehend zum Slum. Schon ein Jahr nach dem "Summer of Love" war Haight-Ashbury nicht mehr wiederzuerkennen, die Hippies in alle Winde zerstreut.

DIE GAY-SZENE

Jüngstes Beispiel für die aktive Rolle von Gegenkulturen in San Francisco. Ein selbstbewußter Teil der homosexuellen Bevölkerung, der sich im Laufe der letzten Jahrzehnte zunehmend politisierte. Vor dem Hintergrund einer multikulturellen Gesellschaft und den "free love"- Tendenzen der Hippies entschieden sich Schwule und Lesben, aus der gesellschaftlichen Isolation herauszutreten und sich öffentlich für ihre Interessen zu engagieren.

Dabei blieb die angebliche Liberalität von Bürgern und Behörden der Stadt eher Wunschdenken. Denn die Homosexuellen hatten hier wie anderswo unter Vorurteilen und Unterdrückung zu leiden. Razzien der Polizei in Schwulen-Bars, Verhaftungen und Mißhandlungen waren auch in San Francisco nicht unbekannt. Sie bekamen ihre Anerkennung nicht geschenkt, sondern mußten sie erkämpfen.

Äußerer Anlaß für das neue Selbstbewußtsein der Gays war ein Ereignis, das sich nicht in San Francisco abspielte: der Stonewall-Aufruhr in New York City. Dort hatten sich Schwule 1969 nach einer Razzia im Stonewall Inn zurückgeschlagen und tagelange Aus-

einandersetzungen mit der Polizei geliefert. Für die Homosexuellen-Szene von San Francisco war dies ein Signal zum Aufbruch: Immer mehr gaben sich öffentlich zu erkennen und forderten sexuelle Freiheit und Anerkennung. Die "Gay Freedom Day Parade" mit einem selbstbewußten Auftreten homosexueller Männer und Frauen ist inzwischen eine respektierte Institution in San Francisco.

Auch politisch haben sie vieles bewegt: 1977 wurde Harvey Milk in den elfköpfigen Stadtrat gewählt; er hatte sich vorher öffentlich zur Homosexualität bekannt. Gemeinsam mit dem liberalen Bürgermeister Moscone geriet er jedoch in Konflikt mit seinem konservativen Kollegen Dan White, der daraufhin seinen Sitz im Stadtrat aufgab. Als White später von Moscone seinen Posten zurückforderte, aber auf Ablehnung stieß, erschoß er den Bürgermeister und darauf auch Harvey Milk.

Als der Mörder ein Jahr später nur wegen Totschlags verurteilt wurde und mit einem extrem milden Urteil davonkam, erhob sich ein Proteststurm unter den Homosexuellen. Es kam zu tagelangen Krawallen vor der City Hall. Doch aus der Äffäre ging die Gay-Bewegung politisch eher gestärkt hervor. Inzwischen sind wieder hohe Posten in Regierung und Verwaltung der Stadt mit Homosexuellen besetzt, und kein Kandidat für ein öffentliches Amt kann es sich leisten, die Gunst dieser einfluß- und zahlreichen Minderheit zu verscherzen.

Nach den Zeiten der Unterdrückung hatte das neue Selbstverständnis der Gays eine Phase sexueller Toleranz und Hemmungslosigkeit, in Sex-Clubs und Schwulen-Bars wurde die Freiheit gefeiert und praktiziert. Mit den ersten AIDS- Fällen jedoch änderte sich das Klima. Lähmendes Entsetzen ergriff zunächst die Schwulen-Szene. Nach Schätzungen ist jeder zweite männliche Homosexuelle in San Francisco infiziert.

Inzwischen haben die Gays die Herausforderung angenommen und den Abwehrkampf organisiert, der von offizieller Seite nur zögerlich aufgenommen wurde. Ein Netz von Organisationen kümmert sich um alle Aspekte der Krankheit, von der Aufklärung und Vorbeugung über die Forschung bis hin zur Betreuung der Erkrankten. Getragen wird es von Spenden, freiwilligen Helfern und der Solidarität einer leidgeprüften Minderheit. San Francisco gilt weltweit als Modell und Vorbild bei der Aids-Bekämpfung.

Tourist INFO Visitor Information Center, in der Unterführung Market St./ Ecke Powell St. (Downtown Nähe Union Square). Viel Material und hilfreiches Personal. Informationen auf deutsch per Telefon 391-2004.

Post Zahlreiche Postämter verteilt im Stadtgebiet. Für Besucher besonders günstig gelegen die Filialen in den Stadtteilen Chinatown (Stockton St./Ecke Clay St.) und South of Market (460 Brannan St.). Zentral und mit sehenswerter Fassade auch die Post im Financial District, Nähe Union Square (130 Sutter St.).

Vorwahl 415, Notruf 911.

KONSULATE: Deutschland: 1960 Jackson St., Tel. 775-1061.- Schweiz: 456 Montgomery St., 15. Stock, Tel. 788-2272.

GAY-INFO: "Gay-Lesbian Switchboard and Counseling Service": Tel. 841-6224. - "Gay Line": Tel. 976-7744. - "Gay and Lesbian Alliance against Defamation": 347 Dolores St., Tel. 861-4588.

Klima: Ganzjährig mildes Meeresklima. Selbst im Hochsommer frisch, und selten über 2o Grad. Dafür aber im Winter auch keine Frostgefahr. In den Sommermonaten morgens oder abends der berühmte Nebel, der aber meist nicht lange anhält. Von Mai bis August kaum Regen, die meisten Niederschläge zwischen November und Februar.

Karten und Bücher

STADTPLÄNE existieren zu Dutzenden. Im Touristenbüro gratis die "SAN FRANCISCO VISITOR MAP", eine handliche Übersichtskarte mit den wichtigsten Straßen in Downtown und Umgebung sowie zahlreichen praktischen Hinweisen.

"STREET AND TRANSIT MAP", für 1,5o US ebenfalls im Touristenbüro. Sehr hilfreich für alle, die sich mit öffentlichen Verkehrsmitteln bewegen: eingezeichnet sind alle wichtigen Bus- und Bahnverbindungen.

"SAN FRANCISCO STORIES", hg. von John Miller. Geschichten und Erzählungen zu San Francisco von Mark Twain über Jack London bis Dylan Thomas. Chronicle Books, ca. 13 US.

"THE BAY AREA AT YOUR FEET", Margot Patterson Doss. Spaziergänge und Wanderungen in und um San Francisco. Don't Call it Frisco Press, ca. 9 US.

"ART AROUND THE BAY", Paul Monaco. Detaillierter Führer zu Kunstmuseen und Galerien. Trumpetvine Press, ca. 14 US.

"San Francisco", Santi Visalli. Einer der schönsten Bildbände über San Francisco. Rizzoli Publications, ca. 55 US.

"ABOVE SAN FRANCISCO", Robert Cameron. Phantastische Luftaufnahmen, auch aus früheren Zeiten. Cameron&Co., ca. 27 US.

"DENIAL OF DESASTER", Gladys Hansen. Bildband zum Erdbeben und Brand von 19o6. Dazu spannende Hintergrundgeschichten über den Ablauf des Bebens, die Administration der Katastrophe und den Versuch, ihr wirkliches Ausmaß zu vertuschen. Cameron&Co., ca. 32 US.

"VISIONARY SAN FRANCISCO", herausgegeben von Paolo Polledri. Hervorragend bebildert, Texte in Englisch zur architektonische Stadtplanung und Entwicklung San Franciscos. In Englisch, Prestel Verlag München.

San Francisco - ZITATE

Es hat den Anschein, als habe sich jeder prominente Zeitgenosse des 2o. Jahrhunderts einmal zu San Francisco geäußert. Die Kombination einiger treffender Zitate sagt mehr aus als manch lange Abhandlung:

WILLIAM SAROYAN, Schriftsteller: "Die Ankunft in San Francisco ist ein Stück Lebenserfahrung." Derselbe noch einmal: "Solange man noch am Leben ist, kann man sich in San Francisco nicht langweilen."

GENE FOWLER, Schriftsteller: "Jeder sollte zwei Städte lieben dürfen - seine eigene und San Francisco."

FRANK LLOYD WRIGHT, Architekt: "Was ich an San Francisco am liebsten mag, ist San Francisco."

JOHN STEINBECK, Schriftsteller: "San Francisco ist eine goldene Handschelle, deren Schlüssel man weggeworfen hat."

RUDYARD KIPLING, Schriftsteller: "San Francisco hat nur einen Fehler - der Abschied fällt schwer."

GRAHAM GREENE, Schriftsteller: "Die einzige Stadt in den Vereinigten Staaten,

die ich ungern verlasse, ist San Francisco. Dort fühle ich mich beinahe schon wie zu Hause."

W. SOMERSET MAUGHAM, Schriftsteller: "San Francisco ist die zivilisierteste Stadt Amerikas, voll reizender Menschen."

FRANKLIN D. ROOSEVELT, Ex-Präsident: "Wenn die Bewohner von San Francisco sich etwas vornehmen, dann realisieren sie es besser als sonst jemand auf der Welt".

GAIL SHEEHY, Autorin aus New York: "Oh Gott, ich hatte schon befürchtet, daß es so schön sein würde."

FRANCIS FORD COPPOLA, Filmproduzent: "I kinda like this place."

HERBERT MYE: "Gut, daß die ersten Siedler an der Ostküste gelandet sind; wären sie zuerst in San Francisco angekommen, wäre der Rest des Landes weiterhin unbesiedelt."

ADLAI STEVENSON, Präsidentschaftskandidat von 1952: "Wenn die UNO ihren Sitz in San Francisco behalten hätte, würde sie viel besser funktionieren."

ROBERT KENNEDY, Ex-Justizminister und Präsidentschaftskandidat: "Wenn ich gewählt werde, verlege ich das Weiße Haus nach San Francisco."

San Francisco im FILM

Eine Vielzahl an Filmen nutzte die großartige Kulisse San Franciscos. Der berühmte Regisseur Howard Hawks verfilmte "Barbary Coast", sowie Robert Parish "The San Francisco Story" (schildert die Zeiten des Goldrausches).

Unvergeßlich sind die Eingangssequenzen des Schwarz-Weiß Streifens "Spur des Malteserfalken" mit Humphrey Bogart, die die Kulisse der Stadt zeigen, einer der besten Streifen der "Schwarzen Serie" Hollywoods, Regiseur war John Huston. Der Film "San Francisco" (1936) behandelt das Erdbeben von 1906: Clark Gable und Spencer Tracy kämpfen sich durch das Inferno des Brandes. - "Vertigo" von Alfred Hitchcock spielt ebenso in San Francisco wie der Kassenerfolg "Bullit" mit Steve McQueen.

Eine der großen Liebeserklärungen an San Francisco lieferte Peter Bogdanovic mit seiner spannenden Komödie "Is was Doc". Ryan O'Neal verliebt sich hier in Barbra Streisand auf der Jagd nach vertauschten Koffern in aufregenden Verfolgungsszenen quer über die Hügel San Franciscos.

Die Liste ließe sich endlos fortsetzen...

Transport in SAN FRANCISCO

MUNI: Die Abkürzung steht für Municipal Railway und umfaßt praktisch das gesamte öffentliche Transportsystem innerhalb der Stadt, inkl. Bus, Straßenbahn und U-Bahn sowie in begrenztem Maße auch die Cable Cars.

EINZELFAHRSCHEIN: kostet knapp 1 US und gilt für zweimaliges Umsteigen auf Bussen, Straßenbahnen und der U-Bahn innerhalb der aufgedruckten Zeitspanne. Beim Zusteigen die Münzen abgezählt bereithalten, der Fahrer hat kein Wechselgeld. Wer später umsteigen will, verlangt gleich beim Bezahlen das "Transfer-Ticket".

MUNI- PASSPORT: Tip für San Francisco Besucher. Er berechtigt für unbegrenztes Fahren auf allen Strecken innerhalb von San Francisco (inkl. Cable Car). Die Tageskarte kostet rund 6 US, die 3-Tageskarte ca. 1o US. Darin eingeschlossen auch Rabatte für einige Museen im Golden Gate Park. Erhältlich im Visitors Information Center, Market St./Ecke Powell St.

STREET AND TRANSIT MAP: Wer viel mit öffentlichen Verkehrsmitteln unterwegs ist, kauft am besten die nützlich Karte (1,5o US im Touristenbüro), ein übersichtlicher Stadtplan mit allen Muni- Linien.

TRANSBAY TRANSIT MALL: Knotenpunkt des öffentlichen Verkehrswesens in San Francisco und der Bay Area. Befindet sich Mission St./ Ecke 1st St. im Stadtviertel South of Market.

Ausgangspunkt des Fernverkehrs und vieler Verbindungen in die Städte der Bay Area (Details siehe "Verbindungen ab San Francisco"). Auch zahlreiche städtische Buslinien verkehren von hier. Für Touristen die wichtigsten sind Nr. 5 (Golden Gate Park, Ocean Beach), Nr. 14 (Ferry Terminal) und Nr. 38 (Richmond).

MUNI OWL SERVICE (Nachtservice): Die meisten Muni- Linien verkehren bis 12 Uhr nachts. Auf wichtigen Linien gibts danach bis 6 Uhr früh den "Owl Service" für Nachteulen. Die brauchbarsten nächtlichen Verbindungen:

-> Linie 15: North Beach bis Financial District über Columbus Ave./Montgomery St./ 1st St.
-> Linie 31: durch South of Market über 6th St./Bryant St./3rd St. zum Union Square.
-> Linie 45: von Pacific Heights über Union St./Stockton St. zum Union Square.
-> Linie 38: Von Richmond über Geary Blvd. zum Transbay Transit Terminal.
-> Straßenbahnlinien K und L: entlang Market St.
-> Linie 14: Durch Mission District und South of Market entlang Mission St.

Bus: Das ideale Verkehrsmittel für Fahrten von einem Stadtviertel ins nächste. Im folgenden die praktischsten Verbindungen für Besucher. Ausgangspunkte jeweils zentral in der Nähe von Union Square in den Stadtteilen Financial District oder Civic Center.

-> Fisherman's Wharf: Bus Nr. 3o (ab Stockton St./Ecke Sutter St.) durch North Beach über Columbus Ave.

-> North Beach: Über die zentrale Ader Columbus Ave. verkehren die Busse Nr. 3o (ab Stockton St./Ecke Sutter St.) und Nr. 15 (ab Bush St./Ecke Market St.).

-> Nob Hill/Russian Hill: Kein brauchbarer Bus, dafür per Cable Car ab Union Square (Linien "Powell&Hyde" und "Mason") oder ab Financial District über die California St.

-> South of Market: Viele Busse durch diesen Stadtteil. Linie 14 entlang Mission St., Linie 12 kurvt über Howard St. und Folsom St. durch die zentralen Straßen von SoMa in einer Art Rundtour.

-> Mission District: Ab Ferry Building über die gesamte Mission St. die Linien 14 und 14L. Zur Mission Dolores bei 18th St. umsteigen in Linie 33.

-> Castro: Ab Market St. mit Linie 8. Zu den Twin Peaks ab Castro Street Station umsteigen auf Linie 37.

-> Haight Ashbury: Ab Market St. Linie 6 oder 7 über die gesamte Länge der Haight St. Zum Alamo Square ab Market St. Linie 21 über Hayes St.

-> Golden Gate Park: Ab Market St. mit Linie 5 über McAllister St. und Fulton St. entlang der Nordseite des Parks.

-> Richmond: Ab Market St. mit Linie 5 entlang der Nordseite des Golden Gate Park bis zum Strand von Ocean Beach. Zum Lincoln Park ab Union Square mit Bus Nr. 38 über Geary St.

-> Presidio: Ab Union Square (Sutter St.) Bus Nr. 76 über Sutter St./ Van Ness Ave. bis Presidio und zur Golden Gate Bridge.

-> Marina: Bus Nr. 3o (ab Stockton St./Ecke Sutter St.) über North Beach und Fisherman's Wharf bis zur Jefferson St., ein Block entfernt von Küste und Exploratorium.

-> Pacific Heights: Mit Bussen schwer zu erschließen. Bester Ausgangspunkt für Spaziergänge ist der Lafayette Park. Dorthin mit Linie 1 ab Financial District über Sacramento St.

Cable Cars: Nicht nur ein Spaß, sondern für bestimmte Stadtteile wie Nob Hill oder Russian Hill extrem nützlich. Leider oft überfüllt und mit 2 US pro Fahrt nicht billig. Ticket vorher an den Automaten der Endstationen lösen. Am besten die Cable Cars benutzen, wenn man sowieso den "Muni-Passport" für einen oder drei Tage freies Fahren hat, da er auch für Cable Cars gültig ist.

Straßenbahn: Nicht zu verwechseln mit den Cable Cars. Modernes Verkehrsmittel, ins "Muni"-Netz integriert. Die verschiedenen Linien sind durch Buchstaben gekennzeichnet, verkehren aber auf Strecken, die für Besucher weniger interessant sind. Fahrpreis und Umsteigen wie bei Bussen.

U-Bahn (Muni-Subway): Unterhalb der gesamten Länge von Market Street, integriert ins "Muni"-Fahrpreissystem.

BART (Bay Area Rapid Transit): Hochmoderne Schnell- und U-Bahn, die im U-Bahn -Schacht unter der Market Street verkehrt. Nicht nützlich innerhalb von San Francisco, aber ideal für Ausflüge nach Oakland, Berkeley und andere Städte der östlichen Bay Area. Nicht integriert ins "Muni"-Fahrpreissystem. Details siehe "Verbindungen".

Schiff:

Alcatraz: Tour-Boot ab Pier 41, Fisherman's Wharf. 12x täglich/ ca. 5 US.

Bay Cruise: Verschiedene Rundfahrten durch die San Francisco Bay. San Francisco aus einer anderen, sehr attraktiven Perspektive. Nicht billig, aber bei schönem Wetter ein Erlebnis. Meist vorbei an Alcatraz, zur Bay Bridge und zur Golden Gate Bridge. Ab Pier 39 1o x tägl./Dauer knapp 2 Std. Mit dem Ausflugsdampfer ca. 15 US, mit einer Segeljacht ca. 2o US pro Person. Fähren über die Bay siehe "Verbindungen".

Auto: In San Francisco braucht man kein Auto. Die meisten Stadtteile am besten zu Fuß erkunden. Zwischen den Stadtvierteln gutes und dichtes öffentliches Verkehrsnetz.

Parken: Parkraum ist extrem knapp und teuer. Private Parkhäuser und -plätze kassieren ab 8 US aufwärts pro Tag. Die Parkregulierung auf den Straßen richtet sich nach den Farben der Bürgersteigränder:

rot = absolutes Halteverbot; gelb = Be- und Entlanden nur für Fahrzeuge mit Sondererlaubnis; blau = reserviert für Behinderte; grün = max. 1o Min. Parkzeit; weiß = max. 5 Min. Parkzeit. Was neben diesen Farben übrigbleibt, ist wenig und deshalb äußerst begehrt. Vergehen ahndet die Polizei rigoros, Abschleppen und Zahlen heißt die Devise.

49-Mile Scenic Drive: Wer sich an einem Tag einen Überblick über San Francisco verschaffen will, fährt die 49 Meilen des Scenic Drive. Führt praktisch durch alle interessanten Stadtviertel und vorbei an den wichtigsten Sehenswürdigkeiten. Ist in der Regel ausgeschildert, an manchen Kreuzungen aber schlecht zu sehen oder zweideutig. Daher vorher beim Touristenbüro Gratis-Karte besorgen. Guter Ausgangspunkt der Union Square im Zentrum.

Taxi: Zuverlässige Unternehmen sind LUXOR CAB (Tel. 282-4141) und VETERAN'S TAXICAB (Tel. 552-13oo). Ca. 3 US für die erste Meile, 1,5o US für jede weitere.

Preisbeispiele ab Union Square: Golden Gate Park (ca. 11 US), Fisherman's Wharf (ca. 6 US) und intern. Flughafen (2o- 25 US).

Verbindungen ab SAN FRANCISCO

TRANSBAY TRANSIT TERMINAL, Mission St./Ecke 1st St. im Stadtteil South of Market. Er ist Ausgangspunkt fast aller Regionalverbindungen in der Bay Area sowie der Fernbusse von Greyhound und Amtrak. Gute Anbindung an zahlreiche städtische "Muni"-Linien.

REGIONALVERBINDUNGEN in der Bay Area

CalTrain: Zugverbindung über Palo Alto (ca. 2,5o US) nach San José (ca. 3,5o US). Terminal in South of Market, 4th St./Ecke Townsend St. Zubringer ab Transbay Transit Terminal mit "Muni"-Bussen 15 oder 42.

BART (Bay Area Rapid Transit): Modernes Schnellbahnsystem von San Francisco unter der Bay hindurch. Mehrere Linien nach Oakland, Berkeley, Richmond, Concord sowie im Süden nach Daly City. Haltestellen im U-Bahn-Schacht entlang der Market St., z.B. Civic Center, Powell St. und Montgomery St.

Ticket vorher am Automaten kaufen, akzeptiert Münzen und Scheine. Fahrpreis je nach Entfernung zwischen o,8o und 3 US (Beispiele: Civic Center nach Berkeley, 3o Min., 1,8o US; - nach Oakland 2o Min.,1,5o US). Ticket am Eingang abstempeln, es kommt aus dem Entwerter zurück und wird am Ausgang nochmal gebraucht.

SamTrans: Verbindungen zum San Mateo County im Süden. Brauchbar für Trips Richtung Palo Alto/Silicon Valley sowie entlang der Pazifikküste zu den Stränden am Hwy. 1 und zur Año Nuevo State Reserve (Details siehe Kapitel "Central Coast").

Busse fahren vor dem Transbay Transit Terminal ab. Je nach Entfernung o,6o oder 1,2o US. Linie 7F nach Palo Alto über International Airport. Linie 22D bis Daly City, dort umsteigen in Linie 1C entlang der Pazifikküste.

Golden Gate Transit: Bus-Service Richtung Marin County und Weinbaugebiet Sonoma Valley. Abfahrt im Obergeschoß des Transbay Transit Terminal. Linie 1o und 5o nach Sausalito und Marin City; Linie 9o nach San Rafael und Sonoma; Linie 7o nach San Rafael und Novato.

AC Transit: Buslinien in drei Städte östlich der San Francisco Bay. Wichtigste Verbindungen: Linie F nach Berkeley (2,25 US); Linie T nach Downtown Oakland (2,25 US). Abfahrt im Obergeschoß des Transbay Transit Terminal.

FERNVERBINDUNGEN

Bus: Greyhound-Terminal im Transbay Transit Terminal, Fahrplanauskunft über Tel. 558-6789. Verbindungen in alle größeren Städte Kaliforniens mit Anschlüssen auch in den Osten der USA. Die wichtigsten Direktverbindungen (nicht nonstop, sondern je nach Route eine Anzahl von Zwischenstops):

-> Los Angeles: 6 x tägl., 12- 13 Std., ca. 4o US

-> Sacramento: 12 x tägl., 2- 3 Std., ca. 1o US

-> Reno, Nevada: 15 x tägl., 6- 7 Std., ca. 3o US

-> Eureka: 2 x tägl., 8 Std., ca. 4o US

-> Portland, Oregon: 2 x tägl., 17- 2o Std., ca. 85 US

Preisangaben nur grobe Richtwerte, unbedingt nach Sonderangeboten fragen. Vor allem Return-Tickets sind manchmal billiger als one-way. Wie bei Flugtarifen gelten für Ermäßigungen Zeitraumbegrenzungen und ähnliches.

Bahn: Kein Amtrak-Bahnhof in San Francisco, aber direkte Busanschlüsse an die Züge ab Oakland. Tickets im Untergeschoß des Transbay Transit Terminal, von dort gehen auch die Busse ab. Info über Tel. 982-8512. Amtrak-Tickets zwischen San Francisco und Oakland nur in Verbindung mit einem der weiterführenden Züge. Fahrzeiten und Preise inkl. Bustransfer nach Oakland:

-> Los Angeles: 1 x tägl., 12 Std., ca. 75 US

-> Sacramento: 5 x tägl., 3 Std., ca. 35 US

-> Bakersfield: 3 x tägl., 7 Std., ca. 6o US

-> Portland, Oregon: 1 x tägl., 18 Std., ca. 13o US

-> Seattle, Washington: 1 x tägl., 22 Std., ca. 15o US

Fähre: Prinzipiell zwei Anlegestellen: Ferry Building in der Embarcadero St./Ecke Market St. sowie an den Piers von Fisherman's Wharf.

Golden Gate Ferry: Ab Ferry Building ins Marin County nach Larkspur (15 x tägl., Wochenende nur 5 x, 4o Min., ca. 2,5o US) und Sausalito (1o x tägl., Wochenende nur 6 x, 3o Min., ca. 3,5o US).

Red and White Fleet: Ab Ferry Building nach Oakland (6 x tägl., Wochenende nur 1 x, 45 Min., ca. 3 US).

Mit derselben Fährlinie ab Pier 43, Fisherman's Wharf, ins Marin County: Sausalito (5 x tägl., ca. 4 US), Tiburon (3 x tägl., ca. 4 US) und Angel Island (1 x tägl., nur roundtrip, ca. 8,5o US).

Auto: Dichtes Netz von Autobahnen aus San Francisco heraus:

Nach SÜDEN: Hwy. 1 entlang der Küste über Monterey und Santa Barbara nach Los Angeles. Hwy. 1o1 durchs Silicon Valley nach Salinas und Los Angeles; schneller, aber landschaftlich weniger aufregend. Die schnellste Strecke nach L.A. führt über Oakland (I-8o und I-58o, später I-5 nach Süden).

Nach OSTEN: I-8o nach Oakland und weiter nach Sacramento, Reno und Lake Tahoe. Zum Yosemite National Park zunächst I-8o bis Oakland, von dort I-58o, I-2o5 und Hwy. 99 bis Modesto.

Nach NORDEN: I-8o über Oakland bis Vacaville. Von dort über I-5o5 auf die I-5 nach Nordkalifornien, Oregon und Washington. Über die Golden Gate Bridge und Hwy. 1 bzw. Hwy. 1o1 nach Santa Rosa und entlang der Nordküste bis Eureka und Nordkalifornien.

Mietwagen: Vertreten sind alle namhaften internationalen Firmen sowie zahllose lokale Unternehmen. Tarif-Wirrwarr und viele Spezialangebote je

nach Saison und Buchungslage. Nicht gleich beim ersten besten zuschlagen, sondern vergleichen.

A-ONE, 434 O'Farrell St., Tel. 771-3977

HERTZ, 433 Mason St., Tel. 771-22oo

BUDGET, 89 Jefferson St., Tel. 775-58oo

ALAMO, 656 Geary St., Tel. 673-9696.

Preiswerter sind in der Regel:

RELIABLE, 349 Mason St., Tel. 928-4414

RENT-A-WRECK, 555 Ellis St. Tel. 776-87oo

Motorräder:

AMERICAN SCOOTER AND CYCLE RENTAL, 2715 Hyde St., Tel. 931-o234

SCOOTER RENTALS, 1725 Sacramento St., Tel. 474-3444

Wohnmobile:

ALL SEASONS R.V. RENTAL, 16o1 Indiana St., Tel. 239-6336

CRUISE AMERICA, 796 66th Ave. in Oakland.

Flüge: Der Internationale Flughafen (Kürzel SFO) liegt rund 25 km südlich des Stadtzentrums auf der San Francisco Halbinsel an der Bay. Infos über Tel. 761-o8oo.

Verbindungen ins Zentrum: Bus zum Transbay Transit Terminal mit "Samtrans", Linie 7B und 7F (3o- 45 Min., ca. 1,2o US). Direkt-Service ohne Stops mit dem "SFO-Airporter" zum Union Square, alle 2o Min., ca. 6 US.

Mehrere "Door-to-Door" Dienste, die vor dem gewünschten Hotel abladen, ca. 8- 1o US pro Person: "Good Neighbors Airport Shuttle", anrufen unter Tel. 875-7552, bevor man zur Gepäckausgabe geht. Telefonische Instruktionen. "Airport Connection" hat weiße Gratis-Telefone im Flughafen, Nr. 7o9o1 wählen, dann wird man abgeholt im Upper Level in der roten und weißen Zone.

Taxi bis Downtown ca. 25 US. Wer allein kommt, kann sich mit anderen zusammentun. Die Taxis fahren im Zentrum für den Preis max. 3 Ziele an.

Dichtes Netz von Nonstop- und Direktflügen in alle Teile der USA. In größere Städte täglich Dutzende von Verbindungen mit verschiedenen Airlines. Tarife sind ein totaler Wirrwarr von Spezial- und Sonderangeboten. Am besten über ein Reisebüro buchen, die kennen sich auch aus mit günstigen Möglichkeiten, die gerade auf dem Markt sind.

Auch nach Asien und Europa täglich Nonstop-Flüge, z.B. mit Lufthansa nach Frankfurt, Air France nach Paris oder British Airways nach London.

Fluglinien:

AIR FRANCE, 71 Stevenson St., Tel. 8oo-237-2747

ALASKA AIRLINES, Tel. 8oo-426-o333

AMERICA WEST, Tel. 8OO-247-5692

AMERICAN AIRLINES, 433 California St., Tel. 8oo-433-73oo

BRITISH AIRWAYS, 51 O'Farrell St., Tel. 8oo-247-9297

CANADIAN, Tel. 8oo-426-7ooo

CONTINENTAL, 721 Market St., Tel. 397-8818

DELTA, 777 Market St., Tel. 552-57oo

IBERIA, 36o Post St., Tel. 8oo-221-6oo2

KLM, Tel. 8oo-777-5553

LUFTHANSA, 24o Stockton St., Tel. 398-74oo

NORTHWEST, 35o Post St., Tel. 8oo-225-2525

SAS, 36o Post St., Tel. 8oo-221-235o

SOUTHWEST, Tel. 885-1221

SWISSAIR, 185 Post St., Tel. 392-2967

TWA, 595 Market St., Tel. 864-5731

USAIR, 35o Post St., Tel. 8oo-428-4322

UNITED, 4oo Post St., Tel. 397-21oo

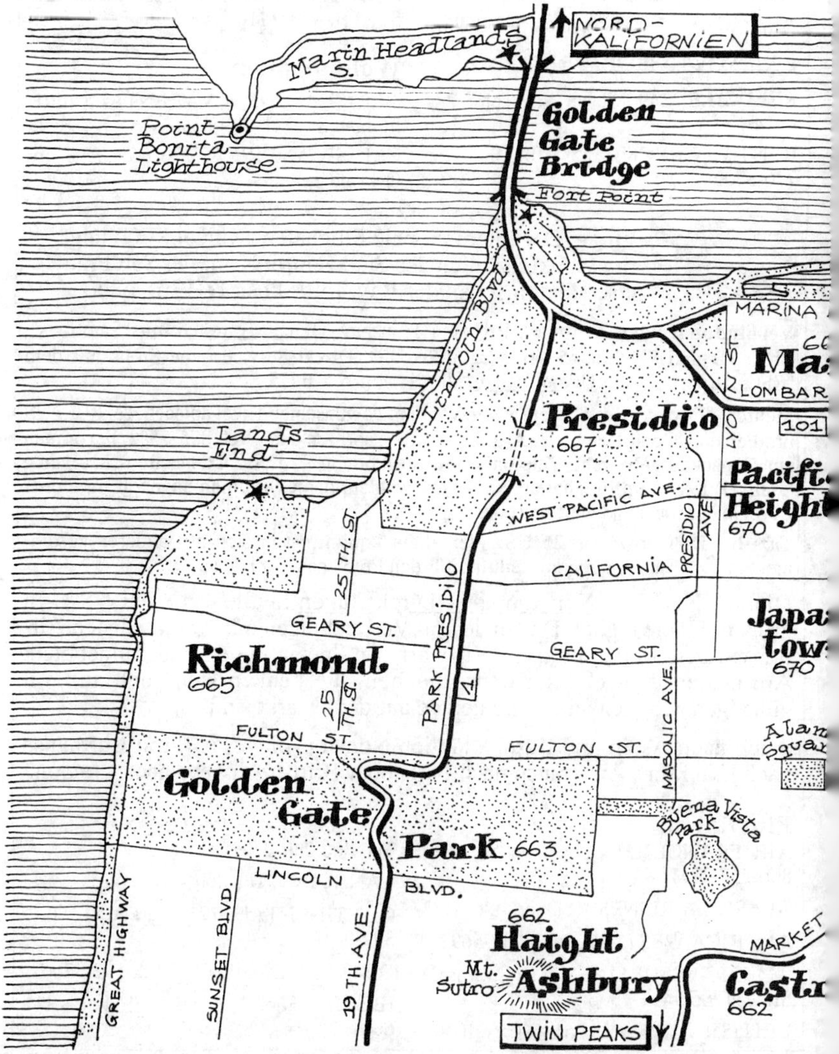

SAN FRANCISCO ÜBERSICHT:

Die folgende Stadtbeschreibung SAN FRANCISCO ist gemäß der einzelnen Stadtbezirke aufgebaut (siehe Übersichtskarte unten). Dort auch die entsprechenden Seiten-Nummern des jeweiligen Kapitels.

Detaillierte Stadtpläne dann in den jeweiligen Stadtteilekapiteln.

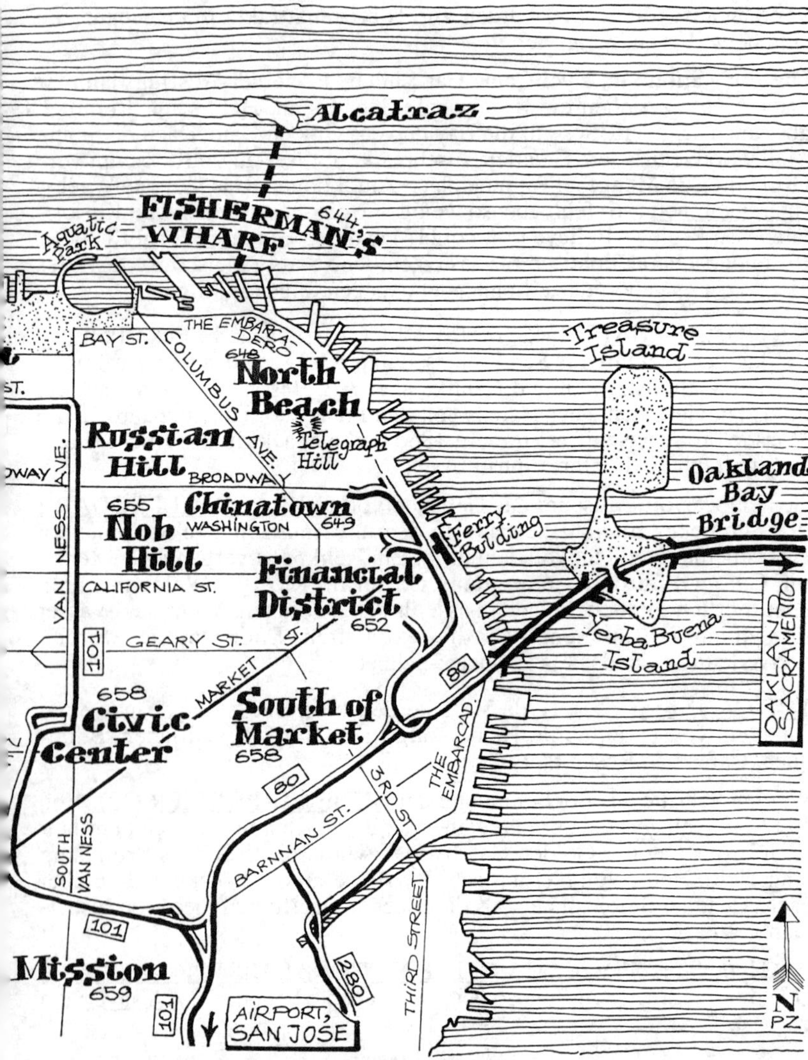

Stadtbesichtigung

Zwar ist ein Grobüberblick per Tourbus oder öffentl. Transport in 1 Tag möglich. Viel von San Francisco bekommt man dabei allerdings nicht mit. 4- 5 Tage sollte man für die Stadt als Minimum einplanen, die sich lohnen.

NR. ab hier ↓ siehe Karte Seite 645

FISHERMAN'S WHARF (17)
Die ehemaligen Hafenpiers Nummer 39- 45 haben für den Seehandelsverkehr ausgedient. Sie wurden zur Touristenattraktion ausgebaut und sind heute Vergnügungsviertel.

Die Endstation von zwei Cable Car Linien, sowie der Ausflugsdampfer nach Alcatraz ziehen die Besucher in Scharen an. Hektischer Rummel, aber auch schöner Blick auf die Bay und das Golden Gate. Dazu Shopping Malls, Souvenirläden, Galerien, Fischmarkt mit Restaurants, Scampi vom Grill und jede Menge an Rummelplatz- Attraktionen. Das obligate Wachsfigurenkabinett (16) fehlt ebenso wenig wie die Absurditäten und Kuriositäten von Ripley's Believe it or not (15) und den Guiness World Records. Besonders charakteristisch für das eigentliche San Francisco ist dies alles nicht, aber es gehört dazu. Lohnender dagegen folgende "Sights":

NATIONAL MARITIME MUSEUM (1o), Beach St./Ecke Polk St. Relikte der Seefahrt aus San Francisco und der Westküste: Bootsrümpfe, Masten, Galionsfiguren und Nautika aller Art. Besonders interessant die Fotos zur Geschichte des Hafens von San Francisco: Fast unglaublich die Masse von Segelschiffen, die um 185o dichtgepackt in der Bucht lagen. Geöffn. tägl. 1o-17 Uhr, Eintritt frei.

Gegenüber vom Museum das Gebäude von GHIRARDELLI SQUARE (9). Schniekes Einkaufszentrum in den unverputzten Backsteinmauern einer ehemaligen Schokoladenfabrik. Ein Relikt aus vergangenen Zeiten im Café Ghirardelli unter dem Uhrturm: Riesige Walzen rühren unaufhörlich die Schokoladenmasse in den Bottichen. Wem das Wasser im Munde zusammenläuft: die exquisiten Endprodukte werden dortverkauft, auch das Eis ist ausgezeichnet.

THE CANNERY (14), Hyde St./Ecke Beach St. Backsteingebäude einer früheren Konservenfabrik. Heute vollgepackt mit Souvenirläden, Boutiquen, Cafés und Restaurants.

Wenige Schritte zur Bucht hinunter der HYDE STREET PIER (13): Von 1922- 38 Anlegestelle der Fähre über die Bay nach Sausalito. Gut ein Jahr nach Eröffnung der Golden Gate Bridge wurde diese Schiffsverbindung eingestellt. Heute von hier aus schöner Blick auf die Brücke und hinüber nach Alcatraz. Beschaulicher als die anderen, überfüllten Piers von Fisherman's Wharf.

Am Hyde Street Pier der MARITIME NATIONAL HISTORICAL PARK (13) mit Oldtimer-Schiffen, so der 1895 gebaute Schoner C.A.Thayer: ein

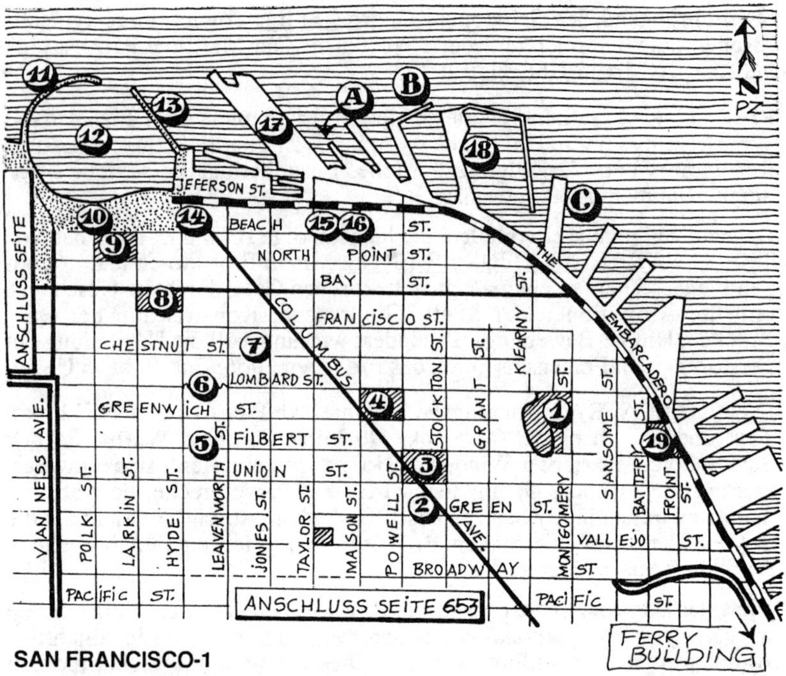

SAN FRANCISCO-1

1 Telegraph Hill, Pioneer Park, Coit Tower
2 Club Fugazi
3 Washington Square, Church of St. Peter and Paul
4 North Beach Plgd.
5 Filbert Street Gefälle
6 Lombard Street
7 San Francisco Art Institute
8 Russian Hill Park
9 Ghirardelli Square
1o Victoria Park mit Maritime Museum
11 Municipal Pier
12 Aquatic Park
13 Hyde Street Pier, Historic Ships
14 The Cannery
15 Ripley's Believe it or Not Museum
16 Wax Museum
17 Fisherman's Wharf
18 Pier 39 The San Francisco Experience
19 Levi's Park

A Pier 43 : Fähranleger
B Pier 41 : Ausflugsboote Bay, Alcatraz
C Cruise Ship Terminal

Dreimaster, der im Holzhandel eingesetzt war. Der Schlepper Eppleton Hall (Jahrgang 1914) mit seitlichem Schaufelrad, wegen seiner Wendigkeit oft in englischen Kohlehäfen eingesetzt. Am interessantesten der Dreimaster Balclutha, 1886 in Dienst gestellt. Er transportierte Waren zwischen England, San Francisco und Alaska. Mehrere Schautafeln mit Erklärungen zum Funktionieren eines großen Segelschiffs und zum Alltag an Bord. Imponierend das riesige Ruder des Kap Hoorn Seglers. Geöffnet auch die Kapitänskajüte, vornehm holzgetäfelt. Nebenan das Bad mit ebenfalls holzverkleideter Wanne. Daneben noch die Bay-Fähre Eureka,

der Führerstand des Schleppers George Shima sowie einige typische Fischerboote der amerikanischen Westküste. Der Maritime Park ist tägl. geöffnet von 1o-17 Uhr, Eintritt 3 US.

PIER 39 (18) ist der belebteste der Touristenpiers von Fisherman's Wharf. Auf seinen Holzplanken nicht weniger als hundert Läden, Restaurants und Vergnügungsbetriebe. Besuchermassen schieben sich durch, Rummelplatz Atmosphäre.

Lohnend auf dem Pier vor allem die halbstündige Bild- und Tonschau von THE SAN FRANCISCO EXPERIENCE: Mit 35 Projektoren und mächtigen Lautsprechern erlebt man einen hektischen Gang durch die Geschichte und die Attraktionen der Stadt (Goldrausch, Konstruktion der Bay-Brücken, Hippie-Bewegung). Besonders wirkungsvoll die Darstellung der Zerstörung San Franciscos durch das Erdbeben 19o6. Eintritt ca. 6 US.

INSEL ALCATRAZ: Ausflugsboote fahren ab Pier 41 (B) rund 12 mal/ Tag rüber zur Insel, ca. 6 US inkl. 9o Min.- Führung. Warme Sachen mitnehmen, teils starker Wind. Zur Hochsaison empfiehlt sich Vorreservierung. Die frühere Gefängnisinsel für Schwerverbrecher liegt absolut malerisch mitten in der San Francisco Bay. Phantastische Aussicht auf die Skyline der Stadt, die beiden Brücken sowie die gegenüberliegenden Hügel von Marin County.

Viele der alten Gefängnisgebäude sind inzwischen verfallen, einige Trakte werden als Touristenattraktion erhalten. Der Andrang ist riesig, alljährlich kommen rund eine Million Besucher. Dieser Andrang ist sicher nicht in den Gebäuden begründet, anziehend ist vielmehr der Mythos dieses ehemals brutalsten aller US-Gefängnisse, in das andere Anstalten ihre härtesten Brocken schickten, die absolut unbelehrbaren Ganoven.

Während der Zeit der Spanier hieß die Insel "Isla de los Alcatraces" (Pelikaninsel). Zur Zeit des kalifornischen Goldrausches ab 1849 wurde hier ein Leuchtfeuer errichtet, um die Schiffe im oft nebligen Golden Gate vor der Felsinsel zu warnen, sowie ein Fort zum Schutz der Hafeneinfahrt.

1934 richtete die amerikanische Regierung in der ehemaligen Militäranlage auf Alcatraz ein Bundesgefängnis ein. Es galt als das ausbruchsicherste der USA und hatte wegen seiner erbarmungslosen Haftbedingungen schnell den Beinamen "Hellcatraz" (Catraz der Hölle). Zu den prominentesten Insassen gehörten u.a. George "Machine Gun" Kelly und Ober-Gangster Al Capone, der vergeblich anbot, von seinem Vermögen einen Tennisplatz auf der Insel bauen zu lassen.

Bei der Führung durchs Gefängnisgebäude kann einem der Schauer über den Rücken laufen und man sich den Gefängnisalltag vorstellen angesichts der kahlen Räume, der Eisengitter und gepanzerten Isolationszellen. "Wir lebten wie in einem Grab" ist der Kommentar eines Ex-Häftlings über "das Schlimmste was Amerikaner anderen Amerikanern je angetan haben".

Die brutalen Haftmethoden verstärkten sich noch durch einen zusätzlichen psychischen Faktor: die landschaftlich herrliche Umgebung und die Nähe zur pulsierenden Metropole San Francisco. Manche Häftlinge weigerten sich geradezu, auf die Kuppe der Felseninsel

zu steigen, von wo aus man einen wunderbaren Rundblick hat. Keine Mauer verstellte den Blick hinüber, wo in knapp 2 km Entfernung die Neonlichter zu sehen waren und von wo Geräusche der Großstadt und die Düfte der nahen Schokoladenfabrik Ghirardelli herüberdrangen.

Kein Wunder, daß viele Häftlinge immer nur an eines dachten: die Flucht. Dabei galt Alcatraz als absolut ausbruchssichere Anstalt. Kaltes Wasser und starke Gezeitenströme bildeten eine natürliche Barriere. Dazu die überall auf der Insel nistenden Vögel, die in lautes Geschrei ausbrachen, wenn sich jemand näherte. Zudem war die Anlage mit Aufsehern bewacht, die bis an die Zähne bewaffnet waren. Bis zu zwanzig Mal am Tag ließen sie die Häftlinge zum Appell antreten und überprüften ihre Vollständigkeit.

Trotzdem wagten im Laufe der Jahre über 3o Insassen den Ausbruch. Fast alle wurden auf der Flucht erschossen, bzw. ertranken in den Fluten. Oder aber wurden wieder eingefangen, so John Paul Scott, der zwar das andere Ufer schwimmend erreichte, dort aber so erschöpft war, daß man ihn am Strand aufgriff.

Die einzige Ausnahme waren 1962 Frank Lee Morris und die Gebrüder Anglin, die aus dem Gefängnis flüchteten, ohne daß man sie je fand. Der Anstaltsleitung war die Sache so peinlich, daß sie offiziell die Version verbreitete, die drei seien in der Bucht ertrunken. Als Beweis dienten einige am Ufer gefundene Utensilien der Ausbrecher. Die konnten aber ebenso gut belegen, daß die Flucht gelungen war. Tatsächlich stehen die drei noch heute auf der Fahndungsliste des FBI, und von Zeit zu Zeit tauchen Pressemeldungen auf, der eine oder andere sei in irgendeinem Teil der USA gesichtet worden.

Ein Mysterium mehr, das die eigenartige Anziehungskraft einer trostlosen Felseninsel erklärt, auf der sich ein eher düsteres Kapitel des American Way of Life abspielte.

1963 wurde auf Weisung des damaligen Justizministers Robert Kennedy Alcatraz geschlossen. Die Stadt San Francisco hatte genug von dem weithin sichtbaren Schandfleck vor ihren Toren, und die restlichen 27 Insassen durften nun in der landschaftlich weniger attraktiven Umgebung anderer Bundesgefängnisse schmachten.

RUSSIAN HILL

Wohnviertel auf einem Hügel oberhalb von Fisherman's Wharf. Es verfügt über die steilsten Straßen von San Francisco: die FILBERT ST. (5) zwischen Hyde St. und Leavenworth St. ist mit einem Gefälle von 31,5 % die steilste. Das nördliche Ende von Hyde St., auf der die Cable Car in einer rasanten Fahrt zum Meer runterfährt, hat immerhin noch 21 %.

Das Auf und Ab der Straßen von Russian Hill hat in zahlreichen Filmen das Image von San Francisco geprägt. Am berühmtesten der Streifen "Bullit" mit Steve McQueens sagenhafter Auto-Verfolgungsjagd über die Hügel von San Francisco, gedreht in Russian Hill und den angrenzenden Stadtvierteln. Der Held nutzt das Gewirr der Straßen so geschickt aus, daß er plötzlich hinter seinen Verfolgern auftaucht und diese nun seinerseits über die Hügel hetzt.

Während Kino-Fans behaupten, der Film habe die Straßen von San Francisco weltweit berühmt gemacht, sehen die Einheimischen dies etwas anders: Nur durch die Straßen von San Francisco sei diese Verfolgungsjagd überhaupt erst zu einem Film-Ereignis von Rang geworden.

Ein Kuriosum des Straßenbaus über die Hügel der Stadt sind die LOMBARD STREET CURVES (6) (Lombard St., zwischen Hyde St. und Leavenworth St.): An dieser Stelle haben sich selbst die Amerikaner mal an das europäische Serpentinensystem erinnert. Anwohner wollten damit seinerzeit die zunehmende Raserei durch ihre Straße verhindern. Diesen Zweck erreichten sie zwar, schufen damit aber eine neue Attraktion, die nun noch mehr Leute anzog: Bis heute schieben sich die Autos im Schrittempo durch enge Schleifen den Berg hinunter. Eines der San-Francisco-Bilder, das man von Postkarten und aus Filmen kennt.

NORTH BEACH

Stadtviertel mit viel Leben und Atmosphäre. Diagonal durchzogen von der COLUMBUS AVE., der Pulsader des italienischen Einflusses in San Francisco: Eisdielen, Bars und Trattorias sowie Lebensmittelläden mit allem, was zwischen Lombardei und Sizilien gut und beliebt ist.

Neben "Little Italy" hat sich North Beach auch als alternative Szene einen Namen gemacht: Hier hatte die Beatnik-Bewegung um Jack Kerouac und Allen Ginsberg ihren Mittelpunkt, noch heute existieren nostalgische Kneipen und Buchläden aus den fünfziger und sechziger Jahren. Rock- und Jazzclubs ergänzen das Bild, während man die Neonleuchten der Fast-Food Ketten vergeblich sucht.

Zu den wenigen "klassischen" Sehenswürdigkeiten in North Beach gehört das SAN FRANCISCO ART INSTITUTE (7), 8oo Chestnut St. (Ecke Jones St.). Kunstschule, mit einigen Galerien, die moderne kalifornische und internationale Kunst ausstellen. In den spanisch anmutenden Arkaden um den Innenhof ein buntes Durcheinander von Arbeiten der Kunststudenten. Außerdem ein Wandgemälde des mexikanischen Malers Diego Rivera, der in seiner Heimat wegen zahlreicher Monumentalgemälde an öffentlichen und privaten Gebäuden berühmt ist. Guter Ort für Kontakte zur Künstlerszene von San Francisco. Geöffn. Di-Sa von 1o-17 Uhr, Eintritt frei. Kleine Cafeteria.

Charakteristisch für San Francisco die Wohnhäuser in den steilen Straßen am TELEGRAPH HILL (1). Aufstieg zu Fuß am besten über die Treppen ab Montgomery St./Ecke Greenwich St. hinauf zum COIT TOWER (1). Vom Turm einer der schönsten Rundumblicke über die Stadt und die Bay (geöffn. tägl. 1o-17 Uhr, in den Wintermonaten 9-16 Uhr, Eintritt 3 US).

Am Fuß von Telegraph Hill (Powell St./Ecke Columbus Ave.) liegt WASHINGTON SQUARE (3), eine kleine Grünfläche mit Bäumen, Bänken und Spielplatz. An seiner Nordseite die CHURCH OF ST. PETER AND PAUL, 1924 nach vierzigjähriger Bauzeit fertiggestellt: Helle Fassade, spitze Türme, gotische und romanische Stilelemente. In dieser Kirche heiratete Marilyn Monroe das Baseball-Idol Joe DiMaggio, der in North Beach aufgewachsen war und hier die Grundbegriffe des amerikanischen Nationalsports gelernt hatte.

CHINATOWN

Der lebendigste Stadtteil von San Francisco. Trotz vieler Besucher ein intaktes Chinesen-Viertel, in dem das Leben seinen normalen Gang geht: Frauen beim Einkaufen in den Gemüseläden, die von frischem Grünzeug nur so überquellen. Männer auf dem Portsmouth Square beim Plausch oder Schattenboxen. Die Straßen voller chinesischer Schriftzeichen und chinesischer Laute. Viele Bewohner sprechen kein Englisch, und in manchem der erstklassigen Restaurants braucht man einen Dolmetscher.

Unbedingt die Touristenmeile auf Grant Street mal verlassen, in eine Seitenstraße einbiegen und von dort weiter in eine der engen Gassen mit Wohnhäusern, winzigen Läden und Werkstätten schnuppern. Die Zeit scheint hier stehengeblieben zu sein.

CHINATOWN 1883 Ecke Jackson mit Dupont Street, Illustr. Harpers Magazin

Oft wird behauptet, der enge Zusammenhalt der Chinesen in Chinatown verdanke sich einem orientalischen Bedürfnis nach Abkapselung von den Einflüssen amerikanischer Kultur. Vermutlich aber waren es die Amerikaner selbst, die dafür sorgten, daß den eingewanderten Chinesen nichts anderes übrig blieb, als sich in diesem engen Stadtviertel zusammenzudrängen und ein relativ abgesondertes Leben zu führen:

Nachdem Tausende von chinesischen Emigranten die Knochenarbeit beim Bau der transkontinentalen Eisenbahn und der Trockenlegung der Sümpfe im California Delta geleistet hatten, waren sie fast überall unerwünscht. Sie versuchten daher ihr Glück zusammen mit weiteren Neu-Einwanderern in der aufstrebenden Metropole San Francisco. Doch die kalifornische Gesetzgebung hinderte sie praktisch an der Ausübung vieler Tätigkeiten und sprach ihnen grundlegende Rechte ab: Der öffentliche Dienst durfte z.B. keine Chinesen einstellen, Mischehen zwischen Chinesen und Weißen waren nicht erlaubt, Chinesen durften keine Immobilien erwerben, und ab 1882 existierte ein zehnjähriges Einwanderungsverbot, das auch die Familienzusammenführungen unterband. Die Isolation war von der Gesetzgebung gewollt und programmiert.

Als flankierende Maßnahme bestimmte die Stadt San Francisco, daß Chinesen sich nur in einem eng begrenzten Stadtbezirk niederlassen durften: CHINATOWN. So blieb ihnen nichts anderes übrig, als dort immer enger zusammenzurücken, eine Tatsache, die sich noch heute in den Bevölkerungszahlen ausdrückt: Chinatown ist der mit Abstand am dichtesten besiedelte Stadtteil von San Francisco, mit teilweise unbeschreiblichen Lebensbedingungen auf den wenigen Quadratmetern, die mancher Familie zur Verfügung stehen.

Erst 1947 fielen die diskriminierenden Gesetze, und Chinesen durften auch außerhalb von Chinatown Immobilien erwerben. Viele von ihnen zogen aus der bedrückenden Enge in andere Stadtteile und versuchten, sich in die amerikanische Gesellschaft zu integrieren. Doch die Spuren der Vergangenheit lassen sich so schnell nicht verwischen: Neben einer um Anerkennung bemühten Mittelschicht existieren weiterhin Zehntausende von Chinesen, deren einzige Perspektive der Zusammenhalt innerhalb von Chinatown ist. Die Furcht vor dem Rückfall in Denkweisen und politische Strategien von einst macht sie skeptisch gegenüber der Idee vom kulturellen "melting pot" San Francisco.

Die "offiziellen" Sehenswürdigkeiten in Chinatown stehen alle in Verbindung mit der chinesischen Kultur oder der buddhistischen Religion:

BUDDHA'S UNIVERSAL CHURCH (16), 72o Washington St. (Ecke Kearney St.). Schlicht- moderner Bau, vollständig in Eigenarbeit von den Gemeindemitgliedern errrichtet. Die bronzenen Wandpanele in der Eingangshalle zeigen Buddha unter dem Bodhi-Baum. Das Altarmosaik, ebenfalls eine Buddha-Darstellung, ist außerhalb der Kulthandlungen verhängt. Besichtigung jeden 2. und 4. Sonntag im Monat von 13-14:3o Uhr.

CHINESE CULTURAL CENTER (14), 75o Kearney St. (Ecke Washington St.) im 3. Stock des Holiday Inn. In zwei modernen Sälen wechselnde Ausstellungen traditioneller und aktueller chinesischer Kunst. Am Eingang ein großer, rot-goldener Papierdrache. Geöffn. Di-Sa von 1o-16 Uhr, Eintritt frei.

Von den drei buddhistischen Tempeln in der winzigen Gasse Waverly Place (Nr. 1o9, 125 und 146) ist der TEMPEL DER HIMMELSGÖTTIN

CHINESISCHE THEATER-AUFFÜHRUNG
Illustration im Harpers-Magazin 1883

TIEN HAN (17) der interessanteste (Nr. 125). Am Ende der engen Treppe unterm Dach ist man in einer anderen Welt: Die Holzstatue der Göttin versteckt sich hinter einem vergoldeten Holzaltar, Blumen, Kandelabern und Hunderten von Laternen. Überall Räucherstäbchen, Teeschalen, Heiligenstatuen und Pyramiden aus Früchten. Auch auf dem kleinen Balkon ein roter Holzaltar mit Blumen und Räucherstäbchen. Respektvolle Besucher sind gern gelitten.

CHINESE HISTORICAL SOCIETY MUSEUM (13), 65o Commercial St. Kleine, aber hochinteressante Ausstellung, die mit übersichtlichen Texten die Geschichte und Probleme der chinesischen Einwanderer dokumentiert. Porträts vom Eisenbahnarbeiter zum Heilkräuter-Apotheker bis zum Nobelpreisträger. Dazwischen chinesische Vasen, Werkzeuge und der etwas mitgenommene seidene Drachenkopf der Neujahrsparade von 1915. Geöffn. Di-Sa von 12-16 Uhr, Eintritt frei.

FINANCIAL DISTRICT

NR. ab hier siehe Karte Seite 653 ↓

Hier gleicht San Francisco fast anderen amerikanischen Großstädten: Backsteingebäude, neoklassizistische Bankpaläste und postmoderne Wolkenkratzer. Ein architektonisches Gemisch aus Geschäftsgebäuden quer durch alle Stilrichtungen unseres Jahrhunderts, überragt von der charakteristischen Pyramide des TRANSAMERICA BUILDING (7): einst umstritten, heute eines der Wahrzeichen der Stadt.

In den Hochhausschluchten die Banker und Börsenmakler in dunklen Anzügen. Ladies durchstreifen die Geschäfte und Einkaufszentren auf ihrer Shopping-Tour. Daß es sich die Damen und Herren allerdings auf den Stufen öffentlicher Gebäude bequem machen und ihren Lunch aus der mitgebrachten Tüte verzehren, ist wiederum typisch San Francisco.

Einer der beherrschenden Gebäudekomplexe ist das EMBARCADERO CENTER (4): in mehreren Straßenblocks um Clay St./Ecke Front St. Einkaufs- und Bürozentrum, von außen eher ein abweisender Glas- und Betonkoloß. Begrünte Brücken mit Sitzgruppen und modernen Plastiken verbinden die einzelnen Gebäude über die Straßen hinweg und lockern die sterile Atmosphäre etwas auf.

Einmal am Embarcadero Center lohnt auch ein Blick ins Hotel HYATT REGENCY. Die matt beleuchtete Lobby ähnelt eher einer modernen Kathedrale als einer Hotelhalle. Gläserne Fahrstühle sausen in die oberen Stockwerke. Vom Drehrestaurant (eigener Fahrstuhl von der Lobby aus) faszinierender Ausblick auf die anderen Hochhäuser des Financial District und auf die San Francisco Bay.

FERRY BUILDING (1): hinter dem Embarcadero Center direkt am Wasser. 1897 in heutiger Form erbaut mit dem charakteristischen Uhrturm. Es ist eines der wenigen Gebäude, die das Erdbeben 1906 überstanden haben.

Bis zum Bau der Bay-Brücken (1936/37) war das Gebäude die Anlegestelle der Fähren, die täglich bis zu 50.000 Pendler aus Oakland und Marin County nach San Francisco brachten. Früher hielten hier clevere Leute Päckchen mit Schlafanzug und Zahnbürste bereit für Geschäftsleute, die die letzte Fähre verpaßt hatten. Auch heute noch regelmäßiger Fährverkehr, allerdings nicht mehr im früheren Ausmaß (siehe "Verbindungen").

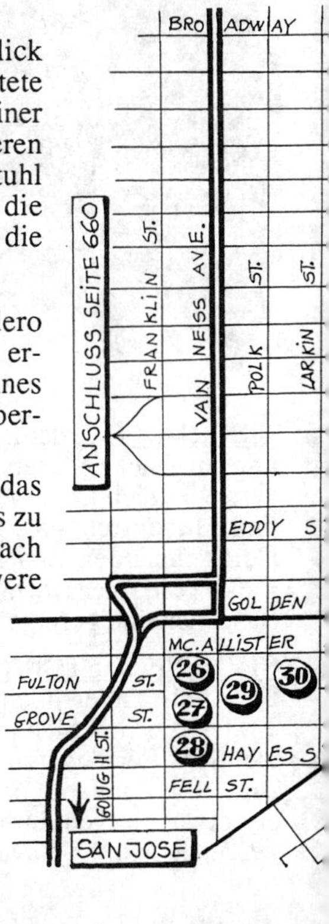

Tip: Lohnender Ausflug ab Ferry Building mit der Fähre rüber ins Städtchen Sausalito im Marin County. Während der Überfahrt, sowie

SAN FRANCISCO-2

1 Ferry Building
2 Justin Herman Plaza
3 World of Econ. Gallery
4 Embarcadero Center
5 Maritime Plaza
6 Jackson Square
7 Transamerica Pyramid
8 Museum of Money
9 Wells Fargo Museum
10 Pacific Herit. Museum
11 America Building
12 St. Mary's Square
13 Chinese Historical Society Museum
14 Chinese Cult. Center
15 Portsmouth Square
16 Buddha's Univ. Church
17 Tempel Tien Han
18 POST
19 Cable Car Museum
20 Grace Cathedral
21 Hallidie Building
22 Maiden Lane
23 Union Square
24 Curran Theater
25 Boeddeker Park
26 Museum of Modern Art
27 Opera House
28 Symphony Hall
29 City Hall
30 Civic Center Plaza
31 United Nations Plaza
32 TOURIST INFO, Hallidie Plaza
33 San Francisco Center
34 The Old Mint
35 Yerba Buena Square
36 Ansel Adams Center
37 Moscone Convention Center
38 Telephone Pioneer Communic. Museum
39 TRANSBAY TRANSIT TERMINAL
40 Museum of the Jewish Community Federation
41 Oakland Bay Bridge
42 South Park
43 POST
44 Cartoon Art Museum

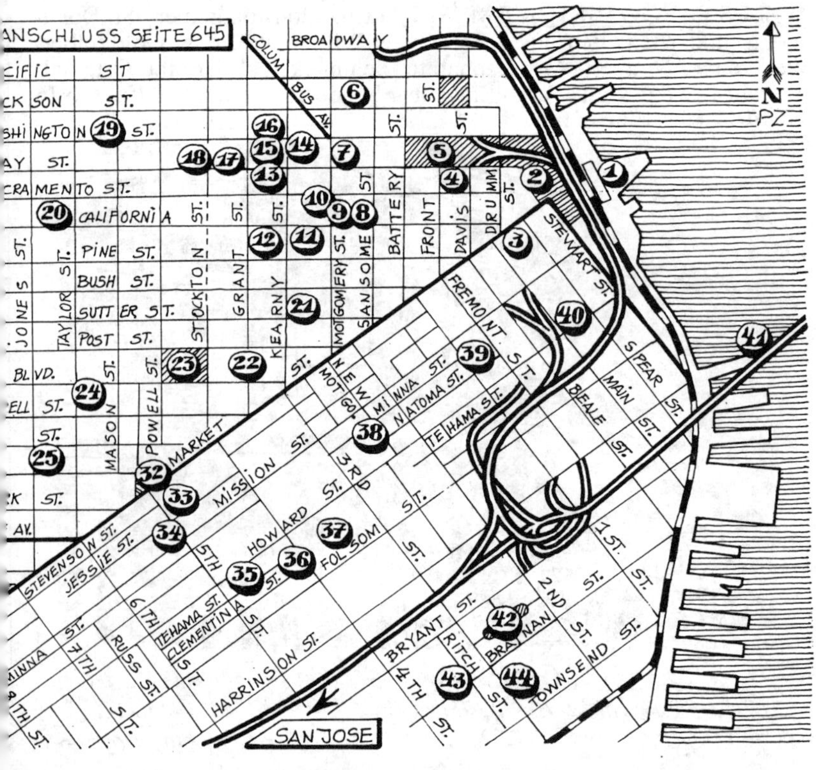

vom gegenüberliegenden Ufer schönes Panorama der Skyline von San Francisco. Mehr zu Sausalito siehe Seite 739.

Auch die Museen im Finanz-Zentrum konzentrieren sich auf Gold, Geld, Börse und Marktwirtschaft:

WORLD OF ECONOMICS GALLERY (3) im Gebäude der Federal Reserve Bank (1o1 Market St.): vermittelt Einführung in die Grundprinzipien der Marktwirtschaft. Schautafeln und Videospiele kreisen um Wirtschaftspolitik, Steuern und Investitionen. Hier bekommt der einfache Mann mal als Unternehmer, Finanzminister oder sogar Präsident der Vereinigten Staaten spielerisch die Folgen seiner Finanzentscheidungen vor Augen geführt. Geöffn. Mo-Fr von 6- 18 Uhr, Eintritt frei.

Im Untergeschoß der Bank of California das MUSEUM OF MONEY OF THE AMERICAN WEST (8), 4oo California St. Kleine Ausstellung von Münzen, Goldbarren und Geldscheinen. Dazu Dokumente aus der Anfangszeit des Finanzwesens im Westen der USA. Geöffn. Mo-Fr 1o-16 Uhr, Eintritt frei.

WELLS FARGO HISTORY MUSEUM (9), 42o Montgomery St. Dokumente und Utensilien aus der Zeit des Wilden Westens: Goldgräberwerkzeuge, Nuggets, Morseapparate. Schmuckstück ist eine Original-Postkutsche der Wells Fargo Line, über hundert Jahre alt. Geöffn. Mo-Fr von 9-17 Uhr, Eintritt frei.

WELLS FARGO-Büro in San Francisco verg. Jhd. Abfahrt der Kutschverbindungen, zugleich Büro von American Express, siehe auch Seite 123

PACIFIC COAST STOCK EXCHANGE, 3o1 Pine St. Das ökonomische Herz des Financial District: In dem neoklassizistischen Gebäude mit den protzigen Säulen residiert die Wall-Street der Westküste. Die Herren in den Nadelstreifenanzügen wickeln ihre Geschäfte unter sich ab, die Öffentlichkeit hat keinen Zutritt.

HALLIDIE BUILDING (21), 13o Sutter St. Gebäude mit ungewöhnlicher Glasfassade, schmiedeeisernen Simsen, Galerien und Feuerleitern im Jugendstil. Erbaut 1917 und benannt nach dem Erfinder der Cable Cars, Andrew Smith Hallidie. Heute Post-Filiale.

MAIDEN LANE (22): enge Gasse zwischen Backsteingebäuden, Fußgängerzone. Früher der Red Light District von San Francisco. Nach dem Erdbeben 19o6 "gesäubert" und von den frisch eingezogenen Händlern zur Maiden Lane umbenannt. Heute eine durchschnittliche Touristenzeile mit Boutiquen und Restaurants.

Am Ende von Maiden Lane der UNION SQUARE (23), das eigentliche Zentrum von Downtown San Francisco. Keine übermäßige Schönheit: ein paar Grünflächen und Palmen, umgeben von diversen Hochhäusern. Ein architektonisches Durcheinander von der streng-noblen Fassade des St. Francis Hotels über klassische Backsteinbauten bis hin zur tristen Kachel-Glas-Wand eines Einkaufszentrums.

NOB HILL

Nobel-Wohngebiet auf einem der schönsten Hügel von San Francisco. Neben den Palästen der Luxushotels, die sich in den höher gelegenen Abschnitten angesiedelt haben, die typischen Wohnhäuser aus Holz oder Backstein. Manchmal ganze Straßenblocks in einheitlichem Stil.

Nob Hill ist der richtige Stadtteil für CABLE CAR FAHRTEN: Alle drei noch existierenden Linien gehen direkt darüber hinweg und ersparen manch mühsamen Aufstieg. Die Cable Cars sind hoffnungslos altmodisch, ineffizient und wundervoll. Ein Transportmittel mit Flair, auch wenn zu Stoßzeiten die Touristen Schlange stehen.

Einen Einblick in das Funktionieren der Uralt-Straßenbahn bietet das CABLE CAR MUSEUM (19), Mason St./Ecke Washington St., im Zentrum von Nob Hill. Dort befindet sich das maschinelle Herz des gesamten Systems: Zu sehen ist das riesige Räderwerk, das die Kabel unter den Straßen entlangzieht und die Wagen bewegt. Außerdem einige Oldtimer-Waggons aus dem vorigen Jahrhundert. Geöffn. tägl. von 1o-17 Uhr, Eintritt frei.

Das Cable Car System funktioniert im Prinzip wie ein Skilift: Elektromotoren treiben die riesigen Räder und darüber die Kabel an, die in einer Art Endlosband unter der gesamten Straße entlanglaufen, auf der die jeweilige Linie verkehrt. Das mit 6,5 km längste dieser Metallseile befindet sich unter der California Street. Alle 3- 4 Monate sind die Kabel abgenutzt und müssen komplett ausgewechselt werden.

Die Straßenbahnwagen selbst haben keinen eigenen Antrieb, sondern müssen an das Kabel angeklemmt werden. Dazu betätigt der Fahrer einen Hebel (den sogenannten "grip"), der das Metallseil anhebt und mit dem Wagen verbindet. An manchen Stellen gibt es auch Vertiefungen in der Straße, so daß der Waggon auf Kabelniveau herunterkommt. Das Ankoppeln an das laufende Metallseil erfolgt ohne abruptes und unangenehmes Rucken, da es mit einem Schmiermittel bestrichen ist, das sich aufgrund der Reibung zunächst verflüssigt, dann verdampft und auf diese Weise den Kontakt beider Metalle nur langsam herstellt.

Die Fahrt macht einen Riesenspaß: Steigt man an einer der Endstationen zu, muß der Waggon erstmal gedreht werden, da er nur vorn einen Führerstand besitzt (außer bei der Linie auf California St., deren Wagen an jedem Ende über einen Führerstand verfügen). Das erledigen zwei Männer per Hand, mittels einer im Boden installierten Drehscheibe. Dann wird raufgeklettert und um die Sitz- und Stehplätze gerangelt; die beiden Kondukteure ("gripmen" genannt) immer mit Ratschlägen und Späßen bei der Sache.

Danach geht's endlich los: mit viel Gebimmel, um die widerspenstigen PKWs zu vertreiben. Die Autofahrer werden zudem von den "gripmen" persönlich angeschnauzt, unter den Fahrgästen großes Hallo. Und dann bergauf und bergab; manchmal ein Gefühl wie in der Achterbahn, wenn sich der Waggon hinter einer Kuppe in die Tiefe stürzt. Hat der Fahrer Durst oder muß er aufs Örtchen, gibt's auch mal einen Sonderstop vor einer Kneipe.

SAN FRANCISCO CABLECAR 1881

Bevor die Straßenbahnen an Metallseilen geführt wurden, zogen Pferde die Waggons. Die Gespanne waren aber auf den steilen Straßen extrem schwer manövrierbar, und die Tiere hielten nicht lange durch, so daß es gelegentlich an den Steigungen zu schweren Unfällen kam. Die Lösung fand um 187o der Drahtseilfabrikant Andrew Smith Hallidie durch die Idee mit den Kabeln, die natürlich auch für sein Geschäft einen Aufschwung versprach.

Sein Projekt stieß jedoch zunächst auf wenig Begeisterung. Auf den angebotenen Aktien für eine zukünftige Straßenbahn-Gesellschaft blieb Hallidie sitzen. Doch er war hartnäckig: 1873 installierte er im Alleingang eine Bahn auf der Clay Street. Die Sache funktionierte und überzeugte. Schon im ersten Jahr warf die Linie monatlich 3.ooo Dollar Gewinn ab. Bei einem Fahrpreis von nur 5 Cents eine beachtliche Summe.

TECHNIK: im Normalfall verlaufen die Cable-Car Strecken geradlinig. Somit kein Problem für das unter der Straße geführte Kabel. An einigen Stellen gibt es jedoch Kurven, wo das Kabel mit Rollen umgelenkt wird. Der Gripman muß hier bei Bergabfahrt sich rechtzeitig vor der Kurve aus dem Kabel ausklinken, allerdings die Sache in Geschwindigkeit so kalkulieren, daß er um die Kurve gelangt (hoffentlich kein Auto im Weg, sonst müßte geschoben werden...)

Auf der Bergauf- Strecke funktioniert dies natürlich nicht, da die Wagen ständig gezogen werden müssen. Hier reguliert ein kompliziertes unterirdisches Rollensystem die Seilführung.

Die Geschwindigkeit beträgt 15,2 km/h gemäß der stationären Motoren, die das Seil anziehen. Die Motoren wurden anfangs mit Dampfmaschinen betrieben, später auf Strom umgestellt. Bremsen sind einmal der Grip, der sich am Zugseil anklammert; der Cable Car kann also nicht schneller als 15,2 km/h fahren. Zusätzlich gibt es Bremsen an den Rädern und Sandstreuung.

1893 gab es in San Francisco 2o Cable Car- Strecken mit rund 175 km Länge. Auch andere Städte (insges. 28 der USA) hatten damals ihren Cable Car, so z.B Omaha, New York, Seattle. Weiterhin Cable Cars bestanden in Sydney/Australien und London/England, sowie zwei kurze Strecken in Paris und Lissabon. Die meisten davon wurden angesichts neuer Techniken oder der Priorität für den Autoverkehr bald wieder aufgegeben. Die drei verbliebenen Linien von San Francisco sind heute die letzten ihrer Art auf der ganzen Welt.

1973 kam es beim zwischenzeitlich gut 1oo Jahre alten San Francisco - Cable Car zu mehreren Unfällen, bei denen Wagen außer Kontrolle geraten waren und PKWs wie Personen verletzten. Dringende Renovierung stand an, die auf runde 16o Mill. US geschätzt wurde. Man plante daher, die verbliebenen Strecken stillzulegen.

Zum Glück kam es zu einem Prosteststurm, der die Erhaltung des Wahrzeichens der Stadt forderte. Gelder der Regierung, des Bundesstaates sowie private Spenden führten dann zu kompletter Renovierung der bestehenden 3 Strecken.

Mühselig zu Fuß oder mit der Cable Car Linie "California St." erreicht man die GRACE CATHEDRAL (2o) auf der Spitze von Nob Hill. Monumentales Kirchengebäude, erbaut nach dem Erdbeben 19o6 im neugotischen Stil. Im Innern Wandmalereien zur Geschichte Kaliforniens, u.a. Szenen vom Bau der Kathedrale sowie vom Erdbeben, das ihre Vorgängerin, die Grace Church, vollständig zerstört hatte.

CIVIC CENTER

Komplex neoklassizistischer Prachtbauten für Kunst und Politik, architektonisch allerdings nicht übermäßig interessant. Der Stadtteil im weiteren Umkreis ist ziemlich heruntergekommen, trotzdem einige originelle Kneipen und Restaurants. Richtung Union Square wird die Gegend wieder etwas gehobener. Dort auch der Theater District mit einer dichten Konzentration von Theatern und Musical-Halls.

Von den Monumentalgebäuden noch am ehesten sehenswert:

MUSEUM OF MODERN ART (26), Van Ness Ave./Ecke McAllister St., im Gebäude des "Veteran's War Memorial". Sammlung moderner und zeitgenössischer Kunst. Vertreten sind u.a. Matisse, Nolde, Paul Klee und Picasso. Hauptakzent aber auf avantgardistischer Kunst (Environments, Fotografie, Multi-Media-Art). Geöffn. Di-So von 1o-17 Uhr, am Wochenende erst ab 11 Uhr, donnerstags bis 21 Uhr. Eintritt 4 US, dienstags gratis.

Daneben das OPERA HOUSE (27), eine der größten Opern der Welt. 1945 Schauplatz der Konferenz zur Unterzeichnung der Charta der Vereinten Nationen.

LOUISE M. DAVIES SYMPHONY HALL (28), Van Ness Ave./Ecke Hayes St. Bemerkenswert das Foyer: Die Spiegel an der Innenwand lassen den schwungvollen Glas-Betonbau fast durchsichtig erscheinen. Führungen mittwochs 13:3o und 14:3o Uhr sowie samstags 12:3o und 13:3o Uhr.

Im Zentrum des Gebäudekomplexes von Civic Center die CITY HALL (29), Larkin St./Ecke Grove St. Regierungsbau mit grünspanbedeckter Renaissance-Kuppel. Weder von außen noch innen besonders originell.

Angrenzend in Hayes St. und Grove St. viele kleine Bistros und Galerien, Läden für Kunst und Kitsch, Möbel und Bücher. Hervorzuheben die Galerie "SAN FRANCISCO WOMEN ARTISTS", 37o Hayes St.: klein und mit lauschigem Gärtchen zum Ausruhen. Kunst von Frauen für Frauen wird ausgestellt, verkauft und verliehen.

SOUTH OF MARKET (SoMa)

Vernachlässigtes Großstadtviertel, lebendig, chaotisch und ständig im Wandel begriffen. Nachts viel Atmosphäre in den zahlreichen Discos und Musikkneipen der Szene.

Ansonsten Busbahnhöfe, Autowerkstätten, Tankstellen und Lagerhallen, einfache Cafeterias und preiswerte chinesische oder mexikanische Restaurants. Dazwischen immer wieder stilechte, für San Francisco typische Holzhäuser. Mittendrin das MOSCONE CONVENTION CENTER (37), das neuerdings zur Aufwertung des Viertels beiträgt. Was endgültig draus wird, ist noch nicht klar, zur Zeit ist Wandel die einzige Konstante.

Drei Museen bilden das kulturelle Angebot von SoMa:

THE OLD MINT (34), 88 5th St. (Ecke Mission St.). In den Räumen der ehemaligen Münze, erbaut 1874. Museum des Geldes, Goldes und Münzwesens in Kalifornien. Schon das Äußere des Gebäudes mit seinen neoklassizistischen Säulen macht klar: Dies war der goldene Tempel des kalifornischen Booms im 19. Jahrhundert.

Dokumentiert wird der Prägeprozeß von Gold- und Silbermünzen. Außerdem mehrere viktorianisch eingerichtete Räume, alte Grammophone, seltene Münzen, Tresore und eine lustige Spardosensammlung. Im wahrsten Sinne das Glanzstück: ein Haufen Goldbarren und Münzen im Wert von 4 Millionen Dollar. In den Tresorräumen des Kellers Ausstellungsstücke zur Geschichte des Goldrausches, komplett mit Goldgräberhütte sowie Werkzeugen und Maschinen aus den Bergwerken. Geöffn. Mo-Fr von 1o-16 Uhr, Eintritt frei.

ANSEL ADAMS CENTER (36), 25o 4th St. Avantgardistische Foto-Galerie mit häufig wechselnden Ausstellungen. Viel Platz, so daß auch große Fotos und Collagen gut zur Geltung kommen. Ein Raum ist immer den Arbeiten von Ansel Adams gewidmet, der mit seinen Schwarz-Weiß Fotos Menschen und Landschaften Kaliforniens eingefangen hat wie wohl kein anderer. Geöffn. Di-So von 11-18 Uhr, Eintritt 4 US.

CARTOON ART MUSEUM (44), 665 3rd St. Zwei enge Räume im 5. Stock eines Bürohauses. Wechselnde Ausstellungen zum Thema Cartoons und Karikaturen: Geschichte und Produktionsweise von Cartoons, Werke bekannter Karikaturisten. Geöffn. Mi-Sa von 11-17 Uhr, Eintritt 3 US.

Ein Teil der Straßen von SoMa duckt sich unter den Zufahrtsrampen zur BAY BRIDGE (41): neben der Golden Gate Bridge die zweite kühne Brückenkonstruktion in San Francisco. Über die Brücke nur wenige Minuten bis zur Universitätsstadt Berkeley und nach Downtown Oakland.

Tip: Im Zentrum von Oakland das OAKLAND MUSEUM, mit Abstand bestes Museum Kaliforniens zur Geographie, Ökologie und Geschichte des Bundesstaates (Details siehe Oakland- Kapitel). Vom Zentrum San Franciscos aus nicht schwieriger zu erreichen als manche Sehenswürdigkeit in der Stadt selbst: per Auto über die Bay Bridge, ebenso bequem auch mit der Schnellbahn BART, die im Tunnel unter der Bucht verläuft.

MISSION DISTRICT

Etwas heruntergekommener Stadtteil, aber viel los: ein buntes Gemisch von Hautfarben und Nationalitäten. Entlang der Mission St. besonders deutlich der Einfluß der Latinos: Marktstände, Düfte, laute Musik und Autohupen wie in einer mexikanischen Großstadt. Preiswerte und gute Restaurants, hauptsächlich lateinamerikanisch, aber auch viele andere ausländische Küchen. Aktives Nachtleben mit alten Kinopalästen, Szene-Kneipen, Musik-Bars und Diskotheken.

NR. ab hier → siehe Karte Seite 660

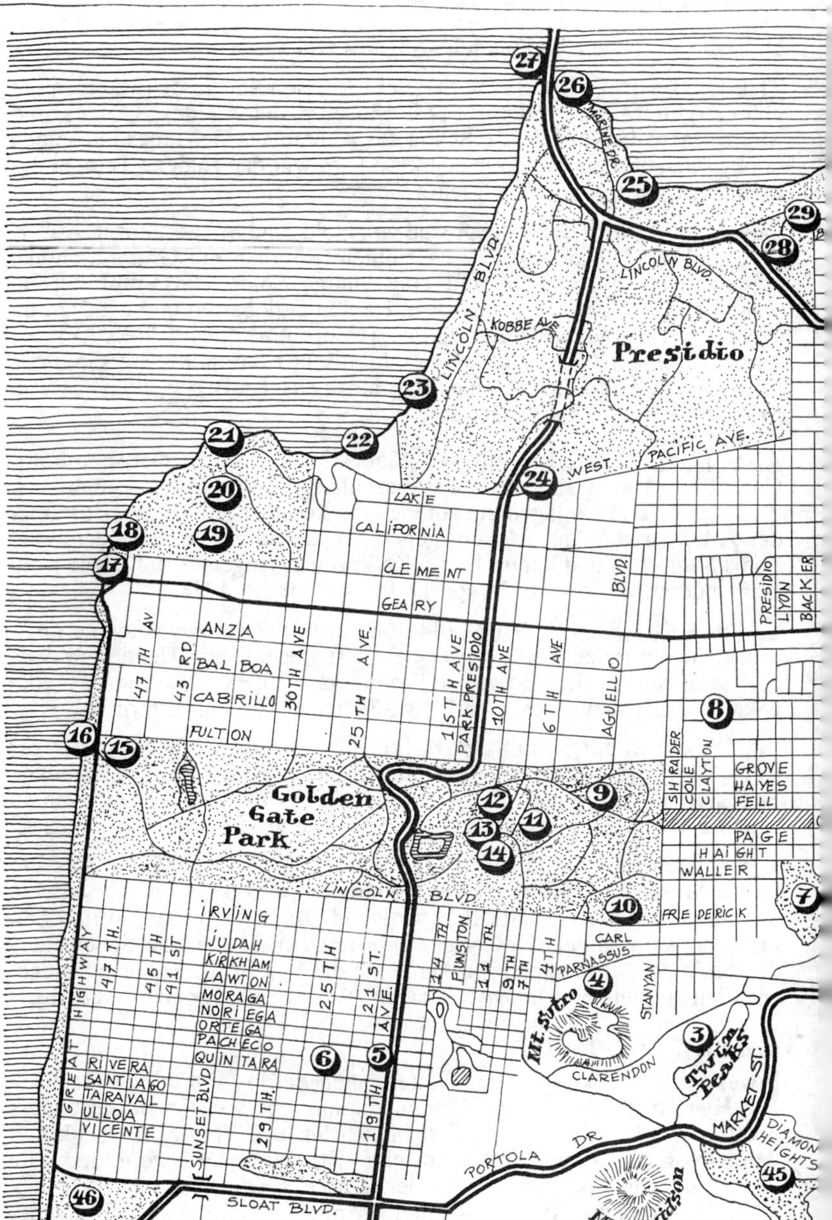
Presidio
Golden Gate Park
Mt. Sutro
Twin Peaks
Mt. Davidson
LINCOLN BLVD
MARINE DR
KOBBE AVE
WEST PACIFIC AVE.
LAKE
CALIFORNIA
CLEMENT
GEARY
ANZA
BALBOA
CABRILLO
FULTON
47 TH AV
43 RD
30TH AVE
25 TH AVE.
15TH AVE
PARK PRESIDIO
10TH AVE
6 TH AVE
AGUELLO BLVD
PRESIDIO
LYON
BAKER
SHRADER
COLE
CLAYTON
GROVE
HAYES
FELL
PAGE
HAIGHT
WALLER
FREDERICK
CARL
PARNASSUS
STANYAN
LINCOLN BLVD
IRVING
JUDAH
KIRKHAM
LAWTON
MORAGA
NORIEGA
ORTEGA
PACHECO
QUINTARA
RIVERA
SANTIAGO
TARAVAL
ULLOA
VICENTE
GREAT HIGHWAY
47 TH.
45 TH
41 ST
25 TH
21 ST.
19 TH AVE
29 TH.
14 TH
FUNSTON
11 TH.
9 TH
7 TH
4 TH
SUNSET BLVD
SLOAT BLVD.
PORTOLA DR
CLARENDON
MARKET ST.
DIAMOND HEIGHTS

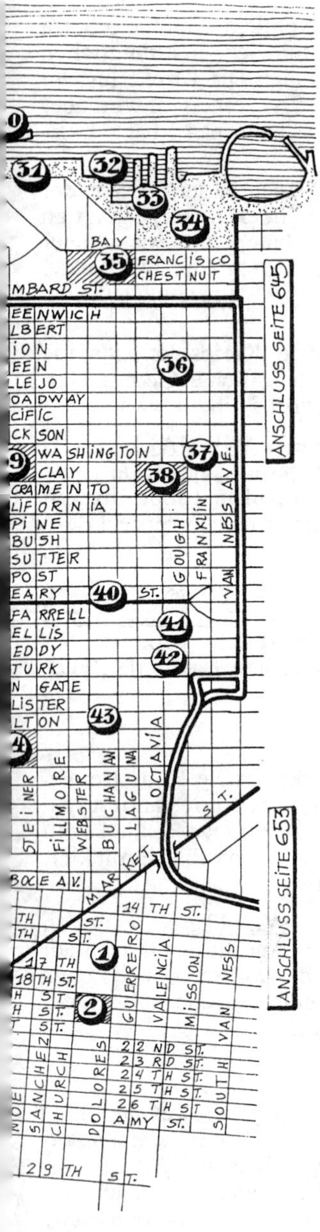

SAN FRANCISCO-3

1 Mission Dolores
2 Mission Dolores Park
3 Twin Peaks
4 Univ. of California San Francisco
5 S.F. Conservatory of Music
6 Sunset Reservoir
7 Buena Vista Park
8 University of San Francisco
9 Conservatory of Flowers
1o Kezar Stadium
11 California Academy of Sciences, Steinhart Aquarium, Morrison Planetarium
12 de Young Museum, Asian Art Museum
13 Japanese Tea Garden
14 Strybing Arboretum
15 Windmühle
16 Ocean Beach
17 Cliff House, Musée Mecanique
18 Sutro Baths
19 Lincoln Park
2o Palace of Legion of Honor
21 Lands End
22 China Beach
23 Baker Beach
24 Mountain Lake
25 Golden Gate Promenade
26 Fort Point
27 Golden Gate Bridge
28 Exploratorium
29 Palace of Fine Arts
3o St. Francis Yacht Club
31 Marina Green
32 African-American Historical Society
33 Ethnische Museen
34 Fort Mason Center.
35 Moscano Recreation Center
36 Octagon House
37 Haas-Lilienthal House
38 Lafayette Park
39 Alta Plaza
40 Japantown
41 St. Mary's Cathedral
42 Jefferson Square
43 Western Addition Cultural Center
44 Alamo Square
45 Glen Canyon Park
46 San Francisco Zoo

MISSION DOLORES (1), 3321 16th St. 1776 von Padre Junipero Serra als sechste der 21 kalifornischen Missionen mit dem ursprünglichen Namen "Misión San Francisco de Asís" gegründet. Die Kirche (erbaut 1791) ist das älteste noch erhaltene Bauwerk in San Francisco, wird aber leider optisch etwas erdrückt durch die später direkt nebenan erbaute Basilika.

Ein Meter dicke Adobemauern und wuchtige Säulen in der Fassade der Missionskirche. Darin eingelassen die Original-Glocken, aufgehängt an den ursprünglichen Lederseilen. Im schlichten Innenraum ein schöner mexikanischer Holzaltar aus dem 19. Jhd., sparsam vergoldet. Die Balken der Holzdecke wurden von Indios mit Pflanzenfarben bemalt und leuchten noch heute kräftig.

Im winzigen Museum einige sakrale Gegenstände. Kurios der anonyme Reuebrief eines Kirchendiebs nebst zurückerstatteter Beute. Geöffn. tägl. 9-16:3o Uhr, von Nov. bis April 1o-16 Uhr. Eintritt 1 US.

Mission District ist außerdem bekannt für seine WANDMALEREIEN (murals), die von mexikanischen Vorbildern inspiriert sind. Zwar keine sensationellen Kunstwerke, aber sehr phantasievoll und lebendig mit Szenen aus Alltag und Politik. Verteilt (und manchmal auch versteckt) im gesamten Stadtviertel.

Zwei auffällige Exemplare an den Kreuzungen S.Van Ness Ave./Ecke 22nd St. sowie S.Van Ness Ave./Ecke 24th St. Das Precita Eyes Mural Center, 348 Precita Ave., Tel. 285-2287 gibt weitere Informationen über Lage und Geschichte der Wandgemälde und veranstaltet geführte Rundgänge jeden 1. und 3. Samstag im Monat.

CASTRO

Stadtviertel am südwestl. Ende der Market Street. Helle Häuserreihen schlängeln sich die Hügel hinauf, liebevoll und schlicht restauriert und bemalt. Die regelmäßige Zackenreihe der Giebel bestimmt die Silhouetten ganzer Straßenzüge. Angenehm lebendige Vorstadt-Atmosphäre mit kleinen Läden und Cafés. Gepflegt, aber nicht steril.

Anlaufpunkt vieler Besucher ist der Hügel von TWIN PEAKS (3): von der Aussichtsterrasse hat man einen der schönsten Ausblicke auf die Stadt und Bucht von San Francisco. Von der Spitze des 275 m hohen Hügels (kurzer Aufstieg zu Fuß) sogar ein geradezu atemberaubendes 36o Grad Panorama mit Blick bis hinüber zum Pazifik.

HAIGHT ASHBURY

In den sechziger Jahren Kristallisationspunkt der Hippie-Bewegung. Einige Spuren sind noch heute vorhanden: Szene-Cafés, Musikkneipen und Läden mit Büchern und Schallplatten für Nostalgiker und Alternative. Ansonsten ein schönes Wohnviertel, das sich über mehrere Hügel hinwegzieht. Die Straßen mit relativ einheitlicher Architektur, viele viktorianische

Häuser. Am östlichen Rand des Stadtteils der ALAMO SQUARE (44) (Hayes St./Ecke Steiner St.) mit einem der fotogensten und bekanntesten "Postkarten-Ausblicke" auf San Francisco. Der kleine Park liegt auf der Kuppe eines Hügels, fast vollständig umgeben von einheitlichen Reihen teils knallbunter viktorianischer Wohnhäuser aus dem 19. Jahrhundert.

Entlang der angrenzenden Steiner St. die wohl meistfotografierte Häuserzeile der Stadt: Die am Hang versetzt angeordneten Gebäude haben als Hintergrund die Skyline von San Francisco. Aber nicht nur diese Postkartenecke genießen, in der Nähe gibt es noch viele ausgefallene und originell bemalte Häuser (vor allem in der McAllister St.).

Ebenfalls auf einer Anhöhe der BUENA VISTA PARK (7), Zugang Haight St./Ecke Baker St. Dichter, naturbelassener Wald. Von oben Überblick über den Stadtteil.

Zwischen Buena Vista Park und Golden Gate Park befindet sich auf der HAIGHT STREET das eigentliche Zentrum des Stadtviertels, belebt mit Buch- und Plattenläden, gemütlichen Cafés und Musikkneipen.

GOLDEN GATE PARK

Ein Stadtviertel und eine eigene Welt für sich: 4oo Hektar mit Seen, Teichen, künstlichen Wasserfällen und sogar einem Büffelgehege. Hier existieren noch verborgene Winkel, wo Anwohner ihre geheimen kleinen Gemüse- und Kräutergärten angelegt haben. Zentrum von Freizeitaktivitäten. Bei der markanten Windmühle am Westrand grenzt der Park an den Pazifik; dort beginnt der Strand Ocean Beach.

Der kilometerlange Park bietet so viele Attraktionen, daß man sie kaum an einem Tag alle sehen kann. Er ist Standort der hochkarätigsten Museen von San Francisco, dazu schöne Beispiele von Garten- und Landschaftsarchitektur und vor allem viel Freizeitleben.

Am meisten los ist sonntags, wenn der Kennedy Drive, die nördliche Durchgangsstraße, für den Autoverkehr gesperrt ist. Dann eine farbenfrohe Mischung aus Joggern, Radfahrern, Roller Skatern und Familien beim Picknick. Auf den Wiesen spielen die Latinos "Soccer", und die American Kids rennen mit ihren übergroßen Handschuhen hinter dem Baseball her. Asiaten praktizieren ihre martialischen Übungen, New Wave Jünger widmen sich der Entspannung und Selbstdarstellung. Reminiszenzen an die Zeit der Blumenkinder und des Flower Power. Die Atmosphäre könnte kaum lockerer und entspannter sein, das Völkergemisch von San Francisco auf Sonntagsausflug.

Die Parkanlage ist Meisterwerk der Landschaftsarchitektur: In der Boom-Zeit des vergangenen Jahrhunderts wollten die Stadtväter von San Francisco nicht länger hinter New York zurückstehen und kauften 187o im Westteil der Stadt das Gelände für einen riesigen Park nach dem Vorbild des Central Park in Manhattan. Für die Realisierung des Projekts verpflichteten sie Amerikas berühmtesten Gartenarchitekten, Frederick Law Olmsted, der bereits den Central Park entworfen hatte.

Olmsted reiste an und studierte das Gelände: eine wilde Dünenlandschaft mit wenigen Bäumen und einigen felsigen Hügelkuppen. Kurz darauf erklärte er das Vorhaben für nicht realisierbar und stieg aus dem Projekt aus. Doch der spirit des Fortschritts im damaligen San Francisco hielt nichts für unmöglich; also machten sich die Einheimischen selbst daran, ihren Park zu konstruieren, der fortan nicht nur der Freizeit diente, sondern gelegentlich sogar Schlagzeilen in der Weltpresse machte.

Nach dem Erdbeben und Brand von 19o6 logierten hier Tausende von obdachlos gewordenen Bürgern und errichteten ein Notlager aus Zelten und Hütten. Den Anlagen bekam dies überhaupt nicht, so daß sie während der Wiederaufbauphase ebenfalls in weiten Teilen erneuert werden mußten. Auf dem Höhepunkt der Hippiebewegung war der Park 1967/68 Schauplatz von Großveranstaltungen sowie Konzerten der Kult-Gruppe "Grateful Dead" und anderer Rock-Bands.

CALIFORNIA ACADEMY OF SCIENCES (11): hochkarätiges naturwissenschaftliches Museum mit Abteilungen zur Biologie und Erdgeschichte sowie einigen Spezialthemen. Ständig mehrere parallel laufende Sonderausstellungen. Geöffn. tägl. von 1o-17 Uhr, in den Sommermonaten bis 19 Uhr. Eintritt ca. 6 US, jeden 1. Mittwoch im Monat gratis. Hier, wie in den anderen Museen des Golden Gate Park Ermäßigung mit gültigem Fahrschein der öffentlichen Verkehrsmittel von Muni.

Ausführliche und didaktisch gut aufbereitete Ausstellung zur Erdgeschichte: Geologie, Evolution der Tier- und Pflanzenwelt sowie eine anthropologische Abteilung zur Frühgeschichte der Menschheit. Ausgezeichnete Mineraliensammlung. Besonders beliebt bei Besuchern die Erdbebensimulation "Safe Quake" für Erschütterungen unterschiedlicher Stärke. Der Boden wackelt wie bei einem richtigen Beben, die Umgebung allerdings bleibt stabil.

Im Steinhart Aquarium ein breites Spektrum an Fischen und Meerespflanzen aus aller Welt. Neben Kleintieren, Repitilien und Schlangen auch Delphine, Pinguine und Seehunde. Einen speziellen Effekt bietet das "Fish-Roundabout": ein runder Raum, in dem die Fische in einem großen Aquarium um den Besucher herumschwimmen. Die Tiere haben hier genügend Platz, so daß man die Anmut ihrer Bewegungen und die Formation der Schwärme gut studieren kann.

Außerdem in der Academy of Sciences ein Planetarium und Laserium; in der Kuppel verschiedene Vorführungen und Shows. Nachmittags Himmels- und Sternprojektionen (Eintritt ca. 2,5o US), abends von Do-So Musik-Laser-Shows mit einer psychedelischen Licht-Ton-Kombination. U.a. zu Musik von Pink Floyd, U-2 sowie eine Weltraum-Odyssee mit Songs von Led Zeppelin und Van Halen (Eintritt ca. 6 US).

DE YOUNG MEMORIAL MUSEUM (12) gegenüber (geöffn. Mi-So von 1o-16 Uhr, Eintritt 7 US) verfügt über zwei Unterabteilungen:

* Im ASIAN ART MUSEUM eine hervorragende Sammlung chinesischer, japanischer, koreanischer und indischer Kunst. Auch andere

Kulturen aus dem Raum Südostasien und dem Himalaya sind vertreten. Malerei, Keramik, Schriftrollen, Skulpturen.

* AMERICAN GALLERIES: Malerei, Möbel und Silberwaren des 17.-2o. Jhds. Daneben kleinere Abteilungen mit antiken Vasen und Skulpturen, englischen Stilmöbeln sowie Kunstwerken aus Afrika, Ozeanien und dem präkolumbianischen Amerika. Unter den verschiedenen Sonderausstellungen meist auch eine international beachtete Kunstausstellung.

Neben dem Museum der Eingang zum JAPANESE TEA GARDEN (13). Ein schönes und weiträumiges Beispiel japanischer Garten- und Landschaftsarchitektur: blühende Büsche, Wasserläufe, Brücken, Pagoden. Durchzogen von einem Gewirr aus Wegen und Pfaden, ein Genuß fürs Auge und Beruhigung fürs Gemüt. Geöffn. tägl. 9- 18.3o Uhr, Eintritt 2 US, am 1. Mittwoch im Monat gratis.

Hinter dem Tea Garden beginnen STRYBING ARBORETUM AND BOTANICAL GARDENS (14). Abwechslungsreicher Spaziergang durch das weitläufige Parkgelände, je nach Jahreszeit ungeheure Blütenpracht und Duftentfaltung.

Teile des Gartens sind verschiedenen Themen und Regionen der Welt gewidmet, bei einem botanischen Gang um die Welt finden sich Pflanzen aus Kalifornien, asiatische und australische Pflanzen, der Garden of Fragrance mit besonders intensiven Blütendüften, der Biblische Garten mit Pflanzen, die in der Heiligen Schrift erwähnt sind. Über 6.ooo Arten demonstrieren eine Vielfalt, die durch San Franciscos Klima ermöglicht wird.

Wer die Redwood-Bäume nicht an der kalifornischen Nordküste erleben kann, findet hier einen Ersatz: Der Redwood Nature Trail führt durch einen Wald dieser Mammutbäume, die hier allerdings bei weitem nicht so hoch sind wie in der freien Natur. Geöffn. täglich, Eintritt frei.

RICHMOND

Nimmt einen großen Teil des westlichen San Francisco ein und ist einer der weitläufigsten Wohnbezirke der Stadt. Zweistöckige Häuser ziehen sich kilometerweit über die Hügel. Vorgelagert der längste Strand der Stadt: OCEAN BEACH (16). Hier und im ganzen Westen von San Francisco existierte bis 185o eine ausgedehnte Dünenlandschaft, die dem Bau von Häusern und der Küstenstraße weichen mußte.

An seinem Nordrand das CLIFF HOUSE (17) mit Super-Blick: der Strand zur einen Seite, Felsküste und das Golden Gate zur anderen. Auf den vorgelagerten Felsen Seelöwenkolonien. Im Haus selbst ein Restaurant, ausgestattet im Stil der Jahrhundertwende mit historischen Fotos in Eingangshalle und Eßzimmern.

Im Untergeschoß das MUSEE MECANIQUE mit einer faszinierenden Sammlung von Maschinen und Geräten aus hundert Jahren Vergnügungs-

CLIFF HOUSE, Illustration von 1871, damals noch ein unbescholtener Fleck abseits des Zentrums von San Francisco.

industrie: Spielautomaten, Tischfußball, automatische Klaviere, Vorgänger von Flipper-Automaten, Kraftmesser, Wurlitzer-Orgeln, Guckkästen aus der guten alten Zeit mit Monstern oder leicht bekleideten Damen. Die meisten Geräte noch funktionsfähig und für 25 Cents zu bedienen. Leider sehr lieblos auf engstem Raum zusammengepfercht. Geöffn. tägl. von 1o-2o Uhr, Eintritt frei.

Neben dem Cliff House befanden sich früher die SUTRO BATHS (18), ein gigantisches Freizeitzentrum, eröffnet bereits 1896. Durch Tunnel und Pumpen leitete man unter Ausnutzung der Gezeiten Meerwasser in riesige Schwimmbecken. Ein Glasdach bedeckte Pools, Restaurants, ein Theater und ein Museum. Ein echter Vorläufer heutiger Fun- und Freizeitbäder. 1966 zerstörte ein Feuer die gesamte Anlage, zu sehen heute nur noch die Fundamente.

Die gesamte Nordwestspitze San Franciscos nimmt der LINCOLN PARK (19) ein. Wiesen- und Waldstücke auf einem Hügel, außerdem ein exklusiver Golfplatz in Traumlage.

Auf der Anhöhe der CALIFORNIA PALACE OF THE LEGION OF HONOR (2o). Beherbergt eine Gemäldegalerie mit mittelalterlicher Malerei aus Zentral- und Nordeuropa, holländischer und flämischer Kunst des 17. Jhds., englischer und französischer Malerei des 19. Jhds. (u.a. mehrere Monets und andere Impressionisten). Insgesamt ein guter und vielseitiger Querschnitt durch die europäische Malerei vom Mittelalter bis ins 19. Jahrhundert.

Im Untergeschoß die ACHENBACH FOUNDATION FOR GRAPHIC ARTS mit wechselnden Ausstellungen zu Druck und Graphik. Beide Museen geöffn. Mi-So von 1o-17 Uhr, Eintritt zusammen 4 US. Am 1. Mittwoch im Monat gratis, am 1. Samstag gratis von 1o-12 Uhr.

Vor dem Gebäude großartiger Blick aufs Golden Gate und die Brücke: Ob Segelboote oder Containerschiffe, die Szenerie wechselt ständig. Wenn dann noch der Nebel aufzieht bzw. gerade verschwindet und den Blick auf die Brücke freigibt, ist hoffentlich noch genug Film in der Kamera...

Unterhalb des Museums ein kurzer Wanderweg zu LAND'S END (21), dem äußersten Ende von San Francisco, umspült von den Wellen des Pazifik und des Golden Gate.

PRESIDIO

Bewaldete Halbinsel an der Nordspitze von San Francisco. Hauptsächlich belegt von Anlagen und Kasernen des US-Militärs. Quer durch führen die Auffahrten zur Golden Gate Bridge. Schöne Küstenstrecke oberhalb der Klippen, von der Brücke aus über Lincoln Blvd. nach Süden. Herrliche Ausblicke aufs Golden Gate, die Brücke und den Pazifik.

GOLDEN GATE BRIDGE (27): Die Überquerung der Brücke mit dem PKW von San Francisco aus Richtung Norden ist gratis, der umgekehrte Weg kostet 2 US.

Das richtige Brückenerlebnis bekommt man allerdings weniger beim Drüberflitzen im Auto, sondern per letzter Ausfahrt vor der Brücke. Auto dort auf dem Parkplatz abstellen und zu Fuß auf den windigen Weg. Der Bus Nr. 76 (ab Union Square) hält ebenfalls am Südende der Brücke. Breiter, von den Fahrbahnen abgetrennter Gehweg. Das Vibrieren und Schwanken stammt von starken Böen, vorbeidonnernden Lastwagen und im Extremfall von kleinem Erdbeben.

Vom Parkplatz aus führt eine Straße bergab zum FORT POINT (26), von wo man den Blick von unten auf die Brücke hat. An dieser Stelle sprang Kim Novak in Hitchcocks Thriller "Vertigo" äußerst fotogen ins Wasser, um Selbstmord zu begehen. Sie wurde aber vom Film-Partner James Stewart aus den Wellen gezogen, auf daß er nach einigem Hin und Her das Geheimnis ihrer Identität lösen konnte. Fort Point selbst ist nicht sehr attraktiv: im Innern einige Kanonen und andere militärische Ausstellungsstücke.

Die dritte Möglichkeit, der Brücke nahezukommen: per Ausflugsboot unter ihr durch. Details dazu siehe Kapitel "Transport in San Francisco".

Die Golden Gate Bridge war seit 1917 Wunschprojekt, um San Francisco an die nördlichen Bereiche der Bay Area anzubinden. Joseph B. Strauss, einer der damals führenden Brückenarchitekten hatte sich in das Projekt vernarrt und versuchte, Geldgeber für sein Projekt zu finden.

Damals hielt man die Realisierung für unmöglich, da 2,8 km per Brücke zu überwinden waren. Der Meeresarm hatte hier rund 1oo m Tiefe bei entsprechend gigantischen Fundamenten für die Stützpfeiler. Weiterhin erschien der Brückenbau unmöglich wegen starker Winde sowie kräftiger Gezeitenströme an der Meerenge zwischen Pazifik und der San Francisco Bay.

Strauss brauchte 13 Jahre, um die Widerstände aus Politik und Wirtschaft zu überwinden und an die Realisierung seines Traums gehen zu können. Baubeginn 1933, fertiggestellt bereits am 27. Mai 1937.

75.ooo Tonnen Stahl, 3oo.ooo Kubikmeter Beton und rund 6oo.ooo Nieten ergaben ein solides Bauwerk, das in seiner mehr als 5o-jährigen Geschichte nur dreimal wegen zu starker Stürme vorübergehend gesperrt werden mußte. Die Kosten beliefen sich auf 35 Mill. Dollar, 11 Arbeiter starben trotz erhöhter Vorsichtsmaßnahmen und aufgespannter Sicherheitsnetze.

Kaum fertiggestellt, war die Brücke bereits großer kommerzieller Erfolg. Schon im ersten Jahr nach Eröffnung überquerten 3 Mill. Fahrzeuge die sechs zur Verfügung stehenden Fahrspuren. 199o waren es bereits über 43 Mill., und in den letzten Jahren sind Zuwachsraten von bis zu 1o Prozent zu verzeichnen.

Techn. Daten: Höhe der Tragpfeiler rund 25o m, Abstand rund 1,3 km. In Spannweite als Hängebrücke zählt sie zu einer der längsten der Welt. Höhe über dem Meer je nach Gezeiten im Schnitt ca. 67 m.

Zum Erhalt der Brücke sind ständig Anstreicher beschäftigt, die wöchentlich rund 2 To. Farbe verpinseln, um das Bauwerk vor Rost zu schützen. Sie können allerdings nur bis Windgeschwindigkeiten zu 6o km/h arbeiten. Schwindelfreiheit ist vorausgesetzt.

Selbstmörder: Die Golden Gate Bridge hält hier den Weltrekord, bisher starben rund 1.ooo Menschen beim freiwilligen Sturz in die Fluten. Einige haben den knapp 7o m Sturz ins Meer jedoch überlebt und berichteten im Nachhinein vom Erlebnis des freien Falls im Angesicht der Skyline von San Francisco. Fast alle springen auf der Seite ins Meer, die der Stadt zugewandt ist.

Die Golden Gate Bridge ist heute d a s Wahrzeichen von San Francisco. Großartige Fotoaufnahmen bestehen z.B. auch in Werbeanzeigen der Lufthansa und Condor, - wo die Golden Gate im Morgennebel praktisch raus in die Wolken führt.

Den schönsten Blick auf die Golden Gate Bridge und eine der lohnendsten Aussichten auf die gesamte Stadt hat man im Marin County vom gegenüberliegenden Ufer. Mehrere absolut top- Standorte für Super-Fotos. Zu erreichen per pedes über die Brücke und einen steilen Fußweg oder mit dem Auto über die erste Abfahrt hinter der Brücke. Ausführliche Beschreibung im Kapitel "Marin Headlands".

Tip: Marin County jenseits der Golden Gate Bridge mit seinen einsamen Stränden, Redwood-Wäldern und schicken Küstenorten ist insgesamt das lohnendste Ausflugsziel in der näheren Umgebung von San Francisco. Phantastische Ausblicke auf San Francisco und die Bay von den Marin Headlands, im Städtchen Sausalito und von der Spitze des Mount Tamalpais (Details ab Seite 735).

Am Ostrand des San Francisco Stadtviertels Presidio unübersehbar der geschmacklose Säulenbau des PALACE OF FINE ARTS (29). Er wurde 1915 anläßlich der Panama-Pacific-Exhibition errichtet. Damit wollte San Francisco gleichzeitig die Einweihung des Panama-Kanals und die Wiederauferstehung der Stadt nach dem Erdbeben von 1906 feiern.

Das Monumentalgebäude dient als guter Wegweiser zum benachbarten EXPLORATORIUM (28), einem der besten Museen von San Francisco. Unter dem Motto "Die Welt in einem neuen Licht" ein Anfaß-, Mitmach- und Spaß-Museum. Für Kinder, Jugendliche und Erwachsene, die immer meinten, Naturwissenschaften wären langweilig oder unverständlich.

In fabrikmäßiger Umgebung eine unerschöpfliche Fülle von Apparaten und Experimenten zu physikalischen Phänomenen: Licht, Wellen, Mechanik, Elektronik, der Funktion von Segelbooten, Stereosound, der Arbeit einer Dampfmaschine, optische Täuschungen, Auswertung von Satellitenbildern und vieles mehr. Alles leicht zu bedienen und mit einleuchtenden Erklärungen. Geöffn. Mi-So von 10-17 Uhr, Mi bis 21:30 Uhr. Eintritt 6 US, Kinder und Jugendliche 2 US.

MARINA

Hauptsächlich Wohnviertel, einmal nicht auf Hügeln errichtet, sondern auf künstlichen Sandaufschüttungen, die dem Meer abgerungen wurden. Die Häuser, im weichen Boden nur lose verankert, sind besonders erdbebengefährdet. So war Marina auch vom Erdbeben 1989 besonders stark betroffen.

Für Besucher attraktiv wegen des Kulturzentrums Fort Mason sowie der Uferpromenade MARINA GREEN (31) am Jachthafen: beliebt bei Joggern und Radfahrern und ein schöner Spaziergang, mit dem Golden Gate und der Brücke ständig vor Augen.

FORT MASON CENTER (34), Zufahrt Laguna St./Ecke Bay St.: Kunst- und Kulturzentrum in den Gebäuden einer ehemaligen Kaserne. Treffpunkt der alternativen und jungen Kunstszene. Kleine Theater mit experimentellen Programmen, Dichterlesungen, Vorträge und Konzerte. Sehr vielseitiges Programm, veröffentlicht in der monatlich erscheinenden Zeitung "Fort Mason Center", gratis in den Museen und im Hauptbüro.

Mehrere kleine Museen bieten häufig wechselnde Ausstellungen über die Rolle ethnischer Minderheiten in der amerikanischen Gesellschaft:

THE MEXICAN MUSEUM (33), Building D, geöffn. Mi-So von 12-17 Uhr, Eintritt 2 US, am ersten Mi im Monat gratis.

MUSEO ITALO AMERICANO (33), Building C, geöffn. Mi-So von 12-17 Uhr, Eintritt frei.

AFRICAN-AMERICAN HISTORICAL AND CULTURAL SOCIETY (33), Building C, geöffn. Mi-So von 12-17 Uhr, Eintritt frei.

CRAFT AND FOLK ART MUSEUM (33), Building A, geöffn. Di-So von 11-17 Uhr, Eintritt 1 US.

PACIFIC HEIGHTS

Auf mehreren Hügeln eine der vornehmsten Wohngegenden von San Francisco. Gespickt mit traditionellen viktorianischen Häusern, die manchmal zu regelrechten Palästen ausgebaut. Eine Augenweide für Freunde harmonischer städtischer Architektur.

Eines der Zentren bildet der LAFAYETTE PARK (38), Gough St./Ecke Washington St. Gepflegte, steile Rasenflächen führen zu einem Eukalyptuswäldchen auf der Kuppe. Dort läßt sich die städtische Umgebung völlig vergessen.

In der Umgebung des Parks einige besonders markante Gebäude im architektonischen Ensemble von Pacific Heights:

OCTAGON HOUSE (36), 2645 Gough St. Zweistöckiges Achteck-Haus mit Glastürmchen, hellblau und weiß bemalt. Vielleicht das ausgefallenste Beispiel viktorianischer Formenspielerei in San Francisco. Führungen sonntags 12-15 Uhr sowie jeden 2. und 4. Donnerstag im Monat.

HAAS-LILIENTHAL HOUSE (37), 2oo7 Franklin St. Prächtiges viktorianisches Haus im Queen-Anne-Stil, 1886 für einen bayerischen Kaufmann gebaut. Verschwenderisch dekoriert mit Erkern, Giebeln, Simsen, Säulchen und Buntglasfenstern. Alles in edlem Graublau und Weiß.

So und Mi von 12-16 Uhr halbstündige Führungen durch das ebenso reichhaltig ausgestattete Innere (vom marmorverkleideten Kamin bis zur Puppenstube). Ausgezeichnete Möglichkeit, einen ganzheitlichen Eindruck von viktorianischer Bauweise und Innenausstattung zu bekommen.

Weitere Super-Villen im viktorianischen Stil unterhalb des Lafayette Parks in der California St. (z.B. Nr. 1818 und 1834). Geführte Touren zu zahlreichen Villen ab Haas-Lilienthal House, sonntags 12:3o Uhr, 2 Stunden, ca. 3 US.

JAPANTOWN (4o)

Im Bereich Gary Boulevard bis rauf zur Fillmore Street. Der Versuch, Chinatown auf japanisch zu kopieren, ist gründlich mißlungen. Japantown

ist nichts anderes als ein steriler und langweiliger Beton-Komplex von Einkaufszentren mit japanischen und pseudo-japanischen Läden. Für Liebhaber japanischer Küche allerdings eine erfreuliche Konzentration an guten Lokalen, die vom Interieur her jedoch ähnlich genormt sind wie der ganze Stadtteil.

SAN FRANCISCO GRATIS

Einige Museen sind immer bzw. an bestimmten Wochentagen gratis. Hier eine Liste, - nähere Beschreibungen der Museen siehe oben.

Fisherman's Wharf

NATIONAL MARITIME MUSEUM: Eintritt frei.

North Beach

SAN FRANCISCO ART INSTITUTE: Eintritt frei.

Chinatown

CHINESE CULTURAL CENTER: Eintritt frei.

CHINESE HISTORIC SOCIETY MUSEUM: Eintritt frei.

Financial District

WORLD OF ECONOMICS GALLERY: Eintritt frei.

MUSEUM OF MONEY OF THE AMERICAN WEST: Eintritt frei.

WELLS FARGO HISTORY MUSEUM: Eintritt frei.

Nob Hill

CABLE CAR MUSEUM: Eintritt frei.

Civic Center

MUSEUM OF MODERN ART: Gratis jeden Dienstag.

South of Market

THE OLD MINT: Eintritt frei

Golden Gate Park

DE YOUNG MEMORIAL MUSEUM: Eintritt frei jeden 1. Mittwoch im Monat von 1o- 21 Uhr, jeden 1. Samstag im Monat von 1o- 12 Uhr.

CALIFORNIA ACADEMY OF SCIENCES: Eintritt frei jeden 1. Mittwoch im Monat von 1o-17 Uhr.

JAPANESE TEA GARDEN: Gratis jeden 1. Mittwoch im Monat.

STRYBING ARBORETUM AND BOTANICAL GARDENS: Eintritt frei.

Richmond

CALIFORNIA PALACE OF THE LEGION OF HONOR: Am 1. Mittwoch im Monat gratis, ebenso am 1. Samstag von 1o- 12 Uhr.

MUSEE MECANIQUE: Eintritt frei.

Presidio

EXPLORATORIUM: Gratis jeden 1. Mittwoch im Monat sowie jeden Mittwoch abend von 18-21.3o.

Marina

THE MEXICAN MUSEUM: Am ersten Mi im Monat gratis.

MUSEO ITALO AMERICANO: Eintritt frei.

AFRICAN-AMERICAN HISTORICAL AND CULTURAL SOCIETY: Eintritt frei.

HOTELS

Das Angebot an Unterkünften in der Stadt ist immens. Wegen der guten öffentlichen Verkehrsverbindungen in alle anderen Stadtteile bieten sich als Standorte die Stadtviertel im Zentrum an: Civic Center, Financial District, Chinatown, Nob Hill und South of Market. Die Hotels von Fisherman's Wharf liegen ebenfalls günstig, sind aber vergleichsweise teuer. Unterkünfte anderswo lohnen sich nur bei spezieller Interessenlage oder wenn im Zentrum nichts mehr zu haben sein sollte.

Zentrale Hotelreservierung: "San Francisco Reservations" vertritt ungefähr 2oo Hotels verschiedener Preisklassen. Spart u.U. lange Sucherei und vergebliche Anrufe bei einzelnen Hotels. Telefon: lokal 227-15oo; kostenlos aus den ganzen USA über 8oo-677-155o. Reservierung auch per FAX, 415-227-152o.

*FINANCIAL DISTRICT/CIVIC CENTER:

"**Park Hyatt**", 333 Battery St. Mitten im Financial District. Luxushotel mit persönlicher Note. Moderner, stilvoller Komfort, erstklassiger Service. Trotz der Größe (ca. 35o Zimmer) gekonnt individuelle Betreuung und fast familiäre Atmosphäre. DZ ab ca. 28o US. Tel. 392-1234 oder 8oo-228-9ooo.

"**The Inn at Union Square**", 44o Post St. Nur wenige Schritte vom Union Square. Bed&Breakfast in klassischem Backsteingebäude. 3o Zimmer in familiärer Atmosphäre, jedes mit besonderer Note ausgestattet. Auf jedem Stock eine gemütliche Lobby, wo Frühstück und Nachmittagstee serviert werden. Individuelles Wohnen zwischen den Hochhäusern von Downtown. DZ je nach Größe und Ausstattung 12o-19o US.

"**The Handlery**", 351 Geary St., Tel. 8oo-223-o888. Zentral Nähe Union Square. Eines der wenigen Hotels im Stadtbereich mit SW-Pool. Gehobene Mittelklasse mit hellen, modern eingerichteten Zimmern. DZ ab ca. 125 US.

"**Vintage Court**", 65o Bush St., Nähe Union Square am Rande von Nob Hill. Kleine Lobby mit verschiedenen Sitzgruppen. Zimmer hell und modern, vollständig renoviert. Bäder ziemlich eng. Das Hotel arbeitet zusammen mit mehreren Weingütern des Napa Valley und veranstaltet täglich Gratis-Weinproben für Gäste. DZ ab ca. 12o US, in den Sommermonaten 5% Aufschlag. Tel. 392-4666 oder 8oo-654-11oo.

"**Savoy Hotel**", 58o Geary St., zwischen Civic Center und Union Square. Kleines Hotel mit Atmosphäre und freundlicher Note, Restaurant. Vollständig modernisiert. Zimmer klein, aber gemütlich im französischen Stil eingerichtet mit Schreibtisch oder Sitzgruppe. Pointe für europäische Gäste: Das Savoy hat Federbetten. Frühstück und Nachmittagstee mit Sherry im Preis inkl. Ein Stadthotel mit der persönlichen Atmosphäre eines Bed&Breakfast Inns. DZ ab ca. 1o5 US, gute Wahl in dieser Preisklasse. Tel. 441-27oo oder 8oo-227-4223.

"**The Raphael**", 386 Geary St., wenige Schritte vom Union Square. Elegantes und ruhiges Stadthotel. Persönliche Atmosphäre, Zimmer großzügig und mit gediegenem Komfort ausgestattet. DZ ca. 1oo US. Tel. 986-2ooo oder 8oo-821-5343.

"**David's Hotel**", 48o Geary St., zentral im Theater District. Kleines Hotel mit familiärer Atmosphäre, der Besitzer spricht deutsch. Zimmer spärlich, aber ordentlich möbliert und extrem sauber. Der Clou sind Frühstück und Abendessen: Beide im Preis

inkl. und so reichlich, daß tagsüber der Gedanke an Essen nicht mehr aufkommt. Genau richtig vor und nach langen Touren über die Hügel von San Francisco. Rechnet man die Mahlzeiten für 2 Personen mit ein, dann ist der Preis von ca. 95 US pro DZ ein absoluter Knüller. Tel. 771-16oo.

"**Hotel Mark Twain**", 345 Taylor St., zentral in der Nähe Union Square. Vollständig renoviertes Stadthotel, solide Mittelklasse. Angenehme Lobby mit modernen Sitzmöbeln. Zimmer und Bäder klein, aber sehr gepflegt und mit Kühlschrank und Kaffeemaschine. DZ ab ca. 8o US, im Winter etwas preiswerter. Tel. 673-2332.

"**The Alexander Inn**", 415 O'Farrell St., zentral in der Nähe Union Square. Typisches Stadthotel in älterem Gebäude. Auch die Zimmer nicht neu und relativ klein. Ordentlich möbliert mit Kommode und Sitzgelegenheit. Kaffeemaschine. DZ ab ca. 65 US. Tel. 928-68oo oder 8oo-843-87o9.

"**The Ansonia Cambridge Hotel**", 711 Post St. In älterem Gebäude zwischen Civic Center und Union Square. Angenehme Aufenthaltsräume. Junges, internationales Publikum. Zimmer einfach eingerichtet, gepflegt, Frühstück und Abendessen inkl. DZ mit Gemeinschaftsbad ca. 56 US, mit Privatbad ca. 65 US. Günstige Wochentarife für Studenten. Tel. 673-267o oder 8oo-221-647o.

"**The Essex Hotel**", 684 Ellis St. Stadthotel, zentral zwischen Civic Center und Union Square. Freundliche Atmosphäre, Personal spricht deutsch. Ruhige Lobby mit verschiedenen Sitzecken. Zimmer modernisiert und gepflegt. DZ ab ca. 5o US. Tel. 474-4664.

"**Pensione International**", 875 Post St., Tel. 775-3344. Einfaches Hotel Nähe Civic Center. Kleine Lobby mit bequemen Sitzgelegenheiten. Zimmer klein und einfach, aber sauber. Gemeinschaftsbäder und -toiletten auf dem Flur, ebenfalls sauber. Freundliche Atmosphäre. Frühstück inkl. DZ ab ca. 43 US, mit Privatbad ab 55 US. Für den Preis eine gute Wahl.

"**Temple Hotel**", 469 Pine St. Gute Lage im Financial District. Typisches Backsteinhaus mit Erkern und Feuerleitern. Einfach, aber ordentlich und sauber. Helle Räume mit Sitzgelegenheit und Dusche. DZ mit Gemeinschaftsbad ca. 37 US, mit Privatbad ca. 48 US. Empfehlenswert in der unteren Preisklasse. Tel. 781-2565.

"**Stratford Hotel**", 242 Powell St., wenige Schritte vom Union Square. Einfaches, etwas heruntergekommenes Hotel. Zimmer düster und leicht muffig, aber im Prinzip sauber. DZ mit Privatbad ca. 37 US, mit Gemeinschaftsbad ca. 25 US. Tel. 788-33o4.

"**Youth Hostel Centrale**", 116 Turk St. Trotz des Namens keine Jugendherberge, sondern ein Billig-Hotel. Nähe Union Square. Düstere Zimmer, nicht besonders sauber. In der Regel 2-Bett Zimmer mit Doppel- oder Etagenbetten. Sanitäre Anlagen auf dem Flur; eng und wenig gepflegt. DZ ab ca. 3o US.

✶CHINATOWN:

"**Royal Pacific Motor Inn**", 661 Broadway. Motel in absolut zentraler Lage am Rand von Chinatown Richtung North Beach. Moderner, schmuckloser Kasten mit Parkmöglichkeit im Hof. Zimmer geräumig und komfortabel, Einrichtung mit orientalischem Touch. Wer auch im Zentrum sein Auto ständig zur Hand haben will, ist hier gut aufgehoben. DZ ca. 75 US. Tel. 781-6661 oder 8oo-545-5574.

"**Hotel Obrero**", 12o8 Stockton St. Einfaches, aber sehr sauberes und gepflegtes Hotel mitten in Chinatown. Familiäre Atmosphäre. Zimmer klein mit Waschbecken, hell und freundlich eingerichtet. Blitzsaubere Gemeinschaftsbäder auf dem Flur.

Frühstück ist inkl. und wird serviert in einer urgemütlichen Küche. Zur Hand für die Gäste eine kleine Bibliothek mit speziellen Reiseführern zu San Francisco und Kalifornien. DZ ab 48 US, empfehlenswert in dieser Preiskategorie. Jeden Abend wahlweise familiäres Dinner (Wein und Kaffe inkl.) für ca. 15 US. Tel. 989-396o.

"**Grant Plaza**", 465 Grant St. Zentrale Lage am Eingang von Chinatown. Schönes, altes Gebäude, innen vollständig modernisiert. Helle Zimmer, freundlich und modern ausgestattet. Von Lage und Zimmerqualität in seiner Preisklasse kaum zu schlagen: DZ ab ca. 43 US, im Sommer rund 1o % teurer. Tel. 434-3883 oder 8oo-472-6899.

"**St. Charles Hotel**", 5o7 Bush St., am Eingang von Chinatown. Großes Eckhaus in günstiger Zentrumslage. Zimmer mit Gemeinschaftsbad. Sehr heruntergekommen und spartanisch ausgerüstet mit Bett, Stuhl und Waschbecken. Für ca. 25 US kaum mehr als ein billiges Dach über dem Kopf.

✶NOB HILL:

"**The Mark Hopkins**", 1 Nob Hill (California St./Ecke Mason St.). Privilegiertes Logieren auf der Spitze von Nob Hill. Die meisten Zimmer mit phantastischen Ausblicken über die Stadt oder die Bay. Ein Grand Hotel im alten Stil mit Kronleuchtern, Stilmöbeln und tiefen Teppichen. Hat natürlich seinen Preis: DZ ab ca. 215 US. Tel. 8oo-327-o2oo.

"**The Huntington**", 1o75 California St., oben auf Nob Hill. Traditionshotel mit viel Flair des alten San Francisco. Klassisches Backsteingebäude. Ehemaliges Apartmenthaus, in dem noch die Spuren dieser Funktion vorhanden sind: Klingeln an den Zimmertüren und ein originelles Briefkastensystem neben dem Aufzug. Im Restaurant neben der Lobby eine museumsartige Sammlung alter Stiche, Fotos und Plakate aus der Geschichte von San Francisco. Zimmer individuell luxuriös gestaltet mit schönen Blicken auf Stadt und Bay. DZ ab ca. 195 US. Tel. 474-54oo oder 8oo-227-4683.

"**The Ritz-Carlton**", 6oo Stockton St. Das neueste Luxushotel von San Francisco in einem traditionsreichen Gebäude am Nob Hill. Verschwenderische Inneneinrichtung im französischen Stil mit Porzellan, Möbeln und Gemälden und der Atmosphäre eines europäischen Grand Hotels aus dem vergangenen Jahrhundert, versehen mit den technischen Möglichkeiten des kommenden. Fitneß-Center und SW-Pool im Untergeschoß. DZ ab ca. 19o US. Tel. 296-7465 oder 8oo-241-3333.

"**The Juliana Hotel**", 59o Bush St., am Nob Hill, Nähe Union Square. Von außen klassisches gelbes Backsteingebäude. Zimmer hell und geräumig, modernisiert. Ruhig. DZ ab ca. 115 US. Tel. 392-254o oder 8oo-382-88oo.

"**Cornell Hotel**", 715 Bush St. Bed&Breakfast Hotel mit französischem Charme im gemütlichen Landhaus-Stil. Zimmer klein, aber anheimelnd , enge Bäder. DZ ab ca. 7o US. Besondere Wochenrate: DZ ca. 5oo US inkl. 7 x Frühstück und 5 x Dinner im französischen Restaurant im Untergeschoß. Tel. 421-3154 oder 8oo-232-9698.

"**Golden Gate Hotel**", 775 Bush St. Einfaches Bed&Breakfast Haus am Nob Hill. 23 Zimmer in freundlich-familiärer Atmosphäre. Zimmer klein, aber gemütlich mit Korbmöbeln, alten Schränken und Kommoden. Zimmer mit Gemeinschaftsbad (sehr sauber) ca. 6o US, mit Privatbad ca. 85 US. Tel. 392-37o2.

"**Amsterdam Hotel**", 749 Taylor St., Bed&Breakfast. Älteres Haus mit schöner Fassade. Auch innen nicht mehr neu, aber mit Flair. Geräumige Zimmer mit modernisierten Bädern. Kleiner Frühstücksraum im Untergeschoß, bei schönem Wetter gibt's den Kaffee auf einer kleinen Terrasse. DZ mit Gemeinschaftsbad ca. 53 US, mit

Privatbad ab 7o US. Tel. 673-3277 oder 8oo-637-3444.

✶SOUTH OF MARKET:

"**Hotel Britton**", 112 7th St. Hauptvorteil die Lage: zentral im Schnittpunkt von South of Market, Civic Center und Financial District. Modernisiertes Stadthotel, solide Mittelklasse. DZ ab ca. 6o US. Tel. 621-7oo1.

✶FISHERMAN'S WHARF:

"**Hyde Park Suites**", 2655 Hyde St. Kleines Apartmenthotel mit nur 25 Einheiten. Wenige Schritte bis Fisherman's Wharf. Super-Blick von der Sonnenterrasse auf dem Dach. Die oberen Wohnungen mit Blick auf die Bay und Alcatraz. Vollständig und komfortabel ausgestattet mit Wohn- und Schlafzimmer sowie kompletter Küche. Frühstück und abendliche Wein-Runde inkl., morgendlicher Gratis-Transport ins Zentrum. Suites für 2 Personen ab ca. 18o US. Tel. 771-o2oo oder 8oo-227-36o8.

"**Travelodge at Fisherman's Wharf**", 25o Beach St. Großer Hotelkomplex direkt vor den Piers. Nähe Endstation der Cable Cars Richtung Innenstadt. SW-Pool. Zimmer modern eingerichtet. In anderen Stadtteilen wohnt man für die geforderten ca. 13o US allerdings komfortabler. Tel. 392-67oo oder 8oo-255-3o5o.

✶PACIFIC HEIGHTS:

"**Holiday Lodge**", 19o1 Van Ness Ave. Abseits von den meisten Sehenswürdigkeiten, aber verkehrsgünstig Nähe Cable Car und Buslinien. Gruppiert um einen großen Innenhof mit Palmen und SW-Pool. Nicht mehr neu, sanitäre Anlagen abgenutzt, Bäder eng. Fürs DZ zahlt man ab ca. 95 US, im Sommer ca. 1o5 US. Tel. 776-4469 oder 8oo-367-85o5.

"**Vagabond Inn**", 255o Van Ness Ave. Abseits der touristischen Pfade, aber gute Verbindungen per Bus über Van Ness Ave. Schmuckloses Gebäude, SW-Pool im Innehof. Etwas hektische Atmosphäre, Zimmer nach vorn laut. Schlichte Möblierung. DZ ab ca. 8o US. Tel. 776-322o oder 8oo-322-8o29.

"**Pacific Heights Inn**", 1555 Union St. Kleines Motel mit Parkplatz im Innenhof. Verschönert mit schmiedeeisernen Bänken und Blumenkübeln. Kleine Räume und Bäder, allerdings hübsch eingerichtet mit Messingbetten und wohnlichen Accessoires. Kühlschrank und Kaffeemaschine. Frühstück inkl. Für ein Motel vergleichsweise angenehme Atmosphäre. Empfehlenswert vor allem für Autofahrer zur Erkundung des Westteils von San Francisco sowie für Ausflüge über die Golden Gate Bridge ins Marin County. DZ ab ca. 7o US. Tel. 776-331o oder 8oo-523-18o1.

"**Edward II.**", 3155 Scott St. Bed&Breakfast Haus im englischen Country-Stil. Mitten im Wohnviertel, etwas abseits, aber passable Busverbindungen über Lombard St. Räume individuell ausgestattet, nicht nur englisch, sondern z.B. auch chinesisch. DZ mit Gemeinschaftsbad ca. 65 US, mit Privatbad ab 85 US. Tel. 922-3ooo.

✶HAIGHT ASHBURY:

"**The Red Victorian**", 1665 Haight St. Bed&Breakfast in viktorianischem Haus. Das Interieur auch viktorianisch angehaucht, aber mit Spaß und Phantasie variiert. Jeder Raum mit individueller Note. Selbst die Gemeinschaftsbäder (sehr sauber) sind speziell und witzig ausgestattet (eines sogar mit Aquarium). Ein wohnliches Hotel, das zudem noch Spaß bringt. DZ ab ca. 7o US, mit Privatbad ab 1oo US. Tel. 864-1978.

✱MISSION DISTRICT:

"Dolores Park Inn", 3641 17th St. Bed&Breakfast im Zentrum des Mission District Nähe Mission Dolores. Wenige Blocks zur "Szene" von Mission, gute Verbindungen über Market St. in die Innenstadt. Altes Wohnhaus mit Flair. Aufenthalts- und Frühstücksraum mit Stilmöbeln. Locker-freundliche Atmosphäre. Die Zimmer unterschiedlich ausgestattet. Moderne Gemeinschaftsbäder. Der Besitzer spricht deutsch. DZ ab ca. 55 US, mit Privatbad ca. 8o US. Tel. 621-o482.

JUGENDHERBERGEN

Juhe

"The Globe Hostel", 1o Hallam Place, winzige Seitenstraße Nähe Folsom St./Ecke 7th St. in South of Market, Tel. 431-o54o. Traditionelles Jugendhotel. Saubere Vierbettzimmer mit Bad. Waschmaschine im Haus. Internationales Publikum. Sonnenterrasse mit Liegestühlen und Blick auf die Skyline, Sauna. Preiswertes Frühstück und Abendessen. 24 Stunden geöffnet. Ca. 12 US pro Person.

"European Guest House", 761 Minna St., kleine Gasse Nähe Howard/Ecke 9th St. in South of Market, Tel. 861-6634. Mitten in der "Szene" von SoMa. Typische Fassade der Wohnhäuser von San Francisco. Kleine Sonnenterrasse. Moderne Gemeinschaftsküche, auf Wunsch preiswertes Frühstück oder Abendessen. Renovierte 2-4-Bett-Zimmer, in der Regel Etagenbetten, sonst keine Möbel. Saubere und moderne Gemeinschaftsbäder. 24 Stunden geöffnet. Ca. 12 US pro Person.

"International Student Center", 1188 Folsom St. in South of Market, Tel. 861-6634. In altem Backsteingebäude, Musikkneipe im Untergeschoß. Innen modernisiert und ähnlich ausgestattet wie European Guest House. Ca. 12 US pro Person.

"YMCA", 22o Golden Gate St., Nähe Civic Center, Tel. 885-o46o. Zentral in gelbem Backsteinblock. Für Frauen und Männer geöffnet. Einfach, sauber und sicher. Gemeinschaftsbäder. EZ ab ca. 3o US, DZ ca. 4o US. Schlafsaal mit 5 Betten ca. 14 US pro Person (Studentenausweis nötig). Kleines Frühstück inkl. Gratis auch die Benutzung des SW-Pools sowie des großzügigen Fitneß-Centers.

"Gum Moon Women's Residence", 94o Washington St., in Chinatown, Tel. 421-8827. Ursprünglich Hilfsinstitution für asiatische Frauen. Jetzt auch geöffnet für Übernachtungen, aber oft voll belegt. Gemütliche Aufenthaltsräume, Gemeinschaftsküche, angenehme Atmosphäre. Einfach möblierte Zimmer mit und ohne Waschbecken. Sperrstunde Mitternacht, am Wochenende 2 Uhr. Für Frauen, die länger in San Francisco bleiben wollen. Ca. 9o US pro Person und Woche.

"San Francisco International Hostel", Fort Mason, Building 24o, Stadtteil Marina, Tel. 771-7277. Zu erreichen ab Innenstadt mit Bus Nr. 3o, Eingang Bay St./Ecke Franklin St. Ruhig gelegen im Park der ehemaligen Kaserne, oberhalb des Meeres. Nicht weit bis Fisherman's Wharf. Gemeinschaftsküche und Aufenthaltsräume. Schlafsäle mit 3 bis 21 Betten.

Weitere schön gelegene AYH-Jugendherbergen in der Umgebung von San Francisco: Im Marin County jenseits der Golden Gate Bridge (Details siehe dort) sowie zwei Herbergen in malerischen Leuchttürmen südlich von San Francisco an Hwy. 1 und Pazifikküste: "Point Montara Lighthouse" in Montara, Tel. 415-728-7177 und "Pigeon Point Lighthouse" in Pescadero, Tel. 415-879-o633.

Keine Campingplätze in San Francisco. Außerhalb an der Pazifikküste in Half Moon Bay (nach Süden über Hwy. 1): "Half Moon Bay State Beach", am Strand, Stellplatz ca. 1o US. Weitere Campgrounds jenseits der Golden Gate Bridge im Marin County, Details siehe dort.

RESTAURANTS UND KNEIPEN

San Francisco ist ein Paradies für Feinschmecker. Köche aus der ganzen Welt sind hier versammelt und bereiten bemerkenswert authentische Speisen aus ihren jeweiligen Ländern. Dabei servieren aber nicht nur die Gourmet-Tempel hervorragendes Essen: Auch unscheinbare Restaurants überraschen oft mit einem hohen Qualitätsstandard bei niedrigen Preisen, und selbst hinter mancher Fast-Food Fassade entpuppt sich Außergewöhnliches.

In jedem Stadtviertel ergänzen die Restaurants und vor allem die Bars und Kneipen auf ihre Weise die vorherrschende Atmosphäre und sind deshalb ein wesentlicher Bestandteil des San Francisco Erlebnisses.

(Weitere Cafés und Kneipen, die weniger für die leiblichen Bedürfnisse als wegen der dort veranstalteten Live-Musik besucht werden, sind aufgelistet im Abschnitt "Musik/Disco").

NORTH BEACH:

Entlang Columbus Ave. und den Seitenstraßen eine Vielzahl verschiedener Restaurants und Bars. Hauptsächlich italienische Küche, aber auch einige nostalgische Cafés und Szene-Kneipen als Relikte der Beatnik-Epoche.

"TOMMASOS'S", 1o42 Kearney St. Schon lange eine Instituion in North Beach. Kleines italienisches Kellerlokal. Eng, mit kleinen Tischen und viel Atmosphäre. Nudelgerichte ab 8 US, Pizza ab 1o US, besonders gut die Calzone.

"RUMORS", 493 Broadway. Kleines Bistro. Schwarze Möbel und Live-Musik (Jazz oder Rock). Preiswerte Nudelgerichte um 5 US, 3o verschiedene Biersorten.

"CAFFE TRIESTE", 6o1 Vallejo St. Italienische Café-Bar. Zahlreiche Kaffee-, Espresso und Capuccino-Zubereitungen. Szene-Treffpunkt am Fuß von Telegraph Hill. Daneben ein Kaffee-Laden mit frisch gerösteten Bohnen und Zubehör für die Koffein-Sucht.

"MARIO'S BOHEMIAN CIGAR STORE", 556 Columbus Ave. Eckkneipe im Bistro-Stil. Langgestreckte Theke und kleine Tische in einem engen Schlauch. Treffpunkt für einen Kaffee oder kleinen Imbiß. Nudelgerichte um 5 US.

"TAZZA D'ORO", Broadway/Ecke Filbert St. Italienisches Nudelrestaurant wie aus dem Bilderbuch: karierte Tischdecken und Unmengen von Fotos an den bunt tapezierten Wänden versetzen den Gast in ein Familienrestaurant auf dem Lande in Italien. Nudelteller um 9 US.

"GINO GELATERIA", 7o1 Columbus Ave. Italienische Eisdiele mit dem Flair einer leicht heruntergekommenen Bar.

"WASHINGTON SQUARE", 17o7 Powell St. Lokal im alten Stil mit getäfelten Wänden, messingbeschlagener Holztheke und gemütlichen Räumen. Nudeln um 1o US, sonstige Hauptgerichte (italienisch zubereitet) 12-18 US.

"BEETHOVEN", 17o1 Powell St. Mitten im "italienischen Meer" von North Beach eine deutsche Insel: Angenehme Atmosphäre, ohne das übliche Lederhosen- und Bierkrug-Klischee. Deutscher Hauswein zu den Gerichten von Sauerbraten bis Apfelstrudel. Hauptgerichte 12-18 US.

"GOLD SPIKE", 527 Columbus Ave. Schon in der Zeit der Prohibition ein geheimer Schnapsladen. Vom Ambiente her eines der originellsten Lokale von North Beach. Von der Decke baumeln Korbflaschen und Geldscheine; Tausende von Visitenkarten sowie ein Sammelsurium an Kuriositäten an den Wänden. Kleine Speisekarte mit täglich wechselnden italienischen Spezialitäten. Hauptgerichte um 12 US.

"LA FELCE", 157o Stockton St. Nobelrestaurant mit toskanischer Küche. Atmosphäre etwas steifer als im sonstigen North Beach. Hauptgerichte 1o-15 US, relativ günstig die Dinners mit Antipasti, Salat, Suppe, Pasta und Hauptgericht (ca. 15-2o US).

"VESUVIO'S", 255 Columbus Ave. Allen Ginsberg und die Beat-Generation sind längst abgelöst von cabrio-fahrenden Yuppies, aber die Bar Vesuvio's ist übriggeblieben: eines der wenigen authentischen Überbleibsel aus den fünfziger Jahren. Treffpunkt versprengter Hippies und 68er, die bei billigem Wein und Bier über alte Zeiten philosophieren und in vergilbten Büchern lesen.

"SAN FRANCISCO BREWING CO.", 155 Columbus Ave. Seit 1985 braut Alan Paul in diesem historischen Gebäude (erbaut 19o7 nach dem Erdbeben) seine eigenen Biersorten. Kupferkessel schmücken die rustikale Kneipe, das kräftig-würzige Bier fließt direkt aus den Lagerkellern in die Gläser. Limitierte Mengen, je nach Jahreszeit unterschiedliche Sorten. Ein exzellentes Beispiel für die noch junge nordkalifornische Braukunst. Als Grundlage gibt es deftige Gerichte von 3-7 US.

CHINATOWN:

In San Francisco findet man überall chinesische Restaurants, nirgends aber so gut, preiswert und konzentriert wie in Chinatown. Dazu das authentische Flair. Die Lokale auf der Grant St. sind auf Touristen eingestellt, einige von ihnen bieten Hervorragendes; in den Seiten- und Parallelstraßen mehr einheimisches Publikum und niedrigere Preise bei ebenfalls guter Qualität.

"PING YUENG", 65o Jackson St. Einfaches chinesisches Restaurant mit Fast-Food Touch. Preiswerte Reisplatten zum Sattwerden um 5 US, Frühstück ca. 4 US.

"KOWLOON", 9o9 Grant Ave. Preiswertes vegetarisches Restaurant mit großer Auswahl an Gerichten. Gut auch die Süßspeisen. Einfaches Ambiente mit spärlichen chinesischen Dekorationselementen.

"SAM WO", 813 Washington St. Sehr einfaches Lokal in den oberen Stockwerken. Eingang sozusagen durch die Küche. Eine der preiswerten Adressen von Chinatown: Suppen ab 2 US, Reisgerichte ca. 4 US.

"LOTUS GARDEN", 532 Grant St. Verteilt auf zwei Stockwerke mit dezenter chinesischer Dekoration. Vegetarische Gerichte mit China-Einschlag. Große Auswahl an Pilzen und Soja-Produkten. Einfallsreiche und ungewöhnliche Zubereitungen, bei denen auch der Nicht-Vegetarier sein Fleisch verschmerzt. Hauptgerichte um 5 US.

"EMPRESS OF CHINA", 838 Grant St. Hier waren Mick Jagger und George Bush gleichermaßen begeistert. Wunderbare Dekoration, nicht das übliche Knallbunte, sondern unbemaltes Edelholz sowie fein gearbeitete, vergoldete Holzleuchter. Vom Speisesaal aus schöner Blick auf Telegraph Hill. Eines der besten und teuersten chinesischen Restaurants. Probieren vor allem die köstlichen Soßen zu den Vorspeisen sowie das außergewöhnliche Ingwer-Eis zum Nachtisch.

"YOUNG'S CAFE", 6o1 Kearney St. Nicht abschrecken lassen von der etwas tristen Umgebung und hektischen Atmosphäre. In der Küche nebenan brutzelt es, und die Teller klappern überlaut, aber das Essen ist preiswert und gut. Ungewöhnliche Gemüsesorten, frisch und knackig zubereitet. Spezialität sind die Seafood-Gerichte: Shrimps oder Tintenfisch auf Gemüsebett. Für ca. 8 US wird man rundum satt, ganze Menüs schon ab 9 US.

FINANCIAL DISTRICT:

Lokale konzentrieren sich hier hauptsächlich auf schnelles und preiswertes Mittagessen für Passanten und die Angestellten des Bank- und Börsenwesens.

"CAFE LATTE", 1oo Bush St. Versteckt im 2. Stock eines Bürogebäudes. Gehobener Cafeteria-Stil mit Selbstbedienung. Nur Mittag-

essen. Treffpunkt von Büroangestellten bei italienisch inspirierten Gerichten. Ausschließlich frisch zubereitet. Positive Alternative zur herkömmlichen Kantinen-Pampe. Tellergerichte ab 5 US.

"LEFTY O'DOUL'S", 333 Geary St. Rustikale Sportler-Bar mit holzgetäfelten Wänden, gespickt mit Fotos von Baseball-Stars. Große Bildschirme bieten ununterbrochen Sportübertragungen. Einfache Leute und Rentner kommen zum Mittagessen. Selbstbedienung für deftiges, preiswertes Kantinenessen. Tellergerichte ab 4 US. An den beiden Bars kann man auch bloß einen Drink nehmen.

"BIX", 56 Gold St. In winziger Seitengasse mit Lagerhausatmosphäre. Das Lokal selbst im Stil einer Nobel-Bar mit Säulen und Empore. Jeden Abend Live-Jazz. Täglich wechselnde Gerichte aus frischen, einheimischen Produkten. Hauptspeisen 12-18 US.

NOB HILL:

Rund um den Hügel hauptsächlich gute Adressen für Gourmets und Leute mit dickerer Brieftasche. Aber durchaus auch Alternativen für den "normalen" Hunger.

"HYDE STREET SEAFOOD HOUSE AND OYSTER BAR", 15o9 Hyde St. Kleines Lokal mit nur wenigen Tischen. Die Wände dekoriert mit Seekarten und Fotos von Segelschiffen. Ausschließlich Fisch und Seafood. Spezialität die Gerichte "en papillote", in Pergamentpapier schonend gegart. Resultat sind die feinsten Fischgerichte, ob mit Lachs, Hummer oder Muscheln. Die große Brotration ist willkommen zum Auftunken der erstklassigen Soßen. Hauptgerichte ab 12 US.

"RISTORANTE MILANO", 1448 Pacific St. Einfaches italienisches Restaurant ohne dekorativen Schnickschnack. Nachbarschaftlicher Treffpunkt der Anwohner. Köstliche hausgemachte Nudeln mit Soßen nach norditalienischen Rezepten. Auf engstem Raum wird gekocht, serviert, gegessen.

"TOP OF THE MARK", 1 Nob Hill. Bar im obersten Stockwerk des Mark Hopkins Hotels auf der Spitze von Nob Hill. Grandioser Rundblick über San Francisco. Die Skyline zum Greifen nahe, die Hügel zu Füßen und die Bay mit den beiden Brücken im Hintergrund. Die 4 US für ein Bier oder 6 US für ein Glas Wein sind vor dieser Kulissse gut angelegt.

"MASA'S", 648 Bush St., am Rande von Nob Hill Nähe Union Square. Von Gourmet-Führern als eines der besten Restaurants von San Francisco ausgewählt. Gepflegtes Ambiente zwischen messingumrahmten Spiegeln. Französische Küche mit Hauptgerichten ab 3o US und viergängigen Menüs zum Festpreis von ca. 75 US.

"SWAN OYSTER DEPOT", 1517 Polk St. Marmortheke und 18 Barhocker in einem schlauchförmigen Raum. Superfrisches, preiswertes

Seafood. Am besten die Austern- oder Shrimpcocktails (um 5 US) und der Räucherlachs. Abends geschlossen, dafür aber schon ab 8 Uhr früh geöffnet fürs Frühstück mit Austern und Sekt. Trotz des exquisiten Angebots kein Schicki-Micki-Laden, es geht eher locker bis ruppig zu. Am Fuß von Nob Hill, etwas abseits, aber mit der Cable Car "California St." leicht zu erreichen.

"GRUBSTAKE", 1525 Pine St. Unterhalb von Nob Hill. Kleines Bretterhäuschen, versteckt zwischen anderen Gebäuden. Innen die schon beinahe klassische Fast-Food Atmosphäre der vierziger und fünfziger Jahre: Holzverkleidung, Barhocker, winzige Tische. Dazu die Original Juke-Box. Burger und Sandwiches ab ca. 4 US, ausgiebiges Frühstück um 5 US.

"JEANNE D'ARC", 715 Bush St. Im Untergeschoß des Cornell Hotels. Winziges Kellerlokal im französischen Stil und mit ebensolcher Küche. Auf der Karte ein viergängiges Menü mit kleinen Alternativen beim Hauptgericht. Menü inkl. ein Glas Wein für ca. 13 US.

CIVIC CENTER:

Vielseitiges Angebot zwischen passablen Schnellrestaurants, originellen Kneipen und den exquisiten Küchen verschiedener Nationalitäten.

"THE PINE CREST", Mason St./Ecke Geary St. Plastiksitze angeordnet im Eisenbahnwaggon-Stil. Geöffnet 24 Stunden für kleine Mahlzeiten. Riesiges Frühstück ab ca. 5 US.

"DAVID'S DELICATESSEN", 474 Geary St. Ein "Fast-Food Lokal" der Sonderklasse: Riesige Auswahl an überdimensionalen Sandwiches, erstklassiges Frühstück, große Portionen. 124 verschiedene Gerichte, alle mit Liebe und Phantasie zubereitet. Zum Vollfuttern und Genießen.

Noch einmal "DAVID'S DELICATESSEN", denn dasselbe Lokal hat ein zweites Gesicht: Die eher unscheinbare Umgebung beherbergt eines der besten jüdisch-osteuropäischen Restaurants der Welt. Hinter einer Anzahl der angebotenen Gerichte verbergen sich kulinarische Erlebnisse: Dazu muß man aber die Karte mit Ruhe und Verstand studieren oder sich von David, dem Besitzer, beraten lassen. Dann zeigt er am Ende vielleicht auch noch seine verblüffende Auswahl an Kuchen und Torten. Probiervorschlag: "Gefilte Fish", "Kishka", die Suppen mit "Kreplach" und "Matzo". Zur Krönung den "Cream Cheese Cake" mit Heidelbeersoße. Zivile Preise.

"NYALA", 39-A Grove St. Wem die protzigen Gebäude des Civic Center auf den Magen geschlagen sind, der kann sich nebenan erholen bei authentischer äthiopischer Küche. Modern aufgemachtes Interieur. Mahlzeiten 6- 8 US, vegetarisches Buffet zum Sattessen für 4 US (mittags) oder 7 US (abends).

"VICOLO", 2o1 Ivy St. (winzige Seitenstraße ab Franklin St. Nähe Civic Center). Gute Pizza-Adresse im Zentrum. Große Auswahl, beste Qualität, große Portionen für ca. 3 US. Lockere Atmosphäre an Theke und Tischen.

"STARS", 15o Redwood St. (kleine Seitenstraße ab Van Ness Ave. Nähe Civic Center). Interessantes Ambiente mit Postern, überdimensionalen Plakaten und Starfotos aus Film und Sport. Wegen der Aufteilung in abgetrennte Einheiten trotz der Größe gemütlich. Küche mit italienischer Note. Hauptgerichte um 12 US.

"TOMMY'S JOINT", Van Ness Ave./Ecke Geary St. Super-Kneipe, etwas verloren zwischen Bürohochhäusern und Parkplätzen. Das Innere hält, was die originelle Bemalung von außen verspricht: ein Pub, vollgerammelt mit Dekorationen und Accessoires wie alten Fotos, Bierkrügen, Riesensektflaschen und Werbeplakaten. Ein Museum für sich. Serviert wird deftiges Essen zu Niedrigpreisen, Spezialität Truthahn. Suppen ab 2 US, Nudeln ab 3 US und Tellergerichte um 5 US.

SOUTH OF MARKET:

Viele Adressen für schmale und dickere Brieftaschen sowie eine dichte Konzentration von urigen Bars und Szene-Kneipen (siehe auch Kapitel "Musik/Disco").

"SOUTH PARK CAFE", 1o8 South Park. Modern aufgemachtes Bistro hinter renovierter Holzfassade an kleinem, ruhigem Park in der Betonwüste von SoMa. Entspannte Atmosphäre. Tapas um 3 US, kleine Auswahl feiner Tagesgerichte um 12 US.

"THE HALF SHELL", 64 Rausch St. (Nähe Folsom St./Ecke 7th St.). Originelles Seafood-Restaurant. Unvermutete Gemütlichkeit zwischen rohen Backsteinwänden und hinter einem großen Garagentor. Salate ca. 5 US, Austern ab 8 US und Hauptgerichte ab 12 US.

"LAUNDRY MAT", 1122 Folsom St. Originelle Café-Bar für Traveller, die mal ihre Reiseklamotten waschen wollen. In einem der Räume dreht sich die Wäsche in den Maschinen, während man beim Kaffee oder Bier aufs saubere Resultat wartet. Viel junges und exzentrisches Publikum. Billiges Essen wie Sandwiches und Pizza.

"2o TANK", 316 11th St. Brauerei und Kneipe in ehemaligem Lagerhaus. Rustikal mit Gärkesseln und Fässern im Raum. Langer Tresen und einfache Tische auf dem Holzfußboden. Junges Publikum, Musik aus der Juke-Box. Fünf Sorten Bier, selbstgebraut und nur hier im Ausschank. Mit herzhaften Gerichten macht man sich fit für den Bier-Konsum.

MISSION DISTRICT:

Preiswerte Restaurants verschiedener Nationalitäten, Schwerpunkt mexikanisch. Viele Cafés, Kneipen und Szene-Treffpunkte.

"CAFE PICARO", 312o 16th St. Szene-Kneipe mit alternativem Publikum. Zum Kaffee, Klönen oder einem preiswerten Imbiß um 4 US.

"LA CUMBRE", 515 Valencia St. Einfaches mexikanisches Lokal. Wüste Wandmalereien mit mexikanischen und amerikanischen Motiven. Viel Betrieb. Selbstbedienung und für den Preis ausgezeichnetes Essen: Tacos um 2 US, volle Mahlzeiten ca. 6 US.

"THE BLUE MUSE", 22nd St./Ecke Valencia St. Einfach und gemütlich. Ordentliche Fisch- oder Fleischportionen. Preiswertes Frühstück ab 2,5o US, kleine Gerichte um 4 US und Mittagessen ab ca. 6 US.

"RADIO VALENCIA", Valencia St./Ecke 23rd St. Kleine Bar mit rustikalen Holztischen. Szene-Treffpunkt. Preisgünstige Salate, Suppen und Sandwiches ab 3 US.

"EUNICE'S", 3392 24th St. Winziges Lokal, durch bunte Dekoration und Musik kommt südamerikanische Stimmung auf. Familiäre Atmosphäre. Authentische brasilianische Küche mit Schwerpunkt auf Seafood. Große Portionen ab ca. 1o US. Nur abends geöffnet.

"CAFE LA BOHEME", 3318 24th St. Der Name sagt es: Szene-Treffpunkt an rohen Holztischen und in kleinen Sofa-Ecken.

"LA TAQUERIA", 2889 Mission St. Einfaches und sehr populäres mexikanisches Lokal. Holztische und -bänke, Selbstbedienung. Tacos in jeder Variation ab 2 US.

"UPTOWN", 17th St./Ecke Capp St. Schlichte Kneipe mit Holztheke, einigen Barhockern und Tischen. Sehr gemischtes Szene-Publikum.

HAIGHT ASHBURY:

Im Kneipenbereich noch einige nostalgische Überreste der sechziger Jahre. Exzentrisches Publikum oder Touristen auf der Suche nach eben diesem.

"GROUND ZERO", 738 Haight St. Szene-Café mit Juke-Box und jeder Menge "Typen": Punker, Leder-Freaks und Überbleibsel der Hippie-Bewegung.

"CHA CHA CHA", 18o5 Haight St. Klein und meist rammelvoll. Bemalte Backsteinwände, Salsa-Musik. Spanisch-kubanische Küche. Tapas ab 4 US, größere Mahlzeiten ca. 1o US.

"ACHILLES HEEL", 16o1 Haight St. Viktorianischer Pub, etwas yuppiegefärbte Kneipe mitten in der "Szene-Gegend" von Haight Ashbury. Gemütlich mit Tiffany-Lampen, Kronleuchtern und schöner Bar.

MARINA/PACIFIC HEIGHTS:

In den beiden Wohnvierteln eine Vielzahl von Restaurants, aber in der Regel zu weit abseits der normalen Besucherpfade und ohne Auto oft

schwer zu erreichen. Wenig Originelles.

"GREENS", Fort Mason, Building A. Vegetarisches Restaurant mit Blick auf Jachthafen und Golden Gate Bridge. Rustikal eingerichtet in ehemaliger Lagerhalle. Salate ab 5 US, Hauptgerichte 8-12 US.

"RUTH'S CHRIS", 17oo California St. Steakhouse mit gepflegtem Ambiente. Wallfahrtsort für Rindfleisch-Fans: beste Qualität, ordentlich abgehangen und auf den gewünschten Punkt genau gebraten. Besser kann man Steaks kaum behandeln. Der Preis so saftig wie das Fleisch: ca. 2o US nur fürs Fleisch, Beilagen kosten extra.

JAPANTOWN:

Bester Anlaufpunkt für japanische Küche. Außerdem auch andere südostasiatische Restaurants (koreanisch, thailändisch etc.)

"SUSHI A", 1737 Buchanan St., in kleiner Seitenstraße. Gemütlicher als die meisten anderen Lokale in Japantown. Man sitzt entweder an Tischen oder in japanischer Manier auf dem Boden. Freundliche Atmosphäre. Hervorragende Sushi und Seafood, gemischte Platten ab 1o US und damit vergleichsweise preiswert.

"ISOBUNE", Post St., im Japan Center. Am besten an der Theke essen: In einem "Kreisverkehr" schwimmen mit Tellern beladene Schiffchen vorbei. Darauf die verschiedenen Sushi-Portionen zur Auswahl. Man nimmt sich runter, worauf man Lust hat. Bezahlt wird nach Anzahl und Markierung der Teller. Pro Portion ca. 1,5o bis 3 US.

SELBSTVERSORGER

Selbstversorger haben es nicht leicht in San Francisco: Erstens locken ständig die guten Restaurants, und zweitens sind die Einkaufsmöglichkeiten auf den üblichen Wegen der Touristen nicht gerade dicht gesät. Am besten ist das Angebot noch in Chinatown und den mexikanischen Läden des Mission District, wo viel frisches Obst und Gemüse das sonstige Angebot ergänzt.

"SAFEWAY", Laguna St./Ecke Marina St., gegenüber Ft. Mason Center in Marina. Großer Supermarkt in halbwegs erreichbarer Nähe zum Zentrum.

"BOUDIN", 156 Jefferson St., Fisherman's Wharf. Hervorragendes knuspriges Sauerteig-Weißbrot, das sogenannte "sour dough bread", eine Spezialität aus San Francisco. An einem der Stände in der Nähe etwas frisches Seafood dazukaufen, und eine köstliche Mahlzeit ist komplett.

"MOLINARI", 373 Columbus Ave., North Beach. Gerammelt voller Laden mit allen erdenklichen italienischen Spezialitäten. Schön altmodisch mit Kisten und Säcken vor der Theke. Salami hängen von der Decke, Korbflaschen, Spaghetti, Oliven, Käse, Schinken. Und ein Duft wie

direkt aus der Toskana importiert.

"PEOPLE'S AVE MALL", 62o Pacific St., Chinatown. Kleiner Markt in einer Halle an der Straße. Neben chinesischen Lebensmitteln aller Art vor allem große Auswahl an frischem Gemüse.

"CANTON MARKET", Grant St./Ecke Pacific St., Chinatown. Marktstand mit Fisch, Seafood und Gemüse. Daneben weitere ähnliche Märkte. Teilweise auch fertige Gerichte zum Mitnehmen wie Salate oder gebratene Hühner.

"MAY WAH TRADING CO.", 123o Stockton St., Chinatown. Großer chinesischer Supermarkt mit gutem Querschnitt an Lebensmitteln. Chinesische Spezialitäten neben Milch, Dosenbier und frischem Obst.

"SAN FRANCISCO HEALTH FOOD STORE", 337 Sutter St., Financial District. Vollkornbrot und Lebensmittel aus biologischem Anbau. Kleine Saft- und Imbißbar.

"RADO'S", 22o California St., Financial District. Blitzsauberer Delikatessenladen. Frisches Weißbrot und an der Salatbar ca. 4o verschiedene, fertig zubereitete Salate zum Mitnehmen.

"FARMER'S MARKET", 1182 Market St., auf der United Nations Plaza Nähe Civic Center. Mittwochs und sonntags von 7-17 Uhr großer Lebensmittelmarkt unter freiem Himmel.

"MUSEUM PARC MARKET", Folsom St./Ecke 3rd St., South of Market. Supermarkt mit großer Auswahl an zubereiteten Salaten und heißen Suppen zum Mitnehmen.

"CASA LUCAS", 31oo 16th St., Mission District. Mexikanischer Laden und Markt. Lebensmittel und großes Angebot an frischem Obst und Gemüse.

"CASA FELIX", 284o Mission St., Mission District. Preiswerter Laden und Markt mit mexikanischen Lebensmitteln, Obst und Gemüse.

"MISSION MARKET", Mission St./Ecke 22nd St., Mission District. Kleine Markthalle mit Lebensmittelgeschäften aller Art. Nicht gerade die Buntheit eines Marktes in Mexiko, aber viele gute und frische Produkte.

Picknick: Nonplusultra einer Mahlzeit im Freien ist der Golden Gate Park. Dort finden sich absolut stille Winkel, aber auch die Gesellschaft von anderen, die auf der Wiese ihre Decken ausgebreitet haben. Die Bänke in verschiedenen anderen Parks eignen sich ebenfalls für ein Picknick, oft mit schönem Ausblick auf die Stadt: z.B. Alamo Square (Haight Ashbury), Lafayette Park (Pacific Heights) oder Lincoln Park (Richmond). Im Sommer laden auch die Strände ein. Ob Park oder Strand: Vom Zentrum aus immer ein eher zeitraubender Ausflug.

SHOPPING

Einkaufszentren

"SAN FRANCISCO CENTRE", Market St./Ecke 5th St., South of Market. Das modernste Einkaufszentrum der Stadt unter einem Dach mit dem ältesten (Emporium Capwell, 1897). In der runden Lobby führen geschwungene Rolltreppen zu rund 9o Exklusivläden und dem Nobel-Kaufhaus "Nordstrom".

Etwas persönlicher wirkt dagegen die "CROCKER GALERIA", 5o Post St., im Financial District. Restaurants und etwa 5o Läden. Die Ladenzeilen sind von Glasbögen überspannt.

Von den Dimensionen her nicht zu schlagen ist das "EMBARCADERO CENTER", das im Financial District vier volle Straßenblocks einnimmt. Ein verwinkelter Komplex aus kleinen Passagen, Treppenaufgängen, Plätzen und Brücken über die Straßen. Grünflächen, Bänke und Kunstwerke lockern das Beton-Monster auf. Zwei Ebenen mit Geschäften und Restaurants, darüber Büros und Praxen.

Rund um den UNION SQUARE viele Boutiquen und vier Kaufhäuser: "I. Magnin","Neiman Marcus", "Saks Fifth Avenue" und "Macy's".

An Fisherman's Wharf zwei Einkaufszentren in ehemaligen Fabrikgebäuden: "GHIRARDELLI SQUARE" und "THE CANNERY". Hauptsächlich Klein-Läden, viel Souvenirs und Kitsch, aber auch Nobel-Umwelt-Produkte und Boutiquen.

Entlang der UNION STREET, zwischen Fillmore St. und Octavia St. im Stadtviertel Pacific Heights, eine "Shopping-Meile" mit feinen Geschäften und Nobel-Boutiquen.

Bücher

"CITY LIGHTS BOOKSTORE", 261 Columbus Ave., North Beach. Buchladen mit Tradition: Kristallisationspunkt der Beatnik-Bewegung in den fünfziger Jahren. Noch heute Treffpunkt der alternativen Szene. Große Auswahl von Büchern, die gesellschaftlich und literarisch gegen den Strom schwimmen.

"DOUBLEDAY", 265 Sutter St., Financial District. Dreistöckige Buchhandlung mit Riesenauswahl: Zeitschriften, amerikanische Literatur, Bildbände und Reiseführer zu San Francisco und Kalifornien.

"FOREVER AFTER", 1475 Haight St., Haight Ashbury. Regal- und stapelweise gebrauchte Bücher. Alles, was die Emanzipationsbewegungen in Jahrzehnten herausgebracht haben: Frauenliteratur, Psychologie, Sozialismus, aber auch Literatur und Krimis. Für Bücherwürmer ein unerschöpfliches Reservoir.

"OLD WIVES'TALES", 1oo9 Valencia St., Mission District. Alternativer Frauenbuchladen.

"RAND McNALLY", Market St./Ecke 2nd St., South of Market. Reiseführer und Spezialführer zu San Francisco und Kalifornien: Restaurants, Sport, Wandern, Kuriositäten. Außerdem immense Auswahl an Stadtplänen, Landkarten, und Karten zum Aufhängen als Poster.

Schallplatten

"TOWER RECORDS", Columbus Ave./Ecke Jones St., North Beach. Laden mit riesigem Lager, alle Musikrichtungen. Hauptsächlich CDs und Kassetten; kleines Angebot an LPs im alten Stil. Was hier nicht zu finden ist, dürfte auch anderswo kaum aufzutreiben sein.

"RECYCLED RECORDS", 1377 Haight St., Haight Ashbury. Unmassen gebrauchter LPs aus allen Epochen der Rock-, Pop- und Jazzgeschichte. Wundervoller Kram- und Wühlladen für Musikfans.

"RECKLESS RECORDS", 14o1 Haight St., Haight Ashbury. Was man nebenan bei "Recycled Records" nicht gefunden hat, gibt's bestimmt hier. Ähnliche Auswahl an Second Hand Ware, aber auch neue Platten und CDs.

Kunst und Kunsthandwerk

"SOUTHWESTERLY", 698 Mason St., Nob Hill. Kleiner Laden mit Kunsthandwerk der Navajo Indianer: Webarbeiten, Keramik, Möbel.

"WOMEN'S CRAFT ARTS", 1oo7 Valencia St., Mission District. Kunst und Kunsthandwerk von Frauen für Frauen.

Spezialitäten und Kuriositäten

"SAN CHUN", 1555 Hyde St., Nob Hill. Wer es schafft, sich mit dem Eigner zu verständigen (spricht nur chinesisch) oder sich auskennt, findet hier seltene Tees und Kräuter. Ein Mini-Lädchen aus gestapelten Kisten und einer Wand voll geheimnisvoller Schubladen mit chinesischen Schriftzeichen. Kein üblicher Chinatown-Touristen-Laden.

"FORTUNE COOKIES", 56 Ross St., kleine Seitengasse der Jackson St. in Chinatown. Fabrik für die berühmten Fortune Cookies: Hohle Plätzchen, gefüllt mit weisen und dummen Sprüchen im Sinne eines Horoskops. Kein China-Dinner ist komplett ohne diesen klugen Keks zum Nachtisch. Hier werden sie auf traditionelle Art an einer museumsreifen Maschine produziert und direkt verkauft.

"U.S. STAMP COMPANY", 364 Bush St., Financial District. Treff der Briefmarkensammler. Große Auswahl vor allem an Marken aus den Vereinigten Staaten.

"POSTERMAT", Vallejo St./Ecke Columbus Ave., North Beach. Nostalgischer Poster-Laden unter dem Motto "1 Million Posters". Werbeplakate, Rock- und Filmstars aus den letzten fünf Jahrzehnten, Veranstaltungs-

plakate von Konzerten der Rolling Stones, Byrds oder Grateful Dead.

"QUANTITY POSTCARDS", 1441 Grant Ave., North Beach. Postkarten, Postkarten, Postkarten. Die meisten aus längst vergangener Zeit. Unendliche Auswahl von Motiven: Hollywood, humoristische Szenen, Prominente.

"BROADWAY'S ROCK", 412 Broadway, North Beach. Dunkle Laden-Höhle mit Rocker-Utensilien: Leder-Armbänder, Ketten, Klamotten, Fotos von Rock-Musikern.

"GOLDFIELD'S TATOO", 4o4 Broadway, North Beach. Tätowierungs-Studio. Im Vorraum Fotos der Körperkunstwerke, von Marilyn Monroe auf dem Oberarm bis zu den obligatorischen Dreimastern für die behaarte Seemannsbrust .

UNTERHALTUNG

Veranstaltungskalender: Am besten das "Datebook" aus der Sonntagsausgabe des San Francisco Chronicle besorgen, die sogenannten "pink pages". Sehr ausführliches und übersichtliches Programm für Musik, Tanz, Theater, Kino und Kultur.

Ansonsten viele weitere wöchentliche oder monatliche Veranstaltungshefte, gratis in Hotels und Restaurants. Manchmal ganz hilfreich, in der Regel aber mit stark kommerziell orientierter Auswahl. Am besten noch "This Week Key" und "Bay City Guide".

Theater

"AMERICAN CONSERVATORY THEATER", Mason St./Ecke Post St., Civic Center. Klassische und moderne Theaterstücke.

"EUREKA THEATER", 273o 16th St., Mission District. Politische und sozialkritische Stücke.

"LORRAINE HANSBERRY THEATER", 62o Sutter St., Civic Center. Klassisches und modernes Theater.

"MAGIC THEATER", Fort Mason Center, Building D, Marina. In der Regel modernes Theater zeitgenössischer Autoren.

Ein ganzer Schwung weiterer Theater mit Produktionen, die zum Teil über Jahre laufen, befinden sich im Theater District, Nähe Kreuzung Geary St./Mason St. im Stadtviertel Civic Center.

Kino

"AMC KABUKI", Post St./Ecke Fillmore St., Japantown. Acht Kinosäle unter einem Dach. Hauptsächlich aktuelle Film-Hits.

"UNITED ARTISTS GALAXY", Van Ness Ave./Sutter St., Civic Center. Vier Kinos mit aktuellen Hollywood-Produktionen.

Weitere Kinos mit aktuellen Filmen in allen Stadtteilen, Programm und Adressen siehe Veranstaltungskalender. Die folgenden Kinos bieten ständig wechselnde Sonderprogramme: Film-Festivals, Kult-Filme, alternative, experimentelle und ausländische Produktionen. Programme telefonisch erfragen.

"BRIDGE", 3o1o Geary St., Richmond, Tel. 751-3212.

"CASTRO THEATER", 431 Castro St., Castro, Tel. 621-612o. Sehenswerter Filmpalast mit voluminöser Stuckdekoration an der Fassade.

"GATEWAY", 215 Jackson St., Financial District, Tel. 421-3353.

"LUMIERE", 1572 California St., Civic Center, Tel. 885-32oo.

"STRAND", 1127 Market St., Civic Center, Tel. 621-2227.

Musik/Disco

"PIER 23", Embarcadero Pier 23, North Beach. Hafenkneipe direkt am Wasser. Außer montags täglich live Jazz. Klein, aber gute Stimmung.

"SILHOUETTES", 524 Union St., North Beach. Kleine Musikkneipe mit origineller Chevy-Motorhaube über der Bar.

"ROCKIN ROBINS", 133 Beale St., South of Market. Etwas verlorenes Gebäude unter dem Autobahnzubringer zur Bay Bridge. Bar mit Live-Musik verschiedener Stilrichtungen und Tanz.

"BOPPERS", 65o Howard St., South of Market. Moderne Bar mit Live-Musik: "House of Rock".

"SLIM'S", 333 11th St., South of Market. Große Musik-Kneipe und Diskothek in altem Backstein-Lagerhaus. Täglich Live-Gruppen, in der Regel Blues und Soul.

"SOUTHSIDE", 119o Folsom St., South of Market. Musik-Kneipe mit Tanz. Vorwiegend Blues, Jazz, Motown. Viel Atmosphäre. Vorne Restaurant, dahinter die Music-Hall.

"THE PALLADIUM", 1o31 Kearney St., North Beach. Diskothek mit Live-Bands, aktueller Rock. 3 Tanzflächen, riesige Video-Leinwand. Do-So von 21-6 Uhr.

"THE SALOON", 1232 Grant Ave., North Beach. Eines der ältesten Gebäude in San Francisco aus der Mitte des 19. Jahrhunderts, überlebte das Erdbeben 19o6. Heute heruntergekommen, beherbergt eine urige Musik-Kneipe. Rustikale Bar und durchgetretener Holzfußboden. Täglich Live-Musik verschiedener Stilrichtungen.

"ROCKIN ROBINS", 184o Haight St., Haight Ashbury. Tagsüber Bar, abends Diskothek mit Rockmusik der fünfziger und sechziger Jahre aus der Juke-Box. An den Wänden Fotos von Rockstars, hinten drei Kühlerhauben von 5oer Chevies.

"I-BEAM", 1748 Haight St., Haight Ashbury. Diskothek mit Rockmusik und Live-Bands. Täglich bis 2 Uhr früh.

"DNA", 375 11th St., South of Market. Lagerhallen-Atmospäre. Außer montags jede Nacht Dancing bis 4 Uhr früh. Live-Bands, verschiedene Stilrichtungen.

"JAZZ AT PEARL'S", 256 Columbus Ave., North Beach. Di-So Live -Jazz.

"FIREHOUSE", 316o 16th St., Mission District. Diskothek in altem Holzhaus. Rockmusik live.

"69O", 69o Van Ness Ave., Civic Center. Restaurant-Bar in poppig aufgemachter Lagerhalle. Bunte Dekorationen aller Art, extravagant. Fr/Sa live Salsa-Musik und andere lateinamerikanische Rhythmen. Dancing. Gutes Essen (kalifornisch-orientalisch).

"THE GREAT AMERICAN MUSIC HALL", 859 O'Farrell St., Civic Center. Traditioneller Ort für hochklassige Jazz-Konzerte. Manchmal auch andere Musikrichtungen.

"JACKS", Fillmore St./Ecke Geary St., Japantown. Diskothek, Di-So Live-Bands.

"SILHOUETTES", 155 Jefferson St., Fisherman's Wharf. Tanzschuppen in der Touristenzone an den Piers mit Blick auf Alcatraz. Täglich Rockmusik aus den fünfziger bis neunziger Jahren.

"PAUL'S SALOON", 3251 Scott St., Pacific Heights. Gepflegt-rustikale Bar im edlen Saloon-Stil. Jeden Abend ab 21 Uhr Country&Western Musik mit Live-Bands.

"HARD ROCK CAFE", Van Ness Ave./Ecke Sacramento St., Pacific

Heights. Modern gestaltete Rock-Bar.

"THE STONE", 412 Broadway, North Beach. Pechschwarze Fassade mit weißer Schrift. Rock-Club mit Live-Bands.

FESTE UND FESTIVALS:

Praktisch jede Woche irgendein Fest in den verschiedenen Stadtteilen. Vollständige Liste im Touristenbüro. Für San Francisco besonders typisch:

"Chinese New Year": Karneval-artige Festlichkeiten mit Paraden und zahlreichen kulturellen Veranstaltungen. Wechselnde Termine im Februar.

"Cinco de Mayo": Parade und Feierlichkeiten zum mexikanischen Nationalfeiertag. Schwerpunkt der Veranstaltungen im Mission District. 5. Mai.

"Lesbian-Gay Freedom Day Parade": Umzug und demonstrative Zuschaustellung homosexuellen Selbstbewußtseins. Die alljährliche Hauptveranstaltung der Gay-Szene von San Francisco. Ende Juni.

MEDIEN

Zeitungen: Die beiden großen und informativen Zeitungen der Stadt sind der "San Francisco Chronicle" und der "San Francisco Examiner".

Radio: Dutzende Programme für San Francisco und die Bay Area. Hier eine Auswahl:

KBLX, 1o2.9 FM ... Jazz
KRQR, 97.3 FM .... Nachrichten
KDFC, 1o2.1 FM .. Klassische Musik
KFOG, 1o4.5 FM .. Rock
KGO, 81o AM .... Nachrichten
KJAZ, 92.7 FM ..... Jazz
KMEL, 1o6.1 FM .. aktuelle Top-Hits
KNEW, 91o AM..... Country & Western
KOME, 98.5 FM ... Rock
KYA, 93.3 FM....... Rock & Roll der fünfziger und sechziger Jahre

Fernsehen: Insgesamt rund 5o Fernsehprogramme. Gute und übersichtliche Vorschau auf die kommende Woche in der Sonntagsbeilage des San Francisco Chronicle, "TV-Week".

SPRACHENSCHULEN

Wenn schon Englisch lernen, dann doch wohl am schönsten in San Francisco, oder?

"Academy of World Studies", 282o Van Ness Ave., Tel. 414-14o4. Sprachenschule und gemeinnütziges Forschungsinstitut.

"ELS-Language Center", 3o1 Mission St., Tel. 541-9935.

"Language Resource Institute", 1336 Polk St., Tel. 441-8145. Englisch auf jedem Niveau, inkl. Konversationskurse.

STRÄNDE

OCEAN BEACH: Der längste von San Franciscos Stränden. Nimmt praktisch die gesamte Westseite der Stadt ein. Breiter Sandstrand, gegen den die Pazifikwellen anrollen. Daher kühl und zum Baden nicht ungefährlich. Ocean Beach war bis 185o Ausgangspunkt einer immensen Dünenlandschaft, die sich über die gesamte Westhälfte der Halbinsel von San Francisco erstreckte. Durch Bebauung und Küstenstraße inzwischen auf den reinen Strand reduziert.

BAKER BEACH: Schöner Sandstrand mit hohen Wellen im Stadtviertel Presidio. Praktisch direkt vor dem Golden Gate mit Blick auf die gegenüberliegenden Berge von Marin County und die Golden Gate Bridge. Schönes Badegefühl, fast zu Füßen der berühmten Brücke. Aber Vorsicht: wegen Wellengang und Strömungen nicht ungefährlich.

Schwer zu erreichen: Ab Golden Gate Bridge südlich über Lincoln Blvd. Von dort führen mehrere Fußwege zum Strand hinunter. An einer Stelle auch Zufahrt für PKW auf einen kleinen Parkplatz.

CHINA BEACH: Grenzt im Süden an Baker Beach. Ähnliche Bedingungen. Zufahrt über Del Mar Blvd. und einige Wohnstraßen zwischen Presidio und Lincoln Park.

ACUATIC PARK: Zwischen Fisherman's Wharf und Fort Mason. Kleiner Strandabschnitt, dahinter Wiesen und betonierte Treppen. Sicherster und wärmster Strand von San Francisco; kaum Wellengang, da geschützt durch Wellenbrecher. Wasser nicht sehr sauber. Leicht zugänglich mit öffentlichen Verkehrsmitteln Richtung Fisherman's Wharf.

SPORT

Natürlich gibt es Angebote für jegliche Art von Sport. Spezielle Informationen durch das Touristenbüro. Bestimmte Sportarten wie Schwimmen, Jogging, Radfahren oder Roller Skating aber lassen sich leicht organisieren und sind in San Francisco immer "in", auch und vor allem, weil sich damit eine große Portion Selbstdarstellung verbinden läßt.

Jogging: Zwei Bezirke eignen sich hierfür besonders: die endlosen Wege im Golden Gate Park sowie die Uferpromenade an der San Francisco Bay zwischen Fisherman's Wharf und der Golden Gate Bridge. Hier tummeln sich auch die Roller Skater und Skate- Board Enthusiasten.

Radfahren: Der Golden Gate Park ist ein Paradies für Radfahrer, vor allem am Sonntag, wenn der Kennedy Drive für den Autoverkehr gesperrt ist. Verschiedene Verleih-Stellen im Park. Phantastische Tour auch von Fisherman's Wharf aus entlang der Küste zur Golden Gate Bridge, dann über die Brücke und in die Marin Headlands. Details zum überwältigenden Panorama, das einen dort erwartet, im Kapitel "Marin Headlands", S.QW.

ZUSCHAUERSPORT

Baseball: Die "San Francisco Giants" spielen im Candlestick Park, 12 km südlich des Zentrums, zu erreichen über den Bayshore Freeway. Saison von April bis September. Tickets und Info: 17o Grant Ave., Tel. 982-94oo.

Basketball: Das Team der "Golden State Warriors" spielt hauptsächlich in Oakland, auf der anderen Seite der Bay in der Oakland Coliseum Arena, zu erreichen über die Bay Bridge und Interstate 88o, Abfahrt Hegenberger Rd. Saison von November bis April/Mai. Info und Tickets über Tel. 638-63oo.

Football: Die "San Francisco Forty-Niners" sind eines der erfolgreichsten Teams der letzten Jahre im American Football. Spielen ebenfalls im Candlestick Park. Saison von August bis Dezember. Spieltermine und Tickets über Tel. 468-2249.

Pferderennen: Auf dem "Bay Meadows Race Course" ist Saison von August bis Januar. Zu erreichen über Hwy. 1o1 Richtung Süden bis San Mateo, Nähe Kreuzung mit Hwy. 92. Info über Tel. 574-7223.

★ Routenplanung ab San Francisco

Wer per Transatlantikflug in SAN FRANCISCO ankommt, hat je nach zur Verfügung stehender Urlaubszeit für die Kalifornienrundreise folgende Möglichkeiten: (Siehe Karte nächste Seite)

A KLEINE RUNDTOUR: Von San Francisco nach Sacramento (lohnendes Eisenbahnmuseum) und durchs Gold Country (Seite 519) zum Yosemite Nat. Park (Seite 455). Bei knapper Urlaubszeit ist der Yosemite auch direkt ab S.F. via Hwy 58o/2o5 und Modesto zu erreichen (ca. 4 Std. mit eigenem Auto).

Weiter ab Yosemite mit Durchquerung der Sierra Nevada auf dem Hwy. 12o quer durch den Nationalpark zum Mono Lake (Seite 477). Von hier rauf zum Lake Tahoe (Seite 483) und entweder direkt zur Interstate 8o und zurück nach S.F. Oder: ab Lake Tahoe noch den lohnenden östlichen Umwegschlenker via früherer Minenstadt Virginia City (Seite 499) und dem Spielerparadies Reno (Seite 5o9).

Benötigte Zeit je nach Route und Stops unterwegs: Minimum 1 Woche, besser aber 2 Wochen kalkulieren.

B MITTLERE RUNDTOUR: wie oben bis Yosemite Nat. Park, den man jedoch nur als Stichpiste berührt. Weiter über den Hwy 4o/Hwy 18o zum Kings Canyon- und Sequoia Nationalpark (Seite 434), der großartige Natur mit Wanderwegen zwischen den kalifornischen Riesenbäumen bringt.

Weiter über den landschaftlich großartigen Hwy 178 und Walker

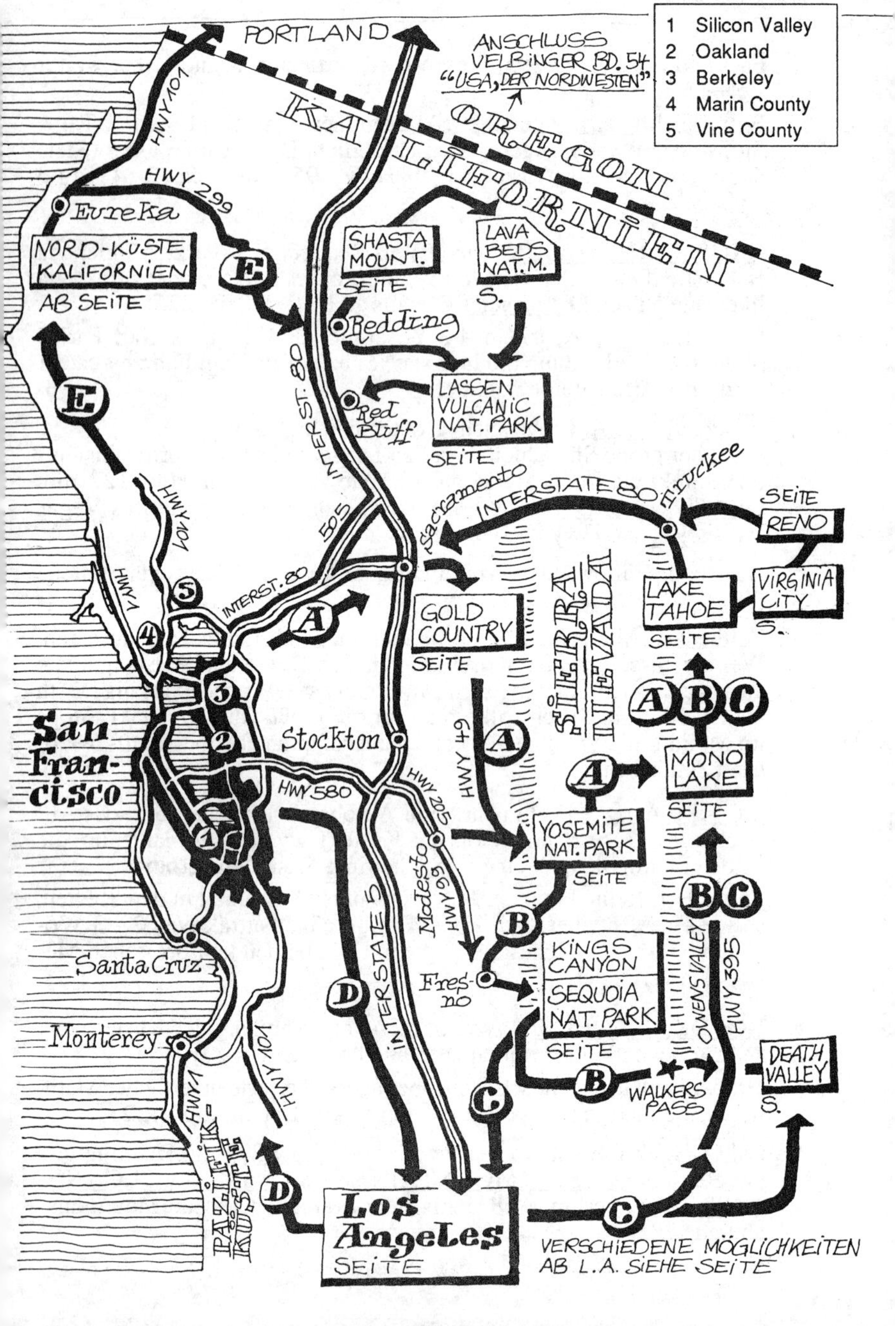
1 Silicon Valley
2 Oakland
3 Berkeley
4 Marin County
5 Vine County
PORTLAND
ANSCHLUSS VELBINGER BD. 54 "USA, DER NORDWESTEN"
OREGON
KALIFORNIEN
HWY 101
HWY 299
Eureka
NORD-KÜSTE KALIFORNIEN AB SEITE
SHASTA MOUNT. SEITE
LAVA BEDS NAT. M. S.
Redding
INTERST. 80
LASSEN VULCANIC NAT. PARK SEITE
Red Bluff
Sacramento
INTERSTATE 80
Truckee
SEITE RENO
505
HWY 101
HWY 1
INTERST. 80
GOLD COUNTRY SEITE
SIERRA NEVADA
LAKE TAHOE SEITE
VIRGINIA CITY S.
San Francisco
Stockton
HWY 49
MONO LAKE SEITE
HWY 580
HWY 205
YOSEMITE NAT. PARK SEITE
Modesto
HWY 99
INTERSTATE 5
KINGS CANYON
SEQUOIA NAT. PARK SEITE
Fresno
OWENS VALLEY
HWY 395
Santa Cruz
Monterey
HWY 101
HWY 1
WALKERS PASS
DEATH VALLEY S.
PAZIFIK-KÜSTE
Los Angeles SEITE
VERSCHIEDENE MÖGLICHKEITEN AB L.A. SIEHE SEITE

Pass rüber zur Hwy 395, diesen nordwärts zum Mono Lake, weiter siehe (A).

Extra- Zeitbedarf gegenüber (A) an reiner Fahrzeit plus ca. 2 Tage, Stops oder Wanderungen gehen zusätzlich. Das Death Valley (Seite 4o5) läßt sich als Abstecher ab Hwy 395 (plus ca. 2- 4 Tage) einbauen.

C GROSSE RUNDTOUR: wie (B) bis Sequoia Nat. Park. Ab hier via Bakersfield entweder via Mojave und Rogers Salzsee oder direkt via Interstate 5 nach Los Angeles (Details zu L.A. ab Seite 226).

S.F. direkt -> L.A. (ohne die Yosemite- und Sequoia Nat. Park): schnellste Verbindung die Interstate 5, bzw. Bus/Zug: Fahrzeit ca. 11 - 12 Std. je nach Verkehrsmittel.

Anschluß ab L.A. (siehe auch "Routenplanung"/Seite 335): entweder große Südschleife via San Diego und südkaliforn. Wüsten - oder direkt via Interstate 15 nach Barstow, Baker und Hwy 127 zum DEATH VALLEY (Seite 4o5). Lässt sich ausweiten via Las Vegas (Seite 391) und Hwy 95 zum Death Valley.

Ab Death Valley Querverbindung zum Owens Valley, weiter siehe (A).

Zeitbedarf: Allein für L.A. sollte man im Minimum 4 Tage ansetzen. Wer die anschließende Südschleife via San Diego und Wüstengebiete ausfährt, braucht nochmals im Minimum ca. 1 Woche extra bis Death Valley. Unterm Strich sollte man für die große Rundtour inkl. Stops im Minimum 3 Wochen, - komplett ausgefahren aber besser 4 - 5 Wochen Zeit haben.

D S.F. -> L.A. -> S.F.: hinwärts via Autobahn (Interstate 5) bzw. Abstecher in die Sierra und retour via Küste (Hwy 1o1). Variante, um die beiden Metropolen auf einem "Städtetrip + Küste" zu verbinden.

Zeitbedarf: Reine Fahrzeit 2 - 3 Tage, plus: Aufenthalt in den Städten, sowie für Abstecher und Stops. Ein durchaus attraktives 2 - 3 Wochenprogramm, welches die Küste mit den beiden kalifornischen Metropolen verbindet.

E NORDKALIFORNIEN: von San Francisco entlang der Küste (Hwy 1) bzw. schnellere Verbindung Inland über den Hwy 1o1.

Großartige Küstenlandschaften, aber auch Überreste urzeitlicher Mammutwälder kalifornischer Riesenbäume. Alle Details ab Seite 751.

Läßt sich ab Eureka/Nordküste über den Hwy 299 mit Redding und der Region SHASTA MOUNTAIN sowie LASSEN VOLCANIC NAT. PARK verbinden. Details siehe Kapitel "Cascade Mountains" ab Seite 785.

Zeitbedarf Nordkalifornien: sehr unterschiedlich, abhängig von der Frage eigenes Auto, sowie gefahrener Route. Inkl. Stops und Abstecher ca. 1 - 2 Wochen mit eigenem Auto und Rückfahrt via Hwy. 299 zum Shasta Mountain und Lassen Nat. Park.

* Die BAY AREA/SAN FRANCISCO läßt sich je nach Route entsprechend einbauen. Details siehe folgendes Kapitel.

in eigener Sache:

Es liegt in der Natur der Dinge, daß bei der Fülle an konkreter Information, die dieses Buch enthält, sich im Laufe eines Jahres einiges ändern kann.

Deshalb bitten wir um Mitteilung von Abweichungen. Wer uns ansonsten irgendwelche ausgefallenen Tips wie neue Routen, schöne Hotels mit viel Atmosphäre oder ähnliches schickt, wird bei der Neuausgabe dieses Buches namentlich zitiert.

Bitte schreibt uns, wir freuen uns über jeden brauchbaren Tip, weil wir es wichtig finden, daß man nicht irgend ein blödes Laberbuch, wie leider viele Reiseführer, mit sich schleppt, sondern etwas, was wirklich nützlich und hilfreich ist.

USA - Redaktion

VERLAG
MARTIN
VELBINGER

82166 Gräfelfing/München - Bahnhofstr. 1o6

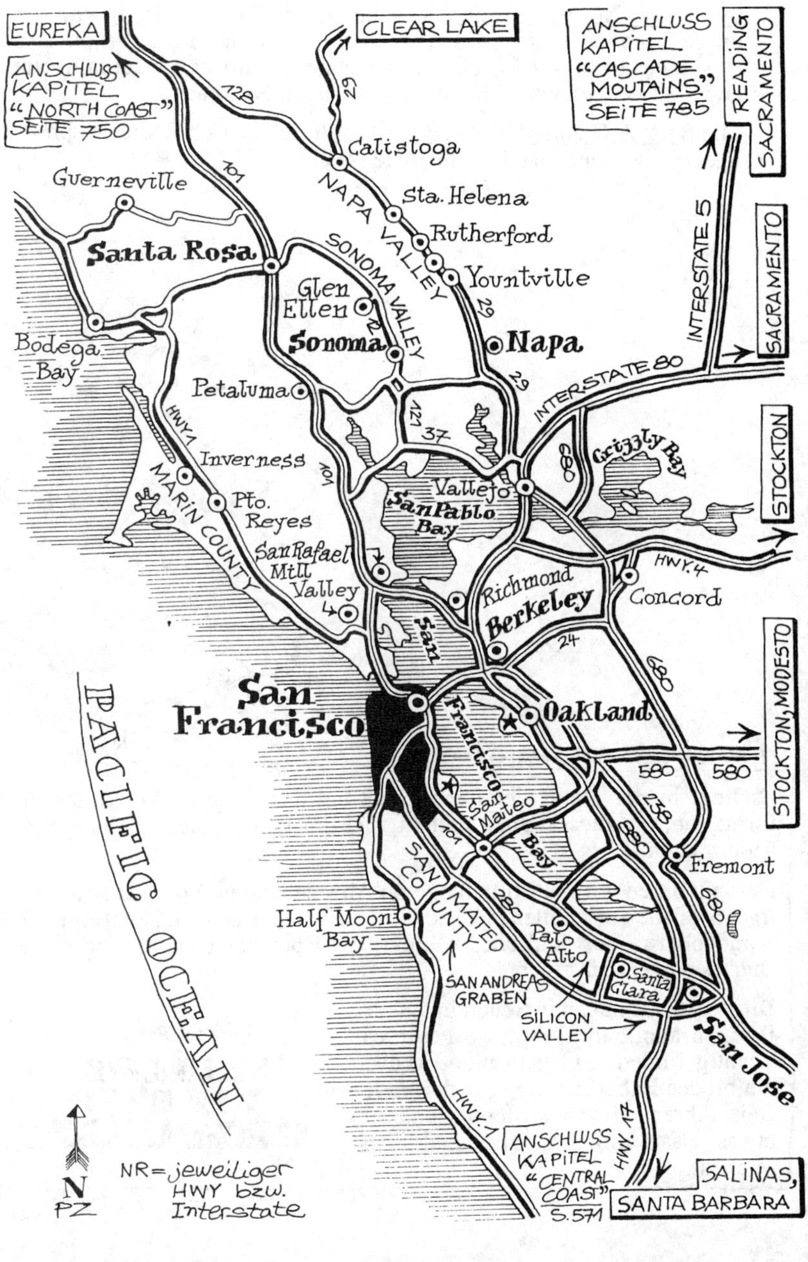
EUREKA
ANSCHLUSS KAPITEL "NORTH COAST" SEITE 750
CLEAR LAKE
ANSCHLUSS KAPITEL "CASCADE MOUTAINS" SEITE 785
READING SACRAMENTO
Calistoga
Guerneville
Sta. Helena
Rutherford
Yountville
NAPA VALLEY
SONOMA VALLEY
Santa Rosa
Glen Ellen
Sonoma
Napa
Bodega Bay
Petaluma
INTERSTATE 5
SACRAMENTO
INTERSTATE 80
HWY 1
Inverness
Grizzly Bay
STOCKTON
Vallejo
Pto. Reyes
MARIN COUNTY
San Pablo Bay
San Rafael
Mill Valley
HWY. 4
Richmond
Concord
Berkeley
San Francisco
Oakland
STOCKTON, MODESTO
PACIFIC OCEAN
San Mateo
Bay
Fremont
SAN MATEO COUNTY
Half Moon Bay
Palo Alto
Santa Clara
SAN ANDREAS GRABEN
SILICON VALLEY
San Jose
HWY. 1
HWY. 17
ANSCHLUSS KAPITEL "CENTRAL COAST" S. 571
SALINAS, SANTA BARBARA
N
PZ
NR = jeweiliger HWY bzw. Interstate

BAY AREA

Rund um die beiden Buchten von San Francisco und San Pablo eine dichte Konzentration von Städten: Im SÜDEN vor allem die High-Tech Metropolen des Silicon Valleys, und auf der gegenüberliegenden Seite der Bucht im OSTEN der Containerhafen Oakland und das Universitätsstädtchen Berkeley.

Der NORDEN ist weniger bevölkert. Dort vor allem die weltberühmten Weinbaugebiete von Napa und Sonoma Valley sowie Marin County, das lohnendste Ausflugsgebiet in der Umgebung von San Francisco: schicke Küstenstädtchen, einsames Bergland, Redwood-Wälder und eine Küstenlandschaft am Pazifik, die schon einen Vorgeschmack auf den Norden Kaliforniens gibt.

Entfernungsbeispiele ab San Francisco per Auto (Fahrzeiten in ca.)*

Berkeley, Universität	25 Min.	2o km	* vorausgesetzt kein Stau
Muir Woods (u.a. Redwoods)	3o Min.	25 km	
Napa Wine Country	1 Std.	7o km	
Mendocino (im Norden und bereits außerhalb der Bay Area)	4 Std.	251 km	
Sonoma Wine Country	1,5 Std.	8o km	
Oakland, Downtown	2o Min.	16 km	
Palo Alto, Stanford Universität	1 Std.	55 km	
Reyes National Seashore	1 Std.	6o km	
Sacramento (bereits außerhalb der Bay Area, Ri. Sierra Nevada)	1,5 - 2 Std.	145 km	
Sausalito	2o Min.	13 km	
Vallejo	45 Min.	4o km	

Geologie/Geschichte: Die Buchten hinter dem Golden Gate waren vor rund 15.ooo Jahren tiefe Canyons, durch die sich Flüsse von der Sierra Nevada ihren Weg zum Pazifik gegraben hatten. Mit dem Schmelzen des Polareises am Ende der letzten Eiszeit stieg der Meeresspiegel des Pazifik, setzte die Canyons unter Wasser und bildete so die Buchten von San Francisco und San Pablo. Mit dem offenen Ozean sind sie nur verbunden durch die Meerenge am Golden Gate.

Die Buchten lagen so versteckt, daß sie von spanischen Seefahrern, die im 16. und 17. Jahrhundert vor der kalifornischen Küste kreuzten, nicht entdeckt wurden. Die enge und vom Meer aus kaum sichtbare Durchfahrt am Golden Gate hüllte sich außerdem häufig in dichten Nebel, so daß die Seeleute jener Zeit kaum eine Chance hatten, hinter ihr eine geschützte Bucht zu vermuten.

So kam es, daß die Bay erst 1769 entdeckt wurde, auf dem Landweg, und noch dazu per Zufall: Der Spanier Gaspar de Portolá wollte mit seiner kleinen Soldatentruppe eigentlich nach Monterey, geriet aber zu weit nördlich. Kurz bevor sich die Truppe zur Umkehr entschloß, sichtete sie von einer Bergkuppe aus das bis dahin unbekannte Gewässer.

Auf Portolás Informationen hin begaben sich später spanische Missionare aus Monterey und Carmel an die Bay und gründeten 1776 die Misión San Francisco de Asís. Doch bis 1849 blieb die gesamte Gegend unerforscht und unbesiedelt.

Erst während des Goldrausches ab 1849 erhielt die Bay eine zunehmende Bedeutung. Reguläre Schiffslinien (Schaufelraddampfer) verkehrten ab San Francisco über die Bucht zur Mündung des Sacramento sowie des San Joaquin River. Sie fuhren weiter flußauf des Sacramento River nach Sacramento (dem Ausgangspunkt für den nördlichen und mittleren Teil der Goldfundstellen an den Hängen der Sierra Nevada), - bzw. auf dem San Joaquin River flußauf nach Stockton, dem Ausgangspunkt für den südlichen Bereich der Fundstellen. Weitere Details siehe Kapitel "Gold Country".

Die Schiffe brachten nicht nur die Abenteurer und Goldschürfer in die Region, sondern auch die benötigten Waren. Weiterhin verbanden sie das Gold Country mit San Francisco, wo die Goldsucher sich vom harten Leben an den goldhaltigen Flüssen der Sierra erholten und ihre Funde in Spielhallen und bei Freudenmädchen ausgaben.

Als 1869 die Transkontinentale Eisenbahn vom Osten der USA über die Sierra Nevada die Westküste erreichte, war Oakland bald Endpunkt des Gleises und Hafen für die Weiterfahrt per Schiff über die Bucht nach San Francisco.

Im Rahmen der Expansion San Franciscos ab 185o wurden die Küsten der San Francisco- und San Pablo Bay erschlossen, - zunächst zum Abholzen der dortigen Wälder, um Bauholz insbes. für die Stadt San Francisco zu gewinnen.

Um die beiden Buchten und im Inland entstanden zunehmend Siedlungen, die dann im 2o. Jhd. zum wichtigsten Industrie- und Bevölkerungszentrum im kalifornischen Norden expandierten. Heute Großstädte, die bis Mitte unseres Jahrhunderts zu einem Besiedlungsraum von rund 5 Mill. Menschen zusammenwuchsen.

Landgewinnung durch Sandaufschüttung ins Meer: Eine Praxis, die bereits in San Francisco während des Goldrausches betrieben wurde, als in der Stadt die Grundstücke knapp wurden. Diese Praxis wurde insbes. nach dem 2. Weltkrieg in großem Stil an den Ufern der gesamten Bay wiederholt. Durch Eindeichung und spätere Aufschüttung gewann man riesige Gebiete für Industrieansiedlung und Wohnhäuser. Rund 3o Prozent der ursprünglichen Wasserfläche gingen dabei verloren, bis Bürgerproteste und strenge gesetzliche Vorschriften diesem Verfahren Einhalt geboten und den Bestand der Bay damit vorläufig sicherten.

Die Bay Area ist heute neben Los Angeles der größte Siedlungsraum in Kalifornien. U.a. die wichtigsten Computer, Software- und Halbleiterfirmen haben hier ihren Sitz (Silicon Valley), und die besten Weine der USA ihren Ursprung in der Region Napa- und Sonoma Valley.

★Silicon Valley

Sammelbegriff für das Städtekonglomerat zwischen PALO ALTO und SAN JOSE im Süden der San Francisco Bay. Zugleich Geburtsort der elektronischen Revolution im Sektor Transistoren und Computer sowie Schauplatz ihrer rasanten Weiterentwicklung während letzten 45 Jahren.

Hier haben die bedeutendsten Computerhersteller und Softwarehäuser der USA ihren Firmensitz, so beispielsweise Microsoft (weltweit der Marktführer im Sektor PC- Software), Intel (der größte Halbleiterhersteller der

Welt) und Apple- Computer, der Ende der 7o-er Jahren den wohl innovativsten PC präsentierte und heute u.a. zum besten Graphik- Computer im PC- Sektor zählt.

Inwieweit der Besuch des Silicon Valley lohnt, sei dahingestellt. Für den Computerfreak ist es ein "Trip zu den Göttern", wobei die Firmen und Produktionsstätten teils auch (bei Voranmeldung) besichtigt werden können. Ansonsten stehen zwischen den Freeways die gleichförmig rechteckigen Bauten der High-Tech Elite, die hier rund um die Uhr forscht, arbeitet und wahnsinnig schnell wahnsinnig viel Geld verdient.

Geschichte des Silicon Valley: ist eng verbunden mit der Entwicklung des Computers, seiner Software und der Halbleitertechnik. Der Name "Silicon Valley" kommt von Silizium, dem Grundstoff der Halbleiter.

Noch bis in die 5o-er Jahre war die Region intensiv landwirtschaftlich genutzt und produzierte mehr als die Hälfte des Weltbedarfs an Trockenpflaumen. Das, was sich anschließend hier entwickelte, ist vergleichbar mit den Pionierzeiten des Goldrausches, - allerdings bei erheblich höheren Gewinnen der einzelnen Unternehmen.

Verschiedene Erfindungen beeinflußten die Entwicklung des Silicon Valleys zum heute bedeutendsten High- Tech- Zentrum der USA:

* seit den 3o-er Jahren arbeitete der Deutsche **Konrad Zuse** an einem COMPUTER, der mit Telefonrelais Schaltungen und Rechenoperationen durchführte.

  Zu Grunde lag die Idee, Daten in den Begriff Null oder Eins zu zerlegen: Sprich, das Relais zieht durch einen Magnet an und stellt Kontakt her (= Eins) bzw. nicht (=Null). Damit konnten einfache Rechenoperationen schneller als per Hand oder der damals verwendeten mechanischen Hollerit- Rechenmaschine durchgeführt werden.

  1936: Der Zuse 1 gilt als erster Computer der Welt. **1939**: Das Modell Zuse 3 hatte bereits 2.6oo Relais, war der erste programmierbare Computer der Welt und konnte 15 - 2o arithmet. Rechenoperationen pro Sekunde durchführen.

  Allerdings erfuhr Zuse (im Gegensatz z.B. zu den Raketen- Entwicklern in Peenemünde) kaum Unterstützung. Konrad Zuse: "Es war nur ein sehr kleiner Kreis, der damals überhaupt an die Zukunft des Computers glaubte. Wenn ich erzählte, in 5o Jahren wird der Schachweltmeister durch einen Computer besiegt, dann sagten viele, der spinnt". Somit wurden bahnbrechende Entwicklungen im Computersektor weitgehend in anderen Teilen der Welt (anfangs USA, später auch Japan etc.) getätigt. Zu wichtigen deutschen Entwicklungen der Nachkriegszeit gehört ein spezieller Prozessrechner mit Modifikationen (1964/65, Georg Gloede).

* **Anfang der 4o-er Jahre**: Anders als im Nazideutschland war man sich in den USA sehr bewußt, daß Konrad Zuse hier eine äußerst wichtige Erfindung gemacht hatte. Insbesondere das US-Militär interessierte sich für die neue Technologie und förderte finanziell deren Erforschung und Entwicklung.

  1944: der amerikanische Mark 1 realisierte (synchron gesteuert durch eine Welle mit 1oo Umdrehungen pro Minute) bereits eine 12- stellige Mulitplikation in o,15 Sekunden. Er wurde von H.H. Aiken konstruiert und von IBM gebaut. Eine gewaltige Maschine von 35 Tonnen Gewicht und rund 8oo Kilometer (!) Verkabelung.

  1944/45 brachte John von Neumann einen entscheidenden Fortschritt in den Computer, nämlich die freie Programmierung, bei der das jeweilige Programm in den

Speicher des Computers eingebracht und beliebig geändert werden kann.

Die ersten Rechner (der Mark 1 und anschließend der ENIAC) wurden u.a. bereits zu physikalischen Berechnungen in der Atomforschung und bei der ballistischen Flugbahnberechnung von Raketen eingesetzt und ermöglichten den USA entscheidenden Technologievorsprung.

1945/46: der ENIAC Computer gilt als erster, mit elektronischen Röhren gesteuerten Computer. Die Röhren waren in Schaltung erheblich schneller als die mechanisch- elekromagnetischen Relais. Eine Addition dauerte lediglich 2 Zehntausendstel Sekunden und eine Multiplikation nur noch 2,8 Tausendstel. Allerdings hatte der ENIAC gewaltige Dimensionen: Er benötigte 15 qm Platz, und für seine 17.468 (!) Elektronenröhren den Energiebedarf von 174 Kilowatt. Großes Problem war die Ableitung der gewaltigen Wärme, die bei dieser Menge an Röhren entstand.

Entsprechend oft gaben auch einzelne Röhren ihren Geist auf und mußten ausgetauscht werden. Der Schnitt lag zwar nur bei 2 - 3 Röhren pro Woche, entsprechend lang war aber der Rechner blockiert.

* **1948**: Erfindung des **TRANSISTORS** durch die Wissenschaftler der Stanford Universität William Shockley, John Bardeen und Walter Brattain. Sie erhielten hierfür den Nobelpreis. Der Transistor (gefertigt zunächst aus Germanium, später aus Silizium) konnte, wie die elektronische Röhre, Schaltungen durchführen. Dies allerdings bei anfänglicher Größe von nur 3- 5 mm und erheblich niedrigerem Energiebedarf.

Die Ausreifung des Transistors benötigte noch bis 1952, leitete jedoch anschließend den wohl elementarsten Entwicklungsschub in der 2. Hälfte des 2o. Jhds. ein. Egal, ob kleine Transistorradios, - oder Sender, - oder jegliche sonstigen elekronischen Geräte: Der Transistor war wichtigstes Bauelement und führte letztlich auch zur Miniaturisierung der Geräte.

* **GROSSCOMPUTER**: bereits **1944** war der führende Schreibmaschinenhersteller **IBM** in den Geschäftsbereich Computer mit dem "Mark 1" eingetreten. Sein weiterentwickelter SSEC als Großrechner hatte noch 12.5oo Röhren und 21.4oo Relais. Das Nachfolgemodell 6o4 kam mit 1.4oo Röhren aus.

1955 liefert die Bells Company den ersten Transitor-bestückten Rechner der Welt, und **1957** die deutsche Siemens den ersten ausschließlich mit Transistoren betriebenen Rechner. Auch IBM stellte seine Rechner dann Ende der 5o-er Jahre auf Transistoren um.

1961 wurde der **INTEGRIERTE SCHALTKREIS** entwickelt: Früher auf entsprechend großen Platinen zusammengelötete Schaltkreise finden Platz auf einem kleinen Chip. Dies war die neben dem Transistor wohl bahnbrechendste Erfindung. Sie leitete eine zunehmende Miniaturisierung der Bauteile ein, - wie sie nicht zuletzt auch von der Raumfahrt- und der Militärindustrie gefordert war, - da diese Industriezweige an Volumen kleinere Rechner an Bord ihrer Flugobjekte benötigten.

IBM nahm an dieser Technologie- Entwicklung rege teil, wobei das weltweit bestehende Vertriebsnetz als Schreibmaschinenhersteller dem Verkauf der Großcomputer ebenso zu Gute kam wie perfekt geschulte Verkäufer. Die Rechenzeiten reduzierten sich auf Millisekunden, - und die IBM- Großrechner galten als die besten und meistverkauft.

IBM- Rechner wurden ebenso für Wahlprognosen eingesetzt wie bei der NASA, der Forschung, den Militärs und bei Großkonzernen. Für damalige Großrechner mußten bis hin zu 2 - 3 Millionen US Dollar bezahlt werden je nach Größe. Big Blue (IBM) florierte und konzentrierte sich weiterhin auf seinen Geschäftsbereich "Großrechner".

Parallel wurden die Rechenleistungen immer höher und das Volumen der Geräte durch zunehmende Miniaturisierung (Chips) immer kleiner. Und die Preise sanken je nach IBM- Rechner auf ca. 1oo- 2oo.ooo US aufwärts, - Anschaffungspreise, die sich kleinere Handelsunternehmen nicht leisten konnten.

* **PERSONAL COMPUTER**: da Großrechner Räume mit "Air Condition" benötigten, teures Personal und entsprechende Spezialkenntnisse in Bedienung der High Tech Geräte, - wurde der Ruf laut nach einem Computer, der nicht nur preiswert ist, sondern vorallem auch einfach zu bedienen. Ein Computer, der zugleich so handlich klein ist, daß er auf dem Schreibtisch des Managers, Abteilungsleiters, Konstruktions-Chefs etc. Platz hat und diesem die früher weiten Wege zum Computer-Room erspart. Eine Konzeptidee, die viel Geld versprach.

IBM, der Marktführer bei Großrechnern, verschlief zunächst diese Chance. Es waren Jugendliche von 21 Jahren, Steven Jobs und Stephen Woziak, die **1976** die Firma **APPLE** gründeten. In einer Garage produzierten sie den "Apple 1", eingebaut in einem Diplokoffer. Die Bauteile kamen wie auch immer wo sonst her; zumindest war der Apple Geschäftspartner Woziak damals bei Hewlett Packard angestellt. Verkauft wurde der "Apple 1" auf Messen, in kleinen Stückzahlen, und wurde bestaunt von der Fachwelt. Der **erste Kleincomputer der Welt** war geboren.

Erstes APPLE-FIRMENLOGO, - später abgelöst durch den berühmten angebissenen Apfel in Regenbogenfarben.

1977 folgte der "Apple 2", und APPLE mit nunmehr angebissenem Apfel als Firmenlogo machte bereits einen Umsatz von 2,7 Mill. US. Der erste handliche Computer der Welt war geboren, - während Big Blue zu dieser Zeit noch an der Weiterentwicklung von Großrechner bastelte...

Der Apple 2 hatte bereits eigenes Gehäuse, Tastatur, Erweiterungssteckplätze und Ports für einen externen Speicher, sowie Anschluß an den Bildschirm, der damals ein TV war. Er gilt als **Prototyp heutiger Personal Computer**.

Softwarefirmen entwickelten erste Programme für den "Apple".

1983 brachte die expandierende Firma ihren Computer **LISA** heraus. Der Computer und sein Betriebssystem hatten eine Vielzahl revolutionärer Neuerungen:

-> zur Bedienung des Computers fungiert eine "MAUS", die auf glatter Ebene hin und her geschoben wird und per Pfeil auf dem Bildschirm erscheint. Durch Klick auf die Maus werden Ordner (ähnlich wie im bisherigen Büroalltag) geöffnet, die als Symbol auf dem Bildschirm auftauchen.

Weiterhin zeigt der Bildschirm als Symbol (Icons) die einzelnen, im Rechner geladenen Softwareprogramme. Z.B. Textverarbeitung: das Symbol wird mit der

Maus angeklickt, und schon kann man Texte auf dem Bildschirm schreiben.

Auch die anderen Bereiche der Bedienungsoberfläche waren ähnlich leicht und schnell verständlich gestaltet, z.B. Text auf Diskette kopieren: einfach mit der Maus das Symbol für den Text auf das Symbol der Diskette schieben, fertig.

-> Bequemer war kaum ein Computer zu bedienen. Vor allem waren komplizierte Kenntnisse von Steuercodes (wie bei Großrechnern oder den 1981 erstmals erschienenen MS-DOS Rechnern) bei der Bedienung der Lisa nicht nötig. Fazit: ein Computer, der ohne große Schulung schnell beherrscht werden konnte.

Dies gemäß der Apple-Philosophie: *"Der Computer soll dem Menschen dienen und nicht der Mensch dem Computer."*

-> Zur Ausstattung der LISA gehörten bereits 1983 ein hochauflösender Monitor (bis heute keine Selbstverständlichkeit in der MS-DOS Welt), sowie die kleinen, von Sony/Japan entwickelten 3,5 Zoll Disketten.

Die LISA hatte den Nachteil, daß sie technologisch noch nicht ausgereift war, gilt jedoch als **Prototyp im Bedienkomfort eines Computers**. Features, die die MS-DOS- Welt erst Anfang der 9o-er Jahre mit "Windows" aufgriff.

1984 erschien bei Apple der **MACINTOSH**. Er war der damals revolutionärste Rechner im PC Sektor. Die Kinderkrankheiten der Lisa waren behoben. Als "Mac Plus" besaß er **1985** bereits 1 MB Arbeitsspeicher und konnte auf dem "Apple-Laserwriter" in Sekundenschnelle Texte auf normalem Schreibmaschinenpapier ausdrucken, welches wiederum als Druckvorlage diente.

Ein Vorgang, der vormals sehr zeitaufwendig mit Geräten wie Linotype und chemischen Entwicklungsvorgängen erledigt werden mußte. **DESKTOP- PUBLISHING** per Computer war geboren. Ab 1986 konnten Publikationen am Apple- PC gestaltet werden, - und der VELBINGER VERLAG war einer der ersten, der Desktop Publishing in größerem Stil für an Seiten umfangreiche Publikationen in Deutschland einsetzte.

APPLE expandierte seit der Präsentation des Macintosh gigantisch. Zu den Vorteilen des Systems zählte insbesondere die mit 2oo DM/Anschluß preiswerte und simple Einbindung der Macintosh- Rechner in ein Netzwerk: Mehrere Terminal- Benutzer konnten gleichzeitig den Drucker oder andere Peripheriegeräte nutzen sowie miteinander Daten austauschen. (Bei MS-DOS- Rechnern war dies anfangs garnicht und später nur sehr kostspielig zu realisieren: so kostete 1987 die Vernetzung von 3 MS-DOS Rechnern inkl. komplizierter Installation gute 13.ooo DM).

Auf Grund des hohen Bedienkomforts verkaufte sich der Mac Plus exzellent, dies trotz seines damals hohen Preises. Die Apple- Umsätze waren gigantisch, und Stephen Jobs als 31 Jähriger bereits Besitzer von umgerechnet mehr als 5oo Mill. DM!

1983 kam John Sculley (früherer Pepsi Cola Chef) zu Apple als Generalmanager (übrigens bei damaligem Jahresgehalt von mehr als 1 Mill. US!). Die Zusammenarbeit zwischen Jobs und Sculley war anfangs excellent und führte zum legendären "Macintosh": Jobs, der geniale Entwickler, und Sculley, der mit allen Wassern gewaschene clevere Vermarkter. Just letzterer Punkt war dann 1986 Grund der Trennung, Stephen Jobs als Firmengründer schied bei hoher Ablöse aus der Firma aus. Und APPLE expandierte weiter gigantisch als einer der, insbesondere in den USA meistverkauften PCs, dies unter Führung John Sculleys.

* **WEITERE PC's (1977- 86)**: zu einem der wichtigsten in der Pionierzeit des PC zählt der **Comodore Pet** (1977), entwickelt im Silicon Valley von Chuck Peddle in Zusammenarbeit mit Jack Tramiel (Besitzer einer erfolgreichen Büromaschinen- Firma, die auch Taschenrechner und Schachcomputer herstellte). Der PET hatte den Vorteil, daß er für damalige Zeiten relativ billig war. Er wurde durch Codes bedient und hatte nicht den Komfort des späteren Macintosh. Langfristig konnte sich der PET daher mit seinem eigenen Betriebssystem nicht gegen die komfortablen Apple Rechner sowie gegen die Übermacht der MS- DOS Rechner durchsetzen.

Besondere Erwähnung verdient der **Atari** (1985): Der Hersteller arbeitete ähnlich wie Macinotosh von Apple mit Symbolen, Maus und kleinem Diskettenlaufwerk. Vorallem war er erheblich billiger als der "Mac" und fand daher insbesondere bei Leuten mit wenig Geld zu Recht eine große Fangemeinde. Gleiches gilt auch für den von Commodore 1986 erstmals vorgestellten **Amiga**.

Computer mit eigenem Betriebssystem, die heute eine Vielzahl von Anwendern besitzen, - allerdings (leider) nicht mit dem Erfolg eines Macintosh oder MS-DOS in den Markt professioneller Anwender vorstoßen konnten.

* **MICROPROZESSOREN**: das Herz und Schaltzentrum der Personal Computer. Die Erfindung der Mikroprozessoren war Meilenstein in der Computergeschichte, - ähnlich wie zuvor die Erfindung des Transistors und des Integrierten Schaltkreises, deren Weiterentwicklung die Mikroprozessoren sind.

1971 hatte **Robert Noyen** (Gründer der Fima **INTEL**) den 1. Mikroprozessor der Welt erfunden: Der mit "4oo4" bezeichnete Chip hatte rund 4.ooo Transistorfunktionen, besaß 4 Bit und konnte pro Arbeitsgang lediglich Zahlen bearbeiten. Er fand daher Einsatz in ersten Taschenrechnern, für die er entwickelt wurde. Für die Verwendung in Computern waren diese Chips noch zu wenig leistungsfähig.

1981 erschien bei INTEL der "8o88", der über 8 Bit verfügte und in den ersten IBM-PC (siehe Absch. "MS-DOS Welt") eingebaut wurde. Er konnte lediglich 1 MB ansprechen und war ein notgedrungener Kompromiß wegen der damaligen IBM-Forderung nach einem möglichst billigem Chip. Diese waren noch sehr teuer, und IBM wollte den Gesamtpreis seines ersten PCs möglichst billig halten, um Konkurrenten Paroli zu bieten.

1974 erschien der "68oo", der **1979** vom Mikroprozessorhersteller MOTOROLA als "68ooo" weiterentwickelt wurde und insbes. Einsatz in ersten Apple Rechnern fand. Motorola hatte als Firmenphilosophie:

-> Der zentrale Schalt-Chip (CPU) des Computers solle gemäß Anforderungen der Software konstruiert werden (und nicht gemäß denen der Hardware).

-> Entsprechend wurden die Anforderungen der Software bei zunehmend höherem KB- Umfang der Software hochgerechnet für die 8o-er und 9o-er Jahre. Der 68ooo konnte bereits 1979 eine höhere Datenmenge und schneller als (erst 1981 erschienene) INTEL-CPUs verarbeiten, sowie bereits 16 MB direkt ansteuern.

Dies ermöglichte nicht nur schnelleren Datenfluß, sondern auch das an Datenmenge umfangreichere und damit komfortablere Betriebssystem von APPLE.

Damit waren die Weichen gestellt in der weiteren Entwicklung des PC. Beide Firmen haben ihren Sitz im Silicon Valley. MOTOROLA lieferte den Anfang der 8o-er

fortschrittlicheren Prozessor und APPLE das komfortablere Betriebssystem. Den Joker zog aber INTEL wegen seiner Zusammenarbeit mit IBM in der MS-DOS Welt.

* **MS-DOS WELT**: nach den Erfolgen insbes. der Firma APPLE war der Marktführer von Großrechnern **IBM, Ende der 7o-er Jahre** aufgewacht und wollte am aufstrebenden und zunehmend gewinnträchtigen Markt von PCs teilhaben.

  Auf die Schnelle mußte daher ein eigenes Betriebssystem her. Viel Zeit in umfangreiche Software- Entwicklung wollte IBM nicht investieren. Ein Anruf beim renommierten Software Hersteller "Digital Research" brachte, daß der Generalmanager zum Privaturlaub in die Karibik abgereist war...

  Den Zuschlag erhielt die damalige Kleinfirma "**Microsoft**" des **BILL GATES**. 1975 gegründet, hatte sich Microsoft einen Namen erworben im Ankauf bestehender Software, die dann entsprechend für andere Firmen modifiziert wurde.

  Der clevere Gates kaufte von der US- Firma "Seattle Computers" eine Software, die er in relativ kurzer Zeit gemäß Vorgabe der IBM umschrieb, und das **Betriebssystem MS-DOS** (Disc Operating System) war **1981** geboren.

  Doppelt clever war der damals 25-jährige Gates, da er keine Exklusiv- Rechte an IBM vergab: Das von ihm gelieferte MS-DOS Betriebssystem durfte er auch an andere Anwender verkaufen. Einer der wohl folgenschwersten Fehler des Giganten IBM.

  In Folge setzte sich MS-DOS als das weltweit meistbenutzte Betriebssystem durch, da es durch die bestehenden IBM- Vertriebswege anfangs excellent vermarktet wurde.

  Da keine Exclusivrechte für für IBM bestanden, kamen Mitte der 8o-er Jahre eine Fülle anderer PC- Hersteller wie Compac, Victor, Tandon etc. auf den Markt, sowie Billigproduzenten z.B. aus Taiwan. Sie unterboten IBM preislich und beschnitten dessen Absatzmärkte erheblich.

  Gleichzeitig stiegen die Umsätze der Fa. Microsoft als Lizenzgeber von MS-DOS gewaltig, und heute ist Bill Gates mehrfacher Milliardär (siehe auch Seite 7o7).

  In der 2. Hälfte der 8o-er Jahre waren MS- DOS Rechner billiger als diejenigen der Firma, die den Standard begründet hatte: IBM.

  -> Vorteil der MS-DOS Rechner: die hohe Zahl der Anwender, was gleichzeitig die Software-Entwickler zum Schreiben von Programmen motivierte: 1987 gab es rund 4.ooo Software- Programme mit MS-DOS. Und bis Ende der 8o-er Jahre rund 41 Millionen MS-DOS Anwender weltweit.

  -> Nachteil: die wegen MS-DOS unkomfortable Bedienung, die Steuercodes benötigte. Bereits die Installation geht nicht so leicht wie bei Apple, und wenn dann gar ein (zudem nicht gerade billiges) Netzwerk auf MS-DOS Rechnern installiert werden soll, ist in der Regel der normale Anwender überfordert und benötigt einen teuren Fachmann. Alles Dinge, die beim Apple einfach und billig sind.

  APPLE lachte sich ins Fäustchen und verlangte (ohne rot zu werden!), bis Ende der 8o-er Jahre gut 3 mal höhere Preise für seine Rechner und komfortableres Betriebssystem. Preise, die auch bezahlt wurden.

* **WINDOWS** war **1991** die Antwort von Bill Gates. Als Software steuert sie den früher per Codes zu bedienenen MS-DOS Rechner mit Symbolen, - ähnlich wie Apple.

Wie nicht anders zu erwarten, war WINDOWS (Preis ca. 4oo DM) ein durchschlagender Verkaufserfolg bei MS-DOS Anwendern. Allerdings mit dem Handicap, daß mindestens ein 386-er (besser aber 486-er mit 33 MHz) als Rechner nötig ist, sowie schnelle Festplatten und Beschleuniger-Karte (weiterer Aufpreis), damit das Programm entsprechend schnell auf dem Bildschirm abläuft. Auch ist Windows derzeit nicht mit jeder MS-DOS- Software lauffähig. Probleme gibts auch manchmal damit, was der Bildschirm an Schrift und Layout zeigt und der Drucker dann ausdruckt...

Bei APPLE gibts den Bedienkomfort ohne Aufpreis: das Betriebssystem ist dort im Kaufpreis des Rechners inkl. Zudem läuft es selbst auf kleinsten und preisgünstigen Einstiegermodellen wie z.B. Mac Classic hinauf zu Top-Macs mit 5o Mhz, sowie problemlos mit jeder Mac-Software, dem Drucker sowie im Apple-Netzwerk.

* Weiterer Gang der Dinge:

-> **APPLE** prozessierte zunächst mit Microsoft in Bezug, daß Apple der Erfinder der bedienungsfreundlichen Computeroberfläche sei. Ein kostspieliger und in Ausgang unbestimmter Rechtsstreit. Zur Freude der Apple Fans wurde zugleich das Preisniveau der Macs dem vergleichbarer MS-DOS Rechner angeglichen.

-> **IBM** durch die Billigangebote anderer MS-DOS Hardware Hersteller seinerzeit beschnitten, schloß 1991 einen Vertrag der Zusammenarbeit mit Apple: vereinbart wurde Kooperation im Austausch des komfortablen Apple-Betriebssystems mit den extrem schnellen IBM- "Risc-Prozessoren". Eine Ehe, die zunächst Anlaufzeit benötigt, - aber zusammen mit "Unix" Ende der 9o-er Jahre das Aus früherer Betriebssysteme wie MS-DOS bedeuten kann.

-> **MICROSOFT** entwickelt derzeit die Software "Windows NT", die das heutige MS-DOS Betriebssystem verbessern und "Windows" komfortabler gestalten soll. Allerdings seien gemäß Presseberichten hierfür ein Arbeitsspeicher von 16 MB und auf der Festplatte ca. 65 MB nötig.

GROSSCOMPUTER: bereits Anfang der 9o-er schrumpfte der Markt um gut 16 %. Manche Prognosen gehen dahin, daß bis Ende der 9o-er der PC in Leistungsfähgkeit so weit entwickelt ist, daß er im Netzwerk und mit leistungsstarkem Server die früheren Großanlagen weitgehend ablöst.

Details zur Stanford University, die entscheidend zur Entwicklung des Silicon Valleys und der modernen Compter-Technologie beitrug, siehe folgendes Kapitel.

✦ Palo Alto (6o.ooo Einw.)

Vorwiegend Wohngebiete im Hügelland am nördlichen Rand von Silicon Valley. Palo Alto ist Sitz der STANFORD UNIVERSITY, dem "Brain-Reservoir" für den Technologie-Nachwuchs im Computersektor.

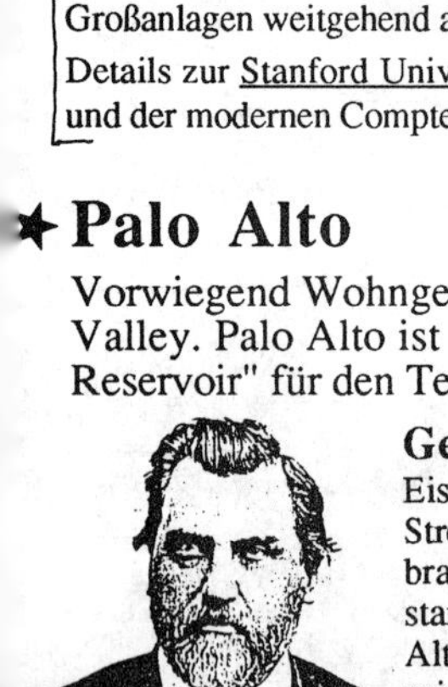

Geschichte: 1891 von Leland Stanford gegründet, einem der Eisenbahnmagnaten der Central Pacific, die die Transkontinentale Strecke ab Pazifik baute. Der anschließende Betrieb der Eisenbahn brachte Stanford großen Reichtum. Als sein Sohn bereits mit 16 starb, worunter Stanford sehr litt, stellte er seine Ranch "Palo Alto" zum Bau einer Universität zu Verfügung. Er wollte hiermit seinen Sohn ehren, der Forscher werden wollte.

LELAND STANFORD

Der ursprüngliche Campus umfaßte 3.3oo Ha., einer der ersten Studenten war Herbert Hoover, der spätere Präsident der USA. Die Stanford University brachte in ihrem mehr als 1oo jährigen Bestehen eine Vielzahl an Nobelpreisträgern hervor, - aber auch Studienabbrecher, die später in der Computerbranche zu vielfachen Multimillionären wurden.

Den Park gestaltete F.L. Olmsted, der auch den Central Park in New York entworfen hatte. Das Erdbeben von 19o6 richtete an den Gebäuden schwere Schäden an, die jedoch bald ausgebessert wurden.

Die private Elite-Universität Stanford zählt zu einer der besten (und teuersten) der USA und konkurriert u.a. mit Harvard und Yale. Sie hat heute rund 15.ooo Studenten. Neben Studienbereichen der Elektronik genießen insbesondere auch die Fakultäten Wirtschaft, Medizin und Jura in den USA hohen Ruf.

Der weitläufige Universitäts-Campus befindet sich unweit des Stadtzentrums von Palo Alto. Viel Grün dominiert: Wiesen, Bäume und Parkanlagen zwischen den ehrwürdigen Gebäuden aus braunem Sandstein.

Zentrales Gebäude ist das QUADRANGLE, zu erreichen über den Palm Drive. Im 1. Stock Infobüro, wo man eine Übersichtskarte des Campus erhält, - es gibt auch Führungen (Mo. - Fr., außer Ferien im Sommer).

Bei Zufahrt zum Quadrangle rechts der Palmenallee das STANFORD UNIVERSITY MUSEUM OF ART, 19o5 fertiggestellt. Besuch lohnt, knapp 1o.ooo Exponate u.a. Ägypten, Orient, indianische Kultur und Europa. Vor dem Museum der SCULPTURE GARDEN mit Skulpturen u.a. von Auguste Rodin.

HOOVER TOWER, markantestes Gebäude im Campus (zusammen mit der Memorial Church). In ihm ist die Bibliothek untergebracht, vom Turm schöner Blick auf den Campus.

Die Studenten bewegen sich hauptsächlich per Fahrrad durchs riesige Uni-Gelände. Die Studienbedingungen sind weniger locker und entspannt als an manch anderer Universität in Kalifornien. Studentenleben ist hier eine

absolut ernsthafte und zielstrebige Angelegenheit nach dem Motto: "study, work and get rich".

Stanford University und Silicon Valley, eine amerikanische Erfolgs-Story

Keimzelle für die US Hightech-Zentrale "Silicon Valley" war und ist die Stanford University. Um die Abwanderung talentierter Wissenschaftler zu bremsen und der Universität Nebeneinnahmen zu verschaffen, vermietete man Ende der 4o-er Jahre Grundstücke rund um den Campus zu günstigen Konditionen an risikofreudige Wissenschaftler und Firmengründer. Im engen Kontakt mit der Hochschule entstand eine Art RESEARCH PARK, bei dem sich im Idealfall die Forschungsabteilungen der Firmen und die Institute der Universität gegenseitig inspirieren sollten.

Die Unternehmen waren zunächst winzig, oft Ein-Mann-Betriebe in einer Garage oder einem Holzschuppen. Vermarktet wurde zumeist nur eine einzige Idee, ein Patent. Die Dollars flossen jedoch in vielen Fällen bereits in Strömen und legten den Grundstein für neue amerikanische Erfolgslegenden.

STEVEN JOBS (Erfinder des an Bedienungskomfort besten PC- Betriebssystems) war einer derjenigen, die ihre Firma in einer Garage begannen (siehe Kapitel "Geschichte des Silicon Valleys"), heute Multimillionär. - Der erfolgreichste war BILL GATES, der u.a. das MS-DOS Betriebssystem schuf und laut Wirtschaftsmagazin "!Forbes" Ende 199o den Platz 16 der reichsten Amerikaner einnahm (Besitzer damals von 3,9 Milliarden US Dollar).

Wenig kommerziellen Erfolg hatte der Nobelpreisträger WILLIAM SHOCKLEY, Miterfinder des Transistors. Und doch brachte er 1955 die Technologie-Lawine im Valley endgültig ins Rollen: Neben seiner Professur in Stanford gründete er eine eigene Firma im Research Park und sammelte ein gutes Dutzend der besten Ingenieure und Halbleiter-Experten jener Zeit um sich.

Aus dieser Gruppe scherten einige Wissenschaftler aus, gründeten ihr eigenes Unternehmen und setzten damit ein Signal für die zukünftige Entwicklung: Immer wieder gingen aus bereits bestehenden Firmen Ableger hervor; die Welt der Elektronik war so vielfältig, daß jede neue Idee ihre gesonderte Vermarktung ermöglichte.

Elektronik-Freaks, hochtalentierte Entwickler und geschickte Vermarkter trieben auf diese Weise in wenigen Jahren die Halbleiter-Technologie voran: vom Transistor über den integrierten Schaltkreis (1961) bis zum Mikroprozessor (1971).

Ein neuer Rausch hatte die Bay Area erfaßt: diesmal stand nicht Gold, sondern Silizium im Mittelpunkt der Jagd: ein chemisches Element, das die unverzichtbare Basis für die Mikro- Elektronik und Halbleiter-Technik bildet. Den rasenden Fortschritt ermöglichte dabei eine Art Selbstbefruchtung: In und um Stanford war die High-Tech Elite versammelt; schnell und unkompliziert konnte man auf das vorhandene Wissen und die besten "brains" zurückgreifen.

Die Zusammenarbeit von Wirtschaft und Wissenschaft hatte damit eine völlig neue Dimension erreicht: die Arbeitsmethoden der Wissenschaft bestimmten sich unmittelbar und ohne Umwege durch die Anforderungen der Wirtschaft. Da es in der Konkurrenz mit anderen Betrieben primär um Geschwindigkeit ging, wurde sieben Tage in der Woche rund um die Uhr geforscht und gearbeitet.

Head-hunters jagten nach den fähigsten Köpfen für Entwicklung, aber auch Vermarktung. John Sculley (vormals Pepsi- Chef) kam zu Apple, - dito holten die Firmen die

besten Software- Programmierer und Mikrochip- Konstrukteure. Im Valley drehte sich ein rasantes Personalkarussell, das wiederum qualifizierte Wissenschaftler aus aller Welt anzog.

Der Platz im Research Park von Stanford war längst zu eng geworden, und die neue Industrie breitete sich in der südlichen Bay Area aus. Schon zu Beginn der 7o-er Jahre war der Erfolg rund ums Silizium so groß, daß sich der Insider-Begriff *"Silicon Valley"* als Bezeichnung für dieses einzigartige Technologie-Zentrum zwischen Palo Alto und San Jose allgemein einbürgerte. Und San Jose (im Süden des Silicon Valley) war die Stadt der USA mit dem raschesten Bevölkerungsanstieg der Nation.

In der **Pionierepoche des PC 8o-er Jahre** war "DYNAMIK" das generelle Schlagwort, dem sich alles unterordnete. Die Cleversten erwirtschafteten innerhalb kürzester Zeit Millionen, und die Firmen im Silicon Valley waren die am schnellsten wachsenden Unternehmen der USA. Diejenigen Firmen, die auch nur für kurze Zeit mit der extrem schnellen Entwicklung nicht mithielten, fielen hoffnungslos zurück. Es herrschte ein gegenseitiges Kaufen und Verkaufen.

Investoren taten sich zusammen mit Forschern, und die Universitätsinstitute belieferten Firmen, aus deren Labors wiederum Wissen der Allgemeinheit zufloß. Vor diesem Hintergrund existiert weiterhin ein Austausch und Abwerben von hochqualifizierten Mitarbeitern, die auf ein spezifisches Problem angesetzt werden können.

Zu Beginn der **9o-er Jahren** hatten sich die Dinge gemäß Gesetzen des Kapitalismus weitgehend "bereinigt": Die Großen (wie z.B. Softwarehersteller "Microsoft") schluckten die Kleinen, indem sie diese entweder aufkauften, oder aber die eigene Software entsprechend ausbauten, so daß konkurrierenden Kleinanbieter keine Marktchance mehr hatten.

Gleichzeitig findet derzeit ein "Kampf der Giganten" statt um die beste Hard- und Software: **IBM <-> Microsoft <-> Apple**, sowie deren Zulieferer (vornan die Prozessorhersteller wie Motorola und Intel). Er wird mit knallharten Bandagen ausgetragen und entsprechend durch PR- Artikel gesteuert. Letztendlich dürfte sich aber in Zukunft das Beste durchsetzen.

Umwelt: in der Pionierphase des PC's schien alles machbar und war nur eine Frage der möglichst schnellen Realisierung. Daß dabei auch negative Effekte auftreten, wurde als unausweichlich hingenommen: Die Zubetonierung der Bay Area mit Freeways und monotonen Industrievierteln, Verkehrschaos und wachsende Luftverschmutzung, Verseuchung der Böden und Gewässer mit chemikalischen Abfällen, Bankrotte von Unternehmen, die von Entwicklungsschüben überholt wurden und ihre Mitarbeiter über Nacht auf die Straße setzten.

Verbindungen Stanford

Bus: ab Transbay Terminal im Zentrum von San Francisco mit "SamTrans" Linie 7F über International Airport SFO. Je nach Entfernung o,6o oder 1,2o US.

Bahn: "CalTrain", stündliche Zugverbindung von San Francisco (ca. 2,5 US) und San Jose (ca. 1 US). Bahnhof in Palo Alto Nähe Uni. Die Palo Alto Uni wird ab Zentrum über die Palm Drive erreicht. Der Campus Drive umrundet die gesamte

Universität. Von dort sind auch die einzelnen Institute gut ausgeschildert, auch der Weg zum "Visitors Information Centre" im Hauptgebäude Quadrangle.

Auto: Hwy.1o1 oder I-28o nach San Francisco, Hwy.1o1 oder Hwy.82 durchs Silicon Valley nach San Jose.

✦ San Jose (7oo.ooo Einw.)

Gesichtslose "Hauptstadt" des Silicon Valley. Zwei Attraktionen westlich des Zentrums:

WINCHESTER MYSTERY HOUSE: Liebevoll-verrücktes Haus mit rund 16o Zimmern, clever als Touristenattraktion vermarktet. Ein Labyrinth von Fluren, Winkeln und Erkern, von gläsernen Türmchen, unvollendeten Zimmern, Küchen und Treppen, die nirgendwo hinführen. Schöne Sammlung von Tiffany Fenstern.

Erbaut im Auftrag von Sarah Winchester, die Dollars und Gewissenslast eines Waffenfabrikanten erbte, mit dessen Gewehren der Wilde Westen erobert wurde. Sarah verlor über der Vielzahl von Leichen, die die Winchester-Gewehre produziert hatten, den Verstand. Sie glaubte, sie könne das Unrecht nur wiedergutmachen, indem sie für jeden Geist der Erschossenen einen eigenen Raum schaffen würde. Gleichzeitig hatte man ihr geweissagt, sie werde nicht sterben, solange sie an ihrem Haus baue. Jahrzehntelang ließ sie deshalb dieses Haus bauen, umbauen und erweitern. Heute ist nur noch ein Teil der ursprünglich 7oo Zimmer ist vorhanden.

Zu erreichen ab Palo Alto über I-28o bis Ausfahrt Winchester Blvd. (Nähe Kreuzung mit Hwy. 88o). Von dort ausgeschildert. Geöffn. tägl. von 9-16 Uhr. Besichtigung nur per Tour, die 11 US allerdings ein ziemlich teures Vergnügen für eine Ansammlung hauptsächlich leerstehender Räume. Die Erben verscherbelten die kostbare Inneneinrichtung.

ROSICRUCIAN EGYPTIAN MUSEUM, Naglee Ave./Ecke Park Ave. (unweit des Mystery House): Bedeutende Sammlung ägyptischer und vorderasiatischer Kunstwerke, Mumien, sakraler Gegenstände, Schmuck und Reliefs. Großzügig und modern ausgestellt; ein übersichtliches Bild der altägyptischen Kultur. Geöffn. Di-So von 9- 17 Uhr, Eintritt 4 US.

Zu erreichen vom Winchester House aus Richtung Norden über Winchester Blvd., dann rechts ab auf Forest Ave., die übergeht in Naglee Ave. Per Bahn ab San Francisco oder Palo Alto mit "CalTrain" bis zur Station "College Park". Von dort Bus Nr. 62 oder 36 zum Museum.

✦ Oakland (35o.ooo Einw.)

Liegt gegenüber von San Francisco und ist durch die Oakland Bay Bridge verbunden. Industriestadt mit einem der größten Container-Häfen der Welt. Trotz einiger Sehenswürdigkeiten immer im Schatten von San Fran-

cisco und hauptsächlich bekannt für negative Zitate: Die Schriftstellerin Gertrude Stein machte über ihre Heimatstadt die klassische und nicht zu übersetzende Bemerkung: "There is no there there". Und als das verheerende Erdbeben von 19o6 Oakland verschont hatte, erklärte dies der Autor Bret Harte damit, "daß selbst die Erde einiges nicht schlucken mag". Unterm Strich ein dummer Spruch, denn das Erdbeben von 1989 suchte auch Oakland heim, eine Stadt, die sich bis dahin nicht unbedingt verschönt hatte.

Trotzdem: Oakland ist besser als sein Ruf, hat weniger Nebel und ein wärmeres Klima als San Francisco. Absolut lohnend vor allem das Oakland Museum: die beste und umfassendste Ausstellung in Kalifornien zur Ökologie, Geschichte und Kunst des Staates.

Aufenthalt in Kombination mit dem Besuch der Universitätsstadt Berkeley oder Tagesausflug ab San Francisco.

Geschichte: Oakland (=Land der Eichen) erhielt seinen Namen, da früher das Land dicht mit Wäldern, auch Eichen, bewachsen war. Im 19. Jhd. zu Zeiten des Goldrausches kamen Holzfäller, die hier die großen Mengen an Bauholz (z.B. für den Hausbau in San Francisco) schlugen, - so lang, bis kaum noch Bäume hier standen.

Zum Aufschwung kam es nach Eröffnung der Transkontinentalen Eisenbahn (1869), die ihren westlichen Endpunkt in Oakland hatte. Vom Harbour Terminal ging es per Schiff über die Bucht nach San Francisco, und um den Terminal entwickelte sich eine aufstrebende Stadt.

Industrieansiedelung ab 2o-er Jahre unseres Jhds, verstärkt dann nach Beendigung des 2. Weltkrieges, wo u.a. der größte Containerhafen der US-Westküste und der Welt gebaut wurde. Parallel gibt es mehr als 1.ooo Speditionsfirmen, die ihren Sitz bzw. Filialen in Oakland haben.

Oakland war Ursprung der *Black Panthers*, einer Bewegung der Schwarzen, die gegen Benachteiligung der Schwarzen in der US Gesellschaft revoltierten (siehe auch S. 72o), - sowie Sammelpunkt der *Hell's Angels* (siehe Kasten im Oakland Kapitel).

JACK LONDON SQUARE (1): Piekfein bis steril hergerichteter Platz am Fähranleger. Drumherum ein Komplex von teuren Restaurants und Geschäften. In einer Ecke steht verschämt die Blockhütte, in der Jack London 1897 am Klondike River in Alaska gewohnt hat; 1968 von der Stadtverwaltung gekauft und hierher verfrachtet. Der Schriftsteller lebte einige Jahre in Oakland und bewarb sich vergeblich um den Posten des Bürgermeisters. Näheres zu seinem Leben und Werk siehe Seite 73o.

Einziges Originalgebäude am Square aus der Zeit Oaklands von Jack London ist der Heinold's First and Last Chance Saloon, eine urige Kneipe in Bretterbude aus der Gründerzeit. Hier soll auch der trinkfeste Schriftsteller gelegentlich einen hinter die Binde gekippt haben.

Etwas von der Atmosphäre jener Jahre rund um den PRODUCE MARKET (14): Marktviertel zwischen heruntergekommenen Häusern und Hallen, hektische Betriebsamkeit und rauhe Töne beim Umschlag der an-

OAKLAND

1 Jack London's Waterfront
2 Housewives Market
3 Oakland Convention Center
4 City Center
5 City Hall
6 Alice Arts Centre
7 HAUPTPOST
8 Oakland Museum
9 Henry J. Kaiser Convention Center
1o Sailboat House
11 Childrens Fairyland
12 Lakeside Park
13 Paramount Theater
14 Produce Market

BART- STATIONEN
A Lake Merritt
B 12th Street
C 19th Street

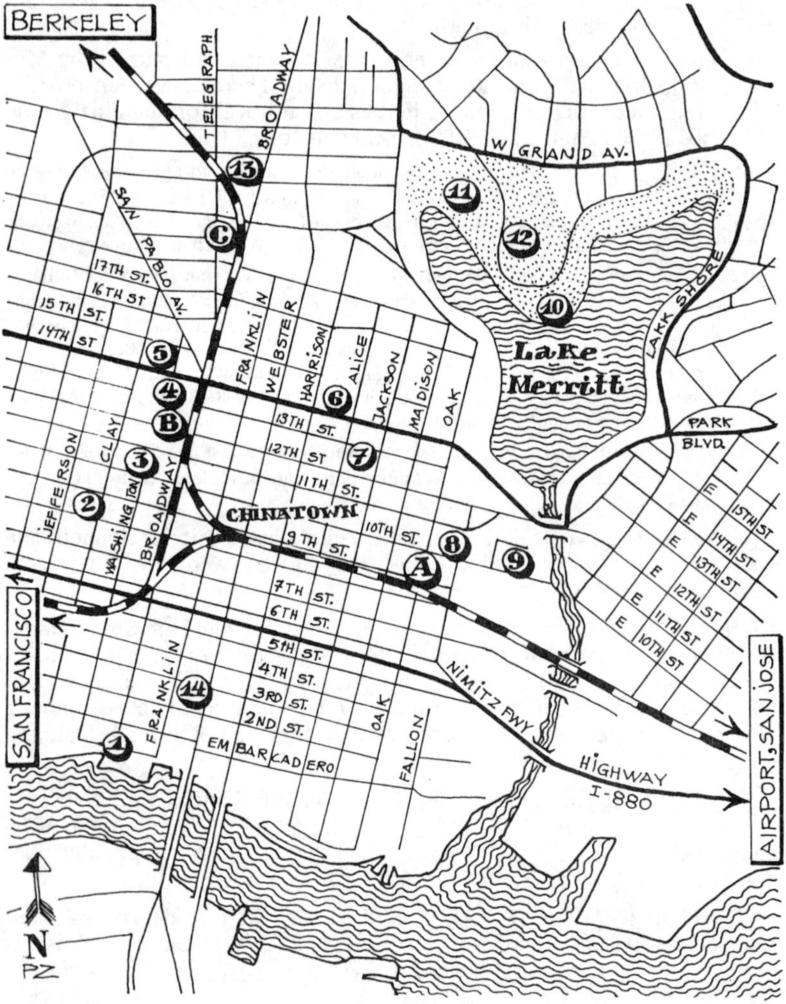

gelieferten Waren.

Vom Jack London Square führt der BROADWAY ins Stadtzentrum. Dort und auf der später schräg abzweigenden Telegraph Ave. finden sich noch einige originelle Gebäude aus den 2o-er und 3o-er Jahren, z.B. die ehemaligen Kinopaläste Paramount Theater (13) und Fox Oakland, sowie die beiden dreieckigen Flatiron Buildings.

OAKLAND MUSEUM (8) 1ooo Oak St. und Hauptattraktion der Stadt. Aufgeteilt in 3 Ebenen, mit Abteilungen zu Geographie/Umwelt, Geschichte und Kunst Kaliforniens.

Das Museum ist Spitzenklasse und verdient seinen Untertitel "The Museum of California". Die unterschiedlichsten Themen werden positiv, kritisch und lebendig präsentiert, in dieser Art in Kalifornien einzigartig. Dazu noch freier Eintritt. Geöffn. Mi-So von 1o- 17 Uhr.

In der 1. EBENE ein informativer Gang durch die Regionen Kaliforniens. Hervorragend präsentiert, die Vielfalt der jeweiligen Lebensräume mit den wichtigsten Exemplaren von Flora und Fauna. Fotos und Modelle ergänzen diesen lebendigen Überblick über verschiedenste Landschaften von der Wüste bis zu den dichten Wäldern des Nordostens.

Auf der 2. EBENE Darstellung der Geschichte Kaliforniens: vom Leben der Indianer über die Goldgräberzeit bis in die Gegenwart. Tausende von interessanten Ausstellungsstücken, die die Geschichte auf abwechslungsreiche Weise erzählen. Kaum etwas ist ausgespart oder beschönigt, wie in so vielen historischen Museen. Fakten über Armut und Reichtum, Illusion und Realität des Californian Dream, Hollywood und Mickey Mouse, Surf-Fieber und Beatniks, Gay-Szene in San Francisco und Auto-Boom in Los Angeles, Industrie und Landwirtschaft.

In der 3. EBENE umfangreiche Sammlung kalifornischer Kunst des 19. und 2o. Jhds., hauptsächlich ein repräsentativer Querschnitt großformatiger Malerei. Häufig hochkarätige Sonderausstellungen.

Tip: Als Ausflug von San Francisco am einfachsten mit der Schnellbahn BART bis zur Station "Merritt Lake", von dort nur wenige Minuten zum Museum, siehe Karte.

CHINA TOWN: erstreckt sich weitgehend entlang der 1oth Street/Harrison (sowie 7th - 9th mit Clay bis Webster Streets) mit Shops und Restaurants. Besiedelt ab 7o-er Jahre des verg. Jhds. von chinesischen Bauarbeitern, die nach der Fertigstellung der Transkontinentalen Eisenbahn arbeitslos wurden, sowie anderer Asiaten, die in Folge nach Oakland kamen.

LAKE MERRITT: Inlandssee der Bucht von San Francisco mit Salzwasser. Im nördlichen Bereich der LAKESIDE PARK (12) mit einem Märchenpark für Kinder (11), Wanderwegen und einem Steampaddler über den See (Weekend) ab Sailboat House (1o).

REDWOOD REGIONAL PARK: nördlich der Stadt an den Bergausläufer, Waldgebiet und Recreation Area, lohnend für Wanderungen. Zusammen mit dem nordwestlich liegenden CHABOT REGIONAL PARK, der

einen See besitzt sowie Hütten, die vermietet werden, Picknickbereiche und Golfplatz.

HELL'S ANGELS

In den 60-er Jahren war Oakland deren Hauptquartier. Untergruppen der Motorrad-Freaks waren auch in anderen kalifornischen Städten zu Hause, doch nachdem die Behörden dort oft äußerst rigoros gegen sie vorgingen, konzentrierten sich viele von ihnen in Oakland. Dort ließ die Polizei sie weitgehend in Ruhe, und durch geschicktes Taktieren ihres damaligen Anführers Sonny Barger entwickelte sich sogar ein relativ entspanntes Verhältnis zu den Organen der Staatsgewalt.

Dabei war Konfrontation nicht ihr erster Zweck. Sie wollten einfach ihren derben Spaß haben, der sie allerdings zwangsläufig in Gegensatz zu den ehrenwerten Durchschnitts-Amerikanern brachte, die für derlei Aufregung in ihrem wohlgeordneten Dorfleben nichts übrig hatten. Wer nicht gerade am riesigen Alkoholkonsum der Angels verdiente, rief daher nach drastischen Maßnahmen von Law and Order.

Einer der *"runs"* wurde zum Vorbild für den 1953 gedrehten Film "The Wild One" (Der Wilde), in dem Marlon Brando und Lee Marvin zwei Motorrad-Banden anführen, die sich für ein Wochenende lautstark in einer Kleinstadt einnisten und dort in Auseinandersetzungen mit Bürgern und Polizei geraten. Der Film vermittelte nicht nur ein relativ dokumentarisches Bild wilder Motorrad-Feste, sondern wirkte im nachhinein für die Hell's Angels auch als eine Art Kultfilm, über den sie eine Identität bekamen, die sie vorher gar nicht selbst definiert hatten: eher ziellos herumstreunende "outlaws" im Gegensatz zu einer Gesellschaft, die ihnen nichts zu bieten hatte und deren traditionellen Werten sie mit ihrem Aussehen und Auftreten ihre eigene Welt entgegensetzten.

Auch wenn es in anderen Teilen der USA ähnliche Motorrad-Clubs gab, blieben die Hell's Angels im wesentlichen ein kalifornisches Phänomen. Motorradfahren in ärmelloser Weste und wilde Feste unter freiem Himmel sind auf ein warmes Klima angewiesen. Was die Angels in Kalifornien das ganze Jahr über treiben konnten, wäre in den Staaten des Nordostens nur wenige Monate im Jahr möglich gewesen. Keine gute Voraussetzung für die erklärte Lebensweise der "outlaws" kalifornischen Zuschnitts.

Im Laufe der sechziger Jahre wurden die Hell's Angels durch eine massive Pressekampagne zum Bürgerschreck Nr.1 erklärt. Obwohl sich ihre Zahl in engen Grenzen hielt, gab es für den aufrechten Amerikaner keine furchtbarere Vorstellung als eine Gruppe zusammengerotteter Langhaariger auf ihren röhrenden Maschinen.

Die regelmäßigen *"runs"* wurden fortan von großem Polizeiaufgebot begleitet, das generalstabsmäßig versuchte, die outlaws in ihre Schranken zu verweisen. Tatsächlich kam es meist nur ansatzweise zu Reibereien, aber jeder wirkliche Zwischenfall wurde aufgebauscht und diente als Hintergrund für die weitere Ausmalung des Schreckgespenstes auf zwei Rädern.

Ebenfalls Mitte der 60-er Jahre kamen viele Motorradgruppen in Kontakt mit der Drogenszene, ihre Präsenz auf Festen der intellektuellen Alternativbewegung war zeitweise in Mode. Doch dies war mehr Vereinnahmung von außen als wirkliche Überzeugung der Hell's Angels selbst, die in ihrer Konfrontation gegenüber gesellschaftlichen Strukturen keine kohärente Ideologie entwickelten.

Wenn sie überhaupt politisch aktiv wurden, setzten sie sich in praktischen Gegensatz zu den Protestbewegungen der 60-er Jahre: In Berkeley verprügelten sie Studenten während einer Demonstration gegen den Vietnamkrieg. Endgültig "out" auch bei der alternativen Szene waren die Hell's Angels, nachdem sie bei einem Rolling Stones Konzert in Alta-

mont als Ordner eingesetzt waren und in dieser offiziellen Funktion einen Jugendlichen umbrachten.

In der Regel dürfte es sinnvoller sein, in San Francisco zu übernachten. Für alle Fälle folgende Adressen in Downtown Oakland, Nähe Fähranleger:

"**Waterfront Plaza Hotel**", 1o Washington St. Brandneues Kom fort-Hotel, zentral am Jack London Square. Ruhige Lage direkt am Wasser. SW-Pool und Fitneß-Center. Großzügig und modern eingerichtete Zimmer. DZ ab ca. 14o US. Tel. 51o-836-38oo oder 8oo-729-3638.

"**Thunderbird Inn**", 233 Broadway. Zentral Nähe Jack London Square. Gehobener Motel-Stil; SW-Pool im begrünten Innenhof. Zimmer funktional und ohne Schnörkel. DZ ab ca. 85 US. Tel. 51o-452-4565 oder 8oo-633-5973.

"**London Lodge**", 423 7th St. Weißes Backsteingebäude, zentral Nähe Broadway und Fähranleger. Motelstil mit Parkplatz im Innenhof. Daneben kleiner SW-Pool. Einfache DZ ab ca. 55 US. Tel. 51o-451-6361 oder 8oo-832-5885.

Ob es die Nähe zu San Francisco ist oder andere Gründe hat, auf jeden Fall ißt man in Oakland nicht schlecht:

"THE OLD SPAGHETTI FACTORY", 62 Jack London Square. Knallbunte Farben, glitzernde Kronleuchter, rustikale Möblierung und ein Original-Straßenbahnwaggon mitten im Lokal schaffen gemütliches Ambiente. Spaghetti-Gerichte um 5 US, gut und preislich ein Witz verglichen mit den schnieken Nobel-Lokalen der Umgebung. Salat, Nachtisch und Kaffee inkl.

"PACIFIC COAST BREWING CO.", 9o6 Washington St. Kneipe im gehobenen englischen Pub-Stil. Bier aus der eigenen Mini-Brauerei. Herzhafte Imbisse und jeden Samstag Live-Musik: Country, Folk oder Rock.

"OAKLAND GRILL", 3o1 Franklin St. Einfaches Lokal am Produce Market. Kräftiges Frühstück und Sandwiches um 5 US, Steaks ab 1o US. Seafood je nach Angebot.

"TIME TO EAT", 325 Franklin St. Noch preiswerter (2-3 US) ist das Frühstück in diesem chinesischen Lokal. Auch sehr günstiges Mittagessen. Die Uhr vor dem Restaurant zeigt an, ob es "time to eat" ist.

Weitere preiswerte chinesische Restaurants in Oaklands CHINATOWN, in der 7th, 8th und 9th St./ Höhe Clay bis Webster Street.

Gourmets kommen auf ihre Kosten in den teuren Spitzenrestaurants rund um den Jack London Square (hauptsächlich Seafood und italienische Küche).

Selbstversorger: "PRODUCE MARKET" (14), Franklin St./Ecke 3rd St. Markthallen im alten Stil. Vorwiegend Großmarkt, in der Nähe aber

auch kleinere Läden, vor allem in den Straßen Richtung Chinatown. - Ähnlich auch der "HOUSEWIVES MARKET" (2) Clay/9th Street. - "SAM YICK COMP." Hausnr. 362 in der 9th Street mit sehr großem Angebot an Zutaten für asiatische Gerichte.

Picknick: Eindecken mit einem Imbiß für die Rückfahrt von Oakland nach San Francisco per Fähre. Macht Spaß: Picknick mit Rundumsicht auf die Skylines der beiden Städte.

Verbindungen ab oakland

Bahn: Amtrak: Oakland ist der Amtrak-Bahnhof auch für San Francisco. Von hier aus direkter Busanschluß zum Transbay Transit Terminal im Zentrum von San Francisco, allerdings nur in Kombination mit einem Zugticket.
Der Amtrak Terminal/Oakland befindet sich westl. vom Stadtzentrum.

-> Sacramento: 5 x tägl., 2 Std., ca. 35 US

-> Bakersfield: 3 x tägl., 6 Std., ca. 6o US

-> Los Angeles: 1 x tägl., 11 Std., ca. 75 US

-> Seattle, Washington: 1 x tägl., 22 Std., ca. 15o US

-> Portland, Oregon: 1 x tägl., 17 Std., ca. 13o US

BART: Schnellbahn, mit der sich bequem z.B. Chinatown oder das Oakland Museum erreichen lassen (Stationen siehe unsere Karte: A,B,C). Verbindet mit San Francisco (2o Min., ca. 1,5o US) und Berkeley (15 Min., ca. o,8o US)

Fähre: "Red and White Fleet": Ab Fähranleger beim Jack London Square (1) nach San Francisco (Ferry Building). 6 x tägl., Wochenende nur 1 x, 45 Min., ca. 3 US.

Auto: I-8o über die Bay Bridge nach San Francisco, sowie nach Norden Richtung Berkeley. Die I- 88o nach San Jose (7o km, ca. 1 Std.) und ins Silicon Valley.

Flug: der Oakland Airport liegt südöstlich des Zentrums und wird auch von internat. Airlines angeflogen. Ab Airport: Shuttlebus "AirBART" zur BART Station Coliseum, von wo man in 2o Min. San Francisco erreicht, - u.U. Alternative zum San Francisco Airport.

★Berkeley (11o.ooo Einw.)

Typisches Universitätsstädtchen mit ruhigen Wohnstraßen, kleinen Villen, Einfamilienhäusern. Downtown ist ziemlich verbaut und wenig attraktiv. Das eigentliche Zentrum bildet der weitläufige Campus der UNIVERSITY

OF CALIFORNIA, eine der angesehensten Hochschulen der Vereinigten Staaten. Zum Besuch interessant für Leute, die ein wenig vom studentischen Leben auf einem kalifornischen Campus mitbekommen möchten.

Geschichte: 189o gab die "Berkeley Development Co." Aktien heraus, um den Siedlungsraum zu erschließen. Die Universität wurde 1893 auf dem Feld einer Ranch gegründet. Ähnlich wie die Stanford University in Palo Alto wurde sie damals vom Landschaftsarchitekten F.L. Olmsted entworfen.

Während ihres 1oo-jährigen Bestehens gingen zahlreiche Nobelpreisträger aus ihr hervor, u.a. (1939) der Atomphysiker Ernest O. Lawrence. Zugleich hatten hier in den 6o-er Jahren unseres Jhds. die kalif. Studentenprosteste ihren Ausgang (Details siehe Kasten). Heute hat Berkeley 33.ooo Studenten und ist 2. größte der nuen weiteren Hochschulen der "University of California".

Tourist INFO

Zu erreichen ab San Francisco bzw. Oakland am bequemsten mit der BART- Schnellbahn bis Station "BART- Berkeley" (13). Von hier wenige Schritte zum westlichen Eingang (14), Springer Gateway).

Mit dem **Auto**: über Hwy 24 von Oakland und die Telegraph Ave. nördlich durch die Stadt bis zum Campus und dortigem Haupteingang (1).

UNIVERSITY CAMPUS: der Studienbetrieb ist auch heute noch leicht alternativ angehaucht. Selbst hochkarätige Wissenschaftler geben sich in Berkeley nonkonformistisch und extravagant. Die Stadt atmet das Flair der 6o-er Jahre, hat etwas Unangepaßtes, manchmal Ausgeflipptes. Auch wenn sich die Jeans- und Latzhosenträger am Ende ihres Studiums zumeist in die Yuppies von Los Angeles oder New York verwandeln.

Haupteingang die SPROUL PLAZA (1) am Ende der Telegraph Ave. Die Plaza mit schattigen Bäumen und vielen studentischen Aktivitäten, in den 6o-ern war sie häufig Schauplatz von Protestveranstaltungen. Rechts davon das Büro der STUDENT UNION (2) mit Visitors Center, wo man einen Übersichtsplan vom Campus bekommt. Ausgenommen der Sommerferien auch tägl. 13 Uhr Führungen über den Campus (1 1/2 Std.).

UNIVERSITY ART MUSEUM (3): 2626 Bancroft Way. Moderner Bau mit verschachtelten Betongalerien. Hauptsächlich großformatige zeitgenössische Malerei und Skulpturen aus Nordamerika. Weiterhin kleiner Querschnitt durch die moderne europäische Malerei. Geöffn. Mi-So von 11- 17 Uhr, Eintritt 5 US. -

Im gleichen Gebäude das PACIFIC FILM ARCHIVE mit täglicher Vorführungen von Filmen aus dem hervorragendem Archiv: gezeigt werden Kunstfilme und Außenseiter- Produktionen aus aller Welt.

SATHER TOWER (6) im Zentrum des Campus und sein Wahrzeichen. Der rund 95 m hohe Turm (1914) ist architektonisch dem Campanile in Venedig nachempfunden, eingebaut ein Glockenspiel. Ein Fahrstuhl führt rauf: oben lohnender Rundblick über den Campus, Berkeley und die Bay Area rüber nach San Francisco.

BERKELEY Ende verg. Jhd., Mainstreet: Dampf-Lok (Links) kreuzt die Gleise der Pferdestraßenbahn.

SOUTH HALL (4) gilt als eines der ältesten Gebäude des Campus, gebaut im engl. Tudor Stil, sowie die anschließende WHEELERS HALL (5).

EARTH SCIENCE BUILDING (7): Sammlung u.a. mineralogischer Funde, sowie Ausstellung von Seismographen.

HEARST MEMORIAL MINING BUILDING (8): mit kleiner Ausstellung zu Geologie und Bergbau.

BERKELEY

1 Sproul Plaza
2 Student Union Visitors Center
3 Art Museum
4 South Hall
5 Wheeler Hall
6 Sather Tower (Campanile)
7 Earth Science Bld.
8 Hearst Mining Bld.
9 Greek Theatre
10 Calif. Mem. Stadium
11 People´s Park
12 Judith L. Magnes Museum
13 BART- STATION Berkeley
14 Springer Gateway
15 North Gate
16 Lawrence Berkeley Labor

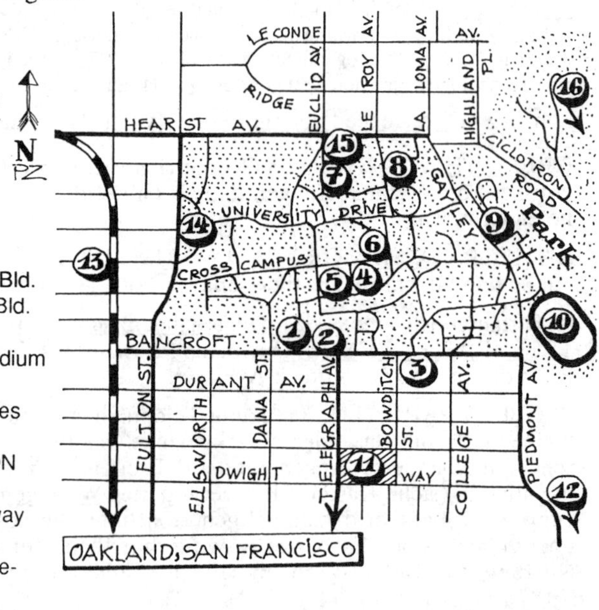

George Hearst erwarb sich in den 6o-er Jahren des 19. Jhds. mit Minen in Virginia City (siehe Seite 499,5o8) großen Reichtum. Minen, die er dann mit entsprechendem Profit verkaufte, um neue und noch profitablere Minen in Dakota und Montana aufzukaufen.

Seine gewaltigen Gewinne begründeten dann das Zeitungsimperium Hearst seines Sohnes William Randolph Hearst (Seite 589), - einen Teil der Einkünfte investierte er auch in den Forschungsbetrieb der California University Berkeley, um die Ausbildung hochqualifizierter Minen- Ingenieure zu unterstützen.

LAWRENCE BERKELY LABOR (16): Forschungslabor des Wissenschaftlers und Nobelpreisträgers Ernest Orlando Lawrence (19o1 - 58).

Er entwickelte als 3o-jähriger das Zyklotron (untergebracht im Gebäude neben dem Labor), mit dessen Hilfe künstliche Radio-Isotope hergestellt und wichtige Grundlagenforschung in der Atomphysik durchgeführt wurden. Er erhielt hierfür 1939 den Nobelpreis.

Zu seinen Mitarbeitern gehörte Julius Robert Oppenheimer (19o4- 67), der bei Max Born in Göttingen promoviert hatte und maßgeblich an den Vorarbeiten zum Bau der Atombombe beteiligt war. Erste Test- Explosion am 16.7.1945 in Alamogordo/ Newmexiko USA, - erster tödlicher Einsatz am 6.8.1945 über Hiroshima/ Japan, sowie weiterer Abwurf 4 Tage später über Nagasaki/ Japan. Durch beide Atombomben starben umgehend rund 15o.ooo Menschen, - in Nachfolge insbes. durch radioaktive Schäden viele Millionen.

Die USA legitimierten den Abwurf der Atombomben auf Japan, daß dadurch ein langwährender Krieg im Pazifik abgekürzt worden sei. Gleichzeitig wurde jedoch die Weiterentwicklung zur Wasserstoffbombe intensiv vorangetrieben, erste Tests auf dem Bikini Atoll im Pazifik (1.11.1952).

Oppenheimer, "Vater der Atombombe" und seit 1947 Direktor des "Institute for Advanced Study" in Princeton, wollte aus insbesondere moralischen Gründen an der Weiterentwicklung dieser Technologie nicht mehr teilhaben. 1954 wurde ihm verboten, an geheimen Technologien der Atomwaffenforschung und -Entwicklung teilzuhaben.

Führung im Lawrence Laboratory und Zyklotron nur nach Voranmeldung.

GREEK THEATRE (9): von George Hearst finanziert. Diente in den 6oern u.a. Pop- Veranstaltungen damals Gratefull Dead und heute moderneren Gruppen.

CALIFORNIA MEMORIAL STADIUM (1o): für Großveranstaltungen mit 8o.ooo Sitzplätzen. Östlich schließen sich große Parkanlagen an.

Außerhalb des Campus das meiste studentische Leben auf der zentralen TELEGRAPH AVENUE: Buchläden, Restaurants, Kneipen. Dito an der Bancroft St. und der Sattuck Ave.

PEOPLES PARK (11): Kreuzung Telegraph Ave mit Haste Street. Das kleine und heute verwilderte Parkgelände war 1969 Schauplatz studentischer Auseinandersetzungen mit der Polizei bis hin zur kalifornischen Nationalgarde (siehe Kasten). Ein verwittertes Wandgemälde an der Kreuzung ist Dokument der damaligen Konflikte, die noch nicht endgültig überwunden sind: Es bestehen weiterhin Pläne für eine anderweitige Nutzung des Parks. Noch immer ist er eine Art Symbol für die Stu-

dentenbewegung von Berkeley. Es wird wohl auch künftig Agitation und studentische Aktionen gegen die neuaufgelegten Projekte geben.

JUDAH L. MAGNES MUSEUM (12), 2911 Russell St. In einem Wohngebiet versteckte kleine Ausstellung zur Geschichte der Juden in den USA. Villa mit buntem Blumengarten. Fotos, Dokumente, sakrale Gegenstände sowie eine kleine Kunstgalerie. Geöffn. So-Do von 10- 16 Uhr, Eintritt frei.

Um als Außenstehender in Berkeley Kontakt zum studentischen Ambiente zu bekommen, geht man am besten in eines der vielen Cafés in Uni-Nähe. Dort ist ständig Betrieb, vom Frühstück bis spät in die Nacht.

"INTERNATIONAL HOUSE CAFE", am oberen Ende von Bancroft Way. Hier sitzen Studenten oft stundenlang über einem Kaffee, stöbern in ihren Büchern oder klönen. Lockere Atmosphäre, niedrige Preise. Treffpunkt auch vieler ausländischer Studenten.

Viel Betrieb ist ebenfalls im "CAFE STRADA", Bancroft Way/Ecke College Ave. Direkt vor den Toren des Campus. Die große Sonnenterrase vor allem bei schönem Wetter überfüllt.

"CAFE MILANO", 2522 Bancroft Way. Rustikales Ambiente in einer großen Halle zwischen Backsteinwänden. Man sitzt an der Theke, an Tischen oder auf einer Empore.

Studentenproteste in Berkeley (1964 - 69)

In den 60-er Jahren befand sich an der University of California in Berkeley die Avantgarde der amerikanischen Studentenbewegung. Dort hatten Studenten bewiesen, daß Protestaktionen gegen etablierte Machtstrukturen durchaus erfolgreich sein konnten. Die Universität von Berkeley war daher auch einer der Ausgangs- und Kulminationspunkte der weltweiten Studentenunruhen des Jahres 1968.

Begonnen hatte alles bereits vier Jahre vorher mit dem **FREE SPEECH MOVEMENT**: Die Universitätsverwaltung verbot Ende 1964 politische Aktivitäten der Studenten auf dem Hochschulgelände; konkret richtete sich die Maßnahme gegen die Civil Rights Bewegung für die Gleichberechtigung der Schwarzen in den USA. Die darauf einsetzenden Proteste fanden eine relativ breite Basis unter den Studenten, die zudem viele Gründe für Unzufriedenheit an einer sich ständig vergrößernden Massenuniversität hatten: Von 1960- 64 war die Zahl der Studierenden von 19.000 auf 26.000 gestiegen, Wohnraum und Lehrpersonal hingegen nicht in ähnlichem Maße mitgewachsen.

Als Studentengruppen trotz des Verbots auf dem Campus Pamphlete verteilten, versuchte die Polizei, einen der Anführer zu verhaften. Es kam zu einem spontanen Sit-in um den Polizeiwagen, mehrere hundert Studenten harrten über 30 Stunden lang aus, um ihren Kommilitonen vor dem Arrest zu bewahren. Der Protest war erfolgreich, und bei den Verhandlungen um den Abzug der Studenten bot die Universitätsleitung sogar die teilweise Rücknahme ihrer Verbotsmaßnahmen an.

Gestützt durch ihren Teilerfolg gingen die Studentenführer aufs Ganze: Sie forderten

vollständige Rede- und Handlungsfreiheit auf dem Campus und organisierten ein Sit-in, diesmal langfristig geplant und in einem der Uni-Gebäude. Rund 1.000 Studenten nahmen teil, Joan Baez sang dazu ihre Folk- und Protestsongs.

Dieser erste organisierte Massenprotest an einer amerikanischen Uni nach dem Zweiten Weltkrieg rief eine kompromißlose Gegenreaktion hervor: Die Universitätsverwaltung rief nach der Polizei, die alle Teilnehmer verhaftete. Diese Aktion verhalf den beteiligten Studenten allerdings zu vermehrter Sympathie bei anderen Kommilitonen, das Free Speech Movement verbreiterte seine Basis, die Proteste nahmen an Intensität zu. Kurz darauf entschied sich die Universität zum Nachgeben.

Die Bewegung hatte einen Erfolg erstritten, der weitreichende Konsequenzen haben sollte: Ihre Führer hatten erkannt, daß organisierter Protest Wirkung zeigte, die Studenten selbst waren kritischer geworden gegenüber universitären und politischen Autoritäten. Berkeley verwandelte sich in den folgenden Jahren in die Keimzelle für zahlreiche unterschiedliche Protestbewegungen, und die Aktionen des "Free Speech Movement" wurden zum Vorbild für Studentenunruhen in aller Welt.

BLACK PANTHERS: Von den schleppenden Fortschritten der Civil Rights Bewegung desillusioniert, gründeten zwei schwarze Studenten, Bobby Seale und Huey Newton, 1966 die Gruppe Black Panthers. Zwar studierten beide am benachbarten Merritt College in Oakland, waren aber beeinflußt von der sich zunehmend radikalisierenden Stimmung in Berkeley, wo sie sich häufig aufhielten. Die Black Panthers sahen keinen Sinn mehr in den bisherigen Strategien zur Durchsetzung der Gleichberechtigung. Vor allem propagierten sie ein Recht auf Selbstverteidigung der schwarzen Bevölkerung gegen Übergriffe der Weißen: Bewaffnung war die Konsequenz.

Aus einem lokalen Phänomen in Berkeley und Oakland verwandelten sich die Panthers in wenigen Jahren in eine landesweite Bewegung. Ab 1968 galten sie für die weiße amerikanische Mittelschicht und die Sicherheitsbehörden als rotes Tuch: Aus Furcht vor einem bewaffneten Aufstand wurde das Hauptquartier der Schwarzen in Berkeley ständig überwacht, Mitglieder und Anführer häufig festgenommen.

Der Protest der Schwarzen führte auch zu einer neuerlichen Eskalation der Auseinandersetzungen innerhalb der Universität: Als Eldridge Cleaver, einer der prominentesten Panthers, eine Gastdozentur erhalten sollte, schlugen konservative Kreise Alarm. Das Angebot wurde zurückgezogen. Wieder existierte ein konkreter Anlaß für Debatten, Aktionen und Streiks um das Recht der freien Meinungsäußerung. Am Ende durfte Cleaver eine einmalige Vorlesung halten, doch die Hochschule kam nicht zur Ruhe.

ANTI-KRIEGS-PROTESTE: Einen weiteren Grund für Protestaktionen schuf Präsident Johnson mit der Entscheidung zur Ausweitung des US-Engagements in Vietnam. Schon Anfang 1965 im direkten Anschluß an das "Free Speech Movement" veranstalteten Studenten Teach-ins gegen die Eskalation des Krieges. Bei einer der Veranstaltungen waren mehr als 30.000 Menschen zugegen. Während der Jahre 1965/66 kam es immer wieder zu Protestaktionen und Demonstrationen in Berkeley und Oakland.

Aus der ständigen Unruhe an Kaliforniens einstiger Vorzeige-Universität schlug Ende 1966 auch Ronald Reagan: Mit dem Versprechen, dort endlich aufzuräumen, gewann er einen Großteil der Wählerstimmen, die ihn ins Amt des Gouverneurs von Kalifornien hievten. Als staatliche Hochschule unterstand die University of California dem Gouverneur, der sich fortan kräftig in die universitären Auseinandersetzungen einmischte und versuchte, sein Wahlversprechen nach besten Kräften einzulösen.

Auf Reagans Drängen setzten die Uni-Gremien ihren Präsidenten ab, der in den Jahren zuvor für Ausgleich und Kompromißbereitschaft eingetreten war. Doch die Eskalation der Proteste gegen den Vietnam-Krieg konnte diese Maßnahme nicht verhindern. 1967 verbrannten Studenten in gemeinsamen Aktionen ihre Wehrpflichtbescheide und blockierten tagelang den Zugang zum Einberufungsbüro in Oakland. Wieder kam es zu Polizeieinsätzen und Verhaftungen.

Die Unruhen kulminierten im Frühjahr 1968 nach der Ermordung des Präsidentschaftskandidaten und Kriegsgegners Robert Kennedy. Straßenschlachten zwischen Polizei und Demonstraten führten zur Verhängung einer Ausgangssperre in der gesamten Stadt.

DER KAMPF UM PEOPLE'S PARK: Nicht nur Fragen der Weltpolitik erregten Berkeley in jenen Jahren. Eine der härtesten Auseinandersetzungen des Jahrzehnts drehte sich um ein lokales Ereignis: die Einrichtung des innerstädtischen People's Park. Die Universität hatte auf eigenem Gelände mehrere Wohngebiete abreißen lassen, um dort Hochhäuser zu errichten. Ein Komitee aus Bürgern und Studenten setzte sich daraufhin für die Errichtung eines Parks ein. Die Idee erhielt kräftige Unterstützung von den ortsansässigen Hippies, von denen eine große Anzahl San Francisco verlassen und sich in Berkeley eingenistet hatte. Sie erhofften im People's Park einen Ort für ihre Love-ins und Rock-Konzerte.

Da weder Universität noch Stadtverwaltung reagierten, nahm das Komitee die Sache in die eigenen Hände und rückte im April 1969 mit Schaufeln, Blumen und Bäumchen an. Es kam zu Rangeleien um Verbotsschilder und Abzäunungen, bis eine Truppe der kalifornischen Staatspolizei das Gelände räumte.

Zwar verteidigten die Polizeieinheiten ihr Terrain, doch im Stadtzentrum kam es zu Straßenschlachten. Gouverneur Reagan schickte daraufhin die Nationalgarde nach Berkeley, deren Truppen die Stadt 17 Tage lang besetzt hielten. Erst nachdem sich auch die örtlichen Behörden für den Abzug der Soldaten eingesetzt und gemeinsam mit dem Park-Komitee eine Massendemonstration mit 5o.ooo Teilnehmern organisiert hatten, zog Reagan seine Truppe ab.

Dieser letzte Erfolg der Protestbewegungen in Berkeley markierte auch ihr Ende. In den 7o-er Jahren zerfiel die Studentenbewegung in unterschiedliche Richtungen, verzettelte ihre Kräfte und war am Ende des Jahrzehnts praktisch nicht mehr existent.

Die Kämpfe der 6o-er haben in der Folge ihre tiefen Spuren hinterlassen: Berkeley ist bis heute eine Stadt mit alternativer Atmosphäre, und Gouverneur Ronald Reagan empfahl sich mit seiner Politik von Law and Order vor der gesamten Nation für höhere Aufgaben. Doch die Stadt verweigerte selbst dem späteren Präsidenten die Gefolgschaft: Bei seinem sensationell deutlichen Wahlsieg 1984 erhielt er in Berkeley nicht einmal 15 Prozent der Stimmen.

NAPA VALLEY

Erfolgreichstes Weinbauzentrum in Nordamerikas und Aushängeschild der kalifornischen Weinindustrie. Seit der internationalen Erfolge der Napa-Weine auch eine der vorrangigen Touristenattraktionen in der Umgebung von San Francisco.

Das breite Tal verengt sich nach Norden hin und wird dort landschaftlich attraktiver. Die Talsohle inzwischen fast vollständig bedeckt mit Wein-

gärten. Der Aufschwung des Weinbaus scheint kein Ende zu nehmen, so daß die wenigen unbebauten Flächen in naher Zukunft sicher ebenfalls verschwinden werden.

An den Hängen zu beiden Seiten allerdings kein Weinbau: Sie sind weitgehend bewaldet, ebenso wie die kleinen Hügel, die von Zeit zu Zeit in der Mitte des Tales auftauchen. Dies gibt der Landschaft trotz der intensiven Nutzung einen sanften, harmonischen Charakter. Mittendrin ansehnliche Weingüter und Landhäuser.

Klima: Insgesamt wärmer als in San Francisco und an der Küste. Der Nebel kommt nicht bis hierher. Milde Winter, im Sommer Temperaturen bis 3o Grad.

★Napa (6o.ooo Einw.)

Wichtigster Ort im Valley, Ausgangspunkt für den Besuch des Tales und der Weingüter. Alles andere als eine romantische Weinbaugemeinde, sondern langweilige amerikanische Stadt mit Schachbrettstraßen, den üblichen Tankstellen, Motels und Shopping Centers.

In Downtown (um Main St. und First St.) noch einige schöne Fassaden, zum großen Teil aber überdeckt von modernen Schaufensterpassagen. In der First St. mehrere viktorianische Villen in entsprechend repräsentativen Gärten.

Tourist INFO Napa Valley Conference and Visitors Bureau, 131o Napa Town Center, Tel. 226-7459.

Post: 2nd St./Ecke Randolph St. **Telefon**: Vorwahl 7o7.

Hotels und Bed&Breakfast Häuser kreuz und quer verteilt über die ganze Stadt. Bei der oft schwierigen Buchungslage ist an Wochenenden Reservierung unbedingt ratsam. Um lästiges Rumtelefonieren zu ersparen, empfiehlt sich die zentrale Reservierungsstelle "Napa Valley Reservations", Tel. 8oo-251-NAPA. Insgesamt wohnt man im benachbarten Sonoma Valley allerdings ruhiger und schöner.

"**The Hennessy House**", 1727 Main St. Bed&Breakfast, etwas ab-seits vom Zentrum. Holzhaus im Queen-Anne-Stil mit Veranda und Garten. Zimmer unterschiedlich ausgestattet, alle mit Bad. Komfortabel. DZ ab ca. 1o5 US. Tel. 226-3774.

"**Clarion Inn**", 3425 Solano Ave., westlich der Stadt am Hwy. 29. Komfortabler Motel-Stil mit SW-Pool, Whirlpool und Tennisplätzen. DZ je nach Wochentag 9o- 11o US. Tel. 253-7433.

"**Best Western Inn**", 1oo Soscol Ave. Solides Mittelklassehotel südlich der Stadt an der Ausfallstraße. SW-Pool und Whirlpool. Moderne, funktionale Einrichtung in geräumigen Zimmern. DZ je nach Wochentag und Saison ab ca. 65 US. Tel. 257-193o oder 8oo-528-1234.

"**Goodman House**", 1225 Division St. Bed&Breakfast. Viktorianisches Holzhaus mit Erkern und Türmchen. Zimmer relativ groß, jedes auf besondere Weise eingerichtet. Gemeinschaftsbäder. DZ je nach Saison und Wochentag 6o- 8o US. Tel. 257-1166.

Weitere Bed&Breakfast Country Inns in der Preislage zwischen 8o und 16o US verteilt über die Stadt und das gesamte Napa Valley. Ausgeschildert und leicht zu finden auf der Fahrt entlang Hwy. 29.

"**Wine Valley Lodge**", 2oo S.Coombs St. Motel im mexikanischen Baustil. An der Ausfallstraße südlich der Stadt. SW-Pool. DZ ab ca. 6o US. Tel. 224-7911 oder 8oo-696-7911.

"**Peterson Motel**", 264o Jefferson St. Kleines Motel an der Ausfallstraße nach Norden. Enge Zimmer und Bäder. Einrichtung spärlich und einfach. DZ ab ca. 37 US. Tel. 224-o789.

"Napa Valley State Park", nördlich vom Ort St. Helena, links ab von Hwy. 29. Tel. 942-4575. Gut ausgestatteter Platz mit Toiletten und Duschen. Relativ zentral im Napa Valley. Stell platz ca. 12 US.

Im Zentrum von Napa gemütliche und relativ preiswerte Lokale. Teure Nobel-Restaurants finden sich im Valley entlang Hwy. 29.

"CURB SIDE CAFE", 1245 First St. Cafeteria-Stil mit preiswerten Imbissen um 3-6 US. Frühstück ab 2,5o US.

"KINYON", Main St./Ecke 2nd St. Gepflegtes Lokal. Weiße Tischdecken, moderne Kunst an den Wänden. Salate und Sandwiches um 4-6 US. Gut die Kartoffelgerichte mit verschiedenen Soßen, ca. 4 US.

"WILLET'S BREWING CO.", 9o2 Main St. Kneipe im englischen Pub-Stil mit einer imponierenden Sammlung Bierdosen über der Theke. Ansonsten eher nüchtern ausgestattet. Zu kleinen Gerichten gibt es das im Haus gebraute Bier.

"FINE AROMAS", 912 Main St. Kleines, gemütliches Café, dekoriert mit moderner Kunst. Frühstück und Lunch. Selbstgebackene Kuchen und verschiedene (auch dunkle) Brotsorten.

"NAPA VALLEY", 948 Main St. Café und Espresso-Bar. Kaffee täglich frisch aus eigener Rösterei. Eng und gemütlich auf zwei Etagen.

"BROWN STREET BREWERY", Brown St./Ecke Clinton St. Im Ausschank 4 Sorten selbstgebrautes Bier, u.a. ein gutes Weizenbier. Dazu preiswerte Chilis und Salate. Pizza für 2 Personen ab 8 US, Nudelgerichte zu ähnlichen Preisen.

Selbstversorger: "ANDREWS MEAT CO.", Main St./Ecke Clinton St. In einem der wenigen schönen Häuser von Downtown. Gute Wurst- und Käseauswahl, frisch zubereitete Salate.

Mehrere Supermärkte in der Nähe der Kreuzung Trancas St./Jefferson St.

Picknick: Raus aus dem Ort Napa und hinein ins Valley. Einige Weingüter haben Picknickplätze mit Bänken und Tischen. Am besten bei "Winery Sattui", 1111 Hwy. 29. Details siehe unten.

Verbindungen ab Napa

Napa hat per Greyhound (Terminal: 162o Main St.) eine tägliche Busverbindung mit Calistoga/St. Helena, Sonoma, San Francisco und Sacramento. Die Anreise per Bus bringt aber nichts, da die Stadt selbst unattraktiv ist und die Weingüter weit verstreut im Tal liegen, nur mit dem Auto zu erreichen.

Also am besten gleich **Mietwagen** in San Francisco nehmen, wenn Interesse am Besuch der Weingüter besteht.

-> Sonoma: Über Hwy. 12, 2o km, ca. 3o Min.

-> San Francisco: Am schnellsten über Hwy. 29, I-8o und die Bay Bridge (8o km, ca. 1,5 Std.). Schöner und mit vielen Möglichkeiten für Zwischenstops der Umweg über Sonoma, Marin County und die Golden Gate Bridge.

WEINGÜTER UND ATTRAKTIONEN IM VALLEY

Die Orte nördlich von Napa sind aneinandergereihte Weingüter mit zugehöriger Infrastruktur für gehobenen Tourismus: Andenkenläden, Nobelrestaurants und Country Inns.

Von Süd nach Nord: Yountville, Oakville, Rutherford. Nördlich davon St. Helena, ein schmuckes Städtchen mit herausgeputzten Wohnhäusern. Ähnlich auch Calistoga am Nordende des Tals. Beide Orte wie auch das gesamte Napa Valley am Wochenende und im Sommer hoffnungslos überlaufen, alle Einrichtungen und die meisten "wineries" ausgebucht und überlastet.

Fast alle Weingüter entlang der beiden Nord-Süd-Straßen durchs Valley: Hwy. 29 im Westen und parallel dazu der Silverado Trail im Osten. Etwas ruhiger und schöner der Silverado Trail, die berühmtesten Weingüter allerdings am Hwy. 29. Am besten Rundtour ab Napa mit folgenden Zwischenstops und Abstechern:

DOMAINE CHANDON (1), California Dr., Yountville. Sehr aufwendig gestaltetes Gelände mit Parks und künstlichen Teichen. Dokumentation der Sektherstellung sowie der Produktion von Glas und Korken. Informative und ausführliche Gratis-Touren durch den Betrieb, ca. 45 Min. Sektproben werden glasweise bezahlt. Wer zum Dinner bleiben will: angegliedert ist ein teures und gutes französisches Restaurant.

ROBERT MONDAVI (2), 78o1 Hwy. 29, Oakville. Hier hat sich der kalifornische Weinpapst Mondavi seinen Tempel hingestellt. Architektur

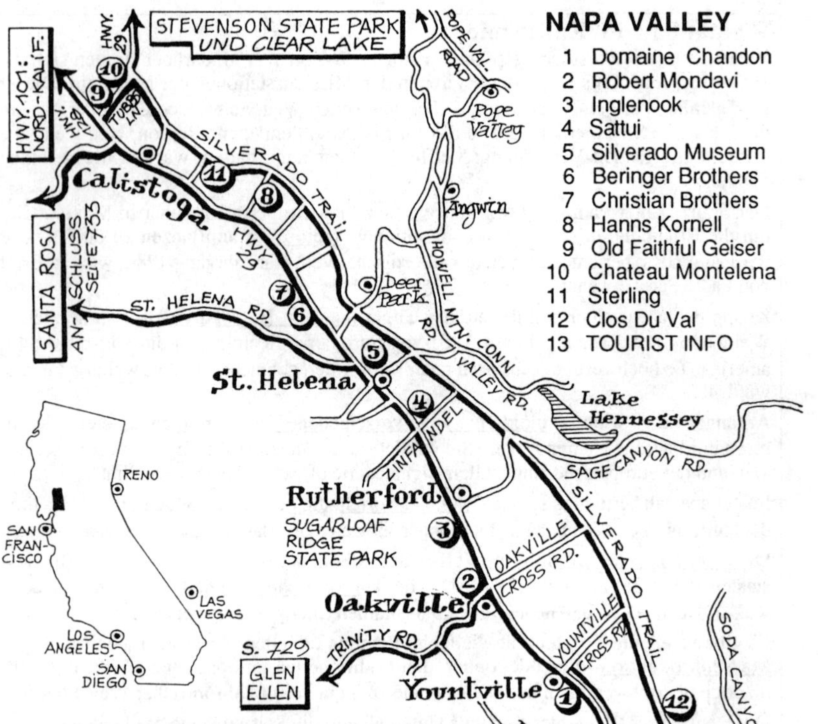

im mexikanischen Missionsstil. Voll und ganz auf Touristen eingestellt: Die kostenlose Tour dauert ca. eine Stunde inkl. Weinprobe. Sehr informativ, Grundlagen über Weinbereitung sowie spezielle Aspekte des Weinbaus in Kalifornien. Vorherige Reservierung unbedingt ratsam, wenn man sicher einen Platz bekommen will (Tel. 963-9611).

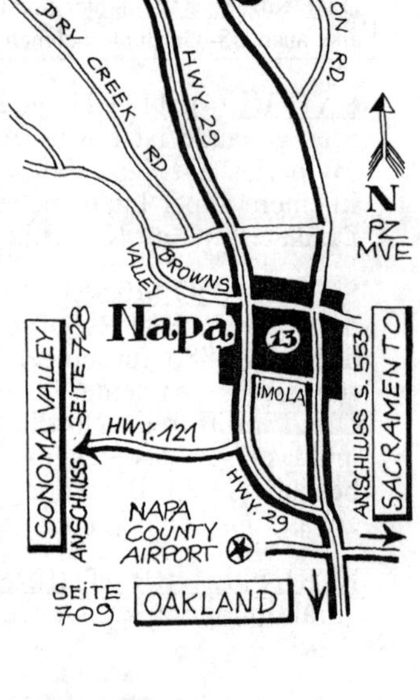

INGLENOOK (3), 1991 Hwy. 29, Rutherford. Eines der schönsten Weingüter im Valley. Nobles Anwesen, harmonische Kombination von Wohn- und Wirtschaftsgebäuden mit Parks und Weingärten. Erinnert in Anlage und Architektur am ehesten an ein Chateau in Bordeaux. Vielseitiges Sortiment an Weinen; Sauvignon Blanc, Cabernet Sauvignon, Pinot Noir und Petit Syrah besitzen überdurchschnittliche Qualität. Gratis-Touren und Weinproben tägl. 1o- 17 Uhr.

Weinanbau in Kalifornien

Wann die ersten Rebstöcke gepflanzt wurden, 1769 oder 1778, darüber streiten sich die Historiker. Jedenfalls fehlte den Padres in den Missionsstationen der Meßwein. Dieser kam nämlich per Schiff von Europa über den weiten Weg via Mexico City oder gar um die Südspitze Südamerikas rauf in die damals extrem entlegene Region. Und wenn die selten eintreffenden Versorgungsschiffe gar Verspätung hatten, war die Messe halbe Sache...

Der Franziskaner Padre und Missionsgründer Junipero Serra bat daher in Mexico City um die Erlaubnis, in seinen Missionsstationen Weinreben anpflanzen zu dürfen, - so wird zumindest berichtet. Der erste kalifornische Wein war Jahrgang 1782, wie ein Brief von Padre Serra erwähnt.

Knapp 8o Jahre später begründete der Ungar Agoston Haraszthy den kommerziellen Weinbau in Kalifornien. Er hatte 1861 von Europa per Seereise um die Südspitze Südamerikas 6o hochwertige Rebsorten nach Kalifornien gebracht, die dort weitergezüchtet wurden.

Anfangs war es wichtig, möglichst viele verschiedene Weinsorten anzubieten, die zumeist europäische Namen trugen. Sie wurden zu Boomzeiten Kaliforniens gerne getrunken, und der europäische Name allein signalisierte oft schon sogen. "Qualität".

Später spezialisierte man sich auf weniger Sorten, die besser den Böden und dem Klima der kalifornischen Weinanbaugebiete angepaßt waren und daher besser mundeten.

Die amerikanische Prohibition (Verbot des Alkoholkonsums in einigen US- Bundesstaaten 1917 - 33) beschnitt die Absätze der kalifornischen Weingüter, die anschließend wieder expandierten und heute rund 1,5 Milliarden Liter pro Jahr produzieren.

Es gibt exzellente Tropfen, die vielfache Prämien erhielten. Aber auch jede Menge an Massenproduktion, die zudem auch den traditionellen europäischen Markt in Großmärkten überschwemmten und nicht gerade zum guten Ruf kalifornischer Weine beitrug.

Die Besitzer der Weingüter sind teils Unternehmer, die Spitzenweine produzieren, - teils aber auch US- Großunternehmen wie Coca Cola.

SATTUI (4), 1111 Hwy. 29/Ecke White Lane, St. Helena. Das düstere Steingebäude ist etwas rustikaler und weniger rausgeputzt als andere "Wineries" im Napa Valley. Lockere Atmosphäre bei Gratis-Weinproben. In einem Super-Laden neben Wein auch über 2oo Käsesorten und andere Delikatessen. Für Kunden Picknicktische vor und hinter dem Weingut.

SILVERADO MUSEUM (5), 149o Library Lane, St. Helena. Gewidmet dem Schriftsteller Robert Louis Stevenson (u.a. Autor der "Schatzinsel"), der sich 188o für eine kurze Zeit im Napa Valley aufhielt. Erinnerungsstücke an seine Person und sein Werk. Geöffn. Di-So von 12- 16 Uhr, Eintritt frei. - Nördlich von Calistoga außerdem ein State Park rund um das Haus, das Stevenson seinerzeit bewohnte. Da der Autor aber keine besonders tiefe Beziehung zum Valley hatte, erscheint die ganze Sache etwas künstlich und aufgesetzt.

BERINGER BROTHERS (6), 2ooo Main St., St. Helena. Touristenattraktion vor allem wegen des ehemaligen Wohnhauses von 1883, dem

sogenannten "Rhine-House" in deutscher Fachwerkbauweise. Erinnert alle Amerikaner sofort an Rüdesheim. Touren durch Haus und Weingut tägl. 9.3o- 17 Uhr. Selbst an normalen Tagen viel Betrieb, an Sommerwochenenden unglaublicher Trubel, dann am besten vorbeifahren und sich anderswo umschauen.

CHRISTIAN BROTHERS (7), 2555 Main St., St. Helena. Oberhalb des Hwy. ein langgestrecktes Steingebäude wie eine mittelalterliche Burg. Von den Steintreppen Blick über die Weinfelder bis hinüber zum Silverado Trail. Weinproben gratis im Rahmen der 4o-minütigen Tour.

HANNS KORNELL (8), 1o91 Larkmead Rd., St. Helena. In massivem Gebäude die steinernen Lagerkeller der Sektflaschen. 3o-minütige Tour durch den Betrieb, erklärt wird die Sektherstellung. Touren und Proben tägl. von 1o- 16.3o Uhr.

OLD FAITHFUL GEYSER (9), 1299 Tubbs Lane, Calistoga. Geysir, dessen Eruption in Intervallen vor sich geht, die zwar unterschiedlich lang, aber vorausberechenbar sind. Intervalle von 2o Min. bis 2 Stunden. Je länger die Wartezeit, desto höher die Wasserfontäne (durchschittlich 2o m). Nach 3-4 Min. ist das Spektakel vorbei. Geöffnet tägl. von 9- 18 Uhr, Eintritt 3 US.

Welche Naturkräfte bewirken, daß eine Wasserfontäne regelmäßig aus dem Boden tritt? - In einem unterirdischen Fluß fließt Wasser über Lavareste oder heißes Magma. Es kocht, verdampft und sammelt sich in großen Hohlräumen. Hat sich genug Druck angestaut, sucht sich der Dampf einen Ausweg nach oben, kühlt auf seinem Weg ab und entweicht als Wasserfontäne aus der Erdoberfläche.

Bleiben die äußeren Bedingungen gleich, entlädt sich der Überdruck in regelmäßigen Abständen. Luftdruck und Mondphase, vor allem aber tektonische Bewegungen innerhalb der Erdkruste ändern jedoch ständig die Verhältnisse. Daher wechselt "Old Faithful" z.B. seinen Rhythmus besonders drastisch nach einem Erdbeben. Zur Zeit gibt es Forschungsprojekte, die untersuchen, ob nicht umgekehrt auch Unregelmäßigkeiten bei den Intervallen des Geysirs ein bevorstehendes Beben ankündigen können.

CHATEAU MONTELENA (1o), 1429 Tubbs Lane, Calistoga. Wie eine französische Ritterburg an den Berg geklebt. Dicke, graue Steinmauern. Montelena gehört qualitätsmäßig zu den Spitzenreitern bei der Produktion von Chardonnay, Cabernet Sauvignon und Zinfandel. Weinproben tägl. 1o- 16 Uhr, 5 US.

STERLING (11), 1111 Dunaweal Lane/Ecke Silverado Trail, Calistoga. Schon die Zufahrt ein Erlebnis: durch einen Park mit Rosen und Weinstöcken, schnurgerade Allee noch junger Bäume. Zum Weingut auf dem Hügel geht es per Gondelbahn (5 US). Touren und Weinproben 1o.3o- 16 Uhr.

CLOS DU VAL (12), 533o Silverado Trail, Napa. Kleiner Betrieb in schönem Garten, umgeben von Weinstöcken. Picknick-Platz mit wenigen Tischen. Der Cabernet Sauvignon des Weinguts besitzt Top-Qualität.

Weinproben gratis von 1o- 16 Uhr.

Wer auf der Rundfahrt durchs Napa Valley noch nicht genug gesehen hat, kann die Weingüter auch von oben besichtigen: BALLONFLÜGE sind längst eine der bekanntesten Touristenattraktionen im kalifornischen Wine Country. Allerdings nicht billig: ca. 13o US inkl. anschließendem Sekt-Picknick. Veranstalter u.a. "Napa Valley Balloons", Tel. 8oo-253-2224.

SONOMA VALLEY

Langgestrecktes Tal zwischen sanften Hügelketten. Eines der besseren Weinbaugebiete Kaliforniens, tritt immer mehr aus dem Schatten von Napa Valley heraus. Die Gegend ist noch sehr ländlich und weniger auf Touristen eingestellt als Napa, obwohl an Wochenenden viel Betrieb herrscht.

Der Weinbau bestimmt das Tal nicht ausschließlich, sondern paßt sich harmonisch in die vielseitige Landschaft ein. Nebenher noch Ackerbau und Viehzucht. Landschaftlich am schönsten in der Nähe von Kenwood, wo sich die Weingärten zwischen Bäumen und kleinen Waldstücken die Hügel hinaufziehen: ein fast bilderbuchartiger Anblick.

★ Sonoma (7.ooo Einw.)

Hauptanlaufpunkt im Valley, provinziell und beschaulich. Zahlreiche Gebäude erinnern (vor allem rund um die Plaza) an die spanisch-mexikanische Vergangenheit des Ortes. Sonoma war der nördlichste Außenposten der riesigen mexikanischen Nation, bevor die USA Kalifornien annektierten.

Tourist INFO Visitors Bureau im gelben Backsteingebäude auf der zentralen Plaza (453 1st St., Tel. 996-1o9o).

Post: 617 Broadway. **Telefon**: Vorwahl 7o7.

An die Hauswand Broadway/Ecke Plaza ist ein überdimensionaler Lageplan gemalt, Sehenswürdigkeiten und Weingüter sind dort eingezeichnet.

PLAZA (1): im Zentrum der Stadt. Erinnert nicht nur wegen des Namens an einen mexikanischen Platz. Schöne Parkanlage mit Grünflächen und Palmen, umgeben von einigen Original-Häusern aus dem 19. Jhd.: am schönsten SALVADOR VALLEJO ADOBE, 415 1st St.

Ebenfalls an der Plaza die SONOMA BARRACKS (2), 1836 von den Mexikanern errichtete Kaserne. Während der "Bear Flag Revolte" 1846 von amerikanischen Siedlern besetzt, die hier eine unabhängige Republik ausriefen und über den Barracks die Bärenflagge hißten, Vorbild für die spätere Staatsflagge von Kalifornien. Der Mini-Aufstand gegen die Mexikaner erübrigte sich kurz später, da die USA Mexiko den Krieg erklärten und die gesamte Westküste besetzten. Kleines Museum zur Geschichte der

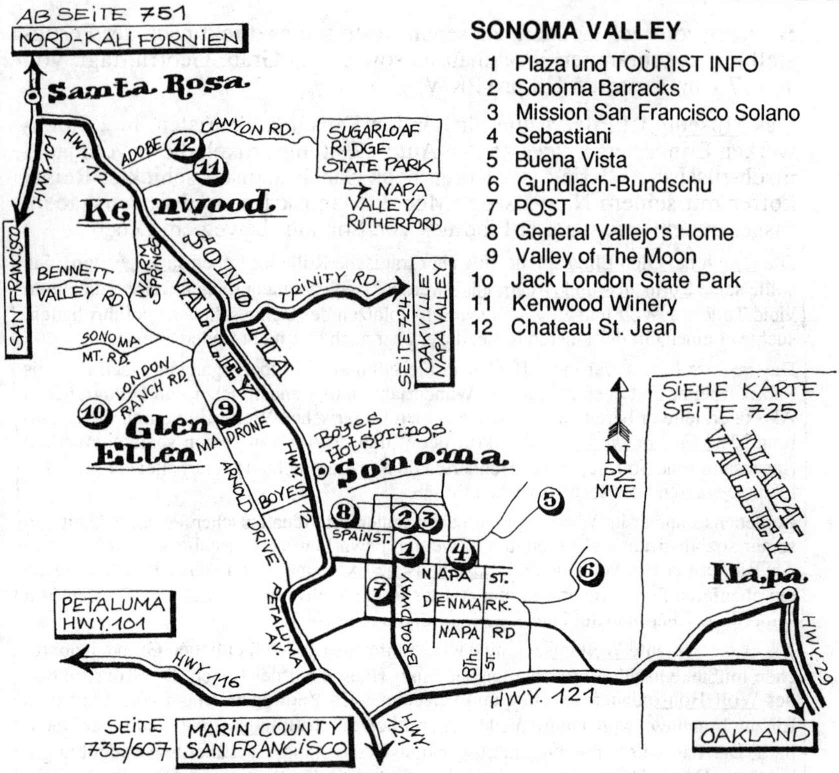

Kolonisation des Westens. Geöffn. tägl. von 1o- 17 Uhr, Eintritt 2 US.

MISSION SAN FRANCISCO SOLANO (3), Spain St./Ecke First St., schräg gegenüber der Plaza. Nördlichste und jüngste der kalifornischen Missionen, gegründet 1823 und bereits zur Zeit des unabhängigen Mexiko. Restauriertes Adobe-Gebäude mit dicken Holzbalken, die die Decke tragen. Kleine angrenzende Kirche. Geöffn. tägl. von 1o- 17 Uhr, Eintritt 2 US.

GENERAL VALLEJO'S HOME (8), ca. 1 km westlich der Plaza über Spain St. Landhaus von General Vallejo, dem letzten mexikanischen Militärkommandanten der Region vor der Übernahme Kaliforniens durch die USA. Inmitten von Wiesen, Feldern und einem schön angelegten Garten. Komplett eingerichtet im Stil des 19. Jhds. Geöffn. tägl. von 1o- 17 Uhr, Eintritt frei mit dem Ticket der Mission.

JACK LONDON STATE PARK (1o), Nähe Glen Ellen. Auf der früheren Ranch des Schriftstellers, in bewaldeter Hügellandschaft oberhalb von Sonoma Valley. Der State Park umfaßt nur einen kleinen Teil des einstigen

Besitzes von Jack London. Zu sehen Reste seines direkt nach der Fertigstellung abgebrannten Wohnhauses sowie sein Grab. Geöffn. tägl. von 1o- 17 Uhr, Eintritt 5 US pro PKW.

Das Museum ist Pilgerstätte für London-Fans und Touristen. In 2 Stockwerken Erinnerungsstücke an den Autor: Zeitungsartikel, die er vom japanisch-russischen Krieg aus Korea nach San Francisco schickte, Reisekoffer mit seinem Namenszug, Möbel, Manuskripte und Erstausgaben. Insgesamt ein informativer Eindruck von Londons bewegtem Leben.

Die Ranch bei Glen Ellen spielte eine eher tragische Rolle im Leben Jack Londons. Sie sollte seine Zufluchts- und Arbeitsstätte werden: Nach abenteuerlichen Reisen, die ihn in viele Teile der Welt und zu wichtigen Schauplätzen des Zeitgeschehens geführt hatten, suchte er einen Ort der inneren Ruhe, die er aber auch hier nicht finden konnte.

Das rastlose Leben war ihm offenbar in Fleisch und Blut übergegangen. Nach Jobs als Fabrikarbeiter und Seemann, sowie Wanderjahren als Landstreicher und Goldgräber in Alaska erzielte er bereits mit 27 Jahren einen literarischen Welterfolg durch die Erzählung "*The Call of the Wild*" (Lockruf der Wildnis). Auch in seinen späteren Werken (insgesamt rund 5o Bücher und Hunderte von Kurzgeschichten) verarbeitete er seine Erlebnisse während der abenteuerlichen Reisen.

Zeitlebens stand er im Widerstreit zwischen seiner individualistischen Persönlichkeit und seiner sozialistischen Überzeugung. Zweimal bewarb er sich vergebens für den Posten des Bürgermeisters von Oakland. Sozialistische Experimente auf seiner Ranch scheiterten ebenfalls. So zog es ihn immer wieder in die Welt hinaus, zuletzt gemeinsam mit seiner Frau Charmian auf eine Segeltour rund um die Welt.

Als er die geplante Weltumseglung nach 2 Jahren aus gesundheitlichen Gründen abbrechen mußte, entschloß er sich zum Bau eines Hauses auf der Ranch. Die Konstruktion des Wolf House dauerte 3 Jahre und verschlang ein Vermögen. In der Nacht vor dem Einzug brannte es vollständig nieder, vermutlich durch Brandstiftung neidischer Nachbarn. Der Fall wurde nie aufgeklärt, Londons Widerstandskraft aber war endgültig gebrochen. Durch übermäßigen Alkoholkonsum gesundheitlich ruiniert, beging er 1916 im Alter von 4o Jahren auf seiner Ranch Selbstmord.

WEINGÜTER

Hauptsächlich östlich des Ortes Sonoma sowie nördlich bei Glen Ellen und Kenwood.

SEBASTIANI (4), 389 4th St. East, Sonoma. Großbetrieb, bequem zu Fuß von der Plaza aus zu erreichen. Führungen durch den Weinkeller mit Weinprobe, tägl. von 1o- 17 Uhr, gratis.

BUENA VISTA (5), 18ooo Old Winery Rd., östlich von Sonoma. Zufahrt durch gepflegte Weingärten und eine Eukalyptusallee. Besteht seit 1857. Rustikale Steingebäude. Blick in den Weinkeller mit riesigen Holzfässern. Weinproben tägl. von 1o- 17 Uhr. Auf dem parkartigen Grundstück einige Picknicktische.

GUNDLACH-BUNDSCHU (6), 2ooo Denmark St., östlich von Sonoma am Rande des Valley. Zu erreichen über eine enge und kurvige Land-

straße. Kleiner Betrieb, die Probierstube direkt neben Kühltanks und Holzfässern. Weinproben kostenlos, tägl. von 11- 16.3o Uhr.

VALLEY OF THE MOON (9), 777 Madrone Rd., Glen Ellen. Familienbetrieb inmitten von Weingärten. Picknicktische am Fluß. Weinproben gratis, tägl. von 1o- 17 Uhr.

KENWOOD (11), 9592 Sonoma Hwy., Kenwood. Neuer und herausgeputzter Betrieb auf einem Hügel oberhalb der Weingärten. Herausragende Qualitäten beim Chardonnay, Riesling und Sauvingon Blanc; außerdem guter Cabernet Sauvignon. Weinprobe kostenlos, tägl. von 1o- 16.3o Uhr.

CHATEAU ST. JEAN (12), 8555 Sonoma Hwy., Kenwood. Bilderbuch-Schlößchen in exponierter Lage am Hang. Umgeben von gepflegtem Park und Weingärten. Lagerkeller mit Edelstahltanks und Holzfässern frei zugänglich. Vom kleinen Türmchen aus schöner Blick übers Tal. Picknick-Tische im Park unter Palmen und Redwood-Bäumen. Vor allem die Weißweine gehören zu den besten von Sonoma Valley. Gratis-Weinproben täglich 1o- 16.3o Uhr.

Wem es auf der Erde zu langweilig geworden ist, der kann das Wine Country von Sonoma auch von oben erleben:

BALLONFLÜGE: sind absolut "in". Ca. 13o US kostet der Spaß, Sektfrühstück natürlich inkl. Gibt's aus gutem Grund aber erst im Anschluß an den Flug. Es gibt eine Reihe von Firmen, u.a. "Air Flambuoyant", 4714 Woodview Dr., Santa Rosa, Tel. 8oo-456-4711. Weitere: "Sonoma Thunder", Tel.: 538-7359, "Adventures Aloft", die älteste der Sonoma Ballon- Companies Tel.: (7o7) - 255-8688

Voll abgestellt auf betuchte Wochenendausflügler aus San Francisco und der Bay Area. Entsprechend sind die Preise. Übernachtung freitags und samstags vermeiden; während der Woche oft deutlich billiger. Preiswertere Übernachtungsmöglichkeiten in Santa Rosa am Nordrand von Sonoma Valley.

"**El Dorado**", 4o5 1st St. West, zentral und direkt an der Plaza. Freundliches zweistöckiges Holzgebäude. SW-Pool im Hof. Zimmer großzügig und hell, komfortabel eingerichtet. Balkons zum Innenhof oder zur Plaza. Frühstück inkl., DZ ab ca. 14o US. Tel. 996-3o3o.

"**The Hidden Oak**", 214 Napa St. East. Bed&Breakfast in typischem Wohnhaus. Gepflegter Vorgarten, kleine Terrasse. Zimmer groß und hell, mit Privatbad. Familiäre Atmosphäre. DZ je nach Größe 9o- 115 US. Tel. 996-9863.

"**Thistle Dew Inn**", 171 Spain St. West. Bed&Breakfast Nähe Plaza. Sechs Gästezimmer in typisch amerikanischem Wohnhaus mit Anbau. Bezaubernder kleiner Garten mit Whirlpool. Zimmer relativ klein; einfach, aber gemütlich eingerichet. Fahrräder für die Gäste und reichhaltiges Frühstück inkl. Familiäre Atmosphäre am gemeinsamen

Frühstückstisch oder in den wohnzimmerartigen Aufenthaltsräumen. DZ je nach Größe ca. 9o- 11o US. Tel. 938-29o9.

"**Sonoma Valley Inn**", 55o 2nd St. West. Zwei Blocks vom Zentrum. Gebäudekomplex um einen Innenhof mit SW-Pool. Gehobener Motel-Stil. Zimmer geräumig und modern eingerichtet, manche mit Kamin. DZ von Nov.-März ab ca. 75 US, sonst ab 9o US. An Wochenenden jeweils noch 1o- 2o% Aufschlag. Tel. 938-92oo oder 8oo-334-KRUG.

"**Victorian Garden Inn**", 316 Napa St. East, zwischen den Pflanzen und Bäumen eines bezaubernd gestalteten Gartens taucht das viktorianische Haus auf. Harmonische Einheit mit Erkern und Terrassen. Zimmer eingerichtet im englischen Stil. Sonomas schönstes Bed&Breakfast Haus. DZ je nach Lage und Ausstattung ab ca. 75 US. Tel. 996-5339.

"**Magliulo's Pensione**", 691 Broadway. Bed&Breakfast. Kleines Wohnhaus, eingerichtet mit Antiquitäten, wenige Blocks von der Plaza. DZ mit Gemeinschaftsbad ca. 75 US, mit Privatbad 85 US. Tel. 996-1o31.

"**Sonoma Hotel**", 11o Spain St. West, an der Plaza. Rustikale Lobby und angrenzender "Saloon" mit großer Holztheke. Zimmer ausgestattet im Landhausstil, jeweils unterschiedlich groß und möbliert. Gemütliche Atmosphäre. Frühstück inkl., DZ je nach Qualität ab ca. 65 US. Tel. 996-2996.

"**El Pueblo Motel**", 896 Napa St. West, am westlichen Stadtrand. Einfaches Motel, Zimmer mit rohen Backsteinwänden. Möbliert mit Bett, Stuhl und Tisch. Billigste Unterkunft in Sonoma, trotzdem noch 55- 65 US pro DZ im Winter und 6o-7o US im Sommer. Tel. 996-3651.

"Sugarloaf Ridge State Park", 26o5 Adobe Canyon Rd., Nähe Kenwood, Tel. 8oo-444-7275. Ruhiger und gut ausgestatteter Platz in den Hügeln am Rande des Valley. Stellplatz ca. 1o US.

"FEED STORE CAFE", 529 1st St. West. Modern gestyltes Café. Frühstück ab 4 US. Im Laufe des Tages Salate und Sandwiches um 7 US, Brot aus eigener Bäckerei.

"MAGLIULO'S", 691 Broadway. Gemütliches italienisches Lokal, Familienbetrieb. Hervorragende Nudelgerichte um 1o- 12 US.

"PASTA NOSTRA", 139 Napa St. East. Gemütlich in kleinem Holzhaus und auf der dahinterliegenden Terrasse. Italienische Küche. Leckere Soßen zu hausgemachten Nudeln. Hauptgerichte 1o- 15 US.

"PARLEY'S", 522 Broadway. In kleinem Holzhaus. Beliebt und gut für Frühstück und Lunch, abends geschlossen. Frühstück um 3 US, mittags kleine Gerichte und Sandwiches.

Selbstversorger: "SONOMA CHEESE FACTORY", 2 Spain St. Dutzende Käsesorten, viele aus eigener Herstellung. Außerdem gute Wurstwaren, knuspriges Baguette und leckere Kleinigkeiten wie Oliven und Pepperoni. Fertige Salate und Delikatessen.

"WINE EXCHANGE", an der Plaza, gegenüber vom Touristenbüro. Wem das Abklappern der Weingüter zuviel ist, der findet hier eine umfassende Auswahl an Weinen aus Sonoma und Napa. Einige Probierweine im Ausschank. Außerdem ein repräsentatives Angebot von Bieren der nordkalifornischen Klein-Brauereien sowie Biere aus aller Welt.

Picknick: Überall im Sonoma Valley amerikanische Picknick-Tradition "at its best": Sich bei der Cheese Factory mit Käse, Wurst und Brot eindecken. Dann zu einem der Weingüter fahren, den passenden Wein aussuchen, und fertig ist die Mahlzeit. Viele "Wineries" haben Picknicktische in angenehmer, entspannender Umgebung. Die meiste Zeit des Jahres spielt auch das Wetter mit. Eine runde Sache in schöner Landschaft mit den Produkten der Region - und gute Alternative zu den überteuerten Restaurants.

Verbindungen ab Sonoma

Kein praktikabler öffentlicher Transport. Im Tal gibt es zwar lokale Busse, aber um die oft abgelegenen Weingüter oder den Jack London State Park zu erreichen, ist ein Auto unerläßlich.

Am besten in Kombination mit dem Besuch von Napa Valley und Marin County für einige Tage von San Francisco aus ein Auto mieten. Hwy. 12 führt durchs Sonoma Valley nach Norden (Santa Rosa: 3o km, ca. 3o Min.) und nach Osten (Napa: 2o km, ca. 3o Min.). Über Hwy. 121 nach Süden (San Francisco, 11o km, ca. 2 Std.).

Santa Rosa (1oo.ooo Einw.)

Kommerzielles Zentrum von Sonoma County am Nordrand des Valley. Außer einigen historischen Backsteinfassaden im sogenannten "Railroad District" lediglich eine Ansammlung von Shopping Malls, Wohn- und Geschäftshäusern sowie dem Hwy. 1o1, der mitten durch die Stadt führt.

Verkehrsgünstige Lage zwischen Sonoma Valley und Russian River Valley, daher geeignet als Übernachtungsstop beim Besuch der beiden Täler.

"**Flamingo Hotel**", 4th St./Ecke Farmers Lane. Verkehrsgünstig südlich des Zentrums am Hwy. 12 Richtung Sonoma. Zweistöckiges Motel in großzügiger Gartenanlage. Ruhig. Riesiger SW-Pool und modernes Fitneß-Center. Zimmer komfortabel ausgestattet. DZ je nach Größe und Lage 7o- 9o US. Tel. 545-853o oder 8oo-848-83oo.

"**Los Robles Lodge**", 925 Edwards Ave. Nördlich des Zentrums, Nähe Hwy. 1o1. Komfortables Motel, verteilt auf mehrere Gebäude. Großer SW-Pool. Zimmer geräumig mit heller, moderner Einrichtung. Kühlschrank und Kaffeemaschine. Besitzer spricht deutsch und ist gleichzeitig Küchenchef des angegliederten, erstklassigen

Restaurants. DZ ab ca. 75 US. Tel. 545-633o oder 8oo-255-633o.

"Astro Motel", 323 Santa Rosa Ave. Freundliches Motel direkt im Zentrum neben dem Juilliard Park. Kleiner SW-Pool. Zimmer spärlich, aber ordentlich möbliert. DZ von Okt-Mai ca. 4o US, im Sommer ca. 45 US. Tel. 545-8555.

"Motel 6", 276o Cleveland Ave. Nähe Hwy. 1o1 über Ausfahrt Steele Lane. Einfaches Motel mit SW-Pool, sauber und gepflegt. DZ ca. 4o US. Tel. 546-15oo.

★ Healdsburg

Kleinstadt und Zentrum des Weinbaus im nördlichen Sonoma County. Im Zentrum schöne Plaza im spanisch-mexikanischen Stil. Nur wenige Schritte von dort die Probierstuben mehrerer Weingüter, z.B. William Wheeler, Windsor, White Oak und Clos du Bois.

Healdsburg ist Ausgangspunkt für Touren in 3 landschaftlich schöne Täler, in denen vor allem Weinbau betrieben wird: Dry Creek Valley, Alexander Valley und Russian River Valley.

Das ALEXANDER VALLEY ist relativ breit und fast überall mit Reben bepflanzt. Zahlreiche Weingüter verfügen über täglich geöffnete Probierstuben.

Attraktiver ist das DRY CREEK VALLEY im Nordwesten von Healdsburg. Die Weingärten zwischen bewaldeten Hügeln. Auch hier viele "wineries" für Besucher zugänglich. Am Ende des Tals der Damm des künstlich aufgestauten LAKE SONOMA. Eine Serpentinenstraße führt zum "Overlook": von einem Holzgerüst weiter Blick über den See und das Küstengebirge.

RUSSIAN RIVER VALLEY

Wenig bekannt und wenig besucht, so doch das landschaftlich schönste Weinbaugebiet in der Umgebung von San Francisco. Zwischen den Orten Healdsburg und Guerneville eine völlig andere Welt als in Napa oder Sonoma: ländlich, dünn besiedelt, und durch den Fluß besonders reizvoll.

Vor allem südlich und östlich des Russian River einsame Landstraßen, die sich durchs Tal schlängeln. Vorbei an Hügeln, Waldstücken und Weingärten. Hier und da eine Ranch oder ein luxuriöses Landhaus. Bei Guerneville verengt sich das Tal, ist dicht bewaldet und nicht mehr geeignet für den Weinbau. Aber weiterhin schöne Strecke bis zur Flußmündung bei Jenner.

WEINGÜTER

RODNEY STRONG, 11455 Old Redwood Hwy., südlich von Healdsburg. Futuristisches Betongebäude mit ebensolchem Aufgang zum Probierraum. Dort wechselnde Kunstausstellungen und ein Blick auf die Lagerhalle mit den Edelstahltanks. Kostenlose Weinproben tägl. von 1o-

16.3o Uhr.

KORBEL, 1325o River Rd., bei Guerneville. Großbetrieb mit aufwendig gestaltetem Park. Im efeuumrankten Backsteingebäude eine der bedeutendsten Sektkellereien Nordamerikas. Täglich Führungen mit Gratis-Weinprobe von 1o- 16.3o Uhr.

"**The Raford House**", 1o63o Wohler Rd., südlich von Healdsburg. Ein Traumhaus auf dem Land, auf einem Hügel oberhalb von Wein gärten. Absolut ruhig gelegen. Ehemaliges Ranch-Haus mit sieben Gästezimmern. Ländlich-rustikal eingerichtet. DZ je nach Größe und Ausstattung ab ca. 8o US. Tel. 7o7-887-9573.

"**Northwood Lodge**", in Monte Rio, 5 km südlich von Guerneville. Kleines Motel zwischen Highway und Waldrand. Garten mit SW-Pool vor den Zimmern, Parken außerhalb der Anlage. Zimmer hell und geräumig. DZ von Okt.-März ab ca. 45 US, sonst ca. 5o US.

"River Bend Campground", River Rd., östlich Guerneville. Direkt am Russian River. Wiese mit Picknicktischen, Stellplatz ca. 12 US.

VERBINDUNGEN: Nur per Auto zu erreichen. Ab Sonoma Valley Hwy. 12 Richtung Norden über Santa Rosa bis Healdsburg. Von dort mehrere Nebenstraßen durchs Russian River Valley über Guerneville zur Pazifikküste. Bequemer Halbtagesausflug ab Sonoma Valley oder Marin County.

MARIN COUNTY

Ideale Ergänzung und Gegenstück zu San Francisco auf der gegenüberliegenden Seite des Golden Gate. Einerseits dicht besiedelte Nobelvororte

PAZIFIK-KÜSTE, Marin County

der Metropole, andererseits die Naturparks Mount Tamalpais und Point Reyes National Seashore mit majestätischen Redwood-Wäldern, einsamen Stränden und endlosen Wanderwegen. Bietet einen guten Vorgeschmack auf Nordkalifornien. Vom Marin County außerdem die grandiosesten Ausblicke auf San Francisco und das Golden Gate.

Tourist INFO Informationszentren bei Point Reyes National Seashore, Mt. Tamalpais, Marin Headlands und Muir Woods. Details siehe dort.

Telefon: Vorwahl im gesamten Marin County 415.

Karten und Bücher:

"Official Map and Guide" von Point Reyes National Seashore mit Straßen und Wanderwegen im dortigen Visitor Center.

"Mount Tamalpais State Park", Wanderkarte der Trails um Mt. Tamalpais und durch Muir Woods im Monument Headquarter von Muir Woods und bei der Pantoll Ranger Station, Mt. Tamalpais.

"Making the most of Marin", Patricia Arrigoni, Detaillierte Beschreibungen der einzelnen Regionen von Marin County. Informationen über Aktivitäten und Geschichte. Karten und S/W-Fotos. Travel Publishers International, ca. 18 US.

"Point Reyes", Stephen Timble. Dünner Bildband mit ausgezeichneten Fotos der Halbinsel. Gut eingefangen vor allem die unterschiedlichen Stimmungen, ca. 4 US.

"Point Reyes", Dorothy Whitnah. Natur- und Wanderführer zur National Seashore. S/W-Fotos. Wilderness Press, ca. 11 US.

"Mt. Tam", Don and Kay Martin. Natur- und Wanderführer für die Gegend rund um Mount Tamalpais. Martin Press, ca. 1o US.

★ San Rafael (5o.ooo Einw.)

Verwaltungszentrum von Marin County und verkehrsmäßig die Drehscheibe Richtung San Francisco, East Bay sowie Napa und Sonoma Valley. Im Prinzip ein entfernter Vorort von San Francisco. Preislich erschwinglicher Übernachtungsstandort für die Erkundung des östlichen Teils von Marin County. Zwei Sehenswürdigkeiten:

MISSION SAN RAFAEL ARCANGEL (1). 11o4 5th Ave., Downtown. Zu erreichen ab Hwy. 1o1 über Ausfahrt San Rafael Center. Eine der weniger bedeutenden und kleinen Missionen Kaliforniens. Erbaut 1817, nach Zerstörungen vollständig neu aufgebaut. Steht etwas verloren im Geschäftszentrum der Stadt.

CIVIC CENTER (2), Hwy. 1o1, Ausfahrt San Pedro Rd. Kühne und eigenwillige Konstruktion des berühmten amerikanischen Architekten Frank Lloyd Wright. Eingeweiht 1962 als Verwaltungsgebäude. Langgestreckter Bau, vorherrschend runde und ovale Formen. Erinnert etwas an ein überdimensionales Raumschiff. Auch das Innere bestimmt vom Runden und Ovalen. Hell und freundlich durch den mit Glas überdachten Innenhof. Wrights letzte Arbeit.

"Holiday Inn Marin", 1o1o Northgate Dr., Hwy. 1o1, Abfahrt Freitas Blvd. Auf einem Hügel mit Blick auf die Berge von Marin County. Moderner Gebäudekomplex um einen Innenhof mit SW-Pool und Whirlpool. Verkehrsgünstig gelegen. Die Zimmer zum Hof sehr ruhig. Moderne, zweckmäßige Einrichtung. DZ ab ca. 75 US. Tel. 497-8ooo.

"Bed&Breakfast Exchange", 425 Mission Ave. Die Kontaktadresse für zahlreiche kleine Bed&Beakfast Häuser in San Rafael und Umgebung. Preislage zwischen 55 und 16o US. Tel. 485-1971.

"Colonial Motel", 1735 Lincoln Ave. Freundliches Motel Nähe Zentrum, mit familiärer Atmosphäre. Zimmer mit Kühlschrank und Kaffeemaschine. DZ ab ca. 5o US. Tel. 453-9188.

"CAFETERIA CIVIC CENTER", Hwy. 1o1, Ausfahrt San Pedro Rd., im ersten Stock des eigenwilligen Civic Center. Schöne Terrasse mit Garten und Springbrunnen. Mittags preiswertes Kantinenessen auch für Besucher.

"MAYFLOWER INN", 1533 4th St. Pub im englischen Stil, im Zentrum von San Rafael. 9 Biere vom Faß und englische Spezialitäten wie "pies" und "pastries". Gerichte mittags 5- 1o US, abends rund das Doppelte.

"MY THAI", 123o 4th St. Eines der vielen thailändischen Restaurants von San Rafael und Marin County. Kleines, freundliches Lokal mit familiärer Atmosphäre. Essen hervorragend, reichlich und preiswert. Besonders gut die Curries (ca. 6 US) mit Fleisch, Fisch oder Gemüse sowie originellen Soßen.

In Downtown zwischen 3rd St., 4th St. und Lincoln St. große Auswahl weiterer Restaurants mit Spezialitäten aus aller Welt sowie billige Schnellimbisse.

Selbstversorger: "FARMER'S MARKET": Einer der besten Lebensmittelmärkte der gesamten Bay Area. Erstklassige Ware direkt vom Produzenten. Am Civic Center, Do von 8- 13 Uhr, So von 9- 13 Uhr.

★Tiburon (12.ooo Einw.)

Nobelvorort von San Francisco. An den Hängen oberhalb der Bay eine Prachtvilla an der anderen, - natürlich mit Traumblick über die Bucht und auf die gegenüberliegende Skyline von San Francisco. Vorherrschend Yuppie-Atmosphäre, unterstrichen durch Unmengen offener Cabriolets und der jeweiligen Modeautos der Saison.

Wer sich ein Grundstück an dieser fabelhaften Küste leisten kann, setzt auch das entsprechende Gebäude drauf, 5oo.ooo Dollar sind ein Pappenstil. Die riesigen Panoramafenster dienen nicht nur zum Hinausschauen, sondern auch zum Gesehenwerden. "Tiburón" heißt auf spanisch "Haifisch": nomen est omen. Grundstücke und Häuser sind in den USA in

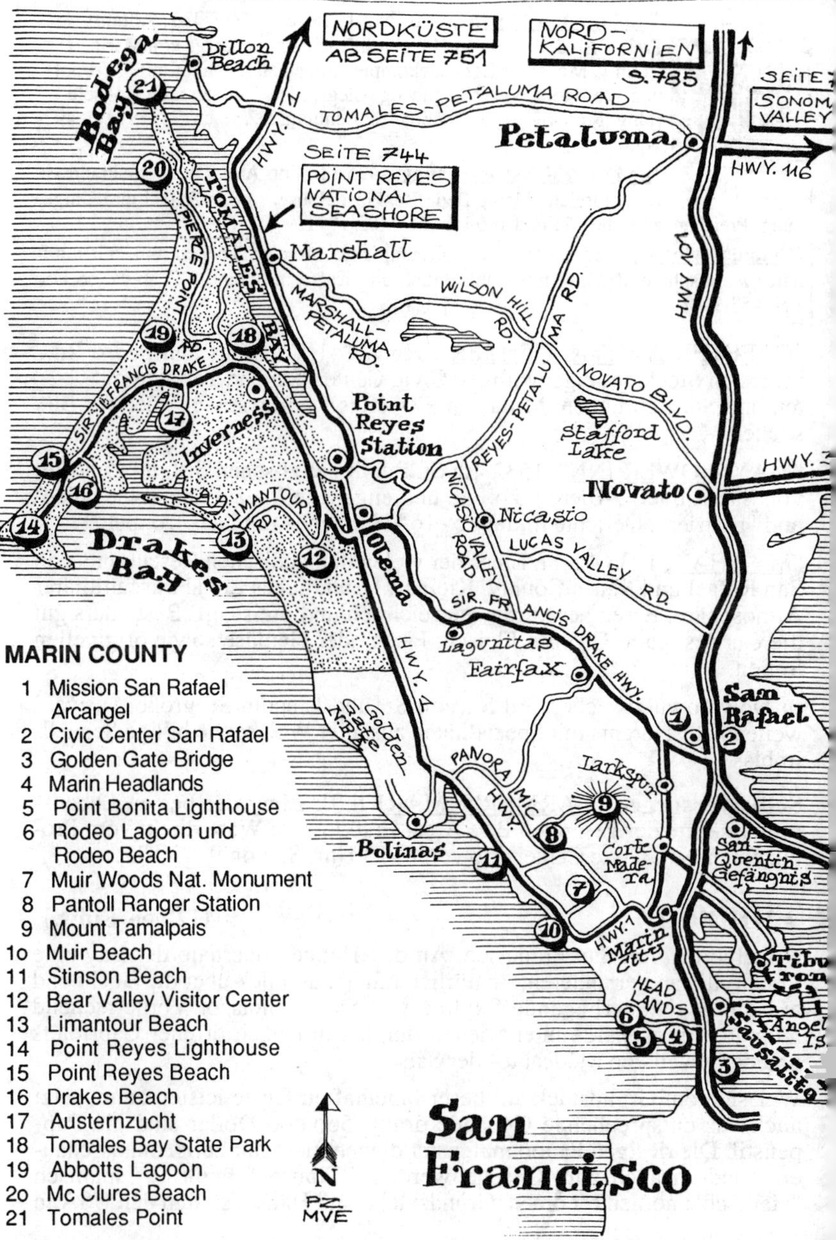

NORDKÜSTE
AB SEITE 751
NORD-KALIFORNIEN
S.785
SEITE 7
SONOMA VALLEY
Dillon Beach
Bodega Bay
TOMALES-PETALUMA ROAD
HWY. 1
Petaluma
HWY. 116
HWY. 101
SEITE 744
POINT REYES NATIONAL SEASHORE
TOMALES BAY
PIERCE POINT RD.
Marshall
MARSHALL-PETALUMA RD.
WILSON HILL RD.
PETALUMA RD.
REYES-PETALUMA RD.
NOVATO BLVD.
Stafford Lake
SIR FRANCIS DRAKE
Inverness
Point Reyes Station
Novato
HWY. 37
LIMANTOUR RD.
Nicasio
NICASIO VALLEY ROAD
LUCAS VALLEY RD.
Drakes Bay
Olema
SIR. FRANCIS DRAKE HWY.
Lagunitas
Fairfax
HWY. 1
Golden Gate N.R.A.
San Rafael
PANORAMIC HWY.
Larkspur
Bolinas
Corte Madera
San Quentin Gefängnis
HWY. 1
Marin City
Tiburon
HEAD LANDS
Angel Is.
Sausalito
San Francisco
N
PZ
MVE
MARIN COUNTY
1 Mission San Rafael Arcangel
2 Civic Center San Rafael
3 Golden Gate Bridge
4 Marin Headlands
5 Point Bonita Lighthouse
6 Rodeo Lagoon und Rodeo Beach
7 Muir Woods Nat. Monument
8 Pantoll Ranger Station
9 Mount Tamalpais
1o Muir Beach
11 Stinson Beach
12 Bear Valley Visitor Center
13 Limantour Beach
14 Point Reyes Lighthouse
15 Point Reyes Beach
16 Drakes Beach
17 Austernzucht
18 Tomales Bay State Park
19 Abbotts Lagoon
2o Mc Clures Beach
21 Tomales Point

der Regel erheblich billiger als in Deutschland: rund 1/2 Mill. US (siehe oben) sind daher satte Preise.

Am Wochenende ist Tiburon Ausflugsziel, entsprechend viel Betrieb rings um die teuren Restaurants, Läden und Kunstgalerien am Hafen. An Wochentagen dagegen eher ruhig.

Für Normalverbraucher bleibt der Spaziergang über die kurze Uferpromenade. Auch von aus ein umfassendes Panorama von San Francisco und der Insel Alcatraz. Besonders gut zu erkennen die schnurgeraden, steilen Straßen der Stadtteile Pacific Heights und Richmond.

Von San Rafael führt eine schöne Strecke nach Tiburon über PARADISE DRIVE (gleichnamige Abfahrt vom Hwy. 1o1 bei Corte Madera). Die Straße schlängelt sich am Ufer der Bay entlang, vorbei an Waldstücken, gepflegten Gärten und Luxusvillen. Gleich zu Beginn auf der gegenüberliegenden Seite das berüchtigte Staatsgefängnis SAN QUENTIN. Richtung Golden Gate und Sausalito viele Villen, Luxusapartments und gepflegte Wohnanlagen.

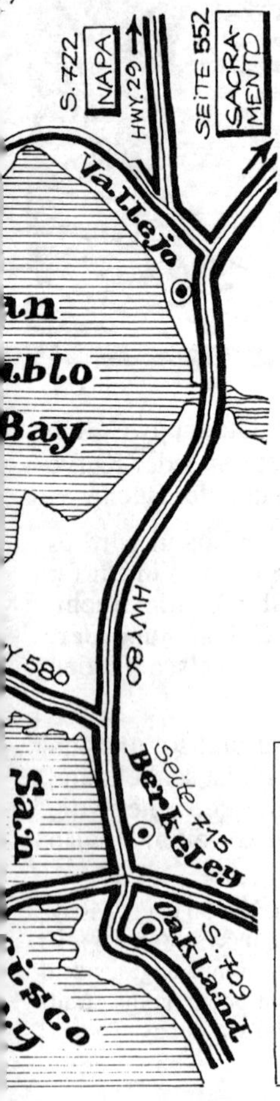

Sausalito (8.ooo Einw.)

Ähnliches Bild in Tiburon, der Jachthafen und die Einkaufszone etwas größer, die Yuppie-Konzentration dichter und am Wochenende noch mehr Ausflügler.

Der Blick auf San Francisco ist spektakulärer; die Bay Bridge inkl. Oakland und Berkeley gibt es als Zugabe. Der Trip mit der Fähre rüber von Fisherman's Wharf lohnt sich allemal: San Francisco aus einer anderen und nicht gerade der schlechtesten Perspektive.

VERBINDUNGEN Ost Marin County:

Bus: "Golden Gate Transit" ab San Francisco (Transbay Transit Terminal): Linie Nr. 1o, 5o -> Sausalito und Marin City. Nr. 9o -> San Rafael und weiter nach Sonoma; Nr. 7o -> San Rafael und Novato.

Fähre: "Golden Gate Ferry" ab Ferry Building in San Francisco (15 x tägl., Wochenende nur 5 x, 4o Min., ca. 2,5o US) und Sausalito (1o x tägl., am Wochenende nur 6 x, 3o Min., ca. 3,5o US).

"Red and White Fleet" ab Pier 43, Fisherman's Wharf in San Francisco nach Sausalito (5 x tägl., ca. 4 US) und Tiburon (3 x tägl., rund 4 US).

Auto: Über die Golden Gate Bridge aus San Francisco heraus und auf Hwy. 1o1 zu allen Orten im östlichen Teil von Marin County.

Marin Headlands (4): Hügelkette am Golden Gate, südwestlich von Sausalito. Die Straße schraubt sich hinauf und bietet von jeder Kurve ein neues und sagenhaftes Panorama von San Francisco und der Bucht.

Eine Steigerung ist nicht mehr möglich - denkt man. Und dann wird es noch toller: die rostrote Golden Gate Bridge im Vordergrund, Windsurfer mit rasender Geschwindigkeit unter ihr hindurch, dahinter die Bucht, Alcatraz, die Skyline. In der Ferne die Bay Bridge mit Oakland und Berkeley. Am äußeren Rand einzelne Wohnbezirke von San Francisco mit den davorliegenden Pazifikstränden.

Wer die Headlands bei Nebel erlebt, ist ein armer Tropf und sollte es an einem klaren Tag unbedingt nochmal versuchen. Der Blick ist schlicht und einfach sensationell, den meisten Besuchern bleibt bei dieser Szenerie die Spucke weg. Nur der praktisch denkende Amerikaner weiß weiter: "I wish I could bottle this and sell it".

Noch deutlicher als von San Francisco wird in den Headlands klar, warum ein gewisser Lieutenant John C. Fremont vom US Corps of Topographical Engineers 1848 bei seinen Vermessungen den Namen *GOLDEN GATE* prägte. Irgendwo hier muß er gestanden haben, als er in seinen Aufzeichnungen notierte: "Between these points is the strait about one mile broad in the narrowest part, and 5 miles long from sea to bay. To this gate I gave the name Chrysopolae, or Golden Gate."

Hinter der Paßhöhe geht die Strecke weiter als Einbahnstraße. Wer nicht die ganze Rundtour machen will, muß spätestens an dieser Stelle umdrehen. Die Fortsetzung ist zwar nicht mehr so spektakulär, lohnt sich aber trotzdem:

Straße oberhalb der Klippen auf einer Landzunge, die sich weit in den Pazifik hineinschiebt. Vorbei an ehemaligen Befestigungsanlagen und Artillerieständen, die den Eingang zum Golden Gate vor Angreifern schützen sollten, jedoch nie zum Einsatz kamen. Nach ca. 1 km links ein Parkplatz und von dort kleiner Pfad zu einem einsamen Strand unterhalb der Klippen. Schwarzer Lavasand und wieder eine neue Perspektive Richtung Golden Gate.

Die größten der einstigen Militäranlagen sind die Ruinen von BATTERY WALLACE am Ende der Halbinsel.

Von dort weiter zum POINT BONITA LIGHTHOUSE (5), das die Spitze der Landzunge anzeigt. Unten im Tal das VISITOR CENTER, Informationen über die ökologischen Besonderheiten von Marin County, Karten. Geöffn. tägl. von 9.3o- 16.3o Uhr.

Juhe Einzige Unterkunft im Küsten- Wunderland der Marin Headlands ist ausnahmsweise mal nicht ein Luxushotel, sondern die Jugendherberge "Golden Gate Youth Hostel", Tel. 331-2777. Nähe Visitor Center, in einem ehemaligen Kasernengebäude, versteckt unter windzerzausten Bäumen. Absolut ruhige Lage. Ohne Auto nur per Fahrrad oder Tagesmarsch ab Golden Gate Brücke zu erreichen. Übernachtung ca. 1o US pro Person.

Unterhalb von Visitor Center und Jugendherberge liegt RODEO BEACH (6). Strand mit dunklem Sand, schon am offenen Pazifik. Durch den Strand vom Meer getrennt die RODEO LAGOON. Im Winter spülen die Stürme frisches Salzwasser in die Lagune: Die spezielle Mischung aus Süß- und Salzwasser sorgt für eine artenreiche Flora und Fauna.

Verbindungen: Zu erreichen ab Sausalito 2 km nach Süden, dann unter Hwy. 1o1 hindurch in die Headlands. Ab San Francisco über Golden Gate Bridge (zu Fuß, per Auto oder Fahrrad), erste Abfahrt hinter der Brücke oder Fußweg hinauf in die Headlands.

Muir Woods National Monument (7): Einer der wenigen noch verbliebenen Redwood-Wälder in der Nähe von San Francisco. In einer Talsenke eine stattliche Anzahl der hochgewachsenen Mammutbäume. Nur wenig Sonne dringt nach unten, wo sich Farne und andere Pflanzen nach dem spärlichen Licht strecken.

Eine Wanderung durch den Wald bringt eigentümliche Perspektiven und neue Eindrücke von Größenverhältnissen: fast majestätisch und ehrfurchtgebietend die Bäume, winzig und unbedeutend das Menschengewimmel darunter. Wegen der Nähe zu San Francisco viel Ausflugsbetrieb und Tour-Busse. Auf den gepflasterten Wegen um das Monument Headquarter

oft dichter bis zähflüssiger Menschenandrang. (Ausführliches zu den riesigen Bäumen siehe Seite 778, 436).

Wer die Redwoods etwas ruhiger erleben will, wählt folgenden Rundweg, der sich als Kombination mehrerer Trails zusammenfügt: Ausgangspunkt beim Monument Headquarter, von dort über Hillside Trail und Ben Johnson Trail weg von den Menschenmassen und bergauf, tief hinein in den dunklen Wald. Der Pfad oft nur mit Körperbreite zwischen zwei oder drei der gigantischen Bäume hindurch.

Am Ende des Ben Johnson Trails noch einmal steil bergauf zum Dipsea Trail. Diesen dann abwärts zurück zum Headquarter, durch Waldstücke und Wiesen außerhalb der Muir Woods. Statt Redwood-Bäumen jetzt Ausblicke auf die Pazifikküste und die Berglandschaft von Marin County. Unterwegs ausgeschildert. Insgesamt 7 km, ca. 2 Std.

Verbindungen: Nur per Auto. Ab Golden Gate Bridge nördlich auf Hwy. 101 bis Abfahrt "Stinson Beach/Hwy.1". Vom Hwy.1 rechts ab auf Panoramic Hwy., von dort zur Muir Woods Rd. (ausgeschildert).

Mount Tamalpais (5): Mit 784 m die höchste Erhebung im weiten Umkreis. Vom Gipfel aus noch einer der Super-Blicke von Marin County: absolutes Panorama mit 360 Grad Rundumsicht. Die gesamte Bay Area aus der Vogelperspektive, bei klarer Sicht sogar übers Central Valley hinweg zur Sierra Nevada.

Mit etwas Pech sieht man gar nichts, sondern San Francisco und die Bay liegen im Nebel. Mit Glück dagegen ein großartiges Schauspiel: Wenn der Nebel vom Pazifik her anrollt, zunächst das Golden Gate verhüllt, dann San Francisco schluckt und sich in den Bergen von Marin County verliert. Am Ende fegen die Nebelschwaden dann auch über Mount Tamalpais, und es wird Zeit, den Rückweg anzutreten.

Tip: Nicht lange rätseln, wie man "Tamalpais" wohl ausspricht. Die Amis wissen es auch nicht und nennen ihn deshalb einfach Mount Tam.

Tourist INFO

Info und Karten zu Wanderungen im Mount Tamalpais State Park bei der Pantoll Ranger Station, an der Abzweigung der Pantoll Rd. vom Panoramic Hwy.

"Pantoll Campground", am Panoramic Hwy. hinter der Ranger Station, Tel. 456-5218. Zeltplätze im Wald mit Picknicktischen, Toiletten, Wasseranschluß. Keine Duschen. Wohnmobile dürfen eine Nacht auf dem Parkplatz stehen. Stellplatz ca. 12 US.

Ansonsten keine Infrastruktur in der Nähe von Mt. Tamalpais. Ausreichend Lebensmittel mitbringen. Übernachtung am besten in San Francisco oder auf dem Weg zur Point Reyes National Seashore in Inverness

(Details siehe dort).

Am Hwy. 1 entlang der Pazifikküste von Marin County liegen unterhalb von Mt. Tamalpais zwei beliebte Strände: MUIR BEACH (1o) zwischen zwei Felsvorsprüngen, die ins Meer hinausragen. Kleine Bucht mit dunklem Lava-Sand. Weiter nördlich der größere STINSON BEACH (11), ein heller Sandstrand mit viel Bade- und Surfbetrieb im Sommer. Von dort aus schängelt sich Hwy.1 entlang der riesigen BOLINAS LAGOON Richtung Point Reyes National Seashore.

Der State Park um Mt. Tamalpais ist durchzogen von einem Gewirr

attraktiver Trails. Dichtes Netz vor allem im Nordteil um die drei Gipfel des Mt. Tam. Dutzende von Rundwegen lassen sich kombinieren (Karte für o,5o US bei der Pantoll Ranger Station oder Headquarter von Muir Woods). Die folgenden bieten vor allem spektakuläre Ausblicke sowie einen "intimen" Kontakt mit den riesigen Redwood Bäumen:

MOUNT TAMALPAIS: Wer den Gipfel nicht per Auto erfahren, sondern erwandern will: Rundweg ab Pantoll Ranger Station, 14 km, ca. 4- 5 Std., etwas verwirrend die Kombination der verschiedenen Trails. Zunächst über Easy Grade Trail zum Mountain Theater, einem Freilichttheater, errichtet im Rahmen der Arbeitsbeschaffungsmaßnahmen während der Weltwirtschaftskrise. Von dort über Rock Springs Trail und Old Railroad Grade Fire Trail zum East Peak von Mt. Tam.

Zu Fuß erklommen, ist der beschriebene Ausblick noch um Grade intensiver. Rückweg zunächst wieder entlang des Old Railroad Grade Fire Trail. Am West Point Inn dann den Old Stage Trail, der etwas direkter als der Hinweg zur Ranger Station führt.

REDWOODS: Sehr abwechslungsreicher Rundweg ab Pantoll Ranger Station Richtung Westen durch die Berge des State Park, 6 km, ca. 2 Std. Kombination der drei Trails Old Mine, Dipsea und Steep Ravine. Ausblicke auf San Francisco Bay und den Pazifik. Ein kurzes Stück auch durch einen Canyon mit Redwood Bäumen. Mehrere steile Abschnitte.

Verbindungen

Bus: Von San Francisco aus mit "Golden Gate Transit", Linie 1o oder 5o nach Marin City. Von dort an Wochenenden 4 x tägl. mit Linie 63 zur Pantoll Ranger Station.

Auto: Ab Golden Gate Bridge nördlich auf Hwy. 1o1 bis Abfahrt "Stinson Beach/Hwy.1". Vom Hwy.1 rechts ab auf den Panoramic Hwy., der seinen Namen zu Recht führt. An der Pantoll Ranger Station die

Abzweigung zu den 3 Gipfeln von Mt. Tam. 6 km asphaltierte Straße bis zum East Peak, der höchsten Erhebung. Vom Parkplatz aus (Parkgebühr 5 US pro PKW) 1o Min. zu Fuß zum Gipfel.

★ **Point Reyes National Seashore**: Nationalpark auf einer zerklüfteten Halbinsel an der Pazifikküste. Hügelige Dünen- und Wiesenlandschaft. Vom Wind zerzaust und häufig in dichten Nebel gehüllt. Eine abgeschiedene Welt von herber Schönheit. An Wochenenden ein beliebtes Ausflugsziel, aber der Andrang hält sich in Grenzen. Ansonsten einsam und verlassen; der totale Kontrast zur übervölkerten Bay Area, nur wenige Kilometer vor der Haustür von San Francisco.

Die Küste ist stark dem Gezeitenwechsel unterworfen; lange Sandstrände wechseln mit Sandsteinklippen. Viele Wanderwege entlang der Küste und durchs Landesinnere. Im Frühjahr eine bunte Vielfalt wilder Blumen am Straßenrand und auf den Wiesen.

Klima: Point Reyes hat sein eigenes Mikroklima: an der Seeseite häufig neblig oder stürmisch, auch im Sommer. Immer auf kühles Wetter und schnell wechselnde Witterungsverhältnisse gefaßt sein. Die Ostseite der Halbinsel in der Regel milder und freundlicher.

Geologie und Erdbeben

Point Reyes ist bereits auf der Landkarte das offenkundigste Beispiel für ein geologisches Phänomen, das in ganz Kalifornien seine Wirkung zeigt: Die ungewöhnliche Form der Halbinsel verdankt sich dem San Andreas Graben und der an dieser Linie stattfindenden Verschiebung zweier Platten der Erdkruste.

Diese Ursache von Erdbeben in Kalifornien und anderen Gebieten der Welt erkannten Wissenschaftler erst in den sechziger Jahren. Die Erdhülle setzt sich nämlich aus gigantischen Kontinentalplatten zusammen, die bis zu 2oo Kilometer dick sind. Die jeweiligen Platten werden durch gewaltige Kräfte aus dem Erdinnern in unterschiedliche Richtungen getrieben, an ihren Nahtstellen kommt es folglich zu Reibung und zum Aufbau von Spannungen.

In Kalifornien schiebt sich die Pazifische Platte jährlich um 4 cm an der Nordamerikanischen Platte entlang Richtung Nordwesten. Point Reyes zum Beispiel sitzt auf der Pazifischen Platte und macht diese "Reise" mit. So kommt es, daß die geologische Beschaffenheit der Halbinsel übereinstimmt mit derjenigen in den Tehachapi Mountains, rund 5oo km weiter südlich. Point Reyes hat also schon einen langen Weg hinter sich. Aber auch Los Angeles driftet auf der Pazifischen Platte entlang und müßte bei jetzigem Tempo in etwa 16 Millionen Jahren an San Francisco vorbeiziehen, welches auf der Nordamerikanischen Platte liegt.

Die Nahtstelle besteht natürlich nicht aus glatten Flächen, sondern die Ränder der Platten verkeilen sich immer wieder ineinander. Dort, wo Widerstände auftreten, kommt die Verschiebung oft über hundert Jahre nicht voran, baut dadurch aber im Laufe der Zeit eine enorme Spannung auf. Wenn sich diese dann entlädt, legt die Erdplatte mit einem Ruck ein beträchtliches Stück auf einmal zurück, an der Oberfläche übertragen in ein Erdbeben.

Auf Point Reyes lag beispielweise des Epizentrum des schweren Bebens von 1906: damals wurde bei einem kräftigen Schub der Pazifischen Platte die gesamte Halbinsel um fast 7 Meter nach Nordwesten versetzt. Noch heute sind die Narben in der Erdoberfläche zu sehen, besonders anschaulich am Earthquake Trail (siehe unten). Kein Wunder, daß dieser Ruck im nahen, dicht besiedelten San Francisco verheerende Auswirkungen hatte.

In der Regel kann man davon ausgehen, daß ständige kleine Beben ein kontinuierliches Vorankommen der Erdplatte in der jeweiligen Region anzeigen. Herrscht jedoch über einen längeren Zeitraum Ruhe, so wächst die Gefahr eines größeren Bebens. Diese Tatsache stellt einen ersten Schritt zur Vorhersage von gravierenden Erdbeben dar: Die Geologen operieren zur Zeit zwar nur mit Wahrscheinlichkeiten, aber aufgrund verfeinerter Meßmethoden können sie besonders gefährdete Gebiete schon relativ präzise bestimmen. Den genauen Zeitpunkt allerdings gibt die Erde den Wissenschaftlern im Moment noch nicht preis.

Tourist INFO "Bear Valley Visitor Center" am Ostrand von Point Reyes, Nähe Limantour Rd. Viel Informationsmaterial, ein kleines Museum sowie regelmäßige Vorführung eines Films über Geologie und Ökologie von Point Reyes. Ein weiteres Visitor Center (weniger aufwendig gestaltet) vor dem Lighthouse am Ende des Francis Drake Hwy.

3 wichtige Straßen durchqueren die Halbinsel. Eng und kurvenreich führen sie zu den schönsten Stellen sowie zu den Ausgangspunkten der Wanderwege.

LIMANTOUR ROAD: Durchquert den südlichen Teil des Nationalparks. In diesem Abschnitt höhere Bergrücken und teilweise dichter Wald. Gleich zu Beginn das BEAR VALLEY VISITOR CENTER (12) (siehe "Tourist-Info").

Wenige Schritte dahinter der EARTHQUAKE TRAIL: 1 km langer Rundweg entlang einer Verwerfung des San Andreas Grabens. Während des großen Bebens von 1906 verschob sich hier die Erde um fast sieben Meter. Noch heute ist ein Holzzaun zu sehen, der damals auseinandergerissen und durch die Erdbewegung versetzt wurde. Auf Schautafeln entlang des Weges Hinweise zur Erdbebentätigkeit in der Bay Area.

An der Limantour Rd. auch die Jugendherberge, und am Ende der Straße LIMANTOUR BEACH (13): kilometerlanger Sandstrand auf einer vorgelagerten Landzunge, dahinter die Dünen.

SIR FRANCIS DRAKE HIGHWAY: Führt zum westlichen Zipfel der weit in den Pazifik hinausragenden Landzunge. Auf ihrer Spitze liegt malerisch das POINT REYES LIGHTHOUSE (14), zu erreichen über einen Fußweg und an dessen Ende eine in die Klippen eingepaßte steile Treppe. Die Landspitze ist einer der stürmischsten Punkte an der nord-

amerikanischen Pazifikküste. Starker Wind ist die Regel, Stürme sind häufig, vor allem im Sommer viel Nebel.

Die Landzunge ist eine der besten Beobachtungsstellen in Nordkalifornien für Grauwale, die hier im Dez./Jan. auf ihrem Weg nach Süden und im März/April gen Norden vorbeischwimmen. Auf dem Höhepunkt der Wanderung manchmal Dutzende an einem Tag.

Die Grauwale verlassen im Herbst ihre angestammten Fanggründe in den arktischen Gewässern der Beringsee, bevor diese endgültig zufrieren. An kürzer werdenden Tagen und kälterem Wasser merken sie, daß die Zeit für ihre Wanderung gekommen ist. Sie schwimmen an der Küste entlang bis ins mexikanische Baja California, mit rund 8.000 km eine der längsten jährlichen Migrationen, die von Säugetieren unseres Planeten vorgenommen wird. Dabei kommen sie mit einer Geschwindigkeit von etwa 100 km pro Tag voran, brauchen also für die Strecke knapp drei Monate. Der Rückweg kostet sie nochmal die gleiche Zeit.

Ziel sind die warmen Gewässer von Baja California, wo sich die Grauwale in einigen flachen Buchten an der Westküste paaren und die Walkühe ihre Jungen bekommen. Die Muttertiere sind auch die ersten, die an Point Reyes vorbeischwimmen, später sieht man männliche und weibliche Tiere in der Paarungsphase. Diese kommen langsamer voran, da die Paarungsriten entsprechend Zeit kosten. Nachzügler sind die Jüngsten, die zum ersten Mal den Weg machen und sich noch orientieren müssen.

Da das Meer in den Paarungsgebieten für die Grauwale praktisch keine Nahrung bietet, müssen sie sich während der wenigen Sommermonate einen Vorrat anfressen, der sie über den Rest des Jahres hinwegbringt. Ausgewachsene Tiere können bei einer Länge von 12- 17 Metern ein Gewicht von bis zu 40 Tonnen erreichen. Phänomenal, daß sie während ihrer langen Reise kaum etwas zu sich nehmen; kein Wunder aber auch, daß sie auf dem Rückweg nur noch halb soviel wiegen wie während des Hinwegs.

Die Navigationstechnik der Wale ist noch nicht vollständig erforscht. Vermutlich funktioniert sie durch eine Summe von Faktoren: Sonnenstand, Erinnerung an die Konturen des Meeresbodens, Wasserbeschaffenheit bei der Einmündung von Flüssen, Küstenverlauf.

Da sie Säugetiere sind, müssen Grauwale spätestens nach 5 Minuten zum Atmen auftauchen. Dann blasen sie die bis zu fünf Meter hohen charakteristischen Fontänen, die durch das Ausstoßen ihres warmen, feuchten Atems entstehen, der in der Luft kondensiert. Oft sieht man die Wale auch bei meterhohen Sprüngen aus dem Wasser. Der Grund für diese kraftvollen, abrupten Bewegungen ist nicht bekannt, evtl. sollen dadurch Muscheln und Parasiten abgeschüttelt werden, die sich auf der Haut festgesetzt haben. Andere Theorien sehen in den Sprüngen ein Imponier- und Paarungsverhalten, wieder andere deuten sie als Ausdruck der Lebensfreude.

Wie andere Walarten wurden auch die Grauwale gnadenlos gejagt und beinahe ausgerottet. Besonders leichte Beute waren sie natürlich in den Buchten von Baja California, wo man zunächst die Jungen erlegte, damit sich dann auch die Muttertiere näherten. Daß diese wütend reagierten, ist kaum verwunderlich: Mit ihrer gewaltigen Kraft brachten sie manches Walfängerboot zum Kentern und handelten sich den Ruf ein, besonders aggressive Tiere zu sein, was sie aber unter normalen Umständen überhaupt nicht sind.

Erst mit dem internationalen Artenschutzabkommen von 1937 konnte die Dezimierung der grauen Riesen gebremst werden. Nach Schätzungen gibt es inzwischen wieder rund 15.000 Grauwale in den nordamerikanischen Küstengewässern.

An klaren Tagen von der Landzunge auch weiter Blick auf den kilometerlangen Strand POINT REYES BEACH (15), gegen den die Pazifikwellen anrollen und regelmäßig weiße Schaumkronen bilden. Dahinter lange Reihen von Dünen.

Der Strand selbst erreichbar über 2 ausgeschilderte Zufahrten: "North Beach" und "South Beach". Geeignet für lange, einsame Spaziergänge. Baden gefährlich wegen hoher Wellen und starker Strömungen.

Auf der gegenüberliegenden Seite der Landzunge liegt DRAKE'S BEACH (16). Eingerahmt von zwei Sandsteinklippen. Weniger rauh, auch der Wellengang nicht ganz so wild. In der Bucht soll 1579 Sir Francis Drake gelandet sein und Point Reyes entdeckt haben. Das ist zwar nicht erwiesen, aber den Kaliforniern tut es offenbar gut, daß in ihrer Entdeckungsgeschichte neben spanisch-mexikanischen Eroberern und Missionaren auch ein angelsächsischer Pirat vorkommt.

Die geschützten und sauberen Gewässer von Drake's Bay sind ein idealer Ort für Austernzucht (17). Vom Francis Drake Hwy. lohnt der kurze Abstecher zu "Johnson's Oyster Co." (ausgeschildert). Vor der Küste die Austernzucht, an Land eine wüste Ansammlung von Mobil-Homes, Pickup-Trucks und Bergen von Muschelschalen. Austern gibs preiswert und frisch direkt aus dem Meer.

PIERCE POINT ROAD: Führt Richtung Norden auf die Landzunge zwischen Pazifik und dem engen Meeresarm von Tomales Bay. Die Strecke verläuft über einen Höhenzug, so daß sowohl das offene Meer als auch die Bucht immer wieder ins Blickfeld kommen.

Die Straße berührt den TOMALES BAY STATE PARK (18), wo sich ein geschützter Badestrand befindet: der Hearts Desire Beach. Von der Straße zu Fuß auch einige kurze Abstecher zum Pazifikstrand möglich, z.B. bei ABBOTTS LAGOON (19), einer kleine Lagune, die vom Ozean durch eine Sanddüne getrennt ist, - oder KEHOE BEACH. Die Strecke endet bei McCLURES BEACH (2o). Von hier aus nur noch weiter per Wanderweg bis an die Spitze der Landzunge bei TOMALES POINT (21).

In diesem Teil der Halbinsel sieht man gelegentlich Tule Elk (*cervus elaphas*; dt. Zwergwapiti-Hirsch): früher sehr zahlreich im Central Valley und an der kalifornischen Küste. Wichtig für die Fleischversorgung der Goldgräber im 19. Jhd. und deshalb fast ausgerottet. 1875 gab es nur noch ein Paar am Buena Vista Lake bei Bakersfield. Die beiden wurden geschützt und haben sich kräftig fortgepflanzt. Teile der sich vergrößernden Herde setzte man in anderen Gegenden Kaliforniens aus, z.B. im Owens Valley und seit 1977 in Point Reyes. Inzwischen grasen hier schon wieder über hundert Tiere.

Die nächstgelegenen Übernachtungsmöglichkeiten im Straßendorf INVERNESS, kurz vor dem Beginn der National Seashore. Motels, kleinere Bed&Breakfast Häuser sowie ein paar Restaurants.

Ist in Inverness alles ausgebucht, ausweichen nach POINT REYES STATION: kompakter Ort am Hwy. 1, ähnliche Infrastruktur, aber weiter weg und nicht so schön gelegen wie Inverness.

"**Holly Tree Inn**", Fr. Drake Hwy./Ecke Bear Valley Rd. Bed & Breakfast. Landhaus auf großem Grundstück zwischen Bäumen. Gepflegter, weitläufiger Garten, sehr ruhig. Zimmer unterschiedlich groß, eingerichtet im Country-Stil. DZ ab ca. 100 US. Tel. 663-1554.

"**Blackthorne Inn**", 266 Vallejo Ave. Bed&Breakfast. In bewaldetem Tal. Phantasievolle Holzkonstruktion mit Türmchen, Erkern und Balkonen. Frühstücksbuffet. DZ ab ca. 100 US, an Wochentagen von Okt. bis April erhebliche Rabatte. Tel. 663-8621.

"**Inverness Valley Inn**", 13275 Fr. Drake Hwy. Mehrere moderne Häuser in einer Talsenke am Waldrand. Ruhig. Im Sommer SW-Pool. Zimmer im Apartmentstil mit Kitchenette. Modern eingerichtet, manche mit Kaminofen. DZ je nach Größe und Ausstattung ab ca. 60 US an Wochentagen sowie Fr/Sa ab 80 US. Tel. 669-7250.

"**Golden Hinde Inn**", Fr. Drake Hwy., am Nordrand von Inverness. Modernes und gepflegtes Motel direkt am Meeresarm der Tomales Bay. Kleiner Jachthafen. Mehrere flache Gebäude, SW-Pool. Zimmer in dezenten, hellen Farben. Komfortabel eingerichtet. DZ 65- 140 US, je nach Größe, Lage und Wochentag. Tel. 669-1389.

"**Manka's Inverness Lodge**", Callendar Way, Inverness. Hölzernes Landhaus, etwas versteckt im Wald oberhalb der Bucht. Gemütliche Aufenthaltsräume und kleines Restaurant mit Kamin. Rustikale Zimmer. DZ Fr/Sa ca. 85 US, sonst 70 US. Tel. 669-1034.

"**Motel Inverness**", 12718 Fr. Drake Hwy., kurz vor Inverness. Kleines, rustikales Motel. Direkt am Ufer von Tomales Bay. Zimmer sehr klein und spärlich möbliert. Davor Mini-Veranda mit Sitzbank. DZ ab ca. 50 US. Tel. 669-1081.

Juhe

"Point Reyes Youth Hostel", an der Limantour Rd., 3 km vor Limantour Beach, Tel. 663-8811. Ruhig, in einem abgeschiedenen Tal. Keine öffentlichen Verkehrsmittel. In der Nähe Ausgangspunkte mehrerer Wanderwege. Einzige Übernachtungsmöglichkeit im Nationalpark selbst. Übernachtung pro Person ca. 8 US.

Keine mit dem PKW zugänglichen Plätze innerhalb des Nationalparks. Einfache Übernachtungsstellen entlang der Wanderwege. Gratis-Permit nötig vom Visitor Center. Dort auch ein Lageplan der 4 vorhandenen Plätze.

Nächstgelegener, gut ausgestatteter Campground: "Olema Ranch", im Ort Olema am Hwy. 1, Tel. 663-8001. Wenige Kilometer vom Visitor Center Bear Valley. Sehr gepflegt, Rasenflächen und viele Bäume. Stellplatz inkl. Duschen ca. 15 US.

RESTAURANTS

"BARNABY'S", Fr. Drake Hwy., neben dem Golden Hinde Inn. Nobles Restaurant mit Blick auf Bucht und Jachthafen. Spezialität Seafood. Mittagessen um 6 US, abends dagegen erheblich teurer: Hauptgerichte 14- 18 US.

"INVERNESS INN", Fr. Drake Hwy. im Ortszentrum Inverness. Klein und rustikal. Die Preise für die wenigen Spezialitäten allerdings gesalzen: Lachs, Austern oder Steak für 14- 18 US.

"VLADIMIR'S", Fr. Drake Hwy., Ortszentrum Inverness. Gemütlich mit holzgetäfelten Wänden und Bauernmöbeln. Vielseitige Küche mit böhmischem Einschlag. Für Leute mit Heimweh gibt es Wiener Schnitzel und Pilsner Urquell. Außerdem Steaks und Seafood ab 13 US.

"GRAY WHALE", Fr. Drake Hwy., Ortszentrum Inverness. Einfacher Imbiß mit wenigen Tischen im Lokal und auf der Terrasse. Neben Sandwiches auch Pizza um 5 US.

Selbstversorger: Bei den gehobenen Preisen der wenigen Restaurants lohnt ein Blick in den "INVERNESS STORE": Kleiner Supermarkt mitten im Ort, oft gibt es frischen Fisch.

Großer Tip ist "JOHNSON'S OYSTER CO.", Abzweigung vom Fr. Drake Hwy. zwischen Inverness und Point Reyes Lighthouse: Direkt vom Produzenten gibt's hier die frischesten Austern zu Spottpreisen: der Cocktail mit 12 Exemplaren für 1,5o US.

Picknick: Feinschmecker sorgen vor: Mitgebrachtes Weißbrot und Wein ergeben mit den frisch gekauften Austern ein Gourmet-Picknick am Strand von Drake's Beach.

"Tomales Point Trail": Zur Nordspitze von Point Reyes. Die Wanderung durch hügeliges Gelände mit schönen Ausblicken auf den Pazifik und die enge Tomales Bay. Ausgangspunkt: Parkplatz bei McClures Beach. Hin und zurück 15 km/ca. 3-4 Std.

"Coast Trail": Schönste Mehrtageswanderung. Ausgangspunkt die Jugendherberge an der Limantour Rd. Von dort zunächst Richtung Küste bis Limantour Beach, dann meist in Sichtweite des Meeres nach Süden bis Palomarin. Bis dorthin ca. 25 km durch hügeliges Gelände. Rückweg entweder über denselben Trail oder einen der vielen Inlandstrails. An dieser Strecke liegen alle vier Campgrounds, so daß Übernachtungen eingeplant werden können. Karte und Tips zu dieser Wanderung im Visitor Center.

Verbindungen

Bus: "Golden Gate Transit": Von Mo-Fr 1 x tägl. nach San Francisco, Transbay Transit Terminal, mit Bus Nr. 24, ca. 2 Std. Fahrt. Sa/So 2 x täglich mit Bus Nr. 65 nach San Rafael, Marin County; von dort weiter nach San Francisco mit Bus Nr. 7o oder 9o.

Auto: Über Hwy. 1 entlang der Küste, dann Hwy. 1o1 und Golden Gate Bridge nach San Francisco (6o km, ca. 1 Std.)

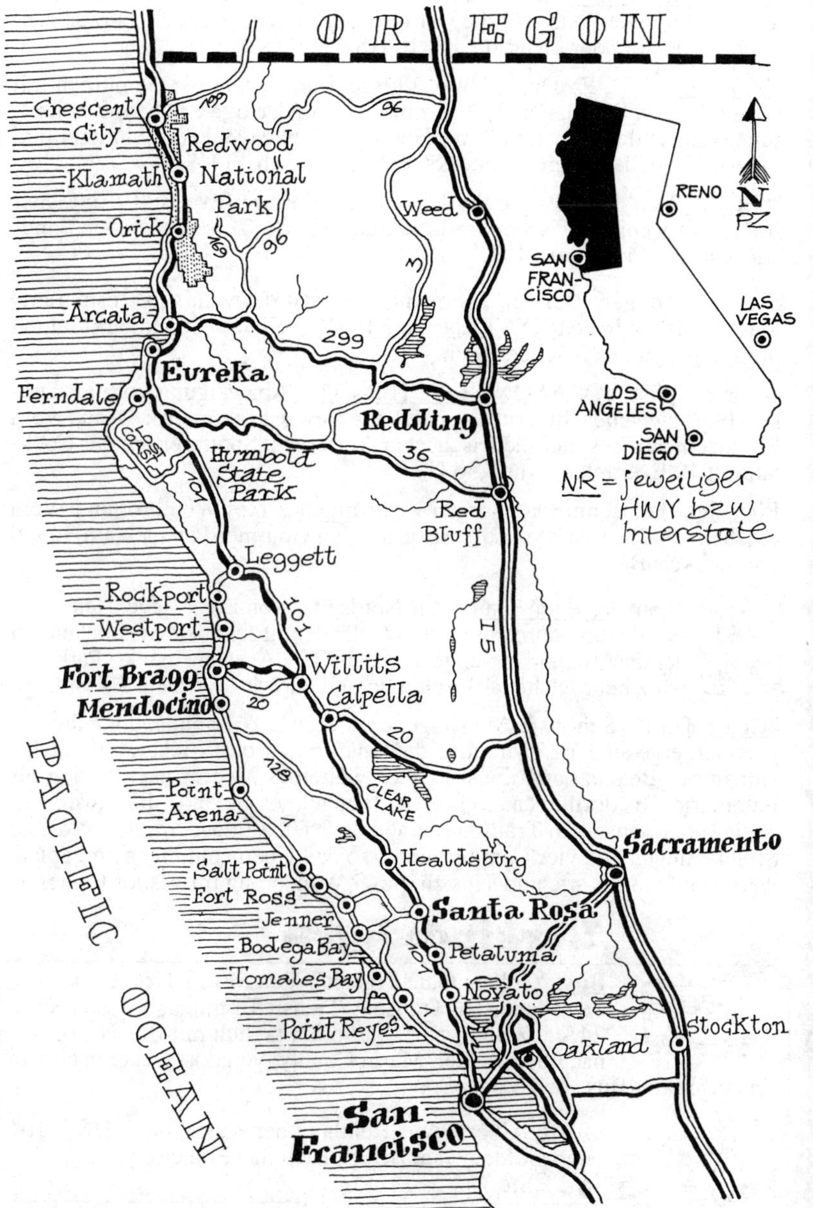
OREGON
Crescent City
Redwood National Park
Klamath
Orick
199
96
Weed
3
Arcata
299
Eureka
Ferndale
Lost Coast
Redding
Humbold State Park
36
Red Bluff
Leggett
Rockport
Westport
101
I 5
Fort Bragg
Mendocino
Willits
Calpella
20
128
PACIFIC OCEAN
Point Arena
Clear Lake
Salt Point
Fort Ross
Jenner
Bodega Bay
Tomales Bay
Point Reyes
Healdsburg
Santa Rosa
Petaluma
Novato
Sacramento
Oakland
Stockton
San Francisco
RENO
N
PZ
SAN FRANCISCO
LAS VEGAS
LOS ANGELES
SAN DIEGO
NR = jeweiliger HWY bzw Interstate

NORTH COAST

Kaliforniens wilde, rauhe Schönheit: Nördlich von San Francisco beginnt eine andere Welt, nicht mehr geprägt von Surfing und Beach-Life, sondern von stürmischer, oft nebliger Küste. Landschaftlich ein Hochgenuß mit kilometerlangen, einsamen Stränden, bizarren Felsküsten und Flußmündungen.

HIGHWAY 1 verläßt die Küste nur selten, oft spektakuläre Streckenführung und ein Super-Panorama nach dem anderen. Nach Norden zu wird es immer rauher und einsamer. Kaum noch Orte, nur ein paar Fischernester und Ferienkolonien. Einzige größere Stadt ist Eureka.

Im Norden gesellen sich zu den sehenswerten Küstenabschnitten die Redwoods: die höchsten Bäume der Welt, konzentriert in dichten Wäldern und Nationalparks. Überreste urzeitlicher Mammutwälder, die noch heute jedem Besucher Ehrfurcht und Respekt einflößen. Sie fallen jedoch immer noch der Kettensäge zum Opfer, der Kampf um die Redwoods ist eines der heißesten ökologischen Themen Kaliforniens.

Insgesamt ist die Nordküste ein abgelegener Landstrich von ungeheurer Schönheit. Paradies für Naturfreunde und Wanderer. Wer außerhalb der Sommersaison kommt, hat hier ganze Strände und Bergwelten für sich allein. Aber auch in der Hochsaison weitaus weniger Betrieb als in anderen Teilen Kaliforniens.

Klima: Kühl und windig das ganze Jahr hindurch. Auch im Sommer verhüllen sich die landschaftlichen Schönheiten der Küste oft im dichten Nebel.

LACHSE

In Nordkalifornien beginnt das Revier der Pazifiklachse, einer Fischart mit faszinierenden und einzigartigen Verhaltensweisen. In den Flüssen an der amerikanischen Nordwestküste wachsen sie auf, unternehmen dann eine mehrjährige Wanderung durch den Ozean und kehren später zurück, um genau an ihrem Geburtsort zu laichen. Im Unterschied zu Atlantiklachsen, die eine erneute Reise ins Meer antreten können, sterben die Pazifiklachse

nach der Eiablage. Sie verwesen in den Gewässern und bilden die Nahrungsgrundlage für ihre Nachkommen.

Die phänomenale Rückkehr des Lachses in seinen Heimatfluß ist wissenschaftlich noch nicht eindeutig geklärt. Vieles deutet darauf hin, daß ihn sein Geruchssinn leitet, da jede Bucht, jeder Fluß und jeder Seitenarm besondere Charakteristika aufweisen, an denen er sich orientieren kann. Wie er allerdings aus den Weiten des Ozeans den Eingang zu "seinem" Gewässer findet, ist weiterhin ein Rätsel.

Hinzu kommt, daß die Lachse auf ihrem Rückweg durchs Süßwasser keinerlei Nahrung mehr zu sich nehmen. Da die Länge ihrer jeweiligen Flüsse sehr unterschiedlich ist (in Kanada haben einige Lachse noch über 3000 km Flußlauf vor sich) müssen sie ihre Nahrungsaufnahme im Meer bereits so dosieren, daß sie den kräftezehrenden Rückweg zum Laichplatz überstehen, d.h. jeder Fisch muß sich sein individuelles Polster anfuttern.

Kehren die Lachse immer an ihren Heimatort zurück, so hat sich in jedem Flußarm eine genetisch voneinander abstammende Bevölkerung entwickelt, die nur dort zu Hause ist und auch nur dort wieder zum Laichen erscheint. Störungen im Ökosystem der Flüsse können also schnell dazu führen, daß die Lachse nicht zurückfinden und der Bestand eines Flusses oder seiner Nebenarme vollkommen und auf Dauer abstirbt. Denn Fische aus anderen Flüssen werden ihren Weg in der Regel nicht ändern und einen lachsfreien Fluß neu bevölkern.

Kalifornien und der Nordwesten der USA waren in den letzten hundert Jahren häufig Schauplatz von verschiedensten menschlichen Eingriffen in den Haushalt der Natur, der zur Dezimierung der Lachse führte: Während des Goldrausches legte man ganze Flüsse trocken, um an das glänzende Metall zu kommen, rottete damit aber den Bestand an Lachsen aus. Ähnliche Folgen hatte die Verschmutzung der Gewässer, die den Fischen ihren Orientierungssinn zerstörte. Abholzung von Wäldern an Flußufern verminderten den Schatten und ließen die Wassertemperatur auf ein für Lachse nicht mehr erträgliches Maß steigen, und schließlich verbauten Staudämme den Fischen ihren Heimweg vollends. Besonders gravierend war in Kalifornien auch die Umleitung von Flüssen im Nordteil des Staates für die Bewässerung des Central Valley und die Trinkwasserversorgung im trockenen Südkalifornien.

Seit der Lachs allerdings auf den Märkten der Welt exorbitante Preise erzielt, geht man wieder etwas pfleglicher mit ihm um und versucht, ihm die Wege aus seinem Revier ins Meer und zurück weitgehend zu ebnen: In Zuchtanstalten ("hatcheries") werden Eier und Jungtiere unter kontrollierten Bedingungen vor natürlichen Feinden geschützt, auf ihrem Weg ins Meer transportiert man sie sogar per Hubschrauber um Staudämme herum. Für ihre Rückkehr existieren Fischtreppen, über die sie ihr Heimatgewässer trotz Hindernissen erreichen können.

"Zu Hause" angekommen werden sie eingefangen, den Weibchen die Eier entnommen und der Samen der Männchen darüber ausgedrückt, so daß der kontrollierte Zyklus erneut beginnen kann. Außerhalb menschlicher Kontrolle stehen allerdings die Prozesse, die im Ozean ablaufen: Niemand weiß bis jetzt, ob die künstliche Vermehrung der Lachse in den Tiefen des Meeres nicht eine Überbevölkerung schafft oder ob sich durch menschliche Eingriffe langsam die genetische Substanz der Lachse ändert, so daß ihr natürlicher Orientierungssinn verlorengeht.

Endgültig vorbei sind jedenfalls die Zeiten, als der Lachs das wichtigste Lebensmittel der Indianer an der Nordwestküste Amerikas war. Sie lebten vom unaufhörlichen Strom der Fische wie die Indianer des Mittleren Westens vom Büffel. Er war ihnen heilig; die Ver-

schmutzung eines Lachsflusses galt als Tabu.

Jedes Jahr feierten sie die Ankunft des ersten Lachses mit einer Zeremonie, bei der sie den Fisch rituell schlachteten und verspeisten. Vom Hauptstrom der zurückkehrenden Fische fingen sie soviel, wie sie für ihre Versorgung brauchten. Für die lachslose Zeit legten sie einen Vorrat von getrocknetem und geräuchertem Fisch an, für den sie ein besonderes Verfahren der Haltbarmachung entwickelten.

Für ihre traditionellen Ansprüche am Lachsbestand haben Indianer im Nordwesten der USA lange gekämpft. Frühe Siedler, Fischindustrie und sonstige Eingriffe der Weißen ins natürliche Gleichgewicht der Flüsse hatten den Indianern einen großen Teil ihrer Lebensgrundlage entzogen. Heute besitzen sie an manchen Flüssen ein verbrieftes Recht auf eine Fangquote, die für ihre Subsistenz ausreichen soll. Kontrollen allerdings sind nur schwer durchführbar, so daß es immer wieder dazu kommt, daß Sportfischer oder Fischindustrie den Indianern ihren Anteil wegschnappen, bevor dieser ihre Fischgründe erreicht hat.

San Francisco ⟶ Mendecino (27o km/5-6 Std.)

Zunächst über den Hwy. 1 entlang der Küste von Marin County (Details im vorhergehenden Kapitel). Ab POINT REYES STATION entlang der **TOMALES BAY**, einem tief eingeschnittenen Meeresarm. Am Ufer einige Pfahlbauten, ansonsten eine einsame, wild-schöne Gegend.

Picknick: Kurzer Stop lohnt bei der Tomales Oyster Co., die in den sauberen Gezeitengewässern der Bay Austern züchtet. Die glibberigen Köstlichkeiten gibt's hier herrlich frisch direkt von der Austernbank zum Niedrigpreis von 2 US pro Dutzend. Von San Francisco Weißbrot und Weißwein mitbringen, und fertig ist ein Picknick am Bay-Ufer. In passenderer Umgebung könnte man Austern wohl kaum genießen. Auch die vereinzelten Restaurants am Wegesrand servieren frische Austern als Spezialität.

Am Nordrand von Tomales Bay verschwindet der Hwy. 1 für eine Weile in den Hügelketten des Inlands und kehrt an die Küste zurück bei **BODEGA BAY**: In die Filmgeschichte eingegangen als Schauplatz von Hitchcocks Thriller "The Birds" (Die Vögel). Heute ein kleiner Ferienort mit Jachthafen, Wochendendhäusern und einer Handvoll Restaurants. Das Schulhaus aus dem Film existiert noch relativ original und ist heute ein Bed & Breakfast Hotel.

Nördlich von Bodega Bay eine rauhe Felsküste mit steilen Klippen, Felsvorsprüngen und vorgelagerten Mini-Inseln, an denen sich die Pazifikwellen brechen. Unter der Sammelbezeichnung **SONOMA COAST STATE BEACH** viele kleine Sandstrände zwischen den Klippen. Die Straße führt oberhalb entlang mit ständigem Ausblick aufs Meer. Parkplätze und Ausbuchtungen am Straßenrand machen die Strände leicht zugänglich. Man hat die Auswahl, sie sind alle vergleichbar schön.

15 km nördlich von Bodega Bay mündet bei JENNER der **RUSSIAN RIVER** in den Pazifik. Attraktives Mündungsgebiet mit Sandstränden,

großen Felsbrocken im Meer und dem Zusammentreffen von verschiedenfarbigem Fluß- und Meerwasser. Landschaftlicher Leckerbissen auf der sowieso schon abwechslungsreichen Küstenstrecke. Von hier aus kurzer Abstecher möglich zu einem der schönsten und am wenigsten bekannten Teile des kalifornischen Wine Country, dem RUSSIAN RIVER VALLEY (Ausführliches dazu Seite 734).

Nördlich von Jenner spektakulärer Streckenverlauf des Highway 1: Führt kurvenreich entlang der Steilküste mehrere Hundert Meter über dem Meer, hinter jeder Biegung ein neues Panorama. Der Pazifische Ozean bis zum Horizont; irgendwo dahinter muß Hawaii liegen. An sonnigen Tagen schlicht faszinierend, bei Küstennebel aber entsprechend trostlos.

Nach rund 2o km der **FORT ROSS STATE HISTORIC PARK**: An dieser Stelle erricheteten russische Pelzjäger 1812 eine Siedlung mit Verteidigungsanlage. Einige der damaligen Gebäude und Blockhütten hat man inzwischen nachgebaut, ebenso wie das orthodoxe Kirchlein. Wie damals umgibt ein Bretterzaun das Gelände. Im Besucherzentrum eine ausführliche Dokumentation der russischen Siedlungsversuche auf dem amerikanischen Kontinent. Eintritt 5 US pro PKW.

Russen in Kalifornien? - Gar nicht so abwegig, war doch Alaska sogar bis 1867 im Besitz des russischen Imperiums, bevor es die Amerikaner dem Zaren für 7 Millionen Dollar abkauften. Von Alaska aus unternahm die dort operierende Russisch-Amerikanische Pelzkompanie bereits in den ersten Jahren des 19. Jhds. Expeditionen Richtung Süden und tauchte mit ihren Schiffen gelegentlich vor der kalifornischen Küste auf.

1811 besiegelte der Zar diese Vorstöße auch formell im Rahmen eines Abkommens mit der Spanischen Krone: vertraglich war den Russen nunmehr erlaubt, nördlich von San Francisco einen Stützpunkt zu errichten. Für die Spanier war die Gegend ein wertloser Landstrich am äußersten Rand ihres immensen Weltreiches, den sie bis dahin nicht besiedelt hatten.

Gemeinsam mit Indianern aus Alaska begannen die Pelzjäger 1812 den Bau von Fort Ross. Von dort aus machten sie Jagd vor allem auf Seeotter, deren Felle damals in St. Petersburg den russischen Adel kleideten und pro Stück umgerechnet bis zu 1oo Dollar einbrachten. Die Gesellschaft nutzte ihr Jagdmonopol an der amerikanischen Küste weidlich aus, zu verlockend waren die Gewinne, die im Pelzgeschäft winkten. Innerhalb von zwei Jahrzehnten dezimierte sie die Otter so radikal, daß sich die Jagd langfristig nicht mehr lohnte.

Aus diesem Grund fiel es dem Zaren 1839 nicht besonders schwer, dem Druck der inzwischen selbständigen mexikanischen Regierung nachzugeben und Fort Ross zu verkaufen. Ironischerweise förderten die Mexikaner mit dieser und anderen Maßnahmen die Ausbreitung amerikanischer Siedler im Land, nur ein Jahrzehnt später die Basis für die erzwungene Abtretung Kaliforniens an die USA.

Auch für die Pelzgesellschaft war der Verkauf ein Verlustgeschäft, denn sie übergab das Fort ausgerechnet an Johann Sutter, jenen Großgrundbesitzer am American River/Gold Country (Seite 552), auf dessen Land der erste Nugget des kalifornischen Goldrauschs gefunden wurde. Der Ansturm der Goldsucher ruinierte die landwirtschaftlichen Projekte des Siedlers Sutter. Er machte bankrott und blieb den Russen den größten Teil der vereinbarten Kaufsumme von 3o.ooo Dollar schuldig.

Nördlich von Fort Ross führt Hwy. 1 durch den SALT POINT STATE PARK. Küstennahes Waldgebiet und Felsküste. Wanderwege durch die Wälder sowie beliebtes Taucher-Revier in den Unterwasserhöhlen am Ufer.

Auf halber Strecke zwischen San Francisco und Mendocino Übernachtungsstop "Woodside Campground" oberhalb der Straße im Park, sowie der "Gerstle Cove Campground" in Küstennähe. Beide liegen schön in einem Waldstück. Mit Wasseranschluß und Toil., keine Duschen. Geöffn. von März-Okt., Stellplatz ca. 12 US.

KRUSE RHODODENDRON STATE RESERVE: 1 km Abstecher, lohnt aber nur im April/Mai. In dieser Zeit blühen die Rhododendronbüsche, die hier mitten in einem Redwood- und Nadelwald wachsen.

Ein interessantes Phänomen im Rahmen eines natürlichen Evolutionsprozesses: Nach einem verheerenden Waldbrand wuchsen zunächst die Rhododendron in dem neuen lichtdurchfluteten Raum. Mit der Zeit breitete sich auch der Wald wieder aus, und heute werden die Büsche mehr und mehr überlagert von Bäumen, die ihnen das nötige Licht nehmen. In den kommenden Jahrzehnten werden die Rhododendron absterben und dem Wald endgültig weichen. Natürliche Pflanzenfolge nach einem Waldbrand.

Nördlich des State Park ist die Strecke nicht mehr spektakulär, aber immer noch eindrucksvoll: mal direkt entlang der Küste, mal durch Wiesen und Wald, der sich hier häufig bis direkt ans Meer vorwagt. Ab und zu eine kleine Siedlung mit Tankstelle, Restaurant und Geschäften, oder auch eine der in Entwicklung befindlichen Ferienkolonien. Meist Steilküste, wenig Strände.

★Mendocino (1.1oo Einw.)

Küstenort mit ländlich viktorianischem Charme. Sehr unamerikanisches Stadtbild: keine Neonreklamen, Hamburger-Ketten oder überdimensionale Tankstellen. Stattdessen heruntergekommene und herausgeputzte Holzhäuschen, unbefestigte Bürgersteige, rustikale Lattenzäune vor verwilderten Vorgärten.

Tourist INFO

Im Ford House auf der Main St., auch Museum.

Post: Ukiah St./Ecke Ford St. **Telefon**: Vorwahl 7o7.

Die ansässige Künstlerkolonie hat es verstanden, etwas vom Flair des 19. Jhds. zu bewahren, auch wenn Mendocino inzwischen in Mode gekommen ist und seinen Anteil am Tourismus abbekommt. Unter den rasend schnell wachsenden und sich verändernden kalifornischen Städten weiterhin eine Ausnahmeerscheinung.

An sich sind die Lage und das Stadtbild von Mendocino die eigentliche Sehenswürdigkeit. Ein Bummel auch durch die Außenbezirke macht Spaß und bringt kleine, liebenswerte Entdeckungen und reizvolle Fotomotive:

architektonische Details an den viktorianischen Häusern, Gärten wie aus dem vorigen Jahrhundert und bezaubernde Stimmungsbilder mit dem Meer im Hintergrund.

FORD HOUSE, eine Villa aus dem Jahr 1854, kleines Museum zur Geschichte Mendocinos. Geöffn. tägl. 11-16 Uhr.

KELLEY HOUSE, schräg gegenüber. Villa aus dem 19. Jhd., heute Museum mit Wohnräumen, eingerichtet im Stil der damaligen Zeit. Dazu kleinere Sammlung an Fotos und Dokumenten zur Geschichte Mendocinos und der Holzwirtschaft. Geöffn. Fr-Mo von 13- 16 Uhr.

Daß Mendocino eine Künstlerkolonie ist, merkt man spätestens daran, daß jedes vierte Haus eine GALERIE beherbergt. Die Qualität der ausgestellten Werke ist extrem unterschiedlich; viel Kitsch zu überzogenen Preisen.

Mendocino ist umgeben von drei kleinen STATE PARKS, Naturschutzgebieten von sehr unterschiedlichem Charakter:

MENDOCINO HEADLANDS: Wiesen- und Klippengebiet auf der Landzunge direkt vor dem Ort. Sozusagen die Uferpromenade von Mendocino, allerdings nicht befestigt und beschönigt, sondern nur einfache Trampelpfade durch die Wiesen oberhalb der Sandsteinklippen. Der Wind fegt über die weit ins Meer hinausragende Landspitze. Das Ufer zerklüftet und von der Brandung zerfressen. Wenn der Nebel nicht alles zudeckt, ideal für einen Abendspaziergang zum Sonnenuntergang über dem Pazifik.

VAN DAMME BEACH STATE PARK: 4 km südlich von Mendocino. Wiesen- und Waldgelände entlang des Little River. Hauptattraktion ist der PYGMY FOREST, eine Art natürlicher Bonsai-Wald mit bis zu 6o Jahre alten Nadelbäumen, die aufgrund der Bodenbeschaffenheit nur Zwerghöhen von 1-2 m erreichten. Die Stämme sind nur rund 1 cm dick, weisen aber die entsprechenden Jahresringe auf. Umstehende Rhododendron-Büsche überragen teilweise diese alten Bäume. Rundweg durch den Forest ca. o,5 km.

PYGMY FOREST ist eine ökologische Besonderheit, die durch die spezielle Bodenbeschaffenheit an dieser Stelle entstand: Die Erde ist ausgesprochen arm an Mineralien, und unter der Oberfläche befindet sich eine harte Schicht, die es den Wurzeln unmöglich macht, in tieferes und wertvolleres Erdreich einzudringen. Ohne ausreichende Versorgung mit Nährstoffen wird das normale Wachstum der Bäume gebremst. Der "Pygmäen-Wald" bildet einen eigentümlichen Kontrast in einem Landstrich, der eigentlich bekannt ist für das andere Extrem: die riesigen Redwood-Bäume.

Zu erreichen über den Fern Canyon Trail (Wanderung von ca. 1o km ab Eingang Van Damme State Park) oder per Auto über die Little River Airport Road, Abzweigung von Hwy. 1, ca. 1 km südlich des Parkeingangs.

RUSSIAN GULCH STATE PARK, 2 km nördlich des Ortes. Dichter Wald in einem tief eingeschnittenen Tal. Strand zum Baden geeignet, das

Wasser allerdings auch im Sommer kalt. Im Hinterland Redwood-Bäume und Wanderwege.

Unterkünfte in Mendocino sind rar und teuer. Vorwiegend Bed&Breakfast Country Inns der gehobenen Preisklasse. An Wochenenden ist ohne Reservierung praktisch nichts zu haben. Ausweichmöglichkeit sind die preiswerten Motels im Nachbarort Fort Bragg, aufgereiht am Ortseingang entlang Hwy. 1, sowie Ferienhäuser.

"**The Headlands Inn**", Howard St./Ecke Albion St. Bed&Beakfast im Ortszentrum. Fünf Gästezimmer, eingerichtet mit Antiquitäten und Stilmöbeln. Zwei wohnliche Aufenthaltsräume. Reichliches Frühstück und Nachmittagstee. DZ 11o- 16o US. Tel. 937-4431.

"**Joshua Grindle Inn**", 448oo Little Lake Rd. Bed&Breakfast am Ortsrand Nähe Hwy.1. Großer, gepflegter Garten. Typisches Mendocino-Holzhaus, erbaut 187o. Gemütlicher Aufenthaltsraum mit Kamin. Zimmer teils im Haus, teils in einer kleinen Cottage und - sehr originell - im ehemaligen Wasserturm. Alle unterschiedlich mit Stilmöbeln eingerichtet. DZ je nach Lage und Größe ab ca. 8o US. Tel. 937-4143.

"**Mendocino Hotel**", 45o8o Main St. Größtes Hotel der Stadt an der Hauptstraße. Elegantes, klassisches Haus aus dem Jahr 1878. Lobby mit dicken Vorhängen und Ledersesseln. Komfortable Zimmer im Hotel und einigen Nebengebäuden. DZ mit Gemeinschaftsbad ab ca. 7o US, mit Privatbad ab 9o US. Tel. 937-o511 und 8oo-548-o513.

"**Whitegate Inn**", 499 Howard St. Bed&Breakfast in Villa aus dem 19. Jahrhundert. Elegante Einrichtung. Ausgiebiges Frühstück sowie Wein am Nachmittag. DZ ab ca. 7o US, an Wochenenden ab 9o US. Tel. 937-4892.

"**Pine Beach Inn**", Hwy.1, ca. 6km nördlich von Mendocino. Motel auf einem großzügig angelegten Wiesengelände in Küstennähe. Zimmer einfach eingerichtet, die besseren mit Kitchenette. DZ je nach Ausstattung 6o- 75 US, im Sommer jeweils 1o US Aufschlag. Tel. 964-56o3.

Ferienhäuser: für Familien und alle, die zu dritt und mehr unterwegs sind eine Alternative zu den relativ teuren Hotels und Inns. Je nach Saison können die Ferienhäuser auch tageweise gemietet werden: von der einfachen Cottage ab 7o US bis zur viktorianischen Villa um 15o US. Preisnachlässe bei längeren Aufenthalten. Die Häuser sind vollständig ausgerüstet zur Selbstversorgung. Zentrale Vermittlung von rund 6o Häusern sowie einiger Bed&Breakfast Inns: "Mendocino Coast Reservations", 1oo1 Main St., Tel. 937-5o33 oder 8oo-262-78o1.

"Russian Gulch State Park", 2 km nördlich von Mendocino, Tel. 937-58o4. Am Bach in einem saftig grünen Tal. Strand zu Fuß erreichbar. Ausgangspunkt von Wanderwegen. Bäume und dichte Büsche trennen die Stellplätze. Gepflegte sanitäre Einrichtungen inkl. Duschen. Stellplatz ca. 14 US.

"Van Damme State Park", Hwy.1, 5 km südlich von Mendocino. Platz ähnlich angelegt und ausgestattet wie Russian Gulch: Wiesen, Bäume und ein Bach. Auf der anderen Seite vom Hwy. eine geschützte Badebucht mit

Sandstrand. Preise und Tel. ebenfalls wie Russian Gulch.

"SEA GULL", Ukiah St./Ecke Lansing St. Rustikal-nobles Restaurant, ganztägig geöffnet. Frühstück ab 5 US, kleinere Gerichte 5- 1o US, die Seafood-Spezialitäten ab 15 US. Im Oberstock eine Kneipe, abends häufig Live-Musik.

"MAC CALLUM HOUSE", Albion St. Sicher das stilvollste und passendste der Restaurants in Mendocino. Viktorianisches Haus mit verglaster Terrasse und blühendem Vorgarten. Kleine Speisekarte mit ausgewählten Köstlichkeiten wie Lachs, Kaninchen und Lamm. Unter 18 US allerdings ist kein Hauptgericht zu haben.

"CULTURED AFFAIR", Albion St./Ecke Kasten St. Die preiswerte Alternative: in einem winzigen, unscheinbaren Holzhäuschen. Freie Auswahl an der Salatbar für ca. 5 US, günstige hausgemachte Suppen. Nudelgerichte ab 5 US.

"CHOCOLATE MOOSE", Kasten St./Ecke Albion St. Im Café-Stil mit einfachen Holztischen. Neben Kaffee und Kuchen auch Salate, Suppen und kleine Spezialitäten zwischen 5 und 1o US.

"MENDOCINO ICE CREAM CO.", Main St. Eisdiele mit erstklassigem Eis. Ausgefallene Geschmacksrichtungen.

"DICK'S", Main St. Bar und Kneipe ohne besonderen Anspruch, dafür gemütlich und relativ preiswert.

SELBSTVERSORGER

Mendocino ist teuer; nach Möglichkeit Lebensmittel mitbringen oder im benachbarten Fort Bragg einkaufen. Für alle Fälle:

"MENDOSA'S MERCHANDISE", Lansing St./Ecke Little Lake Rd. Kleiner, aber recht gut sortierter Supermarkt.

"THE CHEESE SHOP", schräg gegenüber. Käse, Wurst, Salate und Delikatessen. Alles hervorragend und saftig teuer.

"MENDOCINO MARKET", 45o51 Ukiah St. Frischer und frisch geräucherter Fisch.

Die Küste vor Mendocino ist steil und wild, das Wasser auch an den Stränden in den State Parks kalt. Etwas südlich der Stadt jedoch, an der Mündung des Big River, gibt es einen schönen Sandstrand am Fluß. Wasser sauber und wesentlich wärmer als im Meer.

Kanu: Der Big River (Mündung südlich von Mendocino) ist eines der schönsten Kanu-Reviere Kaliforniens. Bis zu 12 km flußaufwärts sind noch von den Gezeiten bestimmt, daher unter Ausnutzung von Ebbe und

Flut in beiden Richtungen leicht zu befahren. Naturbelassene Ufer mit Redwoods und Nadelwald, keine Häuser oder gar Städte. Ausgeprägte Tierwelt, viele Vogelarten. Im Landesinnern sonniger und wärmer als an der Küste. Ein Hauch von Wildnis, per Boot auf ideale Weise zugänglich.

Verleih: "Catch a Canoe", beim Stanford Inn an der Comptche-Ukiah Rd. südlich Mendocino, Tel. 937-o273. Kanus und Kajaks pro Tag ab ca. 25 US (2 Personen).

Verbindungen ab Mendocino

Bus: Keine praktikable Langstreckenverbindung über Hwy. 1 entlang der Küste. Lokale Busse fahren nur einzelne Teilabschnitte. Greyhound bedient Ft. Bragg: 1x tägl. nach San Francisco (5 Std., ca. 2o US) über die schnellere Inlandroute mit Umsteigen in Santa Rosa. Nach Norden nur per sehr umständlichem Rückweg ab Ft. Bragg Richtung Süden bis Cloverdale und ewiger Anschluß-Warterei nach Eureka.

Auto: Hwy. 1 ist die schönste Verbindung entlang der Nordküste: San Francisco (27o km, ca. 5- 6 Std.), Fort Bragg (15 km, ca. 1o Min.), Eureka (2oo km, ca. 4 Std.).

★ Fort Bragg (6o.ooo Einw.)

15 km nördlich von Mendocino die Rückkehr aus der Idylle in die amerikanische Wirklichkeit: Holzfäller- und Sägewerk-Stadt mit der üblichen Durchgangsstraße, relativ billige Motels, Tankstellen und Fast-Food Läden. Kleiner, unordentlicher Hafen unten an der Flußmündung.

Eine Schönheit allerdings sind die MENDOCINO COAST BOTANICAL GARDENS, direkt am Hwy.1, südlich des Ortseingangs. Der attraktivste botanische Garten in Nordkalifornien. Gelungene Mischung aus angelegtem Park und naturbelassenem Wald- und Wiesengelände. Riesiges Areal bis hin zur Steilküste am Pazifik. Informative Zusammenfassung der Flora Nordkaliforniens und der Küstenregion.

Das Plätschern der Bäche mischt sich mit dem Rauschen der Brandung und dem Wind in den Baumkronen. Romantische Winkel hinter blühenden Büschen, verwunschene Pfade durchs Unterholz. Besonders ungewöhnlich der "Fern Canyon", ein kleines Tal voller Farne. Der Pfad führt mitten durch, an einem Bach entlang und gelegentlich über eine Holzbrücke. Am schönsten im April/Mai zur Rhododendron-Blüte. Geöffn. tägl. von 9-17 Uhr, Eintritt 5 US.

Die zweite Attraktion von Fort Bragg ist die Bahnhofsgegend mit der Station der CALIFORNIA WESTERN RAILROAD (Laurel St.). Restauriertes Bahnhofsgebäude, daneben zwei Dampfloks aus den achtziger

Jahren des vorigen Jahrhunderts sowie das GUEST HOUSE MUSEUM mit Dokumenten zu Stadtgeschichte und Holzfällertätigkeit.

Vom Bahnhof aus tägl. zwei Abfahrten (im Sommer 4) des sogenannten SKUNK TRAIN durch Redwood-Wälder ins Landesinnere bis zum Ort Willits. Jeweils Halbtages- oder Tagestouren (18,5o bzw. 23 US).

Eine der Dampfloks, die zum Holztransport auf Stichgleisen von Camps im Landesinneren zum Meer fuhren (Ende 19. Jhd.)

Benutzt wird in der Regel ein gelber Triebwagen, der seit 1925 im Einsatz ist. Höchstgeschwindigkeit des Zuges auf dem Gleis durch dichte Wälder max. 3o miles/hour. Die Lok, die früher dem Zug vorgespannt war, wurde mit Gas betrieben. Daher der Name "Skunk" (Stinktier), da man sie schon von Weitem riechen konnte.

Das 65 km Gleis zählt zu einem der schönsten Train-Trips in Nordkalifornien, entsprechender Andrang. Manchmal kommen auch Züge mit historischen bzw. neueren Diesel- oder Dampfloks zum Einsatz. Info über Zugart und Fahrplan: Tel. 964-6371. Der Ort Willits war seinerzeit Umsteigepunkt weiterer Railways. Sehenswert dort das "Mendocino County Museum" mit alten Dokumenten aus der Pionierzeit. Unterkünfte im Ort.

[**Holzwirtschaft**: die gewaltigen Holzvorkommen nördl. von San Francisco rauf nach]

Oregon wurden unterschiedl. je nach Region ab ca. 182o erschlossen und ausgebeutet. Es waren die Redwood- Bäume, die wegen ihrer Höhe bis rund 1oo m und gewaltiger Dicke des Stammes pro "erlegtem" Baum große Holzmengen lieferten, - aber auch andere Bäume in den dichten Wäldern an der Küste.

Holz wurde ab 2. Hälfte des 19. Jhds. in großen Mengen benötigt: So für den Bau von Eisenbahn- Gleisen, insbesondere auch für den Bau von Häusern im Großraum San Francisco, der um die Jhd.- Wende von rund 2 Mill. Menschen besiedelt wurde. Weiterhin auch Holzexport ab Nordküste Kaliforniens nach Hawai (zum Bau dortiger Plantagen), nach China, - sowie 187o (Harry Meiggs) Holzexport nach Südamerika z.B. Peru zum Bau dortiger Eisenbahnstrecken von der Küste (Wüste) durch absolut kahle Felslandschaften rauf in die Anden.

Die Holzindustrie wurde ab 2. Hälfte des 19. Jhds. zu äußerst lukrativem Geschäft der dort tätigen Holz- Tycone. Unter ihnen Asa Simpson, der als Schiffs- bauer 185o nach San Francisco kam und sich bis 188o ein grosses Imperium in der Holzindustrie aufbaute mit mehreren Sägewerken, Werften für Holz-

ASA SIMPSON HENRY MEIGGS

Holzfäller-Camp

transportierende Schiffe und zugleich als Reeder dieser Schiffe tätig war. Simpson wurde Multimillionär.

Henry Meiggs verdiente sich ebenfalls mit Holz seine ersten Millionen. 1849 kam er mit dem Schiff von New York um Kap Horn/Südspitze Südamerikas nach San Francisco. Dort verkaufte er seine (auf dem Schiff mittransportierte) große Ladung bereits fertig zugesägter Bretter mit hohem Profit (nach heutigem Geldwert ca. 150.000 DM).

Klingt zunächst paradox, hier Holz von der US- Ostküste um Südamerika nach San Francisco zu schaffen. Nun muß man wissen, daß die Region um San Francisco damals weitgehend unerschlossen war. 1849 war gerade der kalifornische Goldrausch ausgebrochen. Tausende von Abenteurern drängten in die Zone, und Bretter für den Bau von Häusern waren massenweise gefragt. Diese Bretter konnten im ersten Jahr nach Beginn des Goldrausches wegen fehlender Infrastruktur der Verkehrswege aber auch fehlender Anzahl an Sägewerken nicht in den Quantitäten herangeschafft werden, wie sie benötigt wurden.

Der clevere Meiggs investierte seinen Gewinn aus dem Bretterverkauf nicht (wie viele andere Abenteurer) in einen Goldclaim bei fraglichem Ausgang, - sondern kaufte nördlich von San Francisco Land, wo er eine dampfbetriebene Sägemaschine aufstellte, die gewaltige Profite abwarf.

Bald expandierte Meiggs und kaufte sich bei Mendocino Land, wo er die riesigen Redwood- Bäume zersägte und mit seiner California Lumber Company nach Anlaufphase dann Bretter von 1,5 km/Tag (!) herstellte. Die Company war größte in Kalifornien, und Meiggs als Millionär zugleich Mäzen in San Francisco, wo er u.a. eine Konzerthalle finanzierte.

Eine Expansion, die für Meiggs jedoch nicht grenzenlos weiter gehen konnte, da bis 1853 die Verkehrswege z.B. von San Francisco nach Sacramento, oder z.B. im Gold Country ausgebaut waren und es dort dichte Wälder und auch nunmehr Sägewerke für

Verladung fertiggesägter Bretter auf Schiffe an der Pazifikküste

Bretterbedarf der Camps gab. Die Geschäfte des Henry Meiggs liefen immer schlechter, dieser nahm Kredite auf und war 1854 dann bankrott. Meiggs verließ Kalifornien mit seiner Familie Richtung Tahiti und später nach Chile, wo er eine Reihe von Eisenbahnstrecken baute. Zwar war Meiggs kein Ingenieur, so doch ein talentierter Organisator, der zugleich exzellent verhandeln und Menschen führen konnte. Seine Pro

jekte in Chile konnte er mit vollem Erfolg abschließen und deswegen den Zuschlag der peruanischen Regierung 187o erhalten für den Bau des Gleises Lima -> Huancayo. Dies war das weltweit spektakulärste Gleisprojekt des 19. Jhds., da es von der Küstenwüste und Hauptstadt Lima durch absolut kahle Andenhänge in nur 173 km Gleislänge, mehr

als 1oo Tunneln und zick-zack Rangiererei an steilsten Berghängen rauf in 4.782 m (!) Höhe beim Galera Tunnel führt. Bis heute ist das Gleis das höchste in Normalspur und ohne Zahnradbetrieb der Welt. Für Henry Meiggs war die Auftragsvergabe ein Projekt von vielen Millionen US Dollar, und der Bau wurde ab Beginn der Arbeiten (2.2.187o)

Gleisrampe zu Holzverlade-Stellen an schwer zugänglichen Bereichen der nordkalif. Küste. Vorne eine Lore mit Brettern. Sie wurde per Seil runtergelassen. Das letzte Stück von Eseln gezogen

für Peru dermaßen teuer, daß er die Republik fast in Staatsbankrott stürzte. Da es an der Küste Perus (Wüste für mehr als 1.ooo km) keinerlei Holz gibt, wurde dies (und zwar Redwood) für die Gleisschwellen und den Tunnelbau aus Nordkalifornien per Schiff importiert, - sagt man zumindest. Ebenso wird reportiert, daß sich Henry Meiggs am Bau dieser Gleisstrecke angeblich 1oo Mill. US verdiente.

1877 starb Meiggs; das Gleis hatte knapp den Calera Tunnel erreicht und wurde übrigens bis Huancayo wegen des peruanischen Kriegs mit Chile erst 19o6 fertiggestellt.

Infrastruktur des Holztransportes: die Holzfäller Camps Nordkaliforniens lagen tief landein und entfernt von der Pazifikküste. In Tälern mit flacherem Verlauf konnten Eisenbahngleise gebaut werden, um die gewaltigen Stämme zu Sägewerken zu transportieren. Dort wurden sie zu Brettern (bzw. Eisenbahn- Bohlen) zerschnitten und Verladepunkten an der Küste (siehe Vorseite) geschafft, wo sie mit kurzen Seilbahnen auf die Transportschiffe verladen wurden. Oder aber Transport direkt auf den Flüssen zum Meer.

Dort, wo die Täler steil waren, wurden Holzrutschen gebaut, teils auch Wasserkanäle aus Holz, in denen kleinere Baumstämme mit dem Wasser talwärts rauschten.

Bäume fällen: Technisch erheblich schwieriger war das Fällen und der Abtransport der Riesenbäume wie der Douglas Fir (bis zu 7o m Höhe) und des Redwood Baumes (Höhe bis zu 11o m). Sie besitzen am Boden einen Duchmesser, deren Stamm oft von 2o Mann mit ausgestreckten Armen kaum umrundet werden konnte. Anfangs wurden die Mammutbäume per riesiger Kerbe oberhalb der Wurzel gefällt. Hierbei mußte sehr

Nordkalifornischer Mammutbaum. Waldarbeiter, die sich an den Händen fassen, dokumentieren den riesigen Umfang dieser Baumriesen.

genau gearbeitet werden, damit der riesige Baum in die richtige Richtung fiel. Den Fall bremsten umstehende kleinere Bäume. Nicht selten brach der Stamm aber schon früher bzw. schnellte mit einem Sprung nach vorne in unerwartete Richtung, wobei Tiere aber auch Menschen getötet wurden. Auch wurden beim Umstürzen andere Bäume umgerissen, die Holzfäller töteten. Rundum war das Fällen der Riesenbäume ein äußerst gefährlicher Job.

Bei freistehenden Riesenbäumen stürzte das Holz aus bis zu 1oo m Höhe auf den Boden, wo es wegen der Wucht des Aufpralls zersplitterte und daher für weitere Verwendung unbrauchbar war.

Um dies zu verhindern, kletterten Holzfäller am Stamm rauf in ca. 6o- 7o m Höhe und sägten dort die Baumkrone ab. Ein nicht gerade ungefährlicher Job!

Anschließend wurden knapp unterhalb des abgesägten Stücks Stahlseile zum Boden gespannt, auf denen Rollen liefen, an denen Ketten hingen.

Letztere Ketten wurden mit dem darüberbefindlichen Baumstück verbunden und dieses dann abgesägt. Das Baumstück fiel in die Ketten und wurde mit Seilzug zu Boden gelassen.

Analog arbeitete man sich Stück für Stück nach unten vor; ein extrem gefährlicher Job, bei dem nicht wenige Arbeiter starben.

Unfallursache war einmal das Arbeiten in extremer Höhe mit der Handsäge (Motorsägen gab es damals nicht). Hierbei stürzten die Arbeiter nicht selten in die Tiefe...

Zum anderen aber auch der Moment, wenn der abgesägte Stammabschnitt in die Ketten der Stahlseile fiel. Zwangsweise pendelte der noch bestehende Baumstamm hierbei kräftig. Zwar waren die Arbeiter mit Seilen an den Baumstamm gebunden, aber die Wucht des herabfallenden Stammteiles (mit 5 m oder mehr Durchmesser) war gewaltig.

Nachdem die Baumsegmente unten angekommen waren, begannen dann die weiteren Probleme. Die Segmente des Redwood oder der Douglas Fir hatten so großes Volumen und Gewicht, daß sie selbst von umfangreichen Ochsengespannen nicht weggezogen werden konnten.

RECHTS: Ein Riesenbaum wird gefällt

Arbeiter und Blattsäge

Relativ "kleiner" Mammut-Baum. Um ihn wegtransportieren zu können, wurde er in Scheiben zersägt. Benötigt wurden sehr lange Sägeblätter und viel Kraft (Reibung!)

Zudem fehlten naturgemäß an der Stelle der gefällten Bäume Sägewerke. Man beschränkte sich daher in der Anfangszeit auf das Fällen der Mamutbäume in Nähe von Flüssen und Sägewerken. Oder: mußte mühsam den dicken Stamm in "handliche", transportierbare 1,5 m- Scheiben zersägen (siehe Foto oben).

Eine entscheidende Verbesserung brachte 1882 die Erfindung des "**Dolbeer Donkey**". Eine Art Dampfmaschine, die auch in steilem Gelände eingesetzt werden konnte und als Seilwinde fungierte.

Sie konnte sich sowohl am eigenen Stahlseil den Berg raufziehen, wie auch erheblich größere Baumsegmente über den Boden und steile Hänge ziehen bis zu Flüssen bzw. Eisenbahngleisen. Einen wichtigen Einsatz hatten die Dolbeer Donkeys auch als Seilwinde beim Fällen der Mammutbäume, wobei meist mehrere dieser Maschinen eingesetzt wurden.

Seile: anfangs wurden Seile aus Manila-Hanf eingesetzt, hatten aber den Nachteil, daß sie sich dehnten, wenn sie naß waren. Man konnte sie daher nur bis Längen von ca. 6o m einsetzen. Ab ca. 189o fanden dann Stahlseile Einsatz, die höher belastbar waren und bei entsprechender Dicke für den Betrieb an den Donkeys keine Limits mehr setzten.

Sägewerke: die anfangs eingesetzten Blattsägen (siehe übernächste Seite, Nr. 1) konnten zwar Bretter beliebiger Dicke sägen, benötigten aber sehr viel Energie wegen ihres Umlenkmechanismus und dem ständigen Auf und Ab. - Eine Verbesserung stellten die rundlaufenden Sägeblätter (2) dar. Da hier die Energie-Effizienz höher war, konnten dickere Baumstämme durchgesägt werden. Allerdings waren diese Kreissägeblätter in ihrem Durchmesser limitiert: denn ab bestimmter Größe wurde die Geschwindigkeit

DOLBEER-DONKEY, 1882
von John Dolbeer erfunden.
Er erhielt hierfür ein Patent.
Zur Jhd.-Wende waren

rund 300 dieser Maschinen in den Wäldern
Nordkaliforniens, Oregons und Washingtons
im Einsatz.

außen am Rand des Sägeblatts zu langsam. Um trotzdem möglichst dicke Baumstämme durchsägen zu können, ließ man (ab ca. 187o) 2 Kreissägeblätter auf gleicher Höhe gegeneinander laufen (siehe Foto 2) und konnte damit doppelt so dicke Stämme durchsägen.

Entscheidende Erfindung war dann die Bandsäge (3), die keine Limits in der Dicke der Baumstämme mehr hatte. Eingesetzt ab ca. 188o.
Weitere Details zu den Redwood- Bäumen siehe Seite 778.

Fort Bragg ⋙→ Eureka (2oo km, ca. 4 Std.)

Grandiose Küstenstrecke, die später durch Redwood-Wälder führt, und Gelegenheit zum Abstecher in eine der einsamsten Regionen Kaliforniens: der Lost Coast.

Zunächst auf Hwy. 1 durch eine Bilderbuchlandschaft: saftige Wiesen und kleine Waldstücke bis ans Meer. Meistens Steilküste, südlich WESTPORT allerdings auch einer der längsten Sandstrände Nordkaliforniens mit grauem Sand und massigen Dünen. Bester Zugang an der Brücke über den Ten Mile River.

Stellenweise läuft der Highway auch wieder zu großer Form auf und bestätigt seinen Ruf als eine der Traumstraßen der Welt: hoch über dem Ozean, hineingesprengt in die steil abfallende Felsküste. Nach jeder Kurve ein neuer hinreißender Blick aufs Meer und die schäumende Brandung. Trotz der schwierigen Streckenführung hatten die Straßenkonstrukteure ein Herz für die zukünftigen Touristen: Parkplätze und Ausbuchtungen an den fotogensten Stellen ermöglichen Zwischenstops und einen ausgiebigen Genuß dieser Landschaft.

Sozusagen als Zugabe bietet der Hwy. 1 nördlich von ROCKPORT noch einen kurvenreichen Abschnitt durch dichten Regenwald mit Redwoods und Farnen. Ein Vorgeschmack auf die endlosen Waldgebiete des amerikanischen Nordwestens und Kanadas.

Abstecher zum DRIVE TRHOUGH TREE PARK, einem kleinen Waldstück mit massigen Redwoods. Einer von ihnen ist ausgehöhlt, so daß man den Stamm fürs Erinnerungsfoto mit dem Wagen durchfahren kann (2,5o US pro Pkw).

Danach vereinigt sich Hwy. 1 mit Hwy. 1o1 und führt teilweise als Autobahn durchs Landesinnere bis

ZUG mit REDWOOD-BAUM
plastischer lässt sich kaum die Größe dieses Riesenbaumes darstellen.

Eureka. Unbedingt lohnend allerdings zwei Abstecher von der direkten Route: zur AVENUE OF THE GIANTS und zur LOST COAST. Gehören zu den schönsten Strecken Nordkaliforniens und lassen sich gut kombinieren.

AVENUE OF THE GIANTS

5o km Landstraße durch den HUMBOLDT STATE PARK, eine der größten noch verbliebenen Ansammlungen von Redwood Groves, zusammenhängenden Waldstücken der gigantischen Mammutbäume. Nur wenig Sonnenlicht dringt bis auf den Boden. Die Höhe und Dichte der Wälder wirkt beinahe erdrückend. (Ausführliches über diese höchsten Bäume der Welt auf Seite 778).

Immer wieder taucht die Straße in eines der Waldstücke ein, es wird plötzlich dunkel in einer Art Tunnel-Effekt. Sie führt oft haarscharf an den Bäumen vorbei, die sie wie Leitpfosten säumen. (Zu erreichen ab Hwy. 1o1 über die Abfahrt Phillipsville, Wiederauffahrt bei Jordan Creek).

Unbedingt in einem der Groves anhalten und einen Spaziergang zwischen den Riesen unternehmen. Mit Abstand am schönsten ist FOUNDERS GROVE, der größte zusammenhängende Redwood-Wald in Kalifornien. Der rund 1 km lange Wanderweg führt zu einer Gruppe umgestürzter und ineinander gekrachter Riesenbäume. Während starker Niederschläge fielen sie in einer Art Domino-Effekt: Da die Wurzeln nicht sehr tief, aber miteinander verwoben sind, riß der Sturz des ersten weitere mit.

Unter ihnen der mit 11o m bis vor kurzem höchste Baum des State Park, der Dyerville Giant (umgestürzt am 24. März 1991). Einerseits schade, andererseits kann man nun an seiner ganzen Länge entlanglaufen und bekommt dadurch ein besonderes Gefühl für die Größe. Am Beginn des Trails der noch aufrechte Founders Tree, mit 1o6 m auch kein schlechtes Exemplar.

Im VISITOR CENTER bei Burlington eine kleine Ausstellung zu Flora und Fauna des State Park. Interessante Dia-Show mit Fotos der Bäume im jahreszeitlichen Wechsel.

Noch imposanter als die eigentliche Avenue of the Giants ist die Nebenstraße durch den ROCKEFELLER FOREST im Nordabschnitt des State Park: Fast 8 km durch dichten Wald. Die Straße ist noch enger, und die Bäume stehen sehr viel dichter. Man fährt buchstäblich im Slalom um die Giganten herum. Manchmal entsteht der Eindruck, es ginge überhaupt nicht mehr weiter; man sieht den Wald vor Bäumen nicht. Eine sensationelle, wenig bekannte und befahrene Straße.

LOST COAST

Fortsetzung der Straße durch den Rockefeller Forest zu einem einsamen und total abgeschiedenen Küstenabschnitt mit gebirgigem Hinterland.

Selbst die mutigen Konstrukteure von Hwy.1 haben vor diesem Stück verzagt: die Küste zu steil, der Untergrund zu felsig. Geblieben ist daher eines der unerschlossensten Gebiete Kaliforniens.

Hinter dem Rockefeller Forest beginnt die Kurverei durch die Bergkette des Küstengebirges. Erst ewig bergauf, dann in engen Serpentinen wieder hinunter zum MATTOLE RIVER, den die Straße auf einer Holzbrücke überquert. Gegenverkehr ist selten, kommt aber meistens in einer besonders engen Kurve. Vorsicht: Die Bergbewohner in ihren klapprigen Pick-ups fahren einen heißen Stil.

Eine der wenigen verlorenen Siedlungen trägt den bezeichnenden Namen DIVORCE FLAT: Manche Lady mag hier ihren holzfällenden oder schafehütenden Gatten verlassen haben, auf der Suche nach mehr Action in Hollywood oder New York City. Verräterisch auch die auf US-Ortsschildern übliche Angabe der Einwohnerzahl: "population varies" - offenbar geht manch einer schneller, als er gekommen ist. Der einzige Sender, den das Autoradio noch empfangen will, spielt ununterbrochen Country&Western Musik, passend für dieses pure "Country-America".

"A.W.Way County Camp", beim Ort Honeydew. Unter Bäumen im Tal des Mattole River. Ruhig und abgeschieden. Wasser, Toiletten. Stellplatz ca. 1o US.

Ganz plötzlich dann der Ausblick aufs Meer: ein toller Küstenabschnitt mit Stränden und Dünen, eingerahmt von Felsküste und den meist wolkenverhangenen Bergen. Im Meer winzige Inseln und verstreute Felsbrocken. Wer mal einen kilometerlangen Sandstrand für sich allein haben will: Hier stehen die Chancen nicht schlecht. Ein entspannender Spaziergang tut den Gliedern sowieso gut, bevor der Rest der Strecke in Angriff genommen wird, immerhin noch gut 3o km Kurven durchs Gebirge. Die Tour zur Lost Coast insgesamt 11o km, ca. 3 Std. Fahrt.

Am Ende noch ein kleiner Leckerbissen: Direkt am Fuß der Berge liegt FERNDALE, ein schmuckes Städtchen mit ländlichem Charme. Klassische Western-Fassaden wechseln mit den verschnörkelten viktorianischen Häuserfronten. Buntgestrichene und manchmal etwas kitschige Villen und die hölzernen Kirchlein vereinigen sich zu einem Bild wie aus dem Fotoalbum des Alten Westens. Gut erhalten, ohne als Kulisse vor bloßen Touristenläden zu dienen. Ferndale nimmt man seinen ländlichen, etwas hinterwäldlerischen Anstrich ab.

★ Eureka (25.ooo Einw.)

Hafen- und Sägewerks-Stadt mit ziemlich authentischem Holzfäller-Flair. In Restaurants und Kneipen die Atmosphäre der fünfziger und sechziger Jahre, der Beatles-Song "Norwegian Wood" scheint allgegenwärtig. Eureka ist Ausgangspunkt und zentraler Übernachtungsstop für Ausflüge zur Lost Coast oder in die Redwood-Parks der Umgebung.

In der ALTSTADT hervorragend restaurierte Geschäftshäuser und viktorianische Villen. Bilden zwischen Lagerhallen und modernen Fassaden zwar kein harmonisches Stadtbild, sind aber typisch für eine Küstenstadt des amerikanischen Nordwestens. Insgesamt ein gelungener Versuch, das historische Stadtbild so weit wie möglich zu erhalten und vor dem amerikanischen Einheitsstil zu bewahren.

Zusammen mit der Nachbarstadt Arcata liegt Eureka an der HUMBOLDT-ARCATA BAY, einer von zwei Nehrungen fast völlig umschlossenen Bucht. Die Einfahrt ist so versteckt, daß die Bucht von See her nie entdeckt wurde. Die Kolonisatoren erreichten die Gegend erst auf dem Landweg und wunderten sich über die günstige Lage dieses nirgends verzeichneten natürlichen Hafens.

Tourist INFO Convention and Visitors Bureau, 1o34 2nd St.
Post: 5th St./Ecke H St. **Telefon**: Vorwahl 7o7.

Die schönsten Häuser und Fassaden der Altstadt entlang 2nd und 3rd Street (etwa 1o Blocks zwischen C und M Street). Die kompakteste Ansammlung gut erhaltener und restaurierter viktorianischer Villen entlang G und H Street (zwischen 7th und 17th Street).

Prunkstück ist CARSON MANSION, M St./Ecke 2nd St. Vielleicht nicht die schönste, dafür aber mit Sicherheit die am überschwenglichsten gestaltete und verzierte Residenz an der Nordküste Kaliforniens. Eine viktorianische Orgie aus Türmchen, Spitzgiebeln, Säulen und Rosetten. Das frühere Märchenschloß des Holzindustriellen Carson ist heute Sitz eines privaten Clubs, für die Öffentlichkeit nicht zugänglich.

Etwas armselig dagegen die Sammlung im HUMBOLDT BAY MARITIME MUSEUM, 141o 2nd St.: Schiffsmodelle, Fotos, Nautika. Geöffn. tägl. von 11-16 Uhr, Eintritt frei.

Im SEQUOIA PARK am Stadtrand ein respektabler Redwood-Wald mit allen Charakteristika dieser düsteren, majestätischen Bäume. Zu erreichen über W Street stadtauswärts.

An Hotels und Motels gibt es in Eureka keinen Mangel. Außerdem vergleichsweise preiswert. Sollte der seltene Fall eintreten, daß in Zentrumsnähe alles voll ist, gibt es ein Dutzend weiterer Motels am Broadway, der Ausfallstraße nach Süden.

"**Eureka Inn**", 7th St./Ecke F St. Das Luxushotel von Eureka. In markantem historischen Gebäude Nähe Zentrum. SW-Pool, Sauna und komfortable Zimmer. DZ ab ca. 12o US. Tel. 442-6441 und 8oo-862-49o6.

"**Hotel Carter**", 3o1 L St. Neues Haus im historischen Baustil. Moderne Eleganz hinter hölzerner Fassade. Helle, freundliche Lobby mit bequemen Sitzecken. Zimmer ebenfalls hell, geräumig und komfortabel. Eingerichtet im noblen Country-Stil. DZ ab

ca. 1oo US. Tel. 444-8o62.

"**Carter House**", 1o33 3rd St. Eines der markantesten Gebäude von Eureka. Dunkelbraune Holzschindeln und Backsteinschornsteine. Zimmer unterschiedlich eingerichtet, alle im Landhaus-Stil mit einzelnen Antiquitäten, geschickt ergänzt durch moderne Kunst. Ausgiebiges Gourmet-Frühstück inkl., DZ je nach Größe und Ausstattung zwischen 9o und 19o US. Tel. 445-139o.

"**Old Town**", 1521 3rd St. Bed&Breakfast. Nähe Carson Mansion. Frühstücksraum und zwei Wohnzimer, alles in familiärer und freundlicher Atmosphäre. Fünf kleine Zimmer, teilweise mit eigenem Mini-Bad. Jeder Raum mit persönlicher Note. Üppiges Frühstück und Nachmittagstee. Zimmer je nach Größe und Ausstattung ca. 75- 1oo US. Tel. 445-3951.

"**Camellia Cottage**", 1314 1st St. Bed&Breakfast. Etwas außerhalb, eingerichtet im französischen Landhausstil. Freundlich-familiäre Atmosphäre. DZ je nach Ausstattung ca. 7o- 9o US. Tel. 445-1o89.

"**Travelodge**", 4 4th St. Solides Motel der Mittelklasse Nähe Zentrum. An belebter und und entsprechend hörbarer Durchgangsstraße. SW-Pool. Zimmer funktional eingerichtet. DZ ab ca. 65 US. Tel. 443-6345 und 8oo-225-3o5o.

"**Carson House Inn**", 4th St./Ecke M St. Komfortables Motel, zentral Nähe Carson Mansion. Zweistöckig um mehrere Innenhöfe. SW-Pool und Sauna. Zimmer geräumig, hell und modern ausgestattet. DZ ab ca. 6o US. Tel. 443-16o1 und 8oo-772-1622.

"**Matador Motel**", 4th St./Ecke C St. Einfaches Motel. Flacher, grauer Holzbau an der Durchgangsstraße. Zimmer gepflegt und sauber, freundliche Atmosphäre. DZ ab ca. 5o US. Tel. 443-9751 und 8oo-824-663o.

"**Econo-Lodge**", 163o 4th St. Neues Motel Nähe Greyhound-Terminal, etwas abseits vom Zentrum. An lauter Durchgangsstraße. Schlichte und spärliche Möblierung.DZ ab ca. 4o US. Tel. 443-8o41 und 8oo-446-69oo.

"**Chins Motel**", 42oo Broadway. Außerhalb am Hwy. 1o1 Richtung Süden. Extrem einfaches Motel, die billige Alternative in Eureka. Zimmer spärlich möbliert und abgewohnt. DZ ab ca. 32 US. Tel. 443-o615.

"KOA-Kampground", am Hwy. 1o1, 6 km nördlich von Eureka. Großes Gelände mit Grasflächen unter Bäumen. Gepflegte sanitäre Einrichtungen inkl. Duschen. Stellplatz ca.18 US.

Eureka ist gut ausgestattet mit einer Vielfalt guter und preiswerter Lokale, sehr unterschiedlich in Küche und Ausstattung.

"GOURMET GALLERY", 211 F St. Alternatives Café und Teestube. Kleine Tischchen zwischen rohen Backsteinwänden. Frisch gerösteter Espresso und Capuccino. Kleine Leckereien, Salate, Suppen für 4- 5 US.

"CARTER", 3o1 L St. Feinschmecker-Lokal hinter großen Fensterscheiben mit Blick auf ein Stück des Hafens. Kleine, wechselnde Speisekarte mit Produkten der Saison. Spezialitäten: Seafood und Lamm. Menü ca. 18 US.

"MOMMA'S", 611 3rd St. Typisch italienisch mit karierten Wachstuch-Tischdecken und Fotos an den Wänden. Einfach, klein, gemütlich. Hausgemachte Nudeln 5- 1o US, Menüs ab 1o US.

"TOMASO'S", E St./Ecke 3rd St. Italienisches Restaurant und Pizzeria. Einfach eingerichtet, auf zwei Ebenen. Große Auswahl an Pizza und Nudelgerichten in der Preislage zwischen 5 und 1o US.

"STARS", 3rd St./Ecke E St. Originelle Hamburger-Bude an der Straßenecke. Die besten Hamburger der Stadt zum Mitnehmen, ab 4 US.

"THE SEA GRILL", 316 E St. Angenehm altmodisches Lokal. Holzverkleidete Wände, plastikbezogene Stühle, Stofftischdecken. Neben einigen Fleischgerichten hauptsächlich Seafood. Deftige Fischzubereitungen, aber auch Feineres: Tintenfisch, Muscheln und Austern. Hauptgerichte 12- 16 US.

"LAZIO'S", 327 2nd St. Großes Restaurant auf zwei Stockwerken. Durch Holzdekoration und rustikale Möblierung trotzdem gemütlich. Seafood und Nudeln. Hauptgerichte 12- 15 US, mittags rund 5o % billiger.

"SERGIO'S", 2nd St./Ecke C St. Einfaches und preiswertes italienisches Lokal. Überdimensionale, etwas kitschige Malerei an der Wand, karierte Tischdecken auf einfachen Möbeln. Gute italienische Zubereitungen von Fisch und Seafood für 1o-15 US, Nudelgerichte mittags ab 5 US, abends ab 8 US.

"LOST COAST BREWERY", 617 4th St. Im englischen Pub-Stil. Gutes Bier vom Faß aus der eigenen Mini-Brauerei: helles Ale sowie dunkles, schweres Porter. Ergänzt durch deftige Hausmannskost, große Portionen. Die meisten Gerichte 5- 1o US.

"RAMONE'S BAKERY", 2o9 E St. Kleines Café mit Bäckerei. Rustikal zwischen rohen Backsteinwänden. Hier gibt`s schon Frühstück, wenn in der Altstadt sonst noch alles dicht ist. Gute Croissants und Kuchen.

"SAMOA COOKHOUSE", auf der Samoa Halbinsel vor der Bay. Berühmt im ganzen Nordwesten der USA. Ehemalige Holzfäller- Großküche. Das Ambiente in dem alten Haus wurde bewahrt. Gegessen wird an langen Tischen, sehr rustikal. Im Nebenraum kleines Museum mit Maschinerie und Erinnerungsstücken an die frühe Holzfällerzeit. Herzhafte, einfache Gerichte zur Auswahl, mittags ca. 6 US, abends 12 US. Der Preis bürgt nicht unbedingt für die Qualität des Essens aus der Kantinenküche, sondern stützt sich auf Tradition und Ambiente.

"THE LANDING", am Ende der C St. am Hafen. Fischlokal mit Blick auf die Bucht. Holzbalken an der Decke, nautische Dekoration. Lockere Atmosphäre. Wechselnde Fischgerichte, je nach Fang und Saison. Keine kulinarischen Höhenflüge, aber solide Hausmannskost für 1o- 15 US inkl. Salat und Beilagen.

"DEB'S", 1216 4th St. Der richtige Ort für ein ausgiebiges Fernfahrerfrühstück, bevor es in die Redwoods geht. Schnell serviert, große Portionen, preiswert.

SELBSTVERSORGER: "EUREKA HEALTH FOODS", 3o7 4th St. Kleiner Supermarkt mit gesunden Lebensmitteln, nicht nur streng ökologisch-vegetarisch.

Verbindungen ab Eureka

Bus: Greyhound-Terminal in Zentrumsnähe, 4th St./Ecke Q St. Trostlos in einer stillgelegten Tankstelle.

-> San Francisco: 2 x tägl., 8 Std., ca. 4o US
-> Portland, Oregon: 1 x tägl., 12 Std., ca. 52 US
-> Redding: 1 x tägl., 4 Std., ca. 18 US (mit "Redwood Empire Lines")
-> Crescent City: 2 x tägl., 2 Std., ca. 15 US

Auto: Über Hwy. 1o1 nach Süden oder Norden: San Francisco (45o km, ca. 5- 6 Std. auf dem direkten Weg), Crescent City (13o km, ca. 2 Std.). Über Hwy. 299 nach Redding ins nördliche Central Valley (25o km, ca. 5- 6 Std. auf sehr kurvenreicher Bergstrecke).

Autovermietung: Wer mit dem Bus nach Eureka kommt, braucht einen Wagen, um zu den lohnenden Zielen in der Umgebung zu kommen: in die Redwood-Wälder des Nationalparks, zur Avenue of the Giants oder zur Lost Coast.

BEATS WALKIN: 4th St./Ecke B St., Tel. 443-2o7o. Preiswerte Angebote für lokale und kurzfristige Anmietung. - AVIS: 4th St./Ecke B St., Tel. 443-167o.

★ Arcata (14.ooo Einw.)

Nachbarort und intellektuelles Gegenstück zum bodenständigen Eureka, am Nordrand der Humboldt-Arcata Bay. Sitz der Humboldt State University und eines der Zentren der kalifornischen Ökologie-Bewegung. In der Innenstadt um die "Plaza" und entlang von H und I Street historische Fassaden und einige viktorianische Villen.

Verbindung mit Eureka entweder direkt über Hwy. 1o1 oder schöner über die Samoa Halbinsel per Hwy. 299, vorbei am MARSH AND WILDLIFE SANCTUARY, einem Naturschutzgebiet in flacher Wiesen- und Marschlandschaft.

Nördlich von Arcata verläuft Hwy. 1o1 entlang einer Reihe von größeren Lagunen, den HUMBOLDT LAGOONS. Abgetrennt vom Meer durch Landzungen mit riesigen Stränden, die fast aussehen wie Deiche. Die Lagunen auf der Landseite begrenzt von Wäldern. Naturschutzgebiet und Lebensraum von über 2oo Vogelarten.

★Redwood National Park

Kombination aus 3 State Parks und vereinzelten Segmenten des Nationalparks zwischen Orick im Süden und der Grenze zu Oregon im Norden. Insgesamt das größte zusammenhängende Redwood-Gebiet unter Naturschutz in Kalifornien.

Besonders attraktiv durch die Nähe zum Pazifik: Hier erlebt man die Redwoods in ihrem eigentlichen Element, dem feuchten, oft nebelverhangenen Küstengebiet. Oft reichen die Wälder bis an den Ozean, eine imposante und fotogene Kombination.

Tourist INFO

Redwood Information Center, am Hwy. 101 südlich von Orick. Informationsmaterial und eine Reihe von interessanten Schautafeln.

Telefon: Vorwahl im Bereich des gesamten Nationalparks: 707.

REDWOOD (*sequoia sempervirens*; dt. Küsten-Mammutbaum): Fossilienfunde beweisen, daß es Redwoods vor Jahrmillionen auch in anderen Teilen der Welt gab, in Sibirien, Europa und Japan. Durch klimatische Veränderungen jedoch starben die Wälder ab. Sie überlebten nur in dem etwa 700 km langen Küstenstreifen zwischen Monterey und der Grenze zu Oregon, wo ihr Wachstum durch das extrem feuchte Klima begünstigt wird: intensive Regenfälle im Winter, Feuchtigkeit durch Nebel im Sommer.

Die Küsten-Mammutbäume sind die höchsten Bäume der Welt, können über 110 m hoch werden. Durchschnittlich erreichen sie ein Alter von 700- 900 Jahren, obwohl einige Exemplare auch bis zu 2.000 Jahre auf dem Buckel haben. Ihre Widerstandsfähigkeit erhalten sie durch den hohen Tanningehalt des Holzes, der sie praktisch immun macht gegen Pilze und Insektenbefall. Die Rinde ist sogar resistent gegen Feuer, so daß ein Redwood-Baum im Laufe seines Lebens zahlreiche Waldbrände überstehen kann.

Redwoods stehen entweder gemischt mit anderen Baumarten oder in reinen Redwood-Wäldern, den sogenannten "Groves". Dort bilden sie ein Ökosystem ganz besonderer Art: Da der Boden in dem feuchten Küstengebiet arm an Mineralstoffen ist, verschaffen sich die Baumriesen ihre notwendige Versorgung selbst: umgestürzte und modernde Bäume bilden den Nährboden für nachwachsende Exemplare. Aus diesem Grund ist nicht nur die Kreissäge für einen Wald von Redwoods tödlich; auch der Abtransport natürlich umgefallener Bäume entzieht ihm langfristig seine Nährstoffe und läßt die Bäume absterben.

Schon die Indianer nutzten das Holz der Redwoods für ihre Kanus, aber erst die Besiedlung Kaliforniens durch die Weißen bedrohte den Bestand der Wälder. Intensive Abholzung zur Verwendung der Redwoods als Bauholz brachte schon um die Jahrhundertwende Umweltschützer auf den Plan, die vor menschlichen Eingriffen in die Redwood-Groves warnten. Abholzung an einer Stelle gefährdete nämlich auch die verbliebenen Bäume: Deren Wurzelwerk verläuft so dicht unter der Erdoberfläche, daß ungebremste Winde viele Exemplare auf "natürliche" Weise fällten.

Da die Warnungen der Naturfreunde nur sehr bedingte Schutzmaßnahmen bewirkten, entwickelten sie ein System, das inzwischen auch bei der Erhaltung des tropischen Regenwaldes wieder aktuell geworden ist: Durch Spenden finanzierten sie den Ankauf

ganzer Waldgebiete, in denen sie die Redwoods vor der Abholzung bewahrten. Einige dieser Wälder gingen später über in das System der State und National Parks. Nur ein geringer Prozentsatz der Bäume konnte allerdings dadurch geschützt werden. Die Mehrzahl ist bereits verschwunden oder von der holzverarbeitenden Industrie bedroht.

Alles Sehenswerte zu beiden Seiten von Hwy. 1o1, der den Park von Süd nach Nord durchquert und selbst einige dichte Wälder durchschneidet. Per Auto läßt sich der Nationalpark also bequem "erfahren"; am intensivsten erlebt man ihn allerdings auf den zahlreichen Wanderwegen.

Der nördliche Teil des Nationalparks ist ähnlich schön und abwechslungsreich wie die südlichen Abschnitte, bietet aber keine wesentlich neuen Eindrücke. Die Fahrt über Klamath hinaus ist daher nur sinnvoll, wenn man sowieso weiter nach Oregon will. Sonst lieber etwas intensiver den Südteil erforschen, wo es genug zu sehen und zu tun gibt.

Der Ort ORICK (65o Einw.) am Südrand des Nationalparks besteht lediglich aus einer Ansammlung von Wohnhäusern, Läden und Motels entlang des Highway. Geeignet als Übernachtungsstop, wenn man keine Lust mehr hat, die 6o km bis Eureka zu fahren.

TALL TREES GROVE: Hier stehen die höchsten Redwood-Exemplare überhaupt. Erreichbar über einen strapaziösen Wanderweg (28 km hin und zurück, Details siehe Wanderungen) oder per Shuttle-Bus ab "Redwood Information Center". Der Bus verkehrt nur in den Sommermonaten, bis zum Wald selbst müssen am Ende noch 4 km (hin und zurück) zu Fuß zurückgelegt werden, Pfad teilweise sehr steil.

LADY BIRD JOHNSON GROVE: Leichter zu erreichen, Abzweigung vom Hwy. 1o1, ca. 2 km nördlich von Orick. Liegt auf einem Bergrücken oberhalb des Meeres. In der Regel ist es sehr feucht und häufig neblig, was den Baumriesen einen unheimlichen Anstrich verleiht. Hier bestätigt sich die Bezeichnung "Giants of the Mist". Besonders fotogen, wenn durch den Nebel dann doch noch ein Sonnenstrahl in die dichtgedrängten Baumgruppen dringt. Rundweg durch den Wald ca. 2 km.

Nördlich vom Lady Bird Johnson Grove beginnt der PRARIE CREEK STATE PARK, eine Sektion des gesamten Parksystems. In diesem Bereich führt Hwy. 1o1 mitten durch dichte Redwood-Wälder. Mit etwas Glück sieht man hier "Roosevelt Elk" (dt. Roosevelt-Wapiti-Hirsch), die oft auf den Wiesen am Straßenrand grasen. Gute Chancen vor allem auf der Wiese vor dem "Elk Prairie Campground".

Mit Abstand lohnendster Abstecher vom Highway ist hier der COASTAL DRIVE: Entlang der Küste mit phantastischen Ausblicken auf die weiter unten gelegenen Strände und den rauschenden Ozean. Beginn etwa auf halber Strecke zwischen Parkeingang und Klamath. Rundtour von ca. 13 km, kehrt kurz vor Klamath auf die Hauptstraße zurück. Straße streckenweise eng und nicht asphaltiert, aber problemlos befahrbar.

Schönste Stelle beim HIGH BLUFF OVERLOOK: Blick nach Süden über einen kilometerlangen einsamen Sandstrand, auf dem hier und da Felsbrocken verteilt sind. Direkt hinter dem Strand beginnt eine grüne, dicht bewachsene Bergkette.

Von dort aus hinab zur Mündung des KLAMATH RIVER. Man sieht deutlich, wie sein Wasser gegen die Brandung des Pazifik ankämpft, um dann endgültig im weiten Meer zu verschwinden. Von der Mündung aus zugänglich auch der riesige graue Sandstrand, über dem sich in der Höhe der Coastal Drive die ganze Zeit entlangschlängelt. Rückweg zum Hwy. 1o1 am Flußufer.

In KLAMATH (1.5oo Einw.) wiederum einige verstreute Häuser, Läden und Motels. Evtl. Übernachtung nach längeren Wandertouren oder vor einer Weiterfahrt nach Oregon.

Ein Kilometer nördlich von Klamath, im Ort REQUA, Abzweigung zum KLAMATH OVERLOOK: Von dort der schönste Überblick über das Mündungsgebiet des Klamath River, hinein ins bewaldete Flußtal und viele Kilometer entlang der Küste (bei klarem Wetter, versteht sich). Ein steiler Pfad führt hinunter zu einem Felsvorsprung über dem Meer.

Hwy. 1o1 führt hinter Klamath weiter durch verschiedene Redwood-Groves bis CRESCENT CITY, der letzten größeren Stadt an der kalifornischen Nordküste. Amerikanische Einheitsstadt mit Neon-Reklamen, Tankstellen, Shopping Malls. Lohnt den Besuch nicht.

Auf dem Weg nach Norden besser weiterfahren über die Grenze nach OREGON: Dort beginnt nach wenigen Kilometern eine Küste, die an Schönheit selbst noch diejenige Nordkaliforniens in den Schatten stellt. Übernachtung in angenehmen Küstenstädtchen. Details dazu im VELBINGER Band 54 "USA: NORDWESTEN".

Einfache und preiswerte Übernachtungsmöglichkeiten in Orick, Klamath und Requa. Wer mehr Komfort und ein gutes Abendessen vorzieht, muß nach Eureka fahren.

* ORICK:

"**Green Valley Motel**", am Hwy. 1o1. Sieht von außen ziemlich schäbig aus, ein Teil der Zimmer ist aber ordentlich renoviert. Zwar klein, aber mit modernen sanitären Anlagen, holzgetäfelt und neu möbliert. DZ ca. 38 US, im Sommer 1o % mehr.

"**Parkwoods Motel**", Hwy. 1o1, am Nordrand des Ortes. Innen wie außen einfaches Motel. Spärlich möbliert, leicht abgewohnt. DZ ab ca. 32 US, im Sommer 37 US. Einige Räume mit Kitchenette ca. 45 US.

"**Palm Café Motel**", Hwy. 1o1 Die Gebäude wenig einladend, auch der SW-Pool mitten auf dem Parkplatz nicht gerade dekorativ. Die Zimmer aber gepflegt und ordentlich eingerichtet. Duschen und Bäder neu. DZ ab ca. 32 US, im Sommer 4o US. Tel. 488-3381.

* KLAMATH:

"**Jack's Motel**", Nähe Abfahrt vom Hwy. 1o1. Ordentliches Motel, der Vorplatz ziemlich wüst zubetoniert. Zimmer hell und gepflegt mit modernen Bädern. DZ ca. 32 US, im Sommer ab ca. 45 US.

REQUA:

"**Requa Inn**", 451 Requa Rd. Traditionelles Holzhaus oberhalb von Straße und Fluß. Schöner Blick aufs Tal. Freundlicher Familienbetrieb, Typ Landgasthof. Zimmer hell und im positiven Sinne altmodisch, im Country-Stil möbliert. Die Besitzer betreiben auch ein gemütliches und gutes Restaurant. DZ inkl. ausgezeichnetem Frühstück ca. 55- 8o US, je nach Größe. Tel. 482-82o5.

"Redwood Hostel", Hwy. 1o1, ca. 2o km südlich von Crescent City, Tel. 482-8265. Etwas oberhalb der Straße in schönem Holzhaus. Ausgangspunkt von Wanderwegen. Abends Info-Veranstaltungen über Redwoods, Ökologie und die Indianer der Region. Pro Person ca. 8 US.

"Elk Prairie Campground", Hwy. 1o1, am südlichen Eingang zum Prairie Creek State Park, Tel. 488-2717. Zentral und schön gelegen auf einer Wiese am Waldrand. Ausgangspunkt vieler Wanderwege. Picknicktische und gepflegte sanitäre Anlagen inkl. Duschen. Stellplatz ca. 12 US.

"Klamath Cove", Coastal Drive, direkt an der Mündung des Klamath River. Gepflegter Platz auf einer Wiese. Picknicktische und sanitäre Anlagen inkl. Duschen. Geöffn. von März-Okt. Stellplätze 1o-13 US. Dahinter ein weiterer Campingplatz, weniger ordentlich, aber direkt vor den Dünen am Strand.

Außer dem kleinen Lokal im "Requa Inn" kein Restaurant, das den Namen verdient. Wälder und Küste verführen hier auch eher zum Picknick im Freien.

Selbstversorger: Kleine Läden in Orick und Klamath. Größere Mengen an Lebensmitteln besser aus Eureka mitbringen.

Regionale Spezialität: In Klamath bieten einige Geschäfte "Smoked Salmon Jerky" an, eine Art geräucherter und getrockneter Lachs. So machten die Indianer einst ihr Hauptnahrungsmittel haltbar für die lachslose, die schreckliche Zeit. Eignet sich als leichtgewichtiger und nahrhafter Proviant bei Wanderungen, ist allerdings nicht gerade billig. Es gibt auch "normal" geräucherten Lachs, eine Delikatesse für die Mahlzeit im Freien.

Picknick: Überall im Nationalpark schöne Picknickplätze. Besonders zu empfehlen beim "High Bluff Overlook" am Coastal Drive sowie beim "Klamath Overlook" bei Requa. Beide mit fabelhaftem Blick aufs Meer, der jedes Panorama-Restaurant in den Schatten stellt.

SPORT

Angeln: Die Flüsse im Bereich des Redwood National Park sind bekannt für ihren außergewöhnlichen Lachsbestand. Besonders große Exemplare im Klamath und Smith River. Informationen zu Saison und Schonzeiten sowie den erforderlichen Genehmigungen über das "Fish Phone" der Chamber of Commerce in Crescent City: Tel. 464-9676.

Wandern:

Ein dichtes Netz von Wanderwegen im gesamten Nationalpark. Guter Ausgangspunkt für lange und kurze Trails durch Redwood-Groves ist der "Elk Prairie Campground". Besonders attraktiv allerdings die beiden folgenden Wanderungen:

"Redwood Creek Trail": Zum Tall Trees Grove, wo die höchsten Redwood-Exemplare stehen. Harte Tagestour (ca. 28 km) entlang des Redwood Creek. Wer die Mühe auf sich nimmt, erhält dafür eines der tollsten Redwood-Erlebnisse, sowohl auf dem Weg als auch im Zielgebiet der hohen Bäume.

Ausgangspunkt über Bald Hills Road, 2 km nördlich von Orick. Unterwegs feuchte und rutschige Stellen, bei Hochwasser des Baches besonders schwierig. Brücken gibt es nur im Sommer, sonst sind zwei Durchquerungen nötig. Vor Abmarsch unbedingt beim "Redwood Information Center" in Orick Auskunft über den Zustand des Trails einholen.

"Coastal Trail": Faszinierender Wanderweg entlang der Küste, meist oberhalb der Klippen. Ständig Ausblick aufs Meer. Der Pfad streift auch Redwood-Groves, die hier bis an die Küste vordringen. Leider nicht als Rundweg zu machen; hin und zurück 13 km/ ca. 3-4 Std., lohnt sich aber mit entsprechenden Pausen auch für einen ganzen Tag.

Ausgangspunkt: Klamath Overlook an der Straße nach Requa, 1 km nördlich von Klamath. Umkehrpunkt: Lagoon Creek. Der beschriebene Trail ist Teilstück eines längeren "Coastal Trail", der fast die gesamte Küste des Nationalparks berührt, aber an einigen Stellen (z.B. Flußmündungen) unterbrochen ist.

Verbindungen Redwood Nat. Park

Keine öffentlichen Verkehrsmittel zu den Schönheiten des Reedwood Nat. Parks, - somit eigenes Auto nötig.

Der Hwy. 1o1 ist die Verkehrsader von Süd nach Nord (6o km, Fahrzeit ca. 1 Std. vom Südrand des Nationalparks bis Eureka).

ANSCHLUSS: wer nicht dieselbe Strecke entlang der Küste wieder zu-

rück nach San Francisco fahren will, - fährt den Hwy 1o1 nördl. bis Eureka und weitere ca. 25 km bis zum Abzweiger Hwy 299: dieser führt in landschaftlich schöner Strecke rüber nach Redding. Dort Rundtrips zum Lassen Volcanic Nat. Park, zum Shasta Mountain und zum Lava Beds National Monument ausfahren, - siehe Folgekapitel.

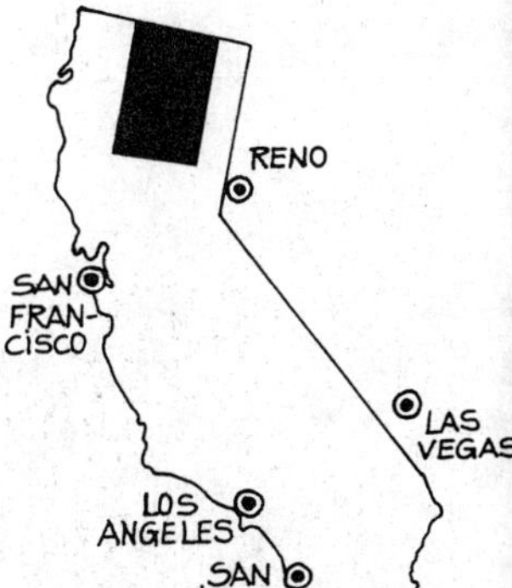

ÜBERSICHTSKARTE
siehe Seite 787

CASCADE MOUNTAINS

Mit ihren südlichen Ausläufern reichen die Cascade Mountains bis nach Kalifornien. MOUNT SHASTA und LASSEN PEAK sind die

höchsten Bergspitzen: zwei schlummernde Vulkane, die sich über einer abgelegenen Wald- und Berglandschaft erheben. Ein Paradies für Wanderer und Kletterer. Im Sommer sind Vulkanbesteigungen ohne größere technische Schwierigkeiten möglich.

Interessant an vielen Stellen die Spuren vergangener und gegenwärtiger vulkanischer Aktivität:

* Im Lassen National Park geothermische Gebiete mit kochenden Wasserpfützen, brodelnden Schlammlöchern und Dampffontänen aus Erdspalten. Überall Hinweise darauf, daß die Erde in den Cascade Mountains noch lange nicht zur Ruhe gekommen ist.
* In den Lava Beds an der Grenze zu Oregon imposante Überreste eines längst vergangenen Vulkanismus: bizarre Lavafelder und zahlreiche Höhlen, die sich bei wiederholten Lavaflüssen aus Erdspalten gebildet haben.

Klima: Die Cascade Mountains sind das kalte, rauhe und regnerische Gegenstück zum Klischee vom sonnigen Kalifornien. Die Sommer im Nordosten extrem kurz, Höhenstraßen sind oft erst Ende Juni schneefrei. Bei Touren und Wanderungen in den Bergen auch im Sommer immer mit Regen und kühlen Temperaturen rechnen.

VULKANE:

Die Cascade Mountains erstrecken sich parallel zur Küste von Nordkalifornien durch die Staaten Oregon und Washington bis nach Kanada. Der vulkanische Charakter des Gebirges verdankt sich dem Zusammentreffen von zwei riesigen Platten der Erdhülle, die sich vor der nordamerikanischen Pazifikküste ineinander verkeilen: Die Juan-de-Fuca-Platte schiebt sich derzeit mit einer Geschwindigkeit von gut 2 cm pro Jahr schräg unter die kontinentale Nordamerikanische Platte. Durch die Reibung schmilzt etwa hundert Kilometer unter der Erdoberfläche das Gestein und verschafft sich als glühende Lava einen Ausweg nach oben. Hat sich im Erdinnern ein entsprechend großer Druck angesammelt, kommt es zum Ausbruch eines der Vulkane des Kaskadengebirges.

Im Nordosten Kaliforniens bestimmen vor allem die beiden Vulkane Lassen Peak und Mount Shasta die Landschaft. Lassen Peak ist verhältnismäßig klein, während Mount Shasta ein gewaltiges Vulkanmassiv mit zwei dicht zusammenliegenden Gipfeln bildet. Dabei befand sich vor etwa einer halben Million Jahren auch an der Stelle des heutigen Lassen Volcanic National Park ein riesiges Vulkanmassiv, von Wissenschaftlern heute Mount Tehama genannt. Durch ständige Eruptionen seiner Nebenkrater an den äußeren Hängen floß die Lava aus dem Vulkan ab, so daß der Hauptkrater plötzlich in sich zusammenbrach und einen überdimensionalen Kessel formte. Darin baute sich vor etwa 11.ooo Jahren ein neuer Vulkan auf, der Lassen Peak.

In diesem Jahrhundert ereigneten sich bisher zwei große Eruptionen in den Cascade Mountains: am Lassen Peak und am Mount St. Helens im südlichen Washington. Der Ausbruch des Lassen Peak fand 1914/15 statt, als die umliegende Landschaft unter einer dichten Decke aus Asche und Steinen begraben wurde. Die Kette von Explosionen

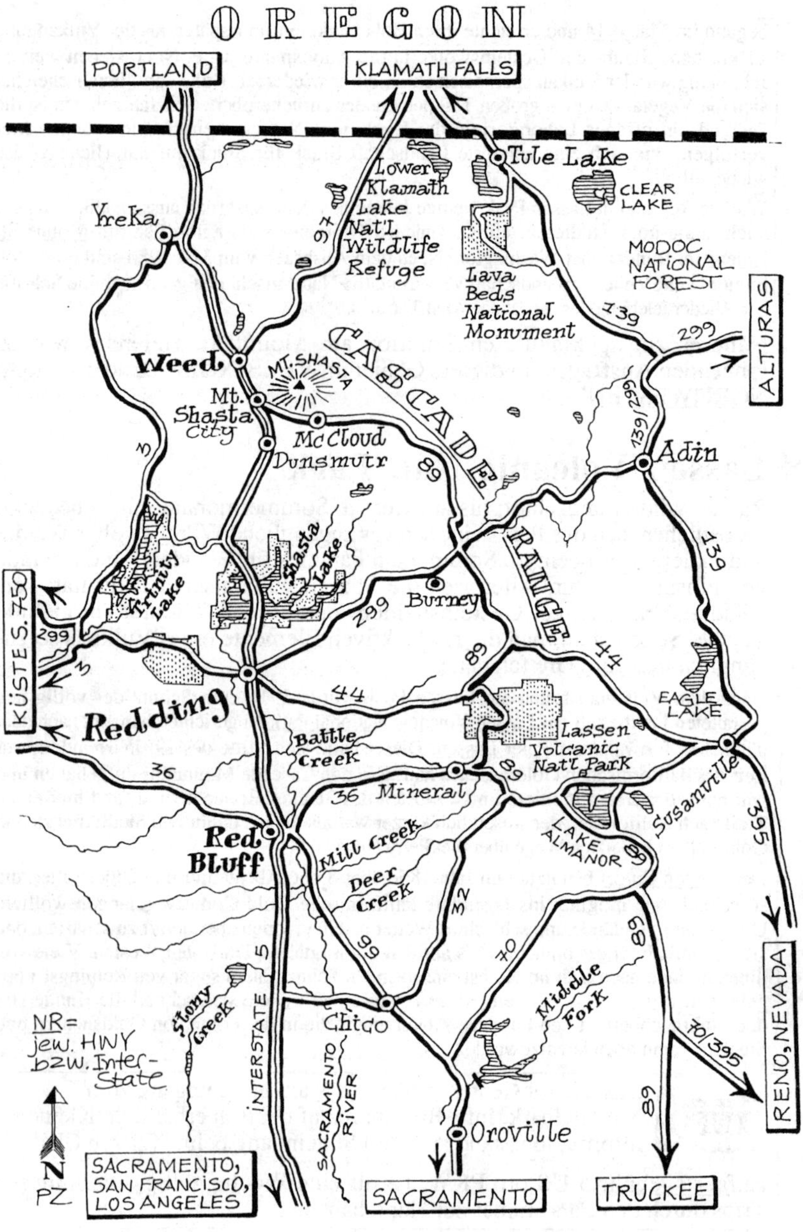
OREGON
PORTLAND
KLAMATH FALLS
Tule Lake
Lower Klamath Lake Nat'L Wildlife Refuge
CLEAR LAKE
MODOC NATIONAL FOREST
Lava Beds National Monument
ALTURAS
YreKa
Weed
MT. SHASTA
Mt. Shasta City
McCloud
Dunsmuir
CASCADE RANGE
Adin
Shasta Lake
Trinity Lake
KÜSTE S. 750
Burney
Redding
Battle Creek
Lassen Volcanic Nat'L Park
EAGLE LAKE
Mineral
Red Bluff
Mill Creek
Deer Creek
LAKE ALMANOR
Susanville
Stony Creek
Chico
INTERSTATE 5
SACRAMENTO RIVER
Middle Fork
RENO, NEVADA
NR= jew. HWY bzw. Interstate
N
PZ
SACRAMENTO, SAN FRANCISCO, LOS ANGELES
Oroville
SACRAMENTO
TRUCKEE

begann im Mai 1914 und erreichte ihren Höhepunkt ein Jahr später, als der Vulkan eine 11 km hohe Staub- und Gesteinswolke in die Atmosphäre jagte. Noch sieben weitere Jahre lang war der Vulkan sporadisch aktiv, bis er wieder zur Ruhe kam. Inzwischen hat sich die Vegetation einen großen Teil des Landes zurückerobert. Seit Jahrzehnten ist die Gegend ein offenes Laboratorium der Evolution: Naturwissenschaftler können hier verfolgen, wie sich eine zerstörte Landschaft Stück für Stück auf natürliche Weise wieder erholt.

Wie die Region um Lassen Peak wenige Jahre nach dem Ausbruch aussah, läßt sich aber auch heute noch studieren: einige hundert Kilometer weiter nördlich am Mount St. Helens im Bundesstaat Washington. Nach dem Ausbruch vom Mai 198o sind dort noch immer weite Teile der Landschaft verwüstet, die Natur macht erst ganz zaghafte Schritte zur Wiederbelebung des aschebedeckten Terrains.

Näheres zur spektakulären Eruption am Mount St. Helens sowie zu lohnenden Ausflügen im diesem Gebiet im VELBINGER Band 54 "USA: NORDWESTEN".

★ Lassen Volcanic Nat. Park

Rauhe, wilde Landschaft; bis auf wenige Sommermonate schneebedeckt. Im östlichen Teil des Parks eine schwer zugängliche Wildnis voller Wälder und malerischer Seen; im Sommer ein Paradies für Wanderer und Freunde von einsamer Natur. Allerorten die Spuren vulkanischer Aktivität: verwüstete Kraterhänge, Gesteinshalden, dampfende Trichter, brodelnde Teiche. Selten sieht man die noch aktiven Elemente eines Vulkans so zugänglich und zum Greifen nahe.

Nach dem Vulkanausbruch am Lassen Peak wurde 1916 zum Schutz der völlig neu gestalteten Landschaft der Lassen Volcanic National Park eingerichtet, benannt nach dem dänischen Einwanderer Peter Lassen: Dieser hatte sich Mitte des 19. Jahrhunderts zur Zeit des kalifornischen Goldrausches häufig in den Cascade Mountains aufgehalten und war einer der ersten Pioniere im Nordosten des Staates. Er suchte und fand hier einen Trail nach Kalifornien, der wesentlich kürzer war als die bis dahin von Siedlertrecks und Goldsuchern benutzten Wege über die Sierra Nevada.

Den Lassen Cutoff benutzten im Jahr 185o über 8.ooo Abenteurer und Glücksritter, die so schnell wie möglich ins legendäre kalifornische Gold Country gelangen wollten. Unwegsames Gelände und schlechtes Wetter machten ihnen aber derart zu schaffen, daß sie wesentlich länger brauchten als auf den traditionellen Trails gen Westen. Viele von ihnen mußten nach früh im Herbst einsetzenden Schneefällen sogar von Rettungstrupps geborgen werden. Nach diesem ersten Ansturm verbreitete sich schnell die Kunde von der Unbrauchbarkeit von Lassens "Abkürzung", die in der Folge von Goldsuchern und Siedlern kaum noch benutzt wurde.

Tourist INFO

Das Visitor Center Indian Ways am Nordeingang zum Nationalpark. Info-Broschüre auf deutsch erhältlich. Kleiner Informationsstand auch am Südeingang beim "Lassen Chalet".

Zufahrtsgebühr 5 US pro PKW, ist für eine Woche gültig. Quittung bei Trips durch den Park immer zur Hand haben.

Die einzige Straße durch den Nationalpark ist rund 45 km lang und in den Höhenlagen je nach Schneeverhältnissen von Okt.- Mai (manchmal auch länger) gesperrt. In dieser Zeit also keine Möglichkeit, den Park von Süd nach Nord zu durchqueren. Sinnvollste Anfahrt dann von Süden, da die Straße dort bis zu einigen der sehenswerten Punkte geräumt wird. Die landschaftlichen Merkmale entlang dieser Strecke sind numeriert und auf kleinen Holztafeln am Straßenrand angezeigt. Zwischenstops lohnen sich vor allem an folgenden Punkten:

SULPHUR WORKS (Nr. 5): Direkt an der Straße gelbe und ockerfarbene Hügel, aus denen mit zischenden Geräuschen übelriechende Schwefelfontänen entweichen. Die Kegel ziehen sich in einem Waldstück den Hang hinauf und erinnern an eine unterirdische Fabrik, die ihre Abgase durch Ventile an die Oberfläche entläßt. Bei einem Rundgang sieht man auch kochende Wasserpfützen und glucksende Schlammlöcher. Hier bei den Sulphur Works vermuten Wissenschaftler den Hauptkrater des einstigen Riesenvulkans Mount Tehama.

EMERALD LAKE (Nr. 15): Kleiner Gebirgssee an der Straße. Wer im Spätsommer kommt, findet ihn vielleicht eisfrei vor und kann seine smaragdgrüne Färbung genießen. Den größten Teil des Jahres aber liegt seine Schönheit unter Eis und Schnee begraben.

Das geothermische Gebiet von BUMPASS HELL (Nr. 17) gehört zu den größten Attraktionen im Nationalpark. Ein seltsamer, kombinierter Reiz für die Sinne: Gelb-, Ocker- und Grüntöne fürs Auge; ein Brodeln, Zischen und Rauschen fürs Ohr; unterlegt mit dem beißenden Geruch des hier entweichenden Schwefelwasserstoffs. Schlamm und Wasser mischen sich zu wahren Hexenkesseln. Vulkanismus zum Hören, Sehen und Riechen, aber nicht zum Anfassen: Die Flüssigkeit in den Trichtern und Teichen ist kochend heiß.

Zu erreichen vom Parkplatz aus über einen gut 2 km langen Wanderweg, der im letzten Teil relativ steil ist. Oft bis in den Frühsommer schneebedeckt, der Marsch daher etwas mühselig.

Gegenüber vom Parkplatz der LAKE HELEN (Nr. 18). Auch dieser hübsche Bergsee versteckt sich oft bis zum Frühsommer unter einer Schnee- und Eisdecke.

Am SUMMIT SIGN (Nr. 23) die höchste Stelle der Straße durch den Park: 2.595 m. Kurz davor der Ausgangspunkt für den Aufstieg zum Lassen Peak (vergl. "Wandern").

Der SUMMIT LAKE (Nr. 37) ist ein winziger idyllischer Bergsee inmitten eines Waldstückes. Ausgangs- und Knotenpunkt vieler Wanderwege durch die Wildnis im Ostteil des Nationalparks.

Vom Parkplatz der DEVASTATION AREA (Nr. 44) ein eindrucksvoller Überblick über verschiedene Krater, die neben dem Lassen Peak

aufgereiht sind. Abgesprengte Gipfel, zerklüftete Kraterränder. An den Hängen ist die Verwüstung noch sichtbar, die die Eruption von 1914 hier angerichtet hat. Man erkennt aber auch, wie sich die Bäume das Gebiet nach und nach zurückerobern.

Außer Camping keine Übernachtungsmöglichkeit entlang der Hauptstraße durch den Nationalpark. Am besten frühzeitig ankommen, die Tour durch den Park machen und abends in Redding im Central Valley übernachten (Details siehe dort). Alternativen dazu:

"Lassen Mineral Lodge" am Hwy. 36 in der winzigen Siedlung Mineral, 15 km vom südlichen Parkeingang. Großes Motel mit SW-Pool. Verschiedene rustikale Holzgebäude am Waldrand. Das zugehörige Restaurant nur von Ende Mai bis Okt. geöffnet. DZ ca. 45 US.

"Drakesbad Guest Ranch" einfach-rustikales Gästehaus innerhalb der Grenzen des Nationalparks. Allerdings nicht an der Hauptstraße, sondern etwas schwierig zu erreichen ab Südausgang über Hwy. 36 nach Osten und dann über die Stichstraße Richtung Drakesbad. Geöffnet nur Anfang Juni bis Anfang Oktober. Abgelegen in wunderschöner Landschaft; eigene heiße Quellen. Pro Person ca. 75 US inkl. aller Mahlzeiten. Tel. 916-529-1512.

"Manzanita Lake Campground": Größter und am besten ausgestatteter Platz innerhalb des Nationalparks. Kurz hinter dem Nordeingang. Schön gelegen am See zu Füßen des Lassen Peak. Dichter Baumbestand. Gepflegte sanitäre Anlagen inkl. Duschen. Kleiner Lebensmittelladen fürs Nötigste. Stellplatz ca. 8 US. Tel. 916-335-7158.

Eine Reihe weiterer Plätze entlang der Straße durch den Park sowie an den Zufahrtsstraßen im Süden und Norden. Meist nur einfach oder gar primitiv ausgestattet. Besonders schön und zentral die beiden Plätze am Summit Lake: Ausgangspunkt vieler Wanderwege in den abgeschiedenen Ostteil des Parks. Sie liegen auf über 2.ooo m Höhe, daher selbst in Sommernächten empfindlich kalt.

Kleine Cafeteria am Südeingang des Parks im "Lassen Chalet", ansonsten Fehlanzeige. Winzige Läden jeweils am Südeingang und auf dem Gelände des Manzanita Lake Campground. Geringe Auswahl, Lebensmittel am besten von außerhalb mitbringen.

Picknick: Bei dem Minimalangebot an Restaurants die beste Alternative. Zahlreiche Picknickplätze mit Bänken und Tischen links und rechts der Straße durch den Park. Schönstes Panorama bei Kings Creek und Lupine.

SPORT

Ski: Kleines, unbedeutendes Skigebiet am Südausgang des Parks: ein Lift und wenige Pisten. Ein Relikt aus der Frühzeit des alpinen Skilaufs in Kalifornien.

Wandern: "Lassen Peak Trail": Im Sommer ist die Besteigung von Lassen Peak eher eine Wanderung als eine Kletterpartie. Zwar steil und anstrengend, aber keine klettertechnischen Schwierigkeiten. Genau richtig für Leute, die ohne Eispickel und Bergsteigerausrüstung mal einen Vulkan erklimmen wollen. Gute Wanderausrüstung und ausreichend Wasser und Verpflegung unabdinglich. Oben ein Blick in den Krater des 3.187 m hohen Vulkans und bei schönem Wetter ein Super-Panorama über die Cascade Mountains und hinunter ins Central Valley. Hin und zurück 8 km, ca. 5- 8 Std. Höhenunterschied gut 600 m. Ausgangspunkt direkt an der Straße Nähe "Summit Sign" (Hinweiszeichen Nr. 22).

"Bumpass Hell Trail": 4,5 km hin und zurück ins geothermische Gebiet von Bumpass Hell. Details siehe "Sehenswertes".

Mehrtageswanderungen lohnen sich vor allem in die Wälder und zu den Seen im Osten des Nationalparks. Informationen, Karten und die nötigen "wilderness permits" für Übernachtungen im Freien gibt es bei den Rangern an den beiden Parkeingängen.

Verbindungen Lassen Volcanic Nat. Park

Kein brauchbarer öffentlicher Transport zum Nationalpark. Ein lokaler Bus fährt lediglich von Red Bluff im Central Valley bis Mineral, rund 15 km südlich des Parkeingangs.

Auto: Ab Red Bluff über Hwy.36 zum südlichen Parkeingang oder ab Redding über Hwy. 44 in den Nordteil des Parks. Beide Strecken ungefähr 80 km/1-2 Std. Vom Lassen National Park aus ins Gebiet um Mount Shasta: direkte Strecke ab Nordrand über Hwy.89 (bis Mt. Shasta City 150 km, ca. 2- 3 Std.)

Lassen National Park ➳ Mount Shasta

150 km, ca. 2- 3 Std. Landschaftlich schöne Strecke über Hwy. 89 zwischen zwei Vulkanen. Viel Wald und rostrote Erde. Während Lassen Peak langsam zurückbleibt, kommt das enorme Massiv von Mount Shasta ständig näher. Lange Zeit führt die Straße schnurgerade auf den Vulkan zu.

MOUNT SHASTA: Kolossales Vulkanmassiv mit zwei dicht beieinanderliegenden Gipfeln: Mount Shasta (4.316 m) und Mount Shastina (3.758 m). Mehrere Gletscher, von ewigem Schnee bedeckt. Der Vulkan beherrscht die gesamte Bergwelt im Nordosten Kaliforniens. An seinem Fuß der Black Butte, ein 1927 m hoher Vulkankegel aus schwarzer Lavaasche. Lustigerweise fast eine Replik des Shasta-Massivs: klein und schwarz statt weiß und groß.

Rund um den Vulkan eine vielseitige Berglandschaft mit dichten Wäldern, malerischen Gebirgsseen und vielen Wanderwegen. Super-Wanderungen vor allem an den Hängen von Mount Shasta selbst. Trotz relativ intensivem Sommertourismus finden sich hier auch im Juli/August noch viele total einsame Winkel. Ein paar Abzweigungen auf Nebenstraßen oder wenige Schritte in den Wald, und schon ist man allein mit der grandiosen Natur.

★Mount Shasta City (3.000 Einw.)

Kleiner Ferienort mit Motels, Restaurants und Geschäften. Bester Standort für die Erforschung der gesamten Gegend um Mount Shasta. Schön gelegen am Fuß des Vulkans. Für eine US-Provinzstadt recht hübsch: europäisch-alpin angehauchte Atmosphäre.

Tourist INFO
Chamber of Commerce, 300 Pine St.
Post: Alpine St./Ecke Shasta Blvd. **Telefon**: Vorwahl 916.

Karten und Bücher

Wanderkarten bei der Chamber of Commerce.

"The Mount Shasta Book", Handbuch zum Wandern, Klettern, Skilaufen und Wassersport im Gebiet von Mount Shasta. Hintergrundinformationen zu Geologie, Pflanzen und Tieren. Mit Karten und s/w Fotos. Ein guter und kompakter Überblick. Selters/Zanger, Wilderness Press, ca. 9 US.

SISSON MUSEUM: Ein Konglomerat von Ausstellungsgegenständen zu verschiedenen Themen: lokale Geschichte, indianische Flechtarbeiten, Vulkanismus, Höhlenforschung. Bestes Stück ein knallrotes Feuerwehrauto von 1915 auf der Basis eines Ford Model T. (Etwas außerhalb von Mount Shasta City, zu erreichen über Lake St. und Hatchery Lane. Geöffn. täglich von 10- 17 Uhr, im Winter von 12- 16 Uhr), Eintritt frei.

EVERITT MEMORIAL HIGHWAY: Für Normalverbraucher die beste Gelegenheit, so weit wie möglich am Hang des Vulkans nach oben zu kommen. Die Straße windet sich über 20 km bis zur Baumgrenze. Dort beginnen die Geröll- und Lavafelder. Ausgezeichnete Sicht zum Gipfel und über die umliegende Landschaft. Entlang der Straße die Ausgangspunkte lohnender Wanderwege. Vom Zentrum in Mount Shasta City aus zu erreichen über Washington Drive.

LAKE SISKIYOU: Malerischer See zwischen bewaldeten Hügeln. Besonders schön, weil im Hintergrund der Mount Shasta die Kulisse beherrscht. Badestrand und Bootsverleih. 7 km südlich von Mount Shasta City.

Vom Lake Siskiyou führt eine kurvenreiche Straße durch dichten Wald zum CASTLE LAKE. Von der Strecke aus ständig schöne Ausblicke